Dictionnaires

R E P È R E S

Bernard Guerrien

Dictionnaire d'analyse économique

microéconomie,
macroéconomie,
théorie des jeux,
etc.

Troisième édition revue et augmentée

La Découverte
9 *bis*, rue Abel-Hovelacque
75013 Paris

DU MÊME AUTEUR

- *Microéconomie et calcul économique* (avec Bertrand Nezeys), Economica 2e édition 1989.
- *La théorie néo-classique. Bilan et perspectives du modèle d'équilibre général*, Economica 3e édition 1989.
- *Concurrence, flexibilité et stabilité*, Economica 1989.
- *Initiation aux mathématiques en sciences économiques et sociales*, Economica 2e édition 1991.
- *Algèbre linéaire pour économistes*, Economica 3e édition 1991.
- *Analyse mathématique pour économistes* (avec Gabriel Archinard), Economica 4e édition 1992.
- *La microéconomie*, Seuil 1995.
- *Les mathématiques de la microéconomie* (avec Isabelle This), Economica, 1998.
- *La théorie économique néoclassique.* Tome 1 : *Microéconomie.* Tome 2 : *Macroéconomie*, La Découverte, collection Repères, 1999.
- *La théorie des jeux*, Economica 3e édition 2002.

Catalogue Electre-Bibliographie

Guerrien, Bernard
Dictionnaire d'analyse économique : microéconomie, macroéconomie, théorie des jeux, etc. 3e éd. augm. – Paris : La Découverte, 2002. – (Dictionnaires Repères)

ISBN 2-7071-3644-1

RAMEAU : économétrie : dictionnaires
économie politique : dictionnaires
DEWEY : 330.3 : Économie générale. Dictionnaires. Encyclopédies
378.33 : Enseignement supérieur. Sciences économiques
Public concerné : 1er et 2e cycles

Si vous désirez être tenu régulièrement au courant de nos parutions, il vous suffit d'envoyer vos nom et adresse aux Éditions La Découverte, 9 *bis*, rue Abel-Hovelacque, 75013 Paris. Vous recevrez gratuitement notre bulletin trimestriel A La Découverte.

Mode d'emploi

L'objectif de ce dictionnaire est de présenter d'une façon *claire, précise, rigoureuse et critique* à peu près tous les *concepts qui apparaissent au cours des études d'économie* à l'université (sciences économiques, mathématiques appliquées aux sciences sociales, sciences de gestion...), dans certaines classes préparatoires, dans des écoles d'ingénieurs ou de commerce et dans les instituts d'études politiques.

Ce livre a été conçu pour être un outil de travail personnel, *utilisable pendant plusieurs années* par l'étudiant, du premier au troisième cycle. Il propose au lecteur trois possibilités :

— la consultation des quelque 400 articles présentés par ordre alphabétique (liste page 6) permet un parcours éclectique des grands domaines de l'analyse économique (au fil du texte d'un article, les notions en PETITES CAPITALES renvoient à d'autres articles) ;

— la consultation d'un *index* de plus de 1 200 entrées (voir à la fin du livre) permet de retrouver ou de vérifier rapidement une définition, une démonstration ou une analyse relatives à la rubrique choisie ;

— enfin, en se référant aux *grappes thématiques* (représentées pages 9-18), le lecteur peut établir un programme d'étude méthodique des grands domaines de l'analyse économique ; cette démarche transforme ce dictionnaire en une *série de manuels* : manuel de *microéconomie*, manuel de *macroéconomie*, manuel de *théorie des jeux*, etc., mais aussi manuel de *mathématiques pour économistes*.

Autrement dit, ce dictionnaire peut *répondre à des attentes très différentes* : celles du lecteur qui recherche *seulement un aperçu* sur tel ou tel concept, mais aussi celles de l'étudiant dont l'objectif est de *bien maîtriser la théorie*.

Dans la plupart des rubriques, le lecteur trouvera à la fois une *présentation « littéraire »* (définitions, hypothèses, résultats éventuels, enjeux) et un *exposé plus « technique »* (surtout si la théorie présentée fait appel aux mathématiques).

L'*objectif principal* de l'ouvrage est de rendre compte avec précision de l'essentiel des théories et des analyses qui sont actuellement dominantes en économie et qui constituent en quelque sorte le *socle de l'enseignement des sciences économiques* ; mais ce dictionnaire présente également, de façon plus ou moins détaillée, de multiples autres thèmes en *économétrie*, *économie du travail*, *économie publique*, *monnaie*, *finance*, *théorie des contrats*, etc.

L'expérience montre que, dans leur apprentissage de l'analyse économique, beaucoup d'étudiants sont « bloqués » à cause de la formalisation mathéma-tique ; d'autres étudiants, plus à l'aise avec les mathématiques, ont en revanche des difficultés à comprendre, au-delà de la formalisation, la signification et les enjeux des théories. Aux uns et aux autres, ce livre sans équivalent devrait rendre de précieux services.

JEAN-PAUL PIRIOU
Directeur de la collection « Repères »

Liste alphabétique des articles

Grappes thématiques

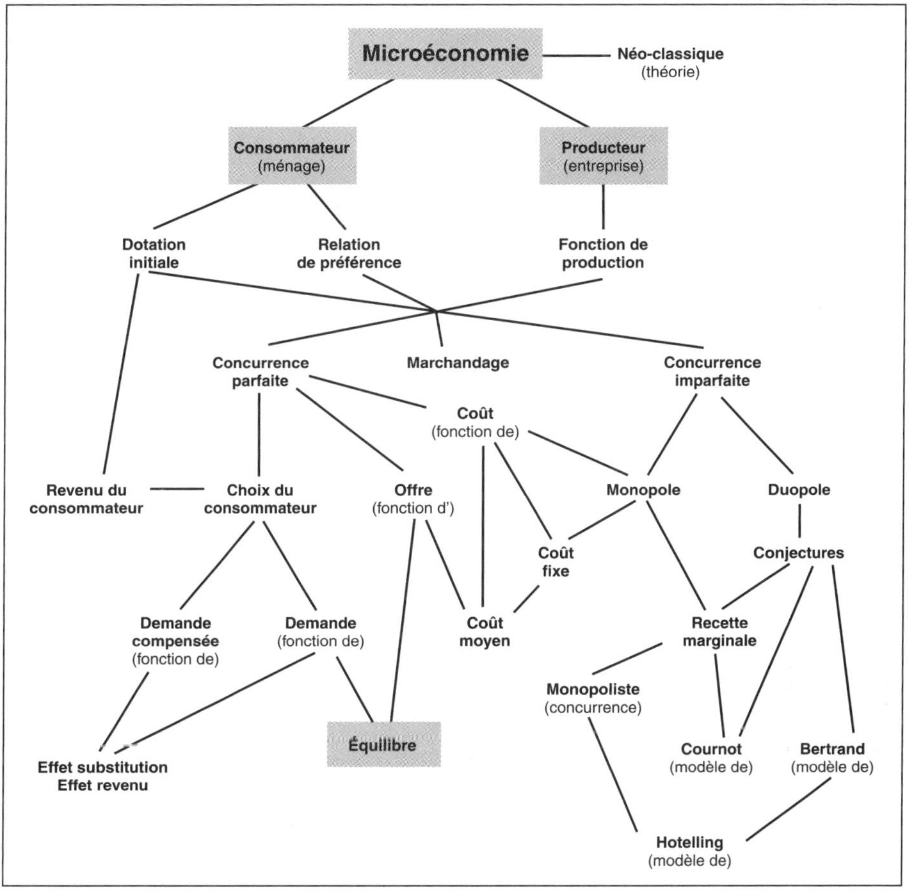

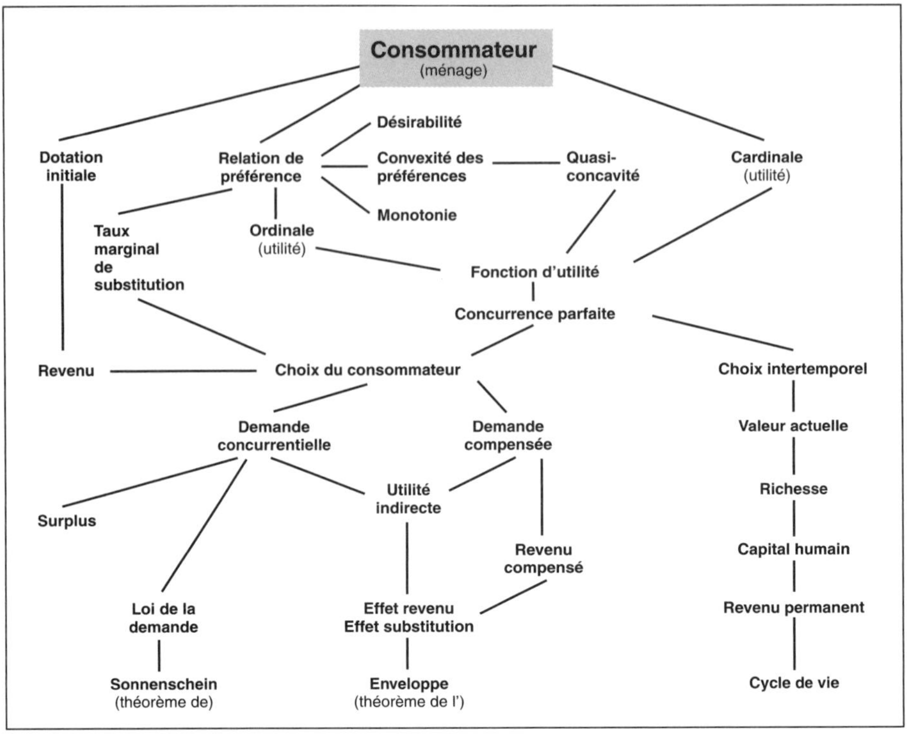
Consommateur
(ménage)
Dotation initiale
Relation de préférence
Désirabilité
Convexité des préférences
Monotonie
Quasi-concavité
Cardinale
(utilité)
Taux marginal de substitution
Ordinale
(utilité)
Fonction d'utilité
Concurrence parfaite
Revenu
Choix du consommateur
Choix intertemporel
Demande concurrentielle
Demande compensée
Valeur actuelle
Surplus
Utilité indirecte
Richesse
Revenu compensé
Capital humain
Loi de la demande
Effet revenu
Effet substitution
Revenu permanent
Sonnenschein
(théorème de)
Enveloppe
(théorème de l')
Cycle de vie

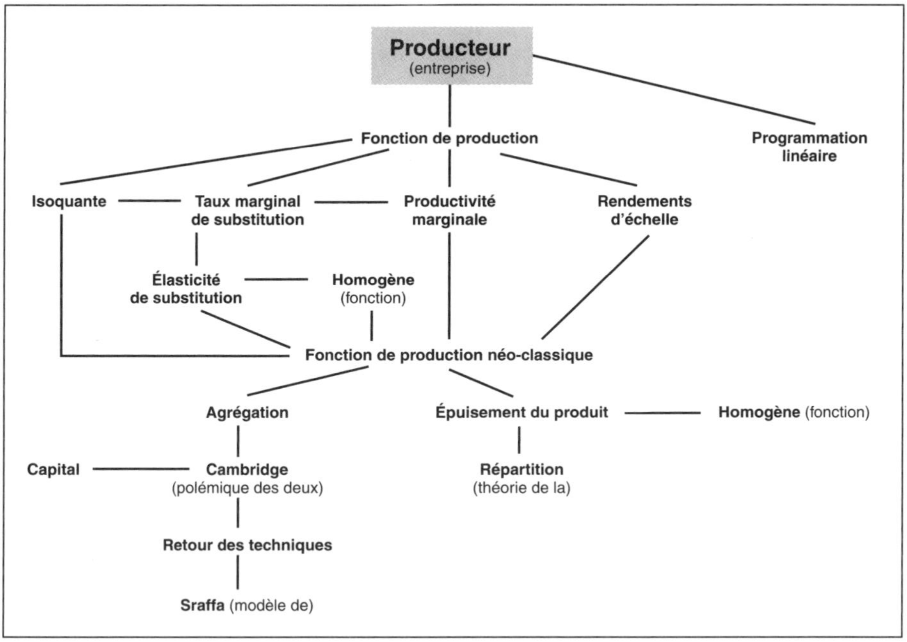
Producteur
(entreprise)
Fonction de production
Programmation linéaire
Isoquante
Taux marginal de substitution
Productivité marginale
Rendements d'échelle
Élasticité de substitution
Homogène (fonction)
Fonction de production néo-classique
Agrégation
Épuisement du produit
Homogène (fonction)
Capital
Cambridge (polémique des deux)
Répartition (théorie de la)
Retour des techniques
Sraffa (modèle de)

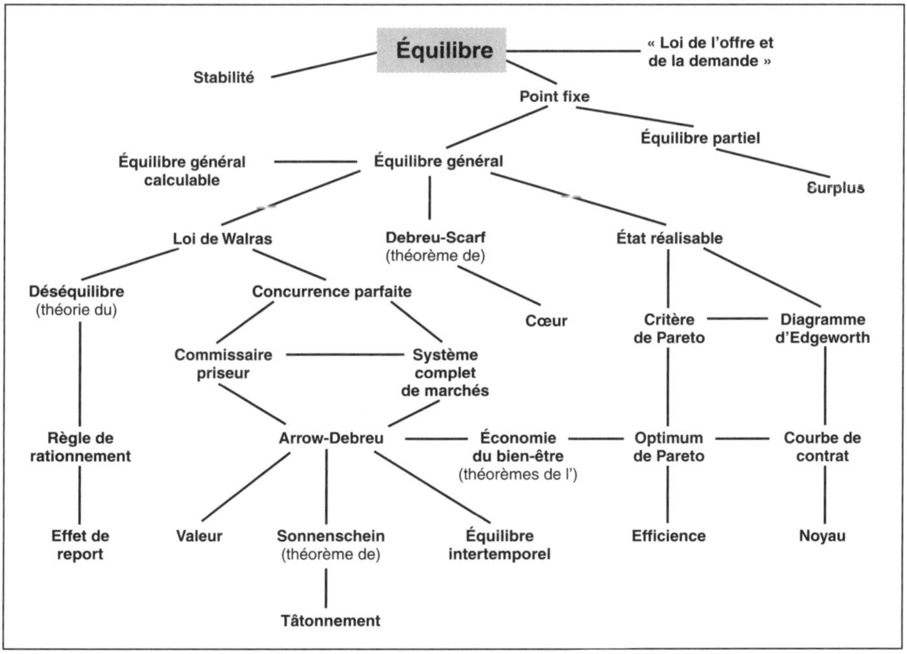
Équilibre
« Loi de l'offre et de la demande »
Stabilité
Point fixe
Équilibre partiel
Équilibre général calculable
Équilibre général
Surplus
Loi de Walras
Debreu-Scarf (théorème de)
État réalisable
Déséquilibre (théorie du)
Concurrence parfaite
Cœur
Critère de Pareto
Diagramme d'Edgeworth
Commissaire priseur
Système complet de marchés
Règle de rationnement
Arrow-Debreu
Économie du bien-être (théorèmes de l')
Optimum de Pareto
Courbe de contrat
Effet de report
Valeur
Sonnenschein (théorème de)
Équilibre intertemporel
Efficience
Noyau
Tâtonnement

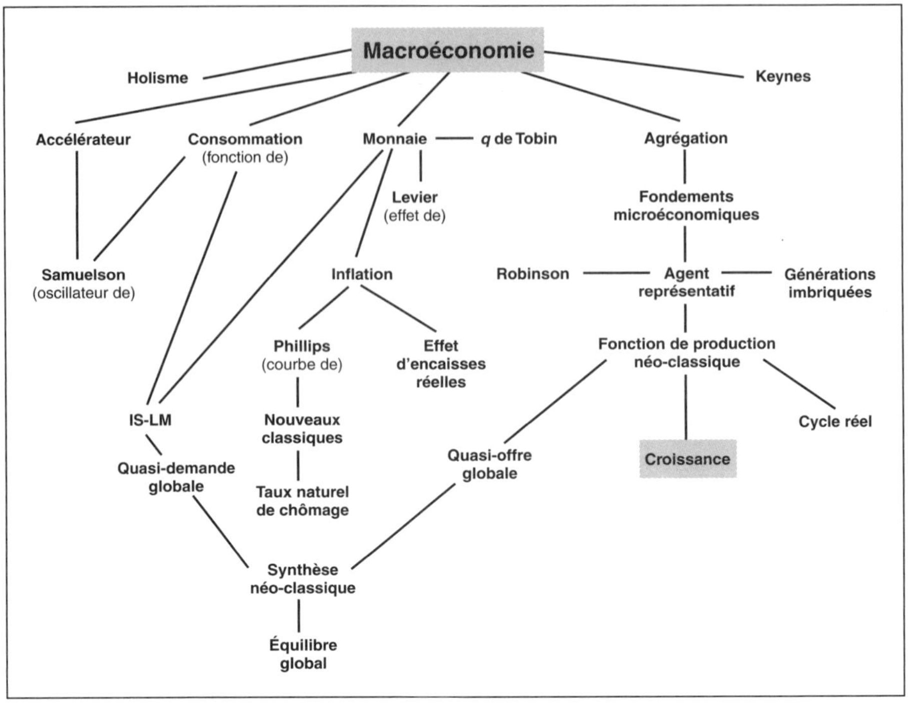
Macroéconomie
Holisme
Keynes
Accélérateur
Consommation
(fonction de)
Monnaie
q de Tobin
Agrégation
Levier
(effet de)
Fondements
microéconomiques
Samuelson
(oscillateur de)
Inflation
Robinson
Agent
représentatif
Générations
imbriquées
Phillips
(courbe de)
Effet
d'encaisses
réelles
Fonction de production
néo-classique
IS-LM
Nouveaux
classiques
Cycle réel
Quasi-offre
globale
Croissance
Quasi-demande
globale
Taux naturel
de chômage
Synthèse
néo-classique
Équilibre
global

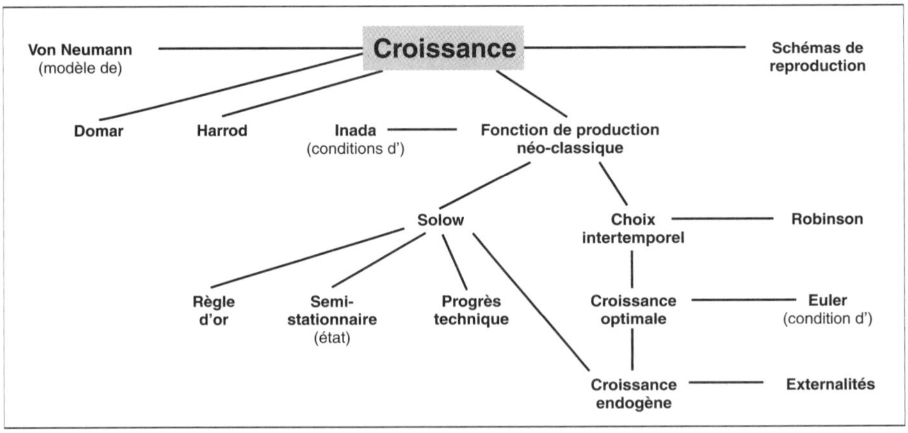
Von Neumann
(modèle de)
Croissance
Schémas de
reproduction
Domar
Harrod
Inada
(conditions d')
Fonction de production
néo-classique
Solow
Choix
intertemporel
Robinson
Règle
d'or
Semi-
stationnaire
(état)
Progrès
technique
Croissance
optimale
Euler
(condition d')
Croissance
endogène
Externalités

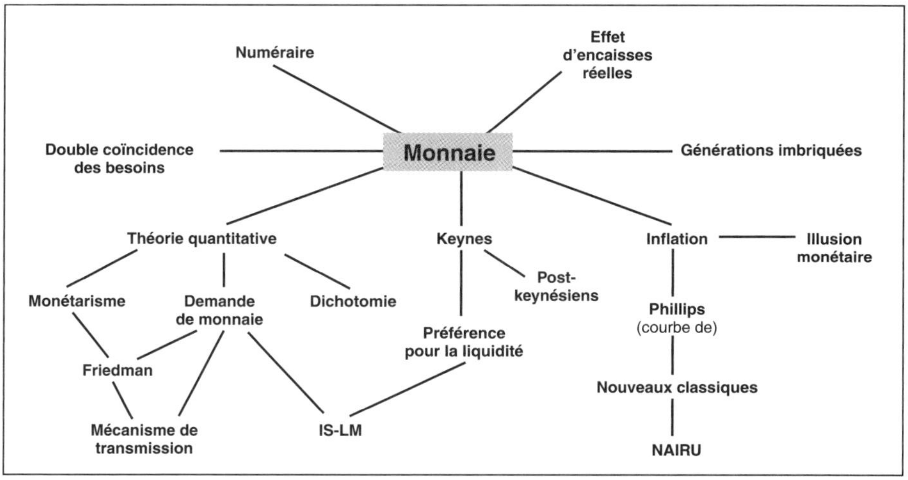
Numéraire
Effet d'encaisses réelles
Double coïncidence des besoins
Monnaie
Générations imbriquées
Théorie quantitative
Keynes
Inflation
Illusion monétaire
Monétarisme
Demande de monnaie
Dichotomie
Post-keynésiens
Phillips (courbe de)
Préférence pour la liquidité
Friedman
Nouveaux classiques
Mécanisme de transmission
IS-LM
NAIRU

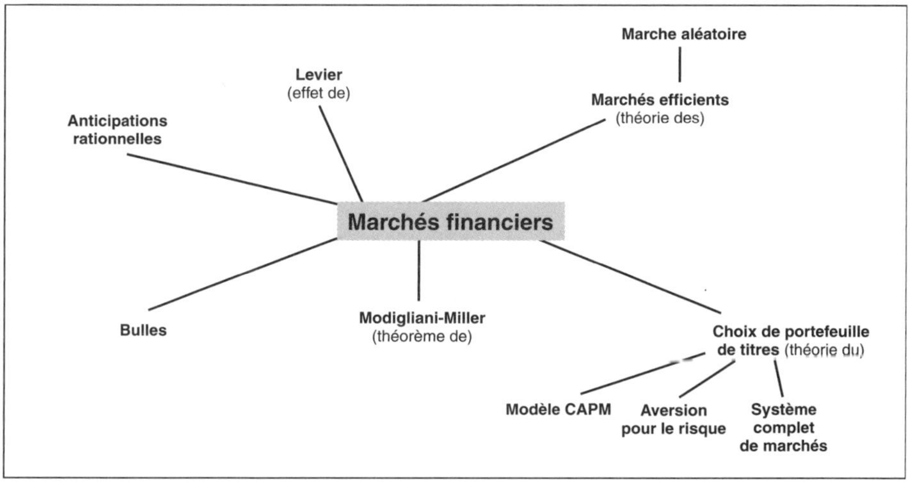
Marche aléatoire
Levier (effet de)
Marchés efficients (théorie des)
Anticipations rationnelles
Marchés financiers
Bulles
Modigliani-Miller (théorème de)
Choix de portefeuille de titres (théorie du)
Modèle CAPM
Aversion pour le risque
Système complet de marchés

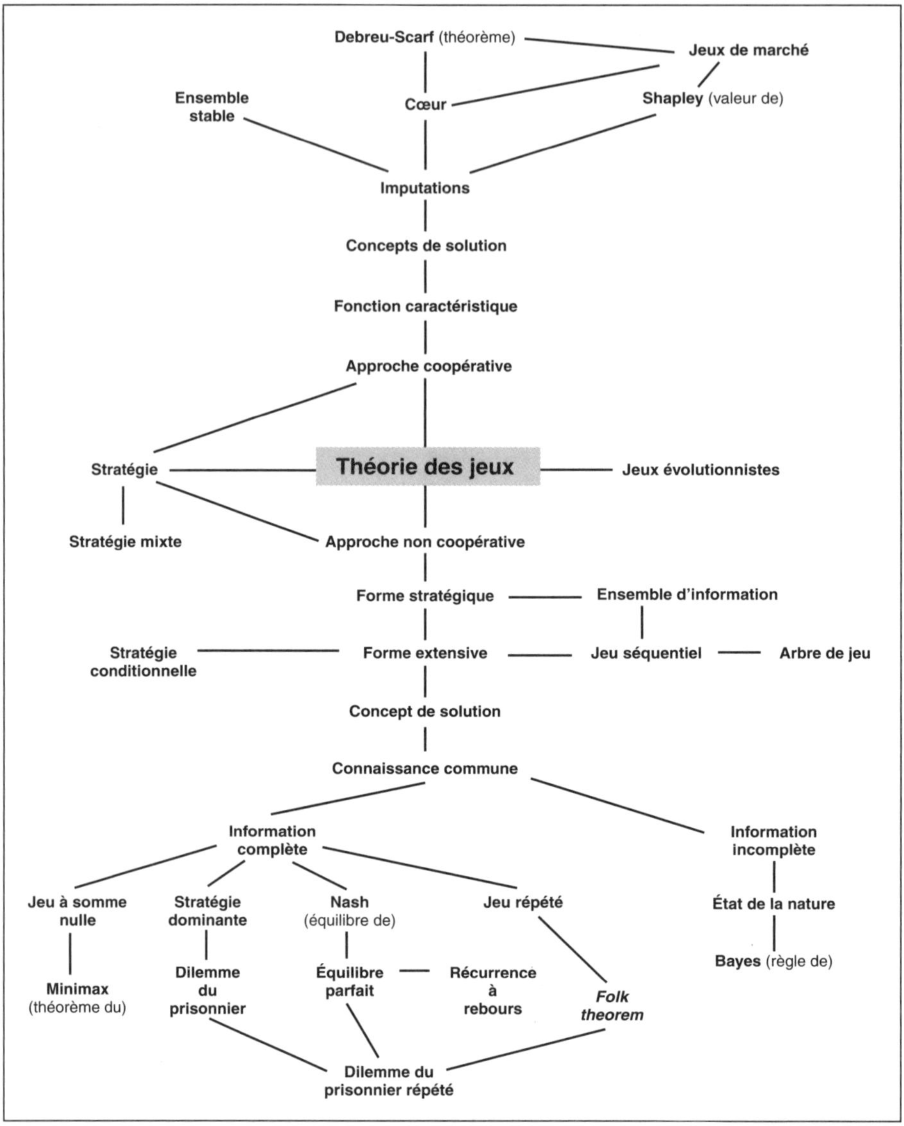
Debreu-Scarf (théorème)
Jeux de marché
Ensemble stable
Cœur
Shapley (valeur de)
Imputations
Concepts de solution
Fonction caractéristique
Approche coopérative
Stratégie
Théorie des jeux
Jeux évolutionnistes
Stratégie mixte
Approche non coopérative
Forme stratégique
Ensemble d'information
Stratégie conditionnelle
Forme extensive
Jeu séquentiel
Arbre de jeu
Concept de solution
Connaissance commune
Information complète
Information incomplète
Jeu à somme nulle
Stratégie dominante
Nash (équilibre de)
Jeu répété
État de la nature
Minimax (théorème du)
Dilemme du prisonnier
Équilibre parfait
Récurrence à rebours
Folk theorem
Bayes (règle de)
Dilemme du prisonnier répété

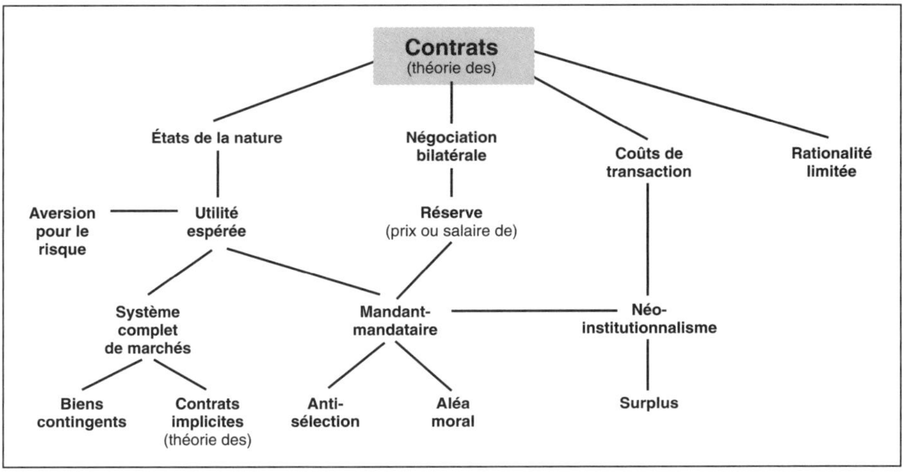
Contrats
(théorie des)
États de la nature
Négociation bilatérale
Coûts de transaction
Rationalité limitée
Aversion pour le risque
Utilité espérée
Réserve
(prix ou salaire de)
Système complet de marchés
Mandant-mandataire
Néo-institutionnalisme
Biens contingents
Contrats implicites
(théorie des)
Anti-sélection
Aléa moral
Surplus

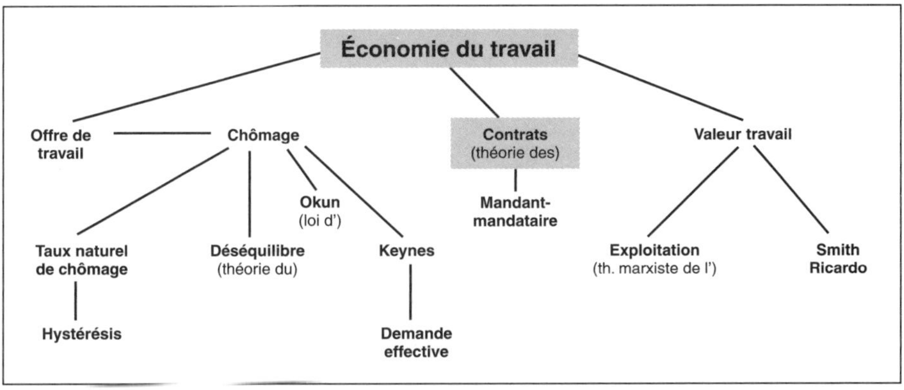
Économie du travail
Offre de travail
Chômage
Contrats
(théorie des)
Valeur travail
Okun
(loi d')
Mandant-mandataire
Taux naturel de chômage
Déséquilibre
(théorie du)
Keynes
Exploitation
(th. marxiste de l')
Smith
Ricardo
Hystérésis
Demande effective

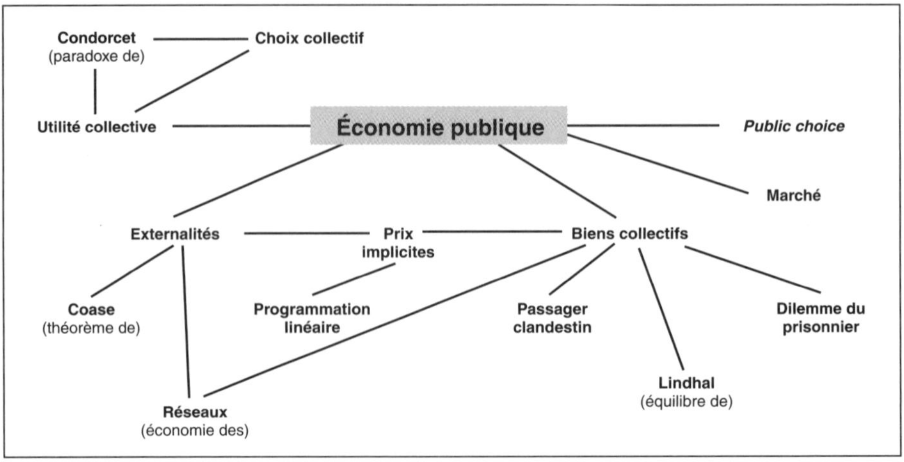
Condorcet
(paradoxe de)
Choix collectif
Utilité collective
Économie publique
Public choice
Marché
Externalités
Prix
implicites
Biens collectifs
Coase
(théorème de)
Programmation
linéaire
Passager
clandestin
Dilemme du
prisonnier
Lindhal
(équilibre de)
Réseaux
(économie des)

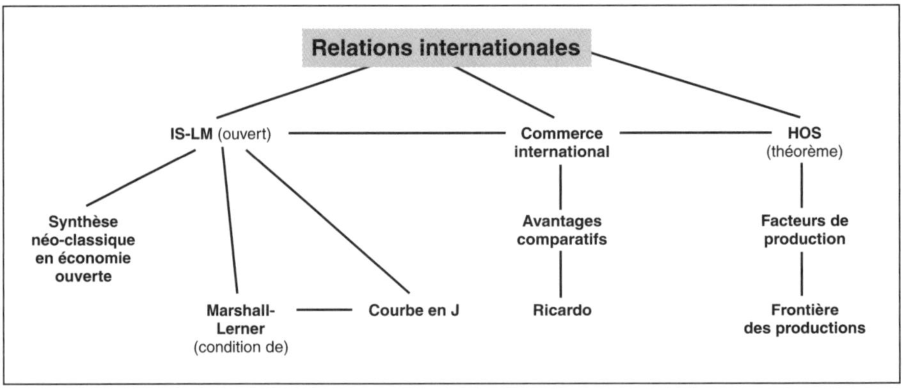
Relations internationales
IS-LM (ouvert)
Commerce
international
HOS
(théorème)
Synthèse
néo-classique
en économie
ouverte
Avantages
comparatifs
Facteurs de
production
Marshall-
Lerner
(condition de)
Courbe en J
Ricardo
Frontière
des productions

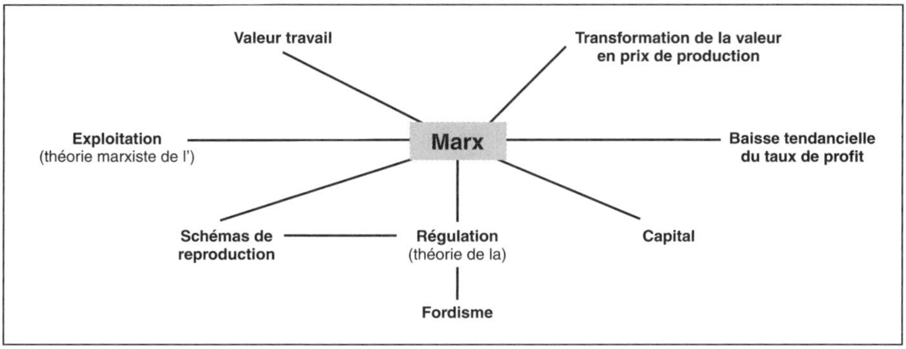
Valeur travail
Transformation de la valeur en prix de production
Exploitation (théorie marxiste de l')
Marx
Baisse tendancielle du taux de profit
Schémas de reproduction
Régulation (théorie de la)
Capital
Fordisme

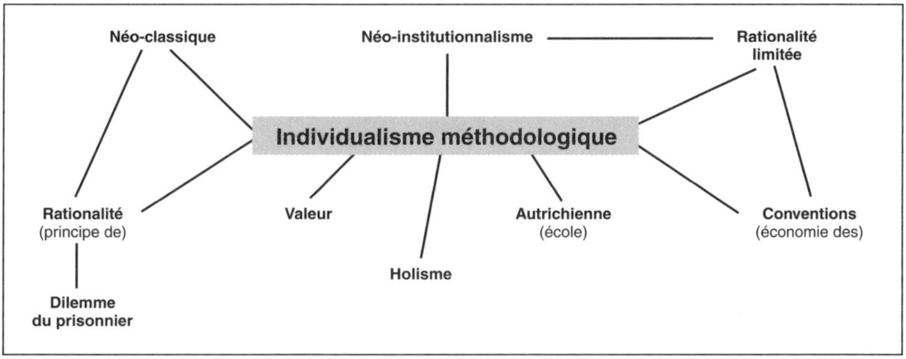
Néo-classique
Néo-institutionnalisme
Rationalité limitée
Individualisme méthodologique
Rationalité (principe de)
Valeur
Autrichienne (école)
Conventions (économie des)
Holisme
Dilemme du prisonnier

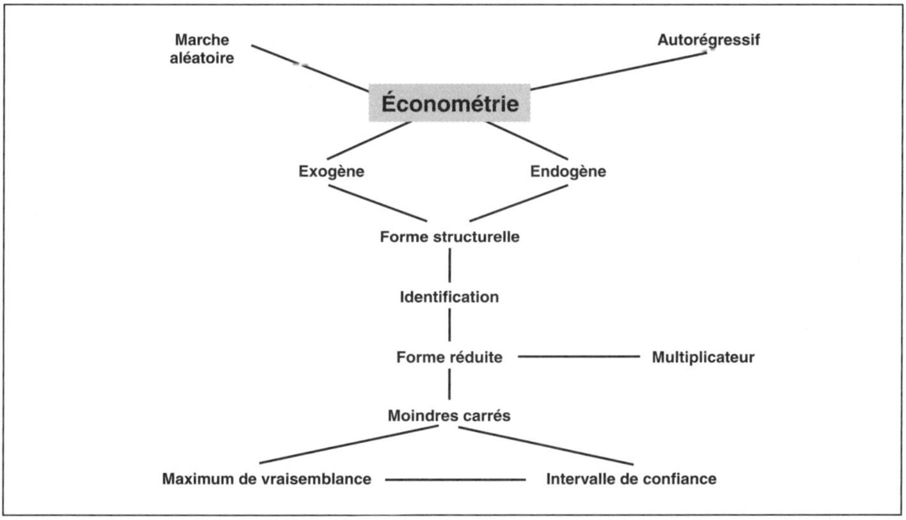
Marche aléatoire
Autorégressif
Économétrie
Exogène
Endogène
Forme structurelle
Identification
Forme réduite
Multiplicateur
Moindres carrés
Maximum de vraisemblance
Intervalle de confiance

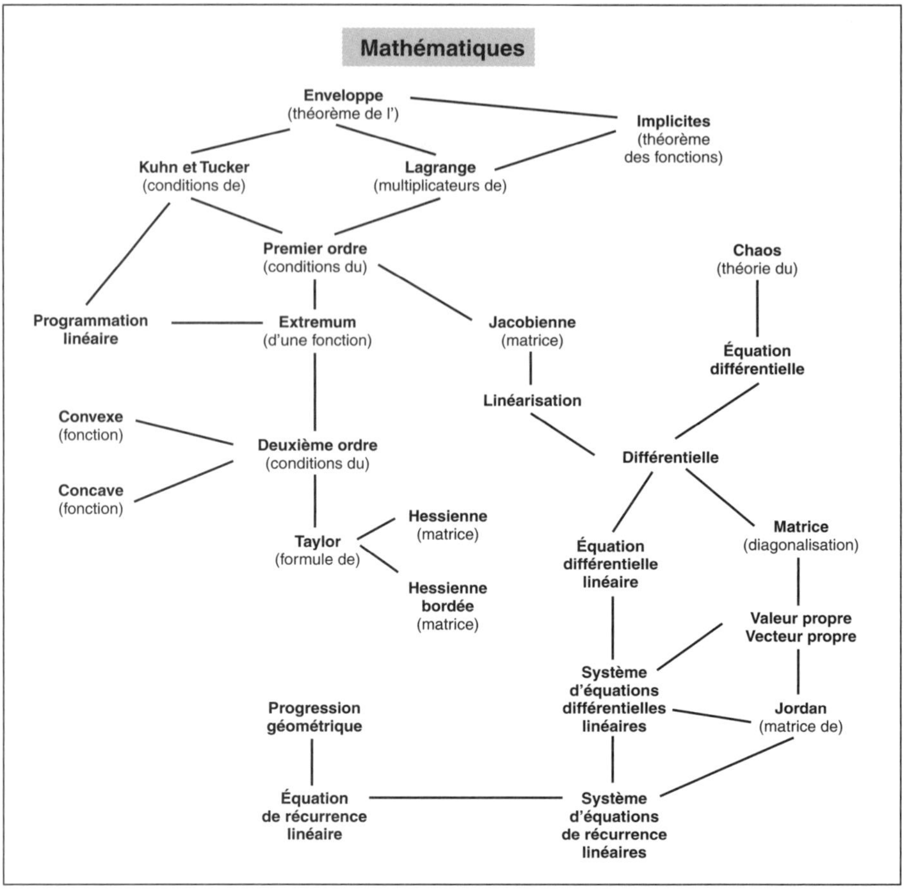
Mathématiques
Enveloppe (théorème de l')
Implicites (théorème des fonctions)
Kuhn et Tucker (conditions de)
Lagrange (multiplicateurs de)
Premier ordre (conditions du)
Chaos (théorie du)
Programmation linéaire
Extremum (d'une fonction)
Jacobienne (matrice)
Équation différentielle
Linéarisation
Convexe (fonction)
Deuxième ordre (conditions du)
Différentielle
Concave (fonction)
Hessienne (matrice)
Taylor (formule de)
Équation différentielle linéaire
Matrice (diagonalisation)
Hessienne bordée (matrice)
Valeur propre
Vecteur propre
Système d'équations différentielles linéaires
Progression géométrique
Jordan (matrice de)
Équation de récurrence linéaire
Système d'équations de récurrence linéaires

A

Accélérateur (principe de l')

Relation entre la variation de la demande d'un bien et celle des capacités de production qui permettent de la satisfaire. Il y a « accélération » dans la mesure où la mise en œuvre de capacités de production nouvelles entraîne généralement des dépenses (en machines et en équipements de tout ordre) bien plus importantes que celles qui accompagnent la production supplémentaire nécessaire pour satisfaire une demande accrue.

L'effet accélérateur est un des facteurs qui permettent d'expliquer l'existence des fluctuations économiques (ou des cycles) ; combiné au MULTIPLICATEUR KEYNÉSIEN, il est à la base du modèle de l'OSCILLATEUR DE SAMUELSON, qui peut engendrer — dans certaines circonstances — de telles fluctuations. L'effet accélérateur est, dans cette perspective, un concept de la MACROÉCONOMIE, puisqu'il s'applique à des agrégats (le revenu national, par exemple).

L'effet accélérateur permet d'expliquer comment un « choc » qui affecte passagèrement la demande peut se transmettre au reste de l'économie, en ayant un impact important et durable sur elle ; il a donc un rôle essentiellement déstabilisateur (ce qui n'est pas forcément négatif, surtout si la « stabilité » signifie la dépression).

L'accélérateur met en relation des quantités (variation de la production) avec d'autres quantités (le capital installé), *sans faire intervenir les prix* ; ce n'est donc pas un concept WALRASIEN (il est incompatible avec la CONCURRENCE PARFAITE). Il ressemble en cela à cette autre grande relation de la macroéconomie qu'est la fonction de consommation (qui établit un lien entre revenu-production et consommation).

L'intensité de l'effet accélérateur dépend du taux d'utilisation des capacités de production ; ainsi, il est nul si celles-ci sont « largement excédentaires », et il est maximal si elles sont pleinement utilisées. Dans ce dernier cas, l'effet accélérateur est mesuré par le *coefficient de capital*, c'est-à-dire par le rapport entre la valeur des moyens de production et celle de la production elle-même.

La présence de capacités de production plus ou moins excédentaires dépend des investissements faits « dans le passé », et donc des *anticipations* de ceux qui ont effectué ces investissements. C'est pourquoi il existe deux façons de traiter de l'accélérateur : la version « de base », où les anticipations ne sont pas prises en compte, et la version « élaborée » — dite « de l'accélérateur flexible » —, où elles le sont.

L'accélérateur : le modèle de base

Dans ce modèle, qui adopte d'emblée un point de vue macroéconomique, la variation de capacité de production à l'instant t est mesurée par l'investissement $I_t = K_{t+1} - K_t$, où K_t désigne le stock de CAPITAL (en général, du pays considéré) à l'instant t. Si l'on appelle Y_t le revenu (national) à l'instant t, alors la variation de la demande en t est donnée par $Y_t - Y_{t-1}$, de sorte que l'accélérateur est caractérisé par la relation :

(1) $$I_t = k(Y_t - Y_{t-1}),$$

où k est le *coefficient de capital* (rapport entre le capital disponible et la production qu'il permet de mettre en œuvre), qui est supposé constant.

Si l'on suppose que l'investissement se décompose en un *investissement de remplacement* I_t^r et un *investissement net* I_t^n, alors l'effet accélérateur ne concerne que ce dernier, de sorte que l'équation (1) s'écrit :

(2) $$I_t^n = k(Y_t - Y_{t-1}).$$

Le capital en $t + 1$ est donc égal au capital en t auquel s'ajoute l'investissement de remplacement et l'investissement net ; soit :

$$K_{t+1} = K_t + I_t^r + k(Y_t - Y_{t-1}).$$

Si l'on suppose, en outre, que l'investissement de remplacement est proportionnel au capital existant — soit $I_t^r = aK_t$ —, il vient :

(3) $$K_{t+1} = k(Y_t - Y_{t-1}) + (1+a)K_t.$$

La formule (3) donne donc l'évolution dans le temps du capital, compte tenu des variations de la demande. Cette évolution peut être extrêmement « saccadée », pour peu que le coefficient k soit élevé (en général, on estime qu'il est de l'ordre de 2). Toutefois, ce coefficient est plus ou moins variable, en raison, d'une part, de l'intensité de l'utilisation des équipements (par exemple, les chaînes de production peuvent « tourner » plus ou moins vite) et, d'autre part, de leur durée d'utilisation, qui dépend du temps de travail (heures supplémentaires ou pas) et de sa forme d'organisation (équipes de jour et de nuit, ou 3 × 8, par exemple).

A cela s'ajoute le fait que celui qui met en place des nouvelles capacités de production, dont la durée de vie est généralement longue, va se fonder non seulement sur les variations présentes de la demande, mais aussi sur ses valeurs futures, qu'il cherche à prévoir. La prise en compte des *anticipations* des agents, ainsi que des *délais de mise en œuvre* de nouvelles capacités de production, a conduit les macroéconomistes à proposer une variante de l'accélérateur où l'évolution du capital installé dépend de ces facteurs ; c'est le modèle de l'*accélérateur flexible.*

Remarque. La formule (3) peut aussi se mettre sous la forme :

$$K_{t+1} - K_t = k(Y_t - Y_{t-1}) + aK_t,$$

ou encore, en divisant ses deux membres par Y_t :

$$\frac{K_{t+1} - K_t}{Y_t} = k\left(\frac{Y_t - Y_{t-1}}{Y_t}\right) + ak.$$

Ainsi, le *taux d'investissement* $(K_{t+1} - K_t)/Y_t$ est égal à la somme de k fois le taux de croissance du produit, $(Y_t - Y_{t-1})/Y_t$, et d'un terme constant, ak, qui est donc indépendant de cette croissance.

L'accélérateur flexible

Le cas le plus courant est celui où l'on suppose que l'investissement — confondu avec l'investissement net, pour simplifier la présentation — dépend des variations du *revenu anticipé*, de sorte que le principe de l'accélérateur s'écrit :

(4) $$I_t = k(Y^a_{t+1} - Y^a_t),$$

où Y^a_{t+1} est le revenu anticipé en t pour la période $t + 1$.

Le revenu anticipé est supposé suivre la règle des ANTICIPATIONS ADAPTATIVES, de sorte qu'on a :

(5) $Y^a_{t+1} = \lambda Y_t + (1 - \lambda) Y^a_t$, avec $0 < \lambda < 1$.

Il s'ensuit, par récurrence, que :

$$Y^a_t = \lambda\Sigma(1 - \lambda)^i Y_{t-i}.$$

Par conséquent :

$$Y^a_{t+1} - Y^a_t = \lambda((Y_{t+1} - Y_t) + (1 - \lambda)(Y_t - Y_{t-1}) + (1 - \lambda)^2 (Y_{t-1} - Y_{t-2}) + ...)$$

et donc, en remplaçant dans (4) :

(6) $$I_t = \lambda\, k\, (Y_{t+1} - Y_t) + \lambda\, k\, (1 - \lambda)(Y_t - Y_{t-1}) + \lambda\, k(1 - \lambda)^2 (Y_{t-1} - Y_{t-2}) + ...$$

Ainsi, l'investissement à l'instant t dépend des variations passées du revenu, pondérées par les coefficients d'une progression géométrique de raison $1 - \lambda$ (donc strictement comprise entre 0 et 1). Par conséquent, on peut appliquer à la formule (6) la transformation de KOYCK, avec $a = 0$, $b = \lambda k$, $y_t = I_t$, $x_t = Y_{t+1} - Y_t$ et $1 - \lambda$ au lieu de λ ; il vient :

(7) $$I_t = \lambda k Y_t + (1 - \lambda) I_{t-1}.$$

La formule (7) est celle de l'*accélérateur flexible* : elle comporte un effet accélérateur — puisque l'investissement en t dépend du revenu (avec le coefficient « amorti » λk, strictement inférieur au coefficient de capital k) — mais aussi un « effet inertie », dû à la présence de l'investissement passé I_{t-1}. Ce qui est une conséquence directe du fait que les anticipations envisagées sont de type « adaptatif ».

Toutefois, on arrive à un résultat similaire si l'on suppose que l'investissement demande un *délai de réalisation* non négligeable, ou s'il peut être plus ou moins adapté aux variations observées de la demande, mais à certains coûts. En effet, dans l'un et l'autre cas on se trouve dans une situation formellement équivalente à celle que décrit la règle des anticipations adaptatives, avec des « ajustements » plus ou moins coûteux de l'investissement en cours de processus.

A propos des « fondements microéconomiques » de l'accélérateur

A l'origine de l'accélérateur, il y a une constatation d'ordre « technique » (que traduit le coefficient de capital), à laquelle se greffent des considérations « économiques » sur la plus ou moins grande utilisation des capacités de production. En fait, le phénomène décrit par l'accélérateur est par essence *hors équilibre*, les capacités de production s'adaptant de façon plus ou moins brutale aux variations de la demande. Le recours à des anticipations adaptatives, qui comportent des erreurs systématiques, est significatif de ce point de vue. Pour qu'il y ait équilibre, il faudrait donc supposer des PRÉVISIONS PARFAITES (ou, ce qui est pratiquement la même chose, des ANTICIPATIONS RATIONNELLES). Mais alors... il n'y a plus d'effet accélérateur, puisque l'évolution future de la demande est « parfaitement » connue, de sorte que l'offre peut s'adapter en permanence et « en douceur », dans une logique de CHOIX INTERTEMPOREL.

Malgré cela, les théoriciens néo-classiques cherchent à donner un FONDEMENT MICRO-ÉCONOMIQUE à l'accélérateur en recourant à la FONCTION DE PRODUCTION NÉO-CLASSIQUE et à leur cadre de référence préféré, celui de la concurrence parfaite. Toutefois, cette façon de faire pose problème dès le départ, puisque dans le modèle de l'accélérateur la décision d'investissement ne dépend pas des prix, mais des *variations de la demande*, c'est-à-dire de *quantités*, contrairement au principe même de la concurrence parfaite (où, par hypothèse, les choix sont faits sur la base du seul « signal-prix »). Un problème similaire apparaît d'ailleurs lorsqu'on tente de donner un « fondement microéconomique » à la fonction de consommation — la décision de consommer dépendant du revenu, et non des seuls prix (présents et futurs).

Une façon — apparente — de contourner ce problème consiste alors à utiliser l'hypothèse selon laquelle les RENDEMENTS D'ÉCHELLE sont constants. En effet, dans ce cas, *l'offre de concurrence parfaite est indéterminée* (si les prix et le salaire sont d'équilibre). Ainsi, comme à l'équilibre l'offre est égale à la demande, il s'ensuit que la production *d'équilibre* dépend de la quantité *demandée* de biens ; on peut donc considérer que la demande « détermine indirectement » l'investissement à travers l'offre qui permet de la satisfaire (investissement qui est supposé s'« adapter instantanément » aux variations de la demande).

Ce raisonnement comporte cependant un vice de forme, du point de vue néo-classique lui-même : il suppose que les entreprises décident de produire de façon à satisfaire la demande, *ce qui n'a aucune raison d'être*. Pourquoi le feraient-elles ? Et comment peuvent-elles connaître la demande qui s'adresse à elles ? Cette hypothèse pourrait être justifiée dans le cadre d'une *économie planifiée*, où le « centre » fixe parmi les objectifs des entreprises celui de satisfaire la demande, mais on est alors dans un modèle très différent.

Enfin, l'approche d'équilibre fondée sur la fonction de production néo-classique, avec « adaptations instantanées » et « en douceur » des capacités de production, fait perdre au modèle de l'accélérateur ce qui en est l'originalité — l'« effet accélérateur » lui-même, avec les « saccades » qu'il suppose. On retrouve la même critique que celle faite à l'hypothèse de prévisions parfaites.

Tout cela explique pourquoi le principe de l'accélérateur n'a pas vraiment acquis un droit de cité clairement reconnu dans les analyses théoriques usuelles, surtout celles qui prétendent chercher des fondements microéconomiques à la macroéconomie (et qui adoptent systématiquement un point de vue d'équilibre, peu compatible avec le principe de l'accélérateur). En revanche, comme il est difficile de nier l'existence de l'effet accélérateur (même s'il est plus ou moins « flexible »), celui-ci occupe une place non négligeable dans les modèles « appliqués » (économétriques).

Agent

Terme utilisé par les théoriciens NÉO-CLASSIQUES pour désigner les unités de décision de leurs modèles. Les « agents » des économistes sont l'équivalent des « acteurs » des sociologues ; mais à la différence d'eux, ils sont dégagés de toute attache culturelle ou sociale ; ce sont des entités ahistoriques et purement fonctionnelles. Les agents sont souvent assimilés à des individus (avec une volonté et des fins uniques), bien qu'en fait les termes utilisés pour les désigner évoquent des *conglomérats d'individus* — comme c'est le cas pour les MÉNAGES et les entreprises de la MICROÉCONOMIE.

Les agents sont caractérisés par leur *fonction* ou par leur activité ; ainsi, l'entreprise a pour fonction de produire, le ménage de consommer, bien que l'entreprise « consomme » aussi (des matières premières, par exemple) et que le ménage « produise » (en travaillant).

Le *but* d'un agent est de *maximiser une fonction-objectif* (utilité ou profit, selon le cas) sous des contraintes qui dépendent du cadre institutionnel dans lequel la maximisation a lieu et des ressources dont l'agent dispose. La décision qu'il prend est aussi fonction de ses CONJECTURES concernant les réactions des autres agents économiques.

Agent représentatif

Expression dont la paternité revient à Alfred MARSHALL — qui l'a utilisée dans les années 1920, où elle a d'ailleurs donné lieu à de nombreuses controverses —, mais qui a été reprise dans le milieu des années 1970, dans une perspective très différente, par le courant dit des NOUVEAUX CLASSIQUES, en MACROÉCONOMIE. En fait, la notion d'agent représentatif n'est jamais clairement définie ; cela est probablement dû à ce que l'utilisation du mot « représentatif » laisse entendre qu'on est en présence d'une sorte d'agent « synthétique », « moyen », qui représenterait la « communauté dans son ensemble ». Or il n'en est rien : l'agent représentatif des modèles macroéconomiques étant *seul*, il ne représente que lui-même. Souvent, il est fait allusion, à son propos, à « grand nombre d'agents *identiques* », mais cela n'apporte rien, si ce n'est la confusion, puisque des agents identiques ne font pas d'échanges entre eux et se comportent donc « comme un seul homme » (c'est d'ailleurs pour cela qu'on les suppose identiques). Ainsi, Thomas Sargent, l'un des premiers à avoir fait appel à la notion d'agent représentatif, au sens que lui donnent les nouveaux classiques, écrit dans son ouvrage *Macroeconomic Theory* (Academic Press, 1979) : « Plutôt que d'avoir à traîner tout du long le nombre d'entreprises et le nombre de ménages en tant que paramètres, ce qui alourdit la présentation, nous utilisons le moyen astucieux (*standard device*) que sont les agents “représentatifs”. Ce qui revient, pour l'essentiel, à faire l'hypothèse que toutes les entreprises sont identiques, ainsi que tous les ménages, ce qui permet, sur un plan technique, de ne plus avoir besoin de devoir tenir compte, en permanence, de leur nombre » (p. 371).

Ainsi, l'hypothèse de l'agent représentatif ne serait qu'un « truc », qui simplifierait l'étude des modèles en évitant d'avoir à écrire chaque fois les paramètres que sont le nombre d'agents de chaque type, sans que cela change rien sur le fond. On se demande si Thomas Sargent, auteur ayant un grand prestige académique, prend ses lecteurs pour des imbéciles, ou s'il est tellement obnubilé par les équations (macro) de ses modèles, qu'il ne voit même pas que le problème n'est pas celui du nombre d'agents (identiques), mais celui de leur *hétérogénéité*. Car ce problème est connu de tous les macroéconomistes : c'est celui de l'AGRÉGATION, des biens et des comportements ; il est également connu (et facile à comprendre) qu'il est insoluble.

En fait, les auteurs qui parlent d'agent représentatif en faisant allusion à « un grand nombre d'agents identiques » se gardent, en général, d'en dire plus (le truc de la « simplification » consistant à réduire le nombre de paramètres étant trop gros). Car, s'ils le faisaient, ils seraient obligés de reconnaître le caractère absurde de la notion d'agent représentatif, dont l'existence même prouve l'échec du programme dit de « recherche des FONDEMENTS MICROÉCONOMIQUES DE LA MACROÉCONOMIE ».

L'agent représentatif ou l'échec des « fondements microéconomiques de la macroéconomie »

La notion d'agent représentatif étant apparue dans les années 1970, on pourrait voir en elle une « avancée », une idée nouvelle permettant à la théorie économique de progresser vers une meilleure compréhension du monde qui nous entoure (grâce notamment à l'utilisation de techniques mathématiques relativement complexes — qui relèvent essentiellement du contrôle optimal — qui peuvent faire croire à une analyse plus fine, plus précise, de la réalité). Or il n'en est rien : l'hypothèse de l'agent représentatif qui consiste à réduire la société à un individu (un centre de décision) constitue un *bond en arrière* par rapport au projet (utopique) d'essayer d'expliquer les phénomènes d'ensemble, « macro », à partir des comportements d'une multitude d'unités de base, « micro » — ce qu'on a appelé « fonder microéconomiquement la macroéconomie ». Il y a bond en arrière — ou échec — puisque, alors que l'idée de départ était d'étudier les conséquences globales des interactions des décisions individuelles, on parvient finalement à une situation où on supprime ces interactions, en supposant qu'il n'y a plus qu'un seul décideur, l'agent représentatif. Évidemment, on peut toujours chercher à caractériser les choix de cet agent hypothétique, et donc parler de « fondement macroéconomique », mais c'est en jouant sur les mots —, tout en entretenant la confusion en évoquant le « grand nombre d'agents *identiques* ».

L'échec des « fondements microéconomiques de la macroéconomie » était déjà inscrit dans la constatation, ancienne et évidente, qu'il n'est pas possible de fabriquer une sorte d'individu synthétique à partir des seules caractéristiques d'individus du même type (ménages, entreprises, ou toute autre chose), mais hétérogènes (même faiblement). A cette impossible agrégation « directe » est venue s'ajouter une autre impossibilité : celle qui découle du théorème de SONNENSCHEIN — l'agrégation « indirecte », par le biais d'un système de prix, ne conduit à aucune conclusion précise concernant la forme des demandes nettes. Pour une étude plus détaillée de ce dernier point, voir l'article d'Alan Kirman : « Whom or what does the representative individual represent ? », *Journal of Economic Perspective*, 1992 (traduit dans *Problèmes économiques*), article très critique auquel personne n'a jamais répondu — l'« agent représentatif » continuant malgré tout à occuper, comme si de rien n'était, une place essentielle dans les traités et les cours de macroéconomie.

Le modèle type avec agent représentatif considère un « ménage représentatif » et une « entreprise représentative ». Comme le ménage est propriétaire de l'entreprise (il en touche les profits, quand il y en a), c'est en fait lui le seul centre de décision : il décide le temps qu'il va consacrer au travail et au loisir, et la part du produit qu'il va consommer (il utilise le reste en vue de sa production et de sa consommation futures), tout cela en cherchant à maximiser sa fonction d'utilité intertemporelle — compte tenu des contraintes imposées par les conditions de production. La situation est celle d'un Robinson Crusoé, seul sur son île — ce que d'ailleurs bon nombre de modélisateurs (surtout les Américains) ne cachent pas (pour plus de détails, voir le tome II de *La théorie économique néoclassique* de B. Guerrien, coll. « Repères », La Découverte, 2000).

Une macroéconomie dénaturée

La vocation de la macroéconomie est d'étudier l'économie « dans son ensemble », notamment à travers l'évolution des grands agrégats, production, consommation, emploi, masse monétaire, niveau des prix, ainsi que les relations qu'ils peuvent entretenir. Or la macroéconomie « à agent représentatif » décrit une économie « à la Robinson », dont elle cherche à caractériser le choix (intertemporel). On passe ainsi d'une étude (ou d'une réflexion) d'une société, avec ses multiples interdépendances — et ses inévitables dysfonctionnements — à celle des décisions d'un seul individu, qui est censé « représenter » cette société (ce qui est un non-sens). Ce n'est plus de la macroéconomie, mais de la microéconomie (de Robinson). Évidemment, il est toujours formellement possible d'appeler « produit national » la production de Robinson, « emploi » le temps qu'il décide de consacrer au travail, « investissement » la part du produit qu'il consacre à la production de biens futurs, etc., mais cela est absurde (comme ce l'est de faire des comparaisons avec les évolutions effectivement observées, dans tel ou tel pays).

Pour ajouter à la confusion, et faire croire qu'on est vraiment en macroéconomie, avec « beaucoup » d'agents, il est devenu usuel d'introduire des *prix* (salaire, taux d'intérêt) dans ce type de modèle ; ce qui est une absurdité de plus : avec qui Robinson échangerait-il, puisqu'il est seul, par définition ? La démarche suivie est alors la suivante : on cherche, à ces prix, la demande de biens et l'offre de travail des « ménages » (tous identiques), ainsi que l'offre de biens et la demande de travail des « entreprises » (toutes identiques). Si les prix, donnés, égalisent les offres et les demandes globales, si les agents se comportent en « preneurs de prix », alors on dit qu'on est en présence d'un équilibre de CONCURRENCE PARFAITE (ou walrasien). Puis on remarque — en évoquant les théorèmes de l'ÉCONOMIE DU BIEN-ÊTRE — que les choix de cet équilibre (production, consommation, etc.) coïncident avec ceux de Robinson (le ménage propriétaire de l'entreprise), ce qui n'est pas surprenant, si on connaît les (vraies) hypothèses de la concurrence parfaite.

Ainsi, là où il n'y a qu'un individu qui décide de l'affectation des ressources, on fait apparaître des prix, des offres, des demandes, de la « concurrence », un équilibre : c'est le miracle de la multiplication des pains ! Pour avoir des exemples de construction de ce genre d'usine à gaz, voir par exemple, *Macroéconomie* de Robert Barro (dont le chapitre II s'intitule « Travail, production et consommation : l'économie de Robinson Crusoé », ce qui annonce bien la couleur), Dunod (1986) ; *Macroéconomie avancée* de David Romer (notamment, le chapitre II), Mc Graw Hill (1996) ; *La croissance économique*, de Barro et Xavier Sala-I-Martin, Ediscience (1996).

Le délire ne s'arrête d'ailleurs pas là : puisqu'on y est, pourquoi ne pas introduire de la « monnaie » — et donc une « banque centrale » qui l'émet, sans savoir pourquoi —, des « rigidités » (temps de travail ou « salaire » fixés *a priori*), des rationnements ? Avec un peu d'imagination, on y parvient facilement... ce qui donne lieu à de nouveaux développements mathématiques, d'autant plus compliqués qu'on est en présence d'une fonction-objectif (utilité intertemporelle) et d'une contrainte (possibilités de production) non linéaires, avec un horizon infini.

Les spéculations sur les choix de ce Robinson masochiste ne font évidemment avancer en rien la compréhension du monde réel ; bien au contraire : elles entretiennent la confusion, sans parler de l'énergie dévoyée dans l'étude de ces modèles sans aucun intérêt.

Agent représentatif et idéologie

L'approche par l'agent représentatif est une aberration, une absurdité pour toute personne qui ne se laisse pas impressionner par les équations des modèles auxquels elle donne lieu. Pourtant, après quelques réticences, elle a réussi à s'imposer dans le milieu académique, au point qu'il n'y a pratiquement plus de cours ou de traité de macroéconomie qui ne se réfère, plus ou moins abondamment, à l'agent représentatif — sans justifier sa présence, si ce n'est par l'allusion au « grand nombre d'agents identiques ». Comment expliquer cet aveuglement collectif, qui rappelle celui concernant la concurrence parfaite, donnée comme exemple de « décentralisation » alors qu'elle décrit une économie extrêmement centralisée ? On ne voit qu'une seule explication : les préjugés, les idées ou les croyances *a priori* — en un mot, l'idéologie. Dans le cas présent, celle-ci est fondée sur la croyance profondément ancrée chez les théoriciens actuels (surtout, les néoclassiques) que pour qu'une explication en économie soit « rigoureuse », et donc acceptable, il faut qu'elle résulte des comportements maximisateurs individuels. En dehors de cela, point de salut ! La « rigueur » viendrait de l'utilisation des mathématiques — qui sont relativement adaptées à la recherche d'extremums d'une fonction. Que faire alors, face à l'impossibilité de l'agrégation (et, de façon secondaire, aux problèmes posés par le théorème de Sonnenschein) ? Adopter directement un point de vue global, à la façon de la macroéconomie « à l'ancienne », inspirée de Keynes ? Impossible, car ce serait abandonner l'idée « fondatrice » de la théorie « moderne », selon laquelle tout doit être expliqué à partir de maximisations individuelles. En se rabattant sur une seule maximisation — celle de l'agent représentatif —, avec calcul de dérivées de fonctions plus ou moins compliquées (laplaciens ou hamiltoniens) et références à l'équilibre général, on sauve les apparences — ainsi que le message fondamental, qui est celui d'associer optimalité et « marché concurrentiel » —, en faisant croire que la démarche est « rigoureuse ». Ce qui est essentiel pour ceux qui font appel à l'agent représentatif — l'idéologie l'emportant sur le bon sens, comme cela est si fréquent.

À l'origine de la notion d'agent représentatif : la critique de Lucas

L'idée même d'agent représentatif est difficile à accepter, pour toute personne raisonnable. En fait, elle s'est imposée non pas de but en blanc, clairement, mais à travers un cheminement assez compliqué. Au départ, il y a eu les défaillances des grands modèles économétriques, au début des années 1970 (l'évolution de l'économie n'étant pas celle d'un grand fleuve tranquille...), que beaucoup — les « keynésiens » — présentaient alors comme des instruments permettant de gérer au plus près la conjoncture économique. Le terrain était favorable à la critique, des modèles mais aussi des politiques économiques en général — en tant que facteurs perturbant les « marchés ». Aux attaques déjà anciennes de Milton FRIEDMAN, vinrent s'ajouter celles des « nouveaux classiques », et tout particulièrement de Robert Lucas. Celui-ci remarqua que les paramètres (les « coefficients des variables ») des équations des modèles économétriques étaient considérés comme invariants lorsque les politiques économiques étaient modifiées (par exemple, lorsque les impôts sont augmentés). Or, comme des agents rationnels changent de comportement en fonction des circonstances, il en est de même des coefficients des modèles qui traduisent ce comportement (par exemple, la propension marginale à consommer). Autrement dit, la politique économique menée par l'État a pour effet de modifier, à la fois, des variables du modèle et certains de ses coefficients (si ce n'est tous) — donc le modèle lui-même. D'où les mauvais résultats obtenus.

Pour éviter le problème, Lucas propose alors de partir des paramètres de base de l'économie, qui ne dépendent pas de ces phénomènes passagers que sont les politiques économiques ; ces paramètres sont ce que les théoriciens de l'équilibre général appellent les « fondamentaux » de l'économie : goûts, dotations initiales, techniques disponibles. Tel est le socle sur lequel devraient être bâtis les nouveaux modèles macroéconomiques, en séparant clairement ce qui relève de la « structure » de base de l'économie de ce qui relève des comportements et des variations conjoncturelles de la politique économique. Voilà qui semble séduisant : on sépare les torchons des serviettes, ce qui est permanent de ce qui est passager. Mais comment va-t-on alors caractériser les fondamentaux ? Va-t-on faire comme en équilibre général, en supposant un nombre quelconque d'agents, hétérogènes ? Si oui, on retombe sur tous les problèmes que pose ce modèle (à commencer par l'origine des prix) : rien de neuf. Alors, on dira que, puisqu'on est en macroéconomie, on prend un « agent représentatif », dont les caractéristiques résument (on ne sait comment) celles de la société dans son ensemble ; on parlera de « tradition walrasienne », on évoquera la « rigueur » de l'approche d'équilibre général, et ainsi de suite. L'habitude — et l'enseignement — aidant, l'idée s'est ainsi imposée, au point d'apparaître comme allant de soi (« mais, voyons, c'est normal, puisqu'on est en macroéconomie ! »). Pour combien de temps ?

Agrégation (problème de l')

Problème qui apparaît lorsqu'on cherche à identifier un ensemble de biens à un bien unique, ou un ensemble de comportements à celui d'un agent unique. Le problème de l'agrégation se pose essentiellement au moment du passage de la MICROÉCONOMIE à la MACROÉCONOMIE, la première traitant des comportements individuels, alors que la seconde s'intéresse aux relations entre des *agrégats*, tels que le revenu national, la masse monétaire, le niveau des prix, la consommation, l'investissement, etc. En fait, il n'y a pas *un* problème de l'agrégation, mais *deux*, le premier concernant les biens, le second, les comportements.

Le problème de l'agrégation des biens

L'agrégation des biens consiste à passer d'un PANIER DE BIENS $(q_1, \ldots, q_n)$, où q_i est une quantité du bien i, à un bien unique, qui sert d'agrégat. Il est clair que ce passage se traduit par une *importante perte d'information.* Comment choisir alors un agrégat ? On songe d'abord à une *moyenne*, mais cela n'a pas de sens d'additionner des quantités de biens mesurées dans des unités différentes (kilos, litres, mètres, watts, etc.). D'où l'idée de recourir à un *système de prix*, qui permet de tout ramener à des entités commensurables, car exprimées en valeur ; l'agrégat qui vient alors à l'esprit pour caractériser le panier de biens $(q_1, \ldots, q_n)$ est sa *valeur* :

$$\Sigma\, p_i q_i,$$

où p_i est le prix du bien i.

Le principal problème posé par cet agrégat est qu'il dépend tout autant du panier de biens considéré que du système des prix utilisé pour l'évaluer. Ainsi, lorsqu'on compare deux états de l'économie, deux équilibres par exemple, les effets prix interfèrent avec les effets quantité, sans qu'il soit possible de distinguer ce qui est dû à l'un de ces effets de ce qui est dû à l'autre. Par exemple, si l'on suppose qu'il n'y a que deux biens, 1 et 2, et qu'on a :

— à l'équilibre E, une production $Q^E = (q_1^E, q_2^E)$ aux prix $P^E = (p_1^E, p_2^E)$,

— à l'équilibre F, une production $Q^F = (q_1^F, q_2^F)$ aux prix $P^F = (p_1^F, p_2^F)$,

alors l'agrégat « produit national » vaut à l'équilibre E : $R_E = P^E \cdot Q^E = p_1^E q_1^E + p_2^E q_2^E$, tandis qu'à l'équilibre F il vaut $R_F = P^F \cdot Q^F = p_1^F q_1^F + p_2^F q_2^F$. On a alors :

$$\begin{aligned} R^E - R^F &= p_1^E q_1^E + p_2^E q_2^E - p_1^F q_1^F - p_2^F q_2^F \\ &= p_1^E q_1^E - p_1^F q_1^F + p_2^E q_2^E - p_2^F q_2^F . \end{aligned}$$

Le membre de droite de cette égalité est la somme de deux expressions de la forme $p_i^E q_i^E - p_i^F q_i^F$ $(i = 1, 2)$, qui peuvent s'écrire (en « intercalant » le produit $p_i^E q_i^F$) :

$$\begin{aligned} p_i^E q_i^E - p_i^F q_i^F &= p_i^E q_i^E - p_i^E q_i^F + p_i^E q_i^F - p_i^F q_i^F \\ &= p_i^E (q_i^E - q_i^F) + (p_i^E - p_i^F) q_i^F . \end{aligned}$$

Ainsi, la différence entre les « produits nationaux » R^E et R^F dépend à la fois des « effets quantité » $p_i^E (q_i^E - q_i^F)$ et des « effets prix » $(p_i^E - p_i^F) q_i^F$ $(i = 1, 2)$, qu'il n'est pas possible de séparer.

Le problème de l'agrégation se pose tout particulièrement lorsqu'on considère un agrégat tel que le CAPITAL — qui doit représenter à la fois les machines, les équipements et les matières premières — comme argument d'une FONCTION DE PRODUCTION. En effet, celle-ci donne la (plus grande) quantité de produit qu'il est possible d'obtenir à partir des diverses combinaisons d'INPUTS (ou de « facteurs ») envisageables ; elle est un condensé des *techniques* dont dispose l'entreprise qu'elle « représente ». Les NÉO-CLASSIQUES classent d'ailleurs les techniques disponibles parmi les FONDAMENTAUX de l'économie, qui sont pour eux la « cause » ultime de tous les phénomènes économiques (et donc, en particulier, des prix). Toutefois, lorsqu'ils font appel à l'agrégat « capital », ils introduisent subrepticement dans la fonction de production un système de prix (celui qui sert au calcul de cet agrégat), qui ne fait pas partie des fondamentaux ; leur raisonnement devient alors circulaire — les prix (qui servent à calculer le capital) « expliquent » les prix (qui résultent de l'utilisation du capital) ; d'où l'apparition de paradoxes, tel celui du RETOUR DES TECHNIQUES.

En fait, la *seule* façon de résoudre le problème de l'agrégation des biens consiste... à faire disparaître ce problème, en supposant que l'économie ne comporte qu'un seul bien (le « blé », par exemple) — quitte à qualifier ce bien de « représentatif ». C'est ce que font, par exemple, les modèles de CROISSANCE inspirés de celui de SOLOW.

L'agrégation des agents

Le problème de l'agrégation des agents peut être posé à deux niveaux :
— un niveau « fort », qui traite du passage d'un groupe d'agents à un agent unique, dont il est le « représentant » (du même type qu'eux) ;
— un niveau plus « faible », où le propos est d'établir des similitudes entre les comportements agrégés et les comportements individuels.

L'agrégation au niveau « fort » ne peut jamais être réalisée, notamment en raison des *effets de répartition*. On peut voir facilement pourquoi il en est ainsi en considérant le cas le plus simple possible — et le plus « favorable » à l'agrégation —, celui où il n'y a qu'un seul INPUT et deux entreprises, qui ont la même fonction de production $f(\cdot)$. L'agrégation au niveau « fort » signifie alors qu'on représente l'ensemble formé par ces deux entreprises par une fonction de production unique, $F(\cdot)$. Si c'était possible, alors pour une quantité d'input q la production serait *à la fois* donnée par $F(q)$ — par définition de la fonction agrégée — et par la somme des productions « individuelles » compte tenu de ce que la quantité totale d'input est limitée à q, c'est-à-dire par :

$$f(q_1) + f(q_2) \text{ avec } q_1 + q_2 = q.$$

Or il est clair qu'en dehors du cas très particulier où f est une *fonction affine* (du type $f(x) = ax + b$), la production $f(q_1) + f(q_2)$ dépend de la façon dont la quantité d'input q est *répartie* entre les deux entreprises ; autrement dit, en dehors du cas affine, le nombre $F(q)$ n'est pas défini de façon unique, et $F(\cdot)$ n'est pas une fonction au sens où on l'entend habituellement.

Comme l'agrégation « forte » des comportements n'est donc pas possible, il reste alors à étudier le cas « faible », dans lequel la résultante des comportements d'individus du même type préserve certaines de leurs caractéristiques communes (par exemple, la demande décroît lorsque le prix augmente), de sorte que cette résultante puisse être considérée comme émanant d'un individu qui « représente » le groupe envisagé.

La situation la plus simple pour étudier l'agrégation des comportements est celle de la CONCURRENCE PARFAITE, où les agents font leur choix en ne se fondant que sur les prix affichés des biens. Or, il se trouve qu'alors *la résultante de ces choix peut prendre n'importe quelle forme* ; par conséquent, elle n'a rien à voir avec celles des choix individuels (théorème de SONNENSCHEIN). L'agrégation « faible », qui consiste à assimiler le comportement d'un groupe à celui de ses composantes, ne peut donc pas non plus être justifiée (voir aussi l'encadré sur « La possible non-rationalité des demandes globales » dans l'entrée sur les PRÉFÉRENCES RÉVÉLÉES).

Conclusion

Le problème de l'agrégation est insoluble, ce qui n'a rien d'étonnant ; il n'y a, en effet, pas de raison pour qu'on puisse, d'une part, représenter un ensemble de biens dans toute sa diversité par un bien unique et, d'autre part, réduire un groupe d'individus maximisateurs à un seul individu, lui-même maximisateur (de quoi ?). Le fait que ce problème soit insoluble est d'ailleurs connu depuis longtemps — il est résumé par la constatation « ancienne » selon laquelle « il n'y a pas de pont » (*no bridge*) entre la microéconomie et la macroéconomie. Ce qui en soi n'a rien de dramatique : pourquoi serait-il interdit de raisonner de façon globale, directement — comme le fait par exemple KEYNES lorsqu'il introduit le concept de fonction de CONSOMMATION —, sans chercher à tout ramener au comportement de ces unités élémentaires de la société que seraient les ménages et les producteurs individuels ? D'ailleurs, les physiciens et les biologistes — pour ne parler que d'eux — utilisent en permanence dans leurs raisonnements des catégories globales (corps, gaz, cellules, organes, par exemple), sans sentir le besoin de les réduire à tout prix à un ensemble de particules élémentaires (sur lequel ils ne pourraient alors pas dire grand-chose).

Le caractère insoluble du problème de l'agrégation explique pourquoi les néo-classiques à la recherche de FONDEMENTS MICRO-ÉCONOMIQUES de la macroéconomie font appel systématiquement à des biens et à des agents « représentatifs », chacun étant unique en son genre (les modèles ne comportant souvent qu'un bien, en dehors du travail — et, éventuellement, de la monnaie — et un ou deux agents).

Analyse entrées-sorties

Modèles à l'origine desquels se trouve Wassily Leontief (né en 1906), et dont le but est d'étudier et de décrire les interdépendances des diverses branches de l'économie. Ce modèle suppose des RENDEMENTS D'ÉCHELLE constants et des INPUTS strictement complémentaires ; les relations entre branches sont donc caractérisées par des coefficients techniques constants.

Ainsi, si l'économie comporte n branches, chacune produisant un bien particulier, alors on note a_{ij} la quantité de bien i nécessaire pour produire une unité de bien j ; a_{ij} est donc le *coefficient technique* qui lie i et j. L'ensemble des coefficients techniques est regroupé dans une matrice — notée **A** — dont chaque colonne représente une industrie et chaque ligne un bien ; lorsque la production de la branche j est x_j, alors la quantité $a_{ij}\,x_j$ est la *consommation intermédiaire* du bien i par la branche j pour cette production. Par conséquent, la consommation intermédiaire du bien i pour le vecteur de production $X = (x_1, \dots, x_n)$ est donnée par :

$$a_{i1}x_1 + \dots + a_{in}x_n.$$

Si l'on tient aussi compte de la *demande finale* du bien i, y_i, alors la production totale x_i du bien i s'écrit :

(1) $$x_i = a_{i1}x_1 + \dots + a_{in}x_n + y_i.$$

La relation (1), pour $i = 1, \dots, n$, s'écrit sous forme matricielle :

(2) $$X = \mathbf{A}X + Y,$$

où X est la matrice-colonne des productions et Y celle des demandes finales (**A**X donnant les consommations intermédiaires).

L'égalité matricielle (2) peut se mettre sous la forme :

$$X - \mathbf{A}X = Y,$$

ou encore :

$$(\mathbf{I} - \mathbf{A})\,X = Y.$$

Si $\mathbf{I} - \mathbf{A}$ est inversible, alors :

$$X = (\mathbf{I} - \mathbf{A})^{-1}Y.$$

Ainsi, pour obtenir les demandes finales Y, il faut mettre en œuvre les productions données par le vecteur $(\mathbf{I} - \mathbf{A})^{-1}Y$. Toutefois, ces productions n'ont de sens que si cette expression est à éléments non négatifs ; or, tel est le cas si la matrice **A** est, par exemple, une MATRICE PRODUCTIVE. Ce qui s'explique : si les coefficients techniques étaient tels que les consommations intermédiaires de certains biens étaient supérieures à leur production, alors le système ne serait pas viable ; il ne pourrait donc dégager des demandes finales positives.

Tel est le principe du modèle de Leontief, qui est par exemple à la base du tableau d'échanges interindustriels (TEI) de la comptabilité nationale. Ce modèle a été étendu dans plusieurs directions, notamment pour traiter de la croissance — comme l'a fait notamment VON NEUMANN.

Anticipations adaptatives

Règle qui consiste à prévoir la valeur future d'une variable à partir de sa valeur présente et de l'erreur de prévision faite à la période passée ; c'est la prise en compte de cette erreur — affectée d'un coefficient strictement compris entre 0 et 1 — qui est à l'origine du terme « adaptatif ».

Le principe des anticipations adaptatives a été critiqué par les NOUVEAUX CLASSIQUES, pour lesquels des individus rationnels prennent leurs décisions en se servant de l'information « présente », et non passée. Le schéma adaptatif suppose des erreurs systématiques, puisqu'il fait intervenir de façon cumulative les erreurs passées, même si leurs effets s'atténuent progressivement avec le temps.

La formule

La règle des anticipations adaptatives peut être formulée de la façon suivante : *la variation de la valeur anticipée d'une variable, entre deux périodes, est proportionnelle — selon un coefficient constant dans le temps — à l'erreur d'anticipation commise à la période précédente.* Ce qui s'écrit, si l'on note x_t^a la valeur anticipée, en $t-1$, de la valeur de x en t :

(1) $x_t^a - x_{t-1}^a = \lambda(x_t - x_{t-1}^a)$ avec $0 < \lambda < 1$.

La relation (1) ne permet pas de calculer la valeur anticipée de x, puisque seule x_t est connue. On va donc la transformer, de façon à obtenir la valeur anticipée à partir des seules valeurs passées (et observées). Pour cela, on remarque que (1) peut se mettre sous la forme :

(2) $x_t^a = \lambda x_t + (1 - \lambda)\, x_{t-1}^a$

(la valeur anticipée en t est une moyenne pondérée de la valeur observée en t et de la valeur anticipée en $t-1$).

De (2) il vient par récurrence :

$$x_t^a = \lambda\Sigma(1 - \lambda)^i x_{t-i},$$

l'indice i variant de 0 à l'infini.

Ainsi, la règle des anticipations adaptatives revient à établir des prévisions à partir d'une somme pondérée des valeurs passées de la variable, les coefficients de pondération décroissant de façon exponentielle au fur et à mesure que le passé s'éloigne.

Anticipations rationnelles

Cas particulier de PRÉVISION PARFAITE, dans lequel il peut exister des événements aléatoires, mais où la prévision est « parfaite » car elle est faite à partir des lois de probabilité effectivement suivies par les phénomènes étudiés. Des anticipations rationnelles ne conduisent généralement pas forcément à des prévisions « exactes » ; mais si erreur il y a, elle ne peut être systématique car, si elle l'était, des agents rationnels s'en apercevraient et l'intégreraient dans leurs calculs. C'est John Muth qui, en 1960, a le premier avancé un argument de ce type pour justifier l'idée d'anticipations rationnelles, concept repris ensuite par les NOUVEAUX CLASSIQUES, puis par la plupart des macroéconomistes des années soixante-dix et quatre-vingt, qui reprochaient à la règle souvent utilisée des ANTICIPATIONS ADAPTATIVES d'être à l'origine d'erreurs systématiques.

Toutefois, la « rationalité » que suppose le concept d'anticipations rationnelles est bien plus forte que ce qu'on entend habituellement, puisqu'elle suppose une connaissance de l'ensemble des caractéristiques de l'économie dont l'individu rationnel fait partie, et non seulement des paramètres qui le concernent directement. Autrement dit, pour faire des anticipations rationnelles, il faut connaître le « vrai modèle de l'économie », dans le sens où les variables de ce modèle prennent la valeur prévue (à un facteur aléatoire près), et non seulement « utiliser au mieux l'information disponible », comme cela est trop souvent affirmé (voir, à ce propos, l'encadré ci-après).

Anticipations rationnelles, équilibre intertemporel et autoréalisation

Comme les anticipations rationnelles sont un cas particulier de prévisions parfaites, elles présentent les mêmes caractéristiques que celles-ci ; elles supposent donc l'équilibre intertemporel et l'AUTORÉALISATION des croyances des agents.

Le lien établi entre équilibre et rationalité part de la définition même de l'ÉQUILIBRE : puisque celui-ci est une situation où les agents (rationnels) ne sont pas incités à modifier leurs plans, leurs anticipations ne peuvent pas y être (systématiquement) erronées ; si elles l'étaient, ils regretteraient leur choix, ce qui est incompatible avec l'équilibre (il suffit qu'un seul agent manifeste un tel regret pour qu'il n'y ait pas équilibre).

La relation entre anticipations rationnelles et autoréalisation des croyances de ceux qui font de telles anticipations provient, quant à elle, de ce que tout choix rationnel suppose une représentation préalable de l'économie par celui qui choisit, représentation qui prend la forme d'un modèle. Pour qu'il y ait anticipations rationnelles, il faut que ce modèle soit à l'origine d'actions qui « engendrent » les situations qu'il décrit ; les choix effectués sont donc confirmés (ou « autoréalisés ») : on retrouve l'idée d'équilibre.

Ainsi, les croyances des agents jouent un rôle essentiel dans l'hypothèse d'anticipations rationnelles (croyances qui concernent, rappelons-le, des distributions de probabilité et non des valeurs « ponctuelles »). Ces croyances sont en fait un paramètre que se donne *a priori* le modélisateur. Celui-ci suppose généralement qu'elles sont « walrasiennes », c'est-à-dire que les agents ont un comportement de CONCURRENCE PARFAITE, et qu'ils connaissent les prix d'équilibre ; les NOUVEAUX CLASSIQUES font, par exemple, cette hypothèse (qui implique, entre autres, le plein emploi permanent).

Un exemple simple

Cet exemple est proche de celui qui a servi à Muth pour introduire le concept d'anticipation rationnelle ; il reprend le cadre du modèle du COBWEB à un bien, dont l'offre et la demande sont égales à chaque période, avec cependant un décalage d'une période entre le moment où la production est mise en œuvre et celui où elle est disponible. L'équation de demande est supposée être de la forme (affine) :

(1) $d_t = a - bp_t + \varepsilon_t$ (avec $a > 0$, $b > 0$),

où ε_t est une *perturbation aléatoire*.

L'hypothèse d'anticipations rationnelles implique que les agents du modèle connaissent l'équation (1) mais aussi la *loi de probabilité* que suit ε_t, loi de probabilité dont il est généralement supposé qu'elle est — pour des raisons de simplicité — *normale*, *centrée* (d'espérance nulle) et de variance v quelconque (les agents connaissent donc v). Dans ces conditions, le prix p_t suit aussi une loi normale, dont le modèle permet — entre autres — de préciser les paramètres.

L'offre s_t du bien à la période t est supposée dépendre de son prix anticipé en $t - 1$, p^a_{t-1}, et de la variance (également anticipée) de ce prix, $\sigma^{2\,a}_{t-1}$. Plus précisément, elle est supposée être de la forme :

(2) $s_t = cp^a_{t-1} - d\sigma^{2\,a}_{t-1}$ (avec $c > 0$, $d > 0$),

où $\sigma^{2\,a}_{t-1}$ est un indicateur de *risque* (le fait qu'il soit affublé d'un coefficient négatif signifie que les producteurs ont de l'AVERSION POUR LE RISQUE, puisque plus la variance du prix anticipé est grande et plus ils limitent leur offre).

Comme, par hypothèse, $d_t = s_t$ (l'offre et la demande sont égales à la période t, quelle qu'elle soit), il découle de (1) et (2) et de cette condition d'équilibre que :

$$a - bp_t + \varepsilon_t = cp^a_{t-1} - d\sigma^{2\,a}_{t-1}$$

et donc que :

$$p_t = \frac{a - cp^a_{t-1} + d\sigma^{2\,a}_{t-1} + \varepsilon_t}{b}.$$

Le prix p_t suit donc, comme ε_t, une loi normale d'espérance :

$$(3) \qquad E(p_t) = \frac{a - cp^a_{t-1} + d\sigma^{2\,a}_{t-1}}{b}$$

puisqu'on a supposé que $E(\varepsilon_t) = 0$, et de variance v/b^2 (puisque $1/b$ est le coefficient de ε_t, seul terme aléatoire dans la formule qui donne p_t, et dont la variance est v).

Il résulte de l'hypothèse d'anticipations rationnelles que les producteurs peuvent calculer — comme cela vient d'être fait — l'espérance et la variance de p_t ; comme la seule chose qu'ils ignorent, en $t - 1$, c'est la valeur en t de la « perturbation » ε_t, ils vont prendre pour prix anticipé l'espérance mathématique du prix en t ; autrement dit, ils vont poser :

$$p^a_{t-1} = E(p_t).$$

D'où, en remplaçant dans (3), après avoir tenu compte de ce que $\sigma^{2\,a}_{t-1} = v/b^2$ (prévision exacte de la variance du prix) :

$$(4) \qquad E(p_t) = \frac{a + d\frac{v}{b^2}}{b + c}.$$

Ainsi, si les anticipations sont « rationnelles », le prix p_t suit une loi normale d'espérance $(a + dv/b^2)/(b + c)$ et de variance v/b^2, la production étant donnée par l'équation (2) et la variance anticipée par v/b^2. Comme cette offre est calculée de façon à satisfaire la demande, au terme aléatoire près, il y a donc autoréalisation.

Si on supprime le terme aléatoire (en faisant $v = 0$), on retrouve le cas où il y a prévision parfaite, cas dans lequel les offreurs déterminent le prix d'équilibre « de long terme » du modèle, $a/(b + c)$, et font l'offre d'équilibre (concurrentiel) à ce prix. La présence du terme aléatoire ε_t fait que prix et production varient de façon aléatoire autour des valeurs « de long terme », et il n'y a plus de « toile d'araignée » proprement dite (celle-ci est remplacée par un « nuage de points » entourant le point où les courbes d'offre et de demande se coupent).

On peut aussi noter à propos de ce modèle que :

— l'hypothèse $E(\varepsilon_t) = 0$ pour tout t est, ici, une des traductions mathématiques de l'idée d'absence d'erreur systématique dans les prévisions ; car si on avait $E(\varepsilon_t) = \alpha$, alors on pourrait poser $\varepsilon_t = \alpha + \varepsilon_t'$, et remplacer dans (1), de sorte que α viendrait s'ajouter au « terme constant » a, et ε_t' remplacer ε_t (avec $E(\varepsilon_t') = 0$) ;

— l'hypothèse d'anticipations rationnelles suppose connue la *loi de probabilité* des termes aléatoires ; dans le cas d'une loi normale, l'espérance et la variance suffisent pour la caractériser ; d'ailleurs, souvent, les modèles avec anticipations rationnelles ne font porter celles-ci que sur l'espérance mathématique (ce qui revient, dans notre modèle, à faire $v = 0$, mais aussi $d = 0$) ; les calculs sont alors nettement simplifiés, mais l'analyse perd une partie de sa « rigueur » ;

— le modèle suppose l'existence d'« agents » qui formulent des offres et des demandes sur la base du modèle lui-même, mais il n'est pas vraiment à « fondements micro-économiques » ; en fait, seuls les producteurs y jouent un rôle actif, à travers leurs anticipations, qui apparaissent d'ailleurs comme celles d'un *agent unique*.

Une « révolution des anticipations rationnelles » ?

Introduite au début des années soixante-dix dans les modèles macroéconomiques (par Robert Lucas, dans un article intitulé « Expectations and the neutrality of money », *Journal of Economic Theory*, 1972), l'hypothèse des anticipations rationnelles s'est progressivement imposée en macroéconomie, aussi bien chez les MONÉTARISTES que chez une bonne partie des KEYNÉSIENS ; pour beaucoup, il y aurait même eu une « révolution des anticipations rationnelles ». On peut pourtant se demander pourquoi une hypothèse aussi fantaisiste a connu un tel succès. Esquissons quelques réponses, pas forcément incompatibles :

— à la fin des années soixante est apparue une nouvelle génération d'économistes, qui a été formée dans l'esprit du modèle d'équilibre général d'ARROW-DEBREU, selon lequel les lois économiques doivent découler des choix maximisateurs individuels (ce qu'on appelle le principe de RATIONALITÉ) ; pour ces économistes, il semblait donc normal d'appliquer ce « principe » aux anticipations, quitte à lui donner une portée qui va largement au-delà de celle qu'on lui attribue habituellement. Par ailleurs, la place exclusive donnée aux équilibres par la THÉORIE DES JEUX va dans le même sens ;

— la méthode des anticipations rationnelles donne un moyen de « résoudre » les modèles qui comprennent des variables anticipées sans avoir à faire appel à une règle qui leur soit extérieure (il est vrai que l'arbitraire d'une telle règle est remplacé par celui des croyances attribuées aux agents) ;

— l'importance prise dans les années soixante-dix par les phénomènes monétaires (inflation) et par la spéculation (suite à la libéralisation des mouvements de capitaux) a attiré l'attention sur l'importance des anticipations, notamment en raison du rôle de plus en plus important dévolu aux « marchés financiers », devenus à la fois des oracles et des gendarmes, où seule compte la recherche du profit maximal (principe de rationalité).

Les anticipations rationnelles consistent-elles seulement à « utiliser au mieux l'information disponible » ?

Souvent, notamment dans les manuels, il est dit de l'hypothèse sur les anticipations rationnelles qu'elle revient à considérer que les agents « utilisent au mieux toute l'information disponible ». Ce qui semble au premier abord aller de soi... et donc être éloigné de la vraie nature de l'hypothèse (qui est loin d'être triviale). L'ambiguïté provient ici de l'utilisation du terme « au mieux » qui, dans le langage courant, est synonyme de « on fait ce qu'on peut », alors que dans le cas des anticipations rationnelles il signifie que les agents connaissent le modèle de l'économie dont ils sont partie prenante et qu'ils utilisent l'« information disponible » pour prévoir les effets des chocs aléatoires (non systématiques) qui peuvent l'affecter. Les prévisions sont exactes, à des perturbations passagères près. Si le modèle comporte plusieurs agents qui tiennent « très rationnellement » compte des interdépendances de leurs décisions au moment où celles-ci sont prises — comme dans la théorie des jeux —, alors il est pratiquement impossible de lui donner une forme unique et précise. C'est pourquoi les théoriciens qui font appel aux anticipations rationnelles supposent généralement que les agents se limitent aux comportements — passablement « myopes » et « naïfs » — de la concurrence parfaite.

Les *notations mathématiques* utilisées entretiennent aussi l'ambiguïté sur la nature exacte de l'hypothèse sur les anticipations rationnelles. En effet, souvent cette hypothèse est présentée sous la forme d'une égalité du type :

(1) $X^a_{t-1} = E(X_t | I_{t-1})$,

qui signifie que la valeur anticipée de X_t est donnée par l'espérance mathématique de cette variable aléatoire, *dont la loi est supposée connue de celui qui fait l'anticipation*, « conditionnelle » à l'information I_{t-1} disponible en $t-1$ — information qui ne concerne donc que les « perturbations passagères » qui peuvent affecter le système. Pour le connaisseur, l'hypothèse (1) contient tout cela — notamment le fait que la valeur anticipée découle de la « vraie valeur » qu'elle anticipe —, mais pour la personne non avertie elle peut sembler anodine, dans sa simplicité apparente, avec l'allusion de « bon sens » à l'« information disponible » : qui ne souscrit à l'idée qu'il est rationnel de faire des prévisions en cherchant à en savoir le plus possible sur les situations et sur les variables concernées ? Mais entre cette proposition évidente et les prévisions parfaites — ce que sont les anticipations rationnelles — il y a un gouffre conceptuel.

La théorie des anticipations rationnelles est — en un certain sens — elle-même « autoréalisatrice », l'importance accordée aux anticipations par les financiers et par ceux qui font la politique économique ayant eu pour résultat… de rendre importantes les anticipations dans l'évolution observée (notamment à travers les mouvements de capitaux).

On peut cependant noter que, s'il y a eu une « révolution des anticipations rationnelles », c'est essentiellement au niveau académique, cette « révolution » n'ayant pas affecté en profondeur la structure des grands modèles macroéconomiques utilisés pour la prévision et la politique économiques (les modèles avec anticipations rationnelles ne dépassent généralement pas quelques équations).

Conclusion

La principale conséquence de l'introduction de l'hypothèse d'anticipations rationnelles est d'avoir complètement évacué un des problèmes essentiels de l'économie politique, celui de la *coordination* des décisions individuelles (puisqu'il est dans la nature même de cette hypothèse de *postuler* l'équilibre permanent). En fait, il n'y a là rien de bien nouveau, puisque les anticipations rationnelles ne sont qu'une version « modernisée » de la déjà ancienne hypothèse de prévisions parfaites.

On peut donc difficilement considérer qu'il y a « progrès » dans la réflexion théorique lorsqu'on évacue, « par hypothèse », ce qui devrait être l'objet même de cette réflexion. Il est clair, de ce point de vue, que le fait de postuler des anticipations rationnelles constitue une *régression* intellectuelle (comme l'est le recours à des AGENTS REPRÉSENTATIFS), même si l'utilisation de techniques mathématico-statistiques complexes peut faire croire le contraire au non-initié.

Antisélection (en anglais : *adverse selection*)

Terme utilisé à l'origine par les compagnies d'assurances pour désigner le fait que les individus à hauts risques ont tendance à s'assurer plus que les autres, de sorte qu'une « sélection » se fait parmi les assurés, mais dans un sens défavorable à l'assureur. L'antisélection suppose généralement qu'il y a ASYMÉTRIE D'INFORMATION, une des parties disposant de plus d'informations que l'autre (par exemple, l'assuré sait s'il est « à hauts risques » ou pas, ce qui n'est pas le cas pour l'assureur).

Le phénomène de l'antisélection est connu depuis fort longtemps — même si ce n'est pas sous ce nom —, comme le prouve l'exemple de la « loi » énoncée au XVIIe siècle par Gresham, selon laquelle « la mauvaise monnaie chasse la bonne » (mieux vaut thésauriser les pièces qui contiennent relativement beaucoup d'or et utiliser les autres pour les transactions en se fondant sur leur valeur nominale, « affichée »).

C'est toutefois au début des années soixante-dix que la question de l'antisélection a été mise à l'ordre du jour par les théoriciens néo-classiques, qui y voient une cause possible de « défaillance du marché », comme l'a montré un article devenu célèbre de George Akerlof sur la vente et l'achat de voitures d'occasion (« The market for lemons : quality uncertainty and the market mechanism », *The Quarterly Journal of Economics*, 1970). L'asymétrie d'information tient ici à ce que le vendeur connaît l'état des voitures qu'il propose, alors que l'acheteur l'ignore — tout en sachant que le vendeur est, lui, au courant. Ce dernier point est essentiel, car il explique pourquoi il peut ne pas y avoir de transaction du tout, alors que les deux parties y auraient intérêt. En effet, quel que soit le prix, l'acheteur s'attend à ce que le vendeur cherche d'abord à placer ses moins bonnes voitures ; il va donc refuser toutes les propositions qui lui sont faites, par crainte de « se faire refiler un tacot » (ce qu'il ne veut pas, quel que soit son prix). Pourtant, les deux parties ont intérêt à ce qu'une transaction ait lieu (sur une voiture « correcte »). On notera que la situation est bloquée même si le vendeur est de bonne foi, car l'acheteur n'a pas moyen de le savoir (et il se méfie donc).

L'antisélection est généralement source d'inefficience, puisqu'elle peut empêcher que se nouent des relations mutuellement bénéfiques. Les compagnies d'assurances essaient de limiter les effets de cette inefficience en établissant des barèmes qui tiennent compte de certaines caractéristiques de leurs clients (âge, sexe, lieu de résidence, etc.) afin d'en déduire leur « degré de risque » — et donc de faire disparaître le plus possible l'asymétrie d'information. Dans ce cas, le problème est (partiellement) résolu par l'étude des statistiques disponibles concernant les sous-populations envisagées — et non des comportements individuels proprement dits (qui sont donc supposés « prédéterminés » dès qu'un individu est « rattaché » à une sous-population).

Une autre façon de faire face à l'antisélection consiste à proposer à celui qui est le plus informé plusieurs types de contrats ; par son choix, il révèle (partiellement ou totalement) l'information dont il dispose (ainsi, le conducteur prudent optera pour un contrat d'assurance dans lequel la prime est faible et la franchise élevée, alors que le conducteur imprudent retiendra l'option contraire). Une bonne partie de la théorie des contrats se propose justement de déterminer les types de contrats qui permettent à l'une des parties de connaître l'information détenue par l'autre.

L'État peut aussi jouer un rôle important pour limiter les effets de l'antisélection, en imposant un système de *garanties* — ou en veillant à la bonne exécution de celles sur lesquelles les parties s'accordent. Ainsi, dans le cas des ventes de voitures d'occasion, l'existence d'une législation qui protège l'acheteur contre tout vice caché (ou le fait que le vendeur propose une garantie pendant une période donnée) peut débloquer la situation, en permettant que la transaction se réalise, avec bénéfice mutuel (car l'acheteur surmonte ses réticences s'il sait qu'il a un recours, sous l'égide de l'État). L'action de l'État, même si elle se réduit à celle de « gendarme », est source d'efficience, au sens de PARETO.

Le phénomène de l'antisélection est connu depuis très longtemps ; s'il lui est accordé maintenant beaucoup d'importance, c'est essentiellement dans une perspective NORMATIVE, dans le but d'en limiter les effets ; l'économiste adopte alors le point de vue du gestionnaire (par exemple, de la compagnie d'assurances).

Arbitrage

Terme utilisé surtout en théorie de la FINANCE pour désigner toute opération qui assure un profit sans mise de fonds. Une opération typique d'arbitrage consiste à emprunter une somme à un taux d'intérêt fixe, puis à la prêter à un taux plus élevé, également fixe, en l'absence de risque de défaillance de celui auquel le prêt est effectué — en supposant que les coûts de transactions sont inférieurs au gain obtenu. Une telle situation ne peut être durable, puisque les intervenants sur les marchés financiers — ou « investisseurs » — vont, par leurs transactions, la modifier en permanence.

En théorie de la finance, il est supposé que les occasions d'arbitrage disparaissent d'elles-mêmes de façon pratiquement instantanée, du fait de l'action des investisseurs ; c'est l'hypothèse de NON-ARBITRAGE. Ce qui est paradoxal, puisque cette hypothèse revient à éliminer d'office une des importantes raisons d'être des marchés financiers : l'achat et la vente de titres dans le but de faire un gain immédiat. En réalité, l'étude du processus pendant lequel les arbitrages sont effectués est très difficile à formaliser (elle fait notamment intervenir des rationnements), comme cela est d'ailleurs le cas pour toutes les situations en dehors de l'ÉQUILIBRE. L'hypothèse de non-arbitrage est en fait une hypothèse d'équilibre ; elle joue un rôle très important dans la théorie du CHOIX DE PORTEFEUILLE, qui est elle-même au cœur de la théorie de la finance.

La question de l'existence, ou non, de possibilités d'arbitrage est étroitement liée à celle de l'*information* dont dispose chacun ; ainsi, si cette information est la même pour tout le monde, il n'y a plus de gain possible par arbitrage. Celui qui est informé que le prix d'un titre va monter ne voudra pas le vendre, et celui qui sait qu'il va descendre ne voudra pas l'acheter. Autrement dit, l'arbitrage suppose que les parties concernées — vendeur et acheteur — ont des informations différentes, et donc que l'une d'entre elles (au moins) se trompe. L'existence d'arbitrages possibles est incompatible avec l'« efficience » des marchés financiers, si l'on entend par là une « information parfaite » de ceux qui y participent ; la disparition des arbitrages entraîne donc, logiquement, celle de la composante « spéculative » de ces marchés, dont le rôle est alors de permettre la diversification des risques, outre le financement des activités économiques.

Le terme « arbitrage » est parfois utilisé comme synonyme de « choix » ; ainsi l'on dit, à propos de la courbe de PHILLIPS, qu'elle donne au gouvernement la possibilité d'« effectuer un arbitrage » entre inflation et chômage. De même, lorsque quelqu'un décide de partager son temps entre travail et loisir, on dit qu'il *fait un arbitrage* entre consommation et loisir.

Arbre de jeu

Façon de représenter un jeu, au sens de la THÉORIE DES JEUX, qui est surtout utilisée pour les jeux à plusieurs coups. On dit de cette représentation qu'elle donne la FORME EXTENSIVE du jeu.

Un arbre de jeu est formé de *points* (les *nœuds* de l'arbre) et de segments de droite qui joignent certains de ces points (les *branches* de l'arbre) ; chaque nœud représente un « endroit » où un joueur doit prendre une décision, en empruntant une des branches de l'arbre issues de ce nœud (une branche représente donc une *action* possible pour lui). Ainsi, le nombre de branches augmente (de façon exponentielle) au fur et à mesure qu'on s'éloigne du « nœud initial » (où a lieu le premier coup).

On appelle *chemin* le long d'un arbre un ensemble de branches « contiguës » (une par coup), dont la première est issue du nœud initial et dont la dernière représente une action au dernier coup du jeu. Un chemin se présente donc comme une *ligne brisée* formée par des branches de l'arbre. A l'extrémité de la dernière branche, « au bout du chemin », apparaît le *vecteur des gains* des joueurs quand leurs actions sont celles qui correspondent aux branches du chemin. Les gains sont donnés dans l'ordre dans lequel les joueurs interviennent. Ainsi, dans l'arbre de jeu représenté ci-dessous, le vecteur $(a_{122}, b_{122}, c_{122})$ représente les gains de A, de B et de C lorsque le premier choisit a_1, le deuxième b_2 et le troisième c_2, c'est-à-dire lorsque le chemin parcouru sur l'arbre de jeu est $a_1b_2c_2$.

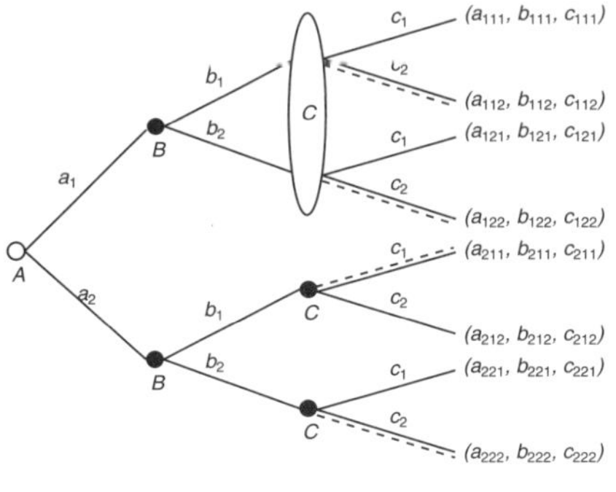

Lorsqu'un joueur ignore — du moins partiellement — quelle est la branche de l'arbre (l'action) qui a été retenue par celui qui agit juste avant lui, alors l'arbre de jeu comporte des ENSEMBLES D'INFORMATION qui relient entre eux certains des nœuds du joueur concerné.

Chaque branche d'un arbre de jeu correspond donc à une action d'un joueur. En revanche, chacune de ses *stratégies* est, par définition, représentée par un *ensemble de branches* de l'arbre (une par nœud où il peut avoir à prendre une décision). Sauf dans le cas de A, pour lequel stratégies et actions sont confondues, ce sont des STRATÉGIES CONDITIONNELLES, dont une (concernant C) a été tracée en pointillés et qui s'écrit de la façon suivante :

« Si A opte pour a_1 et B pour b_1, ou pour b_2, alors je choisis c_2 ; si A opte pour a_2 et B pour b_1, alors je choisis c_1 ; si A opte pour a_2 et B pour b_2, alors je choisis c_2. »

Arrow-Debreu (modèle d')

Ensemble d'hypothèses formulées par Kenneth Arrow et Gérard Debreu en 1954, qui leur a permis de démontrer l'existence d'(au moins) un ÉQUILIBRE GÉNÉRAL concurrentiel — c'est-à-dire d'un vecteur de prix qui égalise l'offre et la demande (globales) de chaque bien que comporte l'économie (la référence est ici l'ouvrage de Debreu, *Théorie de la valeur*, publié en anglais en 1959, et en français en 1966, chez Dunod).

Le modèle d'Arrow-Debreu constitue le socle sur lequel s'est bâtie la théorie NÉO-CLASSIQUE actuelle ; il est le point de départ de la MICROÉCONOMIE — et notamment de la théorie du consommateur et du producteur —, et il sert de référence à la plupart des modèles de cette théorie, surtout lorsqu'ils adoptent un point de vue d'équilibre général.

Si les théoriciens néo-classiques accordent tellement d'importance au modèle d'Arrow-Debreu, c'est parce qu'ils voient en lui la preuve de ce que les prix peuvent être un *moyen de coordination* des décisions prises séparément par une multitude d'individus. En outre, comme l'affectation des ressources associée à cette coordination est un OPTIMUM DE PARETO, le modèle d'Arrow-Debreu a un contenu NORMATIF très marqué (ses équilibres constituent une référence, vers laquelle il faut tendre). En fait, il est avant tout, pour ne pas dire exclusivement, normatif.

Les hypothèses du modèle

On peut ranger ces hypothèses en *deux grandes catégories* : celles qui sont d'*ordre institutionnel* et qui ont trait à la forme d'organisation sociale dans laquelle les agents font leurs choix, et celles qui ont trait aux *paramètres qui caractérisent les agents* du modèle.

Les *hypothèses d'ordre institutionnel* sont essentiellement celles de la CONCURRENCE PARFAITE. Elles supposent donc qu'il existe des prix « affichés » (un par bien) sur la base desquels chaque agent formule des offres et des demandes. Ces offres et ces demandes sont regroupées et confrontées globalement, par une instance centrale du type commissaire-priseur, ce qui exclut les relations directes, bilatérales, entre les agents.

Les prix affichés concernent *tous* les biens de l'économie, présents et futurs, qu'ils dépendent ou pas de la réalisation des ÉTATS DE LA NATURE (c'est l'hypothèse d'existence d'un SYSTÈME COMPLET DE MARCHÉS). Cette hypothèse est faite pour éliminer toute incertitude du modèle (outre celle qui peut provenir de la réalisation aléatoire des divers états de la nature) ; elle évite notamment d'avoir à prendre en compte les anticipations des agents (qui font leur choix « une fois pour toutes », à l'« instant initial » et en connaissance de cause).

Les *hypothèses sur les agents proprement dits* portent sur les RELATIONS DE PRÉFÉRENCE, sur les DOTATIONS INITIALES, sur les fonctions de production et sur la forme de leurs CONJECTURES ; elles ont pour but d'assurer la continuité des offres et des demandes individuelles. Parmi elles, il y a la CONVEXITÉ DES PRÉFÉRENCES et l'absence de COÛTS FIXES (ou de rendements d'échelle croissants, même localement). En ce qui concerne les conjectures des agents, il est supposé que ceux-ci établissent leurs plans sur la base des seuls « signaux » donnés par les prix (ils font comme si ceux-ci étaient d'équilibre et ne tiennent pas compte de la présence, et des choix éventuels, des autres agents).

Il est enfin supposé que chaque ménage dispose au départ d'une dotation initiale en biens qui lui permet de survivre sans avoir à faire des échanges ; l'existence d'une telle *dotation de survie* évite au modélisateur d'avoir à prendre en compte la discontinuité — au sens mathématique — qui résulte du passage de vie à trépas (discontinuité qui peut apparaître si le revenu procuré par la vente, à certains prix, de sa dotation initiale par un ménage ne lui permet pas d'acheter le « minimum vital »).

L'hypothèse sur la dotation de survie concerne des agents, mais elle est aussi d'ordre institutionnel, puisqu'elle pose le problème de l'« origine » des dotations initiales : qui les affecte ? Sur quelles bases ?

Les résultats du modèle

Les hypothèses d'Arrow-Debreu ont été choisies de façon à faire en sorte que les offres et les demandes individuelles soient *continues* et *bornées*, ce qui permet d'appliquer le théorème du POINT FIXE à un ensemble de fonctions du type de celles qui décrivent le TÂTONNEMENT ; on montre ainsi l'existence d'au moins un vecteur-prix d'équilibre (concurrentiel). C'est là le principal résultat du modèle. Notons qu'il ne dit rien sur la façon dont les *quantités d'équilibre* sont atteintes — c'est-à-dire sur la façon dont chacun obtient ce qu'il demande, après avoir fourni ce qu'il offre, aux prix d'équilibre.

Les deux théorèmes de l'ÉCONOMIE DU BIEN-ÊTRE constituent l'autre résultat du modèle d'Arrow-Debreu ; ces théorèmes montrent le lien très étroit qui existe entre *les affectations des ressources à l'équilibre de concurrence parfaite* et les optimums de Pareto. Notons que dans ce résultat l'hypothèse sur l'existence d'un système complet de marchés joue un rôle essentiel.

Les deux théorèmes de l'économie du bien-être sont les *seuls* résultats généraux qui peuvent être obtenus dans le modèle d'Arrow-Debreu (c'est là une des conséquences du théorème de SONNENSCHEIN). Ainsi, le fait qu'il existe un vecteur-prix d'équilibre ne dit rien sur la façon dont ce prix peut être « trouvé » par le commissaire-priseur — en appliquant, par exemple, la règle du tâtonnement. Ce qui rend encore plus difficile de justifier l'importance accordée aux équilibres du modèle.

Toutefois, le principal reproche qu'on peut adresser à celui-ci est qu'il décrit une *société tout à fait étrange*, qu'un commissaire-priseur bénévole dirige d'une main de fer dans un gant de velours (si on veut) ; dans cette société, la seule chose qu'ont à faire les agents, c'est de calculer leurs offres et leurs demandes pour toute leur vie, aux prix proposés par le commissaire-priseur, puis d'en informer celui-ci.

Remarque. L'équilibre a été défini plus haut comme un vecteur de prix qui égalise les offres et les demandes globales. En fait, Arrow et Debreu utilisent une définition un peu plus large, qui tient explicitement compte du cas où le prix de certains biens pourrait être nul. Pour eux, un équilibre est un vecteur de prix tel que,

Les démonstrations d'existence de l'équilibre général concurrentiel

Toute démonstration mathématique est faite à partir d'hypothèses. Dans le cas du modèle d'équilibre général, celles-ci portent, d'une part, sur les caractéristiques et les comportements des agents économiques (ménages et entreprises) et, d'autre part, sur la façon dont sont organisées leurs relations. Dans l'un et l'autre cas, le théoricien cherche à donner un contenu économique à ces hypothèses. Si, très souvent, les présentations du modèle d'équilibre général insistent longuement sur les premières, rares sont ceux qui s'attardent sur la question de la forme d'organisation sociale que suppose le modèle — alors qu'elle est essentielle à sa compréhension. C'est ainsi que, pour démontrer l'existence d'au moins un équilibre général concurrentiel, Arrow et Debreu imaginent que la situation est celle d'un *jeu*, au sens de la THÉORIE DES JEUX — de façon à pouvoir utiliser le résultat établi par John Nash, en 1950, selon lequel tout jeu avec un nombre fini de stratégies (pures) comporte un équilibre. Aux ménages et aux entreprises, Arrow et Debreu adjoignent un joueur supplémentaire — dont ils disent qu'il est « fictif » — qui propose des prix en cherchant à maximiser la valeur des écarts entre les offres et les demandes. L'économie est alors conçue comme un jeu où le joueur « fictif » — et bénévole — propose des prix sur la base desquels les autres joueurs (ménages et entreprises) formulent des offres et des demandes (en maximisant leur utilité et leur profit, respectivement). Un arbitre — meneur de jeu, également bénévole — recueille l'ensemble de ces propositions et les confronte ; si elles sont compatibles globalement, il y a alors équilibre de NASH (chacun, y compris le joueur fictif, maximise sa fonction-objectif, compte tenu de ce que font les autres) ; les prix sont ceux d'un équilibre de concurrence parfaite, puisqu'ils égalisent les offres et les demandes globales.

Les relations entre agents dans le modèle d'équilibre général peuvent aussi être représentées par un système où les offres et les demandes sont, comme chez Arrow et Debreu, regroupées et confrontées par un arbitre, qui propose des prix, et qui les fait varier selon une règle qui est déduite de celle du TÂTONNEMENT. Les équilibres de ce modèle sont alors les POINTS FIXES de ce processus. La métaphore n'est plus celle du jeu, mais celle du commissaire-priseur, qui n'a pas de fonction-objectif précise, tout en « cherchant » des prix d'équilibre.

Il existe d'autres démonstrations ; elles font appel à des formes d'organisation différentes, mais toutes ont pour point commun de supposer un système centralisé, avec un agent qui propose des prix et recueille les offres et les demandes individuelles, sans avoir d'autre motivation que de coordonner les choix des autres.

à ces prix et pour chaque bien, *l'offre est supérieure ou égale à la demande*, et tel que si l'offre d'un bien est *strictement* supérieure à sa demande, alors le prix de ce bien est nul.

Asymétrie d'information

Terme utilisé pour désigner une situation où un individu détient plus d'informations qu'un autre sur un bien ou sur les ÉTATS DE LA NATURE, ce qui peut limiter, ou même empêcher, les transactions entre eux. Un exemple classique d'asymétrie d'information est celui de la relation entre assureur et assuré, ce dernier connaissant évidemment mieux ses caractéristiques propres que l'assureur. Une observation similaire peut être faite à propos de la relation entre employeur et salarié. De façon plus générale, l'asymétrie d'information est au cœur des modèles MANDANT-MANDATAIRE, où le mandataire fournit une prestation au mandant tout en connaissant mieux que lui la situation (on dit parfois qu'il détient une « information privée »). Un des buts de ces modèles est d'ailleurs de déterminer des formes de contrats entre les parties qui conduisent celle qui détient une information privée (le mandataire) à la révéler — totalement ou partiellement — à l'autre partie (le mandant). Par conséquent, ces modèles adoptent le point de vue du mandant.

L'asymétrie d'information est à l'origine de phénomènes tels que l'ANTISÉLECTION et le RISQUE MORAL ; dans les deux cas, celui qui est moins informé est défavorisé.

L'asymétrie d'information est une source d'inefficience ; elle peut même empêcher que s'effectuent des transactions mutuellement bénéfiques. En effet, il se peut que la partie la moins informée refuse l'échange, ou la signature d'un contrat, car elle se méfie de l'autre partie, dont elle pense qu'elle va utiliser son information privée dans son seul intérêt. Une compagnie d'assurances peut, par exemple, refuser d'assurer une personne qu'elle estime trop imprudente (ou même capable de provoquer délibérément le dommage contre lequel elle est assurée).

L'asymétrie d'information est aussi au cœur de la THÉORIE DES JEUX, dans le cas où il y a INFORMATION INCOMPLÈTE, puisque alors certains joueurs (si ce n'est tous) sont les seuls à connaître leurs propres caractéristiques (leur « type »), que les autres estiment sur la base de leurs connaissances préalables (et de leurs croyances).

Atomicité (hypothèse d')

Hypothèse selon laquelle les offres et les demandes de chaque agent de l'économie sont insignifiantes si on les rapporte aux offres et aux demandes globales (de l'ensemble des agents). Cette hypothèse suppose donc que l'économie comporte un « très grand nombre » d'agents, et que ceux-ci sont de « taille » semblable (du point de vue de la production ou de la consommation), de sorte qu'aucun d'entre eux n'ait « plus de poids » que les autres. Les guillemets qui viennent d'être utilisés sont symptomatiques du caractère vague de cette hypothèse.

L'hypothèse d'atomicité est souvent présentée comme une des conditions de la CONCURRENCE PARFAITE, ce qui est faux. Car si, dans le langage courant, l'idée de concurrence est parfois associée à celle de « grand nombre de participants », tel n'est pas le cas dans le MODÈLE de la concurrence « parfaite », où le nombre et la taille des agents ne jouent aucun rôle. Et cela pour deux raisons :

— il n'est pas possible de donner un contenu mathématique précis à l'idée selon laquelle il y a un « très grand nombre » d'agents, ou que l'offre d'un agent est « petite » par rapport à l'ensemble des offres ;

— la mise en œuvre conséquente de l'hypothèse de « concurrence » — entendue comme « égalité des chances » — conduit à un modèle qui décrit une économie *extrêmement centralisée*, avec un commissaire-priseur qui impose des règles très strictes à chacun des participants (afin que l'égalité des chances soit respectée) ; le fait que les agents soient « petits » ou pas ne change donc rien au problème (mais plus ils sont « petits », et donc nombreux, plus la tâche du commissaire-priseur est lourde).

L'atomicité peut être justifiée si l'on raisonne sur les CONJECTURES des agents. En effet, dans le modèle de concurrence parfaite, il est supposé que ces conjectures sont telles que les agents font leurs offres et leurs demandes en partant de l'idée qu'elles n'ont aucun effet sur les prix affichés des biens (qu'ils considèrent comme immuables). On peut alors dire que ces conjectures s'expliquent par le fait qu'ils estiment que leurs offres et leurs demandes sont « peu de chose » comparativement aux offres et aux demandes globales ; ce qui compte donc, c'est qu'eux se considèrent comme des « atomes » et qu'ils agissent en conséquence. L'« atomicité » devient alors une question d'opinion.

On peut enfin identifier « atomicité » et « preneurs de prix » ; mais alors il faut préciser *qui* fixe les prix. Par exemple, dans le modèle de la concurrence parfaite, si l'on dit que tous les agents sont des « atomes », alors il faut préciser qu'il existe un « métaagent » qui propose des prix ; sinon le discours est incohérent.

De toute façon, plutôt que d'user de métaphores douteuses (celle d'individus « atomes »), mieux vaut utiliser une expression qui exprime l'idée qu'on veut faire passer (par exemple, « preneur de prix »). On sait alors au moins de quoi l'on parle.

Autoréalisation

Situation où les actions de certains individus produisent les effets attendus lorsque ces individus ont choisi ces actions. Il existe un lien étroit entre autoréalisation et ÉQUILIBRE. En effet, celui-ci est une situation où « rien ne bouge » car les agents peuvent y réaliser leurs plans de la façon prévue, leurs prévisions étant fondées sur des *croyances* qui sont confirmées à l'équilibre (ou, du moins, elles n'y sont pas infirmées).

Il y a déjà longtemps que KEYNES a attiré l'attention — dans le chapitre XII de la *Théorie générale* — sur le phénomène de l'autoréalisation en économie, mais celui-ci a été remis à l'ordre du jour dans les années soixante-dix, lorsque le concept d'ANTICIPATION RATIONNELLE a pris de l'importance en MACROÉCONOMIE. De même, la THÉORIE DES JEUX, en insistant sur le rôle des croyances dans le choix des stratégies par les joueurs, attire l'attention sur le caractère « autoréalisateur » de l'équilibre.

Les modèles des BULLES rationnelles, où les croyances des intervenants sur les marchés boursiers provoquent et alimentent la hausse (ou la baisse) des prix des titres (ou de certains d'entre eux), donnent un exemple typique d'autoréalisation. On peut dire la même chose sur les modèles dits *de taches solaires*, dans lesquels le fait que les agents croient à l'influence sur la vie économique des mouvements de taches sur le soleil suffit pour faire apparaître un rapport entre l'un et l'autre, même si « objectivement » cette influence n'existe pas. Il y a dans ce cas autoréalisation puisque les croyances des agents sont confirmées du fait de leurs actions propres, indépendamment de la « réalité » du phénomène sur lequel elles sont fondées.

Autorégressif (modèle)

En ÉCONOMÉTRIE, modèles dont certaines des variables explicatives sont des variables expliquées (ou ENDOGÈNES) *retardées*. Ce genre de variable apparaît dans les modèles qui supposent une certaine forme d'inertie dans les comportements, par exemple de consommation ou d'investissement (comme lorsqu'il y a des ANTICIPATIONS ADAPTATIVES).

Le modèle autorégressif le plus simple est celui où la valeur d'une variable (endogène) à une période donnée dépend de la valeur prise par cette variable à la période précédente, et d'elle seule. C'est le *modèle autorégressif d'ordre* 1 [noté AR(1)] :

$$y_t = ay_{t-1} + \varepsilon_t.$$

Lorsque l'influence des valeurs passées, ou « retardées », s'étend sur p périodes, alors le modèle est dit *autorégressif d'ordre* p [AR(p)] ; il est de la forme :

$$y_t = a_1y_{t-1} + \ldots + a_py_{t-p} + \varepsilon_t.$$

Si l'on veut tenir compte de l'influence d'autres variables (exogènes) sur y_t, alors on se trouve dans le cas général (à une équation) :

$$y_t = a_1y_{t-1} + \ldots + a_py_{t-p} + b_1x_{1t} + \ldots b_2x_{mt} + \varepsilon_t,$$

où les x sont des variables exogènes (qui peuvent d'ailleurs représenter elles-mêmes des valeurs « retardées »).

Les processus étudiés sont généralement supposés *stationnaires*, ce qui implique que l'ESPÉRANCE MATHÉMATIQUE, la variance et la fonction d'autocorrélation de leurs variables aléatoires sont des paramètres *constants dans le temps*.

Le problème que posent les modèles autorégressifs à l'économètre — en tant que statisticien — est celui du statut des variables retardées. En effet, comme celles-ci correspondent à des situations passées, prédéterminées, il peut les considérer comme des *variables exogènes*. Elles ne sont cependant pas exactement sur le même plan que les autres variables exogènes ; par exemple, leurs valeurs dépendent de la réalisation passée des résidus aléatoires ε, ce qui peut poser des problèmes au niveau de l'estimation des coefficients a. D'où les efforts des économètres pour trouver des méthodes qui permettent d'éviter ces problèmes, ou du moins de les circonscrire.

La même remarque vaut pour les modèles ARMA(p, q), qui sont des modèles où la structure des retards ne concerne pas seulement la variable endogène y, mais aussi les résidus ε (considérés alors comme des *moyennes mobiles* — en anglais, *moving average*, d'où le « MA » dans ARMA). Ces modèles s'écrivent sous la forme (si l'on ne tient pas compte des autres variables exogènes, de type x) :

(1) $y_t = a_1y_{t-1} + \ldots + a_py_{t-p} + \varepsilon_t + \alpha_1\varepsilon_{t-1} + \ldots + \alpha_q\varepsilon_{t-q}$.

Le problème consiste à estimer non seulement les coefficients a, mais aussi les termes α, ce qui complique d'autant le traitement statistique et ajoute du flou au niveau des estimations — et des prévisions.

Enfin, si l'on estime que la variable dont l'étude se révèle plus pertinente est non pas y, mais ses *variations d'ordre d* : $\Delta^d(y_t) = y_t - \alpha_1y_{t-1} - \ldots - \alpha_1y_{t-d}$, alors le modèle obtenu à partir de (1) en remplaçant les y par les variations $\Delta^d(y)$ est appelé *modèle ARIMA*(p, d, q).

Les modèles autorégressifs ont pris de l'importance dans les années soixante-dix, dans le cadre de l'étude des séries chronologiques, dont les économètres essaient de cerner au mieux le « profil », et cela en procédant « variable » par « variable » (évolution du PIB ou du chômage, par exemple), pour trouver la structure des retards la plus appropriée pour reproduire les évolutions observées dans le passé et en déduire des prévisions. On peut ainsi concevoir une « économétrie sans théorie », où l'on ne distinguerait pas entre les variables exogènes et les variables endogènes, chaque variable étant ajustée par rapport à ses valeurs retardées, mais aussi par rapport aux autres variables et à leurs valeurs retardées. Toutefois, le choix des variables, et de leur structure de retards, suppose un minimum de théorie préalable. En outre, cette forme de modélisation ne peut être faite qu'avec un nombre très limité de variables, car sinon « on n'y voit plus rien ». C'est pourquoi ce type d'approche reste essentiellement cantonné à l'étude de deux ou trois séries chronologiques.

Autrichienne (école)

Courant de pensée qui doit ce nom au fait que ses « fondateurs », Carl Menger (1840-1921), Friedrich von Wieser (1851-1926) et Eugen von Böhm-Bawerk (1851-1914), ont été successivement professeurs de théorie économique à l'université de Vienne entre 1873 et 1922. Trois autres « autrichiens » célèbres peuvent aussi être rattachés à ce courant de pensée : Ludwig von Mises (1881-1973), Friedrich von Hayek (1899-1992) et, à un moindre degré, Joseph Schumpeter (1883-1950).

Menger est un des fondateurs de l'école MARGINALISTE, selon laquelle la valeur des biens provient de l'UTILITÉ qu'ils procurent à ceux qui les consomment. Sa théorie des prix ne diffère pas fondamentalement de celle des NÉO-CLASSIQUES ; comme eux, les « autrichiens » sont des partisans de l'INDIVIDUALISME MÉTHODOLOGIQUE (tel est le cas également du philosophe Karl Popper (1902), lui aussi « autrichien » et proche de Hayek).

Il y a toutefois des différences entre « autrichiens » et néo-classiques. Ainsi, les premiers mettent moins l'accent que les seconds sur l'*équilibre* et préfèrent insister sur le rôle des prix en tant que moyen d'information et de coordination dans l'activité économique. Toute perturbation qui modifie les *prix relatifs* peut avoir des conséquences durables, notamment en raison de l'existence de *biens de capital* : des décisions inappropriées à leur propos à un moment donné peuvent avoir des conséquences durables (s'il y a, par exemple, « surcapitalisation » dans certains secteurs). Pour les « autrichiens », ou pour certains d'entre eux (dont Hayek), les CYCLES économiques sont en bonne partie dus à ce phénomène, du moins si la politique monétaire s'y prête (il est à la base de leur THÉORIE MONÉTAIRE DU CYCLE). Böhm-Bawerk a proposé d'évaluer les biens de capital par le « détour de production » — et le « temps d'attente » — qu'ils supposent, tandis que Wieser et Schumpeter ont insisté sur le rôle moteur de l'entrepreneur.

Une hostilité marquée à l'intervention de l'État

Menger et Böhm-Bawerk ont critiqué avec acharnement la théorie de la VALEUR TRAVAIL et les analyses de MARX. Mises et Hayek ont, quant à eux, mené une lutte incessante contre l'idée de planification, qui est selon eux impossible à mettre en œuvre, tellement la situation est compliquée. Il faut par conséquent « laisser faire le marché », ce qui est la meilleure façon d'allouer les ressources. Ainsi, l'État ne doit pas — par ses interventions — perturber la structure des prix relatifs et provoquer les mésallocations évoquées plus haut.

Pour les « autrichiens » tels que Mises et Hayek, le fait que le « marché » est le meilleur système possible — une « mécanique fine » qu'il ne faut surtout pas dérégler — est un *postulat* (qu'ils justifient parfois en évoquant un processus de sélection : c'est le système le meilleur qui s'est imposé). Malheureusement, les gouvernants ont toujours tendance à vouloir intervenir, ce qui explique les dysfonctionnements qu'on observe dans nos économies ; Hayek est même allé jusqu'à proposer que chacun ne vote qu'une seule fois dans sa vie, autour de quarante ans, c'est-à-dire à un âge mûr, où la démagogie « inter-ventionniste » a moins de prise (*The Constitution of Liberty*, Routledge and Kegan, Londres, 1960). Il est en outre hostile à l'utilisation des mathématiques en économie ; il pense que c'est inutile — vu la complexité du monde économique — et même dangereux, car cela peut conduire à certaines formes d'intervention et même de planification (ainsi, le modèle de CONCURRENCE PARFAITE qui veut *démontrer* l'existence de prix coordonnant les choix individuels suppose une forme d'organisation sociale extrêmement centralisée).

L'habitude a été prise dans les années soixante-dix d'appeler « autrichiens » tous ceux qui sont hostiles aux interventions de l'État en économie, quelles qu'elles soient (certains désignent ainsi les NOUVEAUX CLASSIQUES). En dehors de cela, il n'existe plus vraiment une école « autrichienne » proprement dite, mais seulement des théoriciens qui retiennent certains aspects des analyses de Hayek, en mettant notamment l'accent sur le rôle des « processus » plutôt que sur les équilibres et en contestant la démarche néo-classique qui consiste à privilégier les OPTIMUMS DE PARETO (car elle incite à intervenir, pour les « réaliser », alors que ce sont des états mythiques).

Avantages comparatifs

Théorie avancée dans le cadre des analyses sur le COMMERCE INTERNATIONAL, et qui met l'accent sur le rôle des avantages — climat, ressources minières ou de la terre, qualité de la main-d'œuvre, etc. — dont peut disposer un pays par rapport à un autre en tant que facteur d'échanges entre eux. Les avantages comparatifs peuvent être *absolus* (le sud de l'Espagne a un avantage — d'ordre climatique — sur l'Écosse pour la production du vin), mais aussi *relatifs*, de sorte qu'un pays qui n'a pas d'avantages absolus peut néanmoins avoir intérêt à se spécialiser dans la production de certains biens, et à faire des échanges avantageux sur cette base.

C'est David RICARDO qui a, le premier, attiré l'attention sur le fait qu'il suffit qu'il y ait des avantages comparatifs pour que les échanges entre pays soient mutuellement avantageux. Il a illustré son propos à travers un exemple demeuré célèbre sur la production (hypothétique) de drap et de vin en Angleterre et au Portugal, exemple repris dans le tableau suivant :

	Nombre d'heures de travail nécessaires pour produire :	
	1 unité de vin	*1 unité de drap*
Portugal	80	90
Angleterre	120	100

Les RENDEMENTS D'ÉCHELLE sont supposés constants — pour produire 10 unités de drap au Portugal, il faut 900 heures de travail, etc. ; seul le travail est considéré comme productif. Le Portugal a donc un avantage absolu aussi bien pour le drap que pour le vin, la production de l'un et l'autre nécessitant moins d'heures de travail qu'en Angleterre.

Cependant, l'Angleterre a un *avantage relatif* dans la production de tissu puisque avec les 120 heures nécessaires pour produire une unité de vin elle peut obtenir 1,2 unité de drap, alors qu'au Portugal le même changement d'affectation de la main-d'œuvre ne permet d'obtenir que 8/9 unités de drap.

L'Angleterre a donc intérêt à se spécialiser dans la production de drap, le Portugal dans celle de vin, de sorte que la production de l'un et l'autre soit plus élevée que s'il n'y avait pas de spécialisation.

Critiques

Une des principales critiques qui peut être adressée à l'analyse de Ricardo réside dans le fait qu'elle ne tient pas compte d'un élément auquel il accorde par ailleurs une attention toute particulière, à savoir la décroissance de la PRODUCTIVITÉ MARGINALE de la terre. Ainsi, il place le drap et le vin sur le même plan, et le fait que l'Angleterre se spécialise dans la production industrielle — où les rendements d'échelle et les gains de productivité sont les plus élevés — et le Portugal dans la production agricole — à rendements décroissants — ne semble pas poser de problème à Ricardo (qui était comme par hasard du côté anglais !). La théorie des avantages comparatifs apparaît donc comme une arme idéologique en faveur du *statu quo*, et donc des puissances dominantes.

Le grand problème avec cette théorie, c'est en fait celui de l'*origine* des avantages comparatifs : faut-il les considérer comme un phénomène « naturel », avec lequel on ne peut que s'accommoder, ou faut-il voir en eux le résultat (complexe) des choix passés et présents des États, choix qui ont pu porter sur l'éducation, la formation, la mise en place d'infrastructures et de secteurs industriels aux multiples effets d'entraînement, avec d'importantes EXTERNALITÉS positives ? Il est clair que tous ces facteurs sont au moins aussi importants que la « nature » proprement dite ; les avantages comparatifs ne peuvent donc être considérés comme une donnée « en soi ». Mais si tel est le cas, la théorie perd une bonne partie de sa portée, puisque les coûts comparatifs ne sont plus une variable explicative, mais une variable qui doit elle-même être expliquée.

Un autre problème que pose l'approche par les avantages comparatifs est celui de l'*indétermination du taux d'échange* (par exemple, du drap par rapport au vin, entre les deux pays) ; en effet, les coefficients qui caractérisent la production (en heures de travail) ne font qu'imposer un plancher et un plafond à ce taux.

Pour voir plus précisément ce qu'il en est, reprenons l'exemple du drap et du vin, et supposons que le salaire est s_A en Angleterre, s_P au Portugal. Le coût d'une unité de drap est alors de $100 s_A$ en Angleterre et de $80 s_P$ au Portugal. Si l'on ne tient pas compte des coûts de transport et des taxes ou impôts, l'Angleterre ne se spécialise dans le drap que si :

$$100\, s_A < 90\, s_P,$$

tandis que le Portugal ne le fait dans le vin que si :

$$80\, s_P < 120\, s_A.$$

En regroupant ces deux inégalités, il vient :

$$\frac{100}{90} < \frac{s_P}{s_A} < \frac{120}{80}$$

Ainsi, pour qu'il y ait échange entre les deux pays, il faut que le salaire au Portugal soit strictement supérieur à celui de l'Angleterre (conséquence directe de l'avantage absolu du Portugal dans les deux produits), l'écart entre les deux salaires pouvant osciller entre 11 % (plus précisément, 10/90) et 50 %. D'où le phénomène bien connu de l'émigration massive d'ouvriers anglais qui vont cultiver la vigne au Portugal...

Ainsi, il y a un continuum de salaires relatifs compatibles avec les échanges entre les deux pays. On arrive à un résultat du même type si l'on fait intervenir un système de prix ou un taux de change monétaire. L'indétermination provient ici de l'hypothèse sur les RENDEMENTS constants, avec coefficients fixes. Elle peut éventuellement être levée en prenant en compte les fonctions de demande dans les deux pays, si l'on suppose que celles-ci sont « suffisamment régulières » et concaves. Mais cela n'apporte rien de plus par rapport au « message » que veut faire passer Ricardo.

Aversion pour le risque

Attitude qui consiste à préférer obtenir le gain espéré (et certain) d'une LOTERIE, sans y participer, au gain attendu (et aléatoire) obtenu en y participant. Le concept d'aversion pour le risque est défini dans le cadre de la théorie de l'UTILITÉ ESPÉRÉE, selon laquelle la relation de préférence d'un individu en situation d'incertitude peut être représentée par une fonction d'utilité de la forme :

$U(\{(p, r), (1-p, r')\}) = pu(r) + (1-p)u(r')$,

où p est la probabilité d'obtenir r, $1-p$ celle d'obtenir r' et où $u(x) = U(\{(1, x), (0, 0)\})$ (on se limite ici au cas binaire, où les loteries ne comportent que deux éléments, pour alléger les notations). Si les « lots » sont désignés ici par les lettres r et r', c'est parce que l'aversion pour le risque concerne généralement des sommes en monnaie, qui sont des *revenus* pour l'agent dont $u(\cdot)$ est la fonction d'utilité.

Ainsi, si la relation de préférence d'un individu peut être représentée par une fonction d'utilité linéaire (par rapport aux probabilités), le gain (en utilité) qu'il retire en acceptant de participer à la loterie $\{(p, r), (1-p, r')\}$ est égal à $pu(r) + (1-p)u(r')$. Il y a *aversion pour le risque* si ce gain est strictement inférieur à l'utilité que lui procure le gain espéré $pr + (1-p)r'$ de la loterie, donc si :

(1) $pu(r) + (1-p)u(r') < u(pr + (1-p)r')$, pour $0 < p < 1$

(l'espérance des gains en utilité est strictement inférieure à l'utilité du gain espéré).

L'expression « aversion pour le risque » s'explique de la façon suivante : si l'on propose à un individu le choix entre participer à la loterie [et donc obtenir le gain en utilité $pu(r) + (1-p)u(r')$] et recevoir une somme égale à l'espérance de gain de cette loterie, $pr + (1-p)r'$, alors il opte pour cette seconde solution, qui est « certaine » (elle lui évite de courir le risque de perdre). A titre d'illustration, considérons la loterie :

$$\left\{\left(\frac{1}{100}, 10000\right), \left(\frac{99}{100}, 0\right)\right\},$$

dont l'espérance de gain est :

$$\frac{1}{100} \cdot 10000 + \frac{99}{100} \cdot 0 = 100$$

Un individu qui a de l'aversion pour le risque préfère obtenir 100 « tout de suite » plutôt que participer à la loterie où il peut gagner « beaucoup » (10 000), mais avec une faible probabilité, ou rien du tout, avec une probabilité bien plus forte. On notera cependant que bien des gens achètent des billets de loterie tout en sachant que le « gros lot » est très largement inférieur à la somme des mises ; leur attitude traduit alors l'*amour du risque*, ce qui est le contraire de l'aversion pour le risque.

En revanche, celui qui souscrit une police d'assurance contre l'incendie pour sa maison manifeste de l'aversion pour le risque, puisqu'il préfère payer une prime pour avoir une « maison certaine » (s'il y a incendie, on lui « remplace » sa maison) que courir le risque de se trouver un jour sans maison, même si c'est avec une probabilité extrêmement faible (il sait en outre que, dans la prime qu'il paie, il y a une part des frais et des gains de la compagnie d'assurances, qui font que son gain espéré soit négatif).

Un individu peut d'ailleurs manifester *à la fois* de l'aversion pour le risque en souscrivant une police d'assurance et de l'amour du risque en achetant un billet de loterie.

On peut noter que l'inégalité (1) qui caractérise l'aversion pour le risque est la même que celle qui caractérise les fonctions CONCAVES. La figure page suivante représente un cas d'aversion pour le risque, le point important étant que la *forme* de la courbe qui représente la fonction d'utilité soit concave, alors que les valeurs qu'elle prend n'ont pas de signification en soi (comme pour toute fonction d'utilité).

Dans le cas où il y a amour du risque, la courbe est CONVEXE. S'il y a aversion pour le risque pour des valeurs faibles de r et amour du risque pour des valeurs élevées, la courbe représentant l'utilité est d'abord concave, puis convexe.

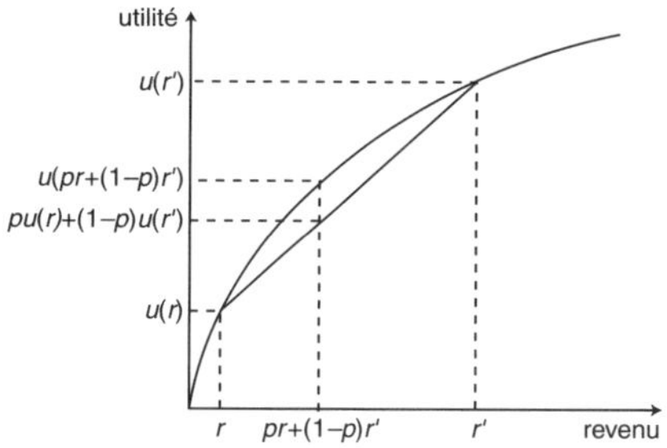

Arrow et Pratt ont proposé de mesurer l'aversion pour le risque par le rapport :

$$-\frac{u''(r)}{u'(r)},$$

où la dérivée seconde $u''(\cdot)$ est un indicateur — au signe près — de la « courbure » de la fonction d'utilité (plus elle est grande, plus il y a aversion pour le risque), et où la dérivée $u'(\cdot)$ est un facteur de normalisation qui prend en compte le fait que les fonctions d'utilité linéaires par rapport aux probabilités ne sont définies qu'à une transformation affine près — de sorte que l'aversion pour le risque est la même pour les fonctions $U(\cdot)$ et $aU(\cdot) + b$.

B

Baisse tendancielle du taux de profit (loi de la)

« Loi » qui, selon MARX, découle du processus d'accumulation propre au système capitaliste et qui explique — du moins en partie — les crises récurrentes auxquelles celui-ci est soumis (et qui contribue « tendanciellement » à sa perte). L'idée qui est à la base de cette « loi » — qui s'inscrit dans le cadre de la théorie de la VALEUR TRAVAIL — est qu'il résulte du processus d'accumulation que chaque travailleur met en œuvre des quantités de plus en plus importantes de moyens de production (matières premières et machines, entre autres) de sorte que la part dans le produit du travail vivant (le capital variable) devient de plus en plus faible, relativement à celle du travail passé (le capital constant). Or, comme seul le travail vivant est source de valeur — et donc de *plus-value* accumulable —, il s'ensuit que le rapport entre la plus-value et le capital avancé tend à baisser ; il en est donc de même pour le taux de profit.

Pour Marx, la baisse tendancielle du taux de profit est une « forme propre au mode de production capitaliste d'exprimer le développement de la productivité sociale du travail » (*Le Capital*, livre III). Toutefois, même s'il pense que cette baisse est un phénomène inéluctable, qui s'inscrit dans la logique propre au système, il n'en admet pas moins qu'elle peut être momentanément contrecarrée ; c'est pourquoi il emploie l'expression baisse « tendancielle ».

Ainsi, parmi les « contre-tendances » à la baisse qu'il énumère dans le chapitre XIV du livre III du *Capital*, il y a :

— *l'augmentation du taux d'exploitation de la force de travail* (c'est-à-dire de la plus-value relative). Ce qui apparaît clairement si l'on écrit le taux de profit (« en valeur ») :

$$\frac{Pl}{C+V},$$

où Pl est la plus-value, C le capital constant (le « travail passé », qui a servi à produire les moyens de production) et V le capital variable (salaires payés aux travailleurs), sous la forme :

$$\frac{\frac{Pl}{V}}{\frac{C}{V}+1}.$$

En effet, si le taux de plus-value Pl/V augmente, alors cette hausse peut contrebalancer celle du rapport entre le travail passé et le travail présent, C/V (rapport appelé par Marx *composition organique du capital*). Toutefois, la hausse de Pl/V a pour conséquence d'augmenter l'exploitation, et donc le capital accumulé par travailleur, ce qui « à la longue » vient renforcer la tendance à la baisse du taux de profit ;

— *la dépréciation des biens qui constituent le capital constant* ; en effet, la hausse de la productivité qui résulte de l'accumulation du capital et du progrès technique fait que les biens qui forment le capital constant C (en particulier les machines) se dévalorisent — le temps de travail pour produire leurs équivalents diminue ; à cela s'ajoutent les crises périodiques qui secouent le capitalisme et qui ont pour conséquence la mise au rebut d'une partie des biens-capitaux existants ;

— *le commerce extérieur qui permet d'obtenir à moindre coût des éléments du capital constant ou des moyens de subsistance.*

Marx semble penser que la baisse tendancielle l'emporte « à la longue » ; mais on peut aussi considérer que les « contre-tendances » sont suffisamment importantes pour empêcher que cela soit le cas ; la « baisse tendancielle » s'interprète alors comme une sorte de « pression » à la baisse, qui n'est pas incompatible avec des fortes remontées du taux de profit — dues à des circonstances, souvent « extra-économiques », tels les bouleversements institutionnels, les crises, les guerres, certaines découvertes, etc.

Bayes (règle de)

Règle qui fut d'abord énoncée par le révérend Thomas Bayes (1702-1761), et qui donne un moyen de modifier l'idée qu'on peut avoir de la probabilité de réalisation d'un événement en tenant compte des observations qui ont pu être faites de phénomènes en liaison avec cet événement. La règle de Bayes fait donc passer d'une probabilité *a priori* (avant les observations) attribuée à un événement à sa probabilité *a posteriori* (après les observations).

Comme la règle de Bayes part du principe que la probabilité de certains événements n'est pas connue avec certitude — puisqu'elle donne un moyen de modifier la valeur attribuée à cette probabilité —, elle fait intervenir les *croyances* de ceux qui l'utilisent ; ces croyances déterminent la probabilité *a priori* attribuée aux événements auxquels la règle de Bayes est appliquée ; mais elles peuvent aussi influencer les autres éléments qui interviennent dans la formule proposée par Bayes (et qui prennent la forme de *probabilités conditionnelles*).

A l'origine, Bayes a proposé sa règle en pensant aux « phénomènes naturels », « objectifs », dont on cherche à déterminer la probabilité de réalisation à partir des observations disponibles. Lorsque cette règle est appliquée aux modèles de choix individuels, alors il existe en dehors des aléas « objectifs » (liés aux ÉTATS DE LA NATURE) des aléas « subjectifs », dus aux comportements de chacun ; les croyances portent alors sur les uns et les autres, qui sont pourtant inséparables pour l'observateur. Elles doivent donc être précisées, en sus des probabilités *a priori*.

Lorsque les croyances de tous les agents sont confirmées, on dit qu'il y a *équilibre bayésien* car alors, au vu de ce qu'ils observent — et notamment des choix des uns et des autres —, les agents n'ont pas de raison de modifier les probabilités qu'ils ont attribuées aux diverses situations possibles, ni de changer les plans établis sur la base de ces probabilités. En particulier, leurs probabilités *a posteriori* — calculées selon la règle de Bayes — ne diffèrent pas de leurs probabilités *a priori*.

Énoncé de la règle

La règle de Bayes se déduit presque immédiatement de la notion de probabilité conditionnelle ; en effet, si on appelle a et b deux événements quelconques qui suivent la même loi de probabilité, $p(\cdot)$, et si on note $p(a|b)$ la probabilité (conditionnelle) que a se réalise sachant que b s'est réalisé, alors la probabilité que a et b se réalisent tous deux [probabilité qu'on note $p(a \cap b)$] est donnée par :

$$p(a|b) \cdot p(b),$$

c'est-à-dire par le produit de la probabilité de b par celle de a, sachant que b s'est réalisé. Mais cette probabilité est la même que celle qui est donnée par le produit :

$$p(a|b) \cdot p(a)$$

qui correspond au cas où a se réalise « d'abord », b « venant ensuite ».

Par conséquent, comme $p(a \cap b) = p(b \cap a)$,

$$p(a|b) \cdot p(b) = p(a|b) \cdot p(a),$$

et donc, si $p(b)$ est non nul :

$$p(a|b) = \frac{p(b|a)p(a)}{p(b)}$$

ou, si $p(a)$ est non nul :

$$p(b|a) = \frac{p(a|b)p(b)}{p(a)}.$$

Ces formules sont équivalentes, les rôles de a et de b y étant permutés ; elles donnent la règle de Bayes, qui permet donc de passer des probabilités *a priori*, $p(a)$ et $p(b)$, aux probabilités *a posteriori*, $p(a|b)$ et $p(b|a)$ (selon le cas). Notons que pour calculer $p(a|b)$ il faut connaître — ou estimer — $p(b|a)$, et que pour calculer $p(b|a)$ il faut connaître — ou estimer — $p(a|b)$; ainsi, le calcul des probabilités *a posteriori* peut dépendre des croyances sur les probabilités *a priori*, mais aussi sur d'autres types de probabilités.

Bertrand (duopole de)

En 1883, le mathématicien Joseph Bertrand critique la façon dont Augustin COURNOT décrit le comportement des entreprises dans son modèle de duopole. Plus précisément, il lui reproche d'avoir supposé que les entreprises agissent à travers les *quantités* offertes, et non à travers les prix, qui sont supposés s'« ajuster », de façon à égaliser l'offre et la demande (globales). Or, selon Bertrand, il est plus judicieux de considérer que les entreprises commencent par prendre l'initiative de *proposer un prix* pour le bien qu'elles veulent vendre, avant de servir la demande qui se manifeste à ces prix. C'est donc ce qu'il fait, en reprenant le modèle de

Cournot ; et il parvient à une conclusion nettement différente de la sienne. Toutefois, comme cette conclusion dépend étroitement des hypothèses très particulières faites par Cournot — et reprises telles quelles par Bertrand —, on va commencer par reprendre l'exemple de Bertrand, puis on traitera du cas plus général, qui conduit à une conclusion différente de celle de Cournot, *mais aussi* de celle de Bertrand. Malgré cela, l'habitude a été prise d'appeler « duopole de Bertrand » tout modèle de duopole où les agents prennent l'initiative de proposer des prix.

Le cas étudié par Bertrand

Bertrand reprend les hypothèses de Cournot, en supposant une information très centralisée (les prix sont connus de tous), des agents « preneurs de prix » — en dehors des duopoleurs —, des CONJECTURES à la Cournot (chaque entreprise propose un prix en supposant que cela n'a pas d'effet sur celui que son concurrent annonce), un coût unitaire c constant et des capacités de production qui permettent à chacune des deux entreprises de servir toute la demande, quel que soit le prix.

Bertrand montre que si, dans le cadre de ces hypothèses, les duopoleurs prennent l'initiative de proposer des prix, alors il n'y a qu'un seul équilibre, où le prix est unique et égal au coût unitaire c (le profit des deux entreprises est donc nul à l'équilibre). Cet équilibre diffère donc de celui du modèle de Cournot, où le prix est strictement supérieur au coût unitaire ; il va à l'encontre des idées reçues, puisqu'il a toutes les caractéristiques de l'équilibre de CONCURRENCE PARFAITE, alors que l'offre n'est le fait que de deux entreprises (ce qui s'accorde mal avec l'idée qu'on se fait habituellement de la concurrence).

La *démonstration* du résultat de Bertrand est immédiate. Soit deux entreprises A et B qui produisent un même bien, et soit p_A et p_B les prix qu'elles proposent pour ce bien, respectivement. Si $p_A = p_B = c$, alors il y a équilibre, car si l'une ou l'autre entreprise augmentait son prix, même très légèrement, elle perdrait toute sa clientèle, et n'augmenterait donc pas son profit — qui, il est vrai, est déjà nul à l'équilibre (celui-ci est donc *faible*, les entreprises n'ayant pas plus de raison de s'écarter de l'équilibre que d'y rester). Et c'est là le seul équilibre du modèle ; en effet, si un des duopoleurs propose un prix p strictement supérieur à c, l'autre a intérêt :

— soit à diminuer son prix, s'il est supérieur ou égal à celui de son concurrent (de façon à « récupérer » toute la clientèle) ;
— soit à l'augmenter, même très légèrement (de façon à augmenter son profit tout en gardant sa clientèle), s'il est strictement inférieur à celui de son concurrent.

Il n'y a donc pas équilibre, puisque au moins une entreprise est incitée à modifier son choix.

Le résultat de Bertrand repose, entre autres, sur l'hypothèse faite à propos des conjectures (« à la Cournot »), puisque chaque entreprise envisage de faire varier son prix en considérant celui de l'autre comme une donnée indépendante de son propre choix.

Une des caractéristiques importantes de l'équilibre du modèle de Bertrand est que *l'offre de chaque entreprise y est indéterminée*, même si la somme des offres doit être égale à la demande (pour qu'il y ait équilibre). C'est là une conséquence de ce que les coûts unitaires (et les RENDEMENTS D'ÉCHELLE) sont constants, et donc de ce que le profit d'équilibre est nul (comme l'équilibre est *faible*, le fait de connaître le prix d'équilibre ne suffit pas aux entreprises pour déterminer les offres d'équilibre).

Ainsi, si l'on s'en tient strictement aux hypothèses faites par Cournot, on se trouve face à *deux possibilités*, qui conduisent toutes deux à un résultat très peu satisfaisant :
— soit on fait comme Cournot et l'on suppose que les duopoleurs font des offres en quantité et que le prix s'« ajuste » selon une procédure de type commissaire-priseur (donc difficile à justifier) ;
— soit on suppose, comme Bertrand, que les duopoleurs commencent par proposer un prix, ce qui est sans doute plus satisfaisant, mais alors le seul équilibre du modèle est celui de la concurrence parfaite, ce qui est pour le moins troublant ; en outre, cet équilibre est indéterminé, puisque les quantités offertes par les entreprises peuvent y prendre une infinité de valeurs différentes.

Toutefois, comme le résultat de Bertrand dépend de façon cruciale de l'hypothèse selon laquelle le coût unitaire est constant et les capacités de production illimitées, on peut se demander ce qui se passe lorsqu'on relâche l'une ou l'autre de ces hypothèses, en supposant soit que les capacités de production sont limitées, soit que le coût marginal est croissant (ce qui est plus usuel).

De la difficulté de formaliser le cas où des agents proposent des prix

Les problèmes rencontrés avec le modèle du duopole de Bertrand — absence d'équilibre ou équilibre « indéterminé » — sont symptomatiques des situations où l'initiative de proposer des prix est laissée aux agents (et non à un « personnage extérieur » et bénévole). Ces problèmes apparaissent d'autant plus clairement qu'on envisage l'éventuel *processus* qui peut conduire à un équilibre. Ainsi, la première question, lorsqu'on suppose qu'une entreprise affiche un prix pour le bien qu'elle propose, est de savoir *quelle est la part de la demande qu'elle va servir*. En effet, si le prix proposé est « trop faible », il se peut fort bien que, pour maximiser son profit, l'entreprise ait intérêt à ne pas servir toute la demande qui s'adresse à elle — parce que son coût marginal est croissant, par exemple. Mais alors, elle va devoir, d'une façon ou d'une autre, *rationner* une partie de sa clientèle. Ce qui a pour résultat, entre autres, de faire apparaître des EFFETS DE REPORT aux conséquences souvent très importantes. En outre, le modélisateur doit ajouter aux données de son modèle une (ou des) RÈGLE(S) DE RATIONNEMENT, forcément arbitraire(s).

Par ailleurs, lorsque (au moins) deux entreprises affichent le même prix pour le bien qu'elles proposent, survient un problème de « partage » de la demande entre elles ; si, en outre, il y a des écarts, même « extrêmement petits », entre les prix affichés, la demande qui s'adresse à chaque entreprise va varier brusquement : la clientèle se déplace « en bloc » de celle qui a le prix (momentanément) le plus élevé vers celle qui a le prix le plus faible. Les fonctions de demande qui s'adressent aux entreprises sont donc *discontinues*, ce qui empêche d'appliquer le théorème du POINT FIXE, généralement utilisé dans les démonstrations d'existence d'équilibres.

L'accumulation des difficultés (rationnements et discontinuités notamment) explique pourquoi la modélisation traditionnelle privilégie le cas où les agents agissent au niveau des quantités, en laissant au commissaire-priseur le soin de régler le problème des prix et de coordonner les activités.

Le duopole par les prix : le cas général

On va commencer par reprendre le cas étudié par Bertrand, mais en supposant que les capacités de production sont limitées, de façon qu'aucune des deux entreprises ne puisse servir, seule, la demande maximale $d(c)$ (demande lorsque le prix est égal au coût unitaire c ; s'il lui est inférieur, il n'y a plus d'offre) ; on suppose, toutefois, qu'elles peuvent servir ensemble cette demande. Autrement dit, si l'on note q_i^o la capacité de production de l'entreprise i ($i = A, B$), on suppose que :
$0 < q_A^o < d(c), 0 < q_B^o < d(c), d(c) < q_A^o + q_B^o$.

Si ces conditions sont vérifiées, alors il n'y a plus équilibre pour $p_A = p_B = c$, ni pour toute autre valeur de p d'ailleurs. En effet, si $p_A = c$, quelle que soit la quantité $q_A < q_A^o$ offerte par l'entreprise A à ce prix, alors — compte tenu de la forme de ses conjectures — l'entreprise B pense qu'elle peut augmenter son profit en proposant un prix plus élevé, puisqu'elle s'estime en situation de monopole par rapport à la partie de la demande, $d(c) - q_A$, non servie par A (elle va donc proposer un prix supérieur à c tel que sa recette marginale soit égale à son coût marginal). A peut d'ailleurs faire le même raisonnement, si B affiche pour prix $p_B = c$.

Il n'y a pas non plus équilibre si $p_A > p_B \geq c$, car alors soit A n'a pas de clients et il peut donc augmenter son profit en baissant son prix, soit il en a, ce qui signifie que B sature ses capacités ; B peut alors faire un profit plus élevé en augmentant son prix — même légèrement. Le raisonnement est identique si $p_B > p_A \geq c$, à condition de permuter les rôles de A et de B. Reste le cas $p_A = p_B > c$. Comme alors une (au moins) des entreprises ne sature pas ses capacités de production [puisque la somme de celles-ci est supposée être, par hypothèse, strictement supérieure à $d(c)$], cette entreprise a intérêt à baisser « très légèrement » son prix de façon à « capter » la clientèle de l'autre (totalement ou en partie, selon sa capacité disponible).

Ainsi, on a montré que, *quel que soit le cas envisagé, il n'y a pas équilibre* (Edgeworth était parvenu à cette conclusion dès 1905).

On arrive à la même conclusion si l'on suppose le coût marginal croissant — sans que les capacités soient limitées. Ainsi, le cas « concurrentiel » — où les deux entreprises proposent un prix p tel que l'offre soit égale à la demande et tel que chaque entreprise égalise son coût marginal à ce prix — n'est alors plus un équilibre. Et cela pour les mêmes raisons que lorsque les capacités de production sont limitées : compte tenu de la forme de ses conjectures, chaque entreprise pense qu'elle peut augmenter son profit en augmentant son prix, puisqu'elle est en situation de monopole par rapport à la demande qui s'adresse à elle (demande totale moins demande servie par son concurrent). Si l'une au moins des entreprises affiche un prix strictement supérieur à son coût marginal, alors celle des deux qui a le prix le moins élevé a intérêt à l'augmenter, puisque cela ne lui fait pas perdre de clientèle (tant qu'elle vend moins cher que l'autre). L'analyse est en fait la même que dans le cas où le coût unitaire est constant et les capacités de production limitées, à quelques nuances près. Et la conclusion est aussi la même : *le modèle ne comporte pas d'équilibre.*

Remarque. Dans le cas où les capacités de production sont limitées, et le coût marginal constant, il est possible de montrer l'existence d'un équilibre si l'on suppose que les entreprises peuvent choisir simultanément le prix affiché *et* leur capacité de production (c'est ce qu'ont fait Kreps et Scheinkman — voir à ce propos l'entrée DUOPOLE).

Conclusion

Ainsi, même si l'on retient le cadre et les hypothèses usuels de la concurrence parfaite (notamment centralisation de l'information, coût marginal décroissant et fonction de demande strictement décroissante), le fait de laisser à (au moins) deux entreprises l'initiative de proposer le prix du bien qu'elles vendent bouleverse radicalement les données du problème ; on se trouve alors face à un modèle où il n'y a généralement pas d'équilibre, ce qui est particulièrement gênant — les raisonnements à l'équilibre étant (largement) prépondérants en économie.

L'exemple du duopole de Bertrand et les difficultés qu'il soulève expliquent — entre autres — pourquoi les théoriciens néo-classiques ont tellement de difficultés pour se débarrasser du commissaire-priseur, dont la tâche est de proposer des prix, compte tenu des choix des individus qui portent sur des *quantités* (offertes ou demandées) — comme cela arrive aussi bien dans le modèle de concurrence parfaite que dans celui du duopole de Cournot, qui occupe une place quasi hégémonique dans les analyses en duopole ou en oligopole.

Bien collectif, ou **Bien public**

Bien dont l'utilisation (pour la consommation ou pour la production) peut être faite simultanément par plusieurs agents économiques, sans que ses caractéristiques soient affectées. Les biens collectifs sont des *services* ; ils sont en outre *non marchands*, car il n'est pas possible de discriminer entre leurs utilisateurs. La consommation par quelqu'un d'un bien collectif ne réduit pas la possibilité de consommation de ce même bien par d'autres, tout au moins s'ils se trouvent « à proximité » de lui. Les biens collectifs se distinguent donc des biens « habituels », ou *privés*, par le fait que leur utilisation n'est pas exclusive.

Entrent dans la catégorie des biens collectifs des services aussi divers que ceux rendus par la défense nationale, la sécurité publique, les infrastructures de tout ordre (ponts, routes — tout au moins s'ils ne sont pas saturés —, éclairage, etc.), l'éducation, auxquels il faut ajouter les programmes de radio et de télévision, mais aussi toutes les activités culturelles; l'ensemble de ces services occupe dans l'économie une place qui est loin d'être négligeable.

Une des questions essentielles à propos des biens collectifs est celle de leur *financement.* Cette question est habituellement abordée en distinguant les biens collectifs pour lesquels il y a *obligation d'usage* de ceux pour lesquels une telle obligation n'existe pas. Parmi les premiers, il y a la défense nationale et la sécurité publique (police, justice), qui sont des biens collectifs *purs* ; même si l'on peut imaginer de les faire payer en fonction de l'importance que chacun leur attribue (comme dans le modèle de LINDHAL), on ne voit pas comment une telle solution pourrait être mise en œuvre — notamment parce que les individus, pris un à un, ont intérêt à ne pas annoncer la vraie valeur qu'ils attribuent au bien collectif (pour ne pas avoir à payer en conséquence). Seul est possible le financement par l'impôt, généralement établi selon des critères autres que le service rendu (l'impôt n'a rien à voir avec un prix, ou avec la quantité « consommée » des biens collectifs purs). Cette solution, qui ne fait intervenir en rien les appréciations de chacun, ne peut donc être un OPTIMUM DE PARETO (des individus qui ont des appréciations différentes des services rendus sont taxés de la même façon).

On peut, en revanche, envisager de faire payer les biens collectifs pour lesquels il n'y a pas d'obligation d'usage, et qui sont de ce fait « impurs » ; c'est dans cette perspective que sont mis en place des péages autoroutiers ou des émissions de télévision cryptées. Toutefois, ces dispositifs ne conduisent pas non plus à un optimum de Pareto ; d'une part, parce que la tarification proposée ne permet pas de discriminer entre usagers plus ou moins motivés (ce qui est un peu moins vrai dans le cas de la télévision où l'on paie à l'émission — *pay per view*) ; et, d'autre part, parce que le prix proposé est généralement nettement plus élevé que le coût marginal (qui est pratiquement nul... ou très grand s'il y a saturation des capacités existantes).

En outre, la mise en place de systèmes de péage entraîne des coûts plus ou moins importants, sans parler des encombrements qu'ils peuvent provoquer, notamment en période de pointe (essayons d'imaginer des péages systématiques en milieu urbain !) ; enfin, un système de péage est largement sous-optimal dans le cas — tel l'éclairage public — où il n'est pas possible de discriminer entre les utilisateurs (on est alors dans une situation proche des biens collectifs purs, mais dans un cadre « local »).

L'existence de biens collectifs impurs peut donc nécessiter une intervention active de l'État, dans le but de limiter (ou d'éliminer) les inefficiences inhérentes à tout système de péage ; cette intervention n'est cependant pas neutre du point de vue de la répartition, puisqu'elle fait généralement financer par certains (à travers l'impôt, par exemple) des activités qui peuvent être bénéfiques à d'autres.

Bien conditionnel (ou contingent)

Bien caractérisé non seulement par ses propriétés « physiques », sa date et son lieu de disponibilité, mais aussi par la forme prise par les ÉTATS DE LA NATURE. Un bien conditionnel est donc de la forme : « Bien *x* disponible si l'état de la nature *y* se réalise. » Celui qui achète ce bien conditionnel, et qui paie donc pour lui, n'en disposera que si l'état *y* se réalise. Lorsque j'assure ma maison en payant une prime, celle-ci est le prix du bien conditionnel « une maison identique à la mienne, si celle-ci est détruite, ou subit des dégâts, pendant la période où je suis assuré ».

Le prix d'un bien « certain » est égal à la somme des prix des biens conditionnels de ce même bien pour *toutes* les éventualités possibles (c'est-à-dire pour toutes les formes que peuvent prendre les états de la nature).

Dans le cas où il y a un SYSTÈME COMPLET DE MARCHÉS, comme dans le modèle de CONCURRENCE PARFAITE, il est supposé que le commissaire-priseur affiche le prix de chaque bien conditionnel et enregistre les offres et les demandes de ces biens ; il veille à ce que leur livraison ait lieu au moment où se réalisent les événements qui « conditionnent » les transactions.

Les biens conditionnels peuvent être assimilés à des LOTERIES ; la relation de préférence d'un ménage porte alors sur l'espace des loteries, le critère de classement utilisé étant, sous certaines hypothèses, celui de l'UTILITÉ ESPÉRÉE.

Biens

Les théories économiques sont, évidemment, concernées avant tout par les biens qui, comme leur nom l'indique, sont considérés comme de « bonnes choses » (sources de satisfaction), directement ou indirectement. Les biens peuvent prendre une forme « matérielle », tangible, ou une forme immatérielle (on les appelle alors *services*). Ils peuvent aussi être *durables* ou *non durables* ; dans le premier cas, il y a notamment les biens-CAPITAL, qui peuvent intervenir sans se modifier (ou presque) pendant plusieurs périodes.

Les propriétés précédentes sont intrinsèques aux biens. Mais ceux-ci peuvent aussi être distingués selon la façon dont les agents économiques les apprécient ou les utilisent. Ainsi, pour un ménage — ou pour une entreprise —, deux biens sont *substituables* si l'ÉLASTICITÉ de la demande de l'un par rapport au prix de l'autre est strictement positive. Si cette élasticité est strictement négative, alors on dit qu'ils sont *complémentaires*. Lorsque des biens sont *strictement complémentaires*, comme dans l'ANALYSE ENTRÉES-SORTIES, les ISOQUANTES — ou les COURBES D'INDIFFÉRENCE — relatives à ces biens sont des « droites coudées » (en L).

Dans la théorie du CHOIX DU CONSOMMATEUR, on distingue généralement les biens *normaux* des biens *inférieurs*. Pour les premiers, la demande augmente avec le revenu, alors que c'est le contraire qui arrive avec les seconds. Ceux-ci sont donc tels que l'EFFET REVENU joue dans le sens opposé de l'EFFET SUBSTITUTION lorsqu'il y a une variation des prix relatifs. Lorsque l'effet revenu est plus fort — en valeur absolue — que l'effet substitution, le bien inférieur est alors un bien GIFFEN. Ainsi, un bien Giffen est toujours un bien inférieur, mais la réciproque n'est pas forcément vraie (un bien peut être inférieur et voir sa demande diminuer lorsque son prix augmente).

Bulle financière

Terme utilisé pour désigner une situation où le prix d'un titre (par exemple, une action) augmente de période en période sans que cela soit justifié par des changements au niveau du rendement de l'actif (par exemple, les dividendes versés) représenté par le titre. Il y a « bulle » parce que la croyance à la hausse provoque celle-ci (dans une logique d'AUTORÉALISATION), et entretient cette croyance pendant un laps de temps relativement long, jusqu'à ce que, pour une raison ou une autre, elle change — si elle devient une croyance à la baisse, alors on dit que « la bulle éclate ». Un des exemples les plus connus de bulle est celui de la « folie des tulipes » au XVIIe siècle en Hollande, où le prix des bulbes de cette fleur a atteint des valeurs invraisemblables, avant de s'effondrer complètement. Un autre exemple est celui de la Bourse de Tokyo, dont l'indice a été multiplié par quatre dans les années 1980, puis divisé d'autant dans les années 1990.

Les « bulles rationnelles »

Le phénomène des bulles — si ce n'est le mot utilisé pour le désigner — est donc très ancien (autant, ou presque, que les Bourses de valeurs). Il est assez facile de le comprendre, mais il est difficile à formaliser, vu le rôle décisif qu'y jouent les croyances des investisseurs, par essence subjectives et susceptibles de variations brusques et imprévisibles (d'où la « volatilité » des cours boursiers).

Dans les années 1970, suite à l'utilisation de l'hypothèse dite des ANTICIPATIONS RELATIONNELLES par les NOUVEAUX CLASSIQUES, dans le cadre de leur offensive anti-keynésienne, le phénomène des bulles a toutefois été utilisé par certains macroéconomistes pour attirer l'attention sur le rôle essentiel joué par les croyances dans cette hypothèse — les nouveaux classiques ne retenant que les croyance qui conduisent aux conclusions auxquelles ils veulent parvenir — et sur leur caractère autoréalisateur. Puisqu'on parle d'anticipations « rationnelles », les bulles seront elles-mêmes qualifiées de « rationnelles », ce qui est pour le moins paradoxal, comme on le verra.

Pour faire apparaître le phénomène des « bulles rationnelles », le plus simple consiste à procéder comme les nouveaux classiques, en se donnant une équation qui donne l'évolution dans le temps du *prix d'équilibre* d'un bien, ou d'un titre, quitte à le considérer comme étant « représentatif » de l'ensemble des biens ou des titres (dans une perspective « macroéconomique »). Dans le cas d'un titre de propriété d'une entreprise (une action), il y a équilibre en t lorsqu'il ne subsiste pas la possibilité de procéder à des ARBITRAGES sur ce titre, donc lorsque le prix en t est égal à la VALEUR ACTUELLE de ce qu'on peut attendre de la vente de ce titre en $t + 1$, plus le dividende qu'il rapporte en t, d_t. Soit, en notant ${}_tp_{t+1}$ l'anticipation faite en t du prix en $t + 1$:

$$(1) \qquad p_t = d_t + \frac{{}_tp_{t+1}}{1+r}.$$

Cette équation, simple en apparence, ne l'est pas au niveau de l'interprétation. En effet, elle fait intervenir le prix anticipé, ${}_tp_{t+1}$, mais on ne sait *par qui*. Comme le prix p_t est censé représenter le prix (d'équilibre) du « marché », le discours usuel consiste à dire que ce sont les anticipations du « marché » — ce qui ne peut que signifier que tous les participants font les mêmes anticipations. Dans le cas des bulles rationnelles, on suppose que ces anticipations sont « rationnelles » : la valeur anticipée est la valeur, à un aléa près, qui vérifie l'équation (1) en $t + 1$. Du fait de la présence de l'aléa (qui est censé rendre compte des fluctuations au jour le jour, non essentielles, des cours boursiers), les présentations habituelles font appel à des espérances conditionnelles (de la forme $E(p_{t+1}|\Omega_t)$, où Ω_t désigne l'« ensemble d'information » en t) plutôt que des valeurs certaines (voir, par exemple, l'article d'Olivier Blanchard et Mark Watson « Bulles, anticipations rationnelles et marchés financiers », *Annales de l'Insee,* mai-juin, 1984). Mais, pour comprendre l'idée qui est à la base de la théorie des bulles rationnelles, il suffit de s'en tenir aux PRÉVISIONS PARFAITES ; dans ce cas, l'hypothèse d'anticipations rationnelles s'écrit :

$${}_tp_{t+1} = p_{t+1},$$

de sorte que l'évolution du prix donnée par (1) devient :

(2) $$p_t = d_t + \frac{p_{t+1}}{1+r}.$$

Cette équation de récurrence linéaire (d'ordre 1) a une solution évidente, p^*_t, obtenue en remarquant qu'il découle de (2) que $p_{t+1} = d_{t+1} + p_{t+2}/(1 + r)$, $p_{t+2} = d_{t+2} + p_{t+3}/(1 + r)$, etc. Soit, si on se situe à « instant initial » $t = 0$:

(3) $$p^* = \sum_{t=0}^{\infty} \frac{d_t}{(1+r)^t}.$$

Cette solution est souvent appelée « valeur fondamentale » de l'action, car elle ne fait intervenir que les dividendes versés aux actionnaires pendant toute la « vie » de l'entreprise.

La solution (3) est à l'origine d'une *trajectoire constante* (à partir de t, mais on peut prendre pour t l'« instant initial », $t = 0$). Mais elle n'est pas la seule solution de (2) : on vérifie aisément que toute suite de prix de la forme $v_t = p^* + b(1 + r)^t$, où b est quelconque, est solution de l'équation (2) (voir, à ce propos, l'entrée ÉQUATIONS DE RÉCURRENCE LINÉAIRE). Il y a donc *un continuum de trajectoires d'équilibre*, de la forme :

(4) $$\sum_{t=0}^{\infty} \frac{d_t}{(1+r)^t} + b(1+r)^t.$$

A la valeur fondamentale $\Sigma_t\, d_t /(1 + r)^t$ s'ajoute donc la « bulle » $b(1 + r)^t$ — le taux d'actualisation étant, par hypothèse, strictement positif.

Comme (4) donne, à la fois, le prix d'équilibre du titre — solution de (2) — et la valeur anticipée de ce prix (hypothèse d'anticipations rationnelles), il s'ensuit que la trajectoire des prix qui va effectivement se réaliser dépendra de la valeur de b anticipée « au départ ». Pourquoi retenir telle valeur plutôt que telle autre ? C'est ici qu'on peut évoquer les croyances, quelles qu'elles soient — puisque par hypothèse elles sont vérifiées dans une logique d'autoréalisation. En fait, la seule distinction importante est entre le cas où b est nul et celui où il ne l'est pas. Mais, comme il n'y a pas de raison que b soit nul, la bulle est la règle plutôt que l'exception.

Cet exemple simple attire l'attention sur un des problèmes inhérents à l'hypothèse d'anticipations rationnelles : la multiplicité des solutions. Il permet de voir clairement d'où elle vient : le prix présent dépendant du prix de la période suivante, qui dépend lui-même du prix de la période suivante, et cela indéfiniment, il n'y pas de valeur de type CONDITION INITIALE (ou finale) qui permette de choisir l'une des trajectoires possibles. L'indétermination tient notamment au choix d'un horizon infini par ceux-là mêmes qui ont proposé l'hypothèse d'anticipations rationnelles. Mais, à cette critique, valable de façon générale, s'en rajoute une autre, propre aux bulles rationnelles.

Les bulles rationnelles : une absurdité ?

L'idée de bulles rationnelles a été avancée pour attirer l'attention sur le rôle essentiel des croyances dans l'hypothèse des anticipations rationnelles. Mais, en utilisant ainsi cette hypothèse, on sombre dans l'absurde. En effet, les équations (1) et (2) supposent des anticipations *uniques* — décrites comme étant celles du « marché ». Or, comme le modèle concerne les seuls placements spéculatifs — ceux qui « jouent » sur les variations dans le temps du prix d'un titre, ou d'un indice boursier —, il ne peut y avoir de « marché », faute d'échangistes : si tout le monde fait les mêmes anticipations, alors tout le monde est soit offreur, soit demandeur du titre (ou, si on suppose que les anticipations sont celles d'un unique agent, fût-il appelé « représentatif », on ne voit pas avec qui il pourrait échanger !). Autrement dit, pour qu'il y ait des transactions sur les titres, il faut qu'il y ait deux investisseurs qui font des anticipations différentes, et donc l'un d'entre eux (si ce n'est les deux) se trompe forcément — ce qui est incompatible avec l'hypothèse sur les anticipations rationnelles.

S'il est absurde de parler de bulles « rationnelles », il n'en est évidement pas de même à propos des bulles « non rationnelles », résultat de ce que tout le monde (ou presque) s'attend à une hausse, mais sans lui donner la même valeur.

À propos de la valeur fondamentale

L'approche par les bulles, et plus généralement l'analyse dite des MARCHÉS EFFICIENTS en finance, suppose qu'il existe une sorte de valeur de référence des titres, qui représenterait ce qui se passe dans l'économie « réelle », en dehors des perturbations boursières. Pour bien marquer ce fait, cette valeur est qualifiée de « fondamentale » — par référence aux FONDAMENTAUX de l'économie (goûts, ressources et techniques disponibles). La formule qui la définit (formule (3)) fait toutefois intervenir la suite de dividendes (d_t) et le taux d'actualisation r, l'une et l'autre étant en fait des *valeurs attendues, anticipées*. Autrement dit, la valeur « fondamentale » dépend de façon décisive des croyances des intervenants sur les marchés futurs : elle est essentiellement subjective. Ainsi, quand le prix d'un titre s'effondre (ou s'envole), cela peut être dû à des changements de certains paramètres de base, tels les goûts des consommateurs ou les techniques disponibles ; mais souvent ces variations sont bien plus fortes que celles qu'on pourrait attendre, du fait du retournement des anticipations (d'« optimistes » elles deviennent « pessimistes », ou *vice versa*). Qui peut dire, par exemple, quelle est la valeur fondamentale du tunnel sous la Manche ou des entreprises de télécommunication, dont les cours se sont envolés, puis effondrés ? Il est clair que ces fluctuations proviennent de phénomènes de type bulle (tout le monde croit que ça va monter (baisser), ce qui provoque la hausse (baisse)), mais aussi de changements importants dans les anticipations des profits futurs des entreprises concernées. Ces anticipations peuvent elles aussi avoir un effet sur le niveau de ces profits — dans une perspective autoréalisatrice —, ce qui ôte tout sens précis à l'idée qu'il y aurait une valeur « fondamentale », en dehors d'elles. La valeur d'un titre à un moment donné est essentiellement de type conventionnel : elle reflète une sorte d'accord implicite entre les investisseurs — ce point a été particulièrement souligné par KEYNES.

C

Cambridge (polémique des deux)

Débat qui a opposé, dans les années soixante, des universitaires enseignant à Cambridge (États-Unis) — les plus connus étant Paul SAMUELSON et Robert Solow — à d'autres universitaires, essentiellement basés à Cambridge (Royaume-Uni) — qui se réclamaient notamment de la pensée de SRAFFA.

La polémique portait sur la signification du CAPITAL en tant qu'argument de la FONCTION DE PRODUCTION NÉO-CLASSIQUE, et notamment sur les conclusions que l'on peut tirer de celle-ci en ce qui concerne la RÉPARTITION du revenu national entre les différents groupes sociaux (capitalistes et salariés). Le groupe de Cambridge-Royaume-Uni reprochait à ses collègues américains la façon dont ils transposaient au niveau macroéconomique des raisonnements de type microéconomique, sans se soucier du problème de l'AGRÉGATION. Il attirait l'attention sur un certain nombre de paradoxes — tel le phénomène du RETOUR DES TECHNIQUES — qui découlent de cette façon de faire. Certains de ses membres pensaient avoir ainsi montré que le modèle néo-classique de référence — celui de l'ÉQUILIBRE GÉNÉRAL — est incohérent.

Après bien des réticences, les économistes de Cambridge-États-Unis acceptèrent la critique (sur l'agrégation) et adoptèrent la position de repli qui consiste à ne voir dans la fonction de production agrégée qu'une « façon approximative » de modéliser la réalité, à défaut d'autre chose.

Cette polémique rappelle combien il est difficile de lutter contre la *force des habitudes* ; car, comme Joan Robinson l'a remarqué, l'étudiant auquel on enseigne des choses étranges — le « capital » comme bien agrégé, la fonction de production comme représentation de toute l'économie, etc. — commence par se poser des questions, puis il s'habitue à raisonner avec ces « choses » et finit par oublier les questions qu'il se posait, l'habitude aidant ; devenu enseignant, il transmet son « savoir » à une nouvelle génération d'étudiants, qui commenceront aussi par se poser des questions, avant que certains deviennent eux-mêmes des enseignants, et ainsi de suite…

Capital

Terme utilisé pour désigner des notions différentes, selon les moments et selon les théories. Ainsi, pour MARX, il désigne avant tout une *relation sociale*, le rapport entre ceux qui détiennent les moyens de production et les autres (les « prolétaires »). Le mot capital s'entend alors comme dans « capitalisme » — mot que Marx n'a d'ailleurs pas utilisé —, c'est-à-dire en référence à un certain type de société. Marx utilise néanmoins des expressions telles que « capital constant » ou « capital variable », qui désignent des sommes de monnaie mais aussi, indirectement, des quantités de bien ou de travail.

C'est dans ce sens plus « technique » qu'est généralement utilisé le terme « capital », qui désigne selon les cas :

— *un ensemble de biens produits dans le passé et qui interviennent dans la production « présente » — et future — d'autres biens*, tout en pouvant servir pendant plusieurs périodes ; parmi ces « biens de capital » il y a les machines et, de façon plus générale, les équipements de toute sorte ; on peut aussi leur adjoindre des biens immatériels (par exemple, les logiciels d'ordinateurs) ; ces biens de capital font partie, pour les NÉO-CLASSIQUES, des FACTEURS DE PRODUCTION ;

— *un* agrégat qui représente l'ensemble des INPUTS (matières premières, énergie, « services » rendus par les équipements fixes, etc.) autres que le travail et qui est un des arguments de la FONCTION DE PRODUCTION NÉO-CLASSIQUE ; le « capital » est ici un nombre, calculé à partir d'un système de prix (dans lequel un bien quelconque sert de NUMÉRAIRE), comme cela est le cas pour tout agrégat ;

— *un ensemble d'actifs* — qui prend la forme de titres et de droits de propriété — détenu par un (ou des) individu(s), et qui est à l'origine de rémunérations spécifiques (intérêts, profits, dividendes) ; on parle parfois à son propos de « capital financier » (voir aussi l'entrée CAPITAL HUMAIN).

Capital (controverse à propos du)

Controverse qui a eu lieu essentiellement dans les années soixante et qui portait sur le statut du « capital » en tant que « facteur de production », tel qu'il intervient dans la FONCTION DE PRODUCTION NÉO-CLASSIQUE ; l'enjeu était la théorie de la RÉPARTITION telle qu'elle apparaît, par exemple, dans le théorème de l'ÉPUISEMENT DU PRODUIT.

La controverse à propos du capital tourne essentiellement autour du problème de l'AGRÉGATION, puisque le CAPITAL tel que le conçoivent les néo-classiques est un ensemble de biens (matières premières, machines et équipements fixes, logiciels informatiques, etc.) et non pas un bien unique. Pour contourner cette difficulté, la démarche usuelle — notamment dans les études économétriques — consiste à évaluer grâce à un système de prix chacun des biens qui constituent le « capital », puis à additionner les nombres obtenus, de façon à obtenir un nombre unique qui représente « de façon synthétique » le capital. Toutefois, et c'est là qu'est le problème, ce nombre ne désigne pas une entité physique, mais une somme monétaire. On ne peut donc en faire un « facteur de production », c'est-à-dire un argument d'une fonction de production, puisque celle-ci est censée représenter exclusivement des relations techniques. Le faire peut conduire à des raisonnements circulaires, comme celui qui consiste à vouloir déduire des prix à partir des productivités marginales des « facteurs » — dont le capital — alors que le calcul de ces productivités marginales suppose des prix donnés (pour évaluer le « facteur capital »).

Le problème n'est d'ailleurs pas spécifique au facteur capital, puisqu'il se pose de la même façon avec les autres « facteurs de production », dès qu'ils sont formés de biens hétéroclites (cas de travaux de qualifications différentes).

Les controverses sur l'utilisation du « capital » dans la fonction de production néo-classique se sont progressivement éteintes, les NÉO-CLASSIQUES ayant reconnu le caractère douteux des analyses faites sur cette base (ce qui ne les a pas empêchés de les poursuivre et de les développer !), tandis que leurs adversaires admettaient que leurs critiques ne mettaient pas en cause la cohérence du modèle d'ÉQUILIBRE GÉNÉRAL néo-classique, mais seulement celle de sa version « agrégée » (et la théorie de la répartition qui la sous-tend).

La seule question qui demeure est celle de savoir si les modèles « appliqués » qui utilisent la fonction de production agrégée ayant le « capital » pour argument présentent un intérêt quelconque, alors qu'ils font appel à des concepts douteux.

Capital humain (théorie du)

Théorie selon laquelle toute dépense susceptible d'améliorer le niveau de formation d'un individu a pour conséquence d'augmenter sa productivité et donc ses revenus futurs, de la même façon que l'achat de biens de CAPITAL par une entreprise permet à celle-ci d'augmenter sa production et ses recettes ultérieures. Cette théorie reprend une idée ancienne, présente par exemple chez MARX, qui expliquait la rémunération des travailleurs qualifiés par le coût — notamment, en temps de travail — de leur formation.

Toutefois, c'est au début des années soixante que l'idée de capital humain a commencé à connaître une vogue certaine parmi les théoriciens néo-classiques — suite aux écrits de Theodore Schultz (né en 1902) et de Gary Becker (né en 1930) —, qui ont vu en elle un cas particulier de CHOIX INTERTEMPOREL.

Une théorie du choix intertemporel

Acquérir une formation est coûteux, en temps perdu à ne pas travailler et en dépenses diverses (frais de scolarité, par exemple). Avant de décider d'entreprendre une formation, l'individu rationnel va donc comparer les coûts qu'elle entraîne à la VALEUR ACTUELLE du flux de revenus supplémentaires qu'elle va lui procurer (une qualification plus élevée se traduisant par une rémunération plus forte) — comme le fait un entrepreneur lorsqu'il doit prendre une décision d'investissement. La formation de chacun est donc une conséquence de son libre choix, et notamment de sa plus ou moins grande PRÉFÉRENCE POUR LE PRÉSENT ; ainsi, si certains sont mieux formés que d'autres — et ont donc un revenu plus élevé —, c'est parce qu'ils l'ont voulu (ils ont « sacrifié » une partie de leur jeunesse à poursuivre des études non rémunérées, et même, dans certains pays, coûteuses). Comme toutes les approches en choix intertemporel, la théorie du capital humain suppose donc — du moins au départ — que la décision de formation est prise en horizon certain, avec des revenus futurs correctement anticipés (comme dans le modèle de CONCURRENCE PARFAITE). En cela elle ne se distingue en rien de la théorie générale du choix intertemporel, qu'elle porte sur le capital « humain » ou non humain.

Toutefois, l'« apport » de Schultz et de Becker a été, à la fois, de « banaliser » le cas de la formation — en en faisant un « investissement » comme un autre — et de rappeler certaines de ses particularités, qui tiennent au fait que le capital humain est inséparable de celui qui le « porte ». Mais il est aussi une source importante d'EXTERNALITÉS. Ainsi, une bonne partie de l'éducation générale est prise en charge par la collectivité, ne serait-ce que parce qu'elle sert à la communication entre ses membres. Par ailleurs, il existe des *formations spécifiques aux entreprises*, que seules celles-ci peuvent fournir, mais que les travailleurs peuvent aller monnayer ailleurs — après que leur « capital humain » a augmenté. Sachant cela, les entreprises vont limiter au minimum la formation qu'elles dispensent, ce qui est « collectivement » une mauvaise chose — tout le monde ayant intérêt à ce que le niveau de formation soit le plus élevé possible. De positive, ou à prétention telle, l'analyse devient en fait NORMATIVE, puisqu'elle s'intéresse au niveau de formation « efficient » du point de vue de la collectivité.

Critiques

Au départ, la théorie du capital humain apparaît comme une entreprise visant à justifier le *statu quo*, la répartition des qualifications et donc des revenus ne faisant que refléter les « préférences » de chacun. Celui qui a « investi » en se formant tire légitimement les bénéfices de cette décision. On retrouve le discours NÉO-CLASSIQUE sur la rémunération de chacun selon sa « contribution » à la production.

Par ailleurs, si l'éducation devient une marchandise comme une autre, elle peut être considérée comme le résultat d'offres et de demandes, et donc comme donnant lieu à des transactions à travers un système de prix. Sur la base de cette analyse, la théorie du capital humain devient une machine de guerre contre le système d'éducation gratuit qui, selon elle, ne peut qu'être à l'origine de gaspillages, puisqu'il n'y a pas vente au prix coûtant. Toutefois, l'argument est affaibli par l'existence des externalités.

A part cela, la théorie du capital humain a été à l'origine de nombreuses études statistiques, par exemple dans le but d'expliquer les divers profils de formation retenus par les étudiants ou des faits tels que la moindre mobilité avec l'âge (les coûts inhérents à un changement de situation — et, éventuellement, de lieu de résidence — ne sont pas couverts par les gains futurs si ceux-ci portent sur une période relativement restreinte). Toutefois, son pouvoir explicatif a été mis en doute, surtout si le but de la théorie est d'aller au-delà de la simple constatation selon laquelle le choix d'une carrière fait intervenir, du moins en partie, un calcul de coûts et d'avantages.

Cardinale (utilité)

En mathématiques, le mot « cardinal » est synonyme de « nombre ». Ainsi, on appelle « cardinal » d'un ensemble le nombre de ses éléments. En économie, une fonction d'UTILITÉ est cardinale dans le sens où elle associe un nombre (l'« utilité ») à chacun des PANIERS DE BIENS possibles (ou envisagés par le modélisateur). Toutefois, ce nombre n'a pas de signification en soi ; son seul intérêt est qu'il permet de *classer* les paniers de biens selon le nombre qui leur est attribué, puisque l'ensemble des nombres est ordonné (par l'inégalité $\geq$). Ainsi, si l'on note $U(X)$ le nombre — utilité cardinale — associé au panier X, et si $U(A) \geq U(B)$, alors le panier A est préféré au panier B.

Si l'on ne s'intéresse qu'au *classement* des paniers de biens tel qu'il est donné par la RELATION DE PRÉFÉRENCE d'un consommateur, alors on dit qu'on adopte un point de vue ORDINAL. On peut évidemment chercher à associer à ce classement une fonction d'utilité cardinale, d'un maniement plus aisé qu'une relation de préférence, mais alors cette fonction n'est pas définie de façon unique, puisqu'il suffit de la « transformer » par une fonction strictement croissante pour obtenir une autre fonction d'utilité (cardinale) qui représente la même relation de préférence ; en effet, si on a $U(A) \geq U(B)$, et si $f(\cdot)$ est une fonction *strictement croissante* de $\Re$ dans $\Re$, alors on a $f(U(A)) \geq f(U(B))$: les fonctions $U(\cdot)$ et $f(U(\cdot))$ sont des fonctions d'utilité cardinale qui représentent la même relation de préférence.

Un exemple de fonctions d'utilité cardinale qui représentent la même relation de préférence est, dans le cas de deux biens :

$$\begin{aligned} U(q_1, q_2) &= q_1^{\alpha a}\, q_2^{\alpha b}, \\ &= (q_1^a\, q_2^b)^{\alpha} \end{aligned}$$

où $\alpha > 0$.

Chaos (théorie du)

Théorie qui concerne les propriétés spécifiques de certaines solutions des ÉQUATIONS DIFFÉRENTIELLES et de RÉCURRENCE non linéaires, et qui est devenue à la mode en physique dans les années soixante-dix. La théorie du chaos attire l'attention sur le fait qu'un système d'équations « déterministe » (qui ne comporte pas de composante aléatoire) peut ne pas conduire à des prédictions déterministes, et cela indépendamment du niveau de précision avec lequel sont mesurées ses CONDITIONS INITIALES. Autrement dit, la théorie du chaos « introduit de l'indéterminisme dans des systèmes déterministes ».

Trajectoires chaotiques

Dans un système linéaire, les solutions — ou « trajectoires » — sont obtenues en additionnant (plus précisément, en faisant des combinaisons linéaires) des « solutions de base », qui représentent soit des évolutions monotones (de type exponentiel, explosif ou amorti), soit des évolutions cycliques (avec des périodes différentes). Ces trajectoires sont donc monotones ou cycliques, avec des cycles plus ou moins complexes (en tant que sommes de cycles), mais qui se répètent régulièrement.

Or, cette régularité peut disparaître lorsque le système d'équations considéré est non linéaire. Car, alors, certaines de ses trajectoires — si ce n'est toutes — sont telles qu'il n'est pas possible de déceler en elles des mouvements périodiques ; on dit d'elles qu'elles sont *chaotiques*.

Si ces trajectoires demeurent *bornées*, ce qui est le cas en général pour les modèles dont traite la théorie du chaos, elles « parcourent » donc indéfiniment une zone limitée de l'espace (par exemple, un « cube »), sans jamais tendre vers un point de cette zone, et sans s'approcher de trajectoires « régulières » (par exemple, une sphère). Comme une trajectoire est formée par une infinité de points, si elle est chaotique, elle engendre dans l'espace une sorte de figure qui est donnée par les « zones » où elle passe et repasse indéfiniment, sans jamais « revenir exactement » au même point — en raison du *théorème fondamental* des ÉQUATIONS DIFFÉRENTIELLES —, un peu comme cela se passe avec une pelote de laine... mais dont le fil serait infini ! Les figures engendrées par les trajectoires chaotiques sont appelées *attracteurs étranges*, puisqu'elles peuvent prendre des formes « bizarres », sans aucune sorte de régularité, et qui ne peuvent donc être classées entre elles, ni comparées d'une façon ou d'une autre.

L'indéterminisme dans le déterminisme

L'évolution suivie par un processus dépend de ses conditions initiales, c'est-à-dire des valeurs données aux variables par le modélisateur à ce qu'il suppose être l'« instant initial ». Dans un système linéaire, si l'on s'en tient au cas des trajectoires bornées et si l'on prend des conditions initiales « proches », alors — sauf cas critique exceptionnel — les trajectoires correspondantes sont également « proches ». Mais la situation peut ne pas être du tout la même pour un système non linéaire, puisque alors des conditions initiales à peu près identiques peuvent être à l'origine de trajectoires très différentes, qui s'éloignent les unes des autres, puis se rapprochent, puis s'éloignent de nouveau, etc., et ce sans aucune sorte de régularité (pour reprendre une image utilisée plus haut, le fait de modifier même légèrement les conditions initiales a pour conséquence de faire apparaître des « pelotes de laine » qui ont des formes nettement différentes).

Il découle de cette « sensibilité aux conditions initiales » le fait qu'il n'est pas possible de faire des prévisions à partir du modèle, puisqu'il n'est jamais possible de connaître avec une précision totale les conditions initiales ; il y a donc « indéterminisme » dans un système dont les équations sont pourtant déterministes.

L'évolution chaotique peut avoir lieu dans des systèmes non linéaires très simples. Si, par exemple, on considère le processus décrit par l'équation de récurrence d'ordre 1 :

(1) $x_{t+1} = \alpha x_t(1 - x_t)$,

alors on voit apparaître des évolutions chaotiques et « indéterminées », dans le sens donné plus haut, pour certaines valeurs du paramètre α, comme le suggère le graphique suivant, où les éléments de la trajectoire sont donnés par les abscisses des points où la « ligne brisée » en pointillés coupe la parabole qui représente la relation (1).

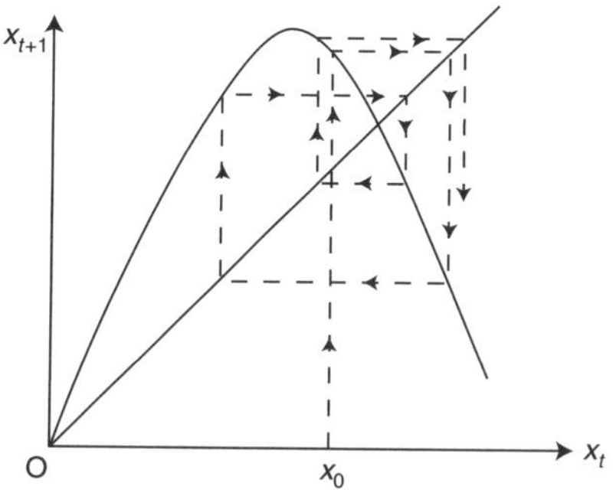

La théorie du chaos : quel intérêt ?

La place donnée à l'indéterminisme par la théorie du chaos n'a pas de quoi réjouir celui qui cherche à construire des modèles qui peuvent éventuellement servir à faire des prédictions « testables ». Bien au contraire ! La théorie du chaos se traduit donc essentiellement par une série de mises en garde : ne cherchez pas des évolutions cycliques ou des régularités là où il n'y en a pas ! Méfiez-vous des prédictions que vous pouvez faire à partir de modèles non linéaires, même simples ! Ne croyez pas qu'avec des mesures plus « fines » vous arriverez à des résultats plus précis ! Ces mises en garde concernent essentiellement la physique, science « exacte » s'il en est. La théorie du chaos permet alors d'expliquer pourquoi certains phénomènes n'évoluent pas de la façon attendue ; elle montre aussi les limites d'un certain type de modélisation. Elle est utile dans le sens où elle peut éviter que du temps et de l'énergie soient dépensés dans des recherches sans issue.

Et pour l'économie ? Celle-ci n'a vraiment pas besoin de la théorie du chaos pour mettre en cause l'exactitude de ses prévisions... De même en ce qui concerne la qualité, toute approximative, de ses mesures. L'intérêt de la théorie du chaos y est donc pratiquement nul, même si les économistes — qui ne perdent pas une occasion pour tenter d'imiter la physique — cherchent à en trouver un !

On peut cependant déceler en économie des traces de la théorie du chaos :

— dans l'étude des séries statistiques (boursières, par exemple), où l'on veut prouver qu'il n'est pas possible de déceler des cycles, aussi complexes soient-ils (l'idée de chaos est venue au mathématicien Benoît Mandelbrot, dans les années cinquante, alors qu'il s'intéressait à l'évolution de certains indicateurs boursiers) ; mais où est alors l'« avancée » (si l'évolution de la Bourse présentait des régularités, alors celles-ci seraient « intégrées » par les agents, et seraient donc annihilées — ou, sinon, il n'y aurait plus d'échanges) ;

— dans les « histoires » que les économistes aiment raconter pour justifier les politiques économiques qu'ils préconisent ; tel est le cas des modèles à GÉNÉRATIONS IMBRIQUÉES, où il est possible de faire apparaître des « non-linéarités » par un choix approprié — et nullement aberrant — des fonctions d'utilité (ou de production). Montrer la possibilité d'évolutions chaotiques ne peut alors que gêner les tenants de l'hypothèse sur les ANTICIPATIONS RATIONNELLES (même si les modèles proposés utilisent aussi cette hypothèse). A chacun sa fable...

L'existence de phénomènes de type chaotique est beaucoup plus gênante pour les tenants de l'INDIVIDUALISME MÉTHODOLOGIQUE que pour ceux qui se réclament du holisme. En effet, l'une des conclusions de la théorie du chaos est qu'on ne peut faire de prédictions à partir de l'étude « fine » des phénomènes, où les interactions sont presque toujours non linéaires (et, dans le cas de l'économie, fort complexes). Mais, en même temps, cette théorie attire l'attention sur ces « objets globaux » que sont les attracteurs étranges, dont l'étude ne peut être faite que « sans entrer dans le détail » des éléments qui les constituent. La *météorologie* donne un exemple : l'étude « fine » conduit à des modèles dont les solutions sont chaotiques, ce qui ôte tout espoir de faire des prévisions relativement fiables au-delà de quelques jours ; pourtant, le climat comporte un certain nombre de régularités — à commencer par les saisons —, qui font d'ailleurs l'objet de l'étude de la climatologie ; celle-ci, en raisonnant directement de façon globale, adopte un point de vue qu'on qualifie de holiste en sciences sociales.

En résumé, la théorie du chaos donne l'occasion de rappeler les limites d'une démarche qui serait par trop réductionniste.

Choix collectif (problème du)

Problème consistant à trouver une règle qui associe à chaque ensemble des classements individuels (des membres de la société) un classement « collectif » (de l'ensemble de la société) des ÉTATS RÉALISABLES de l'économie. Pour que ce classement donne lieu à des choix cohérents, on lui impose d'être *complet* et TRANSITIF ; il traduit donc la RELATION DE PRÉFÉRENCE de la collectivité. On notera que l'on suppose que les individus sont concernés par les états réalisables (répartition des ressources parmi les membres de la société) et non seulement par le panier de biens qui leur revient. Par exemple, la relation de préférence d'un individu peut être telle qu'il préfère un état réalisable où les biens sont répartis de façon égalitaire à un état où ils ne le seraient pas, mais où il détiendrait pourtant plus de biens (que dans l'état « égalitaire »).

Si on note $\gtrsim i$ la relation de préférence de l'individu i et $\gtrsim$ une relation de préférence collective, le problème du choix collectif est donc d'établir une règle qui associe à chaque n-uple de relations de préférence individuelles $(\gtrsim_1, ..., \gtrsim_n)$ une relation de préférence collective $\gtrsim$.

Dans le cas où les relations de préférence sont représentées par des fonctions d'utilité, $U_i(\cdot)$, $i = 1, ..., n$, la règle consiste à passer d'un n-uple de fonctions individuelles : $(U_1(\cdot), ..., U_n(\cdot))$ à une fonction d'utilité « collective » $W(\cdot)$, obtenue par exemple en faisant la somme pondérée des fonctions individuelles (soit $W(\cdot) = \Sigma_i\, \alpha_i U_i(\cdot)$). Les fonctions d'utilité n'étant toutefois pas définies de façon unique, le classement des états réalisables dépend de celles qui sont retenues (arbitrairement, si on adopte un point de vue ORDINAL) pour représenter les relations de préférence.

Le théorème d'impossibilité d'Arrow

Le problème du choix collectif — de la détermination d'une (ou de plusieurs) règles(s) qui permette(nt) de passer des relations de préférence individuelles à une relation de préférence collective — est ancien (déjà, il y a deux siècles, Condorcet avait attiré l'attention sur lui). Dans les années 1960, Kenneth Arrow a en quelque sorte réglé définitivement ce problème, en montrant qu'il est insoluble, du moins si on impose des conditions qui semblent aller de soi aux règles recherchées : c'est ce qu'on appelle le *théorème d'impossibilité d'Arrow*. Celui-ci impose les trois conditions suivantes :

1. Si un état réalisable est préféré à un autre par *tous les membres de la société*, alors il l'est aussi selon la relation de préférence collective.

2. Le classement selon la relation de préférence collective de deux états réalisables quelconques ne dépend que du classement de ces deux états par chaque individu (« indépendance des alternatives non pertinentes »).

3. *Absence de dictateur* : le classement collectif ne peut se réduire à celui d'un des membres de la société.

Une autre façon de formuler le résultat d'Arrow est de dire que, si les conditions 1 et 2 sont vérifiées, alors *la seule règle permettant de passer des préférences individuelles aux préférences collectives est celle qui identifie celles-ci aux préférences de l'un (quelconque) des membres de la société* (qui « impose » ainsi son classement aux autres).

La démonstration d'Arrow, donnée en 1951 dans son livre *Social Choice and Individual Values* (traduit en français chez Dunod) — qui ne suppose pas de grandes connaissances mathématiques —, s'appuie essentiellement sur le cas le plus simple, celui où il y a deux individus et trois alternatives. Elle consiste essentiellement à montrer que sous les conditions 1, 2 et 3 imposées à la règle de passage des préférences individuelles à la préférence collective, alors la proposition suivante est vérifiée : *si l'état A est strictement préféré à l'état B par l'individu 1 et si l'état B est strictement préféré à l'état A par l'individu 2, alors A et B sont équivalents (indifférents) selon la relation de préférence collective.*

Soit, de façon formelle :

$$\text{Si } A >_1 B \text{ et } B >_2 A, \text{ alors } A \sim B.$$

Ce qui semble raisonnable.

Arrow suppose que les 3 alternatives A, B et C sont classées de la façon suivante :

(2) $A >_1 B >_1 C$ et $C >_2 A >_2 B$.

Comme A est strictement préféré à B par les deux individus, il résulte des conditions 1 et 2 qu'il l'est aussi selon la relation de préférence collective. Soit :

$$A > B .$$

Mais, par ailleurs, comme (2) implique $A >_1 C$ et $C >_2 A$, il découle de la proposition (1) que :

$$A \sim B.$$

Il y a donc contradiction (on ne peut avoir à la fois $A > B$ et $A \sim B$), et par conséquent il n'existe pas de règle vérifiant les conditions 1, 2 et 3 permettant de passer des préférences individuelles aux préférences collectives. Cette démonstration reprend la même idée que le paradoxe de CONDORCET — qui a trait à une règle particulière, celle du vote majoritaire.

Elle permet aussi de comprendre l'origine du problème : la règle recherchée étant de la forme $(\gtrsim_1, ..., \gtrsim_n) \rightarrow (\gtrsim)$, elle a donc pour « variables » des relations de préférence individuelles, donc des classements, objets mathématiques bien plus complexes, ou plus « riches », que les nombres ou les vecteurs de nombres. Ainsi, ce que nous dit le théorème d'impossibilité d'Arrow, c'est que, pour toute règle vérifiant les conditions 1, 2 et 3, il existe des classements individuels menant, si on applique cette règle, à un classement collectif incohérent.

Pour éviter le problème posé par le théorème d'impossibilité d'Arrow, il faut donc limiter l'ensemble des classements individuels possibles, en supposant par exemple qu'ils ne peuvent prendre que certaines formes — du genre « à un seul pic » — ou que ce qui concerne strictement un individu ne dépend, dans le classement collectif, que de son classement à lui. Il y a aussi l'option consistant à accepter certaines formes de comparaisons interpersonnelles d'utilités, mais cela pose le problème de la mesure (cardinale) de celles-ci.

Choix de portefeuilles de titres (théorie du)

La théorie des choix de portefeuilles de titres — ou d'actifs — a pris forme dans les années soixante, notamment sous l'impulsion de Markowitz. L'idée qui est au cœur de cette théorie est très simple, pour ne pas dire triviale : on ne peut avoir à la fois le beurre et l'argent du beurre ! Dans le cas des titres : on ne peut avoir à la fois le rendement « le plus élevé » et le risque « le plus faible » possible ; autrement dit, celui qui achète un actif doit choisir entre rendement et risque.

Pour prendre forme, notamment sur le plan mathématique, la théorie doit alors préciser ce qu'elle entend par « rendement » et par « risque » — ou plutôt, elle doit préciser comment ces notions sont perçues par les agents des modèles. Qui dit risque dit *calcul de probabilités*. Comme cela est pratiquement toujours le cas lorsqu'on est en présence de phénomènes économiques et sociaux, deux attitudes sont possibles quant à la façon de considérer les probabilités dans les modèles :

— soit on estime qu'elles sont *subjectives*, chaque agent leur attribuant une valeur en fonction de ce qu'il sait, de ce qu'il attend et de tout autre facteur ;

— soit on considère qu'elles sont une *donnée objective*, à découvrir ou connue de tous.

Bien que la première option semble, de loin, la plus raisonnable — les phénomènes économiques et sociaux n'ayant pratiquement jamais la régularité que l'on peut observer dans le monde physique —, c'est la seconde qui est souvent retenue dans la théorie des portefeuilles de titres. Et cela pour une raison simple : dès qu'on tient compte de la subjectivité de chaque individu, il devient difficile — pour ne pas dire impossible — de parvenir à des conclusions précises, notamment en ce qui concerne l'« efficience » des choix ou de leurs conséquences. Par la suite, lorsqu'il sera question de probabilités, on pourra cependant considérer que celles-ci sont subjectives, sauf précision contraire.

Rendement élevé ou risque faible ?

Celui qui veut acheter des titres va d'abord commencer par *estimer* leur rendement — les gains qu'ils pourront procurer — et leur risque. La théorie suppose généralement que le premier est donné par l'*espérance mathématique* des gains attendus, tandis que le second est mesuré par l'*écart type* de ces gains. Ce qui n'est justifié que si les variables considérées suivent des *lois normales* (de Gauss) ou si les fonctions d'utilité ont une forme particulière (quadratique).

Sous ces hypothèses, les fonctions d'UTILITÉ ont pour arguments le rendement et le risque. Comme les investisseurs préfèrent *plus* de rendement et *moins* de risque, ces fonctions n'ont pas tout à fait les mêmes propriétés que les fonctions d'utilité « habituelles », où il est supposé que chaque bien est source d'utilité. Ainsi, les COURBES D'INDIFFÉRENCE qui leur sont associées sont *croissan-*

tes, puisque toute hausse du rendement doit être accompagnée d'une *hausse* du risque (et *vice versa*) pour que le niveau d'utilité demeure inchangé.

Les courbes d'indifférence tracées dans la figure 1 ne sont pas seulement croissantes, mais aussi CONVEXES. Ce qui signifie qu'on suppose que l'investisseur a de l'AVERSION POUR LE RISQUE : plus le risque augmente, plus il faut une « compensation » importante en rendement espéré pour maintenir le même niveau d'utilité. Autrement dit, le TAUX MARGINAL DE SUBSTITUTION entre rendement et risque augmente lorsque le risque augmente.

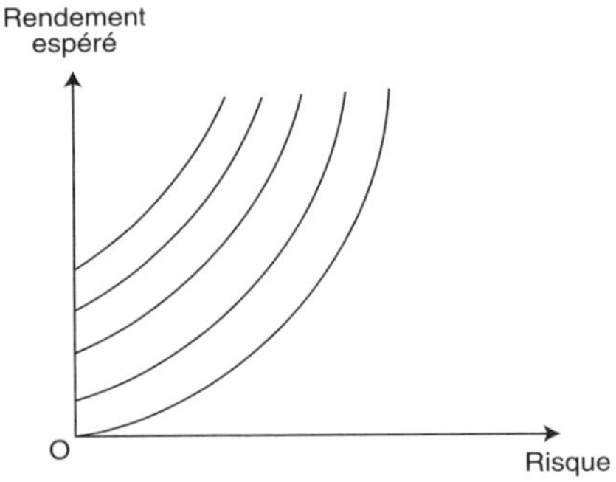

Figure 1

Le choix des investisseurs va se porter sur celui des portefeuilles qui leur permet de maximiser leur utilité ; quelle que soit la forme de ce portefeuille, il doit forcément appartenir à la *frontière d'efficience*, qui délimite l'ensemble des portefeuilles possibles.

La frontière d'efficience

Dans tout portefeuille, il y a un *effet de taille* et un *effet de structure*. Comme la taille est indéterminée (si l'on suppose qu'il n'y a pas de limite aux opérations sur les titres), seule compte la structure des portefeuilles ; l'étude peut donc se cantonner à celle des « portefeuilles unitaires », c'est-à-dire des portefeuilles représentés par des vecteurs de la forme :

$$(a_1, \dots, a_i, \dots, a_n)$$

avec :

$$a_1 + \dots + a_n = 1.$$

Les a représentent donc des *proportions*. Par la suite, on supposera qu'il existe assez de chaque titre pour que ces proportions puissent prendre n'importe quelle valeur entre 0 et 1.

Ainsi, si l'on note X_i le couple (rendement, risque) du *i*-ème titre, le portefeuille P formé par les proportions $a_1, \dots, a_n$ de titres peut s'écrire :

$$P = a_1X_1 + \dots + a_nX_n.$$

Si le rendement du *i*-ème titre est son espérance de gain E_i, alors le rendement E_P de P est obtenu par *combinaison linéaire* des espérances de gain des titres qui le composent, avec les a pour coefficients. On a donc :

$$E_P = a_1E_1 + \dots + a_nE_n.$$

La situation est plus complexe en ce qui concerne le calcul du risque de P à partir de celui des titres qui le composent ; ainsi, si l'on prend l'*écart type* comme indicateur du risque, alors la relation entre celui du portefeuille et des titres n'est plus linéaire et fait intervenir notamment — de façon multiplicative — les *coefficients de corrélation* entre les variables aléatoires qui représentent chaque titre. Plus le nombre de titres est important, plus la formule qui donne le risque d'un portefeuille devient complexe et nécessite des calculs pénibles.

La *frontière d'efficience* résulte de ces calculs ; elle est donnée, par définition, par *l'ensemble des portefeuilles de titres dont la composition ne peut être modifiée de façon à augmenter le rendement sans que le risque n'augmente simultanément*. Autrement dit, un portefeuille est « efficient » s'il n'existe pas d'autre portefeuille avec un rendement plus élevé et un risque moindre.

Si l'on représente la frontière d'efficience dans le plan (rendement, risque), alors il résulte de sa définition même qu'elle est croissante (un rendement attendu plus grand est accompagné d'un risque plus grand) ; on suppose généralement qu'elle est, en outre, strictement CONCAVE, ce qui signifie que plus le rendement attendu est élevé, plus il est coûteux, en terme de risque, de l'augmenter. La figure 2 donne un exemple de frontière d'efficience qui a cette propriété.

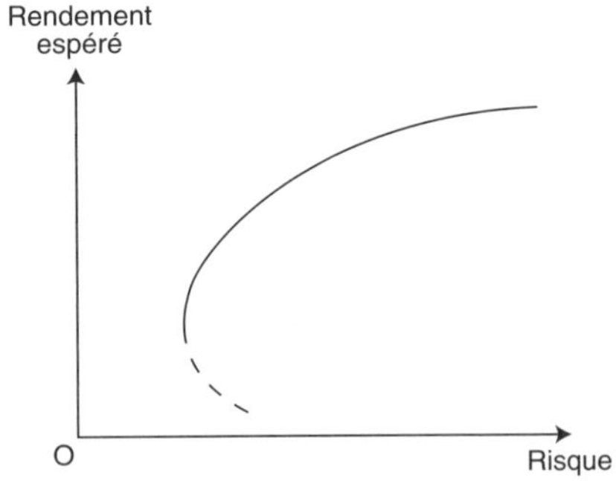

Figure 2

Le choix de l'investisseur

On dispose à présent de tous les éléments qui permettent de déterminer le choix de l'investisseur, c'est-à-dire le type de panier de biens qui lui procure la plus grande utilité, compte tenu de sa plus ou moins grande aversion pour le risque (reflétée par la forme de ses courbes d'indifférence, telles celles de la figure 1). Ce choix est donc donné par le portefeuille X^*, où la frontière d'efficience est tangente à l'une des courbes d'indifférence de l'investisseur — portefeuille unique, en raison de la concavité (stricte) de l'une et de la convexité (stricte) de l'autre. Le portefeuille optimal X^* vérifie donc la condition d'égalisation des taux marginaux de substitution (typique d'un choix conduisant à un optimum sous les hypothèses usuelles, en dehors de toute contrainte en quantité).

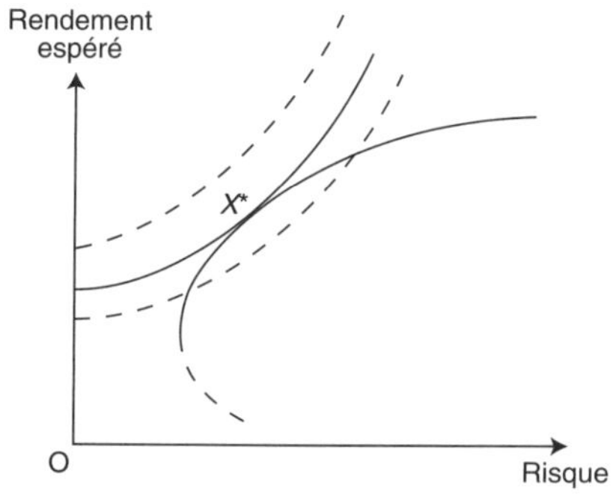

Figure 3

Par construction, le panier X^* indique la « structure » (les proportions) du panier optimal, et non son niveau.

La frontière d'efficience des figures 2 et 3 n'a pas de point commun avec l'axe des ordonnées, ce qui signifie que parmi les titres considérés il n'y en a aucun qui a un risque nul (le risque minimal est celui du portefeuile *C*). Par conséquent, si l'on ajoute au modèle un titre « sans risque » — en supposant, par exemple, qu'il est garanti par l'État —, alors le domaine de choix des investisseurs est (forcément) augmenté.

La figure 4, où il est supposé que le titre « sans risque » *S* a un rendement (certain) *r*, donne un exemple de la façon dont ce domaine est élargi, les investisseurs ayant maintenant la possibilité de choisir n'importe quel portefeuille obtenu en « combinant » le titre *S* et le portefeuille *M* (sur la frontière d'efficience). L'élargissement de leur domaine de choix leur permet, en règle générale, de parvenir à un niveau d'utilité plus élevé que lorsqu'il n'y a pas de titre sans risque (comme, dans la figure 4, en Y^*).

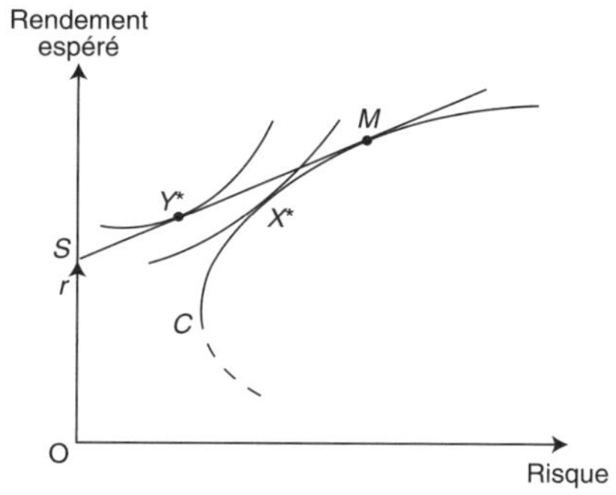

Figure 4

L'existence du titre sans risque *S* permet de définir la *prime de risque* d'un titre ou d'un portefeuille quelconques : c'est l'écart entre le rendement du titre, ou du portefeuille, et le rendement « certain » *r*. Soit :

prime de risque du portefeuille $P : E_P - r$.

Ainsi, plus le rendement d'un portefeuille est élevé, plus sa prime de risque est grande, ce qui suppose que le risque augmente lorsque le rendement le fait.

Portefeuille et droite de marché

Lorsqu'il existe un titre sans risque, le choix de l'investisseur porte sur un portefeuille qui se trouve sur la droite passant par *S* et *M*. On montre (voir encadré de la page suivante) que celui-ci est tel qu'on ait :

(1) $E_i - r = \beta_{iM}(E_M - r), i = 1, \ldots, n,$

où β_{iM} est le rapport entre la covariance du titre *i* et du portefeuille *M* et la variance de ce dernier.

Le portefeuille *M* joue donc un rôle essentiel dans le choix de l'investisseur ; pour le déterminer, celui-ci doit d'abord trouver la frontière d'efficience, qui se déduit des rendements attendus, des risques des titres et des corrélations de ces variables aléatoires. Si ces rendements et ces risques sont calculés à partir de probabilités subjectives — propres à l'investisseur —, alors la frontière d'efficience et *M* sont eux-mêmes « subjectifs », et l'on ne peut guère aller plus loin.

Pour éviter d'en rester là, la théorie des choix de portefeuilles suppose généralement qu'il y a « information parfaite », c'est-à-dire que les probabilités des événements futurs sont les mêmes pour tous les investisseurs

Le calcul de la droite de marché du capital

La droite de marché du capital est la droite qui passe par le point S qui représente le titre sans risque (figure 4) et par le point M de la frontière d'efficience, où elle est tangente à cette courbe. La pente de la cette droite est donc donnée par le TAUX MARGINAL DE SUBSTITUTION entre risque et rendement espéré en M, ce taux étant calculé à partir de la frontière d'efficience. Pour calculer ce taux, on va — comme d'habitude — procéder en considérant de « petites variations » et en passant à la limite. Ici, les « petites variations » portent sur la « structure » du portefeuille (et non sur sa « taille », qui n'est pas concernée par le problème). Pour simplifier, on va considérer un portefeuille formé de deux titres, $P = \{kX, Y\}$, et faire varier k de Δk. Le gain de rendement espéré par rapport à l'achat d'un titre sans risque est :

$$\Delta E_X = (E_X - r)\,\Delta k,$$

où E_X est le rendement espéré du titre X. La hausse du risque se calcule à partir de l'accroissement de variance (notée $V(\cdot)$) :

$$\begin{aligned}\Delta V &= V((k + \Delta k)X + Y) - V(kX + Y)\\ &= E[k(X - E_x) + (Y - E_Y) + \Delta k(X - E_X))^2 - (k(X - E_x) + (Y - E_Y))^2]\\ &= 2\Delta k E[(k(X-E_x) + (Y-E_Y))(X-E_x)] + (\Delta k)^2 E(X - E_x)^2\\ &= 2\Delta k \operatorname{cov}(P, X) + (\Delta k)^2 V(X).\end{aligned}$$

Le taux marginal de substitution entre rendement et risque lorsque la proportion du bien X varie dans le portefeuille est donné par la limite du rapport $\Delta E_X/\Delta V$ lorsque Δk tend vers 0. Limite dont le calcul est immédiat : c'est $(E_X - r)/2 \operatorname{cov}(P, X)$.

Le même taux marginal de substitution dans le cas où il y a variation dans les mêmes proportions des éléments du portefeuille est donné — en faisant un calcul similaire — par : $(E_P - r)/2V(P)$.

Le portefeuille optimal M est tel que ces deux taux marginaux de substitution sont égaux (condition de maximisation). Soit :

$$\frac{E_X - r}{2\operatorname{cov}(M, X)} = \frac{E_M - r}{2V(M)}$$

D'où l'équation de la droite de marché :

$$E_X - r = \frac{\operatorname{cov}(M, X)}{V(M)}(E_M - r),$$

où le rapport $\operatorname{cov}(M, X)/V(M)$ est le coefficient β_{XM} relatif au titre X. Le raisonnement vaut pour n'importe quel titre d'un portefeuille composé d'un nombre quelconque de titres.

(soit parce qu'elles sont « objectives », et connues de tous ; soit parce que tous les investisseurs ont les mêmes *croyances* sur ce qui va arriver). Sous cette hypothèse, les investisseurs attribuent tous la *même* valeur aux rendements et aux risques attendus (*mais aussi à l'ensemble* des corrélations entre les variables aléatoires qui représentent les titres) ; tous déterminent donc la même frontière d'efficience et la même droite passant par S et M ; cette droite — qui délimite leur ensemble de choix — est appelée *droite de marché du capital* ; le portefeuille M est, lui, appelé *portefeuille de marché*.

Le modèle construit sur la base de ces hypothèses est appelé *modèle CAPM* (pour *Capital Asset Pricing Model*) ; cette dénomination s'explique par le fait que, comme on a supposé que tous les investisseurs s'attendent au même rendement et au même risque pour chaque titre, leurs attentes communes sont aussi celles du « marché » qu'ils forment ensemble.

Comme la relation (1) peut se mettre sous la forme :

(2) $E_i = r(1 - \beta_{iM}) + \beta_{iM} E_M,\ i = 1, \ldots, n,$

il est théoriquement possible d'estimer — par des méthodes économétriques — les coefficients β qui caractérisent chaque titre, à partir des rendements observés (celui de M étant « approché » en prenant par exemple un indice synthétique boursier, ce qui revient à supposer que la Bourse « choisit » en permanence le portefeuille de marché, à un aléa près). Cette méthode a l'avantage d'éviter les lourds calculs que nécessite la détermination de la frontière d'efficience, et permet d'obtenir « directement », grâce aux estimations des β, la covariance du titre i et du portefeuille M. Il est d'ailleurs usuel de représenter la droite d'équation (1) en mettant les β_{iM} en abscisses et les E_i en ordonnées, et de l'appeler *droite du marché des titres* (*security market line*). Comme cette droite est croissante — le rendement attendu du portefeuille de marché, à risque, est supérieur à celui du titre sans risque —, il s'ensuit que plus β_i est élevé, plus la covariance du titre i et du portefeuille de marché est grande, et plus le rendement attendu est élevé.

Critiques

Le modèle de choix de portefeuilles est une construction théorique relativement élaborée, qui suppose l'utilisation de techniques mathématiques d'un maniement peu aisé — et donc de puissants moyens informatiques. Cette construction est sans portée précise dans le cas « subjectif », mais elle a pour vocation d'être appliquée dans le cas « objectif ». Or celui-ci conduit, sous l'hypothèse d'information parfaite, à une conclusion un peu étonnante, mais finalement compréhensible : *tous* les investisseurs choisissent le même type de portefeuille, qui est obtenu en « combinant » le portefeuille de marché M et le titre « sans risque » S ; seules les pondérations affectées à ces combinaisons varient d'un individu à l'autre, en fonction de leur degré d'aversion pour le risque. Autrement dit, en raison de l'hypothèse d'information parfaite (et de capacité de calcul illimitée — et sans coût — des investisseurs), le problème se ramène au choix entre un titre dont le rendement est « sûr » et un titre (portefeuille) qui a un rendement attendu plus élevé, mais risqué, ce choix dépendant de l'attitude de chacun face au risque.

Comme il n'est pas possible, en réalité, de calculer le portefeuille de marché, l'approche CAPM se réduit souvent à un raisonnement sur la droite de marché, qui est estimée à partir des données disponibles : le « marché » est supposé « faire le travail », ces données reflétant les choix des investisseurs qui agiraient dans une situation proche de l'information parfaite. Évidemment, ce sont ces hypothèses qui sont les plus discutables, puisqu'elles reviennent à éliminer cette composante essentielle de la vie économique qu'est l'INCERTITUDE, et donc tout ce qui relève de la spéculation ; la constitution de portefeuilles de titres joue le rôle d'une assurance, dans un univers risqué mais prévisible.

Choix du consommateur (théorie du)

Théorie qui se propose de déduire des caractéristiques propres d'un CONSOMMATEUR (goûts, dotations initiales) et de l'environnement dans lequel il agit les quantités de biens qui maximisent sa satisfaction (son UTILITÉ). Les NÉO-CLASSIQUES accordent une grande importance au choix du consommateur, qui sert souvent de point de départ à leurs analyses en MICROÉCONOMIE, fondées sur l'idée du « consommateur souverain »).

Le choix du consommateur n'est cependant pas indépendant de l'environnement — notamment institutionnel — dans lequel il a lieu. Parmi les environnements possibles, les néo-classiques privilégient celui de la CONCURRENCE PARFAITE, qui est le plus simple possible, et qui leur sert aussi de NORME.

Le cas de la concurrence parfaite

Dans ce cas, il y a un prix affiché pour *tous* les biens qui interviennent dans la fonction d'utilité du consommateur (hypothèse sur le SYSTÈME COMPLET DE MARCHÉS) ; ces prix sont, par hypothèse, le seul « signal » dont tient compte le consommateur au moment où il fait son choix (il ne se préoccupe donc pas des rationnements qu'il pourrait éventuellement subir, ni de l'incidence de ses offres et de ses demandes sur les prix).

Le consommateur est caractérisé par sa RELATION DE PRÉFÉRENCE et par sa DOTATION INITIALE $Q^o = (q_1^o, \ldots, q_n^o)$; aux prix $P = (p_1, \ldots, p_n)$, son revenu R (ou sa RICHESSE, si l'on adopte un point de vue INTERTEMPOREL) est donné par :

(1) $$R = p_1 q_1^o + \ldots + p_n q_n^o .$$

Les paniers $Q = (q_1, \ldots, q_n)$ parmi lesquels le consommateur fait son choix doivent vérifier la contrainte budgétaire :

$$p_1 q_1 + \ldots + p_n q_n \leq R.$$

Si la relation de préférence est strictement monotone, alors le choix (concurrentiel) $Q^* = (q_1^*, \ldots, q_n^*)$ du consommateur est tel qu'il sature cette contrainte, c'est-à-dire tel que :

$$p_1 q_1^* + \ldots + p_n q_n^* = R$$

(puisque son utilité augmente avec la quantité consommée).

Si, en outre, la relation de préférence est strictement CONVEXE, et s'il y a DÉSIRABILITÉ de tous les biens, alors ce choix est tel qu'il égalise les TAUX MARGINAUX DE SUBSTITUTION (TMS) des biens aux rapports de leurs prix. En effet, si tel n'était pas le cas, il y aurait une différence entre les taux d'échange (subjectifs) entre les biens tels qu'ils sont appréciés par le consommateur et les taux d'échange (objectifs) donnés par leurs rapports de prix ; or, tant qu'il y a une différence entre les taux d'échange de deux biens, il y a la possibilité de faire des transactions mutuellement bénéfiques : la satisfaction à laquelle peuvent prétendre les candidats à l'échange n'est donc pas maximale.

Dans le cas où il n'y a que deux biens, le choix (q_1^*, q_2^*) du consommateur doit donc vérifier le système d'équations :

(2) $$\begin{cases} TMS_{2/1}(q_1^*, q_2^*) = \dfrac{p_1}{p_2} \\ p_1 q_1^* + p_2 q_2^* = R. \end{cases}$$

Ce choix s'obtient graphiquement de la façon suivante :

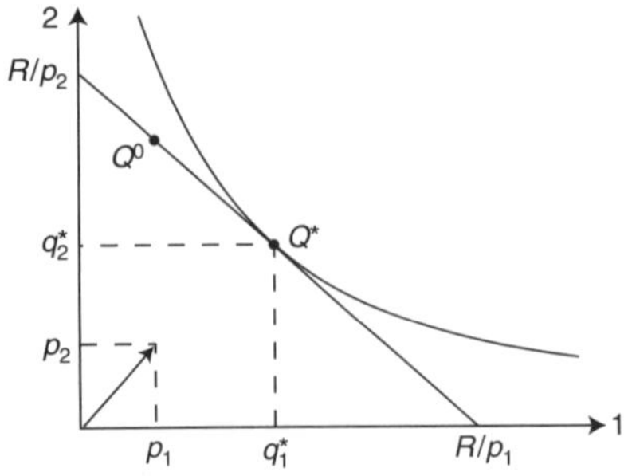

Figure 1

(Le choix du consommateur, $Q^* = (q_1^*, q_2^*)$, se trouve sur la courbe d'indifférence « la plus haute » parmi celles qui ont un point en commun avec la droite représentant la contrainte budgétaire.)

Comme les quantités choisies q_1^* et q_2^* dépendent des prix affichés des biens p_1 et p_2 et du revenu R du consommateur, on peut écrire :

$$\begin{cases} q_1^* = q_1(p_1, p_2, R) \\ q_2^* = q_2(p_1, p_2, R). \end{cases}$$

Les fonctions $q_1(\cdot)$ *et* $q_2(\cdot)$ sont, par définition, les *fonctions de demande concurrentielles* du consommateur, pour les biens 1 et 2 respectivement. Ces fonctions proviennent d'une maximisation préalable, et donc d'une décision « rationnelle » (elles sont le fruit d'un calcul qui prend en compte un certain nombre d'informations). Dans le cas où l'on tient explicitement compte du fait que le revenu R dépend lui-même des prix [comme le montre l'égalité (1)], alors la demande du bien i est une fonction de la forme : $d_i(p_1, \ldots, p_n)$ ou, plus précisément, de la forme $d_i(p_1/p_n, \ldots, p_n/p_n)$, $i = 1, \ldots, n$ (si $p_n \neq 0$), puisque le choix du consommateur ne fait intervenir que les *prix relatifs* (comme le prouve l'égalité entre les TMS et les rapports de prix qui caractérise ce choix).

Lorsque les courbes d'indifférence n'ont pas la forme de la figure 1, alors il se peut que le choix du consommateur soit une SOLUTION EN COIN, comme cela est le cas dans les figures 2 et 3.

Le choix du consommateur concerne non seulement les biens, mais aussi le *travail*, qui n'est pas à proprement parler un « bien » ; toutefois, comme dans la dotation initiale du consommateur il y a le *temps disponible* — qu'il peut partager entre travail et loisir —,

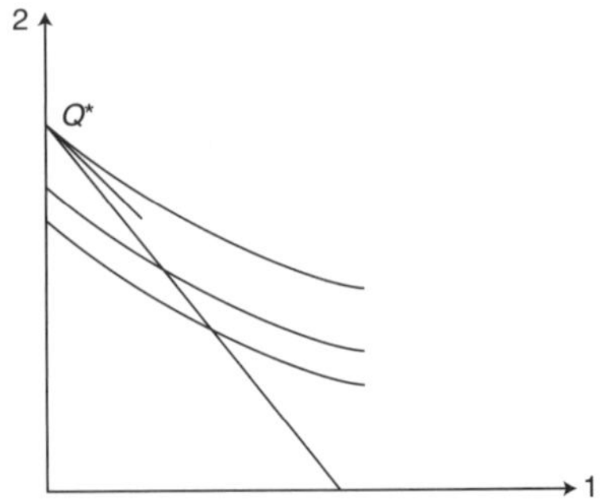

Figure 2

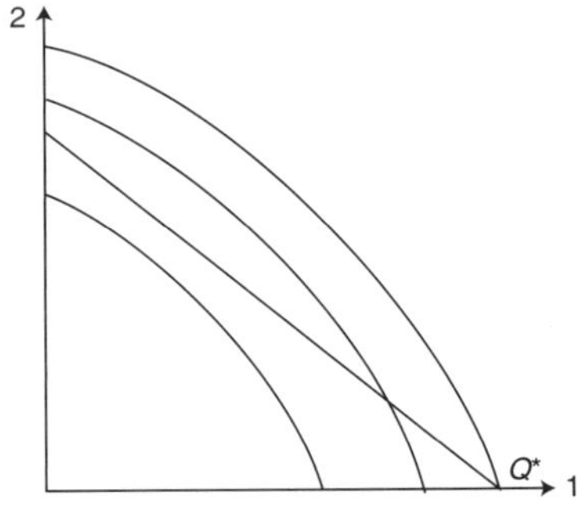

Figure 3

on peut considérer qu'il est « demandeur de loisir » et se ramener ainsi au cas général (le temps de travail étant la partie du temps disponible qui n'est pas consacrée au loisir). Pour plus de détails, voir l'entrée OFFRE DE TRAVAIL.

Remarque. En règle générale, l'hypothèse de CONVEXITÉ DES PRÉFÉRENCES (ou de QUASI-CONCAVITÉ des fonctions d'utilité associées à la relation de préférence) fait que la condition (2) du PREMIER ORDRE suffit à assurer que le point candidat est un maximum (sous contraintes). Lorsque cette hypothèse n'est pas faite, alors il faut (théoriquement…) étudier la condition du DEUXIÈME ORDRE, qui nécessite de déterminer le signe des mineurs principaux de la matrice HESSIENNE BORDÉE du programme du consommateur, qui s'écrit dans le cas à n biens (en dehors des solutions en coin) :

$$\begin{pmatrix} & p_1 \\ \mathbf{L}''(Q^*) & \cdot \\ & p_n \\ p_1 \ldots p_n & 0 \end{pmatrix}$$

où $\mathbf{L}''(Q^*)$ est la matrice HESSIENNE (des dérivées secondes) du LAGRANGIEN du programme au point candidat.

Le choix du consommateur en dehors de la concurrence parfaite

Les conditions de la concurrence parfaite sont nombreuses et très précises, notamment en ce qui concerne le cadre institutionnel. Modifier ne serait-ce qu'une seule de ces conditions change généralement de façon radicale les conditions dans lesquelles s'exerce le choix du consommateur ; ainsi, si l'hypothèse selon laquelle chaque bien qui figure dans sa fonction d'utilité a un prix affiché et connu de lui (hypothèse sur le système complet de marchés) n'est pas vérifiée *pour au moins un bien futur*, alors le modèle doit prendre en compte d'une façon ou d'une autre les anticipations des agents. Or, les anticipations sont un paramètre difficile à caractériser et, surtout, qui se modifie en fonction des circonstances (et de l'information disponible). Il est d'ailleurs symptomatique que la question des anticipations soit abordée essentiellement — et quasi exclusivement — dans les modèles *macroéconomiques*, c'est-à-dire de façon très rudimentaire (loin des subtilités de certaines analyses microéconomiques).

Un autre problème important surgit dès qu'on suppose que les prix ne sont pas imposés « de l'extérieur », et donc qu'ils doivent être proposés par les agents eux-mêmes ; sur quelle base le font-ils ? Comment « modéliser » le fait qu'il y a alors inévitablement plusieurs prix pour un même bien (les prix sont « personnalisés », puisqu'ils dépendent de celui qui les propose) ?

Il devient donc très difficile — pour ne pas dire presque impossible — de préciser le choix du consommateur dès qu'on abandonne l'une quelconque des hypothèses de la concurrence parfaite — notamment celles qui ont trait au cadre institutionnel. Ce qui explique, *a contrario*, la place centrale que la concurrence parfaite occupe dans la théorie du consommateur.

Choix intertemporel

Choix d'un agent qui porte *à la fois* sur ses actions présentes et sur ses actions futures. Le choix intertemporel d'un ménage se traduit donc par un plan de consommations et d'activités (travail) qui couvre plusieurs périodes de sa vie (si ce n'est toutes), tandis que pour l'entreprise il se présente sous la forme d'une succession de consommations intermédiaires (d'inputs) et de productions.

La théorie du choix intertemporel fait appel aux mêmes concepts que la théorie des choix habituels, l'adjectif « intertemporel » étant ajouté chaque fois que sont pris en compte des biens présents *et* futurs. Ainsi, un *taux marginal de substitution intertemporel* est un TAUX MARGINAL DE SUBSTITUTION au sens habituel, qui concerne des biens disponibles à des dates différentes ; de même, la *contrainte budgétaire* et le *profit intertemporels* sont en tout point semblables à la contrainte budgétaire et au profit usuels, à condition de considérer que les prix et les quantités de biens sont datés.

Au sens propre, « choix intertemporel » signifie choix sur plusieurs périodes. Toutefois, l'usage veut qu'on entende par là un choix qui porte sur toute la « durée de vie » de l'économie — ou, du moins, de la personne qui fait ce choix. L'idée est de bannir toute INCERTITUDE au moment de la décision, ce qui suppose généralement un SYSTÈME COMPLET DE MARCHÉS.

La théorie des choix en CONCURRENCE PARFAITE aussi bien qu'en CONCURRENCE IMPARFAITE est de type intertemporel. Il en est de même avec les analyses du REVENU PERMANENT ou avec celles qui ont lieu dans les modèles de CROISSANCE OPTIMALE.

Aux choix intertemporels on oppose les choix en ÉQUILIBRE TEMPORAIRE, où les *anticipations* — et les erreurs qui les accompagnent — jouent un rôle essentiel.

Illustration

Dans le cas le plus simple possible, celui où il n'y a qu'un seul bien, dont les quantités sont notées q, et deux *périodes*, 0 et 1, le choix de concurrence parfaite d'un consommateur qui a pour dotation initiale en biens le panier $Q^o = (q_0^o, q_1^o)$ est décrit dans le graphique suivant (où l'on a supposé que ses courbes d'indifférence sont CONVEXES).

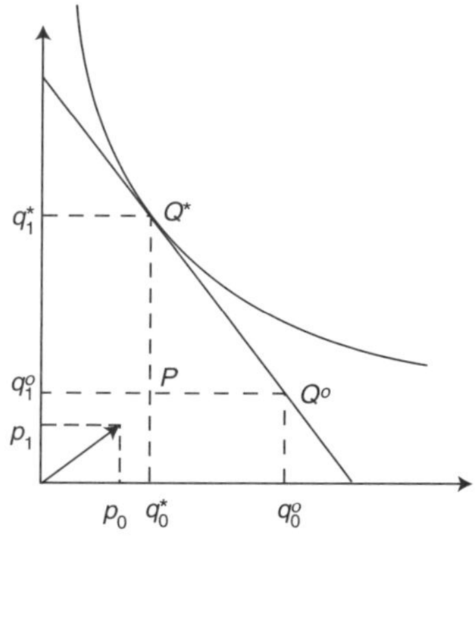

Aux prix affichés p_0 et p_1, le choix intertemporel du consommateur est représenté par le panier $Q^* = (q_0^*, q_1^*)$, qui égalise son taux marginal de substitution (intertemporel) $U'_{q_1}(Q)/U'_{q_0}(Q)$ au rapport des prix du bien présent et du bien futur, tout en vérifiant sa contrainte de budget intertemporelle : $p_0q_0 + p_1q_1 = p_0q_0^o + p_1q_1^o$ (la valeur des ressources « pour toute la vie » du consommateur, $p_0q_0^o + p_1q_1^o$, est par définition sa *richesse*).

Le consommateur vend donc, en 0, la quantité de bien présent $q_0^o - q_0^*$, au prix p_0, et il achète (également en 0) la quantité $q_1^* - q_1^o$ de bien futur au prix p_1. On peut considérer qu'il y a épargne de sa part, puisqu'il consomme moins aujourd'hui pour pouvoir consommer plus demain. Ce qui est dû à la forme de sa dotation initiale, qui contient « plus » de bien présent que de bien futur. Ainsi, si cette dotation s'était trouvée sur le segment « à gauche » de Q^*, alors le choix du consommateur se serait traduit par une « désépargne », avec vente de bien futur contre du bien présent.

Choix intertemporel et biens conditionnels

Dans l'analyse du choix intertemporel du consommateur, l'hypothèse sur l'existence d'un système complet de marchés joue donc un *rôle essentiel*, puisqu'elle permet de ramener le futur au présent : non seulement le consommateur connaît ses ressources et les prix futurs (q_1^o et p_1 dans notre exemple), mais il existe un « lieu » où il peut acheter (ou vendre) du bien futur (il « paie » aujourd'hui pour un bien qui lui sera livré demain). L'hypothèse sur le système complet de marchés fait que le choix intertemporel du consommateur ne se différencie pas, sur le plan formel, du CHOIX DU CONSOMMATEUR entre des biens disponibles au même moment ; le temps devient une de leurs caractéristiques, parmi d'autres.

Le but de l'hypothèse sur le système complet de marchés est d'éliminer l'incertitude du modèle, les agents décidant à l'« instant initial » de ce qu'ils feront pendant toute leur vie ; celle-ci consistera alors à réaliser (effectivement) ce qui a été prévu à ce moment-là, en connaissance de cause. Sans surprise, puisque tout a été réglé à l'avance.

Ainsi, « intertemporel » et « absence d'incertitude » sont synonymes. Toutefois, la vie économique est pleine d'aléas, qui ne sont pas forcément dus à l'action des hommes (même si leur immense majorité l'est). Les théoriciens néo-classiques ont donc cherché à prendre en compte quelques-uns de ces aléas, tout en préservant l'essentiel de leur analyse du choix intertemporel. Pour cela, ils ont aménagé un peu l'hypothèse sur le système complet de marchés en supposant que l'évolution future de l'économie dépend des valeurs prises par certaines *variables aléatoires*, qu'ils appellent des ÉTATS DE LA NATURE. La présence de ceux-ci est donc à l'origine d'une certaine forme d'incertitude (appelée *risque* par certains). Pour qu'il puisse y avoir encore « complétude des marchés », il est supposé que toutes les formes que pourront prendre dans le futur les états de la nature sont connues. L'hypothèse sur le système complet de marchés postule alors qu'il existe un prix affiché pour chacun des BIENS CONDITIONNELS à la réalisation de ces états de la nature, et que les agents peuvent acheter ou vendre ces biens dès l'« instant initial ». Le critère de choix des ménages est celui de l'UTILITÉ ESPÉRÉE (intertemporelle), celui des entreprises étant toujours le profit intertemporel (les entreprises vendent effectivement les biens, au prix conditionnel ; les ménages ne sont livrés que si l'état de la nature qui se réalise le moment venu est celui qui est prévu dans le contrat d'achat).

Le choix intertemporel porte maintenant sur des biens conditionnels. Il ne présente pas de différence essentielle avec le choix en cas certain ; seuls les calculs sont encore plus compliqués, puisque le fait de considérer des biens conditionnels revient à augmenter le nombre de biens (et donc celui des « marchés » où ils sont échangés).

Sur le statut théorique de la notion de choix intertemporel

L'hypothèse sur le système complet de marchés est, de loin, l'une des plus exorbitantes que peut faire une théorie. Bien qu'elle soit au cœur du modèle de concurrence parfaite, il est très difficile de la défendre. Pourtant, les choix intertemporels occupent une place importante dans les modèles néo-classiques, qu'ils relèvent de la microéconomie ou de la macroéconomie. Ce qui est généralement justifié en voyant en eux des choix… temporaires, qui sont révisés en fonction des circonstances. Ainsi, à l'instant t l'agent est supposé déterminer son choix, souvent assez rudimentaire, en faisant COMME SI il y avait un système complet de marchés ; ses offres et ses demandes en *t* s'ensuivent. Mais il n'y a pas d'engagements effectifs sur les échanges futurs, comme dans le cas intertemporel tel qu'il a été décrit jusqu'à présent (même si les plans des agents sont bâtis de la même façon).

En *t* + 1, le processus recommence ; face à la nouvelle situation, non entièrement prévue, les agents révisent leurs plans, toujours dans une optique intertemporelle, et formulent de nouvelles offres et demandes, pour *t* + 1. Et ainsi de suite.

La situation ressemble à s'y méprendre à ce qui se passe en équilibre temporaire. En fait, la différence réside dans la façon de concevoir le rôle des anticipations des agents. Dans l'analyse par l'équilibre temporaire, elles jouent un rôle essentiel, car les agents sont supposés être conscients du caractère incertain du futur ; ils en tiennent donc compte lorsqu'ils établissent leurs plans, alors qu'il n'en est rien dans le cas intertemporel « aménagé », où l'incertitude se traduit par des révisions (secondaires) des plans face aux « aléas de la vie ». C'est ce second point de vue qu'adopte Milton FRIEDMAN dans sa théorie du REVENU PERMANENT, où il suppose que les agents font à chaque période leurs choix dans une optique intertemporelle, tout en les révisant d'une période à l'autre (selon un schéma qu'il suppose être celui des ANTICIPATIONS ADAPTATIVES).

L'enjeu est alors sur le *poids donné au présent*. Dans une optique intertemporelle, il est relativement faible — qu'est-ce qu'une période (disons une année) dans toute une vie ? Alors que d'un point de vue « temporaire », où il faut décider en ne sachant pas trop ce que réserve l'avenir, le poids du présent et de ses incertitudes est essentiel. Les décisions seront donc très différentes, comme le montrent les analyses par la fonction de CONSOMMATION keynésienne et celles par le revenu permanent.

Chômage

Situation où il n'y a pas le plein emploi des personnes aptes à travailler. Au-delà du caractère vague de cette définition, et des problèmes de mesure du chômage qu'elle pose, la question essentielle à propos du chômage est de savoir s'il est *volontaire* ou *involontaire*, car seul ce dernier pose vraiment problème, en tant que symptôme de *dysfonctionnement* du système.

Le chômage volontaire

Comme son nom l'indique, le chômage volontaire est le chômage de ceux qui ont délibérément choisi d'arrêter de travailler (totalement ou partiellement), soit parce qu'ils trouvent que le salaire qui prévaut dans leur profession est trop faible (ils préfèrent donc consacrer plus de temps au loisir ou à acquérir une formation), soit parce qu'ils sont à la recherche d'un emploi mieux rémunéré (les coûts qu'entraîne la prospection d'une nouvelle place étant plus que compensés par la hausse de gain attendue).

Une bonne partie du chômage volontaire est donc une conséquence des « ajustements » auxquels est soumise en permanence toute économie qui n'est pas figée ; il dépend notamment de l'*information* disponible (de son degré de centralisation et de son coût de traitement), mais aussi de la forme d'organisation des relations de travail (mode de fixation des salaires, par exemple). On peut de ce point de vue distinguer dans le chômage volontaire une composante passagère, liée aux fluctuations conjoncturelles, et une composante plus « structurelle », qui dépend des caractéristiques propres à la société et à la période considérées.

Dans les années soixante-dix, les macroéconomistes — à commencer par Milton FRIEDMAN — ont pris l'habitude d'appeler *chômage naturel* le chômage volontaire. Pour eux, celui-ci est un chômage d'ÉQUILIBRE, puisqu'il résulte d'un choix délibéré. Peu à peu, parmi les macroéconomistes du courant dominant, s'est imposée l'idée que le chômage observé dans nos sociétés est essentiellement volontaire, même s'il peut résulter d'anticipations erronées de la part des agents. Autrement dit, ces macroéconomistes nient l'existence même du chômage involontaire, qui est pourtant le seul qui présente un intérêt, notamment du point de vue de la politique économique (le chômage volontaire relevant plus d'une gestion « microéconomique » des ressources).

Le chômage involontaire

On dit d'une personne qu'elle est en *chômage involontaire* si elle ne trouve pas à s'employer au salaire courant — c'est-à-dire au salaire touché par ceux qui ont un emploi. Cette définition soulève une première question, qui a trait à la qualification des emplois envisagés. En effet, doit-on considérer le titulaire d'un diplôme en histoire qui travaille comme receveur à la Poste comme un « historien en chômage » (involontaire), alors qu'il a quand même un emploi, bien que ce ne soit pas celui qu'il aurait désiré ? Un problème similaire se pose avec les personnes qui ont un emploi à temps partiel alors qu'elles auraient aimé travailler à plein temps. Derrière l'un et l'autre problème, il y a celui de la *coordination des décisions individuelles* (par exemple, de ceux qui décident de faire des études en histoire et de ceux qui offrent des emplois d'historien).

On considère habituellement qu'il revient aux *prix* d'assurer la coordination. Ainsi, deux cas peuvent être envisagés lorsqu'il y a chômage involontaire :
— le chômeur se présente à la porte des entreprises en proposant de travailler pour un salaire (un peu) moins élevé que celui qui est payé aux travailleurs en place ; le salaire courant va alors être modifié (à la baisse) ; par conséquent, le chômage involontaire varie au cours du temps (il n'y a pas équilibre), et il peut donc être considéré comme passager ;
— le chômeur ne cherche pas à travailler pour un salaire plus faible ; mais on ne peut alors parler de chômage « involontaire ».

Selon cette analyse, le concept de chômage involontaire est donc finalement sans intérêt. Tel est le point de vue défendu notamment par les NOUVEAUX CLASSIQUES, mais aussi par une bonne partie des KEYNÉSIENS — mais non par KEYNES, pour qui ce concept est essentiel. En fait, ceux qui récusent l'existence d'un chômage involontaire autre que passager supposent implicitement qu'il existe un « mécanisme » des prix qui ajuste les offres et les demandes, et notamment celles qui concernent le travail ; le chômage varie au cours du temps, mais tend à se résorber. Si tel n'est pas le cas, et donc s'il y a du chômage involontaire « durable », c'est parce que ce « mécanisme » ne peut « jouer à plein », pour des raisons diverses — « rigidités » institutionnelles, « corporatismes » de tout ordre, existence d'allocations chômage, etc.

Ce raisonnement s'appuie de façon décisive sur l'idée qu'il existe un mystérieux « mécanisme des prix » qui permettrait au système de s'« ajuster ». Mais, pour que la démonstration soit valable, il faut donner une forme précise à ce « mécanisme », puis voir s'il conduit à une résorption effective du chômage. Or, le seul cas où une démarche de ce type a été utilisée, celui du TÂTONNEMENT walrasien, n'a pas conduit à l'ajustement supposé, le système se révélant *instable* (la principale raison tenait à ce que le salaire, en tant que revenu, est une source essentielle de demande).

L'existence de chômage involontaire (durable) peut aussi être expliquée par les anticipations des agents, dans une logique d'AUTORÉALISATION. KEYNES a beaucoup insisté sur ce point : les entrepreneurs embauchent sur la base d'une demande anticipée qui dépend du niveau d'embauche ; l'équilibre correspond alors au cas où la demande de ceux qui participent à la production est égale à l'offre (Keynes appelle DEMANDE EFFECTIVE la demande d'équilibre établie de la sorte). Ainsi, des anticipations pessimistes sur les recettes futures entraînent une embauche limitée, et donc une demande restreinte des travailleurs, ce qui « confirme » les entrepreneurs dans leur pessimisme. La situation reste donc « bloquée », avec un chômage (involontaire) plus ou moins important, tant que les entrepreneurs ne révisent pas leurs prévisions (cette révision peut se traduire par une hausse ou par une baisse du chômage). Dans ce contexte, une baisse du salaire peut renforcer leur pessimisme (sur les recettes futures) et entraîner une diminution de l'emploi.

Chômage et « armée industrielle de réserve »

Le chômage peut donc être vu comme un symptôme du dysfonctionnement du système, conséquence de la mauvaise coordination des décisions individuelles. Toutefois, il est possible de le concevoir d'une autre façon, en prenant en compte les *rapports de force entre les groupes sociaux*. Le chômage apparaît alors non comme un pur dysfonctionnement, mais comme un des résultats du système, presque une nécessité. C'est ainsi que MARX voit en lui ce qu'il appelle une « armée industrielle de réserve », dans laquelle les capitalistes peuvent venir puiser lorsqu'ils veulent mettre en œuvre leurs projets. En outre, l'existence de cette « armée » exerce une pression à la baisse sur les salaires, au moment où ceux-ci sont négociés ; pression qui est d'autant plus forte que le nombre de chômeurs est important. Si celui-ci diminue, alors le rapport de force est plus favorable aux salariés, qui peuvent augmenter leurs exigences. Autrement dit, à un chômage plus faible correspond un salaire plus élevé ; c'est d'ailleurs une relation de ce type qu'exprime la COURBE DE PHILLIPS, qui peut donc être interprétée de cette façon (interprétation qui s'étend au NAIRU — taux de chômage « non inflationniste »). Le chômage devient ainsi une nécessité, pour « modérer les exigences des travailleurs », ses fluctuations accompagnant celles du cycle économique (elles en sont même l'un des facteurs). Ce chômage est évidemment involontaire, puisque les travailleurs concernés désirent obtenir un emploi au salaire courant, ou même plus faible (d'où la « pression à la baisse » qui résulte de leur présence).

Cette explication n'a pas la faveur des modélisateurs, pour des raisons idéologiques et parce qu'il est difficile de caractériser par un simple coefficient la notion de rapport de force. Cependant, elle est parmi les premières qui viennent à l'esprit, aussi bien des acteurs sociaux que du gouvernement, et contient sans doute sa part de vérité, même si elle ne peut être mise sous la forme d'équations.

Le problème de la mesure du chômage

Comment connaître, dans un pays donné, le nombre de personnes au chômage ? La réponse à cette question n'est pas aisée ; elle ne peut d'ailleurs être qu'approximative, et comporter une bonne part de convention. Or elle est très importante, surtout lorsqu'on veut comparer le chômage entre les pays. Ainsi, bon nombre de pays sous-développés — d'Amérique latine, par exemple — affichent un taux de chômage nettement plus faible que celui de la plupart des pays européens ; pourtant les rues y sont peuplées de vendeurs à la sauvette, tandis que la part de la population qui subsiste grâce à de « petits boulots » est très importante (les uns et les autres formant ce qu'on appelle parfois l'« économie informelle »). Il est difficile de voir dans cette situation le résultat d'un choix délibéré (face à l'alternative qui est celle d'être employé à plein temps aux taux de salaire qui prévalent dans les économies considérées).

Pour comprendre pourquoi le taux de chômage est si faible dans ces pays, il suffit de connaître la façon dont il est mesuré. L'indicateur utilisé dans les comparaisons internationales, et qui est publié dans chaque pays, est celui du BIT (Bureau international du travail). Il est calculé à partir d'un échantillon de personnes, sur une période de référence (une semaine). Selon cet indicateur, est chômeur tout individu de l'échantillon qui :
— n'a pas travaillé — même pas une heure — pendant la semaine de référence ;
— est « immédiatement disponible » ;
— montre d'une façon ou d'une autre qu'il est à la « recherche active » d'un emploi.

Ceux qui font des « petits boulots » ne sont donc pas des chômeurs selon l'indicateur BIT. Celui-ci pose aussi problème si l'on compare des pays qui ont des niveaux de développement similaires, mais qui ont des formes d'organisation sociale différentes. Par exemple, dans un système comme celui de la France où il existe une assurance chômage et une sécurité sociale obligatoires, toute personne sans emploi est fortement incitée à continuer à se manifester auprès de ces institutions (ne serait-ce que pour garder une couverture sociale minimale), ce qui apparaît comme une preuve qu'elle est à la recherche « active » d'un emploi, alors que la situation est différente aux États-Unis, où le régime de protection sociale est moins développé (le chômeur qui ne peut prouver qu'il a recherché « activement » un emploi pendant la semaine de référence entre dans la catégorie des « chômeurs découragés », et sort donc du calcul du taux de chômage). La personne qui a un enfant en bas âge et qui n'a pas accès à une crèche ou à une école maternelle n'entre pas non plus dans ce calcul, puisqu'elle n'est pas « immédiatement disponible » au moment de l'enquête sur l'emploi. La présence d'un réseau de crèches et d'écoles maternelles plus ou moins important n'est donc pas sans effet sur la mesure du chômage. A cela s'ajoute l'existence de traditions différentes à propos des « petits boulots », qui sont par exemple beaucoup plus développés aux États-Unis qu'en France (notamment parmi les jeunes).

Il existe d'autres indicateurs de chômage que celui du BIT, qui essaient de prendre en compte ces facteurs et donc de rendre plus pertinente l'évaluation du chômage effectif et les comparaisons entre pays (par exemple, dans certains de ces indicateurs, celui qui n'a travaillé que 20 % du temps qu'il aurait aimé consacrer à une activité rémunérée pendant la semaine de référence est considéré comme « chômeur à 80 % »). Ainsi, l'OCDE et diverses instances propres à chaque pays calculent et publient — dans des ouvrages spécialisés — plusieurs mesures du taux de chômage. Si l'on se réfère à celle qui prend en compte tous les facteurs qui ont été évoqués plus haut, alors on s'aperçoit que, par exemple, l'écart entre les taux de chômage aux États-Unis et en France (ou en Europe) est bien plus faible que ne le donnent à croire les mesures faites avec l'indicateur BIT. Toute réflexion sérieuse sur le chômage ne peut donc s'en tenir aux informations données par ce seul indicateur.

Classe C^n (fonction de)

Fonction qui a des dérivées (partielles) jusqu'à l'ordre n, et dont les dérivées d'ordre n sont continues (celles d'ordre inférieur l'étant en raison de la dérivabilité d'ordre n). Dans le cas où une fonction est indéfiniment dérivable — ce qui est vrai pour les fonctions courantes, polynôme, exponentielle, logarithme, fonctions trigonométriques —, on dit qu'elle est *de classe* C^∞.

Une fonction de classe C^1 est appelée parfois fonction *continûment différentiable.*

Classique (école)

Terme utilisé pour désigner un courant de pensée apparu au milieu du XVIIIe siècle en Grande-Bretagne (notamment en Écosse) et qui a eu une considérable influence en théorie économique pendant un siècle ; cette influence est d'ailleurs loin d'avoir disparu aujourd'hui. On peut voir le point de départ de ce courant dans le traité d'Adam SMITH sur *La Richesse des nations* (1776) ; ses représentants les plus éminents sont David RICARDO et John Stuart Mill (1806-1873), auxquels on peut ajouter Thomas Malthus (1766-1834) et bien d'autres. Toutefois, plus on élargit le cercle des « classiques », et plus il devient difficile de caractériser cette école, les positions et les analyses sur les divers problèmes pouvant fortement varier d'un auteur à l'autre. C'est pourquoi, lorsqu'on se réfère aux « classiques », on songe avant tout au couple Smith-Ricardo, dont John Stuart Mill a repris une bonne partie des analyses dans ses *Principles of Political Economy* (1848), ouvrage qui fit autorité jusqu'à la fin du XIXe siècle (le seul livre de Ricardo, *Des principes de l'économie politique et de l'impôt* (1817), est lui-même constitué en bonne partie de commentaires de *La Richesse des nations*, et de développements faits à partir d'elle).

Si on la limite à ces auteurs, l'école classique est caractérisée par :

— la théorie de la VALEUR TRAVAIL, qui peut d'ailleurs varier d'un auteur à l'autre ;
— une théorie de la RÉPARTITION du produit entre les diverses classes sociales ;
— la croyance dans les vertus de la liberté économique ; toutefois, celle-ci peut parfois être à l'origine d'effets « négatifs » que l'État doit chercher à limiter (en ayant pour souci le bien-être collectif — aussi bien Smith que Ricardo et Mill se réclamaient de l'UTILITARISME) ;
— une grande importance accordée au problème de la croissance et du développement (la « richesse des nations »), dans une perspective de LONGUE PÉRIODE.

Ricardo et Mill étaient à la fois des théoriciens et des « activistes », qui s'engagèrent activement dans les débats de leur époque (tous deux ont été membres du Parlement).

Coase (« théorème » de)

Ronald Coase (né en 1910) a publié en 1960 dans le *Journal of Law and Economics* un article intitulé « The problem of social cost », où il attire l'attention, à travers une série d'exemples, sur la possibilité de résoudre le problème des EXTERNALITÉS en organisant des transactions directes entre les parties concernées. Le but de Coase est donc de montrer qu'il est possible d'éviter la solution traditionnelle — qui suppose une intervention directe de l'État —, avec un résultat au moins aussi bon. Pour lui, l'État doit se contenter d'attribuer des *droits de propriété* clairement délimités pour les ressources concernées par les externalités (l'eau et l'air, dans le cas de la pollution), ces droits devenant alors des marchandises comme les autres ; cette « solution par le marché » permettrait donc de parvenir — comme en CONCURRENCE PARFAITE — à une situation efficiente (selon le critère de PARETO).

Coase propose sa « solution » à travers quelques exemples ; il n'énonce donc pas un « théorème », même si les cas traités ont pour but d'en suggérer un. Parmi ces cas, il y a celui de l'incendie des récoltes que peuvent provoquer les particules incandescentes rejetées par les locomotives à vapeur lorsqu'elles traversent les zones agricoles en période sèche. Pour discuter de la solution de Coase, on va prendre un exemple proche du sien, mais plus d'actualité, celui d'une entreprise polluante dans un environnement urbain.

La solution de Coase

On considère une entreprise dont l'activité se traduit par l'émission de fumées qui gênent la population d'une ville voisine. La solution de Coase consiste à attribuer à l'une ou l'autre partie concernée (usine ou habitants de la ville) les *droits de propriété* de l'air de la zone considérée, puis de rendre ces droits négociables. Si c'est, par exemple, l'entreprise qui en est propriétaire, alors elle peut proposer aux habitants de leur en vendre une partie (ou tous) ; plus ils détiennent de ces droits, et plus l'air de la ville doit être pur (c'est-à-dire plus l'entreprise s'engage à limiter la pollution). Si l'on reprend l'analyse usuelle, l'offre concurrentielle de droits est telle que l'entreprise égalise son coût marginal (en dispositifs qui limitent la pollution) au prix des droits ; de son côté, la demande de droits dépend de leur prix et du désir d'un air plus ou moins pur de la part des habitants de la ville. Si le prix des droits égalise l'offre et la demande établies sur ces bases, alors il y a équilibre concurrentiel. Contrairement à la solution « étatique », avec ses normes de pollution « imposées d'en haut », cet équilibre correspond donc aux vœux des uns et des autres ; en outre, il est « efficient » (comme tout équilibre de concurrence parfaite). A l'équilibre il n'y a généralement pas une « pollution zéro » : les habitants sont prêts à tolérer un certain degré de pollution plutôt que d'acheter tous les droits, ce qui permet à l'entreprise de produire à des coûts qui ne soient pas trop élevés (contrairement à ce qui pourrait arriver si elle devait le faire sans polluer du tout) ; la solution de Coase permet donc un compromis « efficient » entre pollution et coût de production.

Cette solution dépend de la façon dont les droits de propriété sur l'air ont été attribués. On peut envisager d'autres situations — par exemple, le cas symétrique du précédent, où ce sont les habitants qui détiennent tous les droits et où l'entreprise peut leur acheter une partie d'entre eux, de façon à se lancer dans la production sans être obligée d'atteindre la « pollution zéro ». Mais ce qui importe pour Coase, c'est que les droits soient attribués, et qu'ils soient négociables, de façon qu'une affectation optimale des ressources (notamment en ce qui concerne la pureté de l'air) puisse être atteinte à travers l'échange entre les parties concernées.

Critique de la solution de Coase

La solution proposée par Coase semble *a priori* tellement évidente que l'on ne peut que se demander pourquoi il a fallu attendre 1960 pour y penser et pourquoi elle n'est pas plus appliquée — l'intervention de l'État demeurant largement prédominante, quel que soit le pays considéré. Souvent, il est fait allusion aux « coûts de transaction », mais cela est bien vague. En réalité, et comme toujours, c'est la nature même des relations marchandes qui est en jeu, à quoi s'ajoute le fait qu'on considère ici des biens particuliers — puisqu'ils ne donnent pas « spontanément » lieu à de telles relations.

Selon Coase, l'attribution des droits de propriété permet de se ramener au cas général — par achat-vente des droits —, avec en perspective l'équilibre de CONCURRENCE PARFAITE et l'optimalité de Pareto (abstraction faite des coûts de transactions). Mais quelle forme vont prendre ces relations ? Coase se contente de donner quelques exemples chiffrés (aux données purement imaginaires), en désignant « la » solution qui maximise le bien-être collectif. Ces exemples supposent, en règle générale, qu'il y a un face-à-face entre deux parties, toutes deux ayant intérêt à l'échange. Ils relèvent donc d'une situation de MARCHANDAGE (sur le prix des droits de propriété, par exemple), dont la principale caractéristique est de ne pas désigner une issue précise — en raison du problème du *partage du gain de l'échange*. Dans ses exemples, Coase suppose des gains mesurables (en monnaie) et transférables, ce qui lui permet de déterminer une issue qui maximise le gain total, puis de suggérer que c'est elle qui va se réaliser — de sorte qu'il y a optimalité, ou efficience (coûts de transaction omis). Mais il n'y a évidemment aucune raison qu'il en soit ainsi. Si, par exemple, celui qui produit les nuisances est détenteur des droits, il peut fort bien agir comme un MONOPOLE, et proposer un prix pour ces droits qui maximise son profit — le résultat étant alors sous-optimal. Évidemment, l'unique acheteur — en situation de monopsone — peut refuser, et faire une contre-proposition, que l'offreur accepte, ou pas, et ainsi de suite. D'où l'indétermination avec, comme dans toute situation de marchandage, une situation qui peut être totalement bloquée, si chacun reste campé sur ses positions.

La « concurrence » est alors souvent invoquée : une des parties serait soumise à sa « pression », qui l'obligerait à se cantonner à un niveau de satisfaction donné (par exemple, celui qu'elle obtiendrait si l'échange n'avait pas lieu). L'indétermination est levée, puisque c'est l'autre partie qui décide tout, mais c'est en faisant allusion à des éléments extérieurs au modèle, au statut mal défini.

En fait, la solution de Coase est souvent associée à l'idée de concurrence parfaite — dont les équilibres sont des OPTIMUMS DE PARETO (si tous les biens intervenant dans les fonctions-objectif des agents ont un prix). Le message sur l'« optimalité » de cette solution peut alors être délivré, mais en contribuant encore plus à la confusion. Car on ne peut dire d'un côté, comme cela est si fréquent, que la concurrence c'est « beaucoup » d'agents de chaque côté, et considérer qu'elle est « parfaite » alors qu'il n'y en a qu'un seul ! Mais, surtout, la concurrence parfaite suppose un commissaire-priseur qui propose un prix, des agents qui « prennent » ces prix, un tâtonnement (sans échanges) jusqu'à ce que le prix d'équilibre soit trouvé : on est loin du « laissez marchander » de Coase !

Pour mettre en œuvre la solution de celui-ci, en ayant l'optimalité collective en vue, il faut donc organiser un système centralisé, avec attribution de droits de propriété et recherche du prix égalisant (de façon globale) les offres et les demandes provenant d'individus qui « jouent le jeu » en se comportant en « preneurs de prix » (ce qui n'est pas des plus rationnels) — qu'il y ait, ou pas, des coûts de transaction (ici, ceux qui résultent du fonctionnement de cette organisation).

A cela s'ajoute le fait que la plupart des « biens » pour lesquels la « solution de Coase » est évoquée sont des BIENS COLLECTIFS, dont l'appropriation (ou les effets) ne sont pas exclusifs. Des comportements du type PASSAGER CLANDESTIN doivent alors être envisagés, avec tout ce que cela suppose de contrôles et interventions.

En définitive, la « solution de Coase » n'en est pas vraiment une : basée sur l'idée que la relation marchande, directe, permet d'allouer efficacement les ressources, elle ne résiste pas à l'analyse, dès qu'on cherche à lui donner un contenu plus précis. Le choix ne porte pas, en réalité, entre une solution étatique et une autre qui ne le serait pas, mais entre solutions étatiques : vaut-il mieux procéder par appropriation collective, par des taxations incitatives ou en mettant en place un système centralisé d'échanges de « droits », avec des normes précises et des contrôles permanents ? Telles sont les vraies questions, difficiles, et dont la réponse est loin d'être évidente. Ce qui l'est, en revanche, c'est que dire : « laissons les parties négocier entre elles », ne résout en rien l'affaire.

Cobb-Douglas (fonction de)

Fonction — au sens mathématique — proposée dans le cadre d'études économétriques par James Cobb et Paul Douglas ; cette fonction est souvent utilisée par les NÉO-CLASSIQUES pour illustrer leurs thèses, en raison de ses nombreuses propriétés mathématiques — dont le fait qu'elle est une fonction HOMOGÈNE et le caractère « hyperbolique » de ses COURBES DE NIVEAU —, qui facilitent beaucoup les calculs au moment de la détermination des fonctions de demande du consommateur et de la fonction d'offre du producteur.

Sous sa forme la plus générale, la fonction de Cobb-Douglas s'écrit :

$$f(q_1, q_2) = q_1^\alpha \, q_2^\beta$$

(Cobb et Douglas supposent que $\alpha + \beta = 1$, mais ici on traitera du cas plus général où $\alpha > 0$, $\beta > 0$).

Propriétés mathématiques et conséquences économiques

La fonction de Cobb-Douglas est :

— *de classe C^∞ sur* $\mathfrak{R}_+^{*2}$, de sorte qu'on peut calculer ses dérivées partielles jusqu'à n'importe quel ordre ;

— *homogène de degré $\alpha + \beta$*, de sorte qu'on peut lui appliquer le théorème d'EULER ; ainsi, son TAUX MARGINAL DE SUBSTITUTION (TMS) est HOMOGÈNE de degré 0, ce qui a pour conséquence que le SENTIER D'EXPANSION (ou la COURBE D'ENGEL) est une droite passant par l'origine et que ses courbes de niveau sont *homothétiques* par rapport à l'origine ; dans le cas où $\alpha + \beta = 1$, on peut lui appliquer le théorème de l'ÉPUISEMENT DU PRODUIT ;

— QUASI CONCAVE *et à dérivées partielles strictement positives sur* $\mathfrak{R}_+^{*2}$; ce qui a pour conséquence qu'elle a des courbes de niveau strictement décroissantes et strictement

CONVEXES ; comme, en outre, ces courbes sont *asymptotes aux axes*, tous les biens sont DÉSIRABLES et la solution d'un programme de maximisation avec une Cobb-Douglas ne peut être « en coin » (elle ne comporte pas de variable qui prend une valeur nulle) ; en particulier, le TMS est partout défini en dehors des axes.

Les demandes concurrentielles

A la fonction de Cobb-Douglas sont associées des fonctions de DEMANDE CONCURRENTIELLE particulièrement simples et faciles à calculer. En effet, la règle TMS = rapport de prix s'applique sans réserve ; comme le TMS pour une Cobb-Douglas est :

$$\frac{U'_{q1}(q_1, q_2)}{U'_{q2}(q_1, q_2)} = \frac{\alpha q_2}{\beta q_1},$$

cette règle s'écrit, si on note (q_1^*, q_2^*) le choix du consommateur aux prix affichés p_1 et p_2 :

$$\frac{\alpha q_2^*}{\beta q_1^*} = \frac{p_1}{p_2},$$

ou encore :

$$q_2^* = \frac{\beta p_1 q_1^*}{\alpha p_2}.$$

En combinant cette relation, qui montre que le sentier d'expansion est une droite de pente $\beta p_1/\alpha p_2$, avec la contrainte budgétaire que doit vérifier le panier optimal (q_1^*, q_2^*) :

$$p_1 q_1^* + p_2 q_2^* = R,$$

on obtient les *fonctions de demande concurrentielle* :

$$q_1^* = \frac{\alpha R}{(\alpha+\beta)p_1} \text{ et } q_2^* = \frac{\beta R}{(\alpha+\beta)p_2}.$$

Ainsi, la demande de chaque bien dépend de son propre prix et non du prix de l'autre bien (cela vaut aussi pour des « Cobb-Douglas » à n variables).

Tel n'est pas le cas, cependant, si l'on raisonne dans une perspective d'ÉQUILIBRE GÉNÉRAL, car alors le revenu est donné par la valeur des DOTATIONS INITIALES du consommateur. Si l'on suppose que celles-ci ne sont formées que de biens — on les note alors (q_1^0, q_2^0) —, alors on a :

$$R = p_1 q_1^0 + p_2 q_2^0,$$

et les fonctions de demande s'écrivent :

$$q_1^* = \frac{\alpha}{\alpha+\beta}\left(q_1^0 + \frac{p_2}{p_1}q_2^0\right)$$

et

$$q_2^* = \frac{\beta}{\alpha+\beta}\left(\frac{p_1}{p_2}q_1^0 + q_2^0\right).$$

Elles ne dépendent donc que du *prix relatif* p_2/p_1, ce qui est normal puisque le choix du consommateur ne se fait qu'en fonction de lui (qui est un *taux d'échange*).

On notera que si la dotation du consommateur ne comporte que du bien 1 — donc si $q_2^0 = 0$ —, alors sa demande du bien 1 est *indépendante* des prix (elle est constante).

Ce qui signifie qu'on est dans la situation limite où l'EFFET REVENU « compense » exactement l'EFFET SUBSTITUTION. Une situation de ce type apparaît dans le cas de l'offre concurrentielle de travail, si le ménage (dont on suppose les goûts caractérisés par une Cobb-Douglas) n'a que son temps disponible pour dotation initiale ; son OFFRE DE TRAVAIL est alors indépendante du salaire réel.

Sur la signification des fonctions de Cobb-Douglas

Les fonctions de Cobb-Douglas sont particulièrement appropriées pour exprimer la *substituabilité* (des INPUTS ou des biens consommés). D'ailleurs, les demandes concurrentielles d'une économie d'échanges avec ces fonctions vérifient la propriété de SUBSTITUABILITÉ BRUTE. En outre, elles sont à ÉLASTICITÉ DE SUBSTITUTION CONSTANTE.

Toutefois, la forme que prend cette propriété — qui est vraie « en tout point » — n'est pas sans poser de problème. Ainsi, le fait que le sentier d'expansion soit une droite qui passe par l'origine signifie que le consommateur dont les goûts sont représentés par une fonction de Cobb-Douglas achète les deux biens *dans les mêmes proportions*, quel que soit son niveau de revenu. Autrement dit, même si le bien 1 est « vital » alors que le bien 2 est plutôt « superflu », il demande autant du second relativement au premier, que son revenu soit faible ou élevé ; ce qui revient en fait à considérer qu'il n'y a pas de bien qui soit vraiment « superflu », dont on peut se passer lorsque le revenu est faible.

Une autre conséquence, pas très différente de la précédente, des « goûts » (ou des techniques) à la Cobb-Douglas est que le consommateur (ou le producteur) est demandeur de *tous* les biens qui entrent en tant qu'argument dans sa fonction-objectif (utilité ou profit), et cela quels qu'en soient les prix (et quel que soit son revenu). Ce qui traduit des goûts très particuliers.

Cobweb (modèle du)

Modèles dynamiques d'ÉQUILIBRE PARTIEL dont l'étude graphique conduit à une représentation du type « toile d'araignée » (*cobweb*, en anglais). La principale caractéristique de ces modèles est qu'il existe un *décalage* entre le moment où la décision de produire est prise et le moment où la production est disponible, décalage qui peut être à l'origine de fluctuations importantes (croissantes) de la production et des prix — tout au moins si les agents ont un comportement « myope » —, comme cela arrive pour certains produits agricoles.

Ces modèles supposent qu'il y a égalité entre l'offre et la demande à chaque période ; ils représentent donc des suites d'ÉQUILIBRES TEMPORAIRES, avec « ajustement » par les prix (selon une procédure non précisée). Comme cela est toujours le cas avec les équilibres temporaires, les anticipations jouent alors un rôle décisif dans l'analyse.

De l'importance des anticipations

Le modèle du *cobweb* suppose que la demande à l'instant t dépend du prix à l'instant t, p_t, et de lui seul ; on va donc la noter $d(p_t)$. En revanche, l'offre est supposée résulter de décisions prises par les producteurs en $t-1$, sur la base du *prix anticipé*, p_t^a (on suppose que tous font les mêmes anticipations). On la note $s(p_t^a)$.

Dans ces conditions, l'hypothèse d'équilibre temporaire s'écrit :

(1) $$d(p_t) = s(p_t^a).$$

Un cas particulier est celui des PRÉVISIONS PARFAITES, où les producteurs anticipent « correctement » en $t-1$ le prix qui va prévaloir en t, de sorte qu'on a :

$$p_t^a = p_t.$$

En remplaçant dans (1), il vient :

$$d(p_t) = s(p_t).$$

La solution de cette équation, si elle existe, ne dépend pas de t. On la notera p_e. On a donc :

$$d(p_e) = s(p_e).$$

Les producteurs qui font des prévisions parfaites vont donc offrir $s(p_e)$ à chaque période et rencontrer la demande attendue $d(p_e)$. La « solution » du modèle est formée de *trajectoires constantes*, de prix et de quantités (ce qui caractérise un état STATIONNAIRE).

Si les prévisions sont parfaites, il n'y a pas de fluctuations, et donc pas de « toile d'araignée » (celle-ci se réduit à un point, qui représente l'état stationnaire). Pour qu'il y ait des fluctuations, il faut par conséquent qu'il y ait — sous une forme ou sous une autre — des erreurs d'anticipation. Tel est le cas en règle générale dans le modèle « traditionnel » du *cobweb*, qui suppose des *anticipations statiques*, pour lesquelles le prix anticipé est le prix qui prévaut au moment où l'anticipation est faite.

Le modèle du *cobweb* traditionnel

Par définition, les anticipations sont statiques si on a :

$$p_t^a = p_{t-1},$$

Avec ce type d'anticipation, l'équation d'équilibre temporaire (1) s'écrit :

(2) $$d(p_t) = s(p_{t-1}).$$

L'équation (2) définit une *relation de récurrence* d'ordre 1 sur le prix du bien, dont la solution est une suite de prix (p_t), qui dépend de la « valeur initiale » p_0 et de la forme des fonctions d'offre et de demande, $s(\cdot)$ et $d(\cdot)$. Comme le cadre adopté est celui de l'ÉQUILIBRE PARTIEL, on reprend l'hypothèse habituelle, selon laquelle la première est croissante et la seconde décroissante. Pour simplifier la présentation — et pour pouvoir calculer les éléments de cette suite —, on va supposer en outre que ces fonctions sont *linéaires*, en posant :

$$s(p) = ap$$
$$d(p) = b - cp,$$

où les paramètres a, b et c sont strictement positifs.

En remplaçant dans (2), il vient :

$$b - cp_t = ap_{t-1}$$

et donc :

(3) $$p_t = \frac{-ap_{t-1} + b}{c}.$$

L'équation (3) donne la relation de récurrence qui caractérise la suite de prix (p_t). Le prix p_e de l'état stationnaire est tel que $p_t = p_{t-1} = p_e$; d'où, en remplaçant dans (3) :

(4) $$p_e = \frac{-ap_e + b}{c},$$

et par conséquent :

$$p_e = \frac{b}{a+c}.$$

Le prix p_e est évidemment le même que dans le cas des prévisions parfaites. Lorsque les prévisions sont statiques, hormis le cas très particulier où $p_o = p_e$, les prix vont varier dans le temps, selon la règle décrite par la relation (3). Pour déterminer leur évolution, on soustrait membre à membre les deux membres de (3) et (4) ; il vient :

$$p_t - p_e = -\frac{a}{c}(p_o - p_e).$$

La suite $(p_t - p_e)$ est donc une PROGRESSION GÉOMÉTRIQUE de raison $-a/c$. Comme on a supposé a et c strictement positifs, cette suite oscille autour de p_e [elle est de la forme $p_t - p_e = \left(-\frac{a}{c}\right)^t (p_o - p_e)$]. Oscillations qui sont amorties si $a < c$, constantes si $a = c$, de plus en plus fortes si $a > c$.

Ce qu'on peut représenter graphiquement comme dans la figure 1, où l'on a supposé que $a < c$. Cette figure s'interprète de la façon suivante : au prix initial p_o correspond une offre $s(p_0)$ en $t = 1$, offre qui est donnée par la « droite d'offre » ; on reporte alors cette offre sur la « droite de demande », qui donne le prix p_1 auquel l'offre est égale à la demande en $t = 1$; à partir de ce prix, on détermine l'offre de la période suivante, $s(p_1)$, et ainsi de suite.

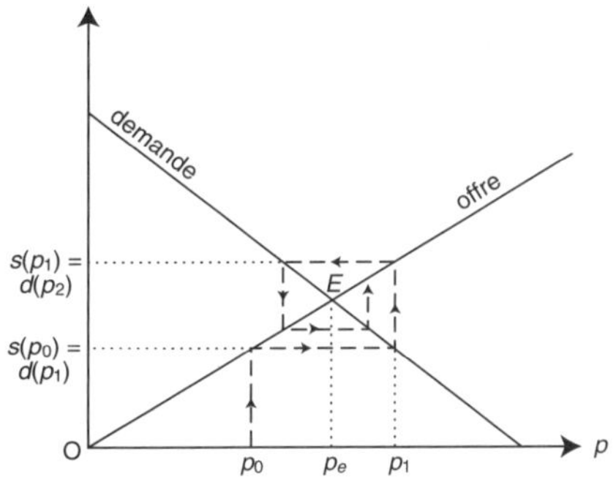

Figure 1. – Cobweb linéaire convergent

On peut noter que les anticipations statiques sont particulièrement « irrationnelles », puisque les producteurs décident à chaque période de leur offre en supposant que le prix observé sera le même à la période suivante, alors qu'ils constatent tout au long du processus qu'il n'en est rien. Face à cette constatation, il semblerait judicieux qu'ils cherchent à modifier la règle qui sert à établir leurs prévisions — le cas limite étant celui où ils connaissent les caractéristiques du modèle, ce qui leur permet de calculer p_e (cas où les prévisions sont parfaites).

Cœur (*core*, en anglais, parfois appelé *noyau*).

CONCEPT DE SOLUTION relevant de l'approche COOPÉRATIVE de la théorie des jeux, qui désigne des issues (ou des vecteurs de gains, un par joueur) telles qu'aucun joueur n'a la possibilité d'augmenter ses gains, en « recontractant » — c'est-à-dire, en proposant à d'autres joueurs de rompre les coalitions auxquelles ils appartiennent (éventuellement) pour en former une nouvelle, susceptible de donner à chacun un gain supérieur. Le cœur est donc un ensemble « stable », dans le sens où, lorsque l'allocation des ressources (ou des gains) se trouve dans le cœur, alors personne n'est incité à la modifier, puisqu'il n'existe pas la possibilité d'améliorer ses gains en formant de nouvelles coalitions.

Le cœur peut être vide comme dans les jeux à somme nulle ou positive (quel que soit le vecteur de gains où un joueur a un gain strictement positif, les autres joueurs peuvent envisager une coalition qui exclut ce joueur, en se partageant son gain — de sorte que chaque membre de la coalition augmente le sien). Mais il peut aussi comporter une *infinité d'éléments*, comme c'est le cas dans les jeux avec MARCHANDAGE, en économie d'échanges. C'est en réfléchissant sur ce cas que Francis Edgeworth a formulé, dans son livre *Mathematical Psychics* (1881), l'hypothèse de « *recontracting* » et proposé la notion de cœur (même s'il ne l'a pas appelée ainsi — ce nom lui ayant été donné par les théoriciens des jeux dans les années 1950). Il a alors remarqué, et montré par une étude graphique, que, lorsque le nombre de joueurs de chaque type augmente, alors le noyau se rétrécit ; à la limite, lorsqu'il y a une infinité de joueurs de chaque type, il se réduit aux allocations d'équilibre WALRASIEN (où il n'y a plus de coalitions ni incitation à en faire). Ce résultat — appelé théorème de DEBREU-SCARF, du nom de ceux qui l'ont démontré dans le cas général, en 1962 — explique en bonne partie pourquoi le cœur est le concept de solution « coopératif » privilégié dans certaines analyses théoriques (se situant dans l'optique NÉO-CLASSIQUE). Il est souvent évoqué pour justifier par l'« atomicité » des agents le comportement « preneur de prix » typique de la CONCURRENCE PARFAITE, mais cela n'a pas de sens, puisque les prix n'interviennent nullement dans la définition ou la caractérisation d'une économie d'échanges. En outre, l'« atomicité » est mise généralement en avant à propos du nombre et de la taille des entreprises... qui sont absentes du modèle d'Edgeworth-Debreu-Scarf !

Comme si (principe du)

Toute théorie est une représentation de la réalité — telle que le théoricien la perçoit ou la conçoit. Cette représentation consiste en un certain nombre d'*hypothèses* — et donc de MODÈLES — à partir desquelles le théoricien déduit des « lois », ou des « résultats », dont il cherche ensuite — si possible — à tester la validité (par confrontation avec les données disponibles). Si la théorie — ou le modèle — passe l'épreuve des tests, alors elle est acceptée — ou, du moins, elle n'est pas rejetée.

Reste le problème de l'origine des hypothèses. Elles sont le fait du théoricien, de sa façon de voir le monde ; plus précisément, elles résultent d'un tri qu'il fait entre ce qui lui semble être essentiel et ce qui ne l'est pas pour lui (l'exemple classique est celui du modèle de la chute des corps : ce qui est essentiel, c'est la loi de la gravitation, les frottements de tout ordre étant considérés comme secondaires). La démarche du « comme si » — variante de ce que les épistémologues appellent *instrumentalisme* — consiste alors à ne pas insister sur l'origine des hypothèses, à faire « comme si » elles étaient vérifiées et à n'accorder d'importance qu'aux *prédictions* qui en découlent ; l'acceptation (toujours provisoire) ou le rejet des hypothèses faites dépend alors de la validité de ces prédictions (ou de leur qualité). La méthode du « comme si » a connu un succès certain en physique des particules, où le théoricien se trouve face à un monde *inobservable*, de sorte qu'il est obligé de se raconter des « histoires » à son propos, histoires en bonne partie issues de son imagination et parmi lesquelles un tri est effectué sur la base des prédictions auxquelles elles donnent lieu (seules sont retenues, ou devraient l'être, celles dont les prédictions sont confirmées).

Le « comme si » des néo-classiques

A partir de ce qui se passe en physique, les économistes NÉO-CLASSIQUES avancent l'argument du « comme si » pour justifier la démarche qui consiste à faire appel à des hypothèses *manifestement fausses* — au sens où elles entrent en contradiction avec ce qui est observé —, démarche qui est la leur dans pratiquement tous leurs modèles (notamment ceux qui se veulent à FONDEMENTS MICRO-ÉCONOMIQUES). Aucun scientifique sérieux ne défend une telle façon de procéder, car il y a un gouffre entre une hypothèse en contradiction avec les observations et une hypothèse qui porte sur des phénomènes inobservables.

Le principe du « comme si » est notamment avancé par les néo-classiques pour justifier l'importance qu'ils accordent dans leurs analyses au modèle ultra-centralisé de la CONCURRENCE PARFAITE, ainsi que le recours au personnage de ROBINSON isolé sur son île, ou à des modèles à deux ou trois agents (qualifiés de « représentatifs ») — tels les modèles à GÉNÉRATIONS IMBRIQUÉES ; car personne — même pas eux — ne prétend que ces modèles donnent une représentation de sociétés connues, présentes ou passées. Le seul argument avancé pour en justifier l'utilisation — outre leur côté divertissant, du moins pour ceux qui s'amusent avec eux — est celui de l'adéquation aux faits de leurs prévisions. Cet argument ne tient cependant pas, puisque personne n'a construit un modèle de ce type qui fasse l'unanimité — ou presque — en raison de la qualité de ses prédictions ; sinon, ça se saurait... D'ailleurs, et contrairement à ce qui se passe en physique, des modèles économiques dont les prévisions sont systématiquement infirmées par les faits continuent à être utilisés, enseignés et développés, comme si de rien n'était (ainsi, la plupart des productions se font à *coût marginal* décroissant — la dernière unité produite coûte moins que les précédentes — alors que le modèle prédit le contraire).

Dans ces conditions, l'argument du « comme si » n'est même plus valable ; à quoi servent alors des modèles qui ne sont ni explicatifs, ni prédictifs ? De NORMES et, surtout, d'instruments de guerre idéologique entre les différents courants qui adoptent la démarche néo-classique tout en préconisant des politiques économiques différentes.

Commerce international (théories du)

Théories visant à expliquer l'existence et la forme des échanges entre les pays. Au départ de ces théories il y a en fait la question essentielle de l'existence même de pays. Pourquoi y a-t-il des pays ? Et qu'est-ce exactement qu'un pays ? Il n'est manifestement pas possible de répondre à ces questions sans faire référence à l'Histoire, aux mentalités, aux coutumes, aux traditions (sans parler de la langue), c'est-à-dire sans sortir de ce qui est habituellement considéré comme le strict domaine de l'économie. L'existence de pays est un important facteur d'*hétérogénéité* dans la distribution de l'espace, une source de *discontinuité* dans les relations entre les hommes, dont témoigne la présence de frontières entre les pays. Or l'analyse économique — quelle qu'elle soit — se situe habituellement dans un espace homogène, idéal, où il est supposé qu'il y a « mobilité », « flexibilité », « ajustements instantanés » ; si des hétérogénéités peuvent exister, elles sont considérées comme des « imperfections », qui ont vocation à disparaître, à moins que la présence de divers « obstacles » — notamment d'ordre institutionnel — ne l'empêche.

Contrairement aux analyses économiques habituelles, les théories du commerce international ne peuvent qu'insister sur les « imperfections » inhérentes à l'existence de pays, avec leurs caractéristiques propres, puisqu'elles sont la raison d'être même de ces théories. Il est vrai qu'elles peuvent en partie être appliquées *à l'intérieur même d'un pays*, dans la mesure où les pays constituent eux-mêmes des ensembles hétérogènes de régions plus ou moins différentes du point de vue de la géographie, du climat, des us et coutumes (bien que la langue et le cadre juridico-institutionnel y soient communs). On ne voit pas, par exemple, ce qui empêcherait de parler des « avantages comparatifs », des différences en « dotations de facteurs », ou des « rapports de domination » entre les régions d'un même pays.

De façon plus générale, pour qu'il y ait « commerce » — et donc échange — entre deux parties, il faut que celles-ci aient des caractéristiques différentes, en ce qui concerne leurs goûts, les techniques dont elles disposent ou leurs « dotations initiales ». Il en est de même pour le commerce entre pays ; les théories du commerce international mettent d'ailleurs généralement l'accent sur les différences en ce qui concerne les possibilités « techniques » des divers pays, ou sur les FACTEURS DE PRODUCTION dont ils sont « dotés ». Souvent, les pays sont assimilés à de grandes entreprises qui gèrent au mieux les ressources dont elles disposent, l'accent étant mis sur les relations entre ces entreprises « représentatives », quitte à compléter la présentation en faisant appel à des fonctions de demande (de consommateurs également « représentatifs »).

Les grandes théories traditionnelles

Elles remontent au moins à Adam SMITH, qui a attiré l'attention sur l'intérêt qu'ont les pays à se spécialiser dans la production des biens pour lesquels ils ont un *avantage absolu* — que ce soit au niveau du climat, de la configuration et de la fertilité du sol, de la qualification ou de l'habileté de la population, etc. Cette analyse a été développée et « raffinée » par David RICARDO, qui a mis l'accent sur le rôle des *coûts relatifs* à l'intérieur d'un même pays en tant que cause de spécialisation dans les échanges internationaux — c'est la théorie dite des AVANTAGES COMPARATIFS, qui est d'ailleurs toujours plus ou moins sous-jacente à la plupart des analyses actuelles sur les relations économiques entre pays.

Ainsi, dans un exemple célèbre donné dans ses *Principes de l'économie politique et de l'impôt* (1817), Ricardo suppose que l'Angleterre a des coûts plus importants — en temps de travail — que le Portugal, dans la production de drap comme dans celle de vin ; n'ayant donc aucun avantage absolu, elle peut quand même gagner à l'échange — et le Portugal avec elle — en se spécialisant dans la production de drap, si son désavantage en coûts de production est relativement moindre pour le drap que pour le vin.

Les analyses de Smith et de Ricardo, et plus généralement des CLASSIQUES, partent de l'idée que les pays ont des conditions de production différentes (climat, nature du sol, ressources et techniques disponibles, etc.), tout en ne retenant qu'un seul « facteur de production », le travail (qui sert donc d'étalon pour les comparaisons entre pays). Le raisonnement de Ricardo suppose en outre des *coûts relatifs constants* (entre drap et vin, par exemple), et laisse donc indéterminé le taux d'échange entre les deux pays — pour que les échanges soient mutuellement bénéfiques, il suffit seulement que ce taux se situe *entre* leurs coûts relatifs. Une façon de surmonter cette indétermination consiste alors à considérer que chaque pays est caractérisé par une FRONTIÈRE DES PRODUCTIONS qui donne les productions « efficientes » — ou optimales selon le critère de PARETO — qui peuvent être obtenues à partir des ressources et des techniques dont il dispose (il n'est donc plus supposé que cette technique est unique). La démarche est donc proche de celle des néo-classiques mais, comme elle suppose que les pays ont des frontières de production différentes — ce qui est une raison d'être essentielle des échanges entre eux —, elle présente des similitudes certaines avec celle des classiques (pour plus de détails, voir l'encadré « Échanges internationaux et structure de coûts relatifs »).

L'autre grande théorie de référence en ce qui concerne les échanges internationaux est celle qui a d'abord été avancée par Eli Hecksher (en 1919), puis formulée de façon plus précise par Bertil Ohlin (en 1933), Paul SAMUELSON — et W. Stolper — lui donnant sa forme mathématique définitive en 1941 (« Protection and real wages », *Review of Economic Studies*). Cette théorie abandonne l'idée selon laquelle les différences au niveau des caractéristiques intrinsèques des pays seraient à l'origine des échanges internationaux ; ainsi, elle suppose que tous les pays ont accès aux mêmes techniques — ce qui a pour conséquence, entre autres, qu'ils ont la même FONCTION DE PRODUCTION. Pour qu'il y ait échange, il faut néanmoins qu'il y ait au moins une différence entre les pays ; le modèle de Hecksher-Ohlin-Samuelson (dit modèle HOS) situe cette différence exclusivement au niveau des *dotations en facteurs de production*, terre, travail et CAPITAL. Ainsi, un pays qui dispose d'une main-d'œuvre abondante et d'équipements restreints a tendance à utiliser des techniques intensives en travail, alors que c'est le contraire qui arrive pour un pays bien doté en machines mais disposant d'une main-d'œuvre limitée ; l'échange international est alors un moyen pour pallier ces « raretés relatives » en facteurs de production : en important des biens du second pays, le premier pays trouve un palliatif à son « déficit » (relatif) en machines, et en exportant ses produits au second il résout le problème du « déficit » en main-d'œuvre de celui-ci. Au centre de l'analyse se trouve donc l'idée, chère aux néo-classiques, de substitution du capital au travail (ou *vice versa*). Pour que cette substitution ne se poursuive pas jusqu'à ce que toute différence disparaisse entre les pays, le modèle HOS postule la « fixité » des facteurs de production (ou du moins leur insuffisante « mobilité ») ; c'est donc cette « imperfection » qui est, dans l'analyse HOS, à l'origine du commerce international.

Le modèle HOS comporte aussi une *théorie des prix*, qui ne fait que reprendre les hypothèses néo-classiques traditionnelles, chaque pays étant supposé vérifier les conditions de la CONCURRENCE PARFAITE. *A priori* — en dehors de tout échange avec l'extérieur —, les prix (d'équilibre) diffèrent d'un pays à l'autre, puisque les dotations en facteurs de production ne sont pas partout les mêmes. Toutefois, l'existence d'échanges sans limite entre les pays doit conduire, si l'on s'en tient au seul point de vue d'équilibre (qui est celui de HOS), à une *égalisation des prix des biens, des taux de salaire et d'intérêt*. Car tant que cette égalisation n'a pas eu lieu, les pays modifient leurs types d'échanges, et il n'y aura pas équilibre. Ainsi, une « prédiction » du modèle HOS est que les taux de salaire — par exemple — doivent tendre à être les mêmes dans tous les pays. Or cette prédiction est loin d'être vérifiée ; ce qui peut s'interpréter de deux façons différentes :
— la théorie est fausse parce qu'elle est infirmée par les faits ;
— la théorie est juste « dans le fond », mais ses lacunes s'expliquent par l'existence d'autres « imperfections » (que celle de la « fixité » des facteurs de production).

Comme il est difficile de ne pas avoir de théorie du tout — ou d'en proposer une autre, qui risque d'être tout autant infirmée par les faits —, la position communément admise est que les analyses ricardienne et HOS ont leur « part de vérité », mais qu'il faut les aménager, en modifiant certaines de leurs hypothèses de base. Il est vrai que, ce faisant, on perd les conclusions simples — sur les vertus du libre-échange — qui se dégageaient de ces théories, à quelques paradoxes près.

De l'importance des rendements d'échelle et des coûts fixes

La question des RENDEMENTS D'ÉCHELLE — ainsi que celle de l'existence de COÛTS FIXES, qui est du même ordre — est inévitable dans toute analyse où la production joue un rôle important. Ainsi, l'existence même d'entreprises autres que celles qui se réduisent à un seul individu ne peut s'expliquer que par la présence de *rendements d'échelle croissants* — du moins pour certains niveaux de production — ou de coûts de mise en œuvre de la production non négligeables. Or les uns et les autres impliquent l'existence de *seuils* de prix et de quantités produites, en dessous desquels la rentabilité est insuffisante (profit négatif). La présence de ces seuils est généralement avancée pour expliquer le fait que certains biens — si ce n'est la plupart — ne sont produits que par un nombre restreint d'entreprises, qui sont donc en situation d'OLIGOPOLE (ou de MONOPOLE s'il n'y en a qu'une seule).

Ce qui vaut pour un pays vaut également au niveau international ; or, la théorie des avantages comparatifs comme les analyses du type HOS excluent les rendements d'échelle croissants ou les coûts fixes. En fait, elles se situent à un équilibre donné — sans « imperfections » autres que celles qui donnent leur raison d'être aux échanges — et n'envisagent que des variations à la marge, en excluant la présence de seuils de n'importe quel ordre (ceux-ci se traduisant, sur le plan mathématique, par des *discontinuités*, difficiles à maîtriser). De ce point de vue, elles se contentent de *justifier le* statu quo : chaque pays tire parti de ses avantages « acquis », l'échange international ne faisant que conforter la situation prévalente.

La présence de rendements d'échelle croissants modifie radicalement l'analyse, dans la mesure où elle est à l'origine d'avantages acquis (le pays qui se lance le premier dans certaines productions de « masse » en amortit les coûts fixes et tire parti de la production à grande échelle, de sorte qu'il modifie notablement sa structure de coûts relatifs). L'équilibre « après » l'investissement peut fortement différer de celui qui prévalait « avant » l'investissement, un pays préférant — par exemple — le premier, l'autre le second. Dans un contexte différent, mais où les réflexions des évolutions très différentes entre pays étaient présentes, la théorie de la CROISSANCE ENDOGÈNE attire l'attention sur l'importance des CONDITIONS INITIALES dans l'évolution d'un pays (et donc des pays dans leur ensemble).

Ainsi, l'existence de rendements d'échelle croissants — ou de coûts fixes importants — a été mise en avant pour justifier — d'un point de vue d'économie du bien-être — la mise en place de barrières protectionnistes (fussent-elles provisoires) et l'intervention active de l'État, dans le cadre de ce que l'on appelle aujourd'hui des *industries naissantes*. Un exemple devenu classique est celui de la « bataille » entre les gouvernements européens et des États-Unis concernant l'aide accordée au consortium qui fabrique les avions de la marque Airbus. Cet exemple est très significatif, d'une part, parce qu'il concerne des pays qui ont des niveaux de développement comparables, d'autre part, parce qu'il a trait à une industrie où les coûts fixes (conception et mise au point d'un modèle) sont particulièrement importants (une référence est ici James Brander et Barbara Spencer : « Export subsidies and international market share rivalry », *Journal of International Economics*, 1985).

L'exemple Boeing contre Airbus

Cet exemple peut être traité sous la forme d'un jeu, au sens de la THÉORIE DES JEUX. Supposons qu'une entreprise *B* (comme Boeing) occupe à un moment donné une position dominante dans la production d'un bien (en l'occurrence, des avions civils) et qu'un nouveau venu, *A* (comme Airbus), envisage de se lancer dans la production du même bien, en ayant connnaissance — ainsi que *B* — de l'ARBRE DE JEU suivant, qui synthétise toute l'information disponible :

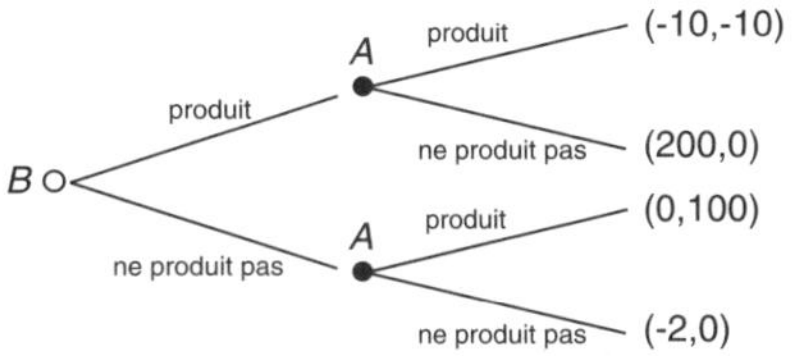

Notons que les règles du jeu supposent que *B* produit en premier, *A* n'ayant plus qu'à s'adapter à cette situation — à la STACKELBERG, où *B* est le meneur et *A* le suiveur.

La « solution » de ce jeu vient immédiatement (elle s'obtient par RÉCURRENCE À REBOURS) : *B* décide de produire, et *A* s'abstient de le faire.

Modifions maintenant un peu ce jeu, en supposant que le gouvernement du pays où *A* se trouve installé lui propose une subvention de 11, *qu'il produise ou pas*. Dans ces conditions, *A* ne subit plus de perte s'il décide de produire, quoi que fasse *B* ; en fait, « produire » devient pour lui une STRATÉGIE DOMINANTE, qu'il choisit en toutes circonstances. Sachant cela, il ne reste plus à *B* qu'à s'abstenir de produire, de sorte que *A* va empocher un gain de 111 et pourra éventuellement rembourser l'« avance » que lui a faite l'État (celle-ci n'a même pas besoin d'être effective : l'effet d'annonce suffit).

Comme cela est toujours le cas en théorie des jeux — et, plus généralement, en modélisation —, le résultat de l'analyse dépend des hypothèses faites et du cadre retenu ; ainsi, on peut supposer que le gouvernement du pays où *B* est installé propose aussi, en réaction, de le subventionner, de façon à rendre dominante l'option consistant à produire, ce qui modifie une fois de plus la solution du jeu, et ainsi de suite. On notera seulement ici l'importance des « effets de seuil » dans le traitement du problème.

Commerce international et politique industrielle

L'exemple Boeing-Airbus montre qu'il n'existe pas de solution unanimement acceptée, chaque pays ayant intérêt à accaparer toute la production ; il montre aussi que le rôle de l'État peut être déterminant pour que l'une ou l'autre « solution » s'impose. En fait, par son intervention, l'État qui aide Airbus cherche à « compenser » les avantages acquis par Boeing — avantages qui peuvent eux-mêmes résulter en bonne partie d'une aide passée du gouvernement du pays où cette entreprise est implantée. Il y a donc lutte entre pays pour s'approprier le SURPLUS qui résulte de la production d'avions, l'existence de seuils de production rendant les compromis difficiles. Les rapports de force, notamment entre États, peuvent jouer ici un rôle déterminant.

L'exemple Boeing-Airbus permet aussi de soulever la question de l'origine des avantages comparatifs des divers pays. En effet, au-delà des facteurs « climatiques » et « agricoles » (qualité des terres d'« origine »), les principales caractéristiques économiques d'un pays sont le fruit des activités des hommes, pendant de nombreuses générations ; elles dépendent aussi des institutions qu'ils se sont forgées et, notamment, de choix opérés par l'État (système d'éducation, mise en place d'infrastructures facilitant les échanges et l'implantation de tous types d'activités, aide à certaines d'entre elles pour des raisons « stratégiques » — du genre « défense nationale » —, etc.). La part de la « nature » est donc relativement faible dans les avantages comparatifs — surtout si l'on tient compte de la place prédominante que l'industrie et les services ont prise dans l'activité économique des pays qui jouent un rôle moteur dans les échanges internationaux (où sont les avantages comparatifs du Japon ?).

On peut donc considérer que les avantages comparatifs ne sont pas une fatalité et résultent, du moins en partie, de la politique — présente et passée — de l'État, qui a été à l'origine de la mise en place de secteurs ou de filières (construction d'avions, dans le cas d'Airbus) qui ont un effet d'entraînement important sur le reste de l'économie (rendements d'échelle croissants, mais aussi EXTERNALITÉS positives telles celles qui résultent de l'élévation du niveau de formation), et qui « façonnent » — ou ont façonné — celle-ci.

On touche ici au domaine de la *politique industrielle* — et d'aménagement du territoire — que peut mener l'État ; politique qui peut prendre la forme « lourde » de création de « pôles de développement » (expression des années cinquante utilisée surtout pour les pays sous-développés), ou plus « légère », avec versement de subventions, aides de tous types, mise en place de systèmes de protection plus ou moins subtils (planification « souple » à la française de l'après-guerre, MITI japonais, etc.). L'aide à la recherche — ou sa prise en charge directe par l'État — joue ici aussi un rôle essentiel.

Les avantages « acquis » de la sorte ne le sont évidemment jamais de façon définitive. Toutefois, pratiquement tous les pays qui ont aujourd'hui de solides positions acquises — à commencer par les États-Unis, l'Allemagne et le Japon — ont connu de longues périodes de protection et d'intervention active de l'État pendant lesquelles ils ont consolidé leur base industrielle (la remarque vaut aussi pour les « dragons asiatiques », telles la Corée du Sud et Taiwan). On est cependant là dans le domaine du factuel, qui demande des analyses plus détaillées et approfondies ; en outre, vu la diversité des situations, il serait ridicule de vouloir chercher une cause unique aux diverses évolutions observées.

La même remarque peut être faite à propos de politiques industrielles ayant une portée plus limitée, notamment celles qui ont trait à la mise en place de filières particulières. On peut cependant faire une constatation relativement générale : les pays qui ont acquis une position dominante ou « très forte » dans beaucoup de secteurs défendent traditionnellement des positions plus libre-échangistes que les autres, même si cela est devenu moins vrai au début des années quatre-vingt-dix (où le discours libre-échangiste est devenu presque hégémonique).

Commerce international et concurrence imparfaite

Un des aspects les plus troublants des échanges entre pays, du moins pour celui qui se réclame des théories traditionnelles du commerce international, est l'importance prise par les *mouvements intrabranches*, c'est-à-dire par les mouvements « dans les deux sens » des produits du même type ; ainsi, la France importe et exporte à la fois des voitures, des machines, de l'acier, etc.

Comme de tels échanges ne peuvent être expliqués ni par les avantages comparatifs, ni par les différences en dotations « en facteurs », d'autres théories ont été avancées en ce qui les concerne. Ces théories relèvent de ce qu'on appelle habituellement la CONCURRENCE IMPARFAITE ; par exemple, elles supposent qu'il y a des monopoles dans plusieurs pays pour la production de certains biens, et donc qu'il peut y avoir des situations de DUOPOLE, ou d'oligopole, au niveau international. Au départ de ces analyses, il y a — souvent implicitement — la question des rendements d'échelle croissants ou des coûts fixes à amortir sur des séries suffisamment importantes, chaque pays (entreprise) cherchant à atteindre ou dépasser la « taille critique » en vendant chez les autres — ce qui peut d'ailleurs être à l'origine de paradoxes du type du DILEMME DU PRISONNIER.

Une autre explication des échanges intrabranches peut être trouvée dans des analyses qui relèvent de la CONCURRENCE MONOPOLISTE, où l'accent est mis sur la *substituabilité* des produits. Chaque pays produit, par exemple, des voitures ayant leur propre marque, voitures qui sont recherchées en raison de leurs caractéristiques propres (« image » du pays, réputation de ses produits, etc.), même si par ailleurs elles ne diffèrent pas fondamentalement (cylindrée, puissance, etc.). L'analyse vaut pour tous les produits qui ont des marques différentes, les entreprises cherchant d'ailleurs à « jouer sur la marque » pour se créer une clientèle captive qui leur permette notamment d'amortir leurs coûts fixes.

Les analyses du commerce international qui reprennent le cadre de la concurrence imparfaite ne diffèrent donc pas fondamentalement de celles qui sont faites au niveau national, tout en étant nettement plus compliquées qu'elles (plusieurs fonctions de demande, pas d'État unique qui peut jouer le rôle d'arbitre). De toute façon, que ce soit en concurrence parfaite ou imparfaite, les modèles en économie internationale ne peuvent qu'être plus compliqués, puisqu'ils multiplient les problèmes avec le nombre de pays ; d'ailleurs, ces modèles recourent aussi souvent à la notion d'AGENT REPRÉSENTATIF, en partant de l'équation : un agent = un pays. Comme dans les modèles « nationaux », on est donc en présence de fables, dont la « morale » ne se dégage pas toujours de façon claire.

Commerce international et rapports de domination

Les théories envisagées jusqu'ici se situent dans le cadre des analyses qui voient dans l'échange un acte volontaire, source de bénéfice mutuel — même si chaque pays cherche à obtenir la plus grande part de ce bénéfice.

Une autre façon d'aborder la question des relations économiques internationales consiste à voir en elles le résultat — du moins en partie — d'une *hiérarchie* entre les nations, de *rapports de domination* dus à des conditions historiques particulières, certains pays ayant pris de l'avance à un certain moment, puis s'étant ensuite évertués à maintenir et à creuser l'écart, en profitant de leur position, par la force si nécessaire (politique de la canonnière). Les analyses de ce type remontent (au moins) à MARX — qui s'est intéressé, par exemple, à la disparition progressive de l'industrie (notamment textile) en Inde, suite à la colonisation anglaise — et ont pris des formes diverses (à commencer par les thèses de Lénine sur l'« impérialisme, stade suprême du capitalisme »).

La plupart de ces analyses voient dans le libre-échange une arme des puissances dominantes, qui profitent grâce à lui de leurs avantages acquis — et les augmentent — en gardant pour elles les secteurs à plus haut rendement (industries qui utilisent des techniques avancées, services), et en laissant les autres aux pays « dominés » (matières premières, produits agricoles, industries de base, etc.). L'étude de ces rapports de domination est souvent complétée par une *analyse de classes*, certaines couches sociales des pays dominés — notamment celles qui opèrent dans le secteur des importations ou des exportations — ayant intérêt à s'allier avec les puissances dominantes.

L'existence d'analyses différentes qui font appel à l'idée de rapport de domination s'explique — du moins en partie — par le fait qu'elles s'appuient sur l'étude de faits historiques susceptibles de multiples interprétations. Qui peut dire, par exemple, ce qu'aurait été l'évolution du monde s'il n'y avait pas eu le colonialisme ou les guerres de conquête ? En outre, il est toujours possible de trouver des contre-exemples qui invalident n'importe quelle théorie, tellement il y a d'expériences historiques différentes.

L'approche pays dominants-pays dominés présente l'avantage d'être à la fois globale — l'économique n'étant pas séparé du politique

— et « factuelle » — l'étude des faits historiques y jouant un rôle essentiel. En outre, elle peut reprendre à son compte — du moins en partie — certaines des analyses traditionnelles sur le commerce international, à commencer par celles sur les avantages comparatifs, mais aussi celles sur le rôle des rendements d'échelle (sans cependant sombrer dans la mathématisation à outrance, qui ne présente aucun intérêt). Toutefois, comme toutes les théories qui font appel à la notion de rapport de force, elle ne peut rester qu'à un certain degré de généralité, ce qui n'est d'ailleurs pas incompatible avec des études plus fines, au cas par cas, même si le théoricien ambitionne d'aller au-delà.

Conclusion

On retrouve avec les théories du commerce international les mêmes problèmes qui se posent avec les théories du commerce « national », mais en bien plus compliqué, puisque les relations internationales font intervenir des contraintes supplémentaires (sinon, il n'y aurait pas de raison de leur donner un statut particulier). Or les théories sur les relations à l'intérieur d'un même pays sont déjà extrêmement schématiques, quelle que soit la perspective qu'elles adoptent. Et ce n'est pas la mathématisation qui peut changer cela, comme le montrent les exemples des économies décrites par les modèles de concurrence parfaite ou de concurrence imparfaite ; la centralisation extrême des économies que supposent ces modèles se justifie encore moins dans un contexte d'économie internationale.

Les théories du commerce international se trouvent donc confrontées à la même alternative que les théories du commerce « national » :

— *construire des fables de plus en plus élaborées* (à partir, par exemple, de celle de Ricardo sur l'Angleterre et le Portugal) qui — comme toutes les fables — permettent d'organiser les idées et de proposer (si possible) une « morale » simple ;

— *adopter un point de vue global, factuel*, en essayant de dégager les principales tendances, notamment au vu des expériences passées.

Le principal avantage de la première variante, c'est qu'elle donne le moyen à de jeunes chercheurs d'exercer leurs talents mathématiques (ou de faire fructifier l'« investissement » qu'ils ont dû faire en étudiant les mathématiques) ; les possibilités sont illimitées, comme l'est le monde des fables (même si elles ne comportent que quelques « agents représentatifs »). L'exemple de la fable de Ricardo est de ce point de vue significatif ; cette fable, très simple, fait passer une idée qui est aussi très simple : celle des avantages comparatifs. Toutefois, si l'on creuse un peu, on se rend compte qu'elle laisse dans l'ombre le problème de l'« origine » de ces avantages, à moins de penser qu'ils résultent d'une sorte de fatalité « naturelle » (ce qui revient à défendre le *statu quo*). On ne peut alors que se demander d'où viennent les avantages comparatifs, ce qui peut conduire soit à construire des fables (nettement) plus compliquées dont il ne se dégage plus une « morale » unique (et claire), soit à l'étude des situations concrètes, des expériences présentes et passées des divers pays (mais alors on sort du cas « purement théorique »).

Dans la même perspective, on peut chercher à « compléter » le modèle de Ricardo en lui adjoignant des fonctions de demande par pays (ou des « consommateurs représentatifs »), ce qui permet de lever l'indétermination des taux d'échange entre pays inhérente à ce modèle ; on se trouve alors face à une fable qui est aussi nettement plus compliquée, du genre de celle que proposent ARROW et DEBREU dans une perspective d'ÉQUILIBRE GÉNÉRAL. On ne voit cependant pas ce que peut apporter de plus cette fable plus élaborée, par rapport à la « morale » de la fable initiale (et qui en est le seul intérêt).

Des constatations similaires peuvent être faites à propos de l'approche HOS, qui est une variante du modèle (fable) d'Arrow-Debreu, les « dotations en facteurs » jouant alors le rôle des DOTATIONS INITIALES.

Comme dans le cas des théories sur les « économies nationales », il n'y a pas grand-chose à attendre de ces fables, surtout si on les complique en leur ajoutant de plus en plus d'ingrédients (ce qui leur fait perdre leur principal avantage, qui est de dégager une idée — ou une « morale » — simple). Le fait d'empiler les équations ne doit pas, là non plus, masquer cette évidence.

Car, comme dans le cas des économies nationales, l'étude des expériences passées, des tendances, du cadre institutionnel, est incontournable pour quiconque cherche à comprendre comment s'effectue le commerce international, même si cette compréhension — qui suppose une théorie préalable — ne peut qu'être limitée, et soumise constamment à révision (au vu de ce qui se passe, mais aussi d'une meilleure connaissance de ce qui s'est passé).

Concave (fonction)

Fonction telle que l'ensemble des points qui se trouvent *en dessous* de son graphe est CONVEXE. Le graphe d'une fonction concave fait donc penser à un « mont » (ou à un fragment de mont), par opposition à celui d'une fonction CONVEXE, qui évoque plutôt un « trou », ou un « creux ».

Cas d'une fonction d'une variable

Une fonction peut être concave sur tout son ensemble de définition ou sur une partie de celui-ci. Ainsi, une fonction $f(\cdot)$ d'une variable réelle est *concave sur un intervalle* I de $\mathfrak{R}$ si l'ensemble des points qui se trouvent en dessous de son graphe sur cet intervalle est convexe (cet ensemble est appelé *épigramme* de $f(\cdot)$ sur I). De cette définition on tire aussi la *propriété fondamentale* suivante :

$$f \text{ concave sur } I \Leftrightarrow$$
$$\lambda f(x_1) + (1-\lambda) f(x_2) \leq f(\lambda x_1 + (1-\lambda) x_2),$$
$$\forall\, x_1 \in I, \forall\, x_2 \in I, 0 \leq \lambda \leq 1.$$

Si l'inégalité est stricte, pour $\lambda \neq 0$, $\lambda \neq 1$ et $x_1 \neq x_2$, alors on dit qu'il y a *concavité stricte* sur I.

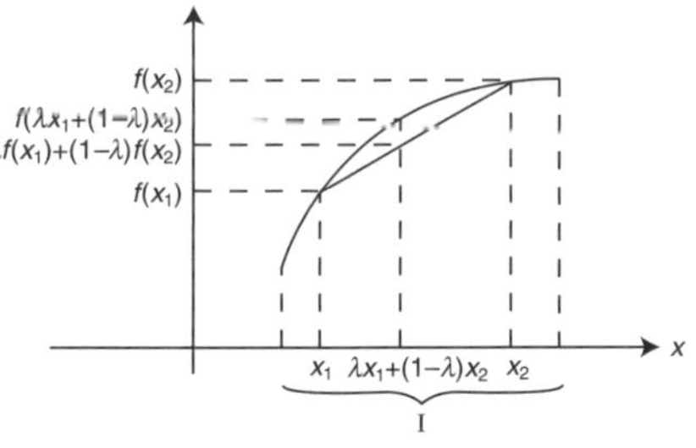

Figure 1

Si la fonction f est, en outre, dérivable (plus précisément de CLASSE C^1) sur l'intervalle I, alors on constate graphiquement que sa courbe représentative sur cet intervalle se trouve toujours *en dessous* de n'importe laquelle des tangentes à cette courbe. Ce que traduit l'inégalité suivante, qui caractérise donc les fonctions concaves et dérivables (sur un intervalle) :

$$f \text{ (de classe } C^1) \text{ concave sur } I \Leftrightarrow$$
$$f(x_1) - f(x_2) \leq (x_1 - x_2) f'(x_2),$$
$$\forall\, x_1 \in I, \forall\, x_2 \in I.$$

Il y a *concavité stricte* si l'inégalité est stricte (pour $x_1 \neq x_2$).

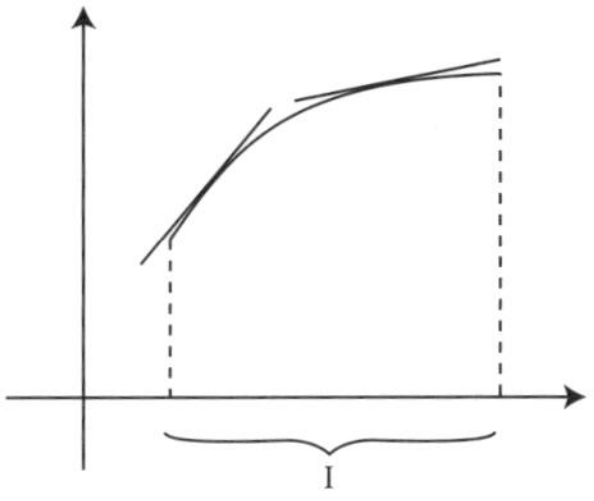

Figure 2

Enfin, on constate que si une fonction f est concave et dérivable sur I, la pente de sa tangente *décroît* lorsque I est parcouru de gauche à droite ; par conséquent, sa dérivée seconde — si elle existe — est négative sur cet intervalle. Donc, pour f de classe C^2 :

$$f \text{ concave sur } I \Leftrightarrow$$
$$f''(x) \leq 0, \forall\, x \in I.$$

Si l'inégalité est stricte, la concavité est stricte.

Cas d'une fonction de plusieurs variables

Dans ce cas, les deux premières propriétés sont préservées. On remarquera cependant que l'intervalle I est remplacé par une *partie convexe* de l'ensemble de définition de f — partie qu'on notera S — de sorte que si $X_1 \in S$, $X_2 \in S$, $0 \leq \lambda \leq 1$, alors $\lambda X_1 + (1-\lambda) X_2 \in S$. On utilise ici des majuscules pour les X afin de signaler que ce sont des *vecteurs*, et non plus des nombres.

Ces précisions étant données, on a comme pour les fonctions à une variable :

$$f \text{ concave sur } S \Leftrightarrow$$
$$\lambda f(X_1) + (1-\lambda) f(X_2) \leq f(\lambda X_1 + (1-\lambda) X_2),$$
$$\forall\, X_1 \in S, \forall\, X_2 \in S, 0 \leq \lambda \leq 1$$

et

$$f \text{ (de classe } C^1) \text{ concave sur } S \Leftrightarrow$$
$$f(X_1) - f(X_2) \leq (X_1 - X_2) f'(X_2),$$
$$\forall\, X_1 \in S, \forall\, X_2 \in S.$$

Il y a concavité *stricte* si les inégalités sont strictes (pour λ différent de 0 et 1).

En ce qui concerne la troisième propriété fondamentale, qui a trait aux dérivées secondes, la situation est nettement plus complexe, ne serait-ce que parce qu'une fonction de n variables comporte n^2 dérivées secondes ; pour établir cette propriété, il faut donc faire appel à la matrice HESSIENNE de $f(\cdot)$ (pour plus de détails, voir *Analyse mathématique pour économistes*, de Gabriel Archinard et Bernard Guerrien, Economica, Paris, 1992).

Compte tenu de la bien plus grande diversité de figures possibles dans l'espace à trois dimensions (ou plus) que dans le plan, on se doute que les conditions à imposer aux dérivées secondes pour qu'il y ait concavité sont nettement plus contraignantes dès qu'on envisage des fonctions de deux variables ou plus.

Une des propriétés essentielles (pour l'économiste) des fonctions concaves — qui explique (en partie) pourquoi il accorde une place privilégiée à ce type de fonction — est que si f est de classe C^1 et concave sur S, alors :

$$f'(X^*) = 0 \Leftrightarrow X^* \text{ est un } \textit{maximum absolu} \text{ de } f \text{ sur } S,$$

la notation $f'(\cdot)$ désignant ici le *vecteur des dérivées partielles* de f (ce qu'on appelle aussi son *gradient*). Ainsi, le fait de supposer qu'une fonction est concave réduit le problème de la détermination de ses extremums à l'étude de la condition du PREMIER ORDRE.

Cette propriété est aussi valable pour le LAGRANGIEN d'un programme sous contraintes (elle est vérifiée si la fonction-objectif et les fonctions représentant les contraintes sont concaves).

Enfin, le maximum est absolu si la concavité l'est (en S^*).

Concept de solution

Terme utilisé en THÉORIE DES JEUX pour désigner des conditions imposées aux issues d'un jeu de façon que ces issues soient considérées comme des « solutions » de ce jeu. Les conditions imposées peuvent être plus ou moins nombreuses, ou fortes : l'idéal pour le modélisateur est qu'elles soient telles qu'elles ne soient vérifiées que par une seule issue, de sorte qu'il puisse dire de celle-ci qu'elle est LA solution du jeu. Cet idéal est toutefois rarement réalisable : le théoricien doit généralement choisir entre des conditions qui peuvent être « trop fortes » (il n'y a pas d'issue qui les vérifie toutes, et donc pas de « solution »), ou « pas assez » (il y a beaucoup d'issues qui les vérifient, et donc multiplicité des « solutions »).

La forme des concepts de solution dépend évidemment du type de problème que se pose le théoricien. Ainsi, en théorie des jeux, il existe deux façons d'envisager la recherche des solutions d'un modèle : l'approche COOPÉRATIVE, et l'approche non coopérative — qui donnent lieu à des concepts de solution de natures radicalement différentes. L'approche coopérative met l'accent sur les *coalitions* que peuvent éventuellement former les joueurs, dans le but d'augmenter leurs gains par rapport à ceux d'une issue donnée, quelle qu'elle soit. De telles coalitions peuvent n'être que virtuelles, mais elles intéressent le théoricien en raison de la « menace » qu'elles font peser sur l'issue considérée — la perspective de gains plus élevés pouvant inciter certains joueurs à modifier la situation. Les concepts de solution ont alors pour but de déterminer les issues — affectations des ressources ou partage des gains entre les joueurs — qui sont « stables », au sens où certains joueurs ne sont pas incités à les modifier dans la perspective de former une coalition dans laquelle ils pourraient tous augmenter leurs gains. La façon de concevoir la stabilité prend toutefois plusieurs formes — notamment du fait qu'il peut y avoir des « objections », ou des « contre-objections », à une coalition ; d'où l'existence de plusieurs concepts de solution (dont le CŒUR est le plus connu en économie).

Les concepts de solution coopératifs de la théorie des jeux conduisent très souvent à désigner des ensembles de solutions infinis — des *continuums*. Tel est le cas notamment du cœur d'une économie d'échanges avec un nombre fini d'individus avec des relations de préférence ayant les propriétés usuelles.

La situation est passablement différente dans l'approche non coopérative de la théorie des jeux qui ne prend pas en compte les coalitions virtuelles pouvant se former entre certains joueurs — et qui peuvent mettre en cause la « stabilité » d'une issue. Si coalition il y a, alors il faut préciser comment elle se maintient et comment s'effectue le partage des gains entre ses membres.

Alors que l'approche coopérative s'intéresse à la « stabilité » des issues, compte tenu des « menaces » que font peser sur elles des coalitions alternatives (virtuelles), l'approche non coopérative met l'accent sur les *décisions individuelles* des joueurs. Leurs *croyances* étant un élément essentiel de leur choix, elles jouent un rôle central dans la caractérisation des concepts de solution — à commencer par le plus important d'entre eux, l'équilibre de NASH. En fait, la plupart des concepts de solution dans l'approche non coopérative de la théorie des jeux sont des variantes de l'équilibre de Nash (appelées « raffinements »), qui se distinguent les unes des autres par le type de croyances qu'elles admettent (du fait de leur caractère « raisonnable », ou « vraisemblable »).

Concurrence

Si l'on s'en tient à la définition courante, celle qu'on trouve par exemple dans les dictionnaires, la concurrence est la « rivalité entre plusieurs personnes... poursuivant un même but » ou encore le « rapport entre producteurs, commerçants qui se disputent une clientèle » (*Micro Robert, Dictionnaire du français primordial*). L'idée de concurrence est donc généralement associée à celle de « rivalité », ou même de « dispute », entre des individus ou des entités ; on peut d'ailleurs dire qu'il y a concurrence chaque fois que deux personnes — au moins — visent chacune de leur côté un « même but », tout en ayant des intérêts contradictoires (complètement ou en partie).

Toutefois, comme les théories économiques donnent une place très importante à la notion de concurrence, elles ne peuvent en rester à une définition vague de celle-ci, tout au moins si elles veulent parvenir à des conclusions relativement précises. Ainsi, la construction de modèles suppose que soit précisé le cadre dans lequel agissent les individus « en concurrence » — c'est-à-dire les « règles du jeu ». Le cas le plus souvent mis en avant à ce propos, du moins par les NÉO-CLASSIQUES, est celui de la CONCURRENCE PARFAITE, qui, comme son nom l'indique, est considérée comme une situation idéale, vers laquelle il faut tendre. Toutefois, la concurrence parfaite est une forme d'organisation sociale très particulière, avec des règles très strictes qui ont pour but d'instaurer une sorte d'« égalité des conditions » pour tous — sauf en ce qui concerne les DOTATIONS INITIALES, qui peuvent varier (fortement) d'un individu à l'autre. Ainsi, en concurrence parfaite, aucun des participants n'a le pouvoir de décider des taux d'échange entre les biens (et donc des prix de ceux-ci) et les transactions ne se font pas au hasard des rencontres mais après que les offres et les demandes ont été confrontées globalement (ce qui leur garantit une sorte d'anonymat). Tout cela nécessite une organisation très élaborée, et très centralisée, à laquelle adhèrent tous les membres de la société, organisation qui est symbolisée par le personnage du commissaire-priseur.

Les modèles de CONCURRENCE IMPARFAITE gardent pour l'essentiel cette forme d'organisation, mais ils établissent une asymétrie entre les participants, en supposant que certains (généralement peu nombreux) sont plus actifs que d'autres, soit parce qu'ils disposent de plus d'information, soit parce que leurs actions « ont plus de poids » (et qu'ils en sont conscients), ou pour toute autre raison.

On peut noter que dans ces modèles l'idée de concurrence est souvent associée à celle de « grand nombre » de participants ; or, plus ceux-ci sont nombreux, et plus l'organisation des relations entre eux — telle que les modèles les conçoivent — est lourde (centralisation et traitement de l'information, organisation des échanges).

La vision évolutive de la concurrence

Les formes de la concurrence sous-jacentes à la plupart des modèles mathématiques ont donc en commun de supposer une organisation très centralisée des relations économiques. Ce qui s'accorde mal avec l'idée qu'on s'en fait habituellement, notamment chez les économistes. D'où l'idée d'utiliser pour représenter la concurrence une autre métaphore que celle des modèles mathématiques — plutôt inspirés par la physique et la mécanique ; la métaphore qui vient immédiatement à l'esprit est alors celle de la théorie de l'évolution (à laquelle Charles Darwin a d'ailleurs donné sa forme définitive après avoir lu les écrits de l'« économiste » Thomas Malthus), métaphore souvent réduite à la formule : « Que le meilleur gagne ! » Toutefois, cette proposition fait problème si l'on s'en sert dans le monde de l'économie, puisque si le « meilleur » élimine progressivement ses concurrents — ou les absorbe — et acquiert ainsi une situation de monopole, il s'ensuit alors que *la concurrence engendre son contraire* (le monopole) ; c'est ce qu'on appelle parfois le « paradoxe de la concurrence ». Il est vrai que celui-ci ne découle pas d'une analyse systématique où le processus d'élimination-absorption des concurrents serait décrit dans le détail (analyse qu'il est d'ailleurs très difficile de mettre en œuvre, surtout si l'on tient compte du fait que ce processus concerne des agents rationnels, conscients de ce qui leur arrive). Toutefois, l'idée selon laquelle la concurrence mène à la concentration — et donc à son élimination — n'est nullement invraisemblable.

L'existence du « paradoxe de la concurrence » est une des raisons avancées — y compris par les tenants du libéralisme — pour justifier une certaine intervention de l'État, qui aurait pour rôle de « promouvoir » ou de « protéger » la concurrence contre ceux qui chercheraient à profiter de leur supériorité. Ainsi, les législations en vigueur sont souvent un compromis entre deux visions différentes des conséquences de la concurrence : celle qui consiste à laisser se constituer des monopoles, dont l'existence même prouverait qu'ils sont les « meilleurs » (résultat d'un processus de sélection), et celle qui voit en eux un obstacle au progrès, et donc une source d'inefficience, à laquelle il faut remédier.

Conclusion

Contrairement à ce qu'on pourrait croire, il est difficile de donner un contenu précis à la notion de concurrence, qui désigne à la fois une forme d'organisation sociale et un processus. Si l'on met l'accent sur l'organisation sociale, alors la concurrence apparaît comme un système extrêmement organisé et centralisé, loin de l'idée qu'on se fait habituellement d'elle (comme caractéristique principale du « système des marchés ») ; en revanche, si l'on voit en elle un processus peu structuré, du type « loi de la jungle », alors elle apparaît comme une situation éminemment instable, car constamment remise en cause par ceux-là mêmes qui la mettent en œuvre, et sur laquelle il est difficile de dire grand-chose, si ce n'est utiliser des métaphores de type « darwinien ».

Concurrence monopoliste (modèle de la)

Modèle où l'offre d'un bien est le fait d'une seule entreprise — comme dans le cas du MONOPOLE —, mais où il est tenu compte de l'existence de substituts à ce bien, qui « lui font la concurrence » (d'où l'expression « concurrence monopoliste »).

La théorie de la concurrence monopoliste est née dans les années trente, sous les plumes d'Edward Chamberlin (1899-1967) et de Joan Robinson (1903-1983), qui ont attiré l'attention sur le caractère sous-optimal des équilibres de ses modèles. Leur démarche, d'ÉQUILIBRE PARTIEL, s'inscrit clairement dans le cadre d'analyse proposé par Alfred MARSHALL. Après une tentative d'abandonner ce cadre au profit de celui de l'ÉQUILIBRE GÉNÉRAL, considéré comme plus pertinent par les NÉO-CLASSIQUES, il a finalement été repris, notamment dans les modèles de différenciation des produits.

La concurrence monopoliste à la Chamberlin

L'analyse proposée par Chamberlin, dans son livre *Theory of Monopolistic Competition* (1933), suppose des entreprises qui ont des fonctions de COÛT MOYEN en U — c'est-à-dire décroissantes, puis croissantes —, et qui connaissent la fonction de demande du bien que chacune d'elles est seule à produire. Donc, comme dans la théorie du monopole, chaque entreprise décide de la production — et du prix qui égalise l'offre et la demande — qui lui permet de maximiser son profit (en appliquant la règle : RECETTE MARGINALE = coût marginal). Toutefois, l'élément nouveau de l'analyse consiste ici à supposer que tant qu'une entreprise fait un profit strictement positif, d'autres entreprises sont incitées à lui prendre une partie de sa clientèle, en proposant à des prix avantageux des substituts au bien qu'elle produit. Le raisonnement est proche de celui qui est utilisé à propos de la LIBRE ENTRÉE, l'idée étant que sur la LONGUE PÉRIODE tout profit — qualifié parfois de « surprofit » — s'annule.

Ainsi, si l'on considère le cas où une entreprise qui a une courbe de coût moyen en U est la seule à produire un bien — dont la demande décroît strictement avec le prix —, alors une simple étude graphique permet de constater qu'à l'équilibre de longue période (où le profit est nul) la production de cette entreprise se situe à un niveau où le coût moyen est décroissant (point *E* de la figure 1). En effet, si tel n'était pas le cas — c'est-à-dire si la courbe de demande était « plus haute » que celle qui prévaut à l'équilibre de longue période (sur la figure 1, *DD* au lieu de *D'D'*) —, alors il y aurait des couples prix-offre qui procurent un profit strictement positif (sur la figure 1, ces couples sont donnés par les points du « segment » *AB* de la courbe de demande, où le prix de vente est strictement supérieur au coût moyen).

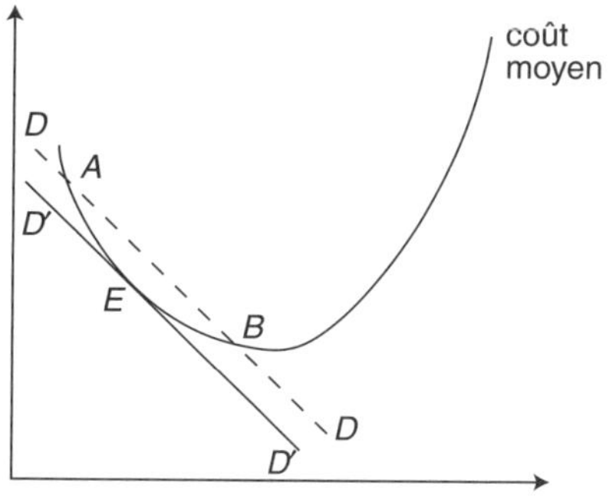

Figure 1

La nouveauté de l'analyse de Chamberlin — par rapport à celle du monopole traditionnel — est donc dans l'hypothèse selon laquelle il existe une offre de biens substituts à celui que produit le monopole et qui « déplace vers le bas » la fonction de demande de ce bien, jusqu'à ce qu'elle soit partout en dessous de la courbe de coût moyen, sauf en un point, où le profit est nul, et qui représente l'équilibre « de longue période ». Comme cet équilibre a pour caractéristique de se trouver dans la partie décroissante de la courbe de coût moyen, une hausse de la production ferait baisser ce coût — mais pas suffisamment pour que la demande puisse « absorber » l'offre supplémentaire, même si elle est faite à un prix égal au coût moyen.

L'équilibre *E* représente une situation « inefficiente » — puisqu'il existe des affectations des ressources telles que *B*, où la production est plus élevée et à un prix moindre, le profit de l'entreprise étant le même ; cette inefficience est due à l'existence de COÛTS FIXES et au fait qu'il y a « trop » d'entreprises pour qu'elles puissent toutes les amortir (les coûts fixes étant à l'origine de la partie décroissante de la courbe de coût moyen, partie qui est un élément essentiel de l'analyse). Ainsi, la « libre entrée » — pour les producteurs de substituts — conduit à ce qu'il y ait trop d'entreprises qui veulent tirer parti des situations où il subsiste un profit (ou un « surprofit »), et donc trop d'équipements, avec les coûts fixes qu'ils supposent ; il y a gaspillage des ressources. L'« inefficience » (au sens de Pareto) provient ici non pas du comportement de monopole des entreprises — qui est en fait neutralisé par l'existence de substituts pour chaque bien —, mais de la présence de coûts fixes, qui modifie les conclusions usuelles sur les vertus de la concurrence.

Concurrence monopoliste et équilibre général

Si le modèle de Chamberlin conduit à une réflexion sur le rôle des coûts fixes en liaison avec le nombre d'entreprises, c'est dans un cadre d'équilibre partiel, où il n'y a pas comparaison de toutes les éventualités possibles (et donc où l'application du critère de Pareto peut prêter à discussion). Pourquoi alors ne pas élargir l'analyse au cas de l'ÉQUILIBRE GÉNÉRAL, qui permet « vraiment » de tirer les conclusions appropriées ? C'est ce qu'ont tenté de faire certains théoriciens néo-classiques dans les années soixante-dix, en reprenant pour l'essentiel la démarche d'ARROW-DEBREU (et donc en laissant tomber la question des coûts fixes, ce qui est une différence essentielle avec Chamberlin). Le problème le plus important qui se pose alors, comme dans la théorie du monopole en équilibre général, c'est la détermination de la demande qui s'adresse aux entreprises, demande qui n'est pas donnée *a priori*, comme dans les modèles d'équilibre partiel.

Dans les années soixante-dix, il y a eu quelques tentatives de modélisation de la concurrence monopoliste en équilibre général ; toutes supposent des conjectures à la COURNOT (chaque entreprise considère les décisions des autres comme une donnée, indépendante de son propre choix) et des demandes concurrentielles ; bien que les quelques modèles proposés se distinguent les uns des autres dans leur façon d'envisager la formation des prix, on peut néanmoins les regrouper en deux grandes catégories :

— les modèles où les entreprises font des offres, les prix étant supposés s'« ajuster » de façon à égaliser les offres et les demandes globales ; les modèles de ce type supposent donc qu'il existe une procédure du type commissaire-priseur, qui centralise les offres et les demandes et qui « trouve » les prix d'équilibre (concurrentiel) pour chacune des offres des entreprises ; celles-ci calculent alors leur profit — à ces prix — dans toutes les éventualités possibles et retiennent finalement celles de ces offres qui maximisent leurs profits (chacune considérant l'offre de l'autre comme une donnée, comme dans le modèle du duopole de Cournot) ;

— les modèles où les entreprises affichent des prix, un par bien, et enregistrent les demandes correspondantes.

Ce second type de représentation semble plus « raisonnable », mais il soulève de délicats problèmes au niveau de la modélisation ; en effet, comme il n'y a pas de raison pour qu'aux prix affichés la demande soit égale à l'offre (qui rend le profit maximal), des RÈGLES DE RATIONNEMENT forcément arbitraires doivent être introduites dans le modèle.

Compte tenu de ces problèmes — typiques de toute situation où des agents sont supposés prendre l'initiative de proposer des prix —, les (rares) analyses en concurrence monopoliste adoptent le point de vue des modèles du premier type, dits *de Cournot-Walras* (puisque les monopoles agissent comme dans le duopole de Cournot, le reste de l'économie étant régi par le commissaire-priseur walrasien) ; elles supposent donc que les choix des agents portent sur les quantités (offertes ou demandées) et que les entreprises en situation de monopole connaissent les prix qui égalisent les offres et les demandes globales dans toutes les éventualités possibles. Toutefois, comme ces prix ne sont généralement pas uniques, le modèle doit être complété par une *fonction de sélection des prix*, qui associe à chaque ensemble d'offres (par les monopoles) un de ces systèmes de prix.

Même ainsi, le modèle peut ne pas comporter d'équilibre — il n'existe pas un ensemble d'offres par les entreprises qui permet à chacune de maximiser son profit, compte tenu de l'offre des autres ; autrement dit, le modèle n'a pas de « solution ». Ce qui est une des raisons pour lesquelles le programme de recherche sur la concurrence monopoliste en équilibre général n'a pas été poursuivi par ceux qui en ont été les initiateurs.

Concurrence monopoliste et différenciation des produits

En concurrence monopoliste, l'accent est mis sur le caractère *substituable* des divers biens, et donc sur le fait que même si une entreprise est la seule à produire un bien précis, elle doit tenir compte de l'existence des autres biens, et notamment de ceux qui sont les plus « proches » des siens. Dans un modèle proposé par HOTELLING (en 1929), c'est la *distance* (au sens géographique) qui sert d'indicateur du degré de substituabilité des produits. Cette idée a été souvent reprise par la suite ; le problème de la substituabilité est alors abordé dans le cadre de *modèles de localisation*, où il y a plusieurs vendeurs qui proposent le même bien « physique » mais en des lieux différents — de sorte que d'un point de vue « économique » on est en présence de biens différents (car l'acheteur doit prendre en compte ses frais de déplacement avant de décider à qui il s'adressera). Plus deux vendeurs sont proches et plus grand est le degré de substituabilité du produit qu'ils proposent.

Les modèles de localisation sont construits sur l'idée que les entreprises (vendeurs) possèdent un « bassin d'attraction », formé par les candidats à l'achat (les consommateurs, par exemple) ; la taille du bassin d'une entreprise dépend alors du prix qu'elle propose, ainsi que de celui qui est proposé par les autres entreprises — notamment celles qui lui sont le plus proches « géographiquement ». Les résultats de ces modèles diffèrent selon les spécifications retenues, notamment sur la forme de la localisation des agents économiques. Souvent, celle-ci est supposée être de type « circulaire » : les vendeurs — aux caractéristiques identiques — sont disposés de façon équidistante sur un cercle, tandis que les acheteurs y sont uniformément répartis, ce qui permet d'envisager des équilibres symétriques (dans lesquels les agents sont interchangeables).

Si, à la différence du modèle du duopole de BERTRAND, ces modèles comportent des équilibres — avec des profits strictement positifs —, c'est à cause de l'existence des bassins d'attraction, qui limitent les effets d'une éventuelle guerre de prix. Le profit de chaque entreprise dépend évidemment de la taille de son bassin d'attraction, et donc du nombre de ses concurrents ; si celui-ci tend vers l'infini — le modèle gardant toujours son caractère « symétrique » —, alors le profit disparaît… et avec lui les entreprises, qui ne se distinguent plus, en fait, des ménages.

Afin d'éviter de tomber dans une situation de ce type, les modèles supposent généralement que les entreprises ont à faire face à des COÛTS FIXES, qui ne peuvent être amortis que si leur bassin d'attraction est de taille suffisante. Si tel est le cas, la situation ne diffère pas fondamentalement de celle qu'a décrite Chamberlin, avec la sous-optimalité des équilibres qui la caractérise. En effet, si l'on envisage des équilibres de longue période — où, par définition, les profits sont nuls —, alors trois types de situation peuvent être envisagés (en supposant des courbes de coût en U et une demande qui décroît avec le prix).

1. Les entreprises sont suffisamment éloignées pour que leurs choix n'interfèrent pas ;

on est dans le cas « de Chamberlin » de la figure 1, où la courbe de coût moyen est tangente à la courbe de demande (condition de profit nul) ; dans ce cas, les consommateurs situés entre deux bassins ne sont pas servis (car les déplacements sont trop coûteux pour eux), ce qui est une source de sous-optimalité.

2. *Les entreprises ont des bassins d'attraction qui « empiètent » les uns sur les autres*, ce qui a pour conséquence qu'elles font face à des *fonctions de demande coudées* (le « coude » résulte de ce qu'à partir d'un certain prix la demande « baisse brusquement », du fait de l'« attraction » exercée par un bassin concurrent) ; l'équilibre de longue période se trouve alors dans la partie de la courbe de demande qui correspond au cas où il y a « empiètement » entre les bassins, comme dans la figure 2.

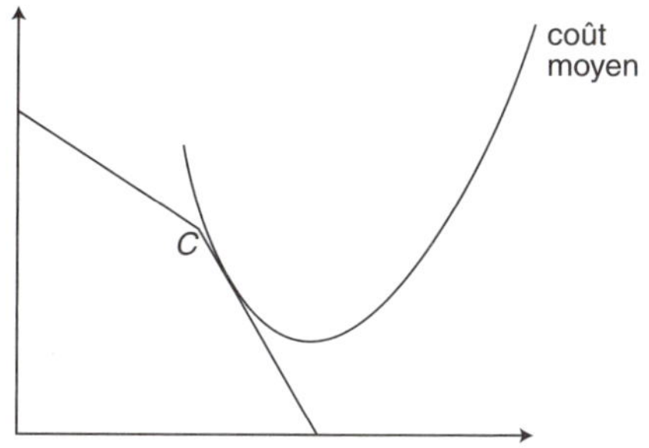

Figure 2

3. *Les bassins des entreprises « se touchent », sans se recouper :* tout le monde est servi sans que les choix des entreprises interfèrent ; ce cas limite est représenté par le point *C*, où la courbe de demande a son « coude ».

On peut noter que, quelle que soit la variante envisagée, l'équilibre de longue période se trouve toujours dans la « zone » des coûts moyens décroissants : les coûts fixes ne sont pas complètement amortis car il y a « trop » d'entreprises et donc « inefficience » (il serait possible de produire plus, à un prix moindre et avec un profit positif pour l'entreprise).

Bilan

Comme tous les modèles néo-classiques — où l'accent est mis sur les décisions individuelles —, les modèles de concurrence monopoliste se présentent comme de « petites histoires », très simples (même si elles peuvent donner lieu à de lourds calculs), dont on cherche à tirer des leçons (souvent négatives). Dans le cas de la concurrence monopoliste, la principale leçon est que les « inefficiences » — au sens du critère de PARETO — ne proviennent pas tellement du fait que les entreprises sont en situation de monopole (très relatif, puisque l'existence de biens substituables limite leur « pouvoir de monopole »), mais de la présence de *coûts fixes*, qui fait qu'il y a trop d'entreprises qui se lancent dans la production par rapport à ce qui serait souhaitable, du point de vue de l'optimalité de Pareto. Cette « leçon », qui va à l'encontre de ce qu'on dit habituellement sur les vertus de la libre entrée, ne vaut évidemment que dans le cadre d'où elle est tirée. Mais on peut faire la même constatation pour n'importe laquelle des « histoires » que les économistes néo-classiques aiment raconter, que ce soit en concurrence parfaite ou en concurrence imparfaite.

Concurrence parfaite
(modèle de la)

Comme son nom l'indique, la concurrence parfaite est, dans l'esprit de la plupart des économistes, le cas idéal, « parfait », de la concurrence, celui vers lequel il faut tendre. De ce point de vue elle constitue une NORME, une référence permanente, à laquelle les autres situations sont — plus ou moins explicitement — comparées. En fait, ce sont surtout les NÉO-CLASSIQUES qui accordent une place privilégiée à la concurrence parfaite, notamment parce que ses équilibres sont des OPTIMUMS DE PARETO.

Cas idéal, la concurrence parfaite ne peut qu'être « irréaliste » ; tout le monde en convient. En revanche, les appréciations divergent quant à la portée du modèle qui la sous-tend. Pour certains, le plus grand nombre, malgré toutes les réserves qu'on peut faire à propos de ses hypothèses, ce modèle fournit une grille de lecture valable du monde économique (présent ou passé). D'où son utilisation très fréquente, aussi bien en MICROÉCONOMIE qu'en MACROÉCONOMIE, pour fournir des explications — et même des prédictions — sur ce qui se passe dans ce monde. Pour d'autres, nettement minoritaires, le modèle de la concurrence parfaite décrit une société tout à fait mythique, telles celles qu'aimaient imaginer les philosophes du XVIIIe siècle ; autrement dit, le modèle de concurrence parfaite doit être compris comme une « parabole », ou une fable. Curieusement, ce dernier point de vue s'est renforcé au fur et à mesure que la forme mathématique du modèle a été précisée, dans le but de prouver l'existence d'un équilibre général de concurrence parfaite.

Ainsi, *il existe actuellement (au moins) deux discours à propos de la concurrence parfaite* ; l'un, « intuitif », qui s'appuie sur des images suggestives, mais vagues ; l'autre, plus précis, mais qu'il faut débusquer dans les formulations mathématiques. Or, il se trouve que ces deux discours portent sur des mondes très différents, malgré l'habitude (regrettable) qui a été prise de transposer les conclusions de l'un (celui qui est entièrement mathématisé) à l'autre (plus intuitif) — comme le font pratiquement tous les manuels de microéconomie.

La version « imagée », « intuitive », de la concurrence parfaite

L'idée de CONCURRENCE est souvent associée à celle de compétition sportive ; dans cette perspective, la « perfection » correspond à l'égalité des chances, du moins au départ. Les participants à une compétition n'ont cependant pas besoin d'être identiques, ni de disposer des mêmes ressources, mais ils sont tous soumis aux mêmes règles, personne n'ayant la possibilité de les infléchir en sa faveur. En économie, cette dernière hypothèse est souvent justifiée en invoquant la présence d'une « multitude » d'individus, chacun étant un « atome » noyé dans la masse (hypothèse d'ATOMICITÉ).

Toujours dans la perspective d'une concurrence « parfaite », « loyale », il est supposé que les individus — et les biens — ne doivent se distinguer que par leurs seules caractéristiques propres, intrinsèques ; c'est l'hypothèse dite d'« homogénéité », qui véhicule l'idée d'anonymat des relations. En outre, et pour les mêmes raisons, tout le monde doit disposer de la même information : c'est ce qu'on appelle l'hypothèse de « transparence de l'information ». Enfin, afin d'éviter que ne se constituent des situations acquises, on évoque la possibilité de la LIBRE ENTRÉE pour tous ceux qui le désirent.

Ces diverses conditions (hypothèses) s'accordent donc bien avec l'idée qu'on se fait habituellement de la concurrence, ou de la « compétition ». Celle-ci a néanmoins besoin d'être *organisée* (règles du jeu, les mêmes pour tous) ; elle ne peut cependant l'être par un des participants (ou par plusieurs d'entre eux), puisque tout le monde est par hypothèse sur un strict pied d'égalité. Par ailleurs, si l'on s'en tient à l'énoncé « imagé » des conditions de la concurrence parfaite, la seule allusion à la « transparence de l'information » ne règle en rien le problème de l'information dont dispose chaque agent — sur les prix, mais aussi sur lui et sur les autres. Il n'est donc pas possible d'en rester là si l'on veut aller au-delà d'un vague discours « imagé ». C'est pour cela que les néo-classiques ont proposé le modèle « mathématique » de la concurrence, celui qui sert de base à toute la microéconomie et qui est censé représenter la concurrence dans le cas « parfait ».

La version « mathématique » de la concurrence parfaite

Dans cette version, *l'idée centrale est que les individus prennent leurs décisions en ne se guidant que sur la seule information donnée par les prix des biens*, tout en étant sur un pied d'égalité, au sens de la discussion précédente. Il découle de cette idée un certain nombre de conditions sur les caractéristiques du modèle, dont les plus importantes sont :

— *chaque bien de l'économie ne peut avoir qu'un prix unique, connu de tous*, et considéré comme une donnée par chacun des « concurrents » ; cette hypothèse assure l'« égalité dans l'information » ;

— *il n'y a pas d'échanges directs entre les agents* ; s'il n'en était pas ainsi, les possibilités offertes aux agents dépendraient du « hasard des rencontres », et il n'y aurait plus « égalité des chances ».

Il résulte de ces deux conditions que *le modèle ne peut décrire qu'une forme extrêmement centralisée des relations économiques*, puisque les prix doivent nécessairement être « affichés » quelque part (et par quelqu'un) au vu de tous, et les transactions organisées après regroupement des propositions individuelles (les échanges directs étant exclus). Ces propositions prennent donc la forme d'*offres* et de *demandes* supposées dépendre du seul vecteur-prix $P = (p_1, \ldots, p_n)$, et qu'on note donc, dans le cas de l'agent i : $d_i(P)$ (pour la demande) et $s_i(P)$ (pour l'offre, s pour *supply*).

Le caractère centralisé de l'économie décrite par le modèle de concurrence parfaite apparaît à la fois dans l'unicité du vecteur-prix P qui « s'impose » aux agents et dans le fait que les offres et les demandes sont *confrontées globalement* — ce que traduit l'utilisation du symbole mathématique Σ dans les expressions de la forme $\Sigma\ d_i(P)$ (la demande globale aux prix P) et $\Sigma\ s_i(P)$ (l'offre globale aux prix P).

L'hypothèse selon laquelle les offres et les demandes ne dépendent que des seuls prix revient non seulement à supposer qu'il n'y a pas de transactions entre les agents, mais aussi que chacun pense qu'il pourra acheter et vendre tout ce qu'il désire aux prix affichés, indépendamment de ce que peuvent faire les autres (les CONJECTURES des agents sont concurrentielles).

Concurrence parfaite et commissaire-priseur

La version « mathématisée » de la concurrence parfaite a donc peu de rapports avec sa version « imagée » habituelle (celle des traités de microéconomie, par exemple), puisque, dans la première, il n'y a pas trace de « transparence », d'« homogénéité » et autres « atomicités », qui sont des notions bien trop vagues pour qu'on puisse leur donner un contenu mathématique précis. En fait, il est possible de donner une présentation imagée de la version mathématisée de la concurrence parfaite, présentation qui découle du type de formalisation adopté. Ainsi, comme le fait de « se donner » un vecteur-prix unique et connu de tous, sans échanges bilatéraux, correspond à l'idée qu'on peut se faire d'un système centralisé, la représentation qui semble être la plus conforme avec la formulation mathématique du modèle est celle d'un organisme central qui « affiche » des prix, qui recueille les offres et les demandes individuelles (établies uniquement sur la base de ces prix) et qui organise les échanges (pour les prix qui égalisent les offres et les demandes globales). Cette représentation rappelle, par certains côtés (mais pas tous), ce qui se passe dans une Bourse des valeurs ; c'est pourquoi certains invoquent l'image d'un « commissaire-priseur » mythique à son propos (d'autres parlent de « secrétaire de marché », WALRAS — qui a été le premier à utiliser ce type de représentation — utilisant le terme de « crieur de prix »).

Peut-on dire alors que le modèle mathématique de la concurrence parfaite décrit une « économie décentralisée » ? Oui, si l'on entend par là que les agents — ménages et entreprises — prennent, dans ce modèle, leurs décisions « chacun de leur côté », en ne se fondant que sur l'information donnée par les prix. Non, si l'on observe que cette information provient d'un centre, auquel les agents sont obligés de transmettre leurs propositions (offres et demandes), sans être « autorisés » à faire des échanges entre eux. On peut donc voir dans le modèle de la concurrence parfaite la représentation d'une société semi-planifiée, où le commissaire-priseur joue le rôle de « grand coordinateur » — et cela de façon tout à fait bénévole (il est « au-dessus de la mêlée »). Ce qui est quelque peu paradoxal pour un modèle dont l'idée de départ était de donner une version idéalisée du « système des marchés ».

Concurrence parfaite et équilibre

Si le modèle de concurrence parfaite occupe une place tellement importante dans les présentations néo-classiques, c'est avant tout parce qu'il permet de montrer l'existence — sous certaines conditions — d'un vecteur de prix qui égalise les offres et les demandes globales (centralisées et regroupées par le commissaire-priseur) ; à ces prix, les plans des agents sont compatibles entre eux, du moins globalement, et peuvent donc se réaliser — sous réserve que le commissaire-priseur organise les transactions. On dit alors qu'il y a ÉQUILIBRE GÉNÉRAL concurrentiel.

Pour qu'il existe un vecteur-prix qui égalise les offres et les demandes globales, il faut cependant que le modèle vérifie certaines conditions. Celles-ci ont, d'une certaine façon, donné sa forme au modèle, à commencer par son organisation très centralisée (qui permet de raisonner avec des offres et des demandes globales, à prix uniques). En réalité, cette forme d'organisation est telle qu'elle exclut toute INCERTITUDE du modèle (hypothèse sur le SYSTÈME COMPLET DE MARCHÉS) ; les agents n'ont donc pas besoin de faire d'anticipations, et des phénomènes tels que la spéculation et les faillites n'ont pas à être pris en compte.

C'est en adoptant ce cadre organisationnel très particulier que Kenneth Arrow et Gérard Debreu — entre autres — ont démontré l'existence d'un système de prix d'équilibre général de concurrence parfaite. Dans leur démonstration, il n'est nulle part fait référence à la « transparence », à l'« homogénéité » ou à l'« atomicité », ce qui est une preuve de plus du caractère flou, et même trompeur, de ces notions.

Le théorème d'ARROW-DEBREU montre que la coordination est *possible* dans le cadre organisationnel de la concurrence parfaite. Il ne dit toutefois rien sur la façon dont elle peut effectivement se faire (comment le commissaire-priseur « trouve »-t-il un vecteur-prix d'équilibre ?), ni sur la façon dont se réalisent les échanges, une fois les prix d'équilibre connus. En revanche, sous les conditions d'Arrow-Debreu — notamment l'existence d'un système complet de marchés —, l'équilibre général concurrentiel est un optimum de Pareto ce qui, aux yeux des néo-classiques, justifie l'importance qu'ils attribuent à la concurrence parfaite (dont ils font alors une norme). Mais, ce faisant, sont-ils vraiment conscients du type d'organisation sociale que suppose une telle « norme » ?

Conditions initiales

Dans les *modèles dynamiques*, les solutions — ou « trajectoires » — sont des fonctions, ou des suites, qui ont le temps pour variable. La forme de ces trajectoires dépend de leur « point de départ » (par exemple, des équipements disponibles ou des ressources en matières premières). Les conditions initiales caractérisent ce point de départ ; la trajectoire se déduit à partir d'elles et des équations qui déterminent le système. Ainsi, dans une ÉQUATION DE RÉCURRENCE LINÉAIRE d'ordre n, les conditions initiales sont données par l'ensemble $\{x_0, \ldots, x_{n-1}\}$, les valeurs suivantes, $x_n, x_{n+1}, \ldots$ étant obtenues par récurrence.

Si un équilibre est *globalement stable*, alors toutes les trajectoires du modèle convergent vers lui, quelles que soient les conditions initiales. En revanche, dans une situation de type POINT-SELLE, seules certaines trajectoires convergent, presque toutes ne le faisant pas. La théorie du CHAOS a attiré l'attention sur le phénomène dit de « sensibilité aux conditions initiales » : des changements même infimes de celles-ci peuvent avoir une grande importance sur la forme des trajectoires, et donc sur le résultat du processus.

Condorcet (paradoxe de)

Exemple proposé par François Caritat, marquis de Condorcet (1743-1794), pour attirer l'attention sur le fait que des choix individuels cohérents peuvent conduire à un choix collectif incohérent. Deux siècles plus tard, Kenneth Arrow a montré que le paradoxe mis en avant par Condorcet n'est pas propre à la règle de choix collectif qu'il propose (qui est du type vote majoritaire), mais qu'on se heurte au même type de problème avec toute règle de choix collectif déduite des choix individuels, hormis le cas « dictatorial » (le classement collectif des éventualités possibles est identifié au classement d'un des individus qui composent la société).

Pour comprendre le problème posé par Condorcet, considérons trois individus, A, B et C, qui classent trois choix possibles x, y et z de la façon suivante :

Classement	*Individus*		
	A	*B*	*C*
1	x	z	y
2	y	x	z
3	z	y	x

Ainsi, A préfère x à y et y à z (et donc, par TRANSITIVITÉ, x à z). De même, B préfère z à x, x à y, etc.

Si l'on applique la règle de la majorité, on constate que x est « collectivement » préféré à y (puisque A et B placent x avant y, seul C faisant le contraire), que y l'est à z (en raison des classements de A et de C), et que z l'est à x (en raison des classements de B et de C). On a donc, si on note $\succ$ la relation de préférence collective qui correspond au vote majoritaire :

$$x \succ y, y \succ z \text{ et } z \succ x,$$

ce qui montre que la relation de préférence $\succ$ n'est pas transitive, le classement proposé n'étant pas cohérent.

Conjecture

En théorie économique, croyance — ou opinion, ou anticipation — d'un individu sur la façon dont d'autres individus vont réagir à ses propres choix. Les conjectures sont un ingrédient indispensable de tout modèle où les agents sont censés prendre des décisions de façon consciente (ou rationnelle), car ce sont elles qui déterminent — entre autres — leur comportement. Ainsi, dans le modèle de CONCURRENCE PARFAITE, les conjectures des agents sont que leurs offres et leurs demandes n'ont aucune incidence sur les prix, et qu'ils peuvent vendre et acheter tout ce qu'ils veulent, à ces prix.

Toutefois, ce sont surtout les modèles en CONCURRENCE IMPARFAITE qui mettent l'accent sur l'importance des conjectures. Ainsi, un MONOPOLE décide de l'offre qu'il va faire et du prix qu'il va proposer à partir de ses conjectures sur la fonction de demande du bien qu'il produit — en supposant, par exemple, que cette demande n'est pas influencée par ses propres choix (ce qui est aussi une conjecture…). Dans le cas du DUOPOLE, ou de l'OLIGOPOLE, les conjectures des entreprises portent non seulement sur la demande qui leur est adressée, mais aussi sur la réaction de leur(s) concurrent(s).

Conjectures, équilibre et rationalité

Un ÉQUILIBRE se caractérise par le fait que les plans des agents sont compatibles ; or, comme ces plans sont établis sur la base de conjectures, il s'ensuit qu'*à l'équilibre les conjectures des agents doivent être « vérifiées »* (car si tel n'était pas le cas, les agents — ou certains d'entre eux — seraient incités à modifier leur choix, après avoir constaté leur « erreur » de prévision, et il n'y aurait donc pas équilibre). Ainsi, à l'équilibre de concurrence parfaite, chacun peut vendre et acheter — aux prix affichés — ce qu'il a prévu (en supposant réglé le problème de l'organisation des transactions). De même, à l'équilibre du monopole, celui-ci doit pouvoir vendre la quantité de bien qu'il produit, au prix qu'il propose ; pour cela, il suffit que ses conjectures lui permettent de connaître la *vraie valeur* de la fonction de demande au « point d'équilibre ». Par conséquent, l'équilibre du monopole ne nécessite pas que celui-ci connaisse la *fonction de demande* elle-même ; il se peut que ses calculs soient fondés sur une estimation erronée de cette fonction, sauf au point d'équilibre, où la « vraie » courbe de demande et la courbe estimée doivent se couper. Évidemment, si le monopole avait connu la « vraie » fonction de demande, il aurait probablement fait un autre choix — et un profit plus élevé.

Ainsi, il se peut qu'il y ait équilibre avec des conjectures erronées. L'exemple classique à ce propos est celui du modèle du duopole de COURNOT, où chaque duopoleur réagit aux offres de son concurrent en supposant que cela ne les modifiera pas, alors qu'il n'en est rien, sauf à l'équilibre. La situation est semblable dans le modèle de BERTRAND, où les conjectures portent sur les prix.

S'il y a équilibre avec des conjectures erronées, c'est parce que pour les valeurs d'équilibre — et seulement pour elles — les conjectures ne sont pas infirmées (elles sont « ponctuellement » vraies). Toutefois, on peut considérer que ce n'est pas là une solution satisfaisante, un individu rationnel pouvant se livrer à des « expériences » (en faisant varier ses offres, par exemple) dans le but de découvrir la « vraie » réaction de l'autre, ou des autres. Par exemple, dans le modèle du duopole de STACKELBERG, il est supposé qu'un des duopoleurs (le « meneur ») connaît le comportement de l'autre (sa fonction de réaction) : ses conjectures sont « vraies ». Mais tel n'est pas le cas pour l'autre duopoleur, qui se laisse mener.

Des conjectures « vraies » sont qualifiées de « rationnelles » ; pour que les conjectures d'un agent X soient rationnelles, il faut qu'elles décrivent les réactions effectives des autres agents qui, s'ils ont eux-mêmes des conjectures rationnelles, doivent prendre en compte les réactions de X, etc. Ainsi, les conjectures rationnelles sont des POINTS FIXES d'un processus de réactions mutuelles, points fixes qui sont ici des *fonctions*, au sens mathématique du terme, et non des vecteurs de $\mathcal{R}^n$, comme dans les modèles habituels d'équilibre.

Les conjectures rationnelles relèvent de la même logique que les PRÉVISIONS PARFAITES (ou que les ANTICIPATIONS RATIONNELLES), c'est-à-dire d'une logique d'AUTORÉALISATION : les conjectures des individus sont telles qu'elles conduisent les agents à agir de la façon décrite par ces conjectures. On pourrait penser que le fait d'imposer la condition (très forte) de « rationalité » aux conjectures met en cause leur existence même ; il n'en est rien, tout au moins si l'on s'en tient au modèle de Cournot — en raison de la « richesse » de l'espace de fonctions (voir l'encadré « Conjectures et multiplicité d'équilibres », p. 92).

D'où viennent les conjectures ?

Les conjectures sont un des éléments constitutifs des modèles, au même titre que les fonctions d'utilité ou de production des agents. Sans elles, les équilibres des modèles ne peuvent, en règle générale, être définis. Mais d'où viennent-elles ? Il est difficile de répondre à cette question, surtout que, à la différence des goûts des individus et des techniques disponibles, les conjectures peu-

Conjectures et multiplicité d'équilibres

Les équilibres de n'importe quel modèle dépendent de façon décisive de la forme des conjectures des agents. Ainsi, dans le cas du modèle du duopole où les choix portent sur des quantités, n'importe quel couple d'offres (q_A^*, q_B^*) de deux duopoleurs, A et B, peut être d'« équili-bre » à condition de les « munir » de conjectures appropriées. En effet, si l'on note $q_B(q_A, q_B)$ l'offre de B à laquelle A s'attend lorsqu'il propose q_A après avoir constaté que B propose q_B [la fonction $q_B(\cdot,\cdot)$ donne les conjectures de A sur le comportement de B], alors la recette à laquelle s'attend A lorsqu'il offre q_A est :

$$q_A p(q_A, q_B(q_A, q_B)).$$

A détermine l'offre qui lui procure le profit maximal en égalisant sa RECETTE MARGINALE attendue au coût marginal ; soit, après avoir dérivé la recette de A par rapport à q_A, pour q_B donné :

$$(1) \quad C'_A(q_A) = p(q_A, q_B(q_A, q_B)) + q_A(p'_{q_A}(q_A, q_B(q_A, q_B)) + p'_{q_B}(q_A, q_B(q_A, q_B))(q_B)'_{q_A}(q_A, q_B(q_A, q_B))).$$

Pour qu'un couple d'offres (q_A^*, q_B^*) soit un équilibre du modèle, il doit vérifier cette condition, et l'équivalente pour B ; en outre, comme à l'équilibre les conjectures doivent être « vraies », on a les deux conditions supplémentaires :

$$(2) \quad q_B(q_A^*, q_B^*) = q_B^* \text{ et } q_A(q_A^*, q_B^*) = q_A^*.$$

Les conditions d'équilibre prennent donc la forme de quatre équations [l'égalité (1), son équivalent pour B et les deux équations (2)] dont les « inconnues » sont les conjectures. Comme celles-ci sont des *fonctions*, elles peuvent prendre une infinité de formes. On va donc retenir le cas le plus simple, celui où elles sont données par les *fonctions affines* :

$$(3) \quad q_B(q_A, q_B) = \alpha q_A + \beta \text{ et } q_A(q_A, q_B) = \delta q_B + \gamma.$$

En remplaçant dans (1) (et son équivalent pour B) et dans (2), on obtient un système linéaire de quatre équations à quatre inconnues (α, β, δ et γ), qui comporte en règle générale une solution unique. En reportant dans (3), on obtient des conjectures telles que le point (quelconque) (q_A^*, q_B^*) est un équilibre du modèle pour ces conjectures.

Les conjectures (3) sont, par construction, vérifiées à l'équilibre ; mais en règle générale elles ne le sont pas en dehors de lui ; en effet, il n'y a aucune raison pour que la solution (fonction de réaction) de l'équation (1) soit $q_A(q_A, q_B) = \delta q_B + \gamma$ si l'on suppose que $q_B(q_A, q_B) = \alpha q_A + \beta$, et par conséquent que les réactions des deux duopoleurs soient — en dehors de l'équilibre — celles qui sont prévues par leurs conjectures (qui sont à l'origine de ces réactions). Pour que les conjectures soient vérifiées en dehors de l'équilibre, il faut qu'elles soient identiques aux fonctions de réaction qu'elles « engendrent » ; ce qui se traduit mathématiquement par le fait que la fonction de réaction de A [solution de (1)] doit être égale à la conjecture de B, $q_A(q_A, q_B)$, de sorte que pour avoir des conjectures « vraies », ou « rationnelles », il faut remplacer dans (1) q_A par $q_A(q_A, q_B)$, et faire de même dans la condition équivalente pour B, où q_B doit être remplacée par la conjecture de A, $q_B(q_A, q_B)$. On se trouve alors face à un SYSTÈME D'ÉQUATIONS DIFFÉRENTIELLES, dont les inconnues sont les conjectures $q_A(\cdot,\cdot)$ et $q_B(\cdot,\cdot)$ (et les fonctions de réaction correspondantes). Si les fonctions de coût et de demande vérifient les hypothèses habituelles, ce système d'équations a, en règle générale, une solution, tout au moins localement, au voisinage d'un équilibre [celui-ci peut être quelconque, les conjectures devant alors y vérifier des équations telles que (2)]. Ainsi, le fait d'imposer aux conjectures la condition d'être vraies, ou rationnelles, ne restreint pas le nombre d'équilibres.

vent varier au gré des circonstances. Il est toujours possible de voir en elles le résultat des expériences passées, mais alors il faut que le modélisateur précise le processus d'apprentissage qui les a engendrées. Ce qui revient à considérer un modèle élargi… avec des conjectures qui lui soient propres ; la difficulté n'est que repoussée (d'où viennent les conjectures dans ce modèle ?).

Le même type de problème se pose en THÉORIE DES JEUX, avec les *croyances* des joueurs (croyances et conjectures sont de la même famille). La seule façon qui a été trouvée pour contourner la difficulté est de considérer les agents comme des sortes de robots, « dotés » de conjectures *a priori* ; mais cette façon de faire est peu satisfaisante, surtout pour des modèles qui mettent en avant le principe de rationalité.

La nécessité de prendre en compte les conjectures, mais aussi le cadre institutionnel, est une des raisons pour lesquelles les modèles économiques sont fondamentalement différents des modèles utilisés dans les sciences de la nature.

Connaissance commune

En THÉORIE DES JEUX, expression utilisée pour désigner les paramètres ou les caractéristiques d'un jeu (et de ses participants) qui sont connus de tous les joueurs, chacun sachant que les autres les connaissent, tout en sachant qu'ils savent, etc. L'hypothèse de connaissance commune porte donc non seulement sur l'information dont disposent les joueurs, mais aussi sur leur rationalité —

plus précisément, sur la façon dont ils tiennent compte de cette information, en sachant que les « autres » en font autant.

C'est en 1969 que le philosophe D. K. Lewis a proposé de dire d'un événement qu'il est « connaissance commune » (*common knowledge*, en anglais) pour un ensemble d'individus si tous en ont connaissance, si tous savent que tous en ont connaissance, si tous savent que tous savent que tous en ont connaissance, et ainsi de suite.

L'hypothèse de connaissance commune joue un rôle très important en théorie des jeux, même si elle n'est pas toujours formulée explicitement. La connaissance commune porte généralement sur le modèle lui-même ; les joueurs peuvent alors se mettre à la place du modélisateur — et donc à la place des uns et des autres —, ce qui leur permet d'apprécier la cohérence de leurs choix, dans une perspective d'équilibre. Le fait de relâcher cette hypothèse, même très légèrement, peut modifier de façon importante l'ensemble des solutions d'un jeu. Ainsi, si l'on suppose qu'il y a INFORMATION COMPLÈTE et parfaite, pour pouvoir appliquer la méthode de RÉCURRENCE À REBOURS il ne suffit pas que chaque joueur sache que les autres sont rationnels, mais il faut aussi qu'il sache que les autres le savent — hypothèse de *connaissance mutuelle d'ordre 1* —, car sinon le doute qui peut naître en ce qui concerne son comportement peut les faire opter pour des actions différentes de celles qu'ils auraient choisies si ce doute n'existait pas. La connaissance commune — qui est la connaissance mutuelle d'ordre infini — évite qu'un doute quelconque puisse exister et justifie ainsi la solution — ÉQUILIBRE PARFAIT (en sous-jeux) — que désigne la récurrence à rebours.

L'absence de connaissance commune, ou une connaissance mutuelle d'ordre fini, correspond à une incomplétude dans l'information ; toutefois, dans les jeux à information INCOMPLÈTE, « presque tous » les paramètres sont connaissance commune (car sinon le modèle serait pratiquement insoluble).

Consommateur

Unité de base, ou AGENT, de la MICROÉCONOMIE, qui est caractérisée par :
— une RELATION DE PRÉFÉRENCE (ou une fonction d'UTILITÉ) ;
— des ressources données *a priori* — revenu ou DOTATION INITIALE (en temps disponible, en biens, en droits de propriété).

En réalité, comme l'agent « consommateur » prend des décisions qui ne relèvent pas forcément de la consommation (par exemple, offre de travail, achat ou vente d'actions des entreprises, etc.), même si toutes ont la consommation (présente ou future) comme but, il est souvent appelé MÉNAGE — comme en comptabilité nationale.

Pour la théorie NÉO-CLASSIQUE, le consommateur — ou le ménage — est l'unité de décision par excellence de l'économie ; cette unité de décision est supposée agir de façon « souveraine », en dehors de toute détermination d'ordre social autre que celle qui peut éventuellement intervenir dans la fonction d'utilité et la dotation initiale ; son but est de parvenir à une satisfaction maximale, compte tenu des contraintes subies. Celles-ci dépendent des ressources détenues par le consommateur, mais aussi du *cadre institutionnel* dans lequel il agit : a-t-il la possibilité de proposer des prix ? Peut-il emprunter ? Comment sont organisés les échanges ? Etc.

Toutefois, la théorie du consommateur privilégie généralement le cas de la CONCURRENCE PARFAITE, cas où le CHOIX DU CONSOMMATEUR est le plus simple possible, puisqu'il se réduit à faire des offres et des demandes de biens (présents et futurs) sur la base de leurs seuls prix, qui sont une donnée pour lui.

Consommation (fonction de)

Relation MACROÉCONOMIQUE entre le revenu et la consommation qui, pour KEYNES, traduit une « loi psychologique fondamentale » selon laquelle la consommation augmente avec le revenu, mais à un rythme plus faible. Selon cette « loi », la décision de consommer — et d'épargner — des ménages dépend exclusivement du niveau de leur revenu ; dans ces conditions, l'épargne apparaît comme un « résidu » — ce qui n'est pas consommé —, et non comme le résultat d'un choix entre consommation présente et consommation future ; autrement dit, l'épargne n'est pas la simple contrepartie d'une demande de biens futurs, comme dans le modèle néo-classique du CHOIX INTERTEMPOREL ; à la différence de la consommation, elle n'engendre pas « automatiquement » une demande (de biens d'investissement, par exemple). Pour Keynes, le déficit de la demande que toute épargne porte en germe est une des causes des crises du capitalisme — si ce n'est la principale.

Selon Keynes, l'INCERTITUDE radicale qui caractérise le monde économique est à l'origine de la « loi psychologique » dont la fonction de consommation est l'expression, incertitude qui conduit les ménages à adopter quelques règles de décision simples, contrairement aux calculs élaborés que suppose le modèle de choix intertemporel avec un SYSTÈME COMPLET DE MARCHÉS de la microéconomie traditionnelle (où l'incertitude est bannie). Le courant NÉO-CLASSIQUE a cependant tenté d'intégrer la fonction de consommation dans son corpus théorique, en cherchant à lui donner des FONDEMENTS MICROÉCONOMIQUES. C'est ce qu'ont tenté de faire, par exemple, la théorie du DÉSÉQUILIBRE (où les rationnements subis par les ménages jouent un rôle décisif) et l'approche de la consommation par le REVENU PERMANENT (où la variable clé est la *richesse* plutôt que le revenu) ; ces théories ont cependant un point en commun : l'incertitude n'y joue pratiquement aucun rôle. Elles sont donc loin de la pensée de Keynes.

Les estimations de la fonction de consommation

Keynes s'est contenté d'évoquer le lien entre consommation et revenu, ainsi que la « loi psychologique fondamentale » qui en serait à l'origine ; comme il ne pensait pas que ce lien est précis et immuable, il s'en est tenu en ce qui le concerne à des appréciations d'ordre qualitatif, non chiffrées. Toutefois, la mise en œuvre de la politique économique qu'il préconisait a conduit à la construction de modèles dont les paramètres sont estimés à partir des données statistiques disponibles.

La spécification généralement retenue est *linéaire* (par rapport aux paramètres), car c'est la plus simple possible ; soit :

(1) $$C = aR + b,$$

où C désigne la consommation de la population considérée et R son revenu. Si le revenu augmente d'une quantité ΔR, alors la consommation augmente de $a \cdot \Delta R$; c'est pourquoi l'on dit que le coefficient a représente la *propension marginale à consommer*. Si le coefficient b est strictement positif, alors la part de la consommation dans le revenu (la propension moyenne à consommer) diminue lorsque le revenu augmente, puisque cette part est donnée par :

$$\frac{C}{R} = a + \frac{b}{R}.$$

En fait, l'évaluation de la relation revenu-consommation peut être envisagée de deux façons différentes selon qu'on considère les variations du revenu et de la consommation d'une population *à un moment donné* ou selon qu'on s'intéresse aux variations de la consommation d'un individu (ou de l'« individu moyen » d'une population) lorsque son revenu évolue *dans le temps*.

Or, il se trouve que selon l'approche adoptée on arrive à des estimations nettement différentes des paramètres de la fonction de consommation. Ainsi, la propension marginale à consommer a est nettement moins élevée lorsqu'on la mesure à partir des données concernant une population à un moment donné plutôt qu'à partir de séries chronologiques ; en outre, dans ce dernier cas, on ne peut plus retenir l'hypothèse selon laquelle le coefficient b serait non nul. La figure résume cette situation, la pente des droites qui représentent les « sous-nuages » donne la propension marginale à consommer de la population considérée à des périodes différentes ($t = 0, 1, \ldots$), alors que celle de la droite qui joint les « points moyens » de ces nuages donne la propension marginale à consommer du « ménage moyen » lorsque son revenu varie dans le temps (cette propension est donc plus élevée que les précédentes).

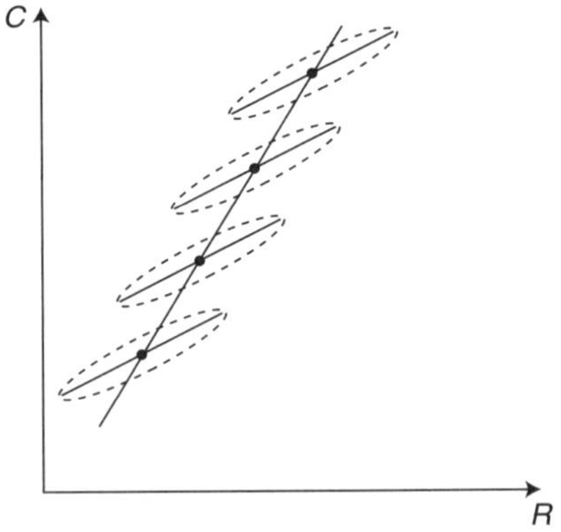

La recherche de formulations plus élaborées

L'étude des statistiques disponibles a conduit les macroéconomistes à aménager la fonction de consommation de façon qu'elle rende mieux compte des faits observés. Ainsi, Duesenberry a proposé en 1949 d'expliquer la consommation par le *revenu relatif* (rapport du revenu courant et du revenu le plus élevé des périodes précédentes), tandis qu'en 1952 Brown a proposé — pour expliquer la consommation présente — d'ajouter au revenu la *consommation passée* (de la période précédente), ce qui le conduit à écrire une équation de la forme :

(2) $$C_t = \alpha R_t + \beta C_{t-1} + \gamma,$$

qui rend mieux compte des données que la fonction où seul le revenu intervient en tant que variable explicative. En effet, si l'on considère une population de ménages à la période t, alors la consommation de la période précédente est une donnée, prédéterminée, et la propension marginale à consommer en t dans cette population est mesurée par le coefficient α (puisqu'une variation ΔR du revenu en t induit une variation $\alpha \Delta R$ de la consommation de la même période) ; α représente donc la propension marginale à consommer *de courte période*, c'est-à-dire à un moment donné (en « coupe instantanée »). Graphiquement, elle donne la pente des droites qui passent par les « sous-nuages » de la figure. Le fait qu'il y ait plusieurs droites provient de ce que le terme $cC_{t-1} + d$ (« qui joue le rôle de la constante » pour ces droites) varie d'une période à l'autre.

Si l'on adopte par ailleurs un point de vue « de longue période » — où l'on envisage des états STATIONNAIRES —, l'équation (2) s'écrit :

$$C = \alpha R + \beta C + \gamma,$$

et donc :

$$C = \frac{\alpha R}{1-\beta} + \frac{\gamma}{1-\beta}.$$

La propension marginale à consommer est alors :

$$\frac{\alpha}{1-\beta}.$$

Dans la mesure où le « coefficient d'inertie de comportement », β, est strictement compris entre 0 et 1, cette propension est strictement supérieure à celle de courte période, donnée par le coefficient α ; on l'identifie à la pente de la droite « intertemporelle » — qui joint les points moyens — de la figure.

Bilan

La fonction de consommation est une relation de comportement (agrégée) qui a la particularité d'« expliquer » les choix des ménages par une variable — le revenu — qui n'est pas un prix ; or, les prix sont généralement considérés comme les principaux « signaux » sur lesquels les agents se fondent avant de prendre leurs décisions. Par conséquent, la fonction de consommation apparaît comme une relation atypique, difficile à justifier — du moins dans le cadre du discours dominant, néo-classique. Ce qui n'est pas un problème pour Keynes, qui prend ses distances par rapport à ce discours et qui considère que le comportement décrit par la fonction de consommation est fort vraisemblable dans un monde économique particulièrement complexe (d'où son allusion à une « loi psychologique » qui exprime ce comportement). Mais les néo-classiques refusent de s'en tenir à ce type de constatation, puisque pour eux tout choix doit être justifié par des maximisations individuelles. C'est pour cela qu'ils ont multiplié les tentatives pour « banaliser » la fonction de consommation, pour la ramener dans le moule commun, sous prétexte de « fondements microéconomiques ». Ces tentatives nécessitent généralement de recourir à la fiction de l'AGENT REPRÉSENTATIF (la population des ménages est réduite à un seul individu) et de réintroduire les prix dans la relation (par exemple, le taux d'intérêt dans le cas de l'approche par le revenu permanent), ce qui fait perdre à la fonction de consommation une bonne partie de sa spécificité. Finalement, cette façon de faire aboutit à des contructions bâtardes — car moitié micro, moitié macro —, dont la SYNTHÈSE NÉO-CLASSIQUE donne un exemple, et qui ne satisfont personne.

Sur le plan des *estimations statistiques* de la fonction de consommation, la qualité des résultats obtenus (coefficients de corrélation particulièrement élevés) est *a priori* surprenante, si on la compare avec ce qui est usuel en économie. Elle est même tellement surprenante qu'on peut douter de la pertinence du traitement statistique utilisé. Il y a sur ce point un débat entre économètres qui est loin d'être terminé. De toute façon, il est clair que, comme traduction de comportements humains, la fonction de consommation ne peut être une relation d'une extrême précision — même si elle met en relation des agrégats, dans lesquels les différences entre individus ont tendance à se « neutraliser ». Mais, en faisant d'elle un élément de son dispositif théorique, Keynes n'avait pas d'autre ambition que d'attirer l'attention sur le rôle de la consommation comme facteur de la demande, et sur le problème posé par l'épargne, en tant que « non-demande ». Problème qui ne peut être résolu, en règle générale, que par une politique active de l'État — du moins le pensait-il.

Contestables (théorie des marchés)

Théorie proposée par W. J. Baumol, J. Panzar et B. Willig — dans un ouvrage paru en 1982 et intitulé *Contestable Markets and the Theory of Industry Structure* (Harcourt Brace, New York) —, et dont le propos est de donner un contenu au concept de concurrence lorsqu'il y a un petit nombre d'entreprises qui proposent un même bien, sans exclure le cas où elles auraient des RENDEMENTS D'ÉCHELLE constants. La théorie des marchés contestables adopte un point de vue d'ÉQUILIBRE PARTIEL et s'appuie essentiellement sur l'idée selon laquelle la seule présence de candidats « potentiels » à la production d'un bien empêche les entreprises en place de tirer parti de leur situation — en faisant, par exemple, des profits « anormaux».

La théorie des marchés contestables cherche donc à montrer que les situations où il y a un petit nombre d'entreprises qui offrent le même bien peuvent être efficientes ; pour cela, il faut que les entreprises en place puissent être « contestées » par d'autres, qui sont disposées à les supplanter. Ainsi, le rôle de l'État ne consisterait pas à surveiller ou à imposer un certain nombre de contraintes d'ordre réglementaire aux entreprises qui tenteraient d'abuser de leur position dans tel ou tel secteur dont elles contrôleraient l'offre, mais à créer les conditions pour qu'elles puissent être « contestées », au sens défini plus haut.

La théorie des marchés contestables est bâtie sur un certain nombre de concepts qu'elle a elle-même forgés — tel celui de « configuration d'industrie » — et sur des hypothèses très particulières, dont la plus importante est celle qui postule que les entreprises qui veulent se lancer dans la production d'un bien peuvent le faire instantanément et sans coût d'installation. Cette hypothèse très particulière constitue sans doute le principal point faible de la théorie.

Configurations d'industries : définition et propriétés

La théorie des marchés contestables adopte un point de vue d'équilibre partiel et s'intéresse à l'« industrie » d'un bien (quelconque), c'est-à-dire à l'ensemble des entreprises qui produisent ce bien. S'il y a n entreprises, et si la production de l'entreprise i est notée q_i, alors on appelle *configuration d'industrie* l'ensemble formé par le vecteur des productions $(q_1, \ldots, q_n)$ et par un prix p^* du bien considéré (prix qui est le même pour toutes les entreprises qui forment l'industrie).

Une configuration d'industrie est dite réalisable si, au prix p^*, l'offre totale du bien produit par l'industrie, $q_1 + \ldots + q_n$, est égale à la demande (totale) de ce bien, et si aucune entreprise ne produit à perte. Parmi les configurations réalisables d'une industrie on distingue celles qui sont *soutenables*, et qui sont en fait les ÉQUILIBRES du modèle. Plus précisément, les *configurations soutenables sont les configurations réalisables telles qu'aucune entreprise extérieure à l'industrie puisse offrir du bien produit par celle-ci à un prix inférieur ou égal au prix de la configuration tout en faisant un profit strictement positif.*

Ainsi, il y a configuration soutenable s'il n'existe pas d'entreprise extérieure à la configuration qui puisse faire un profit strictement positif en se lançant dans la production du bien de l'industrie considérée, et cela même si toute la demande s'adresse à elle lorsqu'elle propose un prix inférieur à celui qui prévaut dans l'industrie (c'est-à-dire si les entreprises en place ne réagissent pas, face à ces propositions). La « menace » que font peser les « candidats à l'entrée » — qui, en proposant un prix inférieur, peuvent « rafler » toute la demande — fait qu'il n'y a pas équilibre tant que cette menace peut s'exercer, c'est-à-dire tant que la configuration de l'industrie n'est pas soutenable. Toute situation où les configurations réalisables ne peuvent être des équilibres que si elles sont soutenables est appelée *marché parfaitement contestable.*

Un exemple de configuration soutenable est l'équilibre de LONGUE PÉRIODE de l'analyse marshallienne traditionnelle, où toutes les entreprises de l'industrie ont un profit nul, la LIBRE ENTRÉE ayant provoqué une hausse de l'offre, et donc une baisse de prix jusqu'à ce que ce dernier soit égal au coût moyen minimal (en supposant que cela soit possible, ce qui n'est généralement pas vrai).

Toutefois, les configurations soutenables ne se réduisent pas toutes à des équilibres de longue période — sinon pourquoi introduire un nouveau concept ? —, l'ambition des théoriciens des marchés contestables étant de faire d'elles des représentations de situations effectivement observées qu'ils considèrent comme importantes. Ainsi, dans le cas du MONOPOLE, il y a configuration soutenable si l'offre et le prix (d'équilibre) qui lui est associé sont tels que ce dernier est égal au coût moyen, puisque alors aucune autre entreprise n'est incitée à « contester » le monopole — si elle le faisait, elle ne pourrait obtenir, comme lui, qu'un profit nul. L'intérêt, d'un point de vue normatif, des configurations soutenables, c'est que le monopole y produit « le maximum possible » au prix « le plus faible possible » (c'est-à-dire sans faire de pertes).

On peut cependant noter qu'une industrie où toutes les entreprises ont la même courbe de coût moyen en U et où la fonction de demande est strictement décroissante peut ne pas comporter de configuration soutenable ; c'est ce qui arrive si, par exemple, la courbe qui représente la fonction de demande coupe la courbe de coût moyen suffisamment près de son minimum, de sorte que les entreprises de l'industrie ont un profit strictement positif, mais de sorte aussi que l'irruption d'un nouveau producteur fait baisser le prix à un niveau inférieur au minimum du coût moyen (toutes les entreprises font alors des pertes). Or ce cas n'a rien d'exceptionnel, c'est plutôt le contraire qui l'est, surtout si l'on s'en tient à un nombre limité d'entreprises ; la situation décrite correspond à ce qu'on appelle habituellement la libre entrée. Ainsi, l'existence de configurations soutenables — les équilibres du modèle — est loin d'être assurée, même dans le cadre des hypothèses retenues. C'est là un des points faibles de la théorie, même si ce n'est pas le plus important.

Les critiques

Elles portent d'abord sur le fait que la théorie des marchés contestables adopte un point de vue d'équilibre partiel, alors que sa démarche est essentiellement NORMATIVE, puisqu'elle cherche à montrer l'« efficience » des situations où les entreprises en place peuvent être contestées. Or, la notion d'efficience (optimalité au sens de Pareto) n'a vraiment de sens que dans une perspective d'ÉQUILIBRE GÉNÉRAL, où sont pris en compte les intérêts de *tous* les membres de la société.

En dehors de cette observation d'ordre général, la principale critique qui est faite à la théorie des marchés contestables porte sur deux de ses hypothèses de base :

— l'*absence de coûts d'« entrée » et de « sortie »* ; c'est elle qui rend crédible la menace que font peser les entreprises « extérieures », de sorte que les entreprises « en place » sont contraintes de réduire leur prix au minimum (seuil de rentabilité). Or, c'est la présence de ces coûts — en particulier les COÛTS FIXES — qui permet d'expliquer pourquoi l'offre d'un bien est souvent le fait d'un nombre restreint d'entreprises, cas auquel la théorie des marchés contestables s'intéresse tout particulièrement ; sa démarche n'est donc pas loin d'être contradictoire ;

— la *passivité des entreprises en place devant la menace d'entrée* ; en effet, la « contestabilité » suppose que l'entreprise « qui entre » peut s'approprier la demande existante (toute ou en partie), sans qu'il y ait de réaction de la part de celles qui auparavant la servaient. Cette absence de réaction, qu'il est difficile de justifier, est l'une des conditions de la « contestabilité », car s'il y avait menace de riposte — par une guerre de prix, par exemple —, alors la décision d'entrer n'irait pas de soi, et les entreprises en place (qui le savent) pourraient en tirer parti.

Conscients de ces critiques, Baumol, Panzar et Willig introduisent la notion de « contestabilité parfaite » qui, selon eux, représenterait — comme la concurrence parfaite — un cas limite, un idéal vers lequel il faut tendre (le caractère normatif de leur démarche apparaît ici très clairement). Ils proposent alors d'utiliser cet idéal — inaccessible en tant que tel — comme référence et d'essayer d'apprécier la « distance » entre lui et les configurations d'industries existantes, puis de déterminer des mesures qui permettent de réduire cette « distance ». Toutefois, celle-ci ne peut être évaluée que de façon très approximative, au cas par cas ; les subtilités de la théorie se perdent alors dans les méandres des calculs statistiques.

Finalement, la théorie des marchés contestables est loin de s'être imposée — notamment en économie industrielle —, même si elle est souvent évoquée ; car si l'idée de « contestabilité » est à première vue attrayante (accessible à l'intuition), il est en fait très difficile de lui donner une forme précise, sauf à recourir à des hypothèses très particulières — et indéfendables.

Contracyclique (politique économique)

Politique menée par l'État dont le but est d'atténuer — ou même de faire disparaître — les fluctuations économiques (qui sont donc considérées comme une mauvaise chose). Ainsi, une politique contracyclique cherche à « stimuler » l'économie en période de ralentissement ou de récession — par des dépenses publiques supplémentaires, par des allégements d'impôts ou en facilitant la création monétaire — et à la « freiner » en période d'accélération ou de *boom*, par des mesures semblables aux précédentes, mais en les faisant jouer en sens opposé : dépenses publiques moindres, impôts et taux d'intérêt plus élevés, etc.

La plupart des activités de l'État sont contracycliques, car elles présentent une certaine « inertie » — elles ne dépendent pas de la conjoncture (système de protection sociale, dépenses de fonctionnement, etc.) ; ainsi, les rentrées fiscales augmentent en période d'expansion — ce qui limite les dépenses « privées » — et diminuent lors des récessions — elles pèsent donc moins sur les particuliers. C'est pourquoi on dit d'elles qu'elles agissent comme des *stabilisateurs automatiques*. Pour beaucoup, c'est la présence de ceux-ci, et plus généralement de l'action contracyclique de l'État, qui a permis à un certain nombre de pays de connaître la longue période de croissance des « TRENTE GLORIEUSES », et d'éviter ensuite de sombrer dans une crise profonde du type de celle qui s'est abattue en Europe et aux États-Unis dans les années trente.

Tel n'est pas le point de vue des MONÉTARISTES, à commencer par Milton FRIEDMAN, qui critiquent le principe même des politiques contracycliques. Car, pour eux, ces politiques risquent d'*agir à contretemps*, et donc d'accentuer les fluctuations cycliques, au lieu de les amoindrir. En effet, entre le moment où, par exemple, une récession a été décelée et celui où les mesures destinées à la « contrer » deviennent effectives, il peut se passer un laps de temps important — dû à l'évaluation de l'importance de la récession, à la détermination des mesures à prendre, à leur acceptation par diverses instances, gouvernementales ou autres, etc. —, de sorte que l'effet de « relance » s'exerce alors que l'économie est peut être déjà passée à un état de surchauffe (où elle a besoin d'être plutôt « ralentie »).

On peut cependant remarquer à propos de cette critique que, d'une part, elle ne concerne pas les stabilisateurs automatiques (dont l'action est « immédiate ») et que, d'autre part, elle suppose que l'économie sortira d'« elle-même » et relativement rapidement de la phase du cycle dans laquelle elle se trouve, ce qui explique que la politique menée agit à contretemps ; mais tel n'est pas le cas si, par exemple, il y a récession prolongée.

Contrats (théorie des)

Branche de la théorie NÉO-CLASSIQUE qui traite essentiellement des *relations bilatérales* — entre deux individus ou entre deux unités de décision — dans des situations où les parties en présence doivent tenir compte de l'existence d'événements aléatoires indépendants de leur volonté (les ÉTATS DE LA NATURE). La théorie doit tenir compte de ce que, en règle générale, les contrats ont lieu dans un contexte d'ASYMÉTRIE D'INFORMATION, où l'une des parties est mieux informée que l'autre. Lorsqu'il est signé, un contrat régit les rapports des parties signataires, sur une période plus ou moins longue (stipulée dans le contrat).

La théorie des contrats est loin d'être nouvelle, puisqu'elle présente beaucoup de points communs avec la théorie de l'assurance, à laquelle elle a emprunté quelques-uns de ses concepts essentiels (par exemple, l'ANTISÉLECTION et le RISQUE MORAL). Le contrat d'assurance fait intervenir à la fois le temps (il porte sur une certaine période, stipulée à l'avance), les états de la nature (par exemple, les conditions météorologiques : inondations, tempêtes, ou les incendies, etc.) et l'asymétrie d'information (l'assuré en sait généralement plus sur lui-même que l'assureur) ; on peut donc voir dans le contrat d'assurance un contrat type. D'ailleurs, lorsque l'une des parties a de l'AVERSION POUR LE RISQUE, les contrats comportent souvent une part d'assurance — comme le suppose, par exemple, la théorie des CONTRATS IMPLICITES à propos de la relation de travail.

Bien qu'ancienne, la théorie des contrats est devenue, dans les années soixante-dix, un des objets de réflexion privilégiés des néo-classiques, qui ont cherché à l'appliquer à des domaines très divers, outre l'assurance — par exemple, la finance, les services d'experts (médecin, garagiste), la relation salariale, etc. Plusieurs raisons peuvent expliquer un tel engouement ; parmi elles, il y a :

— *la place dominante prise par les relations de type salarial dans les pays avancés* (ainsi, d'ailleurs, que dans la plupart des autres pays), avec des formes d'organisation et de négociation spécifiques, souvent sous l'égide de l'État ou dans un cadre juridique précis ;

— *la généralisation des systèmes d'assurance*, qu'ils relèvent de la protection sociale (assurance maladie, vieillesse, chômage) ou de l'obligation légale (assurance automobile, par exemple). Les dépenses associées à ces systèmes d'assurance représentent une part croissante des revenus des ménages ; d'où la recherche de procédures d'incitation et de contrôle de plus en plus élaborées, avec le recours à des experts de tout ordre ;

— *le rôle accru de l'État dans l'économie*, que ce soit pour organiser les secteurs qui dépendent directement de lui ou pour réglementer, contrôler ou « réguler » d'autres secteurs de l'économie (par exemple, dans le cadre de privatisations de services publics, pour protéger l'environnement, pour surveiller les monopoles, etc.) ;

— *la part croissante des biens durables dans le budget des ménages* (à commencer par l'automobile et les appareils ménagers), ainsi que celle des prestations de services dont les effets se prolongent dans le temps ; ce qui a conduit à l'élaboration de *systèmes de garanties* plus ou moins complexes.

Toutes ces raisons font qu'une sorte d'« industrie des contrats » est apparue dans les années soixante-soixante-dix dans les pays développés — à commencer par les États-Unis, où le nombre de procès de tout ordre a littéralement explosé —, ce dont les économistes ne pouvaient se désintéresser.

Coopération, non-coopération et répartition des gains

La théorie des contrats concerne donc les relations bilatérales — ou, éventuellement, multilatérales, avec un nombre restreint d'agents ; ces relations peuvent être soit de type *coopératif*, soit de type *non coopératif*.

Le premier cas — coopératif — est abordé dans le cadre de la *théorie des équipes*, qui s'intéresse à la façon dont un groupe d'individus peut s'organiser pour effectuer une tâche commune. En fait, cette théorie *postule* qu'il existe un accord entre eux pour travailler ensemble, l'équipe se comportant comme une entité collective, avec ses fins propres (en tant que telle). Le point de vue adopté est celui de la THÉORIE DES JEUX coopératifs. Le principal problème qui se pose alors est celui *de la formation (et du maintien) de la coalition* qui a un objectif commun (comment se fait la division des tâches ? Comment chacun est-il rétribué ? Que faire avec ceux qui veulent « se défiler » ?). Ne pouvant résoudre ce problème (qui est en fait celui de la COOPÉRATION), si ce n'est par quelques formulations vagues, la théorie des équipes demeure embryonnaire (et le demeurera toujours, si on veut la réduire à une théorie purement « économique »).

La théorie des contrats adopte donc systématiquement un point de vue *non coopératif*, où seules sont admises les situations qui résultent des décisions d'individus mus exclusivement par l'intérêt personnel ; ce faisant, elle se situe clairement dans la mouvance néo-classique. Tout contrat ne peut alors que codifier les relations entre deux personnes qui ont intérêt à collaborer, mais qui cherchent aussi à s'approprier au maximum le résultat de cette collaboration — résultat appelé parfois *rente organisationnelle* ou SURPLUS. Le partage de celui-ci est donc au centre de la négociation contractuelle, qui ne désigne pas une solution unique, mais une infinité (un continuum) de solutions, formée par l'ensemble des partages acceptables par les parties en cause.

Le modélisateur lève généralement l'indétermination inhérente à la multiplicité des solutions en supposant qu'une des parties s'approprie tout le surplus — par exemple, le mandant, dans le modèle MANDANT-MANDATAIRE ; ou alors il fixe un seuil (dit de RÉSERVE) en dessous duquel la transaction n'est pas acceptée. La solution retenue (par le modélisateur) se situe souvent à ce seuil. Cette façon de faire permet de désigner une solution unique, mais elle est évidemment arbitraire. Parfois, elle est justifiée en invoquant l'« environnement » dans lequel agissent les parties en présence ; ainsi, la « pression » due à la « concurrence » de candidats qui seraient disposés à signer à la place d'une des parties ferait que cette partie accepte la proposition minimale pour elle (songeons au salarié soumis à la « pression » des chômeurs). Mais ce sont là des formulations vagues et peu satisfaisantes ; pourquoi, par exemple, la « pression concurrentielle » s'exercerait-elle sur une des parties contractantes et pas sur l'autre ? Pourquoi utiliser des mathématiques plus ou moins compliquées si c'est pour en appeler finalement à une certaine forme d'intuition ?

Parmi tous les contrats possibles, le théoricien privilégie généralement ceux qui sont efficients ; il s'intéresse alors au *système d'incitations* que peut mettre en œuvre une des parties pour qu'un contrat de ce type soit signé (son but étant, évidemment, de s'approprier l'ensemble du surplus).

Contrats, incitations et information

Les modèles de référence en théorie des contrats sont, d'une part, ceux de l'assureur-assuré et, d'autre part, ceux qui décrivent la relation entre un mandant et un mandataire (par exemple, la relation de travail). Dans le premier type de modèle, l'assureur cherche à déterminer un système de primes qui incite l'assuré à agir de façon à éviter que se produisent les événements contre lesquels il veut se prémunir (par exemple, le vol ou l'incendie), alors que dans le second type de modèle le mandant (un propriétaire foncier ou un employeur, par exemple) veut inciter le mandataire (fermier ou salarié) à agir de la façon la plus « efficiente » possible — de façon à rendre maximal le surplus. Car le point de vue — ou l'intérêt — de l'assuré, ou du mandataire, n'est généralement pas le même que celui de l'assureur, ou du mandant, surtout s'il n'y a pas partage du surplus ; ainsi, pourquoi l'assuré chercherait-il la solution la plus efficiente, qui peut être coûteuse pour lui — en systèmes de protection ou de surveillance, en temps ou en effort de travail, etc. — s'il n'y voit aucun avantage ?

Si on laisse de côté le problème du partage du surplus, la question qui est au cœur de tout contrat — et du système d'incitations qu'il comporte — est celle de l'*asymétrie d'information* : une des parties (l'assureur ou le mandant) est moins informée que l'autre (l'assuré ou le mandataire). Elle va donc chercher à mettre au point des contrats qui incitent l'autre partie à lui révéler l'information qu'elle détient. Toutefois, la partie la plus informée n'ignore pas qu'elle détient un avantage, qu'elle perd si elle révèle, par ses actes, tout ce qu'elle sait — ou qu'elle peut connaître. L'autre partie le sait aussi... On se trouve donc dans une situation typique de la théorie des jeux, où des individus en interaction — et conscients de l'être — doivent prendre des décisions en connaissance de cause. La « solution » du problème — s'il y en a une — dépend alors de façon décisive des hypothèses faites sur l'*information* dont disposent les participants ; ainsi, si l'on suppose qu'il y a INFORMATION INCOMPLÈTE, ce qui est généralement le cas en théorie des contrats, alors les *croyances* de chaque partie sur ce que peut faire l'autre jouent un rôle décisif au moment de la prise de décision ; comme ces croyances peuvent prendre des formes très diverses, il en est de même des solutions du modèle (c'est-à-dire des contrats qui peuvent être signés).

L'asymétrie d'information peut être renforcée si, comme cela est fréquent, il y a RISQUE MORAL, c'est-à-dire si l'une des parties peut *provoquer* la réalisation d'états de la nature qui lui sont favorables (cas de l'assuré qui provoque l'événement contre lequel le contrat le prémunit pour toucher des indemnités).

Les compagnies d'assurances sont depuis toujours conscientes des problèmes posés par l'asymétrie de l'information et par le risque moral, ce qui les incite à classer leurs clients selon un certain nombre de caractéristiques « objectives » (par exemple, l'âge, la catégorie socioprofessionnelle, la région de résidence) et à établir leurs tarifs sur cette base. Elles considèrent donc, implicitement, que le comportement des individus est déterminé en bonne partie par ces caractéristiques (les compagnies d'assurances raisonnent d'ailleurs sur des *populations*, au sens statistique, et non sur des individus, comme le fait l'économiste). Mais tel n'est pas le point de vue des économistes qui mettent en avant la *rationalité* des comportements : loin d'agir comme des robots, les individus sont censés tirer parti au maximum des situations auxquelles ils sont confrontés (et ce, sans scrupules). Ce postulat est même à la base de la théorie des contrats, telle qu'elle est envisagée ici.

Toutefois, l'application du principe de rationalité peut poser problème devant la masse d'information à prendre en compte. D'ailleurs, une des raisons avancées pour expliquer l'existence de contrats où toutes les éventualités possibles ne sont pas prises en compte — comme cela est généralement le cas pour les contrats de travail — est celle des *coûts* qu'entraîneraient l'énumération de ces éventualités et la rédaction des clauses relatives à chacune d'entre elles (sans parler des systèmes qui veillent à la bonne exécution des contrats). Ainsi, le courant NÉO-INSTITUTIONNALISTE, qui se situe dans la mouvance néo-classique, voit dans ces COÛTS DE TRANSACTION la principale raison pour laquelle il ne peut y avoir un SYSTÈME COMPLET DE MARCHÉS, comme le postulent la plupart des modèles de la MICROÉCONOMIE. Ce courant explique l'existence d'organisations telles que les entreprises par l'économie qu'elles permettent de faire sur les coûts de transaction ; en effet, les contrats qui lient les diverses parties dans les organisations sont relativement simples, mais « incomplets », puisque toutes les éventualités possibles n'y sont pas énumérées (par exemple, dans le contrat de travail d'un secrétaire, il n'est pas dit combien de lettres il aura à écrire, ou de photocopies à faire, en fonction des divers types de commandes qui peuvent survenir, des problèmes internes à l'entreprise, etc.).

Un exemple

Tout contrat suppose un lien — plus ou moins étroit — pendant une période donnée ; s'il est signé, c'est parce que les deux parties pensent que cela est bénéfique pour elles. Tel est le cas, par exemple, des contrats que peuvent nouer des entreprises qui se lancent dans des investissements qui leur permettront par la suite d'avoir des activités mutuellement avantageuses. Pour être plus précis, supposons qu'une entreprise A envisage de construire une unité de production — dont le coût est I — à côté des installations d'une autre entreprise, B, afin de tirer parti d'un des produits (ou des sous-produits) de celle-ci, produit pour lequel il n'y a pas d'autre débouché (du moins à proximité). S'il en coûte c à l'entreprise B de fournir A, et si le profit de celle-ci est $\pi(I)$, alors le surplus qui résulte lorsque A décide d'investir est :

$$S = \pi(I) - I - c.$$

Si l'entreprise A investit I sans avoir passé de contrat avec B, elle ne fera un profit que si le « prix global » p de la production de B qui l'intéresse est tel que :

$$p \leq \pi(I).$$

Quant à l'entreprise B, elle ne fournira A que si le gain auquel elle s'attend est supérieur aux coûts qu'elle supporte, c'est-à-dire si :

$$c \leq p.$$

Finalement, il y aura transaction si :

(1) $$c \leq p \leq \pi(I).$$

Comme chaque fois qu'il y a relation bilatérale, on est donc en présence d'une *indétermination*, puisque n'importe quel prix compris entre les prix de RÉSERVE de A et de B, c et $\pi(I)$, peut être accepté par les deux parties (évidemment, A préfère que ce prix soit le plus proche possible de c, alors que B préfère le contraire).

Comme les prix p « acceptables » par les deux parties appartiennent à l'intervalle compris entre c et $\pi(I)$, ils sont de la forme :

$$p = \alpha c + (1 - \alpha)\, \pi(I), \text{ avec } 0 \leq \alpha \leq 1.$$

Les coefficients α et $1 - \alpha$ peuvent être considérés comme des *indicateurs de répartition* (ainsi, si $\alpha = 1$, tout le bénéfice de l'opération — le surplus — revient à A, alors qu'il revient à B si $\alpha = 0$). En fait, pour que A décide d'investir, il faut que ses gains attendus soient au moins égaux à sa dépense, donc que :

$$I \leq \alpha(I) - p$$
$$\leq \alpha(\pi(I) - c).$$

Si cette condition est remplie, l'entreprise A choisit le niveau d'investissement qui maximise son profit attendu :

$$\alpha(\pi(I) - c) - I.$$

Cependant, si α est différent de 1, ce niveau d'investissement n'est pas efficient (il est sous-optimal selon le critère de PARETO), puisqu'il ne conduit pas à un surplus maximal (celui-ci correspond à un maximum de $S = \pi(I) - I - c$, et non du profit attendu par A, $\alpha(\pi(I) - c) - I$).

En revanche, si A et B passent un contrat dans lequel B s'engage à fournir A à un prix p qui vérifie la condition (1), alors A choisit I de façon à maximiser le profit $\pi(I) - I$, et donc le surplus S, la question du partage de ce surplus étant supposée réglée par le contrat (les deux parties ont donc intérêt à ce que ce surplus soit le plus grand possible).

Ainsi, la signature d'un contrat donne la possibilité d'atteindre une issue « efficiente » (où le surplus est maximal), mais la question du *partage* des bénéfices de l'opération reste ouverte ; de même en ce qui concerne le caractère *exécutoire* des engagements (si l'investissement est fait, A dépend du bon vouloir de B ; sachant cela, il hésitera à se lancer dans l'opération s'il n'est pas sûr que B respectera la parole donnée). C'est pour éviter ce type de problème que les modèles de contrat *supposent* généralement qu'une des parties s'approprie tout le surplus, ce qui revient à confondre son intérêt avec l'intérêt « collectif » ; mais ce n'est là qu'un tour de passe-passe.

La théorie des contrats : une théorie normative

En bonne partie issue de la théorie de l'assurance, la théorie des contrats a pour but principal de déterminer les « meilleurs » contrats possibles, les plus « efficients ». Par conséquent, elle s'intéresse essentiellement à ce qui *doit être* (le « meilleur » contrat) et non à ce qui est (son objet n'est pas l'étude, « sans opinion », des contrats effectivement observés). Sa démarche est donc avant tout NORMATIVE. La norme est alors, selon le cas, celle de l'assureur, du gestionnaire, de l'employeur, du planificateur, etc., puisque c'est de leur point de vue que le « meilleur contrat » est recherché.

Ce qui pose un problème sérieux pour le théoricien qui se veut « observateur impartial » (ou le plus impartial possible) de la société, puisque en voulant trouver les contrats « les plus appropriés » il sort de son rôle d'observateur pour devenir conseiller d'une des parties (il choisit son camp). Il est vrai que cette attitude ne lui est pas propre puisque, par exemple, le macroéconomiste ne peut généralement s'empêcher de donner des conseils de POLITIQUE ÉCONOMIQUE, et le microéconomiste de signaler le « meilleur » système d'imposition. Toutefois, ces conseils sont donnés dans la perspective d'améliorer le sort de la « collectivité » dans son ensemble, alors que tel n'est pas le point de vue de la théorie des contrats, qui s'identifie de fait avec une des parties. A moins de considérer que celle-ci représente la collectivité, par exemple l'État qui cherche à mettre en place une réglementation appropriée ; mais ce n'est là qu'un cas très particulier.

Contrats implicites (théorie des)

Théorie apparue au milieu des années soixante-dix — alors que le chômage augmentait régulièrement aux États-Unis et en Europe — et qui se propose d'expliquer pourquoi, dans les pays avancés et depuis la Seconde Guerre mondiale, les salaires ont subi des fluctuations moins fortes que l'emploi (les textes de référence sont ceux de M. N. Bailey « Wages and unemployment under uncertain demand », *Review of Economic Studies*, 1974, et de C. Azariadis « Implicit contracts and underemployment equilibria », *Journal of Economic Theory*, 1975).

Le principe de cette explication est simple : comme l'entreprise a généralement une AVERSION POUR LE RISQUE moins forte que le salarié, elle joue auprès de lui le même rôle qu'une compagnie d'assurances, en lui évitant de subir les conséquences des fluctuations conjoncturelles, assimilées à des ÉTATS DE LA NATURE. Ainsi, en période faste, le salaire est moins élevé que la productivité marginale du travail car le travailleur verse « implicitement » une prime d'assurance à l'employeur qui — en contrepartie — maintient ce salaire au même niveau lorsque la conjoncture est mauvaise (le salaire étant alors supérieur à la productivité marginale du travail).

Le contrat (d'assurance) est « implicite » car il est non écrit ; il est en quelque sorte « intégré » dans le contrat de travail, qui se présente comme un tout — embauche à un salaire donné, sur une période suffisamment longue —, sans que soit spécifié ce qui est rémunération et ce qui est cotisation — ou prime — d'assurance. On peut d'ailleurs considérer que les deux parties ne sont pas conscientes de l'existence de cette relation implicite, mais le théoricien fait comme si elles l'étaient et cherche alors à calculer — dans le cadre des hypothèses et des spécifications qu'il a retenues — la valeur de la prime d'assurance intégrée au salaire.

Contrats implicites, « rigidité » des salaires et chômage

La théorie des contrats implicites s'inscrit clairement dans une perspective NÉO-CLASSIQUE, puisqu'elle a pour point de départ les comportements individuels, sans autre précision — même si elle admet de fait l'asymétrie de la relation employeur-employé. Son principal propos est de montrer que la « rigidité » des salaires — surtout à la baisse — peut résulter de comportements rationnels, et donc qu'elle n'est pas forcément une mauvaise chose ; ainsi, son « message » est plutôt KEYNÉSIEN, même s'il a peu de rapport avec les préoccupations de KEYNES lui-même, puisque la théorie des contrats implicites suppose en fait le plein emploi (chacun peut passer un contrat, aux conditions prévalentes dans l'économie considérée).

Il est vrai que les théoriciens des contrats implicites ont cherché à introduire des éléments de « déséquilibre » dans leurs modèles en faisant appel à un *deus ex machina* (à une « imperfection », pour reprendre le vocabulaire néo-classique) : les indemnités de chômage. Ils avancent alors l'argument suivant : à certains états de la nature particulièrement « mauvais », les entreprises ne peuvent payer l'« indemnité d'assurance » implicite incluse dans le salaire (indemnité qui permet à celui-ci de se maintenir à un niveau plus ou moins normal) et elles sont donc obligées de licencier une partie de leur personnel — dont l'État assure alors la subsistance. Mais cette analyse est peu compatible avec la théorie, puisque le contrat implicite suppose connues à l'avance *toutes* les éventualités possibles, y compris les « très mauvaises » ; pourquoi l'« assurance » ne jouerait-elle pas alors dans tous les cas, quitte à ce que la « prime » payée par le salarié soit plus élevée ?

Le modèle suppose ensuite que les contrats stipulent (implicitement) qu'une fraction des travailleurs peut être licenciée dans les « mauvais » états de la nature. Ces travailleurs — réduits à toucher les seules indemnités de chômage — sont donc en CHÔMAGE *involontaire*, puisqu'ils auraient préféré garder leur emploi au salaire prévalant. Toutefois, l'analyse s'appuie de façon décisive sur l'idée qu'il existe l'« alternative » des indemnités de chômage ; on peut donc considérer que celles-ci sont, d'une façon ou d'une autre, à l'origine du chômage ; ici encore, il y a peu de rapport avec la pensée de Keynes.

Problèmes

L'idée sur laquelle s'appuie la théorie des salaires implicites est loin d'être aberrante : comme l'employeur a plus de moyens que le travailleur, il peut mieux amortir les risques que lui et, donc, lui assurer un revenu régulier. Toutefois, si cette théorie a acquis un droit de cité, c'est parce qu'elle cherche à respecter les canons néo-classiques, en prenant pour point de départ les comportements maximisateurs individuels, pour en déduire « mathématiquement » le résultat escompté. Mais, ce faisant, elle est obligée de préciser ses hypothèses, qui appellent alors un certain nombre de critiques plus ou moins fondamentales.

La première question qu'on peut se poser à propos de la théorie des contrats implicites concerne justement le caractère « implicite » du contrat d'assurance passé entre l'employeur et l'employé. En effet, pourquoi n'existe-t-il pas des contrats « explicites » de ce type ? Autrement dit, pourquoi n'existe-t-il pas « sur le marché » des contrats d'assurance emploi — comme il y en a pour l'automobile, l'immobilier et même la santé ? Une première façon de répondre à cette question consiste à évoquer l'importance du RISQUE MORAL auquel auraient à faire face les compagnies d'assurances qui se lanceraient dans l'aventure, les « assurés » saisissant la moindre occasion pour « se mettre au chômage » et toucher les indemnités ; toutefois, cette réponse laisse à désirer, car on peut très bien envisager des régimes d'indemnités dissuasifs et des systèmes de contrôle comme il en existe pour les autres types de contrats (même s'ils peuvent être relativement coûteux). En outre, dans plusieurs pays, un système d'assurance chômage existe effectivement, mais il est le fait de l'État et non pas du « marché » ; une de ses principales caractéristiques est d'être obligatoire, ce qui n'évite pas le problème du risque moral, mais empêche qu'il y ait ANTISÉLECTION.

En fait, s'il n'existe pas de « marché de l'assurance » pour l'emploi et les salaires, c'est parce que les « états de la nature » auxquels se réfère la théorie des contrats implicites n'ont rien de… « naturel » ! En effet, ces « états » représentent les diverses formes que peut prendre la conjoncture économique ; or celle-ci — fruit de l'action des hommes — est difficilement prévisible et ne présente pas, par exemple, les régularités sur lesquelles s'appuient les compagnies d'assurances lorsqu'elles établissent leurs primes (sur la base de la « loi des grands nombres » et sur le calcul de la probabilité de survenance des sinistres, probabilité déduite des observations passées). Autrement dit, les assureurs éventuels ne disposent pas d'éléments suffisants pour construire un système de primes relativement fiable, car la conjoncture économique est en bonne partie imprévisible et ne suit pas de loi précise — une récession prolongée, et imprévue, peut acculer l'assureur à la faillite (d'où le relais pris par l'État). Pour reprendre une distinction chère à Keynes, les assureurs ne font pas face à une situation de risque (où ils peuvent s'appuyer sur la « loi des grands nombres »), mais à une situation d'INCERTITUDE, par rapport à laquelle il n'est pas possible d'effectuer des calculs tant soit peu fiables.

En dehors de cela, la théorie des contrats implicites pose un problème extrêmement délicat en ce qui concerne le *caractère exécutoire* du contrat (implicite) qui lie employeur et employé. En effet, si rien ne l'y oblige, il n'y a aucune raison pour que ce dernier accepte un salaire relativement moins élevé lorsque la conjoncture est « haute » (après avoir profité d'un salaire relativement plus élevé dans la phase « basse » de celle-ci). De même, on ne voit pas pourquoi l'employeur n'embaucherait pas en période de récession à un salaire plus faible que celui que suppose l'existence d'un contrat implicite. Ainsi, comme le contrat n'est qu'implicite — il n'est accompagné d'aucun système de garanties et de sanctions —, chaque partie cherche « très rationnellement » à profiter de la situation dès qu'elle lui est favorable. Mais, sachant cela, ni l'une ni l'autre n'acceptera de signer un « contrat » de ce type, bien qu'il soit mutuellement avantageux si chacun le respectait (la situation est du genre de celle que décrit le DILEMME DU PRISONNIER).

Les contrats implicites ne peuvent donc être complètement « fondés » sur le principe de rationalité individuelle, contrairement à ce que pensent ceux qui ont avancé cette idée. Il est évidemment toujours possible d'envisager divers systèmes « liant » les parties de façon qu'elles s'en tiennent au contrat (implicite) passé entre elles, mais on sort alors du domaine de l'explication (objectif de la théorie) pour entrer dans celui de la prescription (on passe de ce qui est à ce qui doit être).

Reste enfin la possibilité de faire appel à des éléments « autres », tels que la « réputation », la « loyauté » (le respect de la parole donnée) ou les coûts de rotation de la main-d'œuvre ; mais, ce faisant, on abandonne le cadre théorique qu'on s'était fixé (application du principe de RATIONALITÉ).

Conventions (économie des)

Courant de pensée apparu au milieu des années quatre-vingt, sous l'impulsion d'économistes (et de quelques sociologues) qui réfléchissaient sur les formes d'organisation du travail, sur les comportements sur les marchés financiers et sur les normes qui régissent les relations entre les entreprises. Le résultat de ces réflexions et le programme de recherche qui en découle sont consignés dans un numéro spécial (mars 1989) de la *Revue économique*, appelé « L'économie des conventions ».

Tout en voyant des « apports » dans les analyses NÉO-CLASSIQUES proposées par les NÉO-INSTITUTIONNALISTES, par la théorie des CONTRATS et même par la THÉORIE DES JEUX, ceux qui ont contribué à cette revue « suggèrent » — dans l'introduction qu'ils ont rédigée en commun — des « modifications structurelles remettant en cause des hypothèses parfois restées implicites auparavant, et [ils] proposent l'élaboration ou la réélaboration de concepts étrangers au cadre néo-classique » (p. 141). Ils se fixent pour objectif de construire un « cadre d'analyse *en partie* original » (je souligne, BG), sans procéder « à une mise en cause de l'économie de marché qui amènerait à remplacer ses concepts par des catégories directement empruntées à d'autres disciplines » (*ibid.*). Les « économistes des conventions » reconnaissent les « apports » des néo-classiques, tout en leur reprochant de ne pas accorder assez de place aux institutions (et d'en accorder une trop grande au principe de RATIONALITÉ). C'est ainsi que l'un de leurs porte-parole les plus actifs, Olivier Favereau, pense qu'on peut — en première approximation — caractériser l'économie des conventions comme une synthèse de l'approche (néo-classique) des contrats et de l'hypothèse de RATIONALITÉ LIMITÉE (« Convention et régulation », in *La Théorie de la régulation. L'état des savoirs*, sous la dir. de R. Boyer et Y. Saillard, La Découverte, Paris, 1995, p. 512).

La notion de convention

Les auteurs de « L'économie des conventions » (*Revue économique*, *op. cit.*) précisent qu'il ont en commun l'hypothèse selon laquelle « l'accord entre des individus, même lorsqu'il se limite au contrat d'un échange marchand, n'est pas possible sans un cadre commun, sans une convention constitutive » (p. 142).

Selon leur domaine d'étude, les « conventionnalistes » donnent des définitions différentes (mais non contradictoires) de la notion de convention. Ainsi, Robert Salais, qui réfléchit sur la relation salariale, écrit : « Une convention, c'est un ensemble d'éléments qui, à tout instant, pour les participants à la convention, vont ensemble et sur lesquels, par conséquent, ils partagent un commun accord [...]. Une convention est un système d'attentes réciproques sur les compétences et les comportements, conçus comme allant de soi et pour aller de soi. » A la différence d'un contrat, où « chaque détail serait explicité », lorsqu'il y a convention, « les comportements attendus n'ont pas besoin d'être conçus à l'avance, écrits, puis ordonnés pour être obtenus », ce qui rend la convention « efficace », si on la compare au contrat (p. 213). Dans le cas de la relation de travail, la « convention de productivité » permet d'assurer un « compromis », par référence à une norme minimale, ou à une moyenne — ce qui rompt le lien souvent postulé entre salaire et PRODUCTIVITÉ MARGINALE.

André Orléan, quant à lui, définit la notion de convention dans le cadre d'une réflexion sur les marchés financiers (dans le prolongement de celle de KEYNES). Selon lui, la convention « désigne l'organisation sociale au travers de laquelle la communauté se dote d'une référence commune, produit une représentation collective extériorisée qui fonde les anticipations individuelles » (p. 265). La convention ainsi définie « permet d'écarter, *provisoirement*, les forces destructrices du soupçon et de la défiance. Ainsi la caractéristique de la convention est-elle d'agir sur les interprétations des agents. Elle s'identifie à une représentation collective qui délimite *a priori* le champ des possibles ».

Cette façon de voir les conventions attire l'attention sur le problème de la *coordination* des décisions prises par des entités autonomes ; Jean-Pierre Dupuy se situe dans la même perspective lorsqu'il reprend, dans le cadre d'une réflexion sur la théorie des jeux, la définition selon laquelle « une convention est la solution d'un problème de coordination qui, ayant réussi à concentrer sur elle l'imagination des agents, tend à se reproduire avec régularité » (p. 369). La convention permet alors de lever l'indétermination inhérente à la *multiplicité des équilibres*, si fréquente en théorie des jeux (par exemple, dans le « jeu de coordination » des automobilistes, il y a deux équilibres de NASH possibles : « Chacun roule à sa droite » et « Chacun roule à sa gauche » ; la convention qui permet de « sélectionner » un équilibre n'est donc pas la même en France ou en Grande-Bretagne).

Ne pas rompre avec l'individualisme méthodologique

La première question à poser à propos des conventions et de l'ordre social (équilibre) qui leur est associé est, évidemment : mais d'où viennent-elles ? Il est possible de répondre à cette question en adoptant une perspective historique ; les conventions sont dans ce cas un des éléments qui permettent le maintien et la reproduction d'un système (ou de la société) à un moment donné ; selon cette interprétation, tout bouleversement économique et social suppose — et implique — une modification des conventions prévalant dans la société. La distance entre conventions et idéologie (système de pensée) n'est pas alors très grande ; l'éducation par la famille et par l'État, les médias, les traditions, etc. jouent évidemment un rôle essentiel dans la transmission et le maintien des « conventions constitutives » de toute société.

Toutefois, les « économistes des conventions » récusent ce type d'analyse en raison même de la place qu'elle accorde à l'histoire et à la reproduction du système ; ils proclament, au contraire, leur attachement à l'INDIVIDUALISME MÉTHODOLOGIQUE : « Les auteurs du numéro s'accordent sur le fait que la place admise à une convention commune ne doit pas conduire à renoncer aux préceptes de l'individualisme méthodologique : les seuls acteurs sont des personnes, qu'on les saisisse ou non comme membres d'un collectif ou d'une institution, ou dans l'exercice d'une fonction de représentation d'un groupe » (p. 143). Pas question de parler de classes sociales ni de conflits entre elles ; tout doit passer par les individus ; la société n'est donc qu'un ensemble d'« acteurs », ou d'« agents ». Les ponts ne sont pas coupés avec les néo-classiques, surtout s'ils sont non-WALRASIENS. Les « conventionnalistes » ne veulent toutefois pas être confondus avec eux (sinon, on ne pourrait parler d'une école de pensée spécifique). D'où la précision qui suit immédiatement la proclamation précédente :

« Cependant, la reconnaissance du rôle d'une convention commune remet en cause l'opposition simple entre individualisme et holisme. Comme le suggère bien le champ sémantique du terme "convention", qui désigne le dispositif constituant un accord de volontés tout comme son produit, doté d'une force normative obligatoire, la convention doit être appréhendée à la fois comme le résultat d'actions individuelles et comme un cadre contraignant les sujets. »

L'affirmation suivante, tirée d'un texte plus récent, nuance encore davantage le propos en ce qui concerne le rapport entre individualisme méthodologique et théorie des conventions :

« Si l'on s'interroge sur les mécanismes de constitution des acteurs collectifs, la notion conventionnaliste d'agent organisé peut rendre de grands services. Les structures collectives de décision et de représentation sont des objets dont se servent les agents économiques pour se coordonner, quand ils leur reconnaissent une certaine légitimité. La légitimité d'un acteur collectif se mesure à la façon dont les agents économiques acceptent de leur "prêter" des intentions, auxquelles ils s'identifient. » (Olivier Favereau, *op. cit.*, p. 517.)

La comparaison que fait le même auteur entre économie des conventions et théorie de la RÉGULATION permet peut-être de mieux cerner l'une et l'autre. Ainsi, selon lui, en ce qui concerne le « mécanisme de genèse des règles », la première voit un « accord partiel de coopération entre agents à rationalité limitée » alors que pour la seconde les règles résultent d'un « armistice provisoire dans la lutte de classes » (p. 516).

Conclusion

Tout modèle dans lequel des individus font des choix suppose l'existence de conventions. Cela est même vrai pour le cas « walrasien », où les « agents » se plient aux diktats du commissaire-priseur et où ils prennent leurs décisions en adoptant la « convention » selon laquelle ils ne subissent pas de rationnement. A l'équilibre, cette convention est bien la « solution d'un problème de coordination ». Il est vrai qu'habituellement on parle de CONJECTURES, ou de croyances, plutôt que de conventions, mais la différence n'est pas essentielle. Quoi de nouveau alors ? L'abandon de l'hypothèse de rationalité ? Mais n'est-ce pas alors abandonner l'économie ? La rationalité limitée ? Supposer celle-ci implique d'adopter une approche essentiellement descriptive, ou même « expérimentale », à la manière de Simon ; mais cela revient à couper les ponts avec l'économie (comme Simon l'a fait, en se tournant vers la psychologie et l'« intelligence artificielle »).

L'économie des conventions donne parfois l'impression d'être une *grande tautologie* : le monde est ce qu'il est car les agents — ou les « acteurs » — se sont « accordés » par convention sur lui. On n'explique rien, on constate ou on décrit. Il est vrai que mieux vaut essayer de comprendre le monde dans lequel on vit que de spéculer indéfiniment sur des mondes fables à la manière néo-classique. Mais pourquoi vouloir alors garder à tout prix des liens avec l'« orthodoxie » dont, quoi qu'en pense Favereau, la seule « capacité d'adaptation et de renouvellement » consiste à mettre sous forme mathématique des « histoires » qui n'ont rien de nouveau, et dont l'intérêt reste à prouver ? Pourquoi proclamer son attachement à l'individualisme méthodologique, quitte à lui donner un sens très particulier ? Il est difficile de répondre à ces questions, surtout que l'économie des conventions est un courant très récent, dont les contours demeurent encore flous.

Convexe (ensemble)

Ensemble qui contient tout segment de droite qui joint deux quelconques de ses points. Ainsi, une sphère, une pyramide (« intérieur » compris), un plan, une droite sont convexes ; en revanche, une banane ou une poire ne le sont pas. Comme le segment de droite qui joint deux points X_1 et X_2 de $\Re^n$ est par définition l'ensemble :

$$\{X \in \Re^n \,;\, X = \lambda X_1 + (1-\lambda)X_2,\ 0 \leq \lambda \leq 1\},$$

il s'ensuit qu'une partie C de $\Re^n$ est convexe si et seulement si :

$$\forall\, X_1 \in C,\ \forall\, X_2 \in C,\ \forall\, \lambda \in [0,1],$$
$$\lambda X_1 + (1-\lambda)X_2 \in C.$$

Il résulte de cette définition que *l'intersection de deux ensembles convexes est convexe*, mais cela n'est généralement pas vrai pour leur union.

Convexe (fonction)

Fonction telle que l'ensemble des points se trouvant *au-dessus* de son graphe est CONVEXE. Le graphe d'une fonction convexe fait donc penser à un « creux », ou à un « trou », par opposition à celui d'une fonction CONCAVE, qui a plutôt la forme d'un « mont ».

Cas d'une fonction d'une variable

Une fonction peut être convexe sur tout son ensemble de définition ou sur une partie de celui-ci. Ainsi, une fonction $f(\cdot)$ d'une variable réelle est *convexe sur un intervalle I* de $\Re$ si l'ensemble des points se trouvant au-dessus de son graphe sur cet intervalle est convexe. De cette définition on tire aussi la *propriété fondamentale* suivante :

$$f \text{ convexe sur } I \Leftrightarrow$$
$$\lambda f(x_1) + (1-\lambda)f(x_2) \geq f(\lambda x_1 + (1-\lambda)x_2),$$
$$\forall\, x_1 \in I,\ \forall\, x_2 \in I,\ 0 \leq \lambda \leq 1.$$

Si l'inégalité est stricte, pour $\lambda \neq 0$, $\lambda \neq 1$ et $x_1 \neq x_2$, alors on dit qu'il y a *convexité stricte* sur *I*.

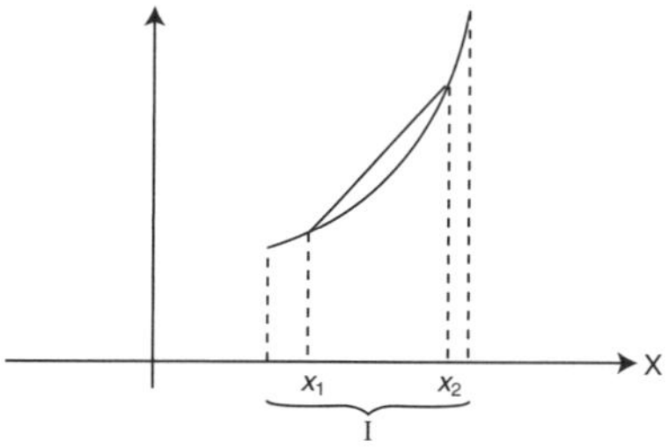

Figure 1

Si la fonction f est, en outre, dérivable (plus précisément de CLASSE C^1) sur l'intervalle I, alors on constate graphiquement que sa courbe représentative sur cet intervalle se trouve toujours *au-dessus* de n'importe laquelle des tangentes à cette courbe. Ce que traduit l'inégalité suivante, qui caractérise donc les fonctions convexes et dérivables (sur un intervalle) :

$$f \text{ (de classe } C^1\text{) convexe sur } I \Leftrightarrow$$
$$f(x_1) - f(x_2) \geq (x_1 - x_2)f'(x_2),$$
$$\forall\, x_1 \in I,\ \forall\, x_2 \in I.$$

Il y a *convexité stricte* si l'inégalité est stricte (pour $x_1 \neq x_2$).

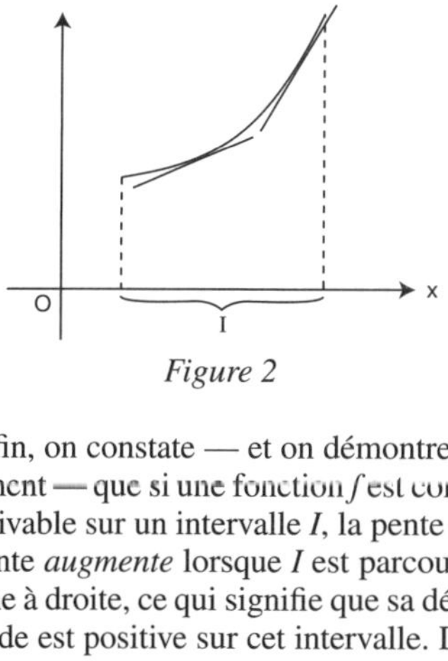

Figure 2

Enfin, on constate — et on démontre, évidemment — que si une fonction f est convexe et dérivable sur un intervalle I, la pente de sa tangente *augmente* lorsque I est parcouru de gauche à droite, ce qui signifie que sa dérivée seconde est positive sur cet intervalle. Donc, si f est de classe C^2 sur I :

$$f \text{ convexe} \Leftrightarrow$$
$$f''(x) \geq 0,\ \forall\, x \in I.$$

La convexité est stricte si l'inégalité est stricte.

Cas d'une fonction de plusieurs variables

Dans ce cas, les deux premières propriétés sont préservées. On remarquera cependant que l'intervalle I est remplacé par une *partie convexe* de l'ensemble de définition de f — partie qu'on notera S — de sorte que si $X_1 \in S$, $X_2 \in S$, $0 \leq \lambda \leq 1$, alors $\lambda X_1 + (1 - \lambda)X_2 \in S$. On utilise ici des majuscules pour les X afin de signaler qu'on est en présence de *vecteurs*, et non plus de nombres.

Ces précisions étant données, on a comme pour les fonctions à une variable :

$$f \text{ convexe sur } S \Leftrightarrow$$
$$\lambda f(X_1) + (1 - \lambda)f(X_2) \geq f(\lambda X_1 + (1 - \lambda)X_2),$$
$$\forall\, X_1 \in S,\ \forall\, X_2 \in S,\ 0 \leq \lambda \leq 1$$

et si f est de classe C^1 sur S :

$$f \text{ convexe sur } S \Leftrightarrow$$
$$f(X_1) - f(X_2) \geq (X_1 - X_2)f'(X_2),$$
$$\forall\, X_1 \in S, \forall\, X_2 \in S.$$

En ce qui concerne la troisième propriété fondamentale, qui a trait aux dérivées secondes, la situation est bien plus complexe, entre autres parce qu'une fonction de n variables comporte n^2 dérivées secondes ; pour établir cette propriété, il faut étudier la matrice HESSIENNE de $f(\cdot)$. Compte tenu de la bien plus grande diversité de figures possibles dans l'espace que dans le plan, on se doute que les conditions à imposer aux dérivées secondes sont nettement plus contraignantes dès qu'on envisage des fonctions de deux variables ou plus (pour plus de détails, voir *Analyse mathématique pour économistes*, de Gabriel Archinard et Bernard Guerrien, *op. cit.*).

Une des propriétés essentielles, pour l'économiste, des fonctions convexes — qui explique pourquoi il accorde une place privilégiée à ce type de fonction — est que si $f(\cdot)$ est de classe C^1 et convexe sur S, alors :

$$f'(X^*) = 0 \Leftrightarrow X^* \text{ est un } \textit{minimum absolu} \text{ de } f \text{ sur } S,$$

où $f'(\cdot)$ désigne le *vecteur des dérivées partielles* de f (son *gradient*). Ainsi, le fait de supposer qu'une fonction est convexe réduit le problème de la détermination de ses extremums à l'étude de la condition du PREMIER ORDRE : $f'(X) = 0$. Cette remarque s'applique aussi dans le cas où le LAGRANGIEN d'un programme est convexe (et donc où la fonction-objectif et les fonctions représentant les contraintes le sont aussi).

Si la convexité est stricte, alors le minimum l'est aussi.

Convexité des préférences

Hypothèse à propos de la RELATION DE PRÉFÉRENCE d'un consommateur qui signifie que celui-ci « préfère les mélanges » de paniers de biens équivalents à ces paniers « tout seuls ». La convexité des préférences implique donc le goût de la diversité ; sur le plan mathématique, elle suppose la divisibilité en parties aussi petites qu'on le veut des paniers de biens (et donc des biens). Comme elle concerne la relation de préférence, elle est une propriété ORDINALE, indépendante de la fonction d'utilité retenue pour représenter cette relation.

La convexité des préférences implique que les COURBES D'INDIFFÉRENCE du consommateur sont CONVEXES et que les fonctions d'utilité associées à sa relation de préférence sont QUASI CONCAVES.

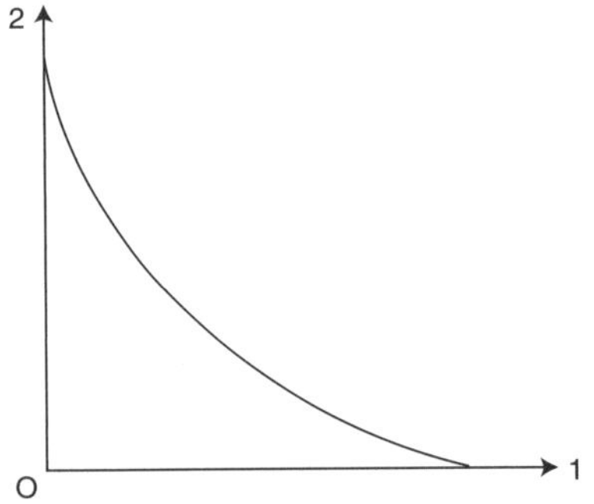

Une courbe d'indifférence
lorsqu'il y a convexité des préférences

Dans la théorie du CHOIX DU CONSOMMATEUR, la convexité des préférences est parmi les propriétés de la relation de préférence qui assurent la *continuité* des fonctions de DEMANDE (concurrentielle) ; cette continuité joue un rôle essentiel dans la démonstration de l'existence d'au moins un ÉQUILIBRE GÉNÉRAL de concurrence parfaite.

Coopération (problème de la)

Problème qui se pose lorsqu'on veut expliquer comment des individus agissent en fonction d'un objectif commun, alors que leur « strict » intérêt personnel leur dicte de ne pas entreprendre cette action. On a mis l'adjectif « strict » entre guillemets parce que les individus gagnent dans le cas où tout le monde coopère relativement au cas où il n'y a pas du tout de coopération, mais chacun pourrait gagner plus en ne coopérant pas *pourvu que les autres le fassent.*

En réalité, il y a une forme ou une autre de coopération dès qu'une société est constituée, c'est-à-dire dès que des individus vivent ensemble sans se faire la guerre perpétuelle. Ainsi, dans la théorie élémentaire de l'échange, celle sur la NÉGOCIATION BILATÉRALE, le fait même que les deux parties acceptent que le taux d'échange soit compris entre leurs taux de RÉSERVE respectifs traduit un désir de coopération. Celui-ci est également présent dans le modèle de la CONCURRENCE PARFAITE, où les individus se plient aux règles imposées par le COMMISSAIRE-PRISEUR (dont la coopération est la raison d'être).

Toutefois, les théoriciens qui abordent le problème de la coopération le font généralement en abstrayant cet aspect des choses (ils supposent la société constituée, sans insister sur ce qu'elle demande de coopération), et s'intéressent aux situations où les individus *ont le choix* entre coopérer et ne pas coopérer. Ils peuvent alors, à la manière d'Adam SMITH, s'appuyer sur l'observation des comportements effectifs des membres des sociétés dans lesquelles ils vivent et constater qu'il y a effectivement coopération (pour Smith, celle-ci résulte d'une combinaison de sentiments élémentaires, présents chez tout le monde, à commencer par la sympathie) ; ils peuvent aussi, à la manière de KEYNES — mais aussi de bien d'autres —, observer que les hommes agissent souvent de façon conventionnelle, ou en respectant un certain nombre de normes. Toutefois, pour le courant NÉO-CLASSIQUE, l'explication des phénomènes économiques et sociaux doit être trouvée au niveau de la maximisation par chacun de sa fonction-objectif (principe de RATIONALITÉ). Pour être « fondée », selon les théoriciens néo-classiques, la coopération doit pouvoir être ramenée à une forme (éventuellement très élaborée) de recherche par chacun des « coopérants » de son intérêt propre. Les débats des années quatre-vingt, et des suivantes, concernant le DILEMME DU PRISONNIER RÉPÉTÉ tournent autour de ce problème de « fondements » de la coopération.

L'analyse de la coopération entre des individus qui n'ont en vue que leur propre intérêt pose en réalité *deux types de problèmes* :
— le problème du PASSAGER CLANDESTIN, qui rend toute coopération impossible (si l'on ne fait pas intervenir « autre chose » dans l'analyse) ;
— le problème du *partage des gains* qui proviennent de la coopération.

C'est l'existence de ces deux problèmes qui explique, du moins en partie, pourquoi la THÉORIE DES JEUX accorde depuis les années soixante-dix une place privilégiée aux CONCEPTS DE SOLUTION non coopératifs.

L'ÉCONOMIE PUBLIQUE est évidemment aussi concernée au premier chef par la coopération. Pour rester dans le cadre de l'économie, l'approche par la RATIONALITÉ LIMITÉE voit en elle un des aspects du *processus* de recherche des solutions les plus « satisfaisantes » aux problèmes que pose la vie en société.

Coopérative (approche)

Approche de la THÉORIE DES JEUX qui prend en compte, en analysant les issues d'un jeu, les éventuelles *coalitions* que peuvent former les joueurs, dans le but d'augmenter leurs gains par rapport à l'issue considérée. Le *principal objectif* de cette approche de la théorie des jeux est de déterminer les issues qui sont, d'une façon ou d'une autre, « stables », dans le sens où l'un (au moins) des joueurs n'est pas incité à la remettre en cause en envisageant de former une coalition avec d'autres qui serait plus avantageuse pour lui et pour eux — sans que soit précisé comment cette coalition peut effectivement se former et comment ses membres partagent les gains entre eux. Les divers CONCEPTS DE SOLUTION proposés en théorie des jeux coopératifs donnent un contenu plus précis, et plus ou moins fort, à cette idée de la stabilité — qui peut être plus ou moins forte, selon les conditions imposées.

La nécessité de prendre en compte toutes les coalitions possibles rend particulièrement lourde la présentation de l'approche coopérative de la théorie des jeux. C'est pourquoi, souvent, elle adopte un point de vue cardinal, en supposant des gains mesurables en « utilité », qui sont en outre *transférables* d'un joueur à l'autre — telle la monnaie, d'où l'utilisation parfois de l'expression « monnaie-*u* » — ce qui permet de les additionner. Dans ces conditions, une coalition peut être caractérisée par un nombre (par exemple, la somme des gains des joueurs, si elle est définie de façon unique, ou le maximum de ces gains).

Alors que, dans l'approche non coopérative, les jeux sont généralement mis sous la FORME STRATÉGIQUE ou sous la FORME EXTENSIVE, dans le cas coopératif, c'est la *forme caractéristique* qui est privilégiée : elle consiste à se donner une fonction, appelée *fonction caractéristique*, qui « caractérise » chaque coalition (généralement par un nombre), de façon à rendre plus facile l'analyse des jeux et la définition des concepts de solution.

La fonction caractéristique

On dit que $v(\cdot)$ est une fonction caractéristique associée à un jeu si elle fait correspondre à chacune de ses coalitions possibles un ensemble ou un nombre, noté $v(S)$, dans le cas de la coalition S. Si $v(S)$ est un nombre, alors on l'appelle *valeur* de la coalition S.

Dans une économie d'échanges, par exemple, on peut prendre pour fonction caractéristique l'application qui fait correspondre à une coalition l'ensemble des vecteurs donnant les utilités des membres de cette coalition, dans les diverses configurations d'échanges possibles (à moins qu'on se limite aux seuls OPTIMUMS DE PARETO). Dans ce cas, la fonction caractéristique (en fait, une *correspondance*) associe à chaque coalition un *ensemble* de vecteurs (d'utilités). La coalition est ainsi « caractérisée », mais par un objet complexe. Pour réduire celui-ci à un nombre, ce qui simplifie beaucoup les analyses, on peut prendre pour $v(S)$ le *maximum de la somme des utilités* des membres de la coalition (en envisageant tous les échanges possibles entre eux). Ce qui suppose notamment que l'utilité est transférable.

La valeur $v(S)$ de la coalition S représente ce que celle-ci peut obtenir au maximum, en tant que telle, globalement (le problème du partage des gains entre les membres de la coalition étant laissé de côté).

Généralement, on suppose que la fonction caractéristique est *superadditive*, ce qui traduit l'idée que la formation de coalitions, ou de « coalitions de coalitions », n'a d'intérêt que si elle permet d'augmenter — ou, du moins, de ne pas diminuer — les gains de ses membres. Dans le cas où $v(\cdot)$ est un nombre, la superadditivité signifie que, quelles que soient les coalitions S et T n'ayant pas d'élément commun, on a :

$$v(S \cup T) \geq v(S) + v(T).$$

Cette propriété est vérifiée dans le cas de l'économie d'échanges : en regroupant des individus, on élargit leurs possibilités d'échanges, et donc les gains qui en résultent.

Ainsi, dans le jeu « de l'offre et de la demande » où A offre un bien — auquel il attribue la valeur x_A — à B et C, qui en sont demandeurs, en lui attribuant les valeurs x_B et x_C, avec $x_A < x_B < x_C$, une représentation sous forme caractéristique de ce jeu est :
$v\{A,B,C\} = x_C$, $v\{A,C\} = x_C$, $v\{A, B\} = x_B$, $v\{B,C\} = x_C$,
$v\{A\} = v_A$, $v\{B\} = 0$, $v\{C\} = 0$.
(on prend, à chaque fois, le gain maximum

pour la coalition, sans préciser comment ce gain est partagé entre ses membres).

Imputations, objections et ensembles stables

Dans la recherche d'issues « stables », les *imputations* constituent un premier concept de solution, minimal. Ce sont des vecteurs de gains réalisables optimaux au sens de Pareto (on ne peut « faire mieux » pour quelqu'un sans affecter au moins quelqu'un d'autre), chacun obtenant au moins autant que s'il ne participait à aucune coalition. Ce concept de solution n'est pas très contraignant, et conduit donc généralement à désigner une multitude de « solutions ». Ainsi, lors du « partage d'un gâteau », toutes les éventualités sont optimales au sens de Pareto (on ne peut donner plus à quelqu'un sans enlever quelque chose à d'autres) ; ce sont donc des imputations.

Pour restreindre l'ensemble de celles-ci, les théoriciens des jeux ont introduit la notion d'*objection* : une imputation X est une objection à la coalition S de l'imputation Y si les membres de S ont un gain dans X supérieur à celui qu'ils obtiennent dans Y. S'il existe au moins une coalition de Y qui soit sujette à objection de la part de X, alors on dit que celle-ci « domine » Y. À l'origine de ces définitions, il y a bien l'idée de stabilité : une imputation « dominée » n'est pas stable, car soumise à l'« objection » des membres de la coalition qui peuvent obtenir un gain (strictement) supérieur dans l'imputation qui la domine. Le CŒUR est alors le concept de solution qui correspond le mieux à cette idée : c'est l'ensemble des imputations dont aucune coalition n'est soumise à objection (où qui ne sont pas dominées par une autre imputation). Dans le cas de l'utilité transférable, les éléments du cœur sont des vecteurs d'utilité $(u_1, ..., u_n)$ tels que :
$\Sigma_{i \in S}\, u_i \geq v(S)$ quelle que soit la coalition S (ce qui traduit bien le fait qu'« on ne peut faire mieux » en formant S). Pour un exemple classique de cœur en économie, voir l'entrée DEBREU-SCARF (théorème de).

Lorsque le cœur existe, il comporte, en règle générale, plus d'un élément : tout en restreignant le nombre de solutions possibles, il n'en désigne toutefois pas une précise. Cette multiplicité des solutions — très souvent, un *continuum* — est la règle générale en théorie des jeux coopératifs.

Le cœur peut aussi ne pas exister. Tel est le cas, par exemple, des jeux à somme nulle, ou à somme constante, auxquels on a longtemps accordé une attention toute particulière. D'où la recherche de concepts de solution moins exigeants que le cœur. Von Neumann et Morgenstern ont ainsi proposé la notion d'*ensemble stable*, ensemble d'imputations tel qu'aucune imputation de cet ensemble n'en domine une autre et tel que toutes les imputations n'appartenant pas à l'ensemble stable sont dominées par au moins une imputation de cet ensemble.

À titre d'exemple, considérons le jeu du partage d'un gâteau de taille égale à 1 entre trois personnes A, B et C, chacune comptant pour une voix, en ayant pour règle celle de la majorité. Comme les coalitions comportant (au moins) deux joueurs emportent le tout, la fonction caractéristique $v(\cdot)$ de ce jeu est telle que :
$v(A,B,C) = 1$, $v(A,B) = 1$, $v(A,C) = 1$, $v(B,C) = 1$, $v(A) = 0$, $v(B) = 0$, $v(C) = 0$.

L'ensemble d'imputations :
$\{(1/2, 1/2, 0), (1/2, 0, 1/2), (0, 1/2, 1/2)\}$,
vérifie les conditions de stabilité de Von Neumann et Morgenstern. En effet, d'une part, aucune imputation de cet ensemble n'en domine une autre (lorsqu'on passe de l'une à l'autre, quelles qu'elles soient, il n'y a qu'un seul joueur qui augmente ses gains). D'autre part, étant donné une imputation (a,b,c) quelconque (avec, évidemment, $a + b + c = 1$), alors deux de ces gains sont forcément inférieurs à 1/2 — sinon la somme des gains serait supérieure à 1 —, de sorte que cette imputation est dominée par un des éléments de l'ensemble stable.

Un ensemble stable étant un *ensemble* d'imputations, il ne fournit pas une « solution », mais *trois*. Laquelle prévaudra, ou laquelle choisir ? Le concept de solution retenu ne permet pas de répondre à cette question.

A la multiplicité des imputations d'un ensemble stable s'ajoute la multiplicité des ensembles stables eux-mêmes. En effet, l'ensemble des imputations de la forme (k,b,c), où k est une constante comprise entre 0 et 1/2 (strictement), est aussi un ensemble stable. En effet, aucune de ces imputations n'en domine une autre (le gain total de b et c étant égal à $1 - k$: ce que l'un gagne, l'autre le perd) et toute imputation (a',b',c') en dehors de l'ensemble stable est dominée par l'un de ses éléments (si $a' > k$, alors $b' + c' < 1 - k$, et donc il existe une imputation de l'ensemble stable, (k, b, c), telle que $b > b'$ et $c > c'$, c'est-à-dire qui domine (a',b',c').

Si $a' < k$ et $b' \leq c'$, alors $(k, 1-k, 0)$ domine (a',b',c') et si $a' < k$ et $c' \leq b'$, alors $(k, 0, 1-k)$ domine (a',b',c').

Les ensembles d'imputations de la forme (a,k,c) et (a,b,k), où k est compris entre 0 et 1/2, sont aussi des ensembles stables. En fait, on est en présence d'une infinité (un *continuum* même) d'ensembles stables (puisque k peut prendre n'importe quelle valeur entre 0 et 1/2), qui sont eux-mêmes formés d'une infinité d'éléments. Il y a donc pléthore de solutions.

L'existence de plusieurs ensembles stables irait dans le sens, selon Von Neumann et Morgenstern, de ce qu'on peut observer autour de soi, où on constate des formes d'organisation sociale très diverses, qui résultent de « normes de comportement » (*standards of behavior*) très différentes. Ainsi, le premier ensemble stable correspondrait à l'idée de « partage équitable » des gains au sein d'une coalition, les autres à celle de l'existence d'un « secteur protégé ».

Objections, contre-objections et autres concepts de solution

Les ensembles stables de Von Neumann et Morgenstern ne le sont que relativement, car certaines de leurs imputations peuvent être elles-mêmes dominées. Ainsi dans le cas du partage, l'imputation (1/2, 1/2, 0) est dominée par (3/4, 0, 1/4), que A propose à C, au détriment de B. Mais, évidemment, on peut s'attendre à ce que ce dernier réagisse, en faisant une contre-proposition à C, par exemple (0, 2/3, 1/3), de sorte que A soit finalement perdant. L'existence de « contre-objections » à une objection faite en envisageant une coalition est donc un facteur de « stabilité » (dans notre exemple, A peut penser que mieux vaut « ne rien faire »).

D'où l'idée d'introduire plus formellement l'idée de « contre-objection » de A à l'« objection » de B : à une coalition S qui le lèse, il y a contre-objection de A s'il a la possibilité de riposter en proposant une nouvelle coalition S', ne comprenant pas B mais certains membres de S auxquels il est proposé un gain supérieur à celui qu'ils pourraient avoir dans cette coalition, les autres membres de S'(qui ne font pas partie de S) se voyant garantir un gain au moins aussi important que dans la situation initiale (avant l'objection). L'idée sous-jacente à ce concept est que A cherche à « contrer » toute proposition de B en « corrompant » les membres de la coalition que celui-ci pourrait former en le lésant.

De nouveaux concepts de solution ont été proposés en utilisant la notion de contre-objection. Tel est le cas de l'*ensemble de marchandage* formé par les imputations des ensembles stables pour lesquelles il n'y a pas de contre-objections. Ainsi, dans le cas du « partage du gâteau », l'ensemble de marchandage se réduit à l'imputation égalitaire : (1/3, 1/3, 1/3).

Les contre-objections peuvent en fait prendre plusieurs formes, plus ou moins fortes ; d'où l'existence d'autres concepts de solution, généralement plus restrictifs que l'ensemble de marchandage (et qui supposent des comparaisons interpersonnelles d'utilité) : le noyau, le *nucleolus*, la valeur de Shapley (pour plus de détails, voir *A Course in Game Theory* de Martin Osborne et Ariel Rubinstein, The MIT Press, 1994).

À propos de l'idée de « stabilité »

L'approche coopérative de la théorie des jeux est essentiellement axée sur la recherche de concepts de solution qui désignent des situations caractérisées par une certaine forme de « stabilité ». La référence à la stabilité peut toutefois être à l'origine de confusions sur ce que fait la théorie — sur la nature des « solutions » qu'elle propose. En effet, habituellement, quand on parle de stabilité, on pense à un *processus*, à une évolution dans le temps, qui converge vers une situation où, par définition, « rien ne bouge » — situation qualifiée alors d'« équilibre ». Or, rien de tel ici : le point de vue adopté consiste à choisir des imputations et à voir si les joueurs y ont l'occasion, ou pas, de former des coalitions leur permettant d'augmenter leurs gains — sans préciser comment ils pourraient effectivement y parvenir. En fait, comme cela est *toujours le cas* en théorie des jeux, le propos est de chercher à privilégier certaines issues, qualifiées de « solutions » du jeu, en raison de propriétés qui semblent intéressantes au modélisateur — ici, la « stabilité », dans le sens d'absence d'incitation à contester les gains obtenus. Après avoir choisi ces propriétés (dont l'ensemble forme un concept de solution), le théoricien cherche alors à déterminer et caractériser les issues qui les vérifient, si elles existent. Il raisonne *à partir d'elles* (par exemple, en se situant dans le cœur), sans dire comment les joueurs y sont « parvenus ». Il est toutefois difficile de ne pas penser qu'elles sont le résultat d'un processus — avec marchandages, formation et rupture de coalitions, etc. —, mais la théorie n'envisage même pas un tel processus, qui ne peut être que très compliqué, et qui risque d'affecter les solutions elles-mêmes. Cette remarque vaut aussi pour l'approche non coopérative de la théorie des jeux ; celle-ci utilise d'ailleurs le mot « équilibre » (de Nash, en stratégies dominantes, parfait, etc.) pour désigner ses concepts de solution, probablement parce qu'ils apparaissent plus comme des « points » (combinaison de stratégies) que comme des ensembles d'imputations ou de coalitions. Mais ce ne sont là que des aspects techniques : dans l'un et l'autre cas, l'accent est mis sur les situations qui sont censées « ne pas bouger ».

Sur la portée de la théorie des jeux coopératifs

L'utilisation du mot « coopératif » à propos de la théorie des jeux, ou de l'une de ses versions, est une source de confusion, dans la mesure où elle laisse entendre que cette théorie concernerait des situations où des individus coopéreraient en faisant fi, du moins en partie, de leur intérêt personnel (représenté ici par leurs gains). Or, il n'en est rien : si la « coopération » est envisagée par un joueur, quel qu'il soit, c'est dans le cadre de coalitions qui ont pour but d'augmenter ses gains. En fait, ces coalitions sont généralement virtuelles, hypothétiques, le problème de leur formation effective n'étant pas abordé. Elles relèvent de la menace que peut utiliser un joueur : « Si vous ne me donnez pas plus, alors je vais m'allier avec d'autres, et vos gains diminueront. » A cette menace peuvent s'opposer d'autres menaces, plus ou moins élaborées ou crédibles, d'où la multiplicité des concepts de solution. L'approche « coopérative » de la théorie des jeux — qu'il vaudrait mieux appeler théorie des jeux « avec coalitions » — cherche donc à isoler des ensembles d'imputations où les diverses « menaces » (potentielles) se compensent, d'une certaine façon, de sorte qu'une situation « stable » en résulte. Mais à la base de ces menaces, il y a la recherche du gain maximum par chacun des joueurs : la démarche est fondamentalement la même que celle de la théorie NÉO-CLASSIQUE.

Lorsqu'on consulte les ouvrages qui présentent l'approche coopérative de la théorie des jeux (par exemple, celui de Martin Shubik, *Théorie des jeux et sciences sociales,* Economica, 1982), on est tout de suite frappé par l'importance et la diversité des concepts de solution proposés — sans parler de leur lourdeur, notamment au niveau des écritures, inhérente à la prise en compte des coalitions. A cela s'ajoute le fait que les solutions caractérisées par ces concepts sont généralement des *ensembles infinis de points* — presque toujours des *continuums* —, de sorte que le rêve de tout modélisateur de désigner LA solution du problème traité est très loin d'être réalisé. Ce caractère à la fois multiforme et flou des résultats de l'approche coopérative de la théorie des jeux explique en bonne partie pourquoi l'approche non coopérative occupe une place prédominante, pour ne pas dire hégémonique, dans les analyses économiques qui font appel à la théorie des jeux : elle a l'avantage (pour le théoricien) de proposer un concept de solution — l'équilibre de NASH — qui, sans être unique, est central, et qui désigne en général un ou quelques « points » (ensemble de stratégies), que le théoricien va privilégier. Évidemment, le recours à l'équilibre de Nash oblige d'introduire les *croyances* des joueurs — ce que Von Neumann voulait éviter à tout prix — et pose de façon aiguë le problème du statut (descriptif ? normatif ? ni l'un ni l'autre ?) de ce concept de solution, alors que ceux de l'approche coopérative ont, en règle générale, pour vocation à être descriptifs (indépendamment du fait qu'ils le sont ou pas).

Courbe d'indifférence

Elle relie dans le plan cartésien les PANIERS DE BIENS (à deux éléments) qui procurent la même satisfaction — ou UTILITÉ — à un consommateur (ou, ce qui est la même chose, que celui-ci considère comme équivalents du point de vue de sa RELATION DE PRÉFÉRENCE). Autrement dit, si deux paniers de biens se trouvent sur une même courbe d'indifférence d'un consommateur, il est « indifférent » pour lui de détenir l'un ou l'autre, du point de vue de son usage personnel. Comme une courbe d'indifférence peut être obtenue à partir de la seule relation de préférence, elle est un concept ORDINAL, indépendant du choix de la fonction d'utilité retenue pour représenter cette relation.

La forme des courbes d'indifférence découle des goûts du consommateur. Ainsi, si celui-ci préfère toujours « consommer plus que moins » de n'importe quel bien (il n'est jamais « saturé »), alors ses courbes d'indifférence sont décroissantes. Si cette hypothèse de « non-saturation » (ou de monotonie) est vérifiée, alors toute courbe d'indifférence partage le cadran positif du plan en *deux parties* : la partie supérieure, « au-dessus » de la courbe d'indifférence, qui donne les paniers de biens *strictement préférés* à ceux qui se trouvent sur la courbe d'indifférence, et la partie inférieure, « en dessous » de cette courbe, dont les paniers sont moins prisés que ceux de la courbe.

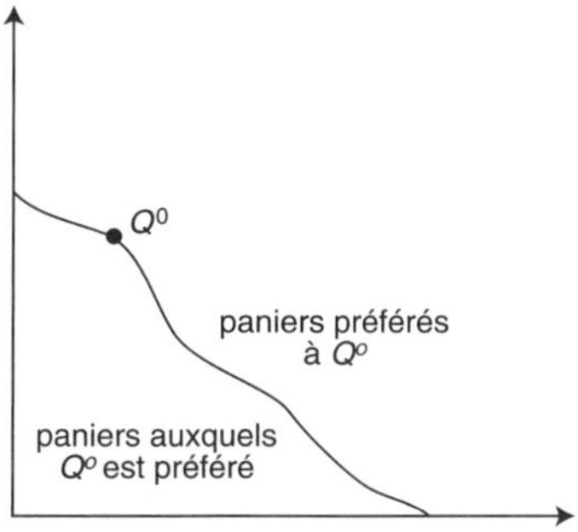

La *pente* en un point d'une courbe d'indifférence est donnée — au signe près — par le TAUX MARGINAL DE SUBSTITUTION du consommateur en ce point ; elle représente le *taux d'échange* entre les deux biens considérés qui permet au consommateur de rester sur la même courbe d'indifférence (l'échange n'améliore ni ne détériore sa satisfaction).

Du point de vue de la seule relation de préférence du consommateur, les courbes d'indifférence sont les *classes d'équivalence* associées à cette relation. Si la relation de préférence est TRANSITIVE, alors des courbes différentes ne peuvent se couper ; car si elles le faisaient, les paniers de l'une et ceux de l'autre seraient — par définition — équivalents au panier qu'elles ont en commun, et par conséquent ces paniers seraient équivalents entre eux (par transitivité) ; ils devraient donc *tous* appartenir à la *même* courbe d'indifférence, contrairement à l'hypothèse de départ selon laquelle on considère des courbes *différentes*.

L'ensemble des courbes d'indifférence d'un consommateur est appelé *carte d'indifférence*, par analogie avec les cartes géographiques — l'« altitude » étant donnée ici par l'utilité que procure chaque panier de biens.

Lorsqu'une relation de préférence est représentée par une fonction d'UTILITÉ $U(\cdot)$, alors les courbes d'indifférence sont les *courbes de niveau* de cette fonction. Ce sont donc des représentations graphiques des fonctions IMPLICITES définies par des équations de la forme :

$$U(q_1, q_2) = U^o,$$

où U^o est une utilité donnée (mais qui peut être quelconque). Si l'on note $\varphi(\cdot)$ la fonction implicite passant par le panier (a, b) (cette fonction est donc telle que $\varphi(a) = b$, avec $U(a, b) = U^o$), alors si $U(\cdot)$ est dérivable en (a, b) (et si $U'_{q2}(a, b) \neq 0$), il résulte du théorème des fonctions implicites que la pente de la courbe d'indifférence qui passe par le point (a, b) est donnée, au signe près, par le rapport des UTILITÉS MARGINALES en ce point. Soit :

pente de la courbe d'indifférence en (a, b) :

$$\varphi'(a) = -\frac{U'_{q1}(a, b)}{U'_{q2}(a, b)}.$$

Par définition, cette pente donne, au signe près, le taux marginal de substitution entre les biens 1 et 2 lorsque le consommateur détient le panier (a, b).

Si 1 et 2 désignent le même bien, mais disponible à des dates différentes, alors les courbes d'indifférence et leurs taux marginaux de substitution sont qualifiés d'INTERTEMPORELS.

Courbe de contrat

Courbe qui relie, dans un DIAGRAMME D'EDGEWORTH, les points (affectations des ressources) qui représentent les OPTIMUMS DE PARETO de l'économie décrite dans le diagramme. L'expression « courbe de contrat », proposée par Edgeworth, s'explique de la façon suivante : deux individus qui cherchent à effectuer une transaction (et donc à « passer un contrat ») ne veulent laisser subsister aucune occasion d'échanges mutuellement avantageux et ne peuvent donc s'entendre que sur une issue qui soit optimale au sens de Pareto. Autrement dit, le fait de se trouver sur la courbe de contrat est une *condition nécessaire* imposée par le modélisateur à toute solution du problème de l'échange. Mais ce n'est évidemment pas une condition suffisante, puisque en règle générale la courbe de contrat comporte une infinité de points.

Si l'échange est volontaire, aucun des individus n'accepte d'effectuer une transaction qui le conduit à un niveau d'utilité inférieur à celui auquel il parvient sans faire d'échanges (c'est-à-dire à son niveau d'utilité de RÉSERVE) ; l'ensemble des points de la courbe de contrat tels que l'utilité de chacun des individus y soit supérieure à son niveau de réserve est le CŒUR de l'économie, pour des dotations initiales données (dans la figure ci-dessous, la courbe de contrat est donnée par la courbe qui joint O_A à O_B et le cœur relatif aux dotations initiales représentées par le point Q^o est formé par le « segment » *MN* de cette courbe).

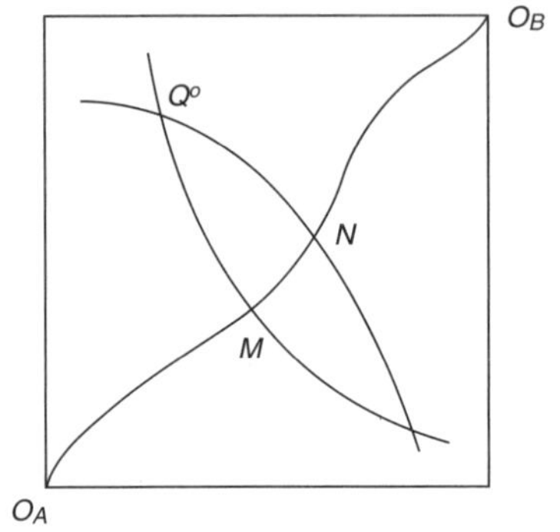

Courbe de niveau

Ensemble de couples (x_1, x_2) qui vérifient une équation de la forme :

(1) $$f(x_1, x_2) = c,$$

où c est une constante qui caractérise le « niveau » de la fonction $f(\cdot)$. On parle de « niveau » par référence aux cartes de géographie, où des points situés à une même altitude (le « niveau ») sont reliés entre eux. En théorie économique, les courbes de niveau les plus connues sont les COURBES D'INDIFFÉRENCE et les ISOQUANTES.

On peut voir dans une courbe de niveau le graphe d'une fonction, du moins pour certaines « portions » de la courbe (celles où, par exemple, à des valeurs « contiguës » de x_1 correspond une et une seule valeur de x_2). Cette fonction est définie de façon IMPLICITE par l'équation qui caractérise la courbe de niveau [équation (1)]. Si on la note $\varphi(\cdot)$, avec $x_2 = \varphi(x_1)$, alors la courbe de niveau est telle que :

$$f(x_1, \varphi(x_1)) = c.$$

Le *théorème des fonctions implicites* assure, sous certaines conditions, l'existence de la fonction $\varphi(\cdot)$, qui est définie au voisinage d'un point (a, b) qui se trouve sur la courbe de niveau [on a donc $f(a, b) = c$ et $\varphi(a) = b$].

Courbe en J

En théorie du COMMERCE INTERNATIONAL, représentation schématique de l'évolution de la balance commerciale d'un pays suite à une dévaluation de sa monnaie (en supposant que la condition de MARSHALL-LERNER sur les élasticités des importations et des exportations de ce pays est vérifiée). La partie décroissante de la courbe, entre l'instant t_0 où la dévaluation a lieu et l'instant t_1 — où elle atteint son minimum — s'expliquerait par l'*inertie* des comportements et de la production, les exportations prenant un certain temps à augmenter, tandis que les importations (à un coût plus élevé en monnaie nationale) continuent sur leur lancée, tout en étant peu à peu remplacées par la production locale ; c'est l'essor progressif de celle-ci qui est à l'origine du « retournement » de la courbe, et de sa partie croissante, qui correspond à une substitution des importations par la production locale et à une hausse des exportations — à une valeur moindre, il est vrai, mais l'effet quantité finit par compenser l'effet prix.

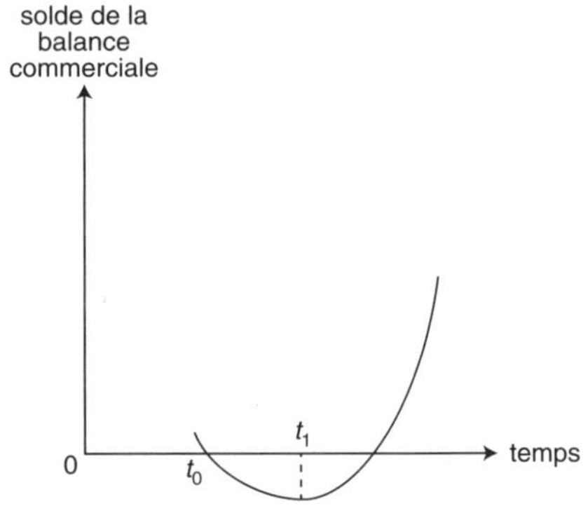

Critiques

Elles sont multiples. Ainsi, une partie des importations peut être incompressible — du moins dans des délais « raisonnables » —, parce que non substituable par la production locale (produits agricoles, produits miniers ou pétroliers, machines très spécialisées, etc.) ; la dévaluation entraîne donc une hausse non négligeable des prix du pays qui la fait, ce qui va à l'encontre de l'effet recherché ; en outre, les producteurs nationaux peuvent ne pas avoir intérêt à diminuer leurs prix à l'exportation, préférant gagner plus (en monnaie nationale) par unité vendue qu'augmenter la quantité de leurs ventes. Le solde de la balance commerciale se détériorant encore plus — sans redressement en vue —, une nouvelle dévaluation peut se trouver être nécessaire, et ainsi de suite. Au lieu d'une courbe en J, on se trouve face à une courbe constamment décroissante.

Les *mouvements de capitaux* peuvent aussi empêcher que se réalise le phénomène que traduit la courbe en J, en raison de la pression à la hausse qui s'exerce sur les *taux d'intérêt*, et donc sur les prix — sans parler des conséquences sur l'investissement et donc, à plus long terme, sur les capacités de production. A cela s'ajoute la politique des entreprises qui sont implantées dans plusieurs pays et qui peuvent en quelque sorte « amortir » les effets de la dévaluation. En fait, la situation est bien plus complexe que celle décrite par la courbe, qui apparaît surtout comme un cas d'école.

Cournot (duopole de)

Modèle du DUOPOLE qui a d'abord été proposé par Augustin Cournot (1801-1877). Il décrit une situation dans laquelle deux entreprises (appelées *duopoleurs*) produisent et offrent un même bien, sur la base de CONJECTURES à la Cournot (« l'offre de l'autre est considérée comme une donnée, indépendante de mon propre choix ») ; la CONCURRENCE PARFAITE caractérise le reste de l'économie ; une procédure d'ajustement (qui peut être le fait d'un commissaire-priseur) associe aux offres des entreprises un prix qui égalise l'offre et la demande (globales) du bien ; enfin, la fonction de demande est supposée connue des duopoleurs.

Le modèle du duopole de Cournot représente donc une *économie très centralisée*, qui a de nombreuses similitudes avec celle de la concurrence parfaite (la seule différence tient à la présence des duopoleurs, sur lesquels le modélisateur concentre son attention). On peut même considérer que la centralisation est plus forte qu'en concurrence parfaite, puisque les duopoleurs sont supposés connaître la *fonction* de demande du bien qu'ils produisent, alors que le commissaire-priseur du modèle de concurrence parfaite n'est informé que des demandes (et des offres) des agents, aux prix qu'il propose. Si le commissaire-priseur demeure quand même indispensable, c'est que le modèle suppose que les choix des agents portent sur des *quantités*, offertes ou demandées ; il faut donc quelqu'un d'autre qu'eux pour afficher des prix (et pour confronter l'offre et la demande globales).

Les fonctions de réaction des duopoleurs

Au moment où il doit choisir son offre, un duopoleur cherche à anticiper la réaction de son concurrent ; l'anticipation qu'il fait dépend de ses *conjectures* sur le comportement de l'autre. Dans le modèle de Cournot, les conjectures des duopoleurs sont très simples : chacun pense que les variations de son offre laissent inchangée l'offre de l'autre. Ainsi, si l'on appelle A et B les deux entreprises, cette hypothèse signifie que A pense que la quantité q_B offerte par B ne dépend pas de sa propre offre, q_A ; de même B pense que l'offre de A n'est pas influencée par sa propre offre.

Les duopoleurs connaissent, par hypothèse, la demande du bien. Étant donné la forme de leurs conjectures, ils vont considérer que la demande qui s'adresse à chacun d'eux est obtenue en déduisant de la demande totale celle qui s'adresse à l'« autre ». Ils vont donc raisonner comme s'ils étaient en situation de MONOPOLE, face à leurs demandes « résiduelles » respectives. Si les hypothèses habituelles sont vérifiées (coût marginal croissant, fonction de demande décroissante), les résultats de la théorie du monopole s'appliquent.

Par conséquent, *l'offre qui maximise le profit de l'entreprise A pour une offre q_B donnée de l'entreprise B est telle que la recette marginale de A par rapport à la demande qui s'adresse à elle est égale au coût marginal.*

Si l'on note $p(q_A + q_B)$ le prix qui égalise la demande globale à l'offre globale lorsque celle-ci est égale à $q_A + q_B$, alors la recette marginale de A est donnée par la dérivée relativement à q_A de sa recette, $q_A p(q_A + q_B)$, la quantité q_B étant considérée par A comme une donnée, indépendante de son offre q_A (puisqu'elle fait des conjectures à la Cournot). La condition de profit maximal de A pour q_B donné :

recette marginale de A pour q_B donné
= coût marginal

s'écrit :

(1) $p(q_A + q_B) + q_A p'(q_A + q_B) = C'_A(q_A)$.

Si l'équation (1) a une solution (positive) en q_A — ce qu'on supposera par la suite —, alors cette solution dépend de la valeur de q_B ; autrement dit, elle est *fonction* de q_B, au sens mathématique du terme ; on appelle *fonction de réaction* cette fonction, que l'on notera $r_A(\cdot)$. Ainsi, lorsque B offre q_B, A « réagit » en offrant $r_A(q_B)$.

On définit de la même façon la fonction de réaction de B : à une offre q_A de A, B réagit en proposant une quantité $r_B(q_A)$ de bien.

On peut remarquer dès à présent que dans la mesure où ces fonctions ne sont pas constantes — et il n'y a aucune raison pour qu'elles le soient —, les conjectures qui ont servi à les établir sont forcément erronées (chaque entreprise pense que l'autre ne réagit pas à ses propres offres, alors que c'est le contraire qui arrive).

L'équilibre

A une offre q_A de l'entreprise A correspond, « en réaction », une offre $r_B(q_A)$ de l'entreprise B ; et à cette offre va correspondre, également « en réaction », une offre $r_A(r_B(q_A))$ de A. Si cette offre n'est pas égale à l'offre « de départ » q_A — ce qui est généralement le cas —, alors B va modifier son choix, ce qui conduira A à faire de même, et ainsi de suite. Il n'y a donc pas équilibre, puisque les choix sont constamment modifiés. Par conséquent, pour qu'il y ait équilibre, il faut que l'offre q_A de A soit telle que :

$$r_A(r_B(q_A)) = q_A,$$

et que l'offre q_B de B soit telle que :

$$r_B(r_A(q_B)) = q_B.$$

Ainsi, un équilibre (q_A^* , q_B^*) est un POINT FIXE de la fonction de $\mathcal{R}_+^2$ dans $\mathcal{R}_+^2$:

$$(r_A(r_B(\cdot)), r_B(r_A(\cdot)).$$

Il est donc tel que :

$$\begin{cases} q_B^* = r_B(q_A^*) \\ q_A^* = r_A(q_B^*) \end{cases}$$

Il ressort de ces deux dernières égalités que si l'on trace dans un plan — où l'offre de A est en abscisses et celle de B en ordonnées — les courbes de réaction de A et de B, alors le couple d'équilibre (q_A^*, q_B^*) est donné par l'intersection de ces courbes.

A l'équilibre, les conjectures de A et de B sont apparemment confirmées puisque, par exemple, A fait son offre q_A^* en s'attendant à l'offre q_B^* de B et il constate que telle est effectivement l'offre de B. De même pour B. Rien n'incite donc A et B à réviser leurs conjectures ; pourtant celles-ci sont fausses, puisque aussi bien A que B réagissent aux propositions de leur concurrent (ce qu'on traduit habituellement en représentant les fonctions de réaction par des courbes strictement décroissantes).

L'équilibre du modèle de Cournot est un équilibre de NASH, puisque si A choisit q_A^* et B q_B^* , aucune des deux entreprises ne regrette sa décision, qui permet à chacune d'entre elles de maximiser son profit, compte tenu du choix de l'autre.

En ce qui concerne l'*existence de l'équilibre*, il n'est pas possible d'apporter une réponse précise tant que l'analyse est d'équilibre partiel, comme c'est le cas ici ; tout dépend du choix de la fonction de demande, qui détermine — entre autres — la forme des fonctions de réaction. Ainsi, les trois éventualités suivantes peuvent être envisagées :

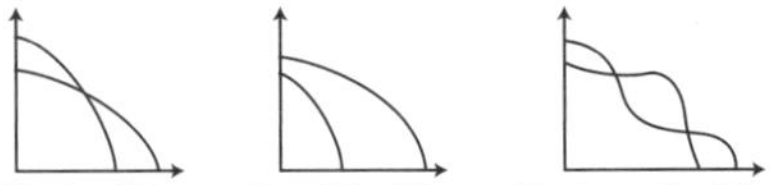

Un equilibre Pas d'équilibre Plusieurs équilibres

Si l'on adopte une approche en ÉQUILIBRE GÉNÉRAL, alors l'existence de l'équilibre du modèle de Cournot n'est pas assurée — comme elle ne l'est pas dans le modèle du monopole, et pour des raisons semblables.

Équilibre de Cournot et optimalité

A l'équilibre du modèle de Cournot, chaque entreprise agit comme un monopole relativement à la demande qui s'adresse à elle ; si l'on suppose que celle-ci est décroissante, alors on en déduit — comme dans le cas du monopole — que l'équilibre considéré n'est pas un OPTIMUM DE PARETO.

Toutefois, l'habitude a été prise d'envisager le problème de l'optimalité de l'équilibre du duopole en se restreignant au point de vue des seules entreprises qui constituent celui-ci — point de vue qui est généralement opposé à celui du « reste de la société », et notamment à celui des utilisateurs du produit fourni par le duopole. Or, même si l'on s'en tient au critère de Pareto « restreint » aux seules entreprises, l'équilibre de Cournot n'est pas « optimal » (en supposant toujours que la fonction de demande est décroissante). En effet, les deux entreprises peuvent, à partir de l'équilibre, augmenter toutes deux leur profit ; pour cela il suffit qu'elles limitent *conjointement* et légèrement leur offre de façon que le prix augmente, et leurs recettes avec, malgré des ventes un peu inférieures (l'« effet stock » de la hausse de prix qui concerne la *totalité* des unités vendues l'emporte sur l'effet « perte de clientèle », qui ne joue qu'à la marge). Le fait que les entreprises agissent conjointement est ici essentiel, car

La détermination de l'équilibre du duopole de Cournot

Cournot concevait l'équilibre de son modèle comme le résultat d'un *processus* dans lequel les duopoleurs réagissent successivement aux offres de leur concurrent ; l'un et l'autre sont alors caractérisés par une fonction de RÉACTION, qui se déduit de leur fonction de coût et de leurs CONJECTURES, ainsi que de la fonction de demande du bien offert. Si l'on note $r_X(\cdot)$ *la fonction de réaction du duopoleur X*, et si l'on appelle *A* et *B* les deux duopoleurs, alors ce processus peut être décrit de la façon suivante : *A* commence par faire une offre, q_A^0, à laquelle *B* réagit en proposant q_B^1 $(= r_B(q_A^0))$, ce qui incite *A* à modifier ses plans et à faire une nouvelle offre q_A^2 $(= r_A(q_B^1))$, et ainsi de suite. La figure 1 donne un exemple de ce processus, dont l'équilibre (q_A^*, q_B^*) est un POINT FIXE.

Le processus de recherche de l'équilibre imaginé par Cournot est « intuitivement parlant » ; il soulève pourtant *trois objections* :

— *il se peut que ce processus ne converge pas* ; tel est le cas si, dans la figure 1, on permute les courbes de réaction ; or, il n'y a pas de raison *a priori* de privilégier l'une ou l'autre situation ;

— *le processus a lieu dans un temps fictif* : il n'y a pas de production tant que l'équilibre n'est pas atteint (sinon il s'arrêterait « tout de suite », puisqu'il suppose à chacune de ses étapes qu'il y a égalité de l'offre et de la demande) ; de ce point de vue, la situation ressemble à celle du TÂTONNEMENT walrasien ;

— *en cours de processus, les duopoleurs s'aperçoivent que leurs conjectures sont fausses*, puisque tous deux constatent que leur concurrent réagit à leurs offres alors qu'ils s'attendent à ce qu'il ne le fasse pas ; pourtant, ils continuent à faire leurs propositions tout au long du processus comme si de rien n'était, sans modifier leurs conjectures. Leur comportement n'est pas rationnel.

L'existence de ces objections explique pourquoi l'analyse privilégie les équilibres et demeure vague sur le processus qui peut y conduire. Mais ce n'est pas là quelque chose de propre au modèle de Cournot.

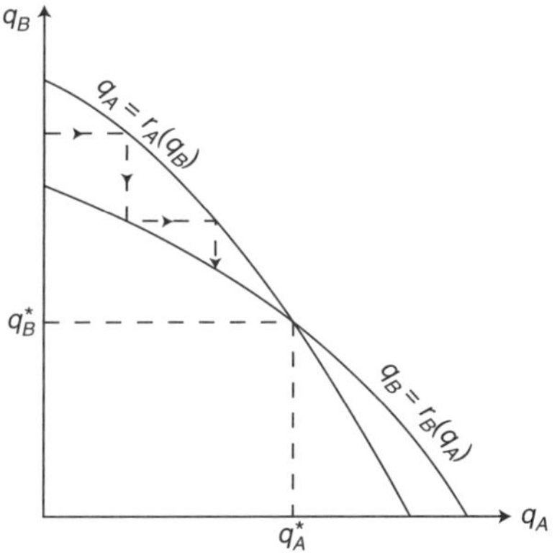

Figure 1. — Le « processus de Cournot »

si une seule d'entre elles décidait de diminuer son offre, la hausse de prix serait moindre et ne profiterait qu'à l'autre entreprise — qui, outre le fait qu'elle vendrait plus cher la même quantité, récupérerait une partie de la demande auparavant servie par son concurrent (pour une démonstration plus précise, voir l'encadré « Le duopole de Cournot, les calculs », p. 120).

Le cas idéal pour les duopoleurs — mais pas pour leurs clients — est celui où ils fusionnent pour former un monopole (un cartel), avec deux unités de production. Pour que le profit total soit maximal, il faut que la production soit répartie entre ces unités de façon qu'elles aient le même coût marginal. Dans le cas contraire, le cartel aurait intérêt à transférer une partie de la production de l'entreprise dont le coût marginal est le plus élevé à celle où il est le plus faible ; le coût marginal « commun » est alors lui-même égal à la recette marginale, comme cela est toujours le cas avec le monopole (pour plus de détails, voir l'encadré cité ci-dessus).

Toutefois, la collusion entre les duopoleurs soulève deux objections importantes :

— elle laisse ouverte la question du *partage du profit supplémentaire* qu'elle permet ;

— *elle n'est pas d'équilibre*, puisque chaque partie a intérêt à ne pas respecter l'accord, si l'autre le respecte, et donc à profiter du prix plus élevé qui résulte de la restriction de l'offre (par l'autre).

Pour ces raisons, l'entente — ou la « coopération » — entre les membres du duopole n'apparaît pas comme une solution viable du modèle (elle n'en est pas un équilibre). On est ici en présence d'une situation du type DILEMME DU PRISONNIER, où des individus gagneraient à s'entendre mais où ils ne le font pas car ils se méfient l'un de l'autre.

La concurrence parfaite en tant que cas limite du modèle de Cournot

Comme cela a déjà été signalé, le cadre général du modèle de Cournot est très proche de celui de la concurrence parfaite (forte centralisation, choix des agents portant sur des quantités, prix établis par un commissaire-priseur). La principale différence réside dans le fait qu'un bien est produit par deux entreprises seulement, et que celles-ci en tiennent compte au moment où elles formulent leurs offres de ce bien.

Supposons maintenant qu'au lieu de deux entreprises le modèle en comporte n, qui agissent de la même façon que les duopo-

Le duopole de Cournot : les calculs

On appelle A et B les duopoleurs ; soit q une quantité du bien produit et $C_X(q)$ son coût de production pour l'entreprise X ($X = A, B$). Si la fonction de demande du bien est $d(\cdot)$, et si l'on suppose que le prix p égalise l'offre et la demande globales, alors on doit avoir :

$$d(p) = q_A + q_B,$$

où q_X est l'offre de l'entreprise X ($X = A, B$).

D'où, si l'on suppose que la fonction $d(\cdot)$ est strictement décroissante :

$$p = d^{-1}(q_A + q_B).$$

Comme le prix p dépend des offres des deux entreprises, nous le noterons $p(q_A, q_B)$. Il est, comme la fonction de demande, une fonction strictement décroissante de q_A et de q_B. Le profit $\pi_A(q_A, q_B)$ de l'entreprise A, lorsque l'offre globale est $q_A + q_B$ et lorsque le prix est tel qu'il égalise l'offre et la demande, est :

$$\pi_A(q_A, q_B) = q_A p(q_A, q_B) - C_A(q_A).$$

D'où la *condition du* PREMIER ORDRE, pour des conjectures à la Cournot (A considère que l'offre q_B de B est indépendante de son offre, q_A) :

$$(1) \qquad (\pi_A)'_{q_A}(q_A, q_B) = p(q_A, q_B) + q_A p'_{q_A}(q_A, q_B) - C'_A(q_A) = 0.$$

L'équation (1) définit une *relation implicite* entre q_A et q_B, qu'on appelle *fonction de réaction* de A, et qu'on notera par la suite $r_A(\cdot)$ [à l'offre q_B de B, A réagit en proposant $r_A(q_B)$].

On détermine de la même façon la fonction de réaction de B, $r_B(q_A)$.

On peut remarquer que lorsque le nombre d'entreprises augmente, à demande inchangée, l'offre q_A de l'entreprise A diminue (puisque la demande qui s'adresse à elle diminue) ; donc $q_A p'_{q_A}(q_A, q_B)$ en fait de même ; « à la limite », lorsque le nombre d'entreprises tend vers l'infini, ce terme s'annule et la condition (1) se réduit à l'égalité : prix = coût marginal, typique de la CONCURRENCE PARFAITE.

Un exemple numérique

Supposons que $C_A(q) = q^2$, $C_B(q) = \alpha q$ et que $d(p) = a - p$ ($\alpha > 0$, $a > 0$).

Pour des offres q_A et q_B données, le prix qui égalise l'offre et la demande globales est, par hypothèse, tel que :

$$p(q_A, q_B) = a - q_A - q_B.$$

Pour une offre q_A, la recette de l'entreprise A est : $q_A(a - q_A - q_B)$. Sa recette marginale (pour q_B donné) est donc : $a - 2q_A - q_B$. La condition de profit maximal (recette marginale = coût marginal) s'écrit donc :

$$a - 2q_A - q_B = 2q_A.$$

D'où la *réaction* de A à l'offre q_B de B :

$$r_A(q_B) = \frac{a - q_B}{4}.$$

On obtient de même la réaction de B à l'offre q_A de A :

$$r_B(q_A) = \frac{a - \alpha - q_A}{2},$$

expression qui n'a de sens « économique » que si $a \geq \alpha$.

Les équilibres de Cournot, solutions des équations $q_A = r_A(q_B)$ et $q_B = r_B(q_A)$, se réduisent ici au couple d'offres :

$$q_A^* = \frac{a + \alpha}{7}, \quad q_B^* = \frac{3a - 4\alpha}{7},$$

qui n'a de sens économique que si $a \geq 4\alpha/3$.

Duopole et cartel

Si les entreprises se concertent de façon à maximiser le *profit total* :

$$(q_A + q_B)\, p(q_A, q_B) - C_A(q_A) - C_B(q_B),$$

alors elles vont offrir des quantités de bien qui vérifient les *conditions du premier ordre* (les dérivées par rapport à q_A et à q_B du profit s'annulent) :

$$(2) \begin{cases} p(q_A, q_B) + (q_A + q_B)\, p'_{q_A}(q_A, q_B) - C'_A(q_A) = 0 \\ p(q_A, q_B) + (q_A + q_B) p'_{q_B}(q_A, q_B) - C'_B(q_B) = 0. \end{cases}$$

Si l'on se reporte à l'égalité $d(p) = q_A + q_B$, qui définit le prix d'équilibre, on constate que celui-ci est en réalité une fonction de la somme $q_A + q_B$; on peut donc le noter $p(q_A + q_B)$. Comme les dérivées partielles p'_{q_A} et p'_{q_B} sont égales, il découle du système (2) que :

$$C'_A(q_A) = C'_B(q_B)$$
$$= \text{recette marginale sur la demande totale.}$$

Ainsi, le cartel idéal — qui agit comme un monopole — répartit la production entre les deux entreprises de façon qu'elles aient le même coût marginal, égal à la recette marginale, calculée sur la demande totale.

Toutefois, ce cartel est « instable », car les deux entreprises ont intérêt à s'en écarter. Pour le montrer, on calcule la dérivée du profit de A [dérivée qui apparaît dans (1)] :

$$(\pi_A)'_{q_A}(q_A, q_B) = p(q_A, q_B) + q_A p'_{q_A}(q_A, q_B) - C'_A(q_A).$$

Si l'on considère le couple (q_A, q_B) où le cartel maximise son profit — et qui vérifie donc les égalités (2) —, alors il résulte de la première de ces égalités que :

$$(\pi_A)'_{q_A}(q_A, q_B) = -\, q_B\, p'_{q_A}(q_A, q_B).$$

Or, comme on a supposé que le prix décroît avec la quantité produite, la dérivée $p'_{q_A}(q_A, q_B)$ est négative et donc $(\pi_A)'_{q_A}(q_A, q_B)$ est positive : le profit de l'entreprise A augmente si elle fait une offre (légèrement) supérieure à celle que lui attribue le cartel. On arrive à une conclusion similaire si B augmente son offre [on se sert alors de la seconde égalité de (2)].

leurs de Cournot (le duopole devient un OLIGOPOLE). Chaque entreprise choisit donc son offre en ne prenant en compte que la « demande résiduelle » qui s'adresse à elle. Plus n est grand, plus la demande résiduelle pour chaque entreprise est faible, et plus l'« impact » de son offre sur le prix est faible. « A la limite », quand n tend vers l'infini, cet impact est nul ; chaque entreprise détermine son offre en considérant le prix comme une donnée, indépendante de son choix, ce qui est une des caractéristiques essentielles de la concurrence parfaite. Comme, pour leurs autres caractéristiques, les modèles de Cournot et de concurrence parfaite sont semblables en tout point, il s'ensuit que l'équilibre de Cournot « tend » vers un équilibre de concurrence parfaite lorsque le nombre n d'entreprises tend vers l'infini.

Ce résultat, qui peut être établi dans le cadre d'hypothèses relativement générales, est souvent avancé pour expliquer comment la concurrence parfaite « émerge » lorsqu'il y a un nombre de plus en plus grand d'agents, dont les offres et les demandes sont alors « négligeables » par rapport à l'ensemble (voir, par exemple, Jean Jaskold Gabszewicz, *La Concurrence imparfaite*, La Découverte, 1994). Toutefois, cette « explication » laisse dans l'ombre le fait essentiel que le modèle de Cournot suppose, comme la concurrence parfaite, une *économie extrêmement cen-tralisée* ; donc, plus le nombre d'entreprises — ou d'agents — est grand et plus la tâche du commissaire-priseur est lourde.

Ainsi, le fait de considérer la concurrence parfaite comme le cas limite d'un oligopole de Cournot ne la rend nullement plus vraisemblable ; bien au contraire.

Coût (fonction de)

Fonction qui associe à toute quantité offerte par une entreprise le *coût minimal* en INPUTS nécessaires pour produire cette quantité. Si celle-ci est égale à q, alors la valeur prise par la fonction de coût est notée $c(q)$. En règle générale, il est supposé que le coût $c(q)$ est calculé dans les conditions de la CONCURRENCE PARFAITE, où le prix des inputs est donné [et incorporé dans la fonction $c(\cdot)$]. La fonction de coût est alors obtenue *en minimisant la dépense en* inputs, $\Sigma p_i q_i$, les inputs q_i, $i = 1, \ldots, n$, étant soumis à la *contrainte* : $f(q_1, \ldots, q_n) = q$, où $f(\cdot)$ est la FONCTION DE PRODUCTION de l'entreprise considérée. Autrement dit, *la fonction de coût est la solution du programme* :

$$\text{minimiser } \Sigma p_i q_i$$
$$\text{sous la contrainte } f(q_1, \ldots, q_n) = q,$$

programme dont les inconnues sont les quantités d'inputs $q_1, \ldots, q_n$ et dont la solution dépend des prix p des inputs et de la quantité produite q.

Lorsque la fonction de coût d'une entreprise est connue, alors on peut en déduire sa fonction d'OFFRE CONCURRENTIELLE — en supposant que son coût marginal est strictement croissant ; en effet, pour tout prix p donné du produit, l'entreprise peut augmenter son profit jusqu'au moment où le coût de la dernière unité produite (en fait, la dérivée de la fonction de coût) est égal à son prix, c'est-à-dire jusqu'à ce que :

(1) $c'(q) = p$ (coût marginal = prix).

De (1) on tire, puisqu'on suppose $c'(\cdot)$ strictement croissante :

$$q = c'^{-1}(p),$$

où $c'^{-1}(\cdot)$ est *l'inverse* — ou la *réciproque* — de la fonction de coût marginal, $c'(\cdot)$. La fonction $c'^{-1}(\cdot)$, associant à chaque prix affiché p du produit la quantité q de celui-ci qui rend maximal le profit de l'entreprise à ce prix, est la *fonction d'offre concurrentielle* de celle-ci. Dans le cas où elle a des COÛTS FIXES, alors le prix p doit être supérieur au *minimum du* COÛT MOYEN pour que le profit soit positif ; si l'on note p_0 ce minimum, la fonction d'offre $s(p)$ est *discontinue* et s'écrit :

$$\begin{cases} s(p) = 0, \text{ si } p < p_0 \\ s(p) = c'^{-1}(p), \text{ si } p \geq p_0. \end{cases}$$

Exemple de calcul d'une fonction de coût

On suppose que la fonction de production est :

$$f(q_1, q_2) = q_1^{1/2} q_2^{1/2}.$$

Le programme du producteur consiste à :

$$\text{minimiser } p_1 q_1 + p_2 q_2$$
$$\text{sous la contrainte } q_1^{1/2} q_2^{1/2} = q.$$

Comme on est en présence d'une fonction de production dont les isoquantes sont « de type hyperbolique », une condition nécessaire pour qu'il y ait extremum est que le TAUX MARGINAL DE SUBSTITUTION des deux inputs soit égal au rapport de leurs prix. Soit :

$$(\text{TMS}(q_1, q_2) =) \frac{q_2}{q_1} = \frac{p_1}{p_2}.$$

En appelant k le rapport des prix p_1/p_2, il vient de cette condition que :

$$\frac{q_2}{q_1} = k,$$

et donc que $q_2 = kq_1$.

En reportant dans la contrainte (donnée par la fonction de production), il vient :

$$(q_1)^{1/2}(kq_1)^{1/2} = q,$$

et donc : $q_1 = q/\sqrt{k}$. Comme $q_2 = kq_1$, on a $q_2 = \sqrt{k}q$.

On a ainsi exprimé les quantités d'inputs qui minimisent le profit pour produire q, en fonction de q. Le coût minimal de production en inputs — c'est-à-dire la fonction de coût — est donc donné par :

$$c(q) = p_1q_1 + p_2q_2$$
$$= \frac{p_1q}{\sqrt{k}} + p_2\sqrt{k}q$$

Soit, comme $k = p_1/p_2$, par définition :

$$c(q) = 2\sqrt{p_1p_2}q.$$

Cette fonction est donc *linéaire*, ce qui signifie que le *coût unitaire est constant* (et égal à la somme des prix des inputs). Ce qui était prévisible, puisque la fonction de production choisie est à *rendements d'échelle constants*. Dans le cas d'une fonction de COBB-DOUGLAS quelconque, $q_1^a q_1^b$, les calculs sont un peu plus lourds, car la condition sur le TMS devient alors :

$$\frac{aq_2}{bq_1} = \frac{p_1}{p_2}.$$

Lorsqu'on remplace dans la fonction de production avec les exposants a et b quelconques, les notations deviennent assez pénibles ; mais sinon la démarche est strictement la même.

Coût marginal

Dérivée de la fonction de COÛT ; si l'on note celle-ci $c(\cdot)$, le coût marginal pour la quantité produite q est donc égal à $c'(q)$, expression qui donne approximativement l'augmentation de coût qu'entraîne la production d'une unité supplémentaire de bien, lorsque la production est q.

Le coût marginal joue un rôle important dans les modèles de CONCURRENCE PARFAITE, puisque alors les entreprises qui maximisent leur profit fixent leur niveau de production de façon que leur coût marginal soit égal au prix du produit qu'elles offrent (en supposant que le coût marginal est croissant et supérieur au COÛT MOYEN).

L'égalité entre coût marginal et prix est généralement considérée comme une condition pour l'obtention d'un OPTIMUM DE PARETO ; cela est vrai en concurrence parfaite, mais ce résultat est souvent utilisé dans la théorie du MONOPOLE et de l'OLIGOPOLE, en équilibre partiel.

Coût moyen

Coût unitaire de production, qui est obtenu en divisant le coût total (tel qu'il est donné par la fonction de COÛT) par la quantité produite. Ainsi, quand les RENDEMENTS D'ÉCHELLE sont constants et quand il n'y a pas de coûts fixes, alors le coût moyen est constant (il est le même quelle que soit la quantité produite).

La notion de coût moyen est surtout utilisée dans le cas où il existe des COÛTS FIXES. En effet, alors, le coût moyen est très élevé pour de faibles quantités produites, et diminue au fur et à mesure que la production augmente, jusqu'à ce que les coûts fixes soient pratiquement amortis. Si l'on suppose que les rendements d'échelle sont décroissants, alors le coût moyen augmente à partir d'un certain niveau de production. Sous ces hypothèses, la courbe de coût moyen est dite *en U*, puisqu'elle comporte une partie décroissante, puis une partie croissante. Le point où elle est minimale donne le plus petit prix, p_0, que l'entreprise est prête à accepter si elle veut produire (à ce prix, sa production est p_0). Souvent, il est avancé que s'il y a LIBRE ENTRÉE, alors le prix se fixera au niveau p_0.

La position des courbes de coût moyen dépend de la valeur des coûts fixes (plus ceux-ci sont faibles, plus leur minimum est « bas »). De façon plus générale, si l'on suppose que le coût moyen dépend de la capacité

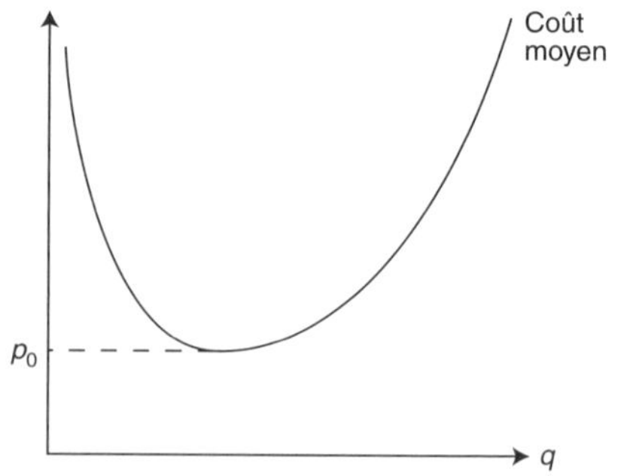

Figure 1

de production installée, q^*, alors en faisant varier celle-ci on obtient une « famille » (un ensemble) de courbes de coût moyen, telle celle de la figure 2. Si, à chaque quantité produite q on fait correspondre le point de celle de ces courbes où le coût moyen est *minimal*, alors on obtient une nouvelle courbe qui « enveloppe par le bas » la famille de courbes de coût moyen. Cette courbe-enveloppe est appelée *courbe de coût moyen de longue période* ; elle représente les cas où la capacité de production est « parfaitement adaptée » à la quantité produite (elle est telle que le coût moyen soit le plus faible possible). On la détermine mathématiquement en utilisant le théorème de l'ENVELOPPE.

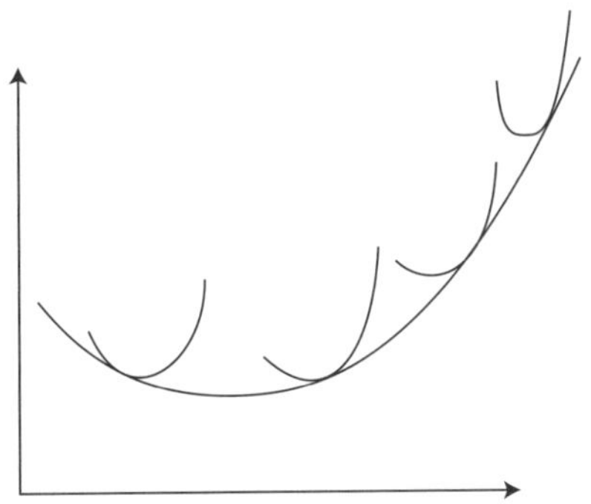

Figure 2

En CONCURRENCE PARFAITE, où le profit est maximal lorsque le coût marginal est égal au prix, la différence entre le coût marginal et le coût moyen donne le *profit unitaire* (*maximal*) ; le profit total (maximal), produit du profit unitaire par la quantité produite, est donné graphiquement par la surface d'un rectangle dont la « largeur » est égale à cette quantité, et la « hauteur » à la différence entre le coût marginal et le coût moyen (rectangle *ABCD* de la figure 3). Ce profit, qui ne

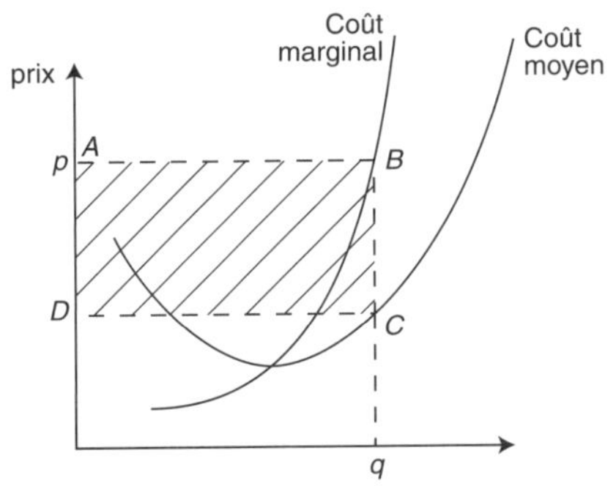

Figure 3

rémunère aucune « contribution » précise, est parfois appelé « surprofit », certains le considérant comme une sorte de RENTE. Son existence est due à la présence de rendements d'échelle décroissants (qui se traduisent par un coût marginal croissant).

Coûts de transaction

Coûts provoqués par toutes les procédures — ou opérations — qui rendent possibles des échanges mutuellement avantageux, entre deux ou plusieurs individus. Pendant longtemps, les coûts de transaction ont été assimilés aux *coûts de coordination* des choix d'unités de décision autonomes — choix guidés par un système de prix lui-même considéré comme autonome. Dans ce cas, l'étude des coûts de transaction dépend de la forme d'organisation sociale des échanges qui est envisagée — notamment en ce qui concerne le contenu donné à la notion de MARCHÉ ; elle nécessite aussi une réflexion sur le rôle de la MONNAIE, en tant qu'intermédiaire privilégié dans les échanges. On peut se faire une idée de l'importance des coûts de coordination en calculant la différence entre le prix payé pour un bien par le consommateur final et ce que touche le producteur (différence qui rémunère toute la chaîne d'intermédiaires, qui assurent en fait — et plus ou moins bien — la coordination).

Les coûts de transaction en tant que coûts de coordination supposent un (relativement) grand nombre de participants. Toutefois, dans les années soixante-dix, les théoriciens néo-classiques se sont de plus en plus intéressés aux relations bilatérales et aux CONTRATS qui souvent les codifient. L'habitude a alors été prise — à commencer par Oliver Williamson et le courant NÉO-INSTITUTIONNALISTE dont il est le chef de file — d'appeler « coûts de transaction » l'ensemble des coûts qui résultent de la relation contractuelle ; soit, pour l'essentiel :

1. *les coûts qu'entraînent pour chaque partie la recherche et l'énumération de toutes les éventualités qui peuvent survenir pendant la période où le contrat s'exécute* ;
2. *les coûts provoqués par les négociations entre les parties*, en tenant compte de chaque éventualité ; à cela s'ajoutent les frais qui résultent de la rédaction puis de la mise en forme du contrat qui en résulte ;
3. *les coûts inhérents à la recherche et au fonctionnement de systèmes — légaux ou*

autres — qui garantissent que chacun respectera ses engagements (car, sans eux, il se peut qu'il n'y ait pas de contrat, chacun se méfiant de l'autre).

Pris ensemble, ces coûts sont loin d'être négligeables ; ils peuvent même théoriquement devenir infinis, si le nombre d'éventualités envisageables l'est, ou si les négociations ne s'arrêtent jamais, faute d'accord. Quant au système de garanties, il fait à un moment ou à un autre appel à l'État et à son appareil de contrôle et de répression, dont les coûts de fonctionnement peuvent être importants.

Alors que les coûts de transaction du premier type (liés à la coordination) sont inhérents à l'organisation même du système, ceux du second type sont essentiellement dus aux comportements des individus — à leur « opportunisme » ou à leur RATIONALITÉ LIMITÉE, selon le cas. En règle générale, les NÉO-CLASSIQUES préfèrent mettre l'accent sur les seconds (« C'est la faute à l'homme, par nature égoïste et paresseux ») que sur les premiers (qui seraient faibles si on « laisse faire le marché »). Ainsi, dans le modèle de référence néo-classique, le modèle d'équilibre général d'ARROW-DEBREU, rien n'est dit sur les coûts de transaction ; mais ils sont en fait totalement pris en charge, et de façon bénévole, par le commissaire-priseur.

Coûts fixes

Coûts d'une entreprise qui ne dépendent pas de la quantité qu'elle produit. Si celle-ci est faible, alors le coût unitaire de production est élevé ; le bien n'est produit que si son prix est suffisamment élevé. L'existence de coûts fixes entraîne donc celle de *seuils*, de prix et de quantités produites, en dessous desquels ces coûts ne sont pas amortis. Par conséquent, une entreprise qui fait face à des coûts fixes a une fonction d'offre *discontinue*, puisque son offre est nulle pour des prix trop faibles, puis elle devient « brusquement » positive lorsque le prix du bien qu'elle propose atteint une certaine valeur (celle qui sert de seuil).

La présence de coûts fixes est une des raisons avancées pour expliquer l'existence d'entreprises en tant qu'entités propres lorsque les RENDEMENTS D'ÉCHELLE sont décroissants. En effet, dans ce cas, les entreprises ont intérêt à se diviser en unités de plus en plus petites (car plus « productives ») ; à la limite, la solution la plus efficace serait que chaque entreprise se réduise à un seul individu (entreprises et ménages seraient alors confondus). Seule la présence de coûts fixes évite qu'il y ait cette subdivision indéfinie.

L'importance des coûts fixes est une des principales raisons invoquées pour expliquer l'existence de MONOPOLES, dans le cas où la demande ne suffit pas à amortir les coûts fixes de deux entreprises qui produiraient simultanément. La remarque vaut pour le DUOPOLE (demande insuffisante pour amortir les coûts fixes de plus de deux entreprises) et, plus généralement, pour l'OLIGOPOLE. Elle limite les possibilités de LIBRE ENTRÉE et peut rendre très instable le système.

Dans les modèles, la présence de coûts fixes — et donc la discontinuité de la fonction d'offre — a pour principal inconvénient de mettre à mal l'existence de l'ÉQUILIBRE, comme le montre le cas décrit dans la figure ci-dessous, où il n'y a pas équilibre car, pour un prix inférieur à p_0, la demande n'est pas satisfaite, alors que pour un prix supérieur à p_0 toute l'offre ne peut être écoulée.

C'est pour éviter ce problème de discontinuité de la fonction d'offre (mais aussi de la demande d'*inputs* qui l'accompagne) que les modèles d'ÉQUILIBRE GÉNÉRAL — à commencer par celui d'ARROW-DEBREU — *excluent* la présence de coûts fixes. Pour éviter que les entreprises se divisent alors en unités de plus en plus petites jusqu'à disparaître, ils supposent que leur nombre demeure constant (chacune est caractérisée par une fonction de production « inamovible ») ; ce qui revient, en particulier, à exclure la « libre entrée » (l'irruption de nouveaux venus).

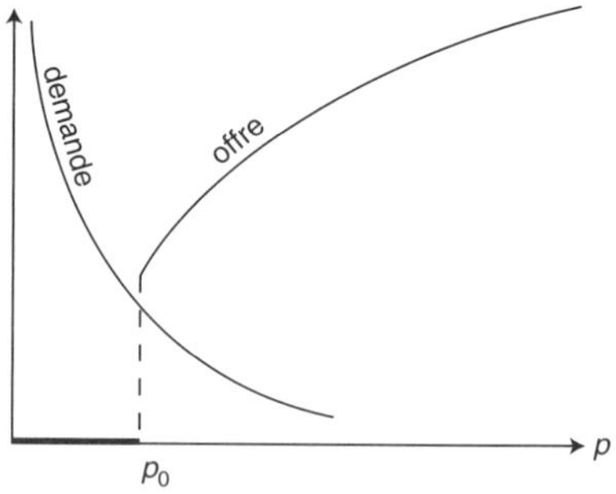

Absence d'équilibre
lorsqu'il y a des coûts fixes

Les *enjeux* relatifs aux coûts fixes sont importants, puisque d'une certaine façon ils posent le problème de l'existence même des entreprises. Que faire s'ils sont tels qu'il n'y a pas d'équilibre ? Faut-il trouver un moyen pour que la « collectivité » les prenne en charge, comme dans le cas des « industries naissantes » (les besoins, et la demande, pouvant suivre par la suite) ? Par ailleurs, dans un monde où règne l'INCERTITUDE, le lancement de projets qui supposent des coûts fixes irréversibles peut ne pas avoir lieu (si ces projets sont « trop risqués »), alors qu'ils en valent la peine. L'intervention de l'État, directe ou indirecte, peut alors se révéler décisive (les cas de l'avion *Concorde*, d'une part, d'Airbus et de la fusée *Ariane*, d'autre part, sont particulièrement significatifs de ce point de vue).

L'existence de coûts fixes met aussi à mal la théorie de la *tarification au coût marginal* (supposé croissant). En effet, souvent l'unité marginale *coûte moins cher*, contrairement à ce qu'avance la théorie, car plus la production est importante et plus les coûts unitaires sont faibles (les coûts fixes étant mieux amortis).

Cramer (méthode de)

Méthode de résolution de systèmes d'équations linéaires qui comportent autant d'inconnues que d'équations, et qui fait exclusivement appel au calcul de déterminants. Ainsi, dans le cas du système d'ordre 2 :

$$\begin{cases} a_{11}x_1 + a_{12}x_2 = b_1 \\ a_{21}x_1 + a_{22}x_2 = b_2 \end{cases} \quad \text{(sous forme matricielle : } \mathbf{AX} = \mathbf{B}\text{)}$$

la solution x_i selon la méthode de Cramer est donnée par le rapport du déterminant de la matrice **A** *où la i-ème colonne a été remplacée par la colonne* B et du déterminant de **A**. Ce qui donne :

$$x_1 = \frac{b_1a_{22} - b_2a_{12}}{d\acute{e}t(\mathbf{A})} \text{ et } x_2 = \frac{b_2a_{11} - b_1a_{21}}{d\acute{e}t(\mathbf{A})}.$$

La règle est la même lorsque le système est d'ordre *n*, les calculs étant évidemment plus compliqués puisqu'ils consistent à faire le rapport de deux déterminants d'ordre *n*.

Croissance (théories de la)

Le problème de la croissance est clairement apparu dans la pensée économique chez les CLASSIQUES, à commencer par Adam SMITH. Avant eux, la principale préoccupation en ce qui concerne l'économie était celle de la survie des « nations » et de leurs populations, notamment face aux fléaux de toutes sortes qui pouvaient les affecter (catastrophes climatiques, épidémies, guerres, etc.). A cette vision — qu'il faut nuancer — de la *reproduction simple* (à l'identique, aux aléas près) du système a succédé celle de sa *reproduction élargie*, selon laquelle un SURPLUS de production peut être régulièrement dégagé et accumulé (investi), ce qui permet — grâce à une division toujours accrue du travail et au progrès technique — un essor de cette même production. Toutefois, pour les classiques — qui reprennent pour l'essentiel les analyses de Thomas Malthus —, l'accroissement de la production est accompagné d'un accroissement encore plus grand de la population, ce qui constitue un frein au processus ; le système tend alors vers un état STATIONNAIRE, à croissance nulle. David RICARDO a attiré l'attention sur ce point ; son analyse est fondée sur l'idée qu'une augmentation de la population nécessite de mettre en culture des terres de moins en moins fertiles, ce qui entraîne la hausse du prix des denrées de base et favorise les propriétaires fonciers « improductifs » (hausse de la RENTE foncière), au détriment des « classes productives » (travailleurs et capitalistes). Les mesures de politique économique proposées par Ricardo (notamment la libre importation du blé) avaient pour but principal de contrecarrer ces conséquences négatives de la croissance.

Marx, Leontief et von Neumann

MARX a rompu définitivement avec la vision selon laquelle l'économie tendrait « à long terme » vers un état stationnaire. Il pensait d'ailleurs que le capitalisme ne peut subsister que s'il y a croissance, même si celle-ci se fait de façon désordonnée, anarchique. De toute façon, le capitalisme est, selon lui, miné par ses contradictions (dont la BAISSE TENDANCIELLE DU TAUX DE PROFIT est une des manifestations) ; il est voué à disparaître, pour laisser la place à un système qui lui est supérieur, car maîtrisé par l'homme et dont le moteur n'est pas le profit.

On peut considérer que Marx a été le premier à proposer un modèle formel de croissance (même si ce n'était pas là son propos) avec ses SCHÉMAS DE REPRODUCTION élargie, où il détermine les relations entre les divers secteurs de l'économie qui assurent une croissance « équilibrée » (selon la terminologie actuelle, mais qui sont pour lui les conditions pour que le système évite la crise).

Les schémas de Marx ont inspiré les planificateurs soviétiques, et aussi Wassily Leontief (né en 1906), qui a proposé une formalisation des interdépendances entre les divers secteurs (ou branches) de l'économie dans le cadre de ce qu'on appelle l'ANALYSE ENTRÉES-SORTIES. Cette analyse fait appel à des *coefficients techniques* constants (du moins au départ) et au calcul matriciel ; elle est donc de type linéaire.

En fait, c'est VON NEUMANN (1903-1957) qui a le premier, dès 1932, abordé le problème de la croissance dans le cadre d'un modèle linéaire, à coefficients techniques constants, où tout le surplus est réinvesti à chaque période. Aux trajectoires en quantités (produites, consommées ou réinvesties), von Neumann associe des trajectoires de prix qui s'interprètent comme le dual d'un PROGRAMME LINÉAIRE des quantités. La logique du modèle est celle d'un planificateur qui cherche la meilleure affectation des ressources, dans une perspective de *croissance optimale* (c'est-à-dire d'une croissance la plus forte possible), les évolutions envisagées étant de type SEMI-STATIONNAIRE. Dans ce modèle, la trajectoire des prix *se déduit* (par dualité) de celle des quantités, et n'est donc pas à l'origine de la coordination de choix individuels (en fait, le modèle ne comporte pas d'« individus »).

De la croissance « déséquilibrée » à la croissance « équilibrée »

Dans les années quarante, à la fin de la guerre, économistes et gouvernements avaient tous en mémoire la grande crise des années trente, dont ils voulaient à tout prix éviter le retour. Deux économistes se réclamant de KEYNES, Roy HARROD et Everett DOMAR, ont proposé alors des modèles de croissance qui reprennent certaines des idées de l'auteur de la *Théorie générale* ; leur principale conclusion est que, laissé à lui-même, le système ne peut assurer la croissance avec plein emploi, et cela essentiellement en raison de la *mauvaise coordination* des décisions de ceux qui, d'un côté, épargnent et de ceux qui, de l'autre, investissent. Le « message » sous-jacent à ces modèles est que l'État doit intervenir pour corriger le mieux possible ce défaut de coordination des décisions des agents individuels.

A la vision « pessimiste » donnée par les modèles « keynésiens » d'après-guerre a succédé, au milieu des années cinquante, la présentation plus optimiste de SOLOW, qui *suppose résolu* le problème de la coordination, et qui *postule* en particulier le plein emploi permanent. Solow reprend implicitement l'idée, présente aussi chez von Neumann, que la théorie de la croissance n'a pas à traiter de la coordination « à court terme » car, ce qui l'intéresse, ce sont les tendances de LONGUE PÉRIODE de l'économie, et notamment ses états de croissance « régulière », semi-stationnaires.

Que démontre alors Solow ? Que si l'économie est caractérisée, « dans son ensemble », par la FONCTION DE PRODUCTION NÉO-CLASSIQUE, alors elle tend vers un état semi-stationnaire, et cela quelles que soient les « valeurs initiales » données au « capital » et au travail. Autrement dit, les trajectoires de l'économie convergent toutes vers un sentier unique, où la production, le « capital », la consommation et l'emploi croissent tous au même rythme (qui est celui de la population). On notera que les trajectoires considérées ne portent que sur des *quantités* ; autrement dit, *les prix ne jouent aucun rôle dans le modèle*. Ce qui s'explique, puisque celui-ci suppose que la coordination est réalisée (l'épargne est « automatiquement » réinvestie, et tout le travail disponible est employé). Le modèle de Solow ne diffère d'ailleurs pas fondamentalement des modèles de CHOIX INTERTEMPOREL avec un agent unique (ou avec un planificateur), qui doit à chaque période décider du partage « optimal » entre ce qu'il consomme et ce qu'il investit (recherche de la RÈGLE D'OR de la croissance).

Comme dans le cas du modèle de von Neumann, il est possible d'adjoindre aux trajectoires en quantité (production, consommation, etc.) des « trajectoires de prix » — données, par exemple, par les PRODUCTIVITÉS MARGINALES du CAPITAL et du travail —, mais il serait ici aussi erroné de voir dans ces prix le moyen ou la conséquence d'une quelconque coordination (puisque, *par construction*, le modèle n'en comporte pas).

Les sources de la croissance

Dans le modèle de von Neumann et dans l'état stationnaire de Solow, il y a « croissance homothétique » (au même rythme) de toutes les variables « en niveau » (production, consommation, investissement, etc.). Par conséquent, le *rapport* de deux quelconques de ces variables est constant dans le temps (son taux de croissance est nul). Tel est le cas, par exemple, de la production ou de la consommation *par tête*. Ainsi, *dans le modèle de Solow, l'économie tend vers un état stationnaire en ce qui concerne la production et la consommation par tête*. Par conséquent, dans ce modèle il n'y a pas vraiment de croissance, en dehors de celle de la population, ce qui est très gênant, puisque le propos de Solow est d'« expliquer » la croissance observée dans la plupart des pays, qui est loin d'être nulle.

L'absence de croissance par tête, en longue période, dans le modèle de Solow est une conséquence du fait que, par hypothèse, la fonction de production qui caractérise l'économie est à RENDEMENTS D'ÉCHELLE constants et à productivités marginales décroissantes. Pour qu'il y ait une croissance par tête positive avec ces hypothèses, il faut « ajouter » quelque chose au modèle. C'est ce que fait l'explication par le PROGRÈS TECHNIQUE *exogène*, qui suppose soit qu'il y a une « déformation » de la fonction de production qui permet une croissance plus forte, soit que le capital ou le travail deviennent plus productifs au fur et à mesure que le temps passe.

Toutefois, l'explication par des facteurs exogènes ne peut satisfaire des économistes néo-classiques à la recherche de FONDEMENTS MICROÉCONOMIQUES pour tous les phénomènes auxquels ils s'intéressent (ici, la croissance par tête). C'est pourquoi on a vu éclore, à la fin des années quatre-vingt, des modèles dits de CROISSANCE ENDOGÈNE, dans lesquels l'accent est mis sur les EXTERNALITÉS qui peuvent résulter des interactions des choix individuels (qui sont endogènes puisque déterminés « à l'intérieur » du modèle). Pourtant, bien que l'analyse suppose, par définition, l'existence de plusieurs agents, la démarche utilisée consiste à tout ramener — au prix de quelques acrobaties intellectuelles — à un problème de choix intertemporel par un agent unique (qui est représenté par la fonction de production néo-classique habituelle, avec quelques aménagements pour tenir compte des externalités). Un tel choix peut maintenant être « inefficient », à cause de la présence des externalités. La trajectoire des prix se déduit, comme dans le modèle de Solow, de celle des quantités, et n'a donc rien à voir avec le problème de la coordination (même si l'on peut envisager des trajectoires plus efficientes, où les effets bénéfiques des externalités s'exercent à plein).

Si les modèles inspirés par celui de Solow ont connu un tel succès, c'est avant tout à cause de leur très grande simplicité (au vu du problème posé) et du discours typiquement « néo-classique » qu'ils permettent de tenir. En fait, une représentation sérieuse de la croissance nécessiterait de prendre en compte, entre autres, les problèmes de la coordination des choix (présents et futurs), de l'éducation, de la découverte scientifique et technique (quel rôle pour l'État ?), etc. Il est vrai qu'on voit difficilement comment une telle représentation pourrait être faite, surtout si on veut la mettre sous la forme d'équations. Mais ce n'est pas parce qu'il n'existe pas de théorie de la croissance formalisée alternative à celle du choix intertemporel d'un Robinson isolé sur son île (même s'il est muni d'un puissant ordinateur) que celle-ci en devient pour autant pertinente...

Croissance endogène (théorie de la)

Théorie apparue au milieu des années quatre-vingt suite notamment aux articles publiés par P. M. Romer (« Increasing returns and long run growth », *Journal of Political Economy*, 94, 1986) et par Robert Lucas (« On the mechanics of economic development », *Journal of Monetary Economics*, 22, 1988) ; cette théorie cherche à expliquer la croissance économique (du produit par tête) à partir du processus même d'accumulation, sans avoir à recourir à des facteurs extérieurs, EXOGÈNES.

A l'origine de la théorie de la croissance endogène, il y a les deux constatations suivantes :

— la plupart des pays ont connu — et connaissent encore — des périodes de croissance prolongée, à population inchangée (ou presque) ;

— les taux de croissance (par tête) peuvent nettement varier d'un pays à l'autre.

Or, pour les théoriciens de la croissance endogène qui se réclament de la démarche NÉO-CLASSIQUE, ces faits sont en contradiction avec les conclusions du modèle de SOLOW, qui est le modèle néo-classique de référence en ce qui concerne la croissance. Leur démarche va donc consister à modifier certaines des hypothèses du modèle de Solow — tout en en gardant l'essentiel —, de façon qu'il s'accorde un peu mieux aux faits (pris dans le sens des FAITS STYLISÉS).

Modèle de Solow et croissance

Le modèle de Solow comporte deux sources de croissance : une source « endogène », l'accumulation du capital, et une source « exogène », la quantité de travail disponible. L'accumulation du capital est déterminée par le modèle (c'est la part non consommée de la production), mais tel n'est pas le cas pour le travail disponible (dont on dit qu'il est un « facteur primaire »). Comme le problème qu'on se pose est celui de la *croissance par tête*, on peut supposer que la quantité de travail disponible demeure constante dans le temps, ce qui permet de voir comment la production varie du fait de la seule accumulation. Si, dans le modèle de Solow, la production tend alors à s'« essouffler », et même à ne plus croître du tout, c'est essentiellement parce que :
— la fonction de production est à rendements d'échelle constants ;
— la productivité marginale du capital est décroissante et tend vers 0 (condition d'INADA).

Dans ces conditions, accumuler du capital augmente la production, mais de plus en plus lentement, car le travail « ne suit pas » (on a supposé sa quantité constante).

Pour qu'il y ait croissance « sur la longue période », il faut donc relâcher au moins une des hypothèses de base du modèle. Introduire d'emblée des rendements d'échelle croissants peut conduire à des trajectoires « explosives » mais, surtout, c'est toucher à la théorie de la répartition néo-classique telle qu'elle est formulée dans le théorème de l'ÉPUISEMENT DU PRODUIT ; supposer que la productivité marginale est décroissante sans être jamais inférieure à un nombre strictement positif — quel qu'il soit — semble difficile à justifier si le capital peut s'accroître indéfiniment.

Une façon radicale de procéder, sans toucher à ces hypothèses, consiste à lever l'obstacle qui provient d'une offre limitée de travail, en supposant que sa « contribution » à la production est nulle. Pour cela, on fait tendre vers 0 la part du travail dans la fonction de production, qui s'écrit alors, « à la limite », $F(K)$; comme on suppose qu'elle est homogène de degré 1, alors $F(\cdot)$ ne peut qu'être linéaire, c'est-à-dire telle que :

$$F(K) = a \cdot K,$$

(on le voit, par exemple, avec la fonction de Cobb-Douglas $aK^{1-\alpha}L^{\alpha}$ dans laquelle on fait tendre α vers 0).

La fonction $a \cdot K$, à laquelle on peut parvenir par d'autres moyens comme on le verra plus loin, joue un rôle important dans la théorie de la croissance endogène, car elle décrit un « sentier » où la production croît à un taux constant (au même rythme que K) si l'on retient l'hypothèse du modèle de Solow selon laquelle une part constante de la production est réinvestie « à chaque période ». En effet, comme on a alors : $\dot{K} = sF(K) = saK$, il s'ensuit que $K(t) = K(0)e^{sat}$; ainsi, le capital — mais aussi le produit et la consommation — a une évolution de type exponentiel, à un taux qui dépend du taux d'épargne, contrairement à ce qui se passe dans le modèle de Solow. En outre, une variation — même légère — du capital initial $K(0)$ a pour conséquence que les trajectoires associées à la même fonction de production et au même taux d'épargne s'écartent de plus en plus, puisqu'on a : $\Delta K(t) = \Delta K(0)e^{sat}$. Ainsi, dans ce modèle, des économies identiques peuvent connaître des évolutions très différentes — contrairement à ce qui se passe dans le modèle de Solow — par le seul fait qu'elles ont des points de départ différents, même s'ils sont très proches.

Ces conclusions supposent un modèle complètement « fermé », où il n'est fait appel à aucun « facteur primaire », extérieur, comme le travail. On peut cependant envisager le cas où la production fait intervenir un facteur de ce type, qui se transforme pendant le processus de production, de façon à augmenter son rendement et à permettre ainsi à la croissance de s'auto-entretenir. Cette transformation peut être une conséquence de l'accumulation du capital elle-même — apprentissage, progrès technique induit, etc. — ou elle peut résulter d'un choix délibéré (par exemple, temps et ressources consacrés à la formation). Dans ce dernier cas, le choix se fait entre accumulation de capital « physique » et accumulation de capital « humain ». Il est vrai qu'alors le facteur travail perd sa spécificité, puisqu'il devient en quelque sorte le « support » d'un second bien-capital ; le but du modèle est donc de déterminer la répartition de l'investissement entre les deux types de bien-capital, « physique » et « humain ».

En fait, les modèles où il y a croissance endogène sont très souvent construits autour de l'idée selon laquelle il existe des EXTERNALITÉS positives qui sont le moteur de la croissance. Leur effet peut être plus ou moins important ; s'il l'est trop, il y a croissance

« explosive » (qui va en s'accélérant), tandis que s'il ne l'est pas assez, l'économie tend vers un état stationnaire — comme dans le modèle de Solow. Reste donc le cas « limite » où l'effet d'entraînement des externalités est « juste suffisant » pour que le taux de croissance soit constant et non nul. C'est ce cas limite — dont la fonction aK donne un exemple — qui est privilégié par la théorie de la croissance endogène ; il représente donc une évolution « sur le fil du rasoir », puisque toute modification des paramètres du modèle, aussi petite soit-elle, conduit à un changement radical du régime de croissance (qui devient nulle ou explosive, selon le cas). Voir, à titre d'illustration, l'encadré « L'exemple de Romer ».

Croissance endogène et agrégation

Les modèles où la croissance est due à des facteurs exogènes sont — comme celui de Solow — des modèles *agrégés*, avec des fonctions (de production) qui représentent les agents « dans leur ensemble » ; en fait, ils se comportent comme s'il n'y avait qu'un agent unique (par exemple, un planificateur). Toutefois, cette représentation ne peut être retenue telle quelle dans le cas de la croissance endogène, puisque le « moteur » de celle-ci se trouve dans les externalités, dont l'existence n'est possible que s'il y a des interactions entre *plusieurs* agents. Par conséquent, les modèles où il y a croissance endogène doivent d'une façon ou d'une autre aborder le problème de l'AGRÉGATION, sans faire (à la manière de Solow) COMME SI l'économie se réduisait à un agent unique. Ces modèles supposent souvent (de façon implicite) des situations « symétriques » où, par exemple :

— les entreprises ont toutes la même fonction de production $F(K, L)$;

— les stocks disponibles de « capital » et de « travail » sont répartis de façon égale entre les entreprises — c'est-à-dire s'il y a n entreprises et si le stock total de l'économie est (K, L), alors chacune d'entre elles en détient $(K/n, L/n)$.

A cela s'ajoute l'hypothèse traditionnelle selon laquelle les fonctions de production sont HOMOGÈNES de degré 1, de sorte qu'on a :

$$F\left(\frac{K}{n},\frac{L}{n}\right)=\frac{F(K,L)}{n},$$

et par conséquent :

$$nF\left(\frac{K}{n},\frac{L}{n}\right)=F(K,L).$$

L'exemple de Romer

Dans son article de 1986, Romer propose un modèle simple qui a servi de point de départ aux analyses par la croissance endogène, et qui permet d'en saisir l'essentiel. Dans ce modèle, les entreprises ont toutes la même fonction de production, qui est du type COBB-DOUGLAS :

$$F(K, L) = K^{1-\alpha}L^{\alpha}, \text{ avec } 0 < \alpha < 1.$$

Romer introduit le « facteur d'apprentissage » ou de « connaissance » :

$$a(\Sigma K_i) = (\Sigma K_i)^{\beta},$$

qui est commun à toutes les entreprises, et qui dépend du capital « global » ΣK_i ; ce facteur est supposé agir sur la qualification de la force de travail — c'est le *learning by doing*. Compte tenu de l'existence de ce facteur, la production de l'entreprise j, lorsqu'elle dispose du couple capital-travail (K_j, L_j), est donnée par :

$$F(K_j, a(\Sigma K_i)L_j) = K_j^{1-\alpha}[(\Sigma K_i)^{\beta}L_j]^{\alpha}, j = 1, \dots, n.$$

Dans le cas où il y a symétrie (le capital et le travail sont répartis en parts égales entre les entreprises), la production agrégée, de l'« ensemble de l'économie », est :

$$F(\Sigma K_i, a(\Sigma K_i)\cdot \Sigma L_i) = (\Sigma K_i)^{1-\alpha}(\Sigma K_i)^{\beta\alpha}(\Sigma L_i)^{\alpha}$$
$$= (\Sigma K_i)^{1-\alpha+\beta\alpha}(\Sigma L_i)^{\alpha}.$$

Ainsi, si la quantité de travail disponible est fixée, la croissance dépend de celle du capital « global », ΣK_i, et de la valeur prise par l'exposant, $1 - \alpha + \beta\alpha$. Si cet exposant est strictement inférieur à 1, alors la production (par tête) augmente avec le capital, mais de plus en plus lentement, de sorte qu'on retombe dans le cas étudié par Solow ; s'il est strictement supérieur à 1, alors la croissance est de plus en plus rapide (elle s'accélère) ; reste le cas limite où l'exposant $1 - \alpha + \beta\alpha$ est « juste égal à 1 », c'est-à-dire le cas où $\beta = 1$. La production est alors égale à :

$$(\Sigma K_i)\cdot(\Sigma L_i)^{\alpha}.$$

Elle croît donc au même rythme que le capital « global » ΣK_i. Si l'on note celui-ci K et si l'on pose $a = (\Sigma L_i)^{\alpha}$ — en supposant que la quantité de travail dont dispose l'économie est constante —, cette production s'écrit tout simplement : $a \cdot K$.

Romer privilégie ce cas particulier, où la croissance est auto-entretenue, à un taux constant. On remarquera cependant qu'elle se fait « sur le fil du rasoir », puisque toute variation de β, aussi petite soit-elle, entraîne un changement radical de régime (explosif ou tendance vers un état stationnaire, selon le cas).

Autrement dit, sous ces hypothèses très particulières, la fonction de production agrégée est la même que celle des entreprises (identiques en tout point), la production agrégée étant obtenue en appliquant cette fonction à l'ensemble des stocks dont dispose l'économie.

On peut alors associer des *trajectoires de prix* à celles des quantités (production, capital et travail) en *posant* que le taux d'intérêt et le salaire sont respectivement donnés par les productivités marginales $F'_K(K/n, L/n)$ et $F'_L(K/n, L/n)$ (l'unique bien servant de NUMÉRAIRE). Mais il est clair que, comme dans le modèle de Solow, ces trajectoires de prix *se déduisent* de celles des quantités, et n'ont aucune fonction de coordination des décisions des agents, même si les valeurs prises présentent *par construction* toutes les caractéristiques de la CONCURRENCE PARFAITE. Cette précision va prendre toute son importance au moment où sera abordée la question de l'« optimalité » des trajectoires des modèles où les externalités sont le moteur de la croissance endogène.

Externalités et croissance endogène

Une des façons d'introduire les externalités dans le modèle est de supposer que *l'augmentation de la quantité totale de capital disponible dans l'économie entraîne une hausse de la productivité du travail* (c'est le *learning by doing*, l'apprentissage et l'accumulation des connaissances se faisant au fur et à mesure que l'activité se développe). Dans les modèles où il y a croissance endogène, cette hypothèse consiste souvent à multiplier la quantité de travail L utilisée par une entreprise par un nombre $a(\Sigma K)$, où ΣK désigne le *stock total* de capital de l'économie et où $a(\cdot)$ est une fonction strictement croissante ; pour qu'il y ait une externalité positive il suffit alors que $a(\Sigma K) > 1$. Ainsi, lorsque le stock de capital de l'économie est ΣK, la production Q d'une entreprise qui dispose d'un capital K et d'une quantité de travail L est donnée par :

(1) $$Q = F(K, a(\Sigma K)L).$$

Comme, par hypothèse, $F(\cdot)$ est homogène de degré 1, on déduit de (1) que :

(2) $$\frac{Q}{L} = F\left(\frac{K}{L}, a(\Sigma K)\right).$$

Si l'on note q le produit par tête Q/L et k le capital par tête K/L, alors (2) s'écrit :

(3) $$q = F(k, a(\Sigma K)).$$

En dérivant par rapport au temps les deux membres de cette égalité, on obtient, si l'on désigne par un point au-dessus d'une variable sa dérivée par rapport au temps :

(4) $$\dot{q} = F'_K(k, a(\Sigma K)) \cdot \dot{k} + F'_L(k, a(\Sigma K)) \cdot a'(\Sigma K) \cdot \Sigma\dot{K}.$$

Dans le modèle de Solow, $\dot{q}$ tend vers 0 lorsque t tend vers l'infini, car il n'y a pas d'externalité (donc $a(\Sigma K) = 1$ et $a'(\Sigma K) = 0$), et $\dot{K}$ tend vers 0, puisque le capital par tête converge vers sa valeur stationnaire k^*. Par conséquent, le produit et la consommation par tête tendent également vers leur valeur stationnaire : sur la LONGUE PÉRIODE, il n'y a pas de croissance autre que celle qui est due à l'augmentation de la population. Toutefois, la situation est différente dans le cas où il y a externalité, puisque alors le second terme du membre de droite de (4) ne s'annule pas ; si le capital d'ensemble ΣK augmente régulièrement et si $a'(\Sigma K) > 0$, alors le produit par tête peut continuer à croître indéfiniment. Le caractère « endogène » de la croissance provient ici de ce que la fonction $a(\cdot)$ a pour argument l'accumulation passée ΣK, qui est déterminée par le processus lui-même. Ainsi, à titre d'exemple, dans son modèle « fondateur » en ce qui concerne la croissance endogène, Romer prend pour fonction de production $F(K, L)$ une fonction de COBB-DOUGLAS et pose :

$$a(\Sigma K) = (\Sigma K)^\beta$$

(pour plus de détails, voir l'encadré « L'exemple de Romer »).

Selon les valeurs données au coefficient β, la croissance peut être soit « explosive » (elle s'accélère), soit tendre vers 0 (comme dans le modèle de Solow), soit être constante. Romer privilégie ce dernier cas ; la fonction de production est alors du type $a \cdot K$ et la croissance se fait « sur le fil du rasoir » ; elle dépend — contrairement à ce qui se passe dans le modèle de Solow — du taux d'épargne, puisque de $\dot{K} = sQ$ (investissement = épargne) et de $Q = a \cdot K$ (trajectoire à taux constant), il vient $\dot{K}/K = as$, et donc $K(t) = K(0)e^{ast}$ (on est en présence d'une ÉQUATION DIFFÉRENTIELLE linéaire d'ordre 1).

Du rôle de l'État

Dans le modèle envisagé jusqu'à présent, l'accumulation se fait en quelque sorte « automatiquement » (comme le montre par exemple la formule $K(t) = K(0)e^{ast}$) ; les trajectoires y « sont ce qu'elles sont », un point c'est tout. Toutefois, traditionnellement, l'idée d'externalité est associée à celle d'« inefficience », au sens du critère de PARETO, en raison de l'existence d'interactions qui ne passent pas par des relations marchandes. Pour intégrer cette idée dans les modèles où il y a croissance endogène, il faut cependant que le critère de Pareto puisse y être appliqué, ce qui n'a de sens que s'il y a des échanges entre plusieurs individus.

Or, la solution généralement adoptée dans les modèles de croissance dérivés de celui de Solow est de privilégier la trajectoire où un (unique) AGENT REPRÉSENTATIF décide de sa consommation et de sa production en maximisant sa fonction d'utilité INTERTEMPORELLE (comme dans les modèles de CROISSANCE OPTIMALE). A cette trajectoire on peut associer celle des productivités marginales, puis identifier celles-ci à des prix.

Les théoriciens des modèles avec croissance endogène considèrent que la trajectoire de prix déduite de celle (optimale) de l'entreprise « représentative » donne des prix d'équilibre de concurrence parfaite, et qu'il y a des entreprises (identiques en tout point à l'entreprise représentative) qui décident de leur production sur la base de ces prix (qui sont d'équilibre pour elles, vu la façon dont ils ont été construits ; le raisonnement, rarement formulé de façon explicite, est néanmoins tordu). S'il y a des externalités, ces décisions conduisent à une trajectoire « globale » sous-optimale, car chaque entreprise prend sa décision sans tenir compte de ses effets indirects sur les autres. Ainsi, dans le cas de la fonction de production (1), l'entreprise i opte pour un capital K_i en ne tenant pas compte du fait qu'en procédant de la sorte elle agit sur le coefficient $a(\Sigma K_i)$ qui affecte les quantités de travail utilisées par les autres entreprises. Comme toutes font de même, il y a « inefficience », car si chacune d'entre elles avait choisi un K « un peu plus grand », elles auraient toutes pu augmenter leur production — et cela d'autant plus qu'elles sont nombreuses —, puisque la baisse de la productivité marginale du capital provoquée par la hausse de K est plus que compensée par la hausse de la productivité marginale du travail due à l'augmentation de $a(\Sigma K)$ (la fonction $a(\cdot)$ étant croissante, par hypothèse). Une politique de l'État (subventions compensées par une taxe sur le produit) qui incite les entreprises à investir plus qu'elles ne l'auraient fait en se guidant sur les seuls prix affichés peut donc entraîner une augmentation du bien-être collectif (la hausse de la consommation qu'elle permet « sur le long terme » compensant — et au-delà — sa baisse « temporaire » due à une accumulation plus forte au départ).

Il n'y a là rien de bien nouveau (on se trouve face à ce type de situation chaque fois qu'il y a des externalités). Ce qui est nouveau — si l'on peut dire —, c'est la façon d'introduire des externalités dans le modèle de Solow, et les calculs qui s'ensuivent. C'est pour rendre ceux-ci possibles qu'est faite l'hypothèse de « symétrie » — qui permet d'agréger simplement les productions —, où chaque entreprise est caractérisée par la même fonction de production et détient le même couple de capital-travail (K, L). S'il y a n entreprises, le capital d'ensemble de l'économie est nK, et la production de l'une quelconque d'entre elles est donc :

$$F(K, a(nK)L).$$

Comme la productivité marginale du capital de chaque entreprise est $F'_K(K, a(nK)L)$, celle de l'ensemble des n entreprises (chacune maximisant son profit de concurrence parfaite aux prix affichés) est donc, par sommation :

$$nF'_K(K, a(nK)L).$$

Par ailleurs, la production agrégée, telle que peut l'envisager un planificateur ou l'État qui cherche à gérer au mieux l'ensemble des ressources disponibles [données ici par le vecteur (nK, nL)] est égale à :

$$F(nK, a(nK)nL).$$

La productivité marginale du capital global, qui tient compte de tous les effets — directs et indirects — des variations de K, est donnée par la dérivée par rapport à K, de cette expression. Soit, en utilisant la méthode de DÉRIVATION EN CHAÎNE :

$$F'_K(nK, a(nK)nL) \cdot n$$
$$+ F'_L(nK, a(nK)nL) \cdot a'(nK) \cdot n^2L.$$

Cette expression s'écrit aussi, compte tenu que F est homogène de degré 1, et donc que F'_K et F'_L sont homogènes de degré 0 par rapport au couple de variables (K, L) :

$$n \cdot F'_K(K, a(nK)L)$$
$$+ F'_L(K, a(nK)L) \cdot a'(nK) \cdot n^2L.$$

On retrouve donc la somme des productivités « individuelles », $nF'_K(K, a(nK)L)$, à laquelle s'ajoute le terme $F'_L(K, a(nK)L) \cdot a'(nK) \cdot n^2L$, qui traduit l'effet de l'externalité sur la productivité du capital « global ». Cet effet peut donc être très important puisqu'il dépend (entre autres) du carré du nombre d'entreprises.

Remarque. Il existe des modèles de croissance endogène qui ne font pas appel à la notion d'externalité, tout en gardant le cadre « à la Solow » ; la croissance est alors également due à l'apprentissage, qui permet de considérer qu'il est possible de « créer » du facteur travail, sous la forme de « capital humain ». Les agents *choisissent* alors entre investir en capital « matériel » et investir en capital « formation » ; toutefois, dans ce cas, il faut ajouter à la fonction de production du bien matériel une fonction de production du capital humain. Comme le modèle est alors à deux biens-capital, il est représenté par un système d'équations différentielles d'ordre 2 (celui de Solow étant d'ordre 1), qui engendre des trajectoires très diverses selon les CONDITIONS INITIALES. Le cas qui est alors privilégié par les théoriciens de la croissance endogène est celui où la configuration des trajectoires est de type POINT-SELLE, un rôle central étant accordé à la seule trajectoire à taux de croissance constant (l'« axe » de la selle) — trajectoire que l'« économie dans son ensemble » est censée choisir.

Bilan

Les modèles de croissance endogène sont des variantes du modèle de Solow ; comme lui, ils se présentent sous la forme de « paraboles », avec un agent unique, qui doit décider du partage « optimal » entre consommation et épargne (celle-ci servant à alimenter le processus). Toutefois, dans la mesure où les externalités sont censées être le principal moteur de la croissance, ces modèles doivent supposer l'existence de plusieurs entreprises en interaction, ce qui est plutôt contradictoire avec l'hypothèse (implicite) de l'agent unique. La contradiction est généralement surmontée par une pirouette, qui consiste à supposer des entreprises *identiques en tout point*, et qui produisent toutes la même quantité (hypothèse de symétrie), sans échanges entre elles. Raisonner sur l'une d'entre elles ou sur leur effet d'ensemble est alors la même chose, l'astuce consistant alors à ajouter un effet « taille globale » (qui agit comme une externalité).

Toutefois, cette façon de faire devient particulièrement hasardeuse au moment où l'on veut introduire des considérations d'efficience, avec à la fois un consommateur « représentatif » et un « marché », puisque le premier est typique d'un modèle extrêmement centralisé, alors que le second est mis en avant pour évoquer la décentralisation des décisions. On arrive alors à la situation absurde — ou schizophrénique — où le consommateur représentatif (forcément propriétaire des entreprises, puisque c'est son épargne qui y est régulièrement investie) prend des décisions « inefficientes » en ce qui concerne le niveau d'investissement des entreprises, décisions qui doivent être corrigées (toujours du point de vue de l'efficience) par l'État… qui ne peut être que lui-même (sinon, qui d'autre ?) ! A l'origine de cet imbroglio, il y a le recours à la notion d'agent représentatif, qui a pour but principal de laisser de côté le problème de la *coordination* des décisions individuelles, alors que par ailleurs les externalités sont typiquement le symptôme d'une mauvaise coordination (par

Le progrès technique à la Harrod

Le progrès technique à la Harrod se traduit par une augmentation de la capacité de production (de la productivité) de la main-d'œuvre caractérisée par un coefficient multiplicateur $v(t)$, le produit $Q(t)$ à l'instant t étant donc tel que :

(1) $$Q(t) = F(K(t), v(t)L(t)).$$

Si l'on suppose, comme d'habitude, que $F(\cdot)$ est HOMOGÈNE de degré 1 et si l'on s'abstient d'écrire le t désignant le temps, l'égalité (1) peut se mettre sous la forme :

(2) $$\frac{Q}{vl} = F\left(\frac{K}{vL}, 1\right) = f\left(\frac{K}{vL}\right).$$

Si $L(t)$ est la force de travail disponible à l'instant t, alors $v(t)L(t)$ est son équivalent en « travail de base » qui tient compte de la « bonification » $v(t)$. Si l'on note $k_v = K/vL$ et $q_v = Q/vL$ le capital et le produit « par heure de base », alors l'équation (2) s'écrit :

(3) $$q_v = f(k_v),$$

où la fonction $f(\cdot)$ est la même que celle du modèle de SOLOW. En fait, si l'on reprend les hypothèses de celui-ci, on est en présence du *même modèle*, dans lequel on remplace L par vL (et donc k par k_v) ; on en déduit l'équation différentielle (en k_v au lieu de k) :

$$\dot{k}_v = sf(k_v) - k_v\frac{\dot{v}L}{vL},$$

où $\dot{v}L$ désigne la dérivée de vL par rapport au temps.

Le capital « par heure de travail de base » stationnaire k_v^* est donc tel que $sf(k_v^*) - k_v^*\dot{v}L/vL = 0$, le taux de croissance de l'économie à l'état SEMI-STATIONNAIRE étant donné par celui des heures de travail de base, $\dot{v}L/vL$, au lieu de $\dot{L}/L$ dans le modèle de Solow. Ainsi, comme $\dot{v}L/vL = \dot{v}/v + \dot{L}/L$, même si le taux de croissance de la population est nul, il suffit que celui de v ne le soit pas pour qu'il y ait croissance de la production et de la consommation par tête. Dans les modèles où le PROGRÈS TECHNIQUE est exogène, la croissance de v est supposée déterminée en dehors du modèle, alors que l'hypothèse contraire est faite dans les modèles à CROISSANCE ENDOGÈNE (où elle est l'expression d'une forme d'apprentissage des agents, liée par exemple à l'accumulation du capital).

le « marché »). Les raisonnements sont d'abord de type microéconomique (maximisation sous contrainte), le prétexte à l'imbroglio étant le « passage à la macroéconomie ».

En fait, le rôle des externalités, de l'éducation et de la recherche dans la croissance est connu depuis très longtemps ; personne ne doute de son importance, à commencer par les États, lorsqu'ils mettent en œuvre des « politiques industrielles » ou « d'aménagement du territoire » (même si ce n'est pas sous ce nom), sans parler des importantes ressources consacrées à l'éducation et à la recherche. Il n'est nul besoin pour le prouver de recourir à des acrobaties avec des modèles rudimentaires de choix intertemporel : l'observation des faits et un peu de bon sens suffisent.

En réalité, la seule question intéressante que soulèvent les modèles paraboles comme celui de la croissance endogène est de savoir pourquoi ces modèles sont devenus à la mode à un moment donné. Ainsi, pourquoi le thème de la croissance a-t-il été remis à l'ordre du jour à la fin des années quatre-vingt, après plus de vingt ans de quasi-silence à son propos ? Pourquoi cette soudaine redécouverte du rôle de l'État, qui n'est plus considéré comme toujours néfaste ? Est-ce en réaction à la vague antiétatique symbolisée par Reagan-Thatcher et à ses conséquences négatives au niveau de l'éducation, de la santé, de l'état des infrastructures et plus généralement de la « fracture sociale », particulièrement manifestes aux États-Unis ? La réponse à ces questions nécessite une étude des motivations de ceux qui proposent ces modèles et de l'environnement dans lequel ils se trouvent ; étude passionnante sans doute, mais qui reste à faire.

Croissance optimale (modèles de)

Modèles qui cherchent à déterminer parmi toutes les évolutions possibles d'une économie celle qui est la « meilleure », selon un critère précisé par le modélisateur. Ce critère peut consister en la maximisation d'un indicateur de la consommation présente et future d'une population ; toutefois, afin d'éviter les problèmes d'AGRÉGATION de plusieurs individus, souvent ceux-ci sont réduits à un individu unique, planificateur ou AGENT REPRÉSENTATIF, qui est alors caractérisé par une fonction d'utilité INTERTEMPORELLE.

Une logique de choix intertemporel par un agent unique

On considère une économie qui a une durée de vie égale à T, des « trajectoires de consommation » de la forme :

$$(c_0, \ldots, c_t, \ldots, c_T),$$

où c_t est une consommation à l'instant t, et une fonction d'utilité intertemporelle $U(\cdot)$ qui traduit les goûts du planificateur — ou de l'agent « représentatif » — en ce qui concerne les diverses façons d'affecter les consommations dans le temps. Généralement, pour simplifier la présentation, la fonction d'utilité $U(\cdot)$ est supposée *séparable*, c'est-à-dire qu'elle est de la forme :

$$U(c_0, \ldots, c_t, \ldots, c_T) = u_0(c_0) + \ldots + u_T(c_T).$$

Une simplification supplémentaire consiste à supposer les fonctions $u_t(\cdot)$ indépendantes du temps, à un facteur d'escompte près, qui traduit une certaine PRÉFÉRENCE POUR LE PRÉSENT de l'agent. Plus précisément, on prend pour fonction d'utilité intertemporelle :

$$(1)\ U(c_0, \ldots, c_T) = u(c_0) + \ldots + \frac{u(c_T)}{(1+r)^T}$$

où r (> 0) joue un rôle proche de celui du taux d'actualisation (mais il est « subjectif », un reflet des goûts de l'agent représentatif).

Dans ce cas, le *passage au continu* (la durée des périodes tend vers 0) se fait aisément, la fonction d'utilité intertemporelle prenant alors la forme de l'intégrale :

$$(2) \qquad \int_0^T e^{-rt} u(c(t))dt\,.$$

Souvent, comme la date finale T est arbitraire, on la fait tendre vers l'infini. Si les utilités « par période » ou « instantanées » $u(\cdot)$ sont bornées, alors l'utilité intertemporelle (1) tend vers une limite finie (en supposant $r > 0$, évidemment), puisqu'elle est majorée par :

$$M\left(1+\frac{1}{1+r}+\ldots+\frac{1}{(1+r)^t}+\ldots\right)=\frac{M(1+r)}{r},$$

où M est un majorant de $u(\cdot)$ [on a utilisé la formule qui donne la somme des termes d'une PROGRESSION GÉOMÉTRIQUE de raison 1 (1 + r)] ; il en est de même dans le cas continu, puisque l'intégrale (2) est majorée par :

$$M\left[-\frac{e^{-rt}}{r}\right]_0^\infty = \frac{M}{r}.$$

Le choix consommation-investissement : le modèle de Ramsey

Pour qu'il y ait croissance « optimale », il faut qu'il y ait *choix* entre plusieurs options possibles. Ce choix porte alors sur le partage, à chaque période, entre ce qui est consommé et ce qui est épargné (investi), dans le but d'une consommation ultérieure (modèle de Ramsey, du nom d'un mathématicien mort à 24 ans, qui a été le premier à étudier ce problème dans les années vingt). Le partage consommation-épargne à chaque période dépend à la fois de la forme de la fonction d'utilité intertemporelle — notamment de la plus ou moins grande préférence pour le présent qu'elle exprime — et des techniques de production disponibles. Celles-ci sont généralement représentées, dans le cas le plus simple (mais aussi le plus usuel), par une fonction $f(\cdot)$ telle que si à l'instant t une quantité k_t sert d'INPUT, alors la production $f(k_t)$ à l'instant suivant, $t+1$, à laquelle on enlève une part de dépréciation du capital, ηk_t, se partage entre consommation et investissement, de sorte qu'on a la relation de récurrence :

$$k_{t+1} = f(k_t) - \eta k_t - c_{t+1}.$$

Ou alors, de façon équivalente, dans le cas continu :

(3) $\dot{k}(t) = f(k(t)) - \eta k(t) - c(t)$,

ce qu'on peut écrire sous la forme d'une égalité entre fonctions (de t) :

(3′) $\dot{k} = f(k) - \eta k - c$.

Comme on suppose qu'il n'y a qu'un seul agent, capital et capital par tête sont confondus.

Dans la plupart des modèles, notamment ceux qui sont construits dans une perspective macroéconomique, il n'y a qu'un seul bien, qui est à la fois consommé et investi (tel le « blé » du modèle de Solow). Dans ce cas, les fonctions d'utilité et de production, $u(\cdot)$ et $f(\cdot)$, sont des fonctions numériques, de $\mathcal{R}$ dans $\mathcal{R}$.

Pour déterminer la trajectoire optimale des consommations (et donc des productions), on « extrait » $c(t)$ de (3) et on remplace dans la fonction d'utilité intertemporelle (2). On se trouve devant le problème :

$$\text{maximiser} \int_0^T e^{-rt} u(f(k(t)) - \eta k(t) - \dot{k}(t))dt$$

problème dont l'inconnue est la fonction $k(\cdot)$ (« trajectoire » des investissements).

Les fonctions $k^*(\cdot)$ candidates à l'état de solution de ce programme doivent vérifier la condition d'EULER, qui s'écrit ici :

(4) $g'_k - \dot{g}'_{\dot{k}} = 0$,

où la fonction $g(\cdot)$ est définie par la formule :

$$g(t, k(t), \dot{k}(t)) = e^{-rt} u(f(k(t)) - \eta k(t) - \dot{k}(t)).$$

D'où la dérivée par rapport à k :

(5) $g'_k(t, k(t), \dot{k}(t))$
$= e^{-rt} u'(f(k(t)) - \eta k(t) - \dot{k}(t))(f'(k(t)) - \eta)$
$= e^{-rt} u'(c(t))(f'(k(t)) - \eta)$,

et la dérivée par rapport à $\dot{k}$:

$g'_{\dot{k}}(t, k(t), \dot{k}(t))$
$= e^{-rt} u'(f(k(t)) - \eta k(t) - \dot{k}(t))(-1)$
$= e^{-rt} u'(c(t))(-1)$.

La dérivée par rapport au temps de cette dernière expression est :

(6) $\overline{g'_{\dot{k}}(t, k(t), \dot{k}(t))}^{\,\cdot}$
$= -e^{-rt}(-r\, u'(c(t)) - e^{-rt} u''(c(t))\, \dot{c}(t)$.

Compte tenu de (5) et (6), la condition d'Euler (4) s'écrit :

$$e^{-rt}(u'(c(t))(f'(k(t) - \eta) - r\, u'(c(t)) + u''(c(t))\, \dot{c}(t)) = 0.$$

D'où il vient, après simplifications :

(7) $\dot{c}(t) = -\dfrac{u'(c(t))}{u''(c(t))}(f'(k(t)) - \eta - r)$,

soit, si l'on omet d'indiquer la variable t :

(7′) $\dot{c} = \dfrac{u'(c)}{u''(c)}(f'(k) - \eta - r)$.

La trajectoire optimale est donc telle que la productivité marginale du capital est égale à la somme du terme de dépréciation η et du taux d'actualisation r, somme à laquelle on soustrait le terme $\dot{c}\, u''(c)/u'(c)$, qui dépend des goûts de l'agent.

Les trajectoires lorsque t tend vers l'infini

Les équations (3′) et (7′) forment le système d'ÉQUATIONS DIFFÉRENTIELLES d'ordre 2 :

$$(8) \quad \begin{cases} \dot{k} = f(k) - \eta k - c \\ \dot{c} = -\dfrac{u'(c)}{u''(c)}(f'(k) - \eta - r), \end{cases}$$

dont la solution, si elle existe, est la trajectoire optimale des consommations et des investissements, pour des CONDITIONS INITIALES ($k(0)$, $c(0)$) données (ces équations donnent des conditions nécessaires ; on supposera ici que celles imposées aux fonctions $f(\cdot)$ et $u(\cdot)$ assurent qu'elles sont aussi suffisantes).

Lorsqu'on établit la condition d'Euler, on raisonne sur un intervalle de temps fini (sur lequel l'intégrale est calculée). Mais comme dans le cas présent il n'y a pas de raison de fixer une « date terminale » (laquelle ?), les modèles de croissance optimale supposent généralement un horizon infini. La question est alors de savoir comment se comportent les solutions de (8), si elles existent (en demeurant toujours positives).

Pour répondre à cette question, on commence par le plus facile, en cherchant si parmi les trajectoires qui vérifient (8) il y en a qui sont STATIONNAIRES. Pour cela, il faut que $\dot{k} = 0$ et $\dot{c} = 0$, donc que :

$$\begin{cases} f(k) - \eta k - c = 0 \\ -\dfrac{u'(c)}{u''(c)}(f'(k) - \eta - r) = 0. \end{cases}$$

Si l'on suppose que $u'(c) \neq 0$ quel que soit c, alors la consommation et le capital stationnaires c_s et k_s doivent vérifier le système d'équations :

(9) $c = f(k) - \eta k$

(10) $f'(k) = \eta + r.$

De (10), il vient (si l'on suppose que la productivité marginale $f'(\cdot)$ est strictement décroissante, et donc que $f(\cdot)$ est strictement CONCAVE) :

$$k_s = f'^{-1}(\eta + r).$$

En remplaçant dans (9), on trouve :

$$c_s = f(k_s) - \eta k_s.$$

Si les conditions d'INADA sont vérifiées, alors on est sûr que $c_s > 0$. De ces conditions il découle aussi que le graphe de (9) est une courbe strictement concave, qui coupe l'axe des abscisses en deux points, dont l'origine. D'où le diagramme de phases associé au système d'équations différentielles (8) [la droite « verticale » $k = k_s$ représente l'équation (10), la courbe l'équation (9)] :

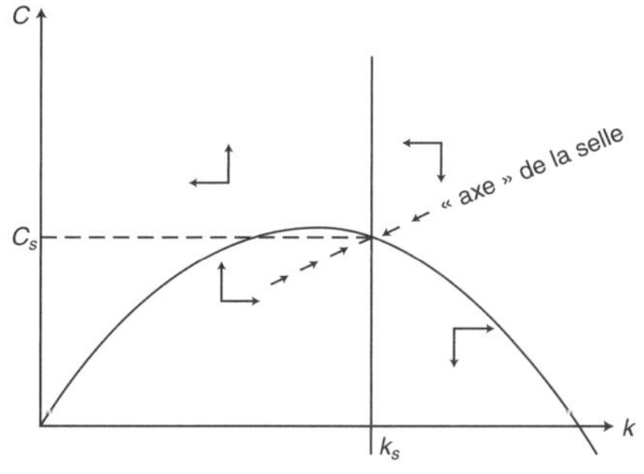

Diagrammes de phases

Le « fléchage » du plan laisse penser qu'on est face à une situation de type POINT-SELLE, ce que confirme une étude locale, au voisinage de la trajectoire stationnaire caractérisée par le point $S = (k_s, c_s)$. En effet, la matrice jacobienne du système (8) en ce point est donnée par :

$$\mathbf{J}(S) = \begin{pmatrix} f'(k_s) - \eta & -1 \\ -\dfrac{u'}{u''}f''(k_s) & \left(-\dfrac{u'}{u''}\right)'(f'(k_s) - \eta - r) \end{pmatrix}$$

où $\left(-\dfrac{u'}{u''}\right)'$ est la dérivée, par rapport à c, de $-\dfrac{u'}{u''}$. On n'a pas besoin de calculer ici cette dérivée, puisqu'elle est multipliée par $f'(k_s) - \eta - r$, qui est nul en raison de (10) (dont k_s est la solution). On a donc :

$$\text{dét } \mathbf{J}(S) = (f'(k_s) - \eta)\cdot 0 - (-1)\left(-\frac{u'}{u''}f''(k_s)\right)$$
$$= -\frac{u'}{u''}f''(k_s),$$

où dét $\mathbf{J}(S)$ est le déterminant de $\mathbf{J}(S)$.

Comme $f(\cdot)$ est, par hypothèse, strictement concave, sa dérivée seconde $f''(\cdot)$ est strictement négative ; si l'on suppose, comme cela est usuel, que l'utilité marginale est strictement positive et strictement décroissante (soit $u'(\cdot) > 0$ et $u''(\cdot) < 0$), alors il résulte de la formule ci-dessus que :

$$\text{déterminant de } \mathbf{J}(S) < 0,$$

et donc que $\mathbf{J}(S)$ a deux VALEURS PROPRES de signes opposés, ce qui est typique d'un point-selle (une valeur propre strictement positive, l'autre strictement négative). L'« axe » de la selle est alors donné, localement, par le VECTEUR PROPRE associé à la valeur propre à partie réelle négative.

Ainsi, pour qu'il y ait convergence vers l'état stationnaire, il faut que le couple « initial » capital-consommation, $(k(0), c(0))$, soit sur une courbe précise (l'axe de la selle) ; il doit donc être choisi de cette façon, ce qui plaide pour un modèle à agent unique (qui peut être un planificateur).

Cycle (théories du)

Théories qui visent à expliquer les fluctuations économiques qu'ont connues, et que connaissent encore, les économies capitalistes, ou « de marché ». Ces fluctuations ont des caractéristiques propres, qui sont dues au fonctionnement du système lui-même, alors que dans les économies précapitalistes elles étaient essentiellement provoquées par des phénomènes extérieurs — à commencer par les variations climatiques qui affectaient la production agricole, dont la place dans la production totale était prédominante à l'époque. Lorsque ces fluctuations présentent certaines régularités — des périodes d'expansion suivies de périodes de récession —, on parle à leur propos de « cycles » qui se succèdent les uns aux autres.

C'est ainsi que Clément Juglar (1819-1905) a cru déceler au XIXe siècle des cycles d'une durée d'environ dix ans dans les pays d'Europe en voie d'industrialisation.

Plus tard, dans les années vingt, Nicolas Kondratieff a proposé de découper la période 1780-1920 en cycles bien plus longs, d'une cinquantaine d'années.

L'évolution a, en revanche, été plus irrégulière au XXe siècle, qui a connu deux grandes guerres, une crise particulièrement profonde et prolongée (celle des années trente) et une longue période de croissance, unique dans l'histoire du capitalisme (les « TRENTE GLORIEUSES »). En outre, l'action CONTRACYCLIQUE de l'État s'est alors largement développée, surtout dans la seconde moitié du siècle. Même si l'on peut encore déceler des phases d'expansion et de récession, les économies capitalistes de cette période sont plus caractérisées par des fluctuations limitées du *taux de croissance* que par une franche alternance de périodes de *boom* et de crise, telles qu'on se les imagine dès qu'on pense à des cycles.

Des théories diverses

Les tentatives d'explication sur les cycles sont anciennes et diverses. Ainsi, Juglar attache une importance particulière aux dysfonctionnements du *système de crédit* (phases de spéculation suivies de krachs boursiers). En revanche, MARX pense que les désordres financiers ne sont que le symptôme des contradictions profondes du système capitaliste ; pour lui, la recherche du profit maximal par chacun a pour conséquence une mise en place de capacités de production excédentaires (phase de *boom*), ce qui conduit à la surproduction et donc à la ruine de certains (phase de crise), avant que n'apparaissent de nouvelles occasions d'investissements profitables (phase de reprise puis de *boom*), et ainsi de suite (les dix ans du cycle correspondant approximativement — selon Marx — à la durée de vie des équipements).

Les explications de Juglar et de Marx sont assez typiques des deux façons de voir l'origine des fluctuations économiques ; en effet, pratiquement toutes les théories du cycle peuvent être regroupées en deux grandes catégories : celles qui attribuent un rôle déterminant aux phénomènes d'ordre monétaire et financier, et celles qui estiment qu'il faut chercher la cause des crises au niveau de la production et de l'échange — par exemple, dans la plus ou moins bonne coordination des décisions individuelles. Les analyses des MONÉTARISTES et, dans une moindre mesure, de l'école autrichienne se rangent dans la première catégorie, celles des KEYNÉSIENS dans la seconde — même si KEYNES lui-même n'a pas vraiment traité des cycles, sa préoccupation centrale étant la sortie de crise.

L'OSCILLATEUR DE SAMUELSON est un exemple simple d'explication des cycles fondée sur des problèmes de comportement et de coordination (il combine une « loi psychologique », la FONCTION DE CONSOMMATION, et un « principe » — l'accélérateur — qui résulte des conditions techniques). En revanche, Milton FRIEDMAN voit l'origine des cycles dans la manipulation de la masse monétaire par les autorités — qui veulent, par exemple, se gagner les bonnes grâces des électeurs ; pour lui, une offre intempestive de monnaie nouvelle entraîne une demande de biens et une activité accrues, mais passagères ; car les agents vont s'apercevoir — plus ou moins rapidement — que rien ne justifiait la modification de leurs plans (à supposer que la THÉORIE QUANTITATIVE DE LA MONNAIE est valable), ce qui les amènera à les « réajuster », avec les coûts que cela suppose ; on retrouve ainsi les deux phases du cycle. L'existence de celui-ci s'explique alors par les actions intempestives de l'État, par les erreurs d'appréciation qu'elles induisent chez les agents économiques et par les délais de réaction et d'ajustement, dans un sens, puis dans l'autre — compte tenu des MÉCANISMES DE TRANSMISSION de la variation de la masse monétaire.

Cycles et chocs

Le cycle suppose le changement ; pour Marx ou pour le modèle de l'oscillateur (Samuelson), le changement est le produit du système lui-même — de ses contradictions, si l'on veut (il est ENDOGÈNE). En revanche, dans l'analyse de Friedman, le changement est provoqué par un facteur extérieur, ou EXOGÈNE : la variation de l'offre de monnaie.

Dans les années soixante-dix, les analyses des fluctuations économiques ont mis l'accent sur les « chocs » — monétaires, pétroliers, etc. — qui viennent perturber l'évolution de l'économie, qui l'écartent de son évolution « naturelle ». Ainsi, dans les modèles des NOUVEAUX CLASSIQUES, tel celui de Lucas (1972), les « chocs » sont dus aux actions « intempestives » des autorités monétaires — qui cherchent délibérément à tromper les travailleurs en leur faisant croire que le salaire (réel) a augmenté.

Toutefois, le modèle des chocs monétaires des nouveaux classiques peut difficilement être utilisé pour expliquer les cycles à cause d'une de ses hypothèses centrales, celle sur les ANTICIPATIONS RATIONNELLES, qui exclut tout écart quelque peu durable de l'économie par rapport à son évolution « naturelle » D'où la proposition faite par le courant dit du CYCLE RÉEL de considérer des « chocs réels », c'est-à-dire des modifications des paramètres de base de l'économie (goûts des ménages, dotations initiales, techniques disponibles). Le modèle utilisé alors est celui du choix INTERTEMPOREL d'un personnage unique — tel ROBINSON. Si l'on donne des valeurs appropriées aux paramètres du modèle, il est alors possible de faire apparaître une évolution cyclique de la production — le « choc » exerçant son effet sur toute la durée de vie de l'économie (comme une pierre lancée dans l'eau y provoque un train d'ondes). La monnaie n'a alors plus aucun rôle : on passe d'un extrême à l'autre.

Il est toutefois très difficile de prendre au sérieux la théorie des cycles réels, avec son agent unique dont les choix sont censés traduire les évolutions d'économies effectivement observées. Une remarque similaire peut être faite à propos des modèles à GÉNÉRATIONS IMBRIQUÉES où il est possible de faire apparaître des cycles de façon « endogène », à condition de choisir des spécifications et des circonstances initiales particulières. On est là en présence de fables — ou de paraboles —, même si l'on essaie de « caler » ces modèles sur les données statistiques disponibles.

Conclusion

Les sociétés où les décisions sont prises de façon plus ou moins indépendante par une multitude d'individus se caractérisent par une certaine stabilité — permanence dans le temps — de leurs principaux agrégats. C'est là un fait étonnant, indépendamment de l'opinion qu'on peut avoir sur la situation dans laquelle se trouvent ces sociétés, car il n'y a aucune raison *a priori* pour que la coordination des choix individuels se fasse, et se maintienne, de façon régulière. L'étude des statistiques des indices boursiers — qui sont le résultat d'une multitude d'offres et de demandes en bonne partie indépendantes les unes des autres — montre par exemple une évolution désordonnée, CHAOTIQUE (on ne peut y distinguer des « régularités »). Pourquoi n'en serait-il pas de même pour les autres variables économiques (prix et quantités), qui sont elles aussi soumises aux variations des offres et des demandes ? Si ce n'est pas le cas, on peut supposer que c'est parce qu'il existe des facteurs qui « amortissent » les effets de ces variations : inerties dans les comportements, présence de stocks, concertations plus ou moins explicites, « rigidités » de tout ordre, intervention de l'État. Cette hypothèse demande sans doute à être étayée, mais elle semble vraisemblable à celui qui se donne la peine d'observer ce qui se passe effectivement dans les sociétés qui nous entourent (présentes ou passées). Car tant qu'on n'aura pas expliqué pourquoi les sociétés où la plupart des décisions sont prises de façon « décentralisée » se caractérisent par des évolutions plutôt régulières, on ne pourra pas expliquer la présence — si elle est avérée — de phénomènes tels que les cycles, qui témoignent d'ailleurs eux-mêmes d'une certaine forme de régularité.

Cycle de vie (théorie du)

Théorie avancée par Albert Ando et Franco Modigliani (« The life cycle hypothesis of saving », *American Economic Review*, 1964), dans le cadre de l'étude de la fonction de CONSOMMATION, pour expliquer le fait que la *propension moyenne à consommer* diminue lorsque le revenu augmente si on la mesure dans une population à un moment donné *(en coupe instantanée)* alors qu'elle demeure constante lorsque le revenu varie dans le temps.

Comme la théorie du REVENU PERMANENT — qui a le même objectif qu'elle et dont elle est relativement proche —, la théorie du cycle de vie est fondée sur l'idée que les ménages décident de leur consommation courante dans une perspective de CHOIX INTERTEMPOREL. Ainsi, en l'absence d'incertitude, les individus qui entrent dans la vie active ont une épargne faible, si ce n'est négative, puisqu'ils sont souvent conduits à s'endetter afin, par exemple, de s'acheter une maison et de s'équiper dans le but de fonder une famille. Plus tard, au moment de rembourser leurs emprunts, leur consommation baisse, surtout s'ils pensent épargner pour leurs vieux jours ; quand ceux-ci arriveront, leur propension à consommer augmentera à nouveau, puisqu'ils n'auront plus de raison d'épargner — si ce n'est pour laisser quelque chose à leurs héritiers.

La baisse de la propension moyenne à consommer constatée lorsqu'on passe des revenus les plus faibles aux revenus les plus élevés s'explique donc par le fait que les premiers sont ceux des jeunes et des retraités (qui épargnent peu) alors que les seconds sont ceux des personnes « dans la force de l'âge » — qui remboursent leurs dettes et épargnent en pensant à leurs vieux jours.

Quant à l'invariance intertemporelle (ou « de longue période ») de la propension moyenne à consommer, elle peut s'expliquer de la façon suivante : en période de croissance, donc de hausse du revenu, les ménages réévaluent à la hausse leurs revenus futurs — et donc leur richesse, formée par le flux de ces revenus —, ce qui les incite à consommer plus. Cela est particulièrement vrai pour les jeunes, qui ont déjà une propension à consommer plus forte, puisque le flux de leurs revenus futurs constitue la partie la plus importante de leur richesse (ils ont toute leur vie active devant eux). L'augmentation de la consommation qui en résulte vient en quelque sorte compenser la tendance à la hausse de la part de l'épargne dans le revenu lorsque celui-ci augmente, ce qui explique pourquoi cette part demeure (à peu près) constante dans le temps.

Ainsi, à la différence de la théorie du revenu permanent — qui raisonne sur un ménage type —, la théorie du cycle de vie tient compte de l'*hétérogénéité* de la population selon l'âge. Cependant, ces deux théories ont en commun de supposer un cadre intertemporel, où l'incertitude ne joue aucun rôle. Ce qui est gênant pour des approches ayant pour vocation de suggérer des politiques économiques, qui dépendent en bonne partie de la conjoncture.

Cycle réel (théorie du), ou **Théorie RBC** (pour *Real Business Cycle*)

Théorie apparue au début des années quatre-vingt, suite aux articles de Kydland et Prescott (« Time to build and aggregate fluctuations », *Econometrica*, 1982) et de J. R. Long et Ch. Plosser (« Real Business Cycles », *Journal of Political Economy*, 1983) ; cette théorie se propose d'expliquer les cycles économiques par les modifications (les « chocs ») que peuvent subir les FONDAMENTAUX d'une économie (goûts des ménages, techniques disponibles, dotations en ressources des agents). La théorie RBC reprend certaines des hypothèses essentielles des NOUVEAUX CLASSIQUES de la première vague — notamment le plein emploi permanent des ressources disponibles —, mais elle s'en démarque sur la question centrale de la monnaie, puisqu'elle considère que celle-ci n'a aucune influence sur l'économie, dont les fluctuations sont dues uniquement à des phénomènes « réels » (d'où son nom). En fait, les modèles de cycle réel ne comportent pas de monnaie ; ou alors on peut considérer que celle-ci y est complètement ENDOGÈNE, alors que chez les nouveaux classiques de la première vague elle est totalement EXOGÈNE.

Comme, par hypothèse, dans la théorie du cycle réel il y a plein emploi permanent des ressources, on dit parfois de cette théorie qu'elle représente des « cycles d'équilibre ». En cela elle se distingue de la conception habituelle des cycles — présente aussi bien chez les KEYNÉSIENS que chez les MONÉTARISTES — selon laquelle ils sont la conséquence d'un dysfonctionnement (dû, par exemple, à une mauvaise coordination des choix individuels ou à l'action « perturbatrice » de l'État). La théorie des cycles réels pousse donc à l'extrême l'hypothèse de l'équilibre (concurrentiel) permanent.

Après avoir connu un certain succès dans les années quatre-vingt, la théorie du cycle réel est, depuis, un peu passée de mode ; elle a notamment été critiquée sur les techniques qu'elle utilise pour ajuster ses modèles aux données statistiques et sur le fait qu'elle n'accorde aucune place à la monnaie. Toutefois, la critique la plus importante qu'on peut lui adresser porte sur le type d'économie décrit par ces modèles, qui se réduit au choix intertemporel d'un agent unique.

L'essence des modèles RBC : le choix intertemporel d'un agent unique

Le point de départ des modèles du cycle réel est simple : on considère un agent unique (la référence à ROBINSON est ici usuelle) qui est à la fois consommateur (ses goûts sont décrits par une fonction d'utilité INTERTEMPORELLE) et producteur (les possibilités techniques sont résumées par une FONCTION DE PRODUCTION, également intertemporelle). Le problème qui se pose alors est celui du choix par l'agent de la meilleure affectation des ressources dans le temps (pour toute la « durée de vie » de l'économie) ; autrement dit, il doit décider du partage à chaque période entre consommation et épargne qui lui permet de maximiser son utilité intertemporelle. Son choix prend la forme d'une « trajectoire » de consommations, à laquelle est associée la trajectoire de productions et d'investissements qui rend possibles ces consommations (formellement, ce choix est semblable à celui que doit faire l'agent unique des modèles de CROISSANCE OPTIMALE).

Il n'y a cependant aucune raison pour que la trajectoire choisie comporte des cycles, surtout si les fonctions d'utilité et de production ont la « forme habituelle » ; le modélisateur va alors chercher à faire apparaître des cycles en jouant sur les « chocs » qui peuvent affecter les goûts de l'agent (la forme de sa fonction d'utilité), les techniques dont il dispose (la forme de sa fonction de production) ou sa DOTATION INITIALE en ressources de tout ordre. Les modèles de cycle réel se proposent donc de trouver des types de chocs — et des spécifications appropriées des fonctions d'utilité et de production — tels que les trajectoires de l'économie soumise à ces chocs présentent le plus de similitudes possibles avec celles qu'ont connues les économies des pays que ces modèles sont censés décrire. Ainsi, un choc au niveau des ressources — même s'il a lieu à l'« instant initial » — peut affecter profondément le choix intertemporel de l'agent unique du modèle et y faire apparaître des cycles (ce qui n'est pas le cas avec les « chocs monétaires imprévus » des nouveaux classiques, qui sont par hypothèse rapidement « résorbés »). Dans les modèles de cycle réel, il peut donc y avoir *persistance* de l'effet d'un choc ; la production peut, par exemple, se situer de façon « persistante » au-dessus, puis en dessous, de la tendance.

Telle est l'essence du modèle. Parfois — souvent, même — on en donne une autre interprétation, selon laquelle il décrit une économie en équilibre concurrentiel permanent et formée de « nombreux » agents identiques qui font des PRÉVISIONS PARFAITES (ou des ANTICIPATIONS RATIONNELLES). Cette interprétation s'appuie sur le fait que, comme dans les modèles de croissance optimale, une trajectoire de prix peut être *déduite* de la trajectoire des quantités qui résulte du choix intertemporel de l'agent unique ; pour cela, il suffit de prendre pour prix du travail et du « CAPITAL » leurs PRODUCTIVITÉS MARGINALES tout le long de cette trajectoire (le bien produit servant de NUMÉRAIRE). On peut alors considérer que chaque agent se verse un salaire égal à la productivité marginale de son travail et un taux d'intérêt égal à la productivité marginale de son « capital ». Puisque les agents sont identiques, ils choisissent tous la même trajectoire optimale ; tous se versent donc le même salaire et le même taux d'intérêt (le fait qu'ils sont identiques implique — et c'est là le point essentiel — qu'il n'y a pas d'échanges entre eux, puisque l'échange suppose la différence). Comme l'égalité entre rémunération et productivité marginale est typique de la CONCURRENCE PARFAITE, on peut alors considérer que les trajectoires suivies sont celles d'une économie « en équilibre concurrentiel permanent », mais cela est vraiment tiré par les cheveux puisque, dans cette économie, il n'y a pas d'échanges entre les agents (chacun calcule « dans son coin » sa trajectoire optimale, sans avoir besoin de prix pour le faire). Supposer qu'il y a *n* Robinson sur *n* îles différentes, plutôt qu'un seul, n'apporte rien de plus à l'analyse et sème la confusion en faisant croire qu'on est en face d'une économie avec une « multitude d'agents ». Comme cela n'apporte rien de plus, si ce n'est une idée fausse, de dire que l'agent unique est un AGENT REPRÉSENTATIF.

Le problème du « calibrage » des modèles

La théorie des RBC se veut « macroéconomique », et donc « appliquée » ; elle a pour vocation d'expliquer les cycles économiques, tels qu'ils peuvent être observés (du moins en tant que FAITS STYLISÉS). Toutefois, étant donné la représentation adoptée — choix intertemporel d'un agent unique —, il n'est pas question pour elle d'appliquer les méthodes mises au point par l'ÉCONOMÉTRIE pour estimer les paramètres de ses modèles, notamment parce que les variables de ceux-ci sont toutes endogènes ; la situation est, de ce point de vue, la même que dans les modèles d'ÉQUILIBRE GÉNÉRAL CALCULABLE. Comme dans ces modèles, la procédure adoptée par la théorie RBC est celle du « calibrage » ; elle consiste à donner des valeurs aux paramètres qui caractérisent l'agent (fonctions d'utilité et de production) et aux « chocs », de façon que la « trajectoire » déduite du choix intertemporel de l'agent reproduise au mieux l'évolution observée (par exemple, de la production d'un pays pendant quelques dizaines d'années). La démarche est donc de nature *déterministe*, et non *statistique* (comme en économétrie), même si la maquette obtenue après calibrage n'engendre pas des trajectoires identiques à celles qui sont observées.

La tâche du modélisateur va donc être de trouver les spécifications qui lui permettent de mieux « coller » aux données. Il n'essaie pas d'obtenir ces spécifications à partir d'observations sur les comportements — puisque le « Robinson intertemporel » de son modèle n'existe évidemment pas ! — et procède plutôt à l'envers ; pour cela, il part de spécifications *a priori*, les soumet à des « chocs », compare les trajectoires qui en résultent avec les évolutions observées, modifie si nécessaire la forme des spécifications et des chocs, etc., jusqu'à ce qu'il parvienne à une maquette qui reproduise de façon « acceptable » (pour lui) l'évolution de la variable qui l'intéresse (par exemple, le PIB du pays étudié).

Les calculs peuvent cependant être très lourds, et ce malgré le caractère ultra-rudimentaire de la représentation adoptée (choix intertemporel d'un agent unique) ; pour en avoir une idée, voir l'exemple — élémentaire pourtant — traité dans l'article sur la croissance optimale (page 133). Si, en outre, on suppose que la structure des chocs est aléatoire, alors les calculs deviennent particulièrement pénibles.

Supposons cependant qu'on soit parvenu à « calibrer » une maquette qui engendre des séries chronologiques proches de celles qui sont observées. Que peut-on en conclure ? Que le Robinson intertemporel donne une « bonne » représentation de l'économie d'un pays ? Voilà qui serait pour le moins osé ! L'argument généralement avancé par les NÉOCLASSIQUES pour justifier ce genre de représentation est celui du « COMME SI » : il est clair que l'économie d'un pays ne peut être réduite au choix d'un agent unique, mais le principal est de confronter les *prévisions* du modèle aux faits, en faisant « comme si » ce personnage existait ; si ces prévisions sont confirmées, alors le modèle ne peut être rejeté. Toutefois, cet argument ne peut être utilisé ici, pour une raison très simple : *le modèle ne permet pas de faire des prévisions* ; il n'a d'ailleurs pas vocation à le faire, son but étant seulement de « simuler » au mieux une évolution passée. Comment pourrait-il faire des prévisions, alors que la seule variable exogène est constituée par les « chocs », par nature imprévisibles ? En outre, même si ces chocs étaient prévisibles, le modèle ne fournit pas des estimateurs des paramètres et ne permet donc pas de calculer des INTERVALLES DE CONFIANCE ou d'autres indicateurs de la qualité des prévisions qui pourraient être faites à partir d'eux. Il ne satisfait donc pas les normes minimales qu'exige tout calcul prévisionnel.

La théorie des RBC : une robinsonnade élaborée mais stérile

Si la théorie des RBC a connu un certain succès, c'est parce qu'elle a un parfum « appliqué » ; en effet, les modèles des cycles réels opèrent sur des données statistiques et cherchent à leur coller le mieux possible. Cela semble plus sérieux que les « fables » que racontent la plupart des modèles à FONDEMENTS MICROÉCONOMIQUES, fables dont le seul objectif est de tirer une « morale » susceptible d'inspirer des mesures de politique économique.

Telle n'est pas la vocation des modèles RBC, qui se veulent plus « descriptifs ». Toutefois, le monde qu'ils décrivent est aussi un monde fabuleux, une robinsonnade de plus ; rien de nouveau de ce côté-là. Reste l'aspect « appliqué » des modèles RBC ; mais là aussi l'apport est nul, puisque ces modèles ne peuvent, par essence, fournir des éclaircissements sur l'évolution des économies étudiées (s'ils en fournissent, c'est sur le comportement du Robinson intertemporel...) ; en outre, la méthode de « calibrage » utilisée par ces modèles constitue une régression caractérisée ; l'économétrie a d'ailleurs été construite contre ce type de méthode, qui interdit de porter tout jugement d'ordre statistique, alors que les aléas sont inhérents à la vie économique.

Malgré leur intérêt nul, les modèles RBC survivent. D'abord, parce qu'ils supposent une maximisation, ce qui serait un gage de « scientificité ». Ensuite, parce qu'il est toujours possible de proposer des « raffinements » de ces modèles qui permettent de mieux les faire coller aux données, par exemple en les « calibrant » simultanément sur plusieurs séries statistiques — production, emploi, investissement — ou en procédant à des comparaisons par pays. Enfin, rien n'empêche d'introduire diverses « imperfections » venant entraver le choix du Robinson intertemporel ou d'y faire apparaître, par exemple, une forme ou une autre de monnaie et même de chômage ; il est vrai qu'il faut pour cela beaucoup d'imagination, puisqu'il n'y a qu'un agent unique !

Car c'est l'hypothèse sur l'agent unique — ou, ce qui est la même chose, sur les agents « identiques » — qui est au cœur du modèle ; s'en débarrasser, c'est changer radicalement la nature de celui-ci. En effet, il faut alors introduire une procédure de coordination, et donc des prix, avec tous les problèmes que cela pose (que ce soit en CONCURRENCE PARFAITE ou en CONCURRENCE IMPARFAITE). Si personne ne le fait, c'est pour une raison simple : la situation devient alors inextricable.

Finalement, la théorie RCB fournit une preuve de plus que le fait de recourir à des « fondements microéconomiques » n'apporte strictement rien et détourne même l'attention de l'étude sérieuse des problèmes concernés.

D

Debreu-Scarf (théorème de)

Théorème qui établit, sous certaines hypothèses, que le CŒUR d'une économie d'échanges se réduit, lorsqu'on fait tendre vers l'infini le nombre d'individus de cette économie, à l'ensemble des affectations des ressources auquel on peut parvenir en faisant appel à des prix d'équilibre de CONCURRENCE PARFAITE (G. Debreu et H. Scarf « A limit theorem on the core of an economy », *International Economic Review*, 1963). Ce résultat — que Francis Ysidro Edgeworth a été le premier à énoncer, en 1881, sur la base d'une étude graphique — est souvent évoqué pour établir le lien entre le modèle de concurrence parfaite de la théorie (modèle de ARROW-DEBREU, qui est à la base de toute la MICRO-ÉCONOMIE) et l'idée courante, mais vague, selon laquelle la concurrence suppose l'existence de « beaucoup » d'intervenants. Ainsi serait justifiée une des hypothèses centrales de la CONCURRENCE PARFAITE, celle qui dit que les agents ont un comportement de « preneurs de prix » (ils pensent que leurs offres et leurs demandes n'ont pas d'influence sur les prix — ce qui semble plus vraisemblable si on suppose que chacun d'entre eux ne formule qu'une petite partie de l'offre ou de la demande globales).

En fait, cette justification n'en est pas vraiment une, car elle provient d'un mélange des genres, de deux façons différentes, et incompatibles, de concevoir et de représenter la concurrence parfaite (ou « pure ») : celle qui s'inspire des analyses de Walras — et à laquelle Arrow et Debreu ont donné sa forme définitive — et celle proposée par Edgeworth, dont le théorème de Debreu-Scarf a donné la version achevée. Alors que la première, celle dite « walrasienne », suppose l'existence préalable de prix, sur la base desquels sont formulées des offres et des demandes (les échanges n'ayant lieu que lorsque celles-ci sont globalement, égales), la seconde se propose au contraire de justifier le rôle donné par la théorie aux prix (d'équilibre) de la concurrence parfaite. Cette seconde approche a explicitement pour but d'éviter le recours à des figures telles que le « crieur de prix » de Walras — ou le « commissaire-priseur » des formulations plus récentes —, hypothèse particulièrement difficile à justifier. Le MARCHANDAGE ne peut alors être que le point de départ de l'analyse ; mais, comme son résultat est indéterminé — chaque partie cherchant à obtenir le prix, ou le taux d'échange, qui lui est le plus favorable —, le modélisateur doit ajouter d'autres ingrédients au modèle. Ainsi, il peut décider de privilégier les situations qui sont des OPTIMUMS DE PARETO — des individus rationnels n'arrêtant pas de négocier tant qu'il subsiste des occasions d'échanges mutuellement avantageux (c'est pourquoi Edgeworth a appelé COURBE DES CONTRATS l'ensemble des optimums de Pareto : les accords, ou « contrats », ne peuvent avoir lieu que sur cette courbe). Si on ne retient que les états réalisables de la courbe des contrats, l'indétermination demeure toutefois, puisque cette « courbe » comprend généralement une infinité de points (en fait, un *continuum*). Pour lever cette indétermination, et arriver à une « solution » unique (si possible), Edgeworth a alors envisagé le cas où les individus du modèle peuvent former des coalitions, dont chacun peut toutefois sortir, s'il entrevoit la possibilité d'en former une autre plus intéressante pour lui (et pour ceux auxquels il la propose) — on dit qu'il a la possibilité de « recontracter ». Les états réalisables privilégiés alors par le théoricien sont ceux où personne n'est incité à recontracter — faute de coalition alternative plus intéressante. L'ensemble de ces états forme ce que les théoriciens des jeux ont appelé, plus tard, le CŒUR de l'économie. Celui-ci est inclus dans l'ensemble des optimums de Pareto (sinon, au moins deux agents ont intérêt à recontracter, pour tirer parti des possibilités d'échanges mutuellement avantageux qui subsisteraient). Il a pour principale caractéristique de devenir de plus en plus petit au fur et à mesure qu'augmente le nombre d'individus de chaque type que comporte l'économie (les types peuvent différer selon leurs goûts ou selon leurs dotations initiales), car le nombre de coalitions envisageables augmente alors également (et bien plus fortement) et donc les possibilités de « recontracter » (pour un exemple, voir l'encadré). A la limite, lorsqu'il y a une infinité d'individus de chaque type, le cœur se réduit aux seuls états réalisables pouvant être obtenus en tant qu'équilibres de concurrence parfaite — au sens walrasien.

Les équilibres de concurrence parfaite apparaissent donc comme une « solution » du modèle de l'échange, dans le sens où ils sont les seules situations (états réalisables) que personne n'est incité à modifier (en formant une coalition) — cette solution n'étant valable qu'à la limite, lorsqu'il y a une infinité d'individus de chaque type (Robert Aumann, dans « Market with a continuum of traders », *Econometrica,* 1964, a élargi ce résultat en supposant qu'il y a un *continuum* d'agents différents — ce qui ne nécessite plus de considérer des types d'agents mais implique une infinité d'agents « encore plus grande »).

Si Edgeworth est parvenu à cette conclusion en se servant d'une étude graphique simple, Debreu et Scarf l'ont formellement démontrée — en utilisant le théorème de séparation des convexes. Plus précisément, ils ont établi le résultat suivant.

Soit une économie d'échanges comportant des types d'individus qui diffèrent par leurs relations de préférence ou par leurs dotations initiales. Si les relations de préférence de tous les individus sont strictement CONVEXES, *si le nombre d'individus de chaque type tend vers l'infini et s'il y a possibilité de recontracter, alors le cœur de cette économie se réduit aux seuls états réalisables assimilables à des équilibres de concurrence parfaite.*

L'expression « état réalisable assimilable à un équilibre de concurrence parfaite » désigne une répartition des ressources entre les individus à laquelle on peut associer un vecteur prix P tel que les offres et les demandes des individus à ces prix donnent la même répartition des ressources (lorsqu'elles sont satisfaites). Parfois, on dit que Debreu et Scarf ont montré que les prix de concurrence parfaite « émergent » lorsque le nombre d'individus de chaque type tend vers l'infini, ce qui laisse entendre qu'on peut concevoir la concurrence parfaite sans commissaire-priseur (on troquerait celui-ci contre l'hypothèse du « grand nombre » d'agents, en rejoignant le discours usuel — tout en suggérant qu'on lui a donné ainsi une assise « rigoureuse »). Cette présentation est évidemment trompeuse : le théorème de Debreu-Scarf n'évoque aucun processus dans le temps, et il ne comporte aucune allusion aux prix — il ne considère que des états réalisables de l'économie (ceux du cœur). Il est vrai qu'on peut associer des prix (d'équilibre de concurrence parfaite) à certains de ces états, mais ce n'est là qu'une possibilité, dont l'intérêt n'est pas évident, puisqu'on se situe d'emblée à l'équilibre (à quoi peuvent alors servir ces prix puisque les possibilités d'échange, et de recontracter, sont épuisées ?). En outre, la question demeure de savoir comment ils « émergent » : qui les propose, alors que le modèle est censé justifier le comportement « preneur de prix » de *tous* les membres de la société.

Un drôle d'imbroglio

Le point de départ de l'analyse proposée par Edgeworth est louable : se débarrasser de la fiction du commissaire-priseur, qu'aucune personne sensée ne peut (ou ne devrait...) prendre au sérieux, pour représenter les phénomènes marchands — tout en ayant pour objectif de garder son rôle privilégié à la concurrence parfaite. Mais, pour parvenir à cet objectif, Edgeworth est obligé d'introduire l'hypothèse sur la possibilité de recontracter et de n'envisager que les états réalisables se trouvant dans le cœur. Tout cela pour se retrouver avec un modèle sans prix — ou dans lequel les prix ne jouent aucun rôle — et avec des équilibres comportant une infinité d'agents — ce qui ne facilite pas le raisonnement et le traitement mathématique (par exemple, la recherche de résultats de STATIQUE COMPARATIVE). En outre, l'approche d'Edgeworth ne fait pas appel aux notions (vagues) d'offre et de demande — ce qui est cohérent avec son propos de ne pas supposer des prix donnés mais ne permet pas de tenir les discours usuels en économie. Enfin, elle ne peut vraiment prendre en compte la production (le profit, objectif de l'entreprise, n'est défini que par rapport à des prix), alors que l'idée du « très grand nombre d'agents » est souvent mise en avant pour justifier le comportement « concurrentiel » des entreprises.

Malgré les critiques d'Edgeworth, l'approche walrasienne s'est toutefois complètement imposée, aussi bien dans les manuels de MICROÉCONOMIE que dans les publications pour spécialistes. Ce qui s'explique : elle ne se heurte pas au problème de l'indétermination de l'échange (elle le règle de façon *ad hoc* en supposant un prix donné, et unique, par bien), elle permet de tenir un discours sur « l'offre et la demande » et même d'envisager des processus — par exemple, le TÂTONNEMENT —, ayant pour but d'expliquer comment un équilibre peut être atteint. Ce discours ne vaut, évidemment, que dans le cadre ultracentralisé qui est à la base de l'approche walrasienne. Mais ceux qui utilisent celle-ci restent généralement très discrets sur ce cadre (au point, très souvent, de l'ignorer). Lorsqu'ils sont poussés dans leurs retranchements — notamment lorsqu'ils supposent des agents preneurs de prix, ce qui est peu rationnel de leur part —, alors ils invoquent le grand nombre d'agents (l'« atomicité » des manuels) et le théorème de Debreu-Scarf, qui permettrait de justifier cette hypothèse essentielle de la concurrence parfaite (à la Walras). Mais, ce faisant, ils sèment la confusion, en appliquant les résultats d'un modèle à un autre modèle, dont la logique

Un exemple simple

Considérons une économie formée de deux types d'agents, A et B, ayant la même fonction d'utilité : $U(x_1, x_2) = x_1 \cdot x_2$, et ayant pour dotations initiales :

$Q_A^o = (2,8)$ et $Q_B^o = (8,2)$.

Les ressources totales en chaque bien sont donc toutes deux égales à 10. Le jeu étant complètement symétrique (il ne change pas si on permute les joueurs, ou les biens), on vérifie immédiatement que la courbe de contrat — ici, un segment de droite — est formée par les paniers de la forme (z,z), où z est compris entre 0 et 10 (les taux marginaux de substitution de A et B, de la forme x_2/x_1, y sont égaux à 1).

Dans le cas où il n'y a qu'un individu de chaque type, le cœur de l'économie est formé par le morceau de la courbe de contrat compris entre l'état réalisable $S = \{(4,4),(6,6)\}$ — qui procure à A la même utilité que sa dotation initiale $Q_A^o = (2,8)$ — et l'état réalisable $S = \{(6,6),(4,4)\}$ qui procure à B la même utilité que sa dotation initiale $Q_B^o = (2,8)$.

Lorsqu'il n'y a qu'un individu de chaque type, le cœur est donné par la portion ST de la courbe des contrats. Supposons maintenant qu'il y a deux individus de type A, A_1 et A_2, et deux individus de type B, B_1 et B_2. Le point S, A_1 échangeant avec B_1, A_2 avec B_2, est un optimum de Pareto, mais n'appartient plus au cœur. En effet, supposons que A_1 et A_2 proposent à B_1 de former une coalition, dans laquelle ils donnent chacun 2 (= 4/2) du bien 2, contre 1 (= 2/2) du bien 1, de sorte que B_1 se retrouve avec le panier (6,6), le même qu'en S, A_1 et A_2 ayant chacun un panier (3,6). Comme ce panier procure une utilité supérieure au panier (4,4) de S ($3 \cdot 6 = 18 > 16 = 4 \cdot 4$), et comme B ne perd rien à l'opération, A_1, A_2 et B_1 ont intérêt à « recontracter » s'ils sont en S (si nécessaire, A_1 et A_2 donnent un peu plus que 2 unités de bien 2 à B_1 pour le persuader d'accepter l'échange). S n'est donc pas dans le cœur.

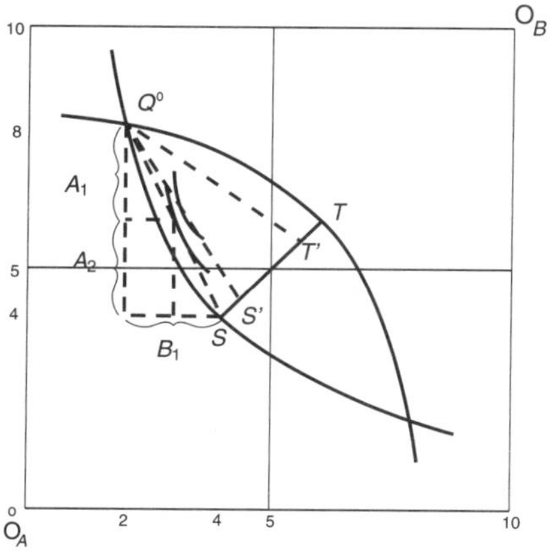

On peut dire la même chose des points de la courbe de contrat « proches » de S. Considérons par exemple l'état réalisable $S' = \{(4,4 ; 4,4), (5,6 ; 5,6)\}$. Envisageons la même coalition que précédemment entre A_1, A_2 et B_1, où les deux premiers proposent chacun à B_1 de lui donner $(8 - 4,4)/2 = 1,8$ du bien 2 contre $(4,4 - 2)/2 = 1,2$ du bien 1 (de sorte que B_1 reste avec le même panier de S', (5,6 ; 5,6)). L'utilité de A_1 et de A_2, $(8 - 1,8)(2 + 1,2) = 19,84$, est alors supérieure à celle qu'ils ont en S', $(4,4) \cdot (4,4) = 19,36$. S' n'est donc pas non plus dans le cœur ; et il en est de même pour tous les états réalisables du segment SS'. Par symétrie, les états réalisables du segment TT' où $T' = \{(5,6 ; 5,6), (4,4 ; 4,4)\}$ ne sont pas dans le cœur. Celui-ci est donc inclus dans le segment $S'T'$ — dont la longueur est presque la moitié du segment ST. Si au lieu de 2 joueurs de chaque type il y en a 3, alors en considérant des coalitions de la forme $\{A_1, A_2, A_3, B_1, B_2\}$, on restreint encore plus le cœur. À la limite, celui-ci se réduit à l'état réalisable $\{(5,5), (5,5)\}$, qui représente les quantités d'équilibre de concurrence parfaite, aux prix $P = (p_1, p_2)$ tels que $p_1 = p_2$.

est profondément différente (l'un fait appel à des prix, l'autre non ; l'un admet un nombre quelconque d'agents, grand ou petit, l'autre suppose que ce nombre est infini). Ce qui, finalement, masque le fait que l'équilibre de concurrence parfaite est une notion problématique, de par son nom même, qui suggère ce qu'il n'est pas.

Demande (fonction de)

Fonction, au sens mathématique, qui associe aux divers « signaux » reçus par un agent économique — et aux informations dont il dispose — la quantité d'un bien qu'il est prêt à acquérir. Le cas le plus usuel de fonction de demande est la *demande concurrentielle* d'un ménage, ou d'une entreprise, qui est déterminée exclusivement sur la base des prix affichés par un commissaire-priseur. Un autre cas est celui de la *demande effective*, concept utilisé par la théorie du DÉSÉQUILIBRE, qui désigne la demande d'un agent qui reçoit pour « signal » des prix, mais aussi des contraintes en quantité (conséquence de l'existence de *rationnements*).

Les fonctions de demande des agents économiques sont supposées résulter d'un *comportement rationnel* de leur part — c'est-à-dire de la maximisation de leur fonction-objectif (utilité ou profit), compte tenu des contraintes qu'ils subissent. La théorie du CHOIX DU CONSOMMATEUR en CONCURRENCE PARFAITE donne un exemple de calcul d'une fonction de demande de ce type.

Les fonctions de demande ne sont généralement pas observables, puisqu'elles sont formées par ses demandes *dans toutes les éventualités possibles* (par exemple, pour tous les prix envisageables). Ce qui peut être observé, ce sont des demandes « ponctuelles », par exemple pour des prix donnés (des « points », et non des courbes). Souvent, il est supposé que les demandes observées correspondent à des *équilibres* (point où se coupent les courbes d'offre et de demande).

Demande compensée (fonction de)

Demande d'un CONSOMMATEUR en CONCURRENCE PARFAITE lorsqu'il dispose d'un revenu suffisant pour « compenser » une hausse de prix de façon à pouvoir maintenir sa satisfaction maximale au même niveau qu'avant la hausse de prix.

La demande compensée est donc définie par rapport à une situation de départ — ou de base. Supposons que celle-ci soit caractérisée par un vecteur de prix $P = (p_1, \ldots, p_n)$ et par un revenu du consommateur égal à R. A ces prix et pour ce revenu, le consommateur formule une DEMANDE $Q(P, R)$ qui lui procure une utilité $U(Q(P, R))$, qui est maximale pour P et R donnés. Supposons maintenant qu'un nouveau vecteur-prix P^* est affiché. La demande compensée est un panier de biens $Q_c(P^*, U(Q(P, R)))$ qui est solution de :

trouver X qui minimise la dépense $P^* \cdot X$
sous la contrainte $U(X) = U(Q(P, R))$.

La dépense minimale $P^* \, Q_c(P^*, U(Q(P, R)))$ — solution de ce programme — est par définition le *revenu compensé*.

Parfois, afin de distinguer la demande compensée de la demande « normale », on appelle celle-ci demande « marshallienne ».

Exemple. Supposons que la fonction d'utilité est :

$$U(q_1, q_2) = q_1 q_2.$$

Pour des prix p_1 et p_2 et un revenu R donnés, la demande du bien i (i = 1,2) est (voir l'entrée fonction de COBB-DOUGLAS) :

$$q_i(p_1, p_2) = \frac{R}{2p_i}.$$

Par conséquent, l'utilité maximale à ces prix et pour ce revenu $U(Q(P, R))$ est ici égale à :

$$\left(\frac{R}{2p_1}\right) \cdot \left(\frac{R}{2p_2}\right),$$

c'est-à-dire à :

$$\frac{R^2}{4p_1p_2}.$$

Or, les demandes compensées q_{ic} aux prix (p_1^*, p_2^*) doivent vérifier la *condition d'optimalité* TAUX MARGINAL DE SUBSTITUTION = rapport de prix, c'est-à-dire :

$$(1) \qquad \frac{q_{2c}}{q_{1c}} = \frac{p_1^*}{p_2^*},$$

ainsi que la contrainte :

$$U(q_{1c}, q_{2c}) = \frac{R^2}{4p_1p_2},$$

qui s'écrit dans le cas présent, vu la forme de $U(\cdot)$:

$$(2) \qquad q_{1c}\, q_{2c} = \frac{R^2}{4p_1p_2}.$$

De (1) et (2), il vient :

$$q_{1c} = \left(\frac{R}{2}\right) \cdot \left(\frac{p_2^*}{p_1p_2p_1^*}\right)^{\frac{1}{2}}$$

et

$$q_{2c} = \left(\frac{R}{2}\right) \cdot \left(\frac{p_1^*}{p_1p_2p_2^*}\right)^{\frac{1}{2}}.$$

Ce sont les fonctions de demande compensée pour les deux biens ; on constate qu'elles ont pour arguments le revenu du consommateur R et les prix « avant » et « après » leur modification (P et P^*).

Demande concurrentielle

Demande d'un AGENT dans les conditions de la CONCURRENCE PARFAITE, c'est-à-dire pour des prix donnés et en partant du principe que cet agent croit qu'il peut à ces prix (quels qu'ils soient) acheter ou vendre tout ce qu'il veut (compte tenu des ressources dont il dispose), et que ses offres et ses demandes n'ont pas d'influence sur les prix (on dit, à propos de cette attitude, que l'agent fait des CONJECTURES concurrentielles).

Lorsque les fonctions de demande concurrentielle sont envisagées d'un point de vue d'ÉQUILIBRE PARTIEL, elles sont généralement représentées par une courbe *strictement décroissante*, qui met en relation la quantité demandée du bien avec son prix (c'est ce qui est appelé *loi de la demande*). Lorsque le point de vue est d'ÉQUILIBRE GÉNÉRAL, la demande d'un bien est fonction des prix de *tous* les biens, l'accent étant alors mis sur le signe des diverses ÉLASTICITÉS-prix ; la loi de la demande, dans sa forme minimale, stipule que l'élasticité-prix directe d'un bien est strictement négative (toutefois, le théorème de SONNENSCHEIN implique que cette « loi » n'est pas vraie de façon générale).

Dans le cas usuel — où les COURBES D'INDIFFÉRENCE du consommateur sont « de type hyperbolique » —, la fonction de demande concurrentielle du consommateur est donnée par le panier de biens qui égalise les TAUX MARGINAUX DE SUBSTITUTION aux rapports des prix, et qui vérifie aussi la contrainte budgétaire (pour un exemple, voir l'entrée sur la fonction de COBB-DOUGLAS).

Demande de monnaie

La MONNAIE est un « objet » très particulier qui est — pour l'essentiel — créé par le système bancaire, lorsqu'il satisfait aux demandes de crédit que lui adressent les ménages et, surtout, les entreprises, dans le cadre de leurs activités courantes ou projetées. Ainsi, connaître les motifs qui sont à la base de la demande de monnaie, et de la forme de celle-ci, est une des tâches essentielles que se fixe le théoricien qui s'intéresse à la monnaie. L'analyse qu'il en fait se traduit généralement par des recommandations de politique économique, comme l'a montré le débat, à la fin des années soixante, entre MONÉTARISTES et KEYNÉSIENS sur la stabilité de la demande de monnaie et sur la validité de la THÉORIE QUANTITATIVE DE LA MONNAIE.

Les motifs de demande de monnaie

Suite, notamment, aux analyses de KEYNES, *trois motifs* sont généralement avancés pour justifier la détention de monnaie par les agents économiques :

1. le *motif de transaction*, qui s'explique par le fait que la monnaie est acceptée par tout le monde, sans coût et « immédiatement », en échange d'autres biens (elle est le moyen d'échange privilégié, car le plus *liquide*) ;

2. le *motif de précaution*, qui s'explique par la nécessité de réagir rapidement aux situations imprévues, aux aléas de la vie de tous les jours ;

3. le *motif de spéculation*, qui résulte de ce que la monnaie est le plus liquide des actifs, ce qui permet de s'en servir dès qu'une bonne occasion se présente. Il y a motif de spéculation si celui qui détient de la monnaie préfère la conserver plutôt que de placer (et toucher une rémunération), en attendant une « bonne occasion » (par exemple, une hausse des taux d'intérêt sur les titres émis à taux fixe ; pour plus de détails, voir l'entrée PRÉFÉRENCE POUR LA LIQUIDITÉ).

Dans ces conditions, la demande de monnaie M_d dépend du niveau du revenu national Y (plus celui-ci est élevé, plus il faut de moyens de transaction) et du taux d'intérêt i (plus celui-ci est élevé, plus il devient coûteux de détenir de la monnaie « qui ne rapporte rien », que ce soit à titre de précaution ou pour spéculer). Les motifs de transaction, d'un côté, de précaution-spéculation, de l'autre, étant de nature différente, on les sépare généralement en écrivant la demande de monnaie sous la forme :

$$M_d = L_1(Y) + L_2(i),$$

où $L_1(\cdot)$ est une fonction strictement croissante (de Y) et $L_2(\cdot)$ une fonction strictement décroissante (de i).

Notons que, dans l'esprit de Keynes, l'*incertitude sur l'avenir* joue un rôle très important au moment des prises de décision des agents économiques ; par conséquent, la demande de monnaie à titre de précaution-spéculation doit être considérée comme *très instable*, surtout dans les périodes de crise, où les anticipations sont fréquemment révisées.

Tel n'est pas le point de vue des monétaristes, qui insistent au contraire sur la *stabilité* de la demande de monnaie. Pour eux, à la base de celle-ci il y a essentiellement le *motif de transaction*, comme dans la théorie quantitative de la monnaie. Le point de départ de leur analyse est donc la *formule quantitative*, écrite sous la forme :

(1) $$M_d = kP \cdot Q,$$

où k est l'inverse de la VITESSE DE CIRCULATION DE LA MONNAIE, P un indicateur du niveau des prix et Q un indicateur du niveau des transactions. Dans le cas de la fonction de demande de monnaie $kP \cdot Q$, la stabilité se réduit à celle du coefficient k, et donc à celle de la vitesse de circulation de la monnaie. D'où l'intérêt porté à celle-ci par les monétaristes de la première vague, celle des années soixante (dont Friedman est le représentant le plus connu). Toutefois, l'étude des statistiques disponibles dans différents pays en ce qui concerne les valeurs prises par la vitesse de circulation de la monnaie montre qu'elle a partout connu d'importantes variations, en liaison notamment avec celles du taux d'intérêt (ce qui va plus dans le sens des analyses keynésiennes que monétaristes).

Ne pouvant nier les faits, les monétaristes — à commencer par Friedman — ont cherché à donner une forme plus élaborée à la fonction de demande de monnaie, en prenant notamment en compte le rôle du taux d'intérêt i. C'est ainsi qu'ils ont proposé de la mettre sous la forme :

$$M_d = P \cdot f(Q, r),$$

ou encore :

(2) $$\frac{M_d}{P} = f(Q, r),$$

où M_d / P est la *demande d'encaisses réelles*.

Le taux d'intérêt r de la formule (2) n'est théoriquement pas le même que celui qui était envisagé par Keynes, car il désigne un taux de rendement « réel » (proche du taux de profit des entreprises), qui a donc peu à voir avec les avantages qui peuvent découler de la détention de la monnaie (en raison de sa grande liquidité). Toutefois, dans leurs analyses, les monétaristes utilisent le même indicateur du taux d'intérêt que leurs adversaires keynésiens.

Cependant, même mise sous la forme (2), la fonction de demande de monnaie n'a pas la stabilité attendue ; autrement dit, la fonction $f(\cdot)$ se déforme dans le temps. Pour les monétaristes, ce phénomène ne peut être dû qu'à l'action de variables autres que celles prises en compte dans (2). C'est ainsi que Friedman a proposé de remplacer (2) par :

(3) $$\frac{M_d}{P} = f\left(Q, w, r_m, r_b, r_e, \frac{\dot{P}}{P}, u\right),$$

où w est la « part du revenu qui provient de la propriété », r_m, r_b, r_e, les taux de rendements attendus pour différents types d'actifs, $\frac{\dot{P}}{P}$, le taux d'inflation anticipé, et u une variable résiduelle.

Ainsi, pour ceux qui utilisent la relation (3), un « choc monétaire » — variation EXOGÈNE de la quantité de monnaie — va progressivement se « transmettre » aux prix à travers des modifications dans les différentes variables qui interviennent en tant qu'arguments de $f(\cdot)$. Selon Friedman, les individus qui se trouvent « tout à coup » avec une quantité de monnaie supplémentaire — suite au « choc » — vont affecter une partie de cette monnaie à l'achat de biens et de titres (selon leurs rendements attendus), tout en modifiant leurs anticipations, ce qui ne manquera pas d'affecter les prix (relatifs et en niveau), et ce jusqu'au moment où les encaisses réelles des agents économiques retrouvent leur niveau désiré. Même si la situation finale ne diffère pas beaucoup de la situation initiale — la hausse du niveau des prix « compensant » celle de la masse monétaire —, le passage de l'une à l'autre affecte donc les variables « réelles » (production, investissement, consommation, etc.). Ce qui, pour les monétaristes, est forcément une mauvaise chose, puisqu'ils postulent que sans cela il y aurait affectation optimale des ressources. Toutefois, ce postulat est indépendant du fait que la demande de monnaie est stable ou pas ; ainsi, un keynésien peut considérer que cette demande est stable et proposer de se servir de cette propriété pour agir dans le sens qu'il veut sur l'économie « réelle ».

En outre, plus la forme de la demande de monnaie est compliquée et plus on s'éloigne du schéma « quantitativiste » qui est à l'origine des positions des monétaristes et qui permettait à ceux-ci de se démarquer nettement des autres courants de la pensée économique (néo-classiques compris).

On notera enfin que, même dans sa version « élaborée » — donnée par (3) —, l'hypothèse de stabilité de la demande de monnaie n'est pas confirmée par les faits (J. Judd et J. Scadding, « The search for a stable money demand function : a survey of the post-1973 literature », *Journal of Economic Literature*, 1982).

Demande effective

Expression utilisée par KEYNES dans ses analyses pour désigner les demandes d'ÉQUILIBRE. Citons-le : « Nous appellerons *demande effective* le montant du "produit attendu" D au point de la courbe de la demande globale où elle est coupée par celle de l'offre globale. Ceci constitue l'essentiel de la Théorie Générale de l'Emploi que nous nous proposons d'exposer. » (*Théorie générale*, Paris, 1936 ; citation extraite de l'édition 1982 de la Petite bibliothèque Payot, p. 50.) La demande effective est d'« équilibre » puisqu'elle est donnée par le « point » où les courbes d'offre et de demande « globales » se coupent. L'utilisation du terme « demande » peut cependant étonner. Mais c'est sans doute là un parti pris délibéré de Keynes, qui insiste sur la demande comme élément moteur de l'emploi — l'adjectif « effective » (qu'on peut aussi traduire par « efficace ») peut se comprendre dans le sens : demande qui permet le maintien « effectif » d'un certain niveau d'embauche (qui est donc d'équilibre). On notera qu'en identifiant la demande effective avec le « produit attendu », Keynes attire tout de suite l'attention sur le rôle des anticipations dans la détermination de cette « demande » (c'est en raison de son caractère autoréalisateur qu'on peut parler à son propos d'équilibre).

Avant de définir la demande effective, Keynes précise ce qu'il entend par « courbes de demande et d'offre globales ». Ainsi, la courbe d'offre globale est pour lui une relation entre le niveau d'emploi et le « produit attendu qui est juste suffisant pour qu'aux yeux des entrepreneurs il vaille la peine d'offrir » ce niveau d'emploi (*Théorie générale*, p. 48 ; *TG* par la suite). Quant à la courbe de demande globale, elle est une relation entre le niveau d'emploi N et le « produit que les entrepreneurs espèrent tirer de l'emploi de N personnes » (p. 49), « produit » s'entendant ici comme « revenu global ». Tout cela nécessite d'être précisé, et Keynes le fait, à sa façon ; le point essentiel, c'est le rôle joué par les anticipations, aussi bien du côté de l'offre (qui dépend du revenu « attendu ») que de la demande (revenu « espéré »), anticipations qui concernent d'ailleurs exclusivement les *entrepreneurs* (d'où le rôle moteur donné par Keynes à l'investissement, qui dépend de façon décisive des recettes prévues).

L'expression « demande effective » est aussi utilisée par les théoriciens du DÉSÉQUILIBRE, mais dans un sens qui a un rapport lointain avec celui que lui donne Keynes (c'est une demande au sens classique — et non une valeur d'équilibre —, qui provient d'agents qui subissent des rationnements au moment où ils établissent leurs plans). D'ailleurs, les anticipations ne jouent aucun rôle dans la théorie du déséquilibre. Comme elles ne jouent non plus aucun rôle dans la demande d'équilibre (revenu national) du modèle IS-LM, qui se veut pourtant une représentation des idées de Keynes.

Dérivée en chaîne

De l'anglais *chain rule*. Cette expression est utilisée pour désigner la dérivée d'une fonction de fonction, qui est obtenue par dérivations successives (« en chaîne »). Ainsi, dans le cas où $f(\cdot)$ et $g(\cdot)$ sont des fonctions dérivables d'une variable, alors la dérivée de la fonction $f(g(\cdot))$ est :

$$f'(g(\cdot)) \cdot g'(\cdot).$$

Si $h(\cdot)$ est une autre fonction dérivable d'une variable, la dérivée de $f(g(h(\cdot)))$ est :

$$f'(g(h(\cdot))) \cdot g'(h(\cdot)) \cdot h'(\cdot).$$

Et ainsi de suite. On voit pourquoi on parle de dérivation « *en chaîne* ».

Dans le cas d'une fonction de n variables, $f(\cdot, \ldots, \cdot)$, la dérivée de la fonction composée $f(g_1(\cdot), \ldots, g_n(\cdot))$ est donnée de façon similaire par :

$$f'_{x_1}(g_1(\cdot), \ldots, g_n(\cdot)) \cdot g_1'(\cdot) + \ldots + f'_{x_n}(g_1(\cdot), \ldots, g_n(\cdot)) \cdot g_n'(\cdot),$$

ou encore, de façon condensée, par :

(1) $$\Sigma f'_{x_i}(g_1(\cdot), \ldots, g_n(\cdot)) \cdot g_i'(\cdot),$$

en notant x_i le i-ème argument de f (on peut aussi noter, tout simplement, f'_i la dérivée i-ème de f).

La règle de dérivation en chaîne est donc simple : on calcule la dérivée, au point considéré, de la fonction f par rapport à sa i-ème variable, on multiplie cette expression par la dérivée de la fonction [ici $g_i(\cdot)$] qui se trouve à la place du i-ème argument de f, puis on additionne les expressions obtenues pour chacun des i. Dans le cas où les fonctions g_i sont elles-mêmes à plusieurs variables, on utilise de la même manière la formule (1), en y remplaçant $g_i'(\cdot)$ par la dérivée partielle de $g_i(\cdot, \ldots, \cdot)$ relativement à la variable à laquelle on s'intéresse.

Ainsi, si une fonction f comporte deux variables, notées x_1 et x_2, dans la formule qui la définit, alors la dérivée par rapport à z_1 de la fonction composée $f\left(\frac{z_1}{z_2},\ z_1^2+2z_2\right)$ est donnée par (puisque ici $g_1(z_1, z_2) = \frac{z_1}{z_2}$ et $g_2(z_1, z_2) = z_1^2 + 2z_2$) :

$$f'_{x_1}\left(\frac{z_1}{z_2}, z_1^2+2z_2\right)\cdot\left(\frac{1}{z_2}\right) + f'_{x_2}\left(\frac{z_1}{z_2}, z_1^2+2z_2\right)(2z_1),$$

sa dérivée par rapport à z_2 étant donnée par :

$$f'_{x_1}\left(\frac{z_1}{z_2}, z_1^2+2z_2\right)\cdot\left(-\frac{z_1}{z_2^2}\right) + f'_{x_2}\left(\frac{z_1}{z_2}, z_1^2+2z_2\right)\cdot 2.$$

Remarque. La dérivation en chaîne est une technique simple, et puissante, facile à appliquer. Il faut seulement faire attention, en l'utilisant, à distinguer les *arguments* d'une fonction (les variables qui figurent dans la « formule » qui la définit) de *ce qu'il y a à la place de ces arguments* (la « valeur » prise par ces variables, le « point » où elles s'appliquent). Distinguer les x_i, symbole de l'argument de f, du point $(g_1(\cdot), \ldots, g_n(\cdot))$ où la fonction s'applique. Ainsi, *la notation* f_{g_i}' *est un* ***non-sens***. C'est d'ailleurs pour attirer l'attention sur cette question de notation que dans l'exemple ci-dessus on a pris des variables z (et non x, comme cela est usuel) en tant qu'arguments des fonctions $g_i(\cdot)$.

Déséquilibre (macroéconomie du)

Version de la théorie du DÉSÉQUILIBRE dans laquelle il n'y a qu'un nombre minimal d'agents et de biens, et dont un des propos est de donner un FONDEMENT MICROÉCONOMIQUE à certaines des propositions de KEYNES.

Les ingrédients du modèle de base

Ces ingrédients sont, comme dans tout modèle, formés par un cadre institutionnel et par des individus (agents) qui font leurs choix dans ce cadre :

— le *cadre institutionnel* est essentiellement le même que celui de la CONCURRENCE PARFAITE, avec un commissaire-priseur qui affiche des prix et qui centralise les offres et les demandes individuelles ; si celles-ci ne concordent pas (globalement), le commissaire-priseur applique une RÈGLE DE RATIONNEMENT et signale à chaque agent quelles sont les limites qu'il impose à ses offres et à ses demandes (ces « signaux en quantité » qui viennent s'ajouter aux signaux en prix constituent la nouveauté par rapport à la concurrence parfaite) ;

— les *agents* se réduisent à *un ménage* et à *une entreprise* qui maximisent leur fonction-objectif (utilité ou profit) compte tenu des « signaux »-prix et des « signaux »-quantité (rationnements) que leur envoie le commissaire-priseur ; le comportement des agents est proche de celui de la concurrence parfaite, puisqu'ils font leur choix sur la base des seuls signaux que leur transmet le commissaire-priseur, sans chercher à en savoir plus sur les autres agents et sur la façon d'agir du commissaire-priseur.

Comme il peut sembler étrange (et ce l'est effectivement !) de faire appel à un commissaire-priseur alors qu'il n'y a que deux agents, ceux-ci sont généralement qualifiés de « représentatifs », l'idée (vague) étant que « le » ménage exprime les choix de l'ensemble des ménages de la société ; de même pour « l' »entreprise (voir, à ce propos, l'entrée AGENT REPRÉSENTATIF) ; le commissaire-priseur coordonne alors les plans des uns et des autres, en recueillant leurs offres et leurs demandes et en les informant des rationnements auxquels ils sont soumis.

En ce qui concerne les *biens*, leur nombre est réduit au minimum, comme pour les agents. Ainsi, l'entreprise produit un bien qui est consommé par le ménage, qui lui vend par ailleurs son travail ; le modèle ne comporte donc que deux « biens » physiques, le travail et le bien produit (et consommé). Toutefois, comme le modèle se veut « macroéconomique », il suppose l'existence d'un autre bien, dont il est dit qu'il sert de MONNAIE ; en fait, les fonctions de ce bien se réduisent à celles de NUMÉRAIRE et de moyen de réserve (il entre à ce titre en tant qu'argument dans la fonction d'utilité du ménage, où il est censé représenter une consommation future). Autrement dit, il ne remplit pas la fonction qui est la principale raison d'être de la monnaie, celle de servir de moyen de transaction.

Enfin, comme le modèle ne comporte que deux agents, il n'y a qu'un offreur et qu'un acheteur pour le bien et pour le travail ; la règle de rationnement se réduit à celle de l'*échange volontaire* : si l'offre excède la demande, alors le demandeur est servi (et l'offreur rationné), le contraire arrivant si la demande est supérieure à l'offre.

Ainsi conçu, le modèle de base de la théorie du déséquilibre avec « agents représentatifs » comporte *deux types de paramètres* : les prix — qui sont supposés fixés, du moins

Cas	Keynésien	Classique	Inflationniste
Ménage	Offre de travail partiellement satisfaite (chômage involontaire)	Offre de travail et demande de bien partiellement satisfaites	Demande de bien partiellement satisfaite
Entreprise	Offre de bien partiellement écoulée	Non-contrainte	Demande de travail partiellement satisfaite

momentanément — et la « quantité de monnaie ». Le raisonnement se fait alors en *deux étapes* :
— la première consiste à caractériser les équilibres du modèle en fonction des contraintes subies par les agents, pour les divers prix possibles ; cette étape permet d'établir ainsi une *typologie des équilibres à prix fixes* ;
— la seconde étape du raisonnement consiste à étudier les effets sur les équilibres du modèle des variations de la quantité de monnaie (symbole de la politique économique), ou de n'importe lequel de ses paramètres, dans une perspective de STATIQUE COMPARATIVE.

Une typologie des équilibres à prix fixes

Dans le monde à deux agents et à un bien — en dehors du travail et de la monnaie —, qui est celui du modèle considéré, le nombre de situations qui peuvent être envisagées selon le type de contraintes subies par les agents est très limité. Comme les demandes nettes des agents sont liées par la loi de WALRAS, on peut même se contenter d'étudier deux d'entre elles, l'autre s'en déduisant. On établit ainsi la typologie des équilibres à partir des contraintes subies par les agents au niveau de leur offre et de leur demande de travail et de bien, ce qui se passe avec la monnaie s'en déduisant. Puisqu'il n'y a que deux agents et qu'on peut limiter l'étude à ce qui se passe avec le travail et « le » bien, *quatre types de situations* sont possibles ; les théoriciens du déséquilibre ont donné un nom particulier, inspiré des écrits de Keynes, à chacun de ces types, ou « cas ». Soit :
— le *cas keynésien*, où le ménage est contraint au niveau de son offre de travail (aux prix affichés, il est prêt à travailler plus que ce qui lui est proposé ; il y a donc CHÔMAGE involontaire) tandis que l'entreprise l'est au niveau de ses débouchés (aux prix affichés, elle est disposée à produire plus que ce qui lui est demandé) ;
— le *cas classique*, où l'entreprise ne subit aucun rationnement, alors que le ménage est doublement contraint : il ne travaille pas autant qu'il le souhaite, et il ne peut acheter autant de bien qu'il veut ;
— le cas dit *à inflation contenue*, où le ménage ne peut acheter tout ce qu'il veut et où l'entreprise ne peut embaucher autant qu'elle le désire ; il y a donc « pression à la hausse » du prix du bien et du salaire, même si en fait les prix ne peuvent pas varier, puisqu'on les suppose fixés ;
— le *cas anticlassique*, où c'est l'entreprise qui est doublement rationnée, le ménage ne l'étant pas du tout ; il y a donc plein emploi, ce qui détermine le niveau de la production — que l'entreprise souhaiterait plus élevé.

Le tableau ci-dessus résume la situation (le cas anticlassique, de peu d'intérêt puisque le ménage ne subit aucune contrainte, n'est pas représenté) :

Selon la valeur donnée au prix du bien (p), au salaire (s) et à l'offre de monnaie (M_0), l'équilibre (ou les équilibres) du modèle correspond(ent) à l'un ou l'autre cas. Les effets d'une variation de ces paramètres peuvent être très différents selon le cas dans lequel on se situe. Si l'on suppose, par exemple, que l'économie se trouve à un équilibre de type « keynésien », alors à une (légère) augmentation de M_0 correspond un nouvel équilibre où le chômage est plus faible et la consommation plus élevée (la double contrainte qui pèse sur le ménage ayant été un peu relâchée) ; la comparaison des deux équilibres fait songer à ce qui se passe avec le MULTIPLICATEUR KEYNÉSIEN, à condition d'assimiler les variations de la quantité à celles de la « dépense gouvernementale ».

Le recours à des spécifications simples pour les fonctions d'utilité et de production permet de se faire une idée plus précise des diverses situations qui viennent d'être envisagées.

Un exemple simple

Pour simplifier au maximum la présentation, on suppose que :
— la fonction d'utilité du ménage est du type COBB-DOUGLAS, soit

$U(C, M) = C^a M^b$, avec $a > 0$, $b > 0$;

— le ménage offre une quantité fixe de travail, L_o, indépendante du salaire ; il est l'unique actionnaire de l'entreprise (celle-ci lui verse donc son profit) ;
— la fonction de production de l'entreprise est :

$$F(L) = L^{1/2}.$$

Pour un prix p et un salaire s donnés (mais quelconques), on peut alors calculer le revenu R du ménage, *quelles que soient les contraintes subies*. Ce revenu est composé de *trois* éléments :
— *la quantité « initiale » de monnaie*, M_0, dont le ménage est « doté » au départ ;
— *la rémunération de son travail*, sL, où L est le nombre d'heures ouvrées ;
— *le profit de l'entreprise*, $pq - sL$, où q est la quantité produite par l'entreprise avec le travail L [on a : $q = F(L)$].

En additionnant ces trois éléments, on obtient le revenu du ménage :

$$R = sL + (pq - sL) + M_0$$
$$= pq + M_0.$$

On retrouve ainsi l'égalité (au niveau agrégé) entre revenu « national » et produit (intérieur brut) avec, en outre, cet « objet étrange » qu'est M_0.

Supposons que le ménage ne subit pas de contrainte au niveau de ses achats. Aux prix affichés, p pour le bien et 1 pour la monnaie, son choix (« notionnel ») est donc tel qu'il égalise son TAUX MARGINAL DE SUBSTITUTION entre bien et monnaie au rapport de leurs prix. Comme ce taux [qui est donné, rappelons-le, par le rapport des dérivées partielles de la fonction $U(\cdot)$] est ici égal à aM/bC, la condition TMS = rapport des prix s'écrit :

$$\frac{aM}{bC} = \frac{p}{1}(= p).$$

De cette relation et de la contrainte budgétaire du ménage :

$$pC + M = R,$$

on déduit sa demande (notionnelle) de bien :

$$(1) \qquad C = \frac{aR}{(a+b)p}$$

(et sa demande de monnaie : $M = bR/(a + b)$; mais, comme cela a été signalé plus haut, on ne s'intéresse pas à celle-ci, puisqu'elle se déduit de celle du bien et du travail à partir de la loi de Walras).

Comme le revenu R du ménage est égal à $pq + M_0$, il s'ensuit que sa demande de bien lorsqu'il n'est pas contraint au niveau de ses achats est donnée par :

$$(2) \qquad C = \frac{a(pq+M_0)}{(a+b)p}.$$

Cette équation ne permet pas d'obtenir C, puisqu'on ne connaît pas q. Toutefois, comme on ne s'intéresse ici qu'aux seuls équilibres du modèle, on suppose que la demande du bien (par le ménage) est égale à son offre (par l'entreprise), compte tenu des contraintes que l'un et l'autre peuvent subir ; autrement dit, on se situe dans le cas où :

$$C = q.$$

A l'équilibre, l'équation (2) s'écrit donc :

$$C = \frac{a(pC+M_0)}{(a+b)p}$$

(le fait que l'« inconnue » C se trouve à la fois « à droite » et « à gauche » dans cette égalité rappelle le caractère de POINT FIXE de l'équilibre).

D'où, par un calcul élémentaire :

$$(3) \qquad C = \frac{aM_0}{bp}.$$

La formule (3) fait songer au multiplicateur keynésien, puisque à une variation « autonome » ΔM de la masse monétaire correspond une variation $a\Delta M/bp$ du « produit » (rappelons qu'on a supposé $C = q$, ce qui implique que $\Delta q = \Delta C$) ; de même la relation (2), qu'on peut écrire $C = \alpha q + \alpha M_0/p$ [en posant $\alpha = a/(a + b)$], ressemble à la fonction de CONSOMMATION keynésienne. Toutefois, ces « résultats » dépendent étroitement de la spécification retenue pour la fonction d'utilité, et du fait qu'il n'y a qu'un seul ménage (auquel revient le salaire et les profits) et une seule entreprise.

L'équation (3) donne la production d'équilibre (en fonction des seuls paramètres a, b et M_0). A partir d'elle, on déduit la quantité de travail d'équilibre. En effet, pour produire q $(= C) = aM_0/bp$, il faut une quantité de travail L telle que $F(L) = aM_0/bp$, donc telle que $L = F^{-1}(aM_0/bp)$; soit, comme on a supposé que $F(L) = L^{1/2}$,

$$(4) \qquad L = \left(\frac{aM_0}{bp}\right)^2.$$

C'est la demande de travail d'équilibre, dans le cas où le consommateur n'est pas rationné au niveau de ses achats. On remarquera que cette demande ne dépend pas du salaire s (ce qui tient au fait que le ménage est à la fois salarié et propriétaire de l'entreprise).

La demande de travail (4) est une demande « effective », car elle tient compte de la contrainte subie par l'entreprise au niveau de ses débouchés (la demande de bien du ménage). En revanche, la demande notionnelle (concurrentielle) de travail est, elle, déterminée à partir des seuls prix ; elle se déduit donc de l'égalité typique de la concurrence parfaite :

productivité marginale du travail = salaire réel,

égalité qui s'écrit ici, compte tenu de la fonction de production retenue :

$$\frac{1}{2}L^{-1/2} = \frac{s}{p}.$$

La demande notionnelle de travail est donc :

$$L = \left(\frac{p}{2s}\right)^2.$$

L'offre de bien lorsque cette quantité de travail est entièrement utilisée est donnée par :

$$F\left(\left(\frac{p}{2s}\right)^2\right) = \left(\left(\frac{p}{2s}\right)^2\right)^{1/2}$$
$$= \frac{p}{2s}.$$

On constate que cette offre ne dépend que des seuls « signaux-prix », ce qui est caractéristique pour une offre notionnelle.

La typologie dans le « cas simple »

Les calculs précédents fournissent tous les éléments pour déterminer les conditions que doivent vérifier les paramètres du modèle (prix et masse monétaire) pour que ses équilibres à prix fixes soient des divers types possibles.

Ainsi, les équilibres « keynésiens » sont caractérisés par les deux « rationnements » (rappelons que nous avons supposé que l'offre de travail est donnée, et égale à L_0) :

(5) $$\left(\frac{aM_0}{bp}\right)^2 < L_0$$

(demande de travail — donnée par (4) — inférieure à l'offre),

(6) $$\frac{aM_0}{bp} < \frac{p}{2s}$$

(demande de bien inférieure à l'offre).

Une représentation graphique dans l'« espace des paramètres » (M_0/p, s/p) permet de déterminer aisément les valeurs de la masse monétaire et du salaire réels pour lesquelles les équilibres sont « keynésiens ». Pour cela, on trace les « frontières » qui correspondent au cas limite où (5) et (6) s'écrivent sous la forme d'égalités (pour (5), on est en présence d'une droite horizontale, et pour (6), d'une branche d'hyperbole) ; les valeurs des paramètres pour lesquelles les inégalités (5) et (6) sont vérifiées sont alors données par la surface hachurée de la figure 1.

On procède de même dans les autres cas. Ainsi, comme dans le cas « classique » l'entreprise ne subit pas de contrainte en quantité, la demande de travail est confondue

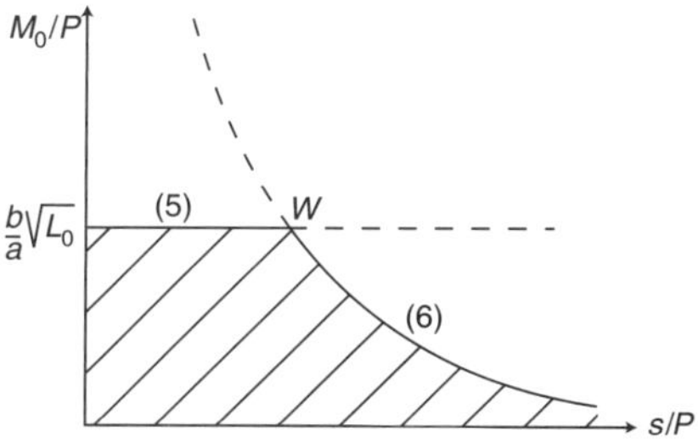

Figure 1. – Les valeurs des paramètres pour lesquelles il y a équilibre « keynésien ».

avec sa demande « notionnelle », $(p/2s)^2$; on doit donc avoir, puisque dans ce cas le ménage est en chômage involontaire :

(7) $$\left(\frac{p}{2s}\right)^2 < L_0,$$

ce qui donne, graphiquement, la région à droite de la droite (« verticale ») d'équation $\frac{s}{p} = \frac{1}{2}(L_0)^{-1/2}$. Comme, dans ce cas, le ménage est également contraint au niveau de ses achats, l'inégalité (6) est vérifiée, mais dans l'autre sens (région au-dessus de la parabole). Cette inégalité, associée à (7), définit la région appelée « cas classique » dans la figure 2. La région qui reste correspond au cas où il y a « inflation contenue ». On notera que le point W où se coupent les trois courbes du graphique donne le couple salaire réel-masse monétaire réelle pour lequel il y a équilibre walrasien (de concurrence parfaite).

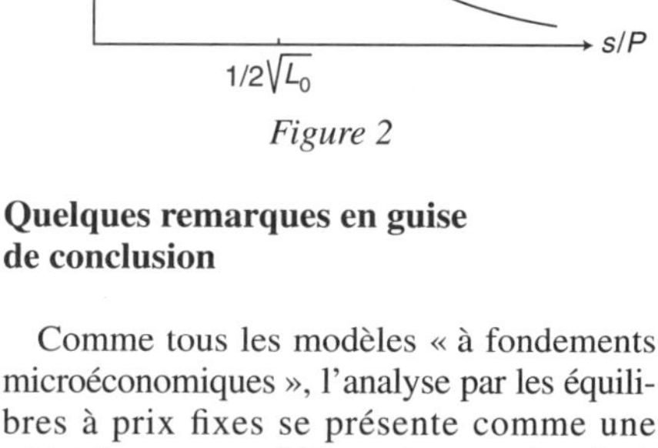

Figure 2

Quelques remarques en guise de conclusion

Comme tous les modèles « à fondements microéconomiques », l'analyse par les équilibres à prix fixes se présente comme une « histoire », une « fable », dont on cherche à tirer quelques leçons. Celle qui se dégage du modèle qui vient d'être analysé est que dès qu'on suppose des prix différents — même très légèrement — de ceux de l'équilibre de la concurrence parfaite, tout en gardant le cadre d'analyse de celle-ci, alors on voit apparaître une série de contraintes en quantité qui affectent profondément les choix individuels et, avec eux, les équilibres du modèle. Ainsi, dans un cadre « strictement néo-classique », des décisions rationnelles peuvent être à l'origine de situations durables (d'équilibre) de chômage involontaire ; il est vrai qu'on peut voir dans celui-ci le résultat du fait que les prix affichés ne sont pas « les bons » (ceux qui permettent qu'il y ait équilibre de concurrence parfaite). Sans doute ; cependant, il ne suffit pas de supposer que les prix peuvent varier (qu'ils sont « flexibles ») pour en déduire qu'ils vont « s'ajuster instantanément » de façon à faire disparaître les contraintes en quantité ; autrement dit, même si les prix ne sont pas fixes, ces contraintes vont subsister pendant tout le processus de « recherche » des « bons prix ». Elles vont donc affecter les comportements pendant tout ce processus, mais aussi les équilibres ; car si les individus intègrent dans leurs calculs les contraintes en quantité qu'ils subissent — ce qu'ils doivent faire s'ils sont rationnels —, il n'y a alors pas de raison pour que ces contraintes disparaissent à l'équilibre, bien que les prix ne soient plus considérés comme fixés *a priori* (*Concurrence, flexibilité et stabilité*, Bernard Guerrien, Economica, Paris, 1989).

Les théoriciens du déséquilibre ont attiré l'attention sur les problèmes que pose la formalisation des situations où les prix n'égalisent pas les offres et les demandes globales. Des économètres ont même construit, dans les années quatre-vingt, des modèles qui s'inspirent de leurs analyses, et où des contraintes en quantité sont prises en compte. Toutefois, ce type de démarche ne s'est pas imposé ; d'une part, en raison de sa complexité même ; d'autre part, parce que les théoriciens du déséquilibre ont — *de facto* — accepté les critiques sur l'hypothèse de fixité des prix, alors qu'ils auraient très bien pu riposter en remarquant que ceux qui les critiquent sur cette base — à commencer par les NOUVEAUX CLASSIQUES — font eux-mêmes une hypothèse bien plus exorbitante, qui consiste à supposer qu'il y a équilibre de concurrence parfaite permanent. Car, en dehors de cela, l'idée qui est à la base de la théorie du déséquilibre — les prix peuvent être tels que l'offre ne soit pas égale à la demande — est tout à fait pertinente ; mais il est vrai qu'il n'y a pas besoin de formules mathématiques pour la comprendre, et pour juger de sa pertinence…

Déséquilibre (théorie du)

Théorie apparue au début des années soixante-dix, notamment sous l'impulsion de Jean-Pierre Bénassy, de Jacques Drèze et d'Edmond Malinvaud ; elle se propose de donner des FONDEMENTS MICROÉCONOMIQUES à certaines des thèses de KEYNES — à commencer par celle sur l'existence possible d'un CHÔMAGE *involontaire* prolongé (l'ouvrage de référence est *Macroéconomie et théorie du déséquilibre*, de J.-P. Bénassy, Dunod, Paris, 1984). La théorie du déséquilibre s'inscrit clairement dans la mouvance NÉO-CLASSIQUE ; elle prend, comme elle, pour point de départ le modèle de CONCURRENCE PARFAITE tout en admettant, cependant, qu'il peut y avoir des échanges à des prix qui ne sont pas des prix d'équilibre concurrentiel — d'où la référence au « déséquilibre ». Comme, dans ce cas, il n'y a pas égalité entre l'offre et la demande (globales) de chaque bien, certains agents (si ce n'est tous) sont forcément *rationnés* (ils ne peuvent pas vendre ou acheter tout ce qu'ils désirent) ; le modèle doit donc être complété par l'adjonction de RÈGLES DE RATIONNEMENT qui imposent des *contraintes en quantité* aux agents ; l'analyse devient très compliquée, car les contraintes subies par un agent (quel qu'il soit) se répercutent sur ses offres et sur ses demandes, et donc sur les possibilités ouvertes aux autres agents (il y a « report » de ces contraintes d'un agent à l'autre).

Malgré son nom, la théorie du déséquilibre ne s'intéresse qu'aux… *équilibres* de ses modèles (sa démarche relève exclusivement de la STATIQUE COMPARATIVE). La principale caractéristique de ces équilibres est d'être à prix fixes, dans un cadre très proche de celui de la concurrence parfaite.

Un cadre de concurrence parfaite légèrement aménagé

La théorie du déséquilibre, dans sa version de base, suppose une forme d'organisation sociale très proche de celle de la concurrence parfaite ; rappelons que celle-ci postule (implicitement) l'existence d'un personnage du type commissaire-priseur, qui effectue les *trois tâches* suivantes :

— afficher un prix unique pour chaque bien, présent et futur ;

— centraliser les offres et les demandes (concurrentielles) des agents à ces prix ;
— chercher les prix qui égalisent l'offre et la demande (globales) de chaque bien puis, lorsque ces prix sont « trouvés », donner à chacun ce qu'il demande tout en recevant en échange ce qu'il offre.

Si le commissaire-priseur n'assure pas l'une ou l'autre de ces tâches, alors des agents sont soumis à des rationnements ; ils ne peuvent donc pas réaliser leurs plans de la façon prévue. Tel est le cas si le commissaire-priseur affiche des prix qui égalisent les offres et les demandes globales, sans toutefois organiser les échanges à ces prix ; car il suffit alors qu'il n'y ait pas DOUBLE COÏNCIDENCE DES BESOINS (à chaque offre *individuelle* ne correspond pas une demande *individuelle* qui lui est égale, et ce pour chaque bien) pour que des agents soient rationnés (la présence de MONNAIE peut limiter les rationnements, car elle facilite les échanges, sans toutefois les éliminer).

La théorie du déséquilibre part cependant de l'idée que les prix affichés peuvent ne pas être d'équilibre (concurrentiel) et s'intéresse aux conséquences du fait que les offres et les demandes globales ne sont pas égales pour ces biens ; des agents sont alors forcément rationnés, même si les échanges sont organisés centralement par le commissaire-priseur.

Règles de rationnement et effets de report

Si, pour un système quelconque de prix affichés, le commissaire-priseur constate qu'il y a une offre ou une demande excédentaire pour au moins un bien, il doit décider de la façon de répartir la pénurie. Autrement dit, il doit se donner une *règle de rationnement* qui peut consister à servir certains en priorité, ou à effectuer un tirage au sort, ou à répartir la pénurie de façon « égalitaire », etc. On peut évidemment imaginer que le commissaire-priseur laisse les agents se débrouiller tout seuls, mais on se trouve alors face à un système de troc généralisé (les échanges se faisant sur la base des prix affichés), dont le « résultat » dépend du hasard des rencontres entre les agents ; ainsi, il se peut fort bien que la situation soit « bloquée », avec des agents qui ont une offre excédentaire de certains biens, et d'autres qui n'arrivent pas à satisfaire leur demande de ces mêmes biens. Afin d'éviter ce genre de problème, les théoriciens du déséquilibre font l'hypothèse dite *des marchés efficaces*, selon laquelle — à des prix donnés — il ne peut y avoir à la fois une offre et une demande excédentaires d'un même bien ; ce qui revient à supposer que toutes les offres et toutes les demandes sont confrontées centralement (par le commissaire-priseur), la règle de rationnement ne s'appliquant qu'à celles d'entre elles qui ne sont pas satisfaites après que cette confrontation a eu lieu.

Parmi les règles de rationnement possibles, les théoriciens du déséquilibre excluent celles que les agents peuvent « manipuler », en faisant de « fausses » annonces. Le cas où chacun est servi au prorata de ses offres ou de ses demandes donne un exemple de règle manipulable ; en effet, chaque agent rationné a alors intérêt à « gonfler » son offre ou sa demande dans l'espoir d'obtenir ce qu'il veut. Il peut ainsi y avoir une « escalade sans fin » dans les offres et les demandes, qui met à mal toute la construction théorique. C'est pourquoi les règles de ce type sont exclues d'office.

Le fait que certains individus — ou tous — soient rationnés a généralement des conséquences importantes sur les résultats du modèle, et cela en raison de l'*interdépendance* des offres et des demandes des différents biens. En effet, celui qui ne peut pas vendre — aux prix affichés — tout ce qu'il veut d'un bien limite ses achats d'autres biens et impose ainsi une contrainte à ceux qui vendent ces biens, qui vont eux-mêmes restreindre leurs achats, et ainsi de suite. Les théoriciens du déséquilibre disent qu'il y a « effet de report » (en anglais : *spillover effect*) des rationnements subis par les agents sur leurs offres et sur leurs demandes. Les « reports » peuvent être importants, car ils sont cumulatifs (tels des « cercles vicieux » et des « cercles vertueux »).

L'existence des rationnements, et des effets de report qui les accompagnent, impose d'envisager des offres et des demandes qui tiennent compte des contraintes en quantité subies à divers niveaux par les agents ; ce qui conduit les théoriciens du déséquilibre à introduire la notion de *demande effective* (qui englobe l'offre, si l'on voit dans celle-ci une demande négative).

La notion de demande effective

La signification de cette notion apparaît plus clairement si l'on adopte un *point de vue séquentiel* en supposant que, à l'« instant initial », les agents formulent leurs offres et leurs demandes aux prix affichés par le commissaire-priseur, sans tenir compte des contraintes qu'ils pourraient subir. Les théoriciens du déséquilibre disent de ces offres et de ces demandes, qui sont en fait des offres et des demandes concurrentielles, qu'elles sont *notionnelles* (de l'anglais *notional*, « fantasque, imaginaire », car non réalisable).

Après avoir recueilli et confronté les propositions des agents, le commissaire-priseur applique la règle de rationnement qu'il a choisie à ceux des biens pour lesquels il n'y a pas égalité de l'offre et de la demande (globales) ; puis il informe chaque agent des limites qu'il impose ainsi à ses offres et à ses demandes. Les agents qui sont rationnés de la sorte modifient alors leur choix, puis font de nouvelles offres et de nouvelles demandes ; ce sont les offres et les demandes de ce type que les théoriciens du déséquilibre qualifient d'*effectives* (ils reprennent donc, délibérément, un adjectif utilisé par Keynes, en ne lui donnant cependant pas le même sens que lui).

Ainsi, par définition, la demande effective du bien *i* par un agent *j* est la demande de ce bien par *j* compte tenu des contraintes imposées à ses offres et à ses demandes en ce qui concerne les biens autres que *i*.

Après avoir déterminé leurs demandes effectives, les agents en informent le commissaire-priseur, qui les regroupe et les confronte. Il applique alors la règle de rationnement qu'il a choisie aux biens dont la demande effective globale n'est pas nulle, puis il informe chaque agent des modifications qu'il a apportées aux rationnements qu'il subit. Les agents modifient alors leurs demandes effectives en tenant compte de ces informations, et ainsi de suite. Ce processus peut évidemment se poursuivre indéfiniment ; d'où la démarche usuelle, qui consiste à privilégier les cas particuliers où il se répète à l'identique, c'est-à-dire les cas où il y a ÉQUILIBRE.

Les équilibres à prix fixes

Les théoriciens du déséquilibre appellent *équilibres à prix fixes* les équilibres de leur modèle ; ils attirent ainsi l'attention sur la principale différence entre ces équilibres et ceux de la concurrence parfaite (où les prix sont supposés s'« ajuster » de façon à égaliser les offres et les demandes concurrentielles). Il y a donc équilibre à prix fixes si, aux prix affichés et pour les rationnements subis par les agents, aucun d'entre eux n'est incité à modifier ses offres et ses demandes (effectives). Comme pour tout équilibre, on est donc en présence d'une situation « circulaire », du type POINT FIXE : chaque agent détermine ses offres et ses demandes en tenant compte des rationnements qu'il subit, rationnements qui dépendent des offres et des demandes globales, et donc en partie de ses propres offres et demandes. On peut aussi voir dans l'équilibre à prix fixes (comme dans tout équilibre) un cas d'AUTO-RÉALISATION : il y a équilibre car les agents établissent leurs plans en anticipant les rationnements qu'ils vont subir, et qu'ils subissent effectivement du fait même des offres et des demandes qu'ils formulent sur la base de ces anticipations.

La *démonstration d'existence* des équilibres à prix fixes est une variante de celle d'ARROW-DEBREU, puisque le cadre adopté n'est pas fondamentalement différent du leur ; elle consiste à appliquer le *théorème du point fixe* au processus d'envoi de signaux par le commissaire-priseur et par les agents (prix-rationnements pour le premier, demandes effectives pour les seconds). Pour cela, il faut que les offres et que les demandes — mais aussi les règles de rationnement — soient bornées et continues ; ces conditions sont assurées (à quelques nuances près) par les hypothèses faites par Arrow et Debreu, notamment celle qui suppose l'existence d'un SYSTÈME COMPLET DE MARCHÉS (qui élimine toute incertitude du modèle), et par le choix d'une règle « non manipulable » par le commissaire-priseur.

Parfois, les équilibres à prix fixes sont présentés comme le résultat d'un « ajustement par les quantités », contrairement aux équilibres du modèle de concurrence parfaite, qui résulteraient d'un « ajustement par les prix ». Ces formulations sont discutables, car s'il est évident que des prix fixes ne peuvent s'« ajuster », et donc que seules les quantités peuvent le faire, personne ne s'est aventuré à donner une forme précise au processus d'« ajustement par les quantités » — comme le TÂTONNEMENT walrasien le fait pour les prix dans le cas de la concurrence parfaite —, tellement ce processus est complexe, pour ne pas dire inextricable, avec ses rationnements et ses effets de report successifs.

Théorie du déséquilibre et Keynes

Un des objectifs annoncés des théoriciens du déséquilibre est de donner un fondement microéconomique aux analyses de Keynes, et notamment de démontrer l'existence d'équilibres de sous-emploi (avec chômage *involontaire*), en adoptant le point de vue néo-classique (celui de l'INDIVIDUALISME MÉTHODOLOGIQUE). Les théoriciens du déséquilibre parviennent à faire cette démonstration en aménageant légèrement le cadre de la concurrence parfaite ; plus précisément, ils supposent que des échanges peuvent avoir lieu à des prix qui ne sont pas forcément d'équilibre concurrentiel, ce qui leur permet d'établir un lien entre les effets de report des rationnements qui apparaissent alors inévitablement et l'analyse traditionnelle du MULTIPLICATEUR KEYNÉSIEN : lorsqu'une contrainte d'un agent est « desserrée », il augmente ses offres et ses demandes, ce qui « desserre » les contraintes d'autres agents, et ainsi de suite [pour un exemple de calcul, voir l'entrée DÉSÉQUILIBRE (macroéconomie du)].

Cependant, ce n'est pas parce que deux modèles arrivent à des conclusions qui se ressemblent qu'ils doivent être tous deux confondus, ou même qu'ils doivent être considérés comme similaires. Ainsi, dans le cas présent, *l'approche par le déséquilibre évacue ce qui est au cœur même de l'analyse de Keynes, l'INCERTITUDE* (elle suppose même, implicitement, qu'il existe un système complet de marchés) et une de ses conséquences essentielles, la monnaie. Il est vrai que celle-ci apparaît dans les modèles des théoriciens du déséquilibre, mais elle ne le fait que comme un bien qui « procure de l'utilité », puisqu'elle est parmi les arguments de la fonction d'utilité des ménages (où elle représente du « bien futur »). Autrement dit, la théorie du déséquilibre ne tient pas compte de ce que Keynes considérait comme la propriété essentielle de la monnaie, *sa liquidité* (la PRÉFÉRENCE POUR LA LIQUIDITÉ est un des éléments clés de son dispositif théorique).

En outre, l'hypothèse de fixité des prix — qui est le point de départ de la théorie du déséquilibre — donne à penser que c'est l'absence de FLEXIBILITÉ des prix (et, surtout, du salaire nominal) qui est la cause des « déséquilibres » (et, notamment, du chômage). Or Keynes s'est toujours élevé contre cette idée ; on peut même dire que c'est pour la combattre qu'il a proposé une nouvelle théorie. Il est vrai que dans certains types d'équilibres à prix fixes une baisse du salaire nominal se traduit par une augmentation du chômage (en statique comparative), ce qui va dans le sens des analyses de Keynes, mais pour des raisons très différentes de celles qu'il avance (ces raisons ont à voir avec l'incertitude et les anticipations des entrepreneurs, entre autres, et non avec la « fixité » des prix). Car Keynes est très conscient du fait que, si l'on avance l'argument de la « rigidité » des prix pour expliquer le chômage, alors la réponse est, inéluctablement : « Laissons donc les prix et les salaires s'"ajuster", et tout ira très bien » ; or, pour lui, ce n'est pas de cette façon qu'on peut sortir de la crise (bien au contraire). Pour plus de détails sur ce point précis, voir l'entrée KEYNES.

Les différences entre théoriciens du déséquilibre et Keynes apparaissent aussi dans la différence de contenu qu'ils donnent à la notion de DEMANDE EFFECTIVE ; alors que pour les premiers la demande effective est la « simple » demande d'un bien (quelconque) qui tient compte des contraintes subies au niveau des offres et des demandes des autres biens (le tout dans un monde sans incertitude), pour Keynes la demande effective est une demande d'*équilibre*, où les anticipations des entrepreneurs jouent un rôle déterminant (dans une perspective d'autoréalisation).

Bilan

Comme tous les modèles d'ÉQUILIBRE GÉNÉRAL où l'accent est mis sur les choix individuels, ceux de la théorie du déséquilibre se présentent comme des *fables*, avec une « morale » qui leur est propre. Le cadre de la fable est ici, comme en concurrence parfaite, celui d'une « économie » ultracentralisée, avec un commissaire-priseur qui non seulement affiche des prix et centralise les offres et les demandes, mais qui « organise » aussi le rationnement des agents économiques. La « morale » est simple : le fait d'admettre qu'il puisse y avoir des transactions (même organisées « centralement ») alors que les prix n'égalisent pas les offres et les demandes (globales) de *tous* les biens modifie radicalement les comportements et les équilibres du modèle, des « signaux-quantité » venant s'ajouter aux « signaux-prix ».

Cette « morale » est évidente, même dans un modèle moins centralisé. Mais il n'est pas inutile de la rappeler, surtout si on la compare à celle des modèles qui, sous prétexte de « flexibilité » des prix, postulent l'équilibre concurrentiel permanent (tels ceux des NOU-

VEAUX CLASSIQUES). Car les rationnements et les effets de report sont le lot commun de la vie économique, comme en témoignent le chômage, les capacités de production excédentaires et, plus généralement, l'existence de stocks de biens.

La théorie du déséquilibre a connu une période de gloire éphémère au milieu des années soixante-dix (surtout en Europe), puis a quasiment disparu de la scène. Bien qu'elle s'inscrive clairement dans la perspective néo-classique de recherche de « fondements microéconomiques à la macroéconomie », elle a succombé aux attaques des « puristes » néo-classiques, qui lui ont surtout reproché le caractère *ad hoc* de l'hypothèse de fixité des prix. Ce reproche est toutefois injustifié, car *ce n'est pas la fixité des prix qui fait la différence entre le modèle du « déséquilibre » et celui de la concurrence parfaite, mais le fait que des échanges puissent avoir lieu à des prix qui ne sont pas ceux de l'équilibre de concurrence parfaite*. Même si les prix sont fixés au moment où les échanges ont lieu, rien n'empêche qu'ils varient ensuite. Ainsi, la méthode d'analyse de la théorie du déséquilibre peut être appliquée au cas où les prix sont « flexibles » : le commissaire-priseur propose des prix, les agents font des échanges à ces prix (en subissant donc des rationnements), puis le commissaire-priseur propose de nouveaux prix compte tenu des résultats de ces échanges, et ainsi de suite. Mais bien que cela soit théoriquement envisageable, il est pratiquement impossible de formaliser un tel processus. En outre, même si on parvenait à le faire, il n'y aurait pas de raison pour qu'il converge vers un équilibre concurrentiel (pourquoi le ferait-il alors que, par exemple, tel n'est généralement pas le cas pour le TÂTONNEMENT walrasien ?). Enfin, comme les équilibres à prix fixes ne sont pas des OPTIMUMS DE PARETO, ils ne peuvent jouer le rôle NORMATIF de l'équilibre de concurrence parfaite, et présentent donc peu d'intérêt pour les néo-classiques. D'où la gêne des théoriciens du déséquilibre (qui, n'oublions pas, s'inscrivent dans la mouvance néo-classique), qui reprennent implicitement le discours selon lequel l'origine des problèmes tels que le chômage se trouve dans la « rigidité » des prix (et des salaires) ; en cela, ils ne se distinguent en rien des « classiques », si ce n'est qu'ils pensent qu'« il faut faire avec », malheureusement, tout en essayant malgré tout de s'approcher de l'idéal « walrasien ».

La théorie du déséquilibre est avant tout le fait des macroéconomistes, qui raisonnent à partir de maquettes réduites, avec deux ou trois AGENTS REPRÉSENTATIFS et des spécifications particulières ; le but poursuivi est de suggérer des choix de POLITIQUE ÉCONOMIQUE, des « morales » différentes (et qui ont un parfum plus « keynésien ») de celles qui sont proposées par ceux qui utilisent des fables d'un autre type (où, par exemple, les prix sont supposés égaliser en permanence les offres et les demandes concurrentielles). Pour plus de détails, voir l'entrée DÉSÉQUILIBRE (macroéconomie du).

Désirabilité

On dit que pour un consommateur un bien est *désirable* s'il demande une quantité non nulle de ce bien, *quel que soit son prix*. Si tous les biens sont désirables, alors le CHOIX DU CONSOMMATEUR se porte sur un panier de biens dont tous les éléments sont strictement positifs. Un cas où il y a désirabilité est celui où les COURBES D'INDIFFÉRENCE sont décroissantes et asymptotes aux axes. L'hypothèse de désirabilité est souvent faite pour éviter les SOLUTIONS EN COIN, c'est-à-dire le choix par le consommateur d'un PANIER DE BIENS qui se trouve sur un des axes (la demande du bien représenté par l'autre axe étant alors nulle).

S'il y a désirabilité et CONVEXITÉ DES PRÉFÉRENCES (et si les courbes d'indifférence sont dérivables), alors le choix du consommateur en CONCURRENCE PARFAITE est tel que son TAUX MARGINAL DE SUBSTITUTION entre deux biens quelconques est égal au rapport des prix de ces biens.

Deuxième ordre (conditions du)

Conditions qui permettent, en règle générale, de caractériser les extremums d'une fonction (maximum ou minimum) de CLASSE C^2, et qui viennent s'ajouter aux conditions du PREMIER ORDRE que doivent vérifier ces extremums. Les conditions du deuxième ordre portent sur les *dérivées secondes* de la fonction (d'où leur nom). Dans le cas où celle-ci est à une seule variable, alors les conditions du deuxième ordre sont particulièrement simples, puisqu'elles se réduisent à la seule condition, si l'on note x^*

un candidat à un extremum (donc tel que $f'(x^*) = 0$) :

$f''(x^*) < 0 \Rightarrow x^*$ est un *maximum* de f

$f''(x^*) > 0 \Rightarrow x^*$ est un *minimum* de f

(seul le cas $f''(x^*) = 0$ pose problème, la condition du deuxième ordre ne suffisant pas alors à caractériser le « candidat » x^*).

Dans le cas d'une fonction de plusieurs variables, qui comporte *plusieurs* dérivées secondes, les conditions du deuxième ordre sont beaucoup plus compliquées, puisqu'elles portent sur le signe de la forme quadratique représentée par la *matrice* des dérivées secondes de la fonction (matrice HESSIENNE, ou HESSIENNE BORDÉE, dans le cas d'une fonction dont les variables sont soumises à des contraintes).

Les conditions du deuxième ordre, comme celles du premier ordre, sont des conditions locales, qui ne sont valables qu'au point candidat, ou pour des points « proches » de lui. On les démontre en faisant un développement de TAYLOR — ou « développement limité » — au voisinage du point candidat.

Le principe de la démonstration

Commençons par le cas d'une fonction *d'une variable*, notée $f(\cdot)$. Son développement de Taylor d'ordre 1 au point candidat x^* est donné par :

(1) $$f(x) = f(x^*) + (x - x^*)f'(x^*) + \frac{(x - x^*)^2}{2!}f''(c)$$

où c est un nombre strictement compris entre x et x^*. Comme ce dernier est un point candidat, il vérifie la condition du PREMIER ORDRE : $f'(x^*) = 0$, de sorte qu'on peut écrire (1) sous la forme :

(2) $$f(x) - f(x^*) = \frac{(x - x^*)^2}{2!}f''(c).$$

Comme $(x - x^*)^2$ est toujours positif, il s'ensuit que le signe de la différence $f(x) - f(x^*)$ est le même que celui de $f''(c)$. Si on considère des valeurs de x « proches » (ou « très proches ») de x^*, alors le signe de $f''(c)$ est le même que celui de $f''(x^*)$, à condition que $f''(\cdot)$ soit continue et *non nulle* en x^*. Ainsi, si $f''(x^*) > 0$, alors la différence $f(x) - f(x^*)$ est positive pour des x « proches » de x^*, et donc x^* est un *minimum* de f. De même, si $f''(x^*) < 0$, alors la différence $f(x) - f(x^*)$ est négative pour des x « proches » de x^*, et donc x^* est un *maximum* de f. C'est le résultat annoncé.

Si f est une fonction de *plusieurs variables*, on raisonne de même, à partir de la formule de Taylor, qu'on peut écrire en notant $X = (x_1, ..., x_n)$ le vecteur des variables et $X^* = (x_1^*, ..., x_n^*)$ le point candidat :

$$f(X) = f(X^*) + (X - X^*)f'(X^*) + \frac{1}{2}(X - X^*)\mathbf{f}''(C)^t(X - X^*),$$

où $\mathbf{f}''(C)$ est la matrice (hessienne) des dérivées secondes en un point C qui se trouve sur le segment de droite qui joint X à X^* et où ${}^t(X - X^*)$ est une matrice-colonne, transposée de $X - X^*$. Comme $f'(X^*) = 0$ (condition du premier ordre), il s'ensuit que :

$$f(X) - f(X^*) = \frac{1}{2}(X - X^*)\mathbf{f}''(C)^t(X - X^*).$$

Par conséquent, si l'on prend X « suffisamment proche » de X^*, le signe de la différence $f(X) - f(X^*)$ est le même que celui de $(X - X^*)\ \mathbf{f}''(X^*)\ {}^t(X - X^*)$, à condition que cette expression ne soit pas nulle, *quelles que soient les valeurs données au vecteur des écarts* $X - X^*$. Le problème se ramène donc à l'étude du signe de l'expression $(X - X^*)$ $\mathbf{f}''(X^*)\ {}^t(X - X^*)$, qui, si on la développe (rappelons que X est ici un vecteur, et $\mathbf{f}''(X^*)$ une matrice), se trouve être la *forme quadratique* : $\Sigma\Sigma f''_{x_ix_j}(X^*)(x_i - x_i^*)(x_j - x_j^*)$. Cette étude peut être faite en déterminant le *signe* des *mineurs principaux* de la hessienne $\mathbf{f}''(X^*)$ (pour plus de détails, voir *Algèbre linéaire pour économistes*, de Bernard Guerrien, Economica, Paris, 1992). Le point important ici est que ce signe doit être le même quelle que soit la « direction » $X - X^*$ envisagée, ce qui explique la « lourdeur » des conditions imposées à $\mathbf{f}''(X^*)$.

Dans le cas où les variables de $f(\cdot)$ *sont liées*, on utilise le développement de Taylor du *lagrangien* $L(\cdot)$ du problème, et on se sert de la condition du premier ordre $L'(X^*) = 0$; on obtient alors de la même façon l'égalité :

$$L(X) - L(X^*) = \frac{1}{2!}(X - X)\mathbf{L}''(C)^t(X - X^*).$$

Toutefois, à la différence du cas précédent, comme les X sont soumises à des contraintes, seules sont envisagées ici les « directions » $X - X^*$ qui vérifient ces contraintes ; pour les valeurs de X correspondantes, on a $L(X) - L(X^*) = f(X) - f(X^*)$, et l'étude du signe de la forme quadratique $(X - X^*)\mathbf{L}''(X^*)^t(X - X^*)$ se limite à ce qui se passe dans ces seules directions. On montre alors que cette étude peut être généralement ramenée à celle du signe des *mineurs principaux* de la matrice HESSIENNE BORDÉE du lagrangien du programme (pour la démonstration, et pour plus de détails, voir Guerrien, *Algèbre linéaire pour économistes*, *op. cit.*, chap. XXVI et XXVII).

Diagramme d'Edgeworth

Procédé utilisé par Francis Ysidro Edgeworth (1845-1926) pour représenter graphiquement — et dans une perspective d'ÉQUILIBRE GÉNÉRAL — une économie qui comporte deux agents et deux biens. Malgré le caractère rudimentaire de l'économie qu'il décrit, le diagramme d'Edgeworth donne la possibilité d'envisager des situations très diverses, souvent peu « intuitives » ; il permet ainsi de se faire une idée de la complexité des relations interindividuelles, lorsque l'ensemble de leurs conséquences sont prises en compte.

Le diagramme d'Edgeworth permet également de donner une illustration graphique simple du critère de PARETO, et de déterminer aisément les OPTIMUMS DE PARETO de l'économie qu'il décrit.

Le principe du diagramme

On considère une économie d'échange qui comporte deux biens, 1 et 2, et deux consommateurs, A et B, qui ont pour DOTATIONS INITIALES $Q_A^o = (q_{A_1}^o, q_{A_2}^o)$ et $Q_B^o = (q_{B_1}^o, q_{B_2}^o)$ respectivement, et dont les goûts sont décrits par un réseau de COURBES D'INDIFFÉRENCE. Pour un des agents, l'agent A par exemple, ces courbes sont tracées de la façon habituelle, dans un système d'axes « normal », dont l'origine est notée O_A. Pour l'autre agent, B, ces courbes sont tracées dans un repère dont l'origine se trouve en un point, noté O_B, qui a pour coordonnées dans le repère de A les ressources totales de l'économie [donc : $O_B = (q_{A_1}^o + q_{B_1}^o, q_{A_2}^o + q_{B_2}^o)$], et dont les axes sont parallèles à ceux du repère issu de O_A, mais *orientés dans la direction opposée* (« de droite à gauche » et « de haut en bas »). Les deux repères « issus » de O_A et de O_B délimitent un rectangle (une « boîte ») dont le côté « horizontal » a une longueur q_1 égale à la quantité totale de bien 1 disponible dans l'économie ($q_1 = q_{A_1}^o + q_{B_1}^o$), celle du côté « vertical » étant égale à la quantité totale q_2 de bien 2 ($q_2 = q_{A_2}^o + q_{B_2}^o$). Dans ces deux repères, les dotations initiales de A et de B sont représentées par un même point Q^o — ce qui est un des avantages de les avoir disposés de la sorte. Pour tracer les courbes d'indifférence de B « de la façon habituelle », il suffit de faire faire au rectangle une rotation de 180° autour de son milieu, de façon que O_B prenne la place de O_A.

La figure 1 représente le cas où A et B ont des courbes d'indifférence « de type hyperbolique » — celles de B, tracées en pointillés pour les distinguer de celles de A, sont « à l'envers » puisqu'elles sont tracées dans le repère issu de O_B et orienté dans le sens opposé de celui qui est issu de O_A.

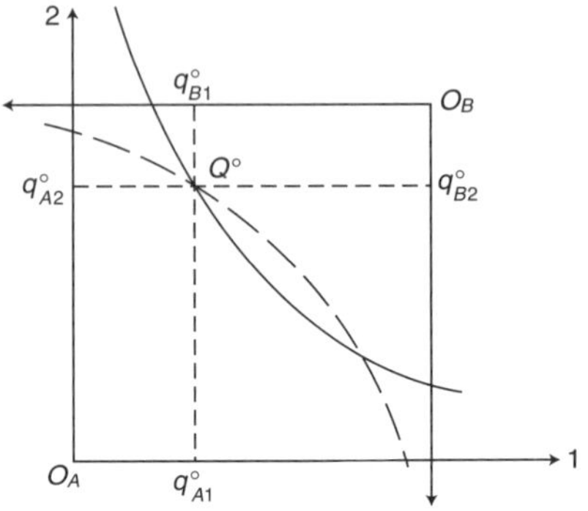

Figure 1

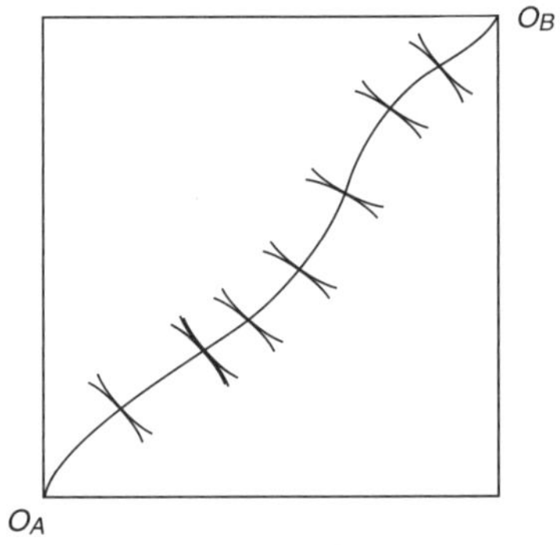

Figure 2

On notera que les TAUX MARGINAUX DE SUBSTITUTION de A et de B sont différents en Q^o et donc qu'il existe en ce point des possibilités d'échanges mutuellement avantageux ; si par conséquent des échanges ont lieu, ils conduisent à une des affectations des ressources qui se trouve entre les courbes d'indifférence de A et de B qui passent par Q^o (affectation des ressources qui est préférée à Q^o selon le critère de PARETO).

Les paniers de biens pour lesquels il n'existe pas d'échanges mutuellement avantageux sont les OPTIMUMS DE PARETO de l'économie ; leur ensemble est généralement représenté par une courbe, appelée *courbe de contrat*. La figure 2 en donne un exemple, dans le cas où les courbes d'indifférence de A et de B sont de type hyperbolique.

Dichotomie

Terme utilisé pour désigner une situation où tout ce qui a trait à ce qu'on appelle les variables « réelles » de l'économie (production, consommation, investissement, échanges de tout ordre) ne dépend ni de la quantité de monnaie en circulation dans l'économie, ni du niveau des prix. On dit parfois qu'il y a dichotomie si la « sphère monétaire » est indépendante de la « sphère réelle », ou encore si l'on estime que « la monnaie est un voile » qui est jeté sur les relations entre les variables « réelles » de l'économie. Il y a un rapport étroit entre le point de vue « dichotomique » et la THÉORIE QUANTITATIVE DE LA MONNAIE, du moins dans sa version « forte ». Les critiques faites à cette théorie valent donc aussi pour la thèse « dichotomique ». On peut remarquer à ce propos que la façon dont la monnaie est créée — par qui ? et au bénéfice de qui ? — a une influence sur les rapports entre les variables « réelles » ; ainsi, la nouvelle monnaie peut se traduire par une demande accrue de biens dans certains secteurs (et donc par une modification des prix relatifs de ces biens) ou par une baisse du taux d'intérêt (et donc par une modification du partage fait par les agents économiques entre consommation et épargne). Autrement dit, les *effets de répartition* inhérents à toute modification de la masse monétaire ont des conséquences sur l'affectation des ressources au sein de l'économie.

En fait, personne — ou presque — ne défend la thèse de la dichotomie « sur le court terme » ; celle-ci ne serait donc valable que « sur le long terme », où tous les « effets secondaires » (tels les effets de répartition) seraient « résorbés ». Mais ce sont là des assertions tellement vagues, et indémontrables, qu'elles ne présentent aucun intérêt. En outre, la thèse de la dichotomie s'appuie sur l'idée que la création monétaire serait EXOGÈNE, ce qui est manifestement faux.

Si, malgré tout cela, l'approche dichotomique persiste, c'est tout simplement parce qu'elle permet de se débarrasser de la monnaie, et de justifier l'attention exclusive accordée par la plupart des économistes théoriciens aux relations entre les variables réelles.

Différentielle

On appelle *différentielle en un point* a *d'une fonction* $f(\cdot)$ *à une variable* la fonction *linéaire* de l'écart $x - a$ qui lui fait correspondre le produit $f'(a) \cdot (x - a)$, où $f'(a)$ désigne la dérivée de f en a. On note cette fonction :

$$df_a(\cdot),$$

avec d pour *différentielle* et df_a pour rappeler que la différentielle est toujours définie *en un point*. Comme la différentielle a pour argument des écarts par rapport à a, on note

$$df_a(x - a)$$

la valeur qu'elle prend en $x - a$. On a donc, par définition de la fonction $df_a(\cdot)$:

$$df_a(x - a) = f'(a) \cdot (x - a).$$

La différentielle de f en a donne une *valeur approchée* des variations de $f(\cdot)$. En effet, il résulte de la définition même de la dérivée de f en a :

$$\lim_{x \to a} \frac{f(x) - f(a)}{x - a} = f'(a),$$

en posant $x - a = 1$, que :

$$f(x) - f(a) \cong f'(a),$$

où $\cong$ signifie « à peu près égal à ».

Graphiquement, comme la dérivée $f'(a)$ donne la pente de la tangente en a à la courbe qui représente f, *le graphe de la différentielle est donné par la tangente à cette courbe au point* a. Ainsi, remplacer une fonction par sa différentielle en un point revient à remplacer sa courbe représentative par sa tangente en ce point (on dit qu'on « linéarise » la courbe en ce point).

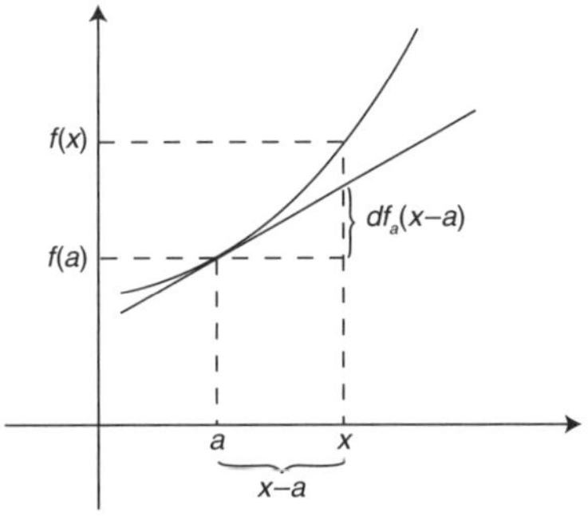

Le graphe de la différentielle en un point

Si la fonction $f(\cdot)$ est à n variables, la différentielle en un point $A = (a_1, \ldots, a_n)$ se définit comme dans le cas à une variable : c'est la fonction *linéaire* des écarts $x_i - a_i$, $i = 1, \ldots, n$:

$$df_A(x_1 - a_1, \ldots, x_n - a_n) = f'_{x_1}(A) \cdot (x_1 - a_1) + \ldots + f'_{x_n}(A) \cdot (x_n - a_n) = \Sigma f'_{x_i}(A) \cdot (x_i - a_i).$$

La différentielle donne une *valeur approchée* des variations de $f(\cdot)$; soit :

$$f(x_1 - a_1, \ldots, x_n - a_n) - f(a_1, \ldots, a_n) \cong \Sigma f'_{x_i}(A) \cdot (x_i - a_i).$$

« Graphiquement », la différentielle de $f(\cdot)$ en A est donnée par l'« hyperplan » tangent à la « surface » qui représente $f(\cdot)$ dans l'espace à $n + 1$ dimensions.

Dans le cas où l'on est en présence d'une fonction $F(\cdot)$ de $\mathfrak{R}^m$ dans $\mathfrak{R}^n$, la différentielle de $F(\cdot)$ au point A est donnée par :

$$\mathbf{F}'(A)\,(\mathrm{X} - \mathrm{A}),$$

où $\mathbf{F}'(\mathrm{A})$ est la MATRICE JACOBIENNE des dérivées partielles de $F(\cdot)$ au point A, $\mathrm{X} - \mathrm{A}$ étant une matrice-colonne formée des écarts $x_i - a_i$, $i = 1, \ldots, m$.

Dilemme du prisonnier

En THÉORIE DES JEUX, « histoire » (ou « parabole ») proposée dans les années cinquante par A. W. Tucker, dont le propos est d'attirer l'attention sur le fait que la recherche par chacun de son intérêt personnel peut conduire à une situation sous-optimale (au sens de PARETO), c'est-à-dire telle qu'il existe d'autres situations où tout le monde pourrait être mieux (avoir des gains supérieurs), si les comportements étaient moins « individualistes ». Le dilemme du prisonnier met donc en cause le « théorème de la MAIN INVISIBLE », selon lequel la recherche du profit personnel est une bonne chose pour la collectivité, et donc pour les membres de celle-ci.

En économie, il existe un grand nombre de situations qui ressemblent à celle que décrit le dilemme du prisonnier ; d'où l'intérêt des économistes pour ce « dilemme », qui occupe une place relativement importante dans leurs analyses théoriques, mais qui a aussi donné lieu à de nombreuses « études expérimentales », avec des personnes en chair et en os ou sur ordinateur. Parmi ces situations, il y a par exemple le cas :

— de deux entreprises en DUOPOLE — ou de plusieurs entreprises en OLIGOPOLE —, entreprises qui ont « collectivement » intérêt à ce que l'offre soit limitée (et donc le prix du bien qu'elles vendent élevé), mais qui cherchent chacune de leur côté à vendre le plus possible, au prix « fort » bien entendu ;

— des BIENS COLLECTIFS que personne ne veut financer mais dont tout le monde veut profiter ;

— d'EXTERNALITÉS, telle la préservation de l'environnement, que tout le monde désire mais que personne n'est *a priori* incité à respecter ;

— des guerres de prix, ou des campagnes de publicité qui se « neutralisent », où tout le monde est finalement perdant.

En théorie des jeux, il y a « dilemme du prisonnier » chaque fois qu'on est en présence d'une situation décrite par un tableau de la forme suivante :

		B	
		b_1	b_2
A	a_1	(p,p)	(r,s)
	a_2	(s,r)	(q,q)

où $p > q$, $q > r$ et $s > p$, de sorte que a_2 et b_2 sont, respectivement, des STRATÉGIES DOMINANTES de A et de B. Le point essentiel — et le « dilemme » — est ici que la combinaison de stratégies dominantes $\{a_2, b_2\}$ procure à chaque joueur un gain strictement inférieur à celui de $\{a_1, b_1\}$ (le fait que le jeu soit symétrique est, lui, secondaire). Or, comme chaque joueur est très fortement incité à choisir sa stratégie dominante, qui lui « rapporte plus » que sa stratégie dominée quel que soit le choix de « l'autre », $\{a_2, b_2\}$ apparaît comme la solution du jeu qui s'impose.

A titre d'illustration, on peut reprendre l'exemple de Tucker : deux individus fortement soupçonnés d'avoir commis un larcin sont détenus par la police et placés devant la situation décrite par le tableau suivant (qui est un cas particulier du tableau précédent) :

		B	
		se tait	dénonce *A*
A	se tait	(3,3)	(-1,5)
	dénonce *B*	(5,-1)	(0,0)

Ainsi, si les deux « prisonniers » se taisent, ils obtiennent chacun un gain nettement plus élevé que s'ils se dénoncent mutuellement (3 contre 0). Évidemment, le pire qu'il peut arriver à l'un ou à l'autre, c'est de se taire tout en étant dénoncé (gain de – 1), le mieux étant de dénoncer l'autre alors que celui-ci se tait (et donc de toucher la « prime de délation » de 5). Sachant cela, les deux joueurs ne peuvent que se dénoncer mutuellement.

Bien sûr, le caractère sous-optimal de la solution retenue n'est pas satisfaisant (d'où le « dilemme »). Et le fait de répéter le jeu un nombre fini de fois accentue le problème puisque — contrairement à ce qu'on pourrait croire au premier abord — la stratégie qui consiste à dénoncer l'autre quoi qu'il fasse est aussi dominante dans le DILEMME DU PRISONNIER RÉPÉTÉ ; par conséquent, le seul équilibre de celui-ci est la dénonciation mutuelle systématique, à tous les coups.

Dilemme du prisonnier répété

Si le DILEMME DU PRISONNIER est répété *un nombre fini de fois*, alors le jeu ne comporte qu'*un seul* équilibre de NASH, qui a lieu lorsque les deux joueurs optent pour la stratégie (conditionnelle) : « Je dénonce l'autre, dans toutes les circonstances. » En effet, si un joueur s'attend à ce que l'autre adopte une telle stratégie, il ne peut qu'en faire autant (se taire à un moment quelconque entraîne une baisse de son gain, puisque l'autre le dénonce toujours). En outre, cet équilibre est parfait (en sous-jeux), comme le montre un raisonnement simple par RÉCURRENCE À REBOURS.

Ainsi, répéter n fois le dilemme du prisonnier rend le « dilemme » d'autant plus frappant que n est grand, tellement l'écart entre les gains d'équilibre et les gains « potentiels » pour les deux joueurs devient lui-même grand. Pour sortir du dilemme, il faut donc soit modifier le jeu — ne serait-ce que légèrement —, soit abandonner le point de vue d'équilibre. Comme on voit difficilement par quoi on pourrait remplacer ce dernier (surtout que le faire peut mettre en cause le principe de rationalité), seule l'option « modifications du jeu » est retenue par les théoriciens des jeux. Ces modifications peuvent porter sur l'hypothèse d'INFORMATION COMPLÈTE, chaque prisonnier ayant un doute sur la rationalité du comportement de l'autre, doute qui prend la forme d'une probabilité qu'il attribue au fait que celui-ci puisse ne pas le dénoncer. En comparant alors les gains espérés associés aux diverses issues, il se peut que la solution « coopérative » (« se taire » à chaque fois) apparaisse comme une option possible, selon le principe de rationalité (maximisation du gain attendu). Les *croyances* en ce qui concerne l'attitude de l'autre — ou son « type » — jouent ici un rôle déterminant quant à la décision qui est prise.

Toutefois, les théoriciens des jeux préfèrent généralement ne pas toucher à l'hypothèse d'information complète et tentent de résoudre le « dilemme » posé par le JEU RÉPÉTÉ en supposant qu'il l'est indéfiniment.

Le dilemme du prisonnier répété indéfiniment

Le jeu étant répété indéfiniment, il n'existe pas de « dernier coup » où le principe de rationalité dicte aux joueurs d'opter pour la dénonciation. Par conséquent, il est possible d'envisager les cas où ils décideraient de se taire toujours, ou parfois. Ainsi, si l'on reprend l'exemple donné dans l'entrée DILEMME DU PRISONNIER :

		B se tait	*B* dénonce *A*
A	se tait	(3,3)	(-1,5)
	dénonce *B*	(5,-1)	(0,0)

alors il y a équilibre si *A* et *B* adoptent pour stratégies : « Je me tais au premier coup, et par la suite si l'autre en fait autant ; s'il me dénonce à un moment quelconque, alors je le dénonce à tous les coups suivants, et cela indéfiniment. » En effet, si par exemple *A* avait adopté une autre stratégie où il dénonce *B* à une phase quelconque du superjeu, son gain aurait alors augmenté de 2 (= 5 – 3) lors de cette phase, mais aurait diminué dans toutes les phases ultérieures du superjeu, où *B* aurait riposté en le dénonçant systématiquement, et indéfiniment. Ainsi, s'il s'était tu, son gain futur ACTUALISÉ à partir du moment de la « dénonciation » aurait été de $3/(1 + i) + 3/(1 + i)^2 + \ldots + 3/(1 + i)^t + \ldots = 3i/(1 + i)$ au lieu de 0, expression qui est supérieure au « gain passager » 2 si $3i/(1 + i) > 2$, donc si le taux d'actualisation est inférieur à 200 %, ce qu'on peut supposer.

L'équilibre formé par les stratégies qui viennent d'être décrites peut faire croire qu'il y a « coopération » entre les joueurs, mais celle-ci n'a lieu que parce que chacun prévoit les représailles qu'entraîne toute dénonciation de sa part. Le jeu répété indéfiniment comporte d'ailleurs *bien d'autres équilibres* — en fait, une infinité —, qui supposent une part plus ou moins grande de « coopération » (due toujours aux représailles anticipées). L'existence de ces équilibres découle du *FOLK THEOREM*. En effet, ici la stratégie MINIMAX des deux joueurs consiste à dénoncer l'autre systématiquement, leur gain minimax étant alors égal à 0. Par conséquent, toute issue qui leur procure un gain strictement positif est INDIVIDUELLEMENT RATIONNELLE et peut donc être considérée comme le résultat de combinaisons de stratégies d'équilibre. Ainsi, dans notre exemple, si chaque joueur adopte la stratégie : « Je me tais une fois sur deux, tant que l'autre en fait autant (ou s'il se tait plus souvent) ; si à un moment quelconque il me dénonce deux fois de suite, alors je le dénonce systématiquement à tous les coups ultérieurs », alors les gains actualisés en $t = 0$ sont strictement supérieurs à 0 (puisqu'ils sont égaux à $3 + 3/(1 + i)^2 + 3/(1 + i)^3 + \ldots$), et on est en présence d'une issue individuellement rationnelle, mais aussi d'un équilibre.

On peut aussi considérer des stratégies du genre « je me tais p fois, je dénonce l'autre k fois (avec $k < p$), etc. » qui, si elles sont adoptées par les deux joueurs, forment également un équilibre ; on peut également envisager des situations plus « asymétriques », où les deux joueurs adoptent des stratégies différentes, à condition que de leur combinaison résultent des gains actualisés strictement positifs.

Le dilemme du prisonnier répété indéfiniment admet donc une infinité d'équilibres, qui comportent une plus ou moins grande part de « coopération » (due à des représailles anticipées), et qu'il n'est pas possible de classer complètement selon le critère de Pareto. En fait, comme c'est toujours le cas en théorie des jeux, cette diversité des équilibres provient de la diversité des *croyances* des joueurs, puisque chacun prend sa décision sur la base du *comportement attendu* de l'autre en ce qui concerne son plus ou moins grand degré de tolérance aux dénonciations.

Domar (modèle de)

Modèle de CROISSANCE proposé par Everett Domar dans un article publié en 1947 dans l'*American Economic Review* et intitulé « Expansion and employment ». Ce modèle se situe dans le prolongement des idées de KEYNES et veut attirer l'attention sur le problème du plein emploi lorsqu'on envisage l'évolution de l'économie dans le temps, période après période.

Le point de départ du modèle de Domar est l'égalité qui caractérise le MULTIPLICATEUR KEYNÉSIEN :

(1) $$\Delta Y = \frac{\Delta I}{1-c}, 0 < c < 1,$$

égalité qui montre que les variations du revenu national ΔY dépendent à la fois de celles de l'investissement, ΔI, et de la valeur de la *propension marginale à consommer, c*.

Domar suppose que l'économie se trouve en situation de plein emploi et s'interroge sur les conditions que le système doit vérifier pour que cette situation puisse se prolonger — donc sans apparition de chômage —, dans le cas où le revenu national s'identifie à la capacité productive du pays. Il suppose alors que l'augmentation « potentielle » de celle-ci est donnée, lorsque l'investissement est égal à I, par une expression de la forme :

$$I\sigma,$$

où σ est une constante dont la valeur dépend des techniques existantes.

Pour que le plein emploi se maintienne, il faut que la variation du revenu soit égale à celle de la capacité productive potentielle ; donc, en raison de la formule (1), il faut que :

(2) $$\frac{\Delta I}{1-c} = I\sigma.$$

L'équation (2) est l'*équation fondamentale de Domar*. Elle peut aussi se mettre sous la forme :

$$\frac{\Delta I}{I} = (1-c)\sigma.$$

Domar conclut, au vu de cette équation, que *pour maintenir le plein emploi, le taux de croissance de l'investissement, $\sigma I/I$, doit être constant et égal à* $(1 - c)\sigma$. Ainsi, pour un niveau d'investissement I donné et d'équilibre (c'est-à-dire de plein emploi), il ne continuera à y avoir plein emploi que si l'investissement augmente d'une quantité précise (égale à $(1 - c)\sigma I$).

Or, comme il n'y a aucune raison pour que cette condition soit vérifiée dans une économie où les décisions sont prises de façon indépendante — « décentralisée » — par de nombreux agents, la « croissance équilibrée » — sans chômage — ne peut avoir lieu que de façon exceptionnelle.

Comme HARROD, Domar conclut que le système des « marchés » est loin de conduire au plein emploi, puisque l'accroissement des capacités de production ($I\sigma$) est en quelque sorte inéluctable, alors que les décisions d'investissement — dont les variations provoquent celle de la demande — sont plus aléatoires et ne suivent donc généralement pas l'augmentation de l'offre potentielle. Et même si elles le faisaient, le problème ne serait que repoussé, les nouveaux investissements venant s'ajouter à ceux qui existent et augmenter d'autant (c'est-à-dire de $I\sigma$) la capacité de production ; d'où la nécessité — pour maintenir le plein emploi — d'une augmentation encore plus forte de l'investissement, et ainsi de suite. L'État peut jouer ici un rôle essentiel, en « stimulant » la demande sans augmenter l'investissement — car la formule (1) est valable, dans l'optique de Keynes, pour toute variation de la « dépense autonome » —, ce qui évite la hausse de la capacité de production « potentielle » ; l'État peut aussi chercher à augmenter la propension à consommer en modifiant la répartition des revenus — par exemple, en taxant les revenus les plus élevés et en subventionnant les plus faibles —, de façon à freiner la hausse de l'investissement $(1 - c)\sigma I$ nécessaire au maintien du plein emploi.

Bilan

Aux doutes de Keynes en ce qui concerne la capacité du capitalisme à assurer à « court terme » le plein emploi (des hommes et des capacités de production), Domar ajoute un doute encore plus grand quant à la possibilité qu'il a de le faire sur le « long terme ». Car ce qui peut permettre de maintenir à court terme le plein emploi — l'investissement de la partie non consommée du revenu — a pour conséquence d'augmenter les capacités de production, et donc de rendre le maintien du plein emploi encore plus problématique. Écrivant juste après la guerre, Domar était, comme Keynes, marqué par l'expérience des années trente — dont seule la guerre avait vraiment permis de sortir —, avec son chômage massif, ses capacités de production largement excédentaires qui ont entraîné des destructions de quantités importantes de marchandises, le *dumping*, l'effondrement des prix, etc. Il craignait donc, et avec lui la plupart des économistes de son époque, qu'après le *boom* des dépenses entraînées par la guerre — dépenses en bonne partie non productives, puisqu'elles ont surtout servi à l'armement —, les contradictions du système, et notamment sa tendance à accumuler des capacités de production excédentaires, reprennent le dessus. On sait qu'il n'en est rien, puisque au contraire la période de l'après-guerre a été l'une des plus prospères dans l'histoire du capitalisme (les « TRENTE GLORIEUSES »). Faut-il en déduire que l'analyse de Domar est erronée ? Pas forcément, car cette période s'est caractérisée par une *augmentation très importante de l'intervention de l'État dans l'économie* — que ce soit de façon directe ou indirecte —, avec une logique qui n'est pas la même que celle du système laissé à lui-même. Et c'est probablement une telle intervention que Domar appelait de ses vœux lorsqu'il a mis au point son modèle ; celui-ci est certes très rudimentaire, mais il suffit pour attirer l'attention sur le problème posé par la croissance dans les pays où les décisions d'épargner et d'investir sont prises par des agents différents.

Dotation initiale

Ressources dont dispose chaque individu avant de se lancer dans les échanges ou dans la production. Les dotations initiales sont essentiellement formées par du *temps disponible* — qui peut servir au travail (plus ou moins qualifié) ou au loisir — et des *droits de propriété* — sur des biens, des ressources naturelles (terres, gisements de tout ordre, etc.) ou des entreprises (actions). Les dotations initiales peuvent concerner des périodes présentes comme des périodes futures, comme dans les modèles de CHOIX INTERTEMPOREL.

Le concept de dotation initiale est essentiellement utilisé par la théorie NÉO-CLASSIQUE du CONSOMMATEUR. Les dotations initiales sont alors considérées comme une donnée *a priori*, EXOGÈNE, sur laquelle l'économiste n'a rien à dire (elles sont telle une « manne tombée du ciel »). En fait, le problème posé par les dotations initiales est celui de la *répartition* des ressources de la société. Le modèle de référence néo-classique, celui de l'équilibre général d'ARROW-DEBREU, suppose d'ailleurs que chaque individu dispose d'une dotation initiale qui lui permet de survivre sans avoir à faire des échanges ; ces dotations de survie représentent donc une sorte de répartition minimale, dont l'origine n'est pas précisée.

Avec la RELATION DE PRÉFÉRENCE des consommateurs et la FONCTION DE PRODUCTION des entreprises, les dotations initiales forment les FONDAMENTAUX de l'économie, les seuls paramètres — outre ceux d'ordre institutionnel — qui la caractérisent dans une perspective d'ÉQUILIBRE GÉNÉRAL.

Double coïncidence des besoins

Problème qui se pose dans une *économie de troc*, où un individu offre certains biens contre d'autres biens, sans qu'il soit sûr de trouver le partenaire approprié — c'est-à-dire qui soit disposé à lui fournir les biens qu'il demande contre les biens qu'il offre. Ainsi, celui qui offre, à des prix donnés, *x* unités du bien *A* et demande *y* unités du bien *B* fait face au problème de la double coïncidence des besoins s'il ne trouve pas une personne qui *demande x* unités du bien *A* et qui *offre y* unités du bien *B*. Évidemment, comme cette condition n'est pratiquement jamais remplie, pour parvenir à leurs fins les agents doivent se livrer à une succession d'échanges partiels avec stockage des biens « intermédiaires » (le bien *A* est échangé en partie contre du bien *C*, lui-même l'étant contre du bien *D*, etc., jusqu'à arriver au bien *B*).

En fait, le problème de la double coïncidence des besoins est invoqué pour justifier la supériorité — du point de vue de l'efficience — d'une économie qui comporte de la MONNAIE en tant qu'intermédiaire dans les échanges, par rapport à une économie de troc.

Droits de propriété (théorie des)

Théorie, diffuse, selon laquelle les dysfonctionnements de la société sont essentiellement dus à ce que les droits de propriété de ses membres sur les ressources disponibles ne sont pas toujours clairement définis. L'idée de départ de cette théorie est simple : si une ressource (terre, eau, air, etc.) n'appartient à personne en particulier, chacun va chercher à en tirer parti, sans se soucier des conséquences négatives de ses actes, ou sans se soucier de son renouvellement (si le problème se pose). Un exemple prisé par ceux qui se réclament de cette théorie est celui de la chasse (ou de la cueillette) dans des terres communales (ou qui n'appartiennent à personne) : chacun cherche à avoir le produit le plus élevé possible, quitte à épuiser les ressources disponibles (comportement de PASSAGER CLANDESTIN). Pour éviter cela, les théoriciens des droits de propriété proposent de « rendre privées » ces terres, de sorte que leurs propriétaires aient le souci d'en préserver les ressources (présentes et futures).

En théorie économique, l'exemple le plus connu d'application de la théorie des droits de propriété est celui du « théorème » de COASE, selon lequel le problème posé par des EXTERNALITÉS telles celles qu'engendre la pollution peut être résolu de façon EFFICIENTE en organisant un « marché » où s'échangent des « droits » concernant la ressource concernée (air ou eau, par exemple).

La théorie des droits de propriété a été critiquée sur plusieurs plans :
— lorsqu'elle s'applique à des sociétés dites « primitives » (Indiens d'Amérique, par exemple), elle part du postulat que les membres de ces sociétés ont le comportement de l'*HOMO ECONOMICUS* de la MICROÉCONOMIE, ce qui est évidemment tout à fait discutable ;
— elle postule qu'il « faut » attribuer les droits — ou « créer des marchés » — là où ils n'existent pas ; mais pourquoi en est-il ainsi ? Pourquoi n'y a-t-il pas création « spontanée », comme pour les autres biens ? Et *qui* doit organiser tout cela ? Dans quel but ?
— elle ne peut régler le problème, important, des BIENS COLLECTIFS, dont l'usage par quelqu'un n'affecte pas le parti que peut en tirer quelqu'un d'autre.

La « théorie » des droits de propriété se réduit finalement à la proposition : « Le bonheur de la communauté ne peut venir que de l'initiative individuelle. » Proposition qui semble *a priori* raisonnable, mais qui ne l'est pas si l'on réfléchit un peu ; c'est pourquoi personne ne défend vraiment cette théorie (d'où son caractère diffus). La question que se pose surtout le théoricien — et le juriste — à propos des droits de propriété est celle de leurs *limites*.

On notera enfin que l'approche par les droits de propriété ne se soucie pas de la *répartition* de ces droits ; seul l'intéresse le problème de l'affectation « efficiente » des ressources (au sens du critère de PARETO).

Duopole (modèles du)

Modèles dans lesquels deux entreprises — les duopoleurs — produisent un même bien, dont elles fournissent la totalité de l'offre, le reste de l'économie étant organisé selon les règles de la CONCURRENCE PARFAITE. Le propos central de ces modèles est de déterminer les choix des duopoleurs, en fonction du cadre retenu, de leurs caractéristiques propres et de l'information dont ils disposent.

Les modèles du duopole sont pour l'essentiel d'ÉQUILIBRE PARTIEL ; ils ne comportent donc qu'un seul bien, celui qui est produit par les duopoleurs. Ils supposent, en règle générale, que ceux-ci connaissent la *fonction de demande* du bien, et donc le comportement du reste de l'économie — qui est « résumé » par cette fonction.

Trois ingrédients essentiels

Les modèles du duopole — comme tous les modèles en économie d'ailleurs — sont formés de *trois ingrédients* essentiels :
— un *cadre institutionnel* dans lequel sont prises les décisions ;
— des *stratégies*, c'est-à-dire des variables sur lesquelles portent les choix des agents (ici, les duopoleurs, le comportement du reste de l'économie étant considéré comme donné, par la fonction de demande) ;
— les *conjectures* des agents.

En ce qui concerne le *cadre institutionnel*, les modèles du duopole supposent une *très forte centralisation* de l'information, mais aussi des offres et des demandes — en cela, ils diffèrent peu du modèle de concurrence parfaite.

Quant aux *variables sur lesquelles portent les choix des duopoleurs (leurs* STRATÉGIES*)*, ce sont soit les *prix*, soit les *quantités*. Ainsi dans les modèles de COURNOT et de STACKELBERG, les entreprises offrent des *quantités* de biens, qui sont confrontées (après sommation) à la demande ; les prix résultent de cette confrontation, selon une procédure du type de celle que peut mettre en œuvre un commissaire-priseur. En revanche, dans les modèles du duopole à la BERTRAND, il est supposé que chaque entreprise affiche un prix pour le bien qu'elle offre, la demande s'adressant à l'une ou à l'autre, ou à toutes deux.

Les CONJECTURES des entreprises sont le dernier ingrédient des modèles du duopole ; en effet, avant de prendre sa décision, chaque entreprise doit, d'une façon ou d'une autre, chercher à anticiper ce que va faire son concurrent. Les conjectures peuvent évidemment prendre une infinité de formes (elles sont assimilables à des croyances) ; les plus simples — et donc les plus fréquemment adoptées dans les modèles — sont les *conjectures à la Cournot* (l'entreprise considère que le choix fait par son concurrent est indépendant de son propre choix) ; et les plus « compliquées » sont les *conjectures rationnelles* (l'entreprise sait comment son concurrent va réagir dans toutes les éventualités). Dans les modèles du duopole, il n'y a pas de raison pour que les entreprises fassent les mêmes conjectures ; ainsi, dans le cas étudié par Stackelberg, une des entreprises (le « meneur ») fait des conjectures rationnelles, l'autre (le « suiveur »), des conjectures à la Cournot.

Les *résultats*, ou « solutions », des modèles du duopole sont *extrêmement sensibles* au choix de ces ingrédients ; or, un tel choix est exclusivement du ressort du modélisateur. Comment celui-ci va-t-il se déterminer ? Il peut difficilement le faire « expérimentalement », tellement les situations envisagées par les modèles du duopole sont éloignées de celles qu'il est possible d'observer ; dans ces conditions, autant aller au plus simple et retenir le cas étudié par Cournot, où les choix portent sur des quantités (ce qui peut sembler étrange... et l'est effectivement !) et où les conjectures sont « rudimentaires » (et systématiquement erronées, en dehors de l'équilibre). C'est sa (relative) simplicité qui explique la place prépondérante qu'occupe le modèle de Cournot dans les analyses en duopole — outre le fait qu'il présente beaucoup de similitudes avec le cas de la concurrence parfaite, où les choix des agents portent également sur des quantités. Mais ce modèle a aussi pour inconvénient, comme la concurrence parfaite, de faire appel au « grand organisateur » de l'économie qu'est le commissaire-priseur.

Modèles du duopole et théorie des jeux

Dans la mesure où les modèles du duopole supposent que les individus — plus précisément les duopoleurs — sont conscients des interactions de leurs choix, ils présentent toutes les caractéristiques des modèles de jeux, tels que les entend habituellement la THÉORIE DES JEUX. On peut donc s'interroger sur l'influence que celle-ci a pu avoir sur la façon de traiter ces modèles. Influence certaine, mais limitée. Ainsi, la théorie des jeux attire l'attention sur l'importance du cadre dans lequel se font les choix des individus et de l'information dont ils disposent ; elle récuse, en particulier, les analyses qui font intervenir des processus auxquels les individus participent sans en être pleinement conscients, ou sans tirer toutes les conséquences de ce qu'ils peuvent observer.

Or, les présentations habituelles des modèles du duopole — à commencer par celle de Cournot lui-même – font appel à des *processus* qui se déroulent « hors équilibre » ; ce qui ne peut qu'affecter le comportement des duopoleurs — en particulier leurs conjectures —, du moins s'ils sont rationnels. Pour le théoricien des jeux — qui insiste sur la rationalité des comportements —, les processus doivent être intégrés aux modèles et faire partie de l'analyse d'*équilibre* des modèles élargis auxquels ils sont intégrés (on est alors en présence de JEUX SÉQUENTIELS).

La théorie des jeux a donc attiré l'attention sur le fait que la modélisation du duopole — comme de n'importe quelle situation — doit prendre en compte toutes les conséquences de l'hypothèse de rationalité. Toutefois, un carcan très fort est alors imposé à l'analyse ; ainsi, le fait de n'envisager que des situations d'équilibre pose le problème de la façon dont les équilibres peuvent être atteints (les théoriciens des jeux esquivent généralement ce problème en invoquant les croyances des agents).

Le modèle de Kreps et Scheinkman (« Quantity precommitment and Bertrand competition yield Cournot outcomes », *Bell Journal of Economics*, 14, 1983) est souvent présenté comme la principale contribution de la théorie des jeux à l'analyse du duopole ; ce modèle cherche à résoudre les difficultés inhérentes à la formalisation de situations « à la Bertrand », où les choix des entreprises portent sur les prix (ces difficultés se traduisent soit par une indétermination de l'offre de chaque entreprise, soit par l'inexistence d'un équilibre). Pour cela, Kreps et Scheinkman proposent de modéliser le duopole comme un *jeu à deux coups* ; au premier coup, les entreprises mettent en place des capacités de production (avec les coûts que cela implique), tandis qu'au second coup elles annoncent des prix. Les conjectures sont « à la Cournot », chaque entreprise se contentant de constater le choix de l'autre. Comme cela est toujours le cas en théorie des jeux, seules sont envisagées des situations d'équilibre. Le concept de solution adopté est celui de l'ÉQUILIBRE PARFAIT (en sous-jeux), la mé-thode celle de la RÉCURRENCE À REBOURS.

On commence donc par déterminer le prix d'équilibre (qui égalise l'offre et la demande globales), au second coup, en supposant que les capacités de production sont données et utilisées à plein. Puis on cherche celles de ces capacités qui rendent le profit maximal, à ce prix (qui dépend d'elles : la situation est de type POINT FIXE). L'équilibre est donc formé par un « couple » de capacités de production (une pour chaque entreprise) et par un prix, proposé par les deux entreprises. Le choix par chaque entreprise de sa capacité de production et du prix qu'elle affiche est donc tel que toutes deux maximisent leur profit, compte tenu du choix de l'« autre ».

On peut noter à propos de cette solution que :
— elle est tout autant « à la Cournot » qu'« à la Bertrand », puisqu'elle est formée de quantités (les capacités de production) et de prix ;
— elle peut être trouvée sans faire appel à la théorie des jeux (voir, par exemple, les *Éléments de microéconomie*, de Pierre Picard, Montchrestien, 1994), même si la présentation sous la forme d'un jeu séquentiel peut sembler plus pédagogique.

Duopole et équilibre général

Kreps et Scheinkman ont donc résolu, à leur façon, le problème de l'existence d'un équilibre « par les prix » dans le cas du duopole, avec des capacités de production variables (qui sont un des éléments de l'équilibre). Toutefois, ils supposent la fonction de demande donnée, avec un certain nombre de propriétés particulières (dont la décroissance). Autrement dit, leur approche est d'équilibre partiel, comme dans tous les modèles du duopole. Or, pour un néo-classique conséquent — adepte de l'INDIVIDUALISME MÉTHODOLOGIQUE —, seul le point de vue d'ÉQUILIBRE GÉNÉRAL est vraiment valable.

Adopter un tel point de vue nécessite de préciser ce qui se passe du côté de la demande. Afin d'éviter d'avoir à traiter de situations où il y a NÉGOCIATION BILATÉRALE, avec les indéterminations qui en découlent, on procède comme en équilibre partiel, en supposant que la demande est le fait d'individus agissant dans le cadre de la concurrence parfaite. Il y a alors un commissaire-priseur qui centralise les demandes individuelles, aux prix qu'il affiche ou à ceux qui sont affichés par les duopoleurs, et qui confronte leur résultante aux offres de ceux-ci. En fait, même ainsi, la situation se complique terriblement car il n'est plus alors possible de raisonner sur un seul bien ; toutes les interdépendances doivent être prises en compte et le théorème de SONNENSCHEIN s'applique : la demande peut ne pas être définie de façon unique et, si elle l'est, sa forme est quelconque. L'existence même de l'équilibre n'est plus assurée. C'est pourquoi les modèles du duopole s'en tiennent à la seule approche par l'équilibre partiel, même si cela va à l'encontre des préceptes de l'individualisme méthodologique.

E

École évolutionniste

Courant de pensée, assez flou il est vrai, qui prend pour référence l'ouvrage publié en 1982 par Richard Nelson et Sidney Winter, *An Evolutionary Theory of Economic Change* (Harvard University Press), et qui, tout en reprenant l'idée d'évolution que l'on trouve en biologie, essaie de l'adapter à l'étude des sociétés (transmission et transformation de l'information, rôle des facteurs culturels, etc.).

Ce courant se démarque de l'approche NÉO-CLASSIQUE, à laquelle il reproche notamment son caractère statique (l'évolution suppose le changement) ainsi que la place quasi exclusive qu'elle donne aux ÉQUILIBRES et au principe de RATIONALITÉ. Il reprend des idées anciennes — à commencer par celle d'évolution —, auxquelles il greffe des concepts plus récents, souvent importés de la théorie néo-classique d'ailleurs.

Une idée très ancienne

Au sens courant, le mot « évolution » signifie « changement graduel ». Par conséquent, toute conception de la société qui admet que celle-ci se reproduit indéfiniment tout en se transformant peut être considérée comme étant « évolutionniste ». L'adjectif s'applique, par exemple, aux analyses d'Adam SMITH, qui distinguent clairement des « étapes » dans l'histoire de l'humanité ; *La Richesse des nations* peut d'ailleurs être considérée comme une longue réflexion sur le développement économique. De même, toute la construction théorique de Karl MARX est fondée sur l'idée d'une évolution de l'humanité qui passe par divers stades (ce qu'on appelle parfois le « matérialisme historique ») ; Marx a d'ailleurs accueilli avec enthousiasme l'ouvrage de Charles Darwin *De l'origine des espèces par voie de sélection naturelle* (1859).

Un auteur aussi « néo-classique » qu'Alfred MARSHALL a écrit dans l'introduction de ses *Principles of Economics* (1920) : « La Mecque de l'économiste se trouve dans la biologie économique plutôt que dans la dynamique économique », ce qui ne l'empêche pas de n'adopter que le point de vue de cette dernière dans quasiment toute son œuvre ! Plus près de nous, Armen Alchian a publié en 1950 un article intitulé « Uncertainty, evolution and economic theory » (dans le *Journal of Political Economy*), par lequel il veut montrer, dans une optique évolutionniste, que seules « survivent » les entreprises qui maximisent de fait leur profit. Ce qui justifie, d'après lui, le point de vue néo-classique selon lequel on peut, dans les analyses théoriques, faire COMME SI les entreprises avaient un comportement maximisateur délibéré.

L'école autrichienne, qui accorde beaucoup d'importance aux processus, se veut aussi « évolutionniste » ; c'est dans cette perspective que s'inscrivent les analyses de Joseph Schumpeter sur le rôle essentiel de l'entrepreneur et de la concurrence en tant que processus qui bouleverse incessamment les techniques et la forme d'organisation des relations économiques (*Théorie de l'évolution économique*, 1912, traduction française Dalloz, Paris, 1935). De son côté, Friedrich von Hayek met surtout l'accent sur l'évolution culturelle qui agit, selon lui, « entre l'instinct et la raison ». Il y a ainsi des « règles de conduite » qui se transmettent d'une génération à l'autre, sans que ceux qui les appliquent en comprennent forcément le rôle (« Notes on the evolution of systems of rules of conduct », *in* F. von Hayek, *Studies in Philosophy and Economics*, Routledge and Kegan, Londres, 1967). Le processus de sélection porte sur ces règles (ou « routines ») ; il a conduit — à la manière « darwinienne » — au système de marchés, qui se trouve donc être le plus « adapté », le plus approprié pour coordonner les choix individuels si on le compare à d'autres systèmes (Hayek adopte — implicitement, du moins — un point de vue NORMATIF puisque pour lui le « bon » système est celui qui a été sélectionné ; alors que le biologiste se contente de *constater* l'adaptation des espèces à leur milieu, sans jugement de valeur ; de toute façon, il n'y peut rien). C'est dans cette perspective que Hayek introduit son idée d'« ordre spontané », c'est-à-dire d'un « ordre » non voulu consciemment par les hommes mais qui est une conséquence de leurs actions ; il critique ce qu'il appelle le « constructivisme », qui consiste à vouloir changer cet ordre par des actions conscientes, organisées par des entités telles que l'État. Cette critique n'est évidemment qu'une conséquence directe de son postulat selon lequel l'ordre spontané (du marché) est le meilleur possible (ou, si l'on veut, le moins mauvais possible).

La version récente

Les analyses de Hayek sont d'ordre très général ; elles sont formées d'une succession d'affirmations non prouvées, à commencer par celles qui concernent la supériorité du « système des marchés », qui s'est imposé aux autres par sélection dans le temps. Une grande partie de l'œuvre de Hayek est d'ailleurs consacrée à élaborer un cadre juridique qui limite au minimum l'action de l'État ; les analyses économiques y occupent une place succincte (le seul ouvrage purement économique de Hayek, *Prix et production*, publié en 1933, n'a pas grand-chose d'évolutionniste).

Le courant « évolutionniste » des années quatre-vingt n'a pas les mêmes *a priori* idéologiques que Hayek ; ses membres ont, pour la plupart, été formés à l'école néo-classique et ne se contentent pas de vagues références à un quelconque « ordre spontané ». Ils ne sont pas foncièrement hostiles à la démarche néo-classique — ni à l'utilisation des mathématiques —, à laquelle ils reprochent essentiellement son « irréalisme » (tout en reconnaissant ses « apports ») mais non son éventuel « constructivisme » (ils ne sont d'ailleurs pas systématiquement contre l'intervention de l'État dans l'économie). Ils veulent comme elle construire une théorie qui permette de faire des *prédictions* ; dans l'entrée « Natural selection and evolution » du *The New Palgrave : a Dictionary of Economics* (MacMillan, Londres, 1987), Sidney Winter fait explicitement référence à une *predictive evolutionary science*. Il y a là une différence essentielle avec Hayek et Schumpeter, et même avec les biologistes, les uns et les autres ne cherchant pas à faire des prévisions (ils pensent que ce n'est pas possible).

Comme toutes les approches qui veulent se démarquer de la démarche néo-classique usuelle mais en préservant au maximum les principes de l'INDIVIDUALISME MÉTHODOLOGIQUE (tels le courant NÉO-INSTITUTIONNALISTE et celui de l'économie des conventions), les « évolutionnistes » actuels se proposent de rendre cette démarche plus « réaliste » en s'intéressant aux comportements tels qu'on peut effectivement les observer et aux processus d'acquisition et de transmission de l'information (surtout en ce qui concerne les innovations). C'est ainsi qu'ils sont amenés à reprendre l'hypothèse de RATIONALITÉ LIMITÉE, qui justifie l'adoption de *comportements routiniers*. Une « sélection » a alors lieu entre les routines possibles — on retrouve l'idée de « règles de conduite » de Hayek ; la théorie des JEUX ÉVOLUTIONNISTES est parfois mobilisée pour simuler ce genre de situation (qui est généralement faite sur ordinateur).

En ce qui concerne les processus, les « évolutionnistes » actuels reprennent certains des thèmes à la mode dans les modèles dynamiques en MACROÉCONOMIE (néo-classique), qui ont trait à la multiplicité des équilibres, à la « dépendance » du résultat d'un processus par rapport aux CONDITIONS INITIALES ou « par rapport au *chemin parcouru* » (la forme des équilibres dépend de celle des « chemins » qui y conduisent). Tout cela pour attirer l'attention sur le fait que les processus sont généralement irréversibles, qu'ils ne conduisent pas forcément à la situation la plus efficiente possible. Ainsi, Winter (1987, *op. cit.*) donne l'exemple de la disposition des lettres sur les claviers des machines à écrire — en anglais — qui ne permet pas d'atteindre la vitesse maximale, mais qui se maintient pour de multiples raisons, dans lesquelles interviennent les irréversibilités (parc de machines existant), l'habitude, la transmission du savoir, etc.

Un autre exemple important est celui de la production et de la transmission de la connaissance. Citons encore Winter :

« La théorie économique évolutionniste accorde une importance décisive à une question que la théorie orthodoxe ne se pose même pas : quels sont les processus collectifs à travers lesquels les connaissances liées à la production sont *stockées* ? [...] D'un point de vue évolutionniste, ne pas tenir compte du processus de stockage des connaissances [...] empêche de comprendre comment apparaissent de nouvelles méthodes pour faire les choses et de discerner quelles sont les pressions sélectives qui s'exercent sur les innovations — et sur ceux qui les font. On risque en particulier de ne pas voir que le rôle des entreprises en tant que sources d'innovations est en rapport étroit avec leur rôle social en tant que dépositaires des connaissances liées à la production. »

Ce qui est fort pertinent. Mais que peut faire le théoricien hormis constater ce qui est, en préconisant éventuellement des politiques qui permettent de mieux développer le savoir collectif (il n'est plus alors un simple observateur) ?

Conclusion

Comme toutes les approches qui cherchent à se démarquer des modèles fables néo-classiques, la théorie « évolutionniste » attire la sympathie. Qui peut nier que la plupart des comportements des hommes sont routiniers ? Que les processus sont essentiels dans la vie économique ? Que les innovations et leur diffusion jouent un rôle moteur dans le système capitaliste ? Même le néo-classique le plus farouche est d'accord là-dessus. Le problème qui se pose en fait au théoricien est celui de choisir entre les deux éventualités suivantes :
— soit il veut faire des prévisions à partir des comportements individuels ; pour cela, il faut supposer un cadre très simplifié, des comportements maximisateurs, et évacuer toute « vraie » dynamique, de façon à pouvoir appliquer des techniques mathématiques et en déduire des résultats (solution adoptée par les néo-classiques) ;
— soit il cherche à comprendre, par l'observation, comment évoluent effectivement nos sociétés, en essayant d'y déceler des « régularités » et de dégager les « routines » qui se sont imposées, à établir un « système taxonomique auquel on peut appliquer les concepts généralisés d'héritabilité, d'adaptation et de sélection » (Winter, *op. cit.*) ; mais c'est là un travail patient d'observation et de classement, à la manière du biologiste, sans prétendre vouloir faire des prédictions. Comme les fables, c'est tellement plus amusant, la tentation est grande de glisser vers la première éventualité (petits modèles mathématiques), et de perdre ce qui fait l'intérêt de l'approche.

Économétrie

Ensemble de techniques mathématiques et statistiques dont le but est de donner une valeur numérique aux coefficients — ou *paramètres* — qui apparaissent dans les équations des MODÈLES économiques, à partir de données statistiques. Comme, en économie, il n'est généralement pas possible de procéder à des expériences systématiques qui permettraient d'éliminer les « facteurs perturbateurs » de toutes sortes qui affectent les variables et les comportements, l'approche économétrique consiste à voir dans ces facteurs l'effet de *variables aléatoires* et donc à adopter une démarche de type *statistique*. Par conséquent, le but de l'économétrie est de proposer les meilleures *estimations* possibles des paramètres des modèles qui lui sont soumis ; c'est dans cette perspective que sont construits des INTERVALLES DE CONFIANCE dans lesquels les « vraies valeurs » des paramètres du modèle doivent se trouver. Leur forme dépend d'ailleurs tout autant des hypothèses faites sur les lois de probabilité que suivent les « facteurs perturbateurs » que des hypothèses constitutives du modèle. Pour que les estimations aient une signification, il faut que le nombre de données disponibles soit « nettement plus important » que celui des paramètres à estimer. A partir d'elles, le modélisateur procède à des *prédictions*, qui peuvent tout aussi bien concerner le passé que le futur et qui se trouvent elles-mêmes dans un intervalle de confiance.

Le point de départ de l'économétrie est la *méthode des MOINDRES CARRÉS* ; cette méthode donne la valeur des coefficients (paramètres) du modèle qui rend minimale la « distance » entre les valeurs observées des variables ENDOGÈNES et leurs valeurs « théoriques », telles qu'elles se déduisent du modèle. Ce qui est justifié statistiquement dans le cas où les perturbations aléatoires suivent des lois normales (de Gauss) indépendantes et caractérisées par les mêmes paramètres. Une bonne partie du travail des économètres consiste à aménager cette méthode et à mettre au point les tests correspondants, qui permettent de trouver des estimations plus appropriées lorsque ces hypothèses ne sont pas vérifiées.

La plupart de ces recherches, qui relèvent de la statistique, portent sur des modèles à une seule équation (c'est déjà très compliqué comme cela !). Depuis les années soixante-dix, beaucoup d'efforts ont été consacrés à l'étude des *séries chronologiques*, qui donnent l'évolution dans le temps d'une variable (PIB, niveau des prix, etc.). Lorsque les modèles comportent plusieurs équations, l'économétrie se heurte au délicat problème de l'IDENTIFICATION, qu'elle ne résout d'ailleurs souvent que par des artifices.

Économie des réseaux

Branche de l'analyse économique qui s'est développée suite à la grande vague de déréglementation — ou plutôt de changement de réglementation — qui a commencé à la fin des années soixante-dix et qui a notamment concerné les « réseaux » téléphoniques et de transport (de personnes et de biens, mais aussi d'électricité, de gaz et d'eau, entre autres). Une des caractéristiques de ces réseaux, c'est qu'ils comportent des COÛTS FIXES très importants (dus souvent au poids des infrastructures) ; l'économie des réseaux met toutefois l'accent sur le rôle essentiel des EXTERNALITÉS positives dans les situations où les agents économiques sont « en réseau ».

Coûts fixes et externalités sont traditionnellement considérés par les NÉO-CLASSIQUES comme des causes d'intervention de l'État, dans un souci d'EFFICIENCE ; les uns et les autres sont au cœur de l'ÉCONOMIE PUBLIQUE, telle qu'ils la conçoivent. Les coûts fixes, avec les « rigidités » qu'ils supposent, sont une des raisons essentielles de l'existence des MONOPOLES, qui peuvent être une source d'inefficience, alors que les externalités « de réseau » sont, au contraire, à l'origine d'effets positifs pour la collectivité. L'économie des réseaux se propose donc de trouver des formes d'organisation (qui se traduisent généralement par des réglementations) dont l'objectif est de renforcer les effets favorables des réseaux, tout en limitant leurs aspects défavorables. Elle est le fait d'économistes qui travaillent surtout pour l'État, ou pour des entités supranationales (telle l'Union européenne), avec pour perspective de proposer un cadre juridique où l'action des entreprises — publiques ou privées — serait la plus efficiente possible (du point de vue de la collectivité). Elle est donc clairement NORMATIVE.

Des externalités positives

L'économie des réseaux met donc l'accent sur la présence d'importantes externalités positives dans un certain nombre d'activités où les agents ont des relations durables, en raison même de la forme de ces relations, qui sont tout autant d'ordre technique que marchand.

L'exemple auquel on songe en premier est celui du *réseau téléphonique* : détenir un téléphone n'a d'intérêt que si d'autres en détiennent un aussi, et s'il y a des lignes qui mettent tout le monde en relation. L'externalité positive provient ici du fait que la satisfaction de chacun augmente avec le nombre d'abonnés ; elle est à l'opposé de l'externalité négative qui résulte des encombrements, tels les embouteillages. La situation de monopole est liée aux coûts très importants qu'entraîne la mise en place des infrastructures (pose de lignes, qu'il est d'ailleurs difficile de multiplier indéfiniment ; il est vrai que le recours aux satellites — téléphones portables — a partiellement modifié les données du problème).

Un autre type de réseau qui est à l'origine de fortes externalités positives est celui qui résulte de l'utilisation par beaucoup de personnes d'objets (durables) de la *même marque*. L'externalité provient ici de l'existence d'un plus grand « réseau » de distributeurs (que pour une marque moins utilisée), ce qui permet des gains en temps et en déplacements lorsqu'il faut réparer ou modifier l'objet acheté.

L'existence de *normes* différentes pour des produits similaires en tout point est également à l'origine d'effets de réseau non négligeables ; le cas des ordinateurs est particulièrement frappant, avec le « réseau » PC et le « réseau » Apple, par exemple. Chacun a intérêt à la fois à garder sa clientèle (en lui imposant sa norme) et à conquérir celle de l'autre (en utilisant sa norme). Le recul progressif — et probablement inéluctable — d'Apple rappelle cependant la tendance au monopole inhérente à tout réseau : il suffit qu'un des participants soit un peu plus « fort » qu'un autre pour que les nouveaux venus s'y rallient et provoquent un effet boule de neige. La place pratiquement dominante qu'a conquise Microsoft avec ses logiciels *Windows* est très symptomatique de ce point de vue.

Les *transports* sont aussi à l'origine d'importants effets de réseau, avec leur organisation sur la base de « nœuds » ou de « plaques tournantes » ; l'exemple des réseaux autoroutier et ferroviaire français est de ce point de vue particulièrement significatif, avec Paris qui a été — et est encore en partie — un point de passage obligé pour beaucoup de trajets à l'intérieur du pays. Les compagnies aériennes ont aussi une stratégie de réseau, avec un ou plusieurs aéroports qui leur servent de « base » où s'effectuent leurs correspondances ; le meilleur remplissage des avions, qui conditionne l'existence même de certaines lignes, compense le « détour » que suppose toute correspondance (par exemple, six lignes qui passent par une même plate-forme permettent trente-six itinéraires).

On peut multiplier les exemples ; mais ils ont tous en commun des coûts fixes importants au départ (d'infrastructure — de mise en place du « réseau » — ou de mise au point de procédés techniques) et des gains (en utilité) « collectifs » qui augmentent avec le nombre de participants.

Problèmes

Comme l'économie des réseaux se propose de trouver des formes d'organisation « efficientes », elle doit se donner les moyens de mesurer l'efficience. Elle pourrait évidemment s'en tenir à la proposition : « Laissons faire, et que le meilleur gagne ! » (ce qui revient, pour elle, à se saborder...). Mais si le « meilleur » gagne effectivement, alors il y a de bonnes chances pour qu'il acquière une position de monopole, sa position se renforçant au fur et à mesure que de nouveaux venus « adhèrent » à son réseau (avec les avantages que cela comporte pour eux), puisque les coûts fixes sont de mieux en mieux amortis. Il est très difficile pour un concurrent de l'affronter, surtout s'il doit mettre en place son propre réseau et « capter » sa clientèle à partir de rien. C'est pour tenir compte de ce problème que de nouvelles réglementations contraignent les compagnies de téléphone, d'électricité ou de chemins de fer à permettre l'utilisation de leurs infrastructures par d'autres entreprises qu'elles.

L'existence de plusieurs offreurs fait perdre une partie de l'externalité positive de l'effet de réseau (le cas de la privatisation des trains anglais, où chaque compagnie ne s'intéresse qu'à son réseau — en ne facilitant pas les rapports avec les autres —, en donne un exemple). A cela s'ajoutent tous les problèmes que pose la LIBRE ENTRÉE avec des coûts fixes (importants) : instabilité, mise en place de capacités de production excédentaires (comme cela arrive en CONCURRENCE MONOPOLISTE).

Le traitement de ces divers facteurs nécessite beaucoup de doigté, d'appréciation au cas par cas. Que peut apporter l'analyse théorique, et notamment la modélisation mathématique ? Peu de chose, en dehors de considérations générales sur l'importance des externalités positives inhérentes aux réseaux. Cette analyse, qui relève de la CONCURRENCE IMPARFAITE, ne peut d'ailleurs être abordée dans une perspective d'équilibre général, en raison même de l'existence des coûts fixes et des externalités. Il n'est donc pas possible d'appliquer pleinement le critère de PARETO. Le point de vue retenu en économie des réseaux est donc celui de l'ÉQUILIBRE PARTIEL, avec une demande donnée. Assez souvent, des solutions « symétriques » sont envisagées : il est postulé que la demande se répartit de façon égale entre tous les serveurs ; on évite ainsi l'effet boule de neige évoqué plus haut.

On peut noter que les problèmes auxquels s'intéresse l'économie des réseaux ne sont pas nouveaux ; la question des rendements croissants associée à l'existence de coûts fixes importants ainsi que celle des externalités positives sont depuis longtemps au centre des réflexions de l'économie publique. Leur remise au goût du jour, sous une nouvelle appellation, s'explique — comme cela est très souvent le cas en économie — par l'offensive « antiétatique » des années soixante-dix/quatre-vingt, qui a poussé à proposer de nouvelles solutions à ces problèmes (compte tenu de l'évolution des techniques). Comme le choix a été fait de promouvoir des opérateurs privés, il faut alors fixer les règles du jeu, ce qui ne peut être fait que par une réglementation spécifique, à laquelle réfléchissent ceux qui s'occupent de la théorie des réseaux (mise en place d'organes de « régulation »). L'État n'opère pas directement, mais il veille.

Économie du bien-être (théorèmes de l')

Théorèmes qui montrent l'existence d'une correspondance étroite entre les équilibres du modèle de la CONCURRENCE PARFAITE et les OPTIMUMS DE PARETO ; pour les théoriciens NÉO-CLASSIQUES, ces théorèmes justifient l'importance toute particulière qu'ils accordent aux équilibres de la concurrence parfaite — en tant que NORMES.

Il y a *deux* théorèmes de l'économie du bien-être, le second étant la réciproque — à quelques nuances près — du premier. *Grosso modo*, selon le premier théorème, l'affectation des ressources à un équilibre de concurrence parfaite (après échanges) est un optimum de Pareto, tandis que le second théorème établit qu'il est possible d'associer à toute affectation des ressources optimale au sens de Pareto un système de prix (un par bien) tel qu'à ces prix cette affectation des ressources soit celle d'un équilibre de concurrence parfaite.

Comme la concurrence parfaite suppose une *forme extrêmement centralisée des échanges*, les théorèmes de l'économie du bien-être attirent l'attention (du moins implicitement) sur le rapport étroit qui existe entre optimalité de Pareto et centralisation, même si le critère de Pareto ne fait intervenir en rien la forme des échanges. Ainsi, l'hypothèse sur l'existence d'un SYSTÈME COMPLET DE MARCHÉS joue un rôle essentiel dans les deux théorèmes, puisque ceux-ci ne sont plus valables si cette hypothèse n'est pas vérifiée (comme, par exemple, lorsqu'il y a des EXTERNALITÉS ou des BIENS COLLECTIFS).

Dans la théorie néo-classique, les théorèmes de l'économie du bien-être jouent un rôle NORMATIF essentiel : comme les optimums de Pareto sont des états désirables du point de vue de la collectivité, et comme il y a un lien étroit entre eux et les équilibres de concurrence parfaite, « il faut » (ou il faudrait) donc chercher à créer les conditions de la concurrence parfaite (c'est à l'État qu'il revient de le faire, en tant que représentant de la « collectivité »).

Le premier théorème

Il s'énonce de la façon suivante : *si les préférences des ménages sont monotones et s'il existe un* SYSTÈME COMPLET DE MARCHÉS, *alors toute affectation des ressources entre les agents qui est d'équilibre au sens de la concurrence parfaite est un optimum de Pareto.*

La *démonstration* de ce théorème est particulièrement simple ; elle se fait par l'absurde. On considère pour cela un vecteur-prix d'équilibre de concurrence parfaite P_e et l'ensemble des demandes nettes à ces prix : $\{Q_1^e, \ldots, Q_n^e\}$, où Q_i^e est la demande nette du i-ème individu (l'économie comporte donc, par hypothèse, un nombre fini n d'individus) ; puis on suppose qu'il existe une autre affectation des ressources, $\{Q_i, \ldots, Q_n\}$, strictement préférée selon le critère de Pareto à l'affectation d'équilibre $\{Q_1^e, \ldots, Q_n^e\}$, et on montre alors qu'on arrive à une contradiction. En effet, si $\{Q_1, \ldots, Q_n\}$ est strictement préférée à $\{Q_1^e, \ldots, Q_n^e\}$ selon le critère de Pareto, alors pour un individu i quelconque, Q_i est préféré à Q_i^e, cette préférence étant *stricte* pour au moins un individu k. Par conséquent, le panier Q_k doit être, aux prix P_e, strictement plus cher que le panier d'équilibre Q_k^e (car sinon l'individu k aurait choisi à l'équilibre Q_k plutôt que Q_k^e, puisque ses préférences sont, par hypothèse, monotones).

Autrement dit, on doit avoir :

(1) $$P_e \cdot Q_k > P_e \cdot Q_k^e$$

où $P \cdot Q$ désigne la valeur aux prix P du panier $Q(P \cdot Q = \Sigma\, p_j q_j)$.

On a de même pour les autres agents et pour des raisons similaires :

(2) $P_e \cdot Q_i \geq P_e \cdot Q_i^e$, $i = 1, \ldots, n$, $i \neq k$.

Si on additionne l'inégalité (1) et les n-1 inégalités (2), on obtient :

(3) $$P_e \cdot \Sigma Q_i > P_e \cdot \Sigma Q_i^e,$$

l'indice i prenant *toutes* les valeurs comprises entre 1 et n (y compris donc la valeur k). Or, comme $\{Q_1^e, \ldots, Q_n^e\}$ et $\{Q_1, \ldots, Q_n\}$ sont deux affectations des ressources de la *même* économie, on doit avoir :

$$\Sigma Q_i = \Sigma Q_i^e,$$

et par conséquent l'inégalité stricte (3) est impossible. Si on arrive à une telle « absurdité », c'est parce qu'on a fait une hypothèse qui est incompatible avec les autres, en l'occurrence celle qui suppose qu'il existe une affectation des ressources $\{Q_1, \ldots, Q_n\}$ strictement préférée selon le critère de Pareto à l'affectation d'équilibre. Comme cela n'est pas possible, il s'ensuit que l'affectation $\{Q_1^e, \ldots, Q_n^e\}$ est optimale au sens de Pareto.

Cette démonstration est particulièrement simple ; elle ne fait appel qu'à deux hypothèses, l'une — faible — sur les préférences des ménages [monotonie des préférences, qui permet d'écrire les inégalités (1) et (2)], l'autre — très forte — sur la forme d'organisation des « marchés » (système complet). Elle n'est évidemment plus valable s'il existe des biens (présents ou futurs) pour lesquels il n'y a pas de prix affichés — et qui ne sont donc pas pris en compte dans les inégalités (1) et (2), base de la démonstration. Mais elle n'est pas non plus valable s'il existe une *infinité* de biens et d'agents — ce qui arrive dans les modèles à horizon infini avec des biens datés, tels les modèles à GÉNÉRATIONS IMBRIQUÉES —, car alors on ne peut écrire sans précaution les inégalités (1), (2) et (3), dont les deux membres sont formés de sommes d'un nombre infini de termes.

On notera que le premier théorème de l'économie du bien-être concerne les *quantités* d'équilibre, et non les seuls prix, ce qui signifie qu'il suppose résolu (sans coûts) le problème du « passage » des vœux individuels, tels qu'ils s'expriment dans les offres et les demandes, à leur réalisation effective.

Le second théorème de l'économie du bien-être

C'est la réciproque du précédent, mais avec des hypothèses un peu plus fortes. Il s'énonce de la façon suivante : *si les hypothèses du premier théorème sont vérifiées et si, en outre, il y a* CONVEXITÉ DES PRÉFÉRENCES *et* CONCAVITÉ *des fonctions de production, alors toute affectation des ressources qui est un optimum de Pareto peut être considérée comme une affectation des ressources d'équilibre concurrentiel, pour des prix appropriés* (le théorème assure que de tels prix existent).

La *démonstration* du second théorème est un peu plus compliquée que celle du premier — elle s'appuie sur le *théorème de* SÉPARATION DES CONVEXES. Toutefois, on peut facilement en comprendre le principe si on s'en tient à des optimums « intérieurs », c'est-à-dire à des affectations des ressources où chaque agent détient une quantité non nulle de chaque bien. Car alors la condition d'optimalité de Pareto — absence d'occasion d'échanges mutuellement avantageux — implique l'égalité des TAUX MARGINAUX DE SUBSTITUTION (TMS) de tous les agents, quels que soient les biens *a* et *b* considérés. Par conséquent, il suffit que le commissaire-priseur affiche pour ces biens des prix p_a et p_b dont le rapport est égal au $TMS_{b/a}$ commun à tous les agents pour que l'affectation des ressources donnée puisse être considérée comme un équilibre concurrentiel à ces prix (le raisonnement étant valable pour deux biens *a* et *b* quelconques). En effet, dans ce cas, et par construction, la règle d'égalité des TMS aux rapports de prix qui caractérise les choix concurrentiels est vérifiée — ainsi que la contrainte budgétaire d'ailleurs. Si le bien *a* est, par exemple, choisi comme NUMÉRAIRE — c'est-à-dire si le commissaire-priseur pose $p_a = 1$ —, et si le prix affiché d'un bien *x* quelconque est :

(4) $$p_x = TMS_{x/a},$$

alors on est en présence d'un équilibre concurrentiel (évidemment, pour pouvoir écrire l'égalité (4), il faut que le $TMS_{x/a}$ soit le même pour tous les agents, c'est-à-dire que la condition d'optimalité soit vérifiée).

Comme on a pu le voir, l'hypothèse de convexité joue un rôle important dans le second théorème de l'économie du bien-être ; or il suffit que les entreprises aient à faire face à des COÛTS FIXES ou à des rendements d'échelle croissants (du moins localement) pour que cette hypothèse ne soit pas vérifiée ; l'existence de l'équilibre concurrentiel n'est pas alors forcément assurée et, évidemment, le théorème ne s'applique pas.

Économie du travail

Ensemble de théories et d'observations sur la façon dont est organisée la relation de travail — dans l'entreprise ou dans la société tout entière, selon le cas.

Le travail n'est pas une marchandise comme une autre — sauf, peut-être, pour la théorie néo-classique de la concurrence parfaite (voir l'entrée OFFRE DE TRAVAIL). Ainsi, pour les CLASSIQUES et pour MARX, il constitue la principale — si ce n'est la seule — source de valeur. En outre, comme la grande majorité de la population d'un pays « vit de son travail », il est clair que la rémunération de celui-ci est un élément essentiel du lien social ; autrement dit, la rémunération du travail se conçoit difficilement en dehors de toute référence au fait que les hommes vivent en société — et ce de façon relativement paisible. Ainsi, la notion de *salaire de subsistance* a longtemps occupé une place centrale dans les analyses économiques. Par exemple, chez les classiques, ce salaire joue un rôle déterminant ; pour eux, le salaire prévalant dans une société ne peut durablement s'en éloigner car, s'il le faisait, la population active aurait tendance à s'accroître à un rythme plus rapide que celui des ressources disponibles (« loi de Malthus »), ce qui limiterait ses possibilités de consommation et la ramènerait (ou ramènerait les survivants) au niveau de subsistance. Marx reprend en bonne partie cette analyse, qui lui permet de distinguer entre la valeur de la force de travail et celle du produit de la force de travail, et d'introduire ainsi la notion d'EXPLOITATION ; mais il ne considère pas la loi de Malthus comme une fatalité (elle ne s'appliquerait pas à la société qu'il appelle de ses vœux).

Le salaire de subsistance n'est pas une donnée constante, ahistorique ; il fait partie des normes sociales, qui dépendent elles-mêmes de l'état des connaissances et des techniques (de ce qu'on appelle parfois le « développement des forces productives ») et de l'évolution des rapports sociaux ; il varie donc d'une société à l'autre. Les théoriciens de la RÉGULATION se sont tout particulièrement intéressés à l'évolution de la norme salariale depuis la fin du XIXe siècle, en s'inspirant de la démarche de Marx. Ils ont toutefois remplacé la logique de la subsistance par celle de la reproduction du système ; ils ont ainsi mis l'accent sur le fait que le salaire est un élément essentiel de la demande, ce dont les capitalistes et les entrepreneurs — pris dans leur ensemble — doivent tenir compte. D'où l'importance attribuée aux négociations collectives, généralement sous l'égide de l'État, entre les représentants des divers groupes sociaux, négociations qui conduisent à définir des normes qui servent de référence à tous les secteurs de l'économie (cas du FORDISME). Ce type d'analyse se fonde donc sur l'observation de l'évolution des rapports sociaux dans des sociétés précises, en tenant compte notamment de leurs spécificités historiques et institutionnelles ; elle n'est donc pas réductible à un modèle mathématique — simple ou complexe — et ne peut être considérée comme exclusivement « économique » (ce qui ne signifie pas qu'elle ne soit pas valable !).

Les démarches auxquelles il vient d'être fait allusion sont de type HOLISTE, puisqu'elles prennent la société — et ses clivages — pour point de départ. Tel est aussi le cas des approches « structuralistes », qui ont d'abord été appliquées aux pays sous-développés, en y distinguant plusieurs types d'organisation de la relation de travail [on peut citer à ce propos Gunnar Myrdal (1898-1987) et François Perroux (1903-1987)] ; par exemple, un secteur « moderne », souvent tourné vers l'exportation et faisant appel à des formes d'organisation du travail proches de celles des pays développés, et un secteur « traditionnel », où se retrouvent artisans et petits paysans (qui recouvre en partie ce que l'on a appelé à partir des années soixante-dix le « secteur informel »).

L'approche structuraliste a été reprise, au début des années soixante-dix, par deux économistes américains, Peter Doeringer et Michael Piore, qui ont cru retrouver dans leur propre pays — mais à un moindre degré, évidemment — certains des clivages observés dans les pays sous-développés (*Internal Labor Markets and Manpower Analysis*, D.C. Heath Massachusetts, Lexington, Mass., 1971) ; ainsi, ils distinguent dans l'économie américaine deux grands secteurs :

— un secteur formé essentiellement des grandes entreprises de l'industrie de base (sidérurgie, automobile, chimie, pharmacie) et de celles qui ont des activités relevant du « service public » (eau, électricité, téléphone, transports en commun, par exemple) ; dans ce secteur, le taux de syndicalisation est élevé et les travailleurs sont en position relativement favorable, du point de vue de la stabilité de l'emploi et de la rémunération ;

— un secteur regroupant une multitude de petites et moyennes entreprises, où la situation de la main-d'œuvre est nettement plus précaire (absence, ou presque, de syndicats, couverture sociale minimale) ; d'où l'existence d'une population marginalisée — formée surtout de membres des « minorités », Noirs ou autres —, « réservoir » de force de travail dans lequel viennent puiser les entreprises de ce second secteur.

Cette analyse voit dans la société américaine une « société duale », où la relation de travail prend des formes nettement différentes selon le secteur considéré. Les néo-classiques ont cherché à « expliquer » cette situation en avançant la théorie du SALAIRE D'EFFICIENCE, dont le propos est — comme toujours chez eux — de mettre l'accent sur la relation contractuelle, bilatérale. Toutefois, celle-ci suppose en fait l'existence préalable des secteurs ; la théorie explique peut-être pourquoi ceux-ci persistent, mais non d'où ils viennent.

L'approche contractuelle de la relation de travail

Pour les néo-classiques, l'explication des phénomènes économiques n'est pas satisfaisante tant qu'elle ne s'appuie pas (exclusivement) sur les comportements individuels — indépendamment de l'existence d'éventuelles « structures » et des conditions historico-institutionnelles. Ainsi, l'offre et la demande de travail résultent avant tout des choix de chacun — comme cela est le cas pour n'importe quel bien. Toutefois, le « bien » sur lequel portent ces choix est, dans le cas du travail, très particulier, puisqu'il prend la forme de *prestations* fournies par le salarié pendant une certaine période — prestations dont la nature n'est pas complètement déterminée à l'avance —, contre une rémunération qui est partiellement indépendante de la forme prise par ces prestations. L'échange prend alors la forme d'un CONTRAT, qui précise les conditions dans lesquelles a lieu l'achat-vente de la force de travail. Plusieurs types — une infinité, même — de contrats peuvent être envisagés, qui vont du salaire aux pièces à la rémunération mensuelle fixe. Alors que le théoricien marxiste, ou plus généralement « structuralo-institutionnaliste », cherche à expliquer la forme prise effectivement par le contrat de travail à partir, par exemple, des conditions de subsistance du travailleur (et de sa famille) ou du rapport de force présent et des combats passés, le théoricien néo-classique va voir en lui le résultat de choix rationnels, compte tenu des conditions dans lesquelles il s'exerce — notamment de l'*information* dont disposent les parties en présence. Ainsi, s'il n'y a pas systématiquement rémunération aux pièces, c'est à cause de l'impossibilité d'établir — du moins dans certains cas — des contrats *complets*, qui énumèrent dans le détail les tâches du salarié et la rémunération de chacune d'elles (ce qui peut être dû au fait qu'il serait trop coûteux de rédiger des contrats de ce type et de veiller à leur exécution). Le travailleur vend donc « en bloc » sa force de travail, l'employeur acquérant le droit de l'utiliser comme bon lui semble, en fonction des circonstances (mais aussi dans certaines limites, qui peuvent être précisées dans le contrat). Le théoricien néo-classique se fixe alors pour tâche d'expliquer — du point de vue de la RATIONALITÉ individuelle — pourquoi les contrats de travail peuvent prendre telle ou telle forme (ce que chacune des parties y gagne) ; en fait, sa démarche est plus NORMATIVE que descriptive, ses modèles ayant généralement pour but de déterminer « le » contrat optimal (du point de vue de l'employeur) dans les diverses circonstances qu'il envisage (en cela, ils ne diffèrent pas fondamentalement des modèles qui décrivent la relation MANDANT-MANDATAIRE, l'employeur faisant ici office de mandant, le salarié de mandataire). Ainsi, le théoricien néo-classique se propose de déterminer le *système d'incitations* qui conduit le travailleur à fournir l'effort maximal, en partant du principe qu'il cherche à « tirer au flanc » ou qu'il détient plus d'informations que son employeur (par exemple, sur le caractère plus ou moins pénible des tâches à effectuer).

Quid des syndicats ?

L'existence des syndicats ne pose pas de problème majeur pour les théories holistes, qui prennent pour point de départ des sociétés inscrites dans l'histoire, avec leurs groupes sociaux — ou classes sociales — qui ont des intérêts et des buts différents, et parfois opposés. Les syndicats sont alors l'expression — plus ou moins fidèle — de ces intérêts et de ces buts ; il est vrai qu'ils sont eux-mêmes formés d'individus qui ont leurs propres motivations, mais il est admis que celles-ci s'inscrivent dans le projet commun — poids des normes sociales, des traditions, de l'idéologie, etc., qui s'opposent à la stricte recherche de l'intérêt personnel. Les liens qui unissent traditionnellement les syndicats à des partis politiques — liens qui peuvent être plus ou moins forts — montrent bien que leur activité s'inscrit généralement dans un cadre plus vaste que celui de l'économie — dans un projet de société.

D'ailleurs, il est *logiquement impossible* de réduire les syndicats à un ensemble d'individus qui ne rechercheraient que leur intérêt personnel, comme tentent de le faire les néo-classiques, au nom de l'INDIVIDUALISME MÉTHODOLOGIQUE. En effet, un syndicat dont tous les membres ne pensent qu'à eux ne peut se constituer — et encore moins se maintenir durablement —, car chacun attend que les autres agissent, de façon à bénéficier du résultat de leur action, sans avoir à en subir les inconvénients (comportement de PASSAGER CLANDESTIN). Par conséquent, personne ne s'organise, ne cotise, ne fait grève ou ne fait quoi que ce soit.

Confrontés à cette difficulté, les théoriciens néo-classiques qui veulent quand même tenir compte de l'existence des syndicats dans leurs modèles font généralement appel à des AGENTS REPRÉSENTATIFS ; autrement dit, ils assimilent l'ensemble des membres d'un syndicat à un individu unique, qui a sa volonté et ses objectifs propres. Ce faisant, ils adoptent — sans le dire, et probablement sans en être conscients — une démarche holiste, puisqu'ils raisonnent avec des entités collectives, auxquelles ils attribuent des mobiles et des objectifs ; ils sont donc en contradiction flagrante avec leur projet qui est de « tout expliquer » à partir des comportements individuels (assimiler le comportement d'un ensemble d'individus à celui d'un individu unique n'a évidemment rien à voir avec les préceptes de l'individualisme méthodologique dont se réclament pourtant les néo-classiques).

Parfois, il est avancé que le fait de supposer que tous les individus qui composent un syndicat sont identiques valide le recours à l'agent représentatif, dont les objectifs s'identifieraient à ceux des membres (tous pareils) des syndicats. Mais une telle hypothèse n'entraîne nullement la disparition des comportements du type passager clandestin, dont l'origine se trouve dans la recherche par chacun de son intérêt personnel, quelle que soit la forme de sa fonction d'utilité (à moins d'inclure dans celle-ci une composante « altruiste », ce qui est loin d'aller de soi pour le théoricien néo-classique). Le fait que tous les individus aient la même fonction d'utilité ne change rien au problème.

Le chômage

Le chômage peut être considéré comme un « stock » de travail inemployé, et donc disponible pour les entreprises. En cela, le travail ne se distingue pas des autres « biens » de l'économie — dont il existe toujours des stocks plus ou moins grands, selon les aléas de la conjoncture. Toutefois, avec le chômage, ce sont des êtres humains qui sont en jeu, et non de simples marchandises ; d'où la nécessité d'une réflexion spécifique à son propos.

Le problème des stocks est étroitement lié à celui de la *coordination* des choix individuels — si la coordination était « parfaite », totale, il n'y aurait pas de stocks. Or, la question de la coordination est au centre de la réflexion en théorie économique. Ainsi, pour les classiques — et pour Marx, du moins en ce qui concerne les économies capitalistes —, comme la rémunération des salariés tourne autour du niveau de subsistance, le chômage a pour effet d'exercer une pression à la baisse sur les salaires, de sorte que sa résorption passe par une « élimination » d'une partie de la population (dont la rémunération est trop faible pour en permettre la survie). La coordination se fait donc, mais avec des dégâts, « loi naturelle » pour les classiques, conséquences du capitalisme pour Marx (pour lui, le chômage se présente comme une « armée de réserve » dans laquelle les capitalistes peuvent toujours puiser et qui a pour rôle de limiter les revendications des travailleurs).

Les néo-classiques ont, du moins au départ, une vision bien plus harmonieuse de la coordination, qui se ferait selon eux grâce à la variation des prix — à condition que celle-ci puisse avoir lieu « librement ». L'idée de salaire de subsistance disparaît ; l'accent est mis sur le caractère *volontaire* des choix des individus, qui optent notamment entre consommation et « loisir » — en fonction du niveau des prix et des salaires (voir, pour plus de détails, l'entrée OFFRE DE TRAVAIL). Le chômage résulte alors soit d'un choix délibéré des individus — qui préfèrent « prendre du loisir aujourd'hui », quitte à « travailler plus demain » —, soit d'« imperfections » dans le fonctionnement du système, imperfections qui sont dues à des problèmes (supposés passagers) de coordination ou aux comportements mêmes des agents.

Ainsi, la théorie de la recherche d'emploi (*job search*) explique que certains arrêtent de travailler dans le but de trouver un emploi mieux rémunéré ; le chômage — volontaire — qui en résulte provient d'une information insuffisante, et donc coûteuse à obtenir ; pour que le travailleur se décide à abandonner l'emploi qu'il détient, il faut que la hausse de gain qu'il compte obtenir après avoir trouvé à s'embaucher à un salaire plus élevé soit supérieure au coût de recherche (qui comprend le temps passé à ne pas travailler). Plus généralement, le chômage dû à un problème de « rencontre » entre candidats à l'emploi et entrepreneurs désireux d'embaucher est qualifié de « frictionnel » ; il est évidemment la conséquence d'une mauvaise coordination, mais celle-ci est considérée par les néo-classiques comme un phénomène secondaire — auquel il peut être remédié en faisant mieux circuler l'information —, comme le qualificatif de « frictionnel » le laisse entendre.

L'autre grande source de chômage réside, pour eux, dans les comportements des agents ; ainsi, les entrepreneurs proposeraient dans certains secteurs des salaires relativement élevés pour inciter les travailleurs qu'ils emploient à augmenter leur productivité (théorie du SALAIRE D'EFFICIENCE) ; d'où la « frustration » de ceux qui sont employés dans les autres secteurs (où ils sont moins bien rémunérés). L'existence de salaires « trop élevés » peut aussi être due aux syndicats, qui ne défendraient que les intérêts de leurs adhérents. Ces analyses supposent — plus ou moins explicitement — qu'il existe un secteur « concurrentiel » où il est toujours possible de trouver un emploi, au salaire courant. Si les travailleurs n'acceptent pas cette rémunération — car ils prennent pour référence celle qui est versée dans les autres secteurs —, alors on peut considérer que leur chômage est volontaire. L'existence d'un salaire de RÉSERVE — option toujours possible pour les travailleurs, dans ces modèles — vient renforcer cette idée (dans le modèle d'équilibre général, d'ARROW-DEBREU, il est supposé que chaque individu a une DOTATION INITIALE, qui lui permet — au moins — de survivre sans faire d'échanges).

Or, ce qui intéresse avant tout le théoricien, c'est d'expliquer la présence de chômage *involontaire* des travailleurs ne trouvant pas à s'embaucher au *salaire prévalant*. La théorie néo-classique a de grandes difficultés à rendre compte de ce type de chômage, qu'elle impute généralement à la « rigidité » (à la baisse) des salaires (comme dans la théorie du DÉSÉQUILIBRE), et donc à une « imperfection » du système. Mais ce n'est pas là le point de vue de KEYNES, pour lequel le chômage (involontaire) ne peut être considéré comme une simple « imperfection » ; pour lui, il est inscrit dans la logique même du système. La théorie qu'il propose est construite pour prouver une telle proposition, contre les analyses néo-classiques prédominantes.

Économie industrielle

Branche de la théorie économique qui regroupe — de façon assez vague, il est vrai — toutes les analyses qui ont trait à la production, en liaison avec les diverses formes d'organisation des MARCHÉS. L'économie industrielle comprend donc les approches qui relèvent de l'ANALYSE ENTRÉES-SORTIES et, plus généralement, les analyses de type sectoriel. Toutefois, souvent, elle est confondue avec l'économie de la CONCURRENCE IMPARFAITE, dont les modèles les plus connus sont ceux du MONOPOLE, du DUOPOLE et de la CONCURRENCE MONOPOLISTE (l'ouvrage de référence est ici celui de Jean Tirole, *Théorie de l'organisation industrielle*, 1995, Economica, qui est lui-même une version « élargie » d'un livre qu'il avait publié auparavant, sous le titre *La Concurrence imparfaite*).

L'approche généralement adoptée en économie industrielle est celle de l'ÉQUILIBRE PARTIEL. A partir des années quatre-vingt, elle a beaucoup emprunté au langage et aux concepts de la THÉORIE DES JEUX, ce qui l'a conduit à accorder une importance toute particulière au cadre institutionnel dans lequel sont faits les choix des entreprises, ainsi que leurs CONJECTURES (ou leurs croyances) au moment où les décisions sont prises.

La démarche de l'économie industrielle est très souvent clairement NORMATIVE, puisqu'elle consiste à rechercher des politiques et des réglementations qui soient les plus efficientes possibles, et qu'il revient à l'État de mettre en place : « régulation » des monopoles, organisation de marchés CONTESTABLES, mise en place ou contrôle de RÉSEAUX, etc.

Économie publique

Terme utilisé pour désigner les théories sur l'activité économique (effective ou possible) de l'État. Celui-ci est omniprésent dans l'économie, puisque la plupart des relations qui s'y nouent s'effectuent dans un cadre déterminé, avec un certain nombre de règles et de conventions dont l'État est généralement le garant (sinon il n'y aurait pas de société, mais la jungle). Ainsi, l'État veille à ce que les termes des contrats soient respectés, et il met généralement en place les institutions dans lesquelles s'inscrivent bon nombre de relations marchandes. Il est d'ailleurs frappant de constater que le modèle de MARCHÉ considéré comme le plus achevé par la plupart des économistes, celui de la CONCURRENCE PARFAITE, suppose en fait une *très forte organisation étatique*, symbolisée par un commissaire-priseur, qui affiche des prix, centralise les offres et les demandes individuelles, cherche à les rendre compatibles, tout en interdisant les relations directes entre les individus. Cette remarque vaut pour pratiquement tous les modèles qui comportent plus de deux agents.

Les situations dans lesquelles il n'y a que deux agents, et pas de commissaire-priseur, relèvent de la NÉGOCIATION BILATÉRALE. Celle-ci se traduit souvent par un CONTRAT (comme, par exemple, le contrat de travail), dont l'existence même exige la présence d'un « arbitre » extérieur aux deux parties, qui veille à son exécution ou qui sert de recours en cas de litige. Les activités de cet arbitre sont du type de celles qu'on attribue généralement à l'État.

Les activités non marchandes de l'État

Toutefois, bien que l'État joue un rôle essentiel dans l'organisation des relations marchandes, le terme « économie publique » est généralement utilisé pour désigner ses *activités en dehors du secteur marchand*. Ces activités peuvent alors être regroupées en trois grandes catégories : celles qui ont trait à l'*affectation* des ressources disponibles, celles qui relèvent de la *redistribution* de ces ressources entre les membres de la société et celles qui concernent le niveau et l'organisation globale de l'activité économique (sa *régulation*).

La principale raison avancée pour justifier l'intervention de l'État dans l'affectation des ressources est celle de l'existence de « défaillances du marché » : le système de prix ne conduit pas à des affectations qui soient des OPTIMUMS DE PARETO, et cela même dans le cas idéal de la concurrence parfaite, avec des prix qui égalisent les offres et les demandes (globales). A l'origine de cette « défaillance », il y a les BIENS COLLECTIFS et les EXTERNALITÉS, qui ne donnent pas lieu à un échange à travers un système de prix (ou, si des échanges ont lieu, ils ne sont pas les plus appropriés, du point de vue de la collectivité). L'État peut alors chercher à organiser des « marchés » spécifiques à ces biens — comme le suggèrent le « théorème » de COASE ou le modèle d'équilibre de LINDHAL —, ou à prendre plus ou moins en charge leur « production ». Celle-ci peut se faire soit directement, en utilisant des techniques telles que la PROGRAMMATION LINÉAIRE ou la méthode de KUHN ET TUCKER, qui permettent de définir des PRIX IMPLICITES aux biens considérés, soit indirectement, par la mise en place de systèmes d'incitations comme dans les modèles MANDANT-MANDATAIRE. Si l'État décide de contrôler — ou de prendre en main — des secteurs où il existe des MONOPOLES, il doit alors mettre en place des systèmes de contrôle et des cadres juridiques appropriés. L'activité de réglementation — qui peut avoir pour but de promouvoir la « concurrence » — peut alors être très importante, comme le prouve le débat sur les « directives » de l'Union européenne, notamment à propos de ce qu'on appelle en France les *services publics*. En fait, réglementations et « directives » supposent une certaine vision de la nature des « marchés » — ou plutôt de ce qu'ils devraient être.

A l'activité d'affectation des ressources, qui est sans doute celle qui occupe le plus de place dans les traités d'économie publique, vient s'ajouter celle qui a trait à la *redistribution* des revenus (et donc au droit à ces ressources — ou, plus précisément, à une partie d'entre elles). Les motivations sont alors plus directement politiques ; l'économiste s'intéresse surtout à trouver les « techniques » de redistribution (impôts et subventions, entre autres) les plus « efficientes », ce qui dans son esprit signifie que ces techniques interfèrent le moins possible avec l'affectation des ressources qui résulte du cas idéal de la concurrence parfaite. Le mieux pour lui, de ce point de vue, est que ce transfert se fasse au niveau des DOTATIONS INITIALES des membres de la société ; toutefois, à supposer que cela soit possible, les conséquences de ce type de politique sont loin d'être claires, notamment en raison du théorème de SONNENSCHEIN. Par ailleurs, dans toutes les autres formes de redistribution, le théorème du SECOND BEST empêche de parvenir à des conclusions précises sur leurs conséquences, même dans le cas « idéal » de la concurrence parfaite. Il est évidemment possible de limiter l'analyse à des maquettes très réduites de l'économie (avec des AGENTS REPRÉSENTATIFS), mais cela ne peut avoir lieu qu'avec des spécifications particulières et des mesures CARDINALES de l'utilité, ce qui va à l'encontre du projet d'équilibre général de ceux qui adoptent ce schéma théorique. Lorsque l'économie publique traite des conséquences des divers types de taxation, elle abandonne généralement ce projet, et se limite à des analyses d'ÉQUILIBRE PARTIEL (qui ne permettent cependant pas de prendre en compte toutes les conséquences sur la répartition des mesures envisagées) ; ou, sinon, elle adopte un point de vue plus « concret », mais moins « fin » évidemment, qui consiste à raisonner sur des flux globaux, à la manière de la comptabilité nationale.

La démarche n'est alors pas très différente de celle qui est adoptée dans le cas de la « régulation » de l'activité économique, qui relève essentiellement de la POLITIQUE ÉCONOMIQUE ; la frontière entre économie publique et macroéconomie devient alors floue.

En fait, toute théorisation en économie politique relève d'une logique d'économie « publique », puisqu'elle a pour but non seulement de comprendre le monde, mais aussi de le transformer dans un sens jugé « meilleur ». D'où la difficulté d'établir une frontière claire entre économie politique et économie publique, l'une et l'autre étant essentiellement NORMATIVES.

Effet d'encaisses réelles

Effet sur la demande globale d'une variation du pouvoir d'achat des actifs monétaires dont disposent les agents économiques, suite à une variation du niveau des prix.

L'effet d'encaisses réelles a été mis en avant par Cecil Pigou (1877-1959) — c'est pourquoi on l'appelle parfois *effet Pigou* — lors du débat avec KEYNES sur les moyens de sortir d'une récession prolongée. Keynes ne pensait pas que la baisse des salaires (nominaux) soit une bonne chose, car elle ne peut qu'avoir un effet dépressif sur la demande, déjà défaillante ; les prix étant entraînés à la baisse, comme les salaires, il n'y a pas d'effet positif sur l'emploi. Pigou remarqua alors que le raisonnement de Keynes ne tenait pas compte de la *valorisation* des sommes détenues par les agents sous forme d'encaisses monétaires. La hausse du pouvoir d'achat de celles-ci lorsque les prix baissent stimule la demande et constitue donc un facteur de reprise (elle arrête la « spirale déflationniste » dans laquelle sont entraînés les salaires et les prix).

L'aspect « automatique » de l'effet d'encaisses réelles (il suffit d'attendre que salaires et prix baissent suffisamment) explique l'importance que lui accordent tous ceux qui s'opposent aux politiques interventionnistes préconisées par Keynes — tels les MONÉTARISTES, mais pas tel Pigou, dont les positions n'étaient en fait pas très éloignées de celles de l'auteur de la *Théorie générale*.

Les limites de l'effet d'encaisses réelles

Trois grandes critiques ont été adressées aux analyses qui voient dans l'effet d'encaisses réelles un facteur « automatique » de sortie de crise :
1) la place des encaisses monétaires est bien trop faible dans la demande totale pour que les variations de leur pouvoir d'achat puissent avoir une incidence non négligeable sur la demande. En outre, dans les économies modernes, la monnaie est avant tout *scripturale*, c'est-à-dire qu'elle prend la forme de créances et de dettes auprès du système bancaire ; donc, quand les prix baissent, les créances se valorisent, *mais les dettes aussi*, de sorte que la hausse du pouvoir d'achat de certains (les créanciers) est compensée par la baisse du pouvoir d'achat d'autres (les débiteurs). Finalement, l'effet d'encaisses réelles ne joue vraiment que sur les pièces et billets en circulation, qui forment une part infime de la demande ;
2) la baisse des prix est à l'origine d'un effet de répartition entre créanciers et débiteurs qui peut ne pas être favorable à la demande globale, car cet effet joue en défaveur des entreprises (principaux emprunteurs) et en faveur des ménages (principaux créanciers) ; or les dépenses de ceux-ci sont relativement stables, alors que les entreprises limitent leurs investissements devant l'alourdissement de leur dette (l'effet de LEVIER joue en leur défaveur). En outre, certaines d'entre elles ne parviennent plus à faire face à leurs obligations et sont mises en faillite ; leur demande s'effondre, et avec elle une partie de celle de leurs créanciers, qui ne peuvent récupérer leur mise ;
3) les agents peuvent penser que la baisse des prix va être suivie d'autres baisses, et préfèrent attendre pour acheter ; ils limitent donc leur demande — au lieu de l'augmenter — et enclenchent ainsi une *spirale déflationniste* théoriquement sans limite, dans une logique d'AUTORÉALISATION ; les anticipations des agents jouent ici un rôle essentiel.

Ces critiques font que l'argument sur le rôle des encaisses réelles a relativement disparu dans les débats théoriques entre macroéconomistes (même si l'effet encaisses réelles apparaît encore dans les modèles « appliqués »). Rares sont d'ailleurs ceux qui soutiennent que la déflation (baisse des prix) soit une bonne chose, l'idée dominante étant qu'il faut au contraire l'éviter (pour les raisons *2* et *3* données ci-dessus), tout autant que l'inflation.

Enfin, l'idée même de « stimuler » la demande — comme est censé le faire l'effet d'encaisses réelles, selon ses promoteurs — n'est plus à la mode dans la macroéconomie des années quatre-vingt/quatre-vingt-dix, dont un des postulats essentiels est l'équilibre permanent avec plein emploi.

Effet d'éviction

Baisse de l'investissement et de la consommation privés qui est provoquée par une hausse des dépenses publiques. L'effet d'éviction est mis en avant par tous ceux qui pensent — tels les MONÉTARISTES — que l'économie laissée à elle-même assure (à quelques nuances près) le plein emploi des ressources ; par conséquent, toute activité de l'État qui fait appel à une partie de ces ressources en détourne forcément l'usage, du secteur privé au secteur public. Ce détournement se ferait notamment à travers la *hausse du taux d'intérêt* qui résulte de l'endettement de l'État (pour financer ses dépenses) ou des prélèvements qu'il fait sur la masse monétaire, hausse qui freine d'autant l'investissement privé et, accessoirement, la consommation (crédit plus cher).

L'importance de l'effet d'éviction dépend, du moins en partie, du taux d'utilisation des capacités de production (en machines et en hommes) de l'économie. Si ce taux est relativement faible — c'est-à-dire s'il y a un sous-emploi important —, alors les dépenses publiques n'« évincent » pas forcément la consommation et l'investissement privé ; elles peuvent au contraire les stimuler, comme le montre l'exemple du MULTIPLICATEUR KEYNÉSIEN.

Dans les années soixante/soixante-dix, le débat à propos de l'existence — et de l'importance — de l'effet d'éviction a surtout été conduit dans le cadre du modèle IS-LM ; il portait alors sur le caractère plus ou moins « vertical » de la courbe *LM*. Dans les années quatre-vingt/quatre-vingt-dix, la question de l'effet d'éviction a quelque peu disparu de la scène ; mais elle est en fait implicitement présente dans les analyses sur l'*inflation anticipée* qui serait provoquée par la hausse des déficits publics et de l'endettement de l'État, et qui aurait pour conséquence de faire monter les taux d'intérêt à long terme, dont les investisseurs tiennent particulièrement compte au moment où ils se décident à se lancer dans des projets de longue haleine. Les effets bénéfiques du multiplicateur keynésien seraient donc neutralisés, et au-delà, par la hausse des taux d'intérêt anticipée par les agents économiques, qui freine leurs dépenses.

Effet de report (*spillover effect*)

Effet qui apparaît lorsqu'un agent subit un rationnement au niveau de ses offres ou de ses demandes d'un bien, rationnement qui a pour conséquence de modifier ses offres et ses demandes des autres biens — il y a donc « report » des contraintes subies d'un bien à l'autre. L'effet de report le plus connu est celui qui découle d'une situation de CHÔMAGE involontaire : le travailleur qui ne trouve pas d'embauche au salaire courant va restreindre ses achats de biens, ce qui va limiter les débouchés des entreprises et donc leurs besoins en main-d'œuvre, etc.

Les effets de report ont généralement un caractère cumulatif, puisque celui qui subit une contrainte au niveau de ses offres et de ses demandes va modifier ses choix et imposer ainsi des contraintes à d'autres. Ainsi, le MULTIPLICATEUR KEYNÉSIEN indique les effets cumulés des reports successifs induits par une variation de l'investissement (ou de toute autre dépense « autonome »).

La théorie du DÉSÉQUILIBRE donne une importance toute particulière aux effets de report, dans un cadre très centralisé proche de la concurrence parfaite.

Effet revenu

Effet provoqué par la variation du prix d'un bien sur le pouvoir d'achat de ceux qui demandent ce bien. Alors que l'EFFET SUBSTITUTION joue toujours dans le même sens, l'effet revenu peut conduire soit à la baisse, soit à la hausse de la demande (concurrentielle) d'un bien lorsque le prix de celui-ci augmente. Si l'on raisonne dans une perspective d'ÉQUILIBRE PARTIEL en considérant le revenu d'un ménage comme une donnée, indépendante des prix, alors la hausse du prix d'un bien diminue son domaine de choix, et donc le niveau de satisfaction qu'il peut espérer atteindre ; en règle générale, on peut s'attendre à ce qu'il diminue sa demande du bien dont le prix a subi une hausse pour augmenter celle d'autres biens — qui en sont des *substituts* —, qui deviennent relativement moins chers ; l'effet revenu vient alors s'ajouter à l'effet substitution et on est en présence de la situation « normale », où la demande d'un bien diminue lorsque son prix augmente. Mais tel peut ne pas être le cas si :

— les biens sont des biens GIFFEN, la baisse de pouvoir d'achat incitant le ménage à abandonner tout achat superflu pour garantir celui des biens vitaux, même si le prix de ceux-ci a augmenté ;

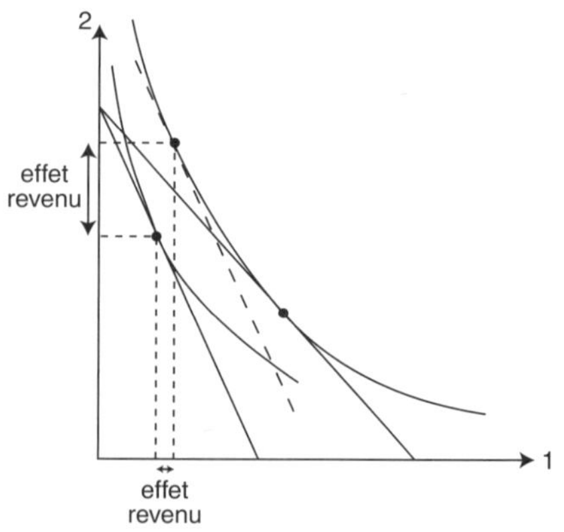

— on tient compte — dans une perspective d'ÉQUILIBRE GÉNÉRAL — du fait que la hausse du prix d'un bien entraîne une hausse du revenu de celui qui le vend, ce dernier pouvant donc augmenter ses demandes en conséquence.

On trouve l'effet revenu *par le calcul* en déterminant le panier de biens optimal aux « nouveaux » prix (et à revenu inchangé), puis en comparant ce panier de biens à celui qui a été trouvé au moment de la recherche de l'effet substitution (panier noté (q'_1, q'_2) dans l'entrée EFFET SUBSTITUTION).

Effet substitution

Variation de la demande d'un bien relativement à celle d'un autre bien, lorsque le prix relatif de ces deux biens varie, *à niveau de satisfaction inchangé*. Si les consommateurs du bien sont rationnels (et si leurs préférences sont monotones), alors l'effet substitution joue toujours dans le même sens, une augmentation du prix relatif d'un bien entraînant forcément une diminution de sa consommation, ou, du moins, sa non-augmentation. En effet, si pour les prix $(p_1, p_2, \ldots, p_n)$ un consommateur demande le panier $(q_1, q_2, \ldots, q_n)$ qui lui procure une « satisfaction » U^*, alors pour les prix $(p'_1, p_2, \ldots, p_n)$, où $p'_1 > p_1$, le consommateur peut atteindre la même satisfaction en achetant (un peu) moins de bien 1 et (un peu) plus de certains autres biens — ceux d'entre eux qui ne sont pas strictement complémentaires du bien 1 et qui sont désirés aux prix considérés.

La figure ci-dessous donne un exemple d'effet substitution entre deux biens lorsque les courbes d'indifférence sont de type hyperbolique. Aux prix « initiaux » $P = (p_1, p_2)$, le consommateur (dont le revenu est R) demande le panier (q_1^*, q_2^*), qui lui procure une satisfaction (ou UTILITÉ) U^*. Aux prix $P' = (p'_1, p_2)$, cette même satisfaction peut être atteinte en achetant le panier (q'_1, q'_2), qui est moins cher que le panier (q_1^*, q_2^*) à ces nouveaux prix (les paniers (q_1^*, q_2^*) et (q'_1, q'_2) vérifient chacun, aux prix correspondants, la « condition d'optimalité » : TAUX MARGINAL DE SUBSTITUTION (TMS) = rapport de prix). La hausse du prix du bien 1, relativement à celle du prix du bien 2, se traduit ici par une baisse de la demande de ce bien (qui passe de q_1^* à q'_1, avec $q'_1 < q_1^*$) et par une hausse de celle du bien 2 (qui passe de q_2^* à q'_2, avec $q'_2 > q_2^*$) : ces variations représentent l'effet substitution.

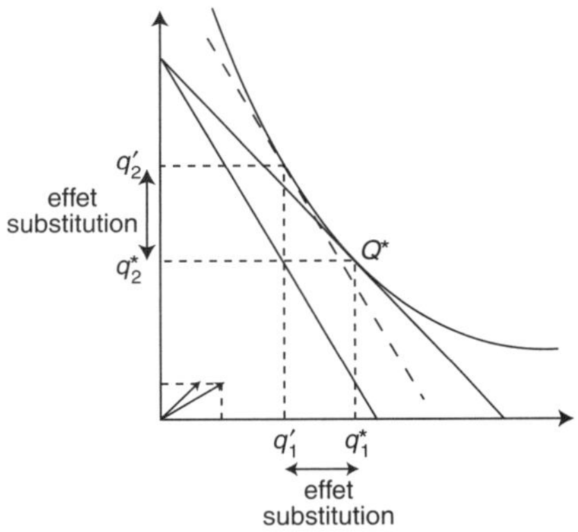

La détermination de l'effet substitution par le calcul est aisée ; elle se fait en *deux étapes*.
1. On détermine le panier « optimal » (q_1^*, q_2^*) de la façon habituelle — c'est-à-dire en résolvant le système d'équations :

$$\text{TMS}(q_1^*, q_2^*) = \frac{p_1}{p_2} \quad \text{et } p_1 q_1^* + p_2 q_2^* = R,$$

puis en calculant l'utilité maximale :

$$U^* = U(q_1^*, q_2^*) ;$$

2. On trouve le panier « substitut » (q'_1, q'_2) en résolvant le système d'équations :

$$\text{TMS}(q'_1, q'_2) = \frac{p'_1}{p_2} \quad \text{et } U(q'_1, q'_2) = U^*.$$

La valeur, $p'_1 q'_1 + p_2 q'_2$, du panier (q'_1, q'_2) aux « nouveaux prix » (p'_1, p_2), est appelée *REVENU COMPENSÉ*, car si le consommateur dispose d'un revenu égal à cette valeur, alors il peut acheter le panier (q'_1, q'_2), et donc maintenir le niveau de satisfaction U^* atteint avant la hausse du prix du bien 1.

L'effet substitution n'est pas la seule conséquence de la variation du prix d'un bien, puisque celle-ci affecte le *pouvoir d'achat* du consommateur, par le biais de l'EFFET REVENU ; cet effet peut s'ajouter à l'effet substitution, ou il peut, au contraire, agir dans un sens opposé (comme dans le cas des biens GIFFEN).

Efficacité marginale du capital

Terme utilisé par KEYNES pour désigner « le taux d'escompte qui, appliqué à la série d'annuités constituée par les rendements escomptés d'un capital pendant son existence entière, rend la valeur actuelle des annuités égale au prix d'offre de ce capital. Ceci nous donne les efficacités marginales des différents types de capital. La plus élevée de ces efficacités marginales peut être considérée comme l'efficacité marginale du capital en général » (*Théorie générale*, Payot, Paris, 1936 ; citation extraite de l'édition 1982 de la Petite bibliothèque, p. 149). L'efficacité marginale du capital est donc une notion proche de ce qu'on appelle aujourd'hui le TAUX INTERNE DE RENDEMENT (TIR) d'un investissement.

Keynes précise d'ailleurs que sa définition est la même que celle que donne Irving Fisher du « taux de rendement au coût » (la façon de Fisher d'appeler l'efficacité marginale du capital), qui est « le taux qui, s'il est employé pour calculer la valeur actuelle de tous les coûts et la valeur actuelle de tous les rendements, rend ces deux quantités égales » (*Théorie générale*, p. 154 ; *TG* par la suite).

Pour Keynes, il y a « deux raisons » pour que l'efficacité marginale du capital diminue à mesure que l'investissement augmente : « D'abord, le rendement escompté de ce capital diminue lorsque sa quantité augmente. Ensuite, la compétition autour des ressources servant à le produire tend normalement à faire monter son prix d'offre. » (*TG*, p. 150.) Ces deux raisons font qu'« on peut donc tracer pour chaque type de capital une courbe qui indique de combien l'investissement dans ce capital doit s'accroître au cours de la période pour que son efficacité marginale baisse à un chiffre quelconque. On peut ensuite, en additionnant pour tous les types de capital les flux d'investissement qui correspondent à une même valeur de l'efficacité marginale, tracer la courbe reliant les diverses valeurs du flux de l'investissement global aux valeurs de l'efficacité marginale du capital en général qui en résultent. Nous appellerons cette courbe tantôt courbe de la demande de capital, tantôt courbe de l'efficacité marginale du capital » (*TG*, p. 150).

On notera que Keynes se garde bien de tracer cette « courbe », dont il dit seulement qu'elle est décroissante. En fait, sa forme exacte n'a probablement pas beaucoup d'importance pour lui, compte tenu du rôle essentiel qu'il fait jouer aux *prévisions* dans le calcul de l'efficacité marginale du capital.

Le rôle essentiel des prévisions dans le calcul de l'efficacité marginale du capital

Juste après avoir défini la notion d'efficacité marginale du capital, Keynes précise : « Le lecteur observera que l'efficacité marginale du capital est définie ici en fonction de la *prévision* de rendement d'un bien de capital et de son prix d'offre *courant*. Elle dépend du revenu attendu par l'agent lorsqu'il investit dans un actif *nouvellement* produit, et non de la relation effective qu'après la vie d'un investissement il constate rétrospectivement entre son rendement réel et son coût originel. » (*TG*, p. 149.) Et quelques pages plus loin, après être encore revenu sur la définition du concept, il tient à noter que « la confusion la plus importante quant au sens et à la portée de l'efficacité marginale du capital a eu pour origine la méconnaissance du fait que cette efficacité marginale dépend du rendement *escompté* du capital, et non pas simplement de son rendement courant » (*TG*, p. 154). Ainsi, le fait de s'attendre à l'apparition de techniques nouvelles ou à une baisse du coût du travail diminue l'« efficacité marginale actuelle du capital », car « la production tout entière sera fabriquée à meilleur marché », les prix et les profits « que les entrepreneurs tireront de leur équipement, ancien ou nouveau » s'en trouvant réduits. Cette diminution joue évidemment en un sens défavorable à l'investissement (rendement attendu plus faible).

En revanche, l'attente d'une hausse du niveau des prix — d'une « baisse de valeur de la monnaie courante » — joue dans un sens favorable, selon Keynes : « La perspective d'une baisse de valeur de la monnaie stimule l'investissement et par suite, en règle générale, l'emploi, parce qu'elle élève la courbe de l'efficacité marginale du capital, *i.e.* la courbe de la demande de capital. » (*TG*, p. 155.)

Si les prévisions sont si importantes en ce qui concerne le calcul de l'efficacité marginale du capital, c'est notamment parce que leurs variations sont à l'origine des fluctuations économiques. Citons encore Keynes : « Il importe de comprendre l'influence des variations de la prévision sur l'efficacité marginale d'un stock donné de capital, car c'est principalement cette influence qui rend l'efficacité marginale du capital sujette à ces fluctuations d'une certaine violence qui expliquent le Cycle Économique » et il précise qu'« on peut décrire et analyser l'alternance d'essor et de dépression en fonction des variations de l'efficacité marginale du capital par rapport au taux d'intérêt » (*TG*, p. 157) — description et analyse qui fait l'objet du chapitre 22 de la *Théorie générale*.

Toutefois, Keynes précise que l'instabilité due aux variations des prévisions est quelque peu réduite par le fait que, entre la *décision d'investir* et le moment où l'investissement est terminé, il y a un délai non négligeable ; par conséquent, les dépenses d'investissement dépendent des décisions prises à la période considérée, mais aussi aux périodes précédentes (à la manière de l'ACCÉLÉRATEUR flexible), ce qui relativise l'effet des variations des prévisions — sans évidemment l'annuler.

Efficience

Terme un peu vague qui est utilisé pour désigner une affectation des ressources parmi les « meilleures possibles ». L'idée d'efficience est donc opposée à celle de « gaspillage » des ressources, entendue au sens large. Ainsi, on dit d'une technique — ou d'une organisation de la production — qu'elle est efficiente si elle permet d'obtenir la plus grande quantité de produit pour des ressources données.

D'un point de vue « économique », et non seulement technique, on parle d'efficience lorsqu'on s'intéresse à l'affectation des ressources du point de vue du bien-être collectif (utilité des membres de la société). Ainsi, on dit de la situation A qu'elle est plus efficiente que la situation B si tout le monde préfère A à B ; tel est le cas, par exemple, s'il existe en B des possibilités d'échanges mutuellement avantageux qui sont réalisées par le passage en A. Conçu ainsi, le critère d'efficience ne se distingue donc pas du critère de PARETO. D'ailleurs, lorsque l'économiste dit d'une situation — d'une affectation des ressources — qu'elle est « efficiente », il entend par là qu'elle ne laisse pas subsister des possibilités d'échanges mutuellement avantageux, ce qui en fait donc un OPTIMUM DE PARETO (même si celui-ci se réfère à des situations d'ÉQUILIBRE GÉNÉRAL, alors que la notion d'efficience est souvent utilisée dans des contextes d'ÉQUILIBRE PARTIEL).

Élasticité

Rapport des *variations relatives* de deux variables, qui indique l'« intensité » du lien qui les unit — plus l'élasticité est grande (en valeur absolue), plus ce lien est fort. Par exemple, si la demande d'un bien augmente de 15 % lorsque le revenu d'un ménage augmente de 10 %, alors on dit que l'élasticité-revenu de la demande du bien par le ménage est égale à 15 %/10 % = 1,5. Le fait de comparer des variations *relatives* — des taux de croissance, par exemple — évite donc d'avoir à prendre en compte les unités dans lesquelles sont mesurées les variables (kilos, litres, euros, dollars, etc.).

Pour aborder le cas général, considérons une variable x qu'on suppose liée à une autre variable y par une relation de la forme $y = f(x)$; le rapport des variations relatives de ces deux variables :

$$\frac{\frac{\Delta y}{y}}{\frac{\Delta x}{x}}$$

s'écrit au « point » $x = x_0$:

$$\frac{\frac{f(x_0+\Delta x)-f(x_0)}{f(x_0)}}{\frac{\Delta x}{x_0}}$$

ou encore, en disposant autrement les termes de cette expression :

$$\frac{f(x_0+\Delta x)-f(x_0)}{\Delta x}\cdot\frac{x_0}{f(x_0)}$$

Ce rapport a cependant l'inconvénient — du moins pour le théoricien — de dépendre de la valeur donnée à l'accroissement Δx ; pour éviter ce problème, on effectue un *passage à la limite*, en faisant tendre Δx vers 0. Si cette limite existe, on l'appelle *élasticité* en x_0 *de y par rapport à x* ; on la note $e_{y/x}(x_0)$. Ainsi, on a donc, par définition :

$$\begin{aligned} e_{x/y}(x_0) &= \lim_{\Delta x \to 0}\frac{f(x_0+\Delta x)-f(x_0)}{\Delta x}\cdot\frac{x_0}{f(x_0)} \\ &= f'(x_0)\cdot\frac{x_0}{f(x_0)}. \end{aligned}$$

Comme $f'(x)/f(x)$ est la *dérivée logarithmique* de $f(x)$ — c'est-à-dire la dérivée de $\ln f(x)$ —, il s'ensuit qu'on a aussi :

$$e_{y/x}(x_0) = x_0(\ln f(x_0))'.$$

Dans le cas où f est une fonction de plusieurs variables, alors il y a plusieurs élasticités, relatives aux diverses variables considérées ; elles sont données par une formule semblable à la précédente, mais avec des dérivées partielles. Ainsi, dans le cas d'une fonction de demande $d(p, R)$, l'*élasticité-prix* est donnée par :

$$d'_p(p, R)\cdot\frac{p}{d(p, R)},$$

tandis que l'*élasticité-revenu* est égale à :

$$d'_R(p, R)\cdot\frac{R}{d(p, R)}.$$

La fonction de COBB-DOUGLAS $f(x_1, x_2) = x_1^{\alpha} x_2^{\beta}$ a pour propriété d'être à élasticités constantes (l'élasticité par rapport à x_1 est égale à α, celle par rapport à x_2 étant égale à β).

Élasticité de substitution

Étant donné deux variables *x et y* qui interviennent en tant qu'arguments d'une fonction HOMOGÈNE et dérivable (de classe C^1), on appelle *élasticité de substitution* de ces deux variables l'ÉLASTICITÉ du rapport y/x relativement au TAUX MARGINAL DE SUBSTITUTION (TMS) de y et x dans la fonction considérée.

Le concept d'élasticité de substitution a été introduit dans le cadre de l'étude de la FONCTION DE PRODUCTION NÉO-CLASSIQUE $F(K, L)$, en tant qu'indicateur de la façon dont le CAPITAL se substitue au travail lorsque le salaire augmente relativement au taux de profit (ou *vice versa*), dans le contexte de la CONCURRENCE PARFAITE, où le choix de l'entreprise est tel qu'elle égalise son taux marginal de substitution entre travail et capital au rapport salaire/taux de profit (condition nécessaire de maximisation du profit concurrentiel).

Le concept d'élasticité de substitution n'a de sens que pour des fonctions HOMOGÈNES, car alors le TMS est *homogène de degré* 0 et ne dépend donc que du *rapport* des variables concernées, ce qui permet de considérer les variations de ce rapport relativement à celles du TMS.

Les calculs

On considère une fonction $F(x, y)$ homogène et de classe C^1. En raison du théorème d'EULER, les dérivées partielles de $F(\cdot)$ sont également homogènes, et de même degré (le degré de $F(\cdot)$, moins 1) ; donc, leur rapport — qui donne le TMS — est homogène de degré 0 : il ne dépend que du rapport y/x, de sorte qu'on peut noter TMS(y/x) le TMS en (x, y).

Par définition, l'élasticité de substitution entre x et y est donc donnée par :

$$\lim_{\Delta \mathrm{TMS}(y/x) \to 0} \frac{\Delta(y/x)/(y/x)}{\Delta \mathrm{TMS}(y/x)/\mathrm{TMS}(y/x)}.$$

On la note σ. En réarrangeant les termes des rapports définissant σ, on peut mettre celle-ci sous la forme :

$$\sigma = \lim_{\Delta \mathrm{TMS}(y/x) \to 0} \frac{\mathrm{TMS}(y/x)/(y/x)}{\Delta \mathrm{TMS}(y/x)/\Delta(y/x)}$$

$$= \frac{\mathrm{TMS}(y/x)}{(y/x) \cdot \mathrm{TMS}'(y/x)}.$$

En se servant du fait que $F(\cdot)$ est homogène, et du fait que le TMS est un rapport de dérivées partielles lui-même homogène de degré 0, il est possible d'exprimer σ à partir des dérivées partielles de $F(\cdot)$. En effet, si l'on appelle α le degré d'homogénéité de celle-ci, on a :

$$F(x, y) = x^{\alpha} F(1, y/x).$$

En posant :

$$F(1, y/x) = f(y/x),$$

il vient, par DÉRIVATION EN CHAÎNE :

$$F'_x(x, y) = \alpha x^{\alpha-1} f(y/x) + x^{\alpha} f'(y/x)(-y/x^2)$$
$$= x^{\alpha-1}(\alpha f(y/x) - (y/x) f'(y/x))$$
$$F'_y(x, y) = x^{\alpha} f'(y/x)(1/x)$$
$$= x^{\alpha-1} f'(y/x).$$

Par conséquent :

$$\mathrm{TMS}(y/x) = \frac{F'_x(x,y)}{F'_y(x,y)}$$

$$= \frac{\alpha f(y/x) - (y/x) f'(y/x)}{f'(y/x)}.$$

La dérivée de cette expression — dont la « variable » est ici le rapport y/x, que l'on peut appeler z, si on veut — est :

$$\mathrm{TMS}'(y/x) = \alpha - 1 - \frac{\alpha f''(y/x) f(y/x)}{(f'(y/x))^2}.$$

Pour simplifier la présentation, on va se situer dans le cas fréquent où la fonction $F(\cdot)$ est homogène de degré 1, donc où $\alpha = 1$; en reportant dans la formule donnant σ, on obtient :

$$\sigma = -\frac{f'(y/x)(f(y/x) - (y/x) f'(y/x))}{(y/x) f(y/x) f''(y/x)},$$

c'est-à-dire une formule qui donne l'élasticité de substitution à partir des valeurs de $f(\cdot)$ [et donc de $F(\cdot)$] et de ses dérivées premières et secondes.

Si les ISOQUANTES de la fonction de production sont strictement CONVEXES, l'élasticité de substitution est positive. On peut d'ailleurs le vérifier graphiquement, comme cela est fait dans la figure 1 ; on voit alors que lorsque y/x augmente, de A à B, il en est de même pour le TMS — c'est-à-dire pour la valeur absolue de la pente de la tangente à la courbe d'indifférence. On constate d'ailleurs que plus cette courbe est « plate », plus l'élasticité de substitution est grande, le contraire ayant lieu lorsque la courbe est très « coudée ».

Comme l'élasticité de substitution est un indicateur « ponctuel » — elle dépend du « point » où elle est évaluée —, les théoriciens néo-classiques accordent une place privilégiée aux fonctions de production où elle est constante. Tel est le cas pour les fonctions dites CES (pour *constant elasticity of substi-*

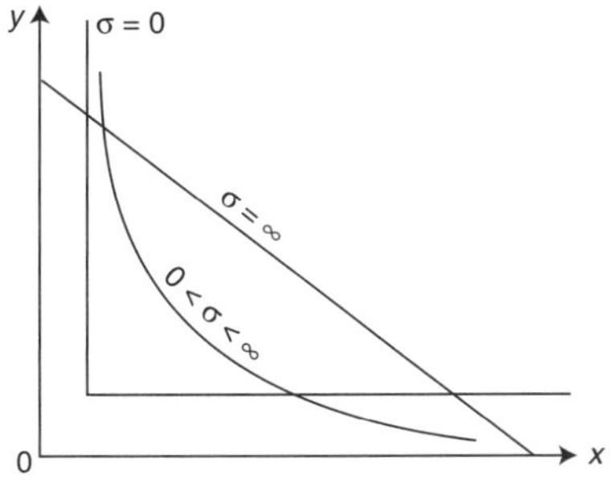

Figure 1

tution), qui permettent de faire référence à l'élasticité de substitution sans avoir à préciser le point considéré ; ces fonctions sont de la forme :

$$f(x, y) = (a \cdot x^{\rho} + b \cdot y^{\rho})^{1/\rho}$$

avec $\rho = (\sigma - 1)/\sigma$; lorsque ρ tend vers 0, et donc σ vers 1, cette fonction tend vers la fonction de COBB-DOUGLAS : $x^a y^b$ (Gabriel Archinard et Bernard Guerrien, *Analyse mathématique pour économistes*, Economica, Paris, 1992).

Endogène (variable)

Variable dont les valeurs sont déterminées « à l'intérieur » d'un MODÈLE, contrairement aux variables EXOGÈNES, qui le sont à l'extérieur du modèle. Entre variables exogènes et variables endogènes il y a une *relation de cause à effet* (les premières étant les « causes », les secondes les « effets ») ; le but d'un modèle est, en règle générale, d'expliquer l'évolution des variables endogènes à partir de celle des variables exogènes. Pour qu'un modèle soit complet — c'est-à-dire pour que chacune de ses variables endogènes puisse être exprimée de façon unique en fonction des seules variables exogènes —, il faut qu'il comporte autant d'équations que de variables endogènes. Lorsque chaque variable endogène d'un modèle est exprimée en fonction des seules variables exogènes, alors on dit qu'on est en présence de la FORME RÉDUITE du modèle.

Après qu'il a retenu les variables qu'il veut voir apparaître dans le modèle qu'il veut construire, le théoricien doit préciser celles qu'il considère comme endogènes (les autres étant donc forcément exogènes). Cette décision est très importante, puisqu'elle revient à faire des hypothèses sur le sens dans lequel s'exerce la causalité, et donc sur la forme que va prendre le modèle. Elle dépend, évidemment, de la théorie qui sert de référence.

Engel (courbe d')

Courbe qui met en relation la consommation d'un bien (quelconque) et le revenu de ceux qui le consomment, et dont le statisticien Ernst Engel suppose qu'elle est STRICTEMENT CROISSANTE ET CONCAVE — elle croît à un taux de plus en plus faible —, ce qui traduit une saturation progressive de celui qui achète le bien au fur et à mesure que son pouvoir d'achat augmente.

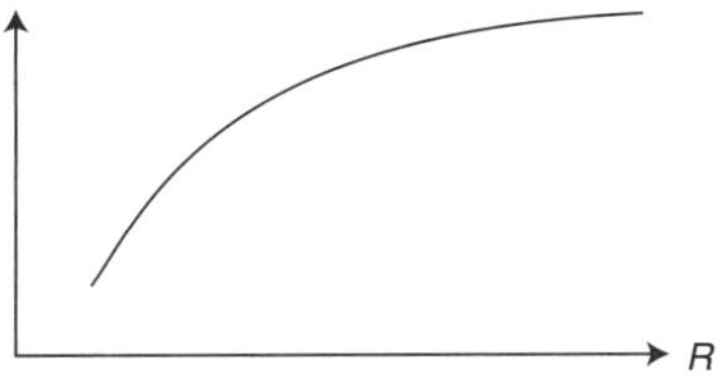

Une courbe d'Engel

Par abus de langage, on appelle aussi *courbe d'Engel* relative à deux biens la courbe qui relie les paniers de ces deux biens qui résultent du CHOIX DU CONSOMMATEUR, pour tous ses revenus possibles. Lorsque les COURBES D'INDIFFÉRENCE pour les deux biens sont de type hyperbolique, la courbe d'Engel est donnée par les paniers de biens tels que le TAUX MARGINAL DE SUBSTITUTION y est égal au rapport des prix.

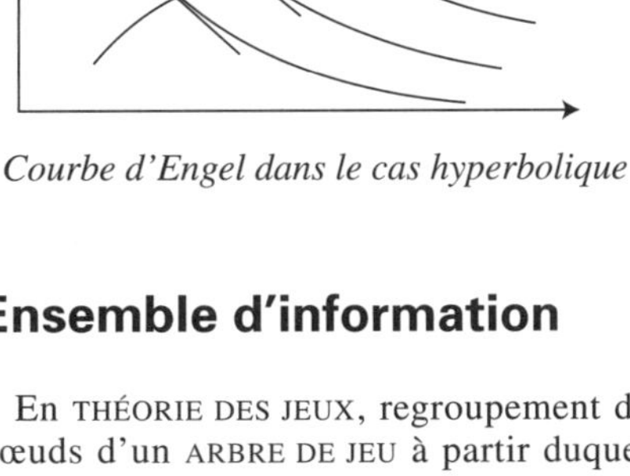

Courbe d'Engel dans le cas hyperbolique

Ensemble d'information

En THÉORIE DES JEUX, regroupement de nœuds d'un ARBRE DE JEU à partir duquel un joueur doit opter pour une action, sans savoir lequel de ces nœuds a été choisi au coup précédent. Contrairement à ce que leur nom donne à penser, la présence dans un arbre de jeu d'ensembles d'information formés de plus d'un nœud traduit donc un *déficit d'information*, puisque plus un ensemble d'information comporte de nœuds, moins l'information est précise pour celui qui doit prendre une décision à cet ensemble d'information. Ainsi, dans un arbre de jeu, on dit que l'information est « parfaite » s'il n'y a pas d'ensembles d'information autres que les nœuds eux-mêmes. *A contrario*, dans un jeu à deux participants et à un seul coup, où les choix sont donc forcément simultanés, tous les nœuds de l'arbre (en dehors du « nœud initial ») sont regroupés en un seul ensemble d'information — l'« absence d'information » des joueurs sur ce que peut faire l'« autre » est totale, l'ensemble d'information étant en revanche « maximal ».

Dans la figure ci-dessous, les deux nœuds de B qui sont « entourés par un ballon », $B1$ et $B2$, forment un ensemble d'information ; ainsi, si A opte pour a_1 ou pour a_2, alors B ignore laquelle de ces deux actions a été choisie (il sait cependant que ce n'est pas a_3).

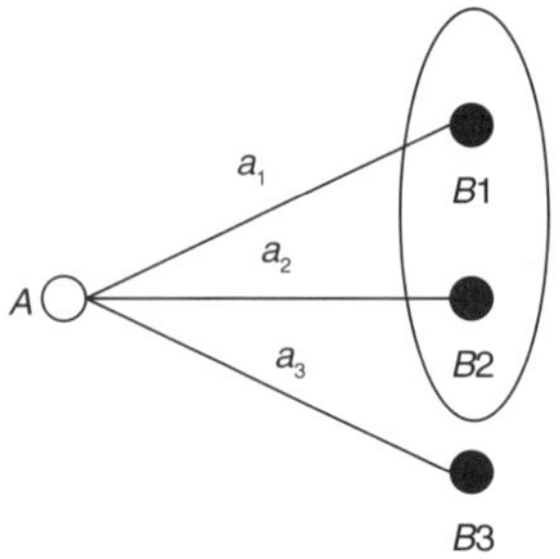

Si un ensemble d'information est réduit à un seul nœud (comme $B3$), on dit de lui que c'est un *singleton*. Les ensembles d'information autres que les singletons apparaissent dès que les règles du jeu stipulent qu'il y a *choix simultané* de la part de deux ou de plusieurs joueurs.

Il résulte de leur définition même que deux ensembles d'information différents ne peuvent comporter de nœud en commun (puisque deux branches d'un arbre de jeu ne peuvent « aboutir » à un même nœud).

Lorsqu'un jeu séquentiel comporte des ensembles d'information autres que des singletons, on raisonne avec eux comme s'ils étaient des nœuds de l'arbre ; ainsi, une STRATÉGIE d'un joueur associe à chacun de ses ensembles d'information une des actions possibles à cet ensemble (cette action est la même à chacun des nœuds de celui-ci, puisque le joueur ne sait pas lequel de ces nœuds est choisi au coup précédent).

Enveloppe (théorème de l')

Théorème qui donne un moyen de calculer les variations de l'extremum d'une fonction lorsqu'on modifie (légèrement) un de ses paramètres. Ce théorème se déduit aisément de la condition du PREMIER ORDRE que vérifie tout extremum d'une fonction dérivable, et du théorème des fonctions IMPLICITES, appliqué à cette condition.

Cas des variables libres

Soit une fonction f de classe C^1 de n variables $x_1, \ldots, x_n$ et d'un paramètre α, qui associe donc le nombre $f(x_1, \ldots, x_n, \alpha)$ au vecteur $(x_1, \ldots, x_n, \alpha)$. Si $X^* = (x_1^*, \ldots, x_n^*)$ est un extremum de f par rapport aux n variables x, α étant donné, alors on a les conditions du PREMIER ORDRE :

$$(1) \qquad \begin{cases} f'_{x_1}(x_1^*, \ldots, x_n^*, \alpha) = 0 \\ \ldots\ldots\ldots\ldots\ldots\ldots\ldots\ldots \\ f''_{x_n}(x_1^*, \ldots, x_n^*, \alpha) = 0 \end{cases}$$

On est donc en présence d'un système de n équations à n inconnues (les x) ; il découle du théorème des fonctions implicites que si la matrice jacobienne des f par rapport aux x est inversible, alors les x sont des fonctions de α, qu'on peut noter $x(\alpha)$. Soit :

$$x_i^* = x_i(\alpha),\ i = 1, \ldots, n.$$

Ainsi, pour un α quelconque, la valeur de f à l'extremum X^* est donnée par la fonction :

$$F(\alpha) = f(x_1(\alpha), \ldots, x_n(\alpha), \alpha).$$

D'où, par DÉRIVATION EN CHAÎNE :

$$F'(\alpha) = f'_{x_1}(x_1(\alpha), \ldots, x_n(\alpha), \alpha) \cdot x'_1(\alpha)$$
$$+ \ldots + f'_{x_n}(x_1(\alpha), \ldots, x_n(\alpha), \alpha) \cdot x'_n(\alpha)$$
$$+ f'_\alpha(x_1(\alpha), \ldots, x_n(\alpha), \alpha).$$

Mais, en raison des conditions du premier ordre (1) — qui sont par définition vérifiées par $(x_1(\alpha), \ldots, x_n(\alpha))$ —, on a $f'_{x_i}(x_1(\alpha), \ldots, x_n(\alpha), \alpha) = 0$, $i = 1, \ldots, n$, de sorte qu'il reste finalement :

$$F'(\alpha) = f'_\alpha(x_1(\alpha), \ldots, x_n(\alpha), \alpha).$$

Ce résultat est le *théorème de l'enveloppe* : la dérivée de la fonction extremum $F(\cdot)$ par rapport à l'un des paramètres du programme dont elle est déduite est donnée par la dérivée par rapport à ce paramètre de la fonction-objectif $f(\cdot)$, calculée à l'extremum correspondant à la valeur donnée au paramètre.

Exemple : la fonction de coût à long terme d'une entreprise. Les coûts d'une entreprise à un moment donné dépendent des quantités produites, q, mais aussi des *capacités installées*, q_c. Si l'on tient compte de ces capacités, la fonction de COÛT de l'entreprise s'écrit :

$$C(q, q_c).$$

L'entreprise a évidemment intérêt à avoir une capacité installée q_c la mieux adaptée possible (qui rende, pour chaque production q, son coût minimal). Pour q donné, l'entreprise cherche donc à minimiser $C(q, q_c)$, et donc à déterminer la capacité q_c^* telle que $C'_{q_c}(q, q_c^*) = 0$ (condition du premier ordre pour avoir un extremum relativement à q_c). Cette équation définit une relation implicite entre q_c^* et q, relation qu'on peut noter :

$$q_c^* = q_c(q).$$

En remplaçant dans la fonction de coût, on trouve *la fonction de coût à long terme* $C_{LT}(\cdot)$, qui est définie par la formule :

$$C_{LT}(q) = C(q, q_c(q)).$$

Cette fonction donne le coût de production minimal, en supposant que les capacités de production « s'adaptent instantanément » et pour le mieux, pour chaque valeur prise par la quantité produite q.

Le théorème de l'enveloppe dit alors que la variation du coût à long terme [en fait sa dérivée $C'_{LT}(q)$] est égale à la variation de la fonction « à court terme », $C'_q(q, q_c(q))$, *à condition d'évaluer celle-ci au « point optimal »* $(q, q_c(q))$.

On peut traduire graphiquement ce résultat : les courbes de court terme et de long terme ont la même tangente au point où elles se touchent (qui correspond à la capacité « optimale »). D'où le nom « théorème de l'enveloppe ».

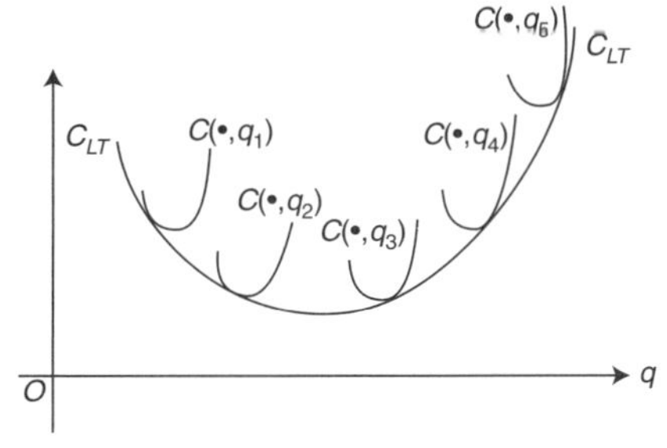

Enveloppe de courbes de coût

Cas où les variables sont liées

Dans ce cas, on raisonne sur le LAGRANGIEN :

$$L(x_1, \ldots, x_n, \alpha) = f(x_1, \ldots, x_n, \alpha) + \lambda_1 g_1(x_1, \ldots, x_n, \alpha) + \ldots + \lambda_p g_p(x_1, \ldots, x_n, \alpha),$$

où $f(\cdot)$ est la fonction-objectif, dont les variables sont soumises aux contraintes $g_i(\cdot) = 0$, $i = 1, \ldots, p$.

Des conditions du premier ordre :

$$(2) \quad \begin{cases} L'_{x_1}(x_1^*, \ldots, x_n^*, \alpha) = 0 \\ \ldots\ldots\ldots\ldots\ldots\ldots \\ L'_{x_1}(x_1^*, \ldots, x_n^*, \alpha) = 0 \end{cases}$$

et du théorème des fonctions implicites, on déduit que les candidats à un extremum x^* sont des fonctions de α, qu'on notera $x(\alpha)$. En posant :

$$H(\alpha) = f(x_1(\alpha), \ldots, x_n(\alpha), \alpha),$$

il vient :

$$H'(\alpha) = L'_{x_1}(x_1(\alpha), \ldots, x_n(\alpha), \alpha) \cdot x'_1(\alpha) + \ldots + L'_{x_n}(x_1(\alpha), \ldots, x_n(\alpha), \alpha) \cdot x'_n(\alpha) + L'_\alpha(x_1(\alpha), \ldots, x_n(\alpha), \alpha).$$

D'où, en raison de (2) :

$$H'(\alpha) = L'_\alpha(x_1(\alpha), \ldots, x_n(\alpha), \alpha).$$

Or, comme on ne considère ici que des points qui vérifient les contraintes [les $(x_1(\alpha), \ldots, x_n(\alpha), \alpha)$], les variations de $H(\alpha) = L(x_1(\alpha), \ldots, x_n(\alpha), \alpha)$ lorsque α varie sont les mêmes que celles de la fonction « extremum » $f(x_1(\alpha), \ldots, x_n(\alpha), \alpha)$. Autrement dit, *les variations de la fonction $H(\cdot)$ lorsqu'on modifie (« légèrement ») un des paramètres du programme sont données par la dérivée par rapport à ce paramètre du lagrangien du programme considéré, à condition de l'évaluer au point extremum.* Si l'on note $F(\alpha)$, comme dans le cas où les variables sont libres, la fonction donnant les valeurs extrémales de la fonction-objectif f lorsque ses variables sont soumises à des contraintes [donc : $F(\alpha) = f(x_1(\alpha), \ldots, x_n(\alpha), \alpha)$], alors le théorème de l'enveloppe s'écrit :

$$F'(\alpha) = L'_\alpha(x_1(\alpha), \ldots, x_n(\alpha), \alpha),$$

puisque $F(\alpha)$ et $H(\alpha)$ prennent les mêmes valeurs pour tous les α.

Exemple. Le lagrangien du programme du CONSOMMATEUR en concurrence parfaite est :

$$(3) \quad L(q_1, \ldots, q_n, p_1, \ldots, p_n, R) = U(q_1, \ldots, q_n) + \lambda(R - p_1 q_1 - \ldots - p_n q_n).$$

La fonction extremum est appelée *fonction d'utilité indirecte* ; on la note : $V(p_1, \ldots, p_n, R)$ (c'est l'équivalent de $F(\alpha)$ de la présentation générale, α pouvant être ici un des prix p ou le revenu R). Il résulte alors du théorème de l'enveloppe que :

$$(4) \quad V'_R(p_1, \ldots, p_n, R) = \lambda,$$

puisque la dérivée du lagrangien par rapport à R est égale à λ. Ainsi, *le multiplicateur de Lagrange associé à la contrainte budgétaire est un indicateur de l'« intensité » de cette contrainte*, dans le sens où il donne (approximativement) la variation de l'utilité *maximale* du consommateur lorsque son revenu varie (légèrement). C'est pourquoi on l'appelle « utilité marginale du revenu », même si cela peut prêter à confusion (le revenu *n'étant pas un argument de la fonction d'utilité*, on ne peut dériver celle-ci par rapport à lui).

Si l'on applique maintenant le théorème de l'enveloppe en faisant varier le prix p_i, alors on a :

(5) $V'_{p^i}(p_1, \ldots, p_n, R) = -\lambda q_i(p_1, \ldots, p_n, R)$

puisque la dérivée du lagrangien (3) par rapport à p_i est $-\lambda q_i$ (si dans (5) on a la *fonction de demande* $q_i(p_1, \ldots, p_n, R)$ au lieu de q_i, c'est parce que le théorème s'applique aux *points extrémaux*, $q_i(p_1, \ldots, p_n, R)$ qui jouent ici le rôle de $x_i(\alpha)$ dans la démonstration générale).

De (4) et (5) il vient l'*identité de Roy* :

$$q_i(p_1, \ldots, p_n, R) = -\frac{V'_{pi}\,(p_1, \ldots, p_n, R)}{V'_R\,(p_1, \ldots, p_n, R)}.$$

Ainsi, *la fonction de demande du bien* i *est égale — au signe près — au rapport des dérivées de la fonction d'utilité indirecte par rapport au prix du bien* i *et par rapport au revenu.*

Remarque. Le théorème de l'enveloppe s'applique aussi lorsque les contraintes se présentent sous la forme d'inégalités, comme dans les modèles à la KUHN ET TUCKER. Car alors, soit la contrainte associée à un multiplicateur est saturée à l'extremum considéré et l'on est par conséquent ramené au cas précédent, soit elle ne l'est pas mais alors le fait de la « desserrer » n'a pas d'incidence sur la valeur maximale de la fonction-objectif.

Épargne

Part du REVENU qui n'est pas consommée. L'épargne est le fait des ménages, mais aussi des entreprises, qui peuvent s'en servir pour leur autofinancement. On peut cependant considérer que, comme les entreprises sont la propriété des ménages (qui en sont les actionnaires), c'est finalement à eux que revient toute décision d'épagner.

La théorie de la FINANCE s'intéresse aux divers *placements* possibles de l'épargne (crédit aux entreprises, titres donnant droit à une part de leur produit, etc.), du point de vue de sa « gestion » (choix entre rendement et risque, comme dans l'approche par les CHOIX DES PORTEFEUILLES de titres), mais ne traite pas de la *décision d'épargner.*

C'est à cette décision que s'intéresse l'analyse économique proprement dite. Pour les CLASSIQUES et MARX, l'épargne est essentiellement le fait des possédants (à commencer par les capitalistes) ; elle s'identifie largement au SURPLUS produit par la société, qui est accumulé dans une perspective de reproduction élargie.

Pour les NÉO-CLASSIQUES, l'épargne apparaît avant tout comme le résultat d'une *décision individuelle*, une conséquence du choix entre consommation présente et consommation future, qui dépend des goûts de celui qui prend cette décision, mais aussi du *taux d'intérêt*, conçu comme une « prime à l'abstinence ». Les néo-classiques privilégient le cas où l'avenir est connu avec certitude (ou avec des risques bien délimités), ce qui leur permet de supposer que les agents procèdent à un CHOIX INTERTEMPOREL précis. Tel est le cas de la CONCURRENCE PARFAITE, avec son SYSTÈME COMPLET DE MARCHÉS, et des modèles de CROISSANCE OPTIMALE (à agent unique) ; mais tel est aussi le cas pour les modèles du REVENU PERMANENT et du CYCLE DE VIE.

KEYNES constate, de son côté, que dans le monde économique règne une telle INCERTITUDE qu'il est vain de vouloir faire des plans élaborés de consommations intertemporelles, où tout serait décidé à l'avance. L'épargne est pour lui essentiellement un *résidu*, ce qui reste après la consommation de chaque période ; elle résulte donc du comportement décrit par la fonction de CONSOMMATION, qui est elle-même l'expression d'une « loi psychologique », dans laquelle le caractère incertain de l'avenir occupe une place importante. Cette façon de concevoir la décision d'épargner permet à Keynes de la distinguer de la décision d'investir, distinction qui joue un rôle essentiel dans son dispositif théorique.

Épargne et investissement

L'épargne est, par définition, la part du revenu qui n'est pas consommée ; mais le revenu est la contrepartie d'une production, qui est formée de biens de consommation et de biens d'investissement (ceux-ci étant, *par définition*, les biens qui ne sont pas consommés). Il s'ensuit de ces définitions qu'on a l'égalité :

épargne = investissement.

Toutefois, cette égalité est purement comptable (elle est toujours vérifiée). Ce qui intéresse l'économiste, ce sont les *décisions* d'épargner et d'investir, et leur éventuelle *compatibilité*. En effet, d'un point de vue purement comptable, toute production (de biens durables) qui n'a pas trouvé preneur apparaît comme un « investissement » ; mais celui-ci représente alors un stock d'invendus, dont l'« investisseur » se serait bien passé. Il y a investissement, mais forcé, ou involontaire. De même, celui qui ne peut acheter, avec le revenu dont il dispose, les biens de consommation qu'il désire est à l'origine d'une épargne non voulue.

Les situations où il y a des investissements et des épargnes involontaires sont par essence fugaces, puisque les agents qui constatent qu'ils ne peuvent réaliser leurs plans de la façon prévue vont modifier ces plans (par exemple, en réduisant la production pour éviter d'avoir des stocks qui s'accumulent). Seuls les ÉQUILIBRES n'ont pas, par définition, ce caractère fugace ; c'est pourquoi les théories économiques leur accordent une telle importance. Ainsi, dans ses SCHÉMAS DE REPRODUCTION, Marx s'intéresse à l'égalité épargne-investissement d'un point de vue d'équilibre entre secteurs (biens de consommation et biens d'investissement), même s'il ne pensait pas que la tendance à l'équilibre soit une des caractéristiques du capitalisme (loin de là !). Mais l'équilibre lui sert de repère, ne serait-ce que pour montrer son caractère « irréalisable ».

La question de la compatibilité des décisions d'épargne et d'investissement est au cœur du débat entre néo-classiques et Keynes. En effet, pour les premiers, ce sont les *variations des prix* (à commencer par le taux d'intérêt) qui rendent possible une telle compatibilité, tandis que, pour le second, ce sont celles du *revenu* qui sont déterminantes (analyse par la DEMANDE EFFECTIVE). Dans l'un et l'autre cas, c'est le point de vue d'équilibre qui prime, les néo-classiques insistant sur la confrontation des choix intertemporels, alors que pour Keynes l'AUTORÉALISATION des prévisions des entrepreneurs est essentielle.

Épuisement du produit (théorème de l')

« Théorème » avancé par certains NÉO-CLASSIQUES pour justifier la répartition du revenu qui découle de la rémunération des FACTEURS DE PRODUCTION à leur PRODUCTIVITÉ MARGINALE. L'idée est de partir d'une FONCTION DE PRODUCTION $F(q_1, \ldots, q_n)$ dérivable (plus précisément, de classe C^1) et à RENDEMENTS D'ÉCHELLE constants — et donc HOMOGÈNE de degré 1 — à laquelle s'applique la formule d'Euler :

$$(1)\ q_1F'_{q_1}(q_1, \ldots, q_n) + \ldots + q_nF'_{q_n}(q_1, \ldots, q_n) = F(q_1, \ldots, q_n)\,.$$

Ainsi, si le i-ème facteur de production est rémunéré à sa productivité marginale $F'_{q_i}(q_1, \ldots, q_n)$, sa rémunération totale est égale à $q_iF'_{q_i}(q_1, \ldots, q_n)$ et il découle de la formule (1) que la somme des rémunérations de tous les facteurs est égale au produit $F(q_1, \ldots, q_n)$ (qui est « épuisé », dans le sens où « il ne reste plus rien » quand tous ceux qui ont « contribué à la production » ont été payés). Autrement dit, chacun est rémunéré en fonction de son apport, et il n'y a pas de « résidu » qui reviendrait à ceux qui n'ont rien fait. Ce qui serait donc à la fois juste et « efficient », puisque la rémunération selon la productivité marginale est celle qui correspond à l'équilibre de concurrence parfaite, qui est lui-même un OPTIMUM DE PARETO.

Le théorème de l'épuisement est en fait largement tautologique, puisqu'il est une conséquence directe de l'hypothèse de rendements d'échelle constants. Si celle-ci n'est pas vérifiée, et si les rendements sont décroissants, alors les partisans du théorème invoquent l'existence d'un « facteur caché », dont l'action doit être ajoutée dans le membre de droite de la formule (1) et dont la rémunération est assimilée à une RENTE.

Équation de récurrence linéaire (à coefficients constants)

Équation de la forme :

$$(1)\quad x_{t+n} + a_{n-1}x_{t+n-1} + \ldots + a_0x_t = f(t),$$

qui est dite d'*ordre n*. Si les *conditions initiales* $x_0, x_1, \ldots, x_{n-1}$ sont connues, alors on peut déduire de (1) — en y faisant $t = 0$ — la « valeur suivante » x_n $(= f(0) - a_{n-1}x_{n-1} - \ldots - a_0x_0)$; cette valeur connue, on peut alors déduire de (1) — en y faisant $t = 1$ — la valeur suivante, x_{n+1}, et ainsi de suite. A partir des n conditions initiales $x_0, x_1, \ldots, x_{n-1}$ on peut donc déduire la suite (x_t), solution de l'équation (1) ; à chaque ensemble de conditions initiales correspond une suite unique.

Tout le problème est donc de déterminer la forme de cette suite. On commencera par noter à ce propos que si (y_t) est une suite quelconque qui vérifie l'équation (1) et si (z_t) est une suite qui vérifie l'*équation homogène associée à* (1) :

(2) $x_{t+n} + a_{n-1}x_{t+n-1} + \ldots + a_0 x_t = 0$,

alors il est clair que la suite $(y_t + z_t)$ est solution de (1). Par conséquent, la recherche de la solution de (1) se décompose en deux parties :

1. déterminer la « solution particulière » (y_t) ;
2. déterminer la solution générale (z_t) de l'équation homogène associée à (1).

Il n'y a pas grand-chose à dire quant à la détermination de la solution particulière — détermination qui n'est pas toujours possible —, si ce n'est qu'en règle générale elle est du même type que le « second membre » $f(t)$ (exponentielle si exponentielle, polynôme si polynôme). C'est pourquoi par la suite on ne s'intéressera qu'à la solution de l'équation homogène associée ; pour simplifier la présentation, on se situera dans le cas d'ordre 2.

Résolution de l'équation homogène associée (cas d'ordre 2)

On est en présence d'une équation de la forme :

(3) $x_{t+2} + a_1 x_{t+1} + a_0 x_t = 0$.

Son caractère linéaire suggère de « tester » la suite exponentielle (λ^t) ; ce qui donne, en remplaçant dans (3) :

$$\lambda^t(\lambda^2 + a_1\lambda + a_0) = 0.$$

Par conséquent, si l'on appelle λ_1 et λ_2 les racines du *polynôme caractéritique* $P(\lambda) = \lambda^2 + a_1\lambda + a_0$, alors toute suite de la forme :

(4) $(\alpha_1\lambda_1^t + \alpha_2\lambda_2^t)$

est solution de l'équation (3), les coefficients α étant déterminés par les conditions initiales x_0 et x_1. Plus précisément, si l'on considère la solution générale de l'équation (1) pour $n = 2$:

(5) $(y_t + \alpha_1\lambda_1^t + \alpha_2\lambda_2^t)$

où y_t est, rappelons-le, une solution particulière, alors on a, en $t = 0$ et en $t = 1$:

$$\begin{cases} y_0 + \alpha_1 + \alpha_2 = x_0 \\ y_1 + \alpha_1\lambda_1 + \alpha_2\lambda_2 = x_1. \end{cases}$$

On est donc en présence d'un système de deux équations à deux inconnues (α_1 et α_2), système qui a une solution unique *sauf* dans le cas où les deux racines du polynôme caractéristique sont égales (racine double). Dans ce cas — où l'on dit qu'il y a *résonance* —, on remplace (5) par :

$$(y_t + (\alpha_1 + \alpha_2 t)\lambda^t).$$

On procède de même dans le cas où $n > 2$, (5) s'écrivant alors, s'il n'y a pas de racine double :

$$(y_t + \Sigma\alpha_i\lambda_i^t).$$

Remarque. Dans le cas où les racines du polynôme caractéristique ne sont pas réelles — les coefficients a et les conditions initiales l'étant —, alors ces racines sont *conjuguées* (de la forme $\theta + i\beta$ et $\theta - i\beta$), et il en est alors de même des coefficients α_1 et α_2, de sorte que la solution (5) s'écrit :

$$(y_t + \text{partie réelle de } (\alpha\lambda_1^t)),$$

où α est un nombre complexe quelconque (déterminé par les conditions initiales). On rappelle que le nombre complexe λ_1 peut se mettre sous la forme : $\rho(\cos\varphi + i \sin\varphi)$ de sorte que $\lambda_1^t = \rho^t(\cos\varphi t + i \sin\varphi t)$.

La question de la stabilité

Si l'on revient à la solution générale $(y_t + \alpha_1\lambda_1^t + \alpha_2\lambda_2^t)$, on peut voir en elle la somme de la « trajectoire » (y_t) et d'un « écart » $\alpha_1\lambda_1^t + \alpha_2\lambda_2^t$ par rapport à cette trajectoire (dont on dit parfois qu'elle joue le rôle d'une « cible »). Le problème de la stabilité est de savoir si cette cible peut être atteinte — ou approchée « d'aussi près qu'on le veut » — ou non ; ce problème consiste à étudier le comportement de $(\alpha_1\lambda_1^t + \alpha_2\lambda_2^t)$ lorsque t tend vers l'infini. Si cette expression tend vers 0 *quelles que soient les conditions initiales* (et donc quels que soient les coefficients α), on dit alors qu'il y a *stabilité globale* du processus défini par l'équation (1).

Or, il découle des propriétés élémentaires de la fonction exponentielle que :

$$\text{stabilité globale} \Leftrightarrow |\lambda_i| < 1,\ i = 1, \ldots, n,$$

où $|\lambda_i|$ désigne la valeur absolue — ou le module, selon le cas — de la i-ème racine du polynôme caractéristique (cette proposition étant vraie quel que soit le degré de celui-ci).

Une *condition nécessaire* pour qu'il y ait stabilité globale est donc que le « dernier » coefficient de (1), a_0, qui est égal au produit des racines du polynôme caractéristique, soit — en valeur absolue — strictement inférieur à 1.

Une autre condition nécessaire est que le coefficient a_1 — égal, au signe près, à la *somme* des racines du polynôme caractéristique — soit inférieur en valeur absolue au degré n de ce polynôme.

Dans le cas où $n = 2$, on a la *condition nécessaire et suffisante* suivante :

$$\text{stabilité globale} \Leftrightarrow (P(-1) > 0,\ P(1) > 0 \text{ et } |a_0| < 1).$$

Le graphique suivant — où le polynôme caractéristique est représenté par une *parabole* — permet de comprendre l'origine de cette condition dans le cas où les racines sont réelles :

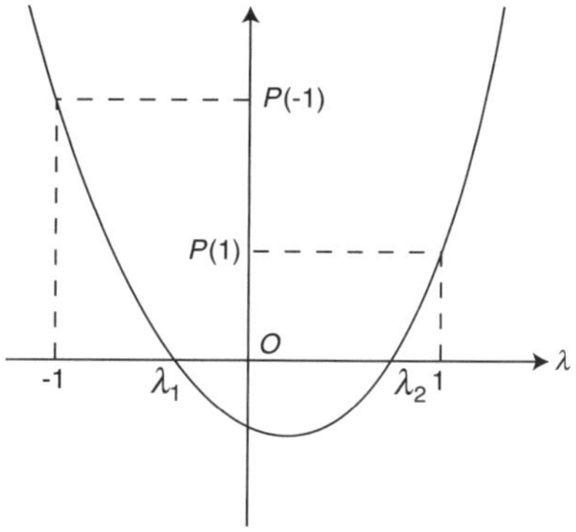

Si dans la solution générale certaines des racines λ sont de module strictement supérieur à 1, alors pour qu'il y ait convergence vers la « cible », il suffit de choisir les conditions initiales de façon que les coefficients α associés à ces racines soient nuls ; la situation est alors de type POINT-SELLE, la convergence n'ayant lieu que pour des valeurs très particulières des conditions initiales.

Équation différentielle

Équation dont l'inconnue est une fonction et dans laquelle interviennent les dérivées de cette fonction. Le cas le plus fréquent en économie est celui où la fonction inconnue a le *temps* pour argument ; on la note alors généralement $x(t)$. L'équation différentielle la plus simple possible est de la forme :

$$x'(t) = f(x(t)),$$

ou encore, en utilisant la notation usuelle pour les dérivées relativement au temps $(\dot{x}(t) = x'(t))$:

(1) $$\dot{x}(t) = f(x(t)).$$

Comme la notation $\dot{x}$ signifie qu'on est en présence d'une dérivée d'une fonction par rapport au temps, on peut ne pas faire figurer celui-ci dans l'équation, qui se réduit alors à :

(1′) $$\dot{x} = f(x).$$

Il doit cependant être clair que l'inconnue de l'équation (1′) est une *fonction*, et non un nombre. Ce qui conduit à se poser les questions suivantes : cette équation a-t-elle une solution ? Si oui, est-elle unique ? Quel est son *domaine de définition* ?

Le *théorème fondamental* sur les équations différentielles apporte une réponse, du moins partielle, à ces questions. Il s'énonce de la façon suivante : *si la fonction* $f(\cdot)$ *est dérivable, et à dérivée continue, en un point* x_0 $(= x(0))$, *alors l'équation* (1) *a une solution unique définie sur un intervalle* $(-h, h)$, *avec* $h > 0$. Autrement dit, si la fonction $f(\cdot)$ est « suffisamment régulière » en un point, alors l'équation différentielle (1) admet une *solution locale* au voisinage de ce point, solution qui est définie pour des t proches de 0 (mais non nuls).

Toutefois, l'économiste qui fait appel à des équations différentielles s'intéresse surtout au comportement de leurs solutions lorsque t tend vers l'infini et donc aux conditions pour lesquelles ces solutions sont « prolongeables » indéfiniment. Pour être prolongeable, une solution « locale » doit, pour l'essentiel, demeurer *bornée*, de façon qu'on puisse lui appliquer « de proche en proche » le théorème fondamental (on la prolonge « de petit bout en petit bout », et cela indéfiniment). Évidemment, comme en général on ne connaît pas cette solution, on ne peut savoir *a priori* si elle est bornée ou pas. L'économiste peut parfois contourner cet obstacle, en supposant par exemple que les ressources disponibles sont limitées (leurs quantités demeurent donc bornées), ou en excluant les rendements croissants ou les comportements spéculatifs qui peuvent théoriquement conduire à des offres ou des demandes infinies (d'où l'hypothèse sur l'existence d'un SYSTÈME COMPLET DE MARCHÉS).

Il n'est généralement pas possible de « résoudre » une équation différentielle — c'est-à-dire d'expliciter la forme de la fonction $x(\cdot)$ qui vérifie cette équation. Une exception importante est celle où la fonction $f(\cdot)$ est *linéaire* (voir l'entrée ÉQUATIONS DIFFÉRENTIELLES LINÉAIRES) ; c'est pourquoi ce cas occupe une place importante dans la plupart des modèles — qui sont LINÉARISÉS au voisinage de ces points particuliers que sont les ÉQUILIBRES. L'étude est alors *locale*, au voisinage de l'équilibre.

Une autre façon de se faire une idée sur le comportement des solutions d'une équation différentielle est d'effectuer une *étude graphique*, ce qui est toujours possible si l'équation est d'ordre inférieur ou égal à 2.

L'étude graphique par le diagramme des phases

On considère l'équation (1′), où x est une fonction de $\mathfrak{R}$ dans $\mathfrak{R}$. On trace alors le graphe de $f(\cdot)$ dans un système d'axes ayant x en abscisse et $\dot{x}$ en ordonnée, comme cela a été fait dans la figure 1. Les équilibres du modèle sont donnés par les points E et E', où la courbe coupe l'axe des abscisses et donc où la dérivée $\dot{x}$ s'annule. Supposons maintenant qu'à l'« instant initial » $t = 0$ la valeur de la fonction $x(\cdot)$ soit x_0 (figure 1) ; comme $f(x_0) > 0$, il résulte de (1) que $\dot{x}(0) > 0$, et donc que la fonction $x(\cdot)$ est *strictement croissante* en $t = 0$. Ce qu'on traduit dans le graphique par une flèche de gauche à droite issue de x_0. On remarque alors que comme pour tout $x(t)$ compris entre x_0 et E, $f(x(t)) \geq 0$, la fonction $x(\cdot)$ est croissante, et comme elle est *majorée* par E — elle ne peut dépasser cette valeur, puisqu'en $E f(x) = 0$ et donc $\dot{x} = 0$ (elle « ne bouge plus ») —, elle *converge* vers E. On arrive à une conclusion similaire si la « valeur initiale » x_0 se trouve dans l'intervalle EE'. Par conséquent, l'*ensemble de stabilité* de l'équilibre E est donné par l'intervalle $(-\infty, E')$; au vu des flèches, et de leur sens, on conclut que l'ensemble de stabilité de l'équilibre E' se réduit à l'équilibre lui-même.

On notera enfin que si $x(0) > E'$, la fonction $x(t)$ est croissante et tend même vers l'infini, mais *pas forcément lorsque* t *tend vers l'infini* (il se peut qu'elle tende vers l'infini lorsque t tend vers une valeur finie t^*, puis qu'elle tende vers 0 ensuite, pour $t > t^*$ et $t \to \infty$, comme le montre par exemple le cas de l'équation : $x = x^2$, avec $x(0) > 0$).

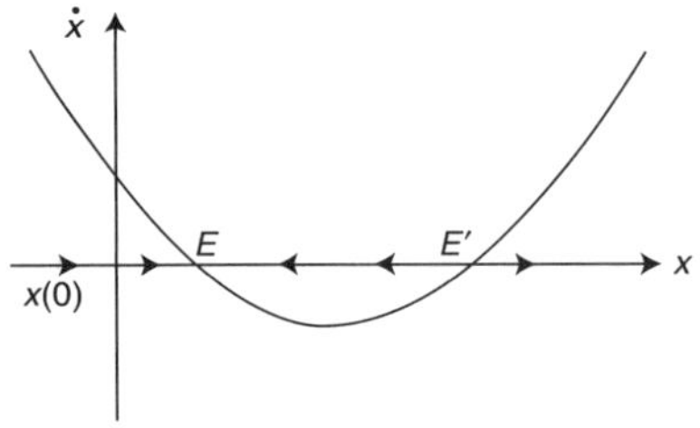

Figure 1. – Diagramme de phases (courbe de type parabolique)

Dans le cas où $x(\cdot)$ est un vecteur de fonctions $(x(\cdot) = (x_1(\cdot), x_2(\cdot)))$, l'équation (1′) représente le *système d'équations différentielles* :

$$\begin{cases} \dot{x}_1 = f_1(x_1, x_2) \\ \dot{x}_2 = f_2(x_1, x_2) \end{cases}$$

qui peut aussi être étudié graphiquement. Pour cela, on se donne un repère ayant x_1 en abscisse et x_2 en ordonnée, dans lequel on trace les courbes d'équation $f_1(x_1, x_2) = 0$ et $f_2(x_1, x_2) = 0$. Les intersections de ces courbes donnent les équilibres du système (puisqu'elles sont telles que $\dot{x}_1 = 0$ et $\dot{x}_2 = 0$), équilibres qu'on note E_1 et E_2. La courbe d'équation $f_1(x_1, x_2) = 0$ partage le plan en deux parties, l'une où $f_1(x_1, x_2) > 0$ et l'autre où $f_1(x_1, x_2) < 0$. Supposons, par exemple, que $f_1(x_1, x_2) > 0$ pour les points se trouvant *au-dessus* de cette courbe, et donc que $f_1(x_1, x_2) < 0$ pour les points se trouvant *en dessous* d'elle. Ainsi, au point X_0 de la figure 1, $f_1(x_1, x_2) > 0$, et donc $\dot{x}_1 > 0$, ce qui signifie que la fonction $x_1(\cdot)$ est croissante en ce point ; d'où la flèche horizontale de gauche à droite qui a été tracée à partir de X_0. Quant à la flèche verticale, elle procède d'un raisonnement similaire : comme il est supposé qu'en X_0, $f_2(x_1, x_2) < 0$, il s'ensuit que $\dot{x}_2 < 0$; la fonction $x_2(\cdot)$ est donc *décroissante* en ce point, et la flèche pointe « vers le bas ».

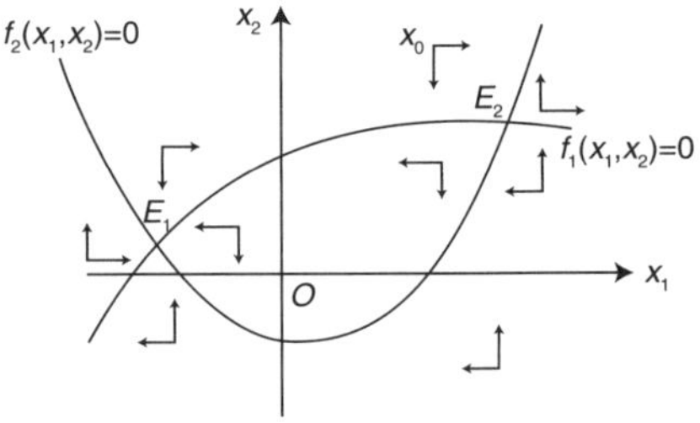

Figure 2. – Diagramme de phases d'ordre 2

Sur la figure 2, on a tracé le réseau de flèches pour chacune des régions du plan, comme cela a été expliqué pour X_0. On « voit » que si l'on se situe au voisinage de l'équilibre E_1, les flèches convergent vers lui (il semble donc être « localement stable »), alors que tel n'est pas le cas pour E_2 — qui semble plutôt être du type POINT-SELLE (la convergence n'a lieu que pour certaines valeurs « initiales » particulières).

Équation différentielle linéaire, à coefficients constants

Équation de la forme :

$$x^{(n)}(t) + a_{n-1}x^{(n-1)}(t) + \ldots + a_0 x(t) = f(t),$$

où $x^{(i)}(\cdot)$ désigne la dérivée d'ordre i de la fonction $x(\cdot)$ et où les a sont des coefficients constants. Par la suite, pour simplifier les notations, on se limitera au cas où $n = 2$, et on adoptera la notation usuelle lorsque la variable est le temps, notation qui consiste à remplacer les « prime » des dérivées par des points au-dessus des lettres qui représentent les fonctions. Soit donc l'équation d'ordre 2 :

(1) $\ddot{x}(t) + a_1 \dot{x}(t) + a_0 x(t) = f(t)$.

La détermination des solutions de cette équation se fait en *deux étapes* :

— la *première étape* consiste à chercher une « solution particulière » $x(t) = \varphi(t)$ qui vérifie (1) (par exemple, si le second membre $f(\cdot)$ est une exponentielle de base α, on prend pour $\varphi(\cdot)$ une exponentielle de même base) ;

— la *seconde étape* est celle de la détermination de la solution générale de *l'équation homogène associée à* (1) :

(2) $\ddot{x}(t) + a_1 \dot{x}(t) + a_0 x(t) = 0$.

C'est cette seconde étape qui nous occupera ici, la première relevant du cas par cas [tout dépend de la forme de la fonction $f(\cdot)$ qui se trouve dans le second membre de (1)]. En raison du caractère linéaire de (2), on cherche les solutions de la forme $\alpha e^{\lambda t}$; soit, en remplaçant dans (2) :

$$\alpha(\lambda^2 + a_1\lambda + a_0)\, e^{\lambda t} = 0.$$

Ainsi, si l'on appelle λ_1 et λ_2 les racines du *polynôme caractéristique* $P(\lambda) = \lambda^2 + a_1\lambda + a_0$, alors toute fonction de la forme :

$$\alpha_1 e^{\lambda_1 t} + \alpha_2 e^{\lambda_2 t}$$

est solution de l'équation (2). La *solution générale* de (1) est donc donnée par la fonction :

(3) $\varphi(t) + \alpha_1 e^{\lambda_1 t} + \alpha_2 e^{\lambda_2 t}$.

Si les *conditions initiales* $x(0)$ et $\dot{x}(0)$ sont données, alors on peut déterminer les paramètres α_1 et α_2 en faisant $t = 0$ dans (3) et dans sa dérivée puis en résolvant le système de deux équations à deux inconnues (α_1 et α_2) ; soit :

$$\begin{cases} \varphi(0) + \alpha_1 + \alpha_2 = x(0) \\ \dot{\varphi}(0) + \alpha_1\lambda_1 + \alpha_2\lambda_2 = \dot{x}(0) \end{cases}$$

Ce système a une solution unique *sauf* si le polynôme caractéristique a une racine double ($\lambda_1 = \lambda_2$). Dans ce cas, où il y a *résonance*, la solution générale de (1) est de la forme :

(4) $\varphi(t) + (\alpha_1 + \alpha_2 t)e^{\lambda t}$,

où λ est la (seule) racine (double) du polynôme caractéristique.

Remarque. Si les racines du polynôme caractéristique ne sont pas réelles, mais complexes, et si les coefficients a et les conditions initiales sont réelles, alors ces racines sont *conjuguées* (elles sont de la forme $\theta + i\beta$ et $\theta - i\beta$) ; comme il en est de même des coefficients α, (3) s'écrit alors :

$$\varphi(t) + \text{partie réelle de } \alpha_1 e^{\lambda_1 t},$$

où α_1 est un nombre complexe quelconque et où :

$$\begin{aligned} e^{\lambda_1 t} &= e^{(\theta + i\beta)t} \\ &= e^{\theta t}(\cos\beta t + i\sin\beta t). \end{aligned}$$

Les conditions de stabilité

Une question qui se pose à propos de la solution générale de (3) — ou de (4) dans le cas où il y a une racine double — est celle de son « comportement à l'infini » ; un cas qui est considéré comme particulièrement intéressant est celui où elle se rapproche de plus en plus de $\varphi(t)$ (qui est parfois qualifiée de « cible »). Pour que cette convergence ait lieu, il faut que la fonction $\alpha_1 e^{\lambda_1 t} + \alpha_2 e^{\lambda_2 t}$ tende vers 0 lorsque t tend vers l'infini ; or pour que tel soit le cas *quelles que soient les conditions initiales* — et donc quelles que soient les valeurs de α_1 et de α_2 — , il faut et il suffit que λ_1 et λ_2 soient *strictement négatives* — ou, si elles ne sont pas réelles, *à parties réelles strictement négatives*. Cette *condition de stabilité globale* est vérifiée *si les coefficients a_1 et a_0 de l'équation* (1) *sont strictement positifs* (en effet, $a_0 > 0$ signifie que les racines sont de même signe, et $a_1 > 0$ signifie que leur somme est strictement négative).

Dans le cas où l'équation est d'ordre n, alors pour qu'il y ait stabilité globale *il faut que tous* les coefficients de l'équation soient strictement positifs (condition *nécessaire*, mais pas suffisante).

Si une des racines du polynôme caractéristique, λ_1 par exemple, est strictement positive, et si l'on choisit les conditions initiales ($x(0)$, $\dot{x}(0)$) de façon que $\alpha_1 = 0$, alors il y a convergence vers la cible ; on est en présence d'une situation de type POINT-SELLE (la convergence n'a lieu que pour des valeurs très particulières des conditions initiales, valeurs qui se trouvent sur l'« axe de la selle »). Pour plus de détails et des exemples, voir *Mathématiques des modèles dynamiques pour économistes*, de Sophie Jallais, La Découverte, coll. « Repères », 2001.

Équilibre

Terme utilisé en économie pour désigner des situations où « rien ne bouge », car les agents ne sont pas incités à modifier leurs plans, compte tenu de l'information dont ils disposent et des contraintes qu'ils subissent. Autrement dit, à l'équilibre il y a *compatibilité* entre les plans des agents économiques — que ceux-ci soient formés d'individus ou de groupes d'individus (ménages, entreprises, classes sociales, syndicats, etc.).

Les théories économiques accordent généralement une place privilégiée aux équilibres ; ceux-ci leur servent de *repères*, puisqu'ils sont des situations dans lesquelles se nouent des relations qui sont, par définition, moins fugaces que celles qui ont lieu en dehors d'un équilibre (même si celui-ci peut être « passager »). Ainsi, la plupart des raisonnements en économie consistent à comparer les équilibres de systèmes dont on fait varier les paramètres ; on dit qu'ils relèvent de la STATIQUE COMPARATIVE.

Équilibre et cadre institutionnel

Un équilibre est donc une situation où il y a compatibilité entre les *plans* des agents ; ces plans dépendent des caractéristiques propres de ceux qui les formulent (goûts, ressources, savoir-faire, techniques disponibles), mais aussi :

— *du cadre institutionnel* dans lequel ils sont établis ;

— *des croyances* (ou des CONJECTURES) de chaque agent en ce qui concerne les réactions des autres ou du « système » dans son ensemble.

Il revient évidemment au modélisateur de préciser toutes ces caractéristiques. Ainsi, l'équilibre de CONCURRENCE PARFAITE suppose un vecteur de prix connu (et accepté) de tous et une procédure de regroupement des offres et des demandes individuelles, qui sont établies sur la base de ces seuls prix — car les agents ne tiennent pas compte des réactions des autres, ni des éventuels rationnements ou contraintes sur les débouchés qu'ils pourraient subir (leurs conjectures sont de type « concurrentiel »). Dans ces conditions, l'équilibre est un *vecteur de prix* — un par bien — pour lequel il y a égalité de l'offre et de la demande *globales* de chaque bien ; la métaphore du commissaire-priseur résume le cadre institutionnel dans lequel s'inscrit cet équilibre.

Si l'on garde le même cadre institutionnel, mais si les prix affichés n'égalisent pas les offres et les demandes tout en demeurant momentanément fixés, alors le modèle est du type de ceux qu'étudie la théorie du DÉSÉQUILIBRE, dont les équilibres sont « à prix fixes » ; dans ce modèle, les tâches du commissaire-priseur sont nettement plus lourdes, puisqu'il doit appliquer une RÈGLE DE RATIONNEMENT et informer chaque agent de ce qu'il est « autorisé » à acheter ou à vendre, compte tenu des offres et des demandes des autres agents (et, évidemment, de la règle de rationnement retenue).

Les modèles du MONOPOLE et du DUOPOLE se situent aussi dans un cadre institutionnel proche de celui de la concurrence parfaite — donc très centralisé —, mais supposent des conjectures d'un type différent, puisque le monopole cherche à anticiper la demande du bien qu'il produit, et les duopoleurs les réactions de leurs concurrents.

Une des caractéristiques essentielles d'un équilibre est que les conjectures (ou les croyances) des agents y sont vérifiées. Mais il se peut que ces conjectures soient fausses en dehors de l'équilibre ; tel est le cas en concurrence parfaite, où les agents établissent leurs plans en faisant « comme si » ils pouvaient acheter ou vendre tout ce qu'ils veulent, qu'il y ait équilibre ou pas ; dans le duopole de COURNOT, les conjectures des duopoleurs sont également systématiquement fausses en dehors de l'équilibre.

On peut faire des constatations similaires à propos des équilibres dans les autres théories économiques, même celles qui sont moins formalisées ou qui ne mettent que partiellement l'accent sur les choix individuels. Ainsi, les anticipations — conjectures — des entrepreneurs jouent un rôle essentiel dans l'analyse de KEYNES en ce qui concerne l'existence d'*équilibres de sous-emploi*. De même, chez MARX, le partage entre biens de consommation et biens de capital joue un rôle essentiel dans les SCHÉMAS DE REPRODUCTION et les conditions d'équilibre qui s'y rattachent (bien que l'équilibre n'était pas au centre de ses préoccupations, puisqu'un de ses propos était de montrer le caractère « anarchique » du capitalisme).

L'équilibre comme point fixe d'un processus

Une des façons habituelles de justifier la place privilégiée que donnent les modèles aux équilibres est de voir en eux l'aboutissement d'un *processus* — qui se déroule forcément en déséquilibre. Les équilibres apparaissent alors comme des « pôles d'attraction » du système. Toutefois, si l'on adopte ce point de vue, il faut préciser la forme du processus dont les équilibres sont des cas particuliers. Ainsi, si l'on note X_t les valeurs prises par les variables du système à l'instant t (s'il y a n variables, X_t est alors un vecteur de $\mathfrak{R}^n$), ce processus peut être décrit par la relation de récurrence :

(1) $X_{t+1} = F(X_t)$,

du moins si l'on suppose que la fonction $F(\cdot)$ demeure invariante dans le temps (qu'elle n'est pas influencée par la façon dont évoluent les variables du modèle).

Si tel est le cas, un vecteur X_e est un équilibre du système si celui-ci demeure invariant au cours du processus décrit par la relation (1), donc si :

(2) $X_e = F(X_e)$.

On vérifie immédiatement, par récurrence, que si, à un instant t quelconque, on a $X_t = X_e$, alors $X_T = X_e$ pour tout $T > t$; autrement dit, si le processus atteint à un moment quelconque la « position » X_e, alors « il y reste » par la suite, ce qui est la définition même d'un équilibre.

En mathématiques, les vecteurs X_e qui vérifient une relation du type (2) sont appelés *points fixes* de la fonction $F(\cdot)$. Ainsi, la recherche des équilibres d'un système est souvent ramenée à celle des points fixes d'une fonction, qui représente un processus particulier ; c'est cette démarche qui a, par exemple, été utilisée par John NASH dans le cas de la THÉORIE DES JEUX, et par ARROW-DEBREU dans celui de la concurrence parfaite. Leurs démonstrations d'existence d'équilibres s'appuient sur le théorème du POINT FIXE, qui est valable si la fonction $F(\cdot)$ est continue et si les « trajectoires » $\{X_t\}$ sont bornées.

Si la fonction $F(\cdot)$ est continue et si une trajectoire $\{X_t\}$ converge vers un « point » X, alors celui-ci est forcément un équilibre du processus défini par (2) [on le vérifie immédiatement en remarquant que si X_t tend vers X, il en est de même de X_{t+1}, de sorte que (2) s'écrit, après « passage à la limite », $X = F(X)$]. Mais il serait faux d'en déduire que toute trajectoire converge vers un équilibre ; ainsi, il se peut fort bien que des trajectoires — si ce n'est toutes — ne convergent pas du tout (tel est le cas, par exemple, si elles oscillent indéfiniment). Le problème de la convergence des trajectoires d'un processus concerne la STABILITÉ du système, problème autrement plus complexe que celui de l'existence de l'équilibre, aussi bien au niveau du traitement mathématique que de l'interprétation économique (puisqu'il nécessite d'envisager des comportements dans des situations fugaces, hors équilibre).

Équilibre général (approche d')

Approche qui consiste à prendre en compte l'*ensemble des interdépendances* qui résultent des choix des individus — ou des groupes d'individus — qui composent la société, et dont le propos est de déterminer la façon dont ces choix peuvent être coordonnés. L'approche d'équilibre général s'oppose donc à celle d'équilibre partiel, qui n'est concernée que par les transactions relatives à un seul bien — quel qu'il soit.

Les SCHÉMAS DE REPRODUCTION, simple ou élargie, de MARX constituent une des premières tentatives de modéliser les relations entre les divers secteurs de l'économie dans une perspective d'équilibre général (les secteurs concernés étant ceux des biens de consommation et des biens de capital). L'ANALYSE ENTRÉES-SORTIES s'intéresse aussi aux interdépendances sectorielles, mais essentiellement au niveau de la production ; il en est de même du modèle de SRAFFA, dans lequel l'accent est mis sur le problème de la RÉPARTITION. Certaines des analyses de KEYNES, notamment celles qui portent sur la DEMANDE EFFECTIVE, relèvent aussi de l'équilibre général, puisqu'elles s'intéressent aux productions qui engendrent des flux de revenus suffisants pour qu'elles soient « absorbées », ou écoulées.

Toutefois, alors que Marx, Leontieff et Keynes abordent la question de l'équilibre général d'un point de vue « sectoriel » ou « global », les NÉO-CLASSIQUES le font en mettant l'accent sur les *choix individuels*. Comme ceux-ci dépendent du *cadre institutionnel* dans lequel ils s'insèrent (droits de propriété, information disponible et, plus généralement, « règles du jeu »), les types de modèles envisageables sont pratiquement en nombre illimité. Cependant, les néo-classiques accordent — suite à WALRAS — une place privilégiée au cas de la CONCURRENCE PARFAITE, et cela pour au moins deux raisons :

— c'est pratiquement le seul cas où il est possible de montrer — sous des hypothèses relativement générales, dites d'ARROW-DEBREU — que le modèle comporte (au moins) une « solution », pour laquelle la coordination des choix individuels est possible ;

— l'affectation des ressources qui correspond à cette solution est un OPTIMUM DE PARETO, ce qui justifie le modèle d'un point de vue NORMATIF.

Il existe aussi des modèles d'équilibre général avec des MONOPOLES (cas de la CONCURRENCE MONOPOLISTE) ou avec des duopoles-oligopoles, mais l'existence d'au moins un équilibre ne peut être établie dans ces modèles (sauf dans des cas particuliers), ce qui en limite beaucoup la portée théorique, tout au moins si l'on s'en tient aux canons néo-classiques.

C'est d'ailleurs en raison du problème de l'absence possible d'équilibres dès qu'on abandonne le cadre strict de la concurrence parfaite que les néo-classiques limitent de plus en plus leurs analyses d'équilibre général au cas où l'économie est formée d'un nombre très réduit d'AGENTS REPRÉSENTATIFS. Ce faisant, ils vident de sa substance l'idée d'équilibre général, qui est étroitement associée à celle de coordination des décisions d'un « grand nombre » d'individus.

Équilibre général calculable (méthode de l')

Méthode qui consiste à construire une « maquette » de l'économie d'un pays en partant d'un modèle d'ÉQUILIBRE GÉNÉRAL avec des agents maximisateurs dont on cherche à préciser les paramètres à partir des données statistiques disponibles sur ce pays. L'approche par l'équilibre général calculable se veut donc « appliquée » ; en cela, elle se présente comme une alternative à la démarche utilisée habituellement en ÉCONOMÉTRIE.

Les modèles d'équilibre général calculable sont devenus à la mode dans les années quatre-vingt. La Banque mondiale a beaucoup fait pour les promouvoir ; elle les utilise en tant que supports pour les politiques économiques qu'elle préconise pour les pays en développement.

Les principales caractéristiques des modèles

Le principe des modèles d'équilibre général est simple : partir des comportements maximisateurs individuels pour déduire les valeurs d'un certain nombre de variables clés de l'économie (à commencer par les prix et les quantités d'équilibre) et des résultats de STATIQUE COMPARATIVE (par exemple, conséquence sur les prix et les quantités d'équilibre de modifications des paramètres de la politique économique).

Dans la théorie de l'équilibre général, les choix (maximisateurs) des agents dépendent :
— *de leurs caractéristiques propres*, dotations, goûts et CONJECTURES pour les ménages, fonctions de production pour les entreprises ;
— *de la forme d'organisation sociale dans laquelle leurs relations s'inscrivent* — c'est-à-dire de ce qu'on appelle souvent, de façon vague, la « structure des marchés ».

Parmi les formes d'organisation sociale possibles, la CONCURRENCE PARFAITE occupe une place privilégiée, parce qu'elle est la plus simple du point de vue du traitement mathématique et, surtout, parce qu'elle sert de NORME (ses équilibres sont des OPTIMUMS DE PARETO). C'est pour ces deux raisons que le modèle de la concurrence parfaite sert donc de point de départ, et souvent de référence, aux analyses en terme d'équilibre général calculable.

Compte tenu de la complexité des interrelations des choix d'un grand nombre de biens et d'agents, les modèles d'équilibre général calculable raisonnent sur des agrégats de biens et d'individus, ces derniers étant éventuellement considérés comme des AGENTS REPRÉSENTATIFS. Selon les modèles, les biens et les agents peuvent être en plus ou moins grand nombre (mais ce nombre est toujours limité). Les ménages « représentatifs » sont caractérisés par une fonction d'UTILITÉ, les entreprises par une FONCTION DE PRODUCTION. Le choix de la forme de ces fonctions est souvent fait par le modélisateur de façon qu'il conduise à des fonctions d'offre et de demande « simples » ; il reste cependant un « degré de liberté » sur la valeur des *paramètres* (« coefficients ») qui interviennent dans les formules caractérisant ces fonctions (par exemple, les exposants de la fonction de COBB-DOUGLAS).

Les possibilités techniques sont généralement représentées par des fonctions qui ont les caractéristiques de la FONCTION DE PRODUCTION NÉO-CLASSIQUE, dont les seuls arguments sont le « travail » et le « capital » ; chacun des secteurs de l'économie peut cependant être représenté par une fonction de ce type qui a ses spécificités propres.

Les *paramètres de politique économique* peuvent être de plusieurs types : taxes proportionnelles aux prix, prélèvements divers sur les revenus, subventions, etc. Comme le modèle d'équilibre général ne comporte pas de monnaie, ces paramètres concernent des variables « réelles » (qui peuvent être évaluées relativement à un bien qui sert de NUMÉRAIRE) ; il y a là une différence importante avec les modèles macroéconomiques usuels (à commencer par le modèle IS-LM).

La « résolution » des modèles

Même s'ils comportent un nombre très restreint de biens et d'agents, les modèles d'équilibre général calculable conduisent à des systèmes d'équations relativement importants, dont la résolution (calcul des équilibres) est souvent peu aisée, car ils sont non linéaires. Beaucoup d'énergie est donc consacrée à la recherche de méthodes de résolution appropriées, et qui ne soient pas trop longues. Parmi ces méthodes, il y a des variantes du TÂTONNEMENT walrasien, qui prennent la forme d'ajustements successifs des offres et des demandes de chacun des biens et des « facteurs de production » (voir l'encadré « L'équilibre général calculable : le principe du modèle »).

Toutefois, rien n'assure qu'un tel processus converge ; le théorème de SONNENSCHEIN donne d'ailleurs à penser le contraire. Il est vrai que les spécifications habituellement retenues par les modèles d'équilibre général calculable ne sont pas incompatibles avec la stabilité du tâtonnement ; mais même s'il y a convergence, celle-ci peut être *extrêmement lente*. C'est pourquoi des méthodes autres que le tâtonnement ont été mises au point pour le calcul des équilibres ; ces méthodes sont « purement mathématiques » dans le sens où elles n'ont pas d'interprétation d'un point de vue économique (voir, par exemple, « The computation of equilibrium prices : an exposition » de Herbert Scarf, dans *Hand-*

L'équilibre général calculable : le principe du modèle

On considère une économie qui comporte n biens — présents ou futurs — dont les quantités et les prix sont notés $q_1, \ldots, q_n$ et $p_1, \ldots, p_n$, respectivement, outre le travail L (dont le « prix » est le salaire s) et le « capital » K (dont le « prix » est le taux d'intérêt r). Si l'on suppose que chaque bien est produit par une entreprise qui opère selon les règles de la concurrence parfaite, avec une fonction de production de classe C^1 et CONCAVE, notée F_i pour le bien i, alors les *conditions du premier ordre* pour avoir un profit maximal sont données par le système d'équations :

$$(1) \quad \begin{cases} p_i(F_i)'_L(L_i, K_i) = s \\ p_i(F_i)'_K(L_i, K_i) = r \end{cases} \qquad i = 1, \ldots, n$$

Si la DOTATION INITIALE des ménages est formée par leur temps disponible (à répartir entre travail et loisir) et par le CAPITAL présent dans l'économie (capital dont ils sont les propriétaires), alors on peut déduire de leur fonction d'utilité et de leur contrainte budgétaire leur demande de biens et leur offre de travail. Afin qu'il n'existe pas de profits autres que la rémunération du capital, il est supposé que les RENDEMENTS D'ÉCHELLE sont constants. Dans ce cas, il n'est pas possible de mettre en œuvre une procédure de type tâtonnement walrasien, et *l'offre des entreprises est indéterminée* ; ce second problème est résolu en supposant — ce qui va à l'encontre des hypothèses de la concurrence parfaite — que les entreprises connaissent la demande et la servent. Comme les rendements d'échelle sont constants, la *formule d'Euler* s'ajoute aux équations du système (elle traduit le fait que le produit « rémunère juste » les salariés et les propriétaires des capitaux).

Les *conditions d'équilibre* se présentent sous la forme d'égalités entre les offres et les demandes de biens et de « facteurs » (travail et capital), en fonction des prix, du salaire et du taux d'intérêt. Le système d'équations obtenu est non linéaire [comme le montrent les relations (1)] ; sa résolution ne va donc pas de soi. D'où l'idée de procéder par étapes. On commence — par exemple — par « résoudre » les relations (1) relativement au travail et au capital, pour des prix de biens donnés (mais quelconques) ; on obtient ainsi la demande de l'un et de l'autre, demande qu'on confronte ensuite à l'offre qui en est faite par les ménages, ce qui permet de déterminer un salaire et un taux d'intérêt d'équilibre (partiels), pour des prix de biens donnés. A partir de là, on peut calculer le revenu des ménages et en déduire leur demande de biens ; en égalisant celle-ci à l'offre — qui est obtenue en « injectant » les quantités de travail et de capital calculées précédemment dans les fonctions de production —, on obtient les prix d'équilibre (partiel) des biens. Comme il n'y a aucune raison pour que ces prix soient égaux à ceux qui ont été choisis « au hasard » au départ, on recommence les calculs avec eux, en les reportant dans les équations (1), et ainsi de suite.

Le processus qui vient d'être décrit peut soit ne pas converger, soit converger très lentement ; c'est pourquoi les théoriciens de l'équilibre général calculable consacrent une bonne partie de leur énergie à la mise au point d'algorithmes qui permettent de parvenir à l'équilibre « de façon rapide ».

book of Mathematical Economics, sous la direction de Arrow et Intriligator, vol. II, 1982). On peut d'ailleurs se demander comment le « marché » — que ces modèles sont censés imiter — s'arrange pour trouver ces méthodes (puisque la « loi de l'offre et de la demande » que le tâtonnement représente ne conduit pas au résultat attendu).

Il est clair que plus un modèle est désagrégé et plus le calcul de ses équilibres devient compliqué ; ce qui est d'autant plus vrai si le modèle essaie de prendre en compte, même de façon embryonnaire, les choix intertemporels (épargne et investissement) et les échanges avec l'étranger. A cela s'ajoute le problème des données, dont le nombre est forcément limité et qui sont souvent imprécises, notamment en raison de leur caractère agrégé. Le modélisateur doit donc choisir entre des maquettes réduites, mais définies de façon relativement précise — dans le cadre des hypothèses retenues, évidemment —, et des systèmes théoriquement plus « fins », mais plus flous et particulièrement difficiles à résoudre.

Le problème du calibrage des paramètres des modèles

Les variables d'un MODÈLE, quel qu'il soit, sont de deux types : les variables EXOGÈNES, qui sont déterminées en dehors du modèle, et les variables ENDOGÈNES, qui sont déterminées à l'intérieur du modèle (par les variables exogènes). Autrement dit, le modèle postule un *lien causal* entre ses variables (les exogènes sont la « cause », les endogènes l'« effet »). C'est le théoricien qui décide de ce lien au moment où il construit son modèle, en précisant lesquelles des variables sont pour lui exogènes et lesquelles sont endogènes.

Toutefois, une des caractéristiques essentielles de l'approche par l'équilibre général, c'est que *toutes les variables, prix et quantités, y sont endogènes* (elles sont déterminées simultanément à l'équilibre). Par conséquent, seuls les paramètres qui caractérisent les agents (fonctions d'utilité et de production, dotations initiales) et, éventuellement, les instruments de politique économique peuvent être considérés comme exogènes.

Les économistes qui cherchent à valider leurs théories en les confrontant aux données ont mis au point une série de méthodes statistiques, dans le cadre de ce qu'on appelle l'économétrie. Celle-ci se propose d'estimer les paramètres des relations qui lient les variables endogènes aux variables exogènes, puis de déterminer les INTERVALLES DE CONFIANCE relatifs aux estimations obtenues. Pour que celles-ci puissent être considérées comme valables, il faut que le nombre de données soit « nettement » plus grand que celui des variables endogènes ; en outre, la qualité des estimations des paramètres dépend de l'« intensité » des variations des variables exogènes (à la limite, si celles-ci demeurent constantes, il en est de même pour tout le système, et il n'est pas possible d'en déduire un quelconque lien causal). Or, d'une part, comme dans les modèles d'équilibre général, (tous) les prix et (toutes) les quantités sont endogènes, ces modèles comportent « beaucoup » de variables endogènes — et ce d'autant plus qu'ils sont désagrégés ; pour leur appliquer les tests statistiques, il faut donc disposer de « beaucoup plus » d'observations. D'autre part, les variables exogènes du modèle (ses paramètres) varient peu, ou très lentement, au cours du temps, ce qui ne peut conduire qu'à de très mauvaises estimations.

Tout cela explique pourquoi ceux qui font appel à l'équilibre général calculable n'adoptent pas la démarche de l'économétrie ; ils optent plutôt pour une *approche déterministe* qui consiste à « caler » ou « calibrer » les modèles sur les données disponibles — de la même façon qu'on « cale » une droite lorsqu'on la fait passer par deux points donnés, ou un plan lorsqu'on le fait passer par trois points (non alignés).

Plus précisément, le « calibrage » va consister à choisir les paramètres du modèle (fonctions d'utilité et de production, dotations initiales) de façon que les valeurs d'équilibre général (prix et production) « calculées » par le modèle (pour ces paramètres) soient les plus proches possible des valeurs observées dans l'économie considérée, à une date choisie comme référence. Avec les paramètres ainsi « calibrés », on obtient une spécification de la maquette réduite de l'économie (la maquette et les paramètres varient évidemment d'une économie à l'autre, et dans le temps). C'est à partir de cette spécification que sont effectuées des simulations de politiques économiques.

Le « calibrage » du modèle passe généralement par la construction de la *matrice de comptabilité sociale*, qui est une généralisation du tableau des échanges économiques (TEE) de la comptabilité nationale. La procédure utilisée consiste en une sorte de

« va-et-vient » entre valeurs observées et valeurs attribuées aux paramètres, de façon que la maquette reproduise au mieux les valeurs observées ; toutefois, cette manière de faire pose des problèmes aussi bien au statisticien qu'au praticien.

Problèmes de méthode

La méthode déterministe est très ancienne. Elle est largement dominante dans les sciences de la nature, où il est généralement possible de procéder à des expériences répétées et précises. Mais tel n'est pas le cas en économie, où il est pratiquement impossible d'isoler les phénomènes qu'on veut étudier. Il est vrai qu'on dispose de données statistiques, mais celles-ci sont généralement entachées par les « perturbations » qui affectent sans cesse la vie économique et sociale. Tout le problème est alors de séparer ce qui correspond aux « relations profondes » entre les variables économiques et ce qui n'est que le résultat d'effets passagers. C'est pour résoudre ce problème que l'économétrie s'est constituée, contre le point de vue déterministe ; son idée de départ est que les « perturbations » peuvent être considérées comme la réalisation de *variables aléatoires* indépendantes, dont les effets peuvent être isolés, à condition de disposer de suffisamment de données et de faire un certain nombre d'hypothèses à leur propos. Une bonne partie du travail des économètres est d'ailleurs de trouver des moyens de tester la pertinence de ces hypothèses et de les aménager, si nécessaire.

La méthode déterministe utilisée par l'équilibre général calculable n'a donc rien de bien nouveau ; bien au contraire, elle apparaît comme un retour en arrière très discutable. En effet, en « calibrant » un modèle sur une année précise, on obtient des valeurs pour les paramètres de l'économie qui dépendent de tout ce qui s'est passé cette année, y compris les « perturbations passagères » (qui peuvent être très importantes). Comment savoir alors si l'on a saisi le phénomène qu'on veut étudier ? On peut évidemment procéder à des observations sur plusieurs années, mais là encore on ne dispose pas de moyens pour séparer ce qui relève des variations des paramètres de l'économie (les seules variables exogènes, en équilibre général) et ce qui est dû aux perturbations passagères. Il est vrai que l'économétrie fournit des méthodes pour effectuer cette « séparation », mais à certaines conditions que l'approche par l'équilibre général calculable ne vérifie pas.

Alors, de ce qui est un défaut on a fait une qualité (les théoriciens NÉO-CLASSIQUES des années quatre-vingt ont une prédilection pour ce genre de pirouette). L'argument est le suivant : dans beaucoup de pays, surtout s'ils sont en développement, les statistiques disponibles sont limitées et peu fiables ; il n'est donc pas question de leur appliquer les méthodes économétriques, qui s'appuient sur des protocoles statistiques précis. Mieux vaut donc s'en tenir à des maquettes réduites, qu'on « calibre » sur une « bonne année » (pour laquelle on dispose, par exemple, de suffisamment de données). Rien n'empêche ensuite de bricoler sur ces maquettes, en testant divers scénarios de politique économique. Mais, et c'est là le point remarquable, ce qui était au départ un pis-aller est devenu une approche présentée comme une alternative sérieuse à l'économétrie, sous prétexte que les résultats de celle-ci ne seraient pas satisfaisants. Ce qu'on ne peut pas dire des modèles d'équilibre général calculable, pour une raison très simple : ces modèles ne fournissent *aucun moyen* qui permette de décider qu'un résultat est satisfaisant ou pas.

En outre, ce n'est pas parce que les résultats fournis par les modèles économétriques sont discutables que la *méthode économétrique* en soi doit être mise en cause. Le problème se trouve dans les hypothèses de ces modèles, dans leur conception même, et non dans les techniques statistiques proprement dites. Alors, que penser de la représentation du monde que donnent les modèles d'équilibre général calculable, puisqu'on ne peut rien dire à leur propos sur le plan statistique ?

Les modèles en équilibre général calculable : des paraboles illustrées

La principale raison *théorique* avancée pour justifier l'approche par l'équilibre général calculable, c'est que celui-ci satisfait les canons de la théorie néo-classique, puisqu'il a pour point de départ des comportements maximisateurs « individuels » (ce qui n'est pas le cas pour les modèles économétriques usuels, souvent construits autour du système IS-LM).

Toutefois, dans une société qui comporte plus d'un individu, les comportements maximisateurs ne suffisent pas à déterminer les choix des agents ; en effet, ceux-ci dépendent aussi de la *forme d'organisation sociale* qui préside à leurs relations, ainsi que des CONJECTURES qu'ils peuvent faire sur leurs choix mutuels. Il ne peut y avoir de modèle de choix si ces éléments ne sont pas précisés.

Les modèles d'équilibre général calculable n'échappent pas à cette règle. Le socle sur lequel ils sont construits est, comme c'est toujours le cas pour les néo-classiques, le modèle d'ARROW-DEBREU de la concurrence parfaite. Or, quel est le cadre institutionnel sous-jacent à ce modèle ? Une économie ultracentralisée, où une entité de type commissaire-priseur affiche des prix (un par bien, connu de tous), rassemble les offres et les demandes individuelles, fait varier les prix en fonction de leurs écarts, interdit les échanges tant que ces écarts subsistent, etc. On est donc en présence d'une fable, qui n'a *strictement rien à voir* avec les sociétés auxquelles les modèles d'équilibre général sont « appliqués » (ces modèles n'ayant pas pour vocation de faire des prévisions, on ne peut même pas leur appliquer l'argument du COMME SI). On pourrait à la rigueur les concevoir comme un moyen de *planification*, mais ce n'est sans doute pas à cela que pensent ses promoteurs actuels, à commencer par la Banque mondiale (ceux des années soixante étaient, en revanche, loin d'être hostiles à toute forme de planification).

Il est vrai que des variantes du modèle ont été proposées, qui sortent du cadre strict de la concurrence parfaite. Une de ces variantes consiste à introduire un MONOPOLE, ou de la CONCURRENCE MONOPOLISTE, dans le modèle. Toutefois, ces variantes gardent le cadre ultracentralisé de la concurrence parfaite ; en outre, les entreprises en situation de monopole sont supposées détenir une information encore plus importante que celle dont dispose le commissaire-priseur en concurrence parfaite. En fait, les modèles d'équilibre général en CONCURRENCE IMPARFAITE décrivent des sociétés aussi fictives (si ce n'est plus) que les modèles en concurrence parfaite ; et le recours à des agents représentatifs (tout aussi fictifs) ne peut que renforcer cette constatation.

En résumé, les modèles d'équilibre général calculable peuvent être rangés dans la catégorie des « paraboles », ou des « fables », dont les théoriciens néo-classiques sont si friands. Toutefois, à la différence de la plupart des autres fables — telles celles sur des GÉNÉRATIONS IMBRIQUÉES —, ces modèles prétendent coller à la réalité ; ce qui peut être plus ou moins fait par « calibrage », sans que cela les rende crédibles en quoi que ce soit. En fait, si ces modèles ont connu un certain succès, c'est surtout en tant qu'*arme idéologique*, pour « justifier » des politiques de « réajustement structurel » dans les pays en développement ; mais ils peuvent aussi être utilisés pour défendre d'autres politiques, en aménageant la « fable » qu'ils adoptent. Le plus difficile, c'est de prendre au sérieux l'une ou l'autre de ces fables...

Équilibre global

Terme utilisé en MACROÉCONOMIE pour désigner une situation où il y a ÉQUILIBRE simultané dans tous les secteurs de l'économie. L'équilibre global se distingue de l'ÉQUILIBRE GÉNÉRAL par le fait qu'il ne résulte pas explicitement de choix maximisateurs individuels, même s'il traduit — comme tout équilibre — une certaine forme de compatibilité des plans des agents. L'équilibre des analyses de KEYNES peut être considéré comme « global » ; de même pour l'équilibre des modèles IS-LM — qui est obtenu en considérant un « marché des biens » et un « marché de la monnaie » — et pour celui de la SYNTHÈSE NÉO-CLASSIQUE, qui ajoute aux « marchés » du modèle IS-LM un « marché du travail ».

Obtenu par superposition d'ÉQUILIBRES PARTIELS, l'équilibre global pose des problèmes de *cohérence*, car ce qui se passe dans un secteur de l'économie (biens, monnaie ou travail) a forcément une influence sur ce qui se passe dans les autres. C'est pourquoi les théoriciens néo-classiques lui préfèrent le concept d'équilibre général, quitte à ne faire appel qu'à un nombre très restreint d'agents (souvent qualifiés de « représentatifs ») ; toutefois, les modèles utilisés « dans la pratique » pour faire des prévisions ou tester diverses variantes de politique économique continuent d'adopter le point de vue de l'équilibre global, qui est plus simple.

Équilibre intertemporel

État dans lequel il y a égalité des offres et des demandes INTERTEMPORELLES de tous les agents économiques ; ces offres et ces demandes sont établies à un moment donné (qu'on peut considérer comme l'« instant initial ») et concernent tous les biens de l'économie, présents et futurs. L'organisation qui permet cela est appelée SYSTÈME COMPLET DE MARCHÉS.

La principale caractéristique de l'équilibre intertemporel est qu'il élimine toute incertitude en ce qui concerne le futur ; il évite donc d'avoir à prendre en compte les anticipations des agents (mais non leurs CONJECTURES sur leurs comportements mutuels).

L'équilibre du modèle de concurrence parfaite d'ARROW-DEBREU est l'exemple le plus connu d'équilibre intertemporel. Mais les équilibres des modèles à GÉNÉRATIONS IMBRIQUÉES sont aussi généralement des équilibres intertemporels ; de même pour les équilibres des modèles de CROISSANCE OPTIMALE. Les équilibres des modèles à PRÉVISIONS PARFAITES — ou à ANTICIPATIONS RATIONNELLES — sont à ranger également dans la catégorie des équilibres intertemporels.

En équilibre intertemporel, n'importe quelle période peut servir de référence, à condition de faire les calculs à partir des VALEURS ACTUELLES des dépenses et revenus pour toute la « durée de vie » de l'économie.

L'équilibre intertemporel est souvent opposé à l'ÉQUILIBRE TEMPORAIRE, où les choix des agents se font sur la base d'anticipations qui n'ont aucune raison d'être justes, et qui sont donc modifiées à chaque période.

Équilibre parfait
(en sous-jeux)

En THÉORIE DES JEUX, cas particulier d'équilibre de NASH, qui impose cependant des conditions plus restrictives que lui et qui concerne les JEUX SÉQUENTIELS (à plusieurs coups).

Pour comprendre ce qu'est un équilibre parfait (en sous-jeux), il faut se rappeler qu'un équilibre d'un jeu à plusieurs coups est une combinaison de STRATÉGIES CONDITIONNELLES, qui précisent ce que font (ou feraient) les joueurs *dans toutes les éventualités possibles* — c'est-à-dire à tous les nœuds de l'ARBRE DE JEU où il peuvent être amenés à prendre une décision, qu'ils soient ou non sur le « chemin » qui résulte des choix de chacun. Pour qu'il y ait équilibre parfait en sous-jeux, il faut que les parties de ces stratégies qui concernent tout SOUS-JEU du jeu considéré forment un équilibre de ce sous-jeu. La RÉCURRENCE À REBOURS est la méthode par excellence de détermination des équilibres parfaits en sous-jeux, puisqu'elle consiste à considérer successivement tous les sous-jeux d'un arbre, « en commençant par la fin ».

Un exemple en information complète et parfaite

A titre d'exemple, considérons le jeu suivant, qui concerne l'« entrée » d'un nouveau venu (*NV*) dans un secteur où auparavant une entreprise (*M*) était en situation de monopole ; le jeu est séquentiel, car le nouveau venu doit d'abord décider s'il se lance, ou non, dans la production du bien qui était jusqu'alors assurée exclusivement par *M*, qui réagit en conséquence. Si la demande ne peut couvrir l'offre conjointe des deux entreprises sans provoquer une forte baisse du prix du bien, alors la situation est du type de celle qui est décrite par l'arbre de jeu suivant :

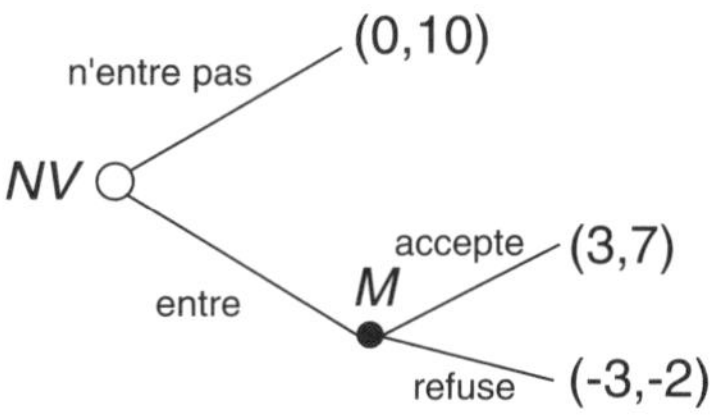

Ce jeu comporte *deux sous-jeux* : celui qui est issu du nœud (ici, unique) où *M* doit prendre une décision et le jeu tout entier. En appliquant le principe de récurrence à rebours on obtient l'équilibre parfait :

{*NV* entre, *M* accepte}.

Toutefois, ce jeu comporte un autre équilibre. Pour le déterminer, on met le jeu sous sa FORME STRATÉGIQUE :

		M	
		accepte	n'accepte pas
NV	entre	(3,7)	(-3,-2)
	n'entre pas	(0,10)	(0,10)

Ainsi, la combinaison de stratégies {n'entre pas, n'accepte pas} est aussi un équilibre de Nash — au sens faible, puisque quand *NV* n'entre pas, il est indifférent pour *M* d'accepter ou de ne pas accepter. Toutefois, cet équilibre n'est pas parfait en sous-jeux, car ne pas accepter n'est pas d'équilibre dans le sous-jeu ayant *M* pour nœud initial.

On peut noter à ce propos que la stratégie « *n'accepte pas* » est dominée (au sens faible) par « *accepte* » ; comme *NV* le sait, il peut s'attendre à ce que *M* n'utilise pas cette stratégie et opte pour entrer ; comme *M* sait que *NV* sait, il s'attend à ce que celui-ci décide d'entrer, et choisit d'accepter. On peut donc dire que l'équilibre (parfait en sous-jeux) {entre, accepte} est plus « crédible » — ou « vraisemblable » — que l'équilibre {n'entre pas, n'accepte pas}.

Le cas où il y a des ensembles d'information

Lorsque les ENSEMBLES D'INFORMATION d'un arbre de jeu sont « triviaux » (réduits à un seul nœud) comme dans l'exemple précédent, la récurrence à rebours permet généralement de déterminer le (seul) équilibre parfait. Toutefois, la situation se présente différemment s'il y a dans l'arbre de jeu des ensembles d'information qui ont au moins deux éléments, car alors le jeu peut comporter plusieurs équilibres parfaits, sans que la récurrence à rebours puisse discriminer entre eux. A titre d'exemple, considérons le jeu suivant :

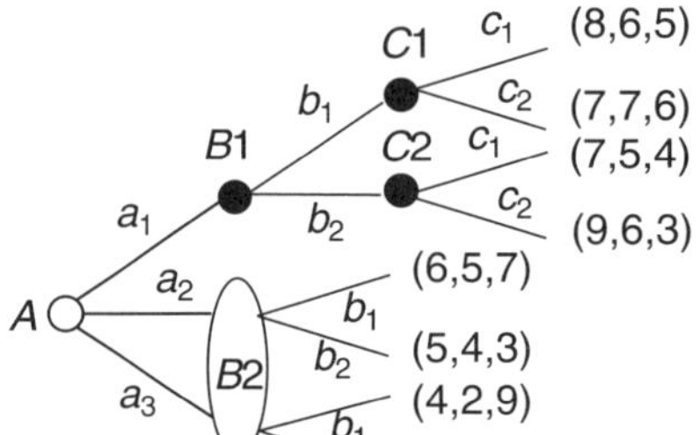

Ce jeu comporte trois sous-jeux (en dehors du jeu lui-même) : ceux qui ont *C*1, *C*2 et *B*1 pour nœud initial. Ils se résolvent aisément par récurrence à rebours, de sorte que l'arbre se réduit à :

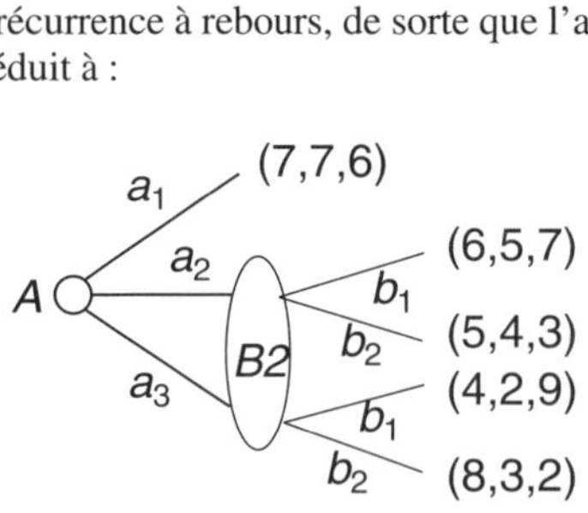

Le jeu décrit par cet arbre ne peut être résolu par récurrence à rebours. Il comporte toutefois un équilibre de Nash « évident » : $\{a_3, b_2\}$. Par ailleurs, *A* ne choisit sûrement pas a_2, qui lui rapporte au plus 6, alors qu'avec a_1 il est sûr d'obtenir 7. S'il opte pour a_1 et *B* pour b_1 en *B*2 (en *B*1 il le fait toujours), alors il y a équilibre ; celui-ci est donc donné par la combinaison de stratégies (qui prennent en compte toutes les éventualités) :

$$\{a_1, (b_1, b_1), (c_2, c_1)\}.$$

Si *A* opte pour a_3 et *B* pour b_2 en *B*2, alors il y a également équilibre ; celui-ci est donc donné par la combinaison de stratégies :

$$\{a_3, (b_1, b_2), (c_2, c_1)\}.$$

Ces deux équilibres sont du genre « parfait » (en sous-jeux), vu la façon dont ils ont été déterminés.

Équilibre partiel (approche d')

Approche, souvent associée au nom d'Alfred MARSHALL, qui consiste à raisonner sur l'offre et sur la demande d'un bien (quelconque) sans tenir compte de ce qui se passe avec les autres biens (et *vice versa*). C'est ce qu'on appelle la clause « toutes choses égales par ailleurs » ou *ceteris paribus*. Cette clause ne peut être assimilée à une hypothèse, puisqu'elle est manifestement fausse : lorsque le prix d'un bien varie, d'une part, le pouvoir d'achat des vendeurs et des acheteurs de ce bien varie aussi, d'autre part, il y a changement des prix relatifs, ce qui conduit à *substituer* les biens entre eux. Ainsi, lorsque le bien considéré est le travail, il est clair qu'on ne peut se contenter d'une affirmation du type : « Lorsque le salaire baisse, la demande de travail augmente » (raisonnement d'équilibre partiel), puisque le salaire est un élément important de la demande de la plupart des biens et donc, indirectement, de la demande de travail (par les producteurs de biens).

Deux autres critiques peuvent être adressées à l'approche par l'équilibre partiel :

— elle suppose l'existence de « courbes d'offre » et de « courbes de demande » qui ne sont que virtuelles, puisque non observables ; en effet, ce qui est observé, ce sont des *échanges effectifs*, et non des « courbes » qui traduisent ce que les uns et les autres *auraient* fait dans toutes les situations envisageables ;

— elle « se donne » *a priori* les courbes d'offre et de demande ; or, pour un NÉO-CLASSIQUE, celles-ci devraient se déduire des comportements maximisateurs individuels, donc à partir d'un raisonnement d'ÉQUILIBRE

GÉNÉRAL, où sont prises en compte toutes les interactions entre ces comportements.

Malgré ces critiques, l'approche par l'équilibre partiel occupe toujours une place importante dans les analyses théoriques usuelles (notamment des néo-classiques), car elle a pour elle l'avantage de la simplicité, contrairement à l'approche par l'équilibre général. Cet avantage peut servir à justifier « d'un point de vue pédagogique » les exposés en équilibre partiel, mais les conclusions qui en sont déduites dépendent évidemment du choix *a priori* arbitraire des courbes d'offre et de demande, ce qui en limite donc beaucoup la portée.

Équilibre temporaire

Concept d'équilibre qui s'applique à une période donnée, mais non aux prévisions des agents. Plus précisément, on dit qu'une économie est, à une période donnée, en *équilibre temporaire* s'il y a égalité entre les offres et les demandes de cette période, mais non entre les offres et les demandes anticipées des agents (qui déterminent, notamment, leur épargne et leurs investissements). Ainsi, à la différence de ce qui se passe avec l'ÉQUILIBRE INTERTEMPOREL, à l'équilibre temporaire les agents font des offres et des demandes sur la base d'anticipations qui peuvent être erronées ; leurs plans ne sont donc compatibles que temporairement.

L'équilibre temporaire ne se conçoit donc que dans le cadre d'une *économie séquentielle*, où de nouvelles transactions ont lieu à chaque période (alors que dans l'équilibre intertemporel ces transactions sont décidées, « une fois pour toutes », à la première période).

Dans une économie séquentielle, les anticipations des agents jouent donc un rôle décisif. Comme elles peuvent être erronées, les agents sont donc amenés à les réviser de période en période, en fonction de ce qu'ils observent.

Le problème de l'existence de l'équilibre

Le fait que les anticipations des agents interviennent dans un modèle en modifie profondément la nature. D'une part, parce que les anticipations sont un paramètre flou, difficile à cerner et, surtout, qui fluctue avec les circonstances ; il est donc difficile de les assimiler aux FONDAMENTAUX de l'économie, en leur donnant une forme précise et relativement immuable. D'autre part, la prise en compte des anticipations, et de l'incertitude qui les accompagne, peut mettre à mal l'existence de l'équilibre. Ainsi, si *tous* les agents demandent un même bien parce qu'ils pensent que le prix de ce bien va augmenter, alors il n'y aura pas d'équilibre, à défaut d'offre. Autrement dit, l'équilibre temporaire suppose une certaine *diversité des anticipations*, base de l'échange ; parmi ces anticipations, il y en aura donc certaines (si ce n'est toutes) qui seront forcément erronées (contrairement à ce qui se passe avec les ANTICIPATIONS RATIONNELLES, qui ne sont qu'une variante de l'équilibre intertemporel).

Un autre problème délicat qui apparaît avec l'équilibre temporaire, et qui met aussi en cause son existence, est celui de la *banqueroute*, qui est toujours possible si un agent fait des anticipations erronées (tout en ayant la possibilité de s'endetter). La banqueroute peut être due à une erreur d'anticipation, mais elle peut aussi résulter d'un choix délibéré, l'agent s'endettant au maximum en sachant qu'il ne pourra pas rembourser. Pour éviter ce dernier type de comportement — qu'on qualifie parfois d'« opportuniste » et qui est d'ailleurs tout à fait rationnel —, le modèle doit envisager l'existence d'un *système de sanctions* plus ou moins complexe, dont des agents rationnels vont (ou doivent) chercher les failles.

C'est en raison de ces difficultés que l'approche par l'équilibre temporaire est rarement adoptée dans la modélisation économique, qui lui préfère l'équilibre intertemporel (ou, ce qui n'est pas très différent, les anticipations rationnelles). Pourtant, il est clair que, comme l'incertitude et les anticipations sont des éléments essentiels de la vie économique, l'analyse en équilibre temporaire est bien plus pertinente que celle qui suppose l'équilibre intertemporel.

Équivalence ricardienne (théorème de l')

« Théorème » mis en avant par certains macroéconomistes — à commencer par Robert Barro (« Are government bonds net wealth ? », *Journal of Political Economy*, 1974) — pour illustrer l'idée selon laquelle la façon dont l'État effectue ses prélèvements sur ses administrés n'a finalement pas d'incidence sur leur consommation, présente ou future (le *niveau* du prélèvement en ayant une, bien entendu). Ce « théorème » est utilisé par ceux qui pensent (contrairement à KEYNES) que les pouvoirs publics ne peuvent pas « relancer l'économie » en « stimulant » la consommation (présente) (en faisant jouer, par exemple, le MULTIPLICATEUR KEYNÉSIEN).

Comme son nom l'indique, le théorème d'équivalence est attribué à David RICARDO, qui, dans son traité *The Principles of Political Economy and Taxation*, explique — avec toutefois des réserves — qu'il est indifférent pour l'économie dans son ensemble que l'État se procure ses ressources par l'impôt ou par l'émission d'emprunts auprès du public. L'idée est simple : puisqu'il y a prélèvement, peu importe la forme qu'il prend, seul compte le fait que les agents disposent de revenus moindres. On pourrait cependant penser qu'il y a une différence entre le cas où l'État finance ses dépenses par l'impôt (prélèvement « immédiat » et « obligatoire ») et celui où il le fait par l'emprunt (émission de titres). Mais cette différence s'estompe si l'on songe que tout emprunt doit être un jour remboursé. Elle peut même disparaître complètement si les ménages font des PRÉVISIONS PARFAITES et intègrent dans leur contrainte budgétaire INTERTEMPORELLE les impôts qu'ils auront à payer durant toute leur vie (et qu'auront aussi à payer leurs descendants ; Barro introduit à ce propos dans son modèle une hypothèse d'« altruisme », les « parents » songeant à leur bien-être, mais aussi à celui de toute leur lignée...). Les choix intertemporels des ménages — et notamment leur consommation « présente » — ne sont pas modifiés par la *forme* des prélèvements, car toute dépense supplémentaire de l'État est « compensée » par l'obligation de payer un impôt, tout de suite ou dans le futur (ce qui nécessite d'augmenter l'épargne « présente »). Le théorème d'équivalence ricardienne correspond, dans sa version moderne, à ce cas limite.

Critiques

Le théorème d'équivalence ricardienne comporte une part de « bon sens » : toute dépense doit avoir une contrepartie (« on ne peut dépenser plus que son revenu » : principe de bonne gestion familiale...). Mais si l'on utilise le mot « théorème », c'est parce qu'on pense énoncer une proposition allant au-delà de cette constatation banale, un résultat qui ne va pas de soi. Ici, il y a théorème en raison de la dimension MACROÉCONOMIQUE de l'approche adoptée — qui ne peut donc se limiter au point de vue d'un ménage, quel qu'il soit — ainsi que de la *dimension intertemporelle* des choix faits par les ménages et par l'État. Mais c'est aussi en raison de cela qu'un certain nombre de *critiques fondamentales* peuvent être adressées à ce théorème :

— *les ménages qui détiennent des titres émis par l'État peuvent considérer que ceux-ci font partie de leur richesse* ; si tel est le cas, lorsque l'État emprunte, les ménages qui achètent les titres émis ne modifient pas leur consommation présente puisqu'ils considèrent que leur richesse est inchangée (leur épargne prend la forme de titres, du moins en partie) ; la hausse des dépenses de l'État emprunteur n'est donc pas compensée par une baisse de celles des ménages prêteurs, comme le veut le théorème. Il est vrai que l'argument suppose une certaine « myopie » des ménages, qui ne se rendent pas compte qu'il faudra un jour ou l'autre renflouer les caisses de l'État — ou qui pensent que ce sont d'autres qui le feront, à commencer par les générations futures ; mais une telle « myopie » n'apparaît pas comme invraisemblable, ni même irrationnelle (autant laisser les autres payer ! D'où l'hypothèse d'altruisme faite par Barro) ;

— *les effets de répartition — entre individus d'une même génération et entre générations — ne sont pas les mêmes pour tous les modes de prélèvement*, ce qui est souvent masqué par le fait que l'approche adoptée ne considère généralement qu'un seul AGENT REPRÉSENTATIF ;

— *le théorème postule le plein emploi des ressources (il suppose qu'il y a équilibre général concurrentiel intertemporel)*, alors que c'est justement là le problème central de la macroéconomie ; car s'il y a des ressources disponibles (inemployées), il peut y avoir *à la fois* hausse de la consommation présente et de la consommation future, notamment en raison des effets dus au MULTIPLICATEUR KEYNÉSIEN ; or ces effets sont moindres s'il y a impôt (prélèvement « immédiat » sur la demande) plutôt qu'emprunt (maintien de la demande, remboursement sur la croissance future).

Le « théorème » de l'équivalence ricardienne n'est en fait qu'un des éléments de la guerre idéologique que mènent entre eux les économistes — y compris néo-classiques —, par « fables » interposées. Il ne vaut que pour un monde où les ménages ont une durée de vie infinie (ou, ce qui est la même chose, une durée de vie finie mais avec « altruisme intergénérationnel ») et où ils font des prévisions parfaites. Il reste à prouver que des « théorèmes » établis dans un tel monde ont un intérêt quelconque.

Espérance de gain, ou Gain espéré

Concept utilisé dans les modèles où les gains que peuvent obtenir les agents économiques dépendent de la réalisation d'un ou de plusieurs événements aléatoires (les ÉTATS DE LA NATURE). L'espérance de gain est alors donnée par les divers gains possibles pondérés par leur probabilité ; elle relève de la catégorie des espérances mathématiques. Elle sert de critère de choix, les agents ayant pour objectif de la rendre maximale.

Si les gains possibles et les probabilités qui les affectent sont une donnée indépendante des comportements des agents et connue de tous, alors on dit de l'espérance de gain qu'elle est *objective* ; sinon, elle est *subjective*. Dans ce dernier cas, les *croyances* des agents jouent un rôle essentiel dans sa détermination.

Les économistes sont divisés à propos du critère de l'espérance de gain ; certains pensent qu'il présente peu d'intérêt dans un monde où règne une incertitude telle qu'il n'est pas possible d'énumérer toutes les éventualités possibles, et encore moins de leur attribuer une probabilité, alors que, pour d'autres, mieux vaut avoir ce critère que rien du tout. Toutefois, quelle que soit l'opinion qu'on puisse avoir sur son intérêt pratique, il est clair que le critère de l'espérance de gain est très présent dans les analyses théoriques, notamment en THÉORIE DES JEUX.

Espérance mathématique

Un des paramètres qui servent à caractériser une variable aléatoire, du point de vue de sa « valeur centrale » ; l'espérance mathématique est souvent appelée *moyenne* de cette variable, et ce pour deux raisons :
— elle est par définition la moyenne des valeurs prises par cette variable pondérées par les probabilités de leur réalisation ;
— elle est la valeur vers laquelle tend la moyenne des valeurs effectivement observées lorsqu'on la calcule à partir d'échantillons de plus en plus grands.

Il ne faut cependant pas confondre l'espérance mathématique, indicateur théorique calculé à partir de probabilités non observées (même si elles sont estimées), et la moyenne empirique, calculée à partir de valeurs effectivement observées.

Dans le cas où la variable aléatoire X prend les *valeurs discrètes* $X_1, \ldots, X_n$, n pouvant éventuellement tendre vers l'infini, avec pour probabilités respectives $p_1, \ldots, p_n$, alors son espérance mathématique, notée $E(X)$ est donnée par la formule :

$$E(X) = p_1X_1 + \ldots + p_nX_n = \Sigma p_iX_i.$$

Dans le cas où la variable aléatoire X est une fonction *continue* caractérisée par la *densité de probabilité* $f(\cdot)$, alors on a :

$$E(X) = \int_a^b xf(x)dx,$$

les valeurs données à a et à b dépendant de celles que peut prendre la variable aléatoire.

État de la nature

Expression utilisée en statistique pour désigner les diverses réalisations possibles d'une (ou de plusieurs) variables aléatoires, chacune de ces réalisations étant affectée d'une probabilité. En économie, l'expression « états de la nature » est utilisée pour désigner des phénomènes aléatoires EXOGÈNES, qui ne dépendent pas des actions ou des choix des membres de la société. L'exemple le plus souvent utilisé est celui du climat. Il est en réalité difficile de trouver d'autres exemples que celui-là, puisque tout ce qui a trait à l'activité économique dépend de ce que chacun fait (on peut d'ailleurs considérer que même le climat n'est pas tout à fait indépendant de cette activité). Ainsi, la conjoncture économique peut difficilement être considérée comme résultant d'« états de la nature » probabilisables. En outre, il se peut que la réalisation de certains de ces états soit le produit d'actions délibérées (cas d'une personne qui provoque un incendie, par exemple) ; on dit alors qu'il y a RISQUE MORAL.

La vie économique et sociale est pleine d'INCERTITUDE, mais celle-ci a peu à voir avec les états de la nature, et beaucoup avec les comportements des agents économiques, qui sont ENDOGÈNES et non exogènes. Les analyses qui font appel à la notion d'état de la nature sont donc en général d'une pertinence très limitée en économie.

État réalisable

Affectation des ressources d'une société à ses membres. Un état réalisable se présente sous la forme d'un ensemble de paniers de biens $\{Q_1, \ldots, Q_n\}$, où Q_i est le panier attribué à l'agent i, avec :

$$Q_1 + \ldots + Q_n = S,$$

où S désigne le stock total des ressources disponibles dans la société. Un état réalisable donne donc une *répartition* de ce stock entre les individus qui composent la société.

Dans le cas d'une économie où il n'y a que deux biens et deux individus, les états réalisables sont représentés par les points de la « boîte » (le rectangle) dans laquelle est tracé le DIAGRAMME D'EDGEWORTH.

Le critère de PARETO fournit un moyen de comparer certains états réalisables entre eux, d'un point de vue unanimiste. Un OPTIMUM DE PARETO est un état réalisable tel qu'il n'existe pas d'autre état réalisable qui lui soit strictement préféré selon le critère de Pareto.

Les états réalisables concernent *exclusivement* les ressources disponibles, c'est-à-dire des *quantités de biens*. Ils n'ont donc *strictement rien à voir* avec les prix, dont la fonction est de permettre les échanges (ou de les faciliter) — et donc l'éventuelle « réalisation » de certains états réalisables —, mais sans caractériser ceux-ci pour autant.

Euler (condition d')

Condition du PREMIER ORDRE qui intervient lors de la recherche d'un extremum d'une fonction (plus précisément d'une *fonctionnelle*), dont l'« inconnue » est elle-même une fonction. En économie, la condition d'Euler apparaît dans les modèles de CROISSANCE OPTIMALE, qui se proposent de déterminer la « trajectoire » de consommation qui maximise une fonction d'utilité INTERTEMPORELLE, sous une contrainte de production (le problème étant de déterminer à chaque « instant » ce qui est consommé et ce qui est investi, l'investissement « présent » permettant des consommations futures).

Comme la fonction à maximiser prend généralement la forme d'une *somme* de termes (somme actualisée des consommations, longueur d'un « arc » ou valeur d'une surface), on suppose que la fonction dont on recherche l'extremum se présente sous la forme de l'intégrale :

$$(1) \qquad J(y) = \int_a^b f(x, y(x), y'(x))dx.$$

On cherche la fonction $y(\cdot)$ qui maximise cette expression, en lui imposant la « condition initiale » $y(a) = \alpha$ et la « condition terminale » $y(b) = \beta$. On suppose que f est de classe C^2 sur $\mathfrak{R}^3$, et on s'intéresse aux fonctions $y(\cdot)$ de classe C^1.

On cherche une condition *nécessaire* sur $f(\cdot)$ (et sur ses dérivées) qui permette de caractériser les fonctions $y(\cdot)$ candidates à un extremum du problème étudié. Soit $y^*(\cdot)$ un de ces candidats. Pour établir la condition nécessaire, on va procéder comme dans le cas de la recherche de l'extremum d'une fonction d'une variable réelle, en considérant de « petites variations » à partir de $y^*(\cdot)$. Comme celle-ci est une fonction, ces variations sont elles-mêmes des fonctions (appelées parfois *déplacements*). Soit $\Delta y(\cdot)$ un de ces « déplacements », dont on suppose qu'il vérifie $\Delta y(a) = 0$ et $\Delta y(b) = 0$, en raison des conditions (initiale et terminale) imposées au problème ; soit aussi la fonction $y_\delta(\cdot)$ obtenue en ajoutant à la fonction « candidat » à un extremum $y^*(\cdot)$ le « déplacement » $\Delta y(\cdot)$ multiplié par un nombre δ ; on a donc, pour tout x de l'intervalle $[a, b]$:

$$(2) \qquad y_\delta(x) = y^*(x) + \delta \Delta y(x).$$

On considère maintenant δ comme une variable (numérique) et on s'intéresse à la *fonction de* δ :

$$(3) \qquad F(\delta) = \int_a^b f(x, y_\delta(x), y'_\delta(x))dx.$$

Comme on suppose que $y^*(\cdot)$ est un extremum de $\int_a^b f(x, y_\delta(x), y'(x))dx$, il découle de (2) qu'on doit avoir :

$$F'(0) = 0.$$

Pour donner une forme plus précise à cette condition, il faut calculer $F'(\delta)$, à partir de (3). Pour cela on DÉRIVE EN CHAÎNE par rapport à δ le terme qui se trouve dans l'intégrale [compte tenu de (2)]. Il vient :

$$F'(\delta) = \int_a^b (f'_y(x, y_\delta(x), y'_\delta(x))\Delta y(x) + f'_{y'}(x, y_\delta(x), y'_\delta(x))\Delta y'(x))dx,$$

où $\Delta y'(\cdot)$ est la dérivée de $\Delta y(\cdot)$. Comme pour $\delta = 0$, on a $y_\delta(x) = y^*(x)$, la condition nécessaire $F'(0) = 0$ s'écrit :

$$\int_a^b (f'_y(x, y^*(x), y^{*\prime}(x))\Delta y(x)dx + \int_a^b (f'_{y'}(x, y^*(x), y^{*\prime}(x))\Delta y'(x)dx = 0.$$

Soit, en omettant les arguments de $f(\cdot)$, pour alléger les notations :

$$(4)\quad \int_a^b f'_y \Delta y(x)dx + \int_a^b f'_{y'} \Delta y'(x)dx = 0\,.$$

On a par *intégration par parties* :

$$(5)\quad \int_a^b f'_{y'} \Delta y'(x)dx = f'_{y'} \Delta y(x)\Big|_a^b - \int_a^b \left(\frac{df'_{y'}}{dx}\right)\Delta y(x)dx = -\int_a^b \left(\frac{df'_{y'}}{dx}\right)\Delta y(x)dx$$

[car, par hypothèse, $\Delta y(a) = \Delta y(b)$]

en notant $\frac{df'_{y'}}{dx}$ la dérivée par rapport à x de

$$f'_{y'}(x, y^*(x), y^{*\prime}(x)).$$

En reportant (5) dans (4), il vient :

$$(6)\quad \int_a^b \left(f'_y - \left(\frac{df'_{y'}}{dx}\right)\right)\Delta y(x)dx = 0.$$

Or, comme $y^*(\cdot)$ est un candidat à un extremum, (6) doit être vérifiée *quel que soit le déplacement* Δy($\cdot$) *considéré*, ce qui n'est possible que si :

$$(7)\quad f'_y - \frac{df'_{y'}}{dx} = 0\,,$$

quelle que soit la valeur de $x \in [a, b]$. En effet, si la fonction $f'_y - \frac{df'_{y'}}{dx}$ était strictement positive — ou négative — en un point quelconque $x_0 \in [a, b]$, alors elle le serait (par continuité) dans un — petit — intervalle contenant ce point ; il suffirait alors de prendre un « déplacement » $\Delta y(\cdot)$ égal à 1 sur cet intervalle, et égal à 0 ailleurs, pour que (6) ne soit pas vérifiée.

L'égalité (7) est la *condition d'Euler* ; elle s'écrit, en détaillant les arguments de $f(\cdot)$:

$$(8)\quad f'_y(x,y^*(x),y^{*\prime}(x)) - \frac{df'_{y'}(x,y^*(x),y^{*\prime}(x))}{dx} = 0$$

C'est une équation différentielle, généralement d'ordre 2, dont l'« inconnue » est la fonction $y^*(\cdot)$; on l'obtient, de façon détaillée en se servant du fait que :

$$\frac{df'_{y'}(x,y^*(x),y^{*\prime}(x))}{dx} = f''_{y'x}(x,y^*(x),y^{*\prime}(x)) + f''_{y'y}(x,y^*(x),y^{*\prime}(x))y^{*\prime}(x) + f''_{y'y'}(x,y^*(x),y^{*\prime}(x))y^{*\prime\prime}(x).$$

Remarque. En théorie économique formalisée, la condition d'Euler apparaît surtout dans les modèles de CHOIX INTERTEMPOREL, où la variable est le temps t (au lieu de x), la lettre x désignant maintenant la *fonction* inconnue du problème (à la place de y). La condition d'Euler (7) s'écrit alors (où le point au-dessus d'une expression désigne une dérivée par rapport au temps) :

$$f'_x - \dot{\overline{f'_{\dot{x}}}} = 0\,,$$

ou encore, dans la version détaillée (8) :

$$f'_x(t, x^*(t), \dot{x}^*(t)) - \dot{\overline{f'_{\dot{x}}(t, x^*(t), \dot{x}^*(t))}} = 0\,.$$

Pour un exemple, voir l'entrée CROISSANCE OPTIMALE.

Ex ante

Expression latine utilisée pour désigner une action projetée — ou anticipée — par un agent (ou par un groupe d'agents), sans qu'elle ne se réalise forcément. Cette expression est utilisée notamment à propos de la théorie de KEYNES et du problème de la *coordination* entre les projets d'investissement des entreprises et d'épargne des ménages — projets établis séparément et qui n'ont pas de raison de concorder.

Les actions projetées, *ex ante*, se distinguent des actions *EX POST*, qui sont effectivement réalisées. Une des conditions essentielles pour qu'il y ait ÉQUILIBRE est que les choix *ex ante* concordent avec les actions *ex post* (les agents peuvent réaliser leurs plans de la façon prévue).

Ex post

Expression latine utilisée pour désigner ce qui est arrivé effectivement après que les agents économiques ont confronté leurs plans et agi en conséquence. Ces actions peuvent différer de celles qu'ils avaient prévu de faire, *EX ANTE*.

Exogène (variable)

Dans un MODÈLE, variable dont les valeurs sont considérées comme déterminées en dehors du modèle, tout en déterminant les valeurs prises par d'autres variables du modèle (dont on dit qu'elles sont ENDOGÈNES). Les variables exogènes d'un modèle en sont les variables « explicatives », tandis que les variables endogènes en sont les variables « expliquées » (par le modèle). Autrement dit, tout modèle qui établit la distinction entre variables exogènes et variables endogènes suppose une *relation causale* entre les unes et les autres.

Alors que dans la FORME STRUCTURELLE d'un modèle, ses variables exogènes et endogènes sont « mélangées » (dans une même équation il peut y avoir plusieurs variables endogènes et plusieurs variables exogènes), dans sa forme réduite chaque variable endogène est exprimée en fonction des seules variables exogènes, ce qui établit le lien causal qui existe entre les unes et les autres.

Il revient au modélisateur de décider si une variable est exogène ou endogène ; cette décision, essentielle, lui est dictée par la théorie sur la base de laquelle il construit son modèle.

Ainsi, pour un partisan de la THÉORIE QUANTITATIVE DE LA MONNAIE, l'offre de monnaie est exogène, mais tel n'est pas l'avis de certains KEYNÉSIENS (les « postkeynésiens »), et pour la très grande majorité de ceux qui traitent concrètement de l'économie bancaire ou monétaire.

Il arrive assez souvent en théorie économique qu'une variable soit exogène dans un modèle, puis qu'elle devienne endogène dans un modèle « plus large », qui englobe le précédent. L'exemple typique est ici le modèle du CHOIX DU CONSOMMATEUR en concurrence parfaite, où les prix des biens sont considérés comme étant exogènes ; toutefois, si l'on élargit ce modèle de façon à aborder le problème de la compatibilité des choix de plusieurs consommateurs (ou d'autres agents) — c'est-à-dire si l'on adopte un point de vue d'ÉQUILIBRE —, alors on considère les prix comme endogènes (ils déterminent les choix des consommateurs, tout en étant déterminés par eux). Les variables exogènes du modèle ainsi élargi sont, par exemple, les DOTATIONS INITIALES, ou les paramètres qui caractérisent les goûts des ménages.

Exploitation (théorie marxiste de l')

Pour Karl MARX, le travail est à l'origine de la valeur des biens (théorie de la VALEUR TRAVAIL). Par conséquent, il y a exploitation quand quelqu'un s'approprie — partiellement ou totalement — le produit de quelqu'un d'autre. Par exemple, le seigneur féodal exploite le serf qui travaille sans contrepartie sur ses terres (corvée) ou qui lui donne une partie de sa récolte. Toutefois, la théorie marxiste de l'exploitation concerne avant tout le cas du contrat de travail entre deux parties « libres » : travailleur(s) et propriétaire(s) des moyens de production.

Valeur de la force de travail et plus-value

Pour Marx, à l'origine de l'exploitation en régime capitaliste il y a le fait que, dans le contrat de travail, « ce que l'ouvrier vend, ce n'est pas directement son *travail*, mais sa *force de travail* dont il cède au capitaliste la disposition momentanée » (*Salaire, prix et profit*, 1865, Éditions Sociales, Paris, 1953, p. 44). Or, la force de travail est une marchandise parmi d'autres dont la valeur est déterminée « exactement comme celle de toute autre marchandise [...] par la quantité de travail nécessaire à sa production ». Comme « la force de travail d'un homme ne consiste que dans son individualité vivante », il lui faut pour « pouvoir se développer et entretenir sa vie » consommer une quantité déterminée de moyens de subsistance. Mais « l'individu, comme la machine, s'use, et il faut le remplacer par un autre. Outre la quantité d'objets de nécessité courante dont il a besoin pour *sa propre* subsistance, il lui faut une autre quantité de ces mêmes denrées de première nécessité pour élever un certain nombre d'enfants qui puissent le remplacer sur le marché du travail et y perpétuer la race des travailleurs. De plus, pour le développement de sa force de travail et l'acquisition d'une certaine habileté, il faut qu'il dépense encore une somme de valeurs. Pour notre objet, il nous suffira de considérer le travail *moyen* dont les frais de formation et de perfectionnement sont des grandeurs infimes » (*ibid.*, p. 47).

Le capitaliste achète la force de travail de l'ouvrier, en la payant à sa valeur (qui est déterminée de la façon qu'on vient de voir) ; il a acquis le « droit de se servir de cette force, de la faire travailler pendant toute la journée ou toute la semaine » (p. 50). Mais « la quantité de travail qui limite la valeur de la force de travail de l'ouvrier ne constitue en aucun cas la limite de la quantité de travail que peut exécuter la force de travail » (p. 51). Marx considère l'exemple d'un ouvrier fileur qui peut « renouveler journellement sa force de travail [...] par son travail journalier de 6 heures ». Mais « cela ne l'empêche pas de travailler journellement 10 à 12 heures ou davantage ». S'il le fait pendant 12 heures, alors le capitaliste va s'approprier une valeur qui correspond à 12 – 6 = 6 heures de « travail cristallisé ». C'est la *plus-value*, ou *survaleur*, « pour laquelle le capitaliste ne paie aucun équivalent » (p. 52).

Cette plus-value est partagée entre les divers types de propriétaires :

« La plus-value, c'est-à-dire la partie de la valeur totale des marchandises dans laquelle est incorporé le surtravail, le travail impayé de l'ouvrier, je l'appelle le profit. Le profit n'est pas empoché tout entier par l'employeur capitaliste. Le monopole de la terre met le propriétaire foncier en mesure de s'approprier une partie de la plus-value sous le nom de rente, que la terre soit employée à des bâtiments agricoles, à des chemins de fer ou à toute autre fin productive. D'autre part, le fait même que la possession des instruments de travail donne à l'employeur capitaliste la possibilité de produire une plus-value [...] permet au possesseur des moyens de travail qui les prête en entier ou en partie à l'employeur capitaliste, en un mot, au capitaliste prêteur d'argent de réclamer pour lui-même à titre d'intérêt une autre partie de cette plus-value, de sorte qu'il ne reste à l'employeur capitaliste comme tel que ce que l'on appelle le profit industriel ou commercial » (p. 54).

Plus-value absolue et plus-value relative

Dans *Le Capital*, après avoir introduit la notion de plus-value (ou de *survaleur*), Marx consacre un chapitre (le huitième) à la « journée de travail ». Il explique que le capitaliste a tendance à augmenter celle-ci, puisque si, par exemple, « la production de moyens de subsistance nécessaires en moyenne au travailleur requiert six heures », la septième heure et les suivantes sont source de plus-value ; la plus-value est donc d'autant plus grande que la journée de travail est longue. Toutefois, le travailleur est aussi vendeur (de sa force de travail) et, par conséquent, « il se réclame de son droit de vendeur » et cherche à « limiter la journée de travail à une grandeur normale déterminée » (livre I, p. 261 de l'édition Quadrige/PUF). « Il y a donc ici une antinomie, droit contre droit, l'un et l'autre portant le sceau de la loi de l'échange marchand. Entre des droits égaux, c'est la violence qui tranche. Et c'est ainsi que dans l'histoire de la production capitaliste, la réglementation de la journée de travail se présente comme la lutte pour les limites de la journée de travail. Lutte qui oppose le capitaliste global, c'est-à-dire la classe des capitalistes, et le travailleur global, ou la classe ouvrière » (*ibid.*, p. 261).

Il existe cependant une autre façon d'augmenter la plus-value (et donc l'exploitation) : c'est de réduire le temps de travail nécessaire à la production des moyens de subsistance des travailleurs (les six heures de notre exemple). D'où la distinction que fait Marx :

« J'appelle survaleur (plus-value) absolue la survaleur produite par allongement de la journée de travail ; et survaleur relative, par contre, la survaleur issue du raccourcissement du temps de travail nécessaire et d'un changement corrélatif dans le rapport quantitatif des deux composantes de la journée de travail » (*ibid.*, p. 354).

La hausse de la plus-value relative dépend de celle de la « force productive » dans les branches d'industrie dont les produits déterminent la valeur de la force de travail (celles qui fournissent donc les moyens de subsistance). Toutefois, cette hausse n'est pas obtenue « directement » (comme lorsque le capitaliste augmente la durée de la journée de travail, dans le cas de la plus-value absolue). Elle provient à la fois de la recherche par chaque capitaliste de moyens (techniques ou autres) pour produire à moindre coût et de la concurrence qu'ils se font (ce qui fait baisser les prix, et donc la valeur des moyens de subsistance). La hausse de la plus-value relative est le résultat de choix qui ne l'avaient pas pour objectif ; comme le dit Marx : « Si, par exemple, un capitaliste particulier baisse le prix des chemises, grâce à l'accroissement de la force productive, cela ne signifie pas qu'il ait nécessairement l'intention de faire baisser en quote-part la valeur de la force de travail et donc le temps de travail nécessaire, mais, dans la mesure où, finalement, il concourt à ce résultat, il concourt à l'augmentation du taux général de survaleur. Il faut distinguer les tendances générales et nécessaires du capital de ses formes phénoménales » (*ibid.*, p. 355).

On est donc en présence d'un phénomène du type MAIN INVISIBLE, mais la « main » agit ici en faveur de la classe des capitalistes dans son ensemble.

L'armée de réserve industrielle

L'achat et la vente de la force de travail relèvent de la NÉGOCIATION BILATÉRALE, « droit contre droit », selon l'expression de Marx. Le résultat dépend du rapport des forces ; or, l'accumulation du capital « produit en permanence, et proportionnellement à son énergie et son ampleur, une population ouvrière excédentaire relative, excédentaire par rapport aux besoins moyens de valorisation du capital et donc superflue » (*ibid.*, p. 706). Aux analyses de Malthus — reprises par SMITH et RICARDO — sur l'accroissement « naturel » de la population Marx oppose ce qu'il appelle une « loi de population propre au mode de production capitaliste » :

« Avec l'accumulation du capital qu'elle produit elle-même, la population ouvrière produit donc en un volume croissant les moyens de sa propre surnumérisation relative. C'est là une loi de la population propre au mode de production capitaliste, de la même façon que chaque mode de production historique particulier a effectivement ses lois de population particulières, dont la validité est historiquement déterminée. Il n'y a de loi de population abstraite que pour les plantes et les animaux, et encore, pour autant que l'homme n'intervienne pas historiquement » (*ibid.*, p. 707).

Le surplus de population ouvrière est à la fois le « produit nécessaire de l'accumulation » et son « levier », et, même, une condition d'existence du mode de production capitaliste. En effet, il constitue une « armée industrielle de réserve [...], matériau humain constamment prêt et exploitable pour les besoins changeants de la valorisation du capital, indépendamment des barrières que dresse l'augmentation effective de la population » (*ibid.*, p. 708).

L'existence de cette surpopulation ouvrière est typique de l'évolution du capitalisme, qui dans sa « période d'enfance » était à la recherche d'une population ouvrière « exploitable » (obtenue par la disparition progressive des petits producteurs). La présence de l'armée industrielle de réserve « exerce une pression sur l'armée ouvrière active pendant les périodes de stagnation et de prospérité moyenne et tient en bride ses exigences pendant la période de surproduction et de paroxysme. La surpopulation relative est ainsi l'arrière-plan sur lequel évolue la loi de l'offre et de la demande en travail. Elle restreint le champ d'activité de cette loi et ne lui permet de fonctionner qu'entre les bornes qui conviennent absolument à la soif d'exploitation et de domination du capital » (*ibid.*, p. 717). On retrouve le thème de l'exploitation.

Externalités, ou **Effets externes**

Expressions utilisées pour désigner toute situation où les activités d'un (ou de plusieurs) agent(s) économique(s) ont des conséquences sur le bien-être (au sens large) d'autres agents, sans qu'il y ait des échanges ou des transactions entre eux. Lorsque ces conséquences sont bénéfiques, on dit que *l'externalité est positive* ; elle est *négative* dans le cas contraire.

La *pollution* est un exemple classique, et important, d'externalité négative. En revanche, les mesures d'hygiène et de santé publique (qui empêchent ou limitent la propagation des maladies), l'éducation et la formation (qui facilitent l'organisation sociale), la préservation de l'environnement engendrent des externalités positives. La *vie urbaine* est à l'origine d'un grand nombre d'externalités, négatives (bruit, pollution, encombrements de tous ordres) et positives (proximité, embellissement par chacun de son propre cadre de vie).

La présence d'externalités se traduit généralement par l'apparition d'*inefficiences* (au sens du critère de PARETO), car s'il n'existe pas *a priori* de « récompense » (ou de gain) pour ceux qui sont à l'origine d'externalités positives ni de sanction pour ceux qui engendrent des externalités négatives, il y aura « trop » de celles-ci et « pas assez » des autres.

Ainsi, dans le cas de la pollution, il peut être plus efficient pour les pollués de se cotiser et de financer un dispositif qui limite les nuisances que de laisser faire. Il y a efficience accrue si les gains de tout ordre (santé, environnement plus agréable, etc.) dus à la baisse de la pollution l'emportent sur l'inconvénient (perte de pouvoir d'achat, par exemple) d'avoir à payer une cotisation. On peut évidemment trouver injuste cette solution où « les pollués sont les payeurs », mais rappelons que le critère de Pareto s'interdit de faire intervenir des considérations de justice ; en revanche, il n'empêche pas d'envisager d'autres solutions, telle celle qui consiste à faire payer le pollueur ; mais il s'interdit de les comparer à la situation de départ (avec pollution) si le passage de l'une à l'autre implique la détérioration de la situation d'au moins un agent (par exemple, celle du pollueur).

La prise en compte des externalités dans une perspective d'efficience suppose généralement une certaine forme d'organisation collective ; ainsi, les « pollués » doivent s'entendre pour fixer le système de cotisations et éviter les comportements de type PASSAGER CLANDESTIN ; ou alors il faut une instance extérieure aux parties en cause qui impose une limite aux nuisances produites par le pollueur.

L'intervention de ce type d'instance peut aussi être source d'efficience dans le cas d'externalités positives, comme le montre l'exemple de la *formation* des travailleurs. En effet, si seules les entreprises sont à l'origine de cette formation, alors l'effort fourni par chacune d'entre elles sera minimal : pourquoi investir dans la formation de travailleurs qui pourront ensuite offrir leurs services à d'autres entreprises, qui se contentent de leur proposer un salaire un peu plus élevé, sans avoir à assumer les frais de formation ? La situation présente les caractéristiques du DILEMME DU PRISONNIER : tout le monde gagnerait à ce que les travailleurs soient mieux formés, mais chacun attend que les autres prennent des initiatives, ce que personne ne fait. Pour qu'il y ait une augmentation de l'efficience (au sens de Pareto), il suffit alors qu'une instance extérieure — l'État, en l'occurrence — taxe les entreprises et utilise les sommes recueillies pour mettre en place un système (gratuit) de formation de façon que les gains procurés à chaque entreprise par l'existence de travailleurs mieux formés soient supérieurs à l'« inconvénient » d'avoir à payer une taxe.

« Marchandisation » et « internalisation » des externalités

La présence d'externalités est due au fait que les activités de certains agents économiques peuvent avoir une influence « directe » sur le bien-être d'autres agents (ici, « direct » signifie : « qui ne passe pas par une transaction ») ; or, les transactions sont au centre des préoccupations des économistes, qui leur associent — quasiment par réflexe — les notions de prix et de marché. Alors, pourquoi ne pas faire de même avec les externalités, en en faisant des marchandises comme les autres (en les « marchandisant ») ? En se posant cette question, on adopte clairement un point de vue NORMATIF, puisqu'on ne cherche pas à décrire ce qui est (les interactions « directes »), mais on envisage *ce qui doit être* (transformer les actions « directes » en relations marchandes). L'idée est alors que la « marchandisation » permet des gains en efficience, avec pour idéal l'équilibre de CONCURRENCE PARFAITE, qui est un OPTIMUM DE PARETO.

L'exemple le plus connu de « marchandisation » est celui du système d'achat-vente de « droits à polluer » qui a été mis en place dans certains États de l'union américaine (notamment en Californie) ; chaque entreprise est autorisée à polluer jusqu'à un certain point, celles qui sont en deçà de ce point pouvant alors vendre la partie de leur « droit à polluer » qu'elles n'utilisent pas aux entreprises qui dépassent le seuil autorisé. Comme tout marché, celui des droits à polluer doit être organisé : attribution des droits à polluer à chaque entreprise, mise en place du système d'échange de ces droits, contrôles du niveau de pollution effectif pour toutes les entreprises. Cette organisation complexe ne peut être le fait que de l'État, dont les partisans de la « marchandisation » veulent pourtant limiter le plus possible l'intervention. Les problèmes posés par une telle organisation, quand elle est possible, expliquent probablement pourquoi la marchandisation des externalités est si peu répandue — y compris pour les droits à polluer.

Une façon de faire disparaître les externalités consiste à les *internaliser* en fusionnant les agents en interaction. Il y a, par exemple, internalisation si les pollués rachètent l'entreprise polluante et procèdent ensuite à un ARBITRAGE entre les profits qu'elle peut procurer et les nuisances qu'elle émet. Toutefois, cette solution — qui est diamétralement opposée à celle de la « marchandisation » et tout aussi « efficiente » qu'elle — suppose résolu le problème de la concertation entre les parties prenantes, et notamment celui du partage des gains et des inconvénients de l'opération.

De l'importance des externalités

La question des externalités est particulièrement importante en économie parce qu'elle conduit à s'interroger, même dans le cadre de la théorie dominante (NÉO-CLASSIQUE), sur le partage entre relations marchandes et non marchandes. Ainsi, la présence d'externalités invalide le premier théorème de l'ÉCONOMIE DU BIEN-ÊTRE — selon lequel l'équilibre de concurrence parfaite est un optimum de Pareto —, théorème qui est au centre du dispositif néo-classique et qui sert à justifier la place centrale donnée par celui-ci à l'équilibre concurrentiel.

En fait, l'observation courante permet de constater que les externalités concernent de larges secteurs de l'économie ; on les voit ainsi apparaître dans des domaines aussi importants que l'éducation, la santé, les transports et l'environnement. Comme leur présence appelle l'action de l'État, en tant que vecteur d'efficience, elles sont un des éléments essentiels du débat entre néo-classiques sur la portée et les limites du « laisser faire » ; si l'on tient compte des BIENS COLLECTIFS, on constate que ce débat porte en fait sur une bonne partie de l'activité économique. Les biens peuvent d'ailleurs être classés selon un spectre, qui va des biens collectifs « purs » (défense nationale, justice, etc.) aux biens privés « purs », ces derniers étant les seuls qui relèvent uniquement de la logique marchande.

La prise en compte, et la gestion, des externalités par l'État n'est pas une mince affaire (dont s'occupe l'ÉCONOMIE PUBLIQUE), puisqu'elle implique des coûts de mise en œuvre et des effets de répartition (certains étant inévitablement plus favorisés que d'autres). C'est sur la base de cette constatation que les « non-interventionnistes » plaident pour le « laisser faire », les avantages provenant de la prise en compte des externalités étant selon eux annihilés par ces inconvénients.

Le problème des externalités peut être présenté sous forme mathématique, même si cela n'apporte pas grand-chose de plus au raisonnement, puisque les phénomènes étudiés — à commencer par le bien-être individuel et les variables non marchandes qui « véhiculent » les externalités — supposent généralement des comparaisons interpersonnelles d'utilités (CARDINALES).

La présentation sous forme mathématique

Mathématiquement, les externalités se traduisent par la présence dans les fonctions-objectif de certains agents de variables qui dépendent directement — sans qu'il y ait de transaction — des choix d'autres agents. Ainsi, si l'on se situe dans le cas le plus simple possible, celui où il y a deux individus, X et Y, et deux biens, 1 et 2, il y a externalité si l'utilité de X dépend non seulement des quantités (x_1 et x_2) qu'il consomme des deux biens, mais aussi de la quantité consommée (ou produite) des biens 1 ou 2 (ou des deux) par Y ; si l'externalité se fait à travers le bien 1, alors la fonction d'utilité de X est de la forme :

$$U(x_1, x_2, y_1),$$

où y_1 est la quantité consommée (ou produite) par Y du bien 1. Si la fonction d'utilité est dérivable, alors l'externalité est positive si U'_{y_1} l'est ; elle est négative dans le cas contraire.

Si les ressources en bien 1 sont limitées, les quantités x_1 et y_1 sont généralement liées entre elles, selon une relation de la forme $f(x_1, y_1) = 0$ qui, si les hypothèses du théorème des fonctions IMPLICITES sont vérifiées, peut aussi s'écrire (localement) : $y_1 = \varphi(x_1)$.

Dans ces conditions, l'utilité de X lorsqu'il choisit un couple (x_1, x_2) est :

(1) $$U(x_1, x_2, \varphi(x_1)).$$

La détermination du couple qui maximise cette utilité devrait donc faire intervenir *tous* les effets des variations de x_1 (y compris, donc, ceux qui sont dus au choix de Y) ; ces effets sont donnés par la DÉRIVÉE EN CHAÎNE de (1) par rapport à x_1, c'est-à-dire par :

(2) $$U'_{x_1}(x_1, x_2, \varphi(x_1)) + U'_{y_1}(x_1, x_2, \varphi(x_1)) \cdot \varphi'(x_1).$$

Or l'individu X ne peut agir que sur l'utilité marginale U'_{x_1}, puisque ce n'est pas lui qui choisit y_1. La présence du terme $U'_{y_1}(x_1, x_2, \varphi(x_1)) \cdot \varphi'(x_1)$ a pour conséquence que, pour un prix affiché p_1 du bien 1, il y a une demande « trop » — ou « pas assez » — forte du bien 1, si l'on se réfère à ce qu'elle devrait être à un optimum de Pareto. D'où l'idée de « corriger » les prix affichés, en proposant à l'individu X de faire ses calculs sur la base d'un PRIX IMPLICITE (et fictif) qui prenne en compte l'externalité ; pour trouver ce prix, on considère l'égalité qui caractérise un optimum de Pareto :

(3) $$U'_{x_1}(x_1, x_2, \varphi(x_1)) + U'_{y_1}(x_1, x_2, \varphi(x_1))\varphi'(x_1) = \lambda p_1,$$

où p_1 est le prix du bien 1 et λ le multiplicateur de LAGRANGE associé à la contrainte budgétaire de X. Comme (3) peut se mettre sous la forme :

(3′) $$U'_{x_1}(x_1, x_2\varphi(x_1)) = \lambda\left(p_1 - \frac{U'_{y_1}(x_1, x_2, \varphi(x_1))\varphi'(x_1)}{\lambda}\right),$$

si le prix affiché est :

$$p_1^* = p_1 - \frac{U'_{y_1}(x_1, x_2, \varphi(x_1))}{\lambda},$$

et si l'agent X égalise son utilité marginale à ce prix, alors une des conditions de l'optimalité de Pareto sera vérifiée. Cette condition suppose des prix « personnalisés » (puisqu'ils tiennent compte de l'impact de l'externalité sur X) et donc un « centre » qui les calcule, à partir d'une évaluation cardinale de l'utilité. Le caractère « personnalisé » des relations entre individus est une des raisons pour lesquelles le traitement mathématique des externalités devient extrêmement lourd dès qu'on envisage des situations où il y a plus de deux individus.

Extremum (d'une fonction)

Terme par lequel on désigne un *maximum* ou un *minimum* d'une fonction — dite parfois, en économie, *fonction-objectif*. Un extremum est *strict* si les inégalités qui caractérisent le maximum ou le minimum sont elles-mêmes strictes ; sinon, il est *large*. Lorsqu'on utilise le terme « extremum » sans préciser s'il est strict ou large, on suppose qu'on est dans le cas « large ».

Un extremum peut être *global* ou *local*. Dans le premier cas, l'extremum concerne tout l'ensemble de définition de la fonction, alors que dans le second cas il ne concerne qu'un « voisinage » du point pour lequel il y a extremum (il est usuel d'utiliser le mot « extremum » pour désigner à la fois *le point* où la fonction atteint son maximum ou son minimum et *sa valeur* en ce point). Par exemple, la fonction « parabole » définie par la formule $f(x) = x^2$ admet un extremum (minimum) global (strict) en $x = 0$, alors que la fonction $g(\cdot)$ définie par la formule $g(x) = x \cdot \sin x$ admet un extremum (minimum) local (strict) en $x = 0$.

En règle générale, lorsqu'on parle d'« extremum », on entend par là un extremum local. Dans ce cas, la fonction-objectif peut comporter *plusieurs extremums*. Si cette fonction est dérivable, alors une *condition nécessaire* pour qu'elle ait un extremum en un point est que ses dérivées (partielles) s'annulent toutes en ce point. On appelle cette condition, qui concerne les dérivées « premières » de la fonction-objectif, condition du PREMIER ORDRE. Si ses variables sont soumises à des contraintes, alors la condition du premier ordre consiste à annuler les dérivées du LAGRANGIEN formé à partir de la fonction-objectif et des fonctions qui définissent les contraintes.

Les points qui vérifient la condition du premier ordre sont appelés *points critiques* ou *points candidats* (à être un extremum). Pour connaître leur nature (maximum, minimum, ni l'un ni l'autre), on étudie alors les conditions du DEUXIÈME ORDRE, qui portent sur les *dérivées secondes* de la fonction-objectif ou du lagrangien (si ces dérivées existent). Cette étude est cependant radicalement simplifiée si les fonctions considérées sont CONCAVES ou CONVEXES, car alors les conditions du premier ordre suffisent à la détermination des extremums (et à leur caractérisation). C'est là une des raisons pour lesquelles la modélisation économique accorde une grande importance à ce type de propriété (qui porte sur la « forme » des fonctions).

Un cas particulier de recherche d'extremums d'une fonction sous contrainte est celui de la PROGRAMMATION LINÉAIRE, qui a mis au point un certain nombre de techniques de résolution spécifiques (qui se servent souvent du *théorème de la dualité*).

F

Facteur de production

Expression vague utilisée surtout par les NÉO-CLASSIQUES pour désigner tout ce qui « contribue » à la production. En fait, ceux qui utilisent le terme « facteur de production » le font en songeant aux « contributions » du travail, des machines et des autres équipements (le « capital »), ainsi que de la terre — à l'exclusion des biens intermédiaires (dont les matières premières, l'énergie, etc.). La notion de facteur de production ne se comprend que dans le cadre d'une théorie de la RÉPARTITION. Car si, par exemple, on considère que le CAPITAL est un « facteur de production », il est alors normal qu'il soit rémunéré pour sa « contribution » à la production — même si son propriétaire se contente de fournir les sommes ou les équipements nécessaires, sans rien faire d'autre. Si, en revanche, on estime que le travail est le seul « facteur de production », alors la rémunération du capital apparaît comme injustifiée — elle est un « prélèvement » sur le travail fourni par d'autres.

Certains néo-classiques ont mis en avant le théorème de l'ÉPUISEMENT DU PRODUIT pour justifier — d'un point de vue d'« efficacité » — la rémunération de chacun des facteurs de production à sa PRODUCTIVITÉ MARGINALE, mais leur raisonnement relève plus de la tautologie que de la démonstration.

Afin d'éviter toutes les ambiguïtés sous-jacentes à la notion de facteur de production — à commencer par celles qui ont trait à la définition de ce qu'est le capital —, les microéconomistes préfèrent utiliser le terme plus neutre d'INPUT, qui englobe à la fois les « services » rendus par les facteurs de production — quels qu'ils soient — et les biens intermédiaires.

Faits stylisés

Terme qui a été introduit par Nicholas Kaldor (1908-1988) pour désigner certains faits « typiques », qui semblent significatifs sans pouvoir forcément être chiffrés avec exactitude. C'est essentiellement la MACROÉCONOMIE qui cherche à dégager, puis à expliquer, des faits stylisés ; ceux-ci portent alors sur des agrégats (dont la mesure nécessite déjà bien des approximations). L'étude des *séries chronologiques* (qui donnent l'évolution dans le temps d'un indicateur économique) a souvent pour premier but d'essayer de dégager des faits stylisés (tendances, cycles, etc.). La frontière entre faits stylisés et « faits » proprement dits n'est pas forcément très claire, puisqu'on peut toujours considérer que le phénomène qu'on croit percevoir dans les faits stylisés est le « vrai » phénomène, dégagé des « perturbations » auxquelles il est inévitablement soumis, telles celles que suppose l'ÉCONOMÉTRIE.

Le repli sur des faits stylisés traduit une certaine impuissance de la part de l'économiste ; elle lui permet de se raccrocher un peu aux observations, mais elle lui interdit de recourir à des formulations élaborées, qui n'ont pas de sens au vu des simplifications qui ont été opérées pour dégager ces « faits ».

Finance (théories de la)

Théories qui portent sur les échanges de *titres* entre les agents économiques, titres dont l'origine se trouve dans la nécessité de financer l'activité économique, mais qui ont une « vie propre », puisqu'ils deviennent eux-mêmes l'objet de transactions, indépendamment — du moins en partie — de ce qu'ils représentent (une dette). Parmi les titres en circulation, il y a évidemment la MONNAIE, qui est formée de créances sur le système bancaire ; garantie par l'État, la monnaie constitue un des éléments essentiels du ciment social et est, en tant que telle, l'objet d'analyses particulières — notamment en MACROÉCONOMIE —, analyses qui ne sont généralement pas considérées comme relevant de la seule « finance ».

Les titres dont s'occupait traditionnellement la théorie de la finance sont essentiellement les *obligations*, émises par les entreprises et l'État, et les *actions*, émises par les entreprises ; les premières sont porteuses d'un intérêt (qui, avec la valeur nominale du titre, caractérise celui-ci) tandis que les secondes sont des *droits de propriété* sur les entreprises, dont la rémunération prend souvent la forme de *dividendes*. Aux obligations et aux actions sont venues s'ajouter, surtout à partir des années soixante-dix, d'autres formes de titres, dont la caractéristique commune est d'être « à terme » : achat et vente « maintenant » de biens — ou de titres — livrables à une date ultérieure ; achat ou vente d'une *option d'achat* sur un bien ou sur un titre, l'option devant être levée à une date précise (stipulée par le titre). Tous ces titres sont l'objet de transactions ; ainsi, une option d'achat a un prix qui fluctue en fonction de l'évolution du prix du bien (ou du titre) sur lequel l'option porte : si je détiens un droit, acquis il y a un an au prix x, à l'achat « aujourd'hui » au prix de 1 000 euros d'un bien dont le prix actuel est de 1 200 euros, alors le prix de ce droit (de ce titre) est maintenant égal à 1 200 – 1 000 = 200 euros (si le prix actuel avait été inférieur à 1 000 euros, alors je ne me serais pas servi de mon option, et j'aurais donc perdu la somme versée au moment de l'achat de l'option) ; pour que l'opération se révèle rentable, il faut que $x < 200$ euros, c'est-à-dire que la plus-value obtenue en utilisant l'option d'achat soit supérieure au prix payé pour celle-ci.

Dans les années quatre-vingt, on a vu ainsi se multiplier ces titres d'un nouveau genre, qui constituent des paris sur l'évolution future de toutes sortes de variables ou d'indicateurs économiques (ou autres) : taux d'intérêt, taux de change, indicateurs boursiers, etc.

Les fonctions des marchés financiers

On appelle usuellement « marchés financiers » l'ensemble des transactions qui portent sur des titres et la résultante de ces transactions (comme chaque fois que le terme « marché » est utilisé, cette définition est vague, puisqu'elle désigne à la fois des comportements, des opérations « matérielles » — les transactions proprement dites — et le résultat global de ces comportements).

On peut distinguer trois types d'intervenants sur ces « marchés », selon leurs motivations :

— ceux qui empruntent pour financer leur activité et ceux qui leur avancent (contre rémunération) les sommes demandées ;
— ceux qui cherchent à se prémunir contre les fluctuations de la vie économique et qui utilisent les divers types de titres un peu à la façon d'une assurance, pour en obtenir un rendement « normal », avec un risque limité (ou raisonnable) ;
— ceux qui, au contraire, cherchent à faire des gains importants sur quelques « coups » à hauts risques.

L'intervention sur les marchés financiers des premiers est donc liée à leur activité de production et de consommation ; elle se traduit pour eux par des coûts ou des gains parmi d'autres ; en tant que telle, elle n'appelle pas un traitement spécifique (si ce n'est dans le cas de l'État, mais ce cas est abordé dans l'entrée POLITIQUE ÉCONOMIQUE).

Toutefois, celui qui emprunte ou prête, même en liaison avec ses activités de production et de consommation, peut chercher à tirer parti des situations offertes par les divers types de titres disponibles, selon le rendement et le risque qui leur sont propres. C'est de cet aspect des choses que traite la théorie du CHOIX DE PORTEFEUILLE, dans laquelle l'accent est mis sur les gains que l'agent peut effectuer en prenant un risque « raisonnable ». Cette théorie accorde beaucoup d'importance à l'hypothèse de NON-ARBITRAGE, hypothèse d'équilibre selon laquelle toute situation où il serait possible de faire un gain sans risquer une perte ne peut subsister, les intervenants sur les marchés financiers — souvent appelés *investisseurs* — les faisant disparaître par leurs ARBITRAGES (lorsque les agents sont spécialisés dans ce type d'opération, on les appelle des *arbitragistes*). Cette hypothèse a de nombreuses conséquences sur le prix des portefeuilles, conséquences qui ont retenu l'attention de ceux qui s'intéressent à ce qu'ils appellent les « marchés financiers parfaits » (où toutes les possibilités d'arbitrage disparaissent).

La théorie du choix de portefeuille constitue le cœur de la *théorie de la finance* ; elle peut conduire à des calculs d'une grande complexité, qui font intervenir à la fois le gain attendu et le risque attaché à chaque titre — ce qui nécessite l'utilisation de distributions de probabilité plus ou moins compliquées. L'analyse relève alors presque exclusivement du domaine des mathématiques, puisqu'elle consiste à *calculer* — et à comparer — les gains et les risques pour tous les types de portefeuilles. Toutefois, le point important, c'est que gains et risques sont supposés connus des investisseurs. Un des moteurs essentiels des échanges tient ici au fait que les agents n'ont pas forcément la même AVERSION POUR LE RISQUE.

La situation change radicalement si l'on tient compte de l'existence de l'INCERTITUDE ; alors, par définition, il n'existe plus de base sérieuse pour un calcul de probabilités tant soit peu fiable et il devient possible de faire des gains — et des pertes ! — de type spéculatif. Le rôle du calcul est ici très limité car si tel n'était pas le cas, alors on retomberait dans la situation où l'arbitrage serait possible (tous les agents pouvant faire les mêmes calculs). Si calcul il y a, il est fait sur des bases ou des informations différentes par les coéchangistes ; le facteur « chance » est finalement déterminant, car c'est lui qui explique l'existence des marchés financiers en tant que lieu de spéculation (et non seulement comme moyen de se financer ou de s'assurer). Un tel facteur ne peut cependant pas être théorisé ; d'où la tendance permanente de la théorie de la finance à se ramener au cas « risqué », probabilisable, où les éventualités possibles sont décrites avec une relative précision.

Finance et efficience

En économie, on dit qu'il y a EFFICIENCE quand il n'y a pas de « gaspillages » (utilisation des techniques appropriées), et quand toutes les possibilités d'échanges mutuellement avantageux sont épuisées. Une condition nécessaire pour qu'il y ait efficience est que les agents soient « parfaitement informés » (des techniques disponibles ou existantes, des possibilités d'échange).

Toutefois, en FINANCE, le problème de l'efficience peut se présenter de façon différente et conduire à certains paradoxes. En effet, supposons qu'il y a alors « information parfaite » : tout le monde connaît les divers ÉTATS DE LA NATURE possibles, présents et futurs, et peut donc calculer le rendement attendu et le risque pour chaque titre. Chacun peut alors acheter, comme le prescrit la théorie du CHOIX DE PORTEFEUILLE, les titres qui lui permettent de réaliser l'affectation INTERTEMPORELLE optimale de ses ressources, compte tenu de son AVERSION POUR LE RISQUE. Les « marchés financiers » apparaissent alors comme un « endroit » où chacun peut s'assurer (comme on le fait auprès d'une compagnie d'assurances, mais avec une gamme bien plus vaste de contrats possibles) ; le financement de l'activité économique peut aussi être inscrit dans cette perspective (une entreprise qui emprunte émet des titres de dette en contrepartie). L'information parfaite est évidemment une condition de l'efficience (à l'origine des échanges, il y a les différences de goûts, qui sont ici des différences dans les aversions pour le risque).

Toutefois, les marchés financiers sont généralement supposés avoir aussi un autre rôle. Ils doivent permettre la *spéculation* des individus, dont l'objectif est de faire des *plus-values* par l'achat-vente de titres, et non de se contenter de leur seul rendement. On peut remarquer que les échanges effectués dans cette perspective *ne sont plus mutuellement avantageux*, puisque la plus-value de l'un a nécessairement pour contrepartie la « moins-value » de l'autre ; on ne peut plus réellement parler d'« efficience », au sens défini plus haut. Toutefois, les échanges spéculatifs ne peuvent avoir lieu que si les agents ont des informations — et donc des anticipations — différentes, ce qui est typique des situations où il y a INCERTITUDE. Par conséquent, *les échanges de type spéculatif sur les marchés financiers ne peuvent exister que s'il n'y a pas information parfaite.* Si l'on identifie celle-ci à l'« efficience », alors il s'ensuit que *l'efficience entraîne la disparition des marchés financiers* (si l'on exclut leur rôle d'« assureurs », qui peut être tenu par une compagnie d'assurances, ou par l'État). Dès qu'un marché financier devient « parfait », il disparaît ! Voilà le paradoxe.

Pour essayer d'éviter ce paradoxe, les théoriciens de la finance distinguent le cas précédent — où il y a *efficience forte* — du cas où certains agents disposent d'une *information privée* (qu'ils sont donc seuls à détenir, sans qu'elle soit, pour eux, incertaine). On dit dans ce second cas qu'il y a *efficience semi-forte* ; les prix sont alors censés « révéler » l'information privée et prouver ainsi leur « efficience » (les marchés financiers jouant donc un rôle bénéfique de ce point de vue). Toutefois, si l'on applique le principe de RATIONALITÉ, on arrive à une conclusion opposée ! En effet, si un investisseur *A* propose d'acheter un titre à un certain prix et à titre « purement spéculatif » (pour faire une plus-value), alors les autres investisseurs vont penser qu'il cherche à faire une plus-value, en raison même de l'information privée dont il dispose (et qui est, par hypothèse, une information non entachée d'incertitude). Ils vont donc refuser de vendre et faire monter les enchères, jusqu'au moment où *A* refusera d'acheter le titre — car il ne gagne plus rien à l'opération. Finalement, l'information dont il dispose ne lui servira à rien ; si elle est coûteuse à obtenir, il ne fera rien pour l'acquérir, car il anticipe (correctement) le comportement des autres. Il n'y aura donc pas d'échange, et, en outre, il y aura de l'inefficience, puisque les prix ne refléteront pas toute l'information existante (*A* gardant pour lui son information privée). Comme le dit un des spécialistes de la question, Steven Ross : « Peut-être que la principale difficulté avec les modèles comportant des investisseurs pleinement rationnels est qu'ils mènent à une impasse »... car la contradiction qui résulte de ce que chacun veut tirer parti de l'échange « ne peut être résolue que par l'absence d'échange bien que chacun détienne une part d'information qui lui soit spécifique » (entrée « Finance » du *New Palgrave Dictionary of Economics,* The Macmillan Press, 1987).

Ross dit aussi : « La conséquence la plus dramatique de l'hypothèse d'efficience des marchés financiers [...] est qu'elle exclut l'existence d'échanges fructueux », si l'on exclut les activités de financement et d'assurance (partage des risques).

Ainsi, l'utilisation de la notion d'efficience à propos des marchés financiers, lorsqu'il y a incertitude (autre que celle qui découle de la réalisation d'états de la nature aux contours précis), n'est pas sans poser de problèmes (voir MARCHÉS EFFICIENTS).

Flexibilité

Terme vague utilisé surtout en MACROÉCONOMIE et qui véhicule l'idée selon laquelle, dans une économie où il n'y a pas de « rigidités » — ou d'obstacles aux transactions entre les individus —, il existe une tendance permanente à l'« ajustement » de l'offre et de la demande, notamment en ce qui concerne le travail. Ainsi, là où il y aurait « flexibilité » du salaire, le chômage ne pourrait être durable ; ce qui est une proposition nullement prouvée. Car si « flexibilité » signifie « absence de rigidités », alors il n'y a pas de raison pour que celle-ci implique un « ajustement » — instantané ou pas — à quoi que ce soit. Par exemple, une économie où les prix varient au gré des offres et des demandes peut fort bien être soumise indéfiniment à des fluctuations — cycliques ou chaotiques. Tel est généralement le cas avec le TÂTONNEMENT walrasien, qui est souvent considéré comme la situation où la « flexibilité » est la plus grande possible, puisque dans ce modèle l'offre et la demande varient « sans entraves ».

Derrière la question de la flexibilité il y a celle de la STABILITÉ du processus qui résulte de l'ajustement des variables économiques lorsqu'elles sont soumises à diverses perturbations. Généralement, cette question est évitée en supposant qu'il y a équilibre avant et après les perturbations ; *la flexibilité devient alors synonyme d'équilibre permanent.*

C'est cette signification que les macroéconomistes donnent à la « flexibilité » ; ce faisant, ils *supposent*, sans le dire, que le processus d'ajustement vers l'équilibre est stable (et « instantané »). Autrement dit, ils supposent résolu — en utilisant un mot « évocateur » (la flexibilité) — un des problèmes essentiels de l'économie politique, celui de la coordination des décisions prises de façon indépendante par une multitude d'individus ; c'est ce qu'on appelle mettre la charrue avant les bœufs...

Folk theorem

Résultat de la THÉORIE DES JEUX qui est considéré comme tellement immédiat — ou allant de soi — qu'il ne peut être attribué à quelqu'un de bien précis (d'où son nom, qu'on peut traduire par : « théorème de tout le monde »). Le *folk theorem* s'applique aux JEUX RÉPÉTÉS indéfiniment et s'énonce de la façon suivante : *toute issue* X *individuellement rationnelle d'un jeu répété peut être considérée comme d'« équilibre », c'est-à-dire comme résultant d'une combinaison de stratégies d'équilibre.*

La *multiplicité des équilibres* dans les jeux répétés indéfiniment est une des conséquences du *folk theorem*, puisque les issues individuellement rationnelles (où les gains des joueurs sont strictement supérieurs à leurs gains MINIMAX) n'ont rien d'exceptionnel dans ces jeux (lorsque les STRATÉGIES MIXTES sont admises, elles forment même des *continuums*).

La *démonstration* du *folk theorem* est très simple ; elle consiste à attribuer la stratégie (conditionnelle) suivante à chaque joueur : « J'opte à chaque tour pour l'action qui correspond à l'issue individuellement rationnelle X, et cela tant que les autres joueurs en font autant (c'est-à-dire optent pour les actions correspondant à X) ; mais si l'un d'entre eux dévie à un moment quelconque (c'est-à-dire s'il n'agit pas de la façon dictée par X), alors j'opte à partir de ce moment-là, et indéfiniment, pour des actions qui lui permettent de gagner au maximum ce que lui donne sa stratégie minimax. » Dans ces conditions, le gain passager que peut obtenir un joueur en choisissant à un moment donné une action incompatible avec l'issue X est annulé par la perte en gains futurs qu'entraîne cette « déviation ». En fait, dans la mesure où un gain présent est comparé à des gains futurs, pour que le théorème soit valable il faut que le taux d'actualisation utilisé ne soit pas trop élevé, de sorte que la perte en gains futurs ne devienne pas négligeable par rapport au gain « présent » ; c'est pourquoi l'énoncé du théorème comporte toujours une condition sur le seuil que ne doit pas dépasser le taux d'actualisation (seuil qui dépend, évidemment, des gains rapportés par les diverses issues).

Les stratégies qui interviennent dans la démonstration du *folk theorem* peuvent ne pas être « crédibles » ; tel est le cas si leurs conséquences sont trop coûteuses pour celui qui les met en œuvre (elles le « coulent » tout autant que le « déviant ») ; autrement dit, l'équilibre qu'elles forment n'est pas parfait (en sous-jeux). Toutefois, il est toujours possible de trouver des stratégies plus complexes pour lesquelles les issues individuellement rationnelles correspondent à des équilibres parfaits, ce qui prouve la robustesse du théorème — qui tient elle-même à la « richesse » de l'ensemble des stratégies conditionnelles (ensemble qui a une infinité d'éléments).

Voir, à titre d'exemple, l'entrée DILEMME DU PRISONNIER RÉPÉTÉ.

Fonction de production

Fonction mathématique qui associe à tout ensemble d'INPUTS — matières premières, travail, « services » fournis par des machines, etc. — la production *maximale* qui peut être obtenue à partir de lui, si les techniques appropriées sont utilisées. La fonction de production est donc à la fois un « résumé » des techniques disponibles et une procédure de choix de celle qui est la plus « efficiente », dans chaque éventualité.

Si l'on note $Q = (q_1, \ldots, q_n)$ un panier d'inputs quelconque et $f(\cdot)$ la fonction de production, alors $f(q_1, \ldots, q_n)$ donne la quantité maximale de produit — ou d'output — qui peut être obtenue à partir de Q. Comme il est toujours possible de produire *moins* que $f(q_1, \ldots, q_n)$ à partir de $(q_1, \ldots, q_n)$, *l'ensemble des productions possibles* est donné par les « couples » $\{q, (q_1, \ldots, q_n)\}$ tels que $q \leq f(q_1, \ldots, q_n)$, où q représente une quantité du bien produit (output). Cet ensemble est appelé *ensemble de production* de l'entreprise ; il se trouve « en dessous » de la courbe — ou de la surface — qui représente la fonction de production, comme on le voit dans la figure ci-dessous, où il est supposé qu'il n'y a qu'un seul input.

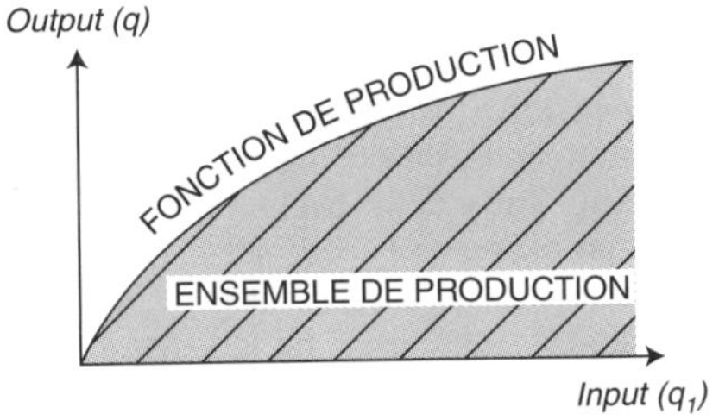

Comme toute fonction, les fonctions de production peuvent être représentées par une formule (telle celle de COBB-DOUGLAS). Toutefois, comme elles ne sont guère mesurables (qui peut prétendre réduire à une formule les relations techniques qui prévalent dans une entreprise ?), ceux qui font appel aux fonctions de production préfèrent s'en tenir à un certain niveau de généralité, en s'appuyant sur certaines propriétés qu'ils leur attribuent et qu'ils jugent particulièrement importantes. Parmi elles, il y a :

— la convexité de leurs ISOQUANTES ;
— les RENDEMENTS D'ÉCHELLE croissants ou décroissants ;
— les PRODUCTIVITÉS MARGINALES décroissantes ;
— la concavité.

La fonction de production est un concept de la MICROÉCONOMIE, puisqu'elle a pour vocation de représenter certaines des unités de base de l'économie (les entreprises). Ses arguments sont des *quantités* de biens (y compris les « services », tel le travail). Parmi les caractéristiques des biens, il y a la *date* de disponibilité ou de mise en service ; ainsi, des machines d'âge différent sont considérées comme des biens différents.

Dans le cas où il peut y avoir des *productions jointes* (à partir d'un même panier d'inputs on peut obtenir *plusieurs* types de biens), il n'y a pas à proprement parler de fonction de production (puisque, par définition, une fonction associe un *et un seul* nombre à chacune des valeurs prises par ses variables) ; le raisonnement porte alors directement sur les ensembles de production (comme, par exemple, en PROGRAMMATION LINÉAIRE). L'approche par les productions jointes permet alors de prendre en compte le problème des *biens durables* (qui peuvent être utilisés pendant plusieurs périodes), à commencer par les machines. Ainsi, on peut inclure parmi les inputs d'une entreprise les machines qu'elle utilise, et parmi ses outputs ces mêmes machines, mais « usées » (telles des machines d'occasion). Évidemment, cette façon de faire revient à multiplier le nombre de biens, puisqu'une machine qui a une durée de vie égale à T périodes donne naissance à T biens différents, chacun correspondant à une période (« âge » de la machine).

Au problème de la date des biens (surtout des machines et, plus généralement, des équipements) s'ajoute celui de leur *localisation* (les installations sont souvent difficiles à déplacer) et celui de la *non-divisibilité* de certains d'entre eux (à commencer par les machines). Si l'on veut prendre en compte tous ces éléments, alors on se trouve face à des ensembles de production avec un grand nombre de variables, dont certaines ne peuvent prendre que des valeurs entières. Le traitement mathématique devient donc extrêmement lourd, pour ne pas dire impossible.

Face à ce type de difficulté, il est alors tentant de « réduire le problème », en rendant homogènes les inputs ; ce qui peut être fait à travers un *système de prix* grâce auquel on peut calculer leurs *valeurs*, puis se livrer avec elles à des opérations algébriques simples. C'est ce type de solution qui est adopté par les analyses qui font appel à la fonction de COÛT ou à la FONCTION DE PRODUCTION NÉO-CLASSIQUE ; dans la première, la valeur des inputs est « incorporée » dans la fonction elle-même, tandis que dans la seconde elle prend la forme d'un AGRÉGAT, le « capital », qui intervient à côté du travail (qui peut être lui-même un agrégat), parmi les arguments de la fonction considérée.

Mais ces « solutions » ont pour principal inconvénient de faire disparaître la dimension « technique » du problème, c'est-à-dire ce qui fait justement la spécificité de la fonction de production.

Fonction de production néo-classique

Fonction, au sens mathématique, qui est utilisée en MACROÉCONOMIE par les NÉO-CLASSIQUES dans le but de représenter toutes les techniques disponibles dans l'économie, dans son ensemble et à un moment donné. A la différence des fonctions de production usuelles de la MICROÉCONOMIE, les variables qui interviennent dans la fonction de production néo-classique [notée $F(\cdot)$] sont des agrégats, dont le CAPITAL (K) et le travail (L). Souvent, les analyses qui utilisent la fonction de production néo-classique s'en tiennent à ces deux seuls agrégats ; on a alors :

$$Q = F(K, L),$$

où Q est la production maximale qu'il est possible d'obtenir à partir du couple capital-travail (K, L).

La fonction de production néo-classique est caractérisée par les *quatre propriétés* suivantes.

1. Elle est au moins de classe C^2 (dérivable jusqu'à l'ordre 2, avec des dérivées partielles continues).

2. Elle est à dérivées partielles strictement décroissantes (de même pour ses PRODUCTIVITÉS MARGINALES).

3. Elle est CONCAVE.

4. Elle est HOMOGÈNE *de degré 1* (les RENDEMENTS D'ÉCHELLE sont constants).

A partir de ces hypothèses de base, on déduit les résultats et les propriétés suivantes de la fonction de production néo-classique.

• Comme elle est homogène (de degré 1) et dérivable, elle vérifie la *formule d'Euler*, qui s'écrit ici :

(1) $KF'_K(K, L) + LF'_L(K, L) = F(K, L)$.

Dans le cas où le couple (K, L) correspond à un équilibre de CONCURRENCE PARFAITE, alors les productivités marginales du capital et du travail, en valeur, sont égales au taux d'intérêt et au salaire réels (soit $F'_K(K, L) = r/p$ et $F'_L(K, L) = s/p$), où s et r sont, respectivement, le salaire et le taux d'intérêt nominaux, p étant le prix du produit) ; en remplaçant dans (1) il vient :

(2) $$rK + sL = pQ$$

[on rappelle que $Q = F(K, L)$].

C'est le théorème d'ÉPUISEMENT DU PRODUIT dans le cas où il n'y a que le capital et le travail comme inputs : la production en valeur, pQ, permet de rétribuer « tout juste » le capital (qui reçoit rK) et le travail (qui reçoit sL).

• Comme $F(\cdot)$ est homogène de degré 1, ses dérivées partielles sont homogènes de degré 0 (voir l'entrée sur les fonctions HOMOGÈNES) ; par conséquent, on a pour $L \neq 0$ et en posant $K/L = k$:

$$(3) \quad F'_K(K,L) = F'_K\left(\frac{K}{L},1\right) = F'_K(k,1)$$

$$(4) \quad F'_L(K,L) = F'_L\left(\frac{K}{L},1\right) = F'_L(k,1).$$

Ainsi, *les productivités marginales ne dépendent que du seul capital par tête*. En outre, elles sont décroissantes, en raison de la concavité de $F(\cdot)$.

• Comme $F(\cdot)$ est homogène de degré 1, on a, si $L \neq 0$:

$$F(K,L) = LF\left(\frac{K}{L},1\right)$$

et donc, comme $K/L = k$:

$$\frac{F(K,L)}{L} = F(k,1).$$

Ainsi, *le produit par tête, $F(K, L)/L$, ne dépend que du capital par tête, k.*

Si l'on pose :

$$(5) \quad f(k) = F(k, 1),$$

les dérivées de $F(\cdot)$ peuvent être exprimées en fonction de celle de $f(\cdot)$. Ainsi, en dérivant les deux membres de (5) (par rapport à k), il vient :

$$(6) \quad f'(k) = F'_K(k, 1),$$

et donc, en raison de (3) :

$$F'_K(K, L) = f'(k).$$

En dérivant par rapport à L les deux membres de l'égalité $F(K,L) = LF(K/L, 1)$, il vient :

$$F'_L(K,L) = F\left(\frac{K}{L},1\right) + LF'_K\left(\frac{K}{L},1\right) \cdot \left(-\frac{K}{L^2}\right)$$

$$= f(k) - kf'(k) \text{ [en se servant de (6)].}$$

On peut obtenir directement cette relation à partir de la formule d'Euler et de (6).

De l'homogénéité de $F(\cdot)$ il découle que ses *ISOQUANTES sont homothétiques*, avec l'origine pour centre. En effet, son TAUX MARGINAL DE SUBSTITUTION (TMS) en un point quelconque (K, L) ne dépend alors que du rapport K/L, puisqu'il est donné par le rapport des dérivées partielles de $F(\cdot)$, rapport qui est homogène de degré 0 (car ces deux dérivées sont homogènes de même degré). Or, comme le TMS en un point est égal, au signe près, à la pente de la tangente à l'isoquante qui passe par ce point, il s'ensuit que les tangentes aux isoquantes en des points se trouvant sur un même « rayon » issu de l'origine (pour lequel K/L = constante) sont parallèles. Autrement dit, le taux marginal de substitution est invariant à tout changement d'échelle de la production. On se trouve face à une propriété typique de l'homothétie.

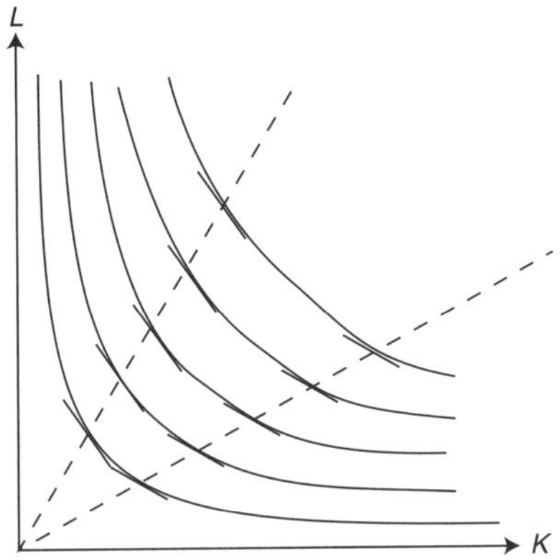

Les fonctions de production les plus fréquemment utilisées par les néo-classiques sont la fonction de COBB-DOUGLAS :

$$F(K, L) = a\, K^{\alpha}L^{1-\alpha},$$

et la fonction CES (à ÉLASTICITÉ DE SUBSTITUTION constante) :

$$F(K, L) = a(\alpha K^{-\rho} + (1-\alpha)L^{-\rho})^{-1/\rho}, \rho > 0.$$

Fondamentaux
(d'une économie)

Expression utilisée par les théoriciens NÉO-CLASSIQUES pour désigner les paramètres qui caractérisent les AGENTS d'une économie, et qui en forment pour eux les « données », au niveau desquelles il faut chercher l'« explication ultime » des phénomènes économiques. Les fondamentaux sont donc, pour eux, les variables EXOGÈNES par excellence de leurs modèles (en particulier, celui d'ÉQUILIBRE GÉNÉRAL) ; ils sont donnés par :

— les RELATIONS DE PRÉFÉRENCE et les DOTATIONS INITIALES qui caractérisent les MÉNAGES des modèles ;

— les fonctions de production qui représentent les entreprises.

Toutefois, la connaissance de ces seuls paramètres ne suffit pas à déterminer le comportement des agents qu'ils caractérisent ; pour cela, il faut aussi connaître le *cadre institutionnel* dans lequel ils prennent leurs décisions et leurs CONJECTURES sur les réactions des uns et des autres à leurs propres actions. Sans ces précisions, le modèle n'est pas complet (il n'est pas possible de dire quoi que ce soit à partir de lui) ; autrement dit, cadre institutionnel et conjectures devraient tout autant faire partie des fondamentaux de toute économie, mais les néo-classiques restent très discrets à leur propos (ils préfèrent insister sur ce qui caractérise les « individus » qui forment la société).

En théorie de la FINANCE, on a l'habitude d'appeler « fondamentaux » de l'économie tout ce qui concerne la production et les échanges, en dehors donc de ce qui se passe dans le secteur financier (spéculations sur les titres) ; implicitement, il est supposé qu'il existe une sorte de « déconnexion » entre l'économie réelle, celle des « fondamentaux », et l'économie financière (un exemple extrême de cette déconnexion est donné par les BULLES).

Fondements microéconomiques de la macroéconomie (recherche des)

Démarche qui consiste à expliquer — ou à justifier — les relations de la MACROÉCONOMIE à partir des choix (rationnels) des individus qui forment la société. Pour les NÉO-CLASSIQUES, la recherche de fondements microéconomiques est la seule façon de rendre cohérents les comportements décrits par les équations qui constituent les MODÈLES macroéconomiques. Mais comme l'interaction de ces comportements devient d'une complexité extrême lorsqu'elle concerne plusieurs individus (comme en témoigne, par exemple, le théorème de SONNENSCHEIN), la recherche des fondements microéconomiques de la macroéconomie est généralement faite *en réduisant au strict minimum* le nombre d'agents de l'économie (rarement plus de deux ou trois). La société est alors ramenée à quelques types d'agents (par exemple, un ménage et une entreprise, ou un « jeune » et un « vieux », comme dans les modèles à GÉNÉRATIONS IMBRIQUÉES). L'habitude a été prise d'appeler ces types AGENTS REPRÉSENTATIFS ; ceux-ci sont considérés comme des entités collectives, dotées d'objectifs propres (semblables à ceux des individus qu'ils sont censés « représenter »).

Cette façon de faire est donc contraire aux principes de l'INDIVIDUALISME MÉTHODOLOGIQUE, dont se réclament pourtant les néo-classiques ; elle ignore en particulier le problème de la *coordination* des décisions d'une multitude d'individus, problème qui est pourtant au cœur de la réflexion économique (et donc macroéconomique). Souvent, afin de rendre plus « crédible » l'hypothèse sur les agents représentatifs, il est dit que chacun d'entre eux « représente » un grand nombre d'agents identiques ; mais cela n'apporte rien de plus, si ce n'est de la confusion. Car, d'une part, des agents identiques n'ont aucune raison de faire des échanges entre eux ; d'autre part, si ces échanges ont lieu entre des agents de types différents, alors le problème de la coordination est incontournable (la métaphore de l'agent représentatif ne le résout en rien).

Compte tenu du cadre qu'elle se donne — une « société » réduite à deux ou trois individus —, la recherche de fondements microéconomiques consiste essentiellement à raconter des « fables », ou des « histoires », dont la forme dépend des caractéristiques attribuées aux agents représentatifs et du « cadre institutionnel » dans lequel ils sont supposés faire leur choix. Comme toute fable, les modèles « à fondements microéconomiques » ont une « morale », qui se traduit ici par des propositions, ou des suggestions, de politique économique ; il est toutefois difficile de les prendre au sérieux, du seul fait que, de cette façon, elles seraient « fondées microéconomiquement ». Car il se peut que ces propositions soient valables, mais pas en tant que morales d'une quelconque fable.

Fordisme

Concept qui est proposé par la théorie de la RÉGULATION pour caractériser la situation qui a, *grosso modo*, prévalu dans les pays capitalistes d'Europe et d'Amérique pendant les « TRENTE GLORIEUSES » (1945-1975). Le mot « fordisme » est emprunté au philosophe marxiste italien Antonio Gramsci ; il est utilisé en référence au constructeur d'automobiles Henry Ford, auquel on attribue l'idée selon laquelle des ouvriers mieux payés peuvent acheter plus de produits. On parle aussi d'« effet Ford » lorsqu'une entreprise — un MONOPOLE par exemple — prend en compte dans ses choix la demande qu'elle engendre à travers les salaires qu'elle verse à ses employés.

Robert Boyer donne une définition détaillée du fordisme dans son article « Du fordisme canonique à une variété de modes de développement » publié dans *Théorie de la régulation. L'état des savoirs* (sous la dir. de R. Boyer et Y. Saillard, La Découverte, Paris, 1995). Selon lui le fordisme est « le régime d'accumulation qui combine trois caractéristiques. D'abord, une *organisation du travail* qui, partant du taylorisme, pousse encore la parcellisation des tâches, la mécanisation des processus productifs et une séparation complète entre conception et exécution. La chaîne de montage est la figure emblématique de cette forme d'organisation sociale du travail qui par mimétisme tend à s'appliquer aussi dans beaucoup d'autre secteurs. Telle est la première composante d'un régime d'accumulation intensive, c'est-à-dire fondé sur la recherche et l'obtention d'une croissance continue de la productivité.

« Mais il ne suffit pas d'observer des chaînes de montage pour en induire un mode de croissance fordiste. Il faut en outre que les salariés obtiennent la *garantie d'un partage des gains de productivité*, autrement que par le jeu des pénuries de main-d'œuvre qui se manifestent lorsque l'accumulation devient trop vive. Les conventions collectives américaines des années soixante ou encore la politique française de "partage des dividendes du progrès" constituent des exemples d'une contractualisation longue de la formation du revenu salarial. La conjonction de ces deux caractéristiques définit le rapport salarial fordiste.

« Mais il n'est pas lui-même suffisant puisqu'il faut qu'il soit associé à des formes institutionnelles compatibles, qu'il s'agisse d'une concurrence oligopolostique ou d'un régime monétaire fondé sur le crédit. Mais, caractéristique essentielle, il importe que le processus dynamique d'ajustement de la production et de la demande s'opère principalement *sur un espace national*, ou tout au moins que le manque de compétitivité ne vienne pas entraver la synchronisation des normes de production et de consommation à l'intérieur d'un territoire national. En d'autres termes, il faut que l'accumulation intensive soit sensiblement *autocentrée* et gouvernée par la consommation interne » (p. 370).

C'est le dysfonctionnement dans les années soixante-dix du régime d'accumulation fordiste qui expliquerait, selon les théoriciens de la régulation, la crise apparue alors, avec la longue période de recherche d'un nouveau régime d'accumulation qui l'a suivie.

Forme extensive (d'un jeu)

Représentation d'un jeu — au sens de la THÉORIE DES JEUX — qui est particulièrement adaptée à l'étude des *jeux à plusieurs coups* (ou à coups successifs) et qui consiste à en résumer les caractéristiques sous la forme d'un ARBRE DE JEU. Un jeu à un seul coup — ou comportant des coups simultanés — peut aussi être mis sous forme extensive à condition d'introduire dans l'arbre de jeu des ENSEMBLES D'INFORMATION.

Dans les jeux sous forme extensive où il n'y a pas que des coups simultanés, il est important de distinguer entre les *actions* possibles des joueurs aux nœuds où ils sont concernés (actions représentées par des branches de l'arbre) et leurs *stratégies*, qui sont en fait des STRATÉGIES CONDITIONNELLES (et qui sont donc représentées par des *ensembles* de branches, qui correspondent à toutes les éventualités possibles).

Si toutes les stratégies (conditionnelles) d'un jeu sous forme extensive sont connues, alors celui-ci peut être mis sous FORME STRATÉGIQUE. Toutefois, comme le nombre de stratégies conditionnelles augmente de façon exponentielle avec le nombre de coups et d'actions à la disposition des joueurs, cette possibilité n'est souvent que purement théorique (mais elle est nécessaire dans le cadre de la recherche des équilibres de NASH des jeux à plusieurs coups).

Forme réduite (d'un modèle)

Forme sous laquelle est mis un MODÈLE lorsque chacune de ses variables ENDOGÈNES (« expliquées ») est exprimée en fonction de ses seules variables EXOGÈNES (« explicatives »). La forme réduite est appelée ainsi parce qu'elle est déduite de la FORME STRUCTURELLE du modèle, qui n'est que la traduction mathématique d'une théorie économique. C'est à partir de la forme réduite d'un modèle qu'on estime ses paramètres (en utilisant les méthodes de l'économétrie) et qu'on effectue des prévisions (ou qu'on teste les effets de différentes politiques économiques possibles).

Lorsque les modèles considérés sont *linéaires*, ce qui est généralement le cas, les coefficients de la forme réduite sont appelés *MULTIPLICATEURS* — le plus célèbre d'entre eux étant le MULTIPLICATEUR KEYNÉSIEN. En effet, comme alors une équation de la forme réduite s'écrit :

$$y = \alpha_1 x_1 + \ldots \alpha_n x_n,$$

où y est une variable endogène et les x des variables exogènes, on a :

$$\Delta y = \alpha_i \, \Delta x_i \quad (1 \leq i \leq n),$$

de sorte que la variation Δx_i de la i-ème variable exogène est « multipliée » par le coefficient α_i (en supposant $\Delta x_j = 0, j \neq i$).

Pour passer de la forme structurelle à la forme réduite, il faut (et il suffit, à quelques nuances près) que le nombre de variables endogènes soit égal à celui des équations du modèle ; en revanche, le « retour » de la forme réduite à la forme structurelle ne peut se faire que sous des conditions (d'IDENTIFICATION) beaucoup plus fortes.

Forme stratégique (d'un jeu)

Présentation d'un jeu — au sens de la THÉORIE DES JEUX — dans laquelle les STRATÉGIES (pures) des joueurs apparaissent explicitement et exhaustivement, qu'elles se réduisent à de simples actions (cas des jeux à un seul coup) ou qu'elles soient conditionnelles (cas des jeux à plusieurs coups). La forme stratégique d'un jeu est souvent appelée *forme normale*, par opposition à la FORME EXTENSIVE, qui est représentée par un ARBRE DE JEU, où seules apparaissent les actions possibles des joueurs dans les diverses éventualités (leurs stratégies se déduisant de ces actions).

La représentation d'un jeu sous forme stratégique est particulièrement aisée dans le cas où il n'y a que deux joueurs et où le nombre de stratégies dont ils disposent est fini ; elle consiste alors en un tableau — qualifié parfois de « bimatriciel » — dont les éléments sont les vecteurs de gains des joueurs, et dont les lignes et les colonnes représentent les stratégies de l'un et l'autre joueur. Ce tableau est donc de la forme suivante :

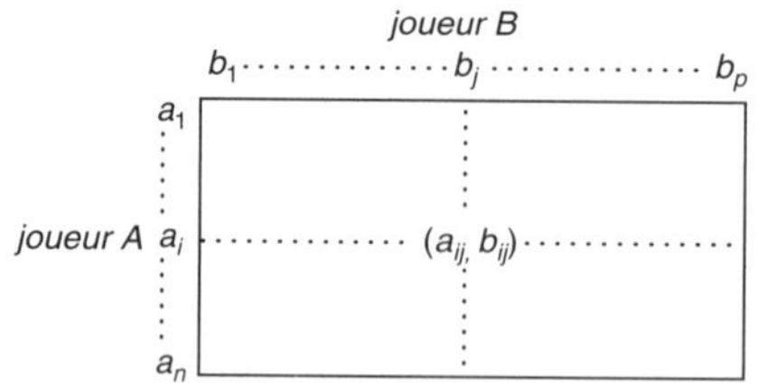

où a_i et b_j désignent, respectivement, les i-ème et j-ème stratégies de A et de B, tandis que a_{ij} et b_{ij} sont leurs gains lorsqu'ils optent pour ces stratégies.

Dans le cas où il y a *trois joueurs*, A, B et C, il est théoriquement possible de représenter le jeu sous forme stratégique, mais cela devient vite très lourd si le nombre de stratégies dont disposent les joueurs dépasse quelques unités. Cette représentation peut prendre la forme d'un *ensemble de tableaux* comme le précédent, où les lignes et les colonnes correspondent aux stratégies de deux des joueurs, celles du troisième étant représentées par les tableaux eux-mêmes (une par tableau). Les éléments de ceux-ci sont donc des *triplets* de la forme (a_{ijk}, b_{ijk}, c_{ijk}), où x_{ijk} est le gain du joueur X ($X = A, B, C$) lorsque A retient sa i-ème stratégie, B sa j-ème stratégie et C sa k-ième stratégie (ce qui signifie ici que C opte pour le k-ième tableau).

La figure ci-dessous donne un exemple de représentation sous forme stratégique d'un jeu à trois joueurs ; elle se lit de la façon suivante : si, par exemple, C opte pour c_2 (c'est-à-dire pour le deuxième tableau), A pour a_1 et B pour b_2, alors les gains des joueurs sont donnés par le vecteur (– 5,6,8).

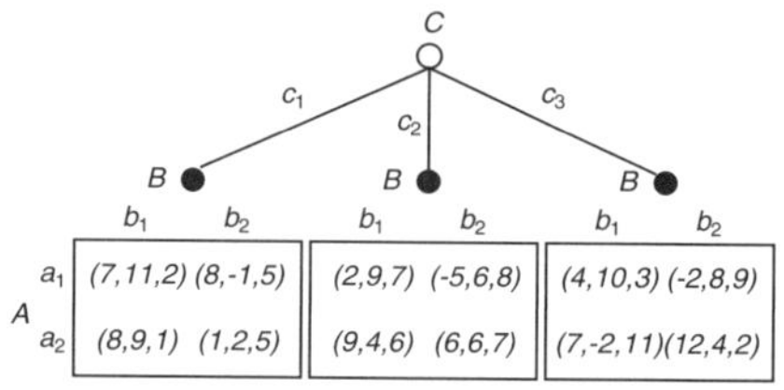

La représentation d'un jeu sous sa forme stratégique est particulièrement adaptée à l'étude des *jeux à un seul coup*, dans lesquels les stratégies des agents se réduisent à leur plus simple expression (elles sont confondues avec leurs actions possibles). En revanche, elle est moins appropriée dans le cas des jeux à plusieurs coups, où la représentation sous la forme extensive — par un arbre de jeu — permet de mieux faire apparaître le caractère séquentiel des modèles. Dans ces jeux, les stratégies sont des *listes d'instructions*, qu'il est possible d'énumérer, mais qui peuvent être très nombreuses — et rendre « matériellement » impossible le passage à la forme stratégique.

De même, un jeu sous forme stratégique peut être mis sous forme extensive, quitte à introduire dans l'arbre de jeu des ENSEMBLES D'INFORMATION.

Forme structurelle (d'un modèle)

Ensemble d'équations d'un MODÈLE qui découle directement de la théorie économique dont ce modèle est une représentation formalisée. Pour que le modèle soit complètement spécifié, la théorie doit aussi préciser lesquelles de ses variables sont considérées comme ENDOGÈNES (déterminées par le modèle) et lesquelles sont considérées comme EXOGÈNES (déterminées en dehors du modèle). Lorsque ces précisions sont données, alors le modélisateur cherche généralement à passer de la forme structurelle de son modèle — celle qu'il pose en premier — à sa FORME RÉDUITE, où chaque variable endogène (« expliquée ») est exprimée en fonction des seules variables exogènes (« explicatives »). La forme structurelle d'un modèle est donc la traduction directe de la théorie, tandis que la forme réduite sert à en estimer les paramètres et à faire des prévisions (ou à tester des scénarios de politique économique).

A titre d'exemple, les équations *IS* et *LM* du modèle IS-LM donnent la forme structurelle de ce modèle, dont la forme réduite est constituée d'équations où le revenu et le taux d'intérêt (d'équilibre) sont exprimés en fonction de la masse monétaire, des dépenses gouvernementales ou d'autres variables exogènes (dont certaines sont considérées comme des « instruments » de la politique économique).

Pour passer de la forme structurelle à la forme réduite, il faut (et il suffit, à quelques nuances près) que le nombre de variables endogènes soit égal à celui des équations du modèle ; en revanche, le « retour » de la forme réduite à la forme structurelle ne peut se faire que sous des conditions (d'IDENTIFICATION) beaucoup plus fortes.

Friedman, Milton (né en 1912)

Économiste américain, farouche adversaire de toute intervention de l'État en économie, il a cherché à réhabiliter la THÉORIE QUANTITATIVE DE LA MONNAIE, au point que l'école ultra-libérale dont il fait partie a été qualifiée de MONÉTARISTE.

Toute l'œuvre de Friedman constitue une machine de guerre contre les idées de KEYNES et de ceux de ses successeurs qui pensent que le « système des marchés » laissé à lui-même ne conduit pas forcément au plein emploi des ressources — d'où la nécessité pour l'État d'intervenir de façon à améliorer le bien-être collectif. Une des caractéristiques de la démarche de Friedman, c'est d'avoir proposé une série d'idées et de concepts nouveaux, mais souvent vagues. Friedman n'a d'ailleurs généralement pas répondu aux critiques qui leur ont été faites.

C'est ainsi que Friedman a proposé les concepts de :

— REVENU PERMANENT, revenu annuel constant que pourrait obtenir un individu qui placerait à un taux d'intérêt fixe la VALEUR ACTUELLE des gains de toute sa vie. Friedman suppose que les ménages décident de leur consommation en fonction de leur revenu permanent, et non de leur revenu courant ; par conséquent, toute politique qui vise à « stimuler » leur demande en augmentant provisoirement ces revenus est, selon lui, vouée à l'échec, puisque cet accroissement est perçu comme transitoire ; le MULTIPLICATEUR KEYNÉSIEN est visé par ce type d'analyse. Par nature inobservable, le revenu permanent est devenu dans les faits une sorte de revenu moyen (sur plusieurs périodes) ou l'expression d'une inertie dans les comportements ;

— TAUX NATUREL DE CHÔMAGE, taux de chômage incontournable et qu'il est donc vain de chercher à réduire en « jouant sur l'inflation », comme le donne à croire la courbe de PHILLIPS. La définition que donne Friedman de ce concept est la suivante : « Le taux naturel de chômage [...] est le taux qui découlerait du système walrasien d'équilibre général si les caractéristiques structurelles effectives des marchés des biens et du travail y étaient intégrées, notamment les imperfections du marché, la variabilité aléatoire des offres et des demandes, le coût de collecte de l'information sur les emplois vacants, les coûts de mobilité, etc. » Autrement dit, pour Friedman, le taux naturel de chômage est celui de la CONCURRENCE PARFAITE... compte tenu de toutes les « imperfections » envisageables ! Il ressemble donc à ce qu'on appelle traditionnellement « chômage structurel » ; le point important, c'est que Friedman nie l'existence de chômage involontaire, de sorte que le taux de chômage naturel ne se distingue finalement pas du taux de chômage observé lorsqu'il n'y a pas d'inflation ;

— fonction de DEMANDE DE MONNAIE, dont il suppose qu'elle comporte de nombreux arguments — à la différence de ce que postule la théorie quantitative d'origine ; le but de Friedman est d'établir la « stabilité » de cette fonction, pour l'opposer à l'« instabilité » de la fonction de CONSOMMATION ; toutefois, en multipliant le nombre de variables qui déterminent la demande de monnaie, Friedman ne peut plus faire passer de message simple et rend floue la ligne qui le sépare des keynésiens, dont il critique pourtant les positions.

Friedman a aussi publié (dans *Essays in Positive Economics*, Chicago University Press, 1953) un article d'épistémologie intitulé « The methodology of positive economics » dans lequel il défend la théorie MARGINALISTE, dont les hypothèses sont manifestement en contradiction avec les observations (notamment celles qui concernent la divisibilité des biens et les RENDEMENTS D'ÉCHELLE) ; dans cet article, Friedman approuve la façon de faire de cette théorie en invoquant l'argument du COMME SI car, selon lui, seules compteraient les *prédictions* déduites des modèles et non l'adéquation de leurs hypothèses aux observations. Cet article a été à l'origine d'un important débat, mais Friedman semble s'en être complètement désintéressé, et n'a jamais répondu à ses critiques.

En revanche, il a consacré beaucoup d'énergie à chercher à réhabiliter et à défendre la théorie quantitative de la monnaie. Dans un premier temps, son objectif était de mettre en avant les avantages de la politique monétaire sur la politique budgétaire ; puis, il s'est agi de prouver combien les « manipulations » de la masse monétaire par les autorités pouvaient être contre-productives. C'est ainsi qu'il a mené, avec Ana Schwartz, deux grandes études : *The Monetary History of the United States, 1867-1960* (Princeton University Press, 1963) et *Monetary Trends in the United States and the United Kingdom* (University of Chicago Press, 1982), dans lesquelles il essaie de montrer que les cycles économiques sont « causés » par les « chocs monétaires » provoqués par les autorités (notamment en raison de leurs visées électoralistes). La démonstration est peu convaincante, au point que Friedman a dû lui-même reconnaître — la mort dans l'âme — que la relation monnaie-revenu peut jouer « dans les deux sens », même s'il pense que « sur le long terme » c'est la monnaie qui est déterminante.

Friedman apparaît donc comme un agitateur d'idées, passablement brouillon et à la limite de la mauvaise foi (notamment dans sa défense de la théorie quantitative), mais dont toute la pensée est guidée par la croyance profonde dans le fonctionnement harmonieux du système des marchés laissé à lui-même (de la « libre entreprise »).

Frontière des prix des facteurs

Courbe qui donne la relation que doivent vérifier le salaire et le taux d'intérêt (rémunérations respectives du travail et du « capital ») pour que l'offre concurrentielle d'une entreprise qui a des RENDEMENTS D'ÉCHELLE constants ne soit ni nulle ni infinie.

Pour construire cette courbe, on part du fait que le coût unitaire c d'une entreprise à rendements d'échelle constants est constant ; pour que son offre ne soit pas nulle, il faut donc que le prix p de son produit ne soit pas strictement inférieur à son coût, et pour que son offre ne soit pas infinie, il faut que ce prix ne soit pas strictement supérieur à son coût (on rappelle qu'en concurrence parfaite, les entreprises formulent leurs offres sans se soucier des débouchés). Pour qu'il y ait une offre finie de biens, il faut donc que le prix du produit soit égal à son coût unitaire ($p = c$). Comme le coût c dépend du salaire (s) et du taux d'intérêt (r), il est en réalité de la forme $c(s, r)$; la condition $c(s, r) = p$ montre alors que les variables s, r et p sont liées.

On peut cependant déterminer la frontière des prix des facteurs sans passer par la fonction de coût ; pour cela, on part des égalités qui caractérisent l'offre de concurrence parfaite :

(1)
$pF'_L(K, L) = s$ (productivité marginale du travail, en valeur, égale au salaire)
$pF'_K(K, L) = r$ (productivité marginale du « capital », en valeur, égale au taux d'intérêt)

où $F(\cdot)$ est la FONCTION DE PRODUCTION NÉO-CLASSIQUE.

Pour simplifier, on peut prendre le bien produit comme NUMÉRAIRE, et donc poser $p = 1$. Dans ce cas, s désigne le *taux de salaire réel* (en bien produit) et r le *taux d'intérêt réel*.

Comme F est une fonction HOMOGÈNE de degré 1 (puisque, par hypothèse, les rendements d'échelle sont constants), alors ses dérivées partielles sont homogènes de degré 0 (théorème d'Euler) ; on a donc, pour des valeurs non nulles de L :

$$F'_K(K, L) = F'_K(K/L, 1) = F'_K(k, 1)$$
et
$$F'_L(K, L) = F'_L(K/L, 1) = F'_L(k, 1).$$

En remplaçant dans (1), il vient :

$$(2) \qquad \begin{cases} F'_L(k, 1) = s \\ F'_K(k, 1) = r. \end{cases}$$

On est donc en présence d'un système de *deux* équations qui ne comporte *qu'une* inconnue (k). Pour qu'il ait une solution, il faut donc imposer une contrainte à ses paramètres, s et r. Pour déterminer cette contrainte, on part par exemple de l'égalité $F'_K(k, 1) = r$, qui définit une relation IMPLICITE entre k et r : $k = \varphi(r)$, puis on remplace dans la première équation ; il vient :

$$(3) \qquad F'_L(\varphi(r), 1) = s.$$

La frontière des prix des facteurs est la courbe qui représente la relation (3) (entre le salaire et le taux d'intérêt). Sa forme dépend évidemment de celle de la fonction $F(\cdot)$. Ainsi, dans le cas de la fonction de COBB-DOUGLAS :

$$F(K, L) = K^{\alpha}L^{1-\alpha},$$

les équations (2) s'écrivent :

$$\begin{cases} (1 - \alpha)k^{\alpha} = s \\ \alpha k^{\alpha-1} = r. \end{cases}$$

De la seconde équation on tire :

$$k = \varphi(r) = \left(\frac{r}{\alpha}\right)^{1/(\alpha-1)}$$

et donc, en remplaçant dans la première équation :

$$(4) \qquad s = (1 - \alpha)\left(\frac{r}{\alpha}\right)^{\alpha/(\alpha-1)}.$$

L'équation (4) est la forme que prend (3) lorsque $F(\cdot)$ est de type Cobb-Douglas.

Comme $0 < \alpha < 1$, $\alpha/(\alpha - 1)$ est strictement négatif ; l'équation (4) est donc représentée graphiquement par une *hyperbole asymptote aux axes*, comme dans la figure ci-dessous.

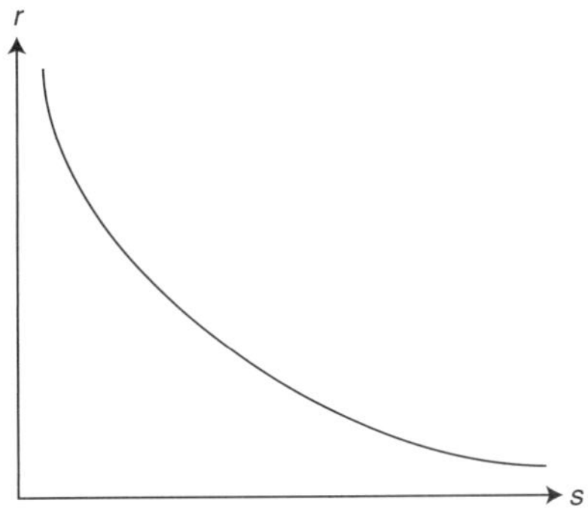

Frontière des productions

Courbe représentée dans un plan — dit *plan des productions* — dont les axes mesurent les quantités produites de deux biens et qui donne les couples de productions associés aux OPTIMUMS DE PARETO de l'économie. Cette courbe est *strictement décroissante* car, par définition, lorsqu'il y a optimum de Pareto, la production d'un bien ne peut être augmentée sans diminuer celle d'un autre. La surface délimitée par la frontière des productions et les axes donne l'ensemble des (couples de) productions possibles ; la taille et la forme de cet ensemble dépendent notamment des ressources « primaires » disponibles dans l'économie (matières premières, travail et, plus généralement, biens qui ne peuvent être produits, ou qui l'ont été dans le passé), ainsi que de la forme des fonctions de production des entreprises. L'ensemble des productions possibles est donc « engendré » en répartissant entre les entreprises les ressources primaires disponibles — et ce de toutes les façons envisageables. La valeur absolue de la pente de la tangente en un point quelconque de la frontière des productions donne le *taux marginal de transformation*, au point considéré, entre les deux biens produits — ce taux est de la même nature qu'un TAUX MARGINAL DE SUBSTITUTION ; il correspond — approximativement — à la diminution minimale de la quantité produite de l'un des biens qui, en libérant des ressources, permet d'augmenter d'une unité supplémentaire la production de l'autre bien, à condition que la réaffectation des ressources entre les entreprises se fasse de façon optimale.

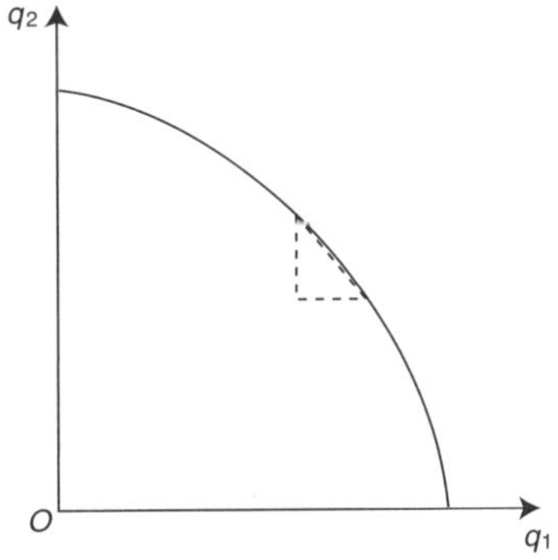

Figure 1. – Une frontière des productions

La frontière des productions est, pour la production, l'équivalent de la FRONTIÈRE DES UTILITÉS pour la consommation. Mais, à la différence de cette dernière, elle est unique, puisqu'elle représente des couples de *quantités* (produites), définies de façon « objective » (alors que les utilités ne sont définies qu'à une fonction strictement croissante près).

La frontière des productions peut être utilisée dans une perspective de planification, qui consiste à choisir le point qui est le plus satisfaisant pour la collectivité. Lorque les préférences de celle-ci sont représentées par une fonction d'UTILITÉ COLLECTIVE, alors le choix du planificateur consiste à retenir le point de la frontière des productions se trouvant sur la courbe d'indifférence « la plus haute possible » parmi celles avec lesquelles elle a un point commun (point M de la figure 2).

Le cas des échanges entre pays

La frontière des productions est aussi utilisée en théorie du COMMERCE INTERNATIONAL, l'idée étant que l'existence d'échanges entre les pays permet d'élargir le domaine de choix de chacun d'entre eux. Dans le cas d'un pays en *autarcie* — n'ayant pas de relations avec l'extérieur —, ce domaine de choix est donné par l'ensemble délimité par la frontière des productions et les axes (positifs) — telle celle qui est tracée dans la figure 2. Si maintenant on suppose que le pays peut faire des échanges sur la base d'un système de prix (p_a, p_b), sans contraintes à l'achat ou à la vente (comme en CONCURRENCE PARFAITE), alors son domaine de choix est élargi au triangle OAB — car il peut toujours vendre à ces prix la production représentée par le point V et acheter avec la somme obtenue n'importe quel « panier » de ce triangle. Or qui dit domaine de choix élargi, dit possibilité d'atteindre un niveau de satisfaction « collectif » plus élevé (sur la figure 2, passage du point M « en autarcie » au point N avec échanges internationaux).

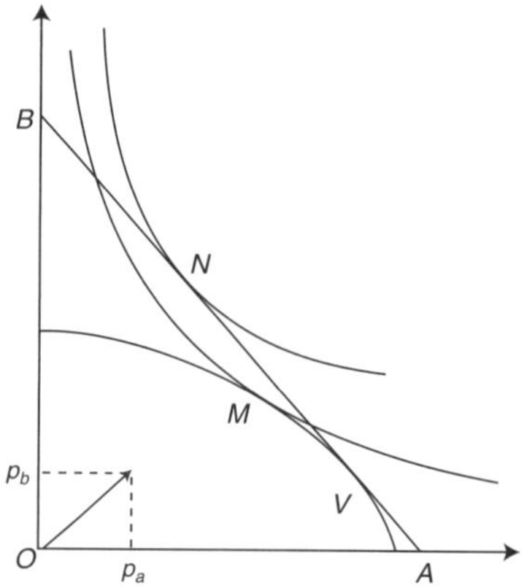

Figure 2

L'analyse précédente suppose les prix internationaux donnés, et aucune sorte de contrainte sur les quantités achetées ou vendues. Or, pour qu'il y ait échange, il faut qu'il y ait au moins deux parties, avec des frontières de production différentes. Telle est la situation décrite par la figure 3, où l'on voit que les prix « d'équilibre » — rendant compatibles les échanges entre les deux pays — sont donnés par le vecteur perpendiculaire à la « contrainte budgétaire » $A'B'$ (tangente commune, en Z_1 et en Z_2, aux frontières de production des deux pays, notés 1 et 2).

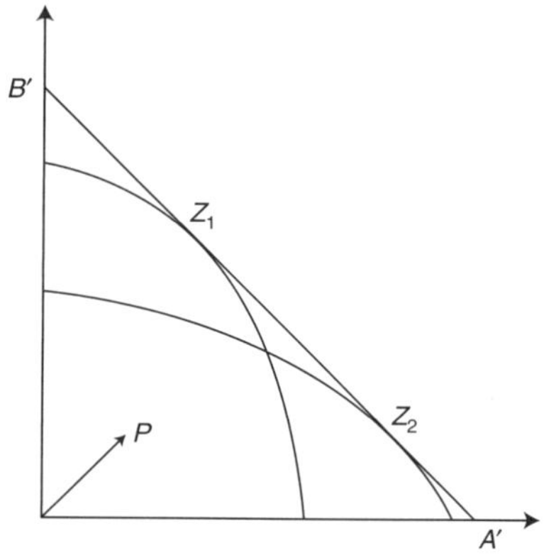

Figure 3

Frontière des utilités

Courbe représentée dans un plan — dit *plan des utilités* — dont les axes mesurent les utilités de deux individus et qui donne les couples d'utilité associés aux OPTIMUMS DE PARETO de l'économie d'échange formée par ces deux individus. La frontière des utilités est *strictement décroissante*, puisque pour que l'utilité d'un individu puisse augmenter à un optimum de Pareto, il faut forcément diminuer celle d'un autre (ici, celle de « l'autre », puisqu'il n'y a que deux individus).

La région du plan délimitée par la frontière des utilités et par les axes est l'image des ÉTATS RÉALISABLES de l'économie d'échange formée par les deux individus ; cette région est l'*ensemble des utilités possibles*. Si l'on appelle A et B les deux individus et si $\mathbf{Q} = \{Q_A, Q_B\}$ est un état réalisable de l'économie, alors le point $P = (U_A(Q_A), U_B(Q_B))$ appartient à l'ensemble des utilités possibles. Dans la figure ci-dessous, la frontière des utilités est donnée par la courbe FF', les affectations des ressources qui correspondent aux points de la région I étant préférées à $\mathbf{Q}$ selon le critère de PARETO, tandis que **Q** est préférée, selon ce même critère, aux affectations des ressources qui correspondent aux points de la région III (en revanche, la comparaison ne peut être faite avec les affectations des ressources qui correspondent aux régions II et IV).

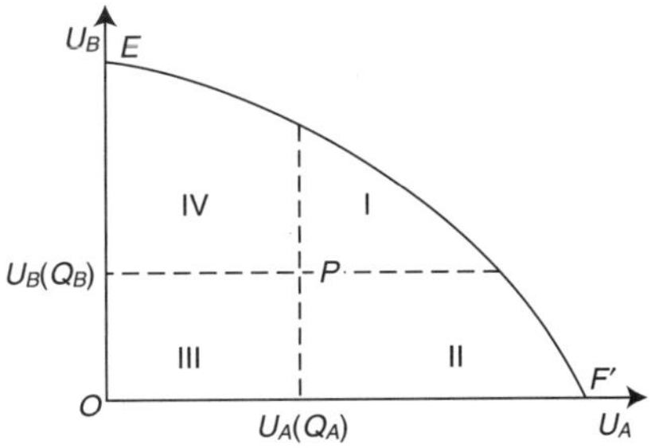

La frontière des utilités est une notion CARDINALE ; sa forme dépend donc de celle des fonctions d'utilité qui sont retenues pour représenter les relations de préférence des deux individus.

G

Générations de capital (modèles à)

Modèles qui prennent en compte les dates auxquelles ont été installés les divers éléments du « capital » d'une entreprise ou d'un pays — le « capital » étant ici identifié aux machines et aux équipements. Les modèles à génération de capital sont un des moyens que se donne la MACROÉCONOMIE pour prendre en compte l'hétérogénéité — degré d'usure, progrès technique incorporé — des composantes du capital d'un pays. Ainsi, plus le niveau de la demande y est élevé, plus il est fait appel à des équipements anciens — les plus récents étant évidemment utilisés en premier, puisque plus productifs. Dans une perspective de CONCURRENCE PARFAITE, la rémunération du capital est alors identifiée à la productivité de l'équipement le plus ancien utilisé ; on retrouve donc l'idée de productivité marginale décroissante, mais la décroissance se fait ici par paliers, la date d'installation jouant le rôle du volume de la quantité produite des analyses microéconomiques.

Les modèles à générations de capital sont du type *PUTTY-CLAY*, ou *clay-clay*, car ils supposent qu'une fois les biens capitaux installés il n'y a plus la possibilité de substituer entre eux les divers inputs (et notamment le travail aux machines).

Générations imbriquées (modèles à)

Modèles proposés d'abord par Maurice Allais (*Économie et intérêt*, Imprimerie nationale, Paris, 1947) et Paul SAMUELSON (« An exact consumption-loan model of interest with or without the social contrivance of money », *Journal of Political Economy*, 1958) et qui ont connu un vif succès parmi les macroéconomistes NÉO-CLASSIQUES à partir des années soixante-dix.

Ces modèles ont d'abord été construits dans le cadre d'une réflexion sur le rôle de la MONNAIE en tant que moyen de réserve dans une perspective d'ÉQUILIBRE GÉNÉRAL ; mais ils sont ensuite devenus un cadre privilégié par les néo-classiques dans leurs tentatives de recherche de FONDEMENTS MICRO-ÉCONOMIQUES à la macroéconomie. S'ils sont appelés ainsi, c'est parce qu'ils considèrent des *générations successives d'individus* qui vivent pendant plusieurs périodes (au moins deux). Chaque génération cherche alors à faire des échanges avec celle qui l'a précédée ; elle est « imbriquée » avec elle, dans le sens où toutes deux coexistent pendant au moins une période ; les échanges ont évidemment pour but d'améliorer l'affectation INTERTEMPORELLE des ressources dont chacun dispose.

Malgré leur caractère extrêmement rudimentaire (le nombre de biens et d'agents y est souvent réduit au minimum) et le fait qu'ils n'envisagent pratiquement que des situations d'équilibre (concurrentiel), *les modèles à générations imbriquées peuvent engendrer des situations extrêmement diverses*, en fonction des spécifications retenues (pour les fonctions d'utilité et de production, pour les dotations initiales et pour la durée de vie de chaque génération). Il est donc possible de raconter à partir d'eux des « histoires » très différentes, ce qui explique en partie leur succès (chaque courant de la pensée néo-classique — KEYNÉSIEN, MONÉTARISTE ou autre — peut illustrer ses thèses dans le cadre de ces modèles, à condition de choisir les spécifications appropriées). La sensibilité des résultats aux spécifications retenues est évidemment un signe de faiblesse, tellement les conclusions auxquelles peuvent parvenir les modèles à générations imbriquées sont différentes, pour ne pas dire opposées.

Les ingrédients de base des modèles

Ces ingrédients concernent les biens, les individus et leurs anticipations, ainsi que la forme d'organisation des échanges.

En ce qui concerne les biens, le cas le plus fréquent (car le plus simple) est celui où il n'y a qu'*un seul bien*, hormis le travail, qui est utilisé à la fois pour la consommation et pour la production (quand celle-ci est envisagée). Ce bien est supposé *périssable*, et ne peut donc servir d'actif (de moyen de réserve) ; d'où la possibilité d'introduire la *monnaie* dans le modèle, en tant que *moyen de réserve* pour l'affectation intertemporelle des ressources (les individus pouvant chercher à « étaler dans le temps » leur consommation).

En ce qui concerne les individus, il est habituellement supposé qu'ils ne vivent qu'un nombre limité de périodes (deux, la plupart du temps). Par conséquent, à chaque période, de nouveaux venus apparaissent (les « jeunes ») tandis que disparaissent ceux qui ont fait leur temps (les « vieux ») ; les individus d'une même génération sont considérés comme identiques — en fait, ils sont presque toujours réduits à un AGENT REPRÉSENTATIF unique, qui est le même à chaque génération (y compris pour les dotations initiales).

En ce qui concerne les anticipations, l'hypothèse la plus fréquente est celle de PRÉVISIONS PARFAITES — ou celle d'ANTICIPATIONS RATIONNELLES, qui n'en diffère pas fondamentalement.

En ce qui concerne la forme d'organisation des échanges, l'attention se concentre sur les *échanges entre générations* — chacune étant réduite à un agent —, généralement dans un cadre de CONCURRENCE PARFAITE. Il découle alors de l'hypothèse de prévisions parfaites qu'il y a équilibre concurrentiel permanent ; du point de vue de l'organisation sociale, la situation est donc la même qu'en ÉQUILIBRE GÉNÉRAL INTERTEMPOREL. Toutefois, les modèles à générations imbriquées se distinguent des modèles d'équilibre général habituels (à la ARROW-DEBREU) par le fait qu'ils supposent un *horizon infini* (l'apparition de nouvelles générations ne s'arrête jamais). Cette hypothèse supplémentaire, apparemment anodine, a des conséquences essentielles au niveau des résultats du modèle — ainsi, les équilibres concurrentiels ne sont plus, en règle générale, des OPTIMUMS DE PARETO (les théorèmes du bien-être ne sont plus valables).

Des modèles à horizon infini

Un des objectifs des modèles à générations imbriquées est de prendre en compte le rôle de la monnaie comme moyen de réserve. Or, si l'horizon n'était pas infini, c'est-à-dire s'il y avait une date « terminale », aussi éloignée soit-elle, alors il découle de l'hypothèse de prévisions parfaites — ou d'anticipations rationnelles — qu'aucun agent n'acceptera de fournir des biens contre de la monnaie (celle-ci n'aura donc plus de raison d'être). En effet, la génération née à la date terminale, T, n'a aucune raison de céder des biens contre de la monnaie à la génération née en $T - 1$ (car elle ne saurait que faire de cette monnaie). Prévoyant « parfaitement » cela, la génération née en $T - 1$ n'acceptera pas de faire des échanges contre de la monnaie avec la génération née en $T - 2$, qui elle-même refusera la monnaie que lui proposera la génération née en $T - 3$, et ainsi de suite. Finalement, les individus nés en $t = 0$ (ou à n'importe quelle autre date) n'accepteront pas d'échanger des biens contre de la monnaie, et ce pour les mêmes raisons (ils « prévoient parfaitement » les réactions des générations futures, y compris la dernière). Pour que la monnaie soit acceptée dans les échanges, alors que les prévisions sont parfaites, il faut donc supposer un horizon infini, de sorte qu'il n'y a pas de « dernière » génération qui n'accepte pas la monnaie.

Une autre conséquence des hypothèses du modèle est que *chaque agent doit connaître les prix qui vont prévaloir dans le futur, aussi éloigné soit-il*. En effet, pour qu'un jeune né en t puisse décider (à cette date) de ses consommations présente et future, il faut qu'il connaisse les prix prévalant en t, mais aussi en $t + 1$; or, ces derniers dépendent — entre autres — des choix que feront les jeunes qui vont naître en $t + 1$, choix qui dépendent eux-mêmes de ceux que feront les jeunes qui vont naître en $t + 2$, et ainsi de suite, indéfiniment.

Cette situation très spéciale peut être traitée de *deux façons différentes*, mais qui sont *formellement équivalentes* (elles conduisent aux mêmes « solutions ») :

— soit on suppose que chaque agent connaît tout sur les générations présentes et futures (goûts, croyances, etc.) et qu'il calcule les prix (d'équilibre) pour toute la « durée de vie » (infinie) de l'économie, comme peut le faire le modélisateur ;

— soit on suppose qu'il y a un commissaire-priseur qui fait ces calculs et affiche les prix (d'équilibre) qu'il obtient pour toute la « durée de vie » (infinie) de l'économie ; la génération née en t et qui vit deux périodes peut alors se contenter de déterminer ses offres et ses demandes (concurrentielles) à partir des seuls prix affichés qui la concernent, p_t et p_{t+1}.

Cette seconde façon d'envisager le modèle — apparemment « moins intuitive » que la première — est probablement la plus appropriée pour comprendre la nature de la situation décrite et la signification de ses « solutions ». Celles-ci se présentent donc sous la forme d'une *liste de prix*, mais aussi d'*offres* et de *demandes*, qui recouvre l'*ensemble* (infini) des périodes et qui constitue une *trajectoire* de l'économie ; comme il est supposé qu'il n'y a pas de date terminale, cette trajectoire se présente donc sous la forme d'une suite infinie : $(X_0, X_1, \ldots, X_t, X_{t+1}, \ldots)$, où le vecteur X_t est formé des prix en t et des quantités offertes et demandées à ces prix, toujours en t. Comme tous les agents font, par hypothèse, des prévisions parfaites, les trajectoires envisagées ne peuvent être que d'*équilibre*, les prix à chaque période étant tels que les agents, *quelle que soit leur date de naissance*, peuvent réaliser leurs plans de la façon prévue. Comme le modèle suppose, en outre, que ces plans sont établis sur la base de comportements « concurrentiels » (au sens de la concurrence parfaite), ses trajectoires d'équilibre sont assimilables à un équilibre général intertemporel, semblable en tout point aux équilibres du modèle d'Arrow-Debreu, la seule différence tenant au fait que, dans le cas présent, il y a une *infinité* d'agents (les générations successives) et de biens (datés). Cette différence est toutefois loin d'être négligeable, puisqu'elle a pour conséquence que dans tout modèle à générations imbriquées il existe une *infinité* (et même un *continuum*) de trajectoires d'équilibre — ce qui n'est généralement pas le cas pour les équilibres du modèle d'Arrow-Debreu. Pour comprendre pourquoi il en est ainsi, mieux vaut utiliser l'approche séquentielle, car le raisonnement s'y fait « pas à pas », en adoptant le point de vue d'une génération quelconque, ce qui est plus accessible à l'intuition ; toutefois, il convient de garder en tête le cadre intertemporel (inhérent aux prévisions parfaites) dans lequel s'inscrit l'analyse et qui est, lui, loin d'être « intuitif ».

L'approche séquentielle

Pour simplifier la présentation, on va se situer dans le « cas minimal », celui où il n'y a qu'un individu par génération ; tous les individus vivent deux périodes — une où ils sont « jeunes » et l'autre où ils sont « vieux » — et sont identiques à tous points de vue (sauf en ce qui concerne leur date de naissance). Cette dernière hypothèse permet de considérer des *fonctions* d'offre et de demande invariantes dans le temps (les offres et les demandes ne l'étant pas, en règle générale). On notera donc $d_j(p_t, p_{t+1})$ la demande nette du bien disponible en $t+1$ du jeune né en t et $s_j(p_t, p_{t+1})$ son offre nette du bien disponible en t, aux prix affichés p_t et p_{t+1} (hypothèse de concurrence parfaite) ; on suppose donc que le jeune né en t connaît, en t, non seulement le prix (d'équilibre) en t, mais aussi le prix (d'équilibre) en $t+1$ (hypothèse de prévisions parfaites).

Pour qu'il y ait, en t, demande de monnaie (celle-ci étant offerte par le « vieux », qui l'a acquise quand il était jeune, en $t-1$), il faut que $s_j(p_t, p_{t+1})$ soit strictement positif, c'est-à-dire que le jeune né en t soit *offreur* net du bien disponible en t (et demandeur de bien futur, et donc de monnaie) ; ce qui explique la notation adoptée (s_j pour le bien présent *offert* par le jeune, d_j pour le bien futur dont il est *demandeur*). On ne s'intéresse qu'au choix du jeune, puisqu'il décide pour toute sa vie (quand il est vieux, il n'a plus qu'à consommer ce qu'il a prévu lorsqu'il était jeune).

Comme le choix du jeune ne dépend en fait que du *prix relatif* du bien présent et du bien futur, ses fonctions de demande nette sont des fonctions HOMOGÈNES de degré 1, et l'on a donc, si $p_{t+1} \neq 0$:

$$\begin{cases} s_j(p_t, p_{t+1}) = s_j\left(\dfrac{p_t}{p_{t+1}}, 1\right) \\ d_j(p_t, p_{t+1}) = d_j\left(\dfrac{p_t}{p_{t+1}}, 1\right). \end{cases}$$

Ainsi, à chaque rapport de prix p_t/p_{t+1} correspond une offre s_j de bien présent et une demande d_j de bien futur (de monnaie) ; cette offre et cette demande varient avec le prix relatif p_t/p_{t+1}, tout en étant liées. D'où l'idée de représenter par une courbe la relation qui les lie, en faisant appel à un système d'axes où s_j est en abscisses et d_j en ordonnées. A une valeur quelconque de p_t/p_{t+1} correspond le point $(s_j(p_t/p_{t+1}, 1), d_j(p_t/p_{t+1}, 1))$ de ce système d'axes, point qui se déplace lorsqu'on fait varier p_t/p_{t+1}, et qui engendre donc une courbe d'équation :

(1) $$d_j = \varphi(s_j).$$

Cette courbe permet de faire apparaître « graphiquement » les *équilibres* du modèle — qui sont, en fait, comme cela a été signalé plus haut, des *trajectoires* (succession sans fin de prix et de quantités offertes et demandées). Ces trajectoires sont telles qu'il y a, à n'importe quelle période t, égalité entre la demande nette de bien futur du jeune né en t, $d_j(p_t, p_{t+1})$, et l'offre nette de ce bien par le jeune né en $t + 1$, $s_j(p_{t+1}, p_{t+2})$ (c'est là une conséquence de l'hypothèse de prévisions parfaites) ; soit :

(2) $\quad d_j(p_t, p_{t+1}) = s_j(p_{t+1}, p_{t+2})$,

quel que soit $t \in IN$.

Dans la figure 1, l'égalité (2) est représentée par les points se trouvant sur la première bissectrice (d'équation $d_j = s_j$). A partir de cette droite et du graphe de $\varphi(\cdot)$ — dont la forme correspond ici au cas où les fonctions d'utilité sont du type COBB-DOUGLAS —, on peut tracer les trajectoires d'équilibre. C'est ce qui a été fait dans la figure 1, pour un « prix initial » p_0 et une masse monétaire M donnés : à la « demande initiale » — en $t = 0$ — du bien disponible en 0, M/p_0, correspond l'offre $s_j(p_0, p_1)$, qui a pour contrepartie la demande en $t = 0$ du bien disponible en $t = 1$, $d_j(p_0, p_1)$, demande qui est donnée par le graphe de $\varphi(\cdot)$ et à laquelle correspond [en raison de (2)] l'offre $s_j(p_1, p_2)$, etc. Les trajectoires se présentent donc sous la forme de lignes brisées ; on constate que celle qui a été tracée dans la figure 1 converge vers l'origine, c'est-à-dire vers une situation où il n'y a plus d'échange entre les générations, chacune d'entre elles se contentant de consommer sa dotation initiale (on dit alors qu'il y a *autarcie*).

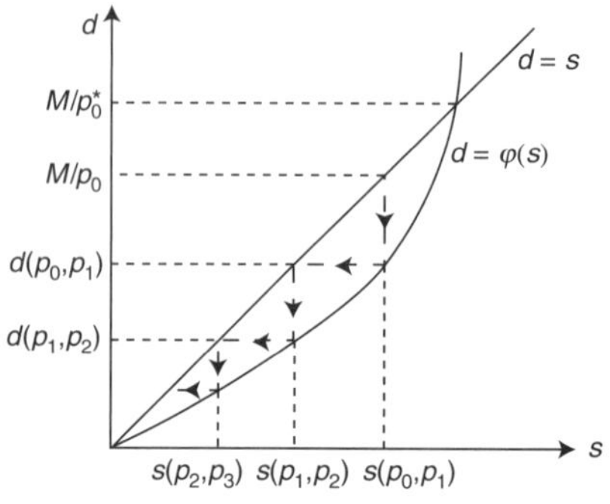

Figure 1

La figure 1 donne l'évolution des *quantités* d'équilibre ; mais il est possible d'y « lire » aussi le rapport de prix p_t/p_{t+1}, puisque de la contrainte budgétaire du jeune :

$p_{t+1}d_j(p_t, p_{t+1})$	$=$	$p_t s_j(p_t, p_{t+1})$
valeur des demandes nettes		valeur des offres nettes

on déduit :

$$\frac{p_t}{p_{t+1}} = \frac{d_j(p_t, p_{t+1})}{s_j(p_t, p_{t+1})}.$$

Les rapports des prix (d'équilibre) sont donc donnés, pour une trajectoire quelconque, par la pente des droites issues de l'origine et qui coupent le graphe de $\varphi(\cdot)$ aux points qui correspondent à cette trajectoire.

Ainsi, dans la figure 1, la pente de la demi-droite joignant l'origine au point $(s(p_1, p_2), d(p_1, p_2))$ donne le rapport p_1/p_2 pour la trajectoire considérée.

Des conséquences étonnantes

Malgré son caractère extrêmement rudimentaire, le modèle qui vient d'être décrit conduit à un certain nombre de conclusions étonnantes, puisqu'elles vont contre des idées reçues, ou habituelles, en ce qui concerne l'unicité et l'optimalité de l'équilibre de concurrence parfaite, mais aussi en ce qui concerne l'effet des variations de la quantité de monnaie sur l'« économie réelle ».

1. De la multiplicité, et même de l'infinité, des équilibres. — Dès que le « prix initial » p_0 est donné, tous les autres prix se déduisent à partir de l'équation de récurrence (2) — ou graphiquement, comme dans la figure 1. La suite de prix obtenue ainsi, $(p_0, \ldots, p_t, \ldots)$, est un équilibre (concurrentiel) du modèle ; or, comme il y a autant de suites possibles que de valeurs possibles pour p_0 (dans $\Re_+$), il s'ensuit que *le modèle comporte une infinité d'équilibres* ; en fait, cette « infinité » se présente ici sous la forme d'un *continuum*, de sorte qu'il n'y a pas d'équilibre « isolé » (chaque équilibre a un autre équilibre dans son « voisinage », aussi petit celui-ci soit-il). La présence d'une infinité d'équilibres (non isolés) n'est évidemment pas un résultat qui réjouit le théoricien, puisqu'il lui dit que son modèle est indéterminé — tout dépend de la valeur que le commissaire-priseur donne à p_0. Certains — dont les NOUVEAUX CLASSIQUES — privilégient la valeur p_0^* qui correspond au point S de la figure 1, en remarquant qu'elle correspond à une trajectoire « optimale », alors que toutes les autres posent problème (la situation ressemble à ce qui se passe lorsqu'il y a un POINT-SELLE). Mais, ce faisant, ils laissent dans l'ombre la question du « choix » (par qui ?) de la « bonne valeur » de p_0 — parfois ils font allusion, à ce propos, aux anticipations rationnelles, mais la « rationalité » ne peut s'interpréter ici que comme celle d'un planificateur, qui choisit la valeur de p_0 qui lui semble être « la meilleure pour la société ».

2. De la sous-optimalité de l'équilibre concurrentiel. — Pour tout prix initial supérieur à la valeur p_0^*, les trajectoires d'équilibre convergent vers une situation d'*autarcie*, où la monnaie « ne sert plus à rien » ; en fait, s'il en est ainsi, c'est parce que le pouvoir d'achat de la masse monétaire tend vers 0, les prix tendant vers l'infini au fur et à mesure que de nouvelles générations apparaissent (le rapport p_t/p_{t+1} tend vers une constante strictement inférieure à 1, et donc le prix croît de façon exponentielle). Il y a donc « hyperinflation », et cela bien qu'on suppose que les prévisions sont parfaites — avec, par conséquent, équilibre concurrentiel permanent : chaque génération contribue par ses choix à entraîner les suivantes vers l'autarcie. L'étude graphique permet d'ailleurs de constater que celle-ci est (presque) atteinte au bout de quelques périodes seulement, et donc que toutes les générations — hormis les premières — sont condamnées à vivre sur leurs dotations initiales. Ce qu'elles ne souhaitent pas, comme le prouve le fait que, quand ils le peuvent, les jeunes sont disposés à répartir leur consommation dans le temps. Ainsi, les trajectoires comme celle qui est tracée dans la figure 1 peuvent être non optimales au sens de PARETO, puisque la trajectoire réduite au point S — qui correspond au prix initial p_0^* — peut leur être préférée par *tous* les agents — personne n'y est contraint à l'autarcie (voir, à ce propos, l'encadré « Offre et demande des jeunes dans les modèles à générations imbriquées », p. 238). Comme ces trajectoires sont des équilibres concurrentiels (intertemporels), il s'ensuit que *le premier théorème de l'*ÉCONOMIE DU BIEN-ÊTRE *— selon lequel tout équilibre concurrentiel est un optimum de Pareto — est infirmé*. La situation présente des similitudes avec le DILEMME DU PRISONNIER : en cherchant son intérêt personnel, chacun « entraîne » l'économie vers un état « mauvais pour tous ». On notera que la sous-optimalité n'est pas due à la présence de la monnaie, dont le modèle peut en réalité se passer (vu son caractère ultracentralisé), mais de l'hypothèse de prévisions parfaites, avec « double infinité » (de biens et d'agents).

3. De l'influence des variations de la masse monétaire sur la consommation. — Dans le modèle à générations imbriquées, la masse monétaire est un *paramètre*, une donnée de départ, EXOGÈNE. On suppose que ce sont les « vieux » existant en $t = 0$ qui détiennent la masse monétaire M qui servira ensuite aux échanges entre les générations successives. Or, il est clair, au vu de la figure 1, que toute modification de M entraîne une modification des trajectoires de prix *et* des quantités consommées par chaque génération ; autrement dit, il n'y a pas DICHOTOMIE entre les « sphères » réelle et monétaire, que ce soit dans une perspective « de court terme » ou « de long terme ». Ainsi, si le niveau de la masse monétaire M est fixé de façon que la trajectoire d'équilibre soit celle (stationnaire) caractérisée par le point S, alors l'évolution à long terme des quantités consommées est radicalement différente de celle qui a lieu pour toute autre valeur de M.

Le modèle met aussi à mal le théorème de l'ÉQUIVALENCE RICARDIENNE, puisque l'État peut décider d'acheter à chaque période une partie des biens offerts par les jeunes (et consommer ces biens), en les payant avec une quantité de « nouvelle monnaie », ΔM, qu'il crée pour la circonstance. Ce faisant, il peut éviter que le système glisse inexorablement vers l'autarcie, ce qui est bénéfique *pour les générations futures*, contrairement à ce qu'affirme le théorème — et à ce que le « bon sens » laisse penser (ce paradoxe découle, une fois de plus, des hypothèses de prévisions parfaites et d'« horizon infini »).

4. De la sensibilité aux spécifications retenues. — Le graphe de la fonction $\varphi(\cdot)$ tracé dans la figure 1 peut être obtenu à partir d'une fonction d'utilité de type COBB-DOUGLAS. Mais d'autres formes de fonction d'utilité sont évidemment envisageables ; il n'y a d'ailleurs aucune raison *a priori* de privilégier l'une plutôt que l'autre. C'est ainsi que Jean-Marie Grandmont a retenu une

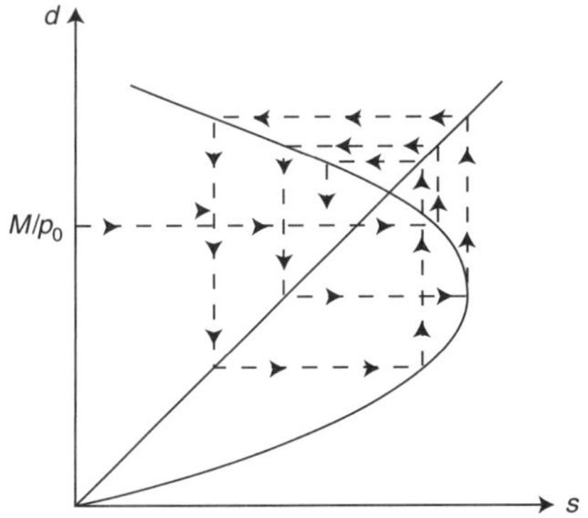

Figure 2

fonction d'utilité du type usuel à laquelle correspond une fonction $\varphi(\cdot)$ qui a la forme de celle décrite dans la figure 2 (« On endogenous competitive business cycles », *Econometrica*, 1985). Les trajectoires peuvent ici être des plus diverses : monotones avec convergence vers l'autarcie (« demande initiale » en *A*), mais aussi cycliques (demande initiale en *B*) ou « chaotiques » (demande initiale en *C*). Dans ce dernier cas, un problème de compatibilité avec l'hypothèse de prévisions parfaites se pose, puisque les trajectoires chaotiques se distinguent par leur caractère « imprévisible » (sensibilité aux conditions initiales, comme dans la théorie du CHAOS).

Du rôle inessentiel de la monnaie dans les modèles à générations imbriquées

L'idée qui a été au départ des modèles à générations imbriquées est celle d'intégrer la monnaie dans un cadre d'équilibre général, même très rudimentaire. Comme, lorsqu'il y a prévisions parfaites, la monnaie ne peut exister que s'il y a une *chaîne infinie d'échanges*, ces modèles supposent un horizon infini, avec les conséquences étranges qui viennent d'être évoquées. Toutefois, *seul le rôle de la monnaie en tant que moyen de réserve est envisagé dans ces modèles*, rôle pour lequel elle a des substituts (actifs de tout ordre, qui ont en plus l'avantage sur elle d'être rémunérés, intérêts, dividendes, etc.). Or, là où la monnaie est irremplaçable — ou très difficilement remplaçable —, c'est lorsqu'elle sert de *moyen d'échange*. Il est vrai que dans cette perspective, l'idée de chaîne infinie de transactions est aussi essentielle ; mais elle est loin de suffire pour décrire la situation. Les modèles à générations imbriquées n'apportent pas grand-chose, si ce n'est rien, à la théorie monétaire.

Offre et demande des jeunes dans les modèles à générations imbriquées

Le jeune né en t dispose d'une dotation (w_1, w_2), où w_1 et w_2 sont, respectivement, des quantités de biens disponibles en t et en $t + 1$. Pour que le jeune veuille de la monnaie, il faut qu'il soit demandeur de bien futur (en $t + 1$), et donc que sa dotation en ce bien ne soit pas trop grande, relativement à celle du bien « présent ». On peut donc supposer, à la limite, qu'elle est nulle, et donc que la dotation du jeune né en t est (w_1, 0) (point *A* de la figure 1). Dans ces conditions, si le rapport p_t/p_{t+1} décroît à partir de 1, alors le domaine des consommations possibles se rétrécit progressivement lorsqu'on passe d'une génération à l'autre, de sorte que l'utilité maximale que chacune peut obtenir diminue avec le temps — sauf si le niveau de la masse monétaire est tel qu'on ait $p_1 = p_0$ et donc, par récurrence, $p_{t+1} = p_t$ (le domaine des consommations possibles est alors donné par le triangle (isocèle) *OAB*, qui ne se rétrécit pas dans le temps).

On remarquera que le raisonnement demeure valable si l'on prend pour dotations initiales $A' = (w_1, w_2)$, avec w_2 « petit » (les droites de budget « pivotent » autour de A', au lieu de *A*, lorsque le rapport des prix varie).

Il peut aussi être intéressant que l'État prélève une part Δw_1 de la dotation initiale du jeune et « injecte » en contrepartie une quantité supplémentaire de monnaie ΔM de façon à éviter que le prix du bien futur n'augmente, de telle sorte que le domaine des consommations possibles ne se « rétrécisse » pas trop, comme dans la figure 2 (après prélèvement de bien et « injection » monétaire, le domaine est donné par le triangle *OMN*, qui permet un choix à utilité plus élevée que le triangle *OAC* — le panier *X* plutôt que le panier *Y*).

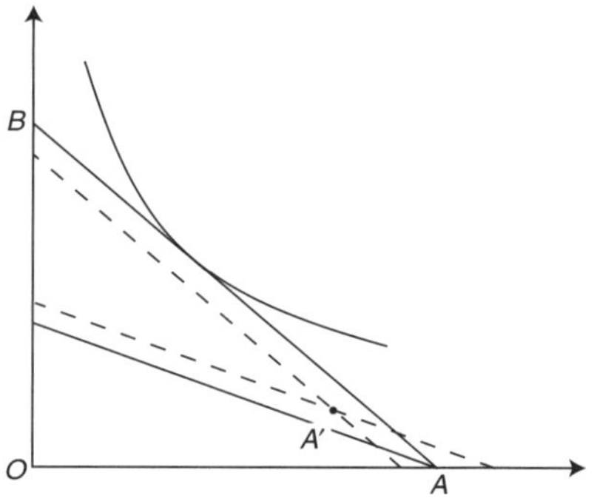

Figure 1

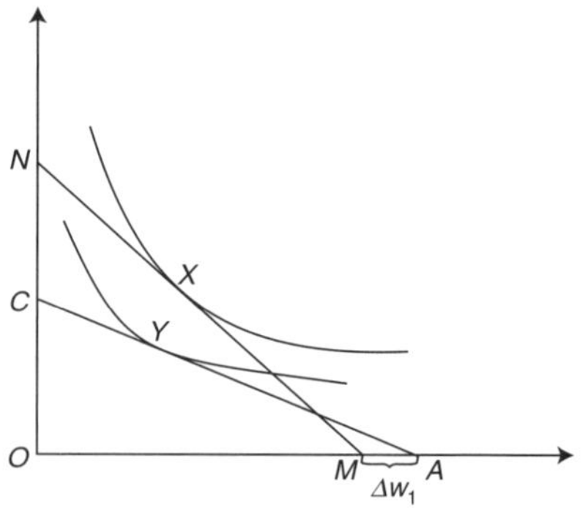

Figure 2

Ces modèles peuvent d'ailleurs être interprétés *sans avoir besoin de recourir à la monnaie*. Il suffit pour cela de reprendre l'hypothèse habituelle (en concurrence parfaite) sur l'existence d'un SYSTÈME COMPLET DE MARCHÉS et de supposer que le commissaire-priseur organise un système de contrats à terme, sans qu'il ait de date initiale (de la même façon qu'il n'y a pas de date terminale). Sa tâche consiste alors à afficher des suites de prix (d'équilibre) de la forme :

$$(\ldots, p_{-t}, \ldots, p_{-1}, p_0, p_1, \ldots, p_t, \ldots),$$

où il choisit comme il veut deux valeurs successives quelconques (par exemple, p_0 et p_1), qui servent à « amorcer » la suite, dont les autres termes se déduisent à partir de la formule de récurrence (2) (dans le cas « avec monnaie et date initiale », l'« amorce » était aussi faite à partir de la donnée de deux paramètres : M et p_0). Évidemment, cette autre façon d'interpréter le modèle ne modifie pas ses conclusions, notamment celles sur la sous-optimalité de ses équilibres concurrentiels ainsi que celles sur leur nombre illimité (les remarques sur l'importance du choix de la masse monétaire deviennent des remarques sur l'importance du choix du couple de prix « initial »).

Conclusion

Malgré leur caractère ultrasimplifié, caricatural, les modèles à générations imbriquées servent de cadre à une multitude d'« histoires » différentes ; le fait d'y introduire un horizon infini (avec des agents ayant une durée de vie finie) permet de faire apparaître un certain nombre de paradoxes et donc de mettre à bas bien des idées reçues. Chacun peut chercher à y construire l'« histoire » qui illustre au mieux ses thèses.

Les modèles à générations imbriquées sont donc des « fables avec mathématiques », celles-ci servant de support au raisonnement ; comme toutes les fables, leur but est de tirer une « morale », généralement destinée à suggérer une politique économique (à laquelle elle donnerait un prétendu « fondement microéconomique ») ; ou alors elle peut chercher à mettre en garde contre des raisonnements simplistes. C'est donc un non-sens de voir en eux une quelconque représentation de sociétés existantes ou ayant existé, ou de leur appliquer des données statistiques concernant ces sociétés.

Giffen (bien)

Bien dont la demande diminue lorsque son prix diminue. C'est lord Giffen (1837-1910) qui a attiré l'attention sur ce type de bien, auquel son nom est resté attaché, après qu'il eut observé que les pauvres de son époque consommaient plus de pain lorsque son prix augmentait. Ce type de comportement s'explique par l'existence de l'EFFET REVENU qui peut être suffisamment fort, comme pour contrecarrer l'EFFET SUBSTITUTION. Ainsi, à l'époque de Giffen, une hausse du prix du pain — qui occupait alors une place importante dans l'alimentation des pauvres — avait un effet important sur le pouvoir d'achat de la grande majorité de la population, ce qui l'incitait à diminuer sa consommation d'autres biens, moins vitaux pour elle, et à leur substituer du pain.

Un autre exemple est celui du beurre et de la margarine : lorsque le prix de celle-ci diminue, le pouvoir d'achat augmente (effet revenu), ce qui permet d'acheter plus de beurre — bien plus « noble », mais aussi plus coûteux —, et donc moins de margarine ; celle-ci est alors un bien Giffen. On notera que les biens Giffen sont forcément des biens inférieurs.

Le cas des biens Giffen peut être illustré graphiquement, en reprenant la théorie du CHOIX DU CONSOMMATEUR, en CONCURRENCE PARFAITE. Ainsi, dans le graphique ci-dessous, le bien 1 est un bien Giffen : lorsque son prix (relatif) diminue (de p_1 à p'_1), sa demande diminue également (de q_1 à q'_1).

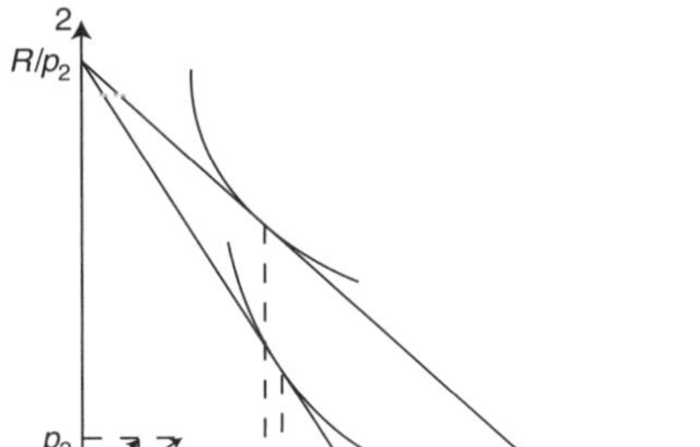

Figure 1

Si l'on adopte un point de vue d'ÉQUILIBRE GÉNÉRAL, le fait que la demande d'un bien augmente avec son prix n'a rien d'exceptionnel, car alors l'effet revenu peut prendre bien plus d'importance (la valeur de la DOTATION INI-

TIALE de ceux qui détiennent le bien dont le prix augmente en fait autant). Ainsi, dans l'exemple donné dans la figure 2, où Q^o représente la dotation initiale du consommateur, la demande du bien 1 augmente lorsque le prix de celui-ci augmente (relativement au prix du bien 2), alors que le bien 1 n'est pas un bien Giffen.

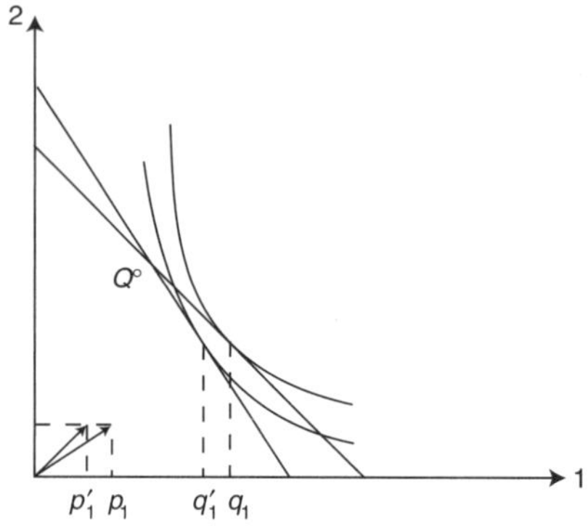

Figure 2

Goodwin (modèle de)

Modèle proposé par R. M. Goodwin (« A growth cycle », dans l'ouvrage collectif publié par H. Feinstein, *Socialism, Capitalism and Economic Growth*, 1967), qui montre comment des cycles peuvent être engendrés de façon ENDOGÈNE dans un système où il y a interaction entre les salaires, le profit et le taux de chômage, dans une logique proche de celle des CLASSIQUES ou de MARX.

La construction du modèle

Le modèle est représenté par un système de deux ÉQUATIONS DIFFÉRENTIELLES non linéaires. Si l'on note u la part des salaires dans le produit (la part restante, $1 - u$, revenant donc aux capitalistes) et si l'on suppose que les salaires sont entièrement consommés et les profits entièrement réinvestis, alors le taux de croissance du produit, $\dot{q}/q$, est donné par le rapport $(1 - u)/\sigma$, où σ est le capital par tête (supposé constant).

Soit v la proportion employée de la population active ; on a $v = q/p_m$, où p_m représente la productivité du travail. En dérivant par rapport au temps les deux membres de l'équation $v = q/p_m$ [qu'on peut écrire $\ln(v) = \ln(q) - \ln(p_m)$], on obtient :

$$\frac{\dot{v}}{v} = \frac{\dot{q}}{q} - \frac{\dot{p}_m}{p_m}.$$

Or, par hypothèse, le taux de croissance du produit, $\dot{q}/q$, est égal au rapport $(1 - u)/\sigma$; Goodwin suppose en outre que le taux de croissance de la productivité du travail est également constant. Si l'on note η ce taux, alors l'équation précédente s'écrit :

$$(1) \qquad \frac{\dot{v}}{v} = \frac{1-u}{\sigma} - \eta.$$

C'est la première équation du modèle de Goodwin. La seconde porte sur la part u des salaires dans le produit. Cette part est supposée croître avec le salaire réel (plus la proportion de la population employée v est élevée, plus le rapport de force dans la négociation salariale est favorable aux travailleurs). Plus précisément, à l'origine de l'analyse, il y a l'équation « à la PHILLIPS » :

$$(2) \qquad \frac{\dot{w}}{w} = \alpha v - \gamma,$$

où w est le salaire réel.

Le taux de croissance de la part des salaires dans le revenu est égal à la différence entre les taux de croissance du salaire réel et de la productivité du travail. Soit :

$$\frac{\dot{u}}{u} = \frac{\dot{w}}{w} - \frac{\dot{p}_m}{p_m}.$$

En reportant (2) dans cette équation, et en tenant compte de ce qu'on a supposé le taux de croissance de p_m constant et égal à η, on obtient la seconde équation de Goodwin :

$$(3) \qquad \frac{\dot{u}}{u} = \alpha v - \gamma - \eta.$$

Le modèle est donc représenté par le système d'équations différentielles d'ordre 2 :

$$\begin{cases} \dfrac{\dot{v}}{v} = \dfrac{1-u}{\sigma} - \eta \\ \dfrac{\dot{u}}{u} = \alpha v - \gamma - \eta \end{cases}$$

qu'on peut mettre aussi sous la forme :

$$\begin{cases} \dot{v} = \left(\dfrac{1-u}{\sigma} - \eta\right)v \\ \dot{u} = (\alpha v - \gamma - \eta)u. \end{cases}$$

Équilibre et stabilité

On détermine l'(unique) équilibre (v_e, u_e) du modèle en faisant $\dot{v} = 0$ et $\dot{u} = 0$ dans le système d'équations différentielles. Il vient :

$$u_e = 1 - \sigma\eta \quad \text{et} \quad v_e = \frac{\gamma + \eta}{\alpha}.$$

Pour l'étude de la stabilité (locale) du processus décrit par les variables u et v, on détermine la MATRICE JACOBIENNE du système d'équations à l'équilibre (v_e, u_e). Soit :

$$\mathbf{J}'(v_e, u_e) = \begin{pmatrix} \dfrac{1-u_e}{\sigma} - \eta & -\dfrac{v_e}{\sigma} \\ \alpha u_e & \alpha v_e - \gamma - \eta \end{pmatrix}$$

$$= \begin{pmatrix} 0 & -\dfrac{v_e}{\sigma} \\ \alpha u_e & 0 \end{pmatrix}$$

(les termes diagonaux sont nuls en raison des conditions d'équilibre).

Le déterminant de la matrice $\mathbf{J}'(v_e, u_e)$, $\alpha v_e u_e / \sigma$, est strictement positif ; ce qui signifie que les deux VALEURS PROPRES de cette matrice sont de *même signe* ; mais comme leur somme, donnée par sa TRACE, est nulle, il s'ensuit que ces valeurs propres sont deux *nombres complexes* (*conjugués*) *dont la partie réelle est nulle*. Ce qui correspond, dans le cas linéaire, à des *oscillations sans fin d'amplitude constante*.

L'étude du diagramme des phases associé au système d'équations va dans le même sens. Ce diagramme est caractérisé par la droite « verticale » d'équation $v = v_e$ et la droite « horizontale » d'équation $u = u_e$, ainsi que par un « fléchage » qui confirme le fait qu'on est en présence de variables qui oscillent indéfiniment (le diagramme à lui seul ne permet cependant pas d'affirmer que les oscillations sont constantes).

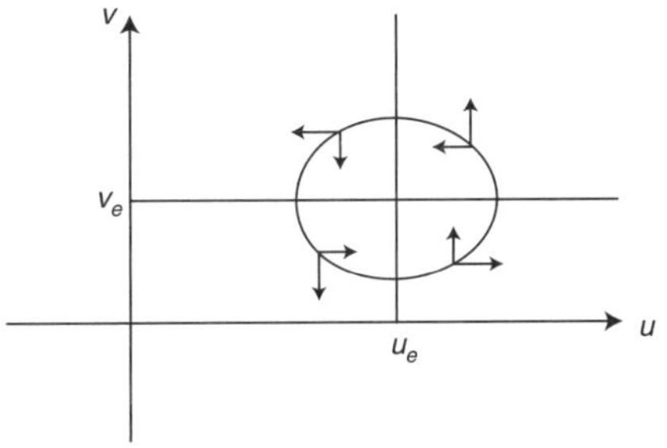

Le modèle de Goodwin donne un exemple de « cycles endogènes », comme le fait l'OSCILLATEUR de Samuelson, mais dans un cadre théorique différent.

H

Haavelmo (théorème de)

Résultat établi par l'économiste norvégien Trygve Haavelmo (né en 1911) dans le cadre du modèle du MULTIPLICATEUR KEYNÉSIEN, et selon lequel une augmentation équilibrée du budget provoque une hausse du même montant du revenu national. Autrement dit, la politique économique qui consiste à augmenter les dépenses de l'État en les finançant par l'impôt n'est pas « neutre » en ce qui concerne le revenu national, puisqu'elle a pour conséquence d'augmenter celui-ci (d'une somme égale à la hausse de ces dépenses). Contrairement à ce qu'on croit souvent, il n'est pas nécessaire qu'il y ait déficit budgétaire pour que l'économie soit « stimulée ».

Le théorème de Haavelmo est une conséquence directe du fait que, dans la fonction de CONSOMMATION keynésienne, seule une partie du revenu est consommée ; les impôts diminuent évidemment cette consommation, mais l'effet négatif qui s'ensuit sur les dépenses est plus que compensé par la hausse de celles-ci due aux dépenses gouvernementales (qui ne sont pas limitées par l'épargne). Cela apparaît immédiatement quand on écrit la fonction de consommation sous la forme linéaire :

(1) $$C = a(Y - T) + b$$

où C est la consommation et $Y - T$ le revenu après impôts.

En combinant la relation (1) et l'identité comptable (2) qui lie le revenu national, la consommation C, l'investissement I et les dépenses gouvernementales G :

(2) $$Y = C + I + G,$$

il vient :

(3) $$Y = \frac{I + G + b - aT}{1 - a}.$$

A des variations ΔG des dépenses gouvernementales et ΔT des impôts correspond donc une variation du revenu ΔY égale à :

(4) $$\Delta Y = \frac{\Delta G - a\Delta T}{1 - a}.$$

Dans le cas où la hausse des dépenses gouvernementales est entièrement financée par l'impôt, c'est-à-dire dans le cas où $\Delta T = \Delta G$, alors on a tout simplement :

$$\Delta Y = \Delta G.$$

C'est le *théorème de Haavelmo* : *la hausse du revenu national est égale à celle des dépenses gouvernementales, à budget équilibré* (du moins en ce qui concerne ses variations).

Ce résultat est également valable dans le cas non linéaire, du moins pour des variations pas trop importantes des dépenses gouvernementales. Alors, la fonction de consommation (1) s'écrit :

$$C = f(Y - T).$$

En remplaçant dans (2), il vient :

(5) $$Y = f(Y - T) + I + G.$$

L'équation (5) définit Y en tant que fonction IMPLICITE de G et de T (et aussi de I, mais on n'est pas concerné ici par cette variable). Si l'on note $Y(G, T)$ la valeur de cette fonction pour le couple de dépenses et impôts (G, T), alors on a en remplaçant dans (5) :

(6) $$Y(G, T) = f(Y(G, T) - T) + I + G.$$

En dérivant les deux membres de (5) par G, puis par T, on obtient :

$$Y'_G(G, T) = f'(Y(G, T) - T) \cdot Y'_G(G, T) + 1,$$
$$Y'_T(G, T) = f'(Y(G, T) - T)(Y'_T(G, T) - 1).$$

D'où les MULTIPLICATEURS, en omettant les arguments de $Y(\cdot)$ pour simplifier la présentation :

$$Y'_G = \frac{1}{1 - f'(Y - T)},$$

$$Y'_T = \frac{-f'(Y - T)}{1 - f'(Y - T)}.$$

Pour des variations qui ne sont pas trop importantes de Y et de G, la variation du revenu ΔY est approximativement donnée par la valeur de la DIFFÉRENTIELLE :

(7) $$Y'_G\Delta G + Y'_T\Delta T.$$

En remplaçant par les valeurs de Y'_G et de Y'_T trouvées ci-dessus, et en faisant $\Delta G = \Delta T$, on trouve :

(8) $$\Delta Y \approx \Delta G,$$

où le symbole $\approx$ signifie « approximativement égal ».

Ainsi, selon Haavelmo, dans une économie où il n'y a pas le plein emploi, le gouvernement peut diminuer le chômage en augmentant ses dépenses tout en maintenant un budget équilibré.

Remarque. Les formules (4) et (7) sont évidemment valables pour des variations des dépenses gouvernementales et des impôts quelconques ; elles permettent d'étudier aussi les conséquences de variations « non équilibrées » du budget.

Harrod (modèle de)

Modèle proposé par l'économiste anglais Roy Harrod en 1939 dans un article publié dans l'*Economic Journal* et intitulé « An essay in dynamic theory », où il cherche à dégager les conditions d'une CROISSANCE équilibrée — c'est-à-dire avec plein emploi des ressources — dans une économie capitaliste (« de marché »). Harrod reprend, pour l'essentiel, les analyses de KEYNES et se propose d'en dégager les conséquences « sur le long terme », c'est-à-dire dans une perspective de croissance et d'accumulation. Il montre alors que les dysfonctionnements du capitalisme sur lesquels Keynes avait attiré l'attention deviennent encore plus flagrants dès qu'on envisage son évolution sur plusieurs périodes. Ainsi, même s'il y a plein emploi à un moment donné, la logique du système veut que les conditions de son maintien soient rompues en permanence, ou qu'elles ne soient remplies que de façon tout à fait exceptionnelle. D'où, en filigrane, l'idée de la nécessaire intervention de l'État pour rétablir ces conditions, du moins en partie.

La notion de sentier d'équilibre

Harrod part de l'idée — qu'on trouve chez Keynes, à quelques nuances près — selon laquelle l'épargne S est proportionnelle au revenu Y ; soit :

$$S = sY,$$

où la *propension à épargner s* est strictement comprise entre 0 et 1.

Harrod suppose en outre que l'investissement I est proportionnel aux variations du revenu (principe de l'ACCÉLÉRATEUR), donc que :

$$I = v\Delta Y, \text{ avec } v > 0.$$

Pour qu'il y ait ÉQUILIBRE, il faut que l'épargne et l'investissement désirés (*EX ANTE*) soient égaux ; cette condition s'écrit ici :

$$sY = v\Delta Y,$$

ou, de façon équivalente :

$$(1) \qquad \frac{\Delta Y}{Y} = \frac{s}{v}.$$

L'équilibre nécessite donc que le taux de croissance du revenu national, $\Delta Y/Y$, soit égal au rapport s/v, rapport que Harrod appelle *taux de croissance garanti*. Or, il n'y a aucune raison *a priori* pour que l'égalité (1) soit vérifiée dans une économie où les variations du revenu national résultent des choix individuels (aux motifs divers et fluctuants), alors que le rapport s/v est une donnée « structurelle », *a priori*, du système.

Comme l'équation (1) décrit des variations dans le temps du revenu, en supposant qu'il y a équilibre permanent, on dit qu'elle caractérise un *sentier d'équilibre* ; sur un tel « sentier », il y a donc à tout instant compatibilité entre les décisions des épargnants (essentiellement les ménages) et des investisseurs (les entreprises). Il n'y a pas de raison pour que l'économie se situe d'« elle-même », et se maintienne, sur un tel sentier (et donc qu'il y ait compatibilité entre les décisions des divers agents de l'économie). Mais il se peut qu'elle s'en approche ; si tel est le cas, l'importance attribuée généralement aux équilibres trouverait là une justification. Or, pour Harrod, il n'en est rien. Car si, à un moment donné, la variation attendue du revenu est, par exemple, inférieure — même très légèrement — à ce qu'elle doit être pour que la condition (1) soit vérifiée, alors l'investissement diminue, ce qui accentue — en raison de l'action du MULTIPLICATEUR KEYNÉSIEN — la baisse du revenu. Ainsi, il suffit que l'économie ne soit pas sur le sentier d'équilibre pour qu'elle tende à s'en éloigner de plus en plus, et non à s'en rapprocher. Et il en est de même pour les variations « un peu trop fortes ». Ces caractéristiques de la croissance équilibrée du modèle de Harrod font dire d'elle qu'elle a lieu « sur le fil du rasoir ». Ainsi, il résulte de la combinaison des effets multiplicateur et accélérateur que le système est chroniquement instable.

Croissance et emploi

Le sentier d'équilibre envisagé jusqu'à présent ne concerne que ce qu'on appelle parfois le « marché des biens » (biens épargnés et biens investis) ; ainsi, l'emploi n'y apparaît pas explicitement. En fait, Harrod suppose, comme Keynes, que l'emploi découle du choix — par les entrepreneurs —

du niveau de production, et donc qu'il évolue comme le revenu national. Il fait par ailleurs l'hypothèse que la population active croît à un taux constant donné, α. Par conséquent, s'il y a au départ plein emploi, alors pour que celui-ci se maintienne il faut que l'embauche augmente au même rythme, α, que la population. Comme celle-ci est supposée évoluer au même rythme que le revenu national, le maintien du plein emploi nécessite donc que :

(2) $$\frac{\Delta Y}{Y} = \alpha .$$

Or, pour qu'il y ait équilibre « sur le marché des biens », le taux de croissance du revenu national $\Delta Y/Y$ doit être égal au taux de croissance garanti, s/v [égalité (1)]. Ainsi, la croissance équilibrée avec plein emploi des hommes nécessite que les égalités (1) et (2) soient toutes deux vérifiées, et donc que :

(3) $$\frac{s}{v} = \alpha .$$

La relation (3) porte *exclusivement* sur des paramètres du modèle, c'est-à-dire sur des variables EXOGÈNES, prédéterminées. Il n'y a donc aucune raison pour que ces paramètres vérifient cette relation. Autrement dit, même si l'on suppose que l'économie se trouve sur le sentier d'équilibre en ce qui concerne les « biens », cela n'implique nullement qu'il y a plein emploi permanent ; bien au contraire, le plein emploi n'est alors que tout à fait exceptionnel. Et la politique économique, budgétaire ou fiscale ne suffit pas à l'assurer, puisque la relation (3) montre que ce sont les comportements eux-mêmes qui sont en jeu (les paramètres qui y interviennent sont l'expression de ces comportements), et non leurs seules conséquences (effets multiplicateur ou accélérateur).

Mais même si les paramètres de comportement s'« adaptent », les problèmes demeurent. Ainsi, si le taux garanti s/v est strictement inférieur au taux de croissance de la population, α, le chômage peut ne pas augmenter si le taux d'épargne s s'accroît — et, avec lui, l'investissement (on suppose être sur le sentier d'équilibre). Si tel est le cas, alors il y a hausse du revenu national, ce qui rend le maintien de la croissance équilibrée encore plus problématique (indépendamment du fait qu'elle a lieu « sur le fil du rasoir »), puisqu'un revenu plus élevé implique une épargne plus forte et nécessite donc un investissement qui le soit aussi.

Bilan

Élaboré au moment de la grande dépression des années trente, le modèle de Harrod attire l'attention sur le problème de la coordination des décisions individuelles (épargne et investissement, offre de travail et création d'emplois), en montrant notamment que les relations qui caractérisent le modèle keynésien sont loin d'assurer cette coordination, que ce soit sur une ou sur plusieurs périodes. Ainsi, laissée à elle-même, l'économie capitaliste — ou « de marché » — tend à la stagnation, au sous-emploi des ressources ; d'où le message implicite au modèle de Harrod : l'État doit intervenir pour éviter que s'enclenche la spirale déflationniste, ou pour en limiter les effets.

On retrouve des conclusions proches de celles de Harrod dans le modèle de DOMAR, qui insiste sur la contradiction qu'il y a d'échapper au chômage par l'investissement, alors que celui-ci joue contre le plein emploi (mise en œuvre de capacités de production excédentaires). C'est d'ailleurs pourquoi on parle souvent du « modèle Harrod-Domar », qu'on oppose au modèle de SOLOW qui, lui, *postule* le plein emploi des ressources.

Hecksher-Ohlin-Samuelson (modèle de)

En abrégé : modèle HOS. En théorie du COMMERCE INTERNATIONAL, modèle qui part de l'hypothèse selon laquelle les échanges entre les pays sont dus à des différences dans leurs dotations en FACTEURS DE PRODUCTION, plutôt qu'à leurs caractéristiques climatiques, géographiques, humaines ou autres, comme le suggère l'approche par les AVANTAGES COMPARATIFS. Alors que cette dernière suppose qu'il y a, pour l'essentiel, un seul « facteur de production », le travail — qui sert d'étalon lors de l'évaluation des avantages que procure le commerce international —, le modèle HOS reprend l'idée selon laquelle la production est le fait de plusieurs « facteurs » plus ou moins substituables entre eux, dont la terre et le CAPITAL, et non du seul travail. Ainsi, un pays « abondant » en terres de qualité exportera des produits agricoles et importera des machines de pays où le « capital » est disponible en grandes quantités, mais non important en terres fertiles. Les échanges entre pays se font donc sur la base de la rareté relative des facteurs de production dans ces pays ; ces échanges sont une bonne chose parce qu'ils permettent de pallier — du moins en partie — ces raretés. En outre, dans la mesure où les prix sont eux-mêmes des indicateurs de rareté, les échanges internationaux ont pour conséquence que les prix (relatifs) des « facteurs » et des biens tendent à s'égaliser, d'un pays à l'autre.

Le Suédois Eli Hecksher a, dans un article publié en 1919, le premier avancé l'idée de la différence des « dotations en facteurs » en tant que cause essentielle des échanges entre pays. Son élève Bertil Ohlin s'est cependant chargé, quelques années plus tard, de préciser cette idée, qu'il a ensuite utilisée pour défendre les thèses libre-échangistes (*Interregional and International Trade*, Harvard University Press, Cambridge, Mass., 1933). Toutefois, son exposé demeurait essentiellement « littéraire », comme celui de Hecksher. P. SAMUELSON et W. Stolper lui ont ensuite donné une formulation mathématique, qui sert encore aujourd'hui de référence (« Protection and real wages », *Review of Economic Studies*, 1941).

Les limites du modèle

Avançant une cause simple, et unique, aux échanges entre les pays, le modèle ne peut que donner une vision très schématique de ceux-ci. Son ambition est quand même d'en rendre compte, ne serait-ce que partiellement. Or, tel ne semble pas être le cas, comme le montre le célèbre *paradoxe de Leontief*, qui infirme de façon particulièrement frappante les prévisions du modèle, puisque Leontief a montré — en 1954 — en utilisant les données statistiques sur les importations et exportations des États-Unis que ceux-ci sont plutôt exportateurs de biens riches en travail, alors qu'ils sont relativement mieux « dotés » en capital. Leontief a proposé de lever le paradoxe en avançant l'idée que le travail américain « valait » trois fois plus (en moyenne) que celui des autres pays — en raison notamment du niveau de formation et d'une meilleure organisation de l'activité productive ; mais, ce faisant, il « dilue » la notion même de facteur de production — un travail plus qualifié et « mieux organisé » ne suppose-t-il pas un niveau de « capital » plus élevé, notamment en ce qui concerne les infrastructures ?

A la critique « empirique » du modèle HOS s'en ajoute une autre, qui découle de sa configuration théorique, et qui tient à la « tendance » à l'égalité des rémunérations des « facteurs de production » dans chaque pays. En effet, comme le modèle met exclusivement l'accent sur les différences en dotations de ces facteurs, il suppose implicitement que tous les pays ont la même FONCTION DE PRODUCTION (ils ont accès aux mêmes techniques et aux mêmes combinaisons productives). Si, par exemple, le salaire (réel) est plus élevé dans un pays que dans un autre, alors — s'il y a CONCURRENCE PARFAITE dans chacun des pays — la productivité marginale du travail est plus élevée dans le premier que dans le second, et les coûts des produits résultant de ce travail sont plus faibles — toutes choses égales par ailleurs. Ainsi, le pays à plus faibles coûts augmentera sa production et exportera vers l'autre pays, jusqu'au moment où la productivité marginale du travail — et donc le salaire — sera égale dans les deux pays. Le raisonnement vaut pour n'importe quel facteur — il suppose, entre autres, une productivité marginale décroissante pour chaque facteur. Par conséquent, l'« ajustement » des prix d'un pays à l'autre — et le caractère substituable des facteurs — permet de pallier la non-mobilité de ces facteurs.

Une des prédictions essentielles du modèle HOS est donc la tendance à l'égalisation des rémunérations — notamment le salaire — dans les pays impliqués dans le commerce international, que ce soit les États-Unis, l'Argentine ou les Philippines. Or, il est clair que cette prédiction est largement infirmée par les faits — quel que soit le « délai d'ajustement » considéré. Ce qui conduit :

— soit à rejeter complètement la théorie ;

— soit, ce qui est plus fréquent en économie, à l'aménager en supposant qu'il y a des « imperfections » qui empêchent que ses prédictions se réalisent, même de façon approximative. Mais alors, comment départager ce qui est dû à la « loi » et ce qui est une conséquence des « imperfections » ?

Hessienne (matrice)

Matrice dont les éléments sont formés par les *dérivées secondes* d'une fonction de R^n dans R. Ainsi, la matrice hessienne $\mathbf{f}''(X)$ de la fonction $f(\cdot)$ au « point » $X = (x_1, \ldots, x_n)$ s'écrit dans le détail :

$$\begin{pmatrix} f''_{x_1x_1}(X) \ldots f''_{x_1x_n}(X) \\ \ldots\ldots\ldots\ldots\ldots\ldots\ldots\ldots \\ f''_{x_nx_1}(X) \ldots f''_{x_nx_n}(X) \end{pmatrix}$$

Si f est de classe C^2, ce qu'on suppose généralement, alors $f''_{x_ix_j}(X) = f''_{x_jx_i}(X)$: la matrice $\mathbf{f}''(X)$ est symétrique.

On fait appel à la matrice hessienne d'une fonction lorsqu'on veut caractériser ses extremums ou lorsqu'on cherche à montrer qu'elle est CONCAVE ou CONVEXE. Pour cela, on étudie le signe de la *forme quadratique* :

$$\Delta X\mathbf{f}''(X)^t\Delta X = \Sigma\Sigma f''_{x_ix_j}(X)\Delta x_i\Delta x_j.$$

Cette étude peut être faite à partir du signe des *mineurs principaux* de $\mathbf{f}''(X)$, c'est-à-dire du signe du déterminant des sous-matrices obtenues en lui enlevant successivement ses $n - p$ dernières colonnes et lignes ($p = 1, ..., n$) ; sous-matrices qui sont donc de la forme :

$$\begin{pmatrix} f''_{x_1x_1}(X) \dots f''_{x_1x_i}(X) \\ \dots\dots\dots\dots\dots\dots \\ f''_{x_ix_1}(X) \dots f''_{x_ix_i}(X) \end{pmatrix}$$

avec $i = 1, ..., n$.

Si tous ces mineurs principaux sont strictement positifs, la forme quadratique est définie positive, et l'on est par conséquent en présence d'une fonction convexe en X (et en un minimum de cette fonction, si X vérifie la condition du PREMIER ORDRE $f'(X) = 0$). Si les mineurs principaux sont de signe alterné, le premier étant strictement négatif, alors on est en présence d'une fonction concave en X (et d'un maximum de f, si $f'(X) = 0$). Pour plus de détails, voir *Algèbre linéaire pour économistes*, de Bernard Guerrien, Economica, Paris, 1992, chap. XXVI.

Hessienne bordée (matrice)

Matrice utilisée lors de l'étude des extremums d'une fonction dont les variables sont soumises à des contraintes, et qui permet — en règle générale — de préciser la nature de ces extremums (maximum, minimum ou POINT-SELLE).

La matrice hessienne bordée est formée par la HESSIENNE (matrice des dérivées secondes) du LAGRANGIEN du programme étudié, à laquelle on ajoute des vecteurs-ligne et des vecteurs-colonne (les mêmes, mais transposés) formés par les dérivées partielles des fonctions qui caractérisent les contraintes. Ainsi, si l'on note $\mathbf{L}''$ la hessienne du lagrangien du programme étudié et $\mathbf{g}'$ la matrice jacobienne des fonctions qui caractérisent les contraintes imposées aux variables de ce programme, alors la matrice hessienne bordée de celui-ci est donnée par :

$$\begin{pmatrix} \mathbf{L}'' & {}^t\mathbf{g}' \\ \mathbf{g}' & \mathbf{0} \end{pmatrix}$$

Ainsi, dans le cas où le programme comporte n variables et deux contraintes, $g(X) = 0$ et $h(X) = 0$, sa matrice hessienne bordée en X s'écrit :

$$\begin{pmatrix} L''_{x_1x_1}(X) \dots L''_{x_1x_n}(X) & g'_{x_1}(X) & h'_{x_1}(X) \\ \dots\dots\dots\dots\dots\dots & . & . \\ \dots\dots\dots\dots\dots\dots & . & . \\ L''_{x_nx_1}(X) \dots L''_{x_nx_n}(X) & g'_{x_n}(X) & h'_{x_n}(X) \\ g'_{x_1}(X) \dots g'_{x_n}(X) & 0 & 0 \\ h'_{x_1}(X) \dots h'_{x_n}(X) & 0 & 0 \end{pmatrix}$$

Pour caractériser les extremums (solutions) du programme considéré, on cherche le signe des *mineurs principaux bordés* de cette matrice, c'est-à-dire le signe des déterminants de ses sous-matrices de la forme :

$$\begin{pmatrix} L''_{x_1x_1}(X) \dots L''_{x_1x_{2+i}}(X) & g'_{x_1}(X) & h'_{x_1}(X) \\ \dots\dots\dots\dots\dots\dots & . & . \\ \dots\dots\dots\dots\dots\dots & . & . \\ L''_{x_{2+i}x_1}(X) \dots L''_{x_{2+i}x_{2+i}}(X) & g'_{x_{2+i}}(X) & h'_{x_{2+i}}(X) \\ g'_{x_1}(X) \dots g'_{x_{2+i}}(X) & 0 & 0 \\ h'_{x_1}(X) \dots h'_{x_{2+i}}(X) & 0 & 0 \end{pmatrix}$$

avec $i = 1, ..., n - 2$. Dans le cas général, où il y a p contraintes, on remplace 2 par p.

Si ces déterminants sont tous du même signe que $(-1)^p$, alors on est en présence d'un *minimum* de la fonction sous contraintes ; s'ils sont de signe alterné, le premier ayant un signe opposé à celui de $(-1)^p$, alors on est en présence d'un *maximum*. Pour plus de détails, voir *Algèbre linéaire pour économistes*, de Bernard Guerrien, Economica, Paris, 1992, chap. XXVI et XXVII).

Hicks, John (1904-1989)

Économiste anglais qui est souvent considéré, avec Paul SAMUELSON, comme le « père » de la MICROÉCONOMIE actuelle. Hicks a aussi joué un rôle important en MACROÉCONOMIE, puisque c'est lui qui a proposé en 1937 le modèle IS-LM, modèle inspiré de la pensée de KEYNES et sur lequel sont bâtis la plupart des modèles macroéconomiques actuels.

L'ouvrage principal de Hicks est *Value and Capital : An Inquiry Into Some Fundamental Principles of Economic Theory* (Clarendon Press, 1939 ; traduction française chez Dunod). Comme son titre l'indique, Hicks s'intéresse dans ce livre aux « principes fondamentaux » de la théorie ; son projet consiste à reprendre la théorie de l'ÉQUILIBRE GÉNÉRAL dans une perspective proche de celle de Léon WALRAS. Il se propose notamment d'établir des résultats de STATIQUE COMPARATIVE — ce qu'il appelle des « lois de variation de prix » — à partir des comportements maximisateurs des individus et des propriétés de stabilité des équilibres.

Hicks suppose pour cela que ceux-ci existent et qu'ils sont stables. Il adopte un point de vue local, en n'envisageant que de « petits mouvements » des variables, ce qui l'amène à raisonner exclusivement avec des dérivées et des différentielles. La façon dont il définit la stabilité a cependant été critiquée par Samuelson, qui lui reproche de s'intéresser seulement au « sens » dans lequel agissent l'offre et la demande lorsque le système s'écarte (un peu) de l'équilibre, sans donner une forme précise au processus d'ajustement (ce que fera Samuelson, qui reprendra l'idée du TÂTONNEMENT walrasien).

Dans *Valeur et capital*, Hicks adopte clairement un point de vue ORDINAL dans le traitement de la RELATION DE PRÉFÉRENCE du consommateur ; il insiste sur l'importance du concept de TAUX MARGINAL DE SUBSTITUTION, qui est au cœur des analyses microéconomiques actuelles. Ainsi, à l'ancien postulat CARDINAL de l'utilité marginale décroissante il substitue l'hypothèse ordinale de décroissance du taux marginal de substitution (CONVEXITÉ DES PRÉFÉRENCES, dans la terminologie actuelle).

On doit aussi à Hicks la notion de DEMANDE COMPENSÉE, qui permet de séparer l'EFFET SUBSTITUTION de l'EFFET REVENU dans le choix du consommateur lorsque le prix d'un bien varie ; cette demande — qui est parfois appelée « hicksienne » — se distingue alors de la demande habituelle du consommateur, demande « marshallienne » dans laquelle ces deux effets agissent simultanément.

Dans un autre ordre d'idées, Hicks introduit clairement dans ses analyses la distinction entre l'équilibre INTERTEMPOREL et l'ÉQUILIBRE TEMPORAIRE, distinction qui a été reprise systématiquement par la suite, et dans laquelle la forme des *anticipations* des agents joue un rôle essentiel.

A la fin de sa vie, Hicks a pris ses distances par rapport à son œuvre antérieure, tout aussi bien en ce qui concerne son volet néo-classique (« microéconomique ») qu'en ce qui concerne le modèle IS-LM. Récusant l'utilisation excessive de la méthode mathématique, il a notamment mis en avant, en économie de l'histoire, le rôle essentiel du temps et de la monnaie. Sa célébrité ne provient cependant pas de ces idées-là, mais de celles qu'il a en bonne partie reniées.

Holisme

Point de vue selon lequel il est possible de mener des analyses théoriques — et empiriques — à partir d'entités globales, auxquelles sont attribuées des propriétés spécifiques. Ainsi, le biologiste adopte une démarche holiste lorsqu'il raisonne sur des organes en tant que tels — sans entrer dans le détail de l'activité des cellules qui les composent, ou des molécules dont ces cellules sont formées, etc. En fait, toute analyse qui ne se ramène pas à celle des « particules élémentaires » qui constituent l'univers (à supposer que ces particules existent) adopte une démarche de type holiste — du moins en partie.

En sciences sociales, ce sont généralement les individus — hommes ou femmes — qui sont considérés comme les « unités de base », irréductibles, de la société (même si certains voient dans les gènes les « véritables » unités de base). Le holisme s'oppose alors à l'INDIVIDUALISME MÉTHODOLOGIQUE, pour lequel les phénomènes sociaux doivent être expliqués exclusivement à partir des comportements individuels. Car, pour le holiste, ces comportements s'insèrent dans un contexte prédéterminé (forme d'organisation sociale, droits de propriété, appartenance à telle ou telle catégorie sociale, etc.), contexte dont l'étude est au moins aussi importante que celle des comportements individuels proprement dits ; ainsi, le *cadre institutionnel* joue un rôle essentiel dans *tous* les modèles économiques, y compris ceux qui mettent l'accent sur les choix individuels (à commencer par le modèle de la CONCURRENCE PARFAITE, qui est une des principales références des NÉO-CLASSIQUES).

Les néo-classiques se présentent comme de farouches adversaires du holisme. Pourtant, même dans leurs modèles de base, ils ne peuvent s'empêcher de recourir explicitement à des entités collectives, tels les MÉNAGES et les entreprises. En fait, confrontés à l'inextricable complexité des interactions des choix individuels (dont le théorème de SONNENSCHEIN est une expression), les néo-classiques font souvent appel, notamment dans le cadre de la recherche de FONDEMENTS MICROÉCONOMIQUES de la macroéconomie, à la notion d'AGENT REPRÉSENTATIF, qui est clairement holiste, puisque l'agent représentatif est, pour eux, un « condensé » d'individus de même type qui sont assimilés à un individu unique, avec des motifs et objectifs propres (résumés généralement par une fonction d'utilité ou de production).

Il n'est donc pratiquement pas possible de faire un raisonnement en économie sans faire appel à des entités collectives (sauf, évidemment, si l'on suppose que l'économie n'est formée que d'un seul individu, tel ROBINSON). Parmi ces entités, il y a évidemment l'État, qui prend souvent la forme, chez les néo-classiques, d'un commissaire-priseur bénévole, garant d'un certain ordre social. Il est vrai que l'État, comme les ménages, les entreprises, les syndicats, les « marchés », etc., est lui-même formé d'individus, dont les actions « font » et transforment ces entités collectives, tout en étant conditionnées par elles. Ce va-et-vient entre le tout et les parties est loin d'être immédiat, d'autant que la tentation est grande de voir dans le tout une sorte de « superindividu », doté d'une volonté propre. Une autre tentation est d'apprécier les entités collectives d'après leur *fonction* (point de vue « fonctionnaliste »), ce qui revient à faire une constatation *a posteriori*, et non pas à expliquer le phénomène (on notera cependant que ce type de raisonnement est fréquent en biologie, notamment en théorie de l'évolution).

Le recours à des entités collectives n'est donc pas sans poser de problèmes (en raison même de leur caractère irréductible). Mais si ce type d'entité est quand même présent dans toutes les analyses théoriques (y compris néo-classiques), c'est parce qu'il n'est pas possible de s'en passer. Finalement, ce qui distingue les théories les unes des autres, ce sont les entités collectives (dont les cadres institutionnels) qu'elles mettent en avant (ménages, entreprises et commissaire-priseur pour les néo-classiques ; groupes sociaux pour les institutionnalistes et les marxistes, par exemple).

Homo economicus

Expression utilisée pour désigner l'« individu » maximisateur des modèles de la MICROÉCONOMIE. Le recours à la fiction de l'*Homo economicus* a pour but de dégager toutes les conséquences de l'application stricte du principe de RATIONALITÉ ; si les normes sociales, les conventions, les traditions peuvent agir sur son comportement, c'est seulement à travers ses goûts (sa RELATION DE PRÉFÉRENCE ou sa FONCTION D'UTILITÉ).

Le principe de rationalité ne peut cependant être appliqué en dehors de toute forme d'organisation sociale ou sans faire appel aux *croyances* de celui qui doit prendre une décision. La microéconomie aime d'ailleurs envisager un *Homo economicus* isolé, tel ROBINSON sur son île, mais cela a des limites car, quand elle aborde la question des échanges -- ce qui est inévitable, en économie —, elle est obligée de spécifier le *cadre* dans lequel ils ont lieu.

L'expression « *Homo economicus* » est surtout utilisée par ceux qui récusent la démarche néo-classique et la façon qu'elle a de représenter les comportements individuels. Elle a, dans ce cas, une connotation péjorative.

Homogène (fonction)

On dit d'une fonction $f(\cdot)$ qu'elle est *homogène de degré k* si, lorsqu'on multiplie *tous* ses arguments par un nombre $\lambda > 0$, alors elle est elle-même multipliée par le nombre λ^k. Autrement dit $f(\cdot)$ est homogène de degré k si et seulement si :

$$f(\lambda x_1, \ldots, \lambda x_n) = \lambda^k f(x_1, \ldots, x_n),$$
$$\forall (x_1, \ldots, x_n) \in \mathfrak{R}^n, \forall \lambda \in \mathfrak{R}_+^*.$$

Ainsi, la fonction de COBB-DOUGLAS qui associe à (x_1, x_2) le nombre $x_1^\alpha\ x_2^\beta$ est homogène de degré $\alpha + \beta$, tandis que les fonctions linéaires sont homogènes de degré 1.

Le *théorème d'Euler* énonce les deux propriétés suivantes des fonctions homogènes dérivables (plus précisément de CLASSE C^1) :

— *les dérivées d'une fonction homogène de degré k sont des fonctions homogènes de degré k* – 1 ;

— ces dérivées et la fonction sont liées par la *formule d'Euler* :

$$x_1 f'_{x_1}(x_1, \ldots, x_n) + \ldots + x_n f'_{x_n}(x_1, \ldots, x_n) = kf(x_1, \ldots, x_n).$$

La *démonstration* du théorème est immédiate. Pour la première propriété, il suffit de dériver *par rapport à* x_i $(1 \leq i \leq n)$ les deux membres de l'égalité

$$f(\lambda x_1, \ldots, \lambda x_n) = \lambda^k f(x_1, \ldots, x_n)$$

qui caractérise les fonctions homogènes (ce qui donne

$$f'_{x_i}(\lambda x_1, \ldots, \lambda x_n) \cdot \lambda = \lambda^k f'_{x_i}(x_1, \ldots, x_n)$$

et donc

$$f'_{x_i}(\lambda x_1, \ldots, \lambda x_n) = \lambda^{k-1} f'_{x_i}(x_1, \ldots, x_n),$$

égalité qui caractérise les fonctions homogènes de degré $k - 1$).

Quant à la formule d'Euler, on l'obtient en dérivant à nouveau, *mais par rapport à* λ, les deux membres de l'égalité qui caractérise les fonctions homogènes. En effet, on a alors :

$$f'_{x_1}(\lambda x_1, \ldots, \lambda x_n) \cdot x_1 + \ldots$$
$$+ f'_{x_n}(\lambda x_1, \ldots, \lambda x_n) \cdot x_n = k \lambda^{k-1} f(x_1, \ldots, x_n).$$

Il suffit de faire $\lambda = 1$ dans cette égalité pour obtenir la formule d'Euler.

Hotelling (modèle de différenciation des produits de)

En 1929, J. Hotelling a proposé un modèle — apparemment simple — où la différenciation des produits est caractérisée par la *distance* qui sépare les acheteurs des vendeurs ; avec un indicateur tel que la distance, il existe donc un *continuum* de biens substituables. Hotelling imagine une plage — dont on peut supposer la longueur égale à 1 — sur laquelle sont répartis uniformément des baigneurs ; ceux-ci sont disposés à acheter un cornet de glace à l'un des deux vendeurs qui se trouvent en deux points différents de la plage, comme cela est résumé dans le schéma suivant.

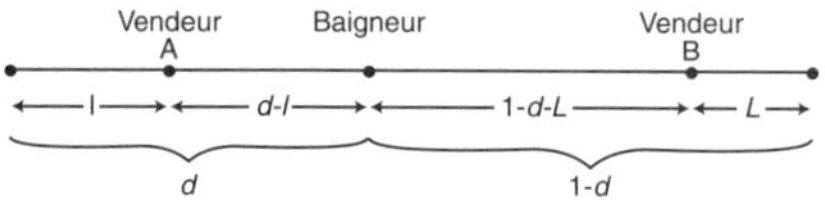

Hotelling suppose que le coût de déplacement d'un baigneur (quelconque) qui veut acheter une glace est proportionnel à la distance parcourue — il est donc de la forme cd, où c est une constante et d la distance parcourue. Compte tenu de ces hypothèses, et en choisissant les unités appropriées, on peut considérer que si les baigneurs qui se trouvent sur une portion de plage de longueur x s'adressent tous à un des vendeurs, alors leur demande d'ensemble à ce vendeur est égale à x.

Pour qu'un baigneur se trouvant entre les marchands A et B (qui proposent respectivement le cornet aux prix p_A et p_B) s'adresse à A plutôt qu'à B, il faut que :

(1) $\quad p_A + c(d - l) < p_B + c(1 - d - L)$,

où d est la distance qui le sépare de l'extrémité « gauche » de la plage et $1 - d$ celle qui le sépare de son extrémité droite (rappelons qu'on considère, par convention, la longueur de la plage comme étant égale à 1). De (1), il vient :

(2) $$d < \frac{p_B - p_A + c(1 + l - L)}{2c}.$$

Aux baigneurs situés en un point où cette inégalité est vérifiée s'ajoutent les baigneurs qui se trouvent « à gauche » de A, *à condition que* cela ne leur revienne pas moins cher de s'adresser à B, donc à condition que :

(3) $\quad p_A + c(1 - l - L) < p_B$.

On notera que cette inégalité peut être à l'origine d'une *discontinuité* de la demande qui s'adresse à A : si B diminue progressivement son prix, ou si A augmente le sien (ou si l et L augmentent), alors pour certaines valeurs de ces variables, tous les baigneurs qui s'adressaient à A se tournent vers B (tel est le cas, notamment, pour ceux qui se trouvent à l'extrémité gauche de la plage ; ce sont d'ailleurs eux qui sont à l'origine de la discontinuité).

Si la condition (3) est vérifiée, alors il résulte de (2) que la demande qui s'adresse à A est $(p_B - p_A + c(1 + l - L))/2c$ — à condition que cette expression soit positive —, son profit étant donc (si ses coûts sont nuls et s'il dispose d'assez de glaces pour servir tout le monde) :

$$p_A\left(\frac{p_B - p_A + c(1 + l - L)}{2c}\right).$$

Pour que ce profit soit maximal, il faut — et, ici, il suffit — que le prix proposé par A annule la dérivée (par rapport à p_A) de ce profit (pour p_B, l et L fixés), donc que :

(4) $\quad p_B - 2p_A + c(1 + l - L) = 0$.

La demande qui s'adresse à B est obtenue en faisant la différence entre la demande totale (« normalisée » à 1) et la demande qui s'adresse à A. Soit, si la condition (3) est vérifiée — ainsi que celle, du même type, qui concerne les L baigneurs à droite de B :

(5) $$\frac{p_A - p_B + c(1 - l + L)}{2c}.$$

Le profit de B est obtenu en multipliant cette demande par p_B (si l'on suppose, comme pour A, que son coût unitaire est nul). Pour que ce profit soit maximal, il faut que sa dérivée par rapport à p_B s'annule, c'est-à-dire que :

(6) $p_A - 2p_B + c(1 - l + L) = 0.$

Les conditions (4) et (6) permettent de déterminer les prix qui maximisent le profit de A et de B (si (3) et si la condition équivalant pour B sont vérifiées). Ces prix dépendent, évidemment, de la localisation des marchands de glace (c'est-à-dire de l et de L, avec $l < 1 - L$). Plus précisément, ils sont égaux à :

$$(7) \quad \begin{cases} p_A = c\left(\dfrac{3 + 5l + L}{3}\right) \\ p_B = c\left(\dfrac{3 + l + 5L}{3}\right). \end{cases}$$

La *seconde étape* du modèle consiste à étudier ce qui se passe lorsque les marchands se déplacent (le degré de substitution des biens varie). Pour cela, on calcule leurs profits aux prix (7) ; ces profits ne dépendent donc que des distances l et L ; ils augmentent lorsqu'on fait croître celles-ci à partir de 0, car les vendeurs tirent alors parti du fait qu'ils ont une clientèle « relativement » captive [pour A, celle-ci est donnée par le segment l, s'il propose un prix vérifiant la condition (3)]. Toutefois, au fur et à mesure que les marchands se rapprochent, ils accentuent la « guerre des prix », dans le but de conquérir le plus de clientèle possible. A la limite, s'ils se trouvent tous deux à la même place (donc si $l + L = 1$), ils ne peuvent que proposer le même prix, et pour que celui-ci soit d'équilibre, il faut qu'il soit nul — comme dans le duopole de BERTRAND. En fait, contrairement à ce qui se passe dans ce dernier modèle, même le choix $p_A = p_B = 0$ n'est pas d'équilibre ; en effet, si A affiche $p_A = 0$, alors B peut augmenter son gain en s'écartant de A et en proposant un prix strictement positif (même s'il est peu élevé), prix qui est choisi de façon qu'il soit inférieur au coût de déplacement entre A et B — de sorte que ce dernier recueille toute la demande du segment L, plus proche de lui que de A.

Ainsi, les marchands de glaces ont intérêt à se rapprocher s'ils sont relativement éloignés, mais aussi à s'éloigner s'ils sont trop proches. Par conséquent, *le modèle peut ne pas comporter d'équilibre*, contrairement à ce que Hotelling pensait d'ailleurs.

Une des raisons de ce résultat paradoxal — le modèle est quand même parmi les plus simples qu'on puisse imaginer — provient de la *discontinuité* des fonctions de demande qui résulte de l'existence des « bouts de plage » l et L, et de l'asymétrie qu'elle introduit. C'est probablement pour éviter une telle asymétrie que beaucoup de modèles de différenciation de produits par localisation supposent que les vendeurs sont disposés sur un cercle, qui n'a donc pas d'« extrémités ».

Indépendamment du fait que le modèle ait un équilibre ou pas, on peut remarquer combien l'analyse devient complexe dès qu'on « permet » aux entreprises de décider de leur prix et de leur localisation, et cela même si l'on se situe dans un cadre particulièrement simple ; ainsi, écrire les équations de demande, et étudier les variations du profit qui en découlent, en tenant compte de *toutes les conditions* [telle (3)], est un long et fastidieux travail dont l'intérêt est limité, vu le caractère « anecdotique » du modèle et la sensibilité de ses résultats aux spécifications retenues. Par exemple, si l'on suppose que le coût des déplacements est proportionnel au carré de la distance, alors la solution d'équilibre consiste, pour les marchands de glaces, à se situer aux extrémités de la plage.

Hystérésis

Terme emprunté à la physique pour désigner toute situation où « l'effet demeure alors que sa cause a disparu ». L'exemple classique en physique est celui d'un objet métallique qui est plongé dans un champ magnétique (dû à un aimant, par exemple) et qui devient lui-même magnétique (quand on le sort du champ, il n'a plus les mêmes propriétés qu'avant).

En économie, la notion d'hystérésis a été notamment avancée en théorie du COMMERCE INTERNATIONAL, à propos des effets que peut avoir une *variation du taux de change* d'un pays. L'idée est simple : un pays qui dévalue fortement voit ses exportations augmenter. Si, suite à l'inflation provoquée chez lui par la dévaluation (en raison, notamment, de la hausse des prix des produits qu'il importe), son taux de change revient à sa « valeur initiale » (celle qu'il avait avant la dévaluation), sans que ses exportations en fassent autant (elles restent plus élevées), alors il y a hystérésis (l'effet, la hausse des exportations, demeure, alors que sa cause, la variation du taux de change, a disparu). On peut expliquer ce phénomène de diverses façons ; par exemple, la dévaluation permet aux exportateurs de s'« implanter » à l'étranger, en créant un *réseau* de distributeurs, en habituant la clientèle à leurs produits, etc. La variation du taux de change a eu un *effet structurel* (sur les coûts propres aux flux des produits, et sur les goûts des individus) ; autrement dit, elle a affecté les FONDAMENTAUX de l'économie.

Hystérésis et chômage

C'est surtout à propos de l'évolution du niveau du *chômage* que la notion d'hystérésis est invoquée (les premiers à avoir utilisé le mot sont O. Blanchard et L. Summers dans un article intitulé « Hysteresis in unemployment », *NBER Working Paper Series*, n° 2035, 1986). Le problème posé est celui de la hausse importante du TAUX NATUREL DE CHÔMAGE (ou du NAIRU) qui a été observée dans la plupart des pays dans les années soixante-dix et quatre-vingt, alors que les divers « chocs » (pétrolier, monétaire) qui auraient été à l'origine du phénomène ont disparu.

L'explication avancée est que les « chocs » ont affecté durablement l'économie « réelle », et notamment ses équilibres. Ainsi, une récession — due par exemple à une politique de restriction monétaire — peut avoir trois types d'effets durables (qui se maintiennent alors que la cause de la récession a disparu) :

— *la personne au chômage perd une partie de ses aptitudes au travail*, si ce n'est l'envie même de travailler ; il y a *détérioration du capital humain*. On voit ainsi apparaître la catégorie des *chômeurs découragés*, qui ne chercheront même plus un travail au moment de la reprise ; en outre, les employeurs vont être alors réticents à embaucher des personnes qui ont connu une période de chômage plus ou moins prolongée (ce qui augmente le « découragement » de ces personnes) ;

— *des investissements ne sont pas faits*, ce qui affecte les capacités de production de l'économie ; comme celles-ci seront moindres avant la reprise, il en sera de même lorsque celle-ci aura lieu (« facteur capital » insuffisant) ;

— *une augmentation de la « fracture sociale »* ; pendant la récession, le nombre de travailleurs qui ont un « bon emploi » (les *insiders*) diminue, tandis qu'augmente celui des autres (les *outsiders*) ; au moment de la reprise, ces travailleurs vont augmenter leurs exigences salariales et empêcher ainsi la « réintégration » dans les « bons emplois » de ceux qui en ont été exclus lors de la récession.

Ces trois effets ont en commun d'être *durables* ; c'est d'ailleurs à cause de cela qu'il y a hystérésis. On peut toutefois se demander si l'explication de celle-ci par ces trois effets en est vraiment une, ou si l'on n'est pas plutôt devant une tautologie.

Le recours à la notion d'hystérésis apporte-t-il quelque chose de nouveau ?

Le principal intérêt de la notion d'hystérésis, c'est qu'elle met en cause l'idée selon laquelle il existerait un taux « naturel » de chômage, c'est-à-dire un taux de chômage qui correspondrait aux « tendances profondes » de l'économie, et contre lequel il n'y aurait donc rien à faire (point de vue MONÉTARISTE, repris implicitement par bon nombre de KEYNÉSIENS). Ainsi, une politique de « réajustement » — pour lutter par exemple contre l'INFLATION — peut affecter en profondeur l'économie, en ayant des effets irréversibles. Il faut donc songer à ceux-ci avant de se lancer dans ce type de politique, et ne pas se limiter à utiliser les seuls instruments de la POLITIQUE ÉCONOMIQUE (notamment la politique monétaire). Une action au niveau des « structures » est aussi nécessaire (pour, par exemple, maintenir dans le « circuit de l'emploi » des personnes qui risquent d'en être définitivement exclues). Autrement dit, ceux qui avancent l'idée d'hystérésis plaident, ouvertement ou implicitement, pour une intervention plus ou moins active de l'État qui aille au-delà de la politique monétaire (ou budgétaire).

Doit-on voir pour autant dans le concept d'hystérésis une quelconque « avancée théorique », qui permettrait de mieux comprendre le chômage ? On peut en douter. En effet, comme cela a déjà été signalé, toutes les raisons avancées pour expliquer le phénomène (détérioration du capital physique et humain, augmentation des *outsiders* relativement aux *insiders*) supposent une certaine durée (par exemple, il faut du temps pour qu'une personne devienne un « chômeur découragé »), ce qui va à l'encontre de l'idée de « choc » suivi d'une récession passagère. Autrement dit, l'explication par l'hystérésis de la hausse du taux de chômage « naturel » suppose l'*existence* de ce qu'elle veut expliquer (chômage de longue durée, recul important de l'investissement, *outsiders* de plus en plus nombreux, etc.).

La question qui, en fait, vient inévitablement à propos de l'hystérésis (mais aussi du taux naturel de chômage et du NAIRU) est : pourquoi est-elle apparue à la fin des années soixante-dix ? Parfois, il est avancé que ce serait en raison de la moindre FLEXIBILITÉ du « marché du travail ». Mais cette explication ne tient pas, ce « marché » étant devenu bien plus « flexible » dans les années quatre-vingt qu'il ne l'était pendant les « TRENTE GLORIEUSES ».

Comme dans le cas du chômage naturel, on peut considérer que le taux de chômage observé dans les années soixante-dix est en fait le taux « naturel » pour un régime capitaliste nettement « flexibilisé », avec sa multitude de centres de décision autonomes qui ne parviennent pas à se coordonner, et que le taux de chômage des « trente glorieuses » est un phénomène étonnant, et exceptionnel, qu'il serait bon de chercher à expliquer. Y aurait-il alors eu une hystérésis « dans le bons sens », une sorte de « cercle vertueux » entre elle et l'expansion ?

Du traitement statistique de l'hystérésis

L'idée de faire appel au concept d'hystérésis est venue après constatation d'une forte augmentation du taux de chômage « naturel ».

Hystérésis, dépendance par rapport au parcours, persistance et racine unitaire

Les économistes ne peuvent s'empêcher de chercher à imiter la physique, même si c'est au prix de rudes contorsions théoriques. L'hystérésis en donne un exemple de plus ; il règne d'ailleurs une certaine confusion à son propos, le mot étant souvent utilisé pour désigner des phénomènes différents. Une clarification s'impose ; pour la faire, il faut revenir sur l'étude mathématique des systèmes dynamiques. On se situera ici dans le cas *séquentiel*, mais le raisonnement vaut pour le cas continu. On considère donc un système décrit par l'*équation de récurrence d'ordre 1* :

(1) $X_{t+1} = F(X_t)$,

où X est un vecteur qui représente les variables (ENDOGÈNES) du système. Les ÉQUILIBRES de celui-ci sont donnés par les POINTS FIXES de (1), c'est-à-dire par les vecteurs X^* tels que :

(2) $X^* = F(X^*)$.

Si l'équation (2) comporte une solution unique et si la suite définie par (1) converge *quelle que soit la valeur donnée à la* CONDITION INITIALE X_0, alors on peut dire que le système est « déterminé » par la seule connaissance de la fonction $F(\cdot)$ (équilibre *globalement stable*). Des « chocs » qui affectent les variables représentées par X_t peuvent modifier momentanément l'évolution de ces variables (leur « trajectoire »), mais ils n'empêchent pas leur convergence vers l'équilibre.

En revanche, si $F(\cdot)$ comporte plus d'un point fixe (le système comporte donc plusieurs équilibres), le résultat du processus (à supposer qu'il converge) dépend de la condition initiale X_0. Supposons par exemple que le système se trouve à un équilibre X_1^* et qu'un « choc » (important) l'éloigne de cet équilibre, en donnant à ses variables la valeur X^o ; si la « trajectoire » (X_t) issue de X^o (qui est donc telle que $X_0 = X^o$) converge vers un autre équilibre que X_1^*, disons X_2^*, il est alors clair que l'effet du « choc » est durable (le système passe « durablement » de X_1^* à X_2^*). Il y a *persistance* des effets du choc. La figure illustre cette situation.

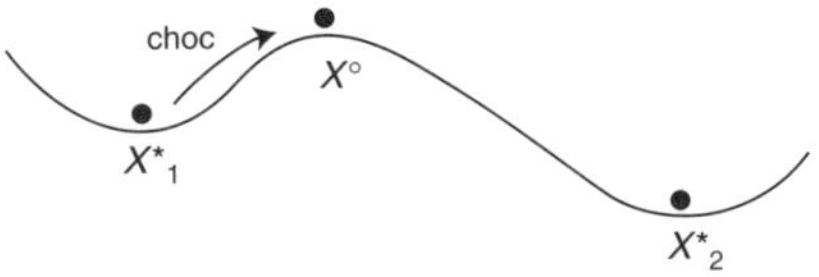

La persistance suppose donc la *multiplicité des équilibres*. Dans le cas où le système est *linéaire*, pour qu'il y ait plus d'un équilibre, il faut que la matrice qui représente le système ait au moins une VALEUR PROPRE dont le module est égal à 1 (voir l'entrée ÉQUATIONS DE RÉCURRENCE LINÉAIRE).

Jusqu'à présent, on a supposé que la fonction $F(\cdot)$ ne varie pas en cours de processus. Tel n'est pas le cas si les équilibres « dépendent du chemin parcouru », comme cela arrive dans un processus tel que le TÂTONNEMENT, si l'on suppose qu'il peut y avoir des échanges en dehors de l'équilibre ; en effet, la forme de celui-ci dépend alors de la façon dont ont lieu ces échanges (les *fonctions* de demande nette se modifient au fur et à mesure que les agents sont « servis » et « se retirent du marché »). Le processus est alors décrit par une équation de la forme :

$$X_{t+1} = F_t(X_t).$$

Dans le cas de la *dépendance par rapport au parcours*, une modification des conditions initiales (un « choc ») va être à l'origine d'une nouvelle trajectoire qui convergera (si elle le fait) vers un équilibre autre que celui vers lequel elle se serait dirigée s'il n'y avait pas eu choc. Si, toutefois, on « revient » aux conditions initiales d'avant le choc, on revient à la même situation, et l'effet du choc disparaît ; il n'y a donc pas hystérésis. Celle-ci a lieu, en revanche, si après le choc un des *paramètres* du modèle est durablement modifié. On est donc en présence d'une fonction *différente* pour décrire le processus, et aux *mêmes* conditions initiales correspondront alors des équilibres différents (les *états* du système sont modifiés, et pas seulement ses trajectoires).

Mais le fait qu'une telle variation — qui n'a rien de conjoncturel — ait pu avoir lieu conduit à remettre en cause la notion de chômage naturel (par définition, la « nature » n'est pas soumise à de « brusques variations »).

Des tests statistiques sont effectués à partir des observations disponibles ; mais ceux-ci concernent plutôt le problème de la *persistance*, en liaison avec celui de la multiplicité des équilibres (voir l'encadré « Hystérésis, dépendance par rapport au parcours, persistance et racine unitaire »). Ainsi, dans le cas d'un processus de type séquentiel représenté par des équations *linéaires*, pour qu'il y ait plus d'un équilibre, il faut que la matrice du système comporte au moins une VALEUR PROPRE de module égal à 1 ; c'est le problème de la *racine unitaire*, devenu à la mode dans les années quatre-vingt-dix, notamment parmi les économètres (qui cherchent à tester statistiquement l'hypothèse de la racine unitaire). On peut également voir dans les phénomènes de MARCHE ALÉATOIRE une forme de persistance. Quant à l'hystérésis proprement dite, elle pose le problème du test conjoint des *valeurs* des paramètres des modèles et de leurs *modifications* sous l'effet des variations des CONDITIONS INITIALES (puisque celles-ci provoquent un changement dans la structure même du modèle, et non seulement de ses solutions).

Tout cela pose des problèmes nouveaux et complexes à l'économètre, qui se trouve en présence de *séries non stationnaires* (dont les paramètres varient dans le temps), et qui cherche à trouver les réponses appropriées au niveau de la méthode statistique (tests d'hypothèses, qui concernent par exemple les INTERVALLES DE CONFIANCE). Mais quel est l'intérêt de ces recherches, au-delà de la mise au point de nouvelles méthodes de statistique mathématique ? Aucun. Car il n'y a nul besoin de tests statistiques élaborés pour constater que le chômage, qu'il soit « naturel » ou pas, a fortement augmenté en vingt ans, et qu'il est soumis à certaines fluctuations ; on peut évidemment chercher à distinguer dans celles-ci ce qui relève de la « conjoncture » de ce qui est « plus profond », mais c'est là un exercice difficile, qui demande une étude « fine » (passablement désagrégée) du phénomène étudié ; ce qui est sûr, c'est que ce ne sont pas quelques tests statistiques — aussi élaborés soient-ils — sur des modèles ultra-agrégés qui apporteront quoi que ce soit à la réflexion sur le problème du chômage, qu'on y décèle ou pas de l'hystérésis.

I

Identification (problème de l')

Problème qui apparaît dans l'étude de certains MODÈLES au moment où l'on cherche à déduire une estimation des paramètres de leur FORME STRUCTURELLE à partir de ceux de leur FORME RÉDUITE. Il y a un problème d'identification si celle-ci ne comporte pas le même nombre de paramètres que la forme structurelle, car alors soit il n'est pas possible d'estimer les paramètres de cette dernière (on dit qu'il y a *sous-identification*), soit il y a plusieurs estimations pour un même paramètre (il y a *suridentification*).

A titre d'exemple, considérons un modèle dont la forme structurelle est :

$$\begin{cases} \alpha_1 y_1 + \alpha_2 y_2 + \alpha_3 x = 0 \\ \beta_1 y_1 + \beta_2 y_2 + \beta_3 x = 0\ . \end{cases}$$

On suppose que les y désignent les variables ENDOGÈNES, et que x est une variable EXOGÈNE (qui peut être constante). Comme au moins un des coefficients de chacune des équations est forcément non nul — sinon il n'y a plus d'équation —, on peut diviser chacune d'elles par ce coefficient et le modèle ne comporte « vraiment » que *quatre* paramètres. Or, la forme réduite (qui donne les « endogènes » y en fonction de l'« exogène » x) :

$$\begin{cases} y_1 = \delta_1 x \\ y_2 = \delta_2 x \end{cases}$$

n'en comporte que *deux*. Comme on ne peut obtenir des estimations de quatre paramètres (ceux de la forme structurelle) à partir de celles de deux paramètres (ceux de la forme réduite), il y a *sous-identification*. Une façon de surmonter ce problème consiste à rendre le modèle identifiable en le complétant par d'autres hypothèses. Ce qui peut être fait en supposant par exemple que deux des coefficients de la forme structurelle sont nuls ; mais encore faut-il trouver une justification théorique à ces hypothèses supplémentaires.

Un exemple classique en économie de sous-identification est celui des *fonctions d'offre et de demande concurrentielles*, telles qu'elles apparaissent par exemple dans les modèles d'ÉQUILIBRE PARTIEL. En effet, ce qui est « observé » (ou supposé tel) dans ces modèles, c'est les quantités — et le prix — qui égalisent l'offre et la demande, et non les courbes qui représentent celles-ci (ces courbes sont en fait inobservables, puisqu'elles correspondent aux *vœux* — incompatibles — des offreurs et des demandeurs aux différents prix possibles).

Un exemple de suridentification en économie est celui du modèle keynésien élémentaire, qui est présenté dans l'entrée sur les MODÈLES.

Le problème posé par l'identification est une des raisons pour lesquelles une bonne partie de l'économétrie se contente de traiter le cas des modèles à une seule équation — et donc à une seule variable endogène.

Illusion monétaire

Expression utilisée essentiellement en MACROÉCONOMIE pour caractériser le comportement de ceux qui confondent les variations du niveau des prix avec celles des prix relatifs. Ainsi, un individu est sujet à l'illusion monétaire si, après avoir constaté l'augmentation du prix des biens qu'il vend (par exemple, son travail) suite à une hausse de l'ensemble des prix, il croit que son pouvoir d'achat a augmenté, alors qu'il n'en est rien.

Pour les macroéconomistes d'inspiration néo-classique, qu'ils soient KEYNÉSIENS ou MONÉTARISTES, l'illusion monétaire — dont seraient surtout victimes les salariés (qui vendent leur force de travail et sont moins bien informés) — est une des raisons pour lesquelles il y a fluctuation de l'activité et de l'emploi. Ce qu'ils expliquent de la façon suivante : en augmentant plus ou moins brusquement la masse monétaire — pour des raisons électorales, par exemple —, l'État provoque une hausse du niveau des prix, mais aussi des changements dans les prix relatifs, ce qui peut créer des « illusions » dans certaines catégories sociales — par exemple, les travailleurs pensent que le salaire (réel) a augmenté et offrent plus de travail, le chômage diminuant donc d'autant. Toutefois, comme l'« illusion » ne peut durer indéfiniment, au bout d'un certain temps il y a retour à la situation initiale, ou même à une situation moins bonne, en raison des « distorsions » dans l'affectation des ressources provoquées par la variation des prix.

Cette analyse suppose implicitement qu'il y a plein emploi des ressources — d'où le caractère inévitable des « distorsions » induites par les variations de la masse monétaire ; et, comme cela est presque toujours le cas dans les modèles macroéconomiques, elle suppose que la création monétaire est EXOGÈNE, c'est-à-dire soumise au bon vouloir des autorités.

Tout en adhérant au même schéma — qui suppose notamment que le CHÔMAGE est *volontaire* —, les keynésiens (du moins ceux qui se situent dans la mouvance néo-classique) et les monétaristes ont des appréciations légèrement différentes sur l'origine de l'illusion monétaire. En effet, pour les premiers, elle résulte d'un *comportement irrationnel*, mais passager, de certains agents (les salariés), tandis que pour les seconds l'« illusion » provient de ce que les pouvoirs publics envoient délibérément des signaux « brouillés », qui induisent en erreur les agents — dont les choix demeurent rationnels, compte tenu de l'information (déformée) qu'ils reçoivent. L'approche par la SYNTHÈSE NÉO-CLASSIQUE illustre ainsi le point de vue keynésien, tandis que les modèles des NOUVEAUX CLASSIQUES à la Lucas s'appuient sur l'idée d'information « déformée » par l'action des pouvoirs publics.

Avec le recul marqué — à partir des années soixante-dix — de la macroéconomie traditionnelle (fondée sur le modèle IS-LM) au profit d'une approche microéconomique avec AGENTS REPRÉSENTATIFS, le thème de l'illusion monétaire a peu à peu disparu des présentations néo-classiques, qui lui ont préféré celui des « chocs réels » (théorie de CYCLE RÉEL) ou l'approche par les CONTRATS — avec, notamment, ASYMÉTRIE D'INFORMATION.

Keynes et l'illusion monétaire

Étant donné que les « keynésiens » ont été les premiers à accorder de l'importance à l'illusion monétaire — notamment pour expliquer les variations de l'emploi —, on peut se demander si, en cela, ils se sont inspirés de KEYNES lui-même. Oui et non, peut-on répondre. *Oui*, dans le sens où Keynes pense que si le salaire *réel* (rapport entre salaire nominal et niveau des prix) doit baisser, il vaut mieux que cela soit par le biais d'une hausse du niveau des prix que par une baisse du salaire nominal (pour plus de détails, voir la partie « A propos des mouvements des prix et des salaires » dans l'entrée KEYNES). *Non*, parce que, pour Keynes, si les travailleurs acceptent plus facilement une baisse des salaires due à la hausse des prix plutôt qu'à la baisse du salaire nominal, ce n'est pas parce qu'ils se font une quelconque « illusion » sur l'évolution de leur pouvoir d'achat, mais parce qu'ils considèrent que cela est plus « juste », ou équitable, la hausse des prix touchant tout le monde simultanément (alors que la baisse du salaire nominal « se propage » d'une entreprise à l'autre ; les premiers à la subir se sentent lésés et ont donc beaucoup plus de difficultés à l'accepter). Le fait que les travailleurs réagissent en fonction des normes sociales, ou des conventions, ne signifie nullement qu'ils se trompent, ou qu'ils ont un comportement irrationnel.

Par ailleurs, comme cela a déjà été signalé, les modèles « keynésiens » qui expliquent les variations de l'emploi par l'illusion monétaire supposent — souvent de façon implicite — que le chômage est volontaire (même s'il résulte d'une appréciation erronée des travailleurs sur le niveau du salaire réel), et n'ont donc qu'un rapport lointain avec la pensée de Keynes, qui plaçait le chômage *involontaire* au centre de ses préoccupations.

Le traitement mathématique : absence d'illusion monétaire et homogénéité des fonctions de demande

Comme l'illusion monétaire est la manifestation d'un comportement irrationnel, ou d'une « mauvaise information » concernant les prix, elle ne peut avoir lieu en CONCURRENCE PARFAITE, modèle de base de la microéconomie, où les agents sont supposés être rationnels et connaître sans ambiguïté les prix des biens (qui sont affichés, au vu de tous).

Ainsi, un ménage qui a une DOTATION INITIALE Q° est soumis à la contrainte budgétaire :

$$P \cdot Q \leq P \cdot Q^{o},$$

où P est le vecteur des prix « affichés », Q étant un panier de biens quelconque.

Si *tous* les prix sont multipliés par une constante strictement positive λ (le vecteur-prix est alors égal à λP), la contrainte budgétaire est inchangée puisqu'on a :

$$\lambda P \cdot Q \leq \lambda P \cdot Q^o$$

$$\text{si et seulement si } P \cdot Q \leq P \cdot Q^o.$$

Autrement dit, l'ensemble des paniers de biens qui vérifient la contrainte budgétaire n'est pas modifié par la hausse uniforme des prix ; par conséquent, si le ménage choisit le panier Q^* aux prix P et s'il n'est pas victime d'une illusion monétaire, il choisit également ce panier pour les prix λP. Comme le panier Q^* représente la demande (concurrentielle) aux prix P, on peut aussi le noter $d(P)$, de sorte que l'absence d'illusion monétaire implique que :

$$d(\lambda P) = d(P),$$

ce qui signifie que la fonction de demande $d(\cdot)$ est HOMOGÈNE de degré 0.

Cette propriété d'homogénéité est également valable dans le cas où l'on considère le *revenu* R du ménage, au lieu de sa dotation initiale. Alors, la demande aux prix P et au revenu R s'écrit $d(P, R)$, l'absence d'illusion monétaire signifiant que :

$$d(\lambda P, \lambda R) = d(P, R).$$

Implicite (fonction)

Relation liant deux, ou plusieurs, variables qui figurent dans une même équation, sans qu'une d'entre elles soit forcément exprimée en fonction des autres. Ainsi, on peut parler de fonction implicite chaque fois qu'on est en présence d'une équation de la forme :

(1) $f(x_1, \ldots, x_n) = \text{constante},$

ce qui est très fréquent en économie (COURBES DE NIVEAU, condition du PREMIER ORDRE).

La question qu'on se pose à propos de cette équation est alors la suivante : si l'on donne une valeur à chacune des $n - 1$ premières variables, $x_1, \ldots, x_{n-1}$, existe-t-il un x_n vérifiant (1) et, si oui, est-il unique ? Si la réponse à ces deux questions est positive, alors on peut dire que x_n est « déterminé » de façon unique par les $x_1, \ldots, x_{n-1}$, du moins pour les valeurs données à celles-ci ; x_n est donc « fonction » des $x_1, \ldots, x_{n-1}$, fonction qu'on peut noter :

(2) $x_n = \varphi(x_1, \ldots, x_{n-1}).$

On dit que $\varphi(\cdot)$ est la *fonction implicite* associée à l'équation (1) et qui lie x_n aux variables restantes. Comme à la place de x_n on aurait pu choisir n'importe quelle autre variable x_i, $i = 1, \ldots, n - 1$, en cherchant à l'exprimer par rapport aux $n - 1$ variables restantes, il s'ensuit que l'équation (1) peut être à l'origine de n fonctions implicites (il revient au modélisateur de choisir parmi elles celle qui lui convient le mieux).

Reste la question de l'existence (et de l'unicité) de la fonction $\varphi(\cdot)$. Il est clair que la réponse à cette question peut être négative ; ainsi, l'équation $x_1^2 + x_2^2 = R^2$ n'a pas de solution pour $|x_1| > R$, et si $|x_1| < R$, elle en a *deux* ($x_2 = -(R^2 - x_1^2)^{1/2}$ et $x_2 = (R^2 - x_1^2)^{1/2}$).

Afin d'être sûr qu'il existe une fonction implicite pour au moins certaines des valeurs données aux variables de l'équation considérée, on adopte alors un point de vue *local*, en limitant l'étude à ce qui se passe au voisinage d'un point $A = (a_1, \ldots, a_n)$ dont on suppose qu'il vérifie la relation (1). Ce qui permet d'appliquer le *théorème des fonctions implicites* qui dit que si la fonction $f(\cdot)$ est de CLASSE C^1, et à dérivée par rapport à x_n *non nulle* en A, alors la fonction implicite $\varphi(\cdot)$ existe et est unique au voisinage de A [c'est-à-dire pour des valeurs de $(x_1, \ldots, x_{n-1})$ « proches » de $(a_1, \ldots, a_{n-1})$] ; évidemment, on a, en particulier : $a_n = \varphi(a_1, \ldots, a_{n-1})$. Le théorème s'applique de la même façon si l'on veut « isoler » une autre variable que x_n (à condition que la dérivée par rapport à cette variable ne soit pas nulle en A).

En outre, et c'est là l'intérêt principal du théorème du point de vue du modélisateur, on peut calculer les dérivées partielles de $\varphi(\cdot)$ au point considéré, sans connaître la forme exacte de cette fonction (qui demeure donc « implicite »). En effet, comme par définition même de la fonction $\varphi(\cdot)$ on doit avoir :

$$f(x_1, \ldots, x_{n-1}, \varphi(x_1, \ldots, x_{n-1})) = \text{constante},$$

puisque la fonction implicite doit vérifier l'équation (1), il vient par dérivation des deux membres de cette équation par rapport à l'une des variables x_i quelconques, $i = 1, \ldots, n - 1$ (le membre de gauche étant DÉRIVÉ EN CHAÎNE) :

$$f'_{x_i}(x_1, \ldots, x_{n-1}, \varphi(x_1, \ldots, x_{n-1})) + f'_{x_n}(x_1, \ldots, x_{n-1}, \varphi(x_1, \ldots, x_{n-1}))\ \varphi'_{x_i}(x_1, \ldots, x_{n-1}) = 0.$$

D'où, si f'_{x_n} ne s'annule pas au point considéré :

(3) $$\varphi'_{x_i}(x_1, \ldots, x_{n-1}) = -\frac{f'_{x_i}(x_1, \ldots, x_{n-1}, \varphi(x_1, \ldots, x_{n-1}))}{f'_{x_n}(x_1, \ldots, x_{n-1}, \varphi(x_1, \ldots, x_{n-1}))}$$

pour $i = 1, \ldots, n - 1$.

Comme la fonction (inconnue) $\varphi(\cdot)$ est dans les deux membres de l'égalité (3), on n'est apparemment pas bien avancé. Toutefois, on sait que, par construction, $a_n = \varphi(a_1, \ldots, a_{n-1})$; par conséquent, si l'on se situe au point $A = (a_1, \ldots, a_{n-1}, a_n)$ qui est au départ du théorème, on a en remplaçant dans (3) :

$$(4)\ \varphi'_{x_i}(a_1,\ldots,a_{n-1}) = -\frac{f'_{x_i}(a_1,\ldots,a_{n-1},a_n)}{f'_{x_n}(a_1,\ldots,a_{n-1},a_n)} = -\frac{f'_{x_i}(A)}{f'_{x_n}(A)}, i=1,n-1.$$

Comme la fonction $f(\cdot)$ est supposée connue, on peut calculer ses dérivées partielles en A, et en déduire celles de la fonction implicite $\varphi(\cdot)$, *au point considéré.*

Dans le cas où $f'_{x_n}(a_1, \ldots, a_{n-1}, a_n) = 0$, on « privilégie » une autre variable que x_n, variable pour laquelle la dérivée partielle de f en A n'est pas nulle (en supposant qu'elles ne le sont pas toutes).

Si l'on dérive les deux membres de (3) par rapport à x_i, ou par rapport à toute autre variable, on peut calculer les dérivées d'ordre 2 de $\varphi(\cdot)$, puis ses dérivées d'ordre 3, etc. (à condition, évidemment, que f soit de classe C^2, puis de classe C^3, etc.), et obtenir ainsi une approximation de plus en plus précise de $\varphi(\cdot)$ au voisinage de A (en appliquant la formule de TAYLOR) ; toutefois, les calculs deviennent vite très lourds.

Dans le cas, fréquent en économie, où il n'y a que deux variables, la relation (4) se réduit à :

$$(5)\qquad \varphi'(a_1) = -\frac{f'_{x_1}(a_1,a_2)}{f'_{x_2}(a_1,a_2)} = -\frac{f'_{x_1}(A)}{f'_{x_2}(A)}.$$

C'est, au signe près, la formule du TAUX MARGINAL DE SUBSTITUTION, lorsque la fonction $f(\cdot)$ est une FONCTION D'UTILITÉ ou DE PRODUCTION.

Cas où il y a plusieurs équations

Ce cas se présente sous la forme du système de p équations à n variables (avec $p < n$) :

$$(6)\qquad \begin{cases} f_1(x_1,\ldots,x_n) = 0 \\ \ldots\ldots\ldots\ldots\ldots\ldots \\ f_p(x_1,\ldots,x_n) = 0 \end{cases}$$

On considère alors que les p premières variables sont des fonctions (implicites) des $n - p$ restantes ; soit :

$$x_i = \varphi_i(x_{p+1}, \ldots, x_n),\ i = 1, \ldots, p.$$

Le *théorème des fonctions implicites* montre que les fonctions $\varphi_i(\cdot)$ existent au voisinage d'un point A qui vérifie le système d'équations (6), à condition que les fonctions $f_j(\cdot)$ soient de classe C^1 et que la MATRICE JACOBIENNE de leurs dérivées partielles par rapport aux p premières variables soit régulière (inversible) au point A.

Si ces conditions sont vérifiées, alors on peut calculer les dérivées partielles des fonctions implicites $\varphi(\cdot)$ à partir des matrices jacobiennes des $f_j(\cdot)$, par rapport aux p premières variables et par rapport aux $n - p$ variables restantes ; on obtient alors une formule du même type que (4), mais au lieu d'avoir le rapport de deux dérivées partielles, on a le produit d'une jacobienne (relative aux $n - p$ dernières variables) par l'inverse d'une autre jacobienne (relative aux p premières variables).

Pour le voir, on peut mettre les équations (6) sous la forme condensée :

$$F(x_1, \ldots, x_p, x_{p+1}, \ldots, x_n) = 0.$$

Si l'on se sert du théorème des fonctions implicites, cette égalité s'écrit :

$$(7)\qquad F(\varphi(X_{p+1}), X_{p+1}) = 0,$$

où $X_{p+1} = (x_{p+1}, \ldots, x_n)$ et où $\varphi(\cdot) = (\varphi_1(\cdot), \ldots, \varphi_p(\cdot))$. Si l'on dérive par rapport aux variables qui composent X_{p+1} les deux membres de (7), il vient :

$$(8)\ \mathbf{F}'_{X_1}(\varphi(X_{p+1}),X_{p+1})\ \boldsymbol{\varphi}'_{X_{p+1}}(X_{p+1}) + \mathbf{F}'_{X_{p+1}}(\varphi(X_{p+1}),X_{p+1}) = 0,$$

où $\mathbf{F}'_{X_1}(\cdot)$ et $\mathbf{F}'_{X_{p+1}}(\cdot)$ sont les matrices jacobiennes de F relativement aux variables $X_1 = (x_1, \ldots, x_p)$ et $X_{p+1} = (x_{p+1}, \ldots, x_n)$ évaluées en $(\varphi(X_{p+1}), X_{p+1})$, et où $\boldsymbol{\varphi}'_{X_{p+1}}(X_{p+1})$ est la matrice jacobienne de $\varphi(\cdot)$ par rapport aux variables qui forment X_{p+1}.

Si on se situe au « point » $A = (a_1, \ldots, a_n)$, l'égalité (8) s'écrit :

$$(9)\ \mathbf{F}'_{X_1}(A)\ \boldsymbol{\varphi}'_{X_{p+1}}(A_{p+1}) + \mathbf{F}'_{X_{p+1}}(A) = 0.$$

Si la matrice $\mathbf{F}'_{X_1}(A)$ est régulière (inversible), alors on a :

$$\boldsymbol{\varphi}'_{X_{p+1}}(A_{p+1}) = -\mathbf{F}'^{-1}_{X_1}(A)\,\mathbf{F}'_{X_{p+1}}(A).$$

C'est la formule recherchée, l'équivalent de (4) dans le cas général.

Inada (conditions d')

Conditions imposées à la FONCTION DE PRODUCTION NÉO-CLASSIQUE, lorsqu'elle est mise sous la forme d'une relation entre le produit par tête et le capital par tête. Si on note $f(\cdot)$ cette fonction, alors les conditions d'Inada sont les suivantes :

— $f(0) = 0$: la production est nulle lorsque le capital par tête est nul ;
— $f'(0) = \infty$: la productivité marginale du capital par tête tend vers l'infini lorsque celui-ci tend vers 0 ;
— $f'(\infty) = 0$: la productivité marginale du capital par tête tend vers 0 lorsque celui-ci tend vers l'infini ;
— $f'(\cdot) > 0$: la production augmente avec le capital par tête ;
— $f''(\cdot) < 0$: la productivité marginale du capital par tête est strictement décroissante (f est strictement CONCAVE).

Une fonction qui vérifie les conditions d'Inada a donc un graphe de la forme suivante :

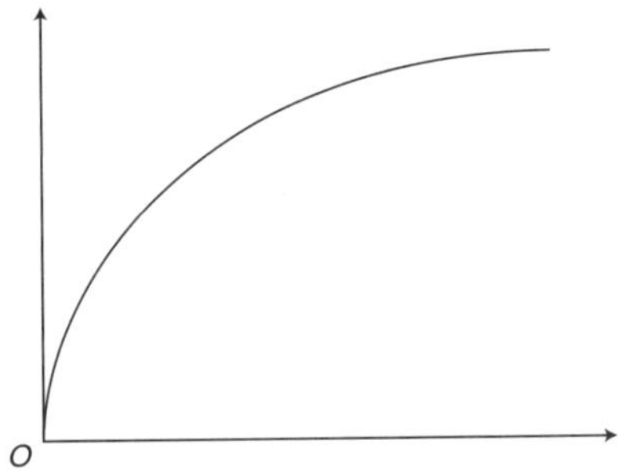

Si les conditions d'Inada sont vérifiées, alors le graphe de $f(\cdot)$ coupe *en un point* (en dehors de l'origine) toute droite de pente strictement positive issue de l'origine.

On vérifie aisément que les fonctions x^a et $0 < \alpha < 1$ satisfont aux conditions d'Inada.

Incertitude

Selon le *Larousse*, « état d'une chose ou d'une personne incertaine », l'adjectif « incertain » étant lui-même défini de la façon suivante : « Qui n'est pas certain, indéterminé, douteux, vague. » Il existe cependant des nuances entre « ce qui n'est pas certain » et ce qui est « douteux » ou « vague ». En effet, tout événement aléatoire (dont la probabilité n'est pas égale à 1) n'est pas certain, sans toutefois être « vague » ou « douteux » (par exemple, il n'est pas certain que le billet de loterie que je détiens me permettra de gagner le gros lot, mais je peux évaluer mes chances de façon assez précise).

Dans les sciences de la nature, où l'on dispose généralement de très nombreuses observations et où l'on peut souvent procéder à des expériences, on parle d'incertitude dès qu'on se trouve face à des phénomènes aléatoires (pendant longtemps, le recours aux probabilités a été considéré comme un pis-aller, le reflet de notre ignorance).

En sciences humaines, et notamment en économie, la situation est bien plus compliquée, car à l'incertitude des phénomènes naturels vient s'ajouter, pour toute personne, l'incertitude due au comportement des personnes autres qu'elle. On peut dire de la première forme d'incertitude qu'elle est « exogène », car elle résulte de phénomènes extérieurs à la société, et de la seconde qu'elle est « endogène », car elle provient des décisions des membres de la société, qui la provoquent et la subissent à la fois.

Risque et incertitude

Compte tenu des diverses formes que peut prendre l'incertitude, certains économistes ont repris la démarche de Frank Knight (1895-1973) et de KEYNES qui consiste à distinguer entre « risque » et incertitude proprement dite (celle-ci est parfois qualifiée d'« incertitude radicale »). Pour eux, il y a risque s'il est possible de dresser la liste de toutes les éventualités (les formes que peuvent prendre les ÉTATS DE LA NATURE) et de leur attribuer une probabilité de réalisation, alors qu'il y a incertitude si l'une ou l'autre de ces conditions n'est pas vérifiée. Lorsque Keynes fait référence à l'incertitude, ce n'est pas pour simplement « distinguer ce qui est su avec certitude de ce qui est seulement probable ». Pour lui, « le jeu de la roulette n'est pas sujet à incertitude en ce sens, ni la perspective de tirer un bon numéro au loto. Ou encore, l'espérance de vie n'est soumise qu'à une légère incertitude. Même le temps qu'il fera n'est que modérément incertain. Le sens dans lequel j'utilise ce terme est celui selon lequel la perspective d'une guerre européenne était incertaine, ou encore le prix du cuivre et le taux d'intérêt dans vingt ans, ou la date d'obsolescence d'une invention nouvelle ». Car, « en ces matières, il n'y a pas de fondement scientifique sur lequel on puisse formuler, de façon autorisée, quelque raisonnement probabiliste que ce soit. Nous ne savons pas, tout simplement » (J. M. Keynes, « The general theory of employment », *Quarterly Journal of Economics*, 1937, traduit dans la *Revue française d'économie*, automne 1990).

Les exemples de ce qui « n'est pas sujet à incertitude », selon les termes de Keynes, correspondent soit à des situations qui peuvent être répétées autant de fois qu'on le veut (roulette, loto) et auxquelles des probabilités « objectives » peuvent donc être affectées, soit à des phénomènes qui concernent de larges populations (espérance de vie) ou qui présentent une certaine périodicité (le climat), ce qui permet de raisonner sur des *moyennes*. Dans tous ces exemples, le risque est dû à des facteurs exogènes, indépendants (ou presque) des choix des agents économiques (on peut donc parler, à leur propos et sans ambiguïté, d'« états de la nature »).

En revanche, les exemples d'incertitude que donne Keynes (guerres, niveau de différents prix, rythme des découvertes) font intervenir les décisions prises par les hommes, leurs ambitions, leurs goûts, etc., ainsi que les institutions qu'ils se sont données.

Keynes choisit néanmoins des exemples extrêmes : entre les innombrables fois qu'une roulette peut être mise en action et le caractère exceptionnel des guerres, il existe une large gamme de possibles ! Keynes évoque les prix « dans vingt ans » ; mais que dire des prix dans cinq ans ou dans un an ? Il est clair que toute personne qui se lance dans un investissement qui sera à l'origine de recettes futures — proches ou lointaines — cherche à évaluer celles-ci, en attribuant des probabilités aux diverses éventualités possibles. Ces probabilités sont « subjectives », puisqu'elles dépendent de la façon dont celui qui les tient apprécie la situation ; plus l'horizon est lointain et plus elles deviennent floues, au point de n'avoir plus de sens. Elles peuvent évidemment être erronées, avec des gains plus grands ou plus petits que prévu, ce qui n'est pas sans conséquences (les déboires d'Eurotunnel en donnent un exemple frappant).

De la place relative du risque et de l'incertitude

Si l'on s'en tient à la distinction entre risque = événements auxquels est associée une probabilité objective et incertitude = tous les autres événements aléatoires, il est clair que la vie économique est dominée par l'incertitude (en gros, ne relèvent du risque que les activités pour lesquelles il est possible de s'assurer). Mais tel n'est pas le cas de la plupart des modèles économiques, à commencer par celui de la CONCURRENCE PARFAITE, où toute incertitude est exclue d'office par l'hypothèse de l'existence d'un SYSTÈME COMPLET DE MARCHÉS (le point important ici est que chaque bien conditionnel a un prix affiché pour chaque état de la nature, indépendamment de la nature — objective ou subjective — de ceux-ci). Keynes pense à ce genre d'hypothèse quand il écrit dans l'article cité plus haut : « [...] A n'importe quel instant les faits et les prévisions étaient supposés donnés dans une forme précise et calculable [...]. Le calcul de probabilité [...] était supposé capable de réduire l'incertitude au même statut, du point de vue du calcul, que celui de la certitude elle-même [...]. J'accuse la théorie économique classique d'être elle-même l'une de ces techniques jolies et raffinées qui essaient de traiter du présent en abstrayant le fait que nous savons fort peu de choses à propos du futur. »

L'hypothèse sur un système complet de marchés n'est pas propre à la concurrence parfaite ; elle est présente dans la plupart des modèles (à commencer par ceux de la CONCURRENCE IMPARFAITE). Car s'en débarrasser, même si ce n'est que pour un seul bien (futur), revient à introduire l'incertitude dans les modèles, et avec elle les anticipations des agents ; le point de vue de l'ÉQUILIBRE TEMPORAIRE se substitue alors à celui de l'ÉQUILIBRE INTERTEMPOREL. L'existence de l'équilibre temporaire est cependant loin d'être assurée, en raison des comportements spéculatifs et des erreurs d'anticipation.

Dans un monde où règne l'incertitude, la *décision d'investissement* est particulièrement importante, puisqu'elle engage l'avenir ; elle doit tenir compte à la fois de l'évolution de la demande et du comportement des autres investisseurs. Mais comme l'une et les autres sont en bonne partie imprévisibles, la décision d'investissement est la résultante d'un certain nombre de facteurs complexes, parmi lesquels il y a l'« amour du jeu » (tout investissement est un pari) et une part d'inertie (certains investissements sont nécessaires à la survie de l'entreprise ; d'autres ne peuvent être arrêtés) ; le « climat des affaires » joue aussi un rôle important au moment où il faut investir (il signifie que les distributions de probabilités des agents ont tendance à concorder, dans un sens ou dans un autre). Enfin, il y a le rôle de l'État en tant que « réducteur d'incertitude », par ses projets à long terme, par les flux de revenus qu'il distribue régulièrement et de façon durable, mais aussi par sa capacité à faire face aux défaillances du système, quand elles deviennent importantes (notamment soutien au système bancaire et contrôle du système financier).

Tous ces facteurs font que des sociétés où la plupart des situations sont « non probabilisables » (au sens des probabilités objectives) sont viables et se caractérisent même par des évolutions qui ne sont pas trop désordonnées, si l'on compare avec ce qui pourrait se passer dans un monde où régnerait une incertitude totale.

Individualisme méthodologique

Méthode qui consiste à expliquer les phénomènes économiques et sociaux à partir des comportements individuels. En économie, cette méthode est revendiquée avec force par les théoriciens NÉO-CLASSIQUES, qui se proposent de déduire des lois (ou de faire des prédictions) à partir des choix faits par des individus qui appliquent le principe de RATIONALITÉ. On peut cependant être un partisan de l'individualisme méthodologique sans penser que ce principe guide tous les choix des hommes (même si c'est la combinaison de l'un et de l'autre qui donne son plus grand attrait à la méthode).

L'individualisme méthodologique est souvent opposé au HOLISME ; le premier se propose d'aller de la partie (les individus) au tout (la société), alors que le second adopte la démarche contraire, qui consiste à poser d'abord le tout (une société donnée), puis de voir comment s'y insèrent les décisions des parties.

La *force* de l'individualisme méthodologique réside dans le fait qu'il donne à l'analyse un point de départ bien délimité, l'« individu », auquel le théoricien peut attribuer un nombre limité de caractéristiques précises et des objectifs déterminés (par exemple, rendre maximal sa satisfaction ou son profit). Le langage et les techniques des mathématiques peuvent alors être utilisés, ce qui, pour beaucoup, est un gage de scientificité. La MICROÉCONOMIE est entièrement bâtie dans cette perspective.

La *principale faiblesse* de l'individualisme méthodologique réside dans le fait qu'en dehors de ROBINSON (qui a quand même dû avoir des parents...), *il n'existe pas de « comportement individuel » en dehors de toute référence à la société.* Il est d'ailleurs symptomatique que les théoriciens néo-classiques — sans doute les plus farouches partisans de l'individualisme méthodologique — font appel dans leurs analyses à ces entités collectives que sont les entreprises et les MÉNAGES (dont la forme peut varier d'une société à l'autre). Leur modèle de référence, celui de la CONCURRENCE PARFAITE, suppose d'ailleurs une forme d'organisation sociale très particulière, et très contraignante (tout doit passer par un « centre »).

Individualisme méthodologique et « structures »

L'adversaire de l'individualisme méthodologique met évidemment l'accent sur l'aspect « socialement déterminé » des comportements individuels, tandis que son partisan insiste sur leur composante « rationnelle », librement choisie. Celle-ci n'est cependant pas indépendante du contexte ; en fait, pour savoir si une décision est rationnelle, il faut d'abord connaître le cadre dans lequel elle est prise. Même le plus mathématique des modèles suppose une forme d'organisation sociale préalable, dans laquelle s'inscrivent les décisions des individus. Dans la mesure où ceux-ci « acceptent » cette organisation sociale, leurs décisions contribuent au maintien de celles-ci (ou à sa « reproduction »).

Dans leur *Dictionnaire de sociologie* (Presses universitaires de France), Raymond Boudon et François Bourricaud — tous deux partisans déclarés de l'individualisme méthodologique — écrivent :

« Afin de préciser qu'une méthodologie de type individualiste n'implique en aucune façon que soient méconnues les contraintes de l'action et les structures ou institutions qui déterminent ces contraintes, on parle quelquefois d'*individualisme structurel* (Wippler) ou d'*individualisme institutionnel* (Bourricaud) [...]. Les notions d'individualisme structurel et d'individualisme institutionnel indiquent [...] que, pour expliquer l'action d'un individu, il est en général nécessaire de déterminer les données structurelles et institutionnelles qui balisent le champ d'action à l'intérieur duquel il se meut, ainsi que les effets de la socialisation à laquelle il a été exposé et les ressources dont il dispose. »

Une chose est claire : le « champ d'action » à l'intérieur duquel se meut l'individu, la socialisation « à laquelle il a été exposé » et « les ressources dont il dispose » déterminent au moins autant son choix que ses calculs proprement dits. Alors que les sociologues cherchent à caractériser les paramètres

« structurels » ou « institutionnels » dans les sociétés qu'ils étudient, les théoriciens néo-classiques préfèrent raisonner sur des sociétés mythiques (qui relèvent de la fable ou de la « parabole ») ; dans l'un et l'autre cas, le cadre institutionnel joue néanmoins un rôle essentiel au niveau de l'analyse. Il est vrai que ce cadre, et les contraintes qui s'y rattachent, a lui-même été « produit », dans le passé, par d'autres individus ; mais comme ceux-ci ont également agi dans un cadre déterminé, on se trouve face à l'éternel problème de la poule et de l'œuf (lequel est apparu d'abord ?).

A propos de la complexité des relations interindividuelles

A la différence des sociologues, qui considèrent de fait des *catégories d'individus* (selon leur « champ d'action », etc.), les économistes néo-classiques adoptent au départ une démarche plus intransigeante, en considérant que la société est formée d'une multitude d'individus qui ne diffèrent que par leurs goûts ou leurs DOTATIONS INITIALES, chacun ne prenant en compte que son seul intérêt. Le cadre organisationnel privilégié est celui de la concurrence parfaite, qui est le plus simple possible du point de vue du traitement mathématique (un seul prix et une seule équation par bien, absence de rationnements) et qui est le seul à assurer une éventuelle coordination par les prix (dans le cadre retenu, évidemment).

Le propos du modèle est de déduire des « lois », ou des « régularités », à partir des seuls comportements individuels (toujours dans le cadre retenu). Or, l'étude mathématique a montré que de telles lois n'existent pas ; plus précisément, l'interaction des choix (rationnels) individuels est tellement complexe qu'elle peut avoir n'importe quelle « résultante » (théorème de SONNENSCHEIN). Ce théorème montre que la version extrême de l'individualisme méthodologique dont se réclament les théoriciens néo-classiques mène à l'impasse.

Ceux-ci adoptent alors deux positions de repli :

— adopter un point de vue d'ÉQUILIBRE PARTIEL ;

— raisonner sur un tout petit nombre d'AGENTS REPRÉSENTATIFS.

Mais l'une et l'autre de ces positions abandonnent de fait l'individualisme méthodologique ; en effet, les analyses d'équilibre partiel ne partent pas des individus, mais de courbes d'offre et de demande « données », tandis que l'approche par les agents représentatifs fait de ceux-ci des *entités collectives*, qui ont des motifs propres, alors que l'individualisme méthodologique récuse totalement cette façon de faire (ceux qui l'adoptent se réclament pourtant de l'individualisme méthodologique, sous prétexte qu'ils identifient les agents représentatifs à des « individus » ; mais c'est là jouer sur les mots).

Conclusion

L'analyse des faits économiques et sociaux, qu'elle soit « empirique » ou « purement théorique », nécessite de prendre en compte *à la fois* les comportements individuels et les « structures » dans lesquelles ils s'insèrent. Les structures préexistent à ces comportements — car sinon ceux-ci ne seraient pas définis — mais elles peuvent aussi être modifiées par eux. Les interactions entre structures et individus sont donc très complexes, et difficiles à maîtriser par le théoricien (et par le praticien) ; il n'est d'ailleurs pas aisé de cerner les concepts d'« individu » et de « structure ».

Les théoriciens néo-classiques, partisans farouches de l'individualisme méthodologique, ne cherchent pas à le faire ; l'étude de leurs modèles montre cependant que la forme d'organisation sociale qu'ils supposent joue un rôle au moins aussi déterminant sur les « résultats » que les individus proprement dits. Toute personne qui veut réfléchir sur ces modèles doit donc d'abord dégager cette organisation sociale du fatras mathématique qui généralement la masque, afin de voir si elle lui semble pertinente. Car à quoi cela peut-il servir de discourir indéfiniment sur des choix d'« individus » qui opèrent dans des mondes purement imaginaires ?

MARX résume bien le problème de l'articulation entre individualisme méthodologique et holisme : « Les hommes font leur propre histoire, mais ils ne la font pas arbitrairement, dans des conditions choisies par eux, mais dans des conditions directement données et héritées du passé. » (*Le 18 Brumaire de Louis Bonaparte*, 1852.)

Inflation

Hausse du niveau général des prix. Strictement parlant, il y a donc inflation dès qu'il y a une augmentation des prix, aussi faible et courte soit-elle. Toutefois, dans l'esprit des économistes — et du grand public —, l'idée d'inflation est associée à celle de hausse des prix « relativement importante » et « cumulative », l'usage des guillemets étant dû au caractère subjectif des appréciations sur l'importance et la durée du phénomène (faut-il parler d'inflation face à une hausse des prix annuelle de 3 % ? de 5 % ? de 7 % ?).

L'inflation est évidemment un phénomène ancien, aussi ancien probablement que la monnaie ; toutefois, si l'on s'en tient aux périodes récentes, on constate que la seconde moitié du XXe siècle présente la particularité d'avoir connu une hausse quasi permanente du niveau des prix pendant des dizaines d'années, à des taux variables (compris entre 2 % et 15 % dans le cas de la France). Cette hausse des prix a été accompagnée par une croissance de la production, également à des taux variables mais particulièrement élevés pendant les « TRENTE GLORIEUSES ». Au milieu des années soixante-dix, l'inflation est devenue une des préoccupations majeures des gouvernements, qui devaient faire face à l'accélération de la hausse des prix alors que la production stagnait ou croissait très lentement (ce qu'on a appelé la *stagflation*) ; la grande crainte était alors de voir le phénomène s'emballer et devenir incontrôlable (hyperinflation). L'inflation devenant l'ennemi numéro 1, les thèses dites « monétaristes » ont eu de plus en plus d'écho dans les sphères gouvernementales. Depuis, l'inflation a été largement maîtrisée, mais elle est toujours présente dans le discours des économistes et des autorités, en tant que « menace » permanente. L'accent est alors mis sur les « anticipations inflationnistes », notamment des détenteurs de capitaux (les « marchés financiers ») ; ainsi, même si dans un pays il n'y a pas d'inflation, il suffit que ceux qui opèrent sur ces « marchés » estiment que la politique économique menée est susceptible d'engendrer de l'inflation dans le futur (à cause, par exemple, de déficits budgétaires jugés « excessifs ») pour que les taux d'intérêt à long terme des prêts faits à ce pays soient augmentés en conséquence.

Les explications traditionnelles de l'inflation

En forçant un peu le trait, ces explications peuvent être regroupées en deux grandes catégories : celles qui voient l'origine de l'inflation dans la *demande* et celles qui soutiennent qu'elle naît au niveau des *coûts de production*, et donc de l'offre.

La plupart des analyses qui mettent l'accent sur la demande comme facteur d'inflation s'appuient sur l'une ou l'autre des versions de la THÉORIE QUANTITATIVE DE LA MONNAIE, dont l'origine remonte aux débuts même de l'économie politique. Toutefois, c'est le courant « monétariste » qui a produit les analyses les plus fouillées à partir de cette théorie — sous l'impulsion de Milton FRIEDMAN, dans les années soixante. Ces analyses partent toutes de l'idée que l'inflation provient d'une augmentation de l'« offre » de monnaie de la part des autorités, la monnaie créée venant gonfler les encaisses des agents, dont la demande augmente, et les prix avec elle. Des différences d'appréciation existent entre les partisans de la théorie quantitative en ce qui concerne la forme et la vitesse du MÉCANISME DE TRANSMISSION entre la variation « initiale » de la quantité de monnaie et la hausse « finale » du niveau des prix ; en effet, les monétaristes « à l'ancienne » comme Friedman admettent que la production et la consommation peuvent être affectées pendant un certain temps, alors que tel n'est pas le cas pour les NOUVEAUX CLASSIQUES. Cependant, tous sont d'accord sur le fait qu'il faut chercher l'origine de l'inflation du côté des variations de l'offre de monnaie.

Tel n'est pas le point de vue des tenants de la thèse de l'inflation par les coûts ; car, pour eux, la création monétaire *suit* les mouvements de la production et des prix (elle est en bonne partie ENDOGÈNE) et ne les précède pas. Les prix résultent donc de facteurs divers (offres et demandes, rapports de force, normes et conventions, etc.), qui peuvent provoquer leur hausse, relative ou « en niveau ». Il est vrai que les autorités monétaires peuvent intervenir et freiner le processus, ou même l'arrêter, notamment en imposant des contraintes à la création de monnaie par les banques — taux d'intérêt élevés, augmentation du taux de réserve obligatoire, etc. ; mais, ce faisant, elles *suivent* le mouvement, et n'en sont pas à proprement parler la cause.

La *politique budgétaire* peut aussi être une source d'inflation, si l'État dépense plus que ses recettes ne le lui permettent — il fait alors « marcher la planche à billets » — et si les capacités de production disponibles ne peuvent fournir (totalement ou partiellement) le surcroît d'offre qui en résulte.

Ces analyses demeurent sommaires, mais cela n'est pas dû au hasard, puisqu'elles posent le délicat problème de la modélisation de la monnaie, qui n'est pas un bien comme les autres, car elle est à la fois l'expression d'une relation sociale (la confiance) et le résultat de rapports institutionnels complexes (notamment entre l'État et le système bancaire).

Les conséquences de l'inflation

L'analyse des conséquences de l'inflation dépend évidemment de la façon dont celle-ci est expliquée. Il est ainsi étonnant de constater que ceux qu'on a appelés les « monétaristes » parce qu'ils veulent réduire (limiter) la politique économique à la politique monétaire ou parce qu'ils dénoncent les « manipulations » de la masse monétaire par l'État sont aussi les partisans de la théorie quantitative de la monnaie selon laquelle « la monnaie n'a pas d'importance » ; pourquoi alors diabolisent-ils tant l'inflation ? En fait, pour justifier leur position, ils aménagent la théorie quantitative et admettent une influence « passagère » des phénomènes monétaires sur la production et la consommation ; cette influence ne peut alors être considérée que comme néfaste, puisqu'elle vient troubler l'évolution « naturelle » de l'économie. Telle est la position, par exemple, de Milton Friedman, pour lequel la théorie quantitative ne serait valable que « sur la longue période ». En dehors des « distorsions » qu'elle peut provoquer dans le système productif (suite, par exemple, à des investissements provoqués par une hausse passagère de la demande, due elle-même à une création monétaire injustifiée), l'inflation a un coût spécifique réduit — essentiellement le *seigneuriage*, qui est une sorte d'impôt extorqué par l'autorité qui émet la monnaie. Son coût est encore plus réduit pour la variante nouveaux classiques des monétaristes, qui considère que les « chocs monétaires » imprévus sont vite résorbés, et donc que leur impact est très limité. Pour elle, l'inflation n'a pas d'importance — quel que soit son niveau —, pourvu qu'elle soit anticipée.

Parmi les conséquences « négatives » de l'inflation il y a aussi son caractère « injuste », les petits épargnants ayant moins la possibilité de se protéger contre elle que ceux qui détiennent des capitaux importants, et qui peuvent donc consacrer du temps et de l'énergie à les placer au mieux (les frais de gestion qui en résultent étant relativement plus faibles pour de grosses sommes que pour de petites) ; l'inflation provoque donc surtout l'érosion de l'« épargne populaire », souvent placée à des taux fixes — lorsque ceux-ci sont réajustés pour tenir compte de la hausse des prix, c'est toujours avec un certain retard.

Toutefois, et c'est là un point plus important, l'inflation a des conséquences non négligeables sur les relations entre créanciers et débiteurs, puisqu'elle favorise ces derniers au détriment des premiers. Cet effet de répartition n'est pas forcément négatif, notamment s'il est favorable aux entreprises ; en effet, si l'on pense comme KEYNES que celles-ci jouent un rôle moteur dans l'économie — par leur production, mais aussi par les revenus qu'elles distribuent en contrepartie —, alors l'inflation peut leur être favorable, puisqu'elles bénéficient « immédiatement » de la hausse des prix des biens qu'elles vendent, alors que les taux d'intérêt qui rémunèrent leurs emprunts ne sont révisés qu'avec un certain retard (leur taux réel est donc diminué à cause de l'inflation). Ce transfert de ressources des ménages (principaux créditeurs de l'économie) vers les entreprises (principal emprunteur) est peut-être une des principales causes de la croissance soutenue qu'ont connue beaucoup de pays après la Seconde Guerre mondiale (les « trente glorieuses »), l'effet de LEVIER jouant dans le même sens.

Des anticipations (légèrement) inflationnistes ont aussi généralement été considérées comme plutôt bonnes pour le « climat des affaires », notamment parce que les consommateurs sont alors incités à acheter avant que les prix n'augmentent — ce qui, évidemment, alimente l'inflation. D'ailleurs, le cas opposé (anticipations déflationnistes) est perçu comme particulièrement « dangereux », la baisse des prix appelant la baisse des prix — chacun retient sa demande en attendant que « ça baisse encore plus » —, et entraînant l'économie dans un cercle vicieux récessif. Toutefois, dans les années quatre-vingt — où il y a eu une forte libéralisation des mouvements de capitaux —, l'accent a été mis sur le fait que les anticipations inflationnistes « pèsent » sur les taux d'intérêt et donc sur les coûts de production et sur l'investissement. Dans ces conditions, personne ne préconisant la déflation, la voie demeure étroite entre inflation et déflation.

Conclusion

L'inflation est un phénomène particulièrement complexe, car il fait intervenir des facteurs aussi « insaisissables » que les anticipations des agents économiques et le cadre institutionnel dans lequel ils agissent (les règles régissant le système bancaire font évidemment partie de ce cadre). Considérée à certaines époques comme étant plutôt une bonne chose — du moins tant qu'elle demeure dans certaines limites —, l'inflation devient à d'autres le mal absolu, contre lequel il faut lutter avant toute chose, et cela même si les avis divergent en ce qui concerne ses effets sur la production et sur la consommation. Finalement, il semble que l'inflation est surtout redoutée par le risque qu'elle a de devenir incontrôlable : à partir d'un certain niveau, elle se traduit par une fuite devant la monnaie qui complique les relations entre les agents économiques (notamment entre créanciers et débiteurs) et instaure un climat de défiance généralisée. Mais ce n'est là qu'un risque, non une certitude ; ce risque dépend d'ailleurs des *croyances* des agents économiques à son propos. On revient donc à la question initiale à propos de l'inflation : quel est le seuil en dessous duquel elle est considérée comme « acceptable », ou même bénéfique ? La réponse à cette question a varié dans le temps et selon les circonstances ; ce n'est d'ailleurs pas la « théorie » qui lui a apporté une réponse, mais l'« opinion publique » (ou « les marchés »), au cas par cas.

Information complète

En THÉORIE DES JEUX, se dit d'une situation où tous les individus (joueurs) connaissent à la fois :

— les STRATÉGIES dont dispose chacun d'eux ;

— les *issues* qui résultent de toutes les combinaisons possibles de ces stratégies ;

— les *gains* associés à ces issues, pour chaque joueur ;

— les *caractéristiques* de tous les participants, caractéristiques qui sont souvent réduites à la recherche par chacun de son gain maximal.

L'hypothèse de rationalité associée à celle d'information complète a pour conséquence que, comme tous les joueurs disposent de ces informations, chacun peut se mettre à la place des autres, et même à la place du modélisateur ; en particulier, chacun sait tout ce que les autres savent, mais il sait aussi que les autres savent qu'il sait, et ainsi de suite ; on dit à ce propos que tous les aspects du jeu énumérés ci-dessus sont *connaissance commune*.

Les jeux à information complète se divisent en *deux catégories* : les jeux où l'information en plus d'être complète est *parfaite*, car les règles stipulent que les joueurs interviennent successivement, sans coups simultanés, et les jeux où elle est *imparfaite*, car à certains coups il y a choix *simultané* des actions par les joueurs. Mais cette distinction est inessentielle d'un point de vue d'équilibre, car les jeux de l'un et l'autre type peuvent être ramenés à une situation où il y a choix simultané d'une stratégie unique (simple ou conditionnelle) par chacun des joueurs.

Information incomplète (jeux à)

En THÉORIE DES JEUX, modèles où les joueurs ignorent les valeurs prises effectivement par certaines caractéristiques du jeu (par exemple, les gains associés à certaines issues possibles) ou de leurs partenaires, tout en connaissant les valeurs *possibles* de ces caractéristiques. Ainsi, dans ces modèles, l'« incomplétude » de l'information est limitée, puisque chaque joueur y envisage toutes les issues possibles (et les gains qui leur sont associés) et leur affecte des probabilités, qui expriment ses *croyances* sur celle qui va se réaliser ou sur le comportement des autres. Comme dans les modèles à INFORMATION COMPLÈTE, les jeux à information incomplète supposent qu'il y a CONNAISSANCE COMMUNE de tout ce qui constitue le jeu (y compris le fait que chacun sait que l'autre sait qu'il sait, etc.), connaissance commune qui porte évidemment sur l'*ensemble des éventualités possibles* en ce qui concerne les caractéristiques du jeu et des joueurs. Ainsi, il ne faut pas confondre « information incomplète » avec « absence d'information » ; en fait, les jeux à information incomplète sont souvent très lourds à traiter — même dans les cas les plus simples —, en raison de la masse d'information dont doivent tenir compte les joueurs (qui font leurs calculs sur chacun des jeux « éventuels »).

Après avoir précisé ce qu'il entendait par information incomplète, Harsanyi a proposé (en 1967) de traiter les jeux à information incomplète en les ramenant d'une certaine façon au cas où il y a information complète mais imparfaite ; pour cela, il suppose qu'il existe un joueur fictif, qu'il appelle *Nature*, et dont la seule activité consiste, par exemple, à *attribuer son type à chaque joueur* — c'est-à-dire à préciser ses caractéristiques (celles que les autres joueurs ignorent, puisqu'il n'y a pas information complète). Ainsi, au moment de prendre sa décision, un joueur doit tenir compte de ce qu'il fait face à d'autres joueurs dont il ne connaît pas le type (tout en sachant quels sont leurs types possibles) ; il va alors attribuer une *probabilité* à chacune des réalisations possibles des types des joueurs autres que lui, et déterminer à partir de là sa stratégie optimale. Ces probabilités dépendent de ses croyances, notamment sur la façon de réagir des autres joueurs *selon leur type*. Un *équilibre* est alors une combinaison de stratégies telle que les croyances de chaque joueur concernant les types des autres sont confirmées — ou, du moins, non infirmées. Pour essayer d'y voir plus clair, prenons un exemple très simple (en fait, le plus simple possible).

Un exemple simple

Soit une entreprise *A* qui doit décider si elle se lance dans la production d'un bien fourni jusqu'alors exclusivement par une autre entreprise, *B*, qui ne connaît pas la structure des coûts de *A* ; elle sait seulement que si *A* est à coûts faibles, elle a intérêt à s'entendre avec elle pour « partager le marché », alors que tel n'est pas le cas si *A* est à coûts élevés.

En introduisant *Nature* en tant que joueur supplémentaire qui « décide » du type de *A* (*A*1 s'il est à coûts faibles, *A*2 s'il est à coûts élevés), la situation peut être décrite par l'ARBRE DE JEU suivant :

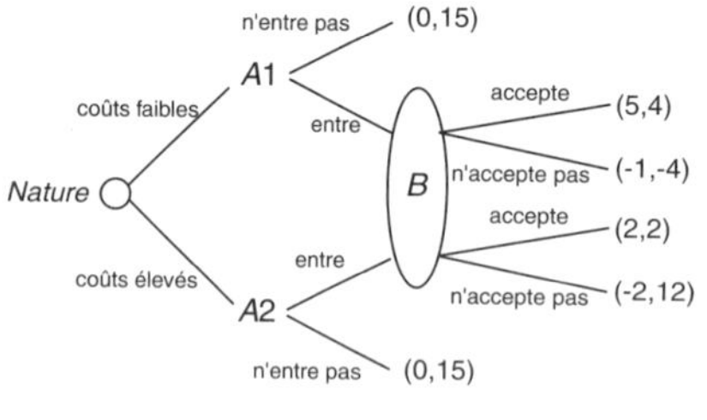

Comme le jeu présente un caractère séquentiel, puisque *Nature* est supposé agir en premier, on l'analyse « à rebours », en commençant par adopter le point de vue de l'entreprise *B*, et donc par examiner les décisions qu'elle peut prendre à ses différents nœuds.

Si *A* opte pour ne pas entrer, l'entreprise *B* n'a plus qu'à produire. En revanche, un problème se pose si *A* décide d'« entrer » — de produire —, puisque alors *B* ignore si *A* est du type *A*1 — à coûts faibles — ou du type *A*2 — à coûts élevés. Le problème provient de ce que *B* a intérêt à accepter dans le premier cas (gain de 4 contre – 4), mais non dans le second (gain de 12 contre 2). Dans ces conditions, avant de prendre une décision, *B* va devoir « se faire une opinion » sur le type effectif de *A* ; cette opinion prend la forme de probabilités (que *A* soit « à coûts faibles » ou « à coûts élevés »), qui dépendent elles-mêmes des :

— probabilités de réalisation des types de *A* (p_1 pour A_1 et $1 - p_1$ pour A_2) ;

— probabilités que *A* entre, dans le cas où elle est à coûts faibles, et dans le cas où elle est à coûts élevés.

La probabilité de réalisation de chacun des types de *A* est supposée connue des deux entreprises, du moins à l'équilibre ; en fait, l'entreprise *A* sait quel est son type, mais on suppose qu'elle connaît aussi les probabilités p_1 et $1 - p_1$ que *B* attribue aux choix de *Nature*, et donc que ces probabilités sont connaissance commune. Souvent, elles sont considérées comme une donnée objective, mais rien n'empêche de voir aussi en elles l'expression de croyances (supposées communes aux joueurs).

Quant aux probabilités que l'entreprise *A* entre quand elle est de l'un ou de l'autre type, elles sont *conditionnelles* ; *B* les estime sur la base de ses croyances (sur la façon d'agir de *A*).

Supposons, à titre d'illustration, que $p_1 = 1/2$ (les deux types de *A* ont la même probabilité de se réaliser) et que *B* croit que *A* entre sûrement (donc, avec une probabilité égale à 1) si elle est à coûts faibles, alors qu'elle ne le fait qu'avec une probabilité de 0,3 si elle est à coûts élevés. L'application de la règle de BAYES permet alors à *B* de calculer ce qu'il pense être la probabilité que l'entreprise *A* entre, lorsqu'elle est à coûts faibles, puis lorsqu'elle est à coûts élevés. Soit :

$$\text{prob}(|\,A \text{ est à coûts faibles})\, A \text{ entre} =$$

$$\frac{0,5 \times 1}{(0,5 \times 1) + (0,5 \times 0,3)} = 0,77$$

et donc :

$$\text{prob}(|\,A \text{ est à coûts élevés})\, A \text{ entre} =$$

$$1 - 0,77 = 0,23.$$

Dans ces conditions, si *A* entre, l'ESPÉRANCE DE GAIN de l'entreprise *B* est :

— si elle accepte : $(0,77 \times 4) + (0,23 \times 2) = 3,54$;

— si elle n'accepte pas : (0,77 × – 4) + (0,23 × 12) = – 0,32.

Par conséquent, sur la base de ses croyances, *B* décide d'accepter l'entrée de *A* (gain espéré de 3,54 contre – 0,32).

Que va faire l'entreprise *A* ? Si elle anticipe la décision de *B*, alors elle va produire car, dans ce cas, « entrer » est une stratégie DOMINANTE pour elle (elle lui rapporte un gain positif — 5 ou 2, selon que ses coûts sont faibles ou élevés — contre un gain nul si elle n'entre pas), de sorte que la combinaison de stratégies :

{*A* entre, *B* accepte}

est un équilibre, puisque *A* entre en s'attendant à ce que *B* accepte, ce qui est le cas, et *B* ne regrette pas d'avoir accepté puisque *A* a décidé d'entrer.

Remarque. L'exemple qui vient d'être traité fait partie des *jeux de signalisation*, puisque le joueur qui agit en premier envoie un « signal » que l'autre doit interpréter avant de prendre sa décision.

Croyances et équilibre bayésien

Pour déterminer l'équilibre du jeu précédent, il a fallu préciser les croyances de *B*, sous la forme de distributions de probabilité données *a priori*. L'analyse a été plus floue en ce qui concerne la forme des croyances de *A* ; toutefois, ces croyances sont un élément essentiel dans la décision de *A*, donc de l'équilibre (car si l'entreprise *A* était persuadée que *B* n'est pas prête à céder, elle n'entrerait pas). On peut supposer, par exemple, que *A* est informée des croyances de *B* et qu'elle fait donc les mêmes calculs qu'elle. Mais c'est là une hypothèse très forte, qui revient à faire des croyances de *B* un des paramètres du jeu pour lequel il y a connaissance commune. Une hypothèse moins forte consiste à supposer que *A* a ses propres croyances concernant la façon de réagir de l'entreprise *B* ; si celle-ci prend la décision attendue sur la base de ces croyances — c'est-à-dire si elle accepte l'entrée de *A* —, alors il y a équilibre (les croyances de chacun sont confirmées — ou non infirmées — par le choix des autres). Ainsi, dans notre exemple, si les croyances de *A* en ce qui concerne les réactions de *B* face à ses types sont données par une probabilité d'entrée égale à 0,8 (au lieu de 1) pour *A*1 et égale à 0,4 (au lieu de 0,3) pour *A*2, alors la combinaison {*A* entre, *B* accepte} est encore un équilibre. Celui-ci est dit bayésien car les agents y appliquent la règle de Bayes pour déduire leurs gains espérés à partir de leurs croyances.

Un *équilibre bayésien* est donc un ensemble de stratégies et de croyances des joueurs qui constitue un équilibre de Nash (la stratégie choisie par chaque joueur est sa meilleure réponse, compte tenu de ses croyances, aux choix des autres) ; à l'équilibre, les croyances des joueurs sont évidemment confirmées — ou, du moins, elles ne sont pas infirmées. Les croyances font donc partie de la définition de l'équilibre bayésien, alors que ce n'est pas le cas de l'équilibre de Nash en information complète, où elles n'interviennent pas directement, même si elles permettent de justifier le choix des stratégies par les joueurs.

Dans les jeux séquentiels en information incomplète, on définit la notion d'*équilibre bayésien parfait (en sous-jeux)* comme on le fait pour l'équilibre parfait (en sous-jeux) en information complète (la méthode adoptée étant aussi celle de la RÉCURRENCE À REBOURS), ce qui permet de faire un tri parmi les croyances (et de rejeter celles qui semblent peu « raisonnables »). Toutefois, même si cela permet de réduire le nombre des équilibres, le problème de leur multiplicité demeure.

Inputs (ou « intrants »)

Terme utilisé pour désigner les biens (au sens large, c'est-à-dire y compris les « services ») qui interviennent dans la production d'autres biens (les *outputs*). Parmi les inputs il y a donc les matières premières, l'énergie, les services fournis par les machines, par le travail et par la terre — c'est-à-dire par ce qu'on appelle parfois les FACTEURS DE PRODUCTION — mais aussi des biens qui sont eux-mêmes produits. Un bien peut donc être un output pour une entreprise et un input pour une autre (par exemple, les pneus de voiture). Les *consommations intermédiaires* de la comptabilité nationale sont des inputs. De même, les variables qui interviennent en tant qu'arguments dans une FONCTION DE PRODUCTION sont des inputs.

Il est assez fréquent que les inputs soient assimilés aux « facteurs de production », ce qui ne semble pas très approprié pour des inputs tels que les matières premières, ou pour les consommations intermédiaires. En réalité, ce sont les analyses qui font appel à la FONCTION DE PRODUCTION NÉO-CLASSIQUE qui procèdent surtout à cette assimilation ; les arguments de cette fonction ne sont cependant pas des biens mais des agrégats, le « CAPITAL » et le « travail », généralement calculés à partir d'un système de prix.

Institutions

Toute société suppose des règles et les moyens de les faire respecter ; ce sont ces règles et ces moyens qui l'« instituent » en tant que société (sinon elle ne peut qu'éclater dans une guerre de tous contre tous). Les règles peuvent être imposées — il faut alors qu'il y ait un « appareil » pour le faire —, ou elles peuvent être « intériorisées » par ses membres, par tradition et à travers l'éducation. L'ensemble des règles, des appareils (à commencer par l'État) et des croyances qui en assurent le respect forme les institutions qui caractérisent une société.

En théorie économique, il existe deux façons d'aborder les institutions :
— la première est de considérer des *sociétés fictives*, avec des institutions fabriquées de toutes pièces, essentiellement pour les besoins de la modélisation mathématique du comportement d'*individus* qui appliquent le principe de RATIONALITÉ ; la plupart des analyses NÉO-CLASSIQUES relèvent de cette démarche (à commencer par la CONCURRENCE PARFAITE, dont les institutions sont représentées par l'image du commissaire-priseur) ;
— la seconde façon « polaire » d'envisager les institutions consiste à partir des sociétés existantes — ou ayant existé — et de caractériser leurs institutions ; c'est la démarche de MARX et de la théorie de la RÉGULATION, qui accordent une grande place à l'histoire, mais aussi de l'économie des CONVENTIONS et, en partie, des NÉO-INSTITUTIONNALISTES (qui oscillent entre les deux approches).

Cette seconde façon de faire met tout particulièrement l'accent sur le rôle des institutions, alors que la première insiste surtout sur les choix individuels (qui supposent des institutions, sauf si l'économie se réduit à un seul individu, tel ROBINSON).

L'approche « concrète » cherche à apprendre des historiens et, plus généralement, de ce qui se fait en sciences humaines, alors que l'approche axiomatique, par les sociétés fictives, veut étendre sa méthode à ces sciences ; son objectif est d'expliquer les institutions existantes par les choix d'individus rationnels, mais cela est impossible puisque ces choix ne peuvent être définis que *pour des institutions données* (à moins de supposer que la société se réduit à un seul individu ; mais alors il n'y a plus besoin d'institutions...).

Intertemporel(le)

Terme utilisé pour désigner les *choix dans le temps* lorsque toutes les éventualités futures sont connues, qu'elles soient certaines ou qu'elles représentent les diverses formes que peuvent prendre les ÉTATS DE LA NATURE (le point important est que la liste complète de tous les états possibles soit connue au moment où les choix sont faits). Ainsi, on appelle *fonction d'*UTILITÉ *intertemporelle* toute fonction d'utilité qui permet de classer l'ensemble des paniers de biens — présents et futurs — parmi lesquels un ménage fait son choix (qui porte donc sur ce qu'il fera pendant toute sa vie). S'il connaît les prix des biens présents et futurs, alors il peut calculer sa *contrainte budgétaire intertemporelle* et faire ainsi son CHOIX INTERTEMPOREL, qui se traduit par des offres et des demandes des biens présents et futurs. On peut raisonner de la même façon avec les entreprises, dont l'objectif est de maximiser leur *profit intertemporel.*

Pour qu'un tel choix soit possible, il faut que les prix des biens futurs soient connus ; c'est pourquoi toute analyse qui suppose des choix intertemporels doit aussi supposer l'existence d'un SYSTÈME COMPLET DE MARCHÉS, c'est-à-dire une forme d'organisation sociale où les agents économiques peuvent acheter ou vendre des biens futurs, avec une instance du type COMMISSAIRE-PRISEUR qui veille à ce que chacun tienne ses engagements.

La plupart des analyses économiques qui mettent l'accent sur les choix individuels — qu'ils soient en CONCURRENCE PARFAITE ou en CONCURRENCE IMPARFAITE, ou qu'ils soient en rapport avec le problème de la CROISSANCE — adoptent un cadre intertemporel, car celui-ci a pour (énorme) avantage de réduire, ou même d'éliminer, le rôle de l'INCERTITUDE. Ainsi, il suffit que le prix d'un seul bien futur ne soit pas affiché pour qu'il soit nécessaire de prendre en compte les anticipations des agents, comme cela est le cas en ÉQUILIBRE TEMPORAIRE, ce qui modifie radicalement la façon d'aborder les problèmes, et les conclusions auxquelles les modèles peuvent parvenir.

Intervalle de confiance

En ÉCONOMÉTRIE (ou, plus généralement, en statistique), intervalle dans lequel se trouve, avec une certaine probabilité, la « vraie valeur » d'un paramètre d'un MODÈLE, à condition que les hypothèses de celui-ci soient vérifiées.

En effet, en économie, les paramètres qui caractérisent les modèles ne peuvent pas être connus avec exactitude, en raison des perturbations aléatoires qui affectent les équations, ou les variables, de ces modèles. L'économétrie se propose alors de déterminer des valeurs approchées (plus précisément, des *estimations*) de ces paramètres, en cherchant évidemment à les rendre « les meilleures possibles » (les formules qui donnent la valeur de ces estimations pour des observations données, mais quelconques, sont appelées *estimateurs*). L'intervalle de confiance est alors un indicateur de la qualité de l'approximation donnée par une estimation ; plus il est petit, à probabilité donnée, et plus cette approximation est bonne.

Si, par exemple, l'estimation d'un paramètre obtenue à partir d'un échantillon est égale à 3, et si l'intervalle de confiance (lui-même estimé) à 95 % est :

$$[3 - 0{,}5,\ 3 + 0{,}5],$$

alors cela signifie qu'il y a 95 % de chances pour que la « vraie valeur » du paramètre soit comprise entre 2,5 et 3,5. Cette conclusion n'est cependant valable *que si les hypothèses du modèle sont vérifiées*, notamment celles qui ont trait aux lois de probabilité suivies par les perturbations aléatoires qui affectent ses équations ou ses variables.

Dans le cas où celles-ci suivent des lois normales (de Gauss) qui ont toutes — entre autres — la même espérance (nulle) et la même variance, et où les relations envisagées par le modèle sont toutes linéaires, alors l'intervalle de confiance d'un paramètre peut être déterminé, pour une probabilité donnée, par le *t de Student*. Plus précisément, il est de la forme :

$$[\alpha - t_p\beta,\ \alpha + t_p\beta],$$

où α est une estimation du paramètre considéré, β une estimation de l'écart type de l'estimateur utilisé et t_p le t de Student pour la probabilité p, compte tenu de la taille de l'échantillon considéré (si $p = 95$ %, et si l'échantillon n'est pas trop petit, t_p est proche de 2).

Investissement

Opération qui consiste — pour une entreprise ou pour un pays — à augmenter le stock des moyens de production (machines, équipements de tous types, infrastructures, biens de tout ordre, mais aussi acquisition de connaissances et formation des hommes), avec pour perspective une production future. L'investissement est *brut* ou *net*, selon qu'il prend en compte ou non l'usure et l'entretien des biens durables qui interviennent dans la production (si l'investissement brut est inférieur à cette usure, on dit alors qu'il y a *désinvestissement*).

L'investissement est en quelque sorte l'opposé de la consommation : tout ce qui dans le produit d'un pays — ou d'un individu — n'est pas consommé est investi. Ce qui intéresse en premier chef le théoricien, au-delà de cette vision purement comptable de l'investissement, c'est son caractère *volontaire* ou *involontaire*. En effet, un stock de biens invendus par une entreprise constitue un investissement pour elle, au sens défini plus haut, mais cet investissement n'est pas voulu, bien au contraire ; il ne peut donc être mis sur le même plan que les machines, ou que tout autre type de bien durable, qui sont achetées en vue d'une production future, que l'entreprise pense pouvoir écouler. Le raisonnement vaut pour un pays tout entier ; cependant, l'investissement se confond alors avec l'épargne, puisque l'un et l'autre sont par définition la part du produit (ou du revenu qui en est la contrepartie) qui n'est pas consommée. Il est vrai que la définition du « produit », ainsi que la caractérisation exacte de la « consommation », est loin d'aller de soi, puisqu'elle met en jeu la façon dont le théoricien se représente la société. Toutefois, ce genre de problème relève plutôt de la théorie de la VALEUR, et ne sera donc pas abordé ici.

Coûts fixes et indivisibilités

Si l'on s'en tient à l'investissement « volontaire », qui intéresse principalement le théoricien (la constitution de stocks de biens ou de capacités de production excédentaires provenant de décisions « volontaires » passées), alors l'investissement consiste essentiellement en une augmentation des capacités de production. Celles-ci peuvent prendre la forme « matérielle » d'équipements (à commencer par les machines) ou une forme plus

« immatérielle », qui comprend la formation des hommes et l'acquisition des connaissances (recherche-développement, y compris la mise au point de logiciels en informatique). Souvent, l'augmentation des capacités de production implique des COÛTS FIXES considérables et se traduit par d'importantes *indivisibilités* ; par exemple, les équipements ne peuvent être débités en tranches et, surtout, ils sont généralement inamovibles (ou bien leur « mobilité » entraîne des coûts nullement négligeables). L'acquisition de nouvelles connaissances, qui sont souvent protégées par des brevets, mobilise aussi d'importantes ressources (notamment en hommes).

Le théoricien est désarmé face au problème des indivisibilités inhérentes à la plupart des investissements, ainsi qu'à leur caractère irréversible ; il ne peut donc s'en tenir qu'à quelques appréciations d'ordre qualitatif à leur propos. C'est dans cette perspective qu'il faut situer le schéma de l'ACCÉLÉRATEUR, utilisé en MACROÉCONOMIE, qui attire l'attention sur le fait qu'une variation de la demande d'un bien peut avoir une répercussion nettement plus forte qu'elle-même sur la demande globale, à cause de la demande de biens d'équipement — au sens large — qu'elle induit (et du caractère indivisible de ces biens).

Toutefois, la décision d'investissement engage l'avenir et fait, à ce titre, inévitablement intervenir les anticipations de celui qui la prend. Elle pose donc au théoricien le problème de l'INCERTITUDE et de la façon dont il peut en tenir compte.

Investissement et incertitude

L'incertitude à laquelle fait face tout investisseur provient en très grande partie de ce que le résultat (attendu pour lui) de sa décision dépend des décisions qui sont prises par d'autres ; cela apparaît très clairement dans le cas où une entreprise décide de se lancer dans la production d'un bien, le succès ou l'échec de l'opération tenant aux décisions prises par les « demandeurs potentiels » de ce bien (et par d'autres offreurs éventuels). Or, l'incertitude due au comportement des « autres » est impossible à modéliser, tout au moins si on suppose que les « autres » sont, comme l'investisseur, des êtres conscients qui font des calculs élaborés avant toute décision (la THÉORIE DES JEUX attire l'attention sur la complexité des interactions des choix individuels, même dans un contexte simple). En fait, si des investissements ont quand même lieu, c'est parce que le « climat des affaires » s'y prête, parce que ceux qui les font ont le « goût de l'aventure » ou pour d'autres raisons. Ce qu'on peut résumer par la proposition vague : « Si des agents investissent, c'est parce qu'ils y croient », les croyances s'appuyant sur des études plus ou moins poussées, en fonction des données disponibles (à la manière de l'EFFICACITÉ MARGINALE DU CAPITAL). KEYNES a particulièrement insisté sur l'importance du rôle des croyances au moment où est prise la décision d'investir. Le rôle, direct ou indirect, de l'État est ici aussi important, car il agit comme un « réducteur d'incertitude », notamment par ses propres investissements (qui mobilisent généralement de nombreux secteurs, certains sur plusieurs années).

S'il est conscient de l'importance de l'incertitude inhérente aux phénomènes sociaux, le théoricien ne peut se contenter que de remarques d'ordre général, sans espoir d'aller au-delà. Ce qui est évidemment très désagréable pour lui, surtout s'il veut « quand même » pouvoir dire quelque chose et, si possible, construire un modèle. La tentation est alors forte d'ignorer l'existence de l'incertitude, au sens défini plus haut, et donc de supposer que le futur est connu, à quelques aléas près dus à la réalisation de divers types d'ÉTATS DE LA NATURE, dont la liste est connue à l'avance par tout le monde. Cette tentation consiste à faire l'hypothèse de l'existence d'un SYSTÈME COMPLET DE MARCHÉS, hypothèse qui est sous-jacente à presque toutes les présentations NÉO-CLASSIQUES. L'investissement devient alors une des composantes du CHOIX INTERTEMPOREL des ménages et des entreprises (les premiers étant les propriétaires des secondes) ; il perd en fait toute spécificité, puisque les choix des agents se réduisent à une unique décision prise à l'« instant initial » et qui concerne tout autant les biens futurs que les biens présents. On peut, si l'on veut, distinguer des « trajectoires d'investissement », comme dans les modèles de CROISSANCE OPTIMALE, mais ces trajectoires sont prédéterminées (elles sont « choisies » à l'instant initial).

Conclusion

Phénomène essentiel de la vie économique, la décision d'investissement n'occupe pourtant qu'une place très faible dans les analyses théoriques. Ainsi, contrairement à ce qui se passe avec la consommation, la MICROÉCONOMIE ne traite pas de l'investissement, qui soulève à la fois le problème des indivisibilités-irréversibilités et de l'incertitude. Traditionnellement, la question de l'investissement est abordée en macroéconomie, de façon « globale », et souvent vague. Comme pour la MONNAIE, la coupure microéconomie-macroéconomie permet d'escamoter le problème. Mais ce n'est pas pour cela qu'il faut considérer qu'il n'est pas important. Bien au contraire. Keynes a longuement insisté sur le rôle décisif de l'investissement dans l'établissement du produit d'un pays (notamment son niveau d'emploi) ; mais il a aussi remarqué combien la décision d'investir est un paramètre fluctuant, complexe, soumis aux incertitudes de la vie économique, qu'il serait illusoire de vouloir modéliser de façon un peu précise.

IS-LM (modèle de base)

Modèle proposé par John HICKS dans un article paru en avril 1937 dans la revue *Econometrica* et intitulé « Mr. Keynes and the "Classics" : a suggested interpretation ». Le but de l'article était de donner une version synthétique des principales idées contenues dans la *Théorie générale*, publiée par KEYNES en 1936.

La fidélité du modèle IS-LM à la pensée de Keynes a été et reste un sujet de débat, mais il est certain que ce modèle constitue le socle sur lequel la MACROÉCONOMIE a été bâtie dans les années cinquante.

C'est autour de IS-LM que s'est constitué le courant dit KEYNÉSIEN — longtemps hégémonique en macroéconomie ; pourtant, dans les années quatre-vingt, bon nombre de « keynésiens » de ce courant ont pris leurs distances par rapport à IS-LM, auquel il est reproché de ne pas avoir de FONDEMENTS MICROÉCONOMIQUES explicites.

Le modèle IS-LM est récusé par les « keynésiens fondamentalistes », dont les POST-KEYNÉSIENS, qui s'en tiennent à la pensée de Keynes lui-même et qui pensent que Hicks et ses successeurs l'ont gravement déformée en voulant la réduire à quelques équations. Il est rejeté ouvertement par les MONÉTARISTES et par ceux qu'on appelle parfois les « néo-keynésiens », dont l'objectif est d'intégrer dans le schéma néo-classique certaines des analyses de Keynes, en adoptant un point de vue d'équilibre général avec AGENTS REPRÉSENTATIFS.

Malgré cela, le modèle IS-LM sert toujours de point de départ aux modèles macroéconomiques utilisés par les États pour faire des prévisions et pour étudier les conséquences des politiques économiques qu'ils envisagent de mettre en œuvre. Faute de mieux.

Un modèle agrégé, à trois secteurs

Dans sa version de base, proposée par Hicks, le modèle IS-LM comporte trois secteurs, ou « marchés » : celui des « biens » (considérés dans leur ensemble), celui de la MONNAIE et celui des titres (bons du Trésor, obligations, actions, etc.).

Les *biens* sont soit consommés, soit investis ; la production de biens est à l'origine de revenus (salaires, profits) qui permettent d'acheter les biens produits (les invendus sont assimilés à un achat — involontaire — par les producteurs ; ils s'ajoutent à leurs investissements).

La *monnaie* sert de *moyen de transaction* — on peut donc supposer que la quantité détenue par les agents augmente avec leur revenu —, et de *moyen de réserve*, à titre de précaution (faire face aux situations imprévues) mais aussi à des fins de spéculation (la monnaie peut être mobilisée immédiatement dès qu'une « bonne affaire » se présente).

Enfin, les *titres* constituent une alternative à l'investissement et à la détention de monnaie ; ils sont généralement rémunérés, contrairement à ce qui se passe avec la monnaie (qui a cependant une plus grande *liquidité* qu'eux).

Le modèle IS-LM prend en compte l'interdépendance des offres et des demandes des biens, de la monnaie et des titres. En fait, ces offres et ces demandes sont liées par une *identité comptable* du même type que la loi de WALRAS. Ainsi, s'il y a égalité des offres et des demandes des biens et de la monnaie, alors il en est de même pour les titres. C'est pourquoi dans le modèle IS-LM les titres n'apparaissent pas explicitement ; seuls les biens et la monnaie sont pris en compte dans les équations et les schémas, qui peuvent donc être représentés par des courbes dans un plan (ce qui se passe « sur le marché des titres » se déduit de ce qui se passe sur ceux des biens et de la monnaie).

La relation d'équilibre pour les biens (la *courbe IS*)

Le modèle IS-LM adopte d'emblée un point de vue macroéconomique ; il raisonne donc sur des agrégats. Ainsi, l'ensemble des biens y est assimilé à la production nationale (PIB), qui est évaluée en unités monétaires. Cette production, notée Y, est formée de *biens de consommation* (C) dont les destinaires sont essentiellement les ménages, de *biens d'investissement* (I) dont les entreprises sont les principaux utilisateurs, et de biens — durables ou pas — dont fait usage l'administration (« dépenses gouvernementales », notées G).

Quel que soit le critère servant à distinguer ces trois types de biens, on a par définition :

(1) $$Y = C + I + G.$$

La production Y a pour contrepartie des revenus (salaires, profits, intérêts), dont les ménages sont les bénéficiaires (en tant qu'actionnaires des entreprises, en ce qui concerne les profits). Elle donne donc aussi le *revenu national*. Comme les revenus des ménages sont soit utilisés pour l'achat de biens de consommation (C), soit épargnés (S, pour *saving*, en anglais), on a donc aussi :

(2) $$Y = C + S.$$

De (1) et (2) on déduit :

(3) $$S = I + G.$$

Les égalités envisagées jusqu'à présent sont des *relations purement comptables*, qui découlent directement de la façon dont ont été définis Y, C, S, I et G. Pour disposer d'une théorie, il faut postuler une (ou des) relation(s) causale(s) entre les variables étudiées. C'est dans cette perspective que Keynes introduit l'idée de fonction de CONSOMMATION, selon laquelle la consommation globale des ménages croît avec le revenu national, mais à un rythme plus faible. Par conséquent, l'épargne augmente aussi avec le revenu, mais plus vite. Pour un revenu Y, on note l'épargne $S(Y)$; l'hypothèse de Keynes implique notamment que la fonction $S(\cdot)$ est strictement croissante.

Une autre hypothèse faite par Keynes est que *l'investissement I diminue lorsque le taux d'intérêt augmente*, ce qui est une conséquence du fait que l'EFFICACITÉ MARGINALE DU CAPITAL est décroissante et que la rentabilité attendue d'un investissement doit au moins être égale au taux d'intérêt (sinon, il n'en vaut pas la peine). Si l'on note $I(i)$ l'investissement lorsque le taux d'intérêt est i, cette hypothèse signifie que la fonction $I(\cdot)$ est strictement décroissante.

Compte tenu de ces hypothèses, l'identité comptable (3) devient la *relation d'équilibre* :

(4) $$S(Y) = I(i) + G.$$

L'équation (4) établit un lien (implicite) entre le revenu Y et le taux d'intérêt i ; ce lien est décrit par une courbe, dite *courbe IS*. Comme on a supposé que l'épargne augmente avec Y et que l'investissement diminue avec i, il s'ensuit que cette courbe est (strictement) décroissante (pour plus de détails, voir l'encadré « La courbe IS dans le cas linéaire »).

La courbe *IS* dans le cas linéaire

Dans ce cas, les fonctions d'épargne et d'investissement s'écrivent :

$$S(Y) = sY + v \quad \text{et} \quad I(i) = -\alpha i + \beta$$

les coefficients s, v, α et β étant tous supposés *strictement positifs*.

La relation (4), $S(Y) = I(i) + G$, s'écrit alors :

$$sY + v = -\alpha i + \beta + G,$$

et le lien entre i et Y peut alors être facilement explicité ; soit :

(4′) $$i = \left(-\frac{s}{\alpha}\right)Y + \left(\frac{\beta - v + G}{\alpha}\right).$$

La courbe *IS* — dont (4′) donne l'équation — est donc une *droite décroissante* de pente $-s/\alpha$, et qui coupe l'axe des ordonnées au point $(\beta - v + G)/\alpha$.

Ainsi, plus la « sensibilité de l'investissement à l'intérêt » α est grande et plus la courbe *IS* a une pente faible (en valeur absolue). En revanche, cette pente est d'autant plus élevée (en valeur absolue) que la propension à épargner s est grande.

Rappelons que (4′) donne la relation que doivent vérifier Y et i pour que le couple (Y, i) soit un *couple d'équilibre* (pour G donné) ; *ce n'est donc pas une relation causale*, du type « Y détermine i » ; ainsi, on aurait pu indifféremment écrire cette relation sous la forme : $Y = -(\alpha/s)i + (\beta + G - v)/s$, sans que sa signification change. En fait, la formulation la plus appropriée, car la moins ambiguë, est la présentation « symétrique » :

$$sY + \alpha i = \beta + G - v,$$

qui ne laisse pas croire à l'existence d'un quelconque lien causal entre Y et i.

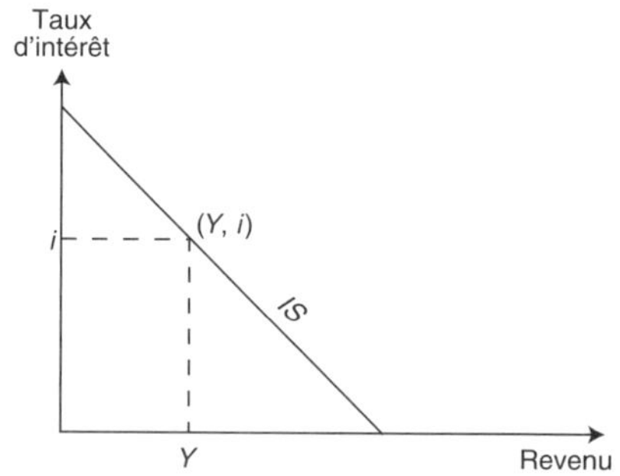

Figure 1

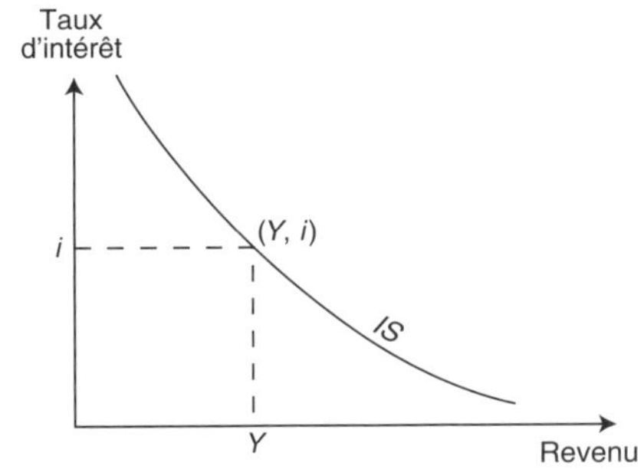

Figure 2. — Une courbe *IS*

La *forme* de la courbe *IS* dépend de celle des fonctions d'épargne et d'investissement, $S(\cdot)$ et $I(\cdot)$, alors que sa *place* dans le graphique dépend de la valeur du paramètre G. Ainsi, plus l'investissement est « sensible » au taux d'intérêt, plus la courbe *IS* est « horizontale », tandis qu'une augmentation de G entraîne un déplacement vers la droite de cette courbe.

Un « déplacement le long de la courbe » — de gauche à droite, par exemple — s'interprète de la façon suivante : à une baisse du taux d'intérêt correspond une hausse de l'investissement et donc, en raison du MULTIPLICATEUR KEYNÉSIEN, une hausse du revenu. En revanche, les déplacements de la courbe suite à une variation des dépenses gouvernementales G sont dus au seul effet multiplicateur, qui agit directement sur le revenu (à taux d'intérêt inchangé).

Remarque importante. La courbe *IS* représente des couples (Y, i) *d'équilibre* (en ce qui concerne les biens, pris dans leur ensemble). Il est donc erroné de voir en elle l'expression d'une relation causale, du type « Y détermine i », ou *vice versa*. Elle permet donc de comparer des couples d'équilibre, selon les valeurs prises simultanément par Y et i ; ainsi, le fait que cette courbe soit décroissante conduit à des formulations du type : « Si à un équilibre le taux d'intérêt est plus faible qu'à un autre équilibre, alors le revenu est plus élevé dans le premier équilibre que dans le second. » Évidemment, ces formulations sont un peu lourdes ; souvent, elles sont présentées sous une forme « raccourcie » du genre : « Si le taux d'intérêt baisse, le revenu augmente », ce qui se comprend, mais qui peut cependant induire en erreur quant à leur signification exacte.

La relation d'équilibre pour la monnaie (la *courbe LM*)

Le modèle suppose que l'« offre » M de monnaie est EXOGÈNE — elle est fixée par les autorités au niveau qui leur semble le plus approprié — et qu'elle est confrontée à une demande, notée L en référence à la propriété de *liquidité* de la MONNAIE. Cette demande est, d'une part, une *fonction croissante* du revenu Y, puisqu'elle augmente avec les *transactions* (dont la monnaie est un des moyens privilégiés) ; mais elle est, d'autre part, une *fonction décroissante* du taux d'intérêt car, plus celui-ci est élevé, et plus il en coûte de détenir de la monnaie « qui ne rapporte rien » ; à cela s'ajoute le fait, sur lequel Keynes a insisté, que plus le taux d'intérêt est élevé et plus de spéculateurs pensent que « le mouvement va se renverser », ce qui les conduit à acheter des titres (dont la baisse, attendue, des taux d'intérêt doit faire augmenter le prix ; pour plus de détails, voir l'entrée PRÉFÉRENCE POUR LA LIQUIDITÉ), et donc à se défaire d'une partie de leur monnaie. Si l'on note

$$L(Y, i),$$

la demande de monnaie pour le revenu Y et le taux d'intérêt i, alors on a par hypothèse $L'_Y(\cdot,\cdot) > 0$ (croissance de $L(\cdot,\cdot)$ par rapport à Y) et $L'_i(\cdot,\cdot) < 0$ (décroissance par rapport à i).

Souvent, pour simplifier la présentation, on écrit $L(Y, i)$ sous la *forme additive* :

$$L(Y, i) = L_1(Y) + L_2(i),$$

où $L_1(\cdot)$ est strictement croissante et $L_2(\cdot)$ strictement décroissante.

L'équilibre — égalité de l'offre et de la demande — sur le « marché de la monnaie » est donc caractérisé par l'équation :

$$M - L(Y, i),$$

ou encore, dans la version « simplifiée » :

(5) $$M = L_1(Y) + L_2(i).$$

L'égalité (5) définit une *relation implicite* entre le revenu Y et le taux d'intérêt i, relation qui est représentée par une courbe, dite *courbe LM*. Compte tenu des hypothèses faites, cette courbe est *strictement croissante* ; en effet, à une hausse de Y correspond une hausse de la demande de monnaie pour les transactions, $L_1(Y)$, et donc, en raison de (5) où M est constant, une baisse de $L_2(i)$, ce qui n'est possible que si i augmente, puisque $L_2(\cdot)$ est, par hypothèse, strictement décroissante. En résumé, une hausse du revenu (d'équilibre « sur le marché de la monnaie ») est accompagnée d'une hausse du taux d'intérêt (également d'équilibre).

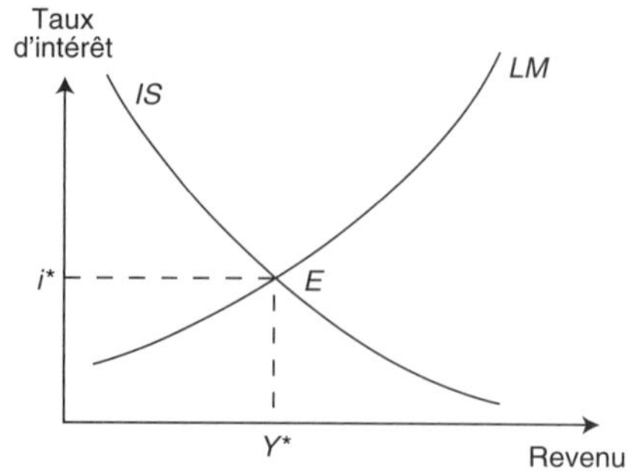

La *forme* de la courbe *LM* dépend de celles de la fonction $L_1(\cdot)$ (et donc de la VITESSE DE CIRCULATION DE LA MONNAIE) et de la fonction $L_2(\cdot)$ (et donc de l'importance qu'attribuent les détenteurs de monnaie au niveau du taux d'intérêt).

La *position* de la courbe *LM* dépend de la valeur prise par la *masse monétaire M* ; ainsi, plus celle-ci est élevée, plus la courbe *LM* se trouve « à droite » sur le graphique (à taux d'intérêt inchangé, une hausse de *M* dans (5) est accompagnée par une hausse de $L_1(Y)$, et donc de *Y*).

Ainsi, dans le cas linéaire :

$$L_1(Y) = \gamma Y \text{ et } L_2(i) = \beta - \theta i,$$

$$\text{avec } \gamma > 0, \beta > 0 \text{ et } \theta > 0,$$

l'équation (5) de la courbe *LM* s'écrit :

$$\gamma Y - \theta i = M - \beta.$$

Dans le plan (Y, i), cette courbe est une droite de pente γ/θ et d'ordonnée à l'origine $(\beta - M)/\theta$.

Comme pour la courbe *IS*, la courbe *LM* représente des couples (Y, i) *d'équilibre* (en ce qui concerne la monnaie). Ainsi, si (Y_1, i_1) et (Y_2, i_2) sont deux de ces couples (donc deux points de la courbe *LM*), le fait que cette courbe soit croissante conduit à des affirmations du type : « Si le taux d'intérêt est plus élevé à l'équilibre (Y_1, i_1) qu'à l'équilibre (Y_2, i_2), alors le revenu d'équilibre est plus élevé dans le premier équilibre que dans le second. » Cette affirmation s'explique par l'« enchaînement » suivant : à un taux d'intérêt plus élevé correspond, à masse monétaire inchangée, une demande de monnaie à titre de précaution-spéculation plus faible, ce qui laisse une plus grande quantité de monnaie pour les transactions ; d'où la nécessité, d'un point de vue d'équilibre, d'une hausse de celles-ci, et donc du revenu [revenu et transactions sont liés par la fonction croissante $L_1(\cdot)$].

Ce « mouvement le long de la courbe *LM* » se fait à masse monétaire inchangée. Si celle-ci varie, alors c'est la courbe elle-même qui se déplace. Ainsi, si la masse monétaire augmente, la courbe *LM* se déplace « vers le bas » (ou, ce qui est la même chose, « vers la droite »), puisque à un revenu *Y* inchangé correspond alors un taux d'intérêt (d'équilibre) plus faible, condition pour que les agents acceptent de détenir plus de monnaie à titre de précaution-spéculation.

L'équilibre du modèle IS-LM

L'équilibre du modèle est un couple (revenu, taux d'intérêt) qui vérifie à la fois l'équation *IS* (qui donne les équilibres du « marché des biens ») et l'équation *LM* (qui donne les équilibres du « marché de la monnaie ») ; ce couple est donné graphiquement par l'intersection des courbes qui représentent ces équations. Compte tenu des hypothèses faites, qui impliquent que *IS* est croissante et *LM* décroissante, cette intersection ne peut être qu'unique ; dans la figure 3, elle a été notée (Y^*, i^*).

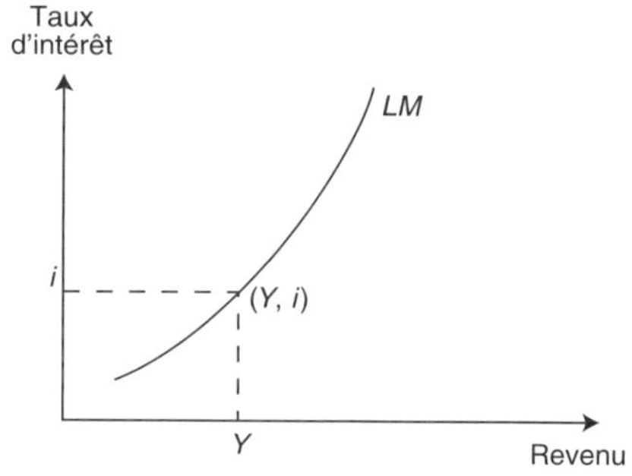

Figure 3

Les valeurs d'équilibre du revenu et du taux d'intérêt, Y^* et i^*, dépendent de la forme des courbes *IS* et *LM* — et donc des *comportements* des agents économiques (en ce qui concerne, notamment, la consommation et l'investissement) — mais aussi des *paramètres G* (« dépenses du gouvernement ») et *M* (masse monétaire), qui déterminent l'emplacement de ces courbes. Ces paramètres sont théoriquement des « instruments » dont les autorités peuvent se servir dans le cadre de la politique économique qu'elles veulent mener, alors que les comportements des agents sont en bonne partie hors de leur portée.

Afin de bien marquer ce point, on peut écrire les valeurs d'équilibre sous la forme :

$$i^* = i(G, M), Y^* = Y(G, M),$$

ce qui montre qu'elles sont des *fonctions* des paramètres G et M (le point de vue adopté étant toujours celui de la STATIQUE COMPARATIVE).

L'étude des fonctions $i(\cdot,\cdot)$ et $Y(\cdot,\cdot)$ fait l'objet de la rubrique IS-LM ET POLITIQUE ÉCONOMIQUE ; elle consiste à voir comment l'équilibre se modifie — ou « se déplace » — lorsque le gouvernement agit sur ses dépenses G ou sur la masse monétaire M.

Remarque. Les *impôts et taxes T* sont un autre des instruments importants de la politique économique ; leur prise en compte permet d'introduire dans le modèle le *déséquilibre budgétaire* $G - T$. Si, par la suite, on omet de faire référence à T, c'est pour alléger la présentation, car les calculs se font avec T comme avec G et M, sans problème majeur (voir, à ce propos, l'entrée sur le théorème de HAAVELMO).

Sur la nature de l'équilibre IS-LM

L'équilibre du modèle IS-LM présente un certain nombre de caractéristiques qui le distinguent des équilibres tels que les conçoit par exemple le microéconomiste (et qui tiennent, du moins en partie, à son caractère « directement macroéconomique »). En effet, en tant qu'équilibre, il est concerné par la *compatibilité* des décisions des agents, qu'il ne considère que globalement (d'un point de vue macroéconomique) ; toutefois, les seules décisions dont il tient compte sont celles qui ont trait à l'épargne (des ménages) et à l'investissement (des entreprises), ainsi que celles qui portent sur les différentes façons d'utiliser la masse monétaire existante.

En revanche, l'équilibre du modèle IS-LM ne fournit aucune précision sur une question aussi essentielle que l'*emploi*. Il est vrai que la production d'équilibre Y^* suppose un certain niveau d'embauche, mais il n'y a aucune raison pour que les emplois offerts suffisent pour satisfaire tous ceux qui sont disposés à travailler aux salaires prévalants. L'équilibre IS-LM n'exclut donc pas le CHÔMAGE *involontaire* ; en fait, celui-ci y est plutôt de règle, le plein emploi étant l'exception. De ce point de vue, les conclusions du modèle ne sont pas trop éloignées de celles de Keynes, qui sont fondées sur le principe de la DEMANDE EFFECTIVE. Cependant, comme il est très insatisfaisant d'être en présence d'un modèle qui ne traite pas de la question essentielle de l'emploi, la tentation est grande de lui adjoindre un « marché du travail », et donc de donner un certain rôle aux niveaux des prix et des salaires. Tentation à laquelle n'échappent pas la plupart des macroéconomistes, qui ont pris l'habitude de raisonner sur un modèle IS-LM élargi au cas du travail, modèle dit de la SYNTHÈSE NÉO-CLASSIQUE, et qui est encore plus éloigné de la pensée de Keynes que le modèle IS-LM dans sa version initiale (le nom qui lui est donné est, de ce point de vue, significatif).

Bilan

Le modèle IS-LM a un *avantage incontestable* : il fournit un cadre simple à la réflexion macroéconomique ; ainsi, les quelques comportements qu'il suppose n'ont en soi rien de choquant et l'articulation qu'il propose entre le secteurs des biens et le secteur monétaire n'est pas sans intérêt. Il est d'ailleurs symptomatique que, malgré les critiques qui lui ont été adressées de toutes parts, ce modèle constitue toujours l'ossature de la macroéconomie actuelle, même si le débat — très actif dans les années soixante — sur la valeur respective des pentes des courbes *IS* et *LM* a perdu beaucoup de son intensité (voir, à ce propos, l'entrée IS-LM ET POLITIQUE ÉCONOMIQUE).

Si le modèle IS-LM occupe toujours une place centrale en macroéconomie, c'est pour une raison simple : les critiques n'ont pas pu proposer de modèle alternatif crédible. Il est vrai que les années quatre-vingt ont vu foisonner les modèles à agents représentatifs — tels les modèles à GÉNÉRATIONS IMBRIQUÉES ; mais, outre le fait que ces modèles se neutralisent les uns les autres (qui peut dire quel est, parmi eux, le « bon » modèle ?), il est très difficile de les prendre au sérieux, tellement les mondes qu'ils décrivent sont « folkloriques » (avec, souvent, ROBINSON pour figure centrale).

Les critiques faites à IS-LM par les « keynésiens fondamentalistes » (ou *postkeynésiens*) semblent plus recevables. Elles portent notamment sur l'absence de l'*incertitude* et des *anticipations* dans les équations du modèle. Or, l'une et les autres jouent un rôle décisif au moment où les entreprises décident d'investir, ou lorsque la décision est prise d'acheter ou de vendre des titres, que ce soit par précaution ou pour spéculer. Par conséquent, la forme et la position des fonctions d'investissement $I(\cdot)$ et de préférence pour la liquidité $L(\cdot)$

Une construction graphique des courbes *IS* et *LM*

Il est possible de construire les courbes *IS* et *LM* de façon graphique, à partir des courbes qui représentent les diverses fonctions du modèle. Pour cela, on adopte la méthode dite des « quatre cadrans », comme dans la figure 1, qui permet d'obtenir la courbe *IS*. Dans le cadran « en bas à droite », on a tracé une courbe qui représente la fonction d'épargne $S = s(Y)$ (cette courbe est telle que l'épargne augmente avec le revenu, mais plus vite que lui), et dans le cadran « en haut à gauche » on a tracé la courbe qui donne l'investissement en fonction du taux d'intérêt (courbe décroissante). Le « truc » consiste ici à partir de l'égalité entre épargne et investissement, représentée par la bissectrice du cadran « en bas à gauche ». On prend un point *P* quelconque sur cette bissectrice, à partir duquel on détermine le taux d'intérêt grâce à la courbe donnant l'investissement (point *N*), et le revenu (point *V* de la courbe qui donne la fonction d'épargne). Le couple (Y, i) obtenu donne un point de la courbe *IS*, dans le « premier cadran ». On engendre la courbe *IS* en faisant varier *P* sur la bissectrice du cadran épargne-investissement.

Les pointillés désignent le déplacement de la courbe *IS*, suite à un déplacement de la courbe d'investissement.

On procède de façon similaire pour la courbe *LM*, dans le cas où l'on suppose que la demande de monnaie est de la forme $L_1(Y) + L_2(i)$ (la droite du cadran « en bas à gauche » ne fait que traduire la condition d'équilibre $L_1(Y) + L_2(i) = M$, où *M* est l'offre de monnaie, supposée exogène).

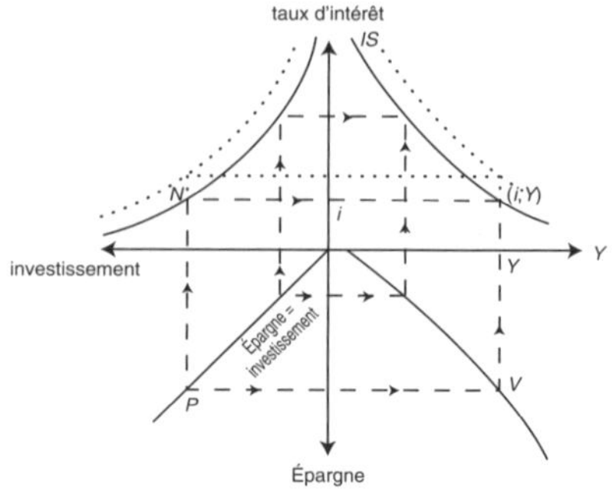

Figure 1

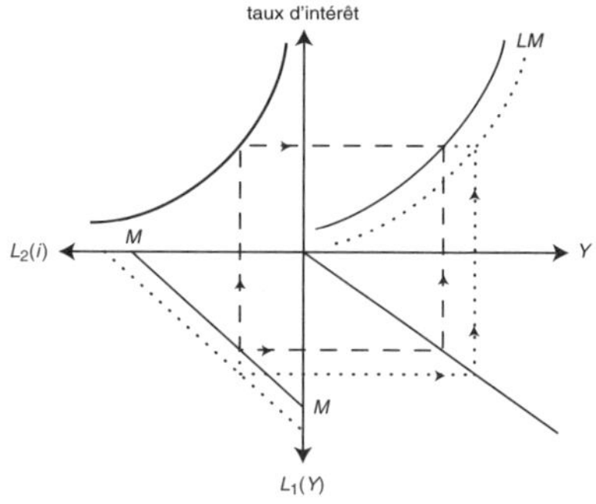

Figure 2

Les pointillés décrivent ce qui se passe lorsqu'il y a une hausse de la masse monétaire (la courbe *LM* est décalée vers la droite).

dépendent des anticipations des agents ; elles varient avec elles — parfois brusquement. Autrement dit, si l'on tient compte de l'incertitude inhérente à la vie économique, les courbes *IS* et *LM* ne peuvent qu'être « floues » et fluctuantes, comme le sont les anticipations des ménages et, surtout, des entrepreneurs et des opérateurs financiers. Il est donc illusoire d'attendre des résultats un peu précis du modèle IS-LM ; on peut en revanche espérer en tirer des appréciations d'ordre qualitatif, par exemple sur le *sens de variation* du revenu ou du taux d'intérêt lorsque les paramètres du modèle sont modifiés (signe des MULTIPLICATEURS associés à ces paramètres) ; mais, même ainsi, la prudence s'impose, tellement les facteurs qui ne sont pas pris en compte dans le modèle (à commencer par l'incertitude et les anticipations) sont importants.

IS-LM en économie ouverte

Extension du modèle IS-LM de base, dit « en économie fermée », au cas d'une économie ouverte aux échanges internationaux. L'extension du modèle se fait par étapes ; la première consiste à prendre en compte les flux de marchandises avec l'extérieur — c'est-à-dire les importations et les exportations ; puis on leur ajoute les mouvements de capitaux avec des taux de change fixes ; enfin, et c'est la dernière étape, on suppose que les taux de change peuvent varier.

IS-LM avec importations et exportations

Dans le modèle IS-LM de base, l'identité comptable entre ressources et emplois s'écrit :

$$Y = C + I + G.$$

Lorsqu'il y a échange de marchandises avec l'extérieur, les importations — notées

Imp — viennent s'ajouter au produit *Y* (ce sont des ressources supplémentaires dont dispose l'économie), tandis que les exportations — notées *Exp* — constituent un emploi de ces ressources ; l'égalité entre ressources et emploi s'écrit donc alors :

(1) $Y + Imp = C + I + G + Exp$

ou encore :

(1′) $Y = C + I + G + Exp - Imp.$

Ainsi, le produit — ou revenu national — se décompose en deux parties :

— l'*absorption* $C + I + G$ (ensemble des produits, nationaux ou importés, dont le pays fait usage) ;

— le *solde de la balance commerciale, Exp – Imp*.

Comme, par ailleurs, le revenu national *Y* se décompose en *consommation* et *épargne* ($Y = C + S$), en remplaçant dans (1′) il vient :

(2) $S = I + G + Exp - Imp.$

L'égalité (2) n'est qu'une identité comptable. Pour passer à un point de vue d'ÉQUILIBRE, au sens économique, on fait les mêmes hypothèses que dans le modèle en économie fermée, et l'on suppose en outre que les importations dépendent du revenu *Y* [c'est pourquoi nous les noterons par la suite *Imp*(*Y*)] et qu'elles augmentent avec lui. Les exportations dépendent du revenu du « reste du monde » ; on suppose donc qu'elles sont EXOGÈNES. C'est l'hypothèse dite *du petit pays* : les quantités exportées n'ont pas d'incidence sur le revenu du reste du monde et il n'y a donc pas d'effet en retour sur les importations.

En fonction de ces hypothèses, l'équation *IS* qui donne l'*équilibre* entre épargne et investissement, compte tenu de l'existence des importations et des exportations, s'écrit :

$$S(Y) = Y(i) + G + Exp - Imp\ (Y),$$

ou encore :

$$S(Y) + Imp(Y) = I(i) + G + Exp.$$

Les importations jouent donc un rôle semblable à celui de l'épargne (elles n'engendrent pas de demande, puisque leur production n'est pas à l'origine de revenus dans le pays considéré).

L'équation *IS* comporte maintenant *deux variables exogènes*, *G* et *Exp*. L'effet de leurs variations sur le revenu est plus faible qu'en économie fermée, puisque la présence des importations joue dans le même sens que l'épargne, et atténue donc l'effet du MULTIPLICATEUR KEYNÉSIEN (il y a « stérilisation » partielle de la dépense). La courbe *IS* a donc une pente plus forte (en valeur absolue) que lorsqu'il n'y a pas d'échanges avec l'extérieur.

Le modèle est complété par une équation du type *LM*, qui tient compte du fait que les exportations provoquent une création de monnaie (les devises obtenues par les exportateurs sont transformées en monnaie nationale lorsqu'elles sont rachetées par les banques), alors que les importations ont un effet contraire (« destruction de monnaie »). Si les autorités monétaires arrivent à contrôler les variations de la masse monétaire provoquées par le solde *Exp – Imp*, alors la courbe *LM* ne bouge pas lorsque les exportations et les importations fluctuent. Dans ce cas, les variations du solde des échanges avec l'extérieur agissent de la même façon que celles des dépenses gouvernementales *G* en économie fermée — hormis le fait, signalé plus haut, que les importations induites modifient la pente de la courbe *IS*. Ainsi, dans la figure 1, le « nouvel » équilibre *E′* résulte d'une hausse des exportations, qui déplace vers la droite la courbe *IS*, comme l'aurait fait une augmentation des dépenses gouvernementales.

Si, en revanche, la masse monétaire fluctue avec le solde des échanges extérieurs, alors la courbe *LM* se déplace aussi ; lorsque ce solde augmente en raison, par exemple, d'une hausse des exportations, elle le fait vers la droite, comme dans la figure 1, où le nouvel équilibre est alors donné par *E″*.

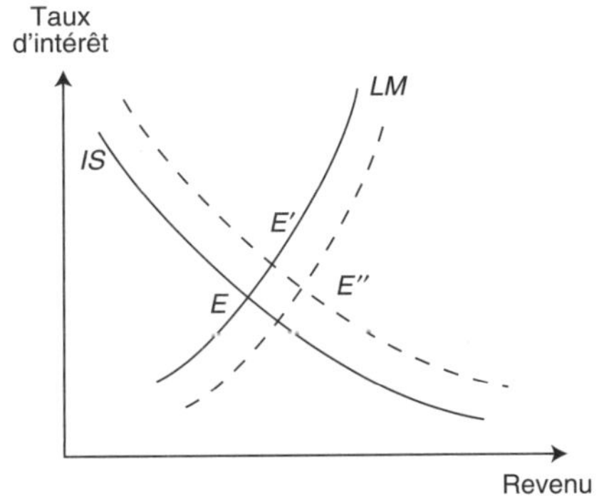

Figure 1

Les critiques faites au modèle IS-LM en économie fermée demeurent valables dans sa version élargie aux échanges avec l'extérieur. Ainsi, dans la présentation qui vient d'être faite, rien ne permet de distinguer les variations nominales des variations réelles. Or, une hausse des exportations — avec la création monétaire provoquée par la vente des devises reçues en contrepartie — dans une économie où il y a plein emploi des ressources a forcément un effet sur les prix intérieurs ; elle modifie leurs rapports aux prix « mondiaux », et exerce donc une influence sur le *taux de change*. D'où la nécessité, pour compléter le modèle, de prendre en compte ce paramètre, qui peut être un instrument de politique économique, sous le contrôle des autorités, ou une nouvelle variable (endogène) du modèle.

La prise en compte du taux de change

Le taux de change est un indicateur de *prix relatifs*, entre pays. Pour simplifier la présentation, on va supposer qu'il n'y a qu'un seul taux de change, entre un pays donné et le reste du monde ; les exportations sont évaluées aux prix « nationaux » (du pays considéré), tandis que les importations le sont aux prix du reste du monde ; le taux de change permet alors, par définition, de passer d'un système de prix à l'autre.

Ce taux, noté e, est donné, par définition, par la quantité — ou le nombre — de devises que permet d'obtenir une unité de monnaie nationale. Ainsi, si un dollar vaut 5 euros et si le dollar est la devise du reste du monde, le taux de change de la France est $e = 1/5 = 0{,}2$. Les importations, *Imp*, évaluées d'abord dans leur pays d'origine sont, aux prix nationaux, données par Imp/e.

Les quantités de biens exportées et importées dépendent généralement du niveau du taux de change. Les choses sont relativement simples *en ce qui concerne les exportations* — évaluées aux prix nationaux, rappelons-le —, tout au moins si l'on s'en tient à l'hypothèse du « petit pays » (c'est-à-dire si l'on considère comme négligeable leur effet sur le revenu du reste du monde). En effet, on peut alors supposer qu'elles sont une *fonction décroissante du taux de change* (ainsi, une dépréciation de la monnaie « nationale » — c'est-à-dire une baisse de son taux de change — provoque une augmentation des exportations). Pour tenir compte de ce fait, on va noter $Exp(e)$ les exportations au taux de change e, en supposant donc que $Exp'(e) < 0$.

En revanche, la situation est plus complexe en ce qui concerne les *importations*, du fait notamment qu'elles dépendent du revenu national et, évidemment, du taux de change. Pour mieux comprendre ce qu'il en est, supposons qu'une *dévaluation* a lieu (e diminue) ; alors, la *quantité* de biens importés diminue, puisqu'ils sont plus chers. Toutefois, il en coûte plus en monnaie nationale pour acheter chacun d'entre eux ; par conséquent, si la demande de biens importés est relativement peu sensible à leurs prix (c'est-à-dire si son ÉLASTICITÉ-prix est faible), il se peut fort bien qu'à la suite d'une dévaluation la *valeur* (en monnaie nationale) des biens importés augmente. Autrement dit, *l'effet prix d'une dévaluation joue dans le sens opposé à l'effet quantité*.

Afin de tenir compte de ces deux effets d'une variation du taux de change, on notera $Imp(Y, e)$ la valeur *en devises* des importations, qu'on peut supposer être une *fonction croissante* de e (en raison de l'effet quantité), leur valeur aux prix nationaux étantfégale à $\frac{1}{e}\ Imp(Y, e)$ (le coefficient $\frac{1}{e}$ traduisant l'effet prix).

Compte tenu de ces précisions, l'équation *IS* s'écrit :

$$(2')\ S(Y) = I(i) + G + Exp(e) - \frac{1}{e}\ Imp(Y, e).$$

Cette équation définit une relation IMPLICITE entre Y et e, tout au moins si l'on suppose que le taux d'intérêt est indépendant de e. Comment varie alors Y en fonction de e ? Si la condition de MARSHALL-LERNER est vérifiée — c'est-à-dire si la somme des valeurs absolues des élasticités-prix des exportations et des importations est inférieure à 1 —, toute dévaluation entraîne une hausse du revenu. Ainsi, dans ce cas, une dévaluation provoque un décalage vers la droite de la courbe *IS* ; selon que les autorités ajustent ou pas la masse monétaire — par exemple, pour maintenir le taux d'intérêt —, le nouvel équilibre se trouvera en E' (courbe *LM* inchangée) ou en E'' (courbe décalée).

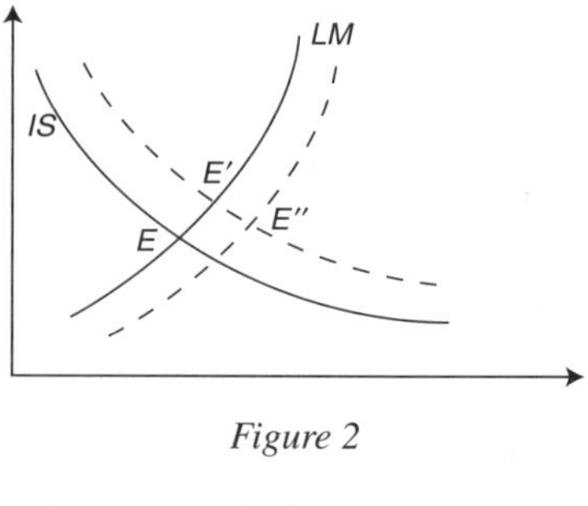

Figure 2

La prise en compte des mouvements de capitaux (Mundell-Fleming)

Outre les flux de marchandises représentés par les importations et les exportations, les relations entre pays se caractérisent par des *mouvements de capitaux* (fonds liquides en monnaie), qui cherchent notamment à tirer parti des différences entre les taux d'intérêt (nominaux) qui prévalent dans le pays et dans le reste du monde. Au début des années soixante, deux économistes qui travaillaient alors au Fonds monétaire international — Robert Mundell et John Fleming — ont proposé d'intégrer dans un schéma du type IS-LM les mouvements de capitaux ; leurs analyses ont abouti à un modèle — dit *de Mundell-Fleming* —, qui est devenu la référence par excellence en macroéconomie « ouverte ».

L'idée de départ du modèle est que les mouvements de capitaux entre le pays et le reste du monde dépendent de l'écart entre le taux d'intérêt du pays et celui qui prévaut « à l'extérieur », le taux de change étant supposé fixe. Plus précisément, si le taux d'intérêt « national » est i et celui du reste du monde i_m, alors les entrées de capitaux dans le pays sont données par $k(i - i_m)$, où $k(\cdot)$ est une fonction strictement croissante telle que $k(0) = 0$ (elle est positive pour une entrée de capitaux, négative dans le cas contraire).

Le solde, BP, de la balance des paiements est alors donné par :

$$BP = \text{exportations} - \text{importations} + k(i - i_m).$$

Si le mouvement des capitaux compense le solde entre exportations et importations, alors la balance des paiements est équilibrée ($BP = 0$) ; soit, en reprenant les notations de (2′) :

$$(3) \quad \frac{1}{e}\, Imp(Y, e) - Exp(e) = k(i - i_m).$$

Pour un taux de change e donné, l'égalité (3) définit une *relation implicite* entre Y et $i - i_m$. Comme les importations sont une fonction croissante de Y et comme $k(\cdot)$ est également une fonction croissante, il découle de (3) que si i augmente, alors Y augmente aussi, et ce d'autant plus que les mouvements de capitaux sont importants lorsque le différentiel des taux d'intérêt varie. La figure suivante traduit cette idée :

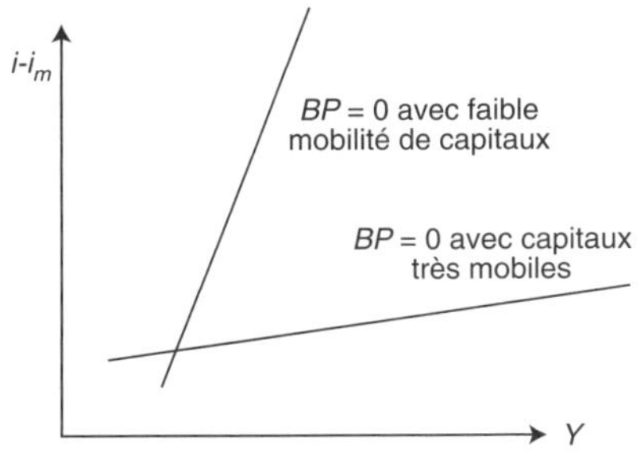

Figure 3

Selon le degré de mobilité des capitaux, la droite représentant la balance des paiements dans le plan (Y, $i - i_m$) est plus ou moins « verticale » (mobilité nulle) ou « horizontale » (mobilité totale).

Les effets de la politique économique

Si l'on introduit la condition (3) d'équilibre de la balance des paiements dans le modèle IS-LM de base, on se trouve face à un système de trois équations qu'on peut représenter dans le plan (Y, $i - i_m$). Comme ce système ne comporte que deux variables endogènes, Y et $i - i_m$, ses équations sont forcément liées, et il en est de même pour les variables exogènes de politique économique, la masse monétaire M et les dépenses gouvernementales G, qui ne peuvent donc être choisies de façon indépendante. Pour trouver le lien entre ces variables, il suffit d'« extraire » Y et $i - i_m$ de deux des équations et de reporter les valeurs trouvées dans la troisième.

On peut toutefois voir plus simplement ce qu'il en est en faisant une étude graphique. Pour cela, on prend pour point de départ l'équilibre E où les équations IS et LM sont vérifiées, et où le solde de la balance des paiements est nul, et l'on suppose que le gouvernement décide de mener une politique d'expansion budgétaire ($\Delta G > 0$), de sorte que la courbe IS se déplace vers la droite, jusqu'en IS'.

Si l'on ne tient pas compte des mouvements de capitaux, le nouvel équilibre est F ; si l'on en tient compte, tout dépend du degré de mobilité des capitaux : s'il est faible, alors l'équilibre est E' ; s'il est fort, c'est E''. Évidemment, toute la gamme des positions intermédiaires sur la courbe $E'FE''$ est possible. Le passage de E à E' se traduit par une faible augmentation du revenu Y, alors que le différentiel de taux d'intérêt augmente fortement ; le contraire a lieu lorsqu'il y a

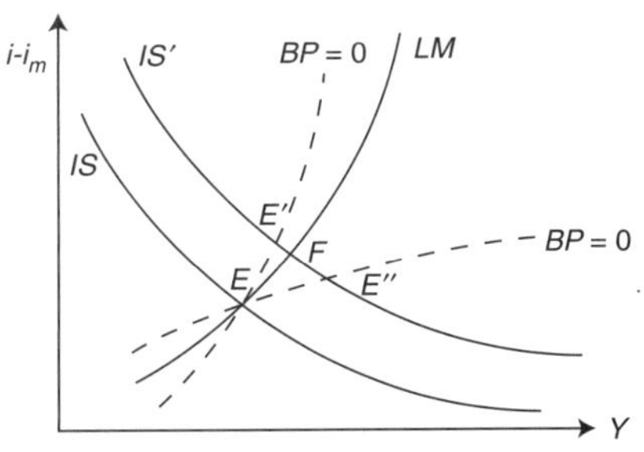

Figure 4

passage de E à E''. Toutefois, pour que ces deux points soient des équilibres, il faut qu'ils vérifient les *trois* équations du modèle (*IS*, *LM*, $BP = 0$), et donc qu'une courbe décalée *LM* y passe — autrement dit, il faut que la masse monétaire s'« adapte » ; elle devient donc ENDOGÈNE. Bien entendu, les autorités monétaires peuvent ne pas agir et laisser l'économie s'installer en *F*, mais une telle situation ne peut durer indéfiniment dans la mesure où elle se traduit par un déséquilibre de la balance des paiements, la hausse du taux d'intérêt qui résulte du passage de *E* à *F* ne suffisant pas — tout au moins si la mobilité des capitaux n'est pas assez forte — à attirer assez de capitaux pour compenser la hausse des importations induite par l'augmentation du revenu entre *E* et *F*.

Dans le cas de la *politique monétaire*, c'est la courbe *LM* qui se déplace ; ainsi, une création monétaire supplémentaire entraîne une hausse du revenu, et donc des importations, mais aussi une baisse du taux d'intérêt, avec fuite de capitaux ; les deux effets vont dans le même sens, celui d'une *détérioration de la balance des paiements*. Formellement, il est toujours possible d'envisager un accroissement des dépenses gouvernementales qui déplace la courbe *IS* de façon qu'elle passe par l'équilibre *E'*, où le taux d'intérêt est suffisamment élevé pour attirer des capitaux, afin de rétablir le solde de la balance des paiements. Mais l'analyse habituellement retenue est celle d'un *retour à l'équilibre initial*, suite à la baisse des réserves en devises.

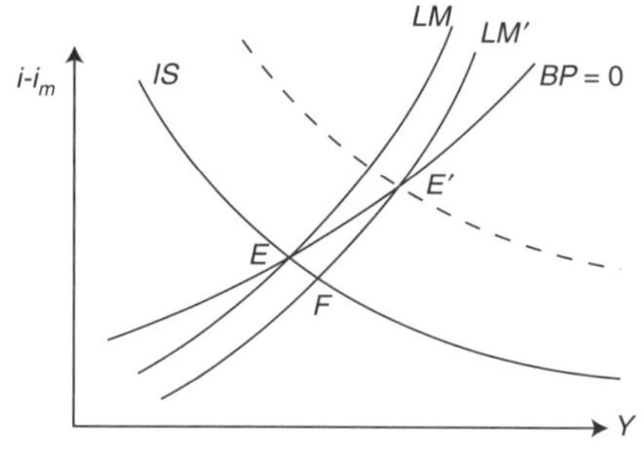

Figure 5

Mouvements de capitaux et taux de change variable

Jusqu'à présent, les mouvements de capitaux ont été envisagés à taux de change fixe. Si on lève cette hypothèse, tout en se plaçant dans le cas opposé — où ce taux varie de façon à annuler « instantanément » et en permanence le solde de la balance des paiements —, alors les réserves en devises ne varient pas ; dans ces conditions, les autorités monétaires ont une maîtrise totale de la masse monétaire.

Ainsi, s'il y a création de nouvelle monnaie, il y a aussi détérioration du solde de la balance des paiements et donc baisse du taux de change ; par conséquent, les exportations augmentent et les importations diminuent ; cette amélioration des échanges extérieurs de marchandises entraîne alors une hausse du revenu et du taux d'intérêt dans le pays considéré, et cela jusqu'à ce que la balance des paiements revienne à l'équilibre (la hausse du taux d'intérêt attirant des capitaux). Ce qui était prévisible, puisque toutes les variables sont supposées s'« adapter ».

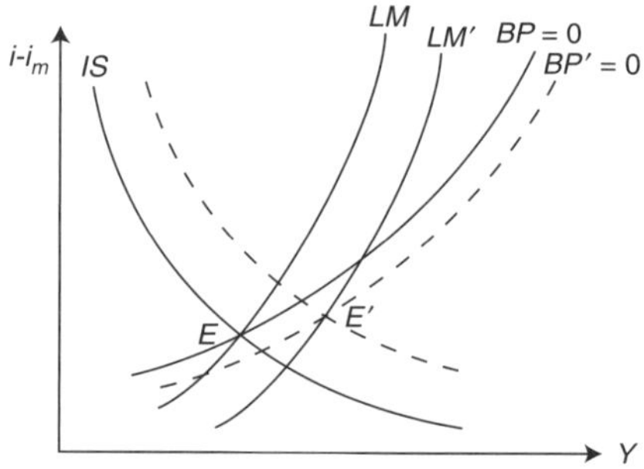

Figure 6

Graphiquement, le déplacement de *LM* vers la droite est suivi d'un déplacement du même type de la courbe *IS* et de la courbe qui représente l'équilibre des échanges extérieurs — courbes en pointillés dans la figure ci-dessous —, tous ces mouvements étant provoqués par la dévaluation de la monnaie nationale.

Conclusion

Le modèle IS-LM en économie ouverte a évidemment les mêmes défauts que le modèle IS-LM de base : absence de référence à des variables réelles (dont l'emploi), raisonnements purement d'équilibre « nominal » (et de STATIQUE COMPARATIVE) — les anticipations n'y jouant aucun rôle —, création monétaire considérée comme exogène. Ces défauts s'accentuent avec le nombre d'équations, et donc au fur et à mesure qu'on complique le modèle. Ainsi, comment parler des mouvements de capitaux sans faire référence

IS-LM en économie ouverte : le calcul des multiplicateurs

On part de l'identité comptable :

$$Y = C + I + G + Exp - Imp,$$

qu'on écrit sous la forme de variations, puisque ce sont elles qui nous intéressent :

(1) $\Delta Y = \Delta C + \Delta I + \Delta G + \Delta Exp - \Delta Imp.$

On va d'abord envisager le cas où le *taux de change* est fixe. Si l'on suppose qu'on est en présence d'un « petit pays », les exportations ne dépendent alors que de la demande du reste du monde, au taux de change donné, et peuvent donc être considérées comme constantes. Donc : $\Delta Exp = 0$. La variation de la balance des paiements résulte alors de celle des importations et de celle des mouvements de capitaux ; elle se répercute sur les réserves en devises du pays, dont la variation est notée ΔDev. On a donc :

(2) $\Delta Dev = - \Delta Imp + \Delta Cap,$

où ΔCap représente les mouvements de capitaux. On suppose que ceux-ci sont proportionnels aux variations du taux d'intérêt, Δi, alors que les importations le sont à celles du revenu ; sous ces hypothèses, (2) s'écrit :

(3) $\Delta Dev = - imp\Delta Y + k\Delta i,$

où imp et k sont des constantes strictement positives. Ces variations des réserves en devises viennent s'ajouter à celles de la masse monétaire, ΔM. L'équilibre sur le « marché de la monnaie » s'écrit alors :

(4) $\Delta M + \Delta Dev = l_1\Delta Y - l_2\Delta i,$

où le coefficient l_1 caractérise la demande de monnaie pour les transactions, alors que l_2 traduit le comportement de précaution-spéculation face aux variations du taux d'intérêt ($l_i > 0$, $i = 1,2$). En reportant (3) dans (4), il vient :

(5) $-(imp + l_1)\Delta Y + (l_2 + k)\Delta i = - \Delta M.$

C'est l'équation *LM*. Quant à l'équation *IS*, elle se déduit de (1) et des hypothèses usuelles du modèle. Soit :

(6) $\Delta Y = c\Delta Y - inv\Delta i + \Delta G - imp\Delta Y,$

où c est la propension marginale à consommer et inv un coefficient qui traduit la sensibilité de l'investissement au taux d'intérêt. La relation (6) est l'équation *IS*, qu'on peut aussi mettre sous la forme :

(7) $(1 - c - imp)\Delta Y + inv\Delta i = \Delta G.$

Les équations (5) et (7) forment un système linéaire de deux équations à deux inconnues, ΔY et Δi, qui se résout aisément (en utilisant par exemple la méthode de CRAMER). Ainsi, on a :

$$\Delta Y = \frac{(l_2 + k)\Delta G + inv\Delta M}{(1 - c + imp)(l_2 + k) + inv(imp + l_1)}.$$

Le MULTIPLICATEUR qui correspond aux dépenses gouvernementales est donc donné par :

$$\frac{1}{(1 - c + imp) + inv(imp + l_1)/(l_2 + k)}.$$

On retrouve le mutiplicateur habituel, $1/(1 - c + imp)$, auquel s'ajoutent notamment les effets « liquidité » l_1 et l_2 et les effets dus aux mouvements des capitaux, résumés par le coefficient k. On notera que plus celui-ci est élevé et plus l'effet multiplicateur est important car plus le « frein financier » est faible (la moindre hausse du taux d'intérêt attire les capitaux, ce qui augmente les liquidités disponibles).

Lorsqu'on abandonne l'hypothèse de fixité du taux de change, tout en gardant un point de vue d'équilibre, alors la situation est plus simple, puisqu'on suppose alors que le taux de change « s'adapte » de façon à équilibrer la balance des paiements ; on a donc alors :

$$imp\Delta Y = k\Delta i,$$

les réserves en devises demeurant constantes ($\Delta Dev = 0$).

Compte tenu de ces modifications, (5) et (7) deviennent :

$$(1 - c)\Delta Y + (inv + k)\Delta i = \Delta G$$
$$- l_1\Delta Y + l_2\Delta i = - \Delta M,$$

cette seconde équation étant la même que celle de *LM* en économie fermée.

On est donc en présence d'un système linéaire de deux équations à deux inconnues (ΔY et Δi), qui comporte une solution unique. Ainsi, après application de la méthode de Cramer, il vient :

$$\Delta Y = \frac{l_2\Delta G + (inv + k)\Delta M}{(1 - c)l_2 + (inv + k)l_1}.$$

les coefficients de ΔG et de ΔM donnant les multiplicateurs correspondants. On notera que k agit sur le multiplicateur des dépenses gouvernementales dans le sens opposé que lorsque le taux de change est fixe, car toute entrée de capitaux est « compensée » par une hausse des importations, qui « freine » l'effet multiplicateur (puisque l'achat des biens importés induit un flux de revenus à l'*extérieur* du pays).

aux anticipations ? Comment garder un point de vue de statique comparative alors qu'on parle de « mouvements », d'« ajustements », même si l'on règle le problème en supposant « instantanés » de tels ajustements, et donc sans effets en tant que tels ?

Cependant, comme le modèle IS-LM de base, le modèle en économie ouverte a 'avantage de fournir un *cadre de réflexion* qui donne une façon de voir l'articulation entre les situations dans les divers secteurs ; c'est mieux que rien, à condition de l'utiliser en étant conscient de ses limites.

IS-LM et politique économique

Un des buts du modèle IS-LM est de proposer une « maquette » de l'économie dans laquelle peuvent être testées les conséquences de diverses variantes de POLITIQUE ÉCONO-

MIQUE, qu'elles relèvent de la politique budgétaire ou de la politique monétaire. La démarche du modélisateur se fait alors en *deux étapes* :

— d'abord, *il détermine l'équilibre du modèle*, pour des valeurs données des paramètres (telles la masse monétaire et les dépenses gouvernementales) ;

— ensuite, *il étudie les effets sur cet équilibre des variations des paramètres*.

Les effets de la politique budgétaire dans le modèle IS-LM

Dans le modèle IS-LM de base, la politique budgétaire consiste à faire varier la dépense gouvernementale G d'une quantité ΔG, à masse monétaire inchangée ; cette variation affecte le revenu et le taux d'intérêt d'équilibre, qu'on notera respectivement $Y(G, M)$ et $i(G, M)$. Le point de vue adopté alors est celui de la STATIQUE COMPARATIVE, puisqu'il consiste à comparer les « anciennes » valeurs d'équilibre, $Y(G, M)$ et $i(G, M)$, aux « nouvelles » valeurs d'équilibre, $Y(G + \Delta G, M)$ et $i(G + \Delta G, M)$. Pour de « petites » valeurs de ΔG, cette comparaison peut être faite en calculant les *dérivées partielles* (si elles existent) $Y'_G(G, M)$ et $i'_G(G, M)$ (voir, pour plus de détails, la fin de l'encadré « IS-LM et politique économique : les calculs dans les cas linéaire et non linéaire » p. 284). Toutefois, comme ces calculs sont souvent lourds (en dehors du cas linéaire), on se contente généralement d'une *étude graphique* pour déterminer les effets de la politique budgétaire sur l'équilibre IS-LM. Ainsi, dans la figure 1, on voit qu'à une augmentation de la dépense gouvernementale ($\Delta G \geq 0$) correspond un *déplacement vers la droite* de la courbe *IS* (courbe en pointillés) et donc une hausse du revenu et du taux d'intérêt d'équilibre.

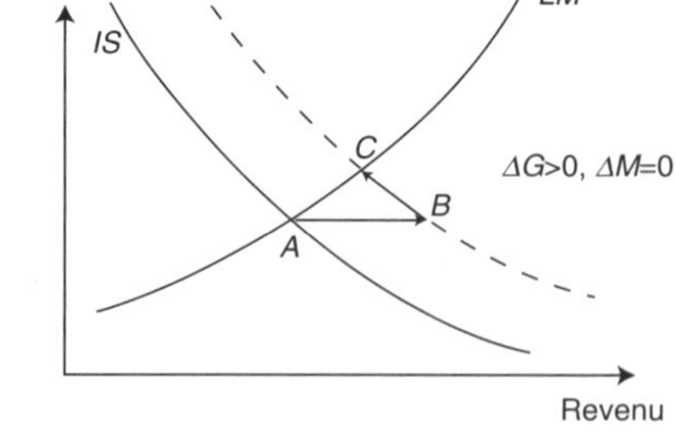

Figure 1

Le passage de l'« ancien » équilibre (A) au « nouvel » équilibre (C) peut se décomposer en deux « mouvements » : celui de la courbe *IS* (de A à B) et celui « le long de la courbe » *IS* (de B à C).

Le déplacement de la courbe *IS*, à taux d'intérêt inchangé (passage de A à B), se traduit par une hausse du revenu due au fait que le MULTIPLICATEUR KEYNÉSIEN joue alors à plein. Cette hausse est cependant « amortie » par le déplacement le long de la courbe *IS*, qui se traduit par une augmentation du taux d'intérêt et une baisse du revenu. Celle-ci s'explique par le fait que la dépense supplémentaire ΔG — et la hausse du revenu qui l'accompagne — « absorbe » une partie de la monnaie disponible (pour les transactions) et limite donc la quantité qui peut servir pour d'autres usages ; d'où un taux d'intérêt plus élevé, et un investissement et un revenu plus faibles (il y a EFFET D'ÉVICTION, la hausse des dépenses gouvernementales « évinçant » — en partie et indirectement — l'investissement « privé », à travers l'augmentation du taux d'intérêt).

L'atténuation de l'effet multiplicateur — et donc l'importance de l'effet d'éviction — dépend de la *pente* de la courbe *LM* ; ainsi, plus cette pente est grande — donc plus la demande de monnaie est insensible aux variations du taux d'intérêt — et plus l'effet multiplicateur est atténué. Pour les MONÉTARISTES, la courbe *LM* est pratiquement une droite verticale, ce qui correspond à la situation décrite par la THÉORIE QUANTITATIVE DE LA MONNAIE, dans sa version forte. Dans ce cas, la politique budgétaire n'a pratiquement aucun effet sur le revenu ; sa principale conséquence est de provoquer une hausse du taux d'intérêt.

Les adversaires KEYNÉSIENS des monétaristes contestent le fait que la courbe *LM* soit verticale ; ils vont même jusqu'à envisager le cas opposé, où elle est horizontale — on est alors en présence d'une *trappe à liquidités*, selon l'expression de Keynes (il y a tellement de liquidités disponibles que les variations de la dépense n'affectent pas le taux d'intérêt).

Remarque importante. Comme les courbes *IS* et *LM* donnent des couples de revenu et de taux d'intérêt *d'équilibre*, les raisonnements précédents relèvent tous de la *statique comparative*, et sont donc muets sur le *processus* qui peut éventuellement faire passer d'un équilibre à l'autre (à supposer que ce processus n'a pas d'influence sur le résultat final).

Le cas de la politique monétaire

Ce cas se traite de la même façon que celui de la politique budgétaire ; la seule différence consiste à envisager une variation ΔM de la masse monétaire, plutôt qu'une variation ΔG des dépenses gouvernementales. La démarche relève toujours de la statique comparative, puisque la comparaison porte sur les valeurs du revenu et du taux d'intérêt d'équilibre avant et après que la masse monétaire a varié ; autrement dit, il s'agit de comparer $Y(G, M + \Delta M)$ à $Y(G, M)$ et $i(G, M + \Delta M)$ à $i(G, M)$. Cela peut être fait — du moins pour de « petites » variations de la masse monétaire — en calculant les dérivées partielles $Y'_M(G, M)$ et $i'_M(G, M)$ ou en effectuant une étude graphique. Ainsi, dans la figure 2, il est supposé que la masse monétaire augmente ($\Delta M > 0$), ce qui provoque un *déplacement vers le bas* de la courbe *LM*.

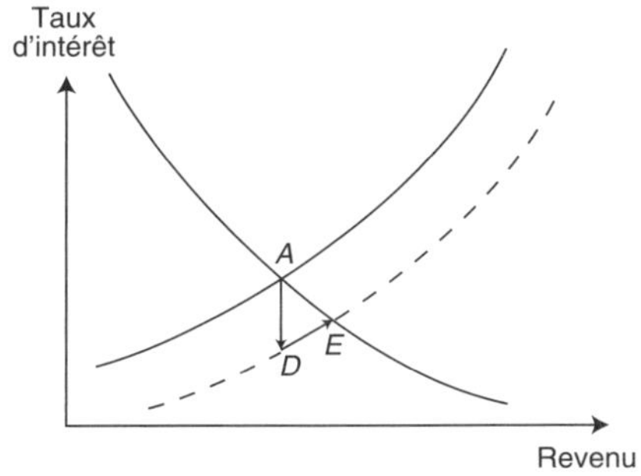

Figure 2

Le nouvel équilibre se caractérise donc par un revenu plus élevé et par un taux d'intérêt plus faible. Le passage de l'« ancien » équilibre (*A*) au nouvel équilibre (*E*) peut être décomposé en deux « déplacements » : de la courbe *LM* (de *A* à *D*) et le long de cette courbe (de *D* à *E*). Le passage de *A* à *D* (déplacement de la courbe *LM*) se traduit par une baisse du taux d'intérêt, effet « direct » de l'augmentation de la masse monétaire. Toutefois, comme à un taux d'intérêt plus faible correspond un investissement plus élevé, et donc un revenu plus élevé (effet multiplicateur), une partie de la nouvelle monnaie va être absorbée pour la hausse des transactions qui accompagne celle du revenu ; le déplacement le long de la courbe *LM*, de *D* à *E*, traduit ce dernier phénomène (hausse du taux d'intérêt et du revenu).

Ainsi, apparemment, la politique monétaire a des conséquences plus souhaitables que la politique budgétaire, puisqu'elle conduit comme elle à une hausse du revenu, mais aussi — contrairement à elle — à une *baisse* du taux d'intérêt. L'investissement (privé) prend en quelque sorte le relais de l'intervention étatique — ce qui ne peut que plaire aux partisans du « moins d'État ». D'où le nom de « monétaristes » dont ils ont été affublés dans les années soixante, même si la politique monétaire qu'ils préconisent est... le moins de politique possible.

Critiques

Si l'on s'en tient à l'analyse qui vient d'être faite, le gouvernement peut faire ce qu'il veut, à condition d'utiliser judicieusement les deux « instruments » de politique économique dont il dispose : son budget et la masse monétaire. Ainsi, n'importe quel couple (revenu, taux d'intérêt) peut être un équilibre du modèle, comme on le voit dans la figure 3, où *X* a été « choisi au hasard », les courbes *IS* et *LM* en pointillés ayant été tracées à partir de lui (elles correspondent toutes deux à des valeurs précises des paramètres *G* et *M*).

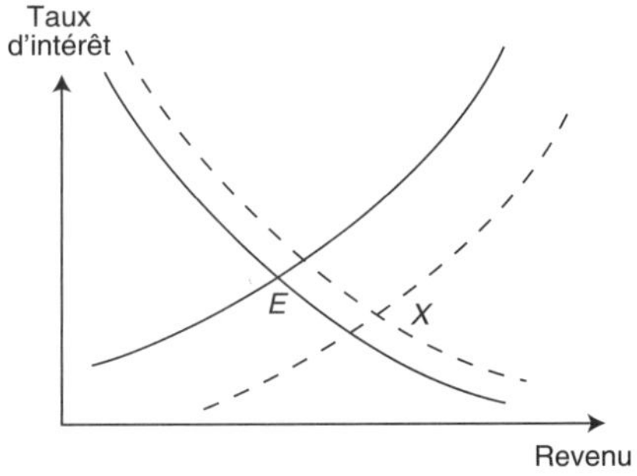

Figure 3

La politique économique ne serait donc qu'un jeu d'enfant, à condition de connaître les paramètres qui caractérisent les courbes *IS* et *LM* (ceux des fonctions de consommation et de demande de monnaie, notamment). On se doute que la situation est loin d'être si simple, et que le raisonnement présente quelque part des failles ; on peut à ce propos noter que :

— *les variables prises en compte dans le modèle sont nominales et nulle part il n'est fait référence au niveau des prix* ; dans ces conditions, une augmentation du revenu n'est pas forcément une bonne chose, puisqu'elle peut être due exclusivement à une hausse de prix ; on notera en outre qu'une variable aussi importante que le niveau d'emploi n'apparaît pas dans le modèle ;

IS-LM et politique économique : les calculs dans les cas linéaire et non linéaire

On suppose, en reprenant l'idée qui est à la base de la fonction de CONSOMMATION keynésienne, que l'épargne est proportionnelle au revenu (soit $S(Y) = sY$) et que l'investissement est une fonction décroissante du taux d'intérêt de la forme : $I(i) = \alpha - \beta i$, avec $\alpha > 0$ et $\beta > 0$. L'équation *IS* est donc donnée par :

(1) $sY = \alpha - \beta i + G.$

En ce qui concerne *LM*, on retient aussi une spécification linéaire ; soit :

(2) $M = \gamma Y - \theta i$ (avec $\gamma > 0$, $\theta > 0$).

La demande de monnaie augmente donc avec le revenu et diminue avec le taux d'intérêt (les coefficients de (1) et (2) sont tous supposés strictement positifs). De ces deux équations, on tire le revenu et le taux d'intérêt d'équilibre :

$$Y^* = \frac{\beta M + \theta G + \theta\alpha}{s\theta + \beta\gamma}$$

$$i^* = \frac{\gamma G - sM + \gamma\alpha}{s\theta + \beta\gamma}.$$

Ainsi, comme ce revenu et ce taux sont des fonctions linéaires (affines) des « instruments » de la politique économique, les MULTIPLICATEURS sont donnés directement par les coefficients de M et de G ; soit, pour le revenu :

$$\Delta Y^* = \frac{\beta}{s\theta + \beta\gamma}\Delta M$$

et

$$\Delta Y^* = \frac{\theta}{s\theta + \beta\gamma}\Delta G.$$

Et pour le taux d'intérêt :

$$\Delta i^* = \frac{s}{s\theta + \beta\gamma}\Delta M$$

et

$$\Delta i^* = \frac{\gamma}{s\theta + \beta\gamma}\Delta G.$$

L'« impact » de chaque instrument dépend de la valeur des coefficients qui y interviennent. Ainsi, si $\theta = 0$ — cas de la théorie quantitative de la monnaie —, la politique budgétaire n'a aucun impact sur le revenu.

Dans le *cas non linéaire*, les calculs sont évidemment moins simples. En fait, on se ramène alors au cas linéaire en calculant les *dérivées* du système d'équations qui caractérisent le modèle *IS-LM*, au « point d'équilibre » $(Y^*, i^*) = Y(G, M), i(G, M)$:

$S(Y(G, M)) = I(i(G, M)) + G$ (équation *IS*),
$L(Y(G, M), i(G, M)) = M$ (équation *LM*).

Les multiplicateurs sont alors assimilés aux *dérivées partielles* des fonctions $Y(G, M)$ et $i(G, M)$. Dérivées qui sont obtenues en appliquant la technique de DÉRIVATION EN CHAÎNE aux deux membres des deux équations ci-dessus. Si, par exemple, on dérive par rapport à G, on obtient :

$$S'(Y(G,M)) \cdot Y'_G(G,M) = I'(i(G,M)) \cdot i'_G(G,M) + 1$$
$$L'_Y(Y(G,M), i(G,M)) \cdot Y'_G(G,M) + L'_i(Y(G,M), i(G,M)) \cdot i'_G(G,M) = 0.$$

On est en présence d'un système de deux équations à deux inconnues, $Y'_G(G, M)$ et $i'_G(G, M)$. Après résolution (par la méthode de CRAMER ou de toute autre façon), on obtient par exemple (en omettant les arguments des fonctions, pour alléger la présentation) le multiplicateur entre dépense gouvernementale et revenu :

$$Y'_G = \frac{L'_i}{L'_i S' + L'_Y I'}.$$

Comme, par hypothèse, $S' > 0$, $I' < 0$, $L'_Y > 0$ et $L'_i > 0$, il s'ensuit que ce multiplicateur est strictement positif — son intensité étant, par exemple, d'autant plus grande que S' est faible. On calcule de la même façon Y'_M.

— *la création monétaire est considérée comme exogène*, les autorités pouvant donc faire varier M à leur guise ; or, c'est là une hypothèse tout à fait contestable : il suffit de lire n'importe quel journal pour constater que depuis de nombreuses années la politique des banques centrales consiste essentiellement à *fixer des taux d'intérêt « directeurs »* plutôt qu'à créer quotidiennement de la MONNAIE (ce qui n'est que très partiellement à leur portée ; souvent, elles se contentent de *contrôler a posteriori* la quantité de monnaie en circulation) ; autrement dit, la masse monétaire est en bonne partie une variable ENDOGÈNE, et le taux d'intérêt une variable EXOGÈNE, alors que le modèle IS-LM postule le contraire ;

— *aucun rôle n'est donné aux anticipations des agents* ; or, celles-ci ont une fonction déterminante au moment où est prise la décision d'investir (en biens d'équipement ou en titres), puisque tout investissement est un pari sur l'avenir. Ainsi, les variations dans les anticipations des agents — ou de certains d'entre eux (entrepreneurs, « financiers ») — provoquent des déplacements, ou des « déformations », des courbes *IS* et *LM*, qui peuvent être aussi importants, si ce n'est plus, que ceux qui sont dus aux variations des paramètres G et M (dont ils peuvent d'ailleurs accentuer les effets).

Isoquante

Courbe qui représente les combinaisons d'INPUTS permettant à une entreprise d'obtenir — sans gaspiller de ressources — une quantité donnée de produit. Une isoquante est donc une *courbe de niveau* de la FONCTION DE PRODUCTION qui représente l'entreprise, son « niveau » étant donné par la quantité produite.

Comme l'isoquante est une courbe (et non une surface), elle ne concerne que *deux* inputs. Si l'on note q_1 et q_2 les quantités de ceux-ci et $f(\cdot)$ la fonction de production, alors l'*isoquante de niveau q* (quantité produite) de cette fonction représente l'ensemble des couples (q_1, q_2) qui vérifient l'équation :

$$f(q_1, q_2) = q.$$

(S'il existe d'autres inputs, on peut considérer que leurs quantités sont fixées, et l'on peut envisager autant d'isoquantes qu'il y a de couples d'inputs.)

L'isoquante est l'équivalent pour le producteur de la COURBE D'INDIFFÉRENCE pour le consommateur. La valeur absolue de sa pente en un point donne le TAUX MARGINAL DE SUBSTITUTION entre les deux inputs, pour la fonction de production et le panier d'inputs considérés.

En fait, les exemples d'inputs substituables sont *extrêmement rares*, car si l'on observe ce qui se passe effectivement dans les entreprises, on constate que dans leur écrasante majorité les inputs sont *complémentaires*, et même strictement complémentaires ; en effet, à installations données, il faut généralement tant d'hommes par machine, tant de matières premières et de travail — en proportions fixes — pour obtenir tel ou tel produit, etc. Autrement dit, les isoquantes effectivement observées sont de la forme décrite par la figure 1, où l'on suppose les inputs divisibles (si trois hommes suffisent à « faire tourner » une machine, il ne sert à rien d'en employer un quatrième ; en revanche, avec six hommes on peut « faire tourner » deux machines, etc.).

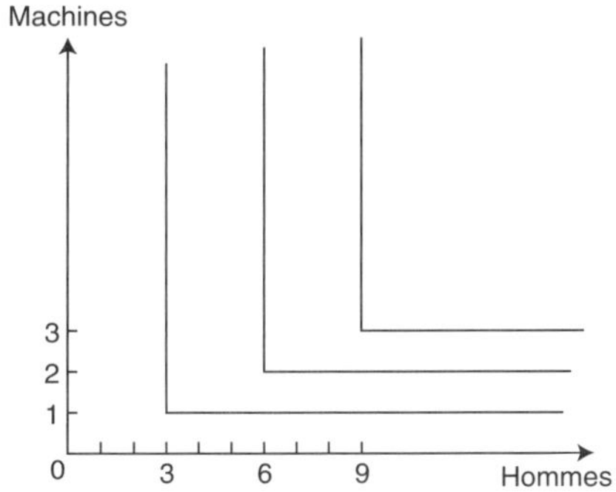

Figure 1

Toutefois, la représentation la plus communément admise dans les modèles néo-classiques est celle d'isoquantes sans « point anguleux » (c'est-à-dire dérivables) et « de type hyperbolique », comme dans la figure 2. Ce qui revient à supposer des inputs qui sont non seulement indéfiniment divisibles, mais aussi substituables (des « fractions » d'homme peuvent remplacer des « fractions » de machine, ou d'énergie, ou de toute autre matière première, de façon à maintenir la production au même niveau).

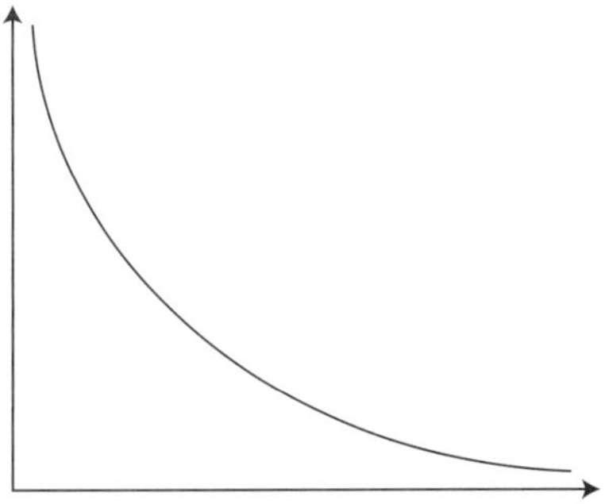

Figure 2. – Isoquante hyperbolique

Un exemple souvent utilisé où les isoquantes sont de ce type est celui de la FONCTION DE PRODUCTION NÉO-CLASSIQUE, dans laquelle les inputs sont le CAPITAL et le travail. Le « capital » est alors conçu soit comme un bien unique et « malléable », soit comme un agrégat. L'idée (implicite) qui sert à justifier la représentation par des isoquantes hyperboliques est celle d'une substitution possible *dans le temps* entre travail et capital en fonction de leur coût relatif (situation dite *PUTTY-CLAY*). Toutefois, cette idée n'est pas la même que celle qui est à l'origine de la notion d'isoquante, qui suppose des combinaisons d'inputs *à un moment donné*, et donc la possibilité de les substituer « instantanément ».

Issue individuellement rationnelle

Issue d'un jeu, au sens de la THÉORIE DES JEUX, qui procure à chacun des participants un gain supérieur à celui qu'il peut obtenir avec sa stratégie MINIMAX. L'issue est « individuellement rationnelle » parce qu'il est « rationnel » pour les individus d'opter pour une issue qui leur permet de gagner plus que le minimum auquel ils peuvent prétendre. En règle générale, un jeu comporte plusieurs issues individuellement rationnelles (une infinité, si les STRATÉGIES MIXTES sont admises).

Les issues individuellement rationnelles jouent un rôle particulièrement important dans les JEUX RÉPÉTÉS indéfiniment, puisqu'il est alors possible d'en faire des issues d'équilibre, par un choix approprié des stratégies des joueurs (ce résultat est connu sous le nom de *FOLK THEOREM*).

J, K

Jeu à somme nulle

Situation où tout gain d'un joueur a pour contrepartie des pertes pour d'autres joueurs, de sorte que la somme du gain et des pertes correspondantes soit nulle.

Parmi les jeux à somme nulle on trouve bon nombre de *jeux de société* — avec des dés, des cartes, des pions, etc. — mais aussi les jeux de type « militaire » — où les gains des uns sont donnés par les pertes des autres.

Les jeux à somme nulle *à deux joueurs* constituent le point de départ de la théorie des jeux. Ils sont à l'origine du premier résultat de cette théorie, résultat connu sous le nom de *théorème du minimax* et démontré en 1928 par le mathématicien John von Neumann, qui établit que tout jeu à somme nulle à deux joueurs comporte une solution formée par leurs stratégies MINIMAX, solution pour laquelle leurs gains sont égaux à leur NIVEAU DE SÉCURITÉ. Comme les jeux à somme nulle à deux joueurs sont par essence de type non coopératif — les intérêts des joueurs y étant diamétralement opposés —, cette solution est à classer parmi les équilibres de NASH (le théorème de Nash étant une généralisation de celui de von Neumann).

Les jeux à somme nulle ont cependant un intérêt limité pour l'économiste, puisque celui-ci est avant tout concerné par des situations où les individus cherchent à effectuer des transactions *mutuellement bénéfiques*, de sorte que la somme des gains qui en résultent soit strictement positive (tout le monde gagne, même si certains gagnent plus que d'autres).

Les jeux à somme nulle à deux joueurs sont généralement représentés par une matrice — c'est-à-dire un tableau de chiffres — dont les lignes correspondent aux STRATÉGIES de l'un des joueurs, les colonnes à celles de l'autre. Si on note m_{ij} l'élément générique de cette matrice, alors m_{ij} donne le gain du joueur « en ligne » lorsque les deux joueurs optent respectivement pour leur i-ème et j-ème stratégies, le gain du joueur « en colonne » étant égale à $-m_{ij}$ (puisque la somme des gains est nulle, par hypothèse). Un jeu à somme nulle avec deux joueurs, A et B, qui disposent respectivement de n et de p stratégies est donc représenté par un tableau de la forme :

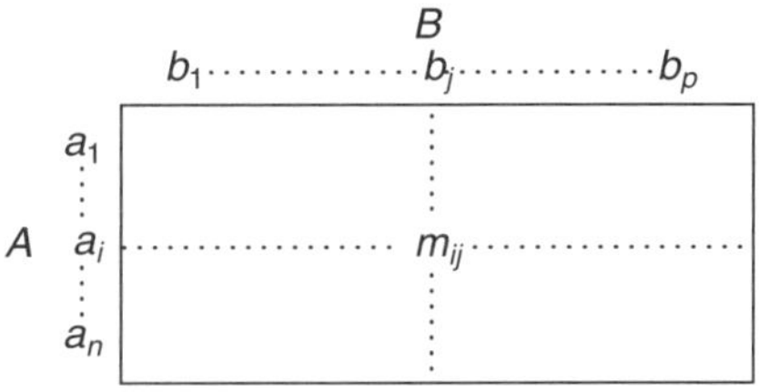

où a_i désigne la i-ème stratégie de A ($i = 1, \ldots, n$), b_j la j-ème stratégie de B ($j = 1, \ldots, p$) et m_{ij} le gain de A (celui de B étant donc égal à $-m_{ij}$).

Jeux de marché

Terme utilisé en théorie des jeux COOPÉRATIFS, pour désigner des situations où des agents économiques — ménages ou entreprises — sont en possession de biens qu'ils sont disposés à échanger (pour augmenter leur utilité ou leur production), sans qu'il existe de taux d'échanges donnés, *a priori*. L'approche adoptée est coopérative, l'accent étant mis sur les coalitions que peuvent former les agents désireux d'acquérir, ou d'échanger, les biens considérés. Comme cela est très fréquent dans la théorie des jeux coopératifs, les jeux de marché supposent généralement des utilités transférables, ce qui revient à introduire une sorte de monnaie, qui sert aux transferts des gains au sein des coalitions (et de représenter le jeu par une fonction caractéristique numérique).

Le CŒUR est le CONCEPT DE SOLUTION privilégié lors de la recherche de solutions aux jeux de marché : il donne l'ensemble des situations où il n'existe pas la possibilité pour les joueurs d'augmenter leurs gains en formant de nouvelles coalitions. Le cœur comporte généralement plus d'un élément (souvent ses éléments forment un *continuum*). D'où l'importance accordée au cas limite, où le nombre d'agents devient infini : le cœur se réduit alors aux allocations d'équilibre de concurrence parfaite (voir l'entrée DEBREU-SCARF, théorème de). Les vecteurs de prix (d'équilibre) qu'on peut associer à ces allocations sont souvent présentés comme une sorte de solution aux jeux de marché, qui permettrait de résoudre le problème de l'indétermination inhérent au MARCHANDAGE inhérent à ce type de jeux, qui sont par construction sans prix (ceux-ci ne font pas partie des paramètres des modèles). Cette présentation est contestable, car source de malentendus, puisque les prix sont calculés à partir de l'allocation (d'équilibre) des ressources, qu'ils ne contribuent en rien à former.

Jeux évolutionnistes

Modèles mathématiques qui représentent les interactions entre des « individus » caractérisés par un comportement prédéterminé (plus ou moins complexe, mais toujours le même). Ces modèles ont d'abord été construits par des biologistes — et tout particulièrement par John Maynard Smith (*Evolution and the Theory of Games*, 1982) — dans le but de représenter le phénomène de sélection des espèces (théorie de l'évolution) ; d'où leur nom. Comme la sélection naturelle suppose notamment une confrontation généralisée entre les membres d'une même espèce — pour le partage d'un territoire, par exemple —, l'idée est venue de l'analyser en utilisant une approche qui présente certaines similitudes formelles avec celle de la THÉORIE DES JEUX, au niveau des termes employés et des représentations graphiques utilisées, tout en présentant des différences fondamentales avec elle. En effet, alors que la théorie des jeux est avant tout une théorie des *choix* faits par des individus guidés par le principe de rationalité, les modèles de jeux évolutionnistes excluent d'office l'idée que les « joueurs » puissent prendre une quelconque décision, puisque leurs comportements sont supposés strictement déterminés (par leurs gènes, si ce sont des animaux, ou par celui qui les a programmés, si ce sont des robots). Ainsi, alors que dans la théorie des jeux traditionnelle les individus *choisissent* la STRATÉGIE avec laquelle ils pensent obtenir le plus grand gain possible, *dans les jeux évolutionnistes les individus et les stratégies ne font qu'un*, chaque « joueur » y étant par hypothèse identifié à une stratégie, et à une seule (qui peut d'ailleurs être mixte, ou conditionnelle).

Les principales caractéristiques des jeux évolutionnistes

Un modèle de jeu évolutionniste est généralement formé de deux ingrédients :
— *un tableau*, du type de ceux qui représentent un jeu (fini) sous FORME STRATÉGIQUE, qui donne les vecteurs de gains correspondant à la confrontation deux à deux des diverses stratégies (joueurs) retenues par le modélisateur ; ainsi, ce tableau est forcément carré, puisque ce sont les mêmes stratégies qui sont représentées par ses lignes et ses colonnes ; par exemple, si on suppose qu'il y a trois joueurs-stratégies, ce tableau est de la forme :

	s_1	s_2	s_3
s_1	(m_{11}, n_{11})	(m_{12}, n_{12})	(m_{13}, n_{13})
s_2	(m_{21}, n_{21})	(m_{22}, n_{22})	(m_{23}, n_{23})
s_3	(m_{31}, n_{31})	(m_{32}, n_{32})	(m_{33}, n_{33})

où m_{ij} désigne le « gain » (en descendants, par exemple) de la stratégie i lorsqu'elle est confrontée à la stratégie j, et n_{ij} le « gain » de la stratégie j lorsqu'elle est confrontée à la stratégie i ;
— *une procédure qui précise l'ordre dans lequel les joueurs* (*stratégies*) *sont confrontés* (*interagissent*) ; car, comme le modèle ne comporte pas de choix, son propos consiste à déterminer le résultat d'une succession de « rencontres » entre les divers joueurs-stratégies. Ainsi, si ces rencontres sont à l'origine d'un certain nombre de descendants (qui sont semblables en tous points à leur — unique — « parent »), alors la procédure peut aussi leur être appliquée ; elle conduit, à son tour, à l'apparition de nouveaux descendants, qui vont être confrontés entre eux, et ainsi de suite.

Les jeux évolutionnistes prennent donc essentiellement en compte des *populations* — au sens statistique — de stratégies ; la question est alors de savoir si le processus engendré par leur confrontation et celle de leurs descendants (sur plusieurs générations) converge vers une situation où la proportion dans la population de chaque type de joueur-stratégie demeure constante, invariante dans le temps ; cette situation est donc un *équilibre*, au sens courant, comme on dit qu'un mélange de liquides est « à l'équilibre » après que ses divers éléments ont atteint leur position « de repos ». Si les coefficients qui donnent la proportion d'équilibre de chaque type de stratégie dans la population totale sont regroupés en un vecteur, alors celui-ci présente une certaine similitude avec une STRATÉGIE MIXTE (cependant, ses éléments sont des *fréquences*, et non des probabilités). Ce vecteur est appelé par la théorie des jeux évolutionnistes *stratégie évolutionnairement stable* ; ainsi, une stratégie de ce type confrontée à elle-même engendre une population de descendants où les diverses stratégies se trouvent dans les mêmes proportions que dans la population « de départ » (caractérisée par la stratégie mixte évolutionnairement stable).

Toutefois, la théorie des jeux évolutionnistes impose aux stratégies évolutionnairement stables une autre condition d'équilibre, plus spécifiquement « biologique », et qui consiste à dire que l'apparition d'une nouvelle stratégie (sorte de « mutation » de celles qui existent déjà) ne laisse pas de traces à la longue, car ses descendants disparaissent progressivement au cours des confrontations des stratégies « en place » ; autrement dit, les « mutants » n'arrivent pas à s'imposer ou à gagner leur place dans la population caractérisée par une stratégie évolutionnairement stable (d'où le nom donné à celle-ci, la « stabilité » tenant ici à ce que la « perturbation » due à la mutation est résorbée au bout d'un certain temps).

Ainsi, une stratégie évolutionnairement stable présente un similitude formelle certaine avec l'équilibre de NASH puisque, comme celui-ci, elle constitue une « meilleure réponse » à toute stratégie alternative (« mutante ») ; mais dans le cas évolutionniste, c'est la population tout entière (caractérisée par le vecteur des fréquences des divers types de joueurs-stratégies) qui est confrontée à la stratégie « mutante », sans qu'il n'y ait nulle part un choix quelconque, la « meilleure réponse » étant mesurée par le nombre de descendants. On est donc loin des choix conscients qui sont à l'origine de l'équilibre de Nash.

Un exemple

Un exemple classique, et simple, est celui d'une population d'animaux qui peuvent être de deux types : agressif (« faucon ») et non agressif (« colombe »). Supposons que le tableau de gains (en descendants) soit de la forme :

	faucon	*colombe*
faucon	(– 1, – 1)	(2, 0)
colombe	(0, 2)	(1, 1)

Si on lisait ce tableau comme on le fait dans la théorie des jeux habituelle, alors on dirait qu'il comporte deux équilibres de Nash : {faucon, colombe} et {colombe, faucon}. Toutefois, une telle lecture suppose qu'il y ait deux joueurs (l'un « en ligne », l'autre « en colonne ») qui peuvent choisir entre les deux stratégies existantes ; or, cela n'a pas de sens dans l'approche évolutionniste, où joueurs et stratégies sont confondus. Ainsi, ce que nous dit le tableau, c'est qu'une confrontation entre un faucon et une colombe permet au premier d'avoir deux descendants, et aucun à la seconde. On vérifie aisément que dans ce jeu aucune des deux stratégies (pures) envisagées n'est évolutionnairement stable : les faucons seuls s'entretuent tandis qu'une population de colombes se laisse envahir (en partie, du moins) par des « mutants » faucons, qui ont une importante descendance face à elles. Seule une population qui comporte des faucons et des colombes peut être d'équilibre. La forme de celui-ci, s'il existe, dépend évidemment du processus de « rencontre » entre faucons et colombes, et entre leurs descendants. Ainsi, si ce processus est uniforme, les proportions d'équilibre sont (1/2, 1/2) (la stratégie évolutionnairement stable est formée par une population dont la moitié des membres sont des colombes, l'autre moitié des faucons).

Les modèles de jeux évolutionnistes en économie

Puisque tous les êtres vivants ont des comportements qui semblent être déterminés par leurs gènes, pourquoi en serait-il autrement pour les hommes ? D'où l'idée avancée par certains économistes — à commencer par R. Axelrod (*The Evolution of Cooperation*, 1984 ; traduction fançaise : *Donnant, donnant*, Odile Jacob, Paris, 1992) — de représenter les êtres humains par des stratégies prédéterminées, et donc d'utiliser les concepts et résultats de l'approche par les jeux évolutionnistes. Cette idée a été surtout appliquée au cas du DILEMME DU PRISONNIER RÉPÉTÉ un nombre fini de fois, avec des joueurs qui utilisent des STRATÉGIES CONDITIONNELLES plus ou moins élaborées, qui vont du comportement « très gentil » consistant à ne jamais dénoncer l'autre, quoi qu'il fasse, au comportement « très méchant », qui le dénonce en toute circonstance.

La démarche suivie est alors la suivante : le modélisateur se donne plusieurs types de stratégies (qui alternent par exemple des phases « gentilles » et « méchantes ») puis les « confronte » dans un ordre précisé à l'avance ; à chaque fois, les gains sont calculés, et cumulés ; après que l'opération a été répétée un grand nombre de fois — le recours aux ordinateurs devient alors indispensable —, les stratégies sont classées selon les gains obtenus. Ainsi, Axelrod constate que les comportements « plutôt gentils » — qui consistent par exemple à dénoncer l'autre seulement si lui-même le fait, et sans exercer de « fortes représailles » — se traduisent « à la longue » par des gains supérieurs à ceux des comportements « plutôt méchants » ; ce qui permet d'avancer l'hypothèse selon laquelle les comportements altruistes, ou coopératifs, peuvent subsister — et même se développer — dans une perspective de sélection naturelle, puisque les gains sont mesurés ici en nombre de « descendants ». Telle est la conclusion à laquelle parviennent généralement Axelrod et ceux qui ont mené depuis des « expériences » semblables aux siennes.

Les jeux évolutionnistes peuvent aussi être utilisés pour décrire certaines formes d'*apprentissage*, les joueurs-robots étant programmés de façon à choisir leurs actions en fonction de ce qu'ont fait les autres dans les phases précédentes du jeu. Toutefois, cet apprentissage est limité, puisque en fait la *règle* appliquée par les joueurs est prédéterminée, et ne peut donc être modifiée au cours du processus.

Jeux répétés

Modèles où un jeu — au sens de la THÉORIE DES JEUX — est repris plusieurs fois de suite (ou même indéfiniment), et qui prend donc la forme d'un nouveau jeu ; celui-ci est parfois appelé *superjeu*, pour le distinguer du jeu qui est répété, qui est lui appelé *jeu de base*. Comme les jeux répétés sont des cas particuliers de JEUX SÉQUENTIELS (à plusieurs coups), on peut leur appliquer les analyses et les méthodes de résolution utilisées par ces derniers (notamment la RÉCURRENCE À REBOURS). Toutefois, le caractère « répété » des jeux — avec des interventions régulières et alternées des joueurs — leur donne certaines spécificités qui permettent des interprétations particulières, notamment de la part des économistes, qui voient le moyen d'y introduire des notions telles que les menaces ou la réputation.

C'est au début des années quatre-vingt que les théoriciens des jeux ont commencé à accorder une attention toute particulière aux jeux répétés, en adoptant deux points de vue radicalement opposés :

— d'une part, ils ont cherché à lever un certain nombre de paradoxes (dont le plus connu est le DILEMME DU PRISONNIER) ou à résoudre le délicat problème de la *multiplicité des équilibres*, tout en gardant l'hypothèse de rationalité ; beaucoup d'énergie a été, en particulier, consacrée à montrer comment le fait de répéter un jeu permet de justifier — d'un point de vue d'équilibre — certaines formes de coopération entre des individus mus pourtant par la seule recherche de leur gain maximal ;

— d'autre part, ils ont envisagé le cas où les joueurs se comportent comme des *robots préprogrammés* qui sont confrontés selon un ordre précisé à l'avance, et ce de façon répétée. Cette approche est notamment celle des JEUX ÉVOLUTIONNISTES — où les « robots » sont des êtres vivants dont le comportement est strictement déterminé par leur bagage génétique.

La seconde approche marque donc un *renversement total de perspective* par rapport à la première, qui a pourtant été à l'origine de la théorie des jeux (critique des comportements « trop simples » des agents en CONCURRENCE PARFAITE). Il est donc difficile de considérer ces deux approches comme relevant d'une même théorie. C'est pourquoi seuls les modèles où les agents doivent effectuer des choix — comme dans la théorie des jeux traditionnelle — seront envisagés ici (les jeux évolutionnistes faisant l'objet d'une rubrique particulière).

Lorsqu'un jeu est répété un nombre fini de fois, il en résulte un jeu séquentiel classique, dont on peut notamment chercher, par récurrence à rebours, les ÉQUILIBRES PARFAITS (en sous-jeux). Pour cela, on accorde une attention particulière aux équilibres du jeu de base, dont la « combinaison » engendre des équilibres du jeu répété.

Lorsque le jeu est répété indéfiniment, afin d'éviter que les gains accumulés deviennent infinis, seule leur VALEUR ACTUELLE est prise en compte (valeur actuelle qui prend la forme d'une somme des termes d'une PROGRESSION GÉOMÉTRIQUE qui est finie si le taux d'actualisation est strictement positif).

Répéter indéfiniment un jeu entraîne généralement l'apparition de solutions nouvelles et radicalement différentes par rapport au cas fini, y compris lorsqu'il y a information complète et parfaite. C'est ce que montre le *FOLK THEOREM*, selon lequel toute combinaison d'ISSUES INDIVIDUELLEMENT RATIONNELLES du jeu constitutif peut être d'« équilibre », par un choix approprié des stratégies.

Ainsi, le problème de la *multiplicité des équilibres* se pose de façon particulièrement aiguë dans les jeux répétés, surtout s'ils le sont indéfiniment.

Jeux répétés, menaces, apprentissage et croyances

On peut penser *a priori* que le fait de répéter un jeu permet aux joueurs de tirer des leçons des expériences vécues, et donc de modifier leur comportement en conséquence. Cela est peut-être le cas si l'on voit dans le jeu répété une sorte de cheminement « pas à pas », un peu à l'aveugle. Mais alors il n'est pas possible de dire grand-chose, si ce n'est de constater ce qui est. En fait, le même problème se pose avec n'importe quel jeu séquentiel, à plusieurs coups. La politique adoptée par les théoriciens des jeux en ce qui concerne ces derniers consiste alors à privilégier ces situations particulières que sont les *équilibres*, de NASH ou plus « raffinés ». Pour cela, ils supposent que les joueurs déterminent et annoncent leurs STRATÉGIES en envisageant *toutes les éventualités possibles*, puis qu'ils confrontent leurs décisions ; c'est la « combinaison » de ces STRATÉGIES CONDITIONNELLES qui permet de savoir s'il y a équilibre ou pas.

Bataille des sexes répétée

La bataille des sexes est un exemple type de ce qu'on appelle un *jeu de coordination*, où deux joueurs gagnent à agir de concert plutôt que séparément mais où les issues préférées par l'un et par l'autre sont différentes. Ce que décrit le tableau suivant, où deux personnes veulent aller au spectacle ensemble, mais l'une penche plutôt pour le ballet, l'autre pour le football :

		B ballet	*B* football
A	ballet	(2,1)	(-1,-1)
A	football	(-1,-1)	(1,2)

Ce jeu comporte deux équilibres de NASH : {ballet, ballet} et {football, football}. Il y a donc indétermination, puisque aucune issue ne s'impose, même si l'on adopte l'équilibre de Nash comme concept de solution. On pourrait penser que répéter le jeu permet de réduire le nombre d'équilibres (les joueurs « tirent les leçons de leur expérience »), mais il n'en est rien, puisque en fait le jeu répété se présente comme un nouveau jeu qui peut être réduit au choix unique (et simultané) d'une stratégie (conditionnelle) par chaque joueur. En fait, le jeu répété comporte *plus d'équilibres*, et non moins, que le jeu de base, le nombre d'équilibres augmentant même de façon exponentielle avec le nombre de fois que le jeu de base est répété. Ainsi, s'il ne l'est que deux fois, le superjeu comporte *quatre* ÉQUILIBRES PARFAITS en sous-jeux (et donc au moins autant d'équilibres de Nash, dont les équilibres parfaits sont un « raffinement »).

Ces équilibres parfaits sont obtenus quand les deux joueurs adoptent la même stratégie, de la forme : « Au premier coup, j'opte pour x, au second coup j'opte pour y, quoi que l'autre décide pour le premier coup », x et y pouvant être soit « ballet », soit « football » ; les issues d'équilibre sont alors de la forme $\{(x, x),(y, y)\}$ (il y en a donc quatre, puisque x et y peuvent prendre deux valeurs chacune). Il y a bien équilibre, puisque changer un x en un y, ou un y en un x, à stratégie inchangée de l'autre joueur, entraîne une baisse du gain de celui qui procède de la sorte.

Si le jeu de base avait comporté m équilibres ($m > 2$), et s'il avait été répété n fois, alors le superjeu aurait comporté m^n équilibres parfaits — et bien plus d'équilibres de Nash.

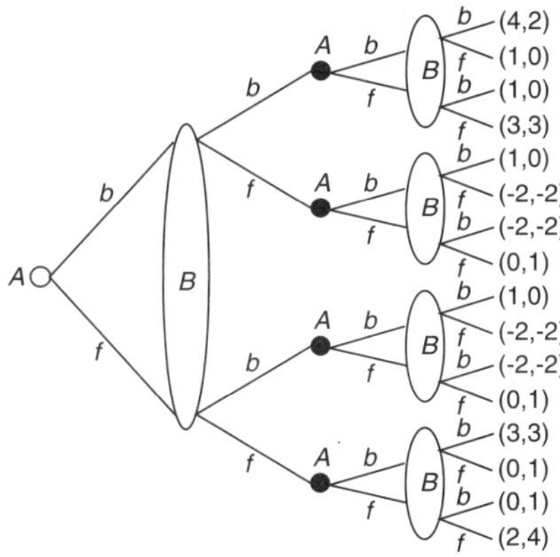

Ainsi, dans un jeu répété, comme dans tout jeu séquentiel, les choix des joueurs portent sur des stratégies conditionnelles ; ces choix sont faits « dès le départ », au vu de l'information disponible (qui est donnée par l'ARBRE DE JEU). Il est vrai qu'à chacun des coups où un joueur doit préciser l'action pour laquelle il opte, il peut se dire : « Si je me trouve à ce nœud, c'est en raison des décisions des autres joueurs aux coups précédents ; je peux ainsi me faire une idée de leur comportement et m'en servir pour prendre ma décision à ce nœud. » Un tel raisonnement peut être fait à chaque nœud, avant que soient connus ceux qui seront effectivement atteints. Toutefois, plus les nœuds sont près du nœud initial et moins les joueurs disposent d'information sur le comportement des autres. Ainsi, au coup initial, cette information est nulle. L'action retenue ne dépend que des seules *croyances* de celui qui opte pour elle ; et les autres le savent. Il n'y a pas de menaces effectives, mais leur *effet anticipé* par les joueurs ; ce qui compte donc, c'est leurs *croyances* concernant les actions des autres, et donc la *crédibilité* de ces menaces (voir, à titre d'exemple sur ce point, le DILEMME DU PRISONNIER RÉPÉTÉ).

De même, il est difficile de voir un quelconque « apprentissage » dans une situation où il y a un choix unique et simultané (de stratégies conditionnelles) de la part des joueurs. Ceux-ci ne peuvent que *constater* les décisions des uns et des autres, et ne rien faire d'autre, puisque le jeu est terminé dès que chacun annonce la stratégie pour laquelle il a opté. En réalité, la question de l'apprentissage est souvent abordée, par les théoriciens des jeux, en considérant des jeux évolutionnistes, qui relèvent d'une logique très différente de celle des jeux répétés avec des choix rationnels, tels qu'ils sont envisagés ici.

En résumé, il n'y a pas de différence essentielle entre les jeux répétés et les jeux séquentiels ; toutefois, le passage à un nombre illimité de coups, dans les jeux répétés indéfiniment, fait apparaître de nouvelles (et de très nombreuses) solutions, ce qui les distingue des jeux séquentiels habituels. C'est pourquoi les économistes s'intéressent tout particulièrement aux jeux répétés indéfiniment, même si l'interprétation qu'ils donnent de ces solutions est inappropriée.

Jeux séquentiels

Jeux dont les règles stipulent que les joueurs interviennent selon un ordre prévu à l'avance, et qui prennent donc la forme d'une séquence — ou d'une suite — de coups successifs. *Les jeux séquentiels sont donc des jeux à plusieurs coups.* Quand cela est possible, ces jeux sont représentés par un ARBRE DE JEU, qui précise l'ordre d'intervention de chacun et les actions dont il dispose. Même s'ils font intervenir une dimension temporelle (la succession des coups), les jeux séquentiels ne peuvent être qualifiés de « dynamiques », car les choix des agents sont supposés être faits simultanément et en une fois ; ils portent sur des STRATÉGIES CONDITIONNELLES, qui énumèrent les actions des joueurs dans toutes les éventualités possibles (les équilibres de NASH du jeu étant, par définition, des combinaisons de stratégies de ce type, une par joueur).

Jordan (matrice de)

Matrice « presque diagonale », formée de 0 en dehors de la diagonale, mais qui peut comporter des 1 « juste au-dessus de la diagonale ».

Les matrices de Jordan sont utilisées lorsqu'une matrice n'est pas diagonalisable, parce qu'elle a des VALEURS PROPRES multiples. Par exemple, si une matrice **A** d'ordre 3 a *une seule* valeur propre λ et si son sous-espace propre est de dimension 2 (on peut trouver deux vecteurs propres de **A** linéairement indépendants), alors une matrice de Jordan semblable à **A** est :

$$\mathbf{J} = \begin{pmatrix} \lambda & 0 & 0 \\ 0 & \lambda & 1 \\ 0 & 0 & \lambda \end{pmatrix}.$$

Si le sous-espace propre associé à λ n'est que de dimension 1, alors la matrice de Jordan correspondante est :

$$\mathbf{J} = \begin{pmatrix} \lambda & 1 & 0 \\ 0 & \lambda & 1 \\ 0 & 0 & \lambda \end{pmatrix}.$$

Ainsi, le nombre de 1 au-dessus de la diagonale est égal au nombre de vecteurs propres qui « manquent » pour avoir une base d'un sous-espace propre. S'il « manque » un vecteur propre, alors on rajoute à l'ensemble des vecteurs propres linéairement indépendants le vecteur « de Jordan » Q_2 tel que :

$$AQ_2 = P + \lambda Q_2,$$

où P est un vecteur propre de **A**.

S'il manque deux vecteurs propres, alors on ajoute Q_2 à ceux qui existent, puis on cherche un autre vecteur Q_3 tel que :

$$AQ_3 = Q_2 + \lambda Q_3,$$

et ainsi de suite (si nécessaire).

Le théorème de Jordan affirme alors que les vecteurs construits de la sorte sont *linéairement indépendants* ; par conséquent, la matrice **Q** qu'on peut former à partir d'eux est *inversible*, et on a :

(1) $$\mathbf{A} = \mathbf{QJQ}^{-1},$$

où la matrice **Q** est formée des vecteurs propres de **A** complétés par des vecteurs « de Jordan » calculés selon la règle qui vient d'être donnée.

De façon plus générale, une matrice de Jordan qui vérifie l'égalité (1) (on dit qu'elle est *semblable* à **A**) s'écrit, lorsqu'elle comporte plusieurs valeurs propres différentes, dont certaines multiples :

$$\mathbf{J} = \begin{pmatrix} \mathbf{J}_1 & \mathbf{0} & \dots & \mathbf{0} \\ \mathbf{0} & \mathbf{J}_2 & \dots & \mathbf{0} \\ \dots & \dots & \dots & \dots \\ \mathbf{0} & \mathbf{0} & \dots & \mathbf{J}_n \end{pmatrix}$$

où $\mathbf{J}_i$ est le « bloc de Jordan » :

$$\mathbf{J}_i = \begin{pmatrix} \lambda_i & \delta_1 & 0 & \dots & 0 \\ 0 & \lambda_i & \delta_2 & \dots & 0 \\ \dots & \dots & \dots & \dots & \dots \\ 0 & 0 & 0 & \dots & \lambda_i \end{pmatrix}$$

les δ étant formés par des 0 et des 1 (le nombre de 1 étant égal au nombre de vecteurs propres « manquants »).

Une propriété importante d'une matrice « diagonale par blocs » telle que **J** est qu'on a :

$$\mathbf{J}^t = \begin{pmatrix} \mathbf{J}_1^t & \mathbf{0} & \dots & \mathbf{0} \\ \mathbf{0} & \mathbf{J}_2^t & \dots & \mathbf{0} \\ \dots & \dots & \dots & \dots \\ \mathbf{0} & \mathbf{0} & \dots & \mathbf{J}_n^t \end{pmatrix}$$

Or, le bloc de Jordan $\mathbf{J}_i$ peut s'écrire sous la forme :

$$\mathbf{J}_i = \lambda_i \mathbf{I} + \mathbf{N}_i,$$

où $\mathbf{N}_i$ est une matrice *nilpotente* (si elle est d'ordre k, sa puissance k-ième est nulle). Comme le produit des matrices **I** et $\mathbf{N}_i$ est *commutatif* — puisque **I** est la matrice identité —, on peut appliquer la *formule du binôme de Newton* à :

$$\mathbf{J}_i^t = (\lambda_i \mathbf{I} + \mathbf{N}_i)^t$$

en sachant qu'à partir d'un certain rang les puissances de $\mathbf{N}_i$ sont toutes nulles. Il est ainsi possible de calculer $\mathbf{J}^t$, à partir d'une formule précise.

Keynes, John Maynard (1883-1946)

Économiste anglais qui a vécu de près la grande crise de l'entre-deux-guerres, ce qui l'a conduit à contester fortement la théorie économique dominante à son époque et à proposer une théorie alternative. A la fois enseignant (à l'université de Cambridge) et haut fonctionnaire, Keynes a joué un rôle actif dans son pays et au niveau international ; il a, entre autres, participé activement à la mise en place des accords de Bretton Woods, qui ont régi une bonne partie des relations économiques internationales depuis la guerre, notamment pendant les « TRENTE GLORIEUSES ».

Keynes a marqué durablement la pensée économique par l'originalité de ses vues, qui l'ont conduit à formuler une nouvelle théorie — synthétisée dans un ouvrage publié en 1936 et intitulé *Théorie générale de l'emploi, de l'intérêt et de la monnaie* (*TG*, par la suite) —, dont le propos est de montrer qu'il peut exister dans les « économies de marché » des ÉQUILIBRES de sous-emploi durables (c'est-à-dire des périodes prolongées de CHÔMAGE *involontaire*), même si ces économies ne sont soumises à aucune sorte d'« entraves ». Car, pour les économistes du courant dominant (qualifiés de « classiques » par Keynes), l'existence du chômage ne s'explique que par celle d'entraves aux « forces du marché » ; selon eux, il suffit de supprimer ces entraves pour que le chômage (involontaire) disparaisse.

Comme le titre de son principal ouvrage l'indique, la question de l'*emploi* est au centre des préoccupations de Keynes, qui a pu constater les effets ravageurs du chômage massif qu'a connu la Grande-Bretagne dans les années vingt et trente. Intéressé par le *niveau* de l'emploi, Keynes raisonne essentiellement avec des variables globales (produit et revenu « globaux », masse monétaire, indice des prix, etc.). Sa démarche relève donc de ce qu'on a appelé par la suite la MACROÉCONOMIE, et dont il est un des pères fondateurs — si ce n'est « le » père fondateur. Souvent, ses raisonnements relèvent de l'ÉQUILIBRE PARTIEL ; toutefois, la façon dont il insiste sur l'interdépendance des divers agrégats qui caractérisent l'économie — et notamment sur le fait que toute production engendre des revenus — permet de dire que ce qui prédomine chez lui est un point de vue d'ÉQUILIBRE GÉNÉRAL, dans lequel l'accent est mis sur le problème de la *coordination* des décisions prises de façon indépendante par les diverses catégories d'agents économiques (envisagées globalement).

Les grands traits de la théorie de Keynes

Keynes donne lui-même dans la *Théorie générale* ce qu'il appelle « les grandes lignes » de sa théorie :

« Les grandes lignes de notre théorie peuvent être décrites comme suit : lorsque l'emploi croît, le revenu réel global augmente. Or l'état d'esprit de la communauté est tel que, lorsque le revenu réel global augmente, la consommation globale augmente aussi, mais non du même montant que le revenu. Par la suite, les employeurs réaliseraient une perte si l'emploi supplémentaire était consacré en totalité à produire des biens de consommation immédiate. Pour qu'un certain volume d'emploi soit justifié, il faut donc qu'il existe un certain volume d'investissement courant suffisant pour absorber l'excès de la production totale sur le volume que la communauté désire consommer lorsque l'emploi se trouve à ce niveau. Car, faute d'un tel montant d'investissement, les recettes des entreprises seraient inférieures au chiffre nécessaire pour les décider à offrir ce volume d'emploi. Il s'ensuit que, pour une valeur donnée de ce que nous appellerons la propension de la communauté à consommer, c'est le montant de l'investissement courant qui détermine le niveau d'équilibre de l'emploi, *i.e.* le niveau où rien n'incite les entrepreneurs pris dans leur ensemble à développer ni à contracter l'emploi. » (*TG*, Paris, 1936 ; cette citation, et les suivantes, sont tirées de l'édition Petite Bibliothèque Payot, 1982, p. 51.)

Les références à la « communauté » montrent bien que la démarche est d'emblée macroéconomique. Pour Keynes, la consommation est donc déterminée par l'« état d'esprit de la communauté », qui est tel qu'elle croît à un rythme moins rapide que le revenu — à la façon de la fonction de CONSOMMATION keynésienne. Reste donc à « absorber l'excès de la production totale sur le volume que la communauté désire consommer », l'« offre d'emploi » des entreprises en dépendant. Seule l'autre composante de la demande globale, l'*investissement*, peut le faire. D'où la nécessité d'étudier de près les facteurs qui déterminent celui-ci — facteurs bien plus nombreux et complexes que ceux qui sont à l'origine de la consommation (puisque ceux-ci se réduisent, selon Keynes, à un « état d'esprit » ou à une « loi psychologique »).

Ainsi, il n'existe pas de lien étroit et automatique entre décision d'épargner et décision d'investir. Citons Keynes :

« Les classiques [...] ont cru à tort qu'il existait un lien unissant les décisions de s'abstenir d'une consommation immédiate aux décisions de pourvoir à une consommation future, alors qu'il n'existe aucune relation simple entre les motifs qui déterminent les premières et ceux qui déterminent les secondes. » (*TG*, p. 46.)

Comme il le dit ailleurs, s'abstenir de faire un bon repas aujourd'hui ne signifie pas qu'on fera ce repas demain — car la baisse de la demande aujourd'hui peut se traduire par une baisse du revenu demain, et rendre impossible le repas prévu. Keynes s'élève en fait contre ce qu'on appelle aujourd'hui l'hypothèse d'existence d'un SYSTÈME COMPLET DE MARCHÉS, hypothèse qui est à la base de toute la construction néo-classique (mais aussi classique), et dont le but est de faire disparaître complètement l'INCERTITUDE du modèle.

La démarche de Keynes est, selon le vocabulaire actuel, d'« équilibre général », puisqu'elle met l'accent sur les interdépendances des différents secteurs de l'économie, envisagés globalement ; la citation suivante en donne un exemple clair : « Si un individu dont les transactions ont peu d'importance par rapport au marché peut à juste titre négliger le fait que sa demande n'est pas une transaction unilatérale, ce serait un non-sens de négliger ce fait lorsqu'on considère la demande globale. Telle est la différence capitale entre la théorie du comportement économique de la communauté et celle du comportement de l'unité individuelle, où l'on suppose que les variations de la demande propre de l'individu ne modifient pas son revenu. » (*TG*, p. 105.)

Au cœur de l'analyse de Keynes : incertitude et prévisions

Là où il y a incertitude, les individus doivent faire des *prévisions*. Ainsi, il est significatif que le deuxième chapitre du livre II — « Définitions et concepts » — de la *Théorie générale* s'intitule « De la prévision en tant qu'elle détermine le volume de la production et de l'emploi ». Cette « détermination » découle essentiellement du *choix des entrepreneurs* qui, en décidant de nouvelles productions, distribuent des revenus (salaires et profits) qui vont alimenter la demande globale et permettre l'écoulement de ces productions. Keynes qualifie de DEMANDE EFFECTIVE le flux de revenus engendré par une production qui permet d'absorber celle-ci de la façon prévue par les entrepreneurs. La demande effective est donc une demande d'équilibre, puisque par définition les prévisions des entrepreneurs y sont réalisées (rien ne les incite à modifier la production et, en particulier, l'emploi).

Les prévisions jouent donc un rôle essentiel dans la demande effective : à des prévisions différentes correspondent des demandes effectives — et donc une embauche — différentes. Ces prévisions interviennent essentiellement au moment où les entrepreneurs estiment les flux de revenus qui vont résulter de leurs investissements ; sur la base de cette estimation, ils déduisent l'EFFICACITÉ MARGINALE DU CAPITAL, c'est-à-dire le *taux de rendement attendu* des investissements. La décision d'investir est alors prise en comparant l'écart entre ce taux et le taux d'intérêt, qui dépend lui-même de la PRÉFÉRENCE POUR LA LIQUIDITÉ des agents économiques ; cette « préférence » traduit aussi un comportement face à l'incertain, la monnaie étant détenue, entre autres, pour « faire face aux aléas de la vie » ou pour spéculer (c'est-à-dire pour éviter les pertes en capital dues à la hausse toujours menaçante des taux d'intérêt).

Le plein emploi ne peut alors qu'être accidentel, puisqu'il correspond à un état des prévisions très particulier, qui n'a pas de raison de se réaliser plus qu'un autre. Keynes va même jusqu'à affirmer dans la *Théorie générale* : « Le seul remède radical aux crises de confiance qui affligent la vie économique moderne serait de restreindre le choix de l'individu à la seule alternative de consommer son revenu ou de s'en servir pour faire fabriquer l'article du capital réel qui, même sur la base d'une information précaire, lui paraît être l'investissement le plus intéressant qui lui soit offert. » (P. 173.)

Keynes ne va pas jusqu'à préconiser d'appliquer ce « remède radical », mais le fait qu'il l'évoque est significatif. Ce qu'il propose néanmoins (notamment dans le dernier chapitre de la *Théorie générale*), c'est l'« élargissement des fonctions de l'État » dans le but « d'ajuster l'une à l'autre la propension à consommer et l'incitation à investir ». Autrement dit, l'État doit, par des « contrôles centraux », permettre la réalisation des grands équilibres et fournir le cadre dans lequel s'épanouit l'« initiative individuelle » (*TG*, p. 373). Il est clair qu'un des objectifs essentiels de la *Théorie générale* est de justifier une politique économique active de la part de l'État — sur la base des « instruments » de POLITIQUE ÉCONOMIQUE dont il dispose.

A propos des mouvements des prix et des salaires

Dans tout ce qui vient d'être dit, pas une fois il n'a été fait référence aux prix et aux salaires, qui sont pourtant généralement considérés comme les « variables d'ajustement » par excellence. Mais tel n'est manifestement pas le point de vue de Keynes, qui consacre cependant le livre V de la *Théorie générale* aux « salaires nominaux et prix » (alors que les livres précédents traitent de la « propension à consommer » et de l'« incitation à investir »).

Keynes cherche alors à répondre à ceux qui avancent que le rétablissement du plein emploi — ou, du moins, la diminution du chômage — passe par la baisse du salaire nominal. Il commence par constater qu'il existe un large accord sur le fait que si les prix ne bougent pas, alors toute baisse du salaire nominal se traduit généralement par une diminution de la demande, et donc de l'emploi. Si l'on s'en tient au point de vue des « classiques », pour que le chômage diminue, il faut donc que la baisse du salaire nominal soit accompagnée d'un mouvement des prix dans le même sens, ce qui accroît le pouvoir d'achat des revenus non salariaux et « stimule » la demande — et donc l'embauche, elle-même génératrice de demande. On notera cependant que parmi les revenus non salariaux il y a les profits, qui sont aussi affectés par la baisse des prix. Finalement, le principal effet de celle-ci sur la demande provient de ce qu'on a appelé par la suite l'effet d'ENCAISSES RÉELLES, c'est-à-dire l'effet sur la demande de la hausse du pouvoir d'achat de la monnaie détenue par les agents économiques. Pour que cet effet agisse, il faut cependant une baisse très importante des prix. Keynes accorde en réalité beaucoup plus d'importance au fait que la baisse des prix entraîne celle des transactions (en valeur), ce qui « libère » donc de la monnaie pour d'autres usages :

« Ainsi, l'effet produit sur la demande de monnaie par la baisse des salaires et des prix apparaît comme la seule base solide sur laquelle ceux qui prêtent au système économique la propriété de s'ajuster de lui-même peuvent fonder leur raisonnement. » (*TG*, p. 269.)

Il remarque, à ce propos, que le même effet peut être obtenu en augmentant la masse monétaire, alors qu'il a exposé précédemment « les raisons qui limitent l'efficacité des accroissements de la quantité de monnaie en tant que moyen de porter le flux d'investissement à son optimum. Les mêmes raisons s'appliquent *mutatis mutandis* aux réductions de salaires » (*TG*, p. 270).

Et il ajoute : « Il n'y a aucune raison de croire qu'une politique de salaires souples puisse maintenir un état permanent de plein emploi, pas plus qu'il n'y a de raison de croire que la politique monétaire puisse à elle seule obtenir ce résultat. De tels moyens ne sauraient conférer au système économique la propriété de s'ajuster de lui-même. » (*TG*, p. 270.)

Car, à l'éventuel effet bénéfique de la baisse des salaires nominaux, Keynes oppose toute une série d'inconvénients, qui lui semblent bien plus importants. A commencer par la baisse de la demande effective provoquée par celle des salaires (c'est cette demande — d'« équilibre » — qui, dans son analyse, détermine le niveau de l'emploi) : « Personne ne songerait en effet à nier que, *lorsque la demande effective demeure constante*, une réduction des salaires nominaux s'accompagne d'une augmentation de l'emploi ; mais la question à résoudre est précisément de savoir si la réduction des salaires nominaux laissera subsister ou non une demande effective globale qui, mesurée en monnaie, sera égale à la demande antérieure ou n'aura pas, du moins, subi une réduction pleinement proportionnelle à celle des salaires nominaux (*i.e.* qui, mesurée en unités de salaire, sera quelque peu supérieure à la demande initiale). » (*TG*, p. 263.)

Parmi les effets négatifs sur la demande effective, Keynes relève : une répartition défavorable aux salariés et donc une baisse de la propension à consommer (les non-salariés épargnant plus que les salariés) ; des *anticipations déflationnistes* — pourquoi la baisse des salaires et des prix ne se poursuivrait-elle pas, en suivant une spirale déflationniste autoréalisatrice ? — qui tirent vers le bas l'efficacité marginale du capital et réduisent donc les incitations à investir ; l'alourdissement des dettes des entrepreneurs — généralement libellées de façon nominale — « qui peut contrebalancer en partie toute conséquence heureuse de la réduction des salaires », sans parler des risques plus importants de faillite. A cela s'ajoute la possibilité d'une « agitation ouvrière » accrue, surtout que les baisses de salaires nominaux ne peuvent se faire que progressivement, au cas par cas ; c'est pourquoi lorsqu'une baisse des salaires *réels* est estimée nécessaire, Keynes propose de la faire à travers une augmentation de la masse monétaire — et donc du niveau des prix —, de façon qu'elle soit *uniforme*, tout le monde étant affecté en même temps et de la même façon (ce qui évite les comparaisons entre secteurs et les « jalousies » qu'elles peuvent susciter).

En guise de conclusion, disons qu'il faut lire Keynes, à commencer par la *Théorie générale*, qui fournit une analyse passionnante, même si elle n'est pas toujours très claire.

Keynésien

Adjectif qui désigne ceux qui, d'une façon ou d'une autre, se réclament de la pensée de KEYNES. Toutefois l'habitude a été prise d'appeler « keynésiens » les théoriciens qui gardent pour l'essentiel le cadre d'analyse NÉO-CLASSIQUE tout en insistant sur les « imperfections » qui empêchent la réalisation de l'équilibre au sens WALRASIEN. Ces imperfections — ASYMÉTRIE D'INFORMATION, prix fixes (comme dans la théorie du DÉSÉQUILIBRE), ou « rigidités » de tous ordres — empêchent donc la réalisation du plein emploi.

Pour les keynésiens fondamentalistes, dont les POSTKEYNÉSIENS, cette version néo-classique des théories de Keynes a peu de chose à voir avec la pensée de celui-ci ; elle ne tient nullement compte de l'INCERTITUDE et des anticipations des entrepreneurs, qui sont des éléments essentiels de la vie économique. Ainsi, pour Keynes, l'équilibre de sous-emploi peut être un phénomène durable, inhérent au système des marchés et non le résultat de vagues « imperfections ».

Au sein du courant néo-classique, les keynésiens sont souvent opposés au MONÉTARISTES, qui accordent peu d'importance aux imperfections.

Koyck (transformation de)

Opération qui s'applique aux modèles représentés par une équation du type :

(1) $y_t = a + bx_t + \lambda bx_t + \lambda^2 bx_{t-2} + \ldots + \lambda^p bx_{t-p} + \ldots$

avec $0 < \lambda < 1$.

Si l'on multiplie les deux membres de cette équation par λ et si l'on décale toutes ses variables d'une période, on obtient :

(2) $\lambda y_{t-1} = \lambda a + \lambda bx_{t-1} + \lambda^2 bx_{t-2} + \ldots$

En soustrayant membre à membre les équations (1) et (2), il vient :

$$y_t - \lambda y_{t-1} = a + bx_t - \lambda a,$$

et donc :

$$y_t = (1 - \lambda)a + bx_t + \lambda y_{t-1}.$$

C'est le résultat recherché : on est passé d'une expression qui comporte une somme d'une infinité de termes retardés à une expression *autorégressive*, où la variable endogène est expliquée par sa valeur retardée (d'une période) et par la valeur que prend la variable exogène à la même période.

Kuhn et Tucker (théorème de)

Théorème qui permet de déterminer les candidats à l'extremum d'une fonction dont les variables sont soumises à des contraintes sous forme d'inégalités. Ce théorème utilise les multiplicateurs de LAGRANGE comme dans le cas où les contraintes s'écrivent sous la forme d'égalités. Par conséquent, un point candidat à un extremum, X^*, annule les dérivées du lagrangien $L(\cdot)$ associé au programme ; soit :

$$L'_{x_j}(X^*) = 0, \quad j = 1, \ldots, n.$$

A ces conditions s'ajoutent les *relations d'exclusion* :

$$\lambda_i \cdot g_i(X^*) = 0, \quad i = 1, \ldots, p,$$

qui signifient qu'au point candidat X^* soit la contrainte $g_i(X) \geq 0$ est saturée ($g_i(X^*) = 0$), soit le multiplicateur de Lagrange qui lui est associé est nul ($\lambda_i = 0$).

En outre, il découle du théorème de l'ENVELOPPE que lorsque l'extremum considéré est un *maximum*, alors les multiplicateurs de Lagrange associés à la contrainte sont *positifs* ; si c'est un *minimum*, ils sont *négatifs*.

La *démonstration* du théorème de Kuhn et Tucker peut être faite en utilisant le théorème du lagrangien (où les contraintes s'écrivent sous la forme d'égalités). Pour cela, il suffit d'introduire des *variables d'écarts* z_i définies par les égalités $z_i^2 = g_i(X)$, ce qui permet de remplacer l'inégalité $g_i(X) \geq 0$ par l'égalité $g_i(X) - z_i^2 = 0$ ($i = 1, \ldots, p$). Le lagrangien du programme s'écrit alors :

$$f(X) + \Sigma\lambda_i(g_i(X) - z_i^2),$$

de sorte que les conditions du premier ordre pour le « candidat » X^* (et Z^*) s'écrivent :

(1) $f'_{x_j}(X^*) + \Sigma\lambda_i(g_i)'_{x_j}(X^*) = 0, j = 1, \ldots, n$ (dérivées par rapport aux x)

(2) $-2\lambda_i z_i^* = 0, i = 1, \ldots, p$ (dérivées par rapport aux z).

Les conditions (1) sont les mêmes que dans le cas où les contraintes sont écrites sous la forme d'égalités ($L'_{x_j}(X^*) = 0, j = 1, \ldots, n$). Quant aux conditions (2), ce sont les relations d'exclusion, puisque par définition des variables d'écart z on a : $z_i^* = 0$ si et seulement si $g_i(X^*) = 0$.

L

Laffer (courbe de)

Courbe utilisée par l'économiste Arthur Laffer, à la fin des années soixante-dix, pour illustrer l'idée selon laquelle il existe un niveau optimal de taxation — s'il est dépassé, le produit de l'impôt diminue. Cette courbe aurait donc la forme suivante :

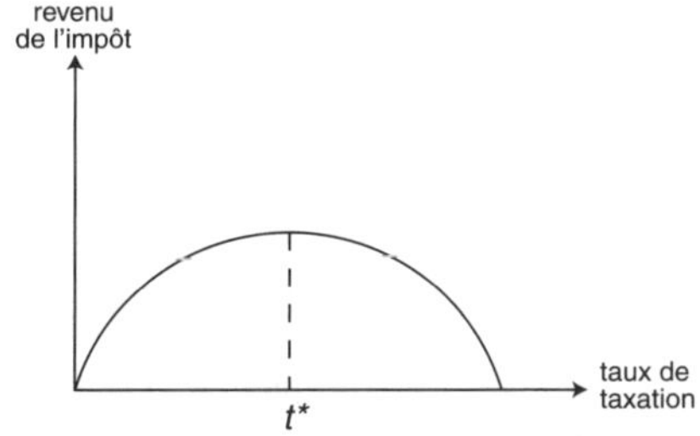

Ainsi, tant que le taux de taxation est inférieur au taux optimal t^*, il est possible d'augmenter le produit de l'impôt (les recettes de l'État) en accroissant le niveau de taxation ; mais si celui-ci dépasse la valeur t^*, les impôts perçus diminuent, car leur effet désincitatif sur l'offre de travail l'emporte sur l'effet de la hausse du niveau de taxation.

La courbe de Laffer ne fait qu'illustrer l'idée selon laquelle « trop d'impôts tue l'impôt ». Elle part de la constatation évidente que si le taux d'imposition est nul, l'impôt est nul ; de même si le taux d'imposition est de 100 %. Par conséquent, entre ces deux situations, il doit y avoir un taux qui maximise l'impôt. Tout le problème est de savoir quel est ce taux, à supposer qu'il soit constant ; c'est donc une question empirique. Or, aucune étude empirique ne le dit. On peut seulement remarquer que les taux d'imposition élevés concernent les revenus qui le sont aussi ; or, très souvent, ceux qui touchent ces revenus ont des motivations autres que pécuniaires (leurs besoins étant satisfaits, et au-delà). Le revenu peut avoir de l'importance pour eux, mais comme symbole de réussite sociale ou comme facteur de pouvoir ; ils peuvent protester contre l'impôt, sans que cela les « désincite » pour autant au travail.

Finalement, la courbe de Laffer est une arme idéologique pour ceux qui pensent que l'État doit intervenir le moins possible dans l'économie ; ce n'est d'ailleurs pas un hasard qu'elle soit devenue populaire dans les années quatre-vingt, période caractérisée par une montée en puissance du discours « anti-étatique ».

Lagrange (multiplicateurs de) et **lagrangien**

Nombres associés aux contraintes subies par les variables d'une fonction et qui permettent de déterminer les extremums de cette fonction lorsque ses variables sont soumises à ces contraintes en utilisant une présentation semblable à celle qui est faite dans le cas d'un extremum dont les variables sont « libres » (non liées).

En effet, pour trouver les candidats à un extremum d'une fonction $f(\cdot)$ de CLASSE C^1, on annule ses dérivées partielles ; si les variables $x_1, \ldots, x_n$ de cette fonction sont soumises aux p contraintes : $g_i(x_1, \ldots, x_n) = 0$, $i = 1, \ldots, p$, alors la recherche de ses extremums sous contraintes se fait en annulant les dérivées partielles de la fonction :

$$L(\cdot) = f(\cdot) + \lambda_1 g_1(\cdot) + \ldots + \lambda_p g_p(\cdot).$$

Cette fonction est appelée *lagrangien* du programme étudié, le nombre λ_i étant le *multiplicateur de Lagrange* associé à la i-ème contrainte.

A l'origine des multiplicateurs de Lagrange, il y a le *théorème des fonctions* IMPLICITES. En effet, si l'on considère le programme qui consiste à rechercher les extremums de la fonction :

$$f(x_1, \ldots, x_n)$$

dont les variables sont soumises à la contrainte :

$$g(x_1, \ldots, x_n) = 0,$$

alors on peut considérer que cette contrainte définit implicitement une des variables (disons x_n) en fonction des autres [soit : $x_n = \varphi(x_1, \ldots, x_{n-1})$], de sorte que le programme se ramène à la recherche des extremums de la fonction « sans contrainte » :

(1) $f(x_1, ..., x_{n-1}, \varphi(x_1, ..., x_{n-1}))$.

Pour que $A = (a_1, ..., a_n)$ soit un extremum de cette fonction, il faut qu'il annule ses dérivées (par rapport à $x_1, ..., x_{n-1}$). La dérivée par rapport à $x_i (i = 1, ..., n - 1)$ de (1) s'obtient par DÉRIVATION EN CHAÎNE ; elle est donnée par :

$f'_{x_i}(x_1, \ldots, x_{n-1}, \varphi(x_1, \ldots, x_{n-1})) + f'_{x_n}(x_1, \ldots, x_{n-1}, \varphi(x_1, \ldots, x_{n-1})) \cdot \varphi'_{x_i}(x_1, \ldots, x_{n-1})$.

Comme cette expression s'annule à l'extremum A, il s'ensuit qu'on a [en se rappelant que, par construction de $\varphi(\cdot)$, $a_n = \varphi(a_1, ..., a_{n-1})$] :

$$(2)\quad \varphi'_{x_i}(a_1, \ldots, a_{n-1}) = -\frac{f'_{x_i}(a_1, \ldots, a_n)}{f'_{x_n}(a_1, \ldots, a_n)},$$

à condition que $f'_{x_n}(a_1, \ldots, a_n) \neq 0$.

Or, comme par ailleurs la fonction $\varphi(\cdot)$ est définie implicitement par la contrainte $g(x_1, ..., x_n) = 0$, il découle du *théorème des fonctions implicites* que :

$$(3)\quad \varphi'_{x_i}(a_1, \ldots, a_{n-1}) = -\frac{g'_{x_i}(a_1, \ldots, a_n)}{g'_{x_n}(a_1, \ldots, a_n)}.$$

De (2) et (3), il vient alors :

$$(4)\quad \frac{f'_{x_i}(a_1, \ldots, a_n)}{f'_{x_n}(a_1, \ldots, a_n)} = \frac{g'_{x_i}(a_1, \ldots, a_n)}{g'_{x_n}(a_1, \ldots, a_n)}.$$

La relation (4), appliquée à $i = 1, ..., n - 1$, donne les conditions du PREMIER ORDRE pour l'extremum d'une fonction dont les variables sont liées par une contrainte. Ce sont ces conditions qu'on retrouve par exemple dans le CHOIX DU CONSOMMATEUR en CONCURRENCE PARFAITE, choix qui consiste à égaliser les TAUX MARGINAUX DE SUBSTITUTION [rapports des dérivées partielles du type $\frac{f'_{x_i}(q_1, \ldots, q_n)}{f'_{x_n}(q_1, \ldots, q_n)}$] aux rapports des prix (dérivées de la contrainte budgétaire, avec ici $g(q_1, ..., q_n) = R - \Sigma p_i q_i$). Cette condition de base s'exprime « géométriquement » de la façon suivante : *en un point candidat à un extremum sous contraintes, la courbe de niveau de la fonction-objectif qui passe par ce point est tangente à la courbe qui représente la contrainte.*

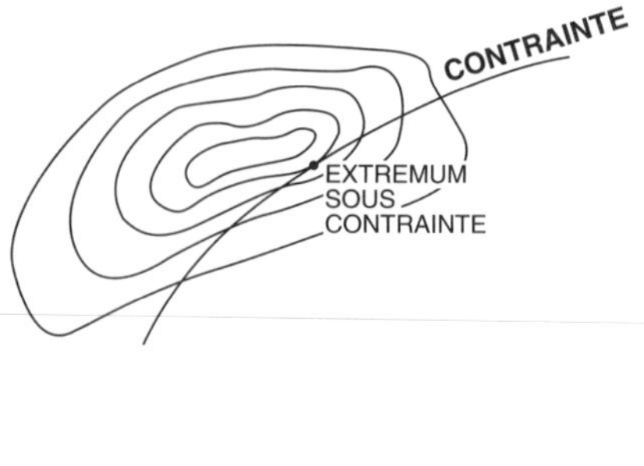

C'est à ce stade qu'on introduit les multiplicateurs de Lagrange, qui permettent de présenter ce résultat sous une forme semblable à celle qu'il prend dans le cas où les variables ne sont pas soumises à des contraintes. Pour cela, on écrit (4) sous la forme :

$$(5)\quad \frac{f'_{x_i}(a_1, \ldots, a_n)}{g'_{x_i}(a_1, \ldots, a_n)} = \frac{f'_{x_n}(a_1, \ldots, a_n)}{g'_{x_n}(a_1, \ldots, a_n)}$$

et l'on note $-\lambda$ ce rapport (qui ne dépend pas de i, puisque $\frac{f'_{x_n}(a_1, \ldots, a_n)}{g'_{x_n}(a_1, \ldots, a_n)}$ n'en dépend pas). De l'égalité :

$$\frac{f'_{x_i}(a_1, \ldots, a_n)}{g'_{x_i}(a_1, \ldots, a_n)} = -\lambda$$

il vient alors :

(6) $f'_{x_i}(a_1, \ldots, a_n) + \lambda \cdot g'_{x_i}(a_1, \ldots, a_n) = 0$,

égalité qui est vérifiée pour $i = 1, ..., n$. Or, si on pose :

$L(x_1, ..., x_n) = f(x_1, ..., x_n) + \lambda \cdot g(x_1, ..., x_n)$,

alors la condition (6) s'écrit :

(7) $L'_{x_i}(a_1, \ldots, a_n) = 0$.

C'est le résultat annoncé pour $i = 1, ..., n$. On notera à son propos que :

— il est une *conséquence* de la *relation fondamentale* (« de tangence ») (4), et non sa « cause » (comme les manuels de microéconomie le donnent à croire) ;

— il est plus simple d'*écrire* (7) — qui a l'avantage de rappeler la condition du premier ordre d'un extremum sans contrainte — que (4), mais la recherche des points candidats A (les calculs que nécessite cette recherche) n'est pas forcément simplifiée par l'introduction du lagrangien, qui ajoute une inconnue (λ) supplémentaire au problème étudié ; souvent, cette résolution commence d'ailleurs par se faire en éliminant cette variable supplémentaire… ce qui ramène aux relations (4) !

— il se généralise aisément — toujours en appliquant le théorème des fonctions implicites — au cas où les variables sont soumises à p contraintes, les calculs étant évidemment plus lourds (voir *Les Mathématiques de la microéconomie*, de Bernard Guerrien et Isabelle This, Economica, Paris, 1996).

Ainsi, les multiplicateurs de Lagrange permettent de représenter d'une autre façon les conditions du premier ordre d'un problème d'extremum sous contraintes. Toutefois, et c'est là un point intéressant, ils peuvent aussi être interprétés en tant qu'indicateurs de l'« intensité de la contrainte » subie au point extremum, interprétation qui s'appuie sur le théorème de l'ENVELOPPE.

Levier (effet de)

En *finance*, effet de la structure d'endettement d'une entreprise sur la rentabilité de ses fonds propres — c'est-à-dire les fonds avancés par ses propriétaires. L'effet de levier est positif — favorable à l'entreprise — lorsque le taux de profit de celle-ci, résultat de son activité de production, est supérieur au taux d'intérêt versé sur les sommes empruntées ; il est négatif dans le cas contraire. On dit qu'il y a effet de « levier » car un faible écart entre ces taux peut se traduire par de fortes variations de la rentabilité des fonds propres, si la part de ceux-ci est relativement faible dans la structure d'endettement de l'entreprise.

L'effet de levier ne peut se concevoir que dans un contexte d'incertitude, avec ASYMÉTRIE D'INFORMATION, l'entreprise ayant des informations que n'a pas le prêteur, et qui lui permettent d'anticiper un taux de profit plus élevé que le taux auquel elle peut emprunter ; sinon il y aurait égalisation de ces taux, le prêteur éventuel préférant acheter des actions des entreprises tant que leur rendement attendu est supérieur à celui du prêt qu'il peut faire (il y a ARBITRAGE entre les taux, abstraction faite des coûts de transaction).

Pour certains, l'effet de levier a été un des facteurs importants de la croissance pendant la période des « TRENTE GLORIEUSES », le taux d'intérêt réel versé par les entreprises (emprunteurs) ayant été alors très faible (et même parfois négatif), en raison notamment de l'inflation, qui affecte moins les entreprises — productrices de « biens réels », dont les prix suivent — que les ménages (prêteurs en dernière instance).

Les calculs

On considère une entreprise qui a investi une somme K dans une activité de production dont elle attend un rendement (taux de profit) r. La somme K est obtenue en puisant une somme F dans les fonds propres de l'entreprise, somme qui est complétée par un emprunt E à un taux d'intérêt i. On a donc :

$$K = F + E.$$

Comme le bénéfice auquel l'entreprise s'attend est :

$$rK - iE,$$

le taux de rendement ρ de ses fonds propres est donc :

$$\rho = \frac{rK - iE}{F}.$$

Soit, comme $K = E + F$:

$$(1) \qquad \rho = r + \frac{(r-i)E}{F}.$$

Le terme $(r - i)E/F$ représente l'effet de levier ; il est d'autant plus important que la part des fonds propres est faible (ou que l'endettement est élevé). Évidemment, cet effet ne joue de façon favorable à l'entreprise que si $r - i > 0$, c'est-à-dire si son taux de rendement est supérieur au taux d'intérêt.

Si tel est le cas, et si l'on s'en tient à la seule formule (1), alors l'entreprise a intérêt à s'endetter complètement, c'est-à-dire à ne plus faire appel à ses fonds propres (si F tend vers 0, alors ρ tend vers l'infini). Une telle « solution » est évidemment peu satisfaisante ; pour en trouver une autre, plus vraisemblable, il faut compléter le modèle, en prenant en compte le *risque* encouru par l'entreprise, le rendement ρ n'étant qu'*attendu*. Un indicateur de ce risque est donné par la variance de ρ, variance qui se déduit de (1) en supposant que le taux d'intérêt i est certain. Soit :

$$var(\rho) = V\left(r\left(1 + \frac{E}{F}\right) - i\frac{E}{F}\right)$$

$$= V\left(r\left(1 + \frac{E}{F}\right)\right) \text{ (puisque } i \text{ est non aléatoire)}$$

$$= \left(1 + \frac{E}{F}\right)^2 var(r).$$

Ainsi, l'indicateur de risque, $var(\cdot)$, augmente avec le taux d'endettement E/F. Ce qui s'explique : quoi qu'il arrive, les intérêts doivent être versés, alors que tel n'est pas le cas pour la rémunération des fonds propres, l'entreprise pouvant s'abstenir de distribuer des dividendes aux actionnaires si son profit n'a pas la valeur attendue. Dans ces conditions, elle va plus ou moins limiter son endettement, selon son degré d'AVERSION POUR LE RISQUE.

Libre entrée

On dit qu'il y a « libre entrée sur le marché d'un bien » si toutes les entreprises qui le désirent peuvent se lancer dans la production de ce bien, sans se trouver face à des obstacles d'ordre institutionnel ou autre. La libre entrée peut concerner un bien précis, un groupe de biens ou l'ensemble des biens de l'économie.

Selon la vision couramment admise, la libre entrée empêche l'existence de « situations acquises », où les entreprises en place bénéficient de « rentes » ou de « surprofits ». Car la présence de ceux-ci ne peut qu'attirer de nouveaux producteurs qui, en augmentant l'offre, provoquent progressivement une baisse des prix, jusqu'au moment où les rentes (ou les surprofits) disparaissent.

Toutefois, si l'on ne veut pas en rester à la « vision couramment admise » et si l'on veut élaborer une théorie, il faut préciser le contenu de chacun des mots utilisés (par exemple, qu'est-ce qu'un « surprofit » ?), ainsi que la forme du processus de libre entrée proprement dit. Ce qui nécessite d'expliciter le *cadre institutionnel* retenu, mais aussi les caractéristiques des agents considérés, l'information dont ils disposent et leurs CONJECTURES sur leurs comportements respectifs. Si on le fait, on s'aperçoit alors que, quelle que soit la variante envisagée, la vision couramment admise sur les conséquences de la libre entrée est très discutable, les choses étant bien plus complexes qu'on ne le croit habituellement, comme le montre le cas de la concurrence parfaite.

Libre entrée et concurrence parfaite

La libre entrée est souvent considérée comme une des caractéristiques essentielles de la CONCURRENCE PARFAITE. Or, il n'en est rien, tout au moins si l'on s'en tient au modèle de référence de la concurrence parfaite, celui d'ARROW-DEBREU. En effet, dans ce modèle, il est supposé que les entreprises — et les fonctions de production qui les caractérisent — sont une *donnée* ; leur nombre est donc fixé à l'avance et elles ne peuvent ni fusionner ni se diviser en unités plus petites. Cette hypothèse est faite pour éviter d'avoir à considérer des fusions d'entreprises ou l'« éclatement » de certaines d'entre elles ; sinon, il faudrait préciser la fonction de production des entités qui résultent de ces processus, ce qui est loin d'aller de soi.

L'hypothèse sur le caractère « prédéterminé » des entreprises est même indispensable si l'on suppose — comme on le fait habituellement — que certaines d'entre elles puissent être à RENDEMENTS D'ÉCHELLE décroissants ; sinon, *ces entreprises auraient intérêt à se subdiviser en unités plus petites*, au « rendement » plus élevé, et avec un profit strictement positif (qui n'est donc pas éliminé par la « libre entrée »).

Les rendements d'échelle croissants étant exclus par hypothèse de la concurrence parfaite, il reste à étudier le cas où ils sont constants. Comme le profit (d'équilibre) est alors nul, les entreprises ne sont pas incitées à « entrer » — ni à « rester » d'ailleurs. En fait, le principal problème que posent les rendements d'échelle constants est celui de l'*indétermination de l'offre*, puisque les prix (d'équilibre) ne sont pas un signal suffisant pour que les entreprises puissent établir le niveau de production qui satisfait la demande ; qu'il y ait libre entrée ou pas ne change donc rien à la situation.

Le but du modèle d'Arrow-Debreu est de démontrer l'existence d'un ÉQUILIBRE GÉNÉRAL concurrentiel ; ce qui conduit ses auteurs à exclure les rendements croissants, mais aussi les COÛTS FIXES, afin que les fonctions d'offre ne soient pas discontinues à certains prix. Il existe cependant une autre présentation de la concurrence parfaite, qui adopte un point de vue plus restreint, d'ÉQUILIBRE PARTIEL, et qui *suppose* la présence de coûts fixes — en tant que raison d'être des entreprises.

Libre entrée et coûts fixes

Lorsque le point de vue est celui de l'équilibre partiel, il est d'usage de caractériser les entreprises par des fonctions de COÛT, et de supposer que la courbe de COÛT MOYEN est en U, la présence de coûts fixes expliquant la partie décroissante de cette courbe (la partie croissante étant due aux rendements d'échelle décroissants). Le point où elle passe par un minimum (le point le plus bas du U) représente donc un *seuil* pour le prix et pour la quantité produite — en dessous de ce seuil, les coûts fixes ne sont pas amortis. Si le prix du bien produit par une entreprise est au-dessus de ce seuil, alors elle fait un profit positif — qui est souvent qualifié de « surprofit ». D'autres entreprises sont donc incitées à se lancer dans la production du même bien qu'elle, tout au moins s'il y a « libre entrée » ; cependant, l'augmentation de l'offre qui s'ensuit provoque — si l'on suppose que la demande est décroissante et s'« ajuste » à l'offre — une baisse du prix du bien, et donc du profit. Si « trop » d'entreprises décident d'« entrer », le prix va passer en dessous du seuil de rentabilité ; toutes vont produire à perte, ce qui les incitera à « sortir » aussi brutalement qu'elles sont entrées. La libre entrée se traduit donc par des *brusques variations de l'offre*, dont la cause se trouve dans les indivisibilités inhérentes à la présence de coûts fixes (ceux-ci empêchent que les entreprises se divisent en unités de plus en plus petites).

Un exemple simple doit permettre de mieux comprendre pourquoi il en est ainsi. Considérons un bien dont la demande au prix « minimal » (celui à partir duquel la production devient rentable) est égale à 1 000, l'offre étant le fait d'entreprises dont le seuil de rentabilité, à ce prix, est de 300 unités produites. S'il n'y a que trois entreprises, au prix « minimal » l'offre totale (900) est donc inférieure à la demande (1 000) ; autrement dit, pour qu'il y ait équilibre, il faut que le prix augmente (compte tenu des hypothèses faites). Si tel est le cas, les entreprises en place vont faire un profit (« surprofit ») strictement positif, ce qui va inciter d'autres entreprises à se lancer dans la production du bien considéré. Toutefois, il suffit qu'il y en ait une seule qui le fasse (avec la même fonction de coût) pour que l'offre « minimale » (4 × 300 = 1 200) excède la demande, et donc pour que le prix passe en dessous du seuil de rentabilité. Autrement dit, la libre entrée a pour conséquence que toutes les entreprises font des pertes ; certaines — si ce n'est toutes — vont alors arrêter de produire et provoquer ainsi une baisse marquée de l'offre ; d'où une remontée du prix du bien, dont la production redevient rentable, etc. On se trouve donc face à un système soumis a des oscillations fortes et sans fin, dues au fait que le seuil de rentabilité est franchi lorsque le nombre d'entreprises qui produisent le bien considéré passe de trois à quatre.

On peut noter que le raisonnement précédent vaut pour n'importe quel seuil de rentabilité ; ainsi, dans notre exemple, si l'offre « minimale » est de 30 au lieu de 300, alors c'est le passage de 33 à 34 entreprises qui entraîne l'apparition d'oscillations dans la production et les prix. Le fait qu'il y ait peu ou beaucoup de producteurs ne change rien à l'affaire, car c'est l'entreprise « marginale » — la troisième ou la trente-quatrième, selon le cas, dans notre exemple — qui provoque l'oscillation. Et c'est pour éviter d'être confrontés à un phénomène de ce type qu'Arrow et Debreu excluent les coûts fixes de leur modèle et supposent donné le nombre d'entreprises (certaines d'entre elles pouvant d'ailleurs faire un profit – « surprofit » — strictement positif à l'équilibre).

Remarque. La transformation, au niveau du langage, du « profit » en « surprofit » au moment où est abordée la question de la libre entrée est un symptôme des problèmes théoriques que pose celle-ci, dès qu'elle est envisagée de façon conséquente.

Libre entrée et concurrence imparfaite

Les oscillations qu'engendre la libre entrée en concurrence parfaite — lorsqu'il y a des coûts fixes — apparaissent comme le résultat de comportements moutonniers, les entreprises se précipitant aveuglément dans la production d'un bien dès qu'elles apprennent qu'il y a quelque part un surprofit possible (dont elles provoquent d'ailleurs la disparition), tandis que les entreprises en place laissent faire.

De tels comportements ne sont pas très rationnels, puisqu'ils ne prennent pas en compte l'ensemble de leurs conséquences. Ainsi, les candidats à l'entrée peuvent chercher à négocier leur participation à la production — ou, plus précisément, leur non-participation — tandis que les entreprises en place peuvent adopter une attitude plus offensive, qui cherche à les dissuader d'entrer. Si tel est le cas, la nature du modèle change, puisque les comportements ne sont plus ceux que suppose la concurrence parfaite. L'approche relève alors de la CONCURRENCE IMPARFAITE ou, de façon plus générale, de la THÉORIE DES JEUX. Pour qu'elle soit conséquente, il faut qu'elle précise l'information dont dispose chacun, mais aussi ses CONJECTURES (ou ses croyances) en ce qui concerne le comportement des « autres », car les « résultats » — équilibres — des modèles dépendent alors étroitement des spécifications retenues. Autrement dit, le fait que les entreprises soient conscientes de l'existence de la libre entrée, ainsi que de ses conséquences, modifie la nature même de celle-ci, et cela sans que des « barrières à l'entrée » aient besoin d'être imposées de l'extérieur. C'est toutefois l'existence de coûts fixes — ou de rendements d'échelle croissants — qui est dans la plupart des modèles à l'origine des problèmes posés par la libre entrée, aussi bien en concurrence parfaite qu'en concurrence imparfaite.

Lindhal (équilibre de)

Affectation des ressources de l'économie où il existe une *production optimale* — au sens de l'OPTIMUM DE PARETO — de BIENS COLLECTIFS, grâce à la mise en place d'un *système de prix personnalisés* qui tient compte de l'utilité procurée par ces biens à ceux qui les consomment.

Le problème que se pose Lindhal est donc celui des biens collectifs, dont la consommation par quelqu'un n'exclut pas la consommation par d'autres. Ainsi, si un bien de ce type est « produit » en quantité q, q intervient *simultanément* dans les fonctions d'utilité — ou de production — de plusieurs agents, si ce n'est tous. Comment alors faire payer le « service rendu » par ce bien ? On peut envisager un système de *souscriptions*, où chacun fait sa propre évaluation de ce service et cotise en conséquence. Mais cette solution a notamment pour inconvénient d'être *sous-optimale* au sens de Pareto ; en effet, chacun estime sa participation sur la base de sa propre utilité, sans tenir compte du fait que la production du bien collectif dépend de la *somme* des cotisations individuelles. Ainsi, une augmentation — même faible — de l'apport de chacun peut se traduire par une hausse non négligeable de la quantité produite du bien collectif, et donc de l'utilité de tous, hausse non comptée dans les calculs individuels.

Cette sous-optimalité peut être évitée en déterminant la quantité à produire de bien collectif à partir de la *somme* (pondérée) des disponibilités à payer de tous les agents de l'économie. Toutefois, cette solution nécessite l'évaluation — par une instance centrale — des disponibilités à payer de chacun ; c'est pourquoi Lindhal propose d'afficher des *prix personnalisés*, tout le monde consommant la même quantité de bien collectif, mais chacun payant en fonction de l'utilité (marginale) qu'il lui procure.

La solution ainsi proposée soulève — au moins — deux problèmes essentiels, outre le fait qu'elle suppose un cadre ultracentralisé :

— les prix sont calculés sur la base d'utilités CARDINALES qui, selon les canons actuels, n'ont pas de signification en soi ;

— l'analyse suppose que les agents « jouent le jeu » en annonçant sans arrière-pensée leur évaluation de ce que leur apporte le bien collectif, alors que l'attitude rationnelle consiste à faire l'annonce la plus faible possible (et donc à adopter un comportement de PASSAGER CLANDESTIN).

Finalement, le modèle de Lindhal n'a de sens que dans un monde planifié (ou semi-planifié), où chaque individu a un sens aigu de la loyauté envers la communauté.

Linéarisation (d'une fonction)

Opération qui consiste à remplacer une fonction au voisinage d'un point par une fonction *linéaire* qui lui est « la plus proche possible » (au sens où son graphe est « tangent » au sien, au point considéré). Cette fonction linéaire est donnée par la DIFFÉRENTIELLE de la fonction au point considéré.

Ainsi, dans le cas d'une fonction $f(\cdot)$ d'une variable, sa version « linéarisée » au point a est donnée par l'expression :

$$f(a) + f'(a) \cdot (x - a).$$

Si $F(\cdot)$ est une fonction de $\mathfrak{R}^m$ *dans* $\mathfrak{R}^n$, alors sa version « linéarisée » au point A est donnée par l'expression :

$$F(A) + \mathbf{F}'(A)(X - A),$$

où $F'(A)$ est la MATRICE JACOBIENNE des dérivées partielles de $F(\cdot)$ en A.

Loi de la demande

Propriété selon laquelle la DEMANDE CONCURRENTIELLE d'un bien décroît lorsque son prix augmente. Il est admis que cette « loi » peut ne pas être vérifiée pour certains biens (appelés à cause de cela biens GIFFEN). La question est cependant de savoir si la loi est valable en dehors de quelques cas très particuliers, c'est-à-dire si elle peut, dans une perspective NÉO-CLASSIQUE, être déduite des comportements maximisateurs individuels. Ce qui ne peut être fait que dans un cadre d'ÉQUILIBRE GÉNÉRAL ; la « loi » signifie alors que l'ÉLASTICITÉ de la demande d'un bien par rapport au prix de ce bien est strictement négative ; si ce n'est vrai qu'à l'équilibre, alors la « loi » n'est valable que localement.

Après de multiples tentatives faites pour établir la validité de la loi de la demande — notamment par HICKS et SAMUELSON, qui se limitent à un point de vue local —, les théoriciens de l'équilibre général ont dû se résigner à admettre qu'elle ne peut pas être établie dans le cadre du modèle d'équilibre général d'ARROW-DEBREU (le seul dont on est sûr qu'il comporte au moins un équilibre) ; ce « résultat » est une des conséquences du théorème de SONNENSCHEIN, qui a été établi au début des années soixante-dix.

Si la loi de la demande n'est pas vérifiée, c'est à cause de l'EFFET REVENU, qui peut entièrement contrecarrer l'EFFET SUBSTITUTION (ce dernier agit toujours de la façon stipulée par la loi de la demande), une hausse de prix se traduisant par une valorisation des DOTATIONS INITIALES de certains agents (ce dont ne tiennent pas compte les approches en équilibre partiel).

« Loi de l'offre et de la demande »

Expression utilisée pour désigner l'idée, vague, selon laquelle, lorsque la demande d'un bien est supérieure à son offre, alors son prix augmente — celui-ci diminuant dans le cas contraire. L'idée est vague parce qu'on ne sait pas par quoi l'offre et la demande sont déterminées, ni comment elles agissent sur les prix (selon quelle relation, dont la « loi » serait l'expression ?).

Généralement, dans les analyses usuelles, on considère que les offres et les demandes sont fonction des prix (ce qui se traduit par des notations de la forme $s(p)$ et $d(p)$) ; puis, on avance que les prix dépendent eux-mêmes des offres et des demandes (selon la « loi »), au risque de faire un raisonnement circulaire : les prix déterminent (ou influencent) l'offre et la demande, qui elle-même détermine (ou influence) les prix ! Pour sortir de cet imbroglio — dont ceux qui parlent de « loi de l'offre et de la demande » sont rarement conscients —, il faut ajouter quelque chose de plus dans l'analyse. La solution généralement adoptée, même si elle est rarement formulée de façon claire, consiste à supposer l'existence d'un *processus* : d'abord, les prix sont annoncés, ou « criés », ou « affichés » ; ensuite, les agents formulent des offres et des demandes, sur la base de ces prix ; enfin, les prix sont modifiés en fonction de ces offres et demandes. C'est seulement alors que s'applique la « loi de l'offre et de la demande ». Mais on voit que, pour que cela soit possible, il faut que soit d'abord précisé *qui* annonce les prix, *qui* recueille les offres et les demandes individuelles et *qui* modifie, et comment, les prix. La réponse généralement apportée à ces questions, quand elles sont posées, est d'invoquer l'existence d'une entité du type commissaire-priseur, qui mettrait en œuvre un processus du genre TÂTONNEMENT. Mais on est alors loin du « marché », dont la « loi de l'offre et de la demande » serait la manifestation la plus typique.

Sans commissaire-priseur, la formulation même de cette « loi » devient problématique. On est alors, en effet, confronté au problème du MARCHANDAGE : des individus sont disposés à faire des échanges, car ils sont mutuellement avantageux, mais ils sont possibles pour une large gamme de taux (ou de prix) — gamme qui dépend des taux de RÉSERVE de chacun. Dans un tel contexte, où il n'y a pas de prix unique — mais une multitude de prix acceptables, qui dépendent des parties en présence —, on ne peut vraiment parler d'offre et de demande (et encore moins de *fonction* d'offre et de demande). On peut éventuellement considérer des cas particuliers, tel celui où il y a plusieurs demandeurs pour un même bien (comme lors d'une enchère ou pour les offres d'un logement), la « loi » de l'offre et de la demande consistant alors à dire que plus il y a de demandeurs, plus le prix auquel le bien sera cédé est élevé ; mais cela est bien vague.

Un vieux débat

Depuis toujours, l'affirmation (vague) selon laquelle les prix sont déterminés par la « loi de l'offre et de la demande » a posé problème à tous ceux qui ont cherché à réfléchir à la question — le caractère circulaire de cette affirmation apparaissant rapidement. C'est ainsi que les CLASSIQUES et MARX ont défendu la thèse de la VALEUR TRAVAIL, selon laquelle le prix d'un bien est déterminé, pour l'essentiel, par le temps de travail nécessaire à sa production. Si l'offre et la demande jouent un rôle, sur la base de ce prix de référence, il n'est que passager — ou secondaire. En fait, ce sont les théoriciens marginalistes (appelés plus tard NÉO-CLASSIQUES) qui ont cherché à donner un rôle central à l'offre et la demande en tant que facteurs déterminant les prix. Conscients du risque de circularité du raisonnement, les théoriciens de ce courant ont ouvert un débat assez virulent : d'un côté, il y a Léon WALRAS, qui utilise les concepts d'offre et de demande en supposant des prix donnés (« criés »), de l'autre Francis Edgeworth qui conteste cette façon de faire (au nom du réalisme), et qui part de la constatation que les échanges, et les prix, résultent généralement d'une forme ou une autre de marchandage entre agents économiques. Dans le premier cas, celui des prix « criés », un contenu peut être donné à la « loi de l'offre et de la demande », mais dans un cadre ultracentralisateur ayant peu (ou rien) à voir avec ce qu'on entend généralement par « marché » ; dans le second cas, celui du marchandage, ce cadre est abandonné au profit des relations directes, ce qui est sans doute bien plus pertinent mais qui, en revanche, rend inutiles les notions d'offre et de demande (celle de marchandage suffisant). Pour plus de détails, voir l'entrée DEBREU-SCARF (MODÈLE DE).

Bien que la présentation d'Edgeworth soit plus pertinente pour l'étude des relations marchandes, c'est celle de Walras qui s'est imposée, notamment dans l'enseignement, avec le modèle de concurrence parfaite. Ce qui peut s'expliquer par le fait qu'elle permet de raisonner à prix donnés et avec des offres et des demandes à ces prix. Les analyses et le traitement mathématiques sont alors bien plus simples que dans le cas « edgeworthien » avec ses multiples marchandages aux résultats largement indéterminés ; mais cela ne les rend pas pour autant pertinents, même s'ils peuvent impressionner les personnes non averties.

Ajustement par les prix ou par les quantités ?

La « loi de l'offre et de la demande » est généralement invoquée pour expliquer les *variations des prix*. Par exemple, s'il existe à un moment donné, et pour un bien quelconque, plusieurs producteurs ayant des capacités de production leur permettant de servir, et au-delà, de façon profitable la demande au prix prévalant à ce moment — et même à un prix inférieur —, alors chaque producteur cherchera à augmenter son profit en baissant (même très légèrement) son prix, de façon à « capter » une part plus grande de la demande. Il est facile de voir qu'un tel processus, où les entreprises « font des prix », conduit à une succession de surenchères dont le résultat est soit une disparition totale des profits (et de certaines entreprises), soit un processus instable, avec des mouvements désordonnés et sans fin des prix et des quantités produites (le modèle simple du duopole de BERTRAND attire l'attention sur ce genre de situation). C'est ce qu'on appelle parfois la « guerre des prix », dont on peut trouver de nombreux exemples historiques. Vu ces expériences et leur caractère souvent dévastateur (en raison notamment de la présence de COÛTS FIXES qui ne peuvent être amortis), on constate, dans les faits, qu'il existe dans les sociétés dites « de marché » des règles (écrites ou non écrites) ou des accords plus ou moins tacites entre les producteurs d'un même bien — ou de biens très ressemblants —, qui ont pour but (ou pour conséquence) d'éviter de telles guerres de prix, les ajustements entre l'offre et la demande se faisant alors par le biais des quantités. Ainsi, lorsqu'il y a surproduction, à un prix donné, ou lorsqu'il existe des capacités de production excédentaires, on observe plus souvent une diminution plus ou moins importante des quantités offertes (constitution de stocks, production ralentie, chômage technique) que des baisses de prix significatives — qui peuvent entraîner tout le monde dans le gouffre. Dans le cas où il y a un très petit nombre de producteurs pour un bien d'un certain type, alors il existe souvent un accord tacite entre eux pour ne pas mener la guerre sur le front des prix (quitte à jouer sur les marques ou sur des présentations différentes), les ajustements se faisant par le biais des quantités. Quand le nombre de producteurs est grand — et donc les accords tacites plus difficiles —, alors le rôle des entités telles que les *syndicats professionnels* peut devenir très important, comme le montre le cas de l'agriculture, où les ajustements par les quantités prennent la forme de quotas, de mises en jachère donnant droit à des primes, de stockage par des organismes de régulation, etc. Le but recherché est d'éviter des baisses trop fortes des prix, et donc l'action trop brutale de la « loi de l'offre et de la demande », dont personne ne sait exactement jusqu'où elle peut mener. Il est vrai qu'il existe des secteurs où les fluctuations de prix sont très fortes ; par exemple, celui de certaines matières premières dont les producteurs sont souvent dispersés dans plusieurs pays et qui n'ont pas un poids ou les moyens suffisants (face à la demande) pour s'organiser de façon à limiter les baisses de prix par un ajustement par les quantités. Toutefois, de telles fluctuations de prix ne sont généralement pas considérées comme une bonne chose — mieux valent donc les ajustements par les quantités.

Les inconvénients des fortes variations de prix

Selon la « loi de l'offre et de la demande », le prix augmente (diminue) quand la demande est supérieure (inférieure) à l'offre. Mais de combien ? Dans un système très centralisé, du genre commissaire-priseur, il est toujours possible de se donner une règle quelconque de variation des prix et donc de répondre à cette question. Mais, en dehors de ce cas, la réponse ne va pas de soi. Car que dire d'une situation où il y a, à un prix donné, une offre qui dépasse la demande ? Le prix va baisser, mais on ne peut dire *a priori* si c'est de peu ou de beaucoup — tout dépend de la perception de chaque producteur de la *fonction* de demande de son produit ainsi que de la réaction de ses concurrents. On peut seulement noter que la probabilité est pratiquement nulle pour que la baisse soit telle qu'il y ait « juste » égalité de l'offre et de la demande (globalement ou autrement). En outre, s'il y a des coûts fixes — une des principales raisons d'être des entreprises en tant qu'entités indépendantes des ménages (voir l'entrée RENDEMENTS D'ÉCHELLE) —, alors une baisse de prix d'une certaine importance peut avoir des effets irréversibles, telle la faillite d'entreprises et ce que cela implique comme mésallocation des ressources (une remontée ultérieure des prix pouvant justifier, mais trop tard, l'existence des entreprises « liquidées », avec leurs équipements et leur savoir-faire). De même, une hausse de prix non négligeable peut entraîner l'installation de capacités de production excédentaires.

Les gaspillages résultent notamment du fait que la mise en œuvre de la production prend du temps, et immobilise certaines ressources « pour toujours ». Le rôle des anticipations est donc essentiel, au moment de la décision concernant l'utilisation de ces ressources. En outre, on ne peut exclure les « comportements stratégiques », ici des demandeurs qui, sachant qu'il y a un excès d'offre (potentiel), vont délibérément retarder leurs achats, pour obliger les offreurs à baisser encore plus les prix.

Souvent, le discours usuel consiste à condamner les hausses de prix (« inflationnistes »), notamment celles qui seraient induites par les hausses de salaire. Mais les baisses de prix, quand elles ne sont pas limitées à certains biens nouveaux qui cherchent à se faire une clientèle, sont encore plus redoutées : le souvenir de la crise de 1929 s'estompe de plus en plus, mais la leçon n'a pas été oubliée (du moins, pour les économistes impliqués dans les décisions de politique économique), personne ne voyant d'un bon œil les baisses de prix (sauf, comme par hasard, en ce qui concerne les salaires, qui ne seraient pas assez « flexibles » à la baisse, et le prix de certaines matières premières, comme le pétrole, qui sont importées). L'idéal serait donc que les prix bougent peu, ou lentement (pas d'inflation, pas de déflation). De même pour les taux de change : un des principaux arguments en faveur de l'euro est qu'il évite les variations de prix induites par celle de ces taux, du moins entre les pays concernés. Il est vrai que ce discours est tenu surtout en MACROÉCONOMIE, à propos du niveau des prix, mais il se trouve que, malheureusement, ce n'est qu'en macroéconomie qu'on aborde ces questions concrètement. Les arguments avancés sont du même ordre si on raisonne au niveau d'un bien : un monde où les prix fluctueraient en permanence au gré de « l'offre et de la demande », est un monde où les décisions qui engagent dans le temps (les investissements) seraient particulièrement difficiles à prendre (sur quelles bases faire les calculs ?). En fait, il existe une demande sociale de stabilité des prix, de sorte que des décisions (de production et d'investissement, notamment) puissent être prises en tenant compte des calculs (de rentabilité, notamment) effectués sur la base de ces prix. Cette demande sociale est celle de normes, de règles, d'une réglementation instaurant une « juste concurrence » ; à cela s'ajoutent les accords (tacites) entre producteurs pour ne pas se livrer à une guerre sans fin — ou à des gestes « déloyaux ». Sans tout cela — que beaucoup considèrent comme des « imperfections » —, le système dit « de marché » ne serait probablement pas viable.

Longue période
(ou long terme)

Terme utilisé pour désigner les valeurs prises par les variables qui caractérisent une économie (quantités, prix) quand celle-ci n'est pas soumise à des « chocs », ou à des « perturbations », passagers. Souvent l'idée de longue période est associée à l'idée d'évolution « naturelle » d'une économie. Ainsi, les CLASSIQUES utilisent le concept de prix « naturel » pour désigner le « vrai » prix d'un bien, celui autour duquel oscille le prix du « marché », qui est, lui, soumis aux fluctuations passagères de l'offre et de la demande (il y a « gravitation » des prix observés au jour le jour autour du prix naturel, qui exprime les « tendances profondes » de l'économie). De même, certains néo-classiques (essentiellement des macroéconomistes) ont introduit dans les années soixante la notion de « salaire naturel » ; ils entendent par là le taux de salaire qui permet la réalisation du plein emploi, au-delà des aléas de la conjoncture (et, notamment, des « manipulations » de la masse monétaire par les autorités).

La longue période, ou l'« évolution naturelle » de l'économie, est conçue dans une perspective d'*équilibre* (tous les « ajustements » ont pu se réaliser). L'équilibre de longue période est alors présenté comme un état SEMI-STATIONNAIRE, où l'économie se reproduit à l'identique, à un coefficient de proportionnalité près. Souvent, dans les présentations mathématiques des systèmes dynamiques (que ce soit sous la forme d'*équations de récurrence* ou d'ÉQUATIONS DIFFÉRENTIELLES), les équilibres de longue période sont assimilés à des états STATIONNAIRES (donc tels que $X_t = X_{t-1} = X_{t-2} = \ldots = X_e$ ou tels que $X(t) = X_e$ pour tout t), vers lesquels les diverses trajectoires de l'économie convergent (ou devraient converger).

Dans la plupart des théories économiques, notamment dans celles qui ont trait à la CROISSANCE, les équilibres de longue période servent de repère, de référence, car ils permettent d'abstraire tout ce qui est considéré comme contingent, et donc comme relativement peu important (par rapport à ce qui est « essentiel »). Toutefois, pour que l'utilisation de ces repères soit pertinente, il faut supposer que les facteurs « passagers », qui relèvent de la courte et de la moyenne période, n'ont pas une influence importante sur la situation de « longue période ». Or, une telle hypothèse est très discutable, car l'évolution économique apparaît plus comme la résultante d'une multitude de mouvements, qui vont des innovations techniques aux mouvements sociaux proprement dits et qui la font régulièrement changer de direction, que comme un phénomène régulier, une « tendance lourde » qui ne serait pas modifiée par ces mouvements. KEYNES, par exemple, refuse cette hypothèse, ce qui le conduit à récuser les analyses sur la « longue période », les relations économiques et sociales ne présentant pas, selon lui, la régularité de bon nombre de phénomènes naturels (au sens propre du terme) qui pourraient les fonder.

Loterie

En théorie de la décision en univers aléatoire, une loterie est un ensemble de paniers de biens (ou de « lots ») auxquels sont associées des probabilités dont la somme est égale à 1, probabilités qui correspondent à la réalisation d'un des ÉTATS DE LA NATURE possibles. Si le nombre d'éventualités est fini, une loterie s'écrit :

$$\{(p_1, Q_1), \ldots, (p_i, Q_i), \ldots, (p_n, Q_n)\},$$

avec $0 < p_i < 1$, $i = 1, \ldots, n$, $p_1 + \ldots + p_n = 1$, où p_i est la probabilité de réalisation du i-ème état de la nature, et Q_i le panier de biens (« lot ») qui lui correspond (l'expression « panier de biens » doit être prise de façon très large, car on admet que les Q puissent comporter des éléments négatifs, qui représentent des pertes ou des dettes).

Le mot « loterie » s'explique par le fait qu'on est en présence d'une situation qui ressemble à un tirage au sort, donnant un « gain » avec une probabilité p d'un des lots Q. Ainsi, le cas d'une loterie au sens courant où il y a une probabilité p de gagner un seul « gros lot » S est représenté par la « loterie » :

$$\{(p, S), (1 - p, 0)\}.$$

L'ensemble des loteries possibles, où les p et les Q parcourent leur domaine de définition, est appelé *espace des loteries* ; il joue le même rôle, en théorie de la décision en univers aléatoire, que l'espace des biens dans le cas certain (comme le montre l'exemple des BIENS CONDITIONNELS, qui sont notamment utilisés dans le cadre de l'hypothèse sur l'existence d'un SYSTÈME COMPLET DE MARCHÉS).

Si une loterie suppose forcément que soient énumérées toutes les alternatives possibles (les formes que peuvent prendre les états de la nature), les probabilités qui leurs sont affectées peuvent être soit « objectives » (cas d'une tombola et, plus généralement, des « jeux de hasard »), soit subjectives (laissées à l'appréciation de celui qui envisage la loterie).

Lucas (critique de)

Critique adressée par Robert Lucas (né en 1937), qui est un des chefs de file des NOUVEAUX CLASSIQUES, aux modèles macroéconomiques destinés à inspirer l'action des gouvernements (« Econometric policy evaluation : a critique », *Journal of Monetary Economics*, 1976). Cette critique part de l'idée que des individus rationnels, au sens des ANTICIPATIONS RATIONNELLES, tiennent compte dans leurs plans des mesures annoncées de politique économique et se comportent de telle sorte que les effets escomptés ne se réalisent pas. Dans ces conditions, les modèles économétriques dont les paramètres sont estimés à partir d'observations qui traduisent des comportements passés ne peuvent servir à prévoir les conséquences des mesures de politique économique, puisque celle-ci agit sur les paramètres de ces modèles (du moins, ceux qui ont trait au comportement des agents), et non seulement sur la valeur de leurs variables.

La critique de Lucas comporte en fait deux aspects, non exclusifs :

— elle laisse entendre que les politiques économiques actives sont « inefficaces », et même nuisibles, car elles détournent l'activité économique de son cours « naturel » ;

— elle fournit une explication — fondée sur la rationalité des comportements individuels — de la mauvaise qualité des prévisions effectuées à partir des modèles macroéconomiques traditionnels.

Il est clair, pour ce qui a trait à ce second aspect, qu'on peut trouver de multiples causes au caractère peu fiable des prévisions en macroéconomie ; quant à l'inefficacité des politiques économiques, elle tient beaucoup au modèle très particulier retenu par Lucas.

L'exemple de Lucas

Lucas prend pour point de départ la « fonction d'offre » la plus simple des modèles macroéconomiques, fonction qui s'écrit :

(1) $y_t = a + bm_t + ct + \varepsilon_t$,

où y_t représente le logarithme de la production en t et m_t celui de la masse monétaire à cette même date ; ε_t est un terme résiduel, résultat des aléas qui peuvent affecter la vie économique. La présence du terme ct signifie que la production croît au taux constant c, qui peut d'ailleurs être nul.

Comme les modèles macroéconomiques supposent généralement que la masse monétaire est une variable EXOGÈNE, l'équation (1) fait partie de la FORME RÉDUITE de ces modèles (elle exprime une variable ENDOGÈNE, la production y_t, en fonction des variables exogènes que sont la monnaie et le temps). C'est donc ses paramètres, a, b et c, qui sont estimés, les résultats obtenus étant utilisés pour prévoir les effets de la politique économique (dont l'« instrument » est ici la masse monétaire). Or c'est là que le bât blesse, selon Lucas. En effet, pour lui, l'équation (1) correspond bien à la forme réduite de la fonction d'offre, mais elle découle d'une FORME STRUCTURELLE différente de celle qu'on croit, et dans laquelle interviennent notamment les prévisions des agents et les variables de politique économique. La forme structurelle qu'il propose, qui doit évidemment avoir dans sa forme réduite une équation du type de (1), comprend pour l'essentiel une *fonction d'offre* fondée sur les anticipations sur les prix, une *fonction de demande* donnée par la *formule quantitative*, une règle de politique économique et des PRÉVISIONS PARFAITES (anticipations rationnelles).

En ce qui concerne la *fonction d'offre*, Lucas suppose qu'elle a — comme dans la microéconomie traditionnelle — les prix pour principal argument. Plus précisément, il considère que, en dehors du terme tendanciel, les variations de la production ne peuvent provenir que d'*erreurs d'anticipation* sur les prix. Il propose donc, pour caractériser l'évolution de l'offre, la fonction suivante, appelée depuis *fonction d'offre de Lucas* :

(2) $y_t = a' + b'(p_t - p_t^a) + c't + \varepsilon'_t$,

où p_t^a désigne la valeur anticipée, en $t-1$, de p_t ($p_t - p_t^a$ représente donc l'*erreur d'anticipation* faite en $t-1$ concernant le prix en t). Comme l'équation (2) comporte deux variables endogènes, la production et les prix, elle ne peut être estimée directement (elle ne fait pas partie de la forme réduite du modèle), contrairement à l'équation (1), par exemple.

Partisan de la THÉORIE QUANTITATIVE DE LA MONNAIE, Lucas ajoute alors à la relation (1) la formule quantitative, qui établit un lien entre la masse monétaire et le niveau des prix et qui s'écrit ici, puisque les variables sont exprimées en logarithmes :

(3) $p_t + y_t = m_t + k$,

où p_t est le logarithme du niveau des prix et k celui de la vitesse de circulation de la monnaie (supposée constante).

On est donc en présence d'un modèle à deux équations et à deux variables (endogènes), la production et le niveau des prix, auquel il faut adjoindre une hypothèse sur les anticipations mais aussi sur la façon dont est menée la politique économique. Lucas suppose que celle-ci consiste à appliquer la règle suivante :

(4) $m_t = \alpha + \beta t + \eta_t$,

où η_t désigne une réalisation d'une variable aléatoire d'espérance nulle (l'équation (4) signifie que la masse monétaire augmente au taux constant β, au « choc » η_t près).

Si les agents connaissent la règle (4) — ce que Lucas suppose —, alors ils anticipent « correctement » l'évolution de la masse monétaire, du moins « en moyenne » (ou, plus précisément, en ESPÉRANCE MATHÉMATIQUE). Ce qui signifie, si on note $E(\cdot)$ l'opérateur espérance mathématique et m_t^a la valeur anticipée de la masse monétaire :

(5) $$m_t^a = E(m_t) = \alpha + \beta t$$

(puisque, par hypothèse, $E(\eta_t) = 0$).

Si, en outre, les agents croient en la validité de la théorie quantitative de la monnaie, ils déduisent de (3) et (5) l'*anticipation de prix* :

(6) $$p_t^a = m_t^a - y_t^a + k$$
$$= \alpha + \beta t - y_t^a + k\,.$$

En soustrayant membre à membre (6) à (3), il vient :

(7) $$p_t - p_t^a = m_t - \alpha - \beta t - y_t + y_t^a\,.$$

Si on note μ_t l'erreur de prévision sur la production, $y_t^a - y_t$, il vient en remplaçant dans (2) :

(8) $$y_t = a' - b'\alpha + b'm_t + (c' - b'\beta)t + b'\mu_t + \varepsilon'_t.$$

L'équation (8) donne donc — selon Lucas — la « vraie » relation de la forme réduite en ce qui concerne la production (l'offre). Or, et c'est là qu'il veut en venir, cette équation ne peut être distinguée de l'équation (1) lors des tests économétriques, puisqu'elle comporte *les mêmes variables* qu'elle. Ainsi, les prévisions des effets des politiques économiques fondées sur les observations passées (utilisation de l'équation 1) seront systématiquement erronées, puisqu'elles ne tiennent pas compte du fait que les agents anticipent ces effets, ce qui affecte les coefficients de l'équation utilisée pour les estimer (équation (8), où les « paramètres de politique économique » α et β affectent ceux de la fonction d'offre).

L'ineffectivité des politiques économiques

Tel est le principe de la critique de Lucas : les coefficients — paramètres — des modèles ne sont pas indépendants des politiques économiques que peuvent mener les autorités. Mais pourquoi celles-ci n'utiliseraient-elles pas le « vrai » modèle, dont (8) donne la forme réduite (pour la production), ce qui leur permettrait de faire des prévisions correctes ? Parce que, si l'on s'en tient à l'analyse de Lucas, la politique économique n'a alors pas de raison d'être, tout au moins en ce qui concerne sa composante systématique, sur laquelle elle n'a pas de prise. En effet, comme (7) peut s'écrire, si l'on tient compte de (4), sous la forme :

$$p_t - p_t^a = \eta_t + \mu_t,$$

il vient, en remplaçant dans (3) :

(9) $$y_t = a' + c't + \varepsilon'_t + b'\mu_t + b'\eta_t.$$

Par conséquent, les paramètres qui caractérisent la politique monétaire systématique, α et β, n'ont aucune influence sur le produit y_t ; on dit dans ce cas qu'il y a SUPERNEUTRALITÉ de la monnaie, puisque celle-ci n'agit même pas sur le court terme — alors que FRIEDMAN et la plupart des MONÉTARISTES admettent qu'une telle action puisse exister. Seule la composante aléatoire, non systématique et donc non prévisible, de la politique monétaire (le terme η_t) a une influence, mais celle-ci est par définition erratique et passagère ; on retrouve là les thèses des NOUVEAUX CLASSIQUES, dont Lucas est un des représentants les plus connus.

Commentaires

Comme cela est souvent le cas avec les modèles simples, celui de Lucas contient l'essentiel de ses conclusions dans ses prémisses. Dès lors qu'on postule que la production ne peut varier — en dehors de la tendance — que sous l'effet d'erreurs d'anticipations non systématiques et qu'on suppose que les individus connaissent la règle suivie par les autorités, la conclusion ne peut logiquement être que la superneutralité.

Il faut cependant noter que l'analyse de Lucas s'appuie de façon décisive sur l'hypothèse d'anticipations rationnelles, avec des agents « monétaristes » ; comme ils croient en la validité de la théorie quantitative de la monnaie, le résultat attendu découle des choix qu'ils font sur la base de cette croyance.

Par conséquent, à d'autres croyances peuvent correspondre d'autres conclusions, et ce même si on garde l'hypothèse d'anticipations rationnelles. Ainsi, une « relance » clairement annoncée par l'État dans un contexte où il y a sous-emploi des hommes et des ressources peut avoir des effets importants, toujours dans une perspective d'autoréalisation (par leurs actions, les agents qui croient à la possibilité de la relance provoquent celle-ci, en produisant et en consommant plus).

En fait, gouvernement et agents sont dans des situations complexes d'interaction, telles celles dont traite la THÉORIE DES JEUX, situations dont les issues peuvent être nombreuses et diverses — les croyances de chacun jouant ici aussi un rôle essentiel. L'analyse de Lucas correspond donc à un cas très particulier ; par conséquent, ses conclusions sont aussi tout à fait particulières.

M

Macroéconomie

Approche théorique qui consiste à analyser l'économie d'un pays d'un point de vue global, à travers les relations qui peuvent exister entre ses agrégats, tels le produit intérieur brut (PIB), le niveau des prix ou de l'emploi, la masse monétaire, etc. Certaines de ces relations sont de type *comptable* (elles découlent de la façon dont les agrégats ont été définis) ; tel est le cas, par exemple, de l'égalité entre les ressources et les emplois des produits d'une économie nationale : PIB + importations = consommation + investissement + variation des stocks + exportations. D'autres ressources sont censées décrire des comportements (telle la fonction de CONSOMMATION keynésienne). Les *modèles macroéconomiques* sont obtenus en combinant les unes et les autres.

Dans la mesure où le macroéconomiste cherche à tester ces modèles — en faisant appel à l'ÉCONOMÉTRIE —, il utilise des *données statistiques* qui concernent généralement des populations (ensembles d'individus) et non des individus particuliers. Par conséquent, les relations de comportement dont il se sert utilisent des *moyennes* de comportements individuels, ou leurs résultantes. Souvent, il identifie celles-ci à un comportement individuel, mais il ne peut le faire qu'avec une certaine prudence, en raison notamment de l'existence d'*effets de répartition*.

La macroéconomie reprend donc bon nombre de raisonnements de la MICROÉCONOMIE, en lui empruntant notamment certaines de ses relations de comportement. Elle ne peut toutefois être confondue avec elle car, outre le fait qu'elle adopte d'emblée un point de vue global — ce qui la conduit notamment à accorder une place essentielle aux conditions de « bouclage » du système, telles les relations comptables —, elle ne peut ignorer l'existence d'une institution aussi importante que la MONNAIE, comme le fait la microéconomie. C'est ainsi qu'elle se doit d'apporter une attention toute particulière à des phénomènes « globaux » essentiels, comme l'inflation et le chômage.

En fait, pendant longtemps, la théorie économique dominante (MARGINALISTE, ou NÉO-CLASSIQUE) a été un mélange de relations de comportement microéconomiques (si nécessaire, transposées à la société tout entière) et de relations directement macroéconomiques (versions diverses de la THÉORIE QUANTITATIVE DE LA MONNAIE). Toutefois, pendant la crise des années trente, on a vu apparaître — au sein même du courant dominant — un important mouvement de contestation, dont KEYNES était la figure de proue. Un certain nombre d'analyses et de concepts nouveaux ont alors été proposés, dans le but de montrer l'incapacité du capitalisme de réaliser le plein emploi de façon permanente. Ce sont ces concepts et ces analyses — d'emblée globales — qui ont donné naissance à la macroéconomie, en tant que discipline autonome, tandis que la microéconomie reprenait une bonne partie du discours de la théorie dominante jusqu'alors.

Mais c'est seulement dans les années d'après-guerre qu'on a vu apparaître la distinction entre microéconomie et macroéconomie, en tant que disciplines indépendantes — notamment dans l'enseignement ; la première s'intéresse à l'affectation des ressources à travers le système de prix (relatifs), alors que la seconde est surtout concernée par le niveau des prix et de la production globale — en liaison avec la politique économique menée par l'État, dans le but notamment de promouvoir le plein emploi.

Partis de quelques relations simples — du type IS-LM —, les modèles macroéconomiques se sont progressivement « agrandis », par ajouts successifs d'équations qui traduisent divers types de comportements, souvent inspirés par les analyses microéconomiques. Des problèmes de cohérence sont alors apparus. Afin de les surmonter, les néo-classiques se sont donné comme objectif — à partir des années soixante-dix — de déduire les relations des modèles macroéconomiques à partir des comportements maximisateurs individuels, à la manière de la microéconomie (celle-ci tendant donc à absorber progressivement la macroéconomie). C'est ce qu'ils appellent la recherche de FONDEMENTS MICROÉCONOMIQUES à la macroéconomie. Se heurtant au problème (insoluble) de l'AGRÉGATION, ils recourent alors systématiquement à la notion d'AGENT REPRÉSENTATIF et font ainsi de la macroéconomie une microéconomie avec un nombre minimal d'agents (un de chaque type) — la dimension proprement macroéconomique des problèmes étudiés est réduite à la portion congrue.

Ainsi, la macroéconomie des années quatre-vingt/quatre-vingt-dix est tiraillée entre deux tendances contradictoires :

— *soit elle s'en tient à son point de vue de départ, global (*HOLISTE*)*, et s'intéresse aux relations entre grands agrégats que les économistes du moment considèrent comme les plus pertinentes, compte tenu des problèmes qu'ils se posent ; mais il est alors vain de vouloir construire des modèles de plus en plus « raffinés », en empilant des équations qui ne traduisent que des relations très approximatives — et pas forcément cohérentes entre elles ;

— *soit elle devient une « microéconomie à un nombre (très) restreint d'agents »*, mais alors elle perd toute sa spécificité (le fait d'accoler l'étiquette « représentatif » aux agents ne changeant en rien le problème) ; le gain en cohérence et en « rigueur » — au sens mathématique — a pour contrepartie la perte de tout pouvoir explicatif, même si les modèles proposés cherchent à engendrer — par un choix approprié de leurs paramètres — des séries statistiques qui ont un profil semblable à celles qui sont effectivement observées (sous la forme de FAITS STYLISÉS).

Soumise à des pressions contradictoires, la macroéconomie de la fin du XXe siècle apparaît, d'une part, comme un ensemble disparate formé d'un foisonnement — pratiquement sans limite — de « fables » (telle celle qui est à la base des modèles à GÉNÉRATIONS IMBRIQUÉES), dont le propos est de dégager une « morale » (en utilisant abondamment les mathématiques) ; d'autre part, elle continue à se servir de ses « gros » modèles à l'ancienne, qu'elle bricole et aménage en fonction des circonstances, pour faire des prévisions et étudier les conséquences de diverses variantes de la politique économique.

Main invisible

Métaphore due à Adam SMITH et qui est depuis devenue courante chez les économistes ; toutefois, pour ceux-ci, la main invisible est devenue une autre façon de désigner le « mécanisme de prix » (encore une métaphore...), alors que ce n'est pas à lui que Smith pense lorsqu'il utilise sa métaphore.

Les quelques (rares) fois où Smith fait allusion à la main invisible, c'est pour désigner un résultat positif (bon pour la communauté) qui peut découler des actions et des comportements des individus, *sans que ceux-ci aient cherché délibérément un tel résultat*. Ainsi, dans le *Traité des sentiments moraux*, Smith écrit : « Une main invisible semble forcer [les riches] à concourir à la même distribution des choses nécessaires à la vie qui aurait eu lieu si la terre eut été donnée en égale portion à chacun de ses habitants ; ainsi, sans en avoir l'intention, sans même le savoir, le riche sert l'intérêt collectif et la multiplication de l'espèce humaine » (p. 184 de l'édition Glasgow des œuvres d'Adam Smith). Le point important ici est dans le fait que le riche sert l'« intérêt social » *sans en avoir l'intention, sans même le savoir.*

De même, dans *La Richesse des nations*, Smith écrit : « En cela, comme en beaucoup d'autre cas, il [l'investisseur] est conduit par une main invisible à remplir une fin qui n'est nullement dans ses intentions [...] ; tout en ne servant que son intérêt personnel, il travaille souvent [...] pour l'intérêt de la société » (vol. II, p. 43, de l'édition Flammarion, 1991).

On retrouve l'idée d'un résultat positif (« pour l'intérêt de la société ») qui n'est pas recherché en soi (il « n'est nullement dans ses intentions »), et qui apparaît donc comme un sous-produit de l'activité de certains individus (ici, des investisseurs).

Si l'expression « main invisible » est propre à Adam Smith, l'idée qu'elle exprime n'a rien de nouveau. Ainsi, treize ans avant la publication de *La Richesse des nations*, dans son *Éloge de Colbert*, Necker écrit à propos du commerçant : « Quoique son intelligence travaille pour ses intérêts, envers et contre tous, il n'est pas moins vrai qu'en les soignant, il favorise ceux de son pays. Ce bienfait n'est pas l'effet de la volonté des négociants, mais le résultat de leur convenance, et ce sont les bienfaits de la meilleure espèce dans l'ordre social. » On retrouve l'idée de « bienfaits [...] dans l'ordre social » qui ne sont pas l'« effet de la volonté » de ceux qui en sont à l'origine.

Main invisible, concurrence et « mécanisme des prix »

L'idée que veut faire passer la métaphore de la main invisible est donc simple : la recherche par chacun de son seul intérêt personnel peut « servir l'intérêt collectif ». Autrement dit, des comportements égoïstes ne sont pas forcément une mauvaise chose pour la collectivité. Qui peut le nier ? Ainsi, pour prendre un exemple élémentaire, un individu qui cherche à faire des échanges a pour but de tirer parti de l'opération (en augmentant sa satisfaction ou son profit), mais ce faisant il permet une augmentation du bien-être collectif, puisque les personnes qui échangent avec lui sont également gagnantes. Cela est évident ; les exemples choisis par Smith à propos de la main invisible sont plus subtils, et en fait peu nombreux. Car il ne faudrait pas tomber dans le travers qui consiste à dire : « Toute action mue par le seul intérêt individuel est bonne pour la collectivité », et qui implique qu'il faut « laisser faire, laisser passer » sans aucune réserve. Ni Smith ni Necker ne pensaient cela. Smith remarque d'ailleurs dans *La Richesse des nations* que les commerçants ont tendance à s'entendre (à former des monopoles), et il ne considère nullement que ce faisant ils œuvrent dans l'« intérêt de la société ».

Pour lui, la « concurrence » est — en règle générale — une bonne chose ; ce n'est cependant pas à son propos qu'il parle de main invisible. Or, dans le langage actuel des économistes, la métaphore de la main invisible est utilisée pour résumer des propositions du type suivant : « Si les agents prennent leurs décisions sur la base de prix qu'ils ne cherchent pas à influencer, alors le fait que chacun est motivé par son propre intérêt conduit à une situation "collectivement souhaitable". » La main invisible est identifiée avec le « mécanisme des prix », qui permettrait de coordonner des choix faits sur une base purement égoïste, et ce pour le bien de tous ; il ne faut donc pas entraver l'action de cette « main », c'est-à-dire qu'il faut laisser varier les prix à leur guise (selon la « loi de l'offre et de la demande »).

Le « résultat » qui servirait à étayer une telle proposition est le premier théorème de l'économie du bien-être, selon lequel les ÉQUILIBRES de CONCURRENCE PARFAITE sont des OPTIMUMS DE PARETO ; en effet, à de tels équilibres les ménages maximisent leur satisfaction (UTILITÉ), les entreprises leur profit, et l'affectation des ressources est « collectivement souhaitable » dans le sens où quelqu'un ne peut être mieux sans que se détériore la situation de quelqu'un d'autre. La métaphore de la main invisible — au sens qu'on lui donne actuellement — va cependant au-delà de ce « théorème », puisqu'elle laisse entendre que la « main » « cherche » les prix d'équilibre en étant « guidée » par les choix individuels. Ce qui est une proposition bien plus forte que le premier théorème de l'économie du bien-être ; les tentatives qui ont été faites pour établir cette proposition — par TÂTONNEMENT — ont d'ailleurs montré qu'elle n'est nullement fondée (comme le disent ceux qui ont étudié les processus d'« ajustement » par les prix, « la main s'englue », ou bien elle « s'affole »).

La concurrence parfaite est évidemment un cadre très particulier, qui n'aurait pu que surprendre Adam Smith ; on peut donc se demander ce qui se passe dès qu'on s'en éloigne quelque peu.

Main invisible, choix individuels et « intérêt de la société »

Dès qu'on relâche l'une quelconque des hypothèses de la concurrence parfaite, alors la relation entre équilibre (compatibilité des choix individuels) et « optimum collectif » (au sens de Pareto) n'est plus valable. Cela est particulièrement vrai si l'on ne suppose plus qu'il existe un SYSTÈME COMPLET DE MARCHÉS, pour certains biens futurs ou même pour des biens présents. Le cas des EXTERNALITÉS et des BIENS COLLECTIFS montre alors que la recherche par chacun de son intérêt personnel peut conduire à des situations « très » sous-optimales. Ces situations sont pourtant loin d'être exceptionnelles. Ce qui explique d'ailleurs la place qu'a prise le DILEMME DU PRISONNIER dans les débats des économistes depuis un certain nombre d'années.

On peut en effet voir dans ce « dilemme » un « antithéorème de la main invisible », puisque la leçon qui s'en dégage est que les conséquences « inintentionnelles » de la recherche par chacun de son intérêt individuel sont mauvaises du point de vue de l'« intérêt social » (pour reprendre un terme utilisé par Adam Smith).

Les critiques de la main invisible par les exemples qui s'inspirent du dilemme du prisonnier ne concernent pas vraiment les analyses de Smith, au demeurant vagues et limitées ; elles visent ceux qui mettent en avant les vertus de la recherche par chacun de son intérêt individuel, au point de voir en lui le seul « moteur » du progrès social. Or, tel n'était pas le point de vue de Smith, qui pensait que les motifs des hommes sont divers et complexes ; parmi eux, il y a la « sympathie », qui est par définition exclue dans les analyses du type « dilemme du prisonnier ». Celles-ci touchent juste quand elles s'attaquent au point de vue des jusqu'au-boutistes — nombreux chez les économistes NÉO-CLASSIQUES — qui veulent « fonder » la théorie économique sur le principe de la rationalité individuelle (lui-même identifié au comportement égoïste) et qui aiment utiliser la métaphore de la main invisible dans un sens différent de celui que lui donnait son inventeur.

Mandant-mandataire (modèles) ou encore, en anglais, modèles *principal-agent*, quelquefois dits « de l'agence »

Ces modèles ont pris de l'importance dans les années soixante-dix — où est apparue l'expression *principal-agent* ; ils forment une des composantes essentielles de la théorie des CONTRATS.

Les modèles mandant-mandataire décrivent une situation où deux individus ont intérêt à collaborer, l'un d'entre eux — le mandataire — effectuant, contre rétribution, une (ou des) tâche(s) pour l'autre — le mandant. Ces modèles se proposent notamment de trouver des *systèmes d'incitation* — clauses d'un contrat, par exemple — qui fassent que le mandataire agisse dans le sens voulu par le mandant. Leur démarche est donc essentiellement NORMATIVE, puisqu'elle s'intéresse à ce que *doit être* le « meilleur contrat », du point de vue du mandant, et non aux contrats tels qu'on peut les observer. Ce caractère normatif demeure même si l'on n'adopte pas forcément le point de vue du mandant ; le but du modèle est alors de déterminer les contrats qui permettent de rendre maximal le SURPLUS, ou la « rente organisationnelle », qui est la raison d'être de la relation contractuelle — sans elle, les parties n'auraient pas intérêt à nouer une telle relation.

Les modèles mandant-mandataire relèvent d'une démarche NÉO-CLASSIQUE, puisqu'ils mettent l'accent sur les choix d'individus — ou d'« agents » — dégagés de toute attache sociale ; en fait, comme dans tout modèle, la relation mandant-mandataire s'inscrit dans un cadre institutionnel qui doit être précisé au moment de la recherche de « solutions » du modèle, quelles qu'elles soient. En outre, postuler l'existence de deux types d'« individus » — le mandant et le mandataire — introduit une *asymétrie* entre eux qui ne peut être expliquée que par des raisons « extérieures » au modèle, et qui ne sont pas sans rapport avec l'organisation sociale (les droits de propriété, par exemple).

Quelques exemples

Les modèles mandant-mandataire décrivent des *relations bilatérales*, qui prennent la forme de contrats passés entre les parties, l'une fournissant des prestations — qui peuvent être variables et s'étendre sur plusieurs périodes — contre une rémunération donnée, stipulée à l'avance. Ce type de relation fait penser au *contrat de travail* entre un employeur (le mandant) et un de ses salariés (le mandataire). Toutefois, cet exemple n'est généralement pas retenu dans les présentations des modèles mandant-mandataire, car la relation salariale présente *deux particularités essentielles*, qui nécessitent un traitement spécifique :

— les contrats de travail sont par nature *incomplets*, puisqu'ils ne dressent pas une liste de toutes les éventualités possibles et de ce que doit faire le salarié pour chacune d'entre elles (avec la rétribution correspondante) ;

— même s'il est bilatéral, le contrat de travail concerne généralement des individus dont l'activité s'insère dans un *cadre collectif* (travail en équipes, par exemple), où il est difficile — si ce n'est impossible — d'isoler la prestation de chacun.

L'exemple le plus fréquemment utilisé de relation mandant-mandataire est celui d'un propriétaire foncier qui fait exploiter ses terres par un métayer. Le modèle construit sur la base de cet exemple se propose de déterminer le contrat qui incite le métayer (mandataire) à fournir le plus grand effort possible, compte tenu des diverses formes que peuvent prendre les ÉTATS DE LA NATURE (le métayer connaît, en raison de son activité même, la forme effectivement prise par ceux-ci, en ce qui concerne la qualité de la terre, les effets du climat et de fléaux de tout ordre, etc.).

Un autre exemple de relation mandant-mandataire est celui d'une personne (physique ou morale) — le mandant — qui fait appel aux *services d'un expert* — médecin, avocat, garagiste, etc. ; celui-ci, qui fait office de mandataire, peut chercher à tirer parti de ses connaissances et de l'information dont il dispose (en tant qu'« expert ») pour faire payer au mandant plus qu'il ne faut (cas du garagiste qui remplace une pièce d'une voiture alors que ce n'est pas nécessaire). Une situation proche est celle du dirigeant d'une entreprise (P-DG ou autre) qui est mandaté par ses propriétaires (ses actionnaires) pour la gérer au mieux, au gré des circonstances.

Il y a également relation mandant-mandataire lorsqu'une entreprise fait appel à des *représentants de commerce* qui parcourent villes et campagnes pour placer ses produits, et dont la rémunération dépend, du moins en partie, des résultats obtenus.

Enfin, l'analyse mandant-mandataire peut être appliquée dans le cas où l'État cherche à « réguler » l'activité d'une entreprise — qui est, par exemple, en situation de monopole ; le but du mandant (l'État) est alors de faire que l'entreprise (mandataire) produise de façon optimale du point de vue de la collectivité, ou de lui faire remplir au mieux une activité de type « service public » (exemple d'une municipalité qui accorde à une entreprise privée la concession de la fourniture d'eau).

Le problème de l'information

Il est au cœur de la théorie de l'agence. Celle-ci adopte généralement le point de vue du mandant, qui cherche à en savoir le plus possible sur la forme effectivement prise par les états de la nature, mais qui ne peut les observer complètement, à la différence du mandataire (le métayer connaît mieux que le propriétaire l'effort à fournir pour travailler la terre, le gestionnaire est plus au courant que les actionnaires de la situation et des possibilités de l'entreprise, etc.). Le mandant se propose donc d'établir un contrat qui lui permette d'obtenir le maximum d'information sur les états de la nature, de façon à inciter le mandataire à agir efficacement (à rendre maximal le surplus). C'est ce que cherchent à faire, par exemple, les compagnies d'assurances lorsqu'elles proposent des contrats avec des primes et des franchises différentes ; ainsi, le conducteur prudent opte pour une prime faible et une franchise élevée (qu'il pense n'avoir jamais — ou presque — à payer) tandis que le conducteur qui se sait étourdi choisit la solution opposée (toutefois, comme il sera alors encore moins vigilant, le contrat ainsi établi n'est pas optimal — il ne permet pas de maximiser le surplus). Tout système de rémunération qui suppose un forfait plus ou moins élevé auquel s'ajoute un pourcentage des revenus induits par l'activité du mandataire relève de la même logique (cas du voyageur de commerce, par exemple). Le forfait joue alors le rôle d'une assurance et réduit donc l'incitation à faire le choix pour lequel le surplus est maximal.

En fait, pour qu'il y ait contrat optimal (maximisation du surplus), il suffit que le *mandataire assume toutes les conséquences de ses actes* (par exemple, le métayer dispose de toute la récolte, le voyageur de commerce du produit de ses ventes), puisque alors il a intérêt à fournir l'effort approprié — s'il est rationnel, comme on le suppose. Mais quelle est dans ce cas la rémunération du mandant ? C'est une *somme fixe* que lui verse le mandataire, et dont on suppose qu'elle est égale au *surplus maximal* qui peut résulter de la relation contractuelle envisagée. En effet, le mandataire doit alors fournir l'effort approprié (« optimal ») s'il veut pouvoir verser cette somme au mandant, tout en atteignant son niveau d'utilité de RÉSERVE (ce qui est une condition minimale pour qu'il accepte le contrat). On notera qu'un contrat de ce type suppose que le mandant connaît le niveau d'utilité de réserve du mandataire.

Toutefois, les contrats où le mandataire assume toutes les conséquences de ses actes soulèvent un certain nombre de problèmes importants, en dehors de celui de la répartition du surplus entre les parties ; parmi ces problèmes il y a :

— *l'hypothèse (implicite) de neutralité envers le risque du mandataire*, puisque son revenu dépend complètement des réalisations effectives des états de la nature (alors que le mandant reçoit une somme fixe, qui en est indépendante) ; pour peu que le mandataire ait une certaine AVERSION POUR LE RISQUE, il n'acceptera pas de signer le contrat qu'on lui propose ;

— *le respect du contrat par les parties* ; ainsi, si le mandataire constate, après avoir signé le contrat, que l'état de la nature qui s'est réalisé est « défavorable » (au point qu'il ne peut atteindre son niveau d'utilité de réserve), alors il peut décider de rompre le contrat. Le problème posé est en fait celui du caractère exécutoire des contrats et du système de sanctions qu'il suppose.

Pour tenter d'éviter ces problèmes, le mandant peut aménager le contrat proposé, en laissant par exemple une part du surplus au mandataire, tout en incitant celui-ci à avoir une activité qui rende ce surplus le plus grand possible. Ainsi, il peut proposer au mandataire une rémunération fixe (qui joue le rôle d'une assurance) ou le partage du surplus selon une règle préétablie. Toutefois, ces types de contrat ne sont pas « efficients », car ils n'incitent pas le mandataire à faire un choix pour lequel le surplus est maximal — soit parce qu'il est (partiellement) assuré contre les risques, soit parce qu'il se contente de faire l'effort nécessaire pour maximiser sa part du surplus, et non celui-ci en entier.

La recherche des contrats « les meilleurs possibles » mobilise les énergies d'un certain nombre d'économistes mathématiciens, qui y voient l'occasion d'exercer leurs talents, puisqu'elle consiste à déterminer les extremums d'une fonction (utilité ou profit du mandataire), dont certaines variables sont soumises à des contraintes (le mandataire doit, par exemple, pouvoir atteindre son utilité de réserve) ou suivent des lois de probabilité plus ou moins complexes. Toutefois, cette recherche relève plus de la gestion — du conseil d'entreprise — que de la théorie économique proprement dite, son point de vue n'étant pas celui de la société tout entière, mais celui d'une de ses parties.

Un modèle simple, en information parfaite

A titre d'exemple, on va considérer le cas où le mandant — dont on adopte le point de vue — fait appel à la force de travail du mandataire et cherche donc à ce qu'il fournisse l'effort optimal.

On commence par supposer que le mandant connaît toutes les caractéristiques du mandataire et de l'environnement dans lequel il agit (c'est ce qu'on entend ici par « information parfaite »). Le mandataire est caractérisé par une fonction de production $f(\cdot)$ qui n'a pour argument que l'effort qu'il fournit ; on a donc :

$$q = f(e),$$

où q est la quantité produite lorsque l'effort est e. Le problème du mandant est alors de déterminer la fonction de rétribution — ou la règle d'incitation — $\varphi(q)$ qui lui permet de maximiser son surplus :

$$q - \varphi(q).$$

Comme q est une fonction de l'effort e, il en est de même pour le surplus, qui s'écrit donc :

$$f(e) - \varphi(f(e)).$$

En règle générale, l'effort fourni dépend de la rétribution ; le mandataire va donc choisir entre la satisfaction qu'il peut obtenir grâce à celle-ci et les désagréments inhérents à tout effort. Autrement dit, il va chercher à déterminer l'effort e et la consommation C qui maximisent son utilité $U(C, e)$ — dont on suppose donc qu'elle est une fonction croissante de C et décroissante de e. Comme la consommation C du mandataire dépend de sa rétribution, et donc de son niveau d'effort, le problème pour lui est de trouver le niveau d'effort qui résolve le programme :

(1) maximiser $U(\varphi(f(e)), e)$.

Programme dont la solution doit vérifier la *condition du* PREMIER ORDRE (si les fonctions U, φ et f sont de CLASSE C^1) :

(2) $U'_C(\varphi(f(e)), e)\ \varphi'(f(e))\, f'(e) + U'_e(\varphi(f(e)), e) = 0,$

obtenue en annulant la DÉRIVÉE EN CHAÎNE de la fonction (de e) $U(\varphi(f(e)), e)$.

Si l'équation (2) a une solution unique, ce que l'on supposera, alors cette solution dépend évidemment de la règle de rémunération φ ; on peut donc la noter $e(\varphi)$.

En information parfaite, le mandant connaît toutes les caractéristiques du mandataire, à commencer par sa fonction d'utilité. Il peut donc résoudre comme lui le programme (1) et déterminer $e(\varphi)$, qui est en fait la fonction de RÉACTION du mandataire à la forme de rémunération qui lui est proposée (le modèle mandant-mandataire en information parfaite décrit donc une situation à la STACKELBERG). Le programme du mandant consiste alors à :

(3) maximiser $f(e(\varphi)) - \varphi(f(e(\varphi)))$.

L'inconnue n'est plus maintenant un nombre, mais une *fonction*, la règle de rémunération φ, ce qui évidemment complique beaucoup le traitement mathématique. Ainsi, la condition du premier ordre associée à (3) est une ÉQUATION DIFFÉRENTIELLE non linéaire, dont on ne peut en règle générale expliciter la solution — même si elle existe. Une façon de contourner cette difficulté consiste à limiter l'ensemble des règles de rémunération possibles, en supposant par exemple que celles-ci sont *linéaires*, c'est-à-dire de la forme simple suivante :

$$\varphi(f(e)) = \alpha f(e).$$

Si l'on suppose, toujours pour simplifier, que la fonction d'utilité est :

$$U(C, e) = C - e,$$

et que la fonction de production est :

$$f(e) = \sqrt{e},$$

alors l'utilité procurée par l'effort e est :

$$U(\alpha\sqrt{e}, e) = \alpha\sqrt{e} - e.$$

L'utilité est donc maximale pour la valeur de e qui annule la dérivée de cette fonction, c'est-à-dire pour :

$$e = \alpha^2/4.$$

Le problème du mandant est donc de déterminer la valeur de a qui maximise la fonction (3), fonction qui s'écrit ici, compte tenu des spécifications retenues :

$$\frac{\alpha(1-\alpha)}{2}$$

et dont le maximum est atteint pour :

$$\alpha = \frac{1}{2}.$$

Ainsi, le contrat optimal — dans le cas linéaire — pour le mandant consiste à laisser la moitié de la production au mandataire. Pour que celui-ci accepte ce contrat, il faut — mais il ne suffit pas forcément — que l'utilité qu'il tire de cette « rétribution » soit supérieure à son utilité de réserve (qui n'a pas été spécifiée ici).

Le passage à l'information imparfaite

Par information imparfaite, on entend ici une situation où il y a incertitude, du moins pour le mandant (qui propose le contrat). Cette incertitude peut porter sur les « états de la nature » et sur les caractéristiques du mandataire. En règle générale, on suppose que le mandant connaît les divers états de la nature possibles ainsi que les types que peut prendre le mandataire (par exemple, « travailleur » ou « paresseux »), mais il ne sait pas quels sont l'état et le type qui se sont effectivement réalisés — alors que le mandataire est, lui, au courant. Il y a donc *asymétrie d'information*, les deux parties en étant conscientes.

Si l'on note θ une des réalisations des états de la nature, alors la fonction de production de notre exemple s'écrit $f(e, \theta)$, puisque le résultat de l'activité du mandataire dépend à la fois de l'effort nécessaire à son obtention (et donc de l'état de la nature « réalisé ») et de l'effort fourni effectivement. Une production donnée q peut donc être le résultat de couples (e, θ) différents ; par exemple, on peut avoir :

$$q = f(e', \theta) = f(e'', \theta''),$$

où e' représente un effort « important » et θ un état de la nature « défavorable », et e'' un effort restreint et θ'' un état de la nature « favorable ». Le mandant n'observant que q, il ne peut savoir si cette production résulte de l'une ou l'autre situation ; il ne peut donc résoudre le programme d'incitation comme dans le cas où il y a information parfaite. Il peut, évidemment, chercher à se ramener à ce cas en procédant à des observations qui lui permettent de connaître l'état de la nature effectif, et donc d'en déduire l'effort fourni par le mandataire, mais une des particularités de celui-ci est justement qu'il a une meilleure connaissance du « terrain » ; lui enlever cette qualité, c'est vider le modèle de sa substance.

Dans ces conditions, la recherche du contrat le plus approprié — du point de vue du mandant — va dépendre des circonstances envisagées par le modèle (notamment de l'information dont dispose chacun). Mais, en règle générale, la solution ne peut être que de second rang, puisqu'elle est dominée — selon le critère de Pareto — par celle où il y a information parfaite (au sens donné plus haut).

La situation ressemble beaucoup à celles qu'aborde la THÉORIE DES JEUX, en INFORMATION INCOMPLÈTE ; le rôle des *croyances* des joueurs (ici, celles du mandant concernant le « type » du mandataire) est alors essentiel dans la détermination du choix de chacun.

Marchandage

Situation où deux personnes — ou deux agents économiques — ont intérêt à procéder à un échange de biens, car chacune y trouve un avantage (il y a « avantage mutuel »), mais où les termes de l'échange acceptables par les deux parties ne sont pas définis de façon unique. L'exemple classique de situation de marchandage est celui du vendeur d'un bien prêt à le céder à un prix supérieur à x, alors que l'acheteur est prêt à le payer $y > x$: l'échange est mutuellement avantageux à tout prix compris entre x et y.

Si on exclut le cas où il existe une entité centralisatrice — tel un commissaire-priseur ou un planificateur — qui propose (ou impose) des prix, dont toutes les parties sont « preneurs », toutes les situations dites « de marché » relèvent du marchandage, d'une façon ou d'une autre. Autrement dit, le marchandage est — ou devrait être — au cœur de l'analyse économique. Mais il n'en est rien, pour une raison fort simple : son résultat est indéterminé (comme le montre l'exemple du vendeur et de l'acheteur potentiels d'un bien qui l'évaluent différemment). Pour lever l'indétermination, deux types de solutions ont été avancés : l'évaluation des biens par le travail nécessaire à leur production et le recours à une entité de type commissaire-priseur. Mais ni l'une ni l'autre ne sont unanimement acceptées, loin de là !

On peut avancer, néanmoins, que nous ne vivons pas dans un monde où chaque achat ou chaque vente (s'ils ont lieu, c'est qu'il y a avantage mutuel) donne lieu à un marchandage (ou à une NÉGOCIATION BILATÉRALE). Pourtant, si on y regarde d'un peu plus près, on constate que la plupart des prix effectifs résultent d'une forme ou une autre de marchandage. Ainsi, il est vrai que, quand je fais mes courses au supermarché, je ne négocie pas les prix qui sont écrits sur les étiquettes. Mais d'où viennent ceux-ci ? Généralement, les supermarchés font partie de centrales d'achat, qui négocient avec les producteurs, qui sont eux-mêmes parfois regroupés en syndicats (comme lorsqu'ils sont relativement petits et dispersés — cas de l'agriculture, par exemple). D'une certaine façon, cette centrale d'achat va négocier pour moi les prix : elle a intérêt à les faire baisser, pour m'attirer comme client, tout en s'appropriant une bonne marge, évidemment.

Dans ce genre de négociation, complexe, il est clair que le rapport de forces est important : l'acheteur potentiel qui sait que le vendeur dispose de stocks de produits à vendre rapidement (soit parce qu'ils sont périssables, soit parce que le stockage coûte cher, soit parce que le vendeur est endetté, etc.), va essayer d'obtenir le prix le plus favorable possible, tout en évitant d'« étrangler » le producteur (car il doit songer à l'avenir).

Le rôle de l'État est ici aussi très important, notamment quand il existe une multitude d'intervenants d'un côté ou de l'autre — ou des deux. Les exemples de l'agriculture et du travail salarié sont à ce titre très significatifs : quotas, subventions, « fonds de soutien » dans un cas (justifiés, du moins en partie, par la nécessité de maintenir la capacité du pays à se nourrir lui-même), salaire minimum, législation sociale dans l'autre (justifiés par la nécessité de ne pas laisser la force de travail trop se dégrader). A cela s'ajoutent d'innombrables textes réglementaires, les organes dits de « régulation » (voir l'entrée ÉCONOMIE DES RÉSEAUX), les aides de tous ordres, qui fixent des cadres de référence aux négociations entre parties.

Normes et conventions

Une société où toutes les transactions — ou une bonne partie d'entre elles — seraient soumises à marchandage ne serait pas viable, en raison du temps passé à négocier et à prospecter pour trouver le partenaire « faisant la meilleure proposition », sans parler des fluctuations permanentes des prix qui en découlent et qui rendent difficile tout calcul prospectif (par exemple, lorsqu'il faut décider d'un investissement qui engage l'avenir). En réalité, les relations économiques, et sociales, nécessitent une certaine stabilité, des références, du moins si elles s'inscrivent dans le temps. En l'absence d'un commissaire-priseur qui régente tout — et qui interdit d'ailleurs tout marchandage entre les agents —, cette stabilité ne peut venir que du comportement même des membres de la société, des conventions (implicites ou explicites) entre eux, des normes qui leur servent de référence. C'est ainsi qu'on peut observer que, en règle générale, les « guerres des prix » sont tacitement exclues — sauf peut-être pour les produits nouveaux, où chacun cherche à « capter », si ce n'est créer, la demande — du moins, depuis le milieu du XXe siècle (suite à ce qui s'est passé lors de la grande crise des années trente). On préférera différencier les produits, améliorer leur qualité, incorporer tel ou tel gadget, pour attirer le client, plutôt que d'abaisser (fortement) son prix — ce qui ne peut qu'entraîner une riposte meurtrière de la part des autres producteurs (comme dans le cas du duopole de BERTRAND). L'existence de prix de référence — par exemple, hérités du passé tout en étant (légèrement) aménagés en fonction des circonstances — et une convention implicite, selon laquelle la guerre des prix peut être mauvaise pour tout le monde, entraînent une certaine stabilité dans les relations économiques, la possibilité de calculs auxquels on accorde une certaine confiance, ce qui facilite énormément les décisions. Le marchandage peut subsister, mais dans des limites relativement définies, les ajustements se faisant sur les quantités (stockage, réduction de la production, chômage technique, quotas, etc.). Voir, à ce propos, l'entrée « LOI DE L'OFFRE ET DE LA DEMANDE ».

Le cas des prix « affichés », et donc uniques

En règle générale, dans les sociétés dites « de marché », les prix varient d'un endroit à l'autre, en raison de multiples facteurs, y compris des pouvoirs de marchandage des parties en présence. Il existe toutefois quelques prix « uniques », dont rendent compte les journaux : prix de l'euro en dollars, prix des titres en Bourse, prix des matières premières (à Londres, par exemple), taux d'intérêt au jour le jour, à moyen ou long terme, etc. D'où viennent ces prix, dont on nous dit qu'ils « résultent de la loi de l'offre et de la demande », ce qui est pour le moins vague ? En fait, si on y regarde de plus près, les prix ainsi affichés, « uniques », résultent à la fois d'une multitude de marchandages et d'une convention. Prenons l'exemple du prix de l'euro en dollars. Les principales transactions entre devises sont faites par les banques et les institutions financières — pour leurs clients ou éventuellement pour elles-mêmes, à titre spéculatif. Comment cela se passe-t-il ? Une banque européenne qui a besoin de dollars (par exemple, pour le compte d'un client qui veut acheter une entreprise aux États-Unis) va contacter une banque qui en dispose et négocier avec elle les conditions de la transaction — sur la base du cours prévalant et en fonction de leurs anticipations respectives sur son évolution. Cette négociation peut prendre des aspects multiples, en tenant compte des autres transactions faites au même moment, de propositions alternatives, etc. Mais il est clair que les échanges ne se feront pas tous au même taux — puisqu'il n'y a pas de commissaire-priseur qui centraliserait prix, offres et demandes. D'où vient alors le taux d'échange euro/dollar des journaux ? D'une convention : il existe un organisme — Banque centrale, agence de presse spécialisée, etc. — qui recense à un moment donné les taux auxquels ont eu lieu un certain nombre de transactions considérées comme significatives, puis fait leur moyenne ; le chiffre obtenu est alors publié et sert de référence pour les transactions à venir — il résume l'« état du marché » (notamment, les anticipations des intervenants).

Il en est de même pour tous les prix « affichés », que ce soit pour les matières premières ou les titres boursiers : ils sont tous le résultat de marchandages, dont le résultat est mesuré de façon conventionnelle.

L'approche « axiomatique » : la solution de Nash

Nos sociétés fonctionnent sur la base d'un marchandage généralisé, tempéré par un système de normes et de conventions (implicites ou explicites) qui semblent être des éléments essentiels de leur stabilité. Une telle constatation, toute en nuances et ne conduisant pas à désigner LA solution du problème du marchandage, ne peut évidemment satisfaire ceux qui pensent que le rôle du théoricien est de désigner au moins une solution, qui servira de référence mais aussi de base pour des développements théoriques ultérieurs. Tel est le point de vue des tenants de l'approche « axiomatique », selon lesquels on doit chercher à obtenir une solution — si possible, unique — en lui imposant un certain nombre de conditions, ou « axiomes », à la façon du mathématicien qui établit des théorèmes à partir d'hypothèses (ou d'axiomes) bien précises. Comme supposer que chaque partie veut obtenir le gain maximum dans l'échange ne suffit pas à désigner une solution précise, il faut pour cela ajouter d'autres conditions au modèle, qui permettent de lever l'indétermination. C'est ce qu'a fait John Nash, dans un article publié en 1950 dans la revue *Econometrica* et intitulé : « The bargaining problem » . La « solution » que Nash propose au problème du marchandage sert toujours de référence, notamment en économie du travail, du moins lorsqu'on suppose qu'il y a INFORMATION COMPLÈTE. Elle suppose remplies un certain nombre de conditions imposées qui font qu'elle est d'ordre NORMATIF : comme le disent Mac-Colell, Whinston et Green (*Microeconomic Theory,* Oxford University Press, 1995), elle peut être considérée comme résultant du choix d'un « arbitre », dans une perspective d'« équité ».

Les conditions retenues par Nash semblent toutes raisonnables : l'échange n'a lieu que si les deux parties y gagnent quelque chose ; la solution doit être optimale au sens de Pareto ; elle le demeure si on restreint l'ensemble des alternatives — tout en la gardant (on dit qu'elle est « indépendante des alternatives non pertinentes ») ; elle est *symétrique* (si l'ensemble des utilités possibles est symétrique, il y a égalité dans le partage des gains). Avec ces conditions, la solution du marchandage est donnée par le vecteur x des accords réalisables qui maximise le produit :

$$(U_A(x) - U_A^*)(U_B(x) - U_B^*),$$

où $U_i(\cdot)$ est la fonction d'utilité de i ($i = A,B$), U_i^* étant l'utilité que peut obtenir i en refusant tout accord ((U_A^*, U_B^*) est appelé « point de menace », pour des raisons évidentes).

La solution de Nash est CARDINALE, dans le sens où elle dépend de la fonction d'utilité retenue pour représenter les préférences des individus ; ainsi, il est possible de choisir ces fonctions de sorte que cette solution soit égalitaire (mêmes gains pour chacun). Son caractère prescriptif, ou normatif, apparaît alors encore plus clairement.

Une autre solution « axiomatique » au problème du marchandage a été d'abord proposée par Francis Edgeworth : elle est donnée par les éléments du CŒUR de l'économie, qui se réduisent aux équilibres de concurrence parfaite lorsque le nom d'individus tend vers l'infini (pour plus de détails, voir l'entrée DEBREU-SCARF). Toutefois, la théorie reste muette sur la façon dont cette solution peut être effectivement atteinte, outre le fait que l'indétermination demeure sauf, éventuellement, quand le nombre d'intervenants est infini — mais alors le problème de la réalisation effective de l'équilibre devient particulièrement aigu.

Ces difficultés expliquent probablement pourquoi la solution au problème de l'échange retenue par pratiquement tous ceux qui adoptent l'approche axiomatique est celle du commissaire-priseur — solution qu'ils ne peuvent évidemment justifier (c'est pourquoi elle n'est pratiquement jamais clairement formulée), et qui revient en fait à exclure tout marchandage. On revient à la case départ ...

Marché

Terme qui peut prendre plusieurs significations : endroit où ont lieu des échanges, relation contractuelle entre deux individus (« passer un marché »), forme d'organisation des échanges (« marché » de l'immobilier, ou des capitaux) ; cependant, toutes ces acceptions du mot « marché » ont en commun de supposer une confrontation entre une (ou des) offre(s) et une (ou des) demande(s), dans le but de procéder à des échanges sur la base d'un système de prix, qui résulte d'une négociation entre les parties en présence ou qui existe en dehors d'elles.

La diversité des formes que peuvent prendre les relations marchandes — selon les types de biens, les pays et les coutumes, entre autres — explique pourquoi il est difficile de donner un contenu précis à la notion de marché ; toutefois, celle-ci suppose au moins la *propriété privée* sur les biens échangés. Le marché peut être envisagé d'un point de vue *historique* (étude des caractéristiques présentes et passées) et *géographique* (spécificités propres à chaque pays) ; toutefois, souvent il est assimilé à un « mécanisme » ou à une procédure abstraite d'organisation des échanges. Le courant institutionnaliste mais aussi en partie le MARXISME optent plutôt pour le premier point de vue (historique et géographique), tandis que les NÉO-CLASSIQUES adoptent sans réserve le second.

Marché et modèles

Tout MODÈLE dans lequel il y a des relations marchandes — c'est-à-dire des échanges à travers un système de prix — suppose l'existence d'un « marché » ; la forme de celui-ci est rarement explicitée par le théoricien, surtout s'il concentre son attention sur la résolution mathématique du modèle.

Ainsi, le « marché » du modèle de CONCURRENCE PARFAITE, qui est souvent considéré comme un marché idéal (puisque « parfait »), est une forme d'organisation des transactions *extrêmement centralisée*, mise en œuvre par une institution du type commissaire-priseur (qui propose des prix, regroupe les offres et les demandes, organise les échanges lorsqu'elle a déterminé les prix d'équilibre). D'ailleurs, la plupart des modèles qui font intervenir un nombre d'agents supérieur à quelques unités supposent une forme d'organisation des marchés très centralisée — tel est le cas, par exemple, des modèles du DUOPOLE, de l'OLIGOPOLE mais aussi de la CONCURRENCE MONOPOLISTE, où la demande est organisée comme en concurrence parfaite.

Une des raisons essentielles pour lesquelles les modèles qui comportent « plusieurs » agents supposent une forte centralisation de l'information et des échanges tient à ce qu'ils évitent ainsi d'avoir à traiter une multitude de NÉGOCIATIONS BILATÉRALES plus ou moins hiérarchisées et dont l'ordre influence fortement le résultat final. Il est vrai que l'existence de la MONNAIE facilite les échanges, mais les modèles ont beaucoup de difficultés à prendre en compte la monnaie dans son rôle de moyen de transaction, dans la mesure où elle est elle-même l'expression d'une relation sociale, fondée notamment sur la *confiance*.

Toutes ces raisons permettent de comprendre pourquoi *il n'existe pas de modèle mathématique qui donnerait une représentation du marché tel qu'on se l'imagine habituellement*, en tant que système « décentralisé » où les choix individuels se coordonnent selon une procédure qui demeure floue (notamment parce qu'elle varie au cas par cas). Souvent, l'allusion à un vague « mécanisme des marchés » vient remplacer la description précise de cette procédure, ce qui évidemment ne résout rien.

Marché et contrats

Le cas diamétralement opposé au marché ultra-centralisé des modèles usuels (aussi bien en concurrence parfaite qu'en concurrence imparfaite) est celui de la *négociation bilatérale*, sans intermédiaire, le mot « marché » ayant alors la même signification que lorsqu'on dit de deux personnes qu'elles « passent un marché ». Les négociations bilatérales aboutissent généralement à des échanges directs entre les parties, ou à l'établissement de CONTRATS qui les lient pendant une période donnée (contrats qui existent aussi dans les modèles centralisés, tout au moins lorsque ceux-ci supposent qu'il y a un SYSTÈME COMPLET DE MARCHÉS).

Le marché peut alors être conçu comme un vaste et complexe réseau de relations bilatérales, qui peuvent aller de la négociation pied à pied à la vente à un prix « à prendre ou à laisser » fixé par une des parties (en général le vendeur). L'*information* dont disposent les parties en présence joue alors un rôle essentiel — information qui est, dans les modèles traditionnels, généralement pourvue par le « centre » —, mais les normes, les coutumes et les habitudes sont aussi très importantes, surtout si les relations ont lieu de façon répétée, avec une certaine régularité. A cela s'ajoute le *cadre institutionnel* qui est indispensable à l'établissement de la plupart des contrats — et même à bon nombre d'échanges ; car, sans la présence d'un système de garanties et de sanctions mis en œuvre par une instance extérieure aux parties, bon nombre de transactions (même mutuellement bénéfiques) n'auraient pas lieu — la méfiance mutuelle empêchant leur réalisation.

La mise au point de contrats, mais aussi la recherche de partenaires pour l'échange, entraîne généralement des coûts importants, COÛTS DE TRANSACTION ou coûts de coordination (dans les modèles traditionnels, ces coûts sont à la charge du commissaire-priseur, qui agit de façon purement bénévole). Parmi ces coûts, il y a notamment ceux des « intermédiaires », dans la (souvent longue) chaîne qui va « du producteur au consommateur », mais aussi les coûts de stockage — des stocks élevés étant le signe d'une mauvaise coordination. L'existence de la monnaie peut réduire ces coûts, mais elle est loin de les faire disparaître.

Marché et organisations

Tout marché est une forme d'organisation des relations entre les agents économiques, dont une des caractéristiques essentielles est que les transactions s'y font sur la base de prix, qu'ils soient affichés ou négociés. Toutefois, comme ces transactions entraînent souvent des coûts importants, la question se pose de savoir quels sont les avantages du marché par rapport à d'autres formes d'organisation des échanges. Parmi celles-ci il y a notamment les entreprises, où des échanges de biens et de services ont lieu sans passer par l'intermédiaire d'un système de prix. Il est vrai que le contrat de travail est l'expression d'une relation marchande, mais d'un genre très particulier, puisque le salarié vend sa force de travail plutôt que des prestations précises et clairement délimitées. Dans l'entreprise, des relations hiérarchiques, ou d'autorité, se substituent aux relations marchandes. De même, lorsqu'une entreprise absorbe un de ses fournisseurs, les échanges qui se faisaient auparavant par le biais d'un système de prix sont remplacés par des relations d'ordre « technique », au sein d'une même entité.

Ainsi, une question essentielle à propos du marché est celle de sa coexistence avec d'autres formes d'organisation sociale ; pourquoi, par exemple, l'absorption des entreprises les unes par les autres, et l'économie des coûts de transaction qu'elle permet, ne se poursuivrait-elle pas indéfiniment ? Autrement dit, pourquoi le marché ne disparaît-il pas au profit d'un système planifié centralement — avec lequel la concurrence parfaite présente d'ailleurs des ressemblances certaines ? On peut supposer que si une telle disparition n'a pas lieu, c'est parce que la diminution des coûts de transaction qui résulte du processus de fusion-centralisation a pour contrepartie une augmentation des coûts de coordination des diverses activités absorbées, de sorte que les relations par le biais d'un système de prix trouvent une justification. Mais comment donner une forme plus précise à cette hypothèse ? Comment expliquer que l'existence des « signaux-prix » puisse suffire à coordonner — de façon non chaotique — d'innombrables décisions individuelles ? Et y suffit-elle vraiment ? Bien qu'elles soient au cœur de la réflexion économique, les modèles théoriques (mathématiques) n'apportent pas de réponse à ces questions — le cas du TÂTONNEMENT étant de ce point de vue significatif.

Finalement, il semble qu'une réflexion sur la notion de marché ne puisse se passer d'une étude concrète sur les formes prises effectivement au cours de l'histoire par les relations marchandes, étude déjà entreprise notamment par MARX, les théoriciens de la RÉGULATION et les institutionnalistes.

Marche aléatoire

Terme utilisé pour désigner l'évolution d'une variable (consommation, revenu) en fonction de sa valeur à la période précédente et de l'aléa subi par celle-ci. La « marche aléatoire » fait penser au comportement d'un ivrogne, qui fait un pas « au hasard » dans n'importe quelle direction, puis fait un deuxième pas — encore au hasard — à partir du point atteint au premier pas, et ainsi de suite. Il va ainsi suivre un trajet « désordonné », qui a de moins en moins à voir avec son point de départ. La marche aléatoire se distingue donc des « perturbations » aléatoires telles qu'on les conçoit habituellement en ÉCONOMÉTRIE, où l'on suppose que ces perturbations « oscillent autour » d'une valeur (donnée par l'ESPÉRANCE MATHÉMATIQUE) de la variable considérée.

A titre d'exemple, considérons une variable x dont la valeur à l'instant t est égale à sa valeur en $t - 1$, à un aléa près ε_t. On a donc :

(1) $$x_t = x_{t-1} + \varepsilon_t.$$

Ainsi, la valeur de x à l'instant t est égale à :

$$x_t = x_0 + \varepsilon_1 + \varepsilon_2 + \varepsilon_3 + \ldots + \varepsilon_t.$$

Elle dépend donc, de façon cumulative, des « aléas passés » $\varepsilon_0, \varepsilon_1, \ldots, \varepsilon_{t-1}$ (qui, dans le cas de l'ivrogne, correspondent à chacun de ses pas).

Toutefois, pour que sa marche soit « vraiment aléatoire », il ne faut pas que l'ivrogne privilégie plus ou moins consciemment une certaine direction (celle du bistrot le plus proche par exemple). C'est ce que traduisent les hypothèses d'espérance mathématique pour chacun des ε et d'« indépendance » entre eux (absence d'autocorrélation).

Dans le cas où notre ivrogne aurait en tête une même direction dans sa marche, qui demeure cependant titubante, alors on peut écrire :

$$\varepsilon_t = \alpha + \varepsilon'_t,$$

où α désigne la direction privilégiée (quel que soit t). En reportant dans (1), il vient :

(2) $$x_t = x_{t-1} + \alpha + \varepsilon'_t.$$

Si l'aléa ε'_t est lui-même d'espérance nulle (quel que soit t), alors on dit qu'il y a *marche aléatoire avec dérive* (la « dérive » étant donnée par α).

L'idée de marche aléatoire a été introduite dans l'étude des séries chronologiques pour contester l'idée selon laquelle il y aurait une « tendance » régulière et des « fluctuations » autour de cette tendance (la marche aléatoire traduit l'idée que les « fluctuations » modifient la tendance elle-même, ce qui rend difficile la séparation entre l'une et les autres).

Marchés efficients (théorie des)

En 1970, Eugène Fama publie dans le *Journal of Finance* un article intitulé « Efficient market hypothesis : a Review of Theory and Empirical Work » où il propose une nouvelle formulation de la théorie — déjà ancienne — selon laquelle le cours des titres en Bourse suit une évolution du type MARCHE ALÉATOIRE (dont une des principales conséquences est qu'on ne peut prévoir correctement, si ce n'est par hasard, les cours futurs). La nouveauté tient ici surtout au fait que Fama utilise le terme « efficient » pour caractériser cette théorie. Ce faisant, sa démarche s'inscrit dans le cadre de l'offensive antikeynésienne de la fin des années soixante, menée notamment par Milton FRIEDMAN et les NOUVEAUX CLASSIQUES, dont le principal postulat est que les ajustements de prix permettent l'équilibre permanent des « marchés » (égalité de l'offre et de la demande), et donc une affectation efficiente (optimale au sens de PARETO) des ressources de l'économie (en raison des théorèmes de l'ÉCONOMIE DU BIEN-ÊTRE). En changeant de nom, une théorie sur la façon dont évoluent les cours des titres en Bourse deviendrait donc une théorie sur la forme (efficiente ou pas) de l'affectation des ressources de l'économie « réelle ». Ainsi, les tests statistiques concernant les lois de probabilité du prix des titres boursiers permettraient de trancher la question de l'optimalité de l'affectation des ressources, notamment grâce à l'action des marchés financiers, ce qui est évidemment absurde — la forme de l'affectation des ressources, à supposer qu'elle soit mesurable, ne peut être évaluée par des statistiques boursières, aussi nombreuses soient-elles.

En fait, la théorie des marchés efficients n'a rien à voir avec la question de l'efficience (au sens de Pareto) ; elle est basée sur un malentendu — entre ce que son nom suggère et ce qu'elle est effectivement —, dont l'origine se trouve dans le discours ambigu, et finalement trompeur, de Fama.

Un discours ambigu sur la nature de la théorie testée

Une théorie, surtout si elle prétend donner lieu à des tests statistiques, nécessite d'être formulée avec précision. Or, ce qui frappe dans l'article de 1970 de Fama, c'est le hiatus qui existe entre le discours concernant sa théorie — sa présentation « littéraire », en début d'article — et sa formulation mathématique, qui est à l'origine de propositions testables statistiquement. Ainsi, Fama commence son article par la constatation suivante : « Le rôle premier du marché des actions est l'allocation de la propriété du stock de capital de l'économie », ce qui suggère que la théorie qui va être présentée a un rapport avec l'économie réelle (dont le « stock de capital » est un élément essentiel), alors qu'il n'en est rien (on n'entend plus parler, par la suite, de ce stock de capital). Comme, par ailleurs, le titre de l'article fait référence à la « théorie des marchés efficients », on peut difficilement éviter de penser que la théorie proposée a trait à l'allocation *efficiente* du stock de capital — et donc des ressources.

En fait, Fama se garde bien de définir clairement ce qu'est un marché efficient. Il écrit, à ce propos : « Un marché sur lequel les prix “reflètent pleinement” toute l'information disponible est dit “efficient” » (p. 383). L'utilisation de guillemets est ici significative : car que veut dire le fait que les prix « reflètent pleinement toute l'information disponible » ? Et, s'ils le font effectivement, en quoi cela implique-t-il qu'il y a efficience ? Fama utilise à nouveau l'expression « reflète pleinement » entre guillemets lorsqu'il évoque le marché idéal : « L'idéal est un marché dans lequel les prix fournissent un signal correct pour l'allocation des ressources, c'est-à-dire un marché où les entreprises peuvent prendre des décisions de production et d'investissement, et où les investisseurs peuvent choisir entre les actions des entreprises selon leur activité, en supposant que les prix des titres “reflètent pleinement”, à tout moment, toute l'information disponible. » Le lien entre l'efficience (les prix qui « reflètent pleinement » toute l'information disponible) et l'allocation « correcte » des ressources est plus que suggéré.

Mais ce n'est que quand Fama passe à la formulation mathématique de sa théorie (là, les guillemets ne sont plus permis...), qu'on voit en quoi elle consiste, pour l'essentiel : le prix d'un titre à tout moment ne dépend que de l'information disponible à ce moment et de facteurs aléatoires imprévisibles, d'espérance mathématique nulle. Ce qui, en termes plus techniques, se formule ainsi : l'espérance en t du prix d'un titre en $t+1$:

1. ne dépend que de l'ensemble d'information en t ;
2. est égale au prix en t (la meilleure prévision du prix en $t+1$ est le prix en t).

Fama suppose aussi que les éléments aléatoires suivent des lois normales (ou de Gauss), ce qui fait qu'on peut parler de marche aléatoire, mais c'est là un point secondaire de la discussion sur l'efficience.

Il découle des hypothèses 1 et 2 que, lorsqu'on veut prévoir le prix futur d'un titre, il est inutile d'étudier son évolution passée, ou plus généralement ce qui a pu arriver auparavant dans l'économie, car ces informations ont été en quelque sorte « incorporées » dans le prix présent — c'est en cela que le « marché » serait « efficient ». Une autre conséquence de la théorie est qu'on ne peut, « en moyenne » (plus précisément, en espérance mathématique), faire de gain en spéculant en Bourse — ce qu'on résume en disant qu'« on ne peut battre le marché », ou qu'« on ne peut faire mieux que lui, en moyenne ».

Une constatation se dégage de ce qui vient d'être dit : les hypothèses faites et la théorie testée *n'ont rien à voir avec l'allocation des ressources*. Le fait que les prix des titres évoluent de telle ou telle façon — marche aléatoire ou autre — n'implique nullement qu'ils émettent un « signal correct » en ce qui concerne l'allocation des ressources, ni même qu'ils « intègrent pleinement » toute l'information disponible (à supposer que l'on sache ce que cela veut dire...).

Une question naïve...

Dans son article sur les marchés efficients, Fama cherche à tester l'hypothèse selon laquelle les investisseurs ne fondent leurs prévisions que sur l'information disponible au moment où elles sont faites, et non sur ce qui a pu arriver dans le passé (y compris les erreurs commises). On pourrait alors, naïvement, penser que la meilleure façon de faire ce test est d'aller demander tout simplement aux professionnels de la Bourse comment ils procèdent — et, notamment, s'ils prennent en compte ou non les événements passés au moment de leurs décisions d'achat ou de vente. Pourtant, Fama n'adopte pas cette voie évidente — ce qui le conduirait d'ailleurs à réfuter l'hypothèse faite (ou même à ne pas la poser, tant il est notoire qu'une fraction non négligeable des professionnels de la Bourse tient compte du passé dans ses décisions d'achat ou de vente. Le livre d'Olivier Godechot, *Les traders. Essai de sociologie des marchés financiers,* La Découverte, 2001, en donne de nombreux exemples).

Fama opte donc pour l'étude de l'évolution des prix des titres, et propose de tester statistiquement les prédictions de sa théorie. Ce qui pose une foule de problèmes techniques (l'indépendance n'est jamais totale, des hypothèses supplémentaires sur les lois de probabilité sont nécessaires pour que les tests soient spécifiés, etc.). D'où d'innombrables débats sur les statistiques et les tests utilisés par Fama, dont les résultats ont été contestés (voir, par exemple, le livre d'Andrei Shleifer, *Inefficient markets : an introduction to behavorial finance*, Oxford University Press, 2000). Pourtant, un tel débat est de peu d'intérêt, comme l'est la question testée (que le prix des titres suive telle ou telle loi, il est clair, pour des raisons logiques et par expérience, qu'« on ne peut battre le marché ». Voir l'entrée MARCHÉS FINANCIERS).

Un exemple de formulation douteuse

Dès sa première formulation par Fama, la théorie des marchés efficients se caractérisait par l'écart entre sa présentation « verbale » et sa formulation mathématique (à l'origine des tests statistiques) — la référence à l'« efficience » étant rarement neutre. L'article de Fama, ainsi que celui de beaucoup de revues spécialisées, est pour l'essentiel technique (problèmes pour trouver les tests statistiques appropriés). Le thème des marchés efficients a été toutefois repris largement dans les ouvrages de large diffusion, sans mathématiques. Comme cette théorie y est présentée forcément de façon littéraire, l'imbroglio entre ce qu'elle dit et ce qu'on lui fait dire apparaît alors très clairement (pour qui veut réfléchir un peu). Ainsi, dans leur célèbre *Économique*, Paul Samuelson et William Nordhaus écrivent : « Un *marché financier efficient* est un marché sur lequel toute nouvelle information est rapidement comprise et immédiatement prise en compte dans les prix du marché. Par exemple, disons que la société Pétrole Cool vient de trouver du pétrole en mer de Norvège. L'événement est annoncé le mardi à 11 h 30. Quand le prix des actions de Pétrole Cool augmentera-t-il ? La théorie des marchés efficients dit que les nouvelles seront immédiatement incorporées dans les prix. Les participants au marché réagiront immédiatement tirant correctement à la hausse le prix de Pétrole Cool. Quel que soit le moment, les marchés ont déjà absorbé et inclu toutes les informations disponibles dans les prix des actions, des céréales ou d'autres titres sujets à spéculation » (p. 467).

Voilà qui semble clair... et qui ne l'est pas du tout, loin de là ! Car, comme cela est, hélas, si fréquent dans le discours des économistes, l'analyse est faite en supposant qu'il existe une entité mystérieuse, « le(s) marché(s) », qui agit, telle une personne. Ainsi, dans le cas de « Pétrole Cool » (*sic !*), on veut bien croire que l'annonce par cette société qu'elle a découvert un nouveau gisement va entraîner une hausse de son prix. Mais de quelle manière ? et de combien ? Dire que « les nouvelles seront immédiatement incorporées dans les prix » ou que « les marchés ont... absorbé et inclu toutes les informations disponibles dans les prix des actions » ne répond en rien à ces questions. Essayons donc de le faire, en nous servant de notre simple bon sens. Disons que le prix de l'action était de 20 euros et que la nouvelle de la découverte arrive : que vont faire les investisseurs ? Si *tous* pensent que le nouveau prix de l'action sera, disons, égal à 25 euros, alors il n'y aura pas d'échanges en vue de faire un gain spéculatif (ceux qui détiennent des actions Pétrole Cool les offrant à un prix supérieur à 25 euros, les éventuels acheteurs n'en voulant qu'à un prix inférieur). On peut toutefois penser que c'est là un cas très particulier : en règle générale, les investisseurs ne feront pas exactement les mêmes prévisions concernant le nouveau prix de Pétrole Cool. Supposons, par exemple, que certains pensent qu'il sera égal à 24 euros, d'autres à 26. Comme les premiers ne vendront qu'à un prix supérieur à 24, les seconds n'achèteront qu'à un prix inférieur à 26, la seule chose qu'on peut dire, c'est que, si des transactions ont lieu, c'est à un prix compris entre 24 et 26 euros. La nouvelle connue, il se peut donc qu'il y ait une hausse de prix, mais on ne peut dire *a priori* de combien. Le cours est imprédictible, que toute l'information ait été « absorbée » ou pas — quoi qu'on entende par là.

Quelques leçons importantes

Il ressort de ce qui vient d'être dit que :
— toute analyse des cours de la Bourse ne peut se contenter d'évoquer le « marché » qui ferait ceci ou cela ; elle doit inévitablement faire intervenir des offreurs et des demandeurs (comme chaque fois qu'on parle de marché, d'ailleurs) ;
— pour qu'il y ait échange, il faut qu'il y ait des différences entre les intervenants ; ici, toutes choses égales par ailleurs, cette différence ne peut porter que sur leurs *anticipations*. Le prix qui s'établit dépend de celles-ci, et du MARCHANDAGE entre offreurs et demandeurs de titres — c'est-à-dire de deux facteurs éminemment subjectifs, qui viennent s'ajouter aux facteurs plus « objectifs », comme la découverte d'un nouveau gisement pétrolier ;
— les prix des titres résultent donc d'une multitude de facteurs, aussi bien « objectifs » (état des techniques et des goûts des individus, réglementations diverses,etc.) que subjectifs (croyances, anticipations, marchandages) ;
— les prix anticipés à un moment donné peuvent dépendre de la seule information disponible à ce moment, et suivre des processus du type marche aléatoire ou d'un autre type, sans que cela implique qu'ils soient « corrects » ou « efficients ». Ainsi, dans le cas de Pétrole Cool, si ce prix s'établit à 24,6 euros après la découverte, la « marche aléatoire » peut s'initier à partir de cette valeur, sans qu'on puisse parler à son propos d'efficience, ou de quoi que ce soit d'autre.

Prix « objectif », valeur « fondamentale » ou valeur conventionnelle ?

Que représentent les prix des actions, tels qu'ils ressortent des transactions boursières ? On peut penser, au premier abord : la « valeur en soi » ou « intrinsèque » des entreprises, hors fluctuations boursières (par essence passagères). Telle est l'idée suggérée dans la plupart des présentations de la théorie des marchés efficients. La « valeur en soi » serait « objective », dans le sens où elle découlerait des « caractéristiques intrinsèques » et « réelles » des entreprises (leur productivité, leur capacité de production, etc.). Les guillemets proviennent de la difficulté à donner un fondement à l'idée selon laquelle il existerait une réalité économique objective, « fondamentale », déterminée par des paramètres non soumis — ou peu soumis — aux fluctuations de l'offre et de la demande, tels les goûts des ménages ou les techniques disponibles. Dans les années quatre-vingt, on a toutefois vu apparaître dans les ouvrages de finance la notion de « valeur fondamentale » d'une entreprise, obtenue en faisant la VALEUR ACTUELLE de ses profits, pendant toute sa « durée de vie ». Ce qu'on exprime par la formule :

$$V = \sum_t \frac{\pi_t}{(1+r)^t}$$

où π_t est le profit de l'entreprise en t et r le taux d'actualisation (supposé constant, pour simplifier la présentation).

Dans le cas où il existe un commissaire-priseur qui propose des prix pour tous les biens présents et futurs — de sorte qu'il y ait un SYSTÈME COMPLET DE MARCHÉS —, alors la suite de profits futurs (π_t) est connue avec certitude et on peut dire que, d'une certaine façon, *V* représente la « vraie valeur » de l'entreprise. Les guillemets sont encore ici nécessaires, car en fait *V* dépend notamment de la *forme d'organisation* des échanges, centrée autour du commissaire-priseur, des CONJECTURES des agents et des prix, qui permettent de calculer le profit de chaque période — profits qui dépendent eux-mêmes des offres et des demandes de l'ensemble des agents.

Dans ce cas, et dans ce cas seulement, on peut dire d'une certaine façon que, si le commissaire-priseur affiche des prix d'équilibre (de CONCURRENCE PARFAITE), la valeur fondamentale est en rapport avec l'« efficience », puisqu'il existe un lien étroit entre équilibre de concurrence parfaite et optimalité, au sens de PARETO (lien établi par les théorèmes de l'ÉCONOMIE DU BIEN-ÊTRE).

Mais, en établissant ainsi un rapport entre valeur fondamentale et efficience, on *ôte toute raison d'être aux marchés financiers, au sens où l'entend la théorie des marchés efficients* : les prix présents et futurs étant donnés et connus de tous, le fait même de spéculer (en jouant sur les variations des prix des titres) n'a plus de sens, puisque tout le monde peut faire les mêmes calculs, sans avoir besoin d'anticiper le futur — les différences dans les anticipations étant la raison d'être des marchés financiers, du moins en ce qui concerne la spéculation (pour plus de détails, voir l'entrée MARCHÉS FINANCIERS). D'où le dilemme : soit on parle d'efficience, et donc de concurrence parfaite, avec des titres dont les prix sont égaux à leurs valeurs fondamentales, mais alors les marchés financiers n'ont plus de raison d'être ; soit on admet l'existence de ces marchés, mais alors il ne peut y avoir efficience (notamment parce qu'il n'existe pas alors un système complet de marchés, certains biens futurs n'ayant pas de prix sur la base desquels il serait possible de faire des transactions « maintenant »). Il y a donc contradiction dans le fait de parler de « marché efficient » à propos des marchés financiers (comme le fait Fama dans son article) si on entend par efficience, l'optimalité au sens de Pareto (sinon on ne voit pas ce que ça peut être).

S'il n'existe pas de prix « présent » pour certains biens futurs, le profit π_t n'est alors plus qu'un *profit attendu* pour la période *t* et, par conséquent, la « valeur fondamentale » *V* dépend de façon décisive des *anticipations* des agents, anticipations qui ne sont pas toutes les mêmes (sinon, il n'y aurait pas d'échanges de titres) et qui peuvent varier subitement et fortement (d'où la fameuse « volatilité » des marchés financiers, dont les fluctuations sont beaucoup plus nombreuses et fortes que celles de l'économie « réelle », production, consommation, emploi, etc.). Le subjectif joue un rôle essentiel dans l'évaluation des profits futurs, de sorte que la « valeur fondamentale » ne l'est plus vraiment, dans le sens où les « fondamentaux » de l'économie (goûts, techniques, réglementation et organisation des marchés) n'en sont qu'un élément parmi d'autres — dont, surtout, les anticipations des intervenants sur les marchés financiers.

Finalement, plutôt que de varier autour d'une quelconque « valeur fondamentale », définie dans un cadre très particulier d'où est exclue toute incertitude, relativement stable, le prix des titres en Bourse dépend étroitement de l'*idée* que se font de cette valeur les investisseurs. Cette idée n'est généralement pas très différente d'un individu à l'autre, du moins quand le cours du titre n'est pas soumis à de fortes variations ; ce cours est donc l'expression d'une *convention*, ou d'un accord, implicite des intervenants sur la valeur du titre — convention qui peut, évidemment, varier fortement en fonction des circonstances ou de l'état d'esprit des investisseurs. KEYNES a tout particulièrement insisté sur le caractère conventionnel du prix des titres en Bourse.

Marchés financiers

Par marchés financiers on entend l'ensemble des transactions portant sur des titres (actions, obligations, devises, etc.), transactions qui se font directement (entre individus) ou, le plus souvent, par le biais d'organismes spécialisés (banques, fonds de placement, sociétés de Bourse, etc.), qui ont pour caractéristique de porter sur des objets « immatériels » (les titres) et peuvent donc s'effectuer à distance et de façon quasiment instantanée.

Les marchés financiers ont plusieurs fonctions :

— affecter une partie de l'épargne aux activités de production : émission d'actions ou d'obligations par les entreprises, crédits bancaires ;

— permettre à ceux qui détiennent des titres de *répartir les gains espérés et les risques*

entre eux, en fonction de leur plus ou moins grande AVERSION POUR LE RISQUE ;
— offrir à la spéculation (achat-vente de titres dans le but de faire des plus-values) un terrain où elle peut s'exercer de façon privilégiée.

Même si ces trois fonctions sont nettement différentes, elles ont toutes trois en commun de faire jouer un rôle central à l'*incertitude*, concernant l'avenir des techniques et de la demande dans le premier cas, les divers *états de la nature* possibles dans le second, tout cela plus « ce que feront les autres » dans le troisième.

Les marchés financiers jouent un rôle important dans l'affectation des ressources — notamment en mettant en rapport l'épargne et l'investissement ou en permettant de répartir le risque entre plusieurs individus. Mais la présence d'incertitude, avec la possibilité d'erreurs qui s'ensuit (amplifiée par la spéculation), est aussi source de problèmes — qui vont des surinvestissements (capacités de productions excédentaires) aux faillites. Étant donné l'importance de certains intervenants sur les marchés financiers — à commencer par les banques et les organismes de placement du type fonds de pension —, étant donné que les transactions portent sur des objets « immatériels » (en fait, des droits sur le produit de la société) dont le prix dépend de façon décisive de l'opinion que se font les investisseurs à leur propos, étant donné les possibilités de fluctuations importantes de cette opinion qui peut entraîner des paniques et un effondrement même du système (basé sur la confiance), les marchés financiers sont soumis à une surveillance toute particulière de la part des autorités, qui imposent — surtout aux organismes qui récoltent l'épargne auprès d'un large public — une série de règles destinées à atténuer les effets des retournements d'opinion (réserves obligatoires, limitation de la part de l'épargne destinée à la spéculation, etc.).

Dans le cas des marchés financiers, aux problèmes posés en général par la modélisation même de ce que peut être un MARCHÉ, s'ajoute le fait que l'*incertitude* est pratiquement la raison d'être de ces marchés. Cette incertitude peut être de deux ordres : *exogène*, c'est-à-dire produite par des événements indépendants des choix des investisseurs, et *endogène*, du fait que le résultat des décisions de chacun dépend de celles des autres. Alors que l'incertitude exogène peut donner lieu à modélisation — en considérant que les événements extérieurs à l'économie suivent des lois de probabilité « objectives », que l'on connaît ou que l'on se donne —, tel est difficilement le cas pour l'incertitude endogène, de par sa nature même (rôle décisif des croyances, et de leurs imbrications). La THÉORIE DES JEUX attire l'attention sur le problème posé par l'incertitude endogène : tout en proposant des modèles, dans un cadre ultrasimplifié, elle ne cache pas qu'il n'existe pas de critère qui s'impose permettant de désigner une solution à ces modèles.

Indépendamment du fonctionnement effectif des marchés financiers, la question qui se pose à leur propos est celui de leur rôle dans l'affectation des ressources — dans une perspective d'efficience. Question complexe, sur laquelle il existe de nombreux (et houleux) débats. Que dit la théorie à ce propos ? Voyons quelle est la réponse apportée à cette question par le courant dominant en finance, d'inspiration NÉO-CLASSIQUE.

Marchés financiers et concurrence parfaite

Pour la théorie néo-classique, une affectation des ressources est efficiente si elle est optimale au sens de Pareto. Or, comme il existe un lien étroit entre OPTIMUM DE PARETO et équilibre de CONCURRENCE PARFAITE (en raison des deux théorèmes de l'économie du bien-être), les conditions de l'efficience sont celles de la concurrence parfaite. Parmi celles-ci, il y en a une qui nous concerne tout particulièrement ici : l'existence d'un SYSTÈME COMPLET DE MARCHÉS. Dans un tel système, si on ne tient pas compte de l'incertitude exogène, les marchés financiers *n'ont pas de raison d'être*. En effet, ce système se caractérise par le fait que les prix présents et futurs sont connus au moment où les agents font leur choix (qui est donc INTERTEMPOREL). Ils décident ainsi, de façon certaine, de leurs consommations et productions présentes et futures. Par exemple, celui qui veut « consommer plus » aujourd'hui peut vendre sa production ou son travail futurs (il s'engage impérativement à le faire auprès du commissaire-priseur, qui organise toutes les transactions). Nul besoin de prêt ou de crédit : le commissaire-priseur se charge de tout (bénévolement). Il est vrai qu'il existe des titres, qui sont les droits des ménages au profit des entreprises (droits qui font partie de leurs dotations initiales). Mais pourquoi un ménage vendrait-il ces titres ? En effet, comme il connaît le profit futur des entreprises, et la part qui lui revient, il les intègre dans son choix intertemporel — par exemple, en achetant des biens « aujourd'hui » qu'il paie avec les profits qu'il touchera demain. On peut évidemment imaginer que le commissaire-priseur propose un prix pour les titres représentant une entreprise. Mais, si le prix des titres relatifs à une entreprise est supérieur (inférieur) à la valeur actuelle de ses profits futurs, alors tous les ménages seront demandeurs (offreurs) de ce titre, et il n'y aura pas de transaction. Celles-ci ne peuvent donc avoir lieu que si le prix du titre est égal à la valeur actuelle du profit ; mais cela n'a alors aucun intérêt ni pour l'acheteur ni pour le vendeur, qui ne gagnent rien à l'opération — leur revenu intertemporel étant le même.

Avec un système complet de marchés, il n'y a donc pas place pour un marché financier, tout simplement parce qu'*il n'y a pas d'incertitude*, les conditions du futur étant connues, avec un commissaire-priseur qui fixe les prix et organise les échanges pour les biens présents et futurs (il oblige notamment ceux qui ont vendu des biens futurs de tenir leur engagement, le moment venu).

« États de la nature » et biens conditionnels

Il existe une variante de la concurrence parfaite dans laquelle on peut envisager l'existence de marchés financiers : celle où on suppose qu'il existe une série d'« états de la nature » possibles, présents et futurs, dont la réalisation ne dépend pas des décisions des agents économiques. L'incertitude est donc, dans ce cas, exclusivement *exogène*. Le modèle de concurrence parfaite peut alors être aménagé pour prendre en compte ce genre de situation, les biens étant caractérisés aussi par les états de la nature où ils sont disponibles, le commissaire-priseur affichant des prix pour de tels biens — contingents, ou conditionnels, aux états de la nature.

Dans ces conditions, l'échange de titres (ici, des actions) peut être envisagé. En effet, les ménages peuvent chercher — en fonction de leur AVERSION POUR LE RISQUE et du genre d'entreprise dont ils détiennent des titres (partie de leur dotation initiale) — à acheter ou vendre certains de ces titres, de façon à augmenter leur UTILITÉ ESPÉRÉE (par un arbitrage entre rendement et risque).

Si tous les états de la nature possibles, pour toute la durée de vie de l'économie, sont envisagés, il y a à nouveau système complet de marchés, et l'équilibre, de concurrence parfaite, sera « efficient » (optimal au sens de Pareto), avec prise en compte de l'incertitude exogène selon les goûts et la dotation de chacun. Toutefois, le type de situation décrite est d'un intérêt très limité. Car, supposer, outre la présence incontournable du commissaire-priseur, qu'on puisse dresser la liste de tous les « états de la nature » possibles dans le futur est hautement fantaisiste. En fait, en économie, l'existence même d'« états de la nature » indépendants des choix des hommes est problématique : même le cas souvent évoqué de la météo peut prêter à discussion, compte tenu de l'influence de l'activité humaine sur les phénomènes climatiques.

En théorie financière, les états de la nature sont généralement résumés par les lois de probabilité concernant l'espérance et la variance du gain de chaque titre, ainsi que les covariances entre ces lois, toutes étant considérées donc comme des données objectives. Sur cette base sont construits les modèles de CHOIX DE PORTEFEUILLES DE TITRES, qui cherchent notamment à déterminer la *frontière d'efficience*, où l'espérance de gain est maximale pour chaque variance possible.

Les marchés financiers peuvent alors être considérés comme ayant pour rôle de permettre des échanges de titres dans une telle perspective. Avec un peu de bonne volonté, on peut même imaginer qu'ils permettent d'atteindre des états optimaux (même si le rapport avec l'économie réelle est flou). Mais, en fait, là n'est pas l'essentiel : celui-ci se trouve dans le fait qu'on ne peut considérer sérieusement que l'espérance de gain et la variance d'un titre sont des variables exogènes. Car ces paramètres dépendent quasiment toujours de facteurs tels que la demande de biens et des coûts attendus, c'est-à-dire de variables influencées par le choix de l'ensemble des membres de l'économie — ils relèvent de l'incertitude endogène, qui est tout à fait prédominante. Avec une telle incertitude, on ne peut même plus envisager l'existence d'un système complet de marchés, et il n'y a donc pas efficience.

Marchés financiers et anticipations

L'incertitude (endogène) jouant un rôle déterminant sur les marchés financiers, toutes les interventions qui y ont lieu comportent donc une part spéculative — même celui qui veut seulement « protéger ses avoirs », par exemple contre l'inflation, cherche le placement qui lui semble le plus à même de le faire (caisse d'épargne, obligations, actions). Les anticipations de chacun jouent donc un rôle déterminant sur les marchés financiers ou, si on s'en tient à la seule dimension spéculative, *il n'y a échanges de titres — par exemple, d'actions — que si les individus y font des anticipations différentes.* En effet, si tout le monde pense la même chose (par exemple, qu'une action va monter de 20 %), alors il n'y aura pas de transaction (celui qui a l'action la gardant pour lui ou la proposant à un prix augmenté de 20 %, ce qui n'intéressera personne — il n'y a plus de plus-value anticipée). En revanche, des transactions peuvent avoir lieu lorsque les anticipations diffèrent. Cela est évident si quelqu'un pense que le prix d'une action va monter alors qu'un autre s'attend à ce qu'il descende (le premier étant demandeur, le second, offreur), mais aussi si tous deux pensent qu'il va monter (descendre), mais à des taux différents (par exemple, celui qui s'attend à une hausse, disons de 5 %, vendant à celui qui s'attend à une hausse de 10 %, l'échange se faisant à un prix augmenté de 5 % à 10 %, après NÉGOCIATION BILATÉRALE).

Les *différences d'anticipations* jouent donc un rôle essentiel sur les marchés financiers : sans elles, il ne pourrait y avoir de spéculation. Comme des anticipations différentes ne peuvent être toutes correctes, il s'ensuit que, forcément, certaines d'entre elles (ou toutes) sont erronées. Par conséquent, ces marchés ne peuvent être efficients, des anticipations erronées se traduisant par des choix qui ne sont pas optimaux (car ils auraient été différents si les anticipations avaient été « correctes »).

Le fait que des anticipations différentes soient une condition nécessaire pour l'existence même des marchés financiers (du moins dans leur dimension spéculative) a pour conséquence qu'il est absurde de parler d'ANTICIPATIONS RATIONNELLES à leur propos puisque, par définition, des anticipations sont « rationnelles » si elles sont correctes (à un aléa près, qui relève du coup de dé et non d'une anticipation quelconque). Les anticipations rationnelles sont d'ailleurs très souvent associées à la notion d'AGENT REPRÉSENTATIF — ce qui revient à supposer un agent unique ou des agents identiques. Parler de marché, ou d'échange, est alors encore plus absurde (l'échange supposant des différences entre ceux qui le font).

Très souvent, dans les modèles, ces absurdités n'apparaissent pas clairement car ce qui est posé, c'est une équation donnant « directement » le *prix d'équilibre* des titres (dont on étudie l'évolution dans le temps), sans que soient précisées les offres et les demandes dont il serait la résultante ; or c'est justement au niveau de ces offres et de ces demandes que se manifestent les différences d'anticipations (sans elles, il n'y aurait pas d'échanges, et donc pas de marché). En raisonnant directement sur le prix d'équilibre — donc en ne prenant pas en compte sa formation —, on évite de traiter de la question des anticipations dont il est issu, tout en les traitant comme si elles étaient identiques (ou « rationnelles »), ce qui est absurde. Pour un exemple, voir l'entrée BULLES rationnelles.

Le paradoxe des marchés financiers

Si on résume ce qui vient d'être dit, on constate que, si on s'en tient à la seule composante spéculative des marchés financiers :

— un marché financier « parfait », « idéal », « efficient », suppose que personne ne se trompe (toute erreur étant une « imperfection », et source d'« inefficience »). Mais alors un tel marché n'a pas de raison d'être, chacun faisant des anticipations correctes, personne ne pouvant espérer faire un gain (autre que celui du « partage des risques », en incertitude exogène) ;

— pour exister, un marché financier suppose l'existence d'« imperfections », qui peuvent venir d'informations ou d'anticipations différentes, qui sont par nature à l'origine d'inefficiences (affectation non optimale des ressources). Cela vaut pour la Bourse, mais aussi pour des institutions financières telles que les banques, dont une des activités importantes est de *s'informer*, au cas par cas, sur les caractéristiques de ceux auxquelles elles font crédit — ce qui est une « imperfection », source d'inefficience, puisqu'en opposition avec le comportement « preneur de prix » de la concurrence parfaite (qui est, elle, « efficiente »).

Ces propositions sont parfois appelées *paradoxe des marchés financiers*, le paradoxe provenant de ce que la « perfection » entraîne la disparition de ce qui est censé devenir parfait : les marchés financiers n'ont plus de raison d'être dans le cas « parfaits » ou, ce qui est la même chose, les « imperfections » ne sont pas des défauts dont il faudrait les débarrasser, mais un de leurs éléments constitutifs. Ce paradoxe n'est en fait qu'un cas particulier du paradoxe plus général qui consiste à parler de « marché efficient » à propos du modèle ultracentralisé de la CONCURRENCE PARFAITE.

Bien entendu, on ne peut déduire de l'inefficience constitutive des marchés financiers que ceux-ci sont inutiles, ou une mauvaise chose. Pour le faire, il faudrait pouvoir comparer, du point de vue du critère de PARETO, ce qui se passe avec et sans eux. Comme cela n'est pas possible — tellement les situations sont complexes —, il ne reste plus à chacun qu'à se faire une opinion en confrontant les avantages et les inconvénients (aussi bien en ce qui concerne la façon d'allouer les ressources que le rôle d'intermédiaires).

Peut-on « battre le marché » ?

L'expression « battre le marché » est utilisée pour désigner le fait qu'on puisse gagner plus, en moyenne (sur « la longue période »), que ne le ferait celui qui se contente de suivre les mouvements d'un indice boursier (synthétique), tel le Dow Jones ou le CAC 40.

Une première remarque : le « marché » étant formé par l'ensemble des investisseurs, celui qui veut le « battre » en fait partie. Conclusion : tout le monde ne peut, logiquement, en même temps « battre le marché » — car, sinon, ce serait se battre soi-même ! Donc, quand quelqu'un « bat le marché » — en gagnant plus que le gain moyen —, cela signifie que d'autres sont « battus » par lui — ils gagnent moins que le gain moyen. La question est donc : est-il possible qu'un, ou plusieurs, investisseurs gagnent systématiquement, « sur le long terme », plus que le gain moyen de tous les investisseurs ? Pour que ce soit le cas, il faut que ces investisseurs « aient un truc » que les autres n'ont pas — par exemple, des informations (être au courant avant les autres d'une découverte importante ou d'une fusion d'entreprises). Mais, outre le fait que l'utilisation de cette information pour faire une plus-value est sanctionnée par la loi (c'est le « délit d'initié », que les autorités boursières cherchent à déceler en étudiant les ordres d'achat et de vente ayant eu lieu avant l'annonce officielle de la découverte ou de la fusion), de tels « coups » ne peuvent être répétés indéfiniment par le même investisseur (il faudrait pour cela qu'il soit systématiquement mieux informé que les autres sur les événements venant bouleverser la situation des entreprises). Si on exclut le cas de l'« initié permanent », que reste-t-il comme possibilité pour « battre le marché » ? Avoir le « bon modèle de l'économie » ? Supposons que c'est le cas et que les autres ne l'ont pas — sinon, il n'est pas possible de les « battre ». A la longue, ces derniers vont disparaître, puisqu'ils seront systématiquement battus. Conclusion, ne resteront que ceux qui ont le « bon modèle »... et il n'y aura même plus de marché à « battre » (tout le monde ayant le même modèle, il n'y aura plus d'échanges) ! Pour que le marché (échanges de titres) subsiste, il faut qu'il y ait en permanence des anticipations erronées, et qu'elles ne soient pas systématiquement le fait des mêmes (sinon, ils disparaîtraient). Conclusion : il n'y a pas d'investisseur qui puisse « battre systématiquement le marché » — ce qui ne veut évidemment pas dire que les gains sont les mêmes pour tous (les gains dépendent d'aléas qui sont à l'origine de leur dispersion).

On peut alors légitimement se demander : si on ne peut vraiment gagner en spéculant sur les marchés financiers, alors pourquoi ceux-ci comportent-ils quand même des intervenants, qui ont parfois un train de vie élevé ? Deux réponses à cette question viennent à l'esprit ; d'une part, il y en a qui croient, de façon erronée, qu'ils peuvent gagner (soit parce qu'ils pensent avoir un « truc » ou la « baraka ») et d'autres qui ont l'amour du risque (ils aiment jouer, comme ceux qui le font au loto ou à la roulette) ; d'autre part, il y a tous les intermédiaires (banques, sociétés de courtage, etc.), qui prélèvent une commission à chaque opération — gagnante ou perdante — et qui s'assurent ainsi des revenus sûrs et souvent confortables, vu l'importance des transactions.

Marginalisme

Terme utilisé pour désigner l'école de pensée qui a été la première à accorder un rôle essentiel au *calcul à la marge* dans la détermination de la VALEUR des biens. A l'origine de cette école, il y a notamment l'Anglais Stanley Jevons (1835-1882), l'Autrichien Carl Menger (1840-1921) et le Français Léon WALRAS (1834-1910) ; tous trois ont montré qu'un individu qui cherche à maximiser son UTILITÉ en CONCURRENCE PARFAITE choisit un panier de biens tel que le rapport entre l'UTILITÉ MARGINALE de chaque bien et son prix soit le même pour tous les biens. Comme cette analyse porte sur la fonction d'utilité des individus, et donc sur leurs goûts, on dit d'elle qu'elle donne une « théorie subjective de la valeur » (celle-ci est donc déterminée, en dernière analyse, par les goûts des individus qui composent la société) ; elle s'oppose aux théories qui mettent l'accent sur les conditions « objectives » de production (comme le fait, par exemple, la théorie de la VALEUR TRAVAIL).

La méthode de calcul à la marge a été par la suite étendue au cas du producteur, dont le profit de concurrence parfaite est maximal (à certaines conditions) si la PRODUCTIVITÉ MARGINALE de chaque input est égale au rapport de son prix à celui de l'output. La théorie de la valeur dans laquelle tous les agents font leur choix en utilisant le calcul à la marge est parfois représentée par une paire de ciseaux, dont une des lames représente la règle de l'utilité marginale (c'est le côté demande), et l'autre celle de la productivité marginale (côté offre).

Comme le raisonnement à la marge est utilisé dans le cadre de la recherche des extremums de certaines fonctions-objectif (utilité ou profit), il se ramène généralement à un *calcul de dérivées* (qui permet de déterminer les conditions du PREMIER ORDRE qui caractérisent les extremums). La possibilité de faire appel aux techniques et aux résultats du calcul différentiel explique en partie l'importance qu'a acquise l'école marginaliste en théorie économique, ses promoteurs prenant pour exemple les succès obtenus par la mécanique et la physique grâce à ce type de calcul.

Alfred MARSHALL est probablement le représentant le plus achevé de l'école marginaliste ; celle-ci est en fait l'ancêtre de la théorie NÉO-CLASSIQUE, avec laquelle elle ne présente pratiquement pas de différence.

Marshall, Alfred (1842-1924)

Économiste anglais qui enseigna pendant de très nombreuses années à l'université de Cambridge et dont la pensée a eu un impact durable, au point que l'adjectif « marshallien » fait maintenant partie du vocabulaire des économistes ; ainsi, bien des analyses de ce qu'on appelle aujourd'hui la MICROÉCONOMIE reprennent la présentation et la façon de faire de Marshall.

Toutefois, la démarche de Marshall se veut relativement pragmatique, puisqu'elle essaie de concilier les démonstrations mathématiques « rigoureuses » et les remarques ou les constatations « de bon sens ». Ce pragmatisme se retrouve dans l'approche par l'ÉQUILIBRE PARTIEL, qui est considérée aujourd'hui comme typiquement « marshallienne », approche qui consiste à « se donner » des courbes d'offre et de demande d'un bien, et à raisonner sur elles en les isolant du reste de l'économie, bien que cela soit manifestement erroné (puisque les prix, les revenus, les offres et les demandes des divers biens dépendent les uns des autres).

Marshall était conscient des limites — et même des défauts — de sa démarche, mais il pensait qu'elle était susceptible d'apporter des éclaircissements sur la façon dont fonctionne le monde économique. C'est d'ailleurs en s'appuyant sur ses analyses qu'il a suggéré des mesures de politique économique susceptibles d'améliorer, selon lui, le bien-être collectif. Ainsi, il a utilisé la méthode du SURPLUS DU CONSOMMATEUR pour étudier les effets de divers systèmes de taxation (et de subvention) ; on retrouve encore largement dans les manuels de microéconomie et dans les études qui se veulent plus « appliquées » des analyses inspirées de sa démarche.

Cette démarche a cependant été critiquée par les théoriciens (néo-classiques) de l'ÉQUILIBRE GÉNÉRAL, qui ne la trouvent pas suffisamment « rigoureuse » (car elle ne suit pas complètement les préceptes de l'INDIVIDUALISME MÉTHODOLOGIQUE). Ces critiques ont fait que la cote de Marshall a baissé chez les théoriciens néo-classiques, qui se réclament maintenant surtout de Léon WALRAS. Ainsi, on peut distinguer deux tribus chez les néo-classiques : les « marshalliens », qui se veulent pragmatiques et soucieux des « applications » de la théorie, et les « walrasiens », pour lesquels seule compte la démarche de « théorie pure » qui consiste à déduire des « lois » ou des théorèmes à partir des comportements maximisateurs individuels.

L'œuvre de Marshall est formée d'un grand nombre de publications, dont la principale est sans doute son traité intitulé *The Principles of Economics* (1890), mais on peut encore citer ses autres livres : *The Pure Theory of Foreign Trade* (1879) — où l'on trouve ce qui a ensuite été appelé la « condition de MARSHALL-LERNER » —, *Industry and Trade* (1919) et *Money, Credit and Commerce* (1923), ce qui montre la diversité des thèmes qu'il a abordés.

La plupart des contributions théoriques de Marshall se trouvent dans son livre — au titre significatif — *The Principles of Economics* ; dans cet ouvrage, Marshall s'est à la fois intéressé aux conditions qui déterminent l'offre et la demande des biens. En ce qui concerne la demande, il reprend et développe les analyses des MARGINALISTES, partisans de la théorie de la valeur utilité ; en revanche, sa façon de concevoir l'offre se situe dans le prolongement de celle des CLASSIQUES, qui met l'accent sur les coûts de production. On a dit à ce propos que sa théorie de la valeur, où interviennent à la fois l'offre et la demande, tient compte des « deux lames » des ciseaux.

La fonction de demande « marshallienne »

Marshall a donné au concept de *fonction de demande* la forme qu'on lui connaît aujourd'hui, bien qu'il ne soit évidemment pas à l'origine de ce concept. Il a en quelque sorte synthétisé ce qui se trouvait à l'état de bribes chez d'autres auteurs (à commencer par Augustin Cournot), en reprenant l'idée que cette fonction peut être déduite des comportements maximisateurs individuels.

C'est ainsi qu'il appelle « utilité marginale du revenu » le multiplicateur de LAGRANGE associé au programme de maximisation du consommateur et qu'il fait l'hypothèse — d'équilibre partiel — qu'il est « approximativement » constant. Il déduit alors de cette hypothèse et de la « loi de l'utilité marginale décroissante » que la demande d'un bien diminue lorsque son prix augmente (ce qu'on appelle la « loi de la demande »). Le raisonnement est simple ; il part du fait que le CHOIX DU CONSOMMATEUR implique que le rapport de l'utilité marginale et du prix de chaque bien est égal au multiplicateur de Lagrange associé à la contrainte budgétaire ; comme ce multiplicateur est supposé constant, pour que la condition de maximisation de l'utilité soit toujours vérifiée, il faut qu'une hausse du prix d'un bien soit accompagnée par une hausse correspondante de l'utilité marginale de ce bien, et donc par une baisse de sa demande (puisque l'utilité marginale est supposée décroissante).

L'hypothèse de constance de l'utilité marginale du revenu joue un rôle essentiel dans ce raisonnement ; or, elle est manifestement fausse, puisqu'une variation de prix a forcément un effet sur le *pouvoir d'achat* du revenu ; c'est ce qu'on appelle l'EFFET REVENU, effet qui peut être assez fort pour invalider la loi de la demande. Marshall en est tout à fait conscient, puisqu'il attire l'attention sur l'existence des biens GIFFEN (c'est lui qui leur a donné ce nom), dont la demande augmente avec le prix ; il estime toutefois que ces biens sont plutôt exceptionnels, et que son raisonnement est valable en règle générale.

L'habitude a été prise, suite aux analyses de John HICKS, de distinguer la fonction de demande « marshallienne », déduite directement du choix du consommateur à revenu donné, de la fonction de DEMANDE COMPENSÉE, où l'effet revenu est neutralisé par le versement d'une somme qui « compense » la hausse de prix, de sorte que seul l'EFFET SUBSTITUTION agit sur ce type de demande (qui, elle, vérifie forcément la « loi de la demande »).

C'est aussi en partant de son analyse de la fonction de demande que Marshall donne une définition précise des concepts d'ÉLASTICITÉ-prix et de surplus du consommateur. On trouve aussi chez Marshall une présentation claire, et nouvelle dans sa formulation, des notions de « désutilité du travail » — qui est à l'origine de la courbe d'OFFRE DE TRAVAIL — et de PRÉFÉRENCE POUR LE PRÉSENT.

La fonction d'offre

Marshall donne une importance toute particulière à la périodisation des phénomènes économiques, dans le cadre notamment de sa théorie de la valeur. Ainsi, plus la période de référence est courte et plus la demande a pour lui une influence importante sur les prix, alors que plus elle est longue et plus les conditions de production deviennent déterminantes ; à la limite, le prix est égal au coût de production (en travail, notamment), avec des capacités de production qui « s'adaptent » de façon optimale à la demande. Il est d'ailleurs possible de distinguer entre la « très courte période », où l'offre est donnée et où le prix est donc exclusivement déterminé par la demande, et la « courte période », où les capacités de production sont fixées mais où il est possible de faire varier la production dans certaines limites ; ce dernier cas correspond à celui qui est décrit par les courbes de COÛT MOYEN en U, dont la forme s'explique notamment par la présence de COÛTS FIXES liés aux capacités de production installées. La « longue période » est alors caractérisée par le fait que ces capacités s'adaptent à la demande ; la courbe de coût moyen de longue période « enveloppe » alors par le bas la famille des courbes de coût moyen à capacités données.

Marshall distingue de même les fonctions d'offre de courte période des fonctions d'offre de longue période. Il s'intéresse tout particulièrement à la question des RENDEMENTS D'ÉCHELLE, mais aussi aux EXTERNALITÉS positives. Il pense ainsi qu'il peut être bon pour le bien-être collectif de taxer les entreprises à coûts croissants et de subventionner celles qui sont à coûts décroissants, même si la mise en œuvre pratique de ces mesures est loin d'aller de soi. Ou alors, il admet que certaines entreprises — souvent des monopoles — puissent produire à perte, à cause de l'existence de rendements d'échelle croissants, la collectivité gagnant à ce qu'elles soient subventionnées (le gain en surplus dû à une production plus élevée à un prix moindre l'emportant sur les débours nécessaires à la subvention).

Conclusion

Marshall est sans doute le fondateur de l'école néo-classique moderne, par sa méthode d'analyse, par les nombreux concepts qu'il a forgés ou raffinés, par le type de représentation qu'il a adopté. Il est vrai que son refus d'utiliser les mathématiques au-delà d'un certain point, son côté « pragmatique » et le fait qu'il limitait ses analyses dans un cadre d'équilibre partiel ont eu pour conséquence que ses disciples ont pris leurs distances par rapport à lui. Mais, malgré cela, les représentations habituellement utilisées pour interpréter les faits de la vie économique ont été très influencées par la façon de voir de Marshall.

Marshall-Lerner (condition de)

Condition sur les ÉLASTICITÉS, par rapport au taux de change, des exportations et des importations d'un pays qui implique, si elle est vérifiée, que le revenu de ce pays augmente suite à une dévaluation (COURBE EN J). Cette condition est donnée par l'inégalité suivante :

$$|\eta_{exp}| + |\eta_{imp}| < 1,$$

où η_{exp} et η_{imp} désignent les élasticités par rapport au taux de change des exportations et des importations du pays considéré.

Pour établir le résultat de Marshall-Lerner, on part de l'identité comptable qui caractérise le revenu en économie ouverte (voir l'entrée IS-LM EN ÉCONOMIE OUVERTE) :

$$(1)\quad Y = Abs + Exp(e) - \frac{1}{e} Imp\,(Y, e)$$

où Y est le revenu, e le taux de change, Abs l'« absorption » (échanges à l'intérieur du pays, indépendants du taux de change), $Exp\,(e)$ les exportations au taux de change e, $Imp\,(Y, e)$ les importations à ce même taux, pour le revenu Y. Comme celui-ci se trouve à la fois dans les membres de droite et de gauche de (1), cette égalité définit donc Y en tant que fonction IMPLICITE de e, fonction qu'on note $Y(\cdot)$, et qui prend la valeur $Y(e)$ pour le taux de change e. Par construction, cette fonction doit vérifier la relation (1) — du moins au voisinage du taux de change « de départ » ; soit :

$$(2)\quad Y(e) = Abs + Exp(e) - \frac{1}{e} Imp\,(Y(e), e).$$

Le résultat de Marshall-Lerner s'obtient en dérivant les deux membres de cette égalité (par rapport à la seule variable, e). Soit, en utilisant pour le membre de droite la méthode de DÉRIVATION EN CHAÎNE :

$$Y'(e) = Exp'(e) - \frac{1}{e}(Imp'_Y(Y(e),e)\cdot Y'(e) + Imp'_e(Y(e), e)) + \frac{1}{e^2} Imp(Y(e), e).$$

Ce qui peut aussi s'écrire sous la forme [pour alléger les notations, on note Y au lieu de $Y(e)$] :

$$(3)\quad \left(1 + \frac{1}{e} Imp'_Y(Y, e)\right) Y'(e) = Exp'(e) - \frac{1}{e^2} Imp(Y, e)\left(\frac{e \cdot Imp'_e(Y, e)}{Imp(Y, e)} - 1\right).$$

Comme on s'intéresse au signe de $Y'(e)$, on peut ignorer le premier terme en facteur dans le membre de gauche de (3), qui est toujours strictement positif (les importations augmentant avec le revenu national). Le signe de $Y'(e)$ est donc donné par celui du membre de droite de (3). Or, celui-ci peut se mettre sous la forme, qui permet de faire apparaître les élasticités par rapport au taux de change des exportations et des importations :

$$(4)\quad -\frac{1}{e}Exp(e)\left[-\frac{eExp'(e)}{Exp(e)}+\frac{1}{e}\,\frac{Imp(Y,e)}{Exp(e)}\left(\frac{e\;Imp'_e(Y,e)}{Imp(Y,e)}-1\right)\right].$$

Comme $-\frac{1}{e}$ *Exp*(*e*) est toujours négatif, il reste à déterminer le signe du terme restant dans (4) ; or comme *e Exp*′(*e*)/*Exp* (*e*) est par définition l'élasticité des exportations par rapport au taux de change (η_{exp}) et *e* Imp'_e (*Y*, *e*)/*Imp* (*Y*, *e*) celle des importations (η_{imp}), la première étant négative et la seconde positive, il s'ensuit que ce terme s'écrit :

$$(5)\quad |\eta_{exp}|+\frac{1}{e}\,\frac{Imp(Y,e)}{Exp(e)}\,(|\eta_{imp}|-1).$$

Si avant que le taux de change varie, la balance commerciale était en équilibre, alors $\frac{1}{e}$ *Imp* (*Y*, *e*) = *Exp* (*e*) et (5) s'écrit donc :

$$|\eta_{exp}|+|\eta_{imp}|-1.$$

D'où la proposition de Marshall-Lerner : si $|\eta_{exp}|+|\eta_{imp}|<1$, alors $Y'(e)<0$, et le revenu national augmente suite à une dévaluation, à partir d'une balance commerciale équilibrée. Évidemment, c'est là une condition suffisante, mais pas nécessaire, pour l'obtention de ce résultat.

Marx, Karl (1818-1883)

Karl Marx présente une caractéristique remarquable, pour ne pas dire unique : il figure à la fois dans les dictionnaires de philosophie, d'économie et de sociologie. Autrement dit, toutes ces disciplines considèrent que Marx leur a apporté quelque chose, qui demeure indépendamment des vicissitudes de l'histoire. Marx a construit un système théorique impressionnant, très original, dont on dit — non sans raison — qu'il a « trois sources » : la philosophie allemande (représentée notamment par Hegel), l'économie politique anglaise (SMITH et RICARDO) et le socialisme français (Fourier, Proudhon), bien qu'il se soit dans ses œuvres nettement démarqué des uns et des autres.

Juriste et philosophe de formation (il soutient en 1841 une thèse intitulée *Différence de la philosophie naturelle chez Démocrite et Épicure*), Marx — dont le système théorique accorde une place essentielle aux conditions de vie matérielle des hommes — s'intéresse à l'économie politique d'un point de vue critique (son principal ouvrage en économie, *Le Capital*, a pour sous-titre « Critique de l'économie politique »), mais aussi parce qu'il est à la recherche des « lois » qui gouvernent l'évolution des sociétés, qu'il pense dégager de l'étude de leur histoire. Une des caractéristiques remarquables de Marx est qu'il ne sépare pas son activité théorique de l'action. Sa théorie même conduit à la conclusion que théorie et action sont inséparables ; d'où la formule lapidaire :

« Les philosophes n'ont fait qu'interpréter le monde de diverses manières : il importe maintenant de le transformer » (onzième thèse sur Feuerbach, *Idéologie allemande*, 1846).

Cette formule s'explique notamment par sa *conception matérialiste* de l'histoire, qui affirme entre autres que « la production des idées, des représentations et de la conscience est, de prime abord, directement mêlée à l'activité et au commerce matériels des hommes ; elle est le langage de la vie réelle » (*Idéologie allemande*, repris dans *Karl Marx. Philosophie*, édition établie par M. Rubel, Folio-Essais, Paris, 1994, p. 307) ; dans ces conditions, « à toute époque, les idées de la classe dominante sont les idées dominantes [...] La classe qui dispose des moyens de la production matérielle dispose en même temps, de ce fait, des moyens de la production intellectuelle, si bien qu'en général elle exerce son pouvoir sur les idées de ceux à qui ces moyens font défaut » (*ibid.*, p. 338). Le philosophe qui s'inscrit contre la pensée dominante ne peut donc le faire qu'en cherchant à « transformer le monde » dont elle est un des soubassements. Pour Marx, il n'y a pas de position « neutre » : « De même que les économistes sont les représentants scientifiques de la bourgeoisie, les socialistes et les communistes sont les théoriciens de la classe prolétaire. » Ceux-ci sont au départ des utopistes, mais :

« A mesure que l'histoire marche et qu'avec elle la lutte du prolétariat se dessine plus nettement, ils n'ont plus besoin de chercher de la science dans leur esprit, ils n'ont qu'à se rendre compte de ce qui se passe devant leurs yeux et de s'en faire l'organe [...]. Dès ce moment, la science produite par le mouvement historique, et s'y associant en pleine connaissance de cause, a cessé d'être doctrinaire, elle est devenue révolutionnaire » (*Misère de la philosophie*, 1847, Éditions Sociales, Paris, 1953, p. 35).

Tous les économistes — à commencer par Adam SMITH — inscrivent leurs analyses dans un système philosophique, une vision de ce qu'est et de ce que doit être le monde ; mais Marx est probablement celui qui se démarque le plus nettement de l'attitude du « spectateur impartial » que la plupart des théoriciens veulent se donner ; il dit clairement dans quel camp il se situe, car cela fait partie de son système même, et notamment de sa vision de l'histoire.

La « science de l'histoire » (ou « matérialisme historique »)

Marx critique constamment le mythe de l'« individu » isolé ou issu d'un quelconque « état naturel ». Citons-le :

« L'idée d'une production réalisée par un individu isolé, vivant en dehors de la société [...] n'est pas moins absurde que l'idée d'un développement du langage sans qu'il y ait des individus vivant et parlant *ensemble* » (*Critique de l'économie politique* — introduction générale de 1857 —, repris dans *Karl Marx. Philosophie*, *op. cit.*, p. 447). On songe évidemment au ROBINSON si prisé par les MARGINALISTES, puis par les NÉOCLASSIQUES actuels. D'ailleurs, Marx y songe aussi quand il dit, dans le même ouvrage :

« Le chasseur et le pêcheur isolés, ces exemplaires uniques d'où partent Smith et Ricardo, font partie des fictions pauvrement imaginées du XVIIIe siècle, de ces robinsonnades qui [...] n'expriment nullement une simple réaction contre des excès de raffinement et un retour à ce qu'on se figure bien à tort comme l'état de nature » (*ibid.*, p. 446).

Il explique ces fictions par le fait que « d'après l'idée que [ces auteurs] se faisaient de la nature humaine, l'individu est conforme à la nature en tant qu'être issu de la nature et non en tant que fruit de l'histoire ». Ce qui est tout à fait contraire à ce qu'on observe, puisque « plus on remonte dans l'histoire, plus l'individu [...] apparaît comme un être dépendant, partie d'un ensemble plus grand : tout d'abord et de façon toute naturelle dans la famille et dans le clan qui n'est qu'une famille élargie ; plus tard dans les communautés de formes diverses, issues de l'antagonisme et de la fusion des clans ». En réalité, le mythe de l'individu isolé est typique de la « société bourgeoise », où « les différentes formes de connexion sociale se présentent à l'individu comme un simple moyen de parvenir à ses fins personnelles, comme une nécessité extérieure » ; mais ce n'est évidemment là qu'apparence puisque cette société est celle où « les rapports sociaux ont atteint leur plus grand développement », notamment en ce qui concerne la division du travail et l'importance des échanges.

Marx s'en prend en fait aux « économistes modernes » qui ont réintroduit cette « fadaise ». Car pour lui, les individus en tant que tels n'existent pas, il n'y a que des hommes, dans des contextes historiques particuliers, au point qu'il estime que « nous ne connaissons qu'une seule science, la science de l'histoire » (*Idéologie allemande*, 1846). Cette science est notamment concernée par la production des moyens d'existence, car « ce que sont les individus dépend [...] des conditions matérielles de leur existence », mais aussi par le fait que « des individus déterminés (dans des rapports de production déterminés) qui produisent d'une manière déterminée contractent des rapports sociaux et politiques déterminés. L'observation empirique (qui s'en tient principalement aux faits réels) doit montrer dans chaque cas, sans "mystification" et sans spéculation, empiriquement, le lien de l'organisation sociale et politique avec la production » (*ibid.*). La théorie doit donc s'appuyer sur l'« observation empirique » des « faits réels » dont l'histoire est riche (c'est elle qui pourvoit l'essentiel des « expériences » en sciences humaines).

Modes de production et lutte de classes

Comme Adam Smith, et comme bien d'autres (pour ne pas dire tout le monde), Marx distingue plusieurs étapes, ou stades, dans l'histoire de l'humanité ; il les appelle *modes de production*. Il distingue ainsi des modes de production successifs, qu'il qualifie d'« antique », de « féodal » et de « capitaliste » (ou bourgeois) ; confronté au problème posé par certains pays — d'Asie notamment — dont l'évolution ne correspond pas à son schéma, inspiré essentiellement par l'étude de l'histoire de l'Europe, il ajoute un mode de production « asiatique » aux trois précédents.

Un mode de production est représenté par un état de développement des « forces productives matérielles » — qui comprennent les connaissances acquises et les moyens de production disponibles — et par une certaine forme des « rapports de production », qui traduit les liens que nouent les hommes entre eux « dans la production sociale de leur existence ». Marx explique, à ce propos :

« Dans la production sociale de leur existence, les hommes nouent des rapports déterminés, nécessaires, indépendants de leur volonté ; ces rapports de production correspondent à un degré donné du développement de leurs forces productives matérielles. L'ensemble de ces rapports forme la structure économique de la société, la fondation réelle sur laquelle s'élève un édifice juridique et politique, et à quoi répondent des formes déterminées de la conscience sociale. Le mode de production de la vie matérielle domine en général le développement de la vie sociale, politique et intellectuelle. Ce n'est pas la conscience des hommes qui détermine leur existence, c'est au contraire leur existence sociale qui détermine leur conscience » (*Critique de l'économie politique*, 1959, cité p. 488 de *Karl Marx. Philosophie*, *op. cit.*).

Pour un mode de production donné, il existe donc une correspondance entre l'état des forces productives et les rapports de production ; Marx critique ainsi ceux qui qualifient d'« artificielles » les formes d'organisations sociales ayant précédé le capitalisme. Toutefois, le monde évolue, et « à un certain degré de leur développement, les forces productives matérielles de la société entrent en collision avec les rapports de production existants, ou avec les rapports de propriété au sein desquels elles s'étaient mues jusqu'alors, et qui n'en sont que l'expression juridique [...]. Alors commence une ère de révolution sociale » (*ibid.*, p. 489).

C'est ici qu'entre en jeu la lutte de classes, sorte de moteur de l'histoire : « L'histoire de toute société jusqu'à nos jours, c'est l'histoire de luttes de classes » (Manifeste du parti communiste, *op. cit.*, p. 399). Cette proposition est suivie de l'explication suivante, lyrique certes, mais qui synthétise bien la pensée de Marx :

« Homme libre et esclave, patricien et plébéien, seigneur et serf, maître de jurande et compagnon, en un mot : oppresseurs et opprimés ont été en constante opposition ; ils ont mené une lutte sans répit, tantôt cachée, tantôt ouverte, une guerre qui s'est chaque fois terminée soit par une transformation révolutionnaire de la société tout entière, soit par la ruine commune des classes en lutte » (*ibid.*, p. 399).

Marx s'est avant tout intéressé au mode de production capitaliste, dans lequel « la bourgeoisie [...] a noyé dans les eaux glacées du calcul égoïste les frissons sacrés de la piété exaltée, de l'enthousiasme chevaleresque, de la sentimentalité petite-bourgeoise » (*ibid.*, p. 401).

Ce mode de production est caractérisé par une perpétuelle fuite en avant :

« La bourgeoisie ne peut exister sans révolutionner constamment les instruments de production, donc les rapports de production, donc l'ensemble des conditions sociales. La conservation sans changement de l'ancien mode de production était au contraire la première condition d'existence de toutes les classes industrielles du passé. Le bouleversement continuel de la production, l'ébranlement ininterrompu de toutes les catégories sociales, l'insécurité et le mouvement éternels distinguent l'époque bourgeoise de toutes celles qui l'ont précédée [...]. Talonnée par le besoin de débouchés toujours plus étendus pour ses produits, la bourgeoisie gagne la terre entière. Il lui faut se nicher partout, s'installer partout, créer partout des relations » (*ibid.*, p. 402).

Mais, en étendant son emprise, la bourgeoisie engendre et fait grossir la classe qui un jour va la renverser, le *prolétariat* (« *proles*, dans la langue latine, signifie enfants, descendants ; les prolétaires formaient donc la classe des citoyens qui ne possédaient rien que leurs bras et leurs enfants », *Revue communiste*, n° 1, 1847). Car le capital signifie la socialisation :

« Être capitaliste, c'est occuper dans la production non seulement une position personnelle, mais encore une position sociale. Le capital est le produit d'un travail collectif et ne peut être mobilisé que par l'activité commune d'un grand nombre de membres de la société, voire, en dernier résultat, de tous ses membres. Par conséquent, le capital n'est pas une puissance personnelle, c'est une puissance sociale » (*Manifeste du parti communiste*, *op. cit.*, p. 416).

Ce qui crée la possibilité de passer à une autre forme d'organisation sociale, avec la propriété collective des moyens de production :

« Dès lors, si le capital est transformé en propriété commune, s'il appartient à tous les membres de la société, cela ne signifie pas que la propriété personnelle se transforme en propriété sociale. Seul change le caractère social de la propriété : elle perd son caractère de classe » (*ibid.*, p. 417).

Cette analyse de Marx découle notamment de celle qu'il fait du capitalisme, aussi bien sur le plan théorique que factuel (historique), et dont *Le Capital* est l'expression la plus élaborée.

Le Capital : marchandise, plus-value, accumulation

Marx n'a pu publier lui-même que le livre I du *Capital* (les livres II et III, qu'il n'avait pas complètement achevés, le furent par Engels). Dans le livre I, après un chapitre sur « La marchandise » où il donne sa version de la VALEUR TRAVAIL, Marx aborde la question du processus d'échange et du rôle de l'argent (la monnaie) dans ce processus ; ce qui le conduit à formuler sa théorie de l'EXPLOITATION, qui explique comment les propriétaires des moyens de production extorquent du surtravail à leurs salariés, dans le cadre d'une relation contractuelle, où chacune des parties est « libre » de la nouer. Marx s'intéresse à ce qu'on peut appeler la « viabilité » du système, c'est-à-dire aux conditions qui permettent à celui-ci de se reproduire et, surtout, de croître, le travail extorqué servant à extorquer du travail supplémentaire, et ainsi de suite (il y a « reproduction élargie »).

Après avoir analysé comment la *division du travail* se traduit par une certaine forme de *coopération* entre ceux qui œuvrent pour le même capitaliste, Marx constate qu'elles ont pris historiquement deux formes différentes : la manufacture et la « grande industrie ». La première a été dominante « en gros du XVIe siècle jusqu'au dernier tiers du XVIIIe » ; elle consiste à réunir des travailleurs qui ont des qualifications différentes et à les faire travailler simultanément, « chacun prenant la suite du travail de l'autre » (p. 378 de l'édition Quadrige/PUF, 1993). Pour Marx, la manufacture peut être considérée comme un « travailleur global », « constitué par la combinaison d'un grand nombre de travailleurs partiels » (*ibid.*, p. 392). Ceux-ci assument des fonctions unilatérales, qui « requièrent des degrés de formation très différents et possèdent de ce fait des valeurs très différentes » (*ibid.*, p. 393). Ainsi s'instaure une « hiérarchie des habiletés naturelles et acquises ».

Par la parcellisation des tâches qu'elle suppose, la manufacture conduit néanmoins à faire appel à une « classe d'ouvriers dits non qualifiés qui étaient rigoureusement exclus de l'industrie artisanale des métiers » (*ibid.*, p. 394). En cela, elle ouvre la voie à la grande industrie. Celle-ci se caractérise par le fait que le « travailleur global » de la manufacture est remplacé par la « machinerie », à laquelle les hommes sont subordonnés : « Le moyen de travail acquiert en tant que machinerie un mode d'existence matériel qui implique le remplacement de la force humaine par des forces naturelles et celui de la routine empirique par l'utilisation consciente des sciences de la nature » (*ibid.*, p. 433). Alors que « dans la manufacture, l'articulation du procès social du travail est purement subjective : c'est une combinaison d'ouvriers partiels », dans le « système des machines, la grande industrie possède un organisme de production tout à fait objectif que l'ouvrier trouve devant lui tout prêt comme condition matérielle de production ». Cette insertion des hommes dans l'« organisme de production » efface en quelque sorte les différences entre eux, « le caractère coopératif du procès de travail devient [...] une nécessité technique dictée par la nature du moyen de travail lui-même » (*ibid.*, p. 433).

Les « métamorphoses du capital » et la crise

Les livres II et III développent un certain nombre de thèmes du livre I, tout en s'inscrivant dans la même logique que lui. Ainsi, le livre II porte essentiellement sur le « processus de circulation du capital » (tel est son sous-titre) ; dans ce processus il se « métamorphose », passe d'un secteur à l'autre avec un « temps de rotation » variable (temps pour produire, mais aussi délais pour écouler les produits, pour les transporter, etc.). La présentation est d'abord « microéconomique », telle que peut l'envisager un « capitaliste » quelconque, puis elle devient « macroéconomique », Marx s'intéressant à la reproduction et à la circulation du capital social dans son ensemble. Il adopte alors une vision (nouvelle) de ce que peut être le « circuit économique » (pour utiliser une expression actuelle), avec ses interdépendances sectorielles et ses divers types de biens. Les exemples chiffrés qu'il utilise, à titre d'illustration, et la façon qu'il a de les présenter font de lui un précurseur de l'ANALYSE ENTRÉES-SORTIES ; ses SCHÉMAS DE REPRODUCTION relèvent typiquement d'une démarche d'ÉQUILIBRE GÉNÉRAL (on peut aussi voir dans sa distinction entre le secteur I des « moyens de production » et le secteur II des « moyens de consommation » et la condition qu'elle pose au niveau de la reproduction une version du problème de l'égalité entre ÉPARGNE et investissement, *EX ANTE* ou *EX POST*, selon l'optique adoptée).

Dans le livre II, Marx traite donc surtout des conditions de reproduction du système dans une perspective d'« équilibre » ; ses analyses, à commencer par les schémas de reproduction, valent pour n'importe quelle société marchande, où les décisions sont prises de façon indépendante ; elles ne sont pas propres au capitalisme, même si elles s'appliquent à lui tout particulièrement. En revanche, dans le livre III il s'intéresse à un phénomène qui est, selon lui, typique du capitalisme : la BAISSE TENDANCIELLE DU TAUX DE PROFIT. Celle-ci découle de l'analyse du livre I, où il montre que l'accumulation de capitaux que suppose la « grande industrie » implique que chaque unité de « travail vivant » est associée à une quantité de plus en plus grande de « travail mort » (qui est « cristallisé » dans la « machinerie ») ; comme, pour Marx, seul le travail vivant est source de valeur, il s'ensuit que le taux de profit (rapport entre travail vivant et travail mort, « en moyenne ») a tendance à baisser, ce qui ne peut qu'exacerber les contradictions entre les capitalistes ; ceux-ci investissent pour essayer d'enrayer cette baisse, mais ne font en réalité que l'accentuer (on peut voir là une situation du type DILEMME DU PRISONNIER).

Dans le livre III, Marx aborde aussi la question, délicate, de la TRANSFORMATION DE LA VALEUR EN PRIX DE PRODUCTION, due à l'existence (postulée) d'un taux de profit uniforme (condition d'équilibre).

Problèmes

La théorie économique mise au point progressivement par Marx, et qui aboutit au *Capital*, est une construction impressionnante, par sa cohérence et par la puissance du raisonnement qui la guide. Marx procède à son analyse pas à pas, à partir du schéma : valeur travail-valeur de la force de travail-plus-value. La façon dont il réfute les objections (notamment sur le processus d'accumulation) et dont il met le doigt sur les faiblesses et les contradictions de ses contemporains et des auteurs qui l'ont précédé (y compris Smith et Ricardo, pour lesquels il éprouve un grand respect) est en tout point remarquable.

Toutefois, ses analyses économiques ne sont pas sans poser de problème. Sur le plan *logique*, bien qu'il ait clairement perçu le problème de la transformation de la valeur en prix de production et qu'il ait essayé de la résoudre de façon astucieuse, il apparaît qu'il n'y est pas parvenu, ses calculs n'étant pas tout à fait cohérents (les biens de capital étant évalués en valeur, les autres en prix de production). Mais c'est là une question difficile — qui peut être aujourd'hui abordée beaucoup plus aisément grâce au calcul matriciel ; il aura fallu plus de trente ans pour que le mathématicien von Bortkiewicz montre où se situe exactement le problème.

En dehors de la question — logique — de la transformation de la valeur en prix de production, les analyses de Marx posent problème sur deux points importants :

— *le statut de la valeur travail*. Celle-ci est-elle un fait qui s'impose aux individus au moment de l'échange, ou est-elle une NORME, qu'ils intériorisent éventuellement ? Comment font-ils pour la mesurer, surtout pour les biens « complexes », obtenus à partir d'une série de biens intermédiaires et de diverses machines et équipements ? Ce sont là des questions très importantes, compte tenu de la place essentielle que tient la valeur travail dans le dispositif théorique de Marx ;

— pourquoi le capitalisme s'est-il maintenu, et même renforcé, depuis plus d'un siècle, sans qu'on observe de baisse « tendancielle » du taux de profit, ni de concentration du capital, comme Marx semble l'attendre ? S'il y a eu « prolétarisation », c'est dans le sens de la « salarisation » ; mais peut-on identifier prolétaires et salariés ? C'est en partie pour répondre à ces questions, tout en tenant compte de ce qui s'est passé depuis la mort de Marx, que s'est constituée la théorie de la RÉGULATION.

Conclusion

Il faut lire Marx ; il faut le lire pour la grille de lecture qu'il propose — ce qu'on appelle parfois le « matérialisme historique » —, car elle a beaucoup marqué les sciences humaines, qu'on soit pour ou

La méthode de l'économie politique

« Quand nous considérons un pays donné sous l'angle de l'économie politique, nous commençons par sa population : sa répartition dans les classes, dans les villes, la campagne, les mers, les différentes branches de production, l'exportation et l'importation, la production et la consommation annuelles, les prix des marchandises, etc.

« Il est apparemment de bonne méthode de commencer par le réel et le concret, la supposition véritable ; donc, dans l'économie, par la population qui est la base et le sujet de l'acte social de la production dans son ensemble. Toutefois, à y regarder de près, cette méthode est fausse. La population est une abstraction si je laisse de côté, par exemple, les classes dont elle se compose. Ces classes sont à leur tour un mot vide de sens, si j'ignore les éléments sur lesquels elles reposent, par exemple le travail salarié, le capital, etc. Ceux-ci supposent l'échange, la division du travail, le prix, etc. Le capital, par exemple, n'est rien sans le travail salarié, sans la valeur, la monnaie, le prix, etc. Si donc je commençais par la population, je me ferais une représentation chaotique de l'ensemble ; puis, par une détermination plus précise, en procédant par analyse, j'aboutirais à des concepts de plus en plus simples, du concret perçu aux abstractions de plus en plus ténues. Ce point atteint, il faudrait faire le voyage à rebours, et j'aboutirais de nouveau à la population. Cette fois, je n'aurais pas sous les yeux un amas chaotique, mais un tout riche en déterminations, et en rapports complexes. Historiquement, c'est le premier chemin suivi par l'économie naissante. Les économistes du XVIIe siècle, par exemple, commencent toujours par l'ensemble vivant, la population, la nation, l'État, plusieurs États, etc. ; mais ils finissent toujours par découvrir, au moyen de l'analyse, un certain nombre de rapports généraux abstraits, qui sont déterminants, tels que la division du travail, l'argent, la valeur, etc. Dès que ces éléments particuliers ont été plus ou moins fixés et abstraits, on a vu surgir les systèmes économiques qui s'élevaient du simple, tel que travail, division du travail, besoin, valeur d'échange, jusqu'à l'État, l'échange entre les nations et le marché mondial. Cette dernière méthode est manifestement la méthode scientifiquement exacte. Le concret est concret parce qu'il est la synthèse de nombreuses déterminations, donc unité de la diversité. C'est pourquoi le concret apparaît dans la pensée comme le processus de la synthèse, comme résultat, et non comme point de départ, et par suite aussi le point de départ de l'intuition et de la représentation. Dans la première méthode, la représentation pleine est volatilisée en une détermination abstraite ; dans la seconde, les déterminations abstraites aboutissent à la reproduction du concret par la voie de la pensée. » (*Critique de l'économie politique*, A.3.)

contre elle (rares sont ceux qui lui dénient tout intérêt). Il faut lire Marx pour ses analyses économiques, qui ne manquent souvent pas de pertinence malgré les problèmes qu'elles posent ; il faut aussi le lire pour ses réflexions à propos des autres économistes (les centaines de pages que comporte son ouvrage *Théories de la plus-value* sont de ce point de vue d'une grande richesse), pour l'acuité de ses remarques mais aussi pour sa verve et sa passion, qui ont quelque chose de réjouissant dans l'univers morne des économistes, même lorsqu'ils rêvent avec Robinson et son île.

Matrice diagonalisable

Matrice carrée **A** qui peut se mettre sous la forme :

$$\mathbf{A} = \mathbf{P}\,\Lambda\,\mathbf{P}^{-1}$$

où Λ est une *matrice diagonale*, c'est-à-dire une matrice dont tous les éléments sont nuls, sauf éventuellement ceux qui se trouvent sur sa diagonale, et qui sont égaux aux VALEURS PROPRES de **A** ; la matrice **P** a pour colonnes des VECTEURS PROPRES de **A** linéairement indépendants.

Pour qu'une matrice soit diagonalisable, il *suffit* que ses valeurs propres soient *distinctes*, prises deux à deux (ce qui est le cas, en général). Si la matrice comporte des valeurs propres multiples, pour qu'elle soit diagonalisable il *suffit* que pour chaque valeur propre d'ordre *k* on puisse trouver *k* vecteurs propres linéairement indépendants qui lui soient associés.

Dans le cas où la matrice **A** n'est pas diagonalisable, il est toujours possible de lui associer une matrice de JORDAN **J**, matrice « presque diagonale » qui a sur sa diagonale les valeurs propres de **A**, et des zéros partout ailleurs, *sauf* quelques-uns « au-dessus » de la diagonale. On a alors :

$$\mathbf{A} = \mathbf{QJQ}^{-1},$$

où la matrice **Q** est formée par des vecteurs propres linéairement indépendants de **A**, « complétés » par des vecteurs dits « de Jordan » choisis de façon que **Q** soit inversible.

Remarque. Il se peut fort bien que des valeurs propres ne soient pas réelles. Ce qui alourdit passablement les calculs, mais n'enlève pas de son intérêt à la technique de diagonalisation, comme le montre l'exemple de l'étude des SYSTÈMES D'ÉQUATIONS DIFFÉRENTIELLES — ou de recurrence — LINÉAIRES.

Matrice jacobienne (d'une fonction)

Matrice formée par les dérivées partielles de cette fonction. Ainsi, si $F(\cdot)$ est une fonction de $\mathfrak{R}^3$ dans $\mathfrak{R}^2$, donc si elle est de la forme :

$$F(x, y, z) = (f(x, y, z), g(x, y, z)),$$

alors sa matrice jacobienne $\mathbf{F}'(\cdot)$ est donnée par :

$$\begin{pmatrix} f'_x(\cdot) & f'_y(\cdot) & f'_z(\cdot) \\ g'_x(\cdot) & g'_y(\cdot) & g'_z(\cdot) \end{pmatrix}.$$

Lorsque l'espace d'arrivée de $F(\cdot)$ est $\mathfrak{R}$, sa matrice jacobienne est une matrice ligne, appelée *gradient* de $F(\cdot)$. Les lignes de la matrice jacobienne d'une fonction $F(\cdot)$ sont les gradients des fonctions « qui composent » $F(\cdot)$, ($f(\cdot)$ et $g(\cdot)$ dans l'exemple ci-dessus).

Le nombre de colonnes de la matrice jacobienne d'une fonction est donné par la dimension de l'espace de départ de la fonction, et son nombre de lignes par celle de son espace d'arrivée.

La matrice jacobienne intervient dans l'*étude locale* d'une fonction, les points de référence étant généralement en économie les ÉQUILIBRES d'un système.

Matrice productive

On dit d'une matrice carrée $\mathbf{A}$ (d'ordre n) à coefficients positifs ou nuls qu'elle est productive s'il existe une matrice-colonne X *à éléments strictement positifs* telle que :

(1) $\mathbf{A}X << X$ ($\Leftrightarrow \Sigma a_{ij}x_j < x_i$, $i = 1, \ldots, n$)

où le symbole << signifie que chacun des éléments de $\mathbf{A}$X est *strictement* inférieur à l'élément correspondant de X.

Le terme « productive » s'explique de la façon suivante : si $\mathbf{A}$ est une matrice de coefficients techniques pour « toute l'économie », alors l'inégalité (1) signifie qu'il existe un vecteur de productions qui est strictement supérieur aux consommations intermédiaires nécessaires à sa mise en œuvre — autrement dit, pour ce vecteur de productions, il y a un excédent net de chaque produit, même s'il est « très petit ». L'économie est « productive », ou viable, puisqu'elle produit plus qu'elle ne consomme — pour mettre en œuvre la production —, du moins pour une gamme de productions.

Un cas particulier de matrice productive est celui des matrices dont la somme des coefficients de chaque ligne (ou colonne) est strictement inférieure à 1 ; en effet, si l'on prend pour les productions X la matrice-colonne dont tous les éléments sont égaux à 1 (en ce qui concerne les colonnes, on raisonne sur la transposée de la matrice), alors l'inégalité (1) est vérifiée, puisqu'on a par hypothèse $\Sigma a_{ij} < 1$, $i = 1, \ldots, n$ (ce qui est pareil à (1), si l'on prend pour les x des 1).

Une propriété importante des matrices productives est que *le module de leurs* VALEURS PROPRES *est strictement inférieur à* 1 (pour la démonstration, voir ci-dessous). Si $\mathbf{A}$ est une MATRICE DIAGONALISABLE, elle peut se mettre sous la forme :

$\mathbf{A} = \mathrm{P}\mathbf{D}\mathrm{P}^{-1}$.

Par conséquent :

$\mathbf{A}^n = \mathrm{P}\mathbf{D}^n\mathrm{P}^{-1}$.

On en conclut que *si* $\mathbf{A}$ *est productive, alors* $\mathbf{A}^n$ *tend vers* 0 *lorsque* n *tend vers l'infini* (si $\mathbf{A}$ n'est pas diagonalisable, on arrive à la même conclusion en utilisant sa forme réduite de JORDAN).

De cette propriété et de l'égalité (immédiate) :

$(\mathbf{I} - \mathbf{A})(\mathbf{I} + \mathbf{A} + \ldots + \mathbf{A}^n) = \mathbf{I} - \mathbf{A}^{n+1}$,

on déduit que :

$\mathbf{A}$ productive $\Rightarrow (\mathbf{I} - \mathbf{A})^{-1} = \mathbf{I} + \mathbf{A} + \mathbf{A}^2 + \ldots$

puisque $\mathbf{A}^{n+1}$ tend vers 0 lorsque n tend vers l'infini. En outre, comme $\mathbf{A}$ est à éléments non négatifs, il en est donc de même de $(\mathbf{I} - \mathbf{A})^{-1}$ $(= \mathbf{I} + \mathbf{A} + \mathbf{A}^2 + \ldots)$.

Les matrices productives jouent un rôle important dans le modèle de SRAFFA et dans l'analyse entrées-sorties.

Démonstration. Soit λ une valeur propre de $\mathbf{A}$ et P un vecteur propre associé. On a donc :

$$\mathbf{A}\mathrm{P} = \lambda\mathrm{P},$$

ce qui s'écrit dans le détail :

$$\sum_j a_{ij}\, p_j = \lambda\, p_i \quad i = 1, \ldots, n.$$

Il s'ensuit que :

$$(2)\quad |\lambda|\left|\frac{p_i}{x_i}\right||x_i| \leq \sum_j |a_{ij}||p_j| = \sum_j |a_{ij}\, x_j|\left|\frac{p_j}{x_j}\right|,\quad i = 1, \ldots, n,$$

où les x sont les nombres (strictement positifs) qui par hypothèse vérifient (1).

Soit :

$$\left|\frac{p_k}{x_k}\right| = \max_j \left|\frac{p_j}{x_j}\right|.$$

Pour l'indice $i = k$, il découle de (2) que :

$$|\lambda|\left|\frac{p_k}{x_k}\right||x_k| \leq \left(\sum_j |a_{kj}\, x_j|\right)\left|\frac{p_k}{x_k}\right|$$

et donc que :

$$|\lambda||x_k| \leq \sum_j |a_{kj}\, x_j|.$$

Le résultat annoncé découle de (1) qui implique que $\sum_j |a_{kj} x_j| < |x_k|$.

Maximin (stratégie)

En THÉORIE DES JEUX, STRATÉGIE d'un joueur qui lui permet d'obtenir un gain au moins égal à son NIVEAU DE SÉCURITÉ, quels que soient les choix faits par les autres joueurs. Pour trouver la stratégie maximin d'un joueur, on détermine pour chacune de ses stratégies le gain minimal qu'il peut obtenir avec elle, puis on retient parmi ces stratégies celle qui correspond au maximum des gains minimaux obtenus de la sorte. Autrement dit, la stratégie maximin d'un joueur maximise son gain minimal (d'où son nom). En retenant sa stratégie maximin — ou l'une d'entre elles, s'il en a plusieurs —, un joueur s'assure donc que son gain ne peut être inférieur à un certain niveau (« de sécurité »).

En choisissant sa stratégie maximin, un joueur manifeste un comportement très prudent, qui peut notamment se justifier s'il pense que les autres joueurs cherchent à lui nuire et choisissent leur stratégie en conséquence, même si cela conduit à des résultats néfastes pour eux.

Maximum de vraisemblance

Lorsqu'une théorie prend la forme d'un MODÈLE mathématique qu'on veut confronter aux données statistiques, le problème est de trouver les valeurs des paramètres (ou « coefficients ») qui correspondent le mieux aux observations disponibles. Celles-ci proviennent généralement d'*échantillons* d'une population globale (par exemple, des ménages ou des entreprises « choisis » parmi l'ensemble des ménages ou des entreprises d'un pays) ; à partir des données obtenues, le statisticien propose des *estimateurs* des coefficients du modèle (par exemple, de la PROPRENSION MARGINALE À CONSOMMER). Les estimateurs sont donnés par des formules, dans lesquelles interviennent les valeurs des variables observées (dans l'échantillon). Laquelle de ces formules retenir ? C'est pour répondre à cette question qu'on introduit le critère du maximum de vraisemblance. Pour cela, il faut cependant supposer que les variables (ENDOGÈNES) du modèle suivent *des lois de probabilité* précises (en général, celles-ci sont introduites au niveau des « perturbations » qui sont supposées affecter les éléments du modèle).

Quand toutes ces hypothèses ont été faites, on peut alors chercher l'*estimateur du maximum de vraisemblance des paramètres d'un modèle, c'est-à-dire l'estimateur qui rend maximale la probabilité d'obtenir les valeurs effectivement observées des variables dans l'échantillon*. Les estimations des coefficients obtenues en appliquant la méthode du maximum de vraisemblance sont donc telles qu'elles rendent « le plus vraisemblable possible » l'échantillon obtenu. Ce qui relève du bon sens : si les valeurs observées étaient « invraisemblables », ou « peu probables », selon la théorie, alors le fait même qu'elles aient été « tirées » (obtenues dans l'échantillon) prouverait que la théorie est fausse (puisque les valeurs données par l'échantillon sont « vraies », en tant que « fait objectif »).

Pour pouvoir appliquer la méthode du maximum de vraisemblance, il faut au préalable connaître les lois de probabilité suivies par les variables aléatoires du modèle (sinon on ne peut parler de « vraisemblance »). Or, c'est là toute la difficulté, puisqu'on ne dispose que d'un échantillon (et, en fait, que d'une observation pour chaque variable aléatoire). On retrouve l'éternel problème de l'économie, qui est de ne pas pouvoir procéder à des expériences répétées et contrôlées ; la « réponse » à ce problème (insoluble) consiste, comme d'habitude en économie, à faire des hypothèses « qui arrangent » le modélisateur (dans l'ignorance, mieux vaut choisir ce qui convient). C'est ainsi que l'économètre postule, dans son modèle de base, que les variables aléatoires qui « perturbent » les équations de ses modèles suivent des lois normales (de Gauss), d'ESPÉRANCE MATHÉMATIQUE nulle, indépendantes les unes des autres et de même variance. Sous ces hypothèses, les estimateurs obtenus par la méthode des MOINDRES CARRÉS sont des estimateurs du maximum de vraisemblance, ce qui donne une justification « probabiliste » à cette méthode.

Une bonne partie des travaux théoriques des économètres consiste à trouver des estimateurs du maximum de vraisemblance lorsque l'une ou l'autre des hypothèses faites sur les lois de probabilité suivies par les « perturbations » est modifiée ; les calculs deviennent alors très lourds, et d'autres hypothèses doivent d'ailleurs être introduites (même si elles sont moins fortes). On peut cependant s'interroger sur l'intérêt de ces raffinements statistiques, qui portent sur des données mesurées de façon très approximative (le fait qu'elles concernent presque toujours des agrégats les rend encore moins fiables).

Mécanisme de transmission

Expression utilisée pour désigner les effets successifs sur une économie d'une modification d'une de ses variables EXOGÈNES — modification qui, depuis les années soixante-dix, est souvent appelée « choc ». En fait, le « mécanisme de transmission » qui a jusqu'à présent principalement intéressé les économistes est celui qui résulte d'un « choc monétaire » — cela dans le cadre de la polémique entre MONÉTARISTES et KEYNÉSIENS —, et ses répercussions successives sur les variables qui interviennent dans la fonction de DEMANDE DE MONNAIE (niveau des prix, taux d'intérêt, profits anticipés, etc.).

L'expression « mécanisme de transmission » désigne un *processus*. Toutefois, personne ne s'est aventuré à décrire de façon précise ce processus ; ainsi, dans le cas d'un « choc monétaire », l'analyse se limite généralement à des formulations vagues du genre : « La nouvelle monnaie augmente l'encaisse des agents au-delà de ce qu'ils souhaitent, ce qui les conduit à augmenter leur demande de biens et de titres, ce qui a un effet sur leurs prix, etc. » En réalité, pratiquement toutes les analyses économiques relèvent de la STATIQUE COMPARATIVE ; elles ne s'intéressent donc qu'aux équilibres, et laissent de côté le problème du passage de l'un à l'autre (qui relève de la *dynamique comparative*), et ce pour une raison simple : en économie, les équilibres dépendent généralement des processus (ils sont « dépendants du parcours suivi » pour les atteindre). Ainsi, le mécanisme de transmission ne se contente pas de « transmettre » le choc : il influence par sa forme même le résultat final (par exemple, à travers les effets de répartition et des diverses formes d'« erreurs » faites par les agents). Comment séparer alors ce qui lui est propre de ce qui est dû au choc ? Le recours à une métaphore — celle d'un « mécanisme » — permet ici, comme cela est si fréquent en économie, d'éviter d'avoir à répondre à cette question.

Bien que cette métaphore soit essentiellement utilisée à propos des effets des « chocs monétaires », elle peut l'être dans d'autres contextes. Ainsi, on peut voir dans le MULTIPLICATEUR KEYNÉSIEN un « mécanisme de transmission » du « choc » provoqué par des variations des dépenses gouvernementales (la « transmission » se faisant par la série de vagues de dépenses induites par ce « choc »). L'analyse vaut d'ailleurs pour tout modèle mis sous FORME RÉDUITE, mais généralement elle se réduit à la statique comparative.

Ménage

Unité de décision en MICROÉCONOMIE, qui est caractérisée par une RELATION DE PRÉFÉRENCE et par des DOTATIONS INITIALES (en temps disponible, en biens, en titres de propriété — les ménages sont notamment les actionnaires des entreprises). Les décisions d'un ménage portent, entre autres, sur sa consommation, présente et future, et sur son offre de travail.

Un ménage est supposé maximiser la satisfaction que lui procure ce qu'il consomme ; c'est pourquoi il est d'usage d'identifier ménages et CONSOMMATEURS, et donc le choix d'un ménage avec le CHOIX DU CONSOMMATEUR. Ce choix dépend évidemment des caractéristiques propres du ménage, mais aussi du cadre institutionnel dans lequel il s'inscrit (notamment, la forme d'organisation des échanges) et des CONJECTURES qu'il fait sur le comportement des autres.

Le fait que les NÉO-CLASSIQUES utilisent le terme « ménage » pour désigner une des unités de base de l'économie (un de ses « individus ») est symptomatique des difficultés auxquelles se heurte toute démarche qui, comme la leur, se réclame de l'INDIVIDUALISME MÉTHODOLOGIQUE. En effet, selon l'acception courante, un « ménage » est un *regroupement d'individus*, avec leurs caractéristiques et leurs volontés propres ; un tel regroupement, à l'intérieur duquel les relations sont non marchandes, prend des formes différentes selon les sociétés considérées, et même dans une société donnée. Lui attribuer un objectif commun — par exemple, maximiser une fonction d'utilité — revient à en faire une *entité collective*, avec une volonté propre, ce qui est typique d'une démarche HOLISTE, pourtant récusée par les néo-classiques. Une remarque similaire peut être faite à propos de l'autre type d'« agent » de l'approche néo-classique : l'entreprise.

Microéconomie

Approche qui se propose d'expliquer les phénomènes économiques à partir du comportement des unités de base, « microéconomiques », de la société (ou de l'économie). Pour cela, le microéconomiste va d'abord caractériser ces unités, qu'il divise en deux grandes catégories, appelées « agents », les *consommateurs* (ou *ménages*) et les *producteurs* (ou *entreprises*).

C'est ainsi que chaque consommateur est représenté par une RELATION DE PRÉFÉRENCE, à laquelle il est attribué certaines propriétés (transitivité, monotonie, convexité, par exemple) qui permettent ou facilitent le traitement mathématique, tout en ayant une interprétation économique. De même, chaque entreprise est représentée par une FONCTION DE PRODUCTION (ou par un ensemble de production). Cette caractérisation des ménages et des entreprises ne découle pas d'observations faites sur des entités existantes : elle est essentiellement d'ordre axiomatique, son but étant de déduire, comme on le fait en mathématiques, un certain nombre de « résultats » à partir des propriétés qui leur sont attribuées. Autrement dit, en microéconomie, le traitement mathématique prime sur les faits. Il suffit, pour s'en apercevoir, de consulter n'importe quel manuel de microéconomie : quand des « exemples » sont donnés à propos de la théorie du consommateur ou du producteur, ils sont toujours fabriqués pour la circonstance, fruits de l'imagination de leurs auteurs, tout en ayant de « bonnes » propriétés mathématiques. Il ne peut d'ailleurs en être autrement : personne ne croit qu'on peut représenter, même approximativement, les goûts d'un individu en chair et en os par un simple classement (cohérent) de l'ensemble des alternatives possibles. Toutes les études faites à ce propos ont montré que, même dans des situations bien plus simples que celles de la vie réelle, les classements effectués n'ont pas les propriétés que leur attribue la théorie. En ce qui concerne les entreprises, il n'est même pas besoin de faire d'études, tellement il saute aux yeux que les réduire à une fonction de production (ou à un ensemble de production) est une absurdité — sauf, éventuellement, dans le cas peu apprécié par les microéconomistes, où les techniques sont à inputs strictement complémentaires. Pour contourner cette difficulté, les microéconomistes utilisent parfois des fonctions de COÛT. Mais, ce faisant, ils abandonnent l'approche « axiomatique » : les fonctions de coût, qui intègrent des prix, sont choisies sans réelle justification, si ce n'est que leur utilisation simplifie énormément les calculs (fonctions d'une seule variable).

L'échange, talon d'Achille de la microéconomie

La caractérisation des ménages et des entreprises relève en fait — ou, plutôt, devrait relever — du psychologue et de l'ingénieur, l'économiste étant essentiellement concerné par les *échanges* entre les agents. Comment ceux-ci vont-ils s'effectuer, du moins lorsqu'ils sont mutuellement avantageux ? Il n'y a pas de réponse simple et unique à cette question, point de départ de toute modélisation en microéconomie. Une réponse possible consiste à dire que l'échange a lieu après MARCHANDAGE entre les parties, chacune cherchant à en tirer le plus grand bénéfice possible. Mais, comme les intérêts sont ici opposés, le résultat du marchandage est indéterminé — il dépend du rapport de forces, du pouvoir de négociation de chacun, de l'information dont disposent les parties, etc., c'est-à-dire de facteurs difficiles à apprécier et, surtout, à axiomatiser.

S'il veut en dire plus, le microéconomiste doit donc ajouter de nouveaux ingrédients dans son modèle. Il est vrai qu'il pourrait alors donner plus de place à l'observation, étudier comment ont lieu effectivement les marchandages, entre entreprises et consommateurs, syndicats de producteurs et centrales d'achat des groupes de distribution, etc., en tenant compte du rôle joué par l'État, qui réglemente, arbitre, contrôle et joue éventuellement le rôle de médiateur. Mais cette voie est ardue ; elle ne peut donner lieu à un traitement mathématique, du fait même de la diversité des situations et, surtout, elle ne conduit pas à des « résultats » clairs, qui peuvent être éventuellement utilisés dans une perspective NORMATIVE.

Le microéconomiste évite de prendre une telle voie, à la fois difficile et peu gratifiante. Il procède plutôt comme avec les unités économiques : il imagine un système (relativement) simple, à la fois point de départ et de référence de ses analyses, dans lequel le traitement mathématique est possible, et qui, *last but not least*, permet d'avancer des conclusions d'ordre normatif. C'est le modèle de concurrence parfaite, présenté généralement comme celui du marché idéal.

Le cas idéal : la « concurrence parfaite »

Pour lever l'indétermination de l'échange, quoi de plus simple que de supposer que les taux d'échange (les prix relatifs) sont donnés, uniques, connus et acceptés de tous ? Si, en outre, on postule que les agents ne prennent leurs décisions que sur la base de ces prix (ils sont « preneurs de prix »), alors on pourra parler sans ambiguïté d'offres et de demandes, à prix donnés. Les décisions individuelles tiennent toutefois compte du présent, mais aussi du futur (d'où l'épargne pour les ménages, l'investissement pour les entreprises) ; or qui dit futur, dit incertitude, et donc anticipations, avec tout le flou qui en découle (les anticipations sont un paramètre difficile à cerner, et qui évolue en fonction des circonstances). Une nouvelle indétermination surgit. Qu'à cela ne tienne ! On supposera, sans vraiment le dire, qu'il existe des prix pour tous les biens présents et futurs (qu'ils soient certains ou conditionnels à la réalisation d'ÉTATS DE LA NATURE) : c'est l'hypothèse sur le SYSTÈME COMPLET DE MARCHÉS. Dans ce cas, les offres et les demandes seront définies en fonction des seuls prix (le revenu étant lui-même fonction des prix) : le microéconomiste pourra alors se livrer avec délectation à l'étude des propriétés mathématiques de ces fonctions (monotonie, EFFET REVENU, EFFET SUBSTITUTION, etc.), qui ne sont pas observables — puisqu'elles résultent de choix d'agents fictifs dans un cadre qui l'est encore plus.

L'étape suivante va consister à chercher les prix qui rendent compatibles ces choix. Afin de ne pas retomber sur le problème de l'indétermination de l'échange — non plus à propos des taux d'échange, mais des quantités échangées —, les transactions directes entre agents sont exclues : par hypothèse, les offres et les demandes individuelles, aux prix donnés, sont regroupées et additionnées (leur somme étant généralement appelées « offre de marché », « demande de marché »), puis confrontées.

Parmi tous les prix « donnés » — ou « affichés » —, le microéconomiste va privilégier ceux qui égalisent les offres et les demandes (globales) : il dit d'eux que ce sont les prix d'équilibre de CONCURRENCE PARFAITE. Pourquoi parler de « perfection » à propos de ce modèle tellement étrange — où la « concurrence » est soumise à des règles strictes, au point que la seule chose que les ménages et les entreprises sont autorisés à faire, c'est de formuler des offres et des demandes aux prix donnés (dont ils sont bêtement « preneurs ») ? On ne voit qu'une raison à cela ; elle est d'ordre normatif : parce que les équilibres de ce modèle sont, sous certaines conditions, des OPTIMUMS DE PARETO — ils sont donc « souhaitables », en raison même de leur « optimalité », souvent appelée « efficience ».

Microéconomie et idéologie

Il existe un lien étroit entre les équilibres de concurrence parfaite et l'optimalité de Pareto — lien dont rendent compte les deux théorèmes de l'ÉCONOMIE DU BIEN-ÊTRE. Supposons donc que dans un cours, ou un livre, de microéconomie on trouve clairement énoncée une proposition du genre : « Un système optimal, ou efficient, est un système où il existe une entité — qui opère gratuitement, ou sans coûts — qui affiche des prix, qui regroupe les offres et les demandes (présentes et futures) faites à ces prix par des agents "preneurs de prix", qui confronte globalement ces offres et ces demandes, qui fait varier les prix jusqu'à ce qu'elles soient égales et qui, enfin, donne à chacun ce qu'il demande, après avoir recueilli ce qu'il offre. »

Cette proposition, tout à fait exacte, ne peut alors que susciter la question : où est l'intérêt de consacrer des heures et des heures à l'étude d'un tel système ? La réponse est évidente : aucun. Le microéconomiste pourrait alors se dire : mieux vaut laisser tomber, et repartir de zéro, sans supposer des prix « donnés », des agents qui les « prennent », etc. Mais alors, adieu à l'« efficience », à l'optimalité, mais aussi aux courbes, aux équations et à tous les « résultats », obtenus ou recherchés.

En réalité, les microéconomistes ne présentent pas ainsi la concurrence parfaite ; ils préfèrent énumérer une série de soi-disant « conditions » : « grand nombre » d'agents, chacun étant « petit », information « parfaite » (ou « transparence »), « libre entrée », « homogénéité » des biens, etc., conditions qui ont toutes pour caractéristique d'être vagues, et de ne pas correspondre aux hypothèses du modèle (prix donnés et connus de tous, agents « preneurs de prix », système complet de marchés, etc.) qui, elles, ont une traduction mathématique précise. Puis on fera alors allusion à un « marché idéal », à une mystérieuse « main invisible » qui permettrait l'« émergence » des prix d'équilibre concurrentiels, et donc d'un état « efficient », à partir des choix effectués par un « grand nombre » d'agents, chacun n'ayant en vue que la maximisation de son utilité ou de son profit.

Comment expliquer la différence énorme entre ce qui est dit du modèle et ce qu'il représente exactement ? On ne voit qu'une réponse à cette question : l'idéologie, le poids des préjugés, notamment celui selon lequel un « marché » suffisamment « fluide » (ou « flexible ») permet l'affectation optimale des ressources — ou presque. La modélisation mathématique — représentation du cas idéal, où tous les « mécanismes » peuvent jouer, sans être soumis aux « frictions » et autres « imperfections » du monde réel — devrait donc conduire à cette conclusion. Or il n'en est rien. On pourrait alors dire : peu importe, ne cherchons plus à démontrer mathématiquement que le « système des marchés » est optimal — tout en continuant à penser que c'est le meilleur système possible, ou le moins mauvais, en cherchant à expliquer pourquoi. Évidemment, ce faisant, on abandonnerait l'idée d'établir « rigoureusement » ce qui n'est qu'une croyance, même si on peut avancer divers arguments pour la justifier. En outre, on remettrait ainsi en cause le projet de construire une « science » économique qui, telle la physique, serait incontestable comme le sont les théorèmes mathématiques. Ce qui est inacceptable pour une profession qui tient beaucoup à mettre en avant sa « rigueur » et sa « scientificité » — qui la démarquerait des autres sciences sociales et qui lui permettrait de proposer des solutions incontestables aux problèmes (économiques) que rencontrent nos sociétés.

L'idée est ainsi entretenue, de génération en génération, que le modèle de la concurrence parfaite décrit un « marché idéal » — et non, comme le montre l'étude de ses équations, une économie centralisée où les choix des agents sont très limités.

Des « imperfections » aux « défaillances du marché »

Les équilibres de concurrence parfaite étant des optimums de Pareto, ils vont servir de NORME, de référence, aux autres modèles de la microéconomie : dès qu'une situation n'est pas optimale au sens de Pareto, le théoricien va alors chercher où se trouve l'« imperfection » ou la « défaillance » qui en est la cause, de façon à la « corriger » et à « rétablir un équilibre de concurrence parfaite », et donc l'« efficience ». Évidemment, l'idée qui sous-tend cette démarche est qu'ainsi on revient aux conditions du « marché idéal », dont la concurrence parfaite serait l'expression : on retombe dans l'imbroglio usuel...

En fait, les modèles qui traitent des « défaillances des marchés » — dues aux EXTERNALITÉS ou à la présence de BIENS COLLECTIFS — proposent soit une intervention directe de l'État, soit que celui-ci « crée un marché », en attribuant des droits de propriété et en organisant les échanges à travers un système de prix ; on retrouve en fait l'idée que l'efficience (l'optimalité au sens de Pareto) passe par la centralisation.

Cette idée est aussi au cœur du traitement des « imperfections », notamment dans les théories microéconomiques du MONOPOLE et du DUOPOLE, où la centralisation est aussi importante — la demande est censée être le fait d'agents passifs, « preneurs de prix », comme en concurrence parfaite. Ici encore, l'idée est de trouver des moyens pour « rétablir le plus possible » cette dernière. En fait, la seule différence avec le cas de la concurrence parfaite est de considérer que certains agents (le monopole ou les duopoleurs) font des CONJECTURES différentes de celles du modèle concurrence parfaite, concernant les réactions des autres ou le fonctionnement de l'économie dans son ensemble (ils ne sont plus de simples « preneurs de prix »). Évidemment, les résultats des modèles — notamment, ses équilibres — dépendent de la forme de ces conjectures, qui sont elles-mêmes des paramètres largement insaisissables — comme le sont les anticipations des agents, lorsqu'il y a incertitude sur le futur.

Le cas de l'incertitude

Une des hypothèses essentielles des modèles de la microéconomie usuelle — que ce soit en concurrence parfaite ou imparfaite — est celle qui postule l'existence d'un *système complet de marchés*. Cette hypothèse a pour but d'éliminer l'incertitude concernant le futur et joue un rôle essentiel dans le résultat d'« efficience » ; pourtant, personne ne peut nier l'importance de cette incertitude dans les décisions effectives des agents économiques, aussi bien au niveau de la consommation (et donc de l'épargne) que de la production. Autrement dit, la prise en compte de l'incertitude sur le futur — les marchés étant incomplets — a pour conséquence de modifier profondément les choix des individus : à quoi cela peut-il servir de faire des calculs très élaborés — du type CHOIX INTERTEMPOREL — alors qu'on ne maîtrise pas une partie importantes des données ? Devant une telle situation, n'a-t-on pas plutôt tendance à adopter des règles relativement simples, et répétitives, de comportement ? Le rôle de l'État, des normes, des accords (explicites ou tacites) n'est-il pas destiné, avant tout, à réduire l'incertitude, de façon à ce que certains calculs économiques puissent être effectués ? La microéconomie traditionnelle ne répond pas à ces questions, tout à fait essentielles ; curieusement, elle renvoie à la MACROÉCONOMIE, qui aborde le thème de l'incomplétude des marchés et des anticipations, mais dans un cadre tellement agrégé (modèles à AGENT REPRÉSENTATIF ou à GÉNÉRATIONS IMBRIQUÉES) qu'il n'est d'aucun intérêt — si ce n'est de donner lieu à de nouvelles acrobaties mathématiques. C'est là une façon de faire usuelle des théoriciens néoclassiques : jouer de la coupure entre microéconomie et macroéconomie — coupure qui n'a d'ail-leurs aucune raison d'être, dans la perspective qui est la leur (celle de l'INDIVIDUALISME MÉTHODOLOGIQUE) — pour éviter d'avoir à traiter sérieusement de certaines questions essentielles.

A quoi sert la microéconomie ?

La microéconomie est généralement présentée comme le « noyau dur » de la théorie économique, celle qui fournit les « outils » permettant d'analyser et de comprendre le monde dans lequel nous vivons — du moins, en partie. Pourtant, il suffit de consulter n'importe quel traité de microéconomie pour constater que, soit il ne comporte pas d'exemples (l'accent étant mis sur le traitement mathématique, « axiomatique »), soit il en comporte, mais ce sont des « histoires » (à commencer par celle de Robinson) inventées par leurs auteurs, pour illustrer leur propos (le comble du ridicule étant atteint avec les soi-disant exemples de fonctions de production à « facteurs substituables »). Il est vrai que parfois on y trouve quelques relations économétriques, fondées sur des statistiques réelles, mais celles-ci portent sur des agrégats, et non sur des données individuelles — celles qui concernent en premier lieu le microéconomiste.

Il est d'ailleurs frappant de constater le peu d'importance que les gestionnaires, hommes d'action, accordent à la microéconomie : dans la volumineuse *Encyclopédie de gestion* dirigée par Y. Simon et P. Joffre (2e éd. 1997, Economica), on ne trouve pratiquement rien sur la théorie du producteur de la microéconomie, tandis que pratiquement aucun microéconomiste ne figure parmi les *mille* références bibliographiques du chapitre consacré au « comportement du consommateur ».

Ce qui n'est pas étonnant : la microéconomie raisonnant sur des entités imaginaires — qu'elle se « donne », en ayant en vue leur traitement mathématique — qui opèrent dans un monde qui ne l'est pas moins, elle fournit peut-être des « outils » pour ce monde, mais sûrement pas pour le nôtre, qui n'a rien à voir avec lui. En fait, la coupure micro-macro joue ici aussi un rôle important : comme l'économiste doit quand même tenir compte des données, il le fera essentiellement dans le cadre de la macroéconomie (quitte à invoquer des « FONDEMENTS MICROÉCONOMIQUES ») ; on est alors loin des subtilités de la théorie de la décision individuelle — à moins de la réduire à celle d'un seul individu, qui représenterait toute la société, ce qui est totalement absurde.

A quoi sert la microéconomie, alors ? On a déjà signalé son rôle idéologique — le mythe du « marché idéal », ou « parfait » —, qui est très important : faire passer des croyances ou des mythes pour des résultats « mathématiquement démontrés » leur donne un semblant de légitimité. Reste la *dimension normative* de la microéconomie : la « main invisible des marchés » n'existant pas, le monde économique est en fait un réseau complexe de relations bilatérales, ou multilatérales, avec des règles et des conventions, avec une participation active de l'État, qui encadre, légifère, surveille, incite ou prend en charge directement certaines activités.

Concurrence parfaite et planification

La concurrence parfaite, référence constante de la microéconomie, est habituellement présentée comme l'exemple même du marché idéal, celui qui permettrait d'atteindre des états efficients (optimums de Pareto). En fait, l'étude des hypothèses *effectives* de ce modèle (telles qu'elles se traduisent dans ses équations) montre qu'il représente un système très centralisé, dans lequel les ménages et les entreprises ne sont autorisés qu'à faire des offres et des demandes à des prix qui leur sont imposés, sans avoir de contacts entre eux et sans chercher à influencer ces prix — dont la valeur d'équilibre résulte d'un processus complexe. Rares sont ceux qui attirent l'attention sur cette particularité de la concurrence parfaite ; bien au contraire, celle-ci est très souvent donnée comme exemple d'une économie « décentralisée » — ce qui est un comble !

Curieusement, si on consulte les ouvrages qui traitent de la croissance dans une perspective néo-classique (ce qui est pratiquement toujours fait dans le cadre de la macroéconomie), alors on trouve fréquemment des allusions au rapport étroit entre planification et concurrence parfaite. C'est ainsi que Robert Barro et Xavier Sala-I-Martin écrivent, dans leur livre *La croissance économique* (Mc Graw Hill, 1996) : « Puisqu'un planificateur bienveillant disposant de pouvoirs dictatoriaux atteindrait l'optimum de Pareto, les résultats obtenus dans une économie décentralisée — qui coïncident avec ceux du planificateur — doivent être également optimaux au sens de Pareto » (p. 80). Alors qu'on voit ce que peut être une économie avec un planificateur, on ne voit pas pourquoi une « économie décentralisée » (qui est donc, si les mots ont un sens, formée d'individus qui font des échanges entre eux, directement, sans passer par un quelconque centre) parviendrait aux mêmes « résultats » que dans le cas planifié. En fait, l'économie soi-disant décentralisée à laquelle font allusion Barro et Sala-I-Marin n'est rien d'autre que l'économie très centralisée du commissaire-priseur — qui agit de la même façon que le planificateur, sauf qu'il laisse déterminer aux agents leur panier optimal (alors que le planificateur le détermine à leur place, en arrivant au même résultat).

La même remarque peut être faite à propos de ce que dit Jean Marc Tallon dans son ouvrage *Équilibre général. Une introduction* (Vuibert, 1997, p. 118) :

« ... Il existe *a priori* de multiples manières d'arriver à une situation Pareto optimale (la plus directe *(sic !)* étant qu'un planificateur omniscient alloue autoritairement de biens à chaque consommateur). Toutefois, nous venons d'en étudier une, à savoir l'échange sur des marchés en concurrence parfaite, particulièrement économe en information. Les agents individuels ne connaissent que leurs caractéristiques propres et le prix d'équilibre sur le marché, et ceci suffit pour arriver à une situation optimale ». On se demande évidemment d'où sort « le prix d'équilibre sur le marché », puis comment « on arrive » ensuite à une situation optimale.

Dans la même veine : « En bref, la solution du problème du planificateur est dans la valeur initiale à donner à *c*... Autrement dit, l'équilibre concurrentiel maximise le bien-être du ménage représentatif » (David Romer, *Macroéconomie avancée*, Mac Graw Hill, 1996) ; « Étant donné les hypothèses de ce modèle, les deux premiers théorèmes de l'économie du bien-être sont vérifiés : on peut alors considérer que l'équilibre concurrentiel correspond à la situation où un planificateur se chargerait de l'allocation optimale des ressources dans un univers aléatoire » (*Analyse macroéconomique*, dir. par J.-C. Hairault, La Découverte, collection « Manuels Repères », 2000, p. 310).

Au-delà du caractère plus ou moins clair de ces formulations, l'idée du rapport étroit entre concurrence parfaite et planification est toujours présente — ce qui est inévitable, vu la forme d'organisation sociale que suppose la concurrence parfaite.

Comment organiser au mieux, du point de vue de la collectivité, une telle participation ? On peut considérer que la microéconomie a (ou devrait avoir) pour fonction d'apporter des éléments de réponse à ces questions, notamment en comparant les avantages et les inconvénients des divers types de solutions possibles ou envisageables (par exemple, en ce qui concerne l'économie des RÉSEAUX ou les « marchés de droits à polluer »). Cette approche au cas par cas — qui ne peut qu'être approximative et ne conduire qu'à des conclusions nuancées, vu la complexité du monde réel — est évidemment bien moins séduisante que la fresque grandiose du modèle d'équilibre général de concurrence parfaite, avec ses « théorèmes » d'existence et d'optimalité. Mais, au moins, elle traite de vraies questions, essaye d'apporter des éléments de réponse, ce qui est sûrement plus utile, et formateur, que la manipulation sans fin d'équations relatives à des mondes imaginaires.

Mille-pattes (jeu du)

Jeu, au sens de la THÉORIE DES JEUX, proposé par le mathématicien R. Rosenthal pour illustrer le fait que l'application par chacun du principe de RATIONALITÉ peut conduire à des situations absurdes, mauvaises pour tout le monde. Sur ce point, il présente beaucoup de similitudes avec le DILEMME DU PRISONNIER RÉPÉTÉ un grand nombre de fois.

Le jeu du mille-pattes est un JEU SÉQUENTIEL À INFORMATION COMPLÈTE ; les joueurs connaissent donc toutes ses caractéristiques, et en particulier son ARBRE DE JEU, qui est de la forme suivante :

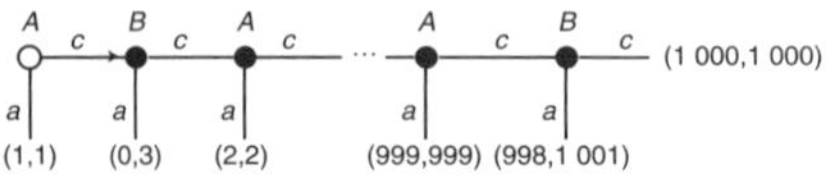

Le jeu comporte donc mille coups ; les joueurs (*A* et *B*) interviennent donc alternativement, en ayant chaque fois à décider s'ils arrêtent (*a*) ou s'ils continuent (*b*). Le jeu est construit de la façon suivante : quel que soit le coup considéré, le joueur qui doit prendre une décision sait que, s'il décide de continuer, son gain au coup suivant sera inférieur (de 1) à son gain « présent » tandis que celui de l'autre augmentera de 2. Ainsi, en décidant de continuer, il rend service « à l'autre », mais au prix d'une perte, qui peut cependant être provisoire si l'« autre » décide de continuer. Comme à chaque coup l'augmentation du gain de l'un est supérieure à la diminution du gain de l'autre (2 contre 1), le « gain total », somme des gains individuels, augmente avec le nombre de coups (il deviendrait même infini si le jeu ne s'arrêtait jamais).

Si le jeu pose un problème, compte tenu de ses caractéristiques, c'est en raison de l'existence d'un « dernier coup » et des conclusions qu'en tirent les joueurs. En effet, il est clair que celui qui intervient alors (*B*, selon l'arbre de jeu) ne peut que décider d'arrêter (gain de 1 001, contre 1 000 s'il continue, le jeu finissant alors) ; mais, sachant cela (ou l'anticipant), le joueur qui intervient à l'avant-dernier coup (ici, *A*) ne peut que décider d'arrêter à ce coup (gain de 999 plutôt que de 998 s'il continue et si *B* arrête ensuite) ; et ainsi de suite. Finalement, ce raisonnement par RÉCURRENCE À REBOURS a pour conséquence que *A* décide d'arrêter au premier coup, les gains des joueurs se réduisant à la portion congrue (1 chacun). On notera que cette décision est indépendante du nombre de coups que comporte le jeu, *à condition que ce nombre soit fini*. En particulier, elle demeure la même s'il y a des millions, ou des milliards, de coups (avec des gains du même ordre), ce qui montre son caractère « absurde ».

La logique de ce choix est pourtant imparable, puisqu'il consiste à *éliminer par itération les stratégies dominées*, comme on le voit en mettant le jeu sous FORME STRATÉGIQUE (il suffit de le faire dans le cas où il n'y a que deux coups ; voir, à ce propos, l'entrée STRATÉGIES DOMINÉES). La solution formée par les STRATÉGIES CONDITIONNELLES (la même pour les deux joueurs) — « J'arrête, à chacun des nœuds qui me concernent » — est un ÉQUILIBRE PARFAIT EN SOUS-JEUX, c'est-à-dire une variante « forte » de l'équilibre de NASH.

Une façon d'éviter de tomber dans le piège de la récurrence à rebours (élimination par itération des stratégies dominées) consiste à introduire des « imperfections » dans le modèle. Tel est le cas si :

— il y a incertitude sur le « moment » où s'arrête le jeu ; l'introduction d'une *probabilité de fin de jeu* amène à raisonner avec des ESPÉRANCES DE GAIN, ce qui ne conduit pas forcément à arrêter au premier coup ;

— *le jeu se poursuit indéfiniment*, de façon que la récurrence à rebours ne puisse être mise en œuvre, faute de « dernier coup » (pour éviter que les gains deviennent infinis, on considère alors leur VALEUR ACTUELLE) ;

— il y a *doute* d'un des joueurs (ou des deux) à propos de la rationalité de l'autre ; ce doute peut inciter les deux joueurs à continuer, « le jeu en valant la chandelle ». Toutefois, le fait d'introduire le doute dans le modèle revient à abandonner une de ses hypothèses essentielles, celle selon laquelle il y a information complète.

Minimax (stratégie)

En THÉORIE DES JEUX, STRATÉGIE qui assure à un joueur un gain — appelé *gain minimax* — égal *au plus petit des gains maximaux qu'il peut faire lorsqu'il anticipe le choix des autres joueurs*. Ainsi, le gain qu'un joueur peut obtenir en optant pour sa stratégie minimax est le gain minimal que les autres joueurs peuvent lui imposer, compte tenu de ce qu'il réagit de « façon optimale » à chacun de leurs choix possibles. A la différence du NIVEAU DE SÉCURITÉ associé aux stratégies MAXIMIN, le gain minimax suppose donc qu'il y a optimisation face aux choix (anticipés) des autres. Ainsi, les stratégies minimax ressemblent aux stratégies d'un équilibre de NASH, même si généralement elles ne sont pas d'équilibre (car pour l'être, il faut que les choix anticipés des « autres joueurs » qu'elles supposent soient leurs choix effectifs, ce qui n'est généralement pas le cas).

Le choix d'une stratégie minimax par un joueur peut être expliqué par le fait qu'il s'attend à être *sanctionné* par les autres joueurs, qui cherchent à limiter au maximum ses gains, même s'il leur en coûte (c'est-à-dire même s'ils doivent opter pour des stratégies qui sont « mauvaises » pour eux). Les stratégies minimax, comme les stratégies maximin, sont donc des stratégies « défensives », de repli ; toutefois, alors que le joueur qui choisit une stratégie minimax s'attend à être sanctionné par les autres et réagit en conséquence, dans le cas du maximin il s'imagine que les autres savent ce qu'il va faire et se replie « frileusement » sur une stratégie qui lui assure son niveau de sécurité. Le gain minimax ne peut donc qu'être supérieur ou égal au gain maximin, car il suppose un comportement plus « offensif » de la part du joueur concerné.

Les gains des joueurs à un équilibre de NASH sont au moins égaux à leurs gains minimax — et donc, à plus forte raison, à leurs gains maximin —, puisque ces équilibres se caractérisent par le fait que chaque joueur maximise son gain en anticipant le choix des autres (qui, contrairement à ce qui se passe dans le cas du minimax, ne cherchent pas à sanctionner qui que ce soit, mais à obtenir le plus grand gain possible).

Un exemple

On considère le jeu sous FORME STRATÉGIQUE décrit par le tableau suivant :

		B b_1	b_2	b_3
	a_1	(5,4)	(2,5)	(5,0)
A	a_2	(6,4)	(7,3)	(3,6)
	a_3	(8,1)	(2,4)	(6,7)

Aux stratégies b_1, b_2 et b_3 de B correspondent respectivement les gains maximaux de A : 8, 7 et 6. Comme le minimum de ces gains est 6, il s'ensuit que *la stratégie minimax de A est* a_3. Quant à B, comme ses gains maximaux sont : 5 pour a_1, 6 pour a_2 et 7 pour a_3, il s'ensuit que son gain minimax est égal à 5, et donc que sa stratégie minimax est b_2.

Si l'on se réfère à l'interprétation donnée plus haut, A choisira a_3 s'il s'attend à ce que B le « sanctionne » — même s'il lui en coûte — en choisissant b_3 ; de même, B optera pour b_2 s'il s'attend à ce que A le sanctionne en retenant a_1. Évidemment, si tous deux optent pour leur stratégie minimax, c'est la combinaison $\{a_3, b_2\}$ qui se réalise (B peut alors constater qu'il a fait une prévision erronée), avec un gain de 2 pour A et de 4 pour B, donc en dessous de leur gain minimax à l'un et à l'autre.

Comme les gains maximin de A et de B sont respectivement égaux à 3 (stratégie a_2) et à 4 (stratégie b_2), on vérifie qu'ils sont inférieurs à leurs gains minimax (6 pour A, 5 pour B). Si tous deux choisissent leur stratégie maximin, leurs gains, (3,6), ne sont pas inférieurs à leurs attentes (ce qui est normal, puisqu'ils ont fait leur choix en « prévoyant le pire »).

Minimax (théorème du)

Résultat établi dans le cadre des JEUX À SOMME NULLE et à deux joueurs, et qui est considéré comme le premier véritable théorème de la THÉORIE DES JEUX. Il s'énonce de la façon suivante : *tout jeu à somme nulle et à deux joueurs, qui ont à faire leurs choix dans des ensembles finis de stratégies pures, comporte au moins un équilibre en* STRATÉGIES MIXTES ; à cet équilibre, les gains des joueurs sont ceux de leur NIVEAU DE SÉCURITÉ. Comme ce dernier est, pour chaque joueur, donné par le gain qu'il peut s'assurer en retenant la stratégie pour laquelle son gain minimal est maximal, l'équilibre du théorème du minimax est tel que chaque joueur y retient sa stratégie MAXIMIN (qui, dans le cas des jeux à somme nulle et à deux joueurs, est aussi sa stratégie MINIMAX). A titre d'exemple, considérons le jeu décrit par le tableau suivant, où sont consignés les gains de A (ceux de B sont les mêmes, au signe près) :

		B b_1	b_2	b_3
A	a_1	-2	3	7
	a_2	6	4	5

Pour A, la stratégie maximin est a_2, qui lui « garantit » un gain au moins égal à 4 (contre – 2 pour a_1). Pour B, c'est b_2, qui lui garantit un gain au moins égal à – 4. Ainsi, la combinaison $\{a_2, b_2\}$ des stratégies maximin permet aux deux joueurs d'obtenir un gain égal à leur niveau de sécurité : c'est un équilibre du jeu (équilibre de NASH, comme on le vérifie aisément).

On peut noter à propos de cet équilibre que :
— *la stratégie maximin de B y coïncide avec la stratégie minimax de A ; de même, la stratégie maximin de A y coïncide avec la stratégie minimax de B*. Par conséquent, comme le fait d'adopter ici un « point de vue minimax » ou un « point de vue maximin » conduit à la même solution, l'habitude a été prise d'appeler celle-ci *solution minimax*, plutôt que maximin ;
— il est du type POINT-SELLE, ou col, puisqu'un joueur y maximise son gain minimal, tandis que l'autre minimise sa perte maximale ; le premier « franchit le col » en allant « d'une vallée à une autre », tandis que le second le fait en allant « du sommet d'une montagne à celui d'une autre ».

Comme la solution « minimax » est telle que les gains des deux joueurs sont égaux, au signe près, on appelle ces gains *valeur* du jeu (dans notre exemple, la valeur est donc égale à 4).

Le jeu qui vient d'être étudié comporte une solution en stratégies pures. Mais tel n'est pas le cas en général. Toutefois, le théorème du minimax assure l'existence de solutions pour les jeux à somme nulle et à deux joueurs si ceux-ci peuvent opter pour des stratégies mixtes. Les remarques faites plus haut en ce qui concerne la solution du jeu en stratégies pures demeurent valables pour les stratégies mixtes.

Le théorème du minimax a été établi par von Neumann en 1928. Il constitue un cas particulier du théorème démontré par NASH en 1950, selon lequel tout jeu à n personnes et à un nombre fini de stratégies pures comporte au moins un équilibre (en stratégies mixtes).

Remarque. Le théorème du minimax est valable aussi pour les jeux à somme constante (la somme des gains des deux joueurs est la même dans toutes les issues).

Modèle

Expression d'une théorie qui prend la forme d'un *ensemble d'hypothèses* sur les relations qui lient les variables choisies par celui qui construit le modèle et qui suppose des liens de causalité entre elles. *Un modèle est une expression condensée, généralement sous forme d'équations, d'une théorie.*

En économie, les modèles comportent généralement deux sortes d'ingrédients :
— un *ensemble d'équations* qui exprime les liens supposés entre les variables ;
— un *classement en deux catégories des variables retenues par le modèle : les variables* EXOGÈNES (*ou « explicatives », ou « prédéterminées »*) *et les variables* ENDOGÈNES (*ou « expliquées », ou « déterminées », par le modèle*).

Le choix de ces ingrédients suppose des idées *a priori* de la part du modélisateur, idées qui proviennent de la théorie dont est issu le modèle. Un des buts de la modélisation est d'ailleurs de permettre de vérifier si cette théorie est cohérente (ses hypothèses sont-elles compatibles entre elles, ou conduisent-elles à des contradictions ?). Les modèles sont aussi nécessaires pour tester la validité d'une théorie par la confrontation aux faits, ce que fait par exemple l'ÉCONOMÉTRIE.

Dans le langage de celle-ci, l'ensemble des équations d'un modèle, tel qu'il découle « directement » de la théorie, est appelé *forme structurelle* de ce modèle. Comme le modélisateur se propose généralement d'expliquer l'évolution de certaines variables (les « endogènes ») à partir de celle d'autres (les « exogènes »), il cherche donc à exprimer les premières en fonction des secondes. S'il y parvient, le système qu'il obtient est appelé *forme réduite* du modèle ; une condition nécessaire pour pouvoir passer de la forme structurelle à la forme réduite est que le modèle soit *complet*, c'est-à-dire qu'il comporte autant d'équations que de variables endogènes.

La forme réduite constitue en quelque sorte la « solution » du modèle : c'est à partir d'elle et des données disponibles que sont calculées des estimations de ses paramètres (en utilisant les techniques statistiques mises au point par les économètres). A partir des estimations des paramètres de la forme réduite on cherche à obtenir des estimations des paramètres de la forme structurelle, car ce sont elles qui intéressent le plus le théoricien. Toutefois, le passage de la forme réduite à la forme structurelle n'est pas toujours possible, loin de là ; il pose en fait le problème de ce qu'on appelle l'IDENTIFICATION du modèle.

Considérons, à titre d'exemple, le modèle « keynésien » élémentaire, dont la forme structurelle est formée par les deux équations :

$$(1) \begin{cases} C = aR + b & \text{(fonction de CONSOMMATION keynésienne)} \\ R = C + I & \text{(identité comptable)} \end{cases}$$

où C, I et R désignent respectivement la consommation, l'investissement et le revenu national. Pour que le modèle soit complètement spécifié, il faut préciser quelles en sont les variables endogènes et les variables exogènes. Ce qui est fait en supposant que R et C sont endogènes, et que I est exogène (on dit parfois qu'il est « autonome »).

Le modèle est complet puisqu'il comporte autant d'équations que de variables endogènes. Sa forme réduite se calcule aisément (si a est différent de 1, ce qu'on suppose) ; elle est donnée par le système d'équations :

$$(2) \begin{cases} R = \dfrac{I}{1-a} + \dfrac{b}{1-a}. \\ C = \dfrac{aI}{1-a} + \dfrac{b}{1-a}. \end{cases}$$

Le coefficient $1/(1-a)$ de I dans la première équation est le MULTIPLICATEUR KEYNÉSIEN (de façon générale, on appelle « multiplicateurs » les paramètres de la forme réduite, lorsque celle-ci est linéaire).

Il y a ici un problème d'identification (plus précisément de *suridentification*) puisque l'économètre calcule des estimations des *quatre* paramètres α, β, γ et δ de la forme réduite :

$$(3) \begin{cases} R = \alpha I + \beta \\ C = \gamma I + \delta \end{cases}$$

alors que la forme structurelle n'en comporte que *deux* (les coefficients a et b de la fonction de consommation). En comparant (2) et (3), on trouve que $b = \beta/\alpha$ et $a = \gamma/\alpha$, mais aussi que $b = \delta/\alpha$ et que $a = (\alpha - 1)/\alpha$. Il y a donc deux estimations différentes — et incompatibles — pour chacun des paramètres a et b (c'est pourquoi on dit qu'il y a *sur*identification).

Modigliani-Miller (théorème de)

En 1958, Franco Modigliani et Merton Miller publient un article dans l'*American Economic Review* intitulé « The cost of capital, corporation finance and the theory of investment », dans lequel ils s'interrogent sur le fait qu'il ne semble pas exister de relation simple entre la valeur boursière d'une entreprise et son endettement. Ils montrent alors que dans un « marché financier parfait » cette valeur ne dépend pas de la façon dont l'entreprise finance ses activités (émission d'actions ou d'obligations, emprunts auprès des banques, etc.). Leur démonstration s'appuie essentiellement sur le fait que, par définition, sur un tel marché, l'hypothèse de NON-ARBITRAGE est vérifiée ; si, par exemple, la valeur de l'entreprise augmentait avec la part des actions relativement à celle des obligations qu'elle émet, alors il y aurait possibilité de faire un gain (par ARBITRAGE) en émettant des actions supplémentaires et en rachetant avec les sommes obtenues des obligations émises par le passé.

Le théorème de Modigliani-Miller est trivial (même si sa démonstration mathématique peut ne pas l'être, lorsqu'il y a une large gamme de titres, avec des rendements attendus et des risques connus de tous). Il découle de l'hypothèse selon laquelle la moindre occasion de faire un gain par l'achat-vente de titres, ou par endettement-crédit, ne peut que disparaître, car elle est « immédiatement saisie » par les agents. Le point crucial de cette hypothèse (qui suppose qu'il y a *équilibre*), c'est que *tout le monde a la même information*, sur les recettes de l'entreprise, sur l'évolution des taux d'intérêt, sur le cours des obligations, dans *toutes les éventualités possibles, présentes et futures* (« marchés financiers parfaits »).

Le théorème ne vaut qu'en raison de cette hypothèse ; en effet, il n'est plus vrai dès qu'on admet qu'il peut y avoir de l'INCERTITUDE au moment où les décisions doivent être prises. Car cette incertitude implique que les agents ne font pas les mêmes prévisions sur l'évolution comparée des recettes de l'entreprise et des taux d'intérêt, et donc que certains préfèrent détenir des actions plutôt que des obligations émises par l'entreprise. Pour celle-ci, le financement par l'émission d'actions pose un problème au niveau du pouvoir de ses propriétaires (qui peuvent se retrouver minoritaires), tandis que l'émission d'obligations peut avoir pour conséquence la disparition même de l'entreprise (si elle n'arrive pas à faire face à ses échéances). L'existence de formes d'endettement très diversifiées est une preuve évidente de la non-validité du « théorème » de Modigliani-Miller, en dehors du monde fabuleux — au sens propre — dans lequel il est « démontré ».

Moindres carrés (méthode des)

Méthode utilisée en ÉCONOMÉTRIE pour déterminer les paramètres (ou « coefficients ») qui caractérisent les MODÈLES *linéaires* par rapport à ces coefficients (les équations de ces modèles sont donc de la forme : $y = \Sigma a_i x_i$). L'idée qui est à la base de la méthode des moindres carrés est très simple : on dispose, d'une part, des *valeurs observées* (dans un échantillon, par exemple) des variables du modèle et, d'autre part, des valeurs données par le modèle à ses variables ENDOGÈNES (déterminées par le modèle) ; comme ces dernières valeurs dépendent des coefficients du modèle, on cherche alors à caractériser ceux-ci de façon qu'ils rendent minimal l'« écart » entre valeurs observées et valeurs calculées à partir du modèle. Comme cet « écart » porte sur une série d'observations, on le mesure en faisant *la somme des carrés* (qui a l'avantage d'être toujours positive) des écarts entre *chaque* valeur observée et la valeur correspondante donnée par le modèle. D'où le nom : méthode des *moindres carrés* (abréviation pour : minimum de la somme des carrés des écarts).

A titre d'illustration, considérons le modèle le plus simple possible :

(1) $y_i = ax_i + b + \varepsilon_i \quad i = 1, \ldots, n,$

où y est une variable endogène, dont la valeur observée dans le i-ème élément de l'échantillon est y_i, et où x est une variable EXOGÈNE, également observée (par convention, on suppose que b est le coefficient d'une autre variable exogène, qui vaut 1 à chaque tirage). Le terme « résiduel » ε_i représente la « perturbation aléatoire » qui affecte le modèle au i-ème tirage.

Les coefficients a et b sont les « vraies valeurs » des paramètres du modèle ; mais on ne peut les déterminer exactement, à cause des « perturbations » ε_i (sinon, en appliquant (1) à un échantillon dont la taille est égale à 2, on obtiendrait un système — déterministe — de deux équations dont les deux inconnues sont a et b et dont on peut en règle générale calculer la solution). On cherche donc à « estimer » a et b. Pour cela, on commence par leur donner deux valeurs quelconques, α et β (respectivement). A la valeur x_i de la variable exogène correspond alors la valeur $y_i^* = \alpha x_i + \beta$ donnée par le modèle (lorsque ses paramètres sont « estimés » par α et β).

La méthode des moindres carrés consiste à chercher les valeurs de α et β qui rendent minimal l'« écart » entre les valeurs observées y_i et les valeurs y_i^* données par le modèle. Comme il y a n observations, il y a n écarts, $y_i - y_i^*$, $i = 1, \ldots, n$. On peut tous les prendre en compte en les additionnant ; mais comme certains sont positifs et d'autres négatifs, ils risquent de se « compenser » ; pour éviter cela, on calcule *le carré* de chacun d'eux, puis on additionne les nombres obtenus (d'où l'expression « moindres carrés »). Autrement dit, on cherche la valeur de α et de β qui rend minimal :

$$\Sigma(y_i - y_i^*)^2,$$

ou, ce qui est la même chose, qui rend minimal :

(2) $$\Sigma(y_i - \alpha x_i + \beta)^2.$$

On se trouve face au problème de recherche de l'EXTREMUM d'une fonction de deux variables (α et β), problème qu'on résout en calculant les dérivées partielles de (2) par rapport à ces deux variables ; ce qui conduit aux deux équations (conditions du PREMIER ORDRE) :

$$\begin{cases} \Sigma 2(y_i - \alpha x_i + \beta)(-x_i) = 0 \\ \Sigma 2(y_i - \alpha x_i + \beta) = 0 \end{cases}$$

dont la solution (unique) est :

$$\hat{a} = \frac{\Sigma(y - y_i)(x - x_i)}{\Sigma(x - x_i)^2} \text{ et } \hat{b} = \frac{\Sigma y_i}{n} - \hat{a}\frac{\Sigma x_i}{n}.$$

Les formules obtenues sont les *estimateurs des moindres carrés* du modèle. Si les « perturbations » ε_i suivent des lois normales indépendantes, d'espérance nulle et de même variance, alors les estimateurs des moindres carrés sont aussi les estimateurs du MAXIMUM DE VRAISEMBLANCE, ce qui leur donne une justification de type probabiliste.

Cas où il y a plusieurs variables explicatives

Dans ce cas, on suppose qu'on est en présence d'une relation de la forme :

$$y = a_1 x_1 + \ldots + a_p x_p + \varepsilon$$

(si l'équation comporte une constante, on peut supposer que c'est a_1, x_1 étant alors, par hypothèse, égale à 1 pour chaque observation).

Comme cette relation doit être vérifiée pour les n observations de l'échantillon, on peut l'écrire sous la forme matri-cielle :

$$Y = a_1X_1 + \ldots + a_pX_p + \varepsilon$$

où Y et les X sont des matrices-colonne donnant les n observations de y et des x. La méthode des moindres carrés consiste ici à minimiser la distance de Y au « plan » engendré par les X (voir la figure ci-dessous), ce qui revient à chercher des coefficients $\hat{a}_i$, $i = 1, \ldots, p$, tels que l'« écart » $Y - \hat{a}_1X_1 - \ldots - \hat{a}_pX_p$ soit orthogonal aux X_i, $i = 1, \ldots, p$, donc tels que :

(3) $${}^tX_i \cdot (Y - \hat{a}_1X_1 - \ldots - \hat{a}_pX_p) = 0 \quad i = 1, \ldots, p,$$

où ${}^tX_i$ désigne la matrice-ligne transposée de X_i.

Les tests de base en économétrie

Lorsqu'un économiste postule qu'une variable y est « déterminée » par des variables x selon une relation de la forme :

$$y = f(x_1, \ldots, x_p),$$

il va parfois demander à l'économètre de donner une forme plus précise à la fonction $f(\cdot)$, compte tenu des observations des y et des x dont il dispose. Généralement, l'économètre lui propose de supposer que $f(\cdot)$ est de la forme :

$$y = a_1x_1 + \ldots + a_px_p + \varepsilon,$$

c'est-à-dire qu'elle est *linéaire par rapport aux paramètres a* (les x peuvent être des logarithmes, des racines carrées, etc.). La « forme » de $f(\cdot)$ est donc connue lorsque ces paramètres le sont. L'économètre les *estime* à partir des données statistiques disponibles ; il utilise essentiellement pour cela la méthode des MOINDRES CARRÉS, qui lui fournit des estimations $\hat{a}$ des paramètres a. Le problème qui se pose toutefois pour lui est de savoir si ses estimations sont « bonnes » — ou « fiables ». Le carré du *coefficient de corrélation linéaire* (R^2) lui donne une idée de la qualité de l'ajustement, d'un point de vue global [par exemple, si $R^2 = 0{,}64$, cela signifie que 64 % de la « variation » de la « variable expliquée » y est due aux « variations » des « variables explicatives » x (les variations étant données par la variance)].

Une question importante pour l'économiste est de savoir si chaque variable x a « vraiment » une influence sur y ; si le coefficient a d'une variable est « proche de 0 », il peut en douter. Mais comment définir la « proximité de 0 » ? C'est pour le faire que l'économètre ajoute des hypothèses supplémentaires au modèle. Ces hypothèses sont d'ordre statistique ; elles concernent la « perturbation » ε. Elles consistent à supposer que celle-ci est d'ESPÉRANCE MATHÉMATIQUE nulle *pour chaque observation* (il y a autant de variables aléatoires ε que d'observations), que la variance est la même pour chacune de ces variables aléatoires, que celles-ci ne sont pas liées en probabilité et qu'elles suivent une *loi normale* (de Gauss).

Si ces hypothèses sont vérifiées, on en déduit que l'espérance mathématique des estimateurs est égale à la « vraie valeur » des paramètres concernés (les estimateurs sont *sans biais*) ; on peut aussi déterminer un INTERVALLE DE CONFIANCE pour chaque paramètre en utilisant la *loi de Student*, et en déduire si les paramètres sont, ou non, *significativement différents de 0*. Les résultats sont souvent présentés comme dans l'exemple suivant :

(1) $$y = \underset{(1,1)}{3{,}2} + \underset{(0,4)}{1{,}7}x_1 - \underset{(0,35)}{0{,}64}x_2$$

où le nombre entre parenthèses en dessous d'un coefficient donne son *écart type* estimé. Pour savoir si un coefficient est « significativement différent de 0 » (à un seuil α), on le divise par son écart type estimé et on compare sa valeur absolue au t donné par la table de Student. Si le seuil α est égal à 95 % (valeur habituellement retenue), et si le nombre d'observations est au moins égal à 30, alors le t de Student est très proche de 2.

Si, dans l'exemple (1), on suppose ces hypothèses vérifiées, alors on a :

$$\frac{3{,}2}{1{,}1} > 2 \text{ et } \frac{1{,}7}{0{,}4} > 2,$$

ce qui signifie que la constante et le coefficient de x_1 sont significativement différents de 0. Tel n'est pas le cas du coefficient de x_2, puisque le rapport 0,64/0,35 est inférieur à 2.

Ces conclusions ne sont cependant valables que si les hypothèses faites sur les perturbations sont vérifiées. Parmi ces hypothèses, il y a celle qui suppose que chaque perturbation est indépendante en probabilité des autres (ce qui n'est pas le cas, par exemple, lorsqu'il y a MARCHE ALÉATOIRE). Durbin et Watson ont proposé (en 1950) un test sur le coefficient ρ de la relation (d'ordre 1) entre perturbations successives :

$$\varepsilon_t = \rho\varepsilon_{t-1} + \eta_t,$$

où η_t est supposé suivre une loi normale d'espérance nulle (entre autres). Le test de Durbin-Watson confronte les hypothèses $H_0 : \rho = 0$ et $H_1 : \rho > 0$. Pour cela, l'économètre calcule, à partir des données, la *statistique DW* $\hat{d}$, qu'il confronte à deux nombres d_1 et d_2, donnés par des tables (construites par Durbin et Watson). Ainsi, dans le cas où il y a 3 variables exogènes (y compris la constante) et 30 observations, au seuil de 95 %, $d_1 = 1{,}21$ et $d_2 = 1{,}65$. Le test se fait alors de la façon suivante :

— si $\hat{d} < d_1$, on accepte H_1 (que les perturbations sont liées entre elles ; on dit qu'il y a *autocorrélation*) ;

— $d_1 \leq \hat{d} \leq d_2$, il y a doute quant à l'existence d'une autocorrélation ;

— si $d_2 < \hat{d}$, on accepte H_0 (et donc qu'il n'y a pas autocorrélation).

Les p égalités (3) peuvent se mettre sous la forme condensée :

(4) $\quad {}^t\mathbf{X}(Y - \mathbf{X}\hat{a}) = 0,$

où **X** est la matrice de format (n, p) formée par les n observations sur les p variables et où â est la matrice-colonne formée par les coefficients $\hat{a}$. Si l'on met (4) sous la forme :

(5) $\quad {}^t\mathbf{X}Y = {}^t\mathbf{X}\mathbf{X}\hat{a},$

et si ${}^t\mathbf{XX}$ est inversible, ce qui est généralement le cas, alors on obtient l'estimateur des moindres carrés :

$$\hat{a} = ({}^t\mathbf{XX})^{-1}\, {}^t\mathbf{X}Y.$$

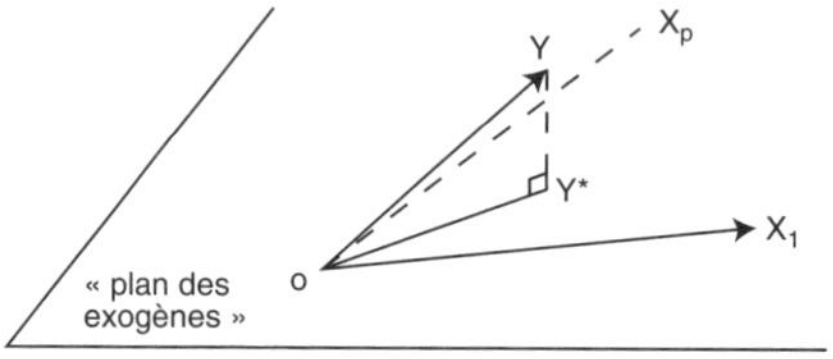

Dans cette figure, chaque vecteur représente une variable, dans l'« espace des observations » (il comporte donc n composantes). Le vecteur Y^* est la « projection » des observations de la variable endogène dans le « plan des exogènes » engendré par les X. Il y a « moindres carrés » car la distance entre Y et ce plan est minimale quand il y a projection (cette distance est donnée par la « longueur » de $Y - Y^*$, qui est par définition la racine carrée de la somme des carrés des « écarts » $y_i - y_i^*$, où i désigne la i-ème observation).

Le coefficient de corrélation linéaire

Supposons que, dans la figure ci-dessus, ce qui est représenté, ce sont les *écarts par rapport à leur moyenne dans l'échantillon*, pour chaque variable, $X - \overline{X}$ et $Y - \overline{Y}$. La projection dans le plan $Y - \overline{Y}$ donne la *variance expliquée* de y par la variance des x (puisque $Y^* - \overline{Y}^*$ est dans le plan des $X - \overline{X}$). Plus $Y - \overline{Y}$ est « proche de sa « projection » dans le plan des x, plus l'ajustement est « bon ». C'est pourquoi on prend pour indicateur de celui-ci le rapport entre le carré de la « longueur » de $Y - \overline{Y}$ (la variance expliquée) et le carré de la longueur $Y - \overline{Y}$ (la variance de Y). Ce rapport, qui est par définition le carré du *coefficient de corrélation linéaire*, varie entre 0 (cas où $Y - \overline{Y}$ est orthogonal au plan des $X - \overline{X}$) et 1 (cas où $Y - \overline{Y}$ est dans le plan des $X - \overline{X}$).

Toutefois, plus le nombre de variables « explicatives » x est grand, plus la dimension de l'« espace » engendré par les X est élevée. A la limite, si ce nombre est égal à celui de l'espace des observations (donc, si $p = n$), alors le coefficient de corrélation est forcément égal à 1 (si les X ne sont pas liés). Il n'y a plus de « degré de liberté ». C'est pourquoi, pour tester la pertinence de la relation entre y et les x, les économètres utilisent un estimateur, dit *de Fisher-Snédecor*, obtenu en faisant le rapport entre la variance expliquée divisée par $p - 1$ et la variance « résiduelle » [longueur $(Y - \overline{Y}) - (Y^* - \overline{Y}^*)$] divisée par $p(n - 1)$ (où p est le nombre de variables explicatives et n celui des observations). C'est la statistique $F_\alpha(\cdot,\cdot)$, dont les arguments sont $p - 1$ et $p(n - 1)$, α désignant un seuil de probabilité. Cette statistique teste le fait qu'il existe une relation entre y et les x autre que celle que peuvent donner à croire les seules « perturbations ». Si le nombre $n - p$ de « degrés de liberté » et si le carré du coefficient de corrélation ne sont pas trop petits, alors l'hypothèse selon laquelle il existe un lien est retenue.

Il faut cependant se méfier sur l'interprétation à donner au coefficient de corrélation en tant qu'indicateur d'une relation « causale ». En effet, ce que dit ce coefficient, c'est que les variables varient plus ou moins « dans le même sens », ce qui peut être dû à ce qu'elles sont toutes déterminées par *d'autres variables* et non que les unes « déterminent » les autres. En économie, il faut faire attention aux *relations comptables* : les variables sont « liées » par construction, sans qu'il y ait un quelconque « lien causal » entre elles.

Monétarisme

Expression apparue à la fin des années soixante pour désigner une doctrine, ou un courant de pensée, pour laquelle l'action de l'État — notamment lorsqu'elle se fait à travers une création trop importante de monnaie — ne peut que nuire au bon fonctionnement de l'économie (même si elle peut parfois apporter quelques améliorations passagères). Ainsi, la caractéristique principale du monétarisme est sa méfiance envers toute intervention de l'État dans l'économie ; il ne diffère donc pas de ce qui a été appelé dans les années quatre-vingt « ultra-libéralisme », puis « néo-libéralisme ».

A l'origine du « monétarisme » se trouvent des économistes tels que Milton FRIEDMAN, qui ont commencé par chercher à réhabiliter la THÉORIE QUANTITATIVE DE LA MONNAIE, pour s'en servir comme d'une machine de guerre contre les thèses KEYNÉSIENNES dominantes dans les années cinquante et soixante — thèses qui préconisaient une intervention active de l'État, en fonction des circonstances. C'est dans cette perspective que Friedman a avancé sa théorie du REVENU PERMANENT, dont un des buts principaux est de montrer l'inanité des politiques de relance fondées sur le principe du MULTIPLICATEUR KEYNÉSIEN. Ainsi, à l'« instabilité » et au caractère imprévisible des effets de celui-ci, il oppose la « stabilité » de la DEMANDE DE MONNAIE, elle-même présentée comme une conséquence de la théorie quantitative. Dans ces conditions, la politique monétaire apparaît comme un instrument de politique économique plus fiable que la politique budgétaire (qui implique une intervention plus directe dans l'économie).

Toutefois, il est quelque peu paradoxal de constater que la réhabilitation de la politique monétaire qui est à l'origine du « monétarisme » soit le fait d'économistes qui sont opposés à toute politique économique active — qu'elle soit monétaire ou autre. Cette opposition n'est cependant clairement apparue qu'à la fin des années soixante, quand les politiques keynésiennes mises en œuvre pendant la période de croissance prolongée des années d'après-guerre ont commencé à montrer des signes de faiblesse, le « remède » qui consiste à lutter contre le chômage en « laissant filer » les prix (principe de la courbe de PHILLIPS) se révélant de plus en plus inopérant ; l'apparition d'un phénomène tel que la stagflation (hausse simultanée du niveau des prix et du chômage) laissait d'ailleurs perplexes les gouvernements — et les économistes qui les conseillaient —, ce dont les monétaristes ne pouvaient que profiter.

Deux formes de monétarisme

Leur offensive porta d'abord sur la courbe de Phillips, qui semble fournir un moyen d'agir sur une variable « réelle » (le taux de chômage) à partir d'une variable « monétaire » (le niveau des prix), ce qui va contre l'idée « monétariste » selon laquelle il existe une DICHOTOMIE entre les sphères réelle et monétaire. C'est ainsi que dans son discours inaugural en tant que président de l'Association des économistes américains, en 1968, Friedman explique le phénomène décrit par la courbe de Phillips par des *erreurs d'anticipation* de la part des agents économiques, qui n'arrivent pas à distinguer entre une hausse des prix relatifs et une hausse du niveau des prix — erreurs dues à la politique des autorités qui, en faisant varier de façon inopinée l'offre de monnaie, sèment le trouble dans les esprits. Pour lui, il existe un TAUX NATUREL DE CHÔMAGE, qui correspond en fait au plein emploi ; le niveau du chômage — toujours volontaire, pour les monétaristes — ne peut donc être diminué que par le recours à des méthodes « artificielles » — telles les manipulations de la masse monétaire par les autorités.

L'analyse de Friedman suppose des ANTICIPATIONS ADAPTATIVES, ce qui a pour conséquence que les erreurs de prévision des agents économiques font sentir leurs effets sur plusieurs périodes, tout en s'amortissant progressivement ; à moins que les autorités « maintiennent » les agents dans l'erreur, en provoquant par exemple — *via* la création monétaire — une accélération de la hausse des prix. Toutefois, l'idée selon laquelle des agents rationnels pourraient être « trompés » de façon plus ou moins durable par les autorités a été critiquée dans les années soixante-dix par les NOUVEAUX CLASSIQUES, qui sont les monétaristes de la « nouvelle vague », avec des positions encore plus radicales que leurs prédécesseurs en ce qui concerne, notamment, la validité de la théorie quantitative. Ainsi, pour eux, les agents font des ANTICIPATIONS RATIONNELLES et intègrent donc dans leurs plans toute politique monétaire annoncée à l'avance ; par conséquent, seuls des « chocs intempestifs » (car imprévisibles) peuvent dévier l'économie de sa trajectoire « naturelle » ; lorsqu'elles ont lieu, ces déviations ne peuvent d'ailleurs être que très passagères.

Même si elles s'appuient sur des analyses un peu différentes, ces deux variantes du monétarisme ont en commun de supposer que l'économie est en permanence à l'équilibre (concurrentiel), avec des agents qui peuvent toujours réaliser leurs plans (même s'ils ont été établis sur la base de prévisions erronées) ; en outre, elles préconisent toutes deux des politiques économiques semblables : le minimum d'intervention de l'État et une règle clairement annoncée à l'avance en ce qui concerne sa politique monétaire (le mieux étant de fixer un taux de croissance « raisonnable » à la masse monétaire et de s'y tenir).

Que reste-t-il du monétarisme ?

La réponse à cette question est loin d'être facile. En effet, d'un côté, la thèse centrale du « monétarisme » sur la nécessité d'imposer une évolution régulière et constante à la masse monétaire a été, dans les faits, presque unanimement rejetée, y compris par les gouvernements qui ont essayé de l'appliquer dans les années soixante-dix. Ces gouvernements ont pu constater que plus ils fixent une cible précise à l'évolution de la masse monétaire, plus cette évolution devient erratique, les agents économiques utilisant toutes sortes de méthodes pour échapper au carcan qu'on veut ainsi leur imposer (ce phénomène est parfois appelé « loi de Goodhart », du nom d'un économiste qui a travaillé à la Banque d'Angleterre pendant cette période). Il est d'ailleurs significatif que le principal « levier » utilisé par les banques centrales depuis (au moins) cette époque est celui des *taux d'intérêt*, et non de la masse monétaire (un des objectifs des autorités pouvant être de contrôler *a posteriori* l'évolution de celle-ci) ; ce qui est en cause ici, c'est le caractère EXOGÈNE de la création monétaire (Nicholas Kaldor, *Le Fléau du monétarisme*, Economica, Paris, 1985).

Les thèses monétaristes ont cependant eu un impact certain au niveau de la « philosophie » qu'elles véhiculent, qui est celle du « moins d'État possible ». On peut en voir un exemple dans l'insistance mise à la fin des années quatre-vingt sur l'« indépendance » des banques centrales, qui apparaissent comme des « gendarmes » plus ou moins bienveillants, en principe dégagés de toute contingence électorale ou autre. Tout en ayant presque disparu, l'inflation est devenue une sorte de mal absolu qui menace tout pays qui ne respecterait pas certaines normes, notamment en ce qui concerne la dette publique ou le déficit budgétaire. Il est vrai que ce ne sont pas là des thèmes propres aux monétaristes, mais ceux-ci ont néanmoins imposé leur vision sur le caractère quasi diabolique de l'inflation, existante ou « potentielle ». Ce qui s'est (provisoirement ?) imposé, c'est leur vision du monde, « ultra-libérale », et non leurs thèses économiques, qui sont manifestement erronées.

Monnaie

La monnaie est un objet qui sert à la fois d'intermédiaire dans les échanges, de moyen de réserve et d'unité de compte (de NUMÉRAIRE). Elle peut se présenter sous une forme « matérielle » (pièces métalliques, billets de banque) ou « immatérielle » (jeux d'écritures dans les comptes d'une banque, ou de tout autre type d'institution).

Des trois fonctions de la monnaie, c'est celle d'intermédiaire dans les échanges qui est la plus caractéristique, car il existe d'autres moyens de réserve que la monnaie (titres, stocks de biens), et théoriquement n'importe quel bien dont le prix n'est pas nul peut servir d'unité de compte. Il est vrai qu'il existe aussi d'autres biens que la monnaie qui peuvent servir d'intermédiaires dans les échanges, mais la monnaie a la propriété d'être *acceptée universellement, immédiatement et sans coût*, du moins dans une aire géographique donnée (en général un pays).

La propriété que peut avoir un objet d'être accepté en tant que tel dans les échanges à titre d'intermédiaire — c'est-à-dire dans le but d'être utilisé dans des transactions ultérieures — est appelée *liquidité*. Ce qui caractérise donc la monnaie est d'être *le plus liquide des moyens d'échange*. Les autres biens — ou *actifs* — détenus par les agents économiques doivent généralement être transformés en monnaie s'ils veulent être utilisés pour effectuer des paiements ; les coûts de tout ordre que peut nécessiter une telle transformation sont un indicateur de leur « degré de liquidité ». Comme, pour certains actifs, de tels coûts de transformation peuvent être extrêmement faibles — et même pratiquement nuls —, la frontière entre la monnaie et ces actifs est parfois très floue. Ce qui a conduit les praticiens de l'économie à donner plusieurs définitions de ce que peut être la « quantité de monnaie » — ou *masse monétaire* — en circulation dans un pays, pendant une période donnée.

Diverses approches de la masse monétaire

La forme la plus visible, immédiate, que prend la monnaie est celle de billets de banque et de pièces métalliques, dont chacun se sert dans les transactions de la vie courante. Cette monnaie, qui est émise par la banque centrale de chaque pays, forme une partie de ce qu'on appelle la *base monétaire* (celle-ci comporte aussi les dépôts des divers agents économiques — essentiellement les banques commerciales — auprès de la banque centrale) ; directement garantie par l'État, c'est elle qui a le degré maximal de liquidité (c'est pourquoi on l'appelle aussi *monnaie banque centrale*).

Toutefois, seule une faible partie des transactions se fait par l'intermédiaire de pièces de monnaie et de billets de banque, leur très grande majorité prenant la forme de *jeux d'écritures*, au sein des banques et entre elles (c'est pourquoi on parle à leur propos de *monnaie scripturale*). Tel est le cas des paiements qui se font par l'intermédiaire des chèques et des cartes de crédit, qui sont en règle générale « immédiatement » acceptés, même si leur utilisation entraîne certains coûts — vérification de l'identité de celui qui émet un chèque et « traitement » de celui-ci, commission payée par les commerçants pour les cartes bancaires ; ces coûts, conséquence d'une certaine méfiance envers le payeur, font que ces moyens de paiement sont un peu moins liquides que la monnaie banque centrale. Ils sont cependant inclus dans la masse monétaire (indicateur *M1*), sous la forme de comptes courants bancaires, comptes sur la base desquels se font les transactions par chèques et par cartes de crédit.

Mais il existe d'autres comptes auprès des banques, qui constituent des moyens de paiement « potentiels » — c'est-à-dire qui peuvent être plus ou moins facilement transformés en monnaie banque centrale ou en comptes courants ; parmi eux, il y a les comptes à terme qui rapportent un intérêt, les livrets de caisse d'épargne, etc.

Ainsi, ce qu'on désigne habituellement par « monnaie » peut prendre des formes très diverses , ce qui n'a, en soi, rien d'étonnant, puisque la monnaie ne fait que traduire un *rapport social*, lui-même fondé sur la *confiance*, dont les expressions sont multiples.

La monnaie en tant que rapport social

Pour définir la monnaie, on a utilisé le mot « objet ». Toutefois, bien que la monnaie ait besoin d'un support matériel (billets, chèques, écritures dans les comptes des banques), elle n'est pas un objet comme un autre, puisqu'elle n'intervient ni dans la consommation, ni dans l'activité de production, tout en ayant un rôle « indirect » sur elles (en facilitant les échanges). Son principal intérêt, c'est d'être acceptée de tous, de servir de relation entre les individus. Ce qui suppose la *confiance* entre eux, mais aussi envers l'institution qui émet la monnaie (d'où l'expression « monnaie fiduciaire », de *fiducia* — confiance — en latin). D'ailleurs, il existe un rapport entre degré de liquidité et « niveau » de confiance, la monnaie banque centrale étant la plus liquide car elle a la caution de l'État, qui est censé ne jamais défaillir.

Un phénomène tel que la confiance relève des relations interindividuelles, et non des comportements considérés isolément. De même, l'existence d'un système de garanties — surveillé par l'État — fait intervenir un réseau complexe d'institutions, qui ne peut lui non plus être réduit à des choix individuels. Ce qui n'est pas gênant, en soi, pour les théories qui adoptent un point de vue HOLISTE — tel l'institutionnalisme, le MARXISME ou la théorie de la RÉGULATION —, point de vue qui admet que la société — et les institutions qui la caractérisent — est inséparable des individus. En revanche, la prise en compte de la confiance est très problématique pour les démarches qui relèvent de l'INDIVIDUALISME MÉTHODOLOGIQUE — dont la théorie NÉO-CLASSIQUE constitue la version la plus achevée — et qui donnent la préeminence à l'individu sur la société. Il est vrai que les néo-classiques ont tenté de construire des modèles où la monnaie aurait un FONDEMENT MICROÉCONOMIQUE (tels les modèles à GÉNÉRATIONS IMBRIQUÉES), mais ces modèles envisagent la monnaie comme *moyen d'échange intertemporel* (moyen de réserve), et non comme intermédiaire dans les transactions courantes — bien que ce soit là une caractéristique essentielle de la monnaie. On peut noter à ce propos qu'il n'y a pas de monnaie dans le modèle d'ARROW-DEBREU — référence première des néo-classiques —, le problème des transactions n'y étant d'ailleurs même pas abordé.

Il est aussi symptomatique de constater que, dans le cursus traditionnel en économie, on distingue deux types d'enseignement, la MICROÉCONOMIE — où l'accent est mis sur les *taux d'échange*, mais où il n'y a pas trace de monnaie — et la MACROÉCONOMIE, où la monnaie est supposée exister, sans autre explication. C'est ainsi que, généralement, la *formule quantitative* est incluse d'office dans les modèles macroéconomiques, où elle joue souvent un rôle important (même si c'est pour étayer la conclusion selon laquelle « la monnaie n'a pas d'importance »...).

La création monétaire

Comme expression d'un rapport social, la monnaie n'est pas un bien comme un autre, ce qui apparaît immédiatement dès qu'on s'interroge sur sa « production » et sur l'« offre » qui en est faite. En effet, comme cela a déjà été signalé, la plus grande partie de la masse monétaire est constituée par des *jeux d'écritures* au sein des banques et entre les banques. En fait, la monnaie est une *reconnaissance de dette qui circule comme moyen de paiement* (dans le cas des billets, c'est l'État qui s'endette). La monnaie apparaît donc comme un *sous-produit de l'activité économique*, et non comme un bien qui serait « offert » par on ne sait qui. Car, s'il y a « offre », c'est surtout de *crédit* de la part des banques ; mais cette offre n'est que virtuelle, puisqu'elle ne devient monnaie que s'il y a *demande* de crédit, de la part des entreprises notamment. Et si celles-ci sollicitent un crédit — et donc si elles s'endettent —, c'est généralement dans le cadre de leurs activités ; la création (et la destruction) de monnaie dépend donc, en dernière instance, de l'activité des agents économiques. Les banques peuvent plus ou moins la freiner en acceptant ou en refusant de faire crédit, ou en fixant des taux d'intérêt plus ou moins élevés. Elles ont donc une influence sur la création monétaire (au sens large), mais cette influence se fait en bonne partie à travers le canal de l'activité économique, puisque des crédits refusés, des taux d'intérêt élevés ont généralement pour effet de restreindre la consommation et la production, et donc la création monétaire.

Ainsi, la création — et la destruction — de monnaie « suit » l'activité économique ; elle est essentiellement ENDOGÈNE. Toutefois, comme le système bancaire — à commencer par la banque centrale, qui veille sur lui — peut exercer un certain contrôle sur la quantité de monnaie en circulation, celle-ci a aussi une composante EXOGÈNE, qui vient compléter ou contrecarrer les effets de l'activité économique.

La plupart des théories — et des modèles — économiques insistent d'ailleurs sur l'aspect exogène de la création monétaire. La plus connue de ces théories est la très ancienne THÉORIE QUANTITATIVE DE LA MONNAIE, selon laquelle les variations de l'« offre » de monnaie (par l'État) sont la principale cause des fluctuations du niveau des prix. Cette façon de concevoir l'origine de la monnaie s'appuie sur l'image de la « planche à billets » — que l'État peut faire « tourner » plus ou moins vite. Image suggestive, certes, mais tout à fait trompeuse. Par ailleurs, si la plupart des modèles macroéconomiques — à commencer par le modèle IS-LM — font de l'« offre de monnaie » une variable exogène, c'est tout simplement parce que le théoricien veut disposer d'« instruments » qu'il peut faire varier à sa guise dans le cadre de ses maquettes, de façon à en déduire des conclusions (et des conseils) de politique économique.

Sur un plan plus empirique, l'attention a surtout porté sur la fonction de DEMANDE DE MONNAIE, et notamment sur son caractère plus ou moins « stable », en comparaison avec la fonction de CONSOMMATION ; mais c'est là une question différente de celle du caractère exogène ou endogène de la création monétaire.

Conclusion

Il n'existe pas de théorie économique satisfaisante de la monnaie ; en fait, pratiquement toutes les théories existantes — néo-classiques, marxistes ou autres — établissent une coupure entre le monde des relations « réelles » (taux d'échanges entre les biens) et celui des relations monétaires, qui vient en quelque sorte s'ajouter au précédent. Coupure que personne ne trouve satisfaisante, mais qui tient à la difficulté même de saisir dans un modèle formalisé cette expression des rapports sociaux qu'est la monnaie.

Monopole (théorie du)

On dit d'une entreprise — ou d'une personne — qu'elle est en situation de monopole si elle est la seule à offrir un bien — on parle souvent, à son propos, de « monopole », tout simplement.

L'existence d'entreprises en situation de monopole dépend du cadre institutionnel des économies où elles s'insèrent, mais aussi des conditions techniques dans lesquelles elles effectuent leur production. Par *cadre institutionnel*, on entend ici l'ensemble des lois et règlements qui organisent les relations économiques : l'existence de monopoles peut ainsi résulter d'une volonté délibérée de l'État, qui cherche par exemple à protéger une industrie naissante ou qui pense que la présence de plusieurs entreprises dans un même secteur peut être source d'inefficiences, en raison de la présence de COÛTS FIXES importants. D'ailleurs, ces derniers — ou la présence de rendements d'échelle croissants — sont souvent à l'origine de situations de monopole, la demande ne permettant pas d'amortir (sans pertes) les coûts fixes cumulés de deux producteurs.

Des monopoles partout… ou nulle part !

Il y a monopole lorsqu'une entreprise est la seule à offrir un bien, quel qu'il soit. Mais qu'entend-on par « bien » ? Un objet qui a un certain nombre de caractéristiques. Celles-ci sont en général très nombreuses, de sorte que si toutes sont prises en compte, alors les situations de monopole deviennent monnaie courante. Ainsi, si parmi les caractéristiques des biens il y a la marque sous laquelle ils sont vendus, alors on peut dire que Renault a le monopole des voitures Renault (et même des Clio, Safrane et autres Twingo), Peugeot celui des voitures de même nom, Procter and Gamble celui de la lessive Ajax, etc. ; autrement dit, chaque fois qu'un produit est vendu sous une marque, celle-ci est en situation de monopole. Évidemment, on sent qu'il y a là exagération sur ce que peut être ce type de situation ; en fait, ce qui est en jeu, c'est le *degré de substituabilité* entre les divers biens. Ainsi, ce « degré » est plus fort entre une Renault et une Peugeot de même cylindrée (ou presque) qu'entre le modèle de bas de gamme et celui de haut de gamme de Renault (ou de Peugeot).

Comme le degré de substituabilité entre les biens peut varier fortement, il n'est pas possible de trouver un seuil précis à partir duquel on peut dire qu'il y a monopole. Car de la même façon qu'on peut voir des monopoles partout à condition de prendre en compte suffisamment de caractéristiques des biens, on peut aussi considérer qu'il n'existe pas vraiment de situation de monopole « total », ou « absolu », puisque pratiquement tous les biens ont des substituts (par exemple, le chemin de fer — qui est souvent considéré comme un monopole « naturel » — a l'avion ou la route pour substituts).

Les remarques qui viennent d'être faites à propos du rapport entre monopole et substituabilité des biens peuvent être reprises lorsque *le lieu où est disponible un bien* est pris en compte ; ainsi, l'unique épicier d'un village est en situation de monopole dans le village, tout au moins pour ceux qui n'ont pas la possibilité de faire leurs courses ailleurs. La distance entre vendeurs ou les coûts de déplacement des acheteurs peuvent alors servir d'indicateurs du degré de substituabilité.

Les modèles de CONCURRENCE MONOPOLISTE cherchent à prendre en compte des situations de ce type, mais comme ils font forcément intervenir plusieurs biens, ils sont nettement plus compliqués que celui du monopole « simple », auquel on va se limiter ici. Autrement dit, par la suite, on supposera que l'entreprise en situation de monopole ne tient pas compte de l'existence de biens substituts à celui qu'elle produit — elle fait, par exemple, comme si leur offre et leur prix étaient donnés, indépendamment de ses propres choix.

Les ingrédients de base du modèle

Le modèle de base de la théorie du monopole se situe dans un cadre d'ÉQUILIBRE PARTIEL, où il n'y a qu'un seul bien (ce qui exclut, d'office, les substituts). Une entreprise produit ce bien, pour lequel il existe une demande qui lui est propre, et dont on dit parfois qu'elle est « captive ». Il est supposé que cette demande est le fait d'une « multitude » d'individus, qui ont un comportement passif comme en CONCURRENCE PARFAITE, et que l'entreprise en situation de monopole connaît la *fonction* de demande qui s'adresse à elle (elle en sait donc plus que le commissaire-priseur de la concurrence parfaite, qui n'est informé que des demandes « ponctuelles », aux prix qu'il propose). L'approche utilisée est dite « objective », puisqu'elle suppose que le monopole connaît la « vraie » demande, contrairement à l'approche « subjective », dans laquelle le monopole se contente d'estimer la demande qui s'adresse à lui.

Comme le modèle ne comporte qu'un seul bien, le monopole est caractérisé par sa fonction de COÛT ; le but du modèle est de déterminer son choix, c'est-à-dire l'offre pour laquelle son profit est maximal, compte tenu de la forme de cette fonction et de celle de la demande du bien qu'il produit.

Le choix du monopole

Le monopole sait que toute augmentation de l'offre du bien est accompagnée d'une baisse de son prix, puisque la fonction de demande — qu'il connaît — est supposée décroissante. Si son coût marginal n'est pas décroissant — ou s'il décroît moins vite que la demande —, alors il est clair qu'il n'a pas intérêt à augmenter indéfiniment son offre, puisqu'à partir d'un certain niveau de production il vend à perte les dernières unités produites. Ce niveau de production est tel que sa RECETTE MARGINALE y est égale à son coût marginal. Autrement dit, le monopole va « pousser » son offre jusqu'au moment où ce que lui rapporte la dernière unité produite soit égal à ce qu'il en coûte pour la produire ; son profit est alors maximal.

L'offre du monopole est donc différente de celle qu'il pourrait faire s'il adoptait un comportement de concurrence parfaite, puisqu'elle n'égalise pas le prix au coût marginal. Car si cette égalité était vérifiée, le monopole aurait intérêt à augmenter légèrement son prix (et à diminuer son offre en conséquence), la perte de clientèle qui s'ensuivrait étant plus que compensée par la hausse des recettes due à ce que *tous* les biens vendus le seraient alors à un prix plus élevé (il y a un *effet stock* de la hausse de prix, puisque celle-ci concerne l'ensemble des biens vendus, et non la partie marginale). A titre d'exemple, supposons qu'au prix p — égal au coût marginal —, l'entreprise vend une quantité 1 000 du bien et qu'une hausse de prix de 10 % entraîne une baisse de 10 % des ventes ; comme la hausse du prix concerne (presque) toutes les unités vendues, elle se traduit par un « effet stock » égal à :

$(1000 - 100)$	$\times$	$(0{,}1)\,p$	$= 90p$,
ventes après hausse de prix		hausse du prix par bien vendu	

alors que l'effet « perte de clientèle » est égal à :

$$100(p - c),$$

où c est le coût marginal. Le niveau de production avant la variation de prix ayant été choisi tel que le prix soit égal au coût marginal, il s'ensuit que $p - c$ est faible ; $100(p - c)$ l'est donc aussi relativement à $90p$ et, par conséquent, l'entreprise a intérêt à proposer un prix (légèrement) supérieur à c. Toutefois, au fur et à mesure que p augmente, l'écart entre l'« effet stock » et l'« effet perte de clientèle » diminue puisque, d'une part, les ventes baissent et, d'autre part, la différence entre le prix et le coût marginal augmente. Lorsque cet écart s'annule, le profit est maximal, la recette de la « dernière unité vendue » étant alors égale à son coût (la recette marginale est égale au coût marginal).

Le traitement mathématique permet de passer de ce cas particulier, qui permet de comprendre la nature du résultat obtenu, au cas général.

Le traitement mathématique

Le monopole est caractérisé par une fonction de coût, notée $C(q)$, qui est supposée dérivable et croissante pour tous les q positifs. Par hypothèse, la fonction de demande, $d(\cdot)$, est strictement décroissante et dérivable ; elle admet donc une inverse $d^{-1}(\cdot)$, qui est aussi strictement décroissante. Par conséquent, si q est la quantité demandée au prix p, donc si :

$$q = d(p),$$

alors on a aussi :

$$p = d^{-1}(q).$$

Le choix du monopole en équilibre partiel : une étude graphique

On se situe dans le cas habituel d'une courbe de coût marginal croissante et d'une fonction de demande décroissante (qu'on suppose linéaire, ce qui simplifie — un peu — la présentation). Si la relation entre prix et quantité est $p(q) = a - q$ (droite AB du graphique), alors la recette marginale est donnée par la dérivée de $qp(q) = q(a - q)$, c'est-à-dire par $a - 2q$. Elle est représentée par la droite AC, de pente $- 2$. Le choix du monopole est donné par le point X où cette droite coupe la courbe de coût marginal. L'offre est q^*, et le prix proposé $a - q^*$. Si l'on compare avec le point Y, qui correspond au choix de concurrence parfaite où le prix est égal au coût marginal, alors on constate qu'en X l'offre est plus faible et le prix plus élevé qu'en Y.

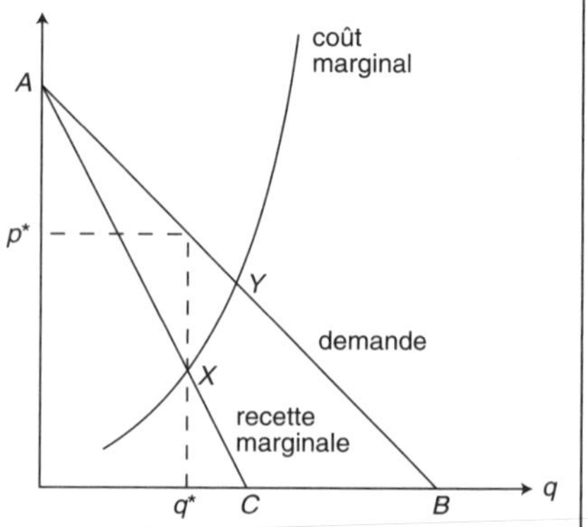

Afin de tenir compte de ce que le prix est une fonction de q, on le notera par la suite $p(q)$ [avec, évidemment, $p(q) = d^{-1}(q)$]. Si q est l'offre du monopole, alors le prix $p(q)$ est un *prix d'équilibre*, puisque c'est le prix (maximal) auquel le monopole peut vendre la quantité q du bien qu'il produit (au prix $p(q)$ il y a égalité de l'offre et de la demande).

Ainsi, la recherche du profit maximal peut se faire en prenant comme variable indépendante soit le prix du bien, soit la quantité qui en est offerte (puisqu'on suppose que le monopole connaît la fonction de demande, et donc le lien qui unit ces deux variables). Toutefois, l'usage veut que le raisonnement soit mené à partir de la quantité offerte — comme en concurrence parfaite et comme dans le modèle du duopole de COURNOT, ce qui facilite la comparaison avec ces modèles.

Dans ces conditions, le profit que peut obtenir le monopole pour une offre q quelconque est :

$$\underbrace{q \cdot p(q)}_{\text{recette}} - \underbrace{C(q)}_{\text{coût}}.$$

Pour que ce profit soit maximal, il faut que la dérivée de cette fonction de q s'annule, donc que :

(1) $\quad p(q) + q \cdot p'(q) - C'(q) = 0,$

et par conséquent que la recette marginale, $p(q) + q \cdot p'(q)$, soit égale au coût marginal, $C'(q)$. Si celui-ci est croissant — ou si la recette marginale décroît plus vite qu'il n'augmente —, alors la condition (1) suffit pour qu'il y ait profit maximal. Si cette condition diffère de celle de la concurrence parfaite (prix = coût marginal), c'est en raison du terme $q \cdot p'(q)$, qui représente l'« effet stock » évoqué plus haut [produit de toute la quantité vendue, q, par la variation de prix, $p'(q)$].

A titre d'exemple, supposons que :

$$C(q) = q^2 \text{ et } d(p) = a - p \ (a > 0).$$

Le coût marginal $C'(q)$ est donc égal à $2q$. La fonction de demande inverse $d^{-1}(q)$ [qu'on notera $p(q)$] se déduit de l'égalité $q = a - p$; on a donc, avec les notations utilisées dans le cas général : $p(q) = a - q$.

Ainsi, comme $p'(q) = -1$, l'effet stock est égal à :

$$q \cdot p'(q) = -q.$$

Dans la formule (1), il s'ajoute au coût marginal, qu'il « alourdit » de 50 % (puisque $q\ 2q = 0{,}5$). Il s'ensuit que, toujours en raison de (1), $p(q) = 3q$; comme $p(q) = a - q$, on en déduit l'offre du monopole, et le prix qu'il propose :

$$q = \frac{a}{4} \text{ et } p\left(\frac{a}{4}\right) = \frac{3}{4}.$$

Le monopole offre donc une quantité égale à $a/4$, au prix $3a/4$. S'il avait appliqué la règle de concurrence parfaite, prix = coût marginal, son offre aurait été de $a/3$ ($> a/4$) au prix $2a/3$ ($< 3a/4$).

Remarque. Comme l'égalité (1) peut être mise sous la forme :

$$p(q)\left(1 + \frac{q \cdot p'(q)}{p(q)}\right) = C'(q),$$

où $q \cdot p'(q)/p(q)$ est l'*ÉLASTICITÉ-prix* de la demande du bien, elle peut être interprétée de la façon suivante : le « prix de monopole » est égal au prix « concurrentiel » multiplié par un coefficient multiplicateur dont le taux est donné par l'élasticité-prix de la demande du bien produit par le monopole. Donc, plus l'élasticité-prix de la demande du bien est grande, et plus l'écart entre le « prix de monopole » et le « prix concurrentiel » est grand.

Monopole et optimalité au sens de Pareto

Sous les hypothèses faites, et en s'en tenant au point de vue d'équilibre partiel, le choix du monopole ne conduit pas à une affectation des ressources qui soit un OPTIMUL DE PARETO. Le raisonnement qui a conduit à ce choix permet de comprendre pourquoi. En effet, si le monopole ne produit pas plus — alors qu'il peut vendre la production supplémentaire à un prix supérieur à son coût —, c'est parce que s'il le faisait, cela entraînerait une baisse du prix qui affecterait l'ensemble de ses ventes. S'il pouvait éviter cet « effet stock », en continuant à vendre au même prix son « offre de monopole » (celle pour laquelle la recette marginale est égale au coût marginal), tout en écoulant à un prix inférieur — mais supérieur à son coût marginal — une production supplémentaire, alors il augmenterait son profit, mais aussi l'utilité de ceux qui sont disposés à acheter au prix réduit ; une affectation des ressources supérieure (selon le critère de PARETO) serait donc atteinte, puisque certains gagnent (le monopole et ceux qui bénéficient d'un prix réduit) et personne ne perd, par rapport au cas où le monopole affiche un prix unique pour le bien qu'il propose.

Le fait d'envisager des prix différents pour un même bien — ce qui signifie qu'il y a *discrimination* entre les acheteurs — peut surprendre et susciter des interrogations sur la façon dont la discrimination peut être mise en place ; mais cela n'est pas gênant si l'on s'en tient au seul critère de Pareto, qui ne prend en compte *que* les affectations des ressources, indépendamment de la façon d'y parvenir. On peut cependant noter, à titre d'exemple, que les compagnies aériennes pratiquent des tarifs discriminatoires dans la perspective qui vient d'être décrite, lorsqu'elles proposent des réductions de prix, tout en imposant des conditions sur les dates et types de vol ; elles cherchent ainsi à attirer une nouvelle clientèle — par exemple, les jeunes ou les retraités — pour remplir leurs avions, tout en maintenant le « prix fort » pour leur clientèle traditionnelle — à commencer par les hommes d'affaires —, qui est disposée à payer ce prix (les conditions d'accès au tarif réduit étant choisies de façon que cette clientèle ne les remplisse pas).

Le fait que le choix du monopole (à prix unique) ne soit pas optimal au sens de Pareto ne signifie pas qu'il ne soit pas « efficient » au sens courant, c'est-à-dire que le monopole n'affecte pas « pour le mieux » les ressources dont il dispose. Bien au contraire, puisque le modèle suppose qu'il utilise les techniques les plus appropriées et qu'il choisit ses INPUTS « aux moindres frais » (ce que traduit la fonction de *coût*), de façon à rendre son profit le plus élevé possible. D'ailleurs, si le monopole pouvait mettre au point un système de prix « parfaitement discriminant » — qui épouse la forme de la courbe de demande —, alors l'affectation des ressources correspondante serait un optimum de Pareto, où le profit du monopole est le plus grand possible.

Du rôle des monopoles

Comme le choix du monopole conduit à une affectation des ressources « sous-optimale » au sens de Pareto, doit-on considérer pour autant que les monopoles sont une « mauvaise chose », dont il faut se débarrasser à tout prix ? La réponse à cette question n'est pas si simple qu'on pourrait le penser au premier abord, car il ne faut pas oublier que le résultat d'« optimalité » de l'équilibre de concurrence parfaite ne vaut que dans le cadre d'hypothèses *très particulières*. Parmi elles, il y a l'absence de coûts fixes ; or c'est la présence de ces coûts qui est souvent avancée pour expliquer l'existence de monopoles ; autrement dit, le résultat de « sous-optimalité » associé au modèle ne peut être appliqué tel quel au cas où il y a des coûts fixes. En réalité, il n'y a pas besoin de faire appel aux mathématiques pour comprendre qu'il peut être plus « efficient » d'avoir une unité de production qui opère à grande échelle, avec une division du travail poussée, qu'une multitude de petits ateliers qui fournissent le même produit (voir, par exemple, le cas de l'industrie automobile et sa concentration progressive). Autrement dit, vouloir « éclater » un monopole en une multitude de petites entreprises — pour « rétablir la concurrence » — peut être absurde du point de vue de l'« efficience ».

En fait, l'existence de monopoles — et les éventuelles « inefficiences » qui peuvent en résulter — pose le problème du *rôle de l'État*. En effet, celui-ci peut — au nom de l'intérêt collectif — imposer au monopole de vendre au coût marginal ; ou alors, il peut décider d'assurer lui-même la production. D'ailleurs, si les coûts fixes sont importants — ou si le coût marginal est décroissant —, il se peut fort bien que la tarification au coût marginal se traduise par un profit négatif, et donc par la nécessité de *subventionner* le monopole, si l'on estime que sa production est indispensable à la collectivité. Qui va payer, alors ? La réponse à cette question est loin d'aller de soi, car elle conduit inévitablement à poser le problème de la *répartition* (sur lequel le critère de Pareto n'a rien à dire), puisque subventionner, c'est prendre à certains — à travers les impôts, par exemple — pour donner à d'autres (les acheteurs — ou les usagers — du bien subventionné).

Le problème de l'existence de l'équilibre avec monopole

Jusqu'à présent, les raisonnements ont été menés dans un cadre d'ÉQUILIBRE PARTIEL, avec une fonction de demande donnée, strictement décroissante (et connue du monopole). Or, si l'on veut aborder la question de l'existence de l'équilibre avec monopole, on doit forcément adopter un point de vue d'ÉQUILIBRE GÉNÉRAL, en mettant donc l'accent sur la question de la *coordination des décisions individuelles*, qui sont à l'origine de la demande.

Avant de faire son choix, le monopole — ou le modélisateur — cherche à déterminer la demande du bien qu'il produit, dans les diverses éventualités possibles. Pour cela, il peut procéder à des « expériences », soit en affichant divers prix, soit en faisant différentes offres, puis en enregistrant les réactions des autres agents à ses propositions. Dans le second cas (offres successives), il est supposé qu'il existe une procédure (dont la forme n'est pas précisée) d'« ajustement » de l'offre et de la demande. Cette hypothèse revient à faire appel au commissaire-priseur de la concurrence parfaite ; malgré son caractère très contestable, elle est préférée à celle qui consiste à supposer que les agents affichent des prix, car alors il faut inévitablement faire appel à des règles de rationnement (le monopole n'ayant pas forcément intérêt à servir toute la demande qui s'adresse à lui aux prix affichés), avec toutes les complications qui s'ensuivent.

Le modèle dans lequel le monopole agit à travers ses offres — celles-ci lui servent alors de STRATÉGIES — se présente de la façon suivante :
— le monopole fait une offre (quelconque) du bien qu'il veut produire, et une demande des inputs nécessaires à cette production ;
— le commissaire-priseur enregistre ces offres et ces demandes, qui viennent s'ajouter à celles du reste de l'économie ; il calcule alors les prix d'équilibre (concurrentiel), qu'il fait connaître au monopole (à moins que celui-ci ne les calcule lui-même) ;
— le monopole calcule son profit à ces prix, puis il fait une nouvelle offre, et ainsi de suite.

Après avoir effectué les calculs pour toutes les offres possibles, le monopole retient celle qui lui procure le profit maximal : c'est la « solution » du modèle.

Encore faut-il qu'une telle solution existe. Or rien n'est moins sûr, car chacune des étapes du raisonnement précédent soulève des problèmes délicats. Ainsi, dans la première étape — où sont formulées les offres et les demandes —, il y a généralement *plusieurs prix d'équilibre* (c'est là une conséquence du théorème de SONNENSCHEIN) et donc indétermination (comment choisir parmi ces prix ?). Quant à la deuxième étape, il se peut qu'il n'y ait pas d'offre pour laquelle le profit soit maximal, et donc que le modèle n'ait pas d'équilibre.

Toutes ces raisons font que l'approche du monopole par l'équilibre général a pratiquement été abandonnée par les néoclassiques, si l'on excepte les modèles à AGENTS REPRÉSENTATIFS (qu'on peut toutefois difficilement considérer comme d'« équilibre général »).

Multiplicateur

Coefficient d'une variable EXOGÈNE dans la FORME RÉDUITE d'un modèle économique dont les équations sont *linéaires*. On utilise le terme « multiplicateur » parce que toute variation d'une variable exogène engendre une variation de la variable ENDOGÈNE égale à celle de l'exogène multipliée par le coefficient qui affecte celle-ci. Par exemple, si une équation de la forme réduite est :

$$y_i = a_{i1}x_1 + \ldots + a_{ij}x_j + \ldots + a_{in}x_n,$$

où y_i est une variable endogène du modèle et où les x sont des variables exogènes, alors à une variation Δx_j de la j-ème variable exogène correspond une variation :

$$\Delta y_i = a_{ij}\,\Delta x_j$$

de la variable endogène y_i. Le coefficient a_{ij} joue bien le rôle d'un « multiplicateur » (il peut évidemment être inférieur à 1, ou négatif).

Le multiplicateur le plus connu est le MULTIPLICATEUR KEYNÉSIEN, qui met en rapport la variation du revenu national (endogène) avec celle de l'investissement (exogène). Un des propos du modèle IS-LM est de déterminer le sens et l'intensité des multiplicateurs qui affectent les divers paramètres de la politique économique, à commencer par la masse monétaire et les dépenses gouvernementales.

Multiplicateur keynésien

Concept utilisé par KEYNES pour montrer comment, dans une économie où il n'y a pas le plein emploi des ressources (en hommes et en équipements), une variation « autonome », EXOGÈNE, de la demande peut provoquer une variation plus importante du revenu national ; le multiplicateur keynésien donne le rapport entre ces deux variations. La variation de la demande est considérée comme « autonome » si elle correspond à un changement dans le comportement des agents économiques (par exemple, une modification de l'état d'esprit des entrepreneurs) ou dans la façon d'intervenir de l'État, à travers ses dépenses.

La relation économique sur laquelle se fonde le multiplicateur keynésien est la fonction de CONSOMMATION, qui établit un lien entre les dépenses de consommation courantes des ménages (dans leur ensemble) et leur revenu courant. Selon Keynes, ces dépenses sont bien moins soumises aux divers aléas de la vie économique que celles qui accompagnent les investissements ; les variations de ceux-ci sont donc en bonne partie à l'origine des fluctuations économiques. Pour lui, les décisions de consommer et d'investir sont prises indépendamment les unes des autres, les premières étant le fait des ménages qui agissent selon des habitudes bien établies, alors que les secondes sont le fait des entreprises, dont les choix sont gouvernés par leurs *prévisions* sur la demande future. Le multiplicateur peut donc être considéré comme la résultante de ces deux types de décisions, auxquelles on peut ajouter celles de l'État. Même si elle est relativement rudimentaire, la logique du multiplicateur relève plutôt de l'ÉQUILIBRE GÉNÉRAL, puisqu'elle fait jouer un rôle essentiel à la *coordination* de décisions prises par des entités différentes (ménages et entreprises).

Les analyses qui font appel au multiplicateur keynésien adoptent un point de vue de STATIQUE COMPARATIVE, puisqu'elles consistent à mesurer le lien qui existe entre les variations autonomes de l'investissement (ou de toute autre dépense) et celles du revenu d'*équilibre* de l'économie.

Le calcul du multiplicateur keynésien

Le multiplicateur keynésien est obtenu en combinant une fonction de comportement — la fonction de consommation — et une identité comptable, qui traduit l'interdépendance des divers secteurs de l'économie (secteurs réduits ici à leur plus simple expression). Autrement dit, il se déduit d'un MODÈLE du type suivant :

$$(1) \quad \begin{cases} C = f(Y) & \text{(FONCTION DE CONSOMMATION)} \\ Y = C + A & \text{(identité comptable)} \end{cases}$$

L'identité comptable $Y = C + A$ signifie qu'on distingue dans le revenu national, Y, les dépenses de consommation, C, des dépenses « autres », A. On considère généralement que ces dernières se décomposent en dépenses d'investissement, I, et en dépenses du gouvernement, G, de sorte qu'on a : $A = I + G$.

Dans le modèle (1), on suppose que la dépense A est EXOGÈNE (c'est pourquoi on la qualifie souvent d'« autonome », puisqu'elle est déterminée en dehors du modèle), alors que Y et C sont ENDOGÈNES (déterminées par le modèle, et notamment par A). Le système (1) est la FORME STRUCTURELLE du modèle, celle qui découle de la théorie, dont on déduit la FORME RÉDUITE, où les variables Y et C sont exprimées en fonction de la (seule) variable exogène, A. Pour y parvenir, on élimine C dans (1) ; il vient :

$$(2) \qquad Y - A = f(Y).$$

L'équation (2) définit Y en tant que fonction IMPLICITE de A ; si l'on note $Y(A)$ cette fonction, alors (2) s'écrit :

$$(2') \qquad Y(A) - A = f(Y(A)).$$

Les deux membres de (2′) n'ont que A pour variable. Si on les dérive donc tous deux (par rapport à A, forcément), il vient :

$$Y'(A) - 1 = f'(Y(A)) \cdot Y'(A),$$

et donc, si $f'(Y(A)) \neq 1$:

$$(3) \qquad Y'(A) = \frac{1}{1 - f'(Y(A))}.$$

Le nombre $\frac{1}{1 - f'(Y(A))}$ est, par définition, le *multiplicateur keynésien* déduit du modèle (1) puisque à la variation ΔA de la dépense autonome correspond (approximativement) la variation $\frac{1}{1 - f'(Y(A))} \Delta A$ ($= Y'(A) \cdot \Delta A$) du revenu. Si l'on omet de préciser l'argument de $Y(\cdot)$, le multiplicateur s'écrit :

$$\frac{1}{1 - f'(Y)},$$

ce qui est un peu plus simple (le revenu étant évalué pour un niveau donné de la dépense autnome).

On constate donc que *le multiplicateur keynésien est d'autant plus grand que la propension marginale à consommer, $f'(Y)$, est proche de* 1 (on suppose que $0 < f'(Y) < 1$).

Dans le cas particulier — mais fréquemment utilisé — où la fonction de consommation est de la forme :

$$f(Y) = aY + b,$$

alors $f'(Y) = a$, et le multiplicateur est donc :

$$\frac{1}{1 - a}.$$

Ainsi, si la propension marginale à consommer est égale à 0,75, alors le multiplicateur est égal à 4 (= 1/(1 – 0,75)).

Le multiplicateur met en rapport des équilibres de l'économie, « avant » et « après » variation de la dépense autonome ; il relève donc clairement de la *statique comparative*. Toutefois, il arrive qu'on lui donne une interprétation de type dynamique, en partant de la constatation que $1/(1 - a)$ est égal à la somme des termes d'une PROGRESSION GÉOMÉTRIQUE de raison a (avec $0 < a < 1$), c'est-à-dire que :

$$\frac{1}{1 - a} = 1 + a + a^2 + \ldots + a^n + \ldots$$

A une variation de la dépense autonome ΔA correspond donc une variation du revenu égale à :

$$\frac{1}{1-a}\Delta A = \Delta A + a\Delta A + a^2\Delta A + \ldots + a^n\Delta A + \ldots$$

Ainsi, la variation du revenu est la somme de la « variation directe », ΔA, et des effets « indirects », dus à la consommation $a\Delta A$ induite par ΔA, à la consommation $a2\Delta A$ induite par cette consommation, et ainsi de suite.

Commentaires

Si Keynes a attiré l'attention sur l'effet multiplicateur, c'est parce qu'il voulait montrer l'importance des dépenses « autonomes » (des entreprises ou de l'État) dans la détermination du niveau de l'emploi (des hommes et des ressources disponibles). Surtout préoccupé par le chômage massif qui régnait en Europe au moment où il écrivait, il voyait dans l'effet multiplicateur une des justifications à l'intervention active de l'État pour « stimuler » l'économie. L'effet multiplicateur peut cependant aussi jouer lorsqu'il y a plein emploi, puisque les égalités (1) sont valables quelle que soit la situation envisagée (elles ne disent rien sur l'emploi). Mais comme les grandeurs qui interviennent dans (1) sont *nominales*, toute augmentation de la dépense autonome va alors se répercuter entièrement sur *le niveau des prix*. Il existe évidemment des situations intermédiaires, où l'effet multiplicateur se traduit par une variation des quantités (production et emploi) *et* des prix, le partage entre les unes et les autres dépendant des capacités de production disponibles.

Pour Keynes, le multiplicateur est avant tout un objet théorique auquel il ne donne pas une valeur précise (il s'appuie seulement sur l'idée que la propension marginale à consommer est comprise entre 0 et 1, et que la propension moyenne diminue avec le revenu) ; il est au demeurant resté vague sur la forme exacte de la fonction de consommation. Ses successeurs ont toutefois cherché à estimer celle-ci, et à en faire un instrument de politique économique. Le débat a alors porté sur la valeur et la stabilité de la propension marginale à consommer ; l'étude des statistiques disponibles a ainsi conduit à distinguer le cas où les données concernent une population de ménages *à un moment donné* de celui où elles portent sur des *séries chronologiques* (évolution dans le temps de la consommation et du revenu), car les estimations des paramètres auxquels on parvient dans l'un et l'autre cas sont significativement différentes (pour plus de détails, voir l'entrée fonction de CONSOMMATION). Ce qui a conduit certains à proposer des analyses alternatives à celle de Keynes, telles celles sur le cycle de vie et sur le revenu permanent, qui reviennent à donner bien moins d'importance à l'effet multiplicateur. Celui-ci demeure néanmoins un des « piliers » de la macroéconomie.

N

NAIRU

Abréviation de *non accelerating inflation rate of unemployment*, qui signifie : taux de chômage pour lequel il n'y a pas accélération de l'inflation. Ce concept a été avancé dans le cadre du débat autour de la COURBE DE PHILLIPS, dans les années soixante-dix.

Le NAIRU est généralement considéré comme équivalent au TAUX DE CHÔMAGE NATUREL (taux de chômage donné par le point où la courbe de Phillips coupe l'axe des abscisses) ; il est identifié au taux de chômage qui prévaut effectivement dans un pays où la hausse des prix est constante (« elle ne s'accélère pas »). Les mesures du NAIRU faites sur la base de ces hypothèses montrent qu'il peut varier fortement d'un pays à l'autre et qu'il a beaucoup augmenté entre les années soixante et les années quatre-vingt, ce qui pose un sérieux problème au théoricien, du moins lorsqu'il identifie le NAIRU au taux de chômage naturel.

Le calcul du NAIRU fait intervenir la « pression inflationniste » due aux hausses salariales, mais aussi celle qui peut provenir de la hausse des prix des importations (si celle-ci est forte, alors le chômage « doit » augmenter pour exercer une « pression compensatoire » à la baisse des salaires). Le petit modèle linéaire suivant fait partie de ceux qui sont utilisés pour faire ce calcul à partir des données disponibles. Il est formé de deux équations, l'une qui porte sur le taux de variation des salaires nominaux, $\Delta W/W$, l'autre sur le taux de variation des prix, $\Delta P/P$:

$$\frac{\Delta W}{W} = a_0 - a_1\left(\frac{\Delta P}{P}\right)^a + a_2 U + a_3\left(\frac{\Delta P_m}{P_m}\right)$$

$$\frac{\Delta P}{P} = b_0 + b_1\left(\frac{\Delta W}{W}\right) + b_2\left(\frac{\Delta P_m}{P_m}\right) + b_3\left(\frac{\Delta P_{imp}}{P_{imp}}\right)$$

où U désigne le taux de chômage, $\left(\frac{\Delta P}{P}\right)^a$ le taux de variation anticipé du niveau des prix, $\frac{\Delta P_m}{P_m}$ le taux de variation de la productivité de la main-d'œuvre et $\frac{\Delta P_{imp}}{P_{imp}}$ celui des prix à l'importation. Si on fait l'« hypothèse du NAIRU » selon laquelle le taux de variation des prix (intérieurs) est constant et égal au taux anticipé, alors on déduit de ces deux équations le taux de chômage (considéré comme le taux « naturel ») :

$$U_N = \frac{b_0 + a_0 b_1 + (b_1 a_3)\Delta P_m/P_m + b_3 \Delta P_{imp}/P_{imp} - (1 - b_1 a_1)\Delta P/P}{b_1 a_2}.$$

Le fait que le NAIRU varie fortement d'un pays à l'autre, ou dans le temps, signifie que les coefficients de cette équation dépendent du lieu et du temps.

Nash (équilibre de)

Concept de solution en THÉORIE DES JEUX proposé en 1950 par le mathématicien John Nash et qui désigne toute combinaison de STRATÉGIES — une par joueur — telle que *chaque joueur a choisi la sienne en prévoyant correctement le choix fait par les autres*. Ainsi, à l'équilibre de Nash, aucun joueur ne regrette son choix, après avoir constaté celui des autres (qu'il a correctement prévu). Les *anticipations* de chacun concernant le choix des autres jouent un rôle essentiel dans la définition de l'équilibre de Nash.

Exemple. Dans le jeu sous FORME STRATÉGIQUE suivant :

		b_1	b_2	b_3
A	a_1	(12, 6)	(8, 4)	(16, 3)
	a_2	(10, 4)	(8, 9)	(13, 7)

Tableau 1

les combinaisons de stratégies $\{a_1, b_1\}$ et $\{a_2, b_2\}$ sont des équilibres de Nash ($\{a_2, b_2\}$ l'est « au sens faible » car si B a opté pour b_2, alors A n'a pas de regret, qu'il ait opté pour a_1 ou pour a_2).

Équilibre de Nash dans les jeux à plusieurs coups

Dans un jeu *à un coup*, tel celui décrit par le tableau 1, la définition de l'équilibre de Nash est très simple : les stratégies choisies par tous les joueurs ayant été annoncées, chacun constate — s'il y a équilibre — qu'il a fait le choix approprié en ayant correctement prévu celui qui a été fait par les autres (ainsi, dans l'exemple ci-dessus, il y a équilibre en $\{a_1, b_1\}$ parce que *A* a choisi a_1 en pensant que *B* retiendra b_1 — ce qui est le cas , et parce que *B* a choisi b_1 en pensant que *A* retiendra a_1, ce qui est le cas). Mais la situation est plus compliquée dans les jeux à plusieurs coups (JEUX SÉQUENTIELS ou JEUX RÉPÉTÉS). En effet, pour qu'un joueur puisse alors savoir s'il a fait le choix approprié à chaque fois qu'il a eu à intervenir (et ne regrette pas la décision prise), il faut qu'il connaisse les décisions qu'auraient prises les autres joueurs *dans toutes les circonstances possibles*, et non seulement dans celles qui se sont effectivement présentées devant eux. Un exemple permet de comprendre pourquoi il en est ainsi. Considérons le *jeu* séquentiel représenté par l'ARBRE DE JEU suivant :

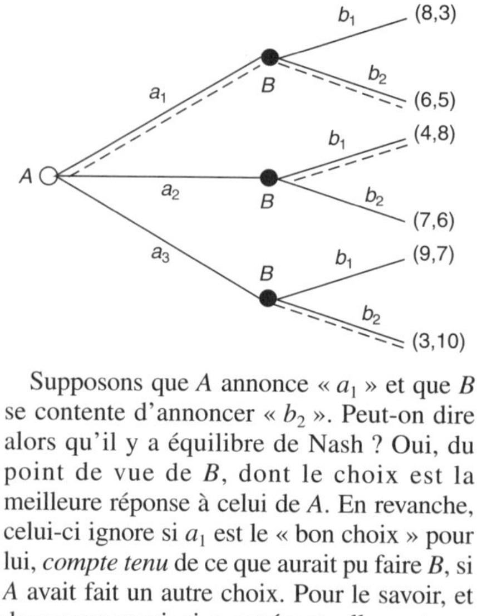

Supposons que *A* annonce « a_1 » et que *B* se contente d'annoncer « b_2 ». Peut-on dire alors qu'il y a équilibre de Nash ? Oui, du point de vue de *B*, dont le choix est la meilleure réponse à celui de *A*. En revanche, celui-ci ignore si a_1 est le « bon choix » pour lui, *compte tenu* de ce que aurait pu faire *B*, si *A* avait fait un autre choix. Pour le savoir, et donc pour savoir si a_1 est éventuellement une stratégie d'un équilibre de Nash, *il faut que B annonce ce qu'il aurait fait si A avait opté pour* a_2 ou pour a_3 ; c'est seulement ainsi que *A* peut savoir qu'il a fait le bon choix. Si, par exemple, *B* précise : « Si *A* avait opté pour a_2, alors j'aurais choisi b_1 ; s'il avait opté pour a_3, alors j'aurais choisi b_2 », *A* ne regrette pas d'avoir retenu a_1 (gain de 6, contre 4 s'il avait retenu a_2 et 3 s'il avait opté pour a_3), et il y a équilibre de Nash. Équilibre qui est donc décrit par le « chemin » a_1b_2, auquel on ajoute les branches « hors chemin » tracées en pointillés sur le graphique et qu'on note :

$$\{a_1, (b_2, b_1, b_2)\},$$

où (b_2, b_1, b_2) désigne la liste d'instructions de *B* : « Si *A* retient a_1, alors j'opte pour b_2 ; s'il retient a_2, alors j'opte pour b_1 ; s'il retient a_3, alors j'opte pour b_2. »
Ainsi, la détermination de l'équilibre dans un jeu à plusieurs coups nécessite qu'on se ramène à une situation où il y a *annonce simultanée* et « *en une seule fois* » des stratégies des joueurs, comme dans les jeux à un seul coup. La seule différence avec ceux-ci tient au fait que dans les jeux à plusieurs coups les annonces sont des listes d'instructions, appelées parfois *stratégies conditionnelles*. (Pour plus de détails, voir *La Théorie des jeux* de B. Guerrien, Économica, 2002.)

Équilibre de Nash et processus

Aussi bien dans le langage courant que dans la modélisation économique, l'idée d'équilibre est étroitement associée à celle de *processus* ; plus précisément, l'équilibre apparaît alors comme une « situation limite » d'un processus, un « point » où il « s'arrête » car toutes les « forces » en œuvre s'y « compensent » ou s'y « neutralisent ». Ainsi, l'équilibre de CONCURRENCE PARFAITE est généralement considéré comme l'aboutissement du processus de TÂTONNEMENT, où l'offre et la demande « s'ajustent ». Sur le plan mathématique, la recherche des équilibres d'un modèle se ramène souvent à celle des POINTS FIXES d'un processus, donc à un cas particulier de celui-ci, une situation qui se renouvelle à l'identique si aucun « facteur extérieur » ne vient la perturber.

Or, il serait erroné de concevoir ainsi l'équilibre de Nash, puisqu'il résulte d'un *choix unique* (et simultané) de la part des joueurs ; et cela est vrai même si le jeu est à plusieurs coups, comme on vient de le voir. Quand les joueurs ont annoncé les stratégies qu'ils ont retenues, le jeu est *terminé* (si le jeu est à plusieurs coups, ces stratégies sont conditionnelles). Dans ces conditions, l'équilibre ne peut être considéré comme une situation « qui se renouvelle à l'identique de période en période », puisque seule une période est envisagée (celle où les décisions sont prises).

Si l'équilibre de Nash ne peut être conçu comme le résultat d'un processus (quel qu'il soit), c'est parce que les modèles de jeu supposent des individus *conscients*, rationnels, qui cherchent à tirer parti de toute l'information disponible et donc, en particulier, de celle qui a trait aux processus dans lesquels ils sont impliqués. Cette information — qu'elle soit complète ou incomplète — doit être précisée au moment de la « cons-truction » du modèle ; si cela est fait, on se trouve face à un modèle élargi, dont on commence par chercher... les équilibres, ceux-ci « intégrant » tout processus éventuel. D'où le caractère *complètement statique* de la théorie des jeux, même lorsqu'elle traite des jeux séquentiels (puisque nous avons vu que la recherche des équilibres de ceux-ci nécessite de les ramener à des jeux à un seul coup, avec des stratégies conditionnelles).

Équilibre de Nash et croyances

L'équilibre de Nash est un concept de solution « local », et non global. En effet, il consiste à se situer en un « point » (c'est-à-dire à considérer une combinaison de stratégies des joueurs), puis à constater si ce « point » satisfait la condition de non-regret. Mais pourquoi les joueurs accorderaient-ils plus d'importance à ce « point » plutôt qu'à un autre ? Et que faire quand il y a *plusieurs* équilibres de Nash, comme dans l'exemple de jeu à un coup décrit par le tableau 1 ? Pour répondre à ces questions, il faut faire intervenir d'une façon ou d'une autre les *croyances* des joueurs. Ainsi, si *A croit* que *B* va opter pour b_1, alors il va choisir a_1 ; et si *B croit* que *A* va opter pour a_1, alors il va opter pour b_1 ; il y aura donc équilibre, sur la base de ces croyances. De même pour $\{a_2, b_2\}$. En fait, on est en présence d'une propriété générale de l'équilibre de Nash, qui s'énonce de la façon suivante : *à l'équilibre de Nash, les croyances des joueurs sont confirmées* (ou, du moins, elles n'y sont pas infirmées). Cette propriété caractérise les équilibres de Nash, car elle n'est vérifiée *que par eux*. Ainsi, si l'on revient à l'exemple du jeu à un coup et si l'on considère la combinaison « hors équilibre » $\{a_2, b_1\}$, on peut dire : si *B* a choisi b_1, c'est parce qu'il croyait que *A* allait opter pour a_1 (car sinon *B* aurait choisi b_2, avec un gain de 9) ; ses croyances sont donc infirmées — comme le sont celles de *A*, puisque sa « meilleure réponse » à b_1 est a_1 et non a_2 —, et c'est pour cela qu'il n'y a pas équilibre. On peut faire une constatation similaire pour $\{a_1, b_2\}$. Quant aux combinaisons de stratégies où intervient b_3, elles ne peuvent être d'équilibre puisque b_3 est une STRATÉGIE DOMINÉE (par b_2) — et donc « non crédible », si l'on suppose des joueurs rationnels.

Ainsi, l'équilibre de Nash est autoréalisateur : les joueurs prennent leurs décisions sur la base de leurs croyances, et leurs actions engendrent la situation à laquelle ils s'attendaient au moment où leurs choix ont été faits.

En fait, comme les croyances peuvent être quelconques, *il n'y a aucune raison de privilégier l'équilibre de Nash parmi les combinaisons de stratégies possibles* (si l'on exclut les stratégies dominées, y compris itérativement).

Équilibre de Nash et optimalité

Si l'on revient une nouvelle fois au jeu à un seul coup décrit par le tableau 1, on constate que l'équilibre $\{a_1, b_1\}$ n'est pas un OPTIMUM DE PARETO, puisque la combinaison de stratégies $\{a_2, b_3\}$ procure un gain supérieur *aux deux joueurs* (5 au lieu de 4 pour *A*, 7 au lieu de 6 pour *B*). En revanche, l'équilibre $\{a_2, b_2\}$ est un optimum de Pareto, aucune autre issue rapportant plus aux deux joueurs. De même, dans le jeu à plusieurs coups représenté par l'arbre de jeu, l'issue qui se trouve au bout du « chemin » a_3b_1 procure aux deux joueurs des gains strictement supérieurs à ceux de l'équilibre [(9,7) contre (6,5)], et celui-ci n'est donc pas non plus un optimum de Pareto.

Ainsi, on constate qu'*il n'existe pas de lien entre équilibre de Nash et optimum de Pareto*. Les théoriciens des jeux attirent d'ailleurs depuis longtemps l'attention sur ce point, et notamment sur la sous-optimalité possible des équilibres, comme le montrent les exemples des jeux du MILLE-PATTES et du DILEMME DU PRISONNIER.

Le fait qu'un équilibre de Nash puisse ne pas être un optimum de Pareto enlève à ce concept de solution une de ses principales justifications — celle de servir de NORME ou de référence. L'autre justification serait qu'il sert à expliquer *ce qui est* — et non ce qui devrait être (comme le fait une norme), ou qu'il fournit une *prédiction* de ce que feront des joueurs rationnels. Il est vrai que si un jeu comporte une solution évidente (ce qui est le cas, par exemple, si une combinaison de stratégies domine toutes les autres selon le critère de Pareto), alors elle ne peut être qu'un équilibre de Nash , et on peut prédire que celui-ci résultera du choix des joueurs. Mais, en dehors de ce cas très particulier, l'équilibre de Nash n'est pas une prévision du modèle (une des ses « solutions »), car il dépend *fondamentalement* des croyances des joueurs, qui sont généralement « imprévisibles » (elles ne sont pas une donnée du modèle).

Finalement, la principale justification de l'équilibre de Nash est dans son caractère autoréalisateur, même si elle laisse ouverte la question de la formation des croyances.

Le problème de l'existence de l'équilibre de Nash

Les jeux considérés jusqu'à présent comportaient (au moins) un équilibre de Nash. Toutefois, il y a une vaste catégorie de jeux pour lesquels cette hypothèse n'est pas vraie ; tel est le cas, par exemple, du jeu décrit par le tableau suivant :

		B: b_1	B: b_2
A	a_1	(1,0)	(0,2)
A	a_2	(0,3)	(1,1)

Tableau 2

Le fait qu'un jeu puisse ne pas comporter d'équilibre a évidemment pour principal inconvénient d'empêcher les raisonnements « à l'équilibre », de loin les plus fréquents en théorie économique. C'est pour pallier cet inconvénient que les théoriciens des jeux ont cherché à « faire apparaître » un (ou des) équilibre(s) dans les jeux qui n'en comportent pas. Pour cela, ils ont admis que les joueurs peuvent utilitiser des STRATÉGIES MIXTES, c'est-à-dire qu'ils peuvent affecter des *distributions de probabilité* aux stratégies « de départ » — appelées *stratégies pures* pour les distinguer des stratégies mixtes (leur but est alors de maximiser leur ESPÉRANCE DE GAIN). Le fait d'élargir ainsi l'ensemble des stratégies dont dispose chaque joueur (on passe d'un ensemble fini à un continuum, infini, de stratégies) permet alors de prouver l'existence d'un équilibre pour tout jeu qui comporte un nombre fini de stratégies pures et de joueurs ; John Nash a été le premier à faire cette démonstration, en 1950. On peut en comprendre le principe en imaginant le *processus fictif* suivant : les joueurs commencent par annoncer (simultanément) une stratégie « au hasard » ; après avoir constaté les propositions des uns et des autres, chacun choisit une nouvelle stratégie (celle qui maximise ses gains, compte tenu des propositions des autres) ; comme tout le monde en fait autant, le nouvel ensemble de stratégies qui résulte de ces choix diffère de celui qui a été annoncé au tour précédent (sauf s'il y a équilibre), ce qui incite les joueurs à faire de nouvelles propositions, et ainsi de suite. Un tel processus peut ne pas s'arrêter puisque, à chaque fois qu'un joueur change de stratégie, il provoque une réaction de la part des autres, ce qui le conduit à modifier à nouveau son choix, et ainsi de suite, indéfiniment. Les équilibres apparaissent alors comme les POINTS FIXES de ce processus fictif. Comme l'ensemble des stratégies est borné — puis-qu'on a supposé que le nombre de stratégies pures est fini — et CONVEXE — il est formé de stratégies mixtes —, alors on peut appliquer le *théorème du point fixe* et en conclure que le jeu comporte au moins un équilibre.

Toutefois, si ce résultat satisfait le mathématicien, l'économiste ne peut que s'interroger sur sa signification exacte lorsque l'équilibre comporte des stratégies mixtes. Car, comment comprendre que les agents se contentent d'attribuer des probabilités aux diverses options qui leur sont offertes, alors que celles-ci demandent généralement des décisions tranchées (du genre : se lancer, ou pas, dans la production d'un bien donné) ? En outre, l'équilibre de Nash en stratégies mixtes est « faible », puisque rien n'y incite les joueurs à opter pour leur stratégie d'équilibre, bien qu'ils anticipent correctement le choix des autres. Le cas de « pile ou face » avec deux parieurs qui avancent une même somme de monnaie (celui qui a fait la bonne annonce emportant le tout) permet de comprendre pourquoi il en est ainsi ; en effet, dans ce jeu, les seules stratégies d'équilibre consistent, pour chaque joueur, à affecter une probabilité de 1/2 à l'une et l'autre des annonces possibles (« pile » ou « face »), ce qui donne une espérance de gain égale à 0 ; mais alors, si un des joueurs s'attend à ce choix de la part de l'autre, il peut se contenter d'annoncer tout simplement « pile », ou « face », car son gain (attendu) est encore égal à 0. Toutefois, si les deux joueurs tiennent le même raisonnement et choisissent une stratégie pure — pourquoi se compliquer la vie avec des stratégies mixtes si on pense que cela ne change rien ? —, il n'y aura pas équilibre.

Un exemple simple de calcul d'un équilibre de Nash en stratégies mixtes permet de préciser ce point.

Un exemple d'équilibre de Nash en stratégies mixtes

A titre d'exemple, on va déterminer l'équilibre de Nash en stratégies mixtes du jeu décrit par le tableau 2, qui ne comporte pas d'équilibre en stratégies pures ; les stratégies mixtes de A sont de la forme $(p_A, 1 - p_A)$, la probabilité p_A (évidemment comprise entre 0 et 1) affectant la stratégie pure a_1 (et $1 - p_A$ la stratégie pure a_2) ; de même, les stratégies de B sont de la forme $(p_B, 1 - p_B)$, $0 < p_B < 1$.

L'ESPÉRANCE MATHÉMATIQUE du gain de A associée à a_1 lorsque B opte pour $(p_B, 1 - p_B)$ est alors :

$$1 \cdot p_B + 0 \cdot (1 - p_B) = p_B,$$

celle qui est associée à a_2 étant :

$$0 \cdot p_B + 1 \cdot (1 - p_B) = 1 - p_B.$$

Par conséquent, l'espérance de gain de A lorsque A et B optent respectivement pour les stratégies mixtes $(p_A, 1 - p_A)$ et $(p_B, 1 - p_B)$ est :

$$E_A(p_A, p_B) = p_A(p_B) + (1 - p_A)(1 - p_B)$$
$$= p_A(2p_B - 1) - p_B + 1.$$

En procédant de même avec B, on trouve :

$$E_B(p_A, p_B) = p_B\,(0 \cdot p_A + 3(1 - p_A)) +$$
$$(1 - p_B)(2p_A + 1 \cdot (1 - p_A))$$
$$= 2p_B(1 - 2p_A) + p_A + 1.$$

Ainsi, si B choisit $p_B = 1/2$, alors l'espérance de gain de A ne dépend pas de p_A (elle vaut 1/2), et si A choisit $p_A = 1/2$, alors l'espérance de gain de B est 3/2, indépendamment de p_B. Par conséquent, les stratégies mixtes (1/2,1/2) pour A et (1/2,1/2) pour B forment un équilibre de Nash, puisque le choix de toute autre valeur de p_A, pour p_B donnée, n'aurait pas eu pour résultat d'augmenter le gain de A ; de même pour le choix par B de toute autre valeur de p_B, pour p_A donnée.

On constate que cet équilibre est « faible », de par la façon même dont il a été déterminé, puisque lorsque B opte pour $p_B = 1/2$, le gain de A ne dépend pas de la stratégie qu'il a choisie ; de même, si A opte pour $p_A = 1/2$, le choix de B n'a aucun effet sur son gain. Ainsi, rien n'incite les deux joueurs à choisir en particulier leur stratégie (mixte) d'équilibre.

Multiplicité d'équilibres et vraisemblance des croyances

Ce que croit un joueur sur ce que feront les autres est un élément essentiel de sa décision. Parfois, il est possible de faire un tri parmi les croyances, de façon à « sélectionner » un équilibre particulier, comme le montre l'exemple décrit par l'arbre de jeu suivant :

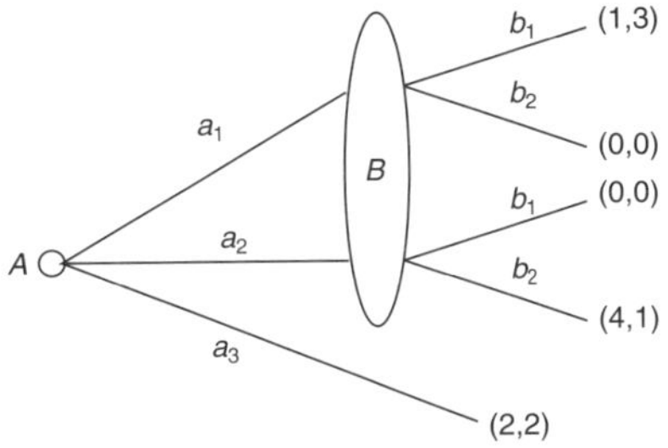

On vérifie aisément que ce jeu comporte *deux* équilibres de Nash : $\{a_2, b_2\}$ et $\{a_3, b_1\}$ (on notera dans ce dernier cas que bien que le choix par A de a_3 implique que B n'a rien à faire, celui-ci doit — pour qu'il y ait équilibre — quand même annoncer son propre choix, ici b_1, que A a prévu en optant pour a_3).

Toutefois, le premier ($\{a_2, b_2\}$) apparaît comme plus « vraisemblable » que le second. En effet, si l'un ou l'autre des nœuds de l'ensemble d'information de B est atteint, c'est parce que A renonce au gain de 2 que lui procure « sûrement » la stratégie a_3 ; s'il le fait, c'est dans le but d'obtenir un gain supérieur, qui est donné ici par la combinaison $\{a_2, b_2\}$ (où son gain est égal à 4). Ainsi, B peut s'attendre à ce que A opte pour a_2 ; dans ces conditions, il ne lui reste plus qu'à choisir b_2. Sachant cela — ou l'anticipant —, A retiendra effectivement la stratégie a_2, de sorte que le jeu a pour seule solution « vraisemblable » l'équilibre $\{a_2, b_2\}$.

S'il est possible de « sélectionner » un équilibre dans ce jeu, c'est parce que celui-ci comporte un certain nombre de particularités, parmi lesquelles il y a le fait que a_1 est une STRATÉGIE DOMINÉE (strictement) par a_3, qui donne un gain de 2, contre 1 au maximum pour a_1.

NAWRU

Abréviation de *non accelerating wage rate of unemployment* ; c'est le taux de chômage en dessous duquel la hausse des salaires devient de plus en plus importante (« s'accélère »). Le NAWRU est un concept proche du NAIRU ; c'est, comme lui, un concept d'équilibre, mais l'accent y est mis sur le lien entre chômage et salaire, plutôt qu'entre chômage et prix. L'hypothèse d'équilibre implique que le NAWRU est le taux de chômage auquel la progression des salaires réels correspond à l'évolution de la productivité. C'est en partant de cette constatation que le NAWRU a été calculé dans divers pays. Comme dans le cas du NAIRU, les mesures effectuées montrent que le NAWRU varie d'un pays à l'autre, et au sein de chaque pays (il a partout augmenté, sauf aux États-Unis, où la hausse de la productivité a aussi été la plus faible) ; ce que la théorie arrive difficilement à expliquer.

Négociation bilatérale

Négociation, ou MARCHANDAGE, entre deux individus qui sont prêts à échanger un objet auquel ils n'attribuent pas la même valeur (ils ont des prix de RÉSERVE différents pour cet objet). Une condition nécessaire pour que l'échange ait lieu, sur la base du volontariat, est que le prix de réserve de l'acheteur soit supérieur au prix de réserve du vendeur. Si cette condition est remplie, alors n'importe quel prix compris entre ces deux prix de réserve est une solution possible du problème de la négociation bilatérale. Par conséquent, celle-ci comporte *a priori* une infinité — un *continuum* — de solutions possibles (toutes les valeurs comprises entre les prix de réserve des deux candidats à l'échange). Il y a indétermination. Toutes les théories économiques sont concernées par cette indétermination « primordiale » ; elles se doivent de la lever « dès le départ », c'est-à-dire dès qu'elles envisagent des échanges entre des individus (l'étude de la forme et des conséquences de ces échanges étant l'objet même de la théorie économique).

Parmi les réponses apportées au problème de l'indétermination *a priori* de la négociation bilatérale, il y a la théorie de la VALEUR TRAVAIL, selon laquelle les échanges se font sur la base du temps de travail nécessaire à la production de chaque bien ; le temps de travail sert alors d'*étalon* ; il est une norme, adoptée de façon consciente ou pas par les parties en présence. Une autre façon de lever l'indétermination inhérente à la négociation bilatérale est de *supposer l'existence d'un arbitre*, tel le commissaire-priseur du modèle de CONCURRENCE PARFAITE, qui procède selon des règles précises à la confrontation générale des offres et des demandes (qu'elles proviennent de deux individus ou d'un grand nombre d'entre eux). La norme de la valeur travail est remplacée par une forme d'organisation sociale très précise, avec des règles strictes mises en œuvre par le « grand bénévole » qu'est le commissaire-priseur (celui-ci est aussi présent, implicitement, dans la plupart des modèles de la CONCURRENCE IMPARFAITE).

Pour qu'il y ait échange, il faut qu'il y ait au moins *deux* biens. Parmi eux, il peut y avoir la MONNAIE, mais celle-ci n'a d'intérêt que parce qu'elle permet d'acheter d'« autres » biens (autres que celui contre lequel elle a été échangée). Si l'on considère des biens autres que la monnaie, alors la variable pertinente est le *taux d'échange*. Une façon de « limiter » l'indétermination due à la négociation bilatérale consiste alors à ne retenir, parmi les taux d'échange « acceptables » par les deux parties, que ceux pour lesquels il n'y a plus la possibilité de faire, à ces taux, des échanges mutuellement avantageux ; ce qui revient à se situer d'emblée sur la COURBE DE CONTRAT (plus précisément, sur sa partie formée par le CŒUR de l'économie) et donc à ne retenir comme « solutions » au problème de la négociation bilatérale que des OPTIMUMS DE PARETO. Toutefois, même si l'on impose cette condition aux solutions, l'indétermination demeure, puisque les « points » de la courbe de contrat (ou les optimums de Pareto) forment généralement un continuum (comme on peut le voir dans le DIAGRAMME D'EDGEWORTH). Leur ensemble est plus restreint que celui des échanges « acceptables » par les deux parties, mais il est encore « très grand ».

Négociation bilatérale et théorie des jeux

Le problème de la négociation bilatérale a intéressé la THÉORIE DES JEUX depuis ses débuts. Ainsi, John NASH a suggéré de lever l'indétermination de l'issue de la négociation en introduisant une norme d'équité (qui prend la forme de la propriété mathématique de « symétrie » : la solution ne change pas si on permute les joueurs).

Plus récemment, Ariel Rubinstein a proposé une solution dans le cas où il y a INFORMATION COMPLÈTE, la négociation étant conçue comme un JEU SÉQUENTIEL avec des propositions et des contre-propositions de la part des deux parties (« Perfect equilibrium in a bargaining model », *Econometrica*,

Un exemple de négociation bilatérale en information complète

On considère deux individus (« joueurs »), A et B, qui doivent partager un « gâteau » dont on peut supposer que la taille est égale à 1. On note x_t la part du gâteau qui revient à A au t-ième tour de la négociation (la part de B est donc alors $1 - x_t$). On suppose que la taille du gâteau est multipliée à chaque tour par un nombre β compris (strictement) entre 0 et 1 (c'est l'hypothèse de son « rétrécissement » pendant la négociation) ; par conséquent, s'il y a accord au t-ième tour, le gain de A est $\beta^t x_t$, celui de B étant $\beta^t(1 - x_t)$.

Supposons que les règles du jeu stipulent qu'il s'arrête au bout de T coups et que, s'il n'y a alors pas accord, les joueurs n'ont rien du tout (gains nuls), et qu'il revient à A de faire l'ultime proposition. Celle-ci ne peut être que $x_T = 1$; il est vrai qu'alors le gain de B est nul, mais il l'est également s'il refuse la proposition de A. Toutefois, B anticipe cette proposition lorsqu'il fait la sienne, au tour précédent, en $T - 1$. Comme la taille du gâteau est alors égale à β^{T-1}, B propose à A de lui donner une part x_{T-1} du gâteau telle que $\beta^{T-1}x_{T-1} = \beta^T$ (donc $x_{T-1} = \beta$). A ne peut qu'accepter, puisque β^T est le gain maximal qu'il pourrait obtenir s'il faisait une contre-proposition. Toutefois, comme le gain de B est alors égal à $\beta^{T-1}(1 - \beta)$, et que A le sait, celui-ci peut proposer *au tour précédent* (c'est-à-dire en $T - 2$) le partage $(x_{T-2}, 1 - x_{T-2})$ qui permette à B d'obtenir ce gain ; comme la taille du gâteau est alors β^{T-2}, x_{T-2} doit donc être tel que :

$$\beta^{T-2}(1 - x_{T-2}) = \beta^{T-1}(1 - \beta).$$

Donc :

(1) $$x_{T-2} = 1 - \beta + \beta^2.$$

Comme B peut aussi déterminer cette valeur de x_{T-2}, il va proposer au tour précédent (donc en $T - 3$) le partage $(x_{T-3}, 1 - x_{T-3})$ qui procure à A le même gain qu'en $T - 2$; il va donc choisir x_{T-3} tel que :

$$\beta^{T-3}\, x_{T-3} = \beta^{T-2}(1 - \beta + \beta^2).$$

Donc :

(2) $$x_{T-3} = \beta - \beta^2 + \beta^3.$$

On peut continuer ainsi, par RÉCURRENCE À REBOURS, jusqu'à trouver la « proposition initiale » x_0. On notera cependant que (1) et (2) sont la somme des termes de progressions géométriques de même raison $(-\beta)$, mais qui ont des premiers termes différents (1 et β). On peut donc en déduire aisément, par récurrence, la proposition faite au premier coup, proposition qui sera acceptée par l'« autre » joueur.

Si l'on suppose que les règles du jeu précisent que la négociation peut se poursuivre indéfiniment (donc que T est infini), alors le partage proposé par le premier joueur est $(x_0, 1 - x_0)$, avec :

$$x_0 = 1 - \beta + \beta^2 - \beta^3 + \beta^4 - \ldots = \frac{1}{1+\beta}.$$

On notera que :

— comme $\beta < 1$, $x_0 > 1/2$: le joueur qui fait la première proposition a ainsi un avantage, qui lui permet d'obtenir une part plus grande du gâteau que l'autre joueur ; d'où, théoriquement, la nécessité d'une négociation préalable entre les joueurs pour désigner celui qui fait la première proposition ;

— l'hypothèse d'information complète joue un *rôle décisif* dans le raisonnement précédent, chaque joueur pouvant se mettre à la place de l'autre et anticiper « correctement » son comportement ;

— on peut faire le même raisonnement avec un modèle un peu plus compliqué, où par exemple les joueurs « apprécient » différemment le gâteau (ils ont des fonctions d'utilité différentes) et le coefficient β (ils ont des PRÉFÉRENCES POUR LE PRÉSENT différentes) ; ce qui est *essentiel*, c'est que chaque joueur « connaisse tout » sur l'autre (et sur lui-même, évidemment), qu'il sache que l'autre le sait, et ainsi de suite.

1982). Une des hypothèses importantes du modèle est que le gain total que l'échange apporte aux deux joueurs diminue avec le nombre de propositions et de contre-propositions ; en outre, il est supposé que l'absence d'accord entraîne un gain nul pour l'un et l'autre. Ainsi, les joueurs ont intérêt à ce qu'il y ait accord, et avec une négociation qui soit la plus brève possible. En fait, la solution du modèle est telle que la proposition faite par le joueur qui intervient en premier soit acceptée par l'autre (pour plus de détails, voir l'encadré « Un exemple de négociation bilatérale en information complète »).

Le paradoxe avec une telle solution, c'est qu'elle exclut toute négociation effective. Mais c'est là une conséquence directe de l'hypothèse d'information complète : comme les joueurs peuvent anticiper « parfaitement » tout le déroulement de la négociation, alors celui qui fait la première proposition sait ce que l'autre peut accepter (car il sait que l'autre fait le même calcul que lui), et tous deux évitent ainsi le « rétrécissement du gâteau » qu'entraîne le processus de négociation.

La solution de Rubinstein dépend donc de façon décisive de l'hypothèse d'information complète ; elle n'est par exemple plus valable si un des joueurs ne connaît pas exactement toutes les caractéristiques de l'autre. L'existence d'une telle « imperfection » au niveau de l'information explique, selon les théoriciens des jeux, pourquoi il peut y avoir des processus effectifs de négociation (tels ceux qu'on observe lors des grèves). Mais si l'on tient compte des imperfections, on retombe alors sur le problème de l'indétermination de l'issue de la négociation.

Néo-classique (théorie)

Théorie selon laquelle il faut chercher l'explication « ultime » des phénomènes économiques au niveau des comportements individuels, en supposant que ceux-ci sont guidés par le principe de RATIONALITÉ. La théorie néo-classique adopte donc les préceptes de l'INDIVIDUALISME MÉTHODOLOGIQUE, dont elle est l'exemple le plus achevé.

La théorie néo-classique est l'héritière de l'école MARGINALISTE ; elle a été appelée « néo-classique » par un de ses adversaires — Thorstein Veblen — qui voulait ainsi se moquer d'elle ; curieusement, ce nom lui est resté ; il a même été adopté par ses partisans. Cependant, ceux-ci préfèrent souvent parler à son propos de « la » théorie économique, comme on dit « la » physique ou « la » biologie, car pour eux la théorie néo-classique est la seule à avoir un statut scientifique en économie (notamment en raison de l'usage intensif qu'elle fait des mathématiques).

Théorie néo-classique et modèles

La théorie néo-classique est généralement assimilée à la MICROÉCONOMIE, qui se propose d'étudier les comportements d'individus exempts de toute attache sociale (les « agents ») et mus par le seul principe de rationalité. Elle envahit de plus en plus la MACROÉCONOMIE, dans le cadre de la recherche de ses FONDEMENTS MICROÉCONOMIQUES.

La théorie néo-classique accorde une place essentielle au modèle de la CONCURRENCE PARFAITE et à ses équilibres. Ceux-ci ne représentent pas pour elle ce qui est (le « réel »), mais *ce* qui *doit être* ; ils lui servent de NORME. Pour les néo-classiques, l'écart entre le premier (le « réel ») et ce qui doit être (la norme) doit être résorbé en modifiant le réel dans le sens des hypothèses de la théorie ; d'où le caractère essentiellement normatif de leur démarche. Bien que l'habitude ait été prise d'identifier la concurrence parfaite avec le « système pur des marchés » (quel que soit le contenu donné à cette expression), il serait erroné de voir dans tous les théoriciens néo-classiques des défenseurs acharnés de ce système, même si pratiquement tous — y compris ceux qui pensent que l'État doit jouer un rôle actif dans l'économie — font référence d'une façon ou d'une autre à l'« idéal » que constitue pour eux la concurrence parfaite (l'allusion à la « perfection » est d'ailleurs significative).

Cependant, au sein même du courant néo-classique, les points de vue divergent sur la façon dont cet idéal peut être atteint ou approché. Ainsi, le débat entre néo-classiques porte souvent sur la place et l'importance de ce qu'ils appellent des « imperfections », tels les MONOPOLES, les OLIGOPOLES, les EXTERNALITÉS, les ASYMÉTRIES D'INFORMATION, les « rigidités » de tout ordre, les anticipations erronées, etc. Par exemple, les MONÉTARISTES, ou « ultra-libéraux », pensent que ces « imperfections » ont un effet limité sur l'affectation des ressources et sur le bien-être collectif, tandis que ceux des néo-classiques qui se réclament plus ou moins de la pensée de KEYNES ont l'opinion contraire ; d'où, selon eux, la nécessité pour l'État d'intervenir afin de contrecarrer le plus possible les conséquences négatives des « imperfections » (pour les monétaristes, l'action même de l'État est une « imperfection », dont les effets sont pires que le mal qu'elle veut corriger). Les positions de Keynes se démarquent d'ailleurs nettement de celles des néo-classiques (y compris ceux qui se disent « keynésiens »), en raison de la place essentielle qu'il donne dans son dispositif théorique à l'INCERTITUDE inhérente aux phénomènes sociaux.

Deux problèmes fondamentaux inhérents à la démarche néo-classique

La théorie néo-classique se heurte à *deux problèmes fondamentaux*, qui tiennent à sa démarche même (qui est celle de l'individualisme méthodologique). Le premier de ces problèmes est celui de la *complexité des interactions des choix individuels*, dont la résultante peut prendre des formes extrêmement diverses (comme en témoigne le théorème de SONNENSCHEIN) ; elle est donc souvent très difficile à interpréter, ou même « paradoxale ». Confrontés à ce problème, les néo-classiques ont pris l'habitude de construire des modèles avec des AGENTS REPRÉSENTATIFS ; cette façon de faire est toutefois en contradiction avec leur principe de base (celui de l'individualisme méthodologique), puisque de tels « agents » se présentent comme des *entités collectives* et non comme des individus à proprement parler (même si les théoriciens néo-classiques supposent que ces entités se comportent comme des individus).

Le *second problème fondamental* auquel se heurte la théorie néo-classique est inhérent à toute démarche qui se réclame de l'individualisme méthodologique. En effet, dans le cas où il y a plus d'un individu, la modélisation des « comportements individuels » ne peut pas être faite si l'on ne précise pas d'abord le cadre dans lequel ces comportements s'exercent, c'est-à-dire si l'on ne spécifie pas la *forme d'organisation sociale* sous-jacente au modèle. Autrement dit, dans tout modèle, quel qu'il soit, *la société préexiste aux individus*, même si leurs décisions constituent un facteur essentiel de son maintien ou de son évolution (la société conditionne les choix de ses membres, tout en étant elle-même en bonne partie façonnée par ces choix). Or, très souvent, les néo-classiques ignorent, ou passent sous silence, cet aspect essentiel de leurs modèles. Ils laissent par exemple dans l'ombre le fait que la concurrence parfaite ne se conçoit pas sans une entité du type commissaire-priseur qui impose des règles très précises aux agents, et concentrent quasi exclusivement leur attention sur les choix individuels (qui dépendent pourtant étroitement du contexte dans lequel ils s'exercent).

Le fait que les néo-classiques ne traitent pas explicitement de l'organisation sociale sous-jacente à leurs modèles ne signifie pas qu'une telle organisation n'existe pas, bien au contraire. La plupart du temps, ils se contentent, à son propos, d'un discours vague sur le « mécanisme des prix » ou sur les « forces de marché » ; ces métaphores ont l'avantage de faire appel à l'intuition mais sont en réalité complètement creuses ; elles sont même trompeuses, puisqu'elles laissent croire que les agents peuvent agir comme bon leur semble, alors qu'ils sont en fait soumis à des règles très précises et souvent très contraignantes (par exemple, dans le cas de la concurrence parfaite, absence de relations bilatérales, prix unique imposé d'« en haut », pas d'échanges en dehors de l'équilibre, etc.).

La théorie néo-classique, théorie dominante en économie

La théorie néo-classique est la théorie dominante en économie ; elle prétend même s'étendre aux autres sciences humaines, telles la sociologie, l'histoire, l'anthropologie. Cette « domination » s'explique, en partie, par l'identification qui est souvent faite entre l'« économique » et les choix d'individus à la recherche exclusive de leur intérêt propre. Une telle identification revient à faire de la théorie néo-classique « la » théorie économique par excellence, celle-ci devenant alors une théorie de l'action humaine (dont le seul moteur serait, éventuellement après maints détours, la recherche exclusive par chacun de ses intérêts propres) ; d'où son ambition de traiter de tous les domaines de la vie sociale. Les autres théories, qui attirent l'attention sur le rôle des structures (par exemple, les groupes sociaux), des facteurs historiques spécifiques (esclavage, féodalisme, capitalisme...), des normes, des coutumes et des conventions, sont considérées par elle comme trop « descriptives » ou trop « sociologiques » (dans un sens péjoratif) ; elles ne seraient donc pas vraiment « scientifiques » (puisque, par exemple, elles ne conduisent pas à des prédictions chiffrées).

La théorie néo-classique s'accorde, au contraire, un certificat de scientificité par l'usage abondant qu'elle fait des mathématiques. Celles-ci sont au cœur même de sa démarche, qui se ramène généralement à la recherche des EXTREMUMS de fonctions (d'utilité, de profit ou de coût) dont les variables sont soumises à des contraintes (qui sont souvent l'expression de l'environnement social dans lequel les individus des modèles font leurs choix). En outre, les mathématiques permettent des développements et des « raffinements » sans limite à l'intérieur des modèles, au point que l'économie théorique est devenue une des disciplines où il est fait le plus abondamment appel aux mathématiques.

Les réflexions des néo-classiques s'inscrivent dans le cadre de « fables » ou d'« histoires » qu'ils se racontent entre eux (parmi elles, il y a évidemment la concurrence parfaite) ; les modèles à « agents représentatifs » qui prétendent donner des « fondements microéconomiques » à la macroéconomie se présentent d'ailleurs ouvertement sous la forme d'histoires ou de « paraboles » ; l'utilisation des modèles à GÉNÉRATIONS IMBRIQUÉES et le retour en force de ROBINSON dans la macroéconomie des années quatre-vingt sont très significatifs de ce point de vue.

Les « modèles-fables » sur lesquels est construite la théorie néo-classique ont pour but de tirer une ou des leçons (la « morale » des fables). Ces leçons dépendent évidemment des ingrédients des modèles, ingrédients qui sont généralement choisis par le modélisateur en fonction de ses idées *a priori*, et donc du « message » qu'il veut faire passer (« Selon que vous serez libéral ou interventionniste, la "morale" de votre modèle sera libérale ou interventionniste… »).

Certains essaient cependant de rendre leur démarche plus crédible en cherchant à faire des prédictions sur la base des « modèles-paraboles » qu'ils proposent ; ils invoquent alors l'argument du COMME SI : peu importent les hypothèses et le cadre retenu, s'ils conduisent à des prédictions correctes. Si, toutefois, un de ces modèles vérifiait cette condition, alors il s'imposerait, et les autres devraient être rejetés. Tel n'est évidemment pas le cas ; bien au contraire : les années quatre-vingt et quatre-vingt-dix ont vu foisonner — et coexister — les « modèles-paraboles ». Chacun d'entre eux a sa « leçon » et, éventuellement, ses prédictions particulières, souvent en contradiction avec celles des autres. Les effets de mode ne sont ici nullement négligeables.

Où va la théorie néo-classique ?

En apparence, la théorie néo-classique triomphe. Les revues réputées sont envahies par ses modèles, l'étudiant est obligé d'ingurgiter de la microéconomie à hautes doses (et les mathématiques qui viennent avec), la macroéconomie devenant elle-même de plus en plus une branche de la microéconomie. Le prix Nobel d'économie a été attribué à des théoriciens qui appliquent la démarche néo-classique à des domaines aussi variés que la famille (Gary Becker), la science politique (James Buchanan), l'histoire (Douglass North) ; le jury Nobel veut ainsi faire savoir au monde que la « méthode économique » (néo-classique) peut être étendue avec profit à tous les domaines de la vie en société. Et le monde, qui ne comprend rien aux équations que lui assènent de tels « savants », ne peut que le croire : comment de si éminentes personnes pourraient-elles fonder toute leur « science » sur des fables ?

Il suffit pourtant de consulter n'importe quel traité de microéconomie pour s'apercevoir que tous les « exemples » ou « applications » qui y sont donnés sont construits de toutes pièces (avec une prédilection pour les îles exotiques, avec bananiers et noix de coco…) ; ou, alors, les hypothèses de ces « exemples » ne sont pas les mêmes que celles des modèles qu'ils sont censés illustrer. La place occupée par cette « société » hautement fantaisiste qui est celle de la concurrence parfaite est de ce point de vue très significative. D'ailleurs, le *seul* résultat dont se prévalent unanimement les théoriciens néo-classiques — celui qui fait leur fierté — est le théorème d'existence d'au moins un ÉQUILIBRE GÉNÉRAL concurrentiel. Ce qui est bien léger, même si la démonstration de ce théorème est une belle prouesse intellectuelle : à quoi cela avance-t-il de savoir qu'un équilibre existe dans le monde étrange de la concurrence parfaite ? Ce résultat peut éventuellement intéresser un planificateur, mais ce n'est sûrement pas à lui que songent la plupart de ceux qui mettent en avant la concurrence parfaite !

La théorie néo-classique n'a pas d'autre résultat à proposer que celui de l'existence d'au moins un équilibre général concurrentiel. Comme le dit, à son propos, un théoricien néo-classique connu, Alan Kirman : « Le roi est nu. » (« The economic theory : emperor have no clothes », *The Economic Journal*, 1988.) *Le roi est nu* parce que le théorème de Sonnenschein empêche de déduire une « loi » quelconque à partir des seuls comportements maximisateurs individuels (quel que soit le cadre retenu) ; *le roi est nu* parce qu'il n'est pas possible d'agréger ces comportements ; *le roi est nu* parce que les *croyances* jouent finalement un rôle décisif au moment où les décisions sont prises (la THÉORIE DES JEUX attire particulièrement l'attention sur ce point).

Bien qu'il s'attaque aux fondements mêmes de la théorie néo-classique, l'article de Kirman n'a pas reçu de réponse. Et il ne peut y en avoir, car ce qu'il dit est connu (du moins des initiés) et indiscutable. Mais il est vrai qu'il n'est pas de meilleur sourd que celui qui ne veut pas entendre ; ou plutôt, ici, que de meilleur aveugle que celui qui ne veut pas voir…

Si, malgré cela, la théorie néo-classique semble toujours aussi florissante c'est, d'une part, en raison de *son rôle idéologique* (l'accent qu'elle met sur l'« individu roi »), d'autre part, à cause du vernis de « scientificité » que lui donne l'utilisation abondante des mathématiques. Celles-ci présentent en outre l'avantage de permettre des développements théoriques illimités, en vase clos, indépendamment de toute considération d'ordre factuel ; ce qui n'est nullement négligeable pour des chercheurs dont la carrière dépend du nombre de publications. Alors, peu importe que le roi soit nu, si tout le monde est d'accord pour ne rien dire...

Néo-institutionnalisme, ou Théorie des organisations

Courant de pensée apparu au milieu des années soixante-dix ; son représentant le plus connu est Oliver Williamson (*Markets and Hierarchies*, Free Press, 1975 ; *The Economic Institutions of Capitalism*, Free Press, 1985). Le néo-institutionnalisme met l'accent sur le rôle des *organisations* (à commencer par les entreprises) en tant que moyen alternatif au MARCHÉ pour l'affectation des ressources disponibles (en anglais, « institution » et « organisation » sont des synonymes). Contrairement au courant institutionnaliste américain des années vingt — dont le représentant le plus connu est Thorsten Veblen (1857-1929) —, les néo-institutionnalistes se situent nettement dans la mouvance NÉO-CLASSIQUE ; toutefois, alors que beaucoup de néo-classiques voient dans l'existence des organisations hors marché le symptôme d'une « imperfection » du système, les néo-institutionnalistes considèrent qu'elles en sont un complément, dont l'existence se justifie — du point de vue de l'EFFICIENCE — lorsque les COÛTS DE TRANSACTION deviennent élevés. Autrement dit, pour les néo-institutionnalistes, les organisations — dans lesquelles les relations entre les individus ne passent pas à travers un système de prix — peuvent être dans certains cas un moyen plus efficace que le « marché » pour affecter les ressources.

Même s'ils contestent l'attitude qui consiste à prendre systématiquement pour référence les OPTIMUMS DE PARETO — qui ne sont, pour eux, que des états mythiques, et donc inaccessibles —, les théoriciens néo-institutionnalistes mettent en avant le critère d'efficience, leur démarche se voulant à la fois positive et normative ; elle est *positive* dans la mesure où elle voit, dans le partage marché-organisations tel qu'il est, le résultat d'un processus historique — non spécifié — de minimisation des coûts de transaction ; mais elle est aussi *normative* car elle se propose de trouver les formes d'organisation qui lui semblent les plus efficientes (par exemple, les néo-institutionnalistes interviennent activement dans le débat sur ce que peut être une « bonne » législation antitrust). Ce mélange des genres est source de confusion ; mais il n'est pas propre aux néo-institutionnalistes.

Une approche contractuelle

A la différence de l'analyse néo-classique habituelle, qui met l'accent sur les relations à travers un système de prix (le « marché »), l'approche néo-institutionnaliste s'intéresse aux rapports bilatéraux, de type *contractuel.* En effet, pour elle, une organisation est avant tout un *réseau de contrats* plus ou moins complexes qui lie ses membres. Dans le cas de l'entreprise, les contrats portent généralement sur des prestations (travail fourni) contre une rémunération déterminée à l'avance (le salaire) ; ces contrats sont *incomplets* (ils n'énumèrent pas dans le détail les prestations à effectuer), puisque le salarié « vend » généralement sa force de travail sur une période plus ou moins longue, en donnant le droit à son employeur de l'utiliser comme bon lui semble, du moins dans certaines limites. Ainsi, c'est le caractère incomplet des contrats qui explique, pour les néo-institutionnalistes, l'existence de la hiérarchie dans l'entreprise (son rôle consistant à dicter aux travailleurs les tâches à effectuer, en fonction des circonstances).

Si les relations à l'intérieur de l'entreprise prennent une telle forme c'est, selon les néo-institutionnalistes, parce qu'il serait trop onéreux — si ce n'est impossible — de dresser la liste complète des diverses situations possibles et des rémunérations qui leur correspondent, puis d'établir un contrat « complet », où seraient consignées les tâches à effectuer et leur rémunération dans toutes les éventualités possibles. En outre, un contrat complet nécessite la mise en place d'un système de surveillance et de sanctions, dans le cas où une des parties ne respecterait pas ses engagements ; ce qui est coûteux.

Le système de surveillance peut prendre des formes très complexes, puisqu'il doit prévoir — et tenter de déjouer — les comportements « opportunistes » des individus (chacun cherchant à « tirer à soi la couverture », quitte à tromper l'autre).

Les néo-institutionnalistes appellent *coûts de transaction* l'ensemble de ces coûts (de rédaction de contrats, de mise en place de systèmes de surveillance, etc.) ; pour eux, les organisations permettent d'« économiser » ces coûts (totalement ou en partie), par rapport au « marché ».

Commentaires

Si le néo-institutionnalisme a connu un certain succès dans les années quatre-vingt, c'est surtout et avant tout parce qu'il rappelle l'existence et l'importance des organisations, à commencer par les entreprises. Tout en se situant dans une perspective néo-classique, il se démarque des analyses de la micro-économie traditionnelle en attirant l'attention sur son caractère réducteur, notamment lorsqu'elle assimile les entreprises à une fonction mathématique (à une FONCTION DE PRODUCTION). De façon plus générale, les néo-institutionnalistes prennent pour point de départ de leur théorie des « imperfections » telles que la RATIONALITÉ LIMITÉE des agents, leurs comportements « opportunistes » et, de façon plus générale, tout ce qu'ils regroupent dans les « coûts de transaction ». En fait, il n'y a là rien de bien nouveau ; qui peut nier que la vie économique est peuplée d'organisations de tous types, à commencer par les ménages et les entreprises ? Que la capacité de collecter et de traiter l'information des individus est limitée ? Que ceux-ci ont tendance à tirer parti de toutes les « opportunités » qui se présentent à eux, y compris dans les relations contractuelles ?

En réalité, la seule question qui vient à l'esprit de toute personne qui a un peu de bon sens est la suivante : *pourquoi les modèles économiques — à commencer par la concurrence parfaite — qui nient tout cela occupent-ils une place aussi importante dans la théorie dominante, notamment au niveau de l'enseignement ?* Les néo-institutionnalistes ne répondent pas à cette question. Ce qui s'explique puisque, en tant que néo-classiques, ils ne se démarquent pas tout à fait de ce modèle, dont ils ne soulignent que les « limites ». Ainsi, ils reprennent peu ou prou l'idée usuelle selon laquelle le « marché » serait un « mécanisme » de confrontation des offres et des demandes, sans insister sur le fait — pourtant évident — qu'il est lui-même une « organisation » (institution), aux caractéristiques complexes.

Les néo-institutionnalistes voient donc l'origine des coûts de transaction dans les comportements individuels (qu'ils soient « limités » ou « opportunistes »), et non dans les problèmes de coordination (coûts de recherche de coéchangistes), problèmes qui sont pourtant au centre de la réflexion des économistes. Il est vrai que les relations marchandes se font sur la base de prix, et que celles qui ont lieu à l'intérieur des entreprises sont de type contractuel ; mais les prix eux-mêmes ne sont-ils pas le résultat d'une sorte de contrat, d'un accord entre deux parties, ou d'une succession d'accords bilatéraux ?

Pour les néo-institutionnalistes, l'évolution historique serait caractérisée par la recherche de la minimisation des coûts de transaction ; à chaque grande période historique correspondrait un partage « efficient » des rôles des marchés et des organisations en tant que vecteurs des relations économiques (Williamson a même proposé d'ajouter dans l'analyse une « forme hybride » entre marché et organisation). Il est évidemment impossible de démontrer une telle proposition, puisqu'il n'y a pas moyen de mesurer les coûts de transaction ni de faire des comparaisons entre diverses solutions.

D'ailleurs, en bons néo-classiques, les néo-institutionnalistes appliquent le schéma de l'*Homo economicus* à toute l'histoire de l'humanité (c'est ce que fait, par exemple, Douglass North dans *Structure and Change in Economic History*, Norton, 1981) ; pour eux, les rapports dans n'importe quelle société s'interprètent comme des *contrats implicites* entre individus qui cherchent à maximiser leur utilité (l'esclave vend « implicitement » sa force de travail contre un emploi permanent, le serf effectue des corvées pour le seigneur qui, en échange, lui offre le « service » de protection contre les brigands, etc.). Comme dans le cas de l'« efficience » du partage entre marché et organisations, c'est là une proposition indémontrable (ou une tautologie : on peut toujours dire que n'importe quelle relation entre deux personnes relève d'un contrat implicite, derrière lequel se cache l'intérêt de chacun). Toutefois, et comme toujours avec les néo-classiques, ce type d'approche *suppose données les diverses formes d'organisation sociale*, sans en expliquer l'origine.

Conclusion

Le néo-institutionnalisme apparaît comme une sorte de pot-pourri des analyses néo-classiques qui ne se situent pas dans le cadre de la concurrence parfaite : un peu de théorie des contrats (notamment l'analyse MANDANT-MANDATAIRE), un peu de théorie des jeux (pour l'« opportunisme »), un peu de « rationalité limitée ». Tout cela pour arriver à la conclusion que le « marché » (concept que les néo-institutionnalistes ne définissent pas) n'est pas la panacée, et donc que l'existence d'organisations non marchandes peut se justifier (ou s'expliquer) du point de vue de l'« efficience ».

En fait, les analyses des néo-institutionnalistes sont surtout utilisées dans le cadre des débats sur les législations antitrust (par exemple, aux États-Unis et dans l'Union européenne) ; elles sont notamment avancées par ceux qui défendent l'existence de « grandes entreprises », en raison de l'économie de coûts de transaction qu'elles permettent (à condition qu'elle compense, et au-delà, les inconvénients d'une situation de monopole de leur part). Il est vrai que ce débat existe depuis longtemps en ÉCONOMIE INDUSTRIELLE ; mais celle-ci met surtout l'accent sur les aspects « techniques » (notamment l'existence de coûts fixes et de rendements d'échelle croissants), alors que les néo-institutionnalistes préfèrent attirer l'attention sur les aspects « contractuels » et juridiques des problèmes de concentration et de « régulation » des entreprises (d'ailleurs, ils publient souvent dans des revues de droit ou « mixtes » — droit et économie). C'est peut-être là leur plus grande spécificité.

Niveau de sécurité

En THÉORIE DES JEUX, gain qu'un joueur peut (au minimum) obtenir en adoptant une stratégie appropriée, appelée stratégie MAXIMIN, quoi que fassent les autres joueurs. Pour déterminer le niveau de sécurité d'un joueur, on calcule d'abord son gain minimal pour chacune de ses stratégies (en supposant que les autres joueurs optent à chaque fois pour les stratégies qui lui sont les plus défavorables), puis on prend le maximum des gains minimaux ainsi obtenus. Par exemple, dans le jeu décrit par le tableau suivant :

		B			
		b_1	b_2	b_3	b_4
A	a_1	(2,5)	(3,4)	(7,1)	(1,6)
	a_2	(4,4)	(8,2)	(3,9)	(4,3)

le niveau de sécurité de *B* est égal à 4, pour la stratégie maximin b_1 ; en effet, en choisissant b_1 il peut obtenir un gain au moins égal à 4, alors qu'avec les trois autres stratégies son gain minimal est, dans l'ordre, de 2, de 1 et de 3. Quant au niveau de sécurité de *A*, il est égal à 3 (pour la stratégie maximin a_2).

Comme les joueurs ont toujours la possibilité d'obtenir un gain au moins égal à leur niveau de sécurité, il semble raisonnable d'imposer à toute solution d'un jeu — quelle que soit la façon dont on la définisse — qu'elle procure à chacun des participants un gain au moins égal à son niveau de sécurité. D'ailleurs, dans les JEUX À SOMME NULLE — ou à somme constante — à deux participants, les *gains d'équilibre* des joueurs sont donnés par leur niveau de sécurité.

Le niveau de sécurité d'un joueur est aussi appelé « gain maximin », du nom de la stratégie à laquelle il est associé. Il ne faut cependant pas confondre ce gain avec le « gain minimax », associé à sa stratégie MINIMAX. Car en dehors des jeux à somme nulle, où ces deux gains sont égaux, *le gain minimax est généralement supérieur au gain maximin*, comme on peut le voir dans le cas du jeu donné plus haut, où le gain minimax de *A* est égal à 4 (= min {4,8,7}), alors que son gain maximin est de 3 ; quant au gain minimax de *B*, il est de 6 (= min {6,9}), pour un gain maximin de 4.

Non-arbitrage (et prix des portefeuilles de titres)

En économie, un *titre* est une créance (obligation, bon du Trésor) ou un droit de propriété (action), qui permet d'obtenir des revenus futurs ; il peut donc servir à l'*affectation intertemporelle des ressources*. La théorie des portefeuilles de titres telle qu'elle va être envisagée ici s'intéresse au cas où le gain que procure un titre est *risqué*, dans le sens où il dépend de la forme que peuvent prendre les divers ÉTATS DE LA NATURE ; les agents — ou *investisseurs* — connaissent toutes les éventualités possibles et leur attribuent des probabilités de réalisation (souvent, celles-ci sont considérées comme étant « objectives », connues de tous). Si les investisseurs cherchent alors à constituer des portefeuilles de titres, c'est pour s'assurer contre les aléas inhérents à la réalisation des divers états de la nature. La façon dont cette

assurance peut se faire dépend cependant du nombre de titres disponibles. On distingue à ce propos *deux situations* :
— celle où il y a une diversité suffisante de titres, comme pour qu'un investisseur ait la possibilité de « se couvrir » dans chaque éventualité ; on dit dans ce cas qu'il y a un *système complet* de titres ;
— celle où la diversité des titres est insuffisante ; dans ce cas, le recours à l'hypothèse de *non-arbitrage* — qui est en fait une condition d'équilibre — permet d'attribuer un prix à des titres (fictifs) qui caractérisent chacun des états de la nature, et donc de pallier partiellement l'insuffisante diversité des titres.

Le cas où il y a un système complet de titres

On utilise ici le terme « complet » de la même façon que lorsqu'on le fait à propos d'un SYSTÈME COMPLET DE MARCHÉS : l'investisseur peut « se couvrir » dans toutes les éventualités possibles.

Lorsque le nombre des éventualités (états de la nature) et des titres est fini, la situation peut être décrite par un tableau, appelé *matrice des gains* ; pour qu'il y ait un système complet de titres, il suffit que cette matrice soit carrée et inversible (régulière). En effet, supposons pour simplifier la présentation qu'il n'y a que trois états de la nature et trois titres (actifs) et appelons g_{ij} le gain procuré par l'actif *j* lorsque l'état de la nature est *i*. Alors, si $X = (x_1, x_2, x_3)$ est un portefeuille de titres (x_j négatif signifiant qu'il y a vente — à terme — du titre *j*), les gains qu'il permet d'obtenir selon les divers états de la nature possibles sont :

$w_1 = g_{11}x_1 + g_{12}x_2 + g_{13}x_3$ (l'état 1 se réalise)
$w_2 = g_{21}x_1 + g_{22}x_2 + g_{23}x_3$ (l'état 2 se réalise)
$w_3 = g_{31}x_1 + g_{32}x_2 + g_{33}x_3$ (l'état 3 se réalise).

Ce qui peut s'écrire de façon plus ramassée en utilisant la notation matricielle :

$$\mathrm{W} = \mathbf{G}\mathrm{X},$$

où **G** est la matrice des gains des titres (qui peuvent être en nombre quelconque, si l'on s'en tient à l'écriture matricielle).

Ainsi, celui qui veut obtenir le revenu w_i lorsque l'état de la nature est *i*, *i* = 1, 2, 3, peut y parvenir en achetant le portefeuille de titres :

$$\mathrm{X} = \mathbf{G}^{-1}\,\mathrm{W},$$

à condition que la matrice **G** soit inversible (ce qu'on peut supposer, car sinon cela signifierait qu'un des titres est « redondant », puisque combinaison linéaire des autres).

Un *cas particulier* important est celui où le vecteur de gains est tel qu'il rapporte 1 franc si le *i*-ème état de la nature se réalise, 0 franc sinon ; par la suite, on notera W_i un tel vecteur de gains. Il est alors toujours possible dans le cas « complet » de constituer un portefeuille ayant W_i pour vecteur de gains ; ce portefeuille, qu'on notera E_i, est égal à $\mathbf{G}^{-1}\mathrm{W}_i$. Les portefeuilles E_i, $i = 1, \ldots, n$, constituent alors des titres de base, associés à chacun des états de la nature ; on les appelle pour cela *titres d'état* (ils n'ont évidemment rien à voir avec l'État...). Ces titres fictifs — qui ont l'avantage d'être caractérisés par un vecteur de gains très simple — peuvent être utilisés par les investisseurs dans leurs calculs ; leur prix (fictif) est obtenu par combinaison linéaire des prix des titres qui les constituent.

Le point intéressant ici, pour le théoricien, c'est que même dans le cas où il n'y a pas « assez » de titres — où la matrice **G** n'est pas inversible —, il est quand même possible de déterminer un prix pour les « titres d'état », prix qui peut servir de support aux calculs et aux démonstrations ; mais pour que cela soit vrai, il faut que soit vérifiée l'hypothèse dite *de non-arbitrage*.

Non-arbitrage et prix des titres d'état

Il y a situation de *non-arbitrage* lorsque aucun agent ne peut obtenir un gain par les seuls achat et vente d'un actif, quel qu'il soit (compte tenu, éventuellement, des coûts que peuvent entraîner ces transactions). Le cas le plus simple d'occasion d'arbitrage est celui où un même actif a deux prix affichés différents, de sorte qu'il peut y avoir gain en achetant au prix le plus bas et en vendant au prix le plus élevé. Il y a évidemment aussi des possibilités d'arbitrage plus subtiles que celle-là, avec des « chaînes » d'achat-vente de titres.

La démonstration de l'existence d'un prix pour les titres d'état (en abrégé : « prix d'état ») part du fait que l'hypothèse de non-arbitrage implique qu'il ne peut exister de portefeuille *X* qui procure un gain positif ou nul *quel que soit l'état de la nature qui se réalise* tout en ayant un coût négatif ou nul ; autrement dit, l'hypothèse de non-arbitrage implique qu'on ne peut avoir *à la fois* $\mathbf{G}\mathrm{X} \geq 0$ et $\mathrm{PX} \leq 0$, avec au moins une inégalité stricte. Le théorème de SÉPARATION DES CONVEXES permet de déduire de cette condition — voir l'encadré « Non-arbitrage et existence de prix d'état », p. 362 —

qu'il existe une matrice-ligne V dont les éléments sont strictement positifs et telle que :

(1) $\mathrm{V}\mathbf{G} = \mathrm{P}.$

P et **G** étant donnés, V est un vecteur de prix d'état ; (1) montre que le vecteur P des prix des titres est obtenu par combinaison linéaire de coefficients V des lignes de la matrice de gains **G**.

En fait, comme le système (1) comporte plus d'inconnues que d'équations, il comporte plus d'une solution (à éléments positifs) ; il en comporte même une infinité (un *continuum*).

Les « prix d'état » V ne peuvent être considérés comme des données en soi, puisqu'ils se déduisent de ceux des prix des titres existants qui sont, eux, une donnée ; autrement dit, les prix d'état dépendent de ceux des titres qui sont retenus au départ par le modélisateur, et non seulement des états de la nature eux-mêmes.

Si l'on note p_i le prix du i-ème titre d'état et p^a le prix de l'actif a, alors la relation (1) — où la matrice-ligne V est formée des p_i et la matrice-colonne P des p^a — s'écrit, pour l'actif a :

(2) $p^a = \Sigma\, g_{ia} p_i.$

Cette égalité s'explique d'ailleurs aisément par la condition de non-arbitrage. En effet, si l'on avait, par exemple :

$$p^a > \Sigma\, g_{ia} p_i,$$

alors il y aurait la possibilité d'effectuer un arbitrage en vendant x unités de l'actif a et en achetant des « titres d'état » en quantité $x \cdot (g_{1a}, \ldots, g_{na})$ (le gain obtenu, $x \cdot (p^a - \Sigma\, g_{ia} p_i)$, est alors strictement positif et proportionnel à x) ; il est vrai que les titres d'état sont des entités fictives, qu'il n'est donc pas possible d'acheter ou de vendre, mais le théorème général assure de la validité du raisonnement (en assurant l'existence théorique des prix d'état V, sur la base desquels les calculs peuvent être effectués). Le raisonnement est le même dans le cas où l'on suppose l'inégalité dans l'autre sens, les opérations d'achat-vente étant permutées.

Ainsi, les prix d'état définissent une *fonction d'évaluation* linéaire dont ils forment les coefficients ; comme le montre la formule (2), cette fonction associe aux gains que rapporte un actif dans les divers états de la nature possibles un prix de « non-arbitrage » pour cet actif. La fonction d'évaluation permet, par exemple, de déterminer le prix d'un portefeuille d'actifs à partir de celui de ses diverses composantes — qui peuvent être elles-mêmes des portefeuilles de titres. C'est là une conséquence de son caractère linéaire, qui découle lui-même — rappelons-le — de l'hypothèse de non-arbitrage.

L'existence de la fonction d'évaluation, et le fait qu'elle soit linéaire, permet de démontrer un certain nombre de propriétés des portefeuilles de titres, qui ne sont évidemment valables que dans le monde à information parfaite que suppose l'hypothèse de non-arbitrage.

Non-arbitrage et combinaisons d'actifs

On peut *a priori* penser qu'une combinaison (linéaire) d'actifs « vaut » plus que l'ensemble de ces actifs, considérés séparément, dans la mesure où elle permet de mieux amortir les risques (« mieux vaut ne pas mettre tous ses œufs dans le même panier »). Pourtant, s'il y a non-arbitrage, il n'en est rien, comme on le démontre aisément en faisant appel à une quelconque des fonctions d'évaluation. En effet, comme le portefeuille X formé de α actifs de type a et de β actifs de type b rapporte :

$$\alpha g_{ia} + \beta g_{ib},$$

quand l'état de la nature est i, son prix p^X « de non-arbitrage » est donné par la fonction d'évaluation de coefficients p_i, c'est-à-dire par :

$$\begin{aligned} p^X &= \Sigma p_i(\alpha g_{ia} + \beta g_{ib}) \\ &= \alpha \Sigma p_i g_{ia} + \beta \Sigma p_i g_{ib} \\ &= \alpha p^a + \beta p^b. \end{aligned}$$

Ainsi, le prix du portefeuille X est une combinaison linéaire des prix des actifs qui le composent, combinaison dont les coefficients sont donnés par la part de chaque actif dans le portefeuille.

Cette propriété d'« additivité » découle évidemment du caractère linéaire de la fonction d'évaluation. Elle est aussi à l'origine de ce qu'on appelle le *théorème de* MODIGLIANI-MILLER, selon lequel la valeur d'une entreprise est indépendante de la structure de son financement, si les « marchés des capitaux » sont « parfaits » ; si par exemple cette structure est formée de n_a actions dont le prix est p^a et de n_b obligations dont le prix est p^b, alors on doit avoir dans le cas où la condition de non-arbitrage est vérifiée :

$$p^r = n_a p^a + n_b p^b,$$

p^r désignant la valeur (ou le prix) des actifs « réels » (locaux, machines, brevets, savoir-faire, etc.) de l'entreprise. Si, en faisant varier n_a et n_b, l'entreprise pouvait « se valoriser », alors des possibilités d'arbitrage existeraient entre ses actifs « réels » et

Non-arbitrage et existence de prix d'état

La condition de non-arbitrage implique qu'il ne peut y avoir de portefeuille X qui procure *à la fois* des gains positifs ou nuls pour tous les états de la nature et dont l'achat ne coûte rien, ou donne même un profit positif ; on ne peut donc avoir $\mathbf{G}X \geq 0$ et $PX \leq 0$ (ou, ce qui est équivalent, $-PX \geq 0$) avec au moins une inégalité stricte (P est ici une matrice-ligne). Autrement dit, pour qu'il y ait non-arbitrage il ne faut pas qu'il existe de portefeuille X tel que :

$$\begin{pmatrix} \mathbf{G} \\ -P \end{pmatrix} X > 0$$

où le symbole > signifie que l'inégalité est stricte pour au moins une des composantes du produit matriciel envisagé (la matrice élargie formée par **G** et – P a $n + 1$ lignes s'il y a n états de la nature). Cette condition signifie aussi que le sous-espace vectoriel E des vecteurs de la forme

$$\begin{pmatrix} \mathbf{G} \\ -P \end{pmatrix} X$$

où X est un vecteur quelconque de $\mathfrak{R}^p$ (p : nombre de titres), n'a aucun élément — autre que 0 — dont toutes les composantes sont positives ou nulles. Autrement dit, E n'a pas d'autre point commun que 0 avec $\mathfrak{R}_+^{n+1}$. Comme celui-ci est convexe, et qu'il en est de même pour le sous-espace vectoriel E, il découle du théorème de SÉPARATION DES CONVEXES qu'il existe un vecteur $U \in \mathfrak{R}_+^{n+1}$ tel qu'on a, puisque 0 est le seul point commun de $\mathfrak{R}_+^{n+1}$ et E :

(i) $\quad U \cdot Z > U \cdot 0 = 0 \ \forall\, Z \in \mathfrak{R}_+^{n+1},\ Z \neq 0$

et

(ii) $\quad U \cdot Y = 0 \ \forall\, Y \in E$ (U est orthogonal à E).

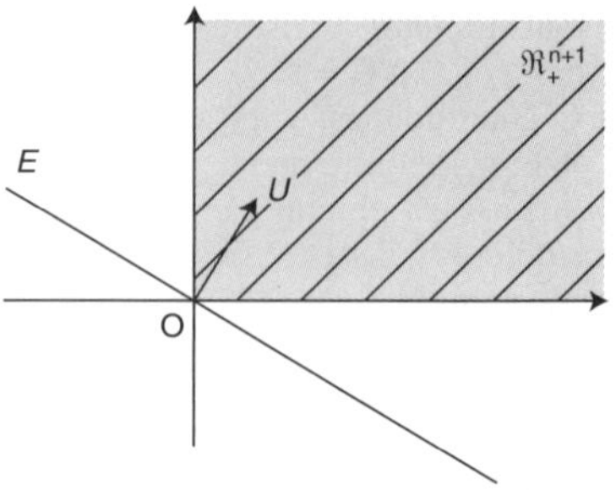

Illustration du résultat dans $\mathfrak{R}^2$

Il résulte de l'inégalité (i) que U est à éléments strictement positifs [pour le montrer, il suffit de prendre pour Z les vecteurs unitaires de la forme (0, …, 0, 1, 0, …, 0)].

Comme les éléments Y de E sont de la forme $\begin{pmatrix} \mathbf{G} \\ -P \end{pmatrix} X$, par définition de E, il résulte de (ii) que :

$$U\begin{pmatrix} \mathbf{G} \\ -P \end{pmatrix} X = 0 \ \text{ pour tout } X \in \mathfrak{R}^p$$

et donc que :

(1) $$U\begin{pmatrix} \mathbf{G} \\ -P \end{pmatrix} X = 0\,.$$

Si $U = (T\ u_{n+1})$, où T est une matrice-ligne à n éléments, alors il découle de (1) que :

$$T\mathbf{G} - u_{n+1}P = 0.$$

Soit, en posant $V = T/u_{n+1}$ (puisqu'il découle de (i) que $u_{n+1} > 0$) :

$$V\mathbf{G} = P,$$

le vecteur V étant à éléments strictement positifs. C'est ce qu'on voulait démontrer.

les titres qu'elle émet (ou qu'elle a émis), contrairement à l'hypothèse du théorème sur l'existence d'un « marché des capitaux parfait », qui est équivalente à la condition de non-arbitrage.

Obligations, actions, options et arbitrage

Les obligations, les actions et les options sont parmi les principaux titres financiers. La condition de non-arbitrage a un certain nombre de conséquences sur leurs prix, si l'on suppose toujours qu'il y a information parfaite ; ainsi, une « obligation type » B qui rapporte 1 euro quel que soit l'état de la nature a un prix de « non-arbitrage » qui est égal à la *somme des prix d'état*, puisqu'il est équivalent d'acheter (ou de vendre) cette obligation et d'acheter (ou de vendre) le portefeuille d'actifs formé par des titres d'état (le fait que ceux-ci existent ou pas ne change rien au raisonnement). Soit, si l'on note p^B le prix de cette obligation :

$$p^B = \Sigma\, p_i.$$

De même, une action A qui rapporte un dividende A_i lorsque l'état i se réalise — i « parcourant » l'ensemble des états de la nature — a pour prix de non-arbitrage :

$$p^A = \Sigma\, p_i A_i.$$

Ces formules ne sont, évidemment, que des cas particuliers des formules (1) ou (2) — colonne de 1 dans la matrice des gains dans le cas de p^B, colonne des A_j dans le cas de p^A.

Les *options* sont une autre forme de titre ; elles sont des *droits d'achat* sur des titres, à un prix donné, mais pour une date ultérieure, l'un et l'autre étant spécifiés au moment où l'option est émise. Ce droit se traduit par un achat effectif seulement si « cela en vaut la peine », c'est-à-dire si l'opération procure un gain. Supposons, par exemple, que le titre sur lequel porte l'option est une action A, et que l'option donne le droit d'acquérir l'action A à une date ultérieure (disons, T) au prix K. Si le prix de l'action A est égal à A_i lorsque l'état de la nature i se réalise à la date T, le gain à cette date de celui qui détient l'option est alors égal à $A_i - K$. Comme l'opérateur financier n'a intérêt à acheter une option sur A que si elle lui procure un gain (strictement) positif — donc si $A_i - K > 0$ lorsque l'état i se réalise, $i = 1, ..., n$ —, le prix de non-arbitrage de l'option sur le titre A est :

$$p^{option\ sur\ A} = \Sigma\, p_i \max\{A_i - K, 0\},$$

où p_i désigne comme auparavant le prix du i-ème titre d'état (on prend $\max\{A_i - K, 0\}$ parce qu'il n'y a achat de titres d'état que pour les états de la nature où l'option permet d'obtenir un gain strictement positif).

Comme, par définition même de l'opérateur max :

$$\begin{aligned} p^{option\ sur\ A} &= \Sigma\, p_i \max\{A_i - K, 0\} \\ &\geq \Sigma\, p_i (A_i - K) \\ &\geq \Sigma\, p_i A_i - K \Sigma\, p_i, \end{aligned}$$

et comme la condition de non-arbitrage implique que :

$$\Sigma\, p_i A_i = p^A \text{ et } \Sigma\, p_i = p^B,$$

il s'ensuit que :

$$p^{option\ sur\ A} \geq p^A - K p^B.$$

Cette inégalité ne fait pas intervenir les prix des titres d'état, qui sont cependant à la base des calculs qui permettent de l'établir.

Conclusion

La condition de non-arbitrage, en information parfaite, permet d'obtenir un certain nombre de résultats sur les prix des titres, dont quelques-uns seulement ont été donnés ici. Le recours à la notion de prix d'état permet de faire des démonstrations simples et élégantes. Toutefois, l'hypothèse de non-arbitrage joue un rôle décisif dans ces démonstrations. Or, cette hypothèse est exorbitante, puisqu'elle revient à éliminer ce qui est un des éléments essentiels de la vie économique, l'*incertitude*, qui est notamment due au fait que la plupart des aléas ne relèvent pas de la réalisation d'hypothétiques « états de la nature », mais des choix mêmes des acteurs économiques. D'ailleurs, l'évolution chaotique — au sens de la théorie du CHAOS — des indices boursiers est un signe du rôle joué par cette incertitude fondamentale dans le cas des marchés financiers.

La théorie des choix de portefeuilles est donc une belle construction intellectuelle, mais dont la portée est très limitée, en raison des caractéristiques mêmes de son domaine d'application.

Non-tâtonnement (processus de)

Terme utilisé pour désigner un processus qui se déroule dans le cadre institutionnel de la CONCURRENCE PARFAITE mais où il y a des échanges en dehors de l'équilibre. Les modèles de non-tâtonnement sont construits selon la séquence de décisions suivantes :
— le commissaire-priseur affiche des prix (un par bien) ;
— les agents (ménages et entreprises) déterminent leurs offres et leurs demandes sur la base de ces prix — et seulement sur cette base —, puis effectuent des échanges entre eux jusqu'à épuiser toutes les possibilités d'avantages mutuels ;
— le commissaire-priseur recense les offres et les demandes insatisfaites, puis modifie les prix en appliquant la même règle que dans le TÂTONNEMENT (il augmente le prix des biens dont la demande est supérieure à l'offre et diminue celui des autres) ;
— les agents formulent leurs offres et leurs demandes aux nouveaux prix, procèdent à des échanges entre eux jusqu'à épuiser les possibilités d'avantages mutuels, et ainsi de suite.

Contrairement à ce qui se passe avec le TÂTONNEMENT habituel (en concurrence parfaite), le processus qui vient d'être décrit converge généralement vers un équilibre concurrentiel (tout au moins si l'on n'envisage qu'une économie d'échanges). La convergence provient ici de ce que les échanges successifs « épuisent progressivement » les possibilités de transactions mutuellement avantageuses, compte tenu de la règle utilisée pour faire varier les prix, l'EFFET REVENU s'ajoutant à l'EFFET SUBSTITUTION dont il renforce donc l'action (voir, à ce propos, Bernard Guerrien, *Concurrence, flexibilité et stabilité*, Economica, Paris, 1989).

Bien que ce résultat ait été établi il y a longtemps — dans les années soixante —, le modèle de non-tâtonnement ne s'est pas imposé, les théoriciens NÉO-CLASSIQUES lui préférant toujours celui du tâtonnement, dont la stabilité est pourtant loin d'être assurée. Ce qui s'explique par un certain nombre d'inconvénients du modèle de non-tâtonnement qui gênent tout particulièrement les néo-classiques ; parmi eux, il y a le fait que :
— *l'issue du processus de « non-tâtonnement » est indéterminée* puisqu'elle dépend de la façon dont se font les échanges « en cours de route », et, notamment, du « hasard des

rencontres » entre individus (l'équilibre finalement atteint « dépend du chemin parcouru ») ; en particulier, le système comporte une infinité (un continuum) d'équilibres, comme on peut le voir dans le cas « minimal » décrit par le DIAGRAMME D'EDGEWORTH (ces équilibres sont alors donnés par le NOYAU de l'économie associé à chaque DOTATION INITIALE) ;

— *les hypothèses du modèle ne sont pas très éloignées de ses conclusions*, puisqu'il suppose qu'à chaque étape du processus il ne subsiste plus d'échanges mutuellement avantageux, et donc que le commissaire-priseur veille au grain (par exemple, en « organisant les rencontres » entre échangistes potentiels) ; le modèle décrit donc une économie aussi centralisée que celle que suppose la concurrence parfaite ;

— *il n'y a ni consommation, ni production en cours de processus*, ce qui ôte une bonne partie de son intérêt au fait d'envisager des échanges en dehors de l'équilibre (pourquoi ceux qui ont obtenu ce qu'ils voulaient ne passeraient-ils pas à l'acte ?) ;

— *les agents formulent leurs offres et leurs demandes en cours de processus en faisant « comme si » il n'avaient pas à faire face à des rationnements, alors qu'ils constatent le contraire en permanence* ; s'ils étaient rationnels, ils devraient tirer les leçons de ce qu'ils constatent et chercher à *anticiper* les contraintes qu'ils vont subir par la suite ; mais comment modéliser cette situation, alors que — entre autres — les anticipations se modifient forcément en cours de processus, au vu de la forme prise par celui-ci ?

Les problèmes posés par les modèles de non-tâtonnement montrent, entre autres et *a contrario*, pourquoi l'hypothèse d'absence d'échanges en dehors de l'équilibre joue un rôle essentiel dans le modèle du tâtonnement.

Normative (démarche) et **Norme**

Les théories économiques ont pour objet d'étude et de réflexion les sociétés des hommes. Or le théoricien est partie prenante de ces sociétés, dont l'évolution dépend d'ailleurs — du moins en partie — de ce que pensent leurs membres, et de la représentation qu'ils s'en font ; il y a là une différence essentielle avec les théories qui prévalent dans les sciences de la nature. Celles-ci ne connaissent pas, par exemple, des phénomènes tels que l'AUTORÉALISATION, où les individus peuvent, par leurs actions, rendre vraie une théorie à laquelle ils adhèrent.

L'économiste ne peut donc ignorer que ses théories peuvent influencer le cours des choses — même si ce n'est qu'un peu ; c'est d'ailleurs dans ce but qu'il élabore généralement ses modèles. Il ne se contente pas alors de dire ce qui est, mais suggère — ou propose — ce *qui doit être* ; sa démarche est *normative*, les objectifs qu'il se fixe — ou qu'il fixe pour la société — lui servant de *norme*. Celle-ci peut être inaccessible, car trop difficile à atteindre, tout en constituant un repère, vers lequel il faut quand même essayer de se rapprocher en permanence. Ainsi, pour les théoriciens NÉO-CLASSIQUES, l'équilibre de CONCURRENCE PARFAITE est la norme par excellence ; la plupart de leurs analyses visent à proposer des moyens pour se rapprocher d'une situation de ce type. Adam SMITH, de son côté, appelle de ses vœux ce qu'il appelle le « système de la liberté naturelle », qui lui semble le plus approprié pour permettre à l'humanité d'atteindre le plus grand bonheur possible. Karl MARX lutte en revanche pour l'instauration du communisme qui se propose de supprimer l'exploitation de l'homme par l'homme, tandis que Léon WALRAS conçoit une forme d'organisation des marchés très particulière qui a pour but de respecter au mieux les droits de chacun, ce qui est pour lui la première condition de la justice.

Les modèles de POLITIQUE ÉCONOMIQUE relèvent également d'une démarche normative, puisqu'ils sont conçus dans le but de déterminer la meilleure façon qu'ont les gouvernements d'atteindre les objectifs qu'ils se fixent.

Ces exemples montrent bien que la démarche normative est inhérente à toutes les théories économiques ; il est d'ailleurs généralement difficile de séparer dans celles-ci les propositions d'ordre normatif de celles qui ne le sont pas ; car si une norme est intériorisée par les membres de la société, elle devient alors un fait observable, « objectif », tout en gardant son caractère de norme.

Nouveaux classiques

Courant de pensée en MACROÉCONOMIE apparu au début des années soixante-dix — notamment sous l'impulsion de Robert Lucas, de Thomas Sargent et de Robert Barro — et qui se proposait de réhabiliter les thèses de ceux que KEYNES appelait les « classiques » ; d'où l'étiquette de « nouveaux classiques » que les membres de cette école se sont eux-mêmes accolée, pour bien marquer leur opposition au courant KEYNÉSIEN alors dominant (et dont ils sont d'ailleurs issus).

Les analyses des nouveaux classiques accordent une place centrale au principe de rationalité, auquel ils donnent un sens bien plus fort que ce qui est habituellement convenu ; ils sont ainsi conduits à privilégier les *situations d'équilibre* (en fait, d'équilibre de CONCURRENCE PARFAITE), tout en accordant une certaine importance au problème de l'*information*. Leur idée centrale est que des agents rationnels ne peuvent que tirer parti de toutes les occasions d'échanges mutuellement bénéfiques, occasions que les prix suffisent à signaler, sauf si l'information qu'ils véhiculent est « perturbée », ou « biaisée », par les interventions intempestives de l'État ou par des « chocs » passagers.

Le « message » qui se dégage donc des analyses des nouveaux classiques est qu'une économie où on « laisse faire » les agents (rationnels) est en équilibre permanent de concurrence parfaite — et donc à un OPTIMUM DE PARETO. Si cette économie est soumise à des fluctuations ou à des dysfonctionnements, c'est en raison des « chocs extérieurs » imprévus qu'elle peut subir, chocs que les agents « résorbent » d'ailleurs rapidement en intégrant dans leurs plans l'information qu'ils véhiculent. Ainsi, toute mesure de politique économique est soit anticipée et « neutralisée » (ou « récupérée ») par les agents, soit elle agit « par surprise », mais alors ses effets sont passagers, et plutôt néfastes, puisqu'elle induit des choix erronés de la part des agents.

On peut distinguer deux variantes de nouveaux classiques : celle qui met l'accent sur les « chocs monétaires » (et sur les anticipations rationnelles) et celle qui insiste sur les « chocs réels » (théorie du CYCLE RÉEL). Mais toutes deux ont pour point commun de supposer le plein emploi permanent des ressources. Dans ce qui suit, on présentera essentiellement le point de vue de la première variante, car la seconde est traitée plus en détail dans l'entrée « Cycle réel ».

Le postulat de l'équilibre (concurrentiel) permanent

En fait, le « message » des nouveaux classiques est contenu dans leurs postulats : selon eux, seuls les raisonnements à l'équilibre ont un sens, et l'équilibre ne peut être que celui de la concurrence parfaite. Ce qu'ils justifient en avançant deux arguments de nature différente : un argument de « rationalité » — tant qu'il n'y a pas équilibre, les agents rationnels vont modifier leurs plans — et un argument du type « comme en dehors de l'équilibre walrasien on ne peut pas dire grand-chose, faisons COMME SI l'économie était en équilibre walrasien permanent ». Ainsi, les nouveaux classiques récusent l'idée même de *chômage involontaire*, car celui-ci est pour eux un phénomène hors équilibre, que des chômeurs « rationnels » ne peuvent laisser perdurer durablement.

La place prépondérante que donnent les nouveaux classiques au point de vue d'équilibre les conduit à mettre en avant l'idée d'ANTICIPATION RATIONNELLE : comme une prévision erronée ne peut être d'équilibre — car ceux qui la font sont incités à modifier leurs plans —, seules sont envisagées les prévisions qui sont confirmées par les faits ; ces prévisions sont dites « rationnelles » car des agents rationnels ne peuvent que chercher à corriger leurs erreurs (mais il est vrai que cela n'implique pas qu'ils trouvent pour autant la « bonne prévision », ce qui est une hypothèse infiniment plus forte).

L'hypothèse d'équilibre permanent — et son corollaire, les anticipations rationnelles — n'exclut cependant pas que les agents puissent faire des erreurs, mais celles-ci ne peuvent alors être que passagères. Car les anticipations rationnelles — à la différence des PRÉVISIONS PARFAITES, dont elles sont un cas particulier — portent sur des *distributions de probabilité* ; elles peuvent donc prendre en compte l'existence de *chocs aléatoires*, imprévisibles en soi, dont l'effet n'est pas systématique (il est donc, finalement, « sans importance »).

En fait, l'hypothèse d'anticipations rationnelles a été essentiellement utilisée par les nouveaux classiques dans le débat qui a opposé MONÉTARISTES et KEYNÉSIENS à propos de la courbe de PHILLIPS, les premiers déniant à la politique économique le pouvoir de faire baisser le chômage durablement.

La courbe de Phillips comme produit des « chocs monétaires »

Pour les monétaristes — partisans de la THÉORIE QUANTITATIVE DE LA MONNAIE —, la courbe de Phillips pose problème, puisqu'elle établit un lien entre une variable « réelle » — le taux de chômage — et une variable « monétaire » — le taux de variation des prix (l'« inflation »). Milton FRIEDMAN avait cherché à expliquer cette liaison en supposant l'équilibre permanent tout en faisant appel à des ANTICIPATIONS ADAPTATIVES, ce qui implique que les « chocs monétaires » peuvent affecter l'économie « réelle » sur plusieurs périodes de suite, même s'ils sont progressivement amortis. Or, pour les nouveaux classiques, l'inertie dans les comportements que supposent les anticipations adaptatives n'est pas compatible avec le principe de rationalité (qui veut que chacun se décide en fonction de toute l'information dont il dispose au moment où il prend sa décision, et non selon une règle préétablie). D'où la proposition de remplacer les anticipations adaptatives par des « anticipations rationnelles ». Comme celles-ci supposent des croyances *a priori*, les nouveaux classiques attribuent leurs propres croyances aux agents de leurs modèles, dont ils font par exemple des partisans de la théorie quantitative de la monnaie. Ainsi, toute *augmentation annoncée* de la masse monétaire se répercute dans les prix, sans que les variables « réelles » de l'économie ne soient affectées : la théorie quantitative est confirmée (il y a AUTO-RÉALISATION des croyances des agents).

Pour expliquer la relation décrite par la courbe de Phillips, les nouveaux classiques font alors appel à l'idée de « choc inattendu » : les autorités augmentent « par surprise » la masse monétaire, de sorte que les agents, croyant que le prix des biens qu'ils proposent a augmenté, en augmentent donc la production (ce qui suppose un emploi accru) ; il y a donc hausse des prix et baisse du chômage, comme avec la courbe de Phillips. Toutefois, les agents constatent rapidement qu'ils se sont trompés (ou qu'ils ont été bernés) et reviennent à la situation qui prévalait avant le « choc », mais avec un niveau des prix plus élevé. Dans ces conditions, la politique économique ne peut modifier que passagèrement, et seulement « par surprise », le niveau de l'emploi et de la production. Ses effets ne sont pas bénéfiques, puisqu'ils résultent d'erreurs faites par les agents.

Bilan

Dans les années soixante-dix, les thèses des nouveaux classiques ont connu un succès certain, car elles s'inscrivaient dans l'air du temps, qui était celui d'une vaste offensive contre les interventions actives de l'État dans l'économie (telles que les préconisent les « keynésiens »), offensive dont Ronald Reagan et Margaret Thatcher ont été les porte-parole les plus connus. En outre, en insistant sur la rationalité et sur les FONDEMENTS MICROÉCONOMIQUES de la macroéconomie, les nouveaux classiques se situaient clairement dans le programme de recherche NÉO-CLASSIQUE — et se débarrassaient complètement de certaines idées « keynésiennes » encore présentes dans les analyses de la SYNTHÈSE NÉO-CLASSIQUE et même chez Friedman. Ils pouvaient ainsi se targuer de la « cohérence » de leur démarche théorique, ce qui est pour eux — et pour une bonne partie du monde académique — un gage certain de scientificité.

Toutefois, en postulant l'équilibre (concurrentiel) permanent, les nouveaux classiques évacuent dès le départ la question qui est au centre de la réflexion économique — celle de la *coordination* des choix des agents. Affirmer, comme ils le font, que le chômage en tout temps — notamment lors de la crise des années trente — et en tout lieu est volontaire relève presque de la provocation (selon eux, les chômeurs optent pour du « loisir présent » et du « travail futur »).

Les nouveaux classiques ont été critiqués dès le départ sur ce point essentiel (voir, par exemple, l'ouvrage de Frank Hahn, *Monnaie et inflation*, Economica, Paris, 1981), mais aussi sur bien d'autres — notamment le rôle des croyances dans l'hypothèse sur les anticipations rationnelles, et le caractère sommaire de leurs modèles. Toutefois, la critique qui — au sein du courant dominant — semble avoir le plus porté est celle qui concerne le caractère peu « prédictif » du modèle qui, par exemple, ne peut faire apparaître de cycles. En effet, ceux-ci supposent qu'il y a pendant plusieurs périodes d'affilée des écarts « dans le même sens » par rapport à la tendance (phases d'expansion suivies de phases de récession), alors que, pour les nouveaux classiques, des agents rationnels corrigent « rapidement » tout écart à la tendance (par exemple, lorsqu'ils constatent qu'ils ont été bernés par les autorités monétaires), contrairement à Friedman qui admet que la « correction » peut prendre un certain temps (ce qui lui permet d'envisager l'existence de cycles). Autrement dit, l'analyse des nouveaux classiques conduit à prévoir une évolution « en dents de scie » — non cyclique — de l'économie, ce qui va à l'encontre des observations courantes (notamment en ce qui concerne les États-Unis).

Dans ces conditions, une partie des nouveaux classiques ont abandonné le thème des « chocs monétaires » et lui préfèrent celui des « chocs réels » ; ils ont proposé des modèles dits des cycles réels, où ils gardent l'hypothèse d'équilibre (concurrentiel) permanent, mais où les chocs affectent les FONDAMENTAUX de l'économie (goûts, techniques disponibles, DOTATIONS INITIALES). La monnaie disparaît complètement (ou alors, si l'on veut, de totalement EXOGÈNE elle devient totalement ENDOGÈNE). L'inflation ayant été en bonne partie éliminée dans la plupart des pays avancés, l'évolution de la masse monétaire est devenue l'objet de moins d'attention. D'ailleurs, pratiquement tous les gouvernements ont renoncé à se donner par avance des « cibles » monétaires — comme le préconisaient Friedman et les nouveaux classiques —, car ils ont constaté qu'ils ne pouvaient pas les atteindre, les agents « rationnels » prenant un malin plaisir à ne pas respecter les contraintes qui leur étaient imposées (Nicholas Kaldor, *Le Fléau du monétarisme*, Economica, Paris, 1985). Ce qui ne veut pas dire que la *politique monétaire* ait été abandonnée, loin de là, mais l'« instrument » utilisé est celui des taux d'intérêt, l'évolution de la masse monétaire n'étant qu'un indicateur parmi d'autres.

Finalement, si les nouveaux classiques ont marqué la macroéconomie des années soixante-dix/quatre-vingt, ce n'est pas tellement par les résultats de leurs modèles — qui n'ont pas supplanté les modèles existants, de facture « keynésienne » —, mais par le caractère tout à fait central qu'ils ont donné à l'approche d'équilibre, et par l'attention qu'ils ont accordée à la question des anticipations — même si on peut être sceptique quant à l'intérêt de la notion d'anticipation rationnelle.

Numéraire

Bien auquel il est attribué — par le théoricien ou par le modélisateur — un prix unitaire, les prix des autres biens devenant alors des prix relatifs à celui du numéraire. Ainsi, si le litre de lait sert de numéraire et si le prix des fraises avec ce numéraire est égal à 2, cela signifie qu'un kilo de fraises « vaut » 2 litres de lait, ou qu'il peut s'échanger contre 2 litres de lait. Dans une économie où il y a de la MONNAIE, le numéraire habituellement retenu est l'unité monétaire (l'euro, le dollar, etc.).

Dans les modèles d'ÉQUILIBRE GÉNÉRAL, où l'on ne peut exclure *a priori* que le prix d'un bien soit nul, le numéraire souvent choisi par le théoricien est un PANIER DE BIENS formé d'une unité de chaque bien, de sorte qu'on a :

$$\Sigma p_i = 1,$$

où p_i est le prix du bien i.

O

Offre (économie de l')

Courant de pensée apparu aux États-Unis au début des années quatre-vingt et fondé sur l'idée simple (et peu nouvelle) selon laquelle, au-delà d'un certain niveau, les taxes et les impôts ont un effet négatif sur l'activité des entreprises et des travailleurs. Comme pour ce courant de pensée « trop d'impôts tue l'impôt », l'État peut — en réduisant le taux des prélèvements obligatoires — favoriser un essor de l'activité et augmenter ses ressources — en même temps que celles de l'ensemble de la société. Il y aurait ainsi un niveau de taxation optimal, à ne pas dépasser (c'est cette idée que traduit la courbe de LAFFER).

Si l'économie de l'offre a connu un certain succès au début des années quatre-vingt, c'est parce qu'elle était partie prenante de l'offensive menée alors contre le KEYNÉSIANISME qui, traditionnellement, met l'accent sur le rôle de la demande (qu'il faudrait régulièrement « stimuler » pour contrecarrer les tendances à la stagnation du capitalisme). Elle a notamment servi de justification théorique aux politiques, initiées par Ronald Reagan et Margaret Thatcher, de réduction du niveau de prélèvement fiscal — en particulier pour les tranches de revenu les plus élevées. Mettant l'accent sur l'« initiative indivi-duelle », qui ne doit donc pas être bridée par l'action de l'État, l'économie de l'offre se situe clairement dans la tradition du « laisser faire » ; elle n'a toutefois pas été à l'origine d'une véritable école de pensée, même au sein du courant néo-classique (dont elle se réclame). Son succès n'a finalement été qu'éphémère, et essentiellement médiatique, puisqu'elle n'a pas connu de prolongements sérieux au niveau académique.

Offre (fonction d')

Fonction — au sens mathématique — qui associe aux divers « signaux » reçus par un individu et aux informations dont il dispose la quantité d'un bien qu'il est prêt à fournir, ou à vendre, dans le but de maximiser son profit (ou son utilité). Généralement, l'expression « fonction d'offre » est utilisée pour caractériser l'OFFRE CONCURRENTIELLE d'une entreprise, c'est-à-dire l'offre qui ne prend en compte que le « signal » envoyé par les prix, en dehors de toute autre considération.

Dans le cas du MONOPOLE, la fonction d'offre se réduit à un point, puisque le monopole « intègre » dans ses plans la fonction de demande (qu'il connaît ou qu'il estime) et fait la proposition qui maximise son profit, compte tenu de cette information.

Dans le cas du DUOPOLE, et de l'OLIGOPOLE, la situation se complique nettement du fait que les entreprises doivent en plus faire des CONJECTURES sur leurs comportements mutuels.

Offre concurrentielle (fonction d')

Fonction qui donne l'offre d'une entreprise dans les conditions de la CONCURRENCE PARFAITE, c'est-à-dire avec des prix affichés et que l'entreprise suppose d'équilibre et indépendants de ses propres choix.

Il existe traditionnellement, en MICROÉCONOMIE, deux façons de présenter la fonction d'offre d'une entreprise : celle qui consiste à la déduire de la FONCTION DE PRODUCTION et celle qui le fait à partir de la fonction de COÛT.

L'offre concurrentielle déduite de la fonction de production

Pour alléger les notations, on suppose que l'entreprise est caractérisée par une fonction de production à deux inputs, qu'on notera $f(\cdot)$. Aux prix p pour l'output, p_1 et p_2 pour les inputs, le profit de l'entreprise lorsqu'elle achète le couple (q_1, q_2) d'inputs est donné par :

$$\pi(q_1, q_2) = pf(q_1, q_2) - p_1q_1 - p_2q_2.$$

L'hypothèse de concurrence parfaite implique que l'entreprise considère les prix p, p_1 et p_2 comme donnés et indépendants de ses choix ; la condition du PREMIER ORDRE pour qu'il y ait profit maximal pour le panier d'inputs (q_1^*, q_2^*) si la fonction de production est dérivable :

$$\pi'_{q_i}(q_1^*, q_2^*) = 0 \quad i = 1, 2,$$

s'écrit, sous cette hypothèse :

$$(1) \qquad pf'_{q_i}(q_1^*, q_2^*) = p_i \quad i = 1, 2.$$

Les conditions (1) — qui signifient que pour qu'il y ait profit maximal il faut que les inputs soient achetés jusqu'à ce que leur PRODUCTIVITÉ MARGINALE, en valeur, soit égale à leur prix — sont suffisantes si la fonction de production est strictement CONCAVE, ce qui nécessite que les RENDEMENTS D'ÉCHELLE soient décroissants et les productivités marginales strictement décroissantes.

Les conditions (1) forment un système de deux équations à deux inconnues $(q_1^*$ et $q_2^*)$, dont la solution dépend des prix, et qu'on peut donc noter, lorsqu'elle existe et est unique :

$$q_1^* = q_1(p, p_1, p_2) \text{ et } q_2^* = q_2(p, p_1, p_2).$$

La fonction $q_i(\cdot)$ donne la DEMANDE d'input i de l'entreprise, aux prix (p, p_1, p_2) $(i = 1, 2)$. Si l'entreprise obtient et utilise les inputs qu'elle demande, elle peut alors faire *l'offre de produit* :

$$f(q_1(p, p_1, p_2), q_2(p, p_1, p_2)).$$

Comme celle-ci est une fonction de prix, on peut la noter $\varphi(p, p_1, p_2)$; $\varphi(\cdot)$ est alors la *fonction d'offre concurrentielle* de l'entreprise. Souvent, on incorpore les prix des inputs dans la formule qui donne la fonction d'offre, et on note alors celle-ci $s(p)$ (s pour *supply*).

Le raisonnement vaut pour le cas où il y a n inputs, l'offre aux prix $p, p_1, \ldots, p_n$ étant alors de la forme :

$$f(q_1(p, p_1, \ldots, p_n), \ldots, q_n(p, p_1, \ldots, p_n)).$$

L'offre concurrentielle déduite de la fonction de coût

Le principal avantage de la fonction de coût, c'est d'être une fonction « simple », car à *une seule variable*. Son principal inconvénient, c'est qu'elle fait disparaître toute référence aux conditions de production ; souvent elle est donnée « directement », sans autre précision (la déduire de la fonction de production demande des calculs aussi compliqués que si l'on raisonnait directement avec celle-ci).

Si l'on note $c(\cdot)$ la fonction de coût de l'entreprise, alors son profit pour une quantité produite q est donné par :

$$pq - c(q).$$

Pour que la production q^* maximise cette expression, il faut que sa dérivée s'annule (condition du premier ordre). Soit, si l'on suppose que le prix p est indépendant de q (hypothèse de concurrence parfaite) :

$$p - c'(q^*) = 0,$$

ou, ce qui est équivalent :

$$(2) \qquad c'(q^*) = p.$$

Ainsi, le producteur détermine son offre de façon que la « dernière unité produite » ne lui coûte pas plus que ce qu'elle lui rapporte. Pour que (2) corresponde à un maximum de profit, il faut que le coût marginal $c'(\cdot)$ soit *strictement croissant*, du moins en q^*, ce qu'on suppose habituellement. Si tel est le cas, alors la fonction d'offre $s(p)$ est donnée par l'inverse de $c'(\cdot)$ [voir (2)] ; soit :

$$q^* = c'^{-1}(p) \\ = s(p).$$

Souvent, il est supposé que la fonction de coût comporte des COÛTS FIXES, C. Si la production est faible, alors ces coûts ne pourront être amortis, à moins que le prix soit très élevé. Ainsi, il existe un *seuil* de prix, et de quantité produite, qui permet d'amortir les coûts fixes ; ce seuil est donné, pour le prix, par le *minimum du* COÛT MOYEN (celui-ci est représenté par une « courbe en U », qui comporte une partie décroissante où il y a « amortissement » progressif des coûts fixes, puis une partie croissante, qui correspond à l'hypothèse de coût marginal croissant) ; si l'on note p_0 le minimum de la fonction de coût moyen, la fonction d'offre $s(p)$ est alors *discontinue* et s'écrit :

$$\begin{cases} s(p) = 0, \text{ si } p < p_0 \\ s(p) = c'^{-1}(p), \text{ si } p \geq p_0. \end{cases}$$

Graphiquement, elle a la forme de la courbe donnée dans la figure ci-dessous, dans laquelle la concavité de la partie où la production est non nulle est une conséquence de l'hypothèse de coût marginal croissant.

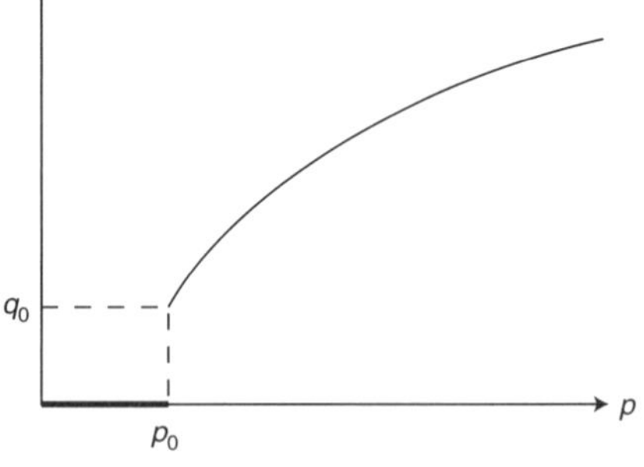

Une courbe d'offre discontinue

Offre de travail

En règle générale, si un individu travaille, c'est parce qu'il en a besoin pour vivre, mais aussi parce que ça l'intéresse, ou parce qu'« il faut bien faire quelque chose », ou encore pour rencontrer d'autres personnes et participer à une activité commune. Le travail est un élément de socialisation essentiel pour les membres d'une société. Il est vrai qu'il comporte une dimension marchande importante, puisque le travailleur vend son temps et son savoir-faire à l'employeur, mais même le salaire est influencé par les normes sociales (qui font notamment intervenir des « conditions de vie décentes » pour le travailleur et sa famille) ; il s'inscrit dans un cadre juridique relativement précis et dépend souvent des négociations entre des instances de type syndical. Si l'on tient compte de tous ces facteurs, l'« offre » de travail devient un phénomène complexe, où interfèrent les relations marchandes et non marchandes.

Toutefois, pour les NÉO-CLASSIQUES, c'est l'aspect marchand de la relation de travail qui est essentiel ; le travail doit donc être traité comme n'importe quelle autre marchandise. Comme toujours chez eux, le point de départ de l'analyse est le modèle de la CONCURRENCE PARFAITE, dans lequel les agents formulent des offres et des demandes à des prix donnés, indépendants d'eux, et sans se soucier du fait que ces offres et ces demandes puissent être satisfaites ou pas.

Dans ce modèle, la *demande de travail* est le fait des entreprises, qui sont caractérisées par leur FONCTION DE PRODUCTION. Pour elles, le travail est un INPUT comme un autre ; la quantité qui en est demandée se calcule selon la règle habituelle (en supposant, notamment, des PRODUCTIVITÉS MARGINALES décroissantes) :

produit marginal de l'input = prix de l'input,

qui s'écrit, dans le cas de l'input-travail :

productivité marginale du travail = salaire réel.

L'*offre de travail*, quant à elle, nécessite un traitement particulier, dans la mesure où le travail est considéré, à la différence des autres biens, comme une source de *dés*utilité. Les théoriciens néo-classiques se ramènent au cas habituel en partant du fait que le temps dont dispose chacun est limité ; par conséquent, ce temps doit être partagé en temps de travail et en temps de *loisir*. Comme le loisir est, contrairement au travail, source d'utilité, l'attention va donc se porter sur la *demande de loisir* ; l'offre de travail apparaît alors comme un « résidu » (« ce qui reste » lorsque le temps consacré au loisir est soustrait du temps disponible total). En introduisant ainsi le bien « loisir » dans le modèle, on se ramène à la théorie du CHOIX DU CONSOMMATEUR habituelle (en concurrence parfaite), à condition d'inclure le temps disponible parmi les DOTATIONS INITIALES des ménages.

A titre d'exemple, considérons un ménage qui n'a pour dotation initiale que son temps disponible T. Si le taux de salaire est s, alors la valeur de sa dotation initiale (sa richesse) est égale à sT ; avec cette somme, il peut décider d'acheter une quantité q de biens et un nombre l d'heures de loisir, à condition que q et l vérifient la *contrainte budgétaire* :

$$pq + sl = sT,$$

où p est le prix des biens autres que le loisir (pour simplifier la présentation, on suppose qu'il n'y a qu'un seul bien de ce type, qui est consommé). Cette contrainte peut aussi s'écrire :

$$pq = s(T - l),$$

ce qui signifie que la vente du temps $T - l$ au salaire s (c'est donc du temps de travail) permet d'acheter une quantité q de bien, au prix p.

Les goûts du ménage sont représentés par une fonction d'utilité $U(q, l)$, croissante par rapport à chacun de ses arguments ; son objectif consiste alors à :

maximiser $U(q, l)$,
sous la contrainte $pq + sl = sT$.

Si la fonction d'utilité a les propriétés « habituelles » (courbes d'indifférence « de type hyperbolique »), alors le ménage opte pour une consommation q^* et un temps de loisir l^*, tels que le TAUX MARGINAL DE SUBSTITUTION entre consommation et loisir soit égal au rapport entre le prix du loisir et le prix du bien (c'est-à-dire à s/p). L'offre de travail w^* est alors donnée par la quantité de temps qui n'est pas consacrée au loisir ; soit :

$$w^* = T - l^*.$$

La figure 1 résume la situation (la droite de budget passe par le point $(T, 0)$, qui représente la dotation initiale du ménage réduite ici à son temps disponible).

Exemple numérique. On suppose que $U(q, l) = q^a l^b$; le taux marginal de substitution en (q, l), qui est donné par le rapport des dérivées partielles de $U(\cdot)$, est ici égal à bq/al. Au panier optimal (q^*, l^*), ce taux est égal au rapport des prix ; on a donc :

$$\frac{bq^*}{al^*} = \frac{s}{p}.$$

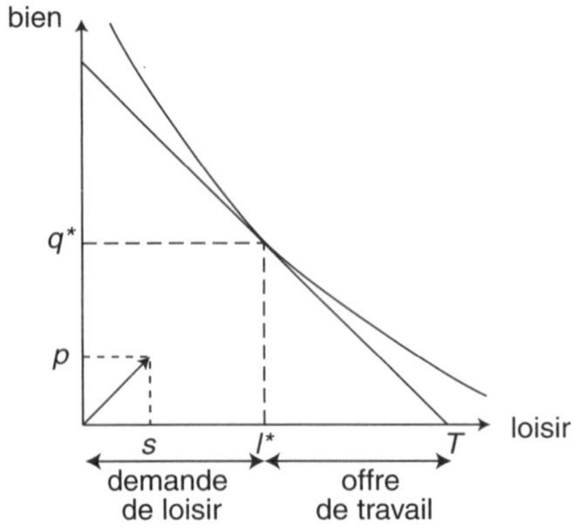

Figure 1

De cette équation, et de la contrainte budgétaire $pq^* + sl^* = sT$, on tire :

$$q^* = \frac{asT}{p(a+b)} \text{ (demande de biens)}$$

$$l^* = \frac{T}{a+b} \text{ (demande de loisir).}$$

Il s'ensuit que l'offre de travail est donnée :

$$T - l^* = \frac{a+b-1}{a+b}.$$

On notera qu'elle est indépendante du niveau du salaire et du prix (et donc du salaire réel).

La possibilité d'avoir une fonction d'offre coudée

Dans l'exemple précédent, où la fonction d'utilité est du type COBB-DOUGLAS, la fonction d'offre de travail est représentée graphiquement par une droite horizontale (puisque cette offre est constante, quel que soit le salaire réel). Ce qui est étonnant, puisque en règle générale on pense que l'offre d'un bien augmente avec son prix (et donc qu'elle est représentée par une courbe croissante). Mais tout s'explique si l'on songe à l'existence de l'EFFET REVENU. En effet, une hausse du salaire — à prix inchangé du bien — rend le loisir relativement plus cher, et entraîne une baisse de sa demande (et donc une augmentation de l'offre de travail ; c'est l'EFFET SUBSTITUTION) ; mais un salaire plus élevé signifie un pouvoir d'achat plus élevé de l'heure de travail, ce qui permet d'acheter plus de bien et de loisir, et « compense » donc la baisse de la demande de celui-ci. Dans le cas d'une fonction d'utilité de Cobb-Douglas, où le ménage n'a que du temps disponible comme dotation initiale, l'effet revenu compense *exactement* l'effet substitution, quel que soit le « panier » bien-loisir considéré (d'où le caractère constant de l'offre de travail).

Mais il se peut que, pour certaines valeurs du salaire, l'effet revenu l'emporte sur l'effet substitution, et que pour d'autres valeurs ce soit le contraire. Ainsi, dans la situation décrite par la figure 2, l'offre de travail augmente lorsqu'on passe du salaire « faible » s_1 au salaire « moyen » s_2 (on a $l_2 > l_1$), puis elle diminue lorsque le salaire augmente pour atteindre la valeur « élevée » s_3 (on a $l_3 < l_2$).

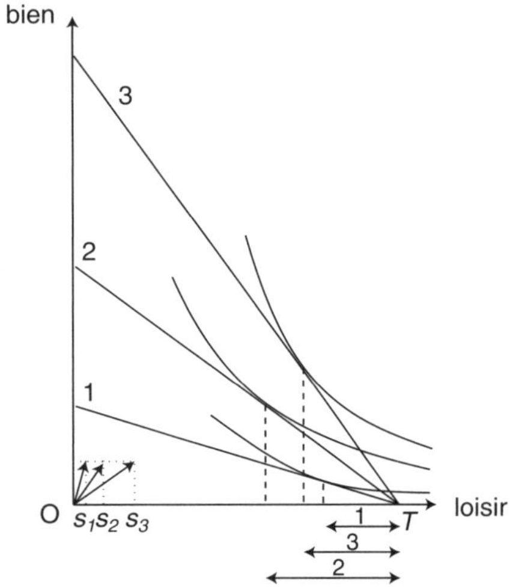

Figure 2

Le graphe de la fonction d'offre de travail peut donc être de la forme décrite dans la figure 3, c'est-à-dire se présenter comme une courbe *coudée*, avec une partie croissante suivie d'une partie décroissante.

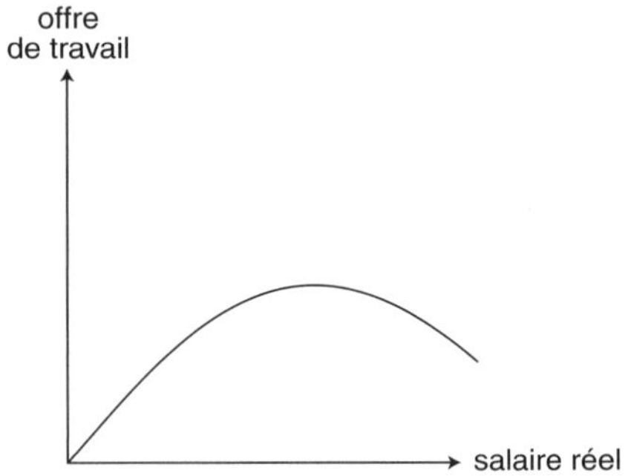

Figure 3

Le fait qu'une fonction d'offre puisse être coudée n'a donc rien d'exceptionnel, surtout si le bien offert est une source importante de revenu pour celui qui le vend. WALRAS, par exemple, avait déjà attiré l'attention sur le fait que la courbe d'offre d'un bien peut être coudée. Fait qui explique aussi des résultats paradoxaux comme le théorème de SONNENSCHEIN.

Le point important ici est que, contrairement aux analyses qui supposent que le revenu (nominal) est donné — comme dans le cas des biens GIFFEN —, l'effet revenu peut être « positif », une hausse de prix pouvant se traduire par une hausse du pouvoir d'achat, et non par une baisse (dans l'équation de SLUTSKY, le terme qui exprime l'effet revenu est positif et peut même être supérieur, en valeur absolue, au terme — forcément négatif — qui représente l'effet substitution).

Okun (loi d')

L'économiste américain Arthur Okun (1929-1979) a cherché à évaluer, sur la base des statistiques disponibles, les pertes en produit intérieur brut provoquées par une hausse à court terme du chômage. Il est parvenu à la conclusion que l'ÉLASTICITÉ par rapport au niveau de l'emploi du quotient (produit effectif)/(produit potentiel) est approximativement égale à 3. Autrement dit, une hausse de 1 % du chômage — au-dessus du seuil « incompressible » correspondant au plein emploi des capacités de production — entraîne une baisse approximative de 3 % du produit intérieur brut, relativement au produit potentiel.

Même si l'on peut douter de la validité empirique de la loi d'Okun, l'habitude a été prise d'y faire référence — en MACROÉCONOMIE — chaque fois que sont évoquées les pertes en production qui découlent de l'existence d'un chômage important, avec des capacités de production excédentaires.

Oligopole (modèle de l')

Modèle où il y a plusieurs entreprises qui offrent un même bien, dont la demande est le fait d'agents en CONCURRENCE PARFAITE ; ces entreprises sont conscientes des interactions de leurs choix (de leur présence mutuelle). Le modèle de l'oligopole est une extension du modèle du DUOPOLE au cas où il y a plus de deux entreprises. La grande différence entre l'un et l'autre tient au fait qu'en oligopole il existe plusieurs formes de *coalitions* possibles entre les entreprises, alors que dans le duopole il n'y en a qu'une seule, la *collusion totale*. Plus l'oligopole comporte d'entreprises, plus le nombre de coalitions envisageables est grand.

C'est d'ailleurs l'existence et la diversité des coalitions qui posent problème dans le modèle de l'oligopole. En effet, toute coalition suppose une forme ou une autre de *coopération* entre ses membres ; sinon, elle a tendance à éclater, pour les mêmes raisons que lorsqu'il y a collusion entre deux duopoleurs (la situation est celle du DILEMME DU PRISONNIER). Or, la coopération ne fait généralement pas partie des postulats de ceux qui construisent les modèles d'oligopole ; au contraire, pour eux, c'est le « chacun pour soi » qui doit être le point de départ de leurs analyses. D'où les difficultés qu'ils éprouvent à traiter des coalitions (en ce qui concerne aussi bien leur formation que leur maintien). Certains ont essayé de le faire dans le cadre de la THÉORIE DES JEUX en avançant des CONCEPTS DE SOLUTION coopératifs mais, depuis les années soixante-dix, ces concepts ne sont plus considérés comme « acceptables », seul le point de vue non coopératif l'étant (tel qu'il s'exprime, par exemple, dans l'équilibre de NASH).

Tout cela explique pourquoi les analyses en duopole sont bien plus fréquentes que celles en oligopole, les premières soulevant en fait les mêmes problèmes que les secondes, mais dans le cas « minimal » (une seule coalition est possible).

Optimum de Pareto

Affectation des ressources d'une société parmi ses membres telle qu'il n'existe pas d'autre affectation qui lui soit strictement préférée selon le critère de PARETO. Par conséquent, *à un optimum de Pareto, il n'est pas possible d'améliorer la situation d'un individu — quel qu'il soit — sans détériorer la situation d'au moins un autre individu.* Il découle de cette définition que :

— *toute économie comporte généralement une infinité d'optimums de Pareto*, qui ne sont évidemment pas comparables selon le critère de Pareto ; il est donc absurde de parler de l'optimum d'une économie, comme s'il y avait un optimum de Pareto « supérieur » à tous les autres ; ainsi, les ÉTATS RÉALISABLES « strictement inégalitaires » $\{S, 0, ..., 0\}$, $\{0, S, ..., 0\}$, ..., $\{0, ..., 0, S\}$ sont des optimums de Pareto — celui qui détient toutes les ressources S de l'économie s'oppose à n'importe quelle modification du *statu quo* (à moins qu'il ne considère qu'il a « trop » de biens) ; évidemment, ces états ne sont pas comparables entre eux, selon le critère de Pareto ;

— *un optimum de Pareto n'est pas forcément préférable selon le critère de Pareto à un état quelconque*, et cela pour une raison simple : ces états peuvent ne pas être comparables selon le critère de Pareto. Ainsi, les états réalisables « strictement inégalitaires » sont des optimums de Pareto, alors que tel n'est pas le cas pour l'état réalisable $\{S/n, \ldots, S/n\}$, où les ressources sont réparties égalitairement entre les individus, car dans cet état il subsiste généralement des possibilités d'échanges mutuellement bénéfiques (il suffit pour cela que les individus n'aient pas les mêmes goûts) ; or il est clair que les états « inégalitaires » et l'état « égalitaire » ne sont pas comparables selon le critère de Pareto (le passage de l'un à l'autre entraîne la détérioration de la situation soit d'un individu, soit de tous les autres, selon le cas).

Caractérisation des optimums de Pareto

Soit une économie dont le stock S des ressources est réparti d'une façon quelconque entre les agents qui la composent (ménages et entreprises). S'il existe au moins deux agents qui peuvent, à travers l'échange, augmenter leur utilité ou leur production, alors cette économie n'est pas à un optimum de Pareto, puisqu'il est possible de « faire mieux » pour au moins deux agents — ceux pour lesquels il existe des échanges mutuellement bénéfiques —, sans que les autres ne soient lésés.

Or, pour que deux parties aient intérêt à faire des échanges mutuellement avantageux, il faut que, avec les ressources en biens dont elles disposent, elles aient des taux d'échange « subjectifs » différents ; sous certaines hypothèses de régularité en ce qui concerne les fonctions d'utilité ou de production, ces taux d'échange sont donnés par les TAUX MARGINAUX DE SUBSTITUTION (TMS) des agents de l'économie (taux calculés pour l'affectation des ressources). Si, en outre, on suppose que les COURBES D'INDIFFÉRENCE des ménages (et les ISOQUANTES des entreprises) sont de type hyperbolique, alors un *optimum de Pareto est caractérisé par le fait que le TMS entre deux biens quelconques est le même pour tous les agents, et cela quels que soient les biens envisagés*, puisque dans ce cas les taux d'échange subjectifs des agents sont égaux, de sorte qu'il ne subsiste plus pour personne d'occasion d'échanges mutuellement avantageux.

Dans le cas d'une économie « minimale », qui ne comporte que deux biens et deux agents — et qui peut donc être représentée par un DIAGRAMME D'EDGEWORTH —, l'ensemble des optimums de Pareto forme la COURBE DE CONTRAT.

Si l'on reste toujours dans le cas où il n'y a que deux agents (consommateurs), et si l'on associe une fonction d'utilité précise à leur relation de préférence, alors on peut faire correspondre aux optimums de Pareto de l'économie d'échange une courbe tracée dans l'« espace des utilités », courbe qui est appelée FRONTIÈRE DES UTILITÉS (le nombre de biens peut être ici quelconque). On peut de même associer aux optimums de Pareto d'une économie où sont produits *deux* biens — par un nombre quelconque d'entreprises — une courbe représentée dans l'« espace des biens produits » et appelée FRONTIÈRE DES PRODUCTIONS.

Il existe une correspondance étroite entre les optimums de Pareto et les ÉQUILIBRES de CONCURRENCE PARFAITE ; ainsi, si l'on considère un optimum où les TMS entre les biens, quels qu'ils soient, sont les mêmes pour tous les agents, et si l'on se donne un système de prix tel que le rapport des prix de deux biens quelconques est égal au TMS « commun » entre ces biens, alors ces prix définissent un équilibre de concurrence parfaite (les quantités d'équilibre étant données par l'optimum lui-même). Réciproquement, comme l'équilibre concurrentiel se caractérise — sous les hypothèses usuelles — par l'égalité des TMS aux rapports de prix, et ce pour tous les agents, les TMS de ceux-ci pour deux biens quelconques seront égaux entre eux (puis-qu'ils seront égaux au rapport des prix correspondants) ; l'affectation des ressources d'équilibre est donc un optimum de Pareto. Ces résultats — qui sont connus sous le nom de théorèmes de l'ÉCONOMIE DU BIEN-ÊTRE — expliquent l'importance qu'attribuent les NÉO-CLASSIQUES à l'équilibre de concurrence parfaite, qui leur sert généralement de norme.

Une façon de déterminer les optimums d'une économie d'échange consiste à chercher les maximums de la fonction :

$$\alpha_1 U_1(Q_1) + \ldots + \alpha_n U_n(Q_n)$$

sous la contrainte :

$$Q_1 + \ldots + Q_n = S,$$

où S désigne les ressources de l'économie et $U_i(Q_i)$ l'utilité procurée à l'agent i par le panier de biens Q_i, les coefficients a pouvant prendre n'importe quelle valeur comprise entre 0 et 1 (ce sont des indicateurs de répartition, dans le sens où plus la valeur relative du coefficient α_i est grande, plus d'importance est accordée à l'utilité de l'agent i). Plus précisément, à chaque n-uple $(\alpha_1, \ldots, \alpha_n)$ de coefficients α correspond un (ou plusieurs) optimum(s) ; en donnant toutes les valeurs possibles (non négatives) à ces n-uples, on obtient l'ensemble des optimums de l'économie considérée.

Ordinale (relation)

Relation qui permet de classer selon un certain *ordre* les éléments d'un ensemble. En économie, l'exemple type de relation ordinale est la RELATION DE PRÉFÉRENCE d'un consommateur, qui fournit un classement de l'ensemble des PANIERS DE BIENS possibles (ou pour lesquels ce consommateur est concerné).

A l'approche ordinale on oppose généralement l'approche CARDINALE, qui consiste à attribuer à chaque panier de biens un nombre, son *utilité*, en faisant appel à une fonction d'UTILITÉ. La connaissance des nombres-utilité permet de classer les paniers de biens qu'ils « représentent » et donc d'obtenir une relation ordinale sur l'ensemble de ces paniers. Réciproquement, si la relation ordinale s'applique à tous les paniers de biens (si elle est *complète*) et si elle présente un minimum de cohérence (essentiellement si elle est TRANSITIVE), alors on peut lui associer une fonction d'utilité. Toutefois, celle-ci n'est pas unique, puisque toute transformation par une fonction *strictement croissante* d'une fonction d'utilité qui représente une relation de préférence est elle-même une fonction d'utilité associée à cette relation de préférence.

Oscillateur de Samuelson

Modèle proposé par Paul SAMUELSON dans un article publié en 1939 dans le *Journal of Political Economy* et intitulé « A synthesis of the principle of acceleration and the multiplier » ; Samuelson veut montrer comment l'interaction du MULTIPLICATEUR KEYNÉSIEN et de l'ACCÉLÉRATEUR peut engendrer des cycles (des « oscillations ») dont l'origine est alors ENDOGÈNE (ils sont déterminés par le modèle, et non en dehors de lui).

L'oscillateur prend la forme d'une ÉQUATION DE RÉCURRENCE LINÉAIRE d'ordre 2, obtenue à partir de :

— la fonction de CONSOMMATION écrite sous la forme :

(1) $394C_t = a\,Y_{t-1}$,

où il y a un « décalage » entre la consommation C et le revenu Y ;

— la relation de récurrence qui caractérise l'accélérateur, avec l'investissement autonome I_a :

(2) $I_t = k(C_t - C_{t-1}) + I_a$,

— l'identité comptable :

(3) $Y_t = C_t + I_t$.

En écrivant (1) pour la période $t - 1$: $C_{t-1} = a\,Y_{t-2}$, puis en reportant dans (2), on obtient en se servant de (3) l'équation de récurrence d'ordre 2 qui caractérise l'oscillateur :

(4) $Y_t - a(1 + k)Y_{t-1} + ak\,Y_{t-2} = I_a$.

Le revenu STATIONNAIRE (d'équilibre) Y_e est obtenu en faisant $Y_t = Y_{t-1} = Y_{t-2} = Y_e$ dans (4). D'où si $a \neq 1$:

$$Y_e = \frac{I_a}{1-a}.$$

Comme le *polynôme caractéristique* associé à (4) est :

$$P(\lambda) = \lambda^2 - a(1 + k)\lambda + ak,$$

il y a STABILITÉ GLOBALE si et seulement si :

$$P(-1) = 1 + a(1 + k) + ak > 0,$$
$$P(1) = 1 - a(1 + k) + ak > 0 \text{ et } |ak| < 1$$

(ces conditions sont présentées dans l'entrée ÉQUATION DE RÉCURRENCE LINÉAIRE).

La première condition, $P(-1) > 0$, est vérifiée si $a > 0$ et $k > 0$, ce qu'on suppose ; la seconde, qui s'écrit $1 - a > 0$, l'est si la propension à consommer a est strictement inférieure à 1, ce qu'on suppose aussi. Finalement, il y a stabilité globale si et seulement si :

$$ak < 1.$$

Ainsi, pour qu'il y ait stabilité globale, l'effet accélérateur (représenté par le coefficient k) ne doit pas « être trop fort » relativement à l'effet multiplicateur (représenté par la propension à consommer a).

Pour savoir plus précisément comment se comporte le revenu Y_t, et notamment dans quel cas il a une évolution cyclique, on étudie le signe du discriminant $\Delta = a^2(1 + k)^2 - 4ak$ du polynôme caractéristique. S'il est positif, c'est-à-dire si $a \geq 4k/(1 + k)^2$, les racines de ce polynôme sont réelles (elles sont en outre positives, puisque leur produit ak et leur somme $a(1 + k)$ l'est) ; l'évolution est en règle générale monotone (convergente ou « explosive », selon le cas). En revanche, si Δ est strictement négatif, alors l'évolution du revenu est cyclique, « amortie » ou de plus en plus forte, selon le cas.

La figure ci-contre résume les divers cas possibles, selon les valeurs prises par les paramètres a et k (dans la région **1**, il y a convergence monotone ; dans la région **2**, cette convergence se fait avec des oscillations ; dans les régions **3** et **4**, il y a divergence, monotone ou avec oscillations, selon le cas).

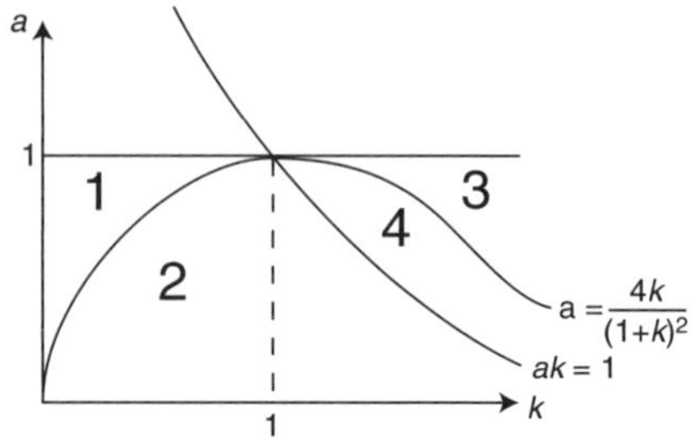

P

Panier de biens

Expression utilisée pour désigner un ensemble ordonné de nombres dont chacun désigne la quantité d'un bien précis. Un panier de biens est généralement représenté par un *vecteur* de la forme $(q_1, ..., q_n)$, où q_i désigne la quantité du bien i. L'ensemble auquel appartiennent ces vecteurs est appelé *espace des marchandises*.

Il est possible d'additionner deux paniers de biens différents *à condition* qu'ils soient représentés par des vecteurs du même espace de marchandises (et donc qu'ils aient le même nombre d'éléments).

Les biens qui composent un panier de biens sont généralement considérés comme *datés et localisés* (un bien disponible aujourd'hui ne peut être assimilé à un bien disponible demain ; de même en ce qui concerne des biens disponibles à des endroits différents). Une des hypothèses (implicites) de la MICROÉCONOMIE de base est que l'espace des marchandises recouvre *l'ensemble des biens possibles, présents et futurs*. Cette hypothèse sert de point de départ à une autre, selon laquelle chacun de ces biens a un prix unique et connu de tous (hypothèse sur l'existence d'un SYSTÈME COMPLET DE MARCHÉS), les choix (INTERTEMPORELS) des agents portant alors sur toute leur vie.

Des paniers de BIENS CONDITIONNELS à la réalisation de certains ÉTATS DE LA NATURE — paniers de biens appelés *loteries* — sont parfois envisagés, pour introduire une certaine forme d'incertitude dans les modèles.

Paradoxe d'Allais

Expérience proposée par l'économiste Maurice Allais (né en 1911) pour montrer que le critère de l'UTILITÉ ESPÉRÉE n'est pas toujours approprié pour représenter les choix des agents économiques lorsqu'ils doivent opter entre plusieurs LOTERIES. L'expérience porte sur les quatre loteries suivantes :

$L_1 = \{(1, 100), (0, 0)\}$;

$$L_2 = \left\{\left(\frac{1}{10}, 500\right), \left(\frac{89}{100}, 100\right), \left(\frac{1}{100}, 0\right)\right\};$$

$$L_3 = \left\{\left(\frac{11}{100}, 100\right), \left(\frac{89}{100}, 0\right)\right\};$$

$$L_4 = \left\{\left(\frac{10}{100}, 500\right), \left(\frac{90}{100}, 0\right)\right\}.$$

La première loterie procure un gain certain de 100 (probabilité égale à 1) ; dans la deuxième, il y a 1 chance sur 10 de gagner 500, 89 chances sur 100 de gagner 100 et 1 chance sur 100 de ne rien gagner ; etc.

L'espérance d'utilité [représentée par le symbole $L(\cdot)$] de ces quatres loteries est donnée par :

— $E(L_1) = 1 \cdot u(100) + 0 \cdot u(0)$;

— $E(L_2) = 0{,}10 \cdot u(500) + 0{,}89 \cdot u(100) + 0{,}01 \cdot u(0)$;

— $E(L_3) = 0{,}11 \cdot u(100) + 0{,}89 \cdot u(0)$;

— $E(L_4) = 0{,}10 \cdot u(500) + 0{,}90 \cdot u(0)$,

où $u(\cdot)$ est une fonction d'UTILITÉ associée à des revenus *certains*.

Ces loteries peuvent sembler bizarres ; et elles le sont effectivement. Mais Allais les a choisies, entre autres, dans le but de ne pas avoir à préciser la fonction d'utilité $u(\cdot)$ (puisqu'elle n'est ni mesurable ni définie de façon unique), tout en cherchant à tirer les leçons de son expérience. Ainsi, ces loteries sont telles qu'on a :

$$E(L_1) - E(L_2) = E(L_3) — E(L_4)$$

$(= 0{,}11 \cdot u(100) - 0{,}10 \cdot u(500) - 0{,}01 \cdot u(0))$, et donc telles que :

$E(L_1) > E(L_2)$ si et seulement si $E(L_3) > E(L_4)$.

Ainsi, le critère de l'espérance d'utilité conduit, par exemple, à la proposition :

si L_1 est préféré à L_2,
alors L_3 doit être préféré à L_4.

Or, les expériences d'Allais montrent que la plupart des personnes disent préférer L_1 à L_2 *et* L_4 à L_3, ce qui peut s'interpréter de deux façons différentes :

— soit on estime que ces personnes ont des choix incohérents ;

— soit on considère que le critère de l'espérance d'utilité ne représente pas correctement leur relation de préférence, et donc que l'un au moins des axiomes de von Neumann et Morgenstern qui justifient ce critère n'est pas vérifié.

Paradoxe de Saint-Pétersbourg

Paradoxe construit dans la théorie des choix en univers aléatoire pour attirer l'attention sur le problème de l'AVERSION POUR LE RISQUE ; le mathématicien suisse Daniel Bernouilli (1700-1782) a proposé de le résoudre en remplaçant, comme critère de choix, le critère de l'ESPÉRANCE MATHÉMATIQUE des gains attendus par celui de l'UTILITÉ ESPÉRÉE.

A l'origine du paradoxe, il y a la situation suivante : on propose à une personne de choisir entre recevoir une somme S et participer à un jeu de pile ou face où elle gagne 2^n si la pièce tombe pour la première fois du côté face au n-ième jet (le jeu s'arrêtant dès qu'il y a face). Comme la probabilité que le premier face arrive au n-ième coup est $\left(\frac{1}{2}\right)^n$, il s'ensuit que l'espérance mathématique de gain de ce jeu est :

$$\begin{aligned} E(X) &= \left(\frac{1}{2}\right) \cdot 2 + \left(\frac{1}{2}\right)^2 \cdot 2^2 + \ldots + \left(\frac{1}{2}\right)^n \cdot 2^n + \ldots \\ &= 1 + 1 + \ldots + 1 + \ldots \\ &= \infty. \end{aligned}$$

Par conséquent, *quelle que soit la somme S*, la personne qui choisit selon le critère de l'espérance mathématique du gain doit la refuser et opter pour la participation au jeu. D'où le paradoxe. Pour Daniel Bernouilli, celui-ci provient de ce que le calcul est fait avec les *gains attendus*, alors que ce qui compte pour le joueur c'est l'*utilité* que peuvent procurer ces gains ; si l'on estime que cette utilité croît de moins en moins vite au fur et à mesure que les gains augmentent (c'est-à-dire que l'UTILITÉ MARGINALE est décroissante), alors il n'y a plus paradoxe (dans la somme $E(X)$ on remplace les « gains exponentiels » 2^n par des utilités de gains, qui augmentent moins vite que ceux-ci et deviennent de plus en plus petits si l'on tient compte de la probabilité qui leur est affectée).

Pareto (critère de)

Proposé par l'économiste et sociologue Vilfredo Pareto (1848-1923), ce critère permet de comparer entre elles certaines des affectations des ressources disponibles entre les membres d'une société. Le critère de Pareto est un critère *unanimiste* : pour lui, une affectation des ressources est préférable à une autre si elle est préférée par *tous* les membres de la société. Il ne permet donc pas de comparer entre elles *toutes* les affectations possibles des ressources dont dispose la société, puisque l'unanimité parmi les membres de celle-ci est plutôt l'exception que la règle. Ainsi, il suffit qu'*un seul* individu soit lésé (parce que son utilité diminue) lors du passage d'une affectation des ressources à une autre pour que le critère de Pareto ne puisse être appliqué. Comme il ne permet de classer (comparer) que certaines des affectations des ressources de la société, mais pas toutes, on dit qu'il fournit un *classement (ou préordre) partiel*, et non total, des affectations possibles.

Un cas particulièrement important d'application du critère de Pareto est celui de l'*échange*. En effet, si des individus acceptent de faire des échanges, c'est parce qu'ils veulent augmenter leur satisfaction (ou leur profit) ; par conséquent, l'affectation des ressources « après échange » est unanimement préférée à l'affectation des ressources « avant échange » (à condition, évidemment, que l'échange soit volontaire).

Pour les théoriciens NÉO-CLASSIQUES, le critère de Pareto permet de juger de l'« efficience » d'une affectation des ressources ; en effet, selon eux, une affectation des ressources est « efficiente » s'il n'en existe pas d'autre qui lui soit préférée selon le critère de Pareto ; elle est « inefficiente » dans le cas contraire. Il revient alors à l'économiste de proposer des moyens pour passer de situations « inefficientes » à des situations qui le seraient moins — ou pas du tout. Le recours au critère de Pareto s'inscrit donc clairement dans une démarche de type NORMATIF — puisqu'elle vise à trouver des affectations « meilleures » que celles qui peuvent exister.

Les états réalisables d'une économie

Le critère de Pareto porte sur les affectations possibles des ressources d'une société parmi ses membres. Il ne porte *que* sur ces affectations, et n'a rien à voir avec la façon d'y parvenir ; ainsi, *il ne fait pas intervenir les prix des biens*, qui ont pour vocation de permettre les échanges — et donc le *passage* d'une affectation des ressources à une autre.

Dans une *économie d'échange*, sans production, une affectation des ressources est une répartition du stock total des ressources de la société entre ses membres. Le fait de prendre en compte la production complique la situation, mais ne la modifie pas fondamentalement, puisque le but de la production est d'obtenir de nouveaux biens à partir des biens disponibles ; la production modifie donc le stock de ces derniers, mais laisse intact le problème de sa répartition entre les agents économiques.

Afin de simplifier la présentation, on va définir le critère de Pareto pour les seules économies d'échange ; la prise en compte de la production peut se faire ensuite sans problème.

On considère une économie à *m biens* dont le stock S de biens disponibles est un vecteur de $\mathcal{R}_+^m$. On appelle *état réalisable* de cette économie toute affectation des biens qui forment S parmi les n membres de la société ; autrement dit, un état réalisable est un ensemble de la forme $\{Q_1, \ldots, Q_n\}$, où Q_i est un vecteur de $\mathcal{R}_+^m$ qui représente le stock de biens revenant à l'agent i, et dont les éléments vérifient la contrainte :

$$\Sigma\, Q_i = S.$$

En règle générale, il y a dans toute économie une infinité d'états réalisables, dont le cas « strictement égalitaire » :

$$\{S/n, \ldots, S/n\},$$

et les cas « strictement inégalitaires » :

$$\{S, 0, \ldots, 0\}, \{0, S, \ldots, 0\}, \ldots, \{0, \ldots, 0, S\}.$$

Ainsi, dans le cas d'une économie à deux biens et à deux agents, décrit par le DIAGRAMME D'EDGEWORTH, les états réalisables sont donnés par tous les points à l'intérieur du rectangle qui sert de base au diagramme.

Le *critère de Pareto* permet de comparer entre eux certains états réalisables.

Le critère de Pareto

On dit que l'état réalisable $\mathbf{Q}$ est *préféré selon le critère de Pareto* à l'état réalisable $\mathbf{Q'}$ si *chaque* agent préfère le panier de biens qui lui revient en $\mathbf{Q}$ à celui qui lui revient en $\mathbf{Q'}$. Si tel est le cas, on note, comme pour la RELATION DE PRÉFÉRENCE du consommateur :

$$\mathbf{Q} \gtrsim \mathbf{Q'},$$

mais le symbole $\gtrsim$ traduit ici une *préférence collective* et ne permet pas, en règle générale, de classer tous les états réalisables possibles.

Si on précise que $\mathbf{Q} = \{Q_1, \ldots, Q_n\}$ et que $\mathbf{Q'} = \{Q'_1, \ldots, Q'_n\}$, alors on a :

$$\mathbf{Q} \gtrsim \mathbf{Q'} \Leftrightarrow U_i(Q_i) \geq U_i(Q'_i),\ i = 1, \ldots, n,$$

où $U_i(\cdot)$ désigne la fonction d'UTILITÉ de l'agent i.

De la même façon que l'inégalité $\geq$ se décompose en $>$ et $=$, la relation $\gtrsim$ se décompose en un cas strict $>$ et une équivalence $\sim$.

Ainsi, on dit que l'état réalisable $\mathbf{Q}$ est *strictement préféré selon le critère de Pareto* à l'état réalisable $\mathbf{Q'}$ s'il lui est préféré selon le critère de Pareto et si, en outre, *il existe au moins un individu qui préfère strictement le panier qui lui est affecté en* $\mathbf{Q}$ *à celui qui lui est affecté en* $\mathbf{Q'}$. Soit :

$$\mathbf{Q} > \mathbf{Q'} \Leftrightarrow \left| \begin{array}{l} U_i(Q_i) \geq U_i(Q'_i),\ i = 1, \ldots, n \text{ et} \\ \text{s'il existe } 1 \leq k \leq n \text{ tel que} \\ U_k(Q_k) > U_k(Q'_k). \end{array} \right.$$

De même, deux états réalisables sont équivalents selon le critère de Pareto si chaque individu considère comme équivalents les paniers qui lui sont affectés dans chacun de ces états. On note :

$$\mathbf{Q'} \sim \mathbf{Q} \Leftrightarrow U_i(Q'_i) = U_i(Q_i),\ i = 1, \ldots, n.$$

Il découle de la TRANSITIVITÉ des préférences individuelles que la relation qui définit le critère de Pareto est elle-même transitive. Cette relation est un *préordre* sur l'ensemble des états réalisables — préordre qui n'est généralement pas *complet*, alors qu'il l'est pour les classements des individus (ou qu'il peut l'être).

Passager clandestin
(en anglais : *free rider*)

Expression utilisée pour désigner le comportement d'une personne qui veut obtenir un avantage sans avoir à fournir de contrepartie — tel celui qui voyage sans titre de transport. De tels comportements apparaissent notamment lorsqu'il y a des BIENS COLLECTIFS, dont la consommation peut être faite simultanément par plusieurs individus, sans que le bénéfice qu'en tire chacun (en utilité, par exemple) puisse être évalué. Si tout le monde adopte alors un comportement de type passager clandestin, personne ne voudra financer le bien collectif — chacun attendant que les autres le fassent —, et celui-ci ne sera pas « produit ». Ce qui conduit généralement à une situation « inefficiente » — au sens de PARETO —, puisque tout le monde gagnerait au fait que le bien collectif existe, quitte à ce que chacun cotise en fonction de la satisfaction qu'il lui procure. Les comportements de type passager clandestin peuvent donc servir à justifier — du point de vue du critère de

Pareto — les prélèvements faits par l'État (taxes et impôts) dans le but de financer des biens collectifs (qui vont de la défense nationale aux parcs publics).

Ces comportements posent aussi un délicat problème aux théoriciens NÉO-CLASSIQUES, car ils empêchent de rendre compte de l'existence d'entités collectives telles que les syndicats ou les partis politiques. En effet, pour eux, ceux-ci doivent être considérés — selon les préceptes de l'INDIVIDUALISME MÉTHODOLOGIQUE — comme des regroupements d'individus à la recherche de leur intérêt propre. Or, pourquoi adhérer à un syndicat — et donc payer des cotisations, ou même faire grève — alors qu'il suffit de laisser agir les autres ? Si chacun raisonne de la sorte, il n'y a évidemment pas de syndicat possible. C'est pour éviter ce problème — fondamental — que les néo-classiques ont pris l'habitude d'assimiler dans leurs modèles les syndicats à des individus — quitte à les qualifier de « représentatifs ». Mais, ce faisant, ils adoptent implicitement un point de vue HOLISTE — opposé à celui de l'individualisme méthodologique —, puisqu'ils attribuent une volonté et des objectifs à ce qui est censé être une entité collective.

La seule façon d'éviter les problèmes posés par les comportements de type passager clandestin est de supposer que les individus ont — du moins en partie — des motivations autres que la recherche de leur strict intérêt personnel ; ce qui, pour un néo-classique, est inadmissible, car cela revient à introduire dans le modèle des hypothèses qu'il estime être arbitraires (traditions, coutumes, attitudes altruistes, etc.).

Perron-Frobenius (théorème de)

Propriété des *matrices* à éléments non négatifs, qu'on peut énoncer de la façon suivante : *la plus grande (en module) des* VALEURS PROPRES *d'une matrice réelle à éléments non négatifs est elle-même réelle et non négative (on peut donc lui associer un vecteur propre dont les éléments sont aussi réels non négatifs)* ; cette valeur propre est dite *de Perron-Frobenius.*

Ce résultat est intéressant pour l'économiste qui raisonne la plupart du temps avec des objets (prix, quantités) représentés par des nombres non négatifs.

Si l'on note $\lambda(\mathbf{A})$ la valeur propre de Perron-Frobenius d'une matrice (carrée) **A** à éléments non négatifs, alors le théorème peut s'écrire :

$$\mathbf{A} \geq 0 \Rightarrow (\mathbf{A}\mathrm{P} = \lambda(\mathbf{A})\mathrm{P}, \text{ avec } |\lambda_i| \leq \lambda(\mathbf{A}), \; \mathrm{P} \geq 0),$$

l'inégalité $\geq$ signifiant qu'on peut avoir une inégalité stricte pour certains éléments des vecteurs concernés, et une égalité pour d'autres (λ_i désigne une valeur propre quelconque de **A**).

Si **A** est à éléments *strictement positifs*, alors il en est de même pour $\lambda(\mathbf{A})$ (et pour P car, par définition d'un vecteur propre, P ne peut être nul et donc tous les éléments de **A**P sont strictement positifs si ceux de **A** le sont). Soit :

$$\mathbf{A} >> \mathbf{0} \Rightarrow (\mathbf{A}\mathrm{P} = \lambda(\mathbf{A})\mathrm{P}, \text{ avec } |\lambda_i| \leq \lambda(\mathbf{A}), \; \lambda(\mathbf{A}) > 0, \mathrm{P} >> 0),$$

où le symbole >> signifie que l'inégalité est stricte pour tous les éléments des vecteurs concernés.

La *démonstration* du théorème de Perron-Frobenius n'est pas purement algébrique — autrement dit elle fait appel à des théorèmes d'analyse. Elle vient facilement en appliquant le théorème du POINT FIXE à la fonction $Y = F(X)$ de $\mathfrak{R}^n$ en lui-même définie par :

$$(1) \quad y_i = \frac{x_i + \sum_j a_{ij} x_j}{1 + \sum_k \sum_j a_{kj} x_j} (i = 1, \ldots, n).$$

En effet, il suffit de considérer l'ensemble des vecteurs X non nuls à éléments non négatifs et dont la somme est égale à 1 ; il résulte alors de (1) qu'il en est de même pour les éléments de $Y = F(X)$. Dans ce cas, $F(\cdot)$ a le même ensemble de départ et d'arrivée. Comme cet ensemble est convexe, fermé et borné et comme $F(\cdot)$ y est continue, elle a un point fixe X^* — donc $X^* = F(X^*)$ — et il découle de la formule (1) qui définit $F(\cdot)$ que ce point fixe est tel que :

$$\mathbf{A}\mathrm{X}^* = \lambda \mathrm{X}^* \text{ avec } \lambda = \sum_k \sum_j a_{kj} x_j^*.$$

On prend alors pour $\lambda(\mathbf{A})$ la plus grande des valeurs propres déterminées ainsi (si $F(\cdot)$ a plusieurs points fixes). En effet, cette valeur propre est réelle, non négative (puisque les a et les x le sont) et plus grande que les autres valeurs propres (en module). Pour montrer cette dernière proposition, il suffit de remarquer que pour une autre valeur propre μ, à laquelle est associé un vecteur propre Z, on a :

$$\Sigma\, a_{ij} |z_j| \geq |\mu|\, |z_j| \; i = 1, \ldots, n,$$

et, par conséquent, en raison de la définition même de $\lambda(\mathbf{A})$:

$$\lambda(\mathbf{A}) \geq |\mu|.$$

Phillips (courbe de)

Courbe qui met en relation les taux de chômage et de variation des salaires nominaux, que l'économiste néo-zélandais Alban William Phillips (1914-1975) croit avoir décelée en étudiant les données statistiques concernant la Grande-Bretagne sur la période 1861-1957. Certains — notamment les KEYNÉSIENS — ont cru voir dans la courbe de Phillips la « relation manquante » des modèles macroéconomiques, qui permet aux gouvernements de choisir entre chômage et inflation (celle-ci étant identifiée à la hausse des salaires nominaux). Les MONÉTARISTES contestent cette analyse car, pour eux, il ne peut y avoir de relation durable entre la variable « réelle » qu'est le taux de chômage et la variable « monétaire » (nominale) qu'est le taux de variation des prix (ou des salaires nominaux), contrairement à ce que donne à croire la courbe de Phillips. D'ailleurs, l'apparition — au milieu des années soixante-dix — du phénomène de stagflation a jeté le doute sur l'existence même de la relation que Phillips croit avoir découverte.

Le point de départ

En 1958, Phillips publie dans la revue *Economica* un article intitulé « La relation entre le chômage et le taux de variation des salaires nominaux au Royaume-Uni, 1861-1957 », dans lequel il ajuste sur 52 données annuelles une équation de la forme :

(1) $$\frac{\Delta W}{W} = \alpha U^{-\beta} - \gamma,$$

où U représente le chômage (*unemployment*) et $\Delta W/W$ le taux de variation du salaire nominal annuel. Si les paramètres α, β et γ sont strictement positifs, la relation (1) est représentée par une hyperbole, telle celle qui est tracée dans la figure 1.

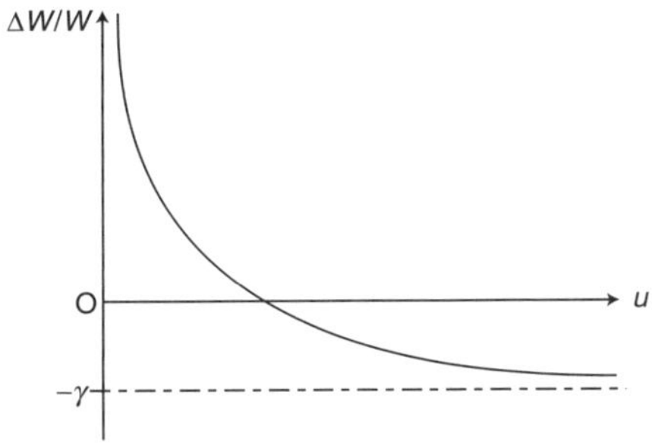

Figure 1

Un des aspects originaux de la démarche de Phillips est qu'elle suppose une *relation non linéaire* entre le chômage et la variation du salaire. Toutefois, la spécification utilisée suppose — pour que U soit strictement positif, et donc que $U^{-\beta}$ ait un sens — que le paramètre γ est strictement supérieur à la plus petite valeur (algébrique) du taux $\Delta W/W$. Cette contrainte imposée *a priori* à γ conduit Phillips à regrouper ses données en *six catégories*, puis à ajuster une courbe sur les six « points moyens » correspondants. En fait, il procède alors en *deux étapes*, puisqu'il commence d'abord par estimer α et β en ne retenant que *quatre* de ces points (ce qui ne lui laisse donc que deux degrés de liberté), puis il utilise les deux points restants pour estimer γ.

Afin d'éviter cette façon de faire bizarre — pour ne pas dire arbitraire —, Richard Lipsey a proposé en 1960 d'utiliser la spécification suivante :

$$\frac{\Delta W}{W} = a + bU^{-1} + cU^{-2},$$

qui n'est pas trop éloignée de celle de Phillips, mais qui a l'avantage d'être *linéaire* (par rapport aux paramètres) et donc de permettre d'utiliser les méthodes économétriques habituelles. Toutefois, les estimations qu'il obtient ne sont pas compatibles avec celles de Phillips ; on se trouve donc en présence de deux modèles nettement différents — du moins en ce qui concerne leurs conclusions. D'ailleurs, ni Phillips ni Lipsey ne fournissent d'information sur la qualité de leurs ajustements, notamment en ce qui concerne les INTERVALLES DE CONFIANCE relatifs aux estimations qu'ils obtiennent. En outre, Phillips pense déceler des « boucles » regroupant les données de périodes assez typées (en gros, avant et après la Seconde Guerre mondiale), tandis que Lipsey remarque que, si on procède à des études par sous-périodes, on obtient des estimations nettement différentes, ce qui l'amène à conclure que *la relation de Phillips est instable*. Pour tenter d'expliquer pourquoi il en est ainsi, de nouvelles variables ont été ajoutées au modèle : prix, variation de l'emploi, etc., sans que pourtant un consensus se dégage sur ce que peut être la « bonne » équation (une revue d'ensemble sur ces questions est donnée dans l'article de Santomero et Seater publié dans le *Journal of Economic Literature* en 1978 : « The inflation-unemployment tradeoff : a critique of the literature »).

Toutefois, en dehors des problèmes d'ordre statistique qu'elle peut poser, la relation de Phillips a été à l'origine de *débats théoriques importants*, notamment sur l'interprétation qu'on peut en donner.

Les premières interprétations de la courbe de Phillips

L'interprétation la plus simple — celle qui semble aller de soi et qui explique le choix des variables effectué par Phillips et Lipsey — est du type « loi de l'offre et de la demande » : le taux de variation du salaire dépend de la différence entre la demande et l'offre de travail, différence qui est mesurée par le niveau de chômage. Ainsi, plus celui-ci est élevé, plus la « pression à la baisse » du salaire est importante. Toutefois, cette interprétation pose problème puisqu'elle revient à considérer que les valeurs observées « en temps réel » correspondent à un processus du type TÂTONNEMENT walrasien, mais avec des échanges — forcément en déséquilibre — tout au long du processus. Or c'est pour éviter d'avoir à envisager ce type de situation que le tâtonnement — tel que le conçoivent les NÉO-CLASSIQUES — est supposé se dérouler dans un temps fictif, sans échanges tant que l'équilibre (concurrentiel) n'est pas atteint. Il est vrai qu'il est possible d'envisager tout simplement une explication par le « rapport de force » entre employeurs et employés, mais les économistes répugnent généralement à recourir à ce type d'argument.

En fait, la question de l'interprétation de la courbe de Phillips a surtout pris de l'importance — au sein même du courant néo-classique — à la fin des années soixante, lorsque l'inflation et le chômage ont commencé à évoluer *dans le même sens*, ce qui a donné l'occasion aux MONÉTARISTES de remettre en cause l'idée selon laquelle il est possible de réduire le chômage en jouant sur le niveau des prix (*via* la création de monnaie).

Courbe de Phillips et « économie réelle »

C'est Friedman (1968) qui a ouvert le feu, en remarquant que les présentations habituelles de la courbe de Phillips ne font pas une distinction claire entre *salaire réel* et *salaire nominal*. Partisan de la THÉORIE QUANTITATIVE DE LA MONNAIE, Friedman part de l'idée que la monnaie n'affecte pas de façon essentielle les variables « réelles », et donc que seules les relations entre celles-ci sont déterminantes. Ainsi, pour lui, la relation de Phillips ne fait que traduire le lien qui existe — à l'équilibre de CONCURRENCE PARFAITE — entre emploi et PRODUCTIVITÉ MARGINALE du travail ; il propose d'écrire ce lien sous la forme :

$$(2) \qquad \frac{\Delta w}{w} = f(U)$$

où w est le *salaire réel* (et non plus nominal) et $f(\cdot)$ une fonction strictement croissante. Ainsi, lorsque le chômage augmente, le taux de croissance du salaire réel en fait autant ; en effet, une hausse du chômage implique que l'emploi baisse et donc que la productivité marginale du travail augmente, et avec elle le salaire, auquel elle est égale s'il y a équilibre de concurrence parfaite. Compte tenu de cette dernière hypothèse, le chômage U est ici forcément volontaire (Phillips et Lipsey ne sont pas clairs sur ce que mesure la variable U dans leurs modèles).

La relation (2) correspond à ce qui se passe « en profondeur » dans l'économie (elle traduit l'état des techniques) ; il reste donc à expliquer les fluctuations conjoncturelles, telles que les décrit la courbe de Phillips. Friedman et ses disciples cherchent une telle explication du côté des « chocs monétaires » provoqués par le gouvernement, chocs qui viennent selon eux perturber le bon fonctionnement de l'économie, notamment au niveau des anticipations faites par les agents.

La relation de Phillips avec anticipations

Par définition, le salaire réel w est égal au rapport du salaire nominal W et du niveau des prix P ; soit :

$$w = \frac{W}{P},$$

ou encore, si on passe aux logarithmes :

$$(3) \qquad \ln w = \ln W - \ln P.$$

Si on suppose que le salaire et le niveau des prix peuvent varier dans le temps, et si on dérive les deux membres de (3) (par rapport au temps), il vient :

$$\frac{\dot{w}}{w} = \frac{\dot{W}}{W} - \frac{\dot{P}}{P}$$

(on rappelle qu'un point au-dessus d'une lettre désigne la dérivée par rapport au temps de la fonction représentée par cette lettre).

Cette égalité demeure « à peu près valable » si on remplace les dérivées par de « petits accroissements » ; soit, si on utilise le symbole Δ pour désigner ces accroissements :

$$(4) \qquad \frac{\Delta w}{w} = \frac{\Delta W}{W} - \frac{\Delta P}{P}$$

en supposant qu'il y a égalité, ce qui n'est pas tout à fait le cas.

Si on reporte (4) dans la « relation fondamentale » (2), il vient :

$$(2') \qquad \frac{\Delta W}{W} = f(U) + \frac{\Delta P}{P}$$

ce qui est en fait une autre façon d'écrire (2). Pour prendre en compte les mouvements conjoncturels, Friedman et les « monétaristes » modifient légèrement (2′) en supposant qu'il existe un *décalage dans le temps* entre le moment où les salaires sont fixés et celui où les prix sont connus ; autrement dit, le taux de variation des salaires est établi sur la base d'une *anticipation* en ce qui concerne l'évolution des prix. Cette hypothèse conduit donc à donner la version modifiée de (2′), appelée *relation de Phillips avec anticipations sur les prix* :

$$(5) \qquad \frac{\Delta W}{W} = f(U) + k\left(\frac{\Delta P}{P}\right)_a$$

où $(\Delta P/P)_a$ est le taux de variation anticipé des prix.

Le coefficient k peut s'interpréter comme un indicateur de l'ILLUSION MONÉTAIRE dont sont victimes les travailleurs. Plus il est proche de 0 et plus cette « illusion » est grande (plus les travailleurs font leur choix en ne prenant en compte que l'évolution du seul salaire nominal). En revanche, plus k est proche de 1 et plus la décision est prise en fonction du salaire réel anticipé. Si $k = 1$, il n'y a pas illusion monétaire ; celle-ci étant considérée comme relevant d'un comportement irrationnel, Friedman et ses disciples l'excluent donc et supposent par conséquent que $k = 1$. La relation de Phillips avec anticipations s'écrit dans ce cas :

$$(6) \qquad \frac{\Delta W}{W} = f(U) + \left(\frac{\Delta P}{P}\right)_a,$$

ou encore :

$$\frac{\Delta W}{W} - \frac{\Delta P}{P} = f(U) + \left[\left(\frac{\Delta P}{P}\right)_a - \frac{\Delta P}{P}\right],$$

ce qui peut se mettre sous la forme, compte tenu de (4) :

$$(6') \qquad \frac{\Delta w}{w} = f(U) + e,$$

où e est l'*erreur d'anticipation*

$$\left(\frac{\Delta P}{P}\right)_a - \frac{\Delta P}{P}.$$

Ainsi, on est ramené à une équation qui est la même que (2), à l'« erreur » e près. Celle-ci est donc à l'origine des variations conjoncturelles.

Chocs et anticipations

Il reste à préciser d'où peut venir l'erreur e. Il est clair que pour dire quelque chose à son propos, il faut procéder à des *simplifications radicales*. C'est ce que font les monétaristes lorsqu'ils supposent que les agents de leurs modèles sont, comme eux, persuadés de la validité de la théorie quantitative et que ce sont les actions intempestives des autorités monétaires qui sont la principale cause des « perturbations » qui affectent l'économie. Dans ces conditions, les agents pensent que tout « choc monétaire » ΔM va se répercuter entièrement sur le niveau des prix ; ils s'attendent donc à ce que :

$$\frac{\Delta P}{P} = \frac{\Delta M}{M}.$$

Le terme d'erreur de l'équation (6) porte alors sur l'évolution de la masse monétaire, que les agents considèrent comme une variable EXOGÈNE, entièrement contrôlée par les autorités.

Quel va être alors l'effet d'un « choc monétaire » ? Tout dépend de la forme des anticipations des agents. Ainsi, Friedman suppose qu'ils adoptent la règle dite des ANTICIPATIONS ADAPTATIVES, qui a pour conséquence que toute variation de la masse monétaire va induire une erreur e qui se « propage » sur plusieurs périodes, en s'amortissant progressivement.

Les NOUVEAUX CLASSIQUES ont cependant critiqué le principe même des anticipations adaptatives, auxquelles ils reprochent leur caractère trop « mécanique » ; tout en gardant l'essentiel de l'analyse de Friedman, ils ont proposé de leur substituer des ANTICIPATIONS RATIONNELLES, les agents prévoyant correctement ce qui va se passer au niveau des prix *si les autorités annoncent clairement à l'avance la politique monétaire qu'elles vont mener et s'y tiennent* (alors que si les anticipations sont adaptatives, même ainsi il y aura une part d'erreur dans les prévisions). Si, en revanche, elles agissent « par surprise », elles induisent les agents en erreur ; on a donc, selon les nouveaux classiques :

$$(7) \qquad \left(\frac{\Delta M}{M}\right)_a = \frac{\Delta M}{M} + \varepsilon,$$

où $\Delta M/M$ correspond à la variation effective de la masse monétaire et où ε est un terme dû à l'« effet de surprise » (imprévisible). L'hypothèse sur les anticipations rationnelles implique en particulier que les agents connaissent la loi de probabilité suivie par ε, et notamment que $E(\varepsilon) = 0$.

Ainsi, pour les nouveaux classiques, la relation de Phillips est de la forme :

$$(8) \qquad \frac{\Delta w}{w} = f(U) + \varepsilon.$$

Elle est donc identique à la relation « réelle » (2), à l'aléa ε près.

Courbe de Phillips et taux naturel de chômage

Supposons que l'économie suit son cours « naturel », c'est-à-dire qu'elle n'est pas soumise à des chocs monétaires provoqués « par surprise » ; dans ce cas, $\varepsilon = 0$, et la relation (8) se réduit à la relation (2) :

$$(2) \qquad \frac{\Delta w}{w} = f(U),$$

où n'interviennent que des variables réelles (taux de salaire réel et niveau de chômage). Pour Friedman et les nouveaux classiques, cette relation ne fait qu'exprimer la condition d'équilibre concurrentiel, puisque pour eux une économie non soumise à des chocs monétaires assure « naturellement » le plein emploi (le chômage U est volontaire).

La relation (2) est censée découler de la condition d'équilibre qui lie le salaire (réel) et la productivité marginale du travail ; comme celle-ci résulte de l'état des techniques, elle varie lentement dans le temps, indépendamment de la conjoncture. Il en est donc de même pour le salaire réel, dont on peut supposer que les variations sont nulles « sur la courte période », tout au moins si l'économie n'est pas soumise à des « chocs » imprévus. Sous cette hypothèse, qui s'écrit $\Delta w = 0$, il découle de (2) que $f(U) = 0$. Friedman appelle *taux de chômage naturel* le taux de chômage U^* qui vérifie cette équation. Ce taux de chômage est « naturel » pour lui car il correspond à un niveau d'emploi en dessous duquel il n'est pas possible d'aller sans faire appel à des « artifices » (les interventions de l'État, pour les monétaristes).

Si, malgré tout, l'État intervient en « manipulant » la masse monétaire, alors le terme de « perturbation » ε dans (8) est non nul ; le salaire w et le niveau de chômage U sont donc eux-mêmes soumis à des fluctuations, autour de leur niveau « naturel », fluctuations dont Phillips a rendu compte. L'explication « monétariste » de la courbe de Phillips peut être résumée de la façon suivante : en augmentant « par surprise » la masse monétaire, les autorités font croire aux travailleurs que leur salaire réel a augmenté (alors qu'en fait c'est leur salaire *nominal* qui l'a fait), ce qui les conduit à augmenter leur offre de travail. Il y a donc une diminution du chômage (sur la figure 2, on passe de U^* à A) ; mais cette diminution n'est que passagère, car les travailleurs s'aperçoivent rapidement que les prix ont augmenté en même temps que les salaires et ramènent leur offre de travail à son niveau « naturel » — la hausse du niveau des prix, elle, demeurant acquise (on passe de A à B). Si le gouvernement s'obstine à vouloir baisser le chômage en se servant d'un autre « choc monétaire », il va provoquer à nouveau une hausse passagère de l'emploi (passage de B à C) mais aussi une hausse durable des prix (passage de C à D). Et ainsi de suite. Les courbes en pointillés qui traduisent les réactions de l'économie aux chocs monétaires ne sont pas en contradiction avec les observations de Phillips ; les monétaristes disent d'elles qu'elles correspondent à des ajustements « de courte période », tandis que la droite verticale qui passe par U^* représente pour eux la courbe de Phillips « de longue période ».

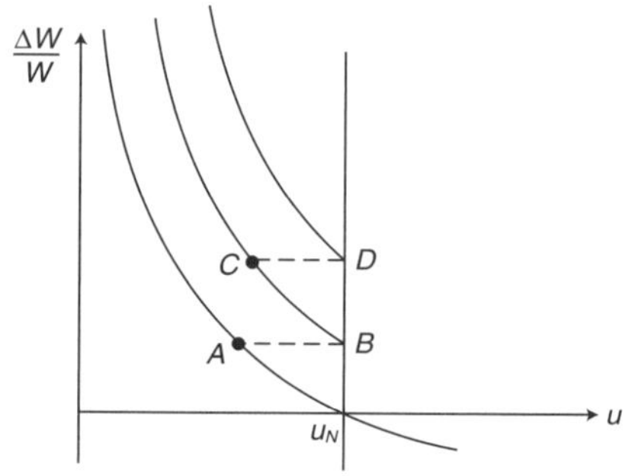

Figure 2

L'analyse qui vient d'être faite n'envisage *que* des situations d'équilibre (concurrentiel), dans lesquelles les travailleurs trouvent toujours à s'employer au salaire affiché ; la seule différence entre l'état « naturel » et les autres états provient de ce que, dans ces derniers, les travailleurs se trompent sur la valeur réelle du salaire qu'ils peuvent obtenir.

La courbe de Phillips : bilan

La courbe de Phillips est une des (rares) relations empiriquement établies en économie. Du moins le croyait-on jusqu'au début des années soixante-dix, où l'apparition du phénomène de stagflation a semé le doute à son propos ; les monétaristes en ont d'ailleurs profité pour en fournir une explication qui la dénature complètement. Toutefois, depuis que la grande vague d'inflation des années soixante-dix a disparu, la stagflation en a fait autant ; l'idée d'un arbitrage entre emploi et inflation est réapparue, même si bien peu proposent de s'en servir pour la politique économique. Il est vrai que, depuis, les thèses « monétaristes » en ce qui concerne le rôle des anticipations ont pris de l'importance. La crainte de mener une politique qui pourrait relancer l'inflation dans le futur serait un des facteurs qui empêchent d'augmenter l'emploi « présent ». On peut cependant noter que, depuis que l'inflation a presque complètement disparu, le taux de chômage a nettement augmenté dans la plupart des pays concernés, le fait de le qualifier de « naturel » ne changeant rien au problème. Comment expliquer alors un tel phénomène ? Peut-on considérer qu'il est en contradiction totale avec celui que Phillips a tenté de décrire, ou alors en est-il un cas limite ? Finalement, la principale question est celle de savoir si « une certaine INFLATION » peut ne pas être défavorable à l'emploi, comme cela semble avoir été le cas pendant les « TRENTE GLORIEUSES », ou s'il n'en est rien.

Les interprétations données à la courbe de Phillips par les monétaristes et les keynésiens sont celles du courant dominant, situé dans la mouvance néo-classique. On peut cependant en donner une autre, aussi vraisemblable, si ce n'est plus : la courbe de Phillips est l'expression du *rapport de force* entre travailleurs et patrons ; ainsi, lorsque le chômage est faible, les premiers ont un pouvoir de revendication plus élevé que lorsque le chômage est fort, ce qui se ressent au niveau des salaires. Mais cette interprétation peut difficilement prendre une forme mathématique, le paramètre « rapport de force » étant en bonne partie insaisissable — ce qui ne veut pas dire qu'il ne soit pas pertinent.

Point fixe (théorème du)

Soit une fonction $f(\cdot)$ d'un ensemble E dans lui-même ; on dit qu'un élément X de E est un *point fixe* de $f(\cdot)$ s'il vérifie l'égalité :

$$f(X) = X.$$

Si la fonction $f(\cdot)$ représente un processus de la forme :

$$X_{t+1} = f(X_t),$$

où X_t décrit l'état d'un système à l'instant t, le fait que l'état de ce système soit égal à X à un moment quelconque implique qu'il le sera indéfiniment par la suite. C'est pourquoi on dit de X qu'il est un point fixe de la fonction $f(\cdot)$; il est aussi, dans le cas présent, un ÉQUILIBRE du processus représenté par cette fonction. En théorie économique, il y a donc un lien étroit entre les notions de point fixe et d'équilibre.

Si l'ensemble E de départ et d'arrivée de $f(\cdot)$ est une partie *fermée* (qui « contient sa frontière »), *bornée* et CONVEXE de $\mathcal{R}$, et si la fonction $f(\cdot)$ est continue sur E, alors cette fonction a au moins un point fixe dans E. Ce résultat est appelé *théorème du point fixe*. On notera qu'il n'exclut pas que $f(\cdot)$ puisse avoir *plusieurs* points fixes dans E.

La *démonstration* du théorème du point fixe est très simple dans le cas où $E \in \mathcal{R}$. En effet, alors les parties fermées, bornées et convexes sont des intervalles de la forme $[a,b]$, où $a < b$. Comme, par hypothèse, $f(\cdot)$ est une fonction de $[a,b]$ dans $[a,b]$, on a forcément :

(1) $f(a) > a$ et $f(b) < b$.

Par conséquent, la fonction $g(x) = f(x) - x$ est telle que :

$$g(a) > 0 \text{ et } g(b) < 0.$$

Comme $f(\cdot)$ est continue par hypothèse, $g(\cdot)$ l'est aussi ; comme celle-ci est positive en a et négative en b, il s'ensuit qu'il existe un x pour lequel elle s'annule : $g(x) = 0$. Comme, par définition de $g(\cdot)$, $g(x) = f(x) - x$, on en conclut que cet x est un point fixe de $f(\cdot)$.

Le théorème du point fixe est également valable lorsque $f(\cdot)$ est une *correspondance*, c'est-à-dire une fonction qui à un x fait correspondre plusieurs « images ». Celles-ci doivent alors constituer un ensemble « d'un même tenant », ou « sans trous », comme par exemple avec les fonctions dites « en escalier » ; la définition de la continuité est évidemment plus compliquée dans le cas des correspondances.

La démonstration du théorème du point fixe a d'abord été faite, au début du siècle et pour les fonctions, par le mathématicien Brouwer ; sa généralisation aux correspondances est due à l'économiste-mathématicien Kakutani, qui l'a mise au point au début des années quarante.

Point-selle

Dans les *modèles dynamiques*, situation où les solutions (ou « trajectoires ») ne convergent que pour certaines CONDITIONS INITIALES très particulières. Cette situation fait penser à une selle de cheval (idéale) : si l'on place une bille en n'importe quel point de la selle, dans tous les cas cette bille roulera jusqu'à tomber par terre, *sauf si elle est placée « juste dans l'axe » de la selle* ; dans ce cas, qui est tout à fait exceptionnel, elle tend vers le seul équilibre de la selle, qui est le point le plus bas de son axe.

La figure ci-dessous décrit une situation de type point-selle, où l'équilibre est donné par le point *E*, l'« axe de la selle » par la droite *AA′* ; seules les trajectoires dont la valeur initiale se trouve sur cette droite vont converger vers l'équilibre.

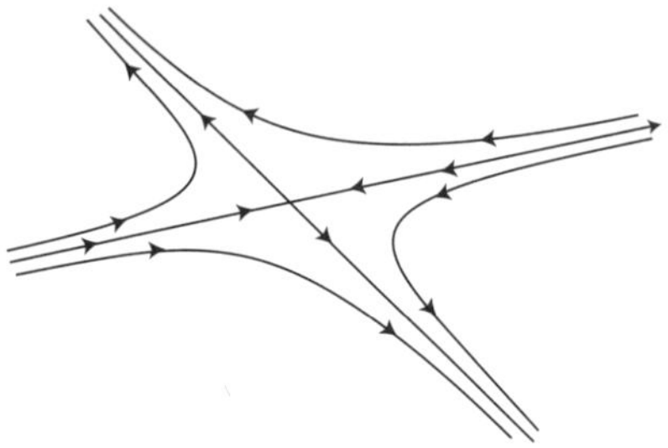

Les points-selle sont parfois appelés *cols* (l'équilibre est alors donné par le col lui-même, la direction de stabilité par la courbe qui joint les « sommets des montagnes » en passant par le col).

Dans le cas d'une selle de cheval, il n'y a qu'une seule direction de stabilité (l'« axe de la selle »). On peut toutefois considérer que la situation n'est pas fondamentalement différente lorsqu'il existe plusieurs directions de stabilité — et même, éventuellement, une infinité —, mais l'ensemble de ces directions est « négligeable » si on le compare à l'ensemble de toutes les conditions initiales possibles (tel est le cas, par exemple, si les directions de stabilité forment un sous-espace vectoriel de dimension $n - 1$ dans l'espace à n dimensions). En effet, dans ce cas, comme dans celui de la selle de cheval, la probabilité est « pratiquement nulle » de se trouver sur une trajectoire qui converge (en supposant, par exemple, qu'on tire au hasard les valeurs données aux conditions initiales). C'est pourquoi on peut dire de ces situations qu'elles sont « de type point-selle », même si elles n'ont aucune ressemblance « géométrique » avec une selle de cheval, ou même si elles comportent plus d'une direction de stabilité (le point important étant ici que l'ensemble des trajectoires convergentes soit négligeable, si on le compare à l'ensemble des trajectoires possibles).

Politique économique

Branche des théories économiques qui traite des diverses façons dont l'État peut intervenir pour infléchir la conjoncture, notamment en ce qui concerne l'évolution de la production et du niveau des prix. L'État dispose pour cela de divers « instruments », dont la *politique budgétaire* — qui fixe ses recettes (impôts et taxes, pour l'essentiel) et ses dépenses (salaires, équipements, subventions, etc.) — et la *politique monétaire* — qui vise à contrôler l'évolution de la masse monétaire. Le modèle IS-LM est à la base de la plupart des analyses de politique économique.

Mais l'État mène aussi une politique plus « structurelle », dont le but est d'aménager l'économie « en profondeur » ; tel est le cas de la politique industrielle (aide à certaines industries, parce qu'elles sont « naissantes » ou pour leur rôle moteur) ou de la politique d'aménagement du territoire. A cela s'ajoutent les politiques de redistribution du revenu, d'aide à la famille ou à telle ou telle catégorie d'individus. Si l'on inclut dans la politique économique ces types de politiques — dans lesquelles la conjoncture ne joue pas un rôle déterminant —, alors on peut dire que la politique économique a trois fonctions : régulation de la conjoncture, affectation (partielle) des ressources entre les diverses activités, redistribution des revenus entre différentes catégories de la population. Ces fonctions ne sont pas complètement différentes ; par exemple, la politique fiscale influence à la fois l'évolution de la conjoncture, l'affectation des ressources (subventions à certaines industries) et la redistribution des revenus.

Postkeynésiens

Économistes qui se réclament de la pensée de KEYNES tout en se démarquant du courant KEYNÉSIEN dominant de la macroéconomie (constitué autour du modèle IS-LM et, plus généralement, de ce qu'on appelle la SYNTHÈSE NÉO-CLASSIQUE). Un des principaux reproches que font les postkeynésiens aux « keynésiens de la synthèse », c'est de ne pas prendre en compte l'INCERTITUDE — au sens où Keynes l'entendait — dans leur analyses, qui finalement ne se distinguent de celles des néo-classiques « traditionnels » (notamment, les MONÉTARISTES) que par la place qu'elles donnent aux « imperfections » du système WALRASIEN. Les postkeynésiens insistent également sur le rôle de la MONNAIE, qui est pour eux une variable ENDOGÈNE (Paul Davidson, *Money and the Real World*, Macmillan, 1978), et sur le caractère instable du capitalisme, dont les crises financières sont une des manifestations (Hyman Minsky, *Stabilizing an Unstable Economy*, Basic Books, 1986) ; ils appellent une intervention active et directe de l'État, à la fois pour « stabiliser » l'économie et pour « réguler » la relation salariale (dans le cadre, par exemple, de la lutte contre l'inflation).

L'adjectif « postkeynésien » peut être appliqué de façon plus large à tous les économistes qui adoptent un point de vue critique à l'égard des analyses NÉO-CLASSIQUES, et qui pensent comme Keynes que le capitalisme conduit rarement au plein emploi ou à une croissance régulière. Bon nombre de ces économistes ont été influencés par la pensée de MARX. On trouve parmi eux Joan Robinson (1903-1983) (qui, dans sa jeunesse, a été à l'origine de la théorie de la CONCURRENCE MONOPOLISTE), Nicholas Kaldor (1908-1986), qui s'est particulièrement intéressé au problème de la croissance et de la répartition, Michal Kalecki (1899-1970), dont la réflexion a porté surtout sur les cycles économiques, ainsi que toute une école qui s'est formée à partir des analyses de SRAFFA, notamment dans le but de critiquer les analyses faites sur la base de la FONCTION DE PRODUCTION NÉO-CLASSIQUE, et la théorie de la RÉPARTITION qui lui est associée (L. Passinetti, *Growth and Income Distribution : Essays in Economic Theory*, Cambridge University Press, 1974).

Le mouvement postkeynésien, qui publie une revue — le *Journal of Post Keynesian Economics* —, se présente donc comme une sorte de nébuleuse, dont le point commun est une démarche critique par rapport aux analyses néo-classiques. Favorables à l'intervention de l'État, réservés sur la possibilité de modéliser l'économie, les postkeynésiens ne proposent pas de grands systèmes à la manière néo-classique (certains d'entre eux ont cependant songé à le faire, dans les années soixante et soixante-dix, à partir du modèle de Sraffa) ; ce qui ne les empêche pas d'étudier la façon dont le capitalisme évolue, de réfléchir sur des politiques économiques alternatives à celles que proposent les néo-classiques et même, pour certains d'entre eux, sur des projets de sociétés radicalement différentes de celles que nous connaissons.

Préférence pour la liquidité

Terme utilisé pour désigner la motivation d'un individu à détenir de la MONNAIE, c'est-à-dire un droit immédiat (pour reprendre une expression de KEYNES) à l'achat de biens et de titres ou de toute autre chose. Keynes accorde, dans ses analyses, une grande importance à la préférence pour la liquidité ; il lui voit trois raisons ou « motifs » :

« Les trois éléments que nous venons de distinguer dans la préférence pour la liquidité peuvent être définis par les motifs qui les gouvernent : *1°* le motif de transactions, *i.e.* le besoin de monnaie pour la réalisation courante des échanges personnels et professionnels ; *2°* le motif de précaution, *i.e.* le désir de sécurité en ce qui concerne l'équivalent futur en argent d'une certaine proportion de ses ressources totales ; et *3°* le motif de spéculation, *i.e.* le désir de profiter d'une connaissance meilleure que celle du marché de ce que réserve l'avenir. » (*Théorie générale*, Paris, 1936 ; citation extraite de l'édition 1982 de la Petite bibliothèque Payot, p. 181.)

La préférence pour la liquidité a un prix : le taux d'intérêt. En effet, détenir de la monnaie, c'est renoncer à effectuer un placement (en actions, en obligations, etc.) qui est susceptible de « rapporter » quelque chose, dont le taux d'intérêt est un indicateur. Comme le dit Keynes :

« Lorsqu'un homme accumule ses épargnes sous forme d'argent liquide, il ne gagne aucun intérêt bien qu'il épargne tout autant qu'un autre. Au contraire la simple définition du taux d'intérêt nous dit en aussi peu de mots qu'il est la récompense pour la renonciation à la liquidité durant une période déterminée. » (*Théorie générale*, p. 178 ; *TG* par la suite.)

L'INCERTITUDE joue un rôle essentiel dans la préférence pour la liquidité. Elle intervient dans le motif de transaction (on détient de la monnaie pour faire face aux aléas de la vie de tous les jours), mais elle agit de façon plus marquée sur les autres motifs. Citons encore Keynes :

« Toutefois, il faut qu'une condition nécessaire soit remplie pour qu'il puisse exister une préférence pour l'argent liquide en tant que moyen de détenir la richesse. Cette condition nécessaire est l'existence d'*incertitudes* quant à l'avenir du taux de l'intérêt, *i.e.* quant aux gammes des taux d'intérêt qui prévaudront à des dates futures. » (*TG*, p. 179.)

Ainsi, « toute personne dont le sentiment diffère de l'opinion dominante » cherche à détenir de la monnaie pour tirer parti des variations des taux d'intérêt qu'elle anticipe. Le motif de spéculation, qui est à la base de ce comportement, occupe donc une place essentielle dans les analyses de Keynes, car il est à l'origine des fluctuations de la préférence pour la liquidité (les deux autres motifs étant plus « stables ») ; il mérite donc d'être précisé.

Le motif de spéculation

Pour mieux voir ce qu'il en est, on va reprendre l'exemple de Keynes sur les variations anticipées du taux d'intérêt ; on se situe dans le cas le plus simple possible, celui de titres à durée de vie infinie. Un individu qui détient un de ces titres, dont le prix d'émission a été — disons — de 100 euros, au taux d'intérêt annuel de 5 %, détient un *droit à toucher* 5 % · 100 euros = 5 euros chaque année. Si le taux d'intérêt qui prévaut à un moment donné est de 4 %, l'individu peut prétendre revendre son titre pour un prix x tel que 5 % · 100 euros = 4 % · x (c'est-à-dire au prix x = 125 euros). En effet, il explique à l'acheteur potentiel : « Si vous achetez un titre de 100 euros émis au taux qui prévaut actuellement, votre rendement sera de 4 % ; il est donc équivalent pour vous d'acheter mon titre à 125 euros, puisque ce titre vous rapportera 5 euros par an, soit un rendement de 5/125 = 4 %, qui est le même que pour les autres titres (tiens, pour vous décider, je vous le cède à 124,90 euros, comme ça vous gagnez à l'opération !). » (Ce raisonnement suppose qu'il y a ARBITRAGE entre les titres, leur prix variant de façon qu'ils aient tous le même rendement.)

Une baisse du taux d'intérêt fait donc augmenter la valeur d'échange d'un titre émis à un taux fixe, alors qu'une hausse la diminue. De façon plus générale, et plus précise, si l'on note i_0 le taux d'intérêt au moment où est émis un titre (à durée de vie infinie) dont la valeur nominale (« écrite sur lui ») est égale à B, et si le taux d'intérêt au moment où ce titre est vendu est i_t, alors son prix de vente p_t est tel que : $i_0 \cdot B = i_t \cdot p_t$, donc tel que :

$$p_t = \frac{i_0 \cdot B}{i_t}.$$

Si un individu s'attend, en t, que le taux d'intérêt augmente en $t + 1$, il va vendre en t ses titres au prix p_t, et donc « demander de la monnaie », monnaie qu'il compte utiliser en $t + 1$ pour racheter des titres, mais à un prix plus faible ; s'il pense que le taux d'intérêt va diminuer, alors il va acheter des titres en t dans le but de les revendre en $t + 1$ et de faire ainsi une plus-value (un gain en capital).

Le raisonnement vaut évidemment pour les titres qui comportent une date précise de remboursement, même si les calculs sont alors nettement plus compliqués, puisqu'ils doivent prendre en compte la plus ou moins grande proximité de l'échéance (plus celle-ci est proche, et moins le prix du titre est sensible aux variations du taux d'intérêt).

Une partie de la masse monétaire va donc servir à ce type d'activité, dont l'importance varie avec le nombre de candidats à la spéculation, mais aussi en fonction des fluctuations de leurs anticipations (la variable pertinente est, dans ce cas, non pas le taux d'intérêt présent, mais l'*écart entre ce taux et le taux d'intérêt anticipé*).

Préférence pour le présent

On dit d'un individu qu'il a une préférence pour le présent si, lorsqu'il dispose d'un panier de biens qui comporte *autant de bien présent que de bien futur*, alors il préfère consommer « tout de suite » une unité supplémentaire de bien présent plutôt qu'une unité de bien futur (l'unité supplémentaire de bien présent lui procure plus de satisfaction que l'unité supplémentaire de bien futur). Si les goûts du consommateur sont représentés par une fonction d'UTILITÉ (dérivable) $U(c_0, c_1)$, où c_0 représente la consommation présente et c_1 la consommation future, alors il y a préférence pour le présent [au panier (c, c)] si :

$$U'_{c_0}(c, c) > U'_{c_1}(c, c).$$

On considère généralement qu'un taux d'intérêt strictement positif dans une économie traduit une préférence pour le présent de l'ensemble de la société.

Dans les modèles de CHOIX INTERTEMPOREL, la préférence pour le présent se traduit souvent par l'apparition d'expressions de la forme $1/(1 + r)^t$ ou e^{-rt}, qui affectent l'utilité procurée par les biens qui seront consommés à l'instant t (les fonctions d'utilité étant supposées SÉPARABLES).

Préférences révélées (axiome des)

Condition de cohérence que doit respecter le choix du CONSOMMATEUR rationnel ;

Samuelson (dans ses *Fondements de l'analyse économique*, 1947) a particulièrement attiré l'attention sur cette condition, qui — si elle est respectée — peut permettre de retrouver la relation de préférence du consommateur à partir de sa *fonction* de demande (celle-ci « révèle » donc les préférences du consommateur).

L'axiome des préférences révélées ne fait que traduire l'idée selon laquelle si un panier de biens Q est choisi pour un certain système de prix (quelconque) et si un autre panier Q' aurait aussi pu l'être à ces prix (car il n'est pas plus cher que lui), alors si Q' est choisi pour *un autre* système de prix, c'est parce que Q ne peut l'être à ces prix (il est « trop cher »).

Si l'on note P le « système » (vecteur) de prix pour lequel Q est choisi, alors le fait que Q' n'est pas choisi aux prix P bien qu'il aurait pu l'être implique qu'il n'est pas plus cher que Q, c'est-à-dire que :

(1) $P \cdot Q' \leq P \cdot Q$

(sachant que Q est choisi aux prix P, l'inégalité (1) signifie qu'il *se révèle être préféré à* Q', ce qu'on écrit parfois $Q\,R\,Q'$).

Si le consommateur — que l'on suppose rationnel — choisit le panier de biens Q' pour un vecteur de prix quelconque P' ($\neq P$), c'est parce qu'il ne peut choisir Q à ces prix (il est plus cher que Q' aux prix P') ; on a donc :

$$P' \cdot Q > P' \cdot Q'.$$

L'axiome des préférences révélées s'écrit donc, *sachant que Q est choisi aux prix P et Q' aux prix P'* :

(2) $P \cdot Q' \leq P \cdot Q \Rightarrow P' \cdot Q > P' \cdot Q'$.

Avec la relation R — « se révèle être préféré à » —, l'implication (2) s'écrit :

$$Q\,R\,Q' \Rightarrow \text{non } Q'\,R\,Q.$$

Cet « axiome » énonce donc une condition « minimale » de cohérence dans les choix d'un individu (il ne peut agir de façon qu'on ait *à la fois Q* révélé préféré à Q' *et Q'* révélé préféré à Q) ; son principal intérêt théorique tient toutefois au fait que, s'il est vérifié *pour tous les choix possibles du consommateur*, alors il est possible de connaître la relation de préférence de celui-ci (par « intégration »). D'où la proposition vague, mais fréquente : les « préférences révélées » — observables — permettraient de contourner le problème posé par la détermination des fonctions d'utilité d'un consommateur (qui, elles, ne sont pas observables).

Toutefois, cinquante ans après sa formulation, on constate que la théorie des préférences révélées est restée purement « théorique » — elle intervient dans certaines démonstrations, tel le théorème de Sonnenschein ; autrement dit, elle est apparue totalement stérile sur le plan « pratique ». Il y a une raison fort simple à cela : comme la relation de préférence, les *fonctions* de demande — et d'offre — sont en fait *inobservables*, puisque pour les connaître il faudrait interroger le

Préférences révélées et demandes globales

L'axiome des préférences révélées exprime une condition de cohérence (et donc de rationalité) que doivent vérifier les choix des individus, tels qu'ils s'expriment par leurs demandes. Cette condition peut cependant ne pas être vérifiée par leur choix *agrégé*, obtenu en additionnant leurs demandes individuelles. Il n'est donc pas possible d'assimiler un ensemble d'individus à un individu unique qui aurait un comportement semblable aux individus qu'il « représente », et dont le choix serait forcément cohérent (c'est le problème — insoluble — de l'agrégation des comportements individuels).

Pour illustrer ce qui vient d'être dit, considérons l'exemple suivant :

— aux prix (1, 1), A choisit (1, 3) et B choisit (3, 1) ;

— aux prix (3, 1), A choisit (1, 3/2) et B choisit (4, 1/2).

Le panier (1, 3) se révèle être préféré au panier (1, 3/2), puisqu'il est choisi aux prix (1, 1), alors que (1, 3/2) aurait pu l'être à ces prix. Si A ne choisit pas (1, 3) aux prix (3, 1), c'est parce qu'il est « trop cher » à ces prix, comparativement à (1, 3/2). Son comportement est cohérent (ou, du moins, il n'est pas incohérent).

De même, pour B, le panier (4, 1/2) se révèle être préféré au panier (3, 1), puisqu'il est choisi aux prix (3, 1) alors que le panier (3, 1) est moins cher à ces prix. Si B ne choisit pas (4, 1/2) aux prix (1, 1), c'est parce qu'il est « trop cher » à ces prix, comparativement à (3, 1). Son comportement est cohérent (ou, du moins, il n'est pas incohérent).

Considérons maintenant le choix « agrégé » de A et B, obtenu en additionnant le choix de l'un et de l'autre. Soit :

- aux prix (1, 1) : (4, 4) ;
- aux prix (3, 1) : (5, 2).

Comme aux prix (1, 1), le « choix » est (4, 4) alors que (5, 2) est moins cher à ces prix, (4, 4) *se révèle être préféré à* (5, 2).

Comme aux prix (3, 1), le « choix » est (5, 2) alors que (4, 4) est moins cher à ces prix, (5, 2) *se révèle être préféré à* (4, 4).

Le choix de l'« individu agrégé » $A + B$ est donc incohérent, alors que ceux de A et de B ne le sont pas.

consommateur sur ses choix pour *tous les prix possibles* ; autant lui demander alors directement de classer tous les paniers de biens envisageables, et donc de préciser quelle est sa relation de préférence !

Remarques.

— L'axiome des préférences révélées tel qu'il est donné par (2) ne suffit pas pour « remonter » à la relation de préférence ; pour le faire, il faut en donner une version un peu plus forte, qui découle de la transitivité de la relation de préférence : si $Q R Q_1$, $Q_1 R Q_2$, …, $Q_{n-1} R Q_n$, alors on doit avoir $Q R Q_n$, quelle que soit la « chaîne » de paniers intermédiaires Q_1, …, Q_{n-1} (Bernard Guerrien, *Concurrence, flexibilité et stabilité*, Economica, Paris, 1989, chapitre IV).

— L'axiome des préférences révélées (2) exprime une condition de rationalité *individuelle* ; il n'est plus valable si les paniers Q et Q' représentent des demandes globales (somme des demandes individuelles) ; ainsi, même si ces demandes vérifient « individuellement » l'axiome, il se peut que leur *somme* ne le fasse pas (pour un exemple, voir l'encadré « Préférences révélées et demandes globales ») ; ce qui limite beaucoup l'intérêt « pratique » de l'axiome, puisque les études « appliquées » portent presque toujours sur les demandes de populations d'individus.

Premier ordre (conditions du)

Une condition *nécessaire* pour qu'une fonction à n variables dérivable en un point admette un EXTREMUM (local) en ce point est que ses dérivées s'annulent en ce point. Cette condition est appelée condition « du premier ordre » car elle concerne les dérivées « premières » de la fonction (et non ses dérivées secondes ou d'un ordre supérieur).

Ainsi, dans le cas où l'on cherche à maximiser (ou à minimiser) une fonction de n variables, $f(x_1, x_2, ..., x_n)$, dont les variables sont libres, les conditions du premier ordre prennent la forme du système d'équations :

$$f'_{x_i}(x_1, x_2, ..., x_n) = 0, i = 1, ..., n.$$

Lorsque les variables x qui interviennent dans $f(\cdot)$ sont liées par des contraintes de la forme $g_j(x_1, x_2, ..., x_n) = 0$, où les fonctions $g(\cdot)$ sont dérivables, alors les conditions du premier d'ordre s'écrivent :

$$L'_{x_i}(x_1, x_2, ..., x_n) = 0, i = 1, ..., n,$$

où la fonction $L(\cdot) = f(\cdot) + \lambda_1 g_1(\cdot) + ... + \lambda_n g_n(\cdot)$ est le LAGRANGIEN du programme d'optimisation considéré.

Les conditions du premier ordre permettent de déterminer les points « candidats » à être des extremums d'une fonction dérivable (avec ou sans contraintes sur ses variables) ; elles sont une condition *nécessaire*, qui ne dit rien sur la nature de ces points (maximum, minimum ou ni l'un ni l'autre). Pour en savoir plus à leur propos, on cherche généralement à déterminer les conditions du DEUXIÈME ORDRE, qui portent sur les *dérivées secondes* de cette fonction. Lorsqu'elle est à plusieurs variables, ces conditions sont complexes et d'un maniement lourd. C'est pourquoi dans les modèles économiques il est souvent supposé que les fonctions étudiées sont CONCAVES, ou CONVEXES ; alors les conditions du premier ordre suffisent à caractériser les points candidats (maximum pour une fonction concave, minimum pour une fonction convexe).

Prévisions parfaites

Un modèle économique est dit « à prévisions parfaites » si *tous* les agents y prévoient correctement — c'est-à-dire sans faire d'erreur — ce qui va se passer pendant *toute* leur durée de vie. Si le modèle comporte plus d'un agent, alors les prévisions de chacun doivent être vérifiées en ce qui concerne non seulement les variables « objectives » telles que les prix et les quantités, mais aussi le comportement des autres variables.

La notion de prévision parfaite est inséparable de celle d'ÉQUILIBRE, puisque l'équilibre suppose que les agents réalisent leurs plans de la façon prévue ; or un plan ne peut être établi que sur la base de prévisions, aussi frustes soient-elles. Il existe cependant deux façons d'envisager l'équilibre — et les prévisions qui l'accompagnent — selon l'horizon retenu : soit le point de vue adopté est celui de l'ÉQUILIBRE TEMPORAIRE, soit c'est celui de l'ÉQUILIBRE INTERTEMPOREL. Dans la premier cas, il y a équilibre temporaire dans le sens où les plans des agents sont compatibles entre eux à une période donnée (ou à toutes les périodes) sans que les prévisions sur la base desquelles ces plans ont été établis aient besoin d'être correctes, alors qu'à l'équilibre intertemporel elles le sont forcément ; on ne peut donc parler de prévisions parfaites que dans ce second cas. Autrement dit, *il existe un lien étroit entre prévisions parfaites et équilibre intertemporel.* Ainsi, on peut considérer que l'équilibre général du modèle de CONCURRENCE PARFAITE est à prévisions parfaites puisque, en raison de l'hypothèse d'existence d'un SYSTÈME COMPLET DE MARCHÉS faite par ce modèle, les agents ont la possibilité d'acheter et de vendre (aux prix — d'équilibre — affichés et pour toute leur durée de vie) ce qu'ils prévoient au moment où ils établissent leur plan (intertemporel).

Prévisions parfaites et modèles de croissance

Les prévisions parfaites sont, en modélisation économique, la règle plutôt que l'exception puisque, par hypothèse, tout modèle comportant un équilibre permanent est à prévisions parfaites (au moins implicitement, si la nature des prévisions n'y est pas précisée). C'est là une des interprétations possibles des modèles de croissance à la SOLOW, où les anticipations — non explicitées dans le modèle — sont supposées être telles que, à chaque instant, toute l'épargne est réinvestie (c'est la condition d'équilibre permanent). Ce qui n'exclut pas les trajectoires « explosives » (non convergentes) ; ce type de trajectoire devient courant dès que le modèle de Solow comporte plus d'un bien-capital ; malgré les prévisions parfaites, l'économie court à sa perte sauf si le « stock initial » de capital et de travail prend des valeurs très particulières (ce qui correspond à une situation du type POINT-SELLE).

C'est l'existence de ce problème de trajectoires explosives — auquel il a même été donné un nom : le *problème de Hahn* — qui explique en bonne partie pourquoi les NÉO-CLASSIQUES se sont désintéressés pendant plus d'un quart de siècle des modèles de croissance ; ceux-ci ont cependant été remis à l'ordre du jour à la fin des années quatre-vingt, dans le cadre de la théorie dite « de la CROISSANCE ENDOGÈNE ». Dans cette théorie, qui garde pour l'essentiel le cadre de Solow, les sources de la croissance sont en partie modifiées, mais l'évolution de l'économie en prévisions parfaites présente toujours des caractéristiques de type point-selle — il n'y a croissance à un taux constant que pour des valeurs très particulières des paramètres. En fait, seul change l'état d'esprit du théoricien : ce qui était auparavant considéré comme une mauvaise chose (un point-selle représente une situation foncièrement instable) en devient une bonne. En effet, l'existence d'une seule trajectoire convergente conduit le théoricien à lui donner un statut privilégié, l'économie ne pouvant que se situer (de façon mystérieuse, il est vrai) sur cette trajectoire.

L'indétermination inhérente aux modèles de croissance à prévisions parfaites avec plusieurs biens-capitaux — indétermination qui avait refroidi l'enthousiasme des théoriciens néo-classiques à la fin des années cinquante — est donc levée au profit d'une hypothèse de « superrationalité », qui revient à supposer qu'il existe une entité collective qui « choisit » les conditions initiales de façon à ce que l'« économie » se situe sur la « bonne » trajectoire. Finalement, la représentation la plus appropriée des modèles de croissance à la Solow est celle d'un planificateur, ou d'un agent unique, qui fait un choix intertemporel en prévisions parfaites.

Prévisions parfaites et autoréalisation

En dehors des modèles de croissance, c'est en MACROÉCONOMIE que l'hypothèse de prévisions parfaites s'est progressivement imposée dans les années soixante-dix, au point de devenir quasi hégémonique chez les néo-classiques, y compris ceux qui se disent KEYNÉSIENS ; cette hypothèse a tellement modifié la façon d'analyser les questions macroéconomiques que certains parlent à son propos de « révolution des anticipations rationnelles » (les ANTICIPATIONS RATIONNELLES sont une variante des prévisions parfaites, comme on le verra plus loin).

L'argument qui justifie le fait qu'on parle de « révolution » est simple : si on adopte le point de vue selon lequel seuls les raisonnements à l'équilibre ont un sens, alors il faut être conséquent jusqu'au bout et ne retenir que les cas où les prévisions sont parfaites (puisque dans tous les autres cas des anticipations sont forcément erronées, ce qui conduit les agents qui les font à réviser leurs plans, et il n'y a donc pas à proprement parler équilibre). Les prévisions d'un agent sont établies à partir de l'information dont il dispose, mais aussi à partir de ses CONJECTURES sur le comportement des autres agents — autrement dit, sur la façon de réagir de l'« économie » dans son ensemble. Pour que les prévisions soient parfaites, il faut donc que les choix des agents confirment leurs conjectures, c'est-à-dire que chacun agisse de la façon prévue par les autres. Sur le plan mathématique, les prévisions parfaites se présentent comme un POINT FIXE du processus :

prévisions en $t \longrightarrow$ actions en $t+1 \longrightarrow$ prévisions en $t+1 \longrightarrow$ actions en $t+2 \longrightarrow$ prévisions en $t+2 \longrightarrow \ldots$ (comme les prévisions sont des *fonctions mathématiques* — qui associent à l'information disponible les valeurs prévues —, les points fixes de ce processus ne sont pas des nombres, mais des *fonctions* — des « points » de l'espace des fonctions).

Lorsque les prévisions sont parfaites, il y a AUTORÉALISATION : les prévisions sont à l'origine d'actions dont le résultat les confirme. Toutefois, pour qu'il y ait autoréalisation, il faut qu'il y ait au départ quelque chose à « autoréaliser » ; par exemple, il faut dans le processus évoqué plus haut qu'il y ait des prévisions « initiales », qui déterminent les « premières » actions, celles qui « déclenchent le processus ». Comme il existe une infinité de prévisions initiales possibles — déduites des croyances des agents —, il en est de même en ce qui concerne les prévisions autoréalisatrices (la seule condition imposée à celles-ci est la cohérence). Par exemple, si des agents croient que la THÉORIE QUANTITATIVE DE LA MONNAIE est vraie, alors ils réagissent à une hausse de la masse monétaire par une hausse des prix du même ordre, de sorte que les prédictions de la théorie sont « confirmées » ; s'ils sont disciples de KEYNES et pensent que la création de monnaie supplémentaire va « stimuler » la demande et augmenter l'emploi, alors il y aura une embauche de main-d'œuvre supplémentaire pour faire face à la hausse attendue de la demande, et celle-ci augmentera effectivement du fait même de ces embauches (et de l'action, par exemple, du MULTIPLICATEUR KEYNÉSIEN).

Ainsi, *prévisions parfaites et autoréalisation sont des synonymes*, qui dépendent étroitement des *croyances* des agents. Celles-ci sont cependant rarement explicitées dans les modèles ; si elles n'apparaissent pas, par exemple, dans les modèles de croissance, c'est soit parce que ceux-ci ne comportent qu'un *seul agent* (qui n'a donc pas de raison de croire à ce que peuvent faire les autres), soit parce qu'ils supposent des comportements prédéterminés (par exemple, une fraction constante du revenu est épargnée), sans maximisation « consciente » — et donc sans qu'il y ait besoin de se référer à des croyances.

En revanche, l'approche est différente lorsqu'il est fait référence aux comportements maximisateurs individuels (dans le cadre, par exemple, de la recherche de FONDEMENTS MICROÉCONOMIQUES de la macroéconomie), car alors les croyances sont un *élément constitutif* du modèle, *quel qu'il soit*, même si elles sont rarement explicitées. Dans ce cas, pour « résoudre » le modèle avec des prévisions parfaites, on suppose que les agents font leurs prévisions à partir du modèle de l'économie dans laquelle leurs actions s'insèrent ; comme celles-ci concordent alors, par définition, avec ce que le modèle prévoit, il y a autoréalisation (voir, à titre d'illustration, l'encadré « Un exemple de modèle macroéconomique en prévisions parfaites »).

Les modèles à GÉNÉRATIONS IMBRIQUÉES, devenus à la mode dans les années soixante-dix, font aussi largement appel à l'hypothèse de prévisions parfaites, avec des conséquences parfois étonnantes (par exemple, remise en cause du fait que l'équilibre de concurrence parfaite est un OPTIMUM DE PARETO). La remarque vaut aussi pour les JEUX SÉQUENTIELS en information complète et parfaite.

Prévisions parfaites et anticipations rationnelles

Lorsque les macroéconomistes (à commencer par les NOUVEAUX CLASSIQUES) ont repris à leur compte la notion de prévision parfaite, c'est dans le cadre de réflexions à propos de la conjoncture économique. Or celle-ci comporte toujours une part de fluctuations aléatoires, qui ne peuvent donc être saisies dans le contexte strictement déterministe que supposent les prévisions parfaites habituelles. D'où l'idée d'introduire des aléas dans le modèle (par exemple, des variations imprévisibles de la masse monétaire) tout en gardant des prévisions parfaites ; celles-ci portent alors sur les *lois de probabilité* qui gouvernent les variables du modèle considéré. Les prévisions (autoréalisatrices) ne sont pas forcément « exactes » « ponctuellement », mais elles le sont « en moyenne » (l'ESPÉRANCE MATHÉMATIQUE des variables anticipées doit être égale aux valeurs réalisées de ces variables). Si les agents se trompent dans leurs prévisions, cela est dû à l'existence d'aléas inévitables, et non à une représentation erronée de la société dans laquelle ils vivent.

Il y a donc encore autoréalisation, mais « en moyenne » (plus précisément, en espérance mathématique), les croyances prenant ici la forme de distributions de probabilité. On appelle *anticipations rationnelles* les prévisions parfaites de ce type, la « rationalité » signifiant ici que tant qu'un agent fait des prévisions erronées il cherche à les modifier, jusqu'à ce qu'il n'ait plus de raison de le faire. Toutefois, le principal argument avancé pour justifier les anticipations rationnelles est l'argument d'*équilibre*, déja évoqué plus haut : tant que ce qui est observé ne concorde pas avec ce qui est prévu (ici, en probabilité), il n'y a pas équilibre puisque les agents sont alors conduits à réviser leurs plans.

Remarque. Souvent, une distinction est faite entre prévisions parfaites et anticipations rationnelles, celles-ci étant présentées comme une hypothèse moins « forte », puisqu'elles laissent place à certains types d'aléas et donc à des prévisions qui ne sont pas tout à fait exactes. Mais une telle distinction n'a pas lieu d'être ; d'ailleurs, l'hypothèse d'anticipations rationnelles est d'une certaine façon plus forte, ou plus « élaborée », que celle de prévisions parfaites puisqu'elle suppose une connaissance exacte des *lois de probabilité* (qui sont des fonctions, au sens mathématique) qui gouvernent les relations économiques, et non seulement des valeurs (nombres) que peuvent prendre ces relations.

Conclusion

L'hypothèse de prévisions parfaites, et sa variante dite des « anticipations rationnelles », occupe une place centrale dans la plu-

Un exemple de modèle macroéconomique à prévisions parfaites

C'est dans les années soixante-dix, au moment où le problème de l'inflation devenait particulièrement aigu dans la plupart des pays, que la question des anticipations a été mise à l'ordre du jour par les macroéconomistes, notamment par Milton FRIEDMAN et par les NOUVEAUX CLASSIQUES. Ces derniers ont accordé une place centrale à l'hypothèse de prévisions parfaites (à laquelle ils ont donné le nom d'« anticipations rationnelles »), qu'ils ont introduite dans des modèles agrégés, dont la structure de base est formée par les trois équations suivantes :

— *une équation d'offre :*

(1) $$y_t^s = y_t^* + \alpha(p_t - p_t^a)$$

(l'offre y_t^s en t est égale à la « production naturelle » — de plein emploi — y_t^* auquel se rajoute un facteur qui est proportionnel à l'erreur de prévision sur le prix, $p_t - p_t^a$, où p_t^a est la valeur anticipée, en $t - 1$, du prix qui prévaut effectivement en t, p_t) ;

— *une équation de demande :*

(2) $$y_t^d = m_t + v - p_t$$

(c'est la *formule quantitative*, dans le cas où les variables sont exprimées en *logarithmes*, m_t et v désignant respectivement le logarithme de la masse monétaire — en t — et de la vitesse de circulation de la monnaie) ;

— *une équation représentant l'hypothèse d'équilibre permanent :*

(3) $$y_t^s = y_t^d \text{, pour tout } t \in IN.$$

En reportant dans (3) les expressions données par (1) et (2), puis en résolvant en p_t, il vient :

(4) $$p_t = \frac{m_t + v + \alpha\, p_t^a - y_t^*}{1 + \alpha}.$$

Le prix en t dépend donc du prix anticipé p_t^a ; pour en déterminer la valeur, il faut donc préciser la façon dont se forment les anticipations. Le plus simple est alors de supposer que $p_t^a = p_t$, c'est-à-dire qu'il y a prévision parfaite. Avec cette hypothèse, (4) s'écrit :

(5) $$p_t = \frac{m_t + v + \alpha\, p_t - y_t^*}{1 + \alpha}.$$

et donc :

(6) $$p_t = m_t + v - y_t^*.$$

Les agents qui font des prévisions parfaites vont donc effectuer les mêmes calculs que nous et déduire le prix (6) à partir des équations (1), (2) et (3). Le point essentiel ici, c'est qu'ils *croient* que ces équations sont celles qui régissent l'économie dans laquelle ils se trouvent ; car alors, en agissant sur la base de ces croyances, ils « font » que le prix (6) devient celui qui se réalise effectivement. Il y a autoréalisation, ce qui apparaît « mathématiquement » dans l'équation (5), où le prix p_t est « déterminé » par lui-même (on est donc en présence d'un point fixe).

Les croyances des agents du modèle sont « quantitativistes » — ils croient en la véracité de l'équation (2) — et « walrasiennes » — ils croient qu'il y a équilibre concurrentiel permanent [équation (3)]. Parmi ces croyances — qui sont celles de Friedman et des nouveaux classiques —, il y a notamment le fait que la masse monétaire est EXOGÈNE et que la production évolue de façon « naturelle », tant qu'elle n'est pas « perturbée » par des erreurs d'anticipation.

Remarque. En commentant le modèle, on a parlé « des » agents de l'économie, mais de façon très vague ; en réalité, vu le caractère extrêmement agrégé du modèle, il est difficile d'y voir la résultante des actions de plusieurs agents. Alors, soit on considère qu'il représente ce que ferait un *agent unique* (mais pourquoi aurait-il besoin de monnaie, ou même de formuler des offres et des demandes ?), soit on reste dans le vague, en se contentant de faire des calculs, en invoquant le caractère « macroéconomique » de l'approche (ce qui est évidemment une pirouette, une façon d'éviter le problème posé). Ni l'une ni l'autre de ces solutions n'est satisfaisante.

part des modèles économiques qui supposent des choix rationnels. Elle est en réalité constitutive de l'équilibre général intertemporel et fait jouer un rôle central aux *croyances* des agents (même si souvent les modélisateurs ne le précisent pas ou n'en sont pas conscients), les prévisions n'étant parfaites que parce qu'il y a autoréalisation des croyances des individus qui font ces prévisions.

Bien entendu, ce n'est pas parce que cette hypothèse est très répandue qu'elle en devient pour autant pertinente. En fait, elle sert avant tout à éviter de poser sérieusement le problème de la façon dont se forment les anticipations des agents et des conséquences que peuvent avoir des erreurs (significatives) d'anticipation. Keynes, par exemple, s'est élevé contre cette hypothèse, qui met de côté un des éléments essentiels de la vie économique, l'INCERTITUDE.

Prix implicite (en anglais : *shadow price*)

Prix attribué — par un planificateur, par l'État dans les analyses coûts-avantages ou par un agent économique (entreprise ou ménage) — à un bien ou à une ressource qui n'est pas l'objet d'une transaction marchande (et pour lequel il n'y a donc pas de prix affiché). Ainsi, une entreprise peut attribuer un prix implicite à certaines des ressources dont elle dispose afin de déterminer la façon de mieux les affecter ; un planificateur cherche à le faire pour l'ensemble de l'économie. Les prix implicites peuvent aussi être utilisés pour l'évaluation des coûts et des avantages lors de la production de BIENS COLLECTIFS ou lorsqu'il y a des EXTERNALITÉS.

Dans certaines conditions, les multiplicateurs de LAGRANGE associés à un programme d'optimisation sous contraintes peuvent être interprétés comme des prix implicites pour les ressources disponibles en quantité limitée — ce qui est donc à l'origine des contraintes, ou de certaines d'entre elles. De même, on peut considérer comme des prix implicites les variables du *dual* d'un PROGRAMME LINÉAIRE qui concerne la production de biens dont les INPUTS sont disponibles en quantités limitées (les prix implicites s'appliquent à ces inputs).

Lorsque les prix implicites sont associés à des contraintes sur les ressources, alors on peut voir en eux des indicateurs de rareté, ou d'« intensité » des contraintes, spécifiques au programme étudié.

Productivité marginale

Au sens courant, « intuitif », augmentation de la quantité de produit qu'une entreprise peut obtenir à partir de l'utilisation d'une unité supplémentaire d'un de ses INPUTS — travail, énergie, matière première, etc. Il y a donc autant de productivités marginales que d'inputs ; leur valeur dépend du « panier d'inputs » considéré, puisque les productivités marginales supposent des variations (« une unité supplémentaire d'input ») à partir d'une position donnée (ce que traduit l'adjectif « marginale »). Par conséquent, si les techniques disponibles sont caractérisées par la FONCTION DE PRODUCTION $f(\cdot)$, alors la productivité marginale du i-ème input lorsque le panier d'inputs est $(q_1, \ldots, q_n)$ est donnée par :

(1) $f(q_1, \ldots, q_i + 1, \ldots, q_n) - f(q_1, \ldots, q_i, \ldots, q_n)$.

Comme cela est toujours le cas avec les concepts « marginalistes », les « variations unitaires » ne sont pas d'un maniement mathématique aisé, notamment au moment de la recherche des extremums d'une fonction ; c'est pourquoi l'habitude a été prise de caractériser les productivités marginales par les *dérivées partielles* de la fonction de production au panier d'inputs considéré, à condition que cette fonction soit dérivable. Soit :

Productivité marg. de l'input i en $(q_1, \ldots, q_n)$: $f'_{q_i}(q_1, \ldots, q_n)$.

Productivités marginales et profit maximal

Le concept de productivité marginale apparaît au moment où l'entreprise cherche à déterminer la production qui lui permet d'obtenir un profit maximal. On suppose alors que les productivités marginales sont *décroissantes*, de façon que l'utilisation d'inputs supplémentaires devienne de moins en moins « intéressante », car de plus en plus coûteuse relativement à ce qu'elle peut « rapporter ». Si l'on suppose que les prix sont donnés et indépendants des quantités offertes et demandées de biens par l'entreprise, comme en CONCURRENCE PARFAITE, alors une *condition nécessaire* pour que son profit soit maximal est que la productivité marginale d'un input (quelconque) multipliée par le prix du bien produit soit égale au prix de l'input.

La condition de décroissance de la productivité marginale des inputs semble « raisonnable » ; on peut ainsi considérer que les premières heures de travail fournies par une personne sont plus « productives » que les heures suivantes, en raison de la fatigue qui s'accumule progressivement. Mais on peut aussi estimer qu'un « travailleur fatigué » n'est pas la même personne qu'un « travailleur reposé », et qu'il faut distinguer les activités de l'un de celles de l'autre ; dans ce cas, la productivité marginale n'est pas décroissante, mais constante. Le raisonnement vaut pour n'importe quel input, et notamment pour la terre (des terres qui ont des fertilités différentes ne peuvent être assimilées les unes aux autres). La conclusion qui s'en dégage est que les productivités marginales peuvent être tout aussi constantes que décroissantes — à condition de distinguer « finement » entre les inputs (et donc d'en multiplier le nombre).

Productivités marginales et répartition

A l'équilibre de CONCURRENCE PARFAITE, la productivité marginale des inputs — évaluée en quantité de produit — est égale à leur prix. De cette proposition, qui n'est valable que dans le cadre très particulier de ce modèle, on en déduit de façon un peu vague que « la rémunération des inputs est égale à leur productivité marginale ». Puis, comme l'équilibre de concurrence parfaite est un OPTIMUM DE PARETO, on en conclut que la rémunération selon la productivité marginale est « optimale », du point de vue de la collectivité. Cette conclusion concerne notamment la rémunération du travail, des propriétaires des machines et des équipements en général, ainsi que celle de la terre ; elle relève de ce qu'on appelle la *théorie de la répartition.*

La théorie de la répartition selon la productivité marginale est généralement attribuée aux NÉO-CLASSIQUES, qui accordent une place centrale dans leurs analyses au modèle de concurrence parfaite. Cette théorie leur procure une NORME, mais elle veut aussi faire passer l'idée selon laquelle la répartition « optimale » est en quelque sorte « déterminée » par les conditions techniques (puisque les productivités marginales sont des caractéristiques de la fonction de production) ; il y aurait ainsi une sorte de « fatalité » dans la répartition, pour que celle-ci soit compatible avec l'« efficience » (ce « message » apparaît encore plus clairement dans la version agrégée de cette théorie qui est donnée par le « théorème » de l'ÉPUISEMENT DU PRODUIT). L'« optimalité » (de Pareto) à laquelle cette théorie se réfère suppose néanmoins une *répartition préalable*, celle des DOTATIONS INITIALES (et donc des droits de propriété).

Profit

Différence entre les recettes et les dépenses (d'une entreprise, par exemple). L'explication de l'origine du profit varie d'une théorie à l'autre, même si pour la plupart d'entre elles le profit correspond à la *rémunération du capital*. La divergence porte sur la nature de cette rémunération : est-elle la contrepartie d'une « contribution » à la production ? Ou n'est-elle que la conséquence d'une certaine forme d'organisation sociale — et, notamment, de la façon dont sont répartis les droits de propriété ? Ce dernier point de vue est, en partie, celui des CLASSIQUES et, surtout, celui de MARX, pour lequel le profit n'est que la forme prise par la *plus-value* produite par les travailleurs, que s'approprient les propriétaires des capitaux.

Alors que pour les classiques et pour Marx, le travail est à l'origine de toute VALEUR, pour les NÉO-CLASSIQUES, le CAPITAL crée aussi de la valeur, le profit étant la contrepartie de la valeur créée (il est la rémunération du FACTEUR DE PRODUCTION qu'est le capital). La position néo-classique pose néanmoins un problème logique, compte tenu de la façon dont est défini le profit. En effet, comme celui-ci est donné par la différence entre les recettes et les dépenses, et comme ces dernières sont censées inclure la rémunération de *tout* ce qui participe à la production, il s'ensuit que la différence entre les recettes et les dépenses ne peut rémunérer quoi que ce soit. Les théoriciens néo-classiques cherchent à éviter cette contradiction de deux façons différentes ; il supposent :

— *soit que le profit est nul*, comme cela arrive pour une entreprise qui a des RENDEMENTS D'ÉCHELLE constants en équilibre de CONCURRENCE PARFAITE ; c'est d'ailleurs en raison de cette condition de profit (d'équilibre) nul que les néo-classiques accordent une place privilégiée aux rendements d'échelle constants chaque fois qu'ils le peuvent (ce qui leur permet d'appliquer le théorème de l'ÉPUISEMENT DU PRODUIT) ; toutefois, l'hypothèse de rendements d'échelle constants en équilibre de

concurrence parfaite présente l'*inconvénient majeur* de conduire à une *offre indéterminée* (le profit d'équilibre est toujours nul, quel que soit le niveau de production) ;
— *soit que le profit n'est pas nul, mais qu'il rémunère un « facteur caché »* (ou qu'il représente une RENTE) ; outre le fait qu'elle ramène au cas précédent (dès que le « facteur caché » est rémunéré, le profit devient nul), cette « solution » présente l'inconvénient d'être quasi tautologique — du moins tant que les caractéristiques du « facteur caché » ne sont pas précisées (si c'est fait, alors ce « facteur » doit être incorporé en tant qu'argument de la fonction de production, de sorte qu'il n'est plus « caché ») ;
— *soit que le profit n'est pas nul, mais qu'il n'est positif que « momentanément »*, car il a pour vocation de disparaître sous l'effet de la « LIBRE ENTRÉE » ; dans ce cas, le profit devient (mystérieusement) un « surprofit ». Les arguments avancés pour expliquer sa « disparition » progressive sont peu satisfaisants, car si l'on s'en tient au cadre théorique utilisé (celui de courbes de COÛT MOYEN en U), l'irruption de nouveaux producteurs ne fait s'évanouir le profit que de façon tout à fait exceptionnelle (le résultat de la libre entrée ne peut être, en règle générale, qu'un mouvement perpétuel — et brutal — d'« entrées-sorties »).

On peut constater que l'*entrepreneur* n'occupe aucune place dans l'analyse (à moins de voir en lui un facteur de production parmi d'autres) ; ce qui s'explique, puisqu'il n'y a pas d'INCERTITUDE dans les modèles considérés : il suffit d'un ordinateur pour déterminer les offres et les demandes aux prix donnés. Il n'y a pas besoin de rémunération spécifique pour cela.

Programmation linéaire

Méthode de recherche des extremums d'une fonction linéaire dont les variables sont soumises à des contraintes qui prennent la forme d'inégalités linéaires. Cette méthode peut être appliquée à de nombreux problèmes, par exemple la gestion de stocks ou le transport de marchandises entre divers points, et plus généralement à la planification. Elle s'appuie sur le *théorème de la dualité*, qui permet d'associer à chaque contrainte un nombre (positif) qui peut être interprété comme un prix — ou comme un coût ; ce théorème et son interprétation ne sont en fait que des applications au cas linéaire du théorème de KUHN et TUCKER et du théorème de l'ENVELOPPE.

Un exemple de programme linéaire

L'écriture des programmes linéaires peut être faite en recourant aux *matrices*, ce qui simplifie beaucoup la présentation. Toutefois, celle-ci est alors très abstraite et laisse difficilement entrevoir la problématique sous-jacente, contrairement à une écriture détaillée, mais avec des notations plus lourdes. Compte tenu de cela, on va commencer par traiter un cas simple (avec un nombre limité de biens), puis on passera (aisément) au cas général en utilisant la présentation matricielle.

On considère une entreprise qui peut produire deux biens, dont les quantités sont données par un vecteur (q_1, q_2) ; cette production se fait — à coefficients constants — à partir de trois INPUTS, dont les quantités sont données par le vecteur $(\alpha_1, \alpha_2, \alpha_3)$. S'il faut a_{ij} du bien de l'input i pour produire une unité du bien j, alors les contraintes imposées à la production en raison du caractère limité des inputs disponibles sont :

$$(1) \qquad \begin{cases} a_{11}q_1 + a_{12}q_2 \leq \alpha_1 \\ a_{21}q_1 + a_{22}q_2 \leq \alpha_2 \\ a_{31}q_1 + a_{32}q_2 \leq \alpha_3. \end{cases}$$

Les inégalités (1) peuvent s'écrire de façon condensée sous la *forme matricielle* :

$$(1') \qquad \mathbf{A}\,\mathrm{Q} \leq \boldsymbol{\alpha}$$

où **A** est la *matrice des coefficients techniques*, formée par les a_{ij}, Q le vecteur (colonne) des quantités produites (outputs) et α celui des inputs disponibles.

Comme le problème étudié concerne des *quantités* de biens (produites ou en stock), tous les nombres qui interviennent dans les inégalités (1) sont *positifs*. Par conséquent, les couples (q_1, q_2) qui vérifient ces inégalités se trouvent dans le « cadran positif » d'un plan muni d'un système d'axes cartésiens ; comme l'inégalité $a_{i1}q_1 + a_{i2}q_2 \leq \alpha_i$ est satisfaite par tous les points qui se touvent *en dessous* de la droite d'équation $a_{i1}q_1 + a_{i2}q_2 = \alpha_i$, $i = 1, 2, 3$, ceux de ces couples qui satisfont les contraintes (1) sont donnés par les points du cadran positif délimité par ses axes et par les trois droites qui caractérisent ces contraintes. La figure 1 donne un exemple d'un tel ensemble de points, ensemble dont la « frontière » (ici un hexagone) est appelée *simplexe*.

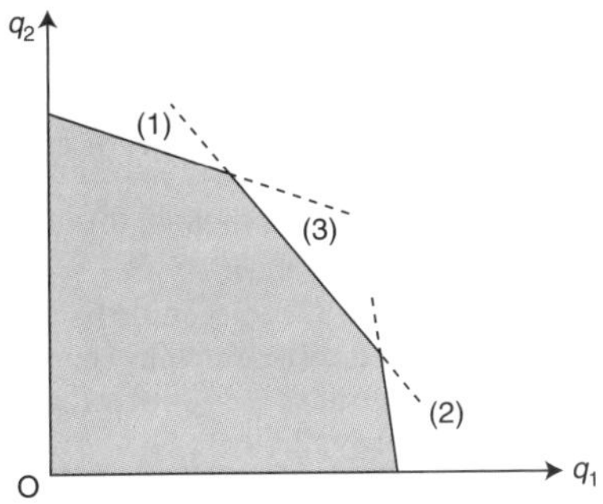

Figure 1

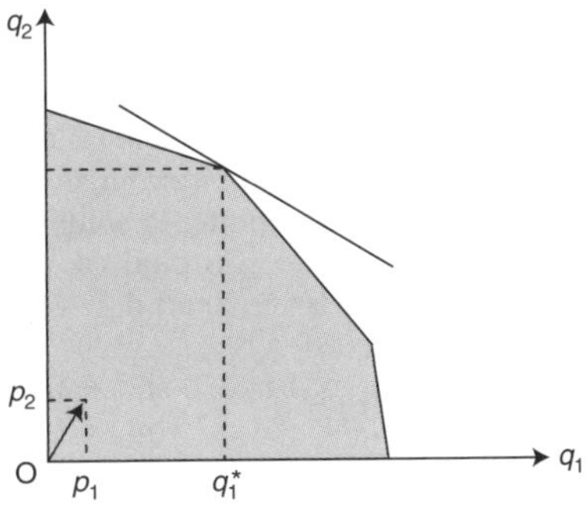

Figure 2

Pour compléter le programme, on caractérise l'entreprise par une *fonction-objectif*, également linéaire, de la forme :
$p_1q_1 + p_2q_2$ (= ${}^tPQ$, où P est la matrice-colonne formée par p_1 *et* p_2),
les paramètres p pouvant être interprétés comme des prix ; si tel est le cas, la fonction-objectif donne la *recette* que procure la vente de la production (q_1, q_2). Par définition, une *solution* du programme linéaire est une production qui rend maximale cette recette, tout en vérifiant les contraintes (1). Quand il n'y a que deux biens produits, comme c'est le cas ici, alors il est possible de *déterminer graphiquement* cette solution ; en effet, pour cela il suffit de trouver la droite d'équation $p_1q_1 + p_2q_2 = c$ pour laquelle c est le plus grand possible, et qui ait au moins un point dans la région du plan où l'inégalité (1) est vérifiée. On voit graphiquement (mais aussi par le calcul) que les solutions du programme ne peuvent se trouver que sur la « frontière » de cette région et qu'en règle générale elle se réduit à un point unique (un « sommet » où se coupent deux demi-droites). Ce point dépend évidemment des pentes respectives des droites qui représentent les contraintes et la fonction-objectif. Ainsi, dans la figure 2, la solution du programme est donnée par le panier (q_1^*, q_2^*) qui se trouve à l'intersection de la première et de la troisième contrainte (toutes deux sont donc « saturées » en ce point : les stocks disponibles des premier et troisième inputs sont complètement utilisés, mais pas celui du deuxième input).

Dans le cas où il y a plus de deux produits, il n'est évidemment plus possible de faire une étude graphique du programme.

Toutefois, il existe des méthodes de résolution qui consistent à « parcourir » la « frontière » (le simplexe) de l'ensemble défini par les inégalités linéaires que doivent vérifier les solutions de tout programme linéaire, jusqu'à trouver le « point » — ou le « sommet » — où la fonction-objectif est la plus grande possible. Ces méthodes relèvent de techniques mathématiques particulières (notamment la « recherche opérationnelle » et l'« analyse numérique ») qui intéressent plus l'ingénieur ou le gestionnaire que le théoricien de l'économie ; en revanche, celui-ci est particulièrement concerné par le *théorème de la dualité*, qui permet de donner une interprétation particulière des prix de certains biens (ici les inputs), en tant qu'indicateurs de l'« intensité » des contraintes subies.

Le dual d'un programme linéaire

Dans un programme linéaire, le fait que les quantités d'inputs soient restreintes impose une limite à la recette (maximale) possible. D'où la question : pourquoi ne pas se procurer plus d'inputs, de façon à pouvoir augmenter la production, et donc la recette ? Toute-fois, s'il est possible d'acheter sans limite des inputs, alors la recette maximale devient théoriquement infinie, *sauf si* les dépenses nécessaires à l'achat des inputs supplémentaires sont au moins égales aux recettes qu'il est possible de faire à partir de ces achats. Si l'on affecte la « valeur » v_i à l'input i, cette condition s'écrit :

$$a_{11}v_1 + a_{21}v_2 + a_{31}v_3 \geq p_1$$

(2) (*coût d'une unité du bien* 1 *supérieur à son prix*)

$$a_{21}v_1 + a_{22}v_2 + a_{32}v_3 \geq p_2$$

(*coût d'une unité du bien* 2 *supérieur à son prix*)

soit, sous forme matricielle :

$$ {}^t\mathbf{A}\, V \geq P, $$

où ${}^t\mathbf{A}$ est la *transposée* de la matrice **A** des coefficients techniques, V et P étant des matrices-colonne formées, respectivement, par les valeurs v imputées aux inputs et par les prix p des outputs.

Pour qu'il n'y ait pas production à perte du bien 1 (resp. 2), il faut que les valeurs v qui interviennent dans la première (resp. la deuxième) condition de (2) soient telles que l'égalité ait lieu. Comme l'entreprise ne va pas produire un bien à perte, la solution de son programme et de son dual (solution caractérisée par un astérisque) doit vérifier les *relations d'exclusion* :

$$(3)\begin{cases} q_1^*(a_{11}v_1^* + a_{21}v_2^* + a_{31}v_3^* - p_1) = 0 \\ q_2^*(a_{12}v_1^* + a_{22}v_2^* + a_{32}v_3^* - p_2) = 0\,. \end{cases}$$

Les relations (3) signifient que, dans le cas « optimal », soit le bien i ($i = 1, 2$) n'est pas produit ($q_i^* = 0$) car son coût aux valeurs V^* est supérieur à son prix de vente ($a_{1i}v_1^* + a_{2i}v_2^* + a_{3i}v_3^* - p_i > 0$), soit il est produit ($q_i^* > 0$), mais alors c'est au prix coûtant ($a_{1i}v_1^* + a_{2i}v_2^* + a_{3i}v_3^* - p_i = 0$).

Comme les variables v sont assimilées à des coûts, l'idée vient de chercher les valeurs qui rendent minimal le coût des inputs disponibles. C'est en s'appuyant sur cette idée qu'on construit le *dual* du programme linéaire considéré, c'est-à-dire le programme suivant :

$$\text{minimiser } \alpha_1 v_1 + \alpha_2 v_2 + \alpha_3 v_3,$$

les v vérifiant les contraintes :

$$\begin{cases} a_{11}v_1 + a_{21}v_2 + a_{31}v_3 \geq p_1 \\ a_{21}v_1 + a_{22}v_2 + a_{32}v_3 \geq p_2 \\ v_i \geq 0 \quad i = 1, 2, 3. \end{cases}$$

Primal et dual

Ainsi, par un raisonnement plus ou moins « économique » on a associé à un programme linéaire donné un autre programme linéaire, son « dual ». Afin de distinguer le premier du second, on appelle *primal* le programme initial. Dans l'interprétation économique, le primal opère dans l'« espace des biens », tandis que le dual le fait dans l'« espace des valeurs », le « passage » de l'un et l'autre se faisant en quelque sorte à travers les *produits scalaires* $\alpha_1 v_1 + \alpha_2 v_2 + \alpha_3 v_3$ et $p_1q_1 + p_2q_2$, qui représentent des valeurs de *paniers de biens* (inputs ou outputs).

Indépendamment de l'interprétation économique qu'on en donne, la construction du dual d'un programme linéaire se fait selon un certain nombre de règles précises, qui consistent à :

— passer d'une fonction-objectif à maximiser à une fonction-objectif à minimiser ;

— renverser le sens des inégalités qui caractérisent les contraintes, sauf celles qui concernent le signe des variables (qui sont toutes supposées positives) ;

— transposer la matrice des coefficients techniques ;

— permuter le rôle des paramètres qui interviennent dans les fonctions-objectif et dans les contraintes (les coefficients des premières dans un des programmes indiquant le niveau des contraintes dans l'autre).

Ce qui peut être résumé en utilisant les notations matricielles (les vecteurs sont écrits en colonne, leur transposée — en ligne — étant précédée du symbole ^{t}) :

Primal	**Dual**
Maximiser ^{t}PQ	Minimiser $^t\alpha$V
AQ $\leq \alpha$	^{t}AV $\geq$ P
X $\geq$ 0	V $\geq$ 0

D'un point de vue mathématique, la construction du dual est justifiée par le fait qu'il existe un rapport étroit entre sa (ou ses) solution(s) et celle(s) du primal, rapport qui est donné par le *théorème de la dualité*.

Remarque. On constate sans peine que le dual du dual n'est rien d'autre que le primal. En fait, primal et dual sont « interchangeables », et un programme ayant la forme du « dual » décrit ci-dessus est évidemment un programme linéaire, dont le primal est le dual du cas qui nous a servi de référence.

Le théorème de la dualité

Pour comprendre la signification de ce théorème, revenons au programme « initial » (deux variables, trois contraintes) et à son dual ; multiplions la première contrainte de celui-ci par q_1 et la deuxième par q_2 [ces contraintes sont données par le système (2)], puis additionnons les inégalités obtenues, qui ne changent pas de signe puisque les q sont par hypothèse positifs ; nous obtenons :

$$(4)\quad (a_{11}q_1 + a_{21}q_2)v_1 + (a_{21}q_1 + a_{22}q_2)v_2 + (a_{31}q_1 + a_{32}q_2)v_3 \geq p_1q_1 + p_2q_2.$$

On obtient de façon similaire, à partir des inégalités (1) qui caractérisent le primal (qu'on multiplie par les v) :

$$(5)\quad \alpha_1 v_1 + \alpha_2 v_2 + \alpha_3 v_3 \geq (a_{11}q_1 + a_{21}q_2)v_1 + (a_{21}q_1 + a_{22}q_2)v_2 + (a_{31}q_1 + a_{32}q_2)v_3.$$

De cette inégalité et de l'inégalité (4) il découle que :

$$(6)\quad \alpha_1 v_1 + \alpha_2 v_2 + \alpha_3 v_3 \geq p_1q_1 + p_2q_2.$$

Ainsi, le coût en inputs, calculé en utilisant les variables v du dual, est supérieur ou égal à la valeur (maximale) du produit qui peut être obtenu à partir de ces inputs ; autrement dit, il ne peut y avoir de profit positif, ce qui est normal, étant donné la façon dont a été construit le dual. L'inégalité (6) étant vraie pour tous les v et tous les q (positifs), elle l'est en particulier pour les v^* qui rendent minimal le coût et pour les v^* qui rendent maximale la recette. Soit :

$$\alpha_1 v_1^* + \alpha_2 v_2^* + \alpha_3 v_3^* \geq p_1 q_1^* + p_2 q_2^*.$$

Si cette inégalité était stricte, la production se ferait à perte (en supposant que les inputs sont évalués aux prix v). C'est ici qu'intervient le théorème de la dualité qui affirme que l'inégalité est valable également dans l'autre sens, de sorte qu'on a :

$$\alpha_1 q_1^* + \alpha_2 q_2^* + \alpha_3 q_3^* \geq p_1 q_1^* + p_2 q_2^* .$$

Ainsi, à la recette maximale correspond un coût minimal (évalué à partir de la solution du dual), auquel elle est égale. C'est cette égalité qu'on appelle généralement *théorème de la dualité*.

Une des conséquences du théorème de la dualité est que les solutions du primal et du dual vérifient les relations d'exclusion (3), ainsi que leur équivalent pour le primal :

$$v_i^*(\alpha_i - a_{i1}q_1^* - a_{i2}q_2^*) = 0 \quad i = 1, 2, 3,$$

qui impliquent qu'aux inputs non complètement utilisés sont associés des prix nuls (si $\alpha_i - a_{i1}q_1^* - a_{i2}q_2^* > 0$, alors $v_i^* = 0$).

Les valeurs v sont souvent appelées *prix implicites* (*shadow prices*) ; ces prix sont « implicites » car ils sont spécifiques à l'entreprise étudiée ; ils dépendent donc de la forme des coefficients techniques a_{ij} et du stock d'inputs (les α), mais aussi des prix des outputs p.

Si l'on considère l'ensemble formé par le primal et par le dual d'un programme linéaire, alors la situation est du type POINT-SELLE, puisqu'il y a maximum dans une direction (solution du primal) et minimum dans l'autre (solution du dual).

Pour finir, on notera qu'en utilisant les notations matricielles on obtient très facilement les inégalités (4) et (5), dans le cas général. Pour cela, il suffit de prémultiplier par le vecteur (positif) ^{t}V la contrainte du primal $\mathbf{A}Q \leq \alpha$ et par le vecteur (également positif) ^{t}Q la contrainte du dual ${}^t\mathbf{A}V \geq P$, puis de remarquer que comme ${}^tV\mathbf{A}Q$ est un nombre (donc forcément égal à sa transposée) on a ${}^tV\mathbf{A}Q = {}^t({}^tV\mathbf{A}Q) = {}^tQ{}^t\mathbf{A}V$ et donc :

$${}^tQP \leq {}^tV\mathbf{A}Q \leq {}^tV\alpha,$$

ce qui n'est rien d'autre que l'écriture matricielle des inégalités (4), (5) et (6), dans le cas où les nombres de variables et de contraintes sont quelconques. Si Q^* et V^* sont, respectivement, une solution du primal et du dual, il découle alors du théorème de la dualité que :

$${}^tQ^*P = {}^tV^*\alpha.$$

Programme linéaire et théorème de l'enveloppe

Un programme linéaire n'est rien d'autre qu'un programme de maximisation sous contraintes, avec des fonctions linéaires, donc « ayant toutes les propriétés voulues » (notamment de dérivabilité), auxquelles on peut donc appliquer le théorème de Kuhn et Tucker, qui dit qu'à chaque contrainte est associé un multiplicateur de LAGRANGE (positif) tel que les dérivées du lagrangien s'annulent au(x) solution(s) du programme. Or, si l'on écrit ces conditions du premier ordre (en incluant dans les contraintes le fait que les variables du primal doivent être positives), on tombe sur le dual, dont les multiplicateurs de Lagrange sont la solution.

Dans ces conditions, on peut appliquer le théorème de l'ENVELOPPE, selon lequel la dérivée du lagrangien par rapport à l'un des paramètres (quelconques) du modèle est un indicateur de la variation de la *valeur maximale* de la fonction-objectif lorsqu'on fait varier ce paramètre. Si, dans le cas présent, on prend pour paramètre la quantité disponible de l'input i, α_i, qui n'intervient que dans le terme $\lambda_i(\alpha_i - a_{i1}q_1 - \ldots - a_{ip}q_p)$ du lagrangien, il s'ensuit que la dérivée de celui-ci par rapport à α_i est le multiplicateur λ_i, c'est-à-dire la solution v_i^* du dual. Par conséquent, celle-ci donne la variation de la recette maximale lorsque la quantité de l'input i varie (comme on est ici dans le cas linéaire, on peut prendre des variations unitaires, la dérivée mesurant *exactement* la variation correspondante de la fonction-objectif). Ce qui est cohérent avec ce qui a été dit plus haut en ce qui concerne les v, en tant que prix imputés aux inputs, car s'il n'y avait pas égalité entre ces prix et la « recette » qu'ils permettent d'obtenir, soit l'entreprise ne produirait pas (cas où une quantité supplémentaire d'input « rapporte » moins qu'elle ne coûte), soit elle chercherait à produire une quantité infinie (cas où ce qu'elle « rapporte » est supérieur à ce qu'elle coûte). On retrouve l'idée selon laquelle l'équilibre de concurrence parfaite suppose un profit nul lorsque les rendements d'échelle sont constants.

Progrès technique

Modification des conditions de production due pour l'essentiel aux découvertes scientifiques et à la mise au point de techniques nouvelles, qui permettent d'augmenter la productivité du travail mais qui sont aussi à l'origine de nouveaux produits. Ainsi, pour MARX, le progrès technique est inhérent au capitalisme, la recherche du profit maximal incitant les entreprises à bouleverser en permanence leurs méthodes de production, même si c'est dans le désordre et avec beaucoup de gâchis, du point de vue de la société dans son ensemble. Curieusement, Marx a une vision plus « dynamique » du capitalisme que les CLASSIQUES et les NÉO-CLASSIQUES, qui accordent moins d'importance au progrès technique et qui ont plutôt un point de vue « stagnationniste », le système ayant tendance selon eux à se rapprocher d'un état STATIONNAIRE.

Il est difficile de dire quelque chose de précis sur le progrès technique, tellement il relève du « qualitatif » et, en partie du moins, du hasard. On peut le considérer soit comme un phénomène EXOGÈNE, parce que déterminé en dehors de la sphère de l'économie, soit comme une phénomène ENDOGÈNE, qui résulte de l'accumulation des connaissances acquises dans le processus économique, mais aussi des ressources qui sont consacrées aux programmes de recherche-développement, soit comme un mélange des deux. C'est ainsi que les néo-classiques ont cherché à prendre en compte le progrès technique dans leurs modèles en l'introduisant dans la FONCTION DE PRODUCTION, qui est censée « résumer » les techniques disponibles dans une économie à un moment donné ; ils l'ont d'abord considéré comme exogène, puis ils ont essayé de l'« endogénéiser ».

Progrès technique exogène et fonction de production néo-classique

On suppose que la production à l'instant t, $Q(t)$, est donnée par :

$$Q(t) = F(K(t), L(t), t),$$

où la fonction $F(\cdot)$ est HOMOGÈNE de degré 1 par rapport au CAPITAL K et au travail L (les rendements d'échelle sont constants à l'instant t). La prise en compte explicite du temps a pour but de donner une place au progrès technique. Comme celui-ci peut agir aussi bien sur la « qualité » du capital K et du travail L que sur la forme de la fonction de production, les théoriciens néo-classiques privilégient le cas où la fonction $F(\cdot)$ demeure invariante dans le temps ; les effets du progrès technique passent donc exclusivement par les arguments de cette fonction, de sorte qu'on a :

$$F(K(t), L(t), t) = F(a(t)K(t), b(t)L(t)),$$

où $a(\cdot)$ et $b(\cdot)$ sont des fonctions à valeurs positives et strictement croissantes.

Parmi les innombrables formes que peuvent prendre ces fonctions, il est d'usage d'envisager trois cas particuliers, qui correspondent à différentes formes de « neutralité » (ce terme désignant le fait que la fonction de production ne se déforme pas dans le temps).

1. La neutralité au sens de Hicks

C'est le cas où les effets du progrès technique s'exercent de la même façon sur le capital et sur le travail, de sorte qu'on a :

$$a(t) = b(t) \text{ pout tout } t.$$

La production à l'instant t, $Q(t)$, est donc donnée par :

$$Q(t) = F(a(t)K(t), a(t)L(t)).$$

Soit, en omettant l'argument t :

$$Q = F(aK, aL).$$

Comme la fonction $F(\cdot)$ est homogène de degré 1, on a donc :

$$Q = aF(K, L).$$

La neutralité du progrès technique se traduit ici par le fait que la forme des ISOQUANTES de $F(\cdot)$ demeure invariante dans le temps (l'action de progrès technique revient à les déplacer de façon « homothétique », sans les déformer). Par conséquent, le TAUX MARGINAL DE SUBSTITUTION (TMS) ne dépend que du capital par tête K/L ; si, comme en CONCURRENCE PARFAITE, on suppose que le TMS est égal au rapport des prix (ici, le salaire et le taux d'intérêt), alors la neutralité au sens de Hicks implique que le capital par tête ne varie pas dans le temps si le salaire et le taux d'intérêt demeurent constants.

Une autre conséquence importante de la neutralité à la Hicks est que l'action du progrès technique — qui s'ajoute à celle du capital et du travail — peut être considérée comme celle d'un « résidu », qui vient s'ajouter à celle des autres facteurs (capital et travail). En effet, si l'on prend la dérivée du logarithme (par rapport au temps) des deux membres de l'égalité $Q = aF(K, L)$, c'est-à-dire la dérivée de :

$$lnQ = lna + lnF(K, L),$$

il vient :

$$(1)\quad \frac{\dot{Q}}{Q} = \frac{\dot{a}}{a} + \frac{F_k'(K, L)\dot{K} + F_L'(K, L)\dot{L}}{F(K, L)}$$

$$= \frac{\dot{a}}{a} + \frac{F_k'(K, L)\dot{K}}{F(K, L)} + \frac{F_L'(K, L)\dot{L}}{F(K, L)}.$$

Par conséquent, si l'on enlève au taux de croissance du produit, $\dot{Q}/Q$, les effets dus aux variations du capital et du travail, $F_K'(K,L) \cdot \dot{K}/F(K,L)$ et $F_L'(K,L) \cdot \dot{L}/F(K,L)$, il « reste » le terme $\dot{a}/a$, qui traduit l'effet du progrès technique.

On peut donner à (1) une forme plus simple, en se servant du fait que $F(\cdot)$ est, par hypothèse, homogène de degré 1. En effet, il découle alors du théorème d'Euler que :

(2) $K \cdot F'_K(K, L) + L \cdot F'_L(K, L) = F(K, L)$.

Si l'on pose :

$$\alpha_K = \frac{K \cdot F'_K(K, L)}{F(K, L)}$$

et

$$\alpha_L = \frac{K \cdot F'_L(K, L)}{F(K, L)}$$

il résulte de (2) que $\alpha_K + \alpha_L = 1$, et (1) peut s'écrire :

(3) $$\frac{\dot{Q}}{Q} = \frac{\dot{a}}{a} + \alpha_L \frac{\dot{K}}{K} + \alpha_L \frac{\dot{L}}{L}$$

$$= \frac{\dot{a}}{a} + \alpha_L \left(\frac{\dot{K}}{K} - \frac{\dot{L}}{L} \right) + \frac{\dot{L}}{L}$$

(puisque $\alpha_L = 1 - \alpha_K$),

et donc, si l'on prend en compte le produit et le capital par tête ($q = Q/L$ et $k = K/L$, respectivement) :

(4) $$\frac{\dot{q}}{q} = \frac{\dot{a}}{a} + \alpha_K \frac{\dot{k}}{k}$$

(puisque de $ln\ q = ln\ Q - ln\ L$, on déduit $\dot{q}/q = \dot{Q}/Q - \dot{L}/L$; de même pour k).

Si l'on suppose que le travail et le capital sont rémunérés selon leur PRODUCTIVITÉ MARGINALE, alors les coefficients α donnent la *part du produit* qui revient à l'un et à l'autre ; l'égalité (3) montre que si le capital et le travail sont rémunérés en fonction de leurs « parts » α_K et α_L, lorsque la production augmente dans le temps, alors il reste une part du produit (dont le terme $\dot{a}/a$ est le reflet) qui rémunère « autre chose » (le progrès technique, si l'on veut, mais il est difficile de lui donner un « support matériel » de façon à en faire un facteur de production).

2. La neutralité au sens de Harrod

C'est le cas où l'action du progrès technique s'exerce exclusivement au niveau de la productivité du travail. On a alors $a(t) = 1$, et la production à l'instant t est donnée par :

$$Q(t) = F(K(t), b(t)L(t)).$$

Il y a ici « neutralité » dans le sens où le rapport du capital au produit demeure constant lorsque le capital et le travail évoluent au même rythme, c'est-à-dire lorsqu'on multiplie l'un et l'autre par une constante λ strictement positive [car alors le produit est également multiplié par λ en raison de l'homogénéité de degré 1 de $F(\cdot)$].

Contrairement au cas de la neutralité au sens de Hicks, le progrès technique a pour conséquence ici que les isoquantes « se déforment » dans le temps. On peut cependant raisonner comme dans le cas de Hicks, à condition de remplacer $L(t)$ par $b(t)L(t)$. Ainsi, pour un rapport salaire/taux d'intérêt donné, le TMS entre travail et capital dépend ici du rapport $K(t)/b(t)L(t)$, et non de $K(t)/L(t)$. Si l'on suppose alors qu'il y a égalité du TMS au rapport des prix (comme en concurrence parfaite), à un rapport salaire/taux d'intérêt constant correspond un rapport $K(t)/b(t)L(t)$ également constant ; mais comme $b(t)$ augmente dans le temps (action « bénéfique » du progrès technique), le rapport $K(t)/L(t)$ doit alors aussi augmenter (pour que $K(t)/b(t)L(t)$ demeure constant) ; à un capital constant correspond donc un emploi qui diminue, pour un rapport donné du prix du travail et du capital.

Dans le cas de la neutralité au sens de Harrod, il n'est pas possible d'« isoler » l'effet du progrès technique, comme dans les formules (3) ou (4) ; ce qui s'explique par le caractère asymétrique de son action.

3. La neutralité au sens de Solow

C'est le cas opposé à celui de Harrod, tout l'effet du progrès technique se concentrant sur le capital. La production est alors donnée par :

$$Q(t) = F(a(t)K(t), L(t)).$$

Ici, c'est le rapport du travail au produit qui demeure constant dans le temps si le capital et le travail évoluent au même rythme ; le TMS, quant à lui, dépend du rapport $a(t)K(t)/L(t)$. Les raisonnements sont les mêmes que dans le cas de la neutralité au sens de Harrod, en inversant les rôles du capital et du travail.

Le progrès technique endogène

Le progrès technique, même s'il comporte une part de hasard, est aussi le résultat des choix des agents économiques : entreprises qui investissent dans la recherche-développement, ménages qui consacrent temps et argent à la formation, sans parler du rôle — fondamental — de l'État. Il est donc en partie endogène, déterminé par le système. Toutefois, même s'il existe un lien entre les dépenses de recherche-développement-éducation et le progrès technique, il est difficile de donner à celui-ci une forme précise, telle une fonction mathématique à laquelle on pourrait attribuer quelques propriétés de type « qualitatif ». C'est pourquoi les quelques modèles qui ont cherché à « endogénéiser » le progrès technique l'ont fait de façon très fruste, soit en reprenant le cas « à la Harrod » mais en supposant que la qualité — et donc la productivité — du travail augmente en raison d'un choix délibéré d'un AGENT REPRÉSENTATIF (il y a alors une accumulation de « capital humain » qui accompagne — et concurrence — l'accumulation du bien produit), soit en supposant qu'il existe des EXTERNALITÉS, l'accumulation de capital « physique » ayant un effet sur la qualité du travail fourni — à travers le phénomène d'apprentissage, par exemple. Telle est l'approche des modèles à CROISSANCE ENDOGÈNE, qui ne diffèrent de celui de Solow que par la façon dont évolue le « capital humain » (amélioration dans la qualité du travail, voulue ou induite).

On notera cependant que la fonction de production néo-classique semble particulièrement inappropriée pour rendre compte des effets du progrès technique, surtout lorsque celui-ci est incorporé « une fois pour toutes » dans les biens-capital — dont la « malléabilité » est généralement très limitée. L'approche par les modèles à GÉNÉRATION DE CAPITAL apparaît alors comme plus judicieuse, même si elle ne fait que constater les effets du progrès technique, sans non plus en expliquer l'origine.

Progression géométrique

Succession de termes qui se déduisent les uns des autres par multiplication par une constante (appelée *raison* de la progression géométrique). Un des exemples célèbres en économie de progression géométrique est la *loi de Malthus*, selon laquelle la population d'un pays (ou du monde) a tendance à s'accroître selon une progression géométrique, alors que les ressources disponibles le font à un rythme moins élevé (par *addition* d'une constante, et non par multiplication). Un autre exemple de progression géométrique est celui de la *capitalisation* d'une somme placée à un taux d'intérêt constant (si l'on note i cet intérêt, alors la raison de la progression géométrique est $1 + i$).

Le terme général d'une progression géométrique de raison q et de premier terme α est :

$$\alpha \cdot q^t$$

où t est un nombre entier positif (parfois, on emploie le symbole n, au lieu de t).

Le « comportement » de la progression géométrique dépend des valeurs données à sa raison q. Plus précisément :

— si $-1 < q < 1$, la progression géométrique tend vers 0 lorsque t tend vers l'infini (elle le fait en décroissant si q est positif, en croissant si q est négatif) ;

— si $q = 1$, elle est constante ; si $q = -1$, elle oscille indéfiniment entre 1 et -1 ;

— si $q > 1$, elle tend vers (plus) l'infini lorsque t tend vers l'infini ;

— si $q < -1$, elle est soumise à des oscillations de plus en plus grandes lorsque t tend vers l'infini.

Une somme S placée au taux i « vaut » $S(1 + i)^t$ à l'instant t ; elle tend vers l'infini lorsque t tend vers l'infini (si $i > 0$).

La série géométrique

On appelle *série géométrique* la somme des termes d'une progression géométrique. Une série géométrique est donc elle-même une suite, dont le terme d'ordre t est de la forme :

$$\sum_{i=0}^{i=t} \alpha q^i .$$

Son premier terme est donc α.

Un cas important en économie de série géométrique est celui de la VALEUR ACTUELLE d'un flux de revenus R (constant), pour un taux d'actualisation i :

$$(1) \qquad \frac{R}{1+i} + \frac{R}{(1+i)^2} + \ldots + \frac{R}{(1+i)^t} .$$

Si l'on appelle S_t la somme $\sum_{i=0}^{i=t} \alpha q^i$, alors on a :

$$S_t - qS_t = \alpha - \alpha q^{t+1},$$

et par conséquent (si $q \neq 1$) :

$$(2) \qquad S_t = \alpha \frac{1 - q^{t+1}}{1 - q} .$$

La formule (2) donne donc la *somme des termes d'une progression géométrique de raison q et de premier terme α*. Cette somme converge [vers $\alpha/(1 - q)$] si et seulement si :

$$-1 < q < 1.$$

Dans le cas de la valeur actuelle (2), cette condition est vérifiée pour $i > 0$, puisqu'on est en présence d'une progression géométrique de raison $1/(1 + i)$. Comme, dans ce cas,

$\alpha = R/(1+i)$, lorsque t tend vers l'infini, la valeur actuelle (2) tend vers :

$$\frac{R}{1+i}\frac{1}{1-\frac{1}{1+i}},$$

c'est-à-dire vers :

$$\frac{R}{i}.$$

Propension marginale à consommer

Pour un niveau de revenu et de consommation donné, rapport entre l'accroissement de la consommation provoqué par une (« petite ») augmentation du revenu et de cette augmentation. La propension marginale à consommer suppose donc qu'il existe un lien entre le revenu R et la consommation C, lien qui est de la forme $C = f(R)$, où $f(\cdot)$ est la fonction de CONSOMMATION keynésienne. Si la situation de référence est le couple de consommation-revenu $(R°, C°)$, avec $C° = f(R°)$, alors la propension marginale à consommer pour le revenu $R°$ est donnée par le rapport :

$$\frac{f(R)-f(R°)}{R-R°},$$

qu'on note souvent, de façon abrégée :

$$\frac{\Delta C}{\Delta R},$$

où le symbole Δ désigne un accroissement de la variable qu'il précède.

La valeur de la propension marginale à consommer dépend du « point » $(R°, C°)$ où on la calcule et de la valeur donnée à l'accroissement ΔR, *sauf* si la relation qui lie C et R est affine. En effet, dans ce cas, la fonction de consommation est de la forme $f(R) = aR + b$, et la propension marginale à consommer est donnée par le coefficient a.

Dans le cas général, on procède comme habituellement avec les concepts « à la marge », en identifiant la propension marginale à consommer à la *dérivée* de la fonction de consommation au point considéré, $f'(R°)$, ce qui présente l'avantage de pouvoir lui attribuer un nombre précis, sans référence à l'accroissement ΔR.

Public choice (école du)

Courant de pensée apparu dans les années soixante — sous l'impulsion de James Buchanan (né en 1919) et de Gordon Tullock (né en 1922) — et dont l'ambition est d'appliquer la théorie NÉO-CLASSIQUE aux comportements politiques (des électeurs et des élus) mais aussi à ceux des fonctionnaires et autres « bureaucrates ». L'objectif fixé est donc d'expliquer ces comportements par la stricte recherche de l'intérêt personnel, tout en proposant des règles institutionnelles grâce auxquelles il peut s'épanouir au maximum (*The Calculus of Consent : Logical Foundations of Constitutional Democracy*, University of Michigan Press, 1962).

Selon l'école du *public choice*, tout vote n'est fait — pour celui qui l'émet — que dans la perspective d'obtenir un gain, les partis politiques n'ayant quant à eux d'autre motif que d'obtenir le maximum de votes. De même, les politiciens n'ont pour but que de tirer le maximum d'avantages personnels de l'exercice du pouvoir ; pour y parvenir, ils doivent gagner les voix des électeurs, en leur faisant des promesses de tout ordre — ce qui nécessite la mise en œuvre de stratégies plus ou moins complexes (il faut plus ou moins leurrer les électeurs sans perdre leurs voix). En fait, les théoriciens du *public choice* reprennent à leur compte la thèse — très prisée aussi par les MONÉTARISTES — du *cycle politique* : à la veille d'élections importantes, le gouvernement prend des mesures démagogiques afin de gagner des voix — notamment en augmentant ses dépenses et en manipulant la masse monétaire —, ce qui peut provoquer des effets « favorables » (par exemple, une baisse du chômage) à court terme, mais défavorables si l'on se situe dans une perspective plus longue.

Cette façon de voir est nettement différente de celle de l'économie du bien-être, où il est implicitement supposé qu'il existe une *entité bénévole* (État ou commissaire-priseur) qui cherche à mettre en œuvre des affectations des ressources optimales, au sens de PARETO. C'est le caractère bénévole d'une telle entité que critiquent les théoriciens du *public choice*, qui prétendent ainsi être « néo-classiques jusqu'au bout » (en appliquant sans réserve et à tous les domaines de la vie sociale les principes de l'INDIVIDUALISME MÉTHODOLOGIQUE).

Et c'est pour éviter les « méfaits » des hommes politiques et des bureaucrates — qui ne cherchent que leurs propres intérêts — qu'ils proposent de limiter au minimum tout ce qui relève de la sphère publique, elle-même étant soumise à des règles juridiques très contraignantes (lui empêchant le plus possible d'empiéter sur le « privé »).

Critiques

La première critique qui peut être faite aux analyses du *public choice* est d'ordre général, car elle concerne toutes les théories qui postulent que l'homme est strictement égoïste. En effet, si tel est le cas, cela doit être vrai en particulier pour ceux qui avancent ces théories ; mais alors, il n'est pas possible de considérer que leurs propres comportements soient désintéressés : comment justifient-ils alors leurs propositions de systèmes — législatifs, par exemple — qui seraient « bons » pour la communauté ? Est-ce par pur intérêt personnel de leur part ? Pour faire carrière ? Pour avoir le prix Nobel ? En fait, ils admettent implicitement qu'eux-mêmes sont « au-dessus de la mêlée » et ont pour seul souci le bien de tous. Mais, alors, pourquoi cette exception ne concernerait-elle que les adeptes du *public choice*, les autres courants de pensée n'étant formés que d'affreux égoïstes qui ne pensent qu'à profiter de tout ?

Ainsi, la théorie du *public choice* se heurte dès le départ au *problème du statut de l'observateur* (de celui qui formule la théorie), problème vieux comme le monde — ou, du moins, vieux comme la théorie de l'égoïsme universel —, et qu'il n'est jamais inutile de rappeler, tellement le théoricien néo-classique a tendance à oublier qu'il est partie prenante du monde qu'il décrit dans ses modèles (à moins qu'il ne considère ceux-ci comme de pures fictions…).

En fait, les analyses du *public choice* partent toujours du principe que les relations par le « marché » sont les plus « efficientes », surtout si on les compare à celles qui ont lieu au niveau de l'État ou des administrations publiques. Toutefois, ce faisant, elle laisse totalement dans l'ombre la question de la *forme d'organisation sociale que suppose le marché* : qui la met en œuvre ? Avec quels motifs ? A quelles conditions conduit-elle à des issues efficientes ? Or, il est clair que ce sont là des questions essentielles ; l'État n'est-il pas conduit à intervenir à la fois pour organiser les relations marchandes (fixer les règles du jeu, veiller à leur application) et pour leur trouver des substituts là où elles ne peuvent jouer (cas des BIENS COLLECTIFS et des EXTERNALITÉS), sans parler de son rôle propre de coordinateur ? La théorie du *public choice* n'apporte pas de réponse à ces questions, et elle ne peut le faire, car la thèse de l'égoïsme universel est impossible à soutenir pour toute analyse qui postule l'existence de la société — c'est-à-dire d'ensembles d'individus qui arrivent à coexister sans s'entretuer ni sans forcément faire régner la loi du plus fort.

Putty-clay

De l'anglais *putty*, malléable, et *clay*, argile. L'expression *putty-clay* est utilisée à propos de modèles qui comportent des biens-capitaux (des machines, par exemple), qui permettent une certaine substituabilité entre capital et travail au moment où est prise la décision d'investir, mais non par la suite, lorsque les installations ont été mises en place. Ainsi, la « malléabilité » désigne ici le fait qu'il existe plusieurs techniques possibles qui font appel à des niveaux de capital par tête différents ; lorsqu'une d'entre elles est choisie (compte tenu, par exemple, du prix relatif du capital et du travail au moment où la décision est prise), alors la malléabilité disparaît, la situation étant figée pour l'avenir (d'où l'allusion à l'argile, malléable au début, dure au bout d'un certain temps).

Le cas *putty-clay* est un cas intermédiaire entre le cas *clay-clay* — où capital et travail ne sont pas substituables, ni avant ni après l'installation — et le cas *putty-putty*, où cette substitution est toujours possible (le capital est alors assimilé à une sorte de gelée qui ne durcit jamais…). Le cas *putty-putty*, le plus invraisemblable, est sous-jacent aux modèles qui font appel à la FONCTION DE PRODUCTION NÉO-CLASSIQUE à facteurs substituables.

Q, R

q de Tobin

L'économiste James Tobin (né en 1918) a proposé d'utiliser pour caractériser la décision d'investissement de l'entreprise le rapport entre le TAUX INTERNE DE RENDEMENT d'un investissement et le taux auquel l'argent nécessaire à sa mise en œuvre est emprunté (son « coût en capital »). Il a proposé d'utiliser la lettre q pour désigner un tel rapport. Ainsi :

$$q = \frac{\text{taux interne de rendement de l'investissement}}{\text{taux auquel l'argent est emprunté}}$$

Donc, si le q d'une entreprise est strictement supérieur à 1, ses propriétaires (ses actionnaires, par exemple) ont intérêt à ce qu'elle investisse, puisque le rendement attendu de l'investissement est alors supérieur à son coût (en frais financiers) ; autrement dit, plus le q de Tobin est grand, plus l'incitation à investir est élevée.

Le fait que le q de Tobin puisse être différent de 1 signifie que tout le monde ne dispose pas de la même information (on dit alors de celle-ci qu'elle est « imparfaite »), et donc qu'il subsiste des possibilités d'ARBITRAGE entre les différents types d'actifs, réels et financiers.

Le calcul du *q* de Tobin

Pour faire ce calcul, il faut procéder à un certain nombre d'*approximations*. Ainsi, Tobin suppose que l'investissement est à l'origine d'un flux de revenus ΔR constant et indéfini, dont la VALEUR ACTUELLE au taux r est $\Delta R/r$. Par conséquent, si l'on note $p_k I$ la dépense entraînée par l'investissement (p_k étant le « prix » des biens capitaux), alors on a par définition même du taux interne de rendement :

$$p_k I = \frac{\Delta R}{r}.$$

Par conséquent :

$$(1) \qquad r = \frac{\Delta R}{p_k I}.$$

En fait, dans les travaux d'économie appliquée, r est assimilé au taux moyen de rendement, qui est obtenu en faisant le rapport du revenu (flux annuel) et de la valeur de remplacement du stock de capital existant (stock noté K) ; soit :

$$(2) \qquad r = \frac{R}{p_k K}.$$

On dispose ainsi d'une estimation du numérateur de q ; reste à en trouver une pour son dénominateur (coût d'emprunt du capital). Or, une entreprise peut toujours se financer en émettant des actions ; celui qui les achète s'attend donc à un certain rendement, qui est donné par le rapport entre le revenu R et la valeur financière V de l'entreprise (la valeur en Bourse de ses actions, compte tenu de son endettement) ; ce rapport, noté c (donc $c = R/V$), peut donc servir à estimer le coût en capital (lorsqu'il résulte d'une émission d'actions).

On a ainsi obtenu une estimation de chacun des deux termes qui définissent q. On en déduit l'estimation suivante de celui-ci :

$$q = \frac{V}{p_k K}.$$

Le q de Tobin est donc mesuré par le rapport de la valeur en Bourse de l'entreprise et de la valeur de ses actifs en biens « réels ».

Quasi concave

Fonction numérique (dans $\Re$) définie sur une partie CONVEXE S de $\Re^n$ et qui vérifie la propriété suivante :

$$f(\lambda X_1 + (1-\lambda)X_2) \geq \min\{f(X_1), f(X_2)\},$$
$$\forall X_1 \in S, \forall X_2 \in S, \forall \lambda \in [0,1].$$

Si l'inégalité est stricte, pour $\lambda \neq 0$, $\lambda \neq 1$ et $X_1 \neq X_2$, alors on dit qu'il y a *stricte* quasi-concavité.

Une conséquence importante, pour l'économiste, de la quasi-concavité d'une fonction est qu'elle implique la convexité de ses COURBES DE NIVEAU. En effet, si X_1 et X_2 appartiennent à une même courbe de niveau, on a par définition même de celle-ci :

$f(X_1) = f(X_2)$, et il résulte, par conséquent, de la définition de la quasi-concavité que :

$$f(\lambda X_1 + (1-\lambda)X_2) \geq f(X_1)\ (= f(X_2)) \geq \lambda f(X_1) + (1-\lambda) f(X_2) \quad \forall\ \lambda \in [0,1],$$

ce qui correspond à la définition même de la convexité d'une courbe de niveau.

Une fonction concave est quasi concave, mais évidemment la réciproque n'est pas vraie. La quasi-concavité est une propriété ORDINALE, puisque si $f(\cdot)$ est quasi concave et si $g(\cdot)$ est une fonction *strictement croissante*, alors $g(f(\cdot))$ est aussi quasi concave. Tel n'est pas le cas pour les fonctions concaves (qui sont donc CARDINALES).

Si l'inégalité qui définit une fonction quasi concave est « renversée », alors la fonction devient *quasi convexe*. Autrement dit, si une fonction $f(\cdot)$ est quasi concave sur S convexe, alors la fonction $-f(\cdot)$ est quasi convexe sur S.

La quasi-concavité est une propriété utilisée surtout dans la théorie du consommateur (FONCTIONS D'UTILITÉ), tandis que la quasi-convexité intervient dans la détermination des conditions de profit maximal du MONOPOLE.

Comme pour la concavité, la quasi-concavité peut être caractérisée à partir de l'étude des *dérivées secondes* — si elles existent — de la fonction étudiée (pour plus de détails, voir *Analyse mathématique pour économistes*, de Gabriel Archinard et Bernard Guerrien, Economica, Paris, 1992).

Quasi-demande globale

En MACROÉCONOMIE, fonction qui associe à chaque niveau des prix le revenu d'équilibre d'un modèle de type IS-LM. Cette fonction relève de la STATIQUE COMPARATIVE, puisqu'elle met en relation des prix avec des *équilibres* déterminés en dehors d'eux. La quasi-demande présente certaines des caractéristiques d'une fonction de demande — par exemple, elle décroît lorsque le niveau des prix augmente, puisque le « pouvoir d'achat » du revenu (national) diminue avec la hausse des prix —, mais elle a peu à voir avec une fonction de demande telle qu'on l'entend habituellement (qui suppose un choix maximisateur à chaque prix possible).

A titre d'exemple de calcul d'une quasi-demande globale, considérons un modèle IS-LM dont les deux équations sont linéaires (en fait, affines) ; soit :

$$\begin{cases} sY = \alpha - \beta i + G & \text{(équation } IS\text{)} \\ M = \gamma Y - \theta i & \text{(équation } LM\text{).} \end{cases}$$

Une façon simple de prendre en compte les prix dans ce modèle consiste à remplacer — dans l'équation LM — la masse monétaire M par les ENCAISSES RÉELLES M/P. Compte tenu de cette modification, on obtient, en « éliminant » i des équations IS et LM, le *revenu d'équilibre* :

$$Y = \frac{\beta M/P + \theta G + \theta\alpha}{s\theta + \beta\gamma}.$$

Ce revenu est, entre autres, une fonction du niveau des prix P. Cette fonction est, par définition, la quasi-demande globale ; elle est ici *décroissante* (son graphe est une branche d'hyperbole). Souvent, pour préserver le caractère « linéaire » du modèle, on suppose qu'on est en présence de logarithmes ; on remplace alors M/P par la différence $M - P$, de sorte que la fonction de quasi-demande globale est donnée par :

$$Y^d(P) = \frac{\beta M - \beta P + \theta G + \theta\alpha}{s\theta + \beta\gamma}.$$

Elle est représentée graphiquement par une droite de pente $-\beta/(s\theta + \beta\gamma)$.

Les calculs sont en tout point semblables, mais un peu plus lourds, si le niveau des prix P apparaît dans les autres fonctions de comportement (épargne et investissement, par exemple).

Quasi-offre globale

En MACROÉCONOMIE, fonction qui associe à chaque valeur du niveau des prix la production d'équilibre de CONCURRENCE PARFAITE de l'économie dans son ensemble, pour un salaire nominal donné. La fonction de quasi-offre globale relève de la STATIQUE COMPARATIVE, puisqu'elle fait correspondre aux diverses valeurs possibles d'un paramètre (le niveau des prix) des valeurs d'équilibre (ici, la production). L'équilibre considéré ici est celui du « marché du travail », où sont confrontées globalement les offres et les demandes d'emploi.

Pour déterminer la quasi-offre globale, on part généralement de l'égalité entre PRODUCTIVITÉ MARGINALE du travail et salaire réel :

$$F'(L) = w/p,$$

d'où on tire la demande de travail :

$$L = F'^{-1}(w/p).$$

Cette demande est confrontée à l'offre agrégée des ménages, $s(w/p)$, ce qui conduit à l'égalité d'équilibre :

(1) $\quad F'^{-1}(w/p) = s(w/p).$

Si celle-ci a une solution unique $(w/p)^*$ — ce que l'on suppose —, alors l'emploi d'équilibre est égal à $L^* = F'^{-1}((w/p)^*)$; la quasi-offre globale est donc :

$$F(L^*) = F(F'^{-1}((w/p)^*)).$$

La quasi-offre globale est donc une fonction du prix, mais à travers le salaire réel d'équilibre $(w/p)^*$. Le problème est que si p varie sans que w le fasse, alors l'égalité (1) n'est plus vérifiée, et il n'y a plus équilibre. On envisage alors trois éventualités :
a) le salaire nominal w varie au même rythme que p, de façon que le rapport w/p demeure constant et égal à la valeur d'équilibre $(w/p)^*$; la quasi-offre globale est donc constante et égale à $F(F'^{-1}((w/p)^*))$;
b) le salaire nominal ne varie pas, mais les travailleurs — par exemple — sont sujets à l'ILLUSION MONÉTAIRE (ils confondent les variations du salaire nominal avec celles du salaire réel) ; leur offre de travail s'écrit alors $s(w, p)$, plutôt que $s(w/p)$, et l'égalité d'équilibre devient :

$$F'^{-1}(w/p) = s(w, p).$$

Cette équation comporte deux variables, w et p, et non une seule (leur rapport) ; elle peut donc être vérifiée pour différentes valeurs de p, si w est donné. La quantité de travail d'équilibre varie avec p, et la quasi-offre globale en fait autant ; ainsi, elle augmente avec le prix, puisque alors le salaire réel baisse (d'où une demande accrue de travail), sans que les travailleurs s'en rendent compte (leur offre de travail ne diminue donc pas) ;
c) le salaire nominal ne varie pas, mais il n'y a pas illusion monétaire ; alors, il n'est plus possible de garder l'hypothèse d'équilibre concurrentiel, et la quasi-offre globale peut avoir lieu avec du CHÔMAGE involontaire (pour plus de détails, voir l'entrée SYNTHÈSE NÉO-CLASSIQUE).

Rationalisable (stratégie et concept de solution)

Une STRATÉGIE, au sens de la THÉORIE DES JEUX, est rationalisable si elle peut être « fondée en raison », c'est-à-dire si celui qui opte pour elle peut justifier ce choix à partir de croyances qui tiennent compte de ce que tous les joueurs sont rationnels. Une STRATÉGIE DOMINÉE n'est pas rationalisable, tandis que les stratégies de l'équilibre de NASH le sont.

On peut définir, à partir des stratégies rationalisables, un CONCEPT DE SOLUTION, qui serait donné par les « issues » rationalisables, c'est-à-dire par les issues qui résultent du choix d'une stratégie rationalisable par chaque joueur. Le problème avec ce concept de solution — qui englobe l'équilibre de Nash —, c'est qu'il désigne rarement une solution unique.

Considérons, à titre d'exemple, le jeu très simple suivant (qui n'a pas d'équilibre de Nash en stratégies pures).

		B: b_1	*B*: b_2
A	a_1	(0,1)	(1,0)
	a_2	(1,0)	(0,1)

La combinaison $\{a_1, b_1\}$ est rationalisable. En effet, le choix de la stratégie a_1 est rationnel de la part de *A*, s'il pense que *B* va choisir b_2. Ce qui est rationnel si *B* pense que *A* va choisir a_2, ce qui ne se justifie que si *A* pense que *B* va choisir b_1, ce qui est le cas si *B* pense que *A* va choisir a_1 : la « boucle est bouclée » ! C'est la possibilité de faire une telle boucle qui caractérise les stratégies rationalisables. On montre exactement de la même façon que b_1 est rationalisable. En réalité, dans le cas présent *toutes* les combinaisons $\{b_i, b_j\}$, $i, j = 1,2$, sont rationalisables. Il y a « trop » de solutions.

Rationalité (principe de)

Principe qui consiste à rechercher la réalisation d'un objectif en utilisant au mieux les moyens dont on dispose. En théorie économique, le principe de rationalité est généralement identifié à la recherche du maximum — ou du minimum — d'une fonction-objectif (UTILITÉ, profit, coût), compte tenu de l'information dont dispose celui qui applique le principe, de ses ressources et des contraintes (ou des règles) que lui impose la société dans laquelle il se trouve.

Parmi toutes les théories économiques, l'approche NÉO-CLASSIQUE est celle qui accorde le plus d'importance à la rationalité — son propos étant d'étudier ce qui se passe, ou devrait se passer, dans une société formée d'individus rationnels. Pour elle, rationalité et recherche du gain maximum étant des synonymes, le théoricien doit donc commencer par caractériser le gain de chacun, puis par préciser comment il peut être maximum. Il faut, pour cela, supposer que les individus savent ce qu'ils veulent, tout en étant cohérents. D'où l'hypothèse selon laquelle chacun est représenté par une RELATION DE

PRÉFÉRENCE qui est « complète » (elle effectue un classement de toutes les alternatives possibles) et TRANSITIVE (condition minimale de cohérence : si *a* est préféré à *b*, et si *b* est préféré à *c*, alors *a* doit être préféré à *c*). Avec cette hypothèse, chaque individu pourra dire quelle est la « meilleure » alternative pour lui, parmi celles qui lui sont proposées (ou auxquelles il a accès).

Le problème qui se pose ensuite est, évidemment, que la « meilleure » alternative de chacun dépend en règle générale de ce que feront les autres. Au moment de la prise de décision, un individu rationnel doit *anticiper* le choix des autres, tout en faisant des CONJECTURES sur leurs réactions à sa décision. Or, comme les anticipations et les conjectures sont essentiellement subjectives, il s'ensuit que tout comportement rationnel, au sens où on l'entend ici, fait intervenir une part importante d'« irrationnel » (éléments subjectifs qui ne résultent pas d'une maximisation préalable).

L'interdépendance des décisions rationnelles (prises en vue d'obtenir un gain maximum) fait que leur résultat peut ne pas être « rationnel » collectivement, dans le sens où les gains de chacun sont inférieurs à ceux qu'ils auraient été si un autre choix avait été fait. Le DILEMNE DES PRISONNIERS, simple ou RÉPÉTÉ, donne un exemple simple de ce genre de situation — qui n'a rien d'exceptionnel. La THÉORIE DES JEUX est, en bonne partie, une longue réflexion sur ce que peuvent être des comportements rationnels, et sur les paradoxes qui en résultent.

Le modèle phare de la théorie néo-classique, celui de la CONCURRENCE PARFAITE, est souvent présenté comme représentant une situation de « rationalité parfaite ». Or, le comportement « preneur des prix » qu'il suppose est loin d'être rationnel : les individus prennent leurs décisions en pensant qu'elles n'auront pas d'influence sur les prix, alors qu'il leur suffit de réfléchir un peu pour se rendre compte qu'il n'en est rien (leurs CONJECTURES sont systématiquement fausses).

Les modèles du DUOPOLE attirent aussi l'attention sur l'extrême sensibilité des équilibres à la forme donnée aux anticipations et aux conjectures des agents.

Enfin, les modèles dits à ANTICIPATIONS RATIONNELLES ont pour principale caractéristique d'être autoréalisateurs : ce sont les croyances qui « engendrent » la réalité. L'importance que prend le subjectif dans tout comportement rationnel est ici particulièrement évidente — même si ceux qui ont avancé cette hypothèse ne l'ont pas fait dans cette perspective, bien au contraire.

Rationalité limitée (ou Rationalité procédurale)

Termes utilisés pour désigner des situations où des individus, qui font usage de leur raison, n'appliquent pas le principe de la RATIONALITÉ à la façon de la MICROÉCONOMIE car le contexte ne s'y prête pas. Leur rationalité est « limitée » non pas par choix de leur part, mais parce qu'ils ne disposent pas de tous les éléments qui leur permettraient de faire le choix « le meilleur » pour eux, ce qui les oblige à se replier sur des solutions qui leur semblent « raisonnables » ou « satisfaisantes ». Le fait d'accoler l'adjectif « limitée » au mot « rationalité » est un peu trompeur, car il donne à entendre que les individus sont, en partie, irrationnels. Or, telle n'est pas l'idée de ceux qui avancent cette notion ; pour eux, la rationalité limitée est le fait d'individus tout à fait rationnels, mais qui doivent prendre des décisions dans un contexte « flou », ce qui les oblige à opter pour certaines règles ou attitudes qui ne seraient pas les plus appropriées dans une situation où tout serait « parfaitement clair ». D'ailleurs, celui qui a le premier introduit la notion de rationalité limitée (traduction de *bounded rationality*), Herbert Simon (né en 1916), lui préfère maintenant le terme de « rationalité procédurale », qui attire l'attention sur le fait que le *processus* (ou la « procédure ») de décision est un élément très important de celle-ci.

Rationalité substantive et rationalité procédurale, selon Herbert Simon

Simon s'est beaucoup intéressé à la fois aux problèmes de gestion et d'administration (notamment des hommes), à la psychologie et à l'intelligence artificielle. « Homme de laboratoire » et homme de terrain, il a consacré la plus grande partie de ses recherches à l'étude des procédures *effectives* de décision (dans les entreprises, les administrations, etc.) et à la mise au point de méthodes d'aide à la décision dans un environnement complexe (intelligence artificielle), sans rejeter l'idée de rationalité dans les comportements. Comme il le dit, « tout le monde est d'accord que les gens ont des raisons pour faire ce qu'ils font. Ils ont des motivations et ils se servent de la raison (bien ou mal) pour répondre à ces motivations et pour atteindre leur buts » (« Rationality in psychology and economics », *The Journal of Business*, 1986 ; les citations qui suivent proviennent de cet article, qui a été repris dans un livre intitulé *Rational Choice. The Contrast Between Economics and Psychology*, édité en 1987 par Robin Hogarth et Melvin Reder, The Chicago University Press). Toutefois, comme le dit Simon : « On ne peut se faire une opinion sur le caractère "rationnel" ou "raisonnable" d'un comportement que dans le contexte dans lequel il s'inscrit, avec ses prémisses et ses "données". » C'est à partir de cette observation qu'il établit une ligne de démarcation entre la théorie économique dominante, NÉO-CLASSIQUE, et les autres approches en sciences sociales. Citons-le encore :

« En ce qui concerne la façon de traiter la rationalité, l'économie néo-classique diffère des autres sciences sociales sur trois points essentiels : *a)* elle demeure silencieuse sur le contenu des objectifs et des valeurs ; *b)* elle postule la cohérence globale des comportements ; *c)* elle postule "un monde" — c'est-à-dire que le comportement est objectivement rationnel par rapport à tout l'environnement, y compris l'environnement présent et futur, au fur et à mesure que l'acteur se déplace dans le temps. » (Ce dernier postulat correspond à l'hypothèse sur l'existence d'un SYSTÈME COMPLET DE MARCHÉS.)

Simon oppose à cette vision de la rationalité celle qui prévaut dans les autres sciences sociales qui « dans leur traitement de la rationalité, *a)* cherchent à déterminer empiriquement la nature et l'origine des valeurs ainsi que leur évolution avec le temps et l'expérience ; *b)* cherchent à déterminer les processus, individuels ou collectifs, à travers lesquels des aspects de la réalité sont retenus et posés comme étant les "données" (en tant que faits de base) sur lesquelles se construit l'action raisonnée ; *c)* cherchent à déterminer les stratégies de calcul qui sont utilisées dans le raisonnement, de sorte que des capacités très limitées de traitement de l'information peuvent faire face à des réalités complexes ; *d)* cherchent à décrire et à expliquer la façon dont les processus non rationnels (c'est-à-dire les motivations, les émotions et les stimulants sensoriels) peuvent focaliser l'attention sur certaines questions, et à délimiter les situations — avec leurs données factuelles — auxquelles les processus rationnels s'appliquent ».

Simon distingue donc deux façons d'envisager la rationalité ; il qualifie la première, celle des néo-classiques, de « substantive », et la seconde, celle des « autres sciences humaines », de « procédurale ». La différence essentielle entre les deux est que dans le cas « substantif » on peut procéder à des prédictions à partir des seules données du modèle, les choix des agents ne pouvant être que ceux que le modélisateur peut lui-même établir, alors que dans l'approche « procédurale » il faut distinguer entre le modèle (ou le « monde réel ») et la perception qu'en ont les individus, y compris dans leur façon de raisonner. Dans cette seconde approche, il faut, selon Simon, « construire une théorie (et la tester empiriquement) du processus de décision [...]. La personne rationnelle de la psychologie cognitive cherche à prendre ses décisions d'une façon qui est raisonnable à la lumière des connaissances dont elle dispose et de ses possibilités de calcul ». Il précise : « Dans des situations qui sont complexes et où l'information est très incomplète (ce qui correspond à pratiquement toutes les situations du monde réel), les approches "behavioristes" nient qu'il existe une quelconque magie qui engendre des comportements dans lesquels on pourrait voir, même approximativement, une maximisation objective d'un profit ou d'une utilité. Elles cherchent par conséquent à déterminer le cadre effectif dans lequel la décision est prise, comment ce cadre peut être influencé par elle, et comment elle opère dans le contexte ainsi défini. »

Il est clair que dès qu'on admet que les relations entre plusieurs individus rationnels sont d'une extrême complexité — du fait même de leur rationalité —, alors on doit aussi admettre qu'il n'existe pas un principe unique (tel celui de maximisation) qu'il suffirait d'appliquer pour faire des prédictions, par pure déduction. Simon plaide pour que « le rapport entre les études empiriques et la construction de modèles soit très élevé » ; il insiste notamment sur la nécessité d'étudier les processus de décision tels qu'on peut effectivement les observer. Il a d'ailleurs consacré une bonne partie de ses recherches à de telles études ; il a pu constater que les individus prennent leurs décisions sous l'influence de multiples facteurs, parmi lesquels il y a, bien sûr, la raison et le calcul, mais aussi le sens de l'équité, la loyauté, l'habitude et les expériences vécues dans le passé, les traditions, etc. Son objectif est de déceler des régularités dans les comportements et de les intégrer si possible dans un schéma théorique où seraient pris en compte à la fois les buts et les moyens de la décision ; ce schéma, forcément limité et partiel, ne peut être évidemment réduit à quelques règles simples (même si elles donnent lieu à de lourds calculs), du type de celle dont se servent les néo-classiques.

Plusieurs niveaux aux limites de la rationalité

Les « limites » à l'application du principe de rationalité telle que l'envisage, par exemple, la théorie néo-classique sont de plusieurs ordres, même si l'on suppose qu'on est en présence d'individus qui ne sont guidés que par leur strict intérêt, en dehors de toute autre considération (comme, par exemple, dans l'approche NÉO-INSTITUTIONNALISTE). En règle générale, trois types de « limites » sont avancées à l'application du principe de rationalité :

— le *coût de traitement* de l'information et la complexité des calculs qui interviennent dans la détermination de la décision « optimale » ;

— les coûts qu'entraîne la *collecte de l'information* ;

— l'INCERTITUDE inhérente à la vie économique, où le résultat de la décision de chacun dépend de celle des autres.

Le premier type de problème peut apparaître même dans le cas « idéal », et extrême, où il y a un système complet de marchés, c'est-à-dire où les agents connaissent les prix de tous les biens présents et futurs ; la détermination de leur plan optimal fait alors intervenir autant d'équations (non linéaires) que de biens que comporte l'économie (c'est-à-dire des centaines ou des milliers) ; dans ces conditions, il peut être tout à fait rationnel d'adopter une solution intermédiaire (estimée « satisfaisante ») qui consiste à limiter les calculs. Les néo-institutionnalistes voient dans l'économie des calculs que peuvent nécessiter les transactions entre individus rationnels une des raisons à l'existence des organisations ; selon eux, dans celles-ci les individus abdiquent une partie de leur autonomie, contre une rémunération qui intègre les économies de traitement de l'information et de calcul qui sont faites en évitant de passer par des relations marchandes. Cette « solution » peut cependant être à l'origine de ce que les néo-institutionnalistes appellent des « comportements opportunistes », dont la théorie des CONTRATS cherche à limiter les effets. On notera que l'argument est très différent de celui de Simon, puisqu'il relève de la pure spéculation à la manière néo-classique (il suppose des maximisations d'utilité ou de profits, même si elles n'apparaissent pas explicitement), alors que Simon insiste sur l'observation des comportements effectifs au sein des organisations, sans chercher à tout prix à les déduire d'un calcul maximisateur (H. Simon, « Organizations and markets », *Journal of Economic Perspectives*, 1991).

Les analyses sur les coûts de traitement de l'information peuvent être étendues au cas où il faut en outre *collecter* cette information (qui ne se réduit donc plus à un système de prix affiché centralement).

En revanche, quand on prend en compte l'incertitude inhérente à la vie économique, on se heurte à des problèmes d'une autre nature. Car il n'y a alors généralement plus assez d'éléments fiables sur la base desquels des calculs pourraient être effectués. Dans ces conditions, il peut être « raisonnable » d'adopter des règles préétablies, d'avoir des comportements routiniers, de se plier à certaines normes sociales ou de reprendre des traditions ; si chacun le fait, la société devient plus « lisible », ce qui peut être collectivement souhaitable (chacun y gagne), à condition que tout le monde adopte la même attitude (comme le montre l'exemple du DILEMME DU PRISONNIER RÉPÉTÉ).

Le théoricien peut attirer l'attention sur les problèmes qui surgissent dès qu'on tient compte des coûts de collecte et de traitement de l'information, ainsi que de l'incertitude inhérente à la vie économique ; il peut mettre en avant certains paradoxes, comme le font les théoriciens des jeux ; mais il ne peut aller au-delà puisque son propos consiste à dire, pour l'essentiel : « Tout cela est terriblement complexe ! » S'il veut donc sortir du cadre de la rationalité « substantive » — et stérile — des modèles néo-classiques, il ne lui reste plus qu'à faire comme Simon et à « aller sur le terrain », pour observer les comportements effectifs et en dégager — si possible — un certain nombre de « lois ». Mais alors il n'est plus tout à fait un théoricien… C'est pourquoi, bien que personne ne conteste que la rationalité soit « limitée », la plupart des théoriciens continuent à faire comme si elle ne l'était pas et accordent toujours une place déterminante à la rationalité substantive dans leurs analyses (le succès récent de l'hypothèse sur les ANTICIPATIONS RATIONNELLES est de ce point de vue tout à fait significatif, puisque cette hypothèse pousse jusqu'à la caricature l'idée de rationalité substantive).

Réaction (fonction de)

Fonction qui donne l'offre d'une entreprise, compte tenu de l'information dont elle dispose sur la demande du bien qu'elle produit, sur l'offre des entreprises concurrentes mais aussi des CONJECTURES qu'elle fait sur leur comportement. Les fonctions de réaction sont surtout utilisées dans les modèles du DUOPOLE, notamment dans celui de COURNOT.

Les conjectures d'un agent portent sur les fonctions de réaction des autres agents. Lorsqu'elles sont « vraies », alors elles se confondent avec ces fonctions de réaction. Mais tel n'est pas le cas dans le modèle de Cournot, ni dans celui de concurrence parfaite (où les fonctions de réaction sont des constantes, puisque les entreprises ne tiennent nullement compte de ce que font leurs concurrents).

Recette marginale

Concept utilisé dans les théories du MONOPOLE et du DUOPOLE de Cournot, et qui désigne la variation de la recette d'une entreprise induite par une variation de sa production. L'adjectif « marginale » signifie, comme cela est généralement le cas, que la recette marginale est donnée, par définition, par la *dérivée* de la recette relativement à la quantité produite (cette dérivée donne une valeur approchée des variations de la recette lorsque la production augmente d'une unité).

La recette d'une entreprise est donnée par la quantité produite q multipliée par son prix de vente p. L'un dépendant de l'autre, on peut noter $p(q)$ ce prix ; la fonction $p(\cdot)$ donne donc le prix auquel l'entreprise pense pouvoir vendre sa production, pour ses différentes valeurs possibles. Si ses prédictions sont correctes, alors elle peut connaître sa « vraie » recette marginale (celle-ci est « objective ») ; sinon, elle se contente de l'estimer (approche « subjective »). De toute façon, qu'on soit dans l'un ou l'autre cas, les calculs se présentent de la même manière. En effet, avec ces notations, la recette (« vraie » ou « attendue ») pour une production q est donnée par le produit $q(p(q)$. D'où, par définition :

$$\text{(1)}\quad \begin{aligned}\text{recette marginale en } q &= \text{dérivée de } q \cdot p(q).\\ &= p(q) + q \cdot p'(q).\end{aligned}$$

La recette marginale en q est donc égale au prix du bien lorsque la production est égale à q, prix auquel s'ajoute un terme qui traduit l'effet sur les recettes des variations du prix induites par les variations de l'offre. Ce terme se traduit par un « effet stock », puisqu'il fait intervenir la totalité, q, de la quantité produite, et non seulement ses variations. Son importance dépend de la place de la production de l'entreprise dans la production totale. Si cette place est « négligeable », alors ce terme le devient aussi, de sorte que la recette marginale se réduit au prix du bien, comme en CONCURRENCE PARFAITE (ce raisonnement suppose toutefois que le prix du bien est *le même* pour toutes les entreprises, et ne dépend pas de la quantité offerte par la seule entreprise considérée, mais de celle de l'ensemble des entreprises qui produisent le bien).

Si $p(\cdot)$ est la *fonction (inverse) de demande* du bien, alors la recette marginale peut s'exprimer à partir du prix du bien et de l'ÉLASTICITÉ de la demande $e_p(q) = q \cdot p'(q)/p(q)$, comme on le voit en mettant $p(q)$ en facteur dans la formule (1), qui s'écrit alors :

$$p(q)(1 + e_p(q)).$$

Ainsi, plus la demande est « sensible » au prix et plus l'écart relatif entre prix et recette marginale est important. Si le prix $p(q)$ égalise l'offre à la demande, il peut être assimilé à un coût de production ; l'élasticité $e_p(q)$ agit alors comme une *marge* — en pourcentage — appliquée à ce coût, marge qui dépend donc du niveau de production et de la forme de la fonction de demande.

Jusqu'à présent, on a considéré les variations de la recette induites par celles de la *quantité produite* (les prix étant supposés « suivre »). Mais on peut aussi envisager la recette marginale lorsque le prix varie (et que la quantité « suit »). Dans ce cas, si l'on appelle $q(p)$ la demande adressée à l'entreprise lorsqu'elle propose le prix p, sa recette est $p \cdot q(p)$ et sa recette marginale (relativement à une variation de prix) est :

$$q(p) + p \cdot q'(p).$$

Toutefois, cette façon de concevoir la recette marginale n'est pas usuelle, comme ne l'est pas le fait que les agents des modèles proposent des prix plutôt que des quantités, vu les problèmes que cela soulève (voir, à ce propos, l'entrée sur le duopole de BERTRAND).

Récurrence à rebours (en anglais : *backward induction*)

Méthode utilisée en THÉORIE DES JEUX — mais aussi, de façon plus générale, en programmation dynamique — qui consiste à déterminer la solution d'un JEU SÉQUENTIEL « en commençant par la fin », c'est-à-dire en envisageant ce qui se passe au dernier coup, puis à l'avant-dernier coup, etc., jusqu'au premier coup (comme dans un compte à rebours). L'idée est simple : comme la décision du joueur qui intervient en dernier coup ne dépend que de ce qui se passe lors de ce coup, elle peut éventuellement être anticipée par le joueur qui intervient à l'avant-dernier coup, et qui intègre donc cette information dans sa propre décision ; si celle-ci est unique et sans ambiguïté, alors elle peut être anticipée par le joueur intervenant à l'avant-avant-dernier coup, et ainsi de suite, jusqu'au premier coup si possible.

La récurrence à rebours permet généralement de dégager une issue unique dans les jeux à INFORMATION COMPLÈTE ET PARFAITE, mais tel n'est pas le cas lorsque le jeu comporte des coups où il y a des choix simultanés (où ses ensembles d'information ne sont pas des singletons). Les combinaisons de stratégies obtenues par récurrence à rebours sont appelées ÉQUILIBRES PARFAITS (en sous-jeux) ; ce sont des cas particuliers — des « raffinements » — de l'équilibre de NASH. Bien qu'elle consiste à appliquer strictement le principe de rationalité en supposant des joueurs ayant une information complète, la récurrence à rebours peut désigner des issues « très inefficientes », comme le montrent les jeux du MILLE-PATTES et du DILEMME DU PRISONNIER RÉPÉTÉ.

Un exemple

Soit le jeu séquentiel décrit par l'ARBRE DE JEU suivant :

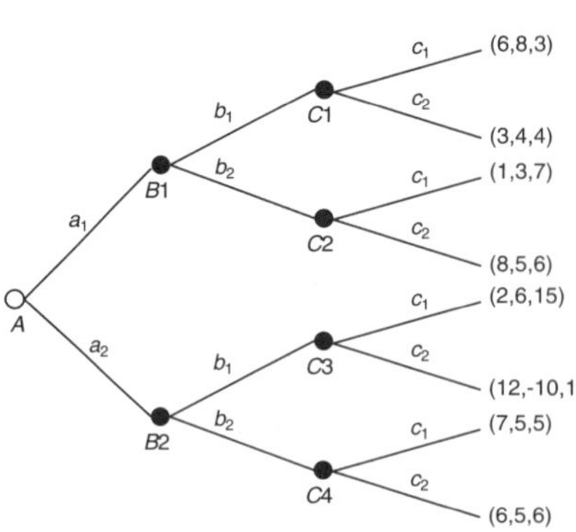

Les vecteurs de gains donnent, dans l'ordre, les gains de A, de B et de C.

On applique le principe de la récurrence à rebours en commençant par examiner les choix possibles de C, qui intervient en dernier. A ses nœuds $C1$ et $C4$, C opte pour c_2, qui lui procure dans ces deux cas un gain supérieur à c_1, mais c'est le contraire qui arrive en $C2$ et $C3$ [la STRATÉGIE CONDITIONNELLE choisie par C est donc (c_2, c_1, c_1, c_2)].

Comme il anticipe ce que C va faire (en supposant qu'il est rationnel), B en déduit l'« arbre réduit » suivant :

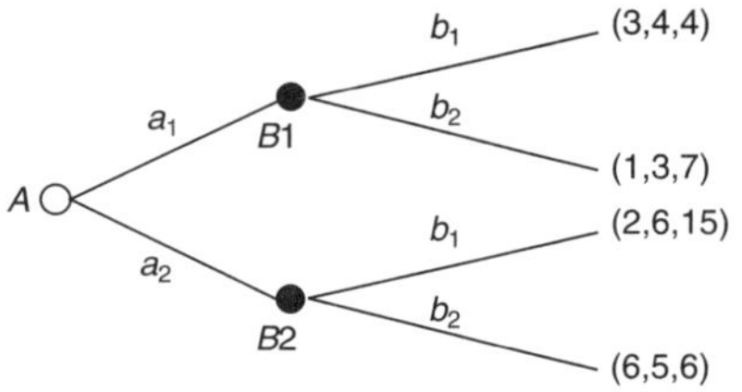

Qu'il soit en $B1$ ou en $B2$, il opte pour b_1 [la stratégie — conditionnelle — qu'il choisit est donc (b_1, b_1)]. Comme A peut anticiper cette décision (en supposant que B et C sont rationnels), il se trouve devant l'arbre réduit suivant :

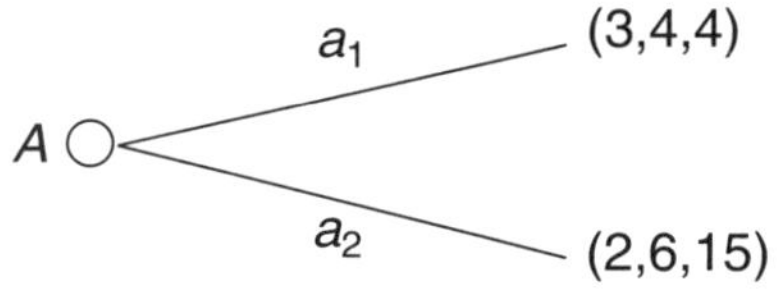

A choisit donc a_1. Ainsi, le « résultat » de la récurrence à rebours est le « chemin » $a_1 b_1 c_2$ de l'arbre, chemin qui « aboutit » au vecteur de gains (3,4,4) et qui correspond à l'ÉQUILIBRE PARFAIT (en sous-jeux) :

$$\{a_1, (b_1, b_1), (c_2, c_1, c_1, c_2)\}.$$

Cet équilibre n'est pas un OPTIMUM DE PARETO, puisque les combinaisons de stratégies ayant (8,5,6), (7,5,5) et (6,5,6) pour vecteurs de gains rapportent plus à chacun des joueurs. L'application par ceux-ci du principe de rationalité individuelle a pour résultat une issue qui n'est pas « collectivement » rationnelle.

La solution d'un jeu par récurrence à rebours fait intervenir de façon décisive l'hypothèse d'information complète ; notamment, le fait que chaque joueur a un comportement rationnel (qui consiste ici à chercher le gain maximal pour soi) et que tous le savent (la rationalité des comportements est CONNAISSANCE COMMUNE). Car si tel n'était pas le cas, alors le résultat du jeu pourrait être très différent. Ainsi, si B a le moindre doute sur la rationalité de C, alors en $B2$ il peut avoir intérêt à opter pour b_2 (où il est sûr d'obtenir 5) plutôt que pour b_1, où il risque une perte de 10, si C « se trompe » en optant pour c_2 plutôt que pour c_1 — ce qui n'a pas de grande conséquence pour lui, son gain attendu passant de 15 à 14. Si A anticipe le comportement de B (il voit aussi le risque encouru par celui-ci au moindre errement de C), alors il va opter pour a_2, B pour b_2 et C pour c_2 (tant mieux pour A et B s'il se trompe en choisissant c_1 !), de sorte que les gains des joueurs seront donnés par le vecteur (6,5,6) — au lieu de (3,4,4) à l'équilibre. Ainsi, grâce à l'« irrationalité » supposée de C, tous les joueurs obtiennent des gains nettement supérieurs ! Voilà qui peut sembler étonnant, mais qui montre que « trop de rationalité » peut être une mauvaise chose. On notera que ce qui compte, c'est que A et B *croient* que C peut agir de façon irrationnelle (ou que sa main peut « trembler » au moment du choix) pour que le résultat du jeu soit meilleur (que l'équilibre) pour tout le monde. Ainsi, C a très rationnellement intérêt à faire croire qu'il est irrationnel, ou qu'il peut l'être...

Remarque. Lorsque les joueurs interviennent successivement — sans coups simultanés — en information complète, alors la récurrence à rebours désigne généralement une issue unique. Un problème peut cependant surgir si un joueur doit opter entre deux actions qui lui procurent le *même* gain, de sorte qu'il n'est pas possible de trancher entre elles (s'il veut s'en sortir, le modélisateur doit alors se donner une procédure quelconque de sélection). Toutefois, le cas où il y a égalité des gains est, sur le plan mathémati que, tout à fait exceptionnel, si l'on admet que ces gains sont des nombres réels (et non des entiers, comme dans nos exemples).

Règle d'or

En théorie de la CROISSANCE, condition(s) imposée(s) aux paramètres qui caractérisent une économie de façon que la consommation par tête dans ses états SEMI-STATIONNAIRES soit la plus grande possible. La règle d'or ne concerne donc que des « sentiers de croissance » particuliers — dits « de LONGUE PÉRIODE » — où l'ensemble des variables « en niveau » de l'économie (population, production, consommation, investissement) évolue au même rythme, leur rapport demeurant donc constant ; comme alors la consommation par tête est la même à toutes les périodes, on peut classer les sentiers de croissance en comparant les consommations par tête à une période quelconque, sans avoir à calculer, par exemple, la valeur actuelle de flux de consommations.

Le but recherché avec la règle d'or est donc de rendre la consommation par tête (stationnaire) la plus grande possible ; mais comme les biens consommés doivent être produits, et comme la production nécessite des investissements (et donc de l'épargne), le problème que la règle d'or cherche à résoudre est celui du partage « optimal » entre consommation et épargne à chaque période (en fait, il suffit de déterminer ce partage à une période quelconque, puisqu'on ne considère que des sentiers semi-stationnaires).

Ainsi, dans le modèle de SOLOW, la règle d'or consiste à déterminer le *taux d'épargne* s associé au capital par tête stationnaire k^* qui permet la plus grande consommation par tête à chaque instant. Comme on va le voir, ce taux d'épargne est tel qu'il conduit à une formation de capital dont la productivité marginale est égale au taux de croissance de l'économie ; la règle d'or s'écrit alors :

productivité marginale du capital = taux de croissance de l'économie,

étant entendu que la productivité marginale du capital dépend de la quantité de capital accumulé, qui elle-même dépend du taux d'épargne. Souvent, on associe une « trajectoire de prix » à celle des quantités (production, consommation, etc.) ; par exemple, on *suppose* que le taux d'intérêt réel est donné par la productivité marginale du capital. Avec une telle hypothèse, la règle d'or s'écrit :

taux d'intérêt réel = taux de croissance de l'économie.

Même si cette égalité semble plus « parlante » que la précédente, elle n'apporte rien de plus, notamment en ce qui concerne le taux d'épargne à adopter (pour le déterminer, il faut revenir aux quantités, *stricto sensu*, et au partage entre consommation et épargne à chaque période, indépendamment de tout système de prix).

La recherche de la règle d'or est une démarche qui est clairement d'ordre NORMATIF ; elle peut être, par exemple, le fait d'un planificateur qui veut déterminer le « meilleur » taux d'épargne — ou afficher le taux d'intérêt le plus « approprié » — pour que la consommation par tête soit la plus élevée possible « sur la longue période ». Elle peut être faite dans le cas de modèles linéaires, comme celui de VON NEUMANN (la règle d'or correspond alors à la *croissance optimale*). Toutefois, comme le modèle de Solow fournit un cadre particulièrement simple qui suffit pour comprendre la nature du problème, c'est lui qui sert généralement de référence.

La règle d'or dans le modèle de Solow

Dans ce modèle, les états semi-stationnaires sont définis par l'égalité :

(1) $$sf(k^*) = gk^*,$$

où k^* est le capital par tête (stationnaire) et g le taux de croissance de la population. Le problème est alors de trouver la valeur du taux d'épargne s auquel correspond une consommation par tête stationnaire maximale. Or, comme $f(k^*)$ donne le produit par tête lorsque le capital par tête est k^* [par définition même de la fonction $f(\cdot)$], et comme la part consommée du produit est $1 - s$ (par définition même de s), il s'ensuit que la consommation par tête stationnaire est :

$$(1 - s)f(k^*).$$

Si l'on tient compte de la condition (1) qui caractérise les états semi-stationnaires, les seuls envisagés ici, cette consommation est donc égale à :

(2) $$f(k^*) - gk^*.$$

On va donc déterminer le capital par tête (stationnaire) $\bar{k}$ qui rend maximale cette expression, puis déduire le taux d'épargne « optimal » auquel il correspond [en se servant de (1)]. Or, comme $f(\cdot)$ est par hypothèse dérivable et strictement concave, et comme la dérivée de (2) par rapport à k^* est $f'(k^*) - g$, il s'ensuit que $\bar{k}$ doit annuler cette dérivée (condition du PREMIER ORDRE) et donc être tel que :

$$f'(\bar{k}) - g = 0,$$

ou, ce qui est la même chose :

(3) $$f'(\bar{k}) = g.$$

C'est la *règle d'or : la consommation par tête en régime semi-stationnaire est maximale lorsque le capital par tête est tel que la productivité marginale du capital, $f'(\bar{k})$, est égale au taux de croissance de l'économie, g* (on rappelle qu'en raison de l'homogénéité de degré 1 de la fonction de production on a $f'(k) = F'_K(K, L)$, cette dernière étant, par définition, la productivité marginale du capital).

De (3) on déduit donc le capital par tête « optimal » ; en effet, comme par hypothèse la productivité marginale du capital est strictement décroissante (et donc strictement monotone), on peut écrire :

$$\bar{k} = f'^{-1}(g).$$

D'où, en remplaçant dans (1) k^* par $\bar{k}$:

$$s f(f'^{-1}(g)) = g f'^{-1}(g).$$

Le taux d'épargne « optimal » $\bar{s}$, solution de cette équation, est donc égal à :

(4) $$\bar{s} = \frac{g\, f'^{-1}(g)}{f(f'^{-1}(g))}.$$

Il dépend du taux de croissance de la population — et donc de l'économie — et de la forme de la fonction de production. Si le planificateur, ou l'agent unique (« représentatif »), connaît ces paramètres, alors il peut fixer le niveau d'épargne à son niveau « optimal » en utilisant la formule (3).

Il est possible de *déterminer graphiquement* le capital par tête $\bar{k}$ de la règle d'or. En effet, comme $\bar{k}$ maximise la différence $f(k^*) - gk^*$, on fait apparaître celle-ci en traçant le graphe de $f(\cdot)$ et la droite de pente g, et on constate que $\bar{k}$ est donné par le point où la tangente au graphe de $f(\cdot)$ a une pente égale à g, comme on le voit dans la figure ci-dessous.

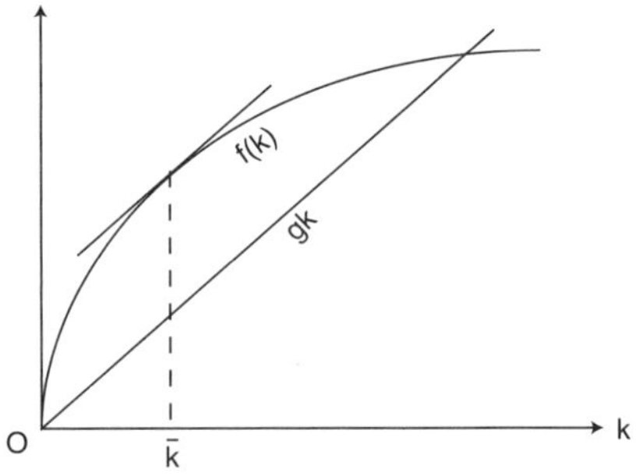

Remarque. Les raisonnements précédents supposent que le taux de croissance de la population est strictement positif — même s'il peut être « aussi petit que l'on veut » —, car sinon il n'y a plus de capital par tête stationnaire k^* fini (en ce qui concerne le cas $g = 0$, voir l'encadré « Le modèle de Solow avec une population stationnaire », p. 482).

Règle de rationnement

Si une offre et une demande — qu'elles soient individuelles ou globales — sont confrontées à des prix donnés et ne sont pas égales, et si des transactions ont lieu, alors certains individus — si ce n'est tous — ne peuvent être servis comme ils le désirent (les offreurs si l'offre est supérieure à la demande, les demandeurs dans le cas contraire). Une règle de rationnement précise alors la façon dont chacun est servi : ordre d'arrivée, tirage au sort, « partage égalitaire » ou au prorata de ce qui est offert ou demandé, etc.

Parmi les règles de rationnement, on distingue celles qui sont *manipulables* de celles qui ne le sont pas. Une règle est manipulable si des agents tentent de l'utiliser pour modifier les rationnements qu'ils subissent ; ainsi, si le rationnement se fait au prorata des offres ou des demandes, il y a « manipulation » de la part d'un agent s'il « gonfle » ses offres ou ses demandes pour obtenir plus que ce à quoi il s'attend en annonçant son vrai choix. Le *tirage au sort* ou la *file d'attente* sont des règles non manipulables (dans l'un et l'autre cas, c'est le « hasard » qui décide). Si les agents sont rationnels, alors une règle de rationnement manipulable est inapplicable, car elle donne lieu à des surenchères sans fin.

Les règles de rationnement sont nécessaires dans tout modèle où il n'y a pas égalité des offres et des demandes (à des prix donnés), qu'elles soient globales ou individuelles. Lorsqu'un modèle ne comporte qu'un nombre minimal d'agents, alors la règle de rationnement peut se réduire à celle de l'*échange volontaire* (si l'offre est supérieure à la demande, celle-ci est entièrement servie ; le contraire arrive lorsque la demande est supérieure à l'offre). Tel est le cas pour les modèles à AGENTS REPRÉSENTATIFS, comme celui qui met en relation DÉSÉQUILIBRE et macroéconomie.

Régulation (théorie de la)

Courant théorique apparu au milieu des années soixante-dix et dont le propos de départ était de reprendre les analyses de MARX en tenant compte des transformations — d'ordre économique et institutionnel — qui ont affecté le capitalisme depuis plus d'un siècle. Ces transformations se seraient traduites par l'apparition de « modes de régulation » successifs ; d'où le nom donné à la théorie. Celle-ci est aussi influencée par les analyses de KEYNES, notamment en ce qui concerne le rôle de la demande et de la monnaie dans la détermination de l'équilibre économique.

La théorie de la régulation donne donc une place essentielle à l'histoire du capitalisme, à l'étude des formes qu'il a effectivement prises depuis un siècle dans différents pays (française au départ, l'école de la régulation compte des adeptes un peu partout dans le monde). En cela elle se distingue nettement de l'approche NÉO-CLASSIQUE, qui raisonne sur des « sociétés » purement hypothétiques (et donc ahistoriques), auxquelles peuvent être appliquées certaines techniques mathématiques (ce que les « régulationnistes » ne cherchent pas à faire).

Au départ de la théorie de la régulation, il y a un ouvrage de Michel Aglietta, *Régulation et crises du capitalisme* (Calmann-Lévy, Paris, 1976), et une étude faite par des chercheurs du CEPREMAP et du CORDES, *Approches de l'inflation : l'exemple français* (J.-P. Bénassy, R. Boyer, R.-M. Gelpi, A. Lipietz, J. Mistral, J. Munoz et C. Ominami ; convention de recherche n° 22). La théorie de la régulation est cependant, de nos jours, surtout associée au nom de Robert Boyer, pour son livre *La Théorie de la régulation : une analyse critique* (La Découverte, Paris, 1986 ; par la suite, on désignera cet ouvrage par : Boyer), livre qu'il a complété en 1995 par un ouvrage collectif (publié avec Yves Saillard) qui se présente comme un bilan : *Théorie de la régulation : l'état des savoirs* (La Découverte, Paris, 1995 ; par la suite : Boyer-Saillard). Il existe des nuances parmi ceux qui se réclament de la théorie de la régulation ; on s'en tiendra ici aux analyses de Robert Boyer, qui est le seul à avoir publié des ouvrages qui donnent une présentation synthétique de cette théorie (avec les principales références en ce qui la concerne).

Trois niveaux d'analyse

Pour Boyer-Saillard (chapitre 5 : « Un précis de la régulation »), la théorie de la régulation distingue *trois niveaux d'analyse*, selon un niveau d'abstraction décroissant. Au premier niveau, celui de « la plus grande abstraction, la théorie de la régulation analyse les modes de production et leur articulation. La filiation aux rapports de production de Marx est nette, mais la correspondance entre les rapports de production et l'état des forces productives est abandonnée, de même que la dichotomie entre structure économique et superstructure juridique et politique » (p. 60). En fait, les théoriciens de la régulation limitent leurs analyses au seul mode de production capitaliste, essentiellement au XXe siècle ; ils mettent l'accent sur la diversité des formes qu'a pu prendre l'accumulation, déterminante dans ce mode de production. Ils sont alors conduits à distinguer — et c'est là le

« deuxième niveau d'abstraction » de leur analyse —, divers *régimes d'accumulation* au sein même du mode de production capitaliste. Un régime d'accumulation est, selon Boyer (1986), « l'ensemble des régularités qui assurent une progression générale et relativement cohérente de l'accumulation du capital, c'est-à-dire permettant de résorber ou d'étaler dans le temps les distorsions et déséquilibres qui naissent en permanence du processus lui-même » (p. 46) ; un même régime d'accumulation peut donc connaître des crises « passagères », qui ne le modifient pas en profondeur. Un régime d'accumulation est caractérisé à la fois par un « type d'évolution d'*organisation de la production* et de rapport de salariés aux moyens de production », un « *horizon temporel* de valorisation du capital sur la base duquel peuvent se dégager les principes de gestion », un « *partage de la valeur* permettant la reproduction dynamique des différentes classes ou groupes sociaux », une « composition de la *demande sociale* validant l'évolution tendancielle des capacités de production » et une « modalité d'*articulation* avec les formes non capitalistes, lorsque ces dernières ont une place déterminante dans la formation économique étudiée » (p. 46).

Enfin, et c'est là le troisième niveau de l'analyse, le maintien des « régularités sociales et économiques » qui caractérisent les régimes d'accumulation ne peut se faire que dans le cadre de *formes institutionnelles* précises, mais variables selon l'« époque » et l'« ensemble géographique ». Comme le disent Boyer-Saillard, « la théorie de la régulation se fixe comme programme de caractériser ces formes institutionnelles et leur agencement, mais aussi d'analyser leurs transformations permanentes » (p. 61).

Les formes institutionnelles

Dans son ouvrage de 1986, Robert Boyer précise ce que sont pour lui les formes institutionnelles, et leurs diverses modalités :

« On définira ainsi comme *forme institutionnelle* (ou encore structurelle) *toute codification d'un ou plusieurs rapports sociaux fondamentaux*. Les formes institutionnelles pertinentes dérivent donc de la caractérisation qui est faite du mode de production dominant. Si l'on se restreint au capitalisme, trois d'entre elles apparaissent fondamentales. D'abord la monnaie, sans doute la plus englobante, car elle définit un mode de connexion entre unités économiques. Ensuite, le rapport salarial, essentiel puisqu'il caractérise un type particulier d'appropriation du surplus. Enfin, la concurrence en ce qu'elle décrit les modalités de mise en rapport des foyers d'accumulation » (p. 48).

La *monnaie* est donc la première forme institutionnelle ; « selon [son] caractère métallique ou dématérialisé, le plus ou moins grand développement des diverses fonctions qu'elle remplit, la domination d'une logique privée ou publique, internationale ou nationale, diverses modalités de la contrainte monétaire sont envisageables » ; car « la monnaie fait partie intégrante de la reproduction des systèmes marchands, de sorte que leur régulation est tout autant monétaire que réelle. De ce fait, la dynamique croisée du crédit et de la monnaie agit sur le cours de l'accumulation, la production et l'emploi et pas seulement sur le niveau général des prix ».

Vient ensuite la *configuration du rapport salarial*, qui est donnée par les « relations mutuelles entre différents types d'organisation du travail, le mode de vie et les modalités de reproduction des salariés » (p. 49). Pour « caractériser les configurations historiques du rapport capital-travail », Boyer distingue les « cinq composantes » : « type de moyens de production ; forme de la division sociale et technique ; modalité de mobilisation et d'attachement des salariés à l'entreprise ; déterminants du revenu salarial, direct ou indirect ; [...] mode de vie salarié, plus ou moins salarié, plus ou moins lié à l'acquisition de marchandises ou à l'utilisation de services collectifs hors marché » (p. 49).

Les études menées par Aglietta à propos des États-Unis et par l'équipe CEPREMAP-CORDES conduisent les théoriciens de la régulation à distinguer « trois formes très contrastées du rapport salarial : concurrentielle [...] ; taylorienne, qui institue une réorganisation considérable du travail, sans mutation équivalente du mode de vie salarié ; fordienne [...], qui codifie un certain parallélisme entre la progression des normes de production et la diffusion de nouvelles normes de consommation » (p. 49).

La troisième forme institutionnelle concerne la *concurrence*, c'est-à-dire la façon dont se fait la *coordination* des décisions « *a priori* indépendantes » prises par un ensemble de centres d'accumulation fractionnés » (p. 50). Boyer distingue à son propos entre les « mécanismes concurrentiels » (« la confrontation *ex post* sur le marché [...] définit la validation ou non des travaux privés ») et le « monopolisme », où « prévalent certaines règles de socialisation *ex ante* de la production par une demande sociale d'un montant et d'une composition sensiblement équivalents » (p. 50).

A ces trois formes institutionnelles « fondamentales » viennent s'en ajouter deux autres — que Boyer-Saillard considèrent comme tout aussi fondamentales que les précédentes — sur les « modalités d'adhésion au régime international » et sur les « formes de l'État » — ces dernières se présentant comme un « ensemble de *compromis institutionnalisés* » (p. 52).

Les modes de régulation

La diversité des formes institutionnelles, et des modalités différentes qu'elles peuvent prendre (selon chacune de leurs caractéristiques propres), permet d'envisager une multitude de combinaisons entre elles, qui sont à l'origine de ce que les théoriciens de la régulation appellent des *modes de régulation.* Mais, bien que toutes ces combinaisons soient *théoriquement* concevables, cela ne veut pas dire qu'elles aient effectivement existé : l'histoire reprend ici ses droits.

Dans la définition des modes de régulation, qui comportent notamment des « processus d'ajustement des déséquilibres au jour le jour », la forme des comportements individuels et collectifs joue aussi un rôle essentiel. Plus précisément, selon Boyer-Saillard, « un mode de régulation met en œuvre un ensemble de procédures et de comportements individuels et collectifs qui doivent simultanément reproduire les rapports sociaux à travers la conjonction de formes institutionnelles historiquement déterminées et soutenir le régime d'accumulation en vigueur » (p. 65).

On retrouve donc, dans la définition d'un mode de régulation, les deux concepts de base de la théorie de la régulation : régime d'accumulation et forme institutionnelle ; à cela s'ajoute le rôle « déterminant » de l'histoire qui fait en quelque sorte le tri entre les formes institutionnelles « viables », qui permettent au système de se reproduire pendant un laps de temps non négligeable, même si c'est en se modifiant progressivement — jusqu'à ce que survienne une crise importante, qui entraîne la mise en place d'un nouveau mode de régulation.

Théorie de la régulation et crises

L'approche régulationniste est globale, notamment par son insistance sur les formes « structurelles » et sur les « régimes » d'accumulation. L'histoire montre que les unes et les autres ne sont pas immuables ; par définition, leur transformation suppose à un moment ou à un autre une rupture, le passage d'une « forme » (ou d'un « régime ») à l'autre. Les théoriciens de la régulation appellent *crises* les moments où il y a rupture ; ils proposent même d'établir une *typologie* sur les formes de crise. Ils accordent alors peu d'importance aux chocs « venus d'ailleurs » — dont l'effet est limité — et privilégient les crises qui sont sécrétées par le système lui-même (par ses propres contradictions). Ils distinguent ainsi les « petites crises » où « aucun changement institutionnel ou de politique économique n'est nécessaire pour déclencher le retournement de la récession à la reprise » (Boyer-Saillard, p. 65) — le mot « crise » est ici employé à la façon habituelle chez les économistes —, des « crises structurelles », où « aucune automaticité ne régit plus le passage de la dépression à la croissance », car la « régulation et le régime d'accumulation » sont affectés. Dans le cas de la crise structurelle, telle celle qui est apparue dans les années soixante-dix en Europe et aux États-Unis, il « s'ouvre en général une période de recherches tâtonnantes de stratégie de sortie de crise » (p. 65). C'est dans ce genre de situation que se trouveraient actuellement les pays cités, où le FORDISME a épuisé ses possibilités.

Parmi les crises structurelles, il faut distinguer celles dont l'origine est dans le système de régulation et celles où elle est dans le régime d'accumulation. On peut repérer ces crises par l'« incapacité des profits à se rétablir et à permettre la reprise de l'accumulation, la dissolution des déterminismes économiques, la montée des conflits sociaux et politiques, nationaux mais aussi internationaux ». L'étude de tels indicateurs doit permettre de faire un « diagnostic en temps réel de l'entrée dans une crise structurelle » (p. 65).

Reste la « crise du mode de production dominant », « niveau ultime de crise », où l'on retrouve la référence à Marx : « Proche du concept de crise organique de la théorie marxiste, cette crise suppose qu'aucun nouveau régime d'accumulation ne peut émerger compte tenu des capacités de recomposition des formes institutionnelles et de l'évolution de long terme du système économique. Au cours d'une telle période, de piètres ou catastrophiques performances économiques s'inscrivent dans des tendances de long terme, alors que le processus politique de réforme est lui-même bloqué ou contre-productif » (p. 65). Évidemment, ce type de crise est rare (Boyer et Saillard donnent cependant, à titre d'exemple, ce qui s'est passé en Europe de l'Est dans les années quatre-vingt-dix).

Théorie de la régulation et marxisme

La théorie de la régulation ne cache pas, au départ, qu'elle se situe dans la mouvance marxiste ; elle se fixe comme objectif d'appliquer la méthode d'analyse de Marx en tenant compte des transformations qu'a subies le capitalisme au XXe siècle. Les régulationnistes gardent donc la notion de mode de production capitaliste, raisonnent en termes de classes — en accordant une place très importante au rapport salarial ; ils avancent le concept de mode de régulation pour expliquer comment le capitalisme a pu (passagèrement) surmonter ses contradictions depuis l'époque de Marx. Ils pensent donc enrichir les analyses de celui-ci, compte tenu de ce qui s'est passé depuis sa mort.

Parmi les contradictions du capitalisme, il y a — selon Marx — celle qui a trait à la coordination des décisions prises par des entités autonomes (telles qu'elles apparaissent, par exemple, dans les SCHÉMAS DE LA REPRODUCTION), propres à toute société marchande, et celle qui découle de la BAISSE TENDANCIELLE DU TAUX DE PROFIT. Quelques théoriciens de la régulation accordent — ou ont accordé — une certaine importance à cette dernière, mais pratiquement tous font jouer un rôle central dans leurs analyses au problème de la coordination ; l'influence de Keynes est ici très nette, suite aux « expériences historiques » de la crise des années trente et, *a contrario*, des « TRENTE GLORIEUSES ».

Les rapports entre théorie de la régulation et marxisme deviennent beaucoup plus problématiques lorsque la question de la VALEUR TRAVAIL est abordée. Comme le constate Boyer, les positions sur cette question diffèrent d'un auteur à l'autre — lui-même se classant dans la catégorie « Ne se prononce pas ». Or, la théorie de la valeur travail est au cœur de la construction de Marx ; c'est elle qui lui permet de parler d'exploitation, mais qui est aussi au départ de ses analyses sur l'« extraction » de la plus-value et sur l'accumulation du capital, analyses dont la loi de la baisse tendancielle est une conséquence. Peut-on donc faire référence à une telle « loi » sans adhérer à la théorie de la valeur travail ? Question délicate, que les « régulationnistes » abordent peu, tout en utilisant une terminologie qui semble se référer (implicitement) à la valeur travail — notamment lorsqu'ils parlent de régimes d'accumulation « extensif » et « intensif » (qui font penser à la *plus-value*, absolue ou relative).

On peut enfin noter que le projet de Marx s'inscrit clairement dans une perspective de transformation sociale, ce qui n'est pas sans conséquences sur sa façon de concevoir même sa théorie. Or, il n'y a guère de cela chez les « régulationnistes », qui se contentent d'« observer », et de théoriser, la société dans laquelle ils vivent, sans plus. De ce point de vue, ils apparaissent comme une « école » parmi d'autres, même si leurs analyses sont plus pertinentes que celles des autres.

Conclusion

En accordant dans ses analyses une place essentielle à l'histoire et aux institutions, la théorie de la régulation fournit une grille de lecture particulièrement intéressante à la réflexion économique (qui est inséparable de ce qui se passe dans le reste de la société). L'approche qu'elle adopte n'est évidemment pas aisée, puisqu'elle suppose de larges connaissances, en économie mais aussi en histoire et en sociologie, pour ne parler que d'elles ; elle n'est pas toujours très exaltante, car elle suppose l'observation de multiples facteurs dont les schémas théoriques rendent parfois difficilement compte. En outre, il lui est difficile de faire des prédictions — du type de celles qu'on attend généralement des économistes —, car par nature elle s'intéresse à des phénomènes « longs » (régimes d'accumulation, formes institutionnelles), dont l'évolution est généralement lente ou saccadée (et donc imprévisible). Qui peut dire, par exemple, ce que sera le mode de régulation qui va remplacer le fordisme, entré en crise dans les années soixante-dix ? Il revient au théoricien de chercher à répondre à cette question, essentielle ; il ne peut cependant le faire que sous la forme de conjectures passablement floues, tellement les facteurs qui interviennent dans la constitution d'un mode de régulation sont nombreux, complexes et, en bonne partie, imprévisibles. Ces conjectures ont néanmoins l'avantage de porter sur des sociétés « datées », historiquement situées, et non sur les mondes de fable dont se servent les néo-classiques pour faire leurs « prédictions ». C'est sans doute là un avantage décisif.

Relation de préférence

Critère de classement qui caractérise les goûts d'un consommateur (ou d'un MÉNAGE) relativement à l'ensemble des PANIERS DE BIENS (ou à une partie de cet ensemble) ; la relation de préférence est généralement représentée par le symbole $\succsim$ (qui fait penser à l'inégalité $\geq$, utilisée pour les nombres, avec laquelle il présente d'ailleurs certaines similitudes). Ainsi, si Q et Q' sont deux paniers de biens, alors $Q \succsim Q'$ signifie que le panier Q est préféré au panier Q' (s'il lui est *strictement préféré*, on note $Q \succ Q'$).

Si une relation de préférence permet de classer *tous* les paniers de biens envisageables — c'est-à-dire si elle est telle que pour deux paniers de biens quelconques, Q et Q', on ait soit $Q \succsim Q'$, soit $Q' \succsim Q$ —, alors on dit qu'elle est *complète*, ou *totale*. Par ailleurs, comme la théorie du consommateur s'intéresse avant tout aux comportements rationnels, elle suppose généralement que la relation de préférence est *transitive* : si le panier de biens Q est préféré au panier de biens Q', lui-même préféré au panier Q'', alors Q est préféré à Q'' ; ce qui s'écrit, de façon condensée :

$$(Q \succsim Q' \text{ et } Q' \succsim Q'') \Rightarrow Q \succsim Q'',$$

quels que soient les paniers envisagés.

Lorsqu'une relation de préférence est à la fois complète et transitive (outre le fait qu'elle a la propriété — ici triviale — de « réflexivité » $Q \succsim Q$), on dit qu'elle est un *préordre complet* (ou total). Ces propriétés — qui sont généralement considérées comme minimales pour pouvoir parler de comportement rationnel — sont le point de départ de la théorie néo-classique du consommateur.

Surfaces et courbes d'indifférence

Lorsque deux paniers de biens Q et Q' sont tels qu'on ait *à la fois* :

$$Q \succsim Q' \text{ et } Q' \succsim Q,$$

alors on dit qu'ils sont *indifférents* — où équivalents — pour le consommateur, et l'on note :

$$Q \sim Q'.$$

L'ensemble des paniers de biens Q' tels que l'on ait $Q' \sim Q$ est appelé *surface d'indifférence* associée au panier de biens Q.

S'il y a transitivité des préférences, alors *deux surfaces d'indifférence distinctes ne peuvent avoir de point commun*. En effet, supposons que tel n'est pas le cas et que les deux surfaces d'indifférence Σ_1 et Σ_2 se coupent en (au moins) un panier Q. Alors, pour tout $Q_1 \in \Sigma_1$ et pour tout $Q_2 \in \Sigma_2$ on a :

$$Q_1 \sim Q \text{ (puisque } Q \in \Sigma_1)$$

et

$$Q_2 \sim Q \text{ (puisque } Q \in \Sigma_2).$$

Il en résulte, par transitivité :

$$Q_1 \sim Q_2$$

et donc $\Sigma_1 = \Sigma_2$ (puisque l'équivalence vaut pour *tous* les éléments de Σ_1 et de Σ_2), ce qui contredit l'hypothèse selon laquelle Σ_1 et Σ_2 sont distinctes ; par conséquent, elles ne peuvent pas avoir de point commun. Lorsqu'on considère des paniers de biens qui ne comportent que deux types de biens, alors les surfaces d'indifférence deviennent des courbes, qui sont appelées des *courbes d'indifférence* ; la figure en donne un exemple (sur l'axe des abscisses sont mesurées les quantités de l'un des biens, noté 1, sur celui des ordonnées celles de l'autre bien, noté 2).

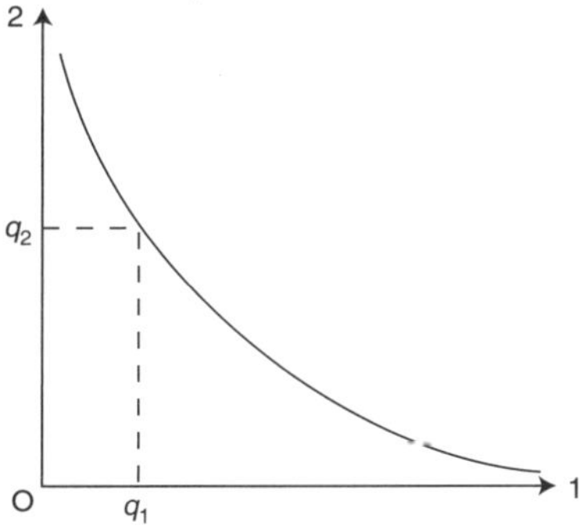

La forme des courbes d'indifférence dépend évidemment de celle des goûts du ménage. Ainsi, si celui-ci est non fumeur et si le bien 1 est le tabac, alors ses courbes d'indifférence sont des droites parallèles à l'axe des abscisses (en supposant que le bien 2 est, lui, apprécié), puisqu'il est indifférent au ménage de détenir plus ou moins de tabac (pour sa consommation).

Les courbes d'indifférence tracées dans la figure sont strictement décroissantes et CONVEXES, ce qui traduit deux propriétés de la relation de préférence du ménage :

— le ménage « préfère avoir plus que moins » de chacun des biens (monotonie des préférences) ; par conséquent, si la quantité d'un bien augmente, il faut *diminuer* celle de l'autre pour rester sur la même courbe d'indifférence (sinon la satisfaction du ménage augmenterait) ; d'où le caractère décroissant de cette courbe ;

— le ménage « aime les mélanges » (CONVEXITÉ DES PRÉFÉRENCES) ; ainsi, aux paniers équivalents Q et Q' il préfère le panier Q'' formé à partir d'une moitié du panier Q et d'une moitié du panier Q' (Q'' est donc un « mé-lange » de ces deux paniers équivalents). Formellement, la convexité des préférences s'écrit :

$(Q \sim Q'$ et $0 \leq \lambda \leq 1) \Rightarrow \lambda Q + (1 - \lambda)Q' \succsim Q$.

Notons que cette propriété n'a de sens que si les biens sont *indéfiniment indivisibles*, puisqu'elle considère des « fractions » de paniers de biens de la forme λQ (et $(1 - \lambda)Q'$), où λ peut prendre n'importe quelle valeur (réelle) comprise entre 0 et 1.

Si la relation de préférence est complète, chaque point du plan dont les coordonnées sont positives se trouve sur une courbe d'indifférence (qui peut éventuellement se réduire à ce point). Si l'on trace un ensemble de courbes d'indifférence qui passent par divers points (à éléments positifs) du plan, alors on se trouve face à un réseau de courbes qui ne se coupent pas et qu'on appelle *carte d'indifférence*, par référence aux cartes de géographie où les points qui se trouvent à la même altitude sont reliés par des courbes de niveau. La carte d'indifférence est donc la représentation de la relation de préférence, lorsque celle-ci ne concerne que deux biens.

Relation de préférence et fonction d'utilité

Dans les cartes géographiques, à chaque courbe de niveau est associé un nombre, égal à l'altitude des points représentés par cette courbe. Pourquoi alors ne pas en faire autant avec la carte d'indifférence ? Il est vrai que les courbes d'indifférence reflètent les goûts d'un individu, et ne peuvent donc être caractérisées par un indicateur « objectif » tel que l'altitude ; toutefois, rien n'empêche d'attribuer un nombre à chaque courbe d'indifférence, en imposant à l'ensemble des nombres choisis le respect du classement fait par la relation de préférence : si les paniers de biens de la courbe d'indifférence Σ sont strictement préférés aux paniers de la courbe Σ', alors le nombre associé à Σ doit être strictement supérieur au nombre associé à Σ'. On dit des nombres qui ont cette propriété qu'ils sont des indicateurs de l'*utilité* procurée par les paniers de biens. Ces nombres n'ont pas de signification en soi, mais ils permettent de *classer* les paniers de biens et les courbes d'indifférence sur lesquelles ils se trouvent.

De façon plus générale, on appelle *fonction d'utilité* associée à une relation de préférence toute fonction dont l'ensemble de départ est l'espace des paniers de biens et dont l'ensemble d'arrivée est $\Re$, qui associe à chaque panier de biens un nombre réel tel que si un panier Q est préféré à un panier Q', alors le nombre associé à Q est plus grand que celui qui est associé à Q'. Ainsi, la fonction $U(\cdot)$ est une fonction d'utilité associée à la relation de préférence $\succsim$ si :

$Q \succsim Q'$ si et seulement si $U(Q) \geq U(Q')$

[plus précisément, si Q est strictement préféré à Q', alors $U(Q) > U(Q')$ et si Q est indifférent à Q', alors $U(Q) = U(Q')$].

Si l'on peut associer une fonction d'utilité à une relation de préférence, alors on peut lui en associer une infinité. En effet, si $U(\cdot)$ est une fonction d'utilité associée à une relation de préférence donnée et si $f(\cdot)$ est une fonction de $\Re$ dans $\Re$ *strictement croissante*, alors $f(U(\cdot))$ est aussi une fonction d'utilité associée à la relation de préférence considérée, puisqu'elle préserve le classement fait par $U(\cdot)$ [si $U(Q) > U(Q')$, alors $f(U(Q)) > f(U(Q'))$].

Quand on s'intéresse seulement au classement des paniers de biens qui se déduit de la connaissance d'une fonction d'utilité, on dit qu'on adopte une approche par l'utilité ORDINALE ; si, en revanche, on accorde une signification aux valeurs prises par cette fonction d'utilité, alors on dit de l'approche qu'elle est CARDINALE (et donc qu'elle fait appel à une fonction d'utilité précise).

Relations économiques internationales (théorie des)

Les relations économiques entre les pays peuvent prendre plusieurs formes, qui vont du commerce international (échange de biens et services) aux mouvements de capitaux. La théorie du COMMERCE INTERNATIONAL s'appuie encore souvent sur l'analyse faite il y a longtemps par David RICARDO sur les AVANTAGES COMPARATIFS dont disposerait chaque pays et sur le « théorème » HOS (pour Hecksher-Ohlin-Samuelson), plus récent (mais qui a déjà plus d'un demi-siècle) et qui porte sur leurs « dotations » en FACTEURS DE PRODUCTION. L'approche est alors de type microéconomique, l'accent étant d'abord mis sur les *prix relatifs* des biens, ou des facteurs de production, dans les différents pays.

Les relations économiques internationales intéressent aussi au plus haut point la MACROÉCONOMIE. Celle-ci prend généralement pour point de départ de ses analyses le modèle IS-LM EN ÉCONOMIE OUVERTE, où sont étudiés les flux d'importation et d'exportation, mais aussi les mouvements de capitaux, selon que les taux de change sont fixes ou variables. Un résultat classique est la condition de MARSHALL-LERNER sur l'effet d'une dévaluation sur la balance des paiements d'un pays. L'analyse peut être étendue en adoptant le point de vue de la SYNTHÈSE NÉO-CLASSIQUE EN ÉCONOMIE OUVERTE ; le niveau des prix peut alors aussi varier dans chaque pays.

Rendements d'échelle

Indicateur de la variation de la production d'une entreprise relativement à celle de ses INPUTS, lorsque ceux-ci varient tous *dans la même proportion*. Si l'entreprise est représentée par une FONCTION DE PRODUCTION $f(\cdot)$, on détermine la nature des rendements d'échelle en multipliant toutes les quantités d'inputs par un nombre quelconque $\lambda > 1$, puis en comparant λ à l'augmentation de la production qui résulte de celle des inputs. On dit alors que les rendements d'échelle sont :

— *croissants* si la production est multipliée par un nombre strictement supérieur à λ (donc si $f(\lambda Q)/f(Q) > \lambda$) ;

— *décroissants* si la production est multipliée par un nombre strictement inférieur à λ (donc si $f(\lambda Q)/f(Q) < \lambda$) ;

— *constants* si la production varie dans la même proportion que les inputs [donc si $f(\lambda Q) = \lambda f(Q)$].

Dans le cas particulier — mais fréquemment utilisé — où la fonction de production est une fonction HOMOGÈNE de degré k, alors la connaissance de ce degré permet de déterminer aisément les rendements d'échelle. En effet, comme on a alors :

$$f(\lambda Q) = \lambda^k f(Q),$$

il s'ensuit que si :

— $k > 1$, les rendements d'échelle sont *croissants* ;

— $k < 1$, les rendements d'échelle sont *décroissants* ;

— $k = 1$, les rendements d'échelle sont *constants*.

Les rendements d'échelle locaux

Les rendements d'échelle tels qu'ils viennent d'être définis sont *globaux*, puisqu'ils concernent tous les paniers d'inputs et les constantes $\lambda > 1$. Par exemple, une fonction de production strictement CONCAVE, croissante relativement à chacun de ses arguments et telle que $f(0) = 0$, est à rendements (globaux) décroissants.

Mais il se peut que les rendements d'échelle varient avec le panier Q d'inputs (par exemple, qu'ils soient croissants pour des Q « petits » et décroissants pour des Q « grands »). Dans ce cas, on s'intéresse aux seuls rendements d'échelle *locaux*, c'est-à-dire au voisinage d'un panier d'inputs Q ; on se limite alors à l'étude du signe de la différence $f(\lambda Q)/f(Q) - \lambda$ (et donc à celui de $f(\lambda Q) - \lambda f(Q)$, puisqu'on suppose la production $f(Q)$ strictement positive) pour des λ « légèrement supérieurs à 1 ». Pour déterminer ce signe, on se sert de la DIFFÉRENTIELLE de $f(\cdot)$ en Q, après avoir « aménagé » la différence $f(\lambda Q) - \lambda f(Q)$. Soit :

$$\begin{aligned} f(\lambda Q) - \lambda f(Q) &= f(\lambda Q) - f(Q) + f(Q) - \lambda f(Q) \\ &= (\lambda - 1)Q \cdot grad\, f(Q) + (1 - \lambda)f(Q) + \text{terme résiduel} \\ &= (\lambda - 1)\,(Q \cdot grad\, f(Q) - f(Q)) + \text{terme résiduel} \end{aligned}$$

avec $Q \cdot grad\, f(Q) = \Sigma q_i f'_{q_i}(Q)$.

Ainsi, pour $\lambda - 1$ « suffisamment petit », le signe de $f(\lambda Q) - \lambda f(Q)$ est le même que celui de $Q \cdot grad\, f(Q) - f(Q)$ ($= \Sigma q_i f'_{q_i}(Q) - f(Q)$), à condition que cette expression ne soit pas nulle (sinon, le terme résiduel peut être négligé). Il s'ensuit que :

— si $\Sigma q_i f'_{q_i}(Q) - f(Q) > 0$, les rendements d'échelle sont *croissants* en Q ;

— si $\Sigma q_i f'_{q_i}(Q) - f(Q) < 0$, les rendements d'échelle sont *décroissants* en Q.

Le principal avantage que présente l'étude du signe de $\Sigma q_i f'_{q_i}(Q) - f(Q)$ est que cette expression ne fait pas intervenir la constante λ.

Rendements d'echelle et concurrence parfaite

Dans le cas, important pour les NÉO-CLASSIQUES, de la CONCURRENCE PARFAITE, les rendements d'échelle posent problème, *quelle que soit leur forme*. En effet, s'ils sont :

— *croissants*, alors l'entreprise qui maximise son profit aux prix affichés et sans se soucier d'éventuels problèmes de rationnement et de débouchés va théoriquement faire une *offre infinie*, puisque le coût par unité produite diminue avec l'échelle de production ; les rendements d'échelle croissants sont pour cela considérés comme incompatibles avec la concurrence parfaite ;
— *décroissants*, alors *l'entreprise a intérêt à se décomposer en unités de plus en plus petites*, puisque plus « productives » ; pour éviter ce processus de fractionnement indéfini — jusqu'au moment où chaque entreprise se réduit à un seul individu (ou à un seul ménage) —, les modèles microéconomiques habituels supposent soit qu'il existe des COÛTS FIXES qui nécessitent une production minimale pour être amortis, soit que le nombre d'entreprises est donné, et donc qu'elles ne sont pas divisibles (c'est cette hypothèse que fait le modèle d'équilibre général d'ARROW-DEBREU) ;
— *constants*, alors soit l'offre concurrentielle est *infinie* (si le prix est strictement supérieur au coût unitaire), soit elle est *nulle* (si le prix est strictement inférieur au coût unitaire), soit elle est *indéterminée* (si le prix est « juste égal » au coût unitaire, l'entreprise faisant alors un profit nul quelle que soit la quantité produite).

Rente (théorie de la)

Le mot « rente » a plusieurs acceptions. De façon générale, il désigne une rémunération liée à un *droit de propriété* sur une ressource dont la quantité disponible ne dépend pas de la rémunération associée à ce droit — ou, si elle en dépend, c'est selon une relation relativement complexe, dans laquelle le facteur temps joue un rôle essentiel. L'exemple de rente le plus connu est celui de la *rente foncière*, qui est la rémunération due à l'utilisation des terres, dont la quantité disponible est limitée et dont la nature n'est pas affectée (ou peu affectée) par cette utilisation. Cette rémunération peut être considérée comme un droit sur une partie du SURPLUS produit par la société dans son ensemble ou comme « ce qui reste » après qu'ont été rémunérés tous ceux qui contribuent d'une façon ou d'une autre à la production.

Si l'on adopte cette façon de voir la rente, alors tout le problème est de préciser ce qu'on entend par « contribution à la production ». On peut ainsi estimer que la rémunération du CAPITAL est une rente, au même titre que la rémunération de la terre, puisque le propriétaire du capital (le « capitaliste ») se contente de fournir les moyens de production, sans les mettre en œuvre lui-même. Dans cette perspective, seul le travail est « productif » et le capitaliste apparaît comme un « rentier », qui se contente de toucher des intérêts ou des dividendes, comme le propriétaire foncier le fait lorsqu'il loue ses terres. Toutefois, à la différence de la terre, le capital est une ressource dont la quantité disponible peut varier dans le temps, et ce dans des proportions importantes.

A la vision précédente, qui est celle des tenants de la VALEUR TRAVAIL, s'oppose le point de vue selon lequel tout ce qui est en relation avec la production lui apporte sa « contribution », en tant que « facteur de production » ; la rente est alors la rémunération des facteurs autres que le travail et le capital. Elle recouvre donc des rémunérations très diverses ; celle de la terre, mais aussi celle de certaines formes de savoir (détention d'un brevet, par exemple) ou de situations privilégiées (acquises ou « naturelles »). Toutefois, les « facteurs » ainsi rémunérés sont souvent très flous ; comme on ne voit pas ce que peut être, par exemple, leur « productivité » (ou leur PRODUCTIVITÉ MARGINALE), leur rémunération n'est pas calculée à partir de leurs caractéristiques propres ; elle est, comme dans les autres approches, « ce qui reste » après que le travail et le capital ont été « servis » (le prix du produit ne peut alors être considéré, ainsi que cela apparaît dans le théorème de l'ÉPUISEMENT DU PRODUIT, comme le résultat des productivités marginales des facteurs de production utilisés). Toutefois, dans « ce qui reste » il y a l'action de divers facteurs, ce qui conduit à distinguer entre rentes et quasi-rentes, et même à voir dans le profit une sorte de rente.

Rente, quasi-rente et profit

L'idée de rente a été au départ associée à celle de rémunération d'une ressource « inamovible », ou « inextensible » (telle la terre). Rares sont cependant les cas où des ressources sont « totalement inextensibles » ; même pour la terre, il existe toujours la possibilité d'augmenter les surfaces cultivées, quitte à ce que leur rendement soit plus faible ; David RICARDO voit, par exemple, dans la rente d'une terre donnée la différence entre les rendements de cette terre et celui de « la plus mauvaise » des terres effectivement cultivées.

Pour tenir compte des rentes associées à des ressources moins pérennes que la terre, on appelle parfois — suite à Alfred MARSHALL — *quasi-rentes* les rentes passagères, qui rémunèrent des facteurs qui peuvent disparaître progressivement (ou même brutalement), pour des raisons diverses. Ainsi, une entreprise qui a déposé un brevet, ou qui détient un secret de production, bénéficie d'une rente en raison de l'avantage qu'elle a sur les autres entreprises. Celles-ci vont cependant chercher à percer son secret, ou à trouver des procédés de fabrication supérieurs aux siens, et donc à lui faire perdre son avantage ; la rente est ici passagère.

Mais l'exemple le plus courant de quasi-rente est celui du *profit* de la MICROÉCONOMIE de base, qui est par définition égal à la différence entre les recettes et les dépenses, celles-ci comprenant (entre autres) la rémunération du travail et du capital. Souvent, pour marquer le caractère particulier de ce profit (qui ne rémunère aucun « facteur » précis), on l'appelle « surprofit » (le mot « profit » est alors utilisé pour désigner la rémunération du capital au taux d'intérêt courant). Le fait de parler de « surprofit », avec tout ce que cela dénote de péjoratif, est significatif ; c'est un profit « en trop », « pas normal », et qui a donc vocation à disparaître. Comment ? Essentiellement par la « libre entrée », qui est censée éliminer la « rente de situation » que représente en fait le surprofit.

Que rémunère alors cette rente (ou, plutôt, cette quasi-rente) ? Les réponses sont ici variées, et pas toujours claires. On peut néanmoins remarquer que si les RENDEMENTS D'ÉCHELLE sont décroissants, comme le suppose généralement la théorie du producteur en microéconomie, alors il y a toujours une quasi-rente (et donc un surprofit), même avec libre entrée. Tel peut ne pas être le cas s'il existe des COÛTS FIXES, mais alors le système risque d'être fort instable, comme le montre une étude sommaire de la courbe de COÛT MOYEN en U (pour plus de détails, voir la rubrique LIBRE ENTRÉE).

La notion de rente organisationnelle

Comme on a pu le voir, la notion de rente peut être utilisée dans des contextes différents, et son contenu peut varier en conséquence. Ainsi, les NÉO-INSTITUTIONNALISTES appellent « rente organisationnelle » l'ensemble des avantages qui résultent de la signature d'un CONTRAT par deux — ou plusieurs — agents. L'idée est simple : si ceux-ci signent un contrat, ou se regroupent dans une « organisation » (une entreprise, par exemple), c'est parce qu'ils en tirent des avantages. La rente organisationnelle est donc le résultat de leur « collaboration » ; parfois elle est appelée « surplus », puisqu'elle vient « en plus » de ce qu'ils auraient pu produire en restant chacun de leur côté. Cette « rente » ne rémunère aucun « facteur de production » précis, puisqu'elle est la conséquence de leurs interactions ; elle s'insère donc mal dans les analyses néo-classiques habituelles (sur la rémunération à la productivité marginale), bien que les néo-institutionnalistes se réclament, pour l'essentiel, de la démarche néo-classique. Il est vrai que la rente organisationnelle présente des similitudes avec le « profit résiduel » (ou « surprofit ») évoqué plus haut ; toutefois, pour les néo-institutionnalistes, elle n'a pas vocation à disparaître, comme doit (ou devrait) le faire ce profit.

La rente organisationnelle est donc « durable » et ne rémunère aucune « contribution » précise à la production. A qui revient-elle donc ? Comme il n'y a pas de raison pour que ce soit à quelqu'un de précis, le modélisateur se trouve donc face à un problème d'*indétermination*, tels ceux qui se posent dans le cas de la NÉGOCIATION BILATÉRALE. Souvent, comme dans la théorie MANDANT-MANDATAIRE, il adopte le point de vue d'une des parties et suppose que c'est elle qui s'approprie toute la rente organisationnelle ; ce qui est une façon quelque peu cavalière de lever l'indétermination, mais qui a l'avantage de permettre de faire des calculs, dans une perspective d'EFFICIENCE, en laissant de côté le problème de la répartition.

La rente différentielle

La notion de rente différentielle est un raffinement de la notion de rente, telle que la conçoivent les classiques et, en partie, les néo-classiques. L'exemple de la terre permet de comprendre facilement ce qu'est la rente différentielle (c'est d'ailleurs à la terre que pensaient ceux qui ont introduit ce concept, à commencer par Ricardo). En effet, on a vu que la rente peut être conçue comme la rémunération du propriétaire foncier pour sa

« contribution » à la production (ou bien comme « ce qui reste » après que le travail et le capital ont été rémunérés). Les terres ont cependant souvent des productivités différentes, dans le sens où de mêmes quantités de travail et de capital investi peuvent être à l'origine de quantités différentes de produit, d'une terre à l'autre. Comme le prix du produit est le même indépendamment de la terre d'où il vient, il s'ensuit que « ce qui reste » après que le travail et le capital ont été rémunérés varie d'une terre à l'autre. La rente différentielle est donnée par la différence entre ce qui sert à rémunérer deux terres de qualités différentes. Dans le cas où l'on compare une terre quelconque à la terre « la plus mauvaise » pour la production, alors la rente différentielle devient une rente « absolue ».

La *localisation* est une autre cause possible d'apparition d'une rente différentielle (cette cause agit aussi dans le cas des terres). Cela est clair dans le cas des villes : plus une parcelle de terre constructible est proche du centre de la ville, plus son prix (d'achat ou de location) est élevé, du moins en France. On peut donc déceler des rentes différentielles variables selon l'emplacement dans le tissu urbain ; les parcelles de terre en rase campagne ont une rente nulle (qui se réduit à leur seul aspect « agricole ») alors que celles qui sont dans les quartiers les mieux situés sont à l'origine de la rente la plus élevée, toutes les situations intermédiaires pouvant être envisagées. La rente est ici liée à la capacité de profiter des EXTERNALITÉS dues à la localisation.

La mise en place d'infrastructures diverses, notamment de transport, peut aussi être à l'origine de rentes différentielles importantes ; on peut alors se demander à qui reviennent les rentes : à celui qui construit l'infrastructure ou au propriétaire des terres qu'elle valorise ? On retrouve là tout le problème de savoir ce que rémunère exactement la rente, à travers le droit de propriété.

Répartition (théories de la)

Théories sur la façon dont se répartit parmi les membres d'une société ce qu'elle produit à un moment donné. Ces théories peuvent être à vocation positive (elles cherchent à décrire, ou à expliquer, ce qui *est* dans une société donnée) ou NORMATIVE (elles précisent ce qui devrait être, selon le théoricien).

Les théories de la répartition dépendent étroitement de la vision de la société de ceux qui les formulent. Il existe, en économie, deux « grandes » visions de la société : celle qui y distingue des classes sociales et celle qui ne voit en elles qu'un conglomérat d'individus, qui ne se différencient que par leur fonction (producteurs ou consommateurs) ; la première met plutôt l'accent sur le partage (éventuellement conflictuel) du produit entre les diverses classes sociales, alors que la seconde a une vision plus harmonieuse de la répartition, qui serait un sous-produit des échanges (mutuellement bénéfiques) entre individus.

Les théories de la répartition s'intéressent à la part du *produit* de la société que chacun reçoit ; ces théories doivent donc commencer par préciser ce qui doit être réparti, c'est-à-dire ce qui est produit, et par qui. Par conséquent, le problème de la répartition ne peut être abordé en dehors de celui de la VALEUR. A des théories de la valeur différentes correspondront des visions différentes du problème de la répartition.

Répartition et classes sociales

Le fait de caractériser les membres d'une société par leur appartenance à une classe sociale est typique des démarches des CLASSIQUES et de MARX. Le découpage en classes peut évidemment varier d'un auteur à l'autre ; ainsi RICARDO insiste-t-il sur la coupure (et les contradictions) entre propriétaires fonciers et « capitalistes » (ou « industriels ») alors que Marx met l'accent sur l'affrontement entre patrons et salariés (« bourgeois » et « prolétaires »).

Des nuances existent entre ces différents auteurs en ce qui concerne l'origine de la valeur, mais tous sont d'accord pour considérer que le *travail* en est un des facteurs essentiels (si ce n'est l'unique) ; c'est ce qu'on appelle la théorie de la VALEUR TRAVAIL. Le travail fait cependant appel à des outils, à des machines, à des équipements plus ou moins importants, dont les travailleurs ne sont généralement pas propriétaires ; quelle est alors la part du produit qui revient à ceux qui possèdent l'ensemble de ces moyens de production (auxquels s'ajoute la terre) ? Une façon de répondre à cette question est de considérer qu'il existe un SURPLUS — différence entre ce qui est produit et ce qui revient aux travailleurs — que les propriétaires des moyens de production s'approprient. Ceux-ci peuvent être divisés en deux grandes catégories : les « capitalistes », appelés ainsi parce qu'ils « avancent » les capitaux qui permettent de mettre en œuvre la production (y compris la rémunération des travailleurs), et les propriétaires fonciers. Les premiers attendent une rémunération (le *profit*) proportionnelle à leurs avances, le coefficient de proportionnalité — rapport entre le profit et le capital avancé — étant le *taux de profit*. Celui-ci « tend » à être le même pour tous les capitalistes, car si tel n'était pas le cas, alors les capitaux se déplaceraient des secteurs où la rémunération est la plus faible à ceux où elle est la plus forte, ces mouvements s'arrêtant lorsqu'elle est la même partout (ce qui représente une situation d'ÉQUILIBRE).

La rémunération des propriétaires fonciers, la RENTE, est formée par ce qui reste du surplus, après que les capitaux ont été rémunérés. Mais, contrairement à ce qui se passe avec les capitaux, la rente ne prend pas la forme d'une rémunération uniforme (qui serait, par exemple, proportionnelle à la surface des terres), puisqu'elle dépend de la « qualité » des terres (par exemple, de leur degré de fertilité et de leur emplacement). La rente peut être « absolue » si l'on compare une terre à « la plus mauvaise d'entre elles » (qui fournit une rente minimale, ou même nulle), et « différentielle » (différence entre les rentes de terres quelconques).

Le surplus est donc partagé entre les capitalistes (pour lesquels il prend la forme de profits) et les propriétaires fonciers (rentes). Il reste à déterminer sa taille ; celle-ci dépend de la capacité de production des travailleurs (de leur « productivité ») et de la part du produit qui leur revient (plus cette part est petite, plus le surplus est grand). En fait, aussi bien les classiques que Marx supposent que le travail tend à être rémunéré de façon que les travailleurs et leurs familles puissent assurer leur subsistance (selon les normes de la société dans laquelle ils vivent) ; le surplus est donc donné par la différence entre la valeur de ce qui est produit et la valeur des biens nécessaires au « maintien » des travailleurs.

Dans l'analyse des classiques et de Marx, il y a un problème de compatibilité qui se pose entre le « critère » de la valeur travail et celui de l'uniformité des taux de profit ; c'est le problème de la TRANSFORMATION DES VALEURS EN PRIX DE PRODUCTION.

Conscient de ce problème, SRAFFA a repris une bonne partie de l'analyse classique — surtout celle de Ricardo —, mais en abandonnant la théorie de la valeur travail et du salaire de subsistance, tout en gardant le principe de rémunération des capitaux à un taux uniforme (il raisonne directement avec les prix de production). Cette façon de faire lui laisse un « degré de liberté » en ce qui concerne le partage du surplus entre les diverses classes sociales (partage qui peut donc dépendre du rapport de force, des conventions ou d'autres facteurs).

La répartition dans la perspective néo-classique

La théorie NÉO-CLASSIQUE récuse le concept de classe sociale ; pour elle, la société est formée d'individus plus ou moins différenciés selon leurs goûts ou leur habileté (innée, ou acquise par l'étude et la formation), dont l'activité dépend avant tout de leur libre choix. Cette activité fait partie des INPUTS qui interviennent dans les combinaisons productives, dont les fonctions de production des entreprises expriment le champ des possibles. Le travail, les machines, la terre, mais aussi les matières premières, l'énergie et toutes les « consommations intermédiaires » envisageables apportent ainsi leur « contribution » au produit total, et sont donc considérés comme productifs. Leur rétribution découle alors de l'application du principe de recherche du profit maximal. Le résultat de cette recherche dépend du cadre dans lequel elle s'effectue.

Parmi les cadres possibles, les néo-classiques privilégient celui de la CONCURRENCE PARFAITE, où les entreprises décident de leur production à partir de prix affichés par une entité indépendante d'elles (symbolisée par le commissaire-priseur), et sans prendre en compte les effets éventuels de leurs offres et de leurs demandes sur ces prix. Dans ces conditions, et sous certaines hypothèses relatives à la fonction de production (essentiellement dérivabilité et CONCAVITÉ), les plans des entreprises sont réalisables (il y a équilibre) si les quantités produites sont telles que la PRODUCTIVITÉ MARGINALE de chaque input est égale à son prix (relatif à celui du produit).

On dit alors qu'il y a *répartition selon la productivité marginale*. Cette théorie de la répartition, qui n'est valable qu'à l'équilibre de concurrence parfaite, concerne tous les types d'inputs (aussi bien les matières premières et l'énergie que le travail, les machines, les équipements et la terre).

Le fait que chaque input soit rémunéré à sa productivité marginale n'implique pas que la dépense en inputs soit égale à la recette attendue de la vente du produit. La différence entre l'une et l'autre est ce que la MICRO-ÉCONOMIE appelle PROFIT ; celui-ci ne rémunère donc aucun input, puisqu'il est par définition « ce qui reste » après que *tous* les inputs ont été rémunérés. La théorie n'est donc pas complète.

Les néo-classiques apportent deux types de réponses au problème posé par l'existence possible de ce « profit résiduel » :
— soit ils voient en lui la rémunération d'un input qui n'a pas été pris en compte parmi les arguments de la fonction de production (ils parlent parfois, à son propos, de « facteur caché ») ; ils considèrent alors que cette rémunération peut être assimilée à une rente ;
— soit ils supposent que les RENDEMENTS D'ÉCHELLE sont constants, et donc que les recettes sont égales aux dépenses ; dans ce cas, ils appliquent le théorème de l'ÉPUISEMENT DU PRODUIT (la rémunération selon la productivité marginale suffit à répartir tout le produit entre les agents).

La rémunération selon la productivité marginale est justifiée — la démarche se veut alors clairement normative — par le fait que l'équilibre de concurrence parfaite, qui lui sert de référence, est un OPTIMUM DE PARETO. On notera cependant que, indépendamment de l'appréciation qu'on peut avoir sur la portée et l'intérêt du modèle de concurrence parfaite, la rémunération selon la productivité marginale *suppose* déjà une répartition préalable, qui porte sur les DOTATIONS INITIALES. La forme de cette répartition préalable, donnée, conditionne celle de l'équilibre et donc de l'optimum de Pareto qu'il représente. Autrement dit, les optimums de Pareto sont inséparables de la répartition initiale.

Conclusion

Les deux grandes théories de la répartition existantes relèvent de visions du monde très différentes ; on ne peut donc dire que l'une est « meilleure » que l'autre, surtout que toutes deux se situent à un très haut niveau d'abstraction (sociétés représentées de façon extrêmement schématique). On peut cependant noter que, en voulant tout ramener aux individus, l'approche néo-classique « dilue » complètement le problème de la répartition dans celui de l'interdépendance généralisée des choix des agents : comme « tout y dépend de tout », les rémunérations (d'équilibre) sont à la fois influencées par les goûts de chacun, les techniques disponibles, les dotations initiales (sans parler du cadre institutionnel). A ce niveau de détail, il n'est plus possible de dire grand-chose (en outre, le théorème de SONNENSCHEIN ôte tout espoir de parvenir à des propositions générales).

Afin de ne pas être condamnés au silence sur la question de la répartition, les théoriciens néo-classiques adoptent de fait un point de vue global, HOLISTE — qu'ils récusent par ailleurs ; c'est ainsi qu'ils introduisent dans leurs analyses le concept de CAPITAL, par lequel ils désignent l'ensemble des dépenses (ou des sommes avancées) autres que celles qui ont trait au travail. En distinguant deux « grands » inputs (qu'ils appellent *facteurs de production*), le travail et le capital, ils renouent implicitement avec l'idée de classe sociale (celle des « travailleurs » et celle des « capitalistes »), même s'ils n'emploient pas cette expression.

Toutefois, à l'idée de partage du surplus entre classes sociales, les théoriciens néo-classiques substituent celle d'une répartition qui découle des contraintes imposées par la technique, caractérisée par la FONCTION DE PRODUCTION NÉO-CLASSIQUE ; la notion de surplus disparaît au profit de celle d'optimalité de Pareto (au niveau ultra-agrégé adopté ici, la question de la répartition des dotations initiales disparaît complètement). A l'idée de conflit pour le partage du surplus est donc substituée celle de la « fatalité » des conditions techniques : s'y opposer ne peut qu'être source d'« inefficiences ».

Réseaux (économie des)

Approche des relations économiques devenue à la mode dans les années 1980-1990, suite à la vague de privatisation-libéralisation d'importants secteurs de l'économie — télécommunications, transports, fourniture d'eau et d'électricité, etc. — et qui a nécessité la mise en place de réglementations (ou de « régulations ») tenant compte des caractéristiques propres à ces secteurs. Comme le mot « réseaux » le suggère, ceux-ci sont caractérisés par les liens directs — imposés en bonne partie par les conditions techniques — qu'ils établissent entre les agents économiques, liens qui sont généralement source d'importantes EXTERNALITÉS positives.

Ces liens nécessitent souvent la mise en

place d'infrastructures lourdes qui sont la base « matérielle » du réseau et qui peuvent être, de ce fait, prises en charge par l'État, partiellement ou totalement (avec, en contrepartie, une surveillance de sa part). Un des problèmes essentiels est alors celui du nombre optimal d'intervenants sur un réseau (d'utilisateurs de son infrastructure), compte tenu à la fois de l'existence de COÛTS FIXES importants (côté producteurs) et de problèmes de congestion (côté consommateurs ou utilisateurs). Ce nombre ne peut qu'être approximatif ; il dépend de l'étude au cas par cas, typique de ce genre d'approche. Celle-ci relève à la fois de ce qu'on a l'habitude d'appeler la CONCURRENCE IMPARFAITE (essentiellement, le problème des MONOPOLES) et de l'économie publique (EXTERNALITÉS, BIENS COLLECTIFS).

L'économie des réseaux a une démarche qui est essentiellement NORMATIVE, dans la mesure où son but principal est de déterminer les formes d'organisation et la réglementation qui permettent une affectation des ressources qui soit la meilleure possible (tarifs, nombre optimal d'intervenants, etc.). Vu la complexité et la diversité des cas envisageables — qui tiennent au fait que la notion de réseau peut recouvrir un très grand nombre de situations —, il est clair qu'il n'existe pas de solution simple au problème de la réglementation, qui doit à la fois prendre en compte les contraintes imposées par la technique et le fait qu'il n'existe pas de procédure d'incitation sans défaut (du fait notamment de la présence d'ASYMÉTRIES D'INFORMATION). On va donc ici dégager les principales caractéristiques de l'économie des réseaux, dont on trouvera une présentation plus systématique dans le livre de Nicolas Curien *L'économie des réseaux*, Éditions La Découverte, coll. « Repères », 2000.

Externalités positives et effet de club

Un réseau, par définition, met en relation des individus, ou des unités de décision, qui trouvent un intérêt à son existence, car il est source d'avantages mutuels. Cette définition, très large, s'appliquant évidemment à beaucoup de situations — y compris à celles dites « de marché » —, l'économie des réseaux tire sa spécificité du fait qu'elle s'intéresse tout particulièrement aux situations où il y a des *externalités de consommation*, dans le sens où l'avantage que chacun tire des interactions dépend de ce qu'il obtient à travers l'échange, mais aussi de la présence même, et de l'action, des autres. La satisfaction de chacun augmente du fait même de la participation des autres au réseau. Un exemple très frappant est celui du réseau téléphonique : y être branché n'a d'intérêt que s'il existe d'autres personnes qui le sont — et plus elles le sont, tant mieux ! Ce genre d'externalité est parfois qualifiée d'« effet de club » : l'intérêt d'adhérer à un club, c'est d'y trouver d'autres personnes pour mener des activités en commun, qui y ont elles-mêmes adhéré dans la même perspective. L'effet de club n'est généralement pas illimité : congestion lorsque les infrastructures sont saturées, inconvénients dus aux nouveaux arrivants supérieurs aux avantages qu'ils procurent, etc.

Il existe d'autres externalités de consommation typiques des réseaux qui ne relèvent pas exactement de l'effet de club, mais qui sont importantes : cas des réseaux électrique ou routier, dont l'existence dépend de celle des autres, même si les liens ne sont pas de même nature que dans le cas des télécommunications.

Comme toujours lorsqu'il y a des externalités, les rapports marchands ne prennent pas en compte leurs effets bénéfiques : d'où la nécessité d'interventions publiques — nationalisation, subvention, organes de régulation — destinées à le faire. Ce genre d'intervention se pose aussi, dans la même perspective, quand on aborde le problème du côté de l'offre (de la production).

Coûts fixes et tarification

Une des caractéristiques communes à la plupart des réseaux — si ce n'est tous — est qu'ils comportent une *infrastructure* importante, lourde, qui permet la mise en relation des agents économiques. L'importance même de cette infrastructure conduit souvent à des situations de monopole, soit parce qu'il serait absurde de la dédoubler pour créer un réseau concurrent (cas des réseaux ferrés et électrique, par exemple), soit parce qu'elle suppose des coûts fixes tellement importants qu'ils ne peuvent être amortis que s'il n'y a qu'un seul offreur qui recueille toute la demande.

Qui dit monopole, dit généralement intervention de l'État, réglementation, dans la perspective de parvenir à une tarification assurant une affectation des ressources qui soit la meilleure possible. Lorsqu'il y a monopole « absolu » (ou « naturel »), alors l'État peut prendre à sa charge la gestion du monopole, ou bien négocier avec lui ses tarifs (ce qui a été pendant longtemps le cas dans les télécommunications, la grande majorité des pays optant pour l'entreprise publique, quelques pays pour le monopole privé réglementé — comme ce fut le cas avec ATT aux États-Unis). La tarification considérée comme optimale consiste alors à faire payer le service rendu à son coût marginal ; en fait, comme celui-ci est en général très faible, alors que les coûts fixes sont importants, cette solution n'est pas viable (à moins de subventions systématiques, solution rarement retenue). D'où une tarification basée sur le coût moyen (qui prend donc en compte les coûts fixes), éventuellement modulée selon les variations de la demande — par exemple, entre le jour et la nuit — dans le but de mieux la répartir et donc de baisser le coût moyen (modèle dit de Ramsey-Boiteux).

Le désir de briser les monopoles — et de restreindre le secteur public — associé parfois à de nouvelles possibilités d'ordre technique s'est traduit par l'apparition de situations où un même réseau voit coexister plusieurs intervenants, sous l'égide d'« autorités de régulation » qui essaient à la fois de susciter la concurrence entre eux, tout en évitant qu'elle soit suicidaire (par exemple, en limitant leur nombre) et en tenant compte de la présence d'externalités (qui peuvent conduire à certaines formes de subventions, ou de facilités).

Réseaux et marchés

Les réseaux mettent en rapport des individus, qui établissent entre eux des rapports marchands (la plupart du temps, des services payés). Ils font en cela partie du système des « marchés ». On peut alors se demander où est la différence avec les autres composantes de ce système. La réponse n'est pas simple. Ainsi, le « marché parfait » du modèle de la CONCURRENCE PARFAITE peut être considéré comme un réseau, avec en son centre un commissaire-priseur qui organise les interactions entre les individus (ceux-ci forment donc un grand « club », dont les bénéfices viennent des gains à l'échange que permet cette organisation, qui nécessite une infrastructure importante — les nombreuses tâches assumées par le commissaire-priseur). Si on sort de ce cadre, ce qui est pour le moins raisonnable, on tombe inévitablement sur le problème du MARCHANDAGE, face à face entre offreurs et demandeurs (vendeurs et acheteurs) qui peut prendre des formes les plus diverses, selon le type de bien considéré et, surtout, de la forme d'organisation sociale retenue. Celle-ci est presque toujours formée d'un certain nombre de règles et de conventions, qui peuvent varier d'un endroit à l'autre, dont l'origine peut se trouver dans la coutume et la tradition, les accords entre participants (éventuellement à travers leurs organisations syndicales ou de métier) et, évidemment, dans les diverses formes d'intervention de l'État (qui vont de l'organisation directe à la simple surveillance). Dès qu'on va au-delà de la simple relation bilatérale — en envisageant des relations multilatérales, elles-mêmes comportant de nombreuses relations bilatérales —, on voit rapidement apparaître l'idée de « réseau » : réseau commercial, réseau de concessionnaires, mais aussi, de façon plus vague, « réseau marchand ». En fait, ceux qui étudient le fonctionnement effectif de ce qu'on appelle les marchés — avec une prédilection pour le cas agricole, poisson compris, où l'offre est très peu élastique — parlent souvent à leur propos de « réseaux » (acheteurs et vendeurs étant liés par des relations plus ou moins compliquées, organisées par des règles qui varient généralement d'un endroit à l'autre). A l'inverse, les réseaux dont il a été traité plus haut (télécommunications, électricité, transport, eau, etc.) constituent aussi des « marchés », même si c'est avec des règles passablement différentes dues à leur spécificité (poids des coûts fixes, notamment). Il s'ensuit de tout cela que la frontière entre réseau et marché est floue ; ce qui pose la question de savoir ce qu'est exactement un réseau, mais aussi un marché...

Réserve ou, en anglais, *reservation* (prix ou salaire de)

Prix en dessous duquel une personne refuse de vendre un bien — ou prix au-dessus duquel elle refuse de l'acheter. Le cas d'une *vente aux enchères* donne un exemple classique de prix de réserve : c'est le prix de « départ », minimal, annoncé par le commissaire-priseur (le vendeur se « réserve » la possibilité de ne pas vendre en dessous de ce prix). Dans le cas d'une NÉGOCIATION BILATÉRALE, il y a généralement *deux* prix de réserve : celui du vendeur (prix minimal en dessous duquel il refuse de vendre) et celui de l'acheteur (prix maximal qu'il est prêt à payer). Le TAUX MARGINAL DE SUBSTITUTION entre deux biens (pour un individu et pour un panier de biens donnés) peut s'interpréter comme un prix de réserve, puisqu'il représente un taux d'échange minimal — celui qui permet de rester tout au plus sur la même courbe de niveau ; d'ailleurs, pour qu'il y ait échange entre deux individus, il faut qu'ils aient des taux marginaux de substitution différents et que le taux (rapport de prix) auquel s'effectue l'échange se situe entre eux.

La théorie néo-classique de la relation de travail fait souvent appel à la notion de *salaire de réserve*, salaire minimal qu'un candidat à l'emploi est prêt à accepter. L'existence d'un tel salaire est justifiée — souvent de façon implicite — par la possibilité de trouver un emploi « ailleurs » (à un salaire égal au salaire de réserve) ou par l'existence de rémunérations « autres », telles que les indemnités de chômage. Afin de lever l'indétermination inhérente à la négociation (bilatérale) employeur-salarié, il est généralement supposé que la « pression concurrentielle » empêche que le salaire s'établisse au-dessus de son niveau de réserve. Cette hypothèse permet de résoudre le problème de la négociation, mais laisse ouvertes deux questions fondamentales :

— que représente le salaire de réserve, auquel le modélisateur attribue une valeur arbitraire ? Si l'on ne répond pas à cette question, l'indétermination demeure, la difficulté n'ayant été que repoussée (à l'extérieur du modèle, c'est-à-dire à l'« environnement » dans lequel les agents sont censés agir) ;

— pourquoi les travailleurs acceptent-ils le salaire proposé par l'employeur, puisque par définition d'autres possibilités leur sont offertes — par exemple, les indemnités de chômage —, qui leur procurent la même rémunération ?

Finalement, le salaire de réserve est un artifice qui permet de résoudre *mathématiquement* le modèle de la négociation salariale, mais qui n'apporte rien de plus à la réflexion économique, notamment sur ce qui détermine le niveau des salaires dans une société. Toutefois, il véhicule — implicitement — l'idée selon laquelle les travailleurs ne trouvent pas d'emploi soit parce qu'ils ont des « prétentions » trop élevées, soit parce que les indemnités de chômage les détournent de l'activité ; s'il y a du chômage, c'est donc leur faute, ou celle du système de protection mis en place par l'État.

Retour des techniques

Phénomène paradoxal qui attire l'attention sur les problèmes posés par l'AGRÉGATION de plusieurs fonctions de production ; le retour des techniques a été mis en avant par ceux qui récusent les raisonnements faits à partir de la FONCTION DE PRODUCTION NÉO-CLASSIQUE, en supposant que celle-ci « représente » l'ensemble du secteur productif de l'économie. Par exemple, il découle des modèles qui utilisent cette représentation que lorsque le taux d'intérêt augmente, les techniques choisies par l'« économie dans son ensemble » sont de moins en moins « capitalistiques » (elles utilisent un capital par tête plus faible, pour un produit par tête donné). Or, il suffit de considérer le cas décrit par la figure ci-dessous — où l'on suppose que la production provient de deux entreprises, *A* et *B*, qui ont des fonctions de production avec les propriétés « néo-classiques » habituelles (notamment des rendements d'échelle constants) — pour voir qu'il n'en est rien. Dans cette figure, on a tracé les FRONTIÈRES DES PRIX DES FACTEURS pour ces deux entreprises, F_A et F_B, en supposant qu'elles se coupent en deux points, ce qui n'a rien d'aberrant. Ainsi, lorsque le taux d'intérêt r est inférieur à r_M, c'est l'entreprise *B* qui va être la seule à produire, puisqu'elle le fait à un coût moindre (la courbe F_B se trouvant alors « en dessous » de la courbe F_A, ce qui signifie qu'à taux d'intérêt égal le salaire d'équilibre est plus faible pour *B* que pour *A*). En revanche, lorsque $r_M < r < r_N$, seule l'entreprise *A* produit, puisque ses coûts sont plus faibles (la courbe F_A se trouve en dessous de la courbe F_B). Mais c'est *B* qui reprend le flambeau si $r > r_N$. Ainsi, c'est la technique utilisée par l'entreprise *B* qui est retenue lorsque le taux d'intérêt est faible (inférieur à r_M), puis elle l'est à nouveau (elle « revient ») lorsque ce taux est élevé (supérieur à r_N), d'où l'expression « retour des techniques ».

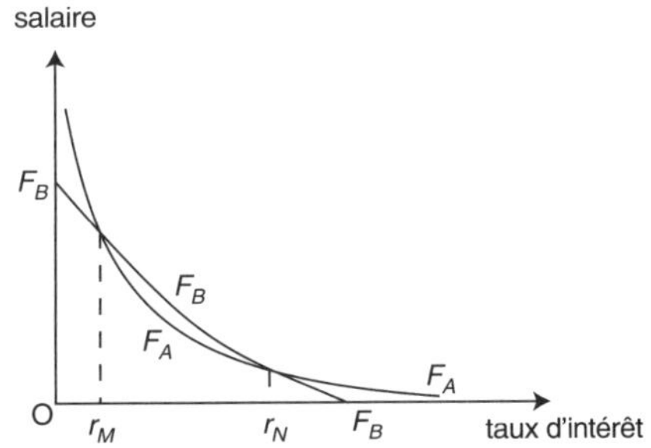

La question du retour des techniques a joué un rôle important dans la polémique des deux CAMBRIDGE ; certains économistes qui enseignaient à Cambridge (Grande-Bretagne) — proches de SRAFFA — critiquaient l'usage fait par des économistes — dont SOLOW — basés à Cambridge (États-Unis) de la fonction de production néo-classique (notamment dans les modèles de CROISSANCE). Ces critiques ont finalement été acceptées par Cambridge (États-Unis) ; ce qui ne signifie pas que la fonction de production néo-classique ait été abandonnée, bien au contraire ! Elle est toujours abondamment utilisée, les justifications avancées étant de deux ordres :
— elle permettrait de donner une « bonne approximation » de la réalité ;
— elle sert à représenter un AGENT REPRÉSENTATIF.

La seconde « justification » n'en est pas une (elle évite les problèmes posés par l'agrégation en employant l'expression magique « agent représentatif ») ; quant à la « bonne représentation » de la réalité, il faudrait encore savoir ce qu'on entend par là (qui peut croire qu'on peut représenter la « réalité » d'un pays par une fonction de deux ou trois variables ? Ou même de *n* variables ?).

Retraites (problème des)

Problème posé par l'évolution démographique : avec la hausse de l'espérance de vie et la baisse de la natalité, la proportion de retraités par rapport à la population active augmente ; mais, comme seuls les actifs produisent, cela signifie que la part du produit allant aux retraités va augmenter — et celle des actifs diminuer — du moins si on maintient la règle de donner à chacun un revenu proportionnel à celui qu'il a reçu durant sa vie active.

Dans toute réflexion sur le problème des retraites, il ne faut jamais perdre de vue le fait que les retraités, pendant une période donnée, consomment le produit *de cette période*, et non ce qu'ils ont produit lorsqu'ils étaient actifs. Il est vrai qu'alors ils ont constitué une épargne, mais celle-ci s'est faite sous la forme de biens durables (à commencer par les logements) et, surtout, de billets de banque, de livrets ou de comptes d'épargne, de titres (actions, obligations), c'est-à-dire de *droits de propriété*, qui sont des droits sur une part de la production *future*. Quelle part ? Tout dépend de la valeur de ces droits au moment où ils sont utilisés — valeur qui peut (largement) différer de celle qu'ils avaient au moment de leur achat (dévaluation de la monnaie sous l'effet de l'inflation, fluctuation des cours boursiers, etc.).

Un problème de société

Pourquoi accorder une attention particulière à la question des retraites ? Parce qu'elle a trait à un fait de société important et incontournable, notamment en raison de l'allongement de l'espérance de vie — qui fait que les retraités constituent une fraction de plus en plus importante de la société — et du changement du mode de vie (liens familiaux plus distendus avec l'urbanisation). D'une façon ou d'une autre, la subsistance de cette couche de la population, à la fois non active et autonome, doit être assurée. Il est difficile de laisser à la seule « libre initiative » de régler ce problème : le fait que la partie la plus pauvre de la population soit plus préoccupée par le présent que par un futur relativement lointain et incertain, les aléas de tous ordres (à commencer par la durée de vie de chacun), l'inexistence de placements qui soient suffisamment sûrs à long terme, tout cela risque fort d'aboutir, si rien n'est fait, à des situations où une fraction plus ou moins grande des retraités se retrouve dépourvue de tout — et donc de fait à la charge de la société.

D'où la mise en place, dans pratiquement tous les pays, de règlements et de systèmes obligatoires de retraite, qui peuvent être très différents tout en ayant pour but déclaré d'assurer à chacun au moins une retraite minimale. Ces systèmes sont généralement fondés sur deux principes : la « répartition » ou la « capitalisation », que chaque pays utilise dans des proportions différentes.

Le *système par répartition* suppose des cotisations obligatoires payées par les actifs — ou leurs employeurs — en fonction de leurs revenus, cotisations qui sont essentiellement utilisées pour financer les retraites *du moment*, selon des règles données. Le mode de fixation des cotisations et des prestations peut évidemment varier dans le temps : il est souvent établi par une instance extra-économique (administrative ou directement politique). Il y a donc, dans ce système, à tout moment, un rapport étroit entre la masse des cotisations et celle des retraites versées *à ce même moment*. Le niveau des cotisations dépend lui-même de la proportion actifs/retraités, *à ce moment*.

Dans le système par capitalisation, tout se fait par le biais de l'achat-vente de titres. A quoi bon, dira-t-on ? Ne serait-il pas plus simple de laisser à chacun la liberté d'acheter les titres qu'il veut, en vue de sa retraite future ? En fait, le système par capitalisation a été mis en place pour limiter cette liberté, en obligeant chacun à préparer sa retraite : comme pour la répartition, il suppose un certain niveau de contrainte (de règles), avec aussi bien des cotisations et des prestations régulières — et, très généralement, de nos jours, obligatoires (les salariés, par exemple, *doivent* choisir entre divers types de « plans », proposés par les entreprises spécialisées, les *fonds de pension*). L'État fixe ici un cadre général — par exemple, niveau minimum des cotisations obligatoires et règles de sécurité —, au sein duquel agissent les gestionnaires des fonds (achat/vente de titres, types de prestations). Comme les sommes versées le sont en vue d'une prestation régulière dans le futur (les retraites) et non d'un gain de type spéculatif, avec le risque que cela suppose, les fonds de pension sont soumis à une réglementation stricte, qui les oblige à effectuer une proportion importante de leurs placements dans des titres relativement « sûrs » (par exemple, des bons du Trésor) — de sorte qu'ils puissent faire face à leurs engagements le moment venu.

Contrairement à une idée reçue, le système par répartition prédomine aux États-Unis (où il est appelé *social security*) — même s'il ne concerne qu'une part relativement faible (de l'ordre de 30 %) des revenus des retraités —, alors que le système par capitalisation occupe une place essentielle dans des pays comme la Suisse ou les Pays-Bas (pour plus de détails voir *Quel avenir pour nos retraites ?* de Gaël Dupont et Henri Sterdyniak, La Découverte, coll. « Repères », 2000).

La répartition et la capitalisation face au choc démographique

Depuis la fin des années 1990, le système par répartition est attaqué (notamment dans les pays où il prédomine, comme en France) sous prétexte qu'il ne peut régler le problème du choc démographique (le « papy boom »), contrairement au système par capitalisation (qui permettrait une « transition en douceur »). Ce qui est absurde, puisque — répétons-le —, quel que soit le système adopté, ce sont les actifs *d'un moment donné* qui fournissent aux retraités *de ce même moment* les produits qu'ils consomment (autrement dit, d'un point de vue global, ou « macroéconomique », tous les systèmes sont par répartition). Donc, plus le rapport retraités/actifs est élevé, et plus les premiers « pèsent » sur les seconds, toutes choses égales par ailleurs. Le problème est toujours le même : le partage du produit entre actifs et retraités, à chaque moment. Les systèmes par répartition et par capitalisation étant toutefois basés sur des principes différents, ils ont des conséquences différentes, qui peuvent être importantes, sur ce partage.

Le système par répartition a l'avantage d'être clair : les cotisations des actifs sont reversées aux retraités, de façon quasi « directe » (aux ajustements près, dus aux aléas affectant le nombre et le statut des actifs et des retraités). Dans ces conditions, ces cotisations ne peuvent qu'augmenter si le rapport retraités/actifs augmente — toutes choses égales par ailleurs (par exemple, à règles inchangées).

Quid du système par capitalisation ? Dans ce système, les cotisations servent à acheter des titres. À qui ? Aux retraités, notamment, qui les ont acquis dans le passé. Comme toujours, les actifs d'aujourd'hui font vivre les retraités d'aujourd'hui. Comment ? Ici les choses sont moins claires car — si on abstrait la question des dividendes, qui sont de toute façon un prélèvement sur le produit (donc, sur les actifs) — cela *dépend du prix des titres* au moment des transactions. Évidemment, il n'y a aucune raison pour que ce prix demeure constant entre le moment où un titre est acheté et celui où il est vendu. Si, par exemple, le nombre de retraités augmente relativement à celui des actifs — la population totale demeurant inchangée —, il y aura alors plus d'offreurs de titres (les retraités) et moins de demandeurs (les actifs), au moment où les retraités voudront faire valoir leurs droits. Résultat : le prix des titres baissera, et les retraites aussi. Si on veut maintenir celles-ci — plus précisément, si on veut que les retraités gardent la même part du produit que les retraités de l'époque où ils étaient actifs —, il faudrait alors que le prix des titres *augmente* (chaque actif « donnant » ainsi une part plus importante de son produit — le nombre d'actifs étant relativement plus petit). Conclusion : les actifs « cotiseront » plus, à retraites inchangées — comme dans le système par répartition. Ce qui est évident, toujours pour la même raison (les actifs d'aujourd'hui font vivre les retraités d'aujourd'hui...).

Évidemment, l'augmentation du nombre de retraités (qui vendent des titres) et la diminution de celui des actifs (qui les achètent) aura plutôt pour conséquence de faire baisser le prix des titres, et donc le niveau des retraites (par rapport au moment où les titres ont été acquis) — comme dans le cas de la répartition, si les cotisations n'augmentent pas. Quant aux éventuelles « réserves », le problème est le même, puisqu'elles ne peuvent prendre que la forme de titres.

On voit ainsi quel est *l'enjeu principal du choix entre système par répartition et système par capitalisation* : dans le premier, on est en présence de règles bien définies, même si elles peuvent varier, tandis que le second revient à laisser la question de la résolution du niveau des retraites « au marché », avec tous ses aléas. Évidemment, dans le cas de la répartition, si on veut maintenir la part des retraités dans le produit, alors on ne peut cacher que le niveau des cotisations va augmenter (même si ce n'est pas aussi effrayant qu'on le dit souvent, comme on le verra), ou que l'âge de la retraite sera augmenté. Dans le cas de la capitalisation, on peut demeurer plus vague, faire miroiter les gains boursiers — « sur le long terme » —, la qualité des gestionnaires des fonds de pension, les modèles financiers de plus en plus élaborés, etc. Quitte, le moment venu, à invoquer le mauvais sort, tel ou tel facteur « imprévu » (et imprévisible, bien sûr ...), qui fait que les retraites sont moins élevées qu'annoncé.

Il est vrai que même le système par répartition est soumis à une certaine forme d'incertitude, du fait que les règles peuvent être modifiées — par exemple, diminution par décret ou par la loi du rapport retraites/salaires, les cotisations étant considérées comme « insupportables ». Mais, si les retraites baissent, ou n'augmentent pas, on ne pourra pas l'imputer (faussement) aux « aléas du marché » : on devra l'assumer, en tant que choix délibéré, « politique ».

Répartition ou capitalisation ?

Les systèmes par répartition ou par capitalisation ne « résolvant » pas, en tant que tels, le problème de l'évolution démographique, on peut se demander pourquoi, malgré tout, la capitalisation continue à être présentée comme une « solution », au moins partielle, au problème des retraites — et ce quel que soit le bord politique, aux nuances près. Une première réponse à cette question est que tout le monde se laisse tromper par l'idée — apparemment si raisonnable — de constitution de « réserves ». Mais cette réponse n'est pas satisfaisante : toute personne réfléchissant un peu sur la question — à commencer par les économistes et les hommes politiques qu'ils conseillent — se rend compte rapidement que l'histoire des « réserves » ne tient pas debout (même les écureuils ne passent pas les trois premiers quarts de leur vie à constituer des réserves de noisettes, qu'ils consommeront ensuite pendant le quart restant !). Une autre réponse, plus plausible, est que, face à la perspective, peu populaire, d'avoir à augmenter, dans un futur plus ou moins proche, les prélèvements obligatoires — ou à modifier le régime de retraites dans un sens moins favorable à ses bénéficiaires —, les hommes politiques préfèrent se laver les mains, en mettant en avant la capitalisation, ou en laissant des illusions s'entretenir à son propos. Ainsi, le moment venu, il sera plus facile de s'en prendre à la Bourse, à ses aléas, aux événements extérieurs qui l'affectent (les fameux « chocs »), que de décréter une augmentation des prélèvements obligatoires ou une diminution des retraites...

Il est vrai que le système par répartition comporte aussi des aléas (changement de règle) ; mais ceux-ci sont sans doute plus importants et « incontrôlés » dans le système par capitalisation (risques boursiers, avec possibilité de faillite, malgré les garde-fous mis en place) que dans la répartition (tout changement de règle est le fruit d'un débat ; il peut être progressif et il s'applique à tout le monde).

On peut avancer en faveur de la capitalisation le fait qu'elle laisse « plus de liberté », car elle passe par le « marché », mais cela est tout relatif (si on pousse cet argument jusqu'au bout, il conduit à préconiser l'abandon de tout système de retraites obligatoire et donc à laisser chacun placer son épargne comme bon lui semble).

En revanche, la capitalisation a un inconvénient important, rarement signalé : *elle coûte cher*. En effet, il faut bien financer les coûts des entreprises qui la mettent en œuvre, leurs gestionnaires et les intervenants sur les marchés boursiers, leurs frais de publicité et de prospection (la « concurrence », ça coûte !). Ainsi, il a été évalué dans des pays comme le Chili et l'Angleterre — qui ont fortement développé le système par capitalisation à partir des années 1980 — que ces coûts oscillent entre 15 % et 30 % des cotisations versées contre environ 3 % dans un système par répartition centralisé comme celui qui prévaut en France (voir, par exemple, l'ouvrage sous la direction de Peter Diamond, *Issues in Privatizing Social Security : Report of an Expert Panel of the National Academy of Social Insurance*, MIT Press, 1999, disponible aussi sur Internet, www.nasi.org, sous le titre « Report of the Panel on Privatization of Social Security »). Ces coûts de fonctionnement sont donc loin d'être négligeables — au point qu'en Angleterre beaucoup demandent un retour au système par répartition, tandis que pour le Chili, la Banque mondiale recommande une plus grande concentration des entreprises du type fonds de pension. Ces frais étant des pertes sèches — ils pèsent sur les retraites, sans avoir de contrepartie positive pour les actifs —, ils rendent la capitalisation difficile à défendre (surtout si on va vers une relative pénurie d'actifs : autant les employer à produire des choses utiles !). On comprend alors pourquoi on en parle si peu — le lobby de la banque-assurance, promoteur des fonds de pension, a de puissants moyens, notamment au niveau de l'information. A cela s'ajoute la politique, encouragée par ce lobby, qui consiste à donner d'importants avantages fiscaux à ceux qui font des placements en vue de leur retraite (à commencer par l'assurance-vie), ce qui revient à encourager le système par capitalisation, et donc à affaiblir celui par répartition (qui sera progressivement contesté par ceux qui ont profité de ces avantages, et qui rejoindront le camp des gens qui protestent contre les « cotisations trop lourdes »).

La question principale

Jusqu'à présent, il n'a été fait appel qu'au seul bon sens, à des raisonnements élémentaires. Ce qui a permis de voir l'essentiel — notamment sur le fonctionnement et les problèmes respectifs de la répartition et de la capitalisation. On a raisonné à taux de croissance du PIB donné. Reste donc une dernière question, plus compliquée : les effets de l'un et l'autre systèmes sur la croissance — une croissance plus forte permettant plus facilement d'augmenter, ou de maintenir, le niveau de vie des retraités, sans trop peser sur les actifs. Souvent, il est avancé que la capitalisation « inciterait plus à épargner », et donc permettrait une croissance plus élevée. En fait, on est en présence ici de deux propositions, l'une et l'autre discutables (elles ne font pas l'unanimité chez les économistes). D'une part, il n'y a pas de raison pour que la capitalisation augmente le taux d'épargne ; ainsi, le système par répartition « oblige » à l'épargne, par ses cotisations (part du revenu non consommée) ; en outre, celui qui veut épargner plus peut toujours le faire — en achetant des titres, par exemple. Derrière cet argument, il y a l'idée fausse — toujours la même — que les versements dans le cadre de la capitalisation se traduisent par une « vraie » épargne, servant à des « investissements » (« réels »), tandis que dans la répartition elles vont à la consommation des retraités. On se demande alors de quoi vivent les retraités dans le système par capitalisation... D'autre part, rien n'assure que plus d'épargne entraîne plus de croissance : une épargne élevée peut avoir des effets négatifs sur la demande et limiter la croissance ; de même s'il y a « trop » de biens capitaux, relativement au travail. En fait, personne n'est capable de dire quel est le taux d'épargne optimal (tel celui de la RÈGLE D'OR), en dehors de modèles ultrasimplifiés, pour ne pas dire caricaturaux — tels ceux à GÉNÉRATIONS IMBRIQUÉES.

La question du taux de croissance associé aux systèmes par répartition et par capitalisation est une vraie question ; sa réponse est loin d'être simple, mais on peut conjecturer que la différence de taux d'épargne des deux systèmes est probablement faible.

Relativisation du choc démographique

Jusqu'à présent, l'existence du « choc démographique » a été acceptée sans discussion. Il est vrai que le problème va se poser, mais d'une façon bien moins dramatique qu'on ne le laisse entendre (la dramatisation étant un élément essentiel dans la campagne en faveur de la capitalisation, qui éviterait le « désastre » qu'on nous promet). En effet, il existe trois facteurs qui devraient largement atténuer le « choc ». Les deux premiers tiennent au fait que les retraités ne sont pas les seuls inactifs d'une société. Ainsi, les *enfants* et les *jeunes* le sont aussi ; or, une société qui vieillit, c'est une société où leur proportion diminue — il en est donc de même de la charge qu'ils constituent pour les actifs. A cela s'ajoutent les *chômeurs* qui sont une population active « potentielle » dont on peut penser qu'elle trouvera un emploi si « les bras manquent » (le problème de la forme de l'organisation sociale risque ici de se poser). En fait, il découle de ces deux observations que, pour traiter de toutes les conséquences du choc démographique, il ne faut pas se fonder sur le seul rapport entre retraités et actifs, la proportion pertinente étant celle entre inactifs et actifs.

Enfin, toujours en ce qui concerne la question de la proportion entre inactifs et actifs, il ne faut pas oublier le fait que les années 1950 ont vu entrer dans la vie active une proportion de plus en plus élevée de femmes, avec un chômage faible, ce qui a permis d'augmenter fortement le niveau des retraites (le nombre de cotisants étant élevé par rapport aux retraités d'alors, indépendamment de ce que ceux-ci avaient pu cotiser auparavant). C'était là une période un peu particulière (peu de retraités à taux plein, beaucoup de cotisants) ; la situation revient, d'une certaine façon, « à la normale ». Ce qui n'implique pas un renoncement à un système de retraites de qualité, un retour en arrière, car il faut aussi tenir compte de la croissance économique qui ouvre des perspectives qui permettent de relativiser le problème des retraites dans une société dont la population vieillit.

L'effet de la croissance

La croissance permet d'augmenter la taille du « gâteau » à partager. On peut donc concevoir que la part revenant aux retraités augmente, en valeur absolue, même si elle diminue en valeur relative. Autrement dit, le niveau de retraites peut continuer à augmenter, même si c'est à un rythme plus faible que celui de l'économie. Cela peut même être vrai si le taux de croissance du produit n'est pas très élevé, car la variation du rapport retraités/actifs (et, encore plus, inactifs/actifs) est lente — comme le sont, en règle générale, les variations démographiques, qui concernent le « stock » de la population. On peut le voir facilement à travers un exemple numérique simple, où seules sont envisagées les cotisations retraites.

Soit w le salaire brut moyen, x la cotisation retraite, r la retraite moyenne et t le taux de remplacement, égal au rapport entre la retraite moyenne et le salaire net moyen ($w - x$). On a donc :

$$t = \frac{r}{w - x}$$

Si la proportion des retraités par rapport aux salariés actifs est p, alors on doit avoir :

$$x = pr$$

(autrement dit, pensions de l'année = cotisations de l'année). A partir de ces deux équations, on obtient :

$$\frac{x}{w} = \frac{pt}{1 + pt} \quad \text{(relation 1)}$$

x/w est le taux des cotisations pour la retraite ; il est d'autant plus élevé que p et t sont élevés.

Ainsi, si $p = 0,52$ (situation française en 1997) et si $t = 0,7$ (bonne approximation), le taux de cotisation retraite est de 26,7 %. Il est en revanche de 37 % si $p = 0,84$ (prévision 2040, voir Dupont, Sterdyniak, *op. cit.*) et si t ne varie pas.

Supposons maintenant que le salaire augmente, comme la productivité du travail, de 1,8 % pendant 43 ans ; à un salaire brut de 100 en 1997 correspond alors un salaire de 215 en 2040 — soit une hausse de 115 %.

Si le taux de cotisation est inchangé, les cotisations seront, en 2040, égales à 215 × 0,267 = 57,5, le salaire net passant de 73,3 à 157,85 (= 215 – 57,5) — une hausse de 115 %, comme auparavant, puisque le taux de cotisation est inchangé. La retraite varie de 51,31 en 1997 (70 % du salaire net 73,3) à 68,51 en 2040 (43,4 % du salaire net 157,8). Soit une hausse de 33,5 % sur la période, non négligeable, mais qui se traduit par une forte diminution du pouvoir d'achat des salariés lorsqu'ils deviennent retraités (passant de 70 % à 43,4 % du salaire net, le pouvoir d'achat relatif des retraités par rapport aux actifs diminuerait de 38 % !).

Si le taux de remplacement du salaire net reste inchangé (70 %), d'après la relation 1, le taux de cotisation augmente de 26,7 % à 37 %, une hausse relative du taux des cotisations de près de 40 % qui est agitée comme un chiffon rouge par les adversaires des retraites par répartition (la revendication officielle du patronat est l'invariabilité totale du taux de cotisation). Les conséquences de cette évolution sont pourtant loin d'être dramatiques comme le montrent les calculs suivants. Les cotisations doivent bondir de 26,7 à 79,68 (37 % de 215), une hausse spectaculaire de quelque 198 %. De 73,3, le salaire net moyen atteint donc 135,67 en 2040 : une hausse de 85 % (identique à celle de la retraite moyenne qui par hypothèse reste toujours égale à 70 % du salaire net), contre 115 % pour le salaire brut. Ce qui est présenté comme insurmontable sans remise en

Une idée fausse mais répandue : le « rendement plus élevé » de la Bourse

Une idée fréquemment avancée, surtout en période de hausse boursière, est que la capitalisation aurait un « rendement » plus élevé que la répartition, ce qui permettrait de résoudre le problème démographique — ou du moins de l'amortir. La raison serait dans le fait que, « sur le long terme » et en moyenne, la Bourse permettrait un gain de l'ordre de 6 % à 7 % (par an), la répartition ne permettant qu'un gain égal au taux de croissance de l'économie (disons, en moyenne, entre 2 % et 3 %). Telle est la thèse défendue dans un rapport d'Olivier Davannes au Conseil d'analyse économique auprès du Premier ministre (1998), où une brochette de « sommités » reprend, en chœur, cette idée. Or, une fois de plus, le simple bon sens permet de montrer que cette thèse n'a aucun fondement. Pour cela il suffit de se rappeler un fait élémentaire : la Bourse ne « produit » rien — elle est un moyen d'affectation et de répartition des ressources —, alors que le problème des retraites concerne l'économie réelle, les biens effectivement produits. Si l'économie croît au taux de 2 %, et si les cotisations retraite sont intégralement reversées aux retraités selon une règle fixe, alors il est clair que la masse des retraites augmentera de 2 %. Élémentaire. Si on veut parler de « rendement de 2 % », on peut le faire, mais cela n'apporte rien de plus (et obscurcit plutôt les choses). Mais qu'en est-il des 6 % de la Bourse ? Puisque le produit n'a augmenté que de 2 %, il faut bien que les 4 % restants soient pris à quelqu'un ! Élémentaire. À qui ? Aux actifs, si on suppose que les actions sont détenues par les retraités — on retrouve le prélèvement de ceux-ci sur ceux-là. Quoi qu'il en soit, si les profits des entreprises, et donc les dividendes versés à leurs actionnaires, augmentent plus vite que le produit, cela veut dire que le rapport profits/salaires augmente, et donc la répartition du revenu national — au détriment des salariés, qui forment l'essentiel des actifs. Finalement, et logiquement, c'est toujours ceux-ci qui « cotisent ». On voit mal, cependant, les salariés accepter sans broncher et indéfiniment la diminution de la part qui leur revient du produit — surtout que 4 % par an en plus pour les profits, ça fait beaucoup, à la longue ! D'où le peu de vraisemblance, pour ne pas dire l'absurdité, de l'hypothèse sur la rentabilité supérieure de la Bourse, « sur la longue période ». De toute façon, quoi qu'il en soit, ce sont toujours les actifs qui feront vivre les retraités, du moment.

NB. Il est vrai qu'on a observé de « longues périodes » où le rendement boursier était, en moyenne, supérieur au taux de croissance. Mais il ne faut pas oublier que l'épargne rémunérée peut prendre d'autres formes que les actions ; par exemple, les obligations ou les livrets de caisse d'épargne. Cette épargne peut avoir été à rendement négatif — du fait de l'inflation — de sorte qu'en moyenne le rendement de tous les actifs soit à peu près égal au taux de croissance. Ce qui se produit est donc une *redistribution* des revenus du capital entre ses détenteurs.

cause du niveau relatif des retraites se résume donc à ceci : une hausse annuelle du salaire net de 1,44 % au lieu des 1,8 % que permettrait le maintien du taux des cotisations (laquelle suppose un effondrement de 38 % du pouvoir d'achat relatif des retraités). Ce type de conclusion rejoint ce qu'écrivaient jadis deux économistes dans la revue de l'Insee, *Économie et Statistique* (« Prévoir les effets économiques du vieillissement », juin 1990) : « Prenons la période de dégradation la plus rapide, c'est-à-dire la période 2005-2025. Dans cette période, il suffirait d'un progrès de productivité de l'ordre de 0,5 % par an pour compenser la diminution relative du nombre d'actifs. » L'un des deux signataires de cette sage conclusion était Denis Kessler, devenu président de l'organisation patronale des assureurs, adjoint du président du Médef et grand défenseur du système par capitalisation…

Revenu

Flux de ressources d'une personne, qui est la contrepartie de sa contribution à une activité économique (de production). Le revenu peut, par exemple, se présenter sous la forme de salaires, de profits ou de RENTES. Si l'on adopte le point de vue d'un pays tout entier, son revenu est, au sens étymologique, « ce qui revient » chaque année dans ce pays, sous la forme de produits. Le revenu national est donc égal au produit national.

Si l'on reprend la définition de HICKS, le revenu d'une période est ce qu'on (une personne ou un pays) pourrait consommer pendant cette période sans s'appauvrir. Le revenu ainsi conçu est *net* de la part du produit qui sert à reconstituer les « moyens » qui ont permis de l'obtenir (autrement dit, le revenu est calculé après amortissement). Il peut évidemment être entièrement consommé, mais une partie peut aussi être *investie*, c'est-à-dire être utilisée à augmenter les « moyens » qui ont permis de l'obtenir. Ces « moyens » entrent dans la catégorie des *stocks* ; ils forment la RICHESSE (d'une personne ou d'un pays), dont le revenu est issu.

Le calcul du revenu fait inévitablement intervenir des prix. Or, lorsque ceux-ci varient, la frontière entre richesse et revenu peut devenir floue ; si, par exemple, le prix de la maison que je possède augmente, dois-je considérer que c'est ma richesse ou mon revenu qui a augmenté ? L'INFLATION affecte aussi le revenu des ménages, avec des effets différents selon qu'ils sont créanciers ou débiteurs ; elle joue un rôle non négligeable au moment de la reconstitution de leur patrimoine (leur « non-appauvrissement », si l'on s'en tient à la définition de Hicks).

Revenu compensé

Revenu qui permet à un consommateur [ayant une fonction d'UTILITÉ $U(\cdot)$] en situation de CONCURRENCE PARFAITE d'atteindre — tout au plus — un niveau d'utilité U pour des prix $P = (p_1, \ldots, p_n)$ donnés. Si on le note $R(P, U)$, le revenu compensé est donc défini par l'égalité :

$$R(P, U) = \min_Q \{P \cdot Q \,;\, U(Q) = U\}.$$

L'expression « revenu compensé » s'explique par le fait que si le consommateur a atteint l'utilité U avec des prix P^o et un revenu R^o, alors il lui faut au minimum un revenu égal à $R(P, U)$ pour maintenir ce niveau d'utilité lorsque les prix sont égaux à P. Le panier Q solution du programme de minimisation qui définit le revenu compensé est appelé DEMANDE COMPENSÉE du consommateur.

Par définition même du revenu compensé, on doit avoir, si $Q(R, P)$ est la DEMANDE (concurrentielle) aux prix P et pour le revenu R :

$$U(Q(R(P, U), P)) = U.$$

Pour un exemple de calcul de revenu compensé, voir l'entrée DEMANDE COMPENSÉE.

Revenu permanent (théorie du)

Théorie proposée par Milton FRIEDMAN (*A Theory of the Consumption Function*, Harcourt, 1957) dans le cadre du débat sur la forme exacte de la fonction de CONSOMMATION et sur la portée des « politiques de relance » inspirées des analyses de KEYNES (en particulier celle sur le MULTIPLICATEUR).

L'idée sur laquelle s'appuie cette théorie est simple : lorsque les ménages décident de leur consommation, à un moment donné, ils ne prennent pas seulement en compte leur revenu à la période considérée, mais l'*ensemble* de leurs revenus, présents et futurs (ensemble qui, s'il est actualisé, représente leur RICHESSE). On peut alors s'attendre à ce que la décision de consommation dépende tout autant de ce flux de revenus (anticipés), dont le revenu permanent est un indicateur synthétique, que du revenu de la période où elle est prise. Par conséquent, toute politique de la part de l'État destinée à « stimuler » l'économie, en augmentant le revenu courant, ne peut avoir qu'un effet limité.

On peut évidemment parvenir à ce type de conclusion en avançant d'autres arguments, à commencer par l'« inertie des comportements ». Toutefois, le propos de Friedman est de donner un FONDEMENT MICROÉCONOMIQUE à ses analyses (même s'il n'utilise pas cette expression), en prenant pour point de départ la maximisation de son utilité par un consommateur type (celui de la microéconomie élémentaire, en CONCURRENCE PARFAITE).

Une logique de choix intertemporel

Le cadre retenu par Friedman est celui de la concurrence parfaite, avec un SYSTÈME COMPLET DE MARCHÉS : le consommateur connaît ses revenus présents et futurs, dont la VALEUR ACTUELLE donne sa richesse. Comme celle-ci dépend du taux d'intérêt i, qui est supposé constant pour toute la période considérée (la durée de vie du consommateur), on la notera $W(i)$. Le consommateur est représenté par une fonction d'utilité INTERTEMPORELLE de la forme $U(C_0, C_1, \ldots, C_T)$, où C_t désigne sa consommation à l'instant t ($0 \leq t \leq T$) ; il connaît — ou anticipe — ses ressources futures $R_0, R_1, \ldots, R_T$, ainsi que les prix qui prévaudront pendant l'ensemble des périodes envisagées, $p_0, p_1, \ldots, p_T$. Par conséquent, il peut calculer le flux de consommations (C_0^*, $C_1^*, \ldots, C_T^*$) qui maximise son utilité intertemporelle sous la contrainte budgétaire (intertemporelle) :

$$(1)\quad p_0C_0 + p_1C_1 + \ldots + p_TC_T = p_0R_0 + p_1R_1 + \ldots + p_TR_T.$$

Comme l'analyse a une vocation « macroéconomique », on suppose que les C et les R désignent des agrégats, et les p des niveaux de prix ; tous sont donc des nombres.

Les prix p_t étant ceux de biens futurs (pour $t > 0$), on peut les considérer comme des prix de biens « présents » (en $t = 0$), à condition de les actualiser. Si l'on appelle i le taux d'actualisation, on a donc :

$$p_t = \frac{p_0}{(1+i)^t},$$

de sorte que la contrainte (1) s'écrit exclusivement en fonction de p_0 et de i. Le membre de droite de (1) — valeur actuelle des ressources futures — est par définition la *richesse* du consommateur, $W(i)$. Si l'on pose $p_0 = 1$, ce qui est toujours possible, la contrainte budgétaire (1) peut se mettre sous la forme :

$$(1') \quad C_0 + \frac{C_1}{1+i} + \ldots + \frac{C_T}{(1+i)^T} = W(i).$$

Les consommations intertemporelles optimales sont donc des fonctions de i et de $W(i)$ (et, évidemment, du flux des revenus R). On a, en particulier, pour la consommation à la période de référence :

$$(2) \qquad C_0^* = f(i, W(i)).$$

Friedman suppose que la fonction d'utilité a les propriétés de DÉSIRABILITÉ, de monotonie et de CONVEXITÉ DE PRÉFÉRENCES, de sorte que le choix (intertemporel) du consommateur est tel que le TAUX MARGINAL DE SUBSTITUTION (TMS) entre deux biens disponibles à deux dates différentes est égal au rapport de leurs prix (qui est de la forme $(1 + i)^a$, où a dépend des dates considérées).

Friedman suppose, en outre, que la fonction d'utilité est une fonction HOMOGÈNE, de sorte que ses taux marginaux de substitution sont homogènes de degré 0 (conséquence du *théorème d'Euler* et du fait que les TMS sont donnés par le rapport de ses dérivées partielles). Par conséquent, si $(C_0^*, C_1^*, \ldots, C_T^*)$ est solution du problème pour une richesse $W(i)$, alors $(\lambda C_0^*, \lambda C_1^*, \ldots, \lambda C_T^*)$ est solution du même problème, mais pour la richesse $\lambda W(i)$ [comme on le voit en multipliant par λ les deux membres de (1′), les TMS étant inchangés, puisque homogènes de degré 0]. Ainsi, sous ces hypothèses, la consommation optimale est proportionnelle à la richesse, de sorte que (2) peut s'écrire :

$$(3) \qquad C_0^* = k(i) \cdot W(i).$$

La consommation « présente » est donc proportionnelle à la richesse. Pour arriver à une relation du type fonction de consommation « keynésienne » (et lui donner ainsi un « fondement microéconomique »), Friedman introduit alors la notion de revenu permanent. Celui-ci est un revenu constant R_p tel que la valeur actuelle du flux de revenus $(R_p, R_p, \ldots, R_p)$ soit égale à la richesse $W(i)$. Dans le cas où T tend vers l'infini, la valeur actuelle de ce flux de revenus constants est égale à R_p/i [somme des termes d'une PROGRESSION GÉOMÉTRIQUE de raison $1/(1 + i)$]. Comme, par définition du revenu permanent, cette somme est égale à la richesse $W(i)$, il s'ensuit que :

$$\frac{R_p}{i} = W(i).$$

D'où, en remplaçant dans (3) :

$$(4) \qquad C_0^* = \gamma(i) \cdot R_p,$$

en posant $\gamma(i) = k(i)/i$.

La relation (4) donne, selon Friedman, la « vraie » fonction de consommation, celle qui traduirait le « comportement de fond » du consommateur, au-delà des variations conjoncturelles. Celles-ci n'affectent donc que la consommation effective, « au jour le jour », mais non la consommation permanente, qui ne dépendrait que du revenu (permanent).

La relation (4) ressemble à la fonction de consommation keynésienne mais, d'une part, elles ne concerne que des variables « permanentes », d'autre part, elle ne comporte pas de terme constant. Ces modifications permettent à Friedman de s'attaquer aux positions « keynésiennes » — notamment en POLITIQUE ÉCONOMIQUE —, mais la façon dont elles sont établies est très discutable, y compris dans le cadre théorique adopté par Friedman.

Critiques

La théorie du revenu permanent a été construite pour, d'une part, expliquer les observations relatives à la fonction de consommation et, d'autre part, réfuter les thèses « interventionnistes » keynésiennes.

En ce qui concerne le rapport aux observations, l'objectif de la théorie du revenu permanent était d'expliquer le fait que les estimations de la relation revenu-consommation calculées à partir des séries chronologiques conduisaient à retenir une relation de la forme :

$$C_t = aR_t,$$

dont le graphe est une droite passant par l'origine ; ces estimations attribuaient à la propension à consommer a une valeur plus élevée que celle qu'on trouve lorsqu'on étudie une population de ménages à un *moment donné* (en « coupe instantanée » ; pour plus de détails, voir l'entrée fonction de CONSOMMATION).

Toutefois, les valeurs estimées de a sont nettement inférieures à 1 (elles tournent autour de 0,85), *contrairement aux prédictions de Friedman*. En effet, pour celui-ci, le revenu permanent est le revenu procuré à chaque période par la richesse lorsqu'elle est « placée » au taux i — comme le montre l'égalité $R_p/i = W(i)$ lorsqu'on la met sous la forme $R_p = i \cdot W(i)$. Par conséquent, si une part du revenu permanent n'était pas consommée, elle serait forcément *épargnée*, et viendrait donc s'*ajouter* à la richesse existante, ce qui est en contradiction avec la façon dont le revenu permanent est défini. La théorie de Friedman est donc infirmée par les faits, sur lesquels elle prétend pourtant s'appuyer pour s'attaquer aux thèses keynésiennes.

L'autre grande critique qui peut être faite à la théorie du revenu permanent tient à ses hypothèses, dont la plus importante est celle sur l'existence d'un système complet de marchés, en équilibre de concurrence parfaite. Ces hypothèses ont, entre autres, pour but d'éliminer toute INCERTITUDE du modèle, puisque le ménage connaît l'essentiel de sa situation présente et future, et part du principe qu'il pourra réaliser ses plans comme prévu — à un aléa près, si l'on veut. Il est *évident* dans ces conditions qu'une variation (passagère) du revenu à une période quelconque — due à une politique « de relance » — ne peut qu'avoir un effet limité sur la richesse, donc sur le revenu permanent, donc sur la consommation à chaque période. En outre, l'hypothèse d'équilibre implique le plein emploi des ressources, de sorte que les « manipulations » du revenu ne peuvent se traduire que par des « distorsions » dans l'affectation des ressources, ce qui n'est pas souhaitable.

Mais, avec une telle hypothèse, on ne voit pas pourquoi on chercherait à relancer l'économie. Or, le point de départ de l'analyse de Keynes est le *rejet* de cette hypothèse, ainsi que de celle sur le système complet de marchés ; car, pour lui, l'incertitude et les anticipations jouent un rôle essentiel au moment du choix des individus. Keynes considère par exemple que l'épargne est ce qui reste du revenu après consommation et non le résultat d'une décision précise relative à la consommation future, qui ne peut être décidée tout de suite ; ce qui « est mis de côté » a pour but de permettre cette consommation future, compte tenu des « aléas de la vie », en bonne partie imprévisibles. Face à l'incertitude en ce qui concerne l'avenir, les ménages adoptent la règle simple qui consiste à épargner une fraction constante du revenu marginal (règle qui est, selon Keynes, une « loi psychologique »).

Quant aux anticipations, absentes au départ de l'analyse de Friedman, Keynes estime qu'elles jouent un rôle décisif dans la décision d'investissement des entrepreneurs. Dans ces conditions, une politique qui vise à « stimuler la demande » peut avoir un effet important, et durable, sur la consommation (et sur le revenu, *via* le MULTIPLICATEUR KEYNÉSIEN), notamment en raison des modifications des anticipations qu'elle peut provoquer chez les entrepreneurs (et, à un moindre degré, chez les consommateurs) ; évidemment, pour cela il faut qu'il y ait des ressources disponibles (sous-employées), ce que Keynes admet et que Friedman exclut d'office.

Voilà pour le fond de la théorie. Reste le fait que, par construction, le revenu et la consommation permanents ne sont pas observables : le passage de la théorie au traitement statistique nécessite donc de faire appel à des hypothèses supplémentaires, dont on peut aussi douter du bien-fondé.

Revenu permanent et variables retardées

Friedman propose d'évaluer le revenu permanent à partir des revenus passés, effectivement observés, en les affectant d'un coefficient de pondération d'autant plus faible qu'ils sont éloignés dans le temps ; plus précisément, il adopte le schéma dit des ANTICIPATIONS ADAPTATIVES :

(5) $$R_{pt} - R_{pt-1} = \delta (R_t - R_{pt-1})$$
avec $0 < \delta < 1$,

où R_{pt} est le revenu « permanent »... en t ; ce revenu devient donc variable (puisqu'il est « révisé » à chaque période), même si ses fluctuations sont moins fortes que celles du revenu courant R_t.

De (5) il vient, par récurrence :

(6) $$R_{pt} = \delta \Sigma (1 - \delta)^j R_{t-j},$$

la sommation allant de zéro à l'infini.

Si l'on se sert de la relation (4), appliquée à l'instant t, c'est-à-dire si l'on pose :

$$C_t = \gamma R_{pt},$$

(en ignorant le rôle du taux d'intérêt i), alors il découle de (6) que :

(7) $$C_t = \gamma \delta \Sigma (1 - \delta)^j R_{t-j}.$$

D'où il vient, en utilisant la transformation de KOYCK (avec $a = 0$ et $b = \gamma\delta$) :

(8) $$C_t = \gamma \delta R_t + (1 - \delta) C_{t-1}.$$

La relation (8) représente une fonction de consommation remaniée, où l'on peut voir dans la présence du terme C_{t-1} l'expression d'une inertie dans le comportement de consommation. Ainsi, la propension marginale à consommer « à court terme » est donnée par le coefficient $\gamma\delta$, alors que la propension « à long terme », obtenue en considérant des séries stationnaires (donc telles que $C_t = C_{t-1}$), est donnée par le paramètre γ, qui est inférieur à la propension à court terme.

Pour arriver à la relation (8), il a fallu faire appel à un schéma de type « adaptatif », sans le justifier ; ce schéma a d'ailleurs été critiqué par les NOUVEAUX CLASSIQUES (pourtant disciples de Friedman), qui estiment qu'il n'est pas compatible avec un comportement rationnel. Au contraire, la relation (8) est tout à fait acceptable pour les keynésiens, puisqu'elle permet le maintien de l'effet multiplicateur, la propension marginale à consommer étant maintenant donnée par le produit $\gamma\delta$ (avec γ proche de 1, par définition même du revenu permanent, et δ qui peut l'être aussi). Autrement dit, les conseils de politique économique des keynésiens ne sont pas fondamentalement affectés par les conclusions de la théorie du revenu permanent, *lorsqu'elles prennent la forme de la relation* (8). A moins de considérer que le coefficient δ est soumis à des fluctuations, et donc que la fonction de consommation (8) est, de ce fait, « instable » ; mais pour avancer cette thèse, il faut expliquer d'où vient ce coefficient, ce que la théorie du revenu permanent ne fait pas.

Conclusion

La théorie du revenu permanent apparaît comme montée de bric et de broc : une dose de microéconomie élémentaire dans un cadre idyllique (sans incertitude), un schéma d'anticipations « parachuté » (ou *ad hoc*), quelques hypothèses sur les « perturbations » aléatoires qui peuvent affecter les variables en cause (revenu et consommation). Si cette théorie a survécu malgré tout, c'est parce qu'elle traduit une idée simple : la décision de consommation est influencée par les revenus attendus. Pour les macroéconomistes, le revenu permanent est une variable qui essaie d'intégrer cette idée, en prenant en compte le revenu de la période courante, mais aussi d'autres facteurs ; le rapport avec la théorie est assez lointain. Quant à la relation (8), où le revenu permanent n'apparaît pas, il est toujours possible de la poser directement, en tant qu'hypothèse de comportement ; ou alors, on peut la déduire d'autres théories, telle celle sur le CYCLE DE VIE.

Ricardo, David (1772-1823)

Économiste anglais qui se présente comme un disciple d'Adam SMITH et qui est connu surtout par ses théories sur la VALEUR TRAVAIL, sur la RENTE et sur les coûts comparatifs (en théorie du commerce international).

Entré très jeune — à quatorze ans — dans la vie active (plus précisément dans la finance, où il a mené une carrière avec son père, puis de façon indépendante), Ricardo a accumulé une fortune suffisante pour s'en retirer alors qu'il n'était âgé que de quarante ans, ce qui lui a permis de se consacrer aux études et à la politique (il a été élu député en 1810). Il est mort relativement jeune (cinquante-deux ans), ce qui fait que son œuvre est restreinte, si on la compare à celle des autres grands économistes. Elle est essentiellement constituée d'un ouvrage publié en 1817 et intitulé *Des principes de l'économie politique et de l'impôt* (les citations données par la suite sont tirées de l'édition GF-Flammarion, Paris, 1992). Cet ouvrage a eu un très grand impact, notamment par la méthode qu'il adopte, qui consiste à déduire le maximum de résultats, ou conclusions, à partir d'un nombre très restreint de prémisses, un peu à la façon des mathématiques (mais Ricardo n'a pas utilisé celles-ci).

Un problème central : la répartition du produit entre les « trois classes de la communauté »

Le but de Ricardo est de comprendre les « principes », ou lois, qui gouvernent l'économie, mais aussi de préconiser des mesures de politique économique (selon la terminologie actuelle), comme le montre le fait que ses « principes » portent aussi sur l'« impôt ». Ainsi, dès la préface de son traité, il écrit :

« Le produit de la terre, c'est-à-dire tout ce qui peut y être obtenu par l'utilisation conjointe du travail, des machines et du capital, est réparti entre trois classes de la communauté : les propriétaires des terres, les détenteurs du fonds ou capital nécessaire à son exploitation et les travailleurs qui la cultivent... Déterminer les lois qui gouvernent cette répartition constitue le principal problème en économie politique » (p. 45).

La répartition du produit est donc au centre des préoccupations de Ricardo. Toutefois, son étude passe par celle, préalable, de la VALEUR, qu'il entreprend dès le premier chapitre de ses *Principes*. Il reprend — à propos des « marchandises dont la quantité peut être accrue par l'industrie de l'homme » — l'idée de Smith selon laquelle « au cours des premières étapes de la société, la valeur d'échange de ces marchandises [...] dépend presque exclusivement de la quantité relative de travail consacrée à leur production respective » (p. 52-53). En revanche, il critique Smith pour avoir considéré le travail comme « l'étalon ultime et réel grâce auquel, en tout temps et en tout lieu, toutes les marchandises peuvent être évaluées et comparées », car pour lui « ce sont les valeurs relatives des marchandises produites par le travail qui déterminent leur valeur relative présente ou passée, et non plus les quantités relatives de marchandises offertes au travailleur en échange de son travail » (p. 57). Toutefois, le fait de considérer des valeurs relatives — des taux d'échange — pose problème lorsqu'on envisage leurs *variations*, suite au progrès technique mais aussi aux modifications de la répartition entre les classes sociales ou des formes d'imposition. En effet, lorsqu'un taux d'échange varie, cela peut être dû à des changements dans l'un ou l'autre de ses termes, ou dans les deux. D'où la recherche par Ricardo d'un *étalon* invariant, qui ne soit pas — entre autres — affecté par les changements dans la répartition. Toute la difficulté pour trouver un tel étalon provient du fait que les avances en CAPITAL fixe et circulant varient d'un secteur à l'autre de l'économie, alors que le taux de profit est le même partout. Le problème ressemble à celui de la TRANSFORMATION DE LA VALEUR EN PRIX DE PRODUCTION auquel MARX s'est heurté, et que SRAFFA a résolu... en abandonnant de fait la valeur travail. Ricardo ne résout pas non plus ce problème et se rabat donc sur un étalon « approximatif », un bien qui serait produit selon les conditions moyennes du point de vue du rapport entre capital fixe et capital circulant. Mais ce qui est remarquable, c'est la façon dont il a perçu le problème, et comment il en a systématiquement tenu compte dans ses analyses.

La question de la rente

La péréquation des taux de profit implique que les capitaux investis par les fermiers dans la production des biens fournissent une rémunération (proportionnellement) identique ; or comme les terres sont plus ou moins fertiles, certaines produisent plus que d'autres — pour une même mise en capital — et procurent donc une rente plus élevée à leurs propriétaires (la rente étant ici ce qui reste après que le travail et le capital ont été rémunérés). Or, plus la population augmente, ou plus son « pouvoir d'achat » augmente, et plus est forte la demande de produits agricoles, qui nécessite de recourir à des terres de moins en moins bonne qualité. Comme la terre utilisée « en dernier » — car la moins fertile — ne produit pas de rente, elle sert donc de référence. Ainsi, moins cette terre « marginale » est fertile et plus grande est la rente qui revient aux propriétaires des terres utilisées effectivement pour la production agricole. Par conséquent, plus la population s'accroît et plus grande est la part du produit de la terre qui revient à la « classe » des « propriétaires de la terre ». Pour Ricardo, c'est manifestement une mauvaise chose, qui constitue un frein progressif à la croissance, l'économie tendant alors vers un ÉTAT STATIONNAIRE. C'est pour contrecarrer cette tendance qu'il s'est par exemple battu pour l'aménagement des *corn laws* (lois sur le blé) de façon à faciliter les importations de biens agricoles en Angleterre, et donc à provoquer la baisse du prix de ces biens (et donc de la rente). Sa théorie sur les coûts comparatifs se situe aussi dans la même perspective. Il est cependant intéressant de constater qu'il préconisait des politiques différentes pour l'Angleterre et pour l'Irlande ; ainsi, il pensait que les *corn laws* devaient être maintenues dans cette dernière, où l'importation de blé ne peut que détruire des emplois sans qu'il y ait la possibilité d'en voir d'autres se créer.

En ce qui concerne les *impôts*, Ricardo utilise sa méthode d'analyse pour déterminer sur quelle(s) classe(s) pèsent les divers systèmes de taxes existants ou envisageables — poids « direct » mais également influence sur les prix. Là aussi ce sont les propriétaires fonciers qui sont visés — tout ce qui permet d'augmenter leur contribution, et donc d'alléger celle des autres classes, va pour lui dans le bon sens.

Conclusion

Si Ricardo a marqué la pensée économique malgré le caractère très restreint de son œuvre, c'est sans doute par la puissance de son raisonnement, sa façon d'étudier systématiquement, dans le cadre qu'il s'est fixé, les conséquences de diverses mesures de politique économique qu'il envisage — ce qui a notamment suscité l'admiration de

Marx. Sans doute son expérience de financier jonglant avec les prix et les rendements de titres très divers n'est-elle pas sans rapport avec sa façon de faire, proche des mathématiques, même s'il n'est pas sûr que la mise sous forme mathématique de ses raisonnements conduise aux mêmes conclusions que les siennes.

Tout en se situant dans la même perspective que Smith, la démarche de Ricardo semble un peu différente de la sienne. Le fait que le titre même de son livre précise qu'il s'intéresse à des « principes » est de ce point de vue significatif ; contrairement à ce qui se passe avec Smith, on n'y trouve pratiquement aucune réflexion sur l'histoire, sur l'évolution qu'ont pu connaître les diverses « nations » (alors que Smith illustre constamment son propos en se référant au présent et au passé). Les exemples que Ricardo utilise pour illustrer ses thèses sont, pour l'essentiel, purement imaginaires (à commencer par la fameuse histoire sur les coûts comparatifs du drap et du vin en Angleterre et au Portugal). En cela, on peut voir en lui une sorte de précurseur des NÉO-CLASSIQUES, qui ont poussé à l'extrême la démarche consistant à établir des « résultats » dans le cadre d'« histoires » ou de « fables » réduites à leur plus simple expression. Il est certain que les histoires que Ricardo raconte sont passablement différentes de celles des néo-classiques ; mais il est clair que, comme eux, ce qui l'intéresse c'est la « morale » qu'il peut en tirer (notamment, sur la nécessité de restreindre la part des propriétaires fonciers dans le produit total). Évidemment, Smith a aussi une « morale » en tête, mais les moyens qu'il utilise pour l'illustrer sont un peu différents de ceux de Ricardo (place accordée aux exemples historiques, qui disparaît d'ailleurs totalement chez les néo-classiques).

Richesse

Pour Adam SMITH, « un homme est riche ou pauvre suivant les moyens qu'il a de se procurer les choses nécessaires, commodes ou agréables de la vie » (*Recherches sur la nature et les causes de la richesse des nations*, p. 99 de l'édition Flammarion). Comme l'ouvrage de Smith traite de la « richesse des nations », on peut supposer que le raisonnement vaut pour un pays aussi bien que pour une personne. La richesse est donc associée à l'idée des « moyens » pour « se procurer » des « choses » ; ces moyens ne doivent donc pas être identifiés aux choses, qui peuvent être présentes ou futures. De son côté, David RICARDO — qui situe ses analyses dans le prolongement de celles de Smith — explique que « le capital est cette part de la richesse d'un pays employée en vue d'une production future » (*Des principes de l'économie politique et de l'impôt*, p. 295).

On peut donc voir dans la richesse un *stock* de ressources (ou de « moyens »), qui est à l'origine de *flux* de biens, présents et futurs ; ces flux sont des *revenus* (« ce qui revient » à chaque période, comme son nom l'indique). Ainsi, la richesse d'une personne — ou d'un pays — se maintient au même niveau si le revenu auquel elle donne lieu est tel qu'il n'entame pas les « moyens » qui ont permis de l'engendrer (quitte à ce qu'une partie du revenu serve à renouveler ces moyens). La richesse augmente évidemment si une partie du revenu est « capitalisée », c'est-à-dire utilisée pour permettre la production de biens futurs.

Parmi les « moyens » qui forment la richesse il y a ce qu'on appelle le « patrimoine » (les moyens de production auxquels s'ajoutent les logements, les infrastructures, etc.), mais aussi les hommes, avec leur capacité de travail, leur formation et leurs connaissances (le « CAPITAL HUMAIN »).

Une façon d'évaluer la richesse consiste à voir en elle la VALEUR ACTUELLE des revenus présents et futurs qu'elle est susceptible de générer ; de la même façon qu'on peut se faire une idée sur la valeur d'un appartement (ou d'une terre) à partir des loyers qu'il va procurer pendant toute son « existence », on peut chercher à évaluer le « capital humain » d'un individu à partir des revenus qu'il va tirer de son travail pendant toute sa vie active.

Conçue de la sorte, la richesse d'un individu (ou, plus généralement, d'une entité collective) est donnée par une expression de la forme :

$$W = \sum \frac{R_t}{1 + i_t}$$

où R_t est le revenu à l'instant t et i_t le *taux d'actualisation* à ce même instant.

Cette évaluation de la richesse suppose connus les revenus et les taux d'actualisation futurs, comme dans les modèles d'ÉQUILIBRE INTERTEMPOREL. Elle sert par exemple de support à la théorie du REVENU PERMANENT, celui-ci étant par définition le revenu constant qui maintient intacte la richesse dont il est « issu ». Si le taux d'intérêt est i, et si l'on suppose un horizon infini, ce revenu est donc donné par :

$$R_p = i \cdot W.$$

Le revenu apparaît bien dans ce cas comme « ce qui revient » à chaque période, en laissant intacte la richesse qui l'« engendre ».

Si l'on reste dans le cadre de l'équilibre intertemporel (qui est celui de la MICRO-ÉCONOMIE usuelle), on peut remarquer que le terme noté R de la contrainte budgétaire (intertemporelle) du consommateur désigne en fait sa richesse (puisqu'il est donné par la valeur de sa DOTATION INITIALE, qui est elle-même intertemporelle).

Dans un cadre autre que l'équilibre intertemporel, l'évaluation de la richesse ne peut être qu'approximative, puisqu'elle dépend des anticipations des agents sur les revenus que vont leur procurer dans le futur les divers éléments de leur patrimoine.

Risque moral (en anglais : *moral hazard*)

Expression utilisée par les compagnies d'assurances pour désigner le « risque » qu'elles encourent lorsqu'elles passent un contrat avec quelqu'un, du fait de l'existence même du contrat ; en effet, l'assuré qui sait qu'il peut être indemnisé va relâcher sa vigilance ; il peut même aller jusqu'à provoquer délibérément l'événement contre lequel il est assuré (vol, incendie, par exemple). Le terme « moral » doit être entendu ici de la même façon que lorsqu'on dit d'une personne qu'elle s'est « moralement engagée » à faire quelque chose ou à respecter la parole donnée, sans qu'il y ait moyen de l'y contraindre (d'où l'« aléa » sur son comportement).

Dans les années soixante-dix, lorsque la théorie des CONTRATS est devenue à la mode chez les théoriciens néo-classiques, ceux-ci ont repris la notion de risque moral et l'ont appliquée à d'autres domaines que celui de l'assurance — notamment aux situations du type MANDANT-MANDATAIRE ou aux relations entre prêteurs et emprunteurs (risque de défaillance de ces derniers). De façon générale, il y a risque moral lorsqu'une des parties d'un contrat peut agir de façon à léser l'autre partie, soit parce que celle-ci est moins bien informée qu'elle, soit parce que le contrat est *incomplet* (il ne prend pas en compte certaines éventualités).

Pour qu'il y ait risque moral, il faut donc qu'une des parties ait la possibilité de recourir à des *actions cachées*, l'autre en subissant les conséquences ; une façon d'éliminer le risque moral — ou d'en limiter les effets — consiste à rendre « visibles » de telles actions ; tel est, par exemple, le but des expertises faites par les compagnies d'assurances, lorsqu'elles cherchent à déterminer l'origine et les conséquences d'un sinistre ; c'est aussi pour cela que les banques évaluent les projets d'une entreprise avant de lui faire un prêt. Toutefois, la mise en place de dispositifs de surveillance ou d'évaluation est généralement coûteuse ; un compromis doit donc être fait entre les coûts que ces dispositifs entraînent et ceux qui peuvent résulter des actions cachées qu'ils ne permettent pas de déceler. Une solution plus EFFICIENTE consiste — lorsque c'est possible — à *fusionner* les parties contractantes, ce qui évite même d'avoir à mettre au point un contrat. Le courant NÉO-INSTITUTIONNALISTE voit là une des raisons d'être d'organisations telles que les entreprises.

Le risque moral est donc source d'inefficiences — au sens du critère de PARETO —, et ce pour plusieurs raisons :
— il peut empêcher la réalisation de transactions mutuellement avantageuses (la partie qui subit le risque « se méfie trop » de l'autre, qui est pourtant prête à ne pas profiter de la situation) ;
— les systèmes de surveillance sont coûteux, et entraînent donc un gaspillage des ressources disponibles ;
— la partie qui est à l'origine du risque ne fournit pas l'effort le plus approprié (celui qui rend maximal le SURPLUS dû au contrat), car elle n'a pas de raison de le faire (à moins que le surplus ne lui revienne entièrement).

D'ailleurs, plus le système est « ouvert », non discriminant, et plus le risque moral est important, puisque les agents les plus « immoraux » (à risques) vont être les premiers à vouloir signer des contrats dont ils peuvent tirer parti au maximum (il y a ANTI-SÉLECTION).

Robinson

Terme utilisé pour désigner un individu type qui fait des choix de consommation et de production dans un isolement total, tel le célèbre héros du roman de Daniel Defoe, *Robinson Crusoé*, qui doit survivre seul dans une île, à la suite d'un naufrage.

Le recours au personnage de Robinson est le fait de ceux qui pensent que les individus peuvent être caractérisés en dehors de tout contexte social — la société étant considérée par eux comme un « ensemble de Robinsons ». Tel est le point de vue des NÉO-CLASSIQUES — et, en bonne partie, de leurs ancêtres, les MARGINALISTES.

Utilisée d'abord en MICROÉCONOMIE, l'image de Robinson a été aussi reprise en MACROÉCONOMIE, dans le cadre de la recherche de FONDEMENTS MICROÉCONOMIQUES DE LA MACROÉCONOMIE. Tel est le cas pour les modèles du CYCLE RÉEL ainsi que pour ceux qui traitent de la CROISSANCE OPTIMALE, les uns et les autres représentant le CHOIX INTERTEMPOREL d'un unique Robinson (qui est souvent qualifié d'AGENT REPRÉSENTATIF).

L'image de Robinson était déjà utilisée par des économistes du XIXe siècle. MARX s'est d'ailleurs moqué d'eux et de ce qu'il a appelé leurs « robinsonnades », tellement il lui semblait absurde de considérer des individus agissant en dehors de tout contexte social. Malgré cela, Robinson demeure très présent dans les analyses théoriques néoclassiques, ce qui est très significatif de leur démarche.

Les modèles avec un seul Robinson sont purement « techniques » (ils s'intéressent à la meilleure affectation possible de ses ressources) ; ils ne comportent pas de prix, puisqu'il n'y a pas d'échanges. Il est cependant possible, dans une logique de choix intertemporel, de leur adjoindre une trajectoire de prix, qui peut s'interpréter comme une suite de taux d'échanges entre des biens présents et des biens futurs, calculée par Robinson lui-même. Mais cette trajectoire de prix *se déduit* de celle des quantités ; elle ne joue aucun rôle dans l'établissement de celle-ci. Cette façon d'introduire des prix dans le modèle est surtout source de confusion, puisqu'elle peut faire penser qu'il y a des échanges là où il n'y en a pas, puisque le modèle ne comporte qu'un seul agent.

S

Salaire d'efficience (théorie du)

Théorie selon laquelle la productivité des travailleurs peut, dans certaines circonstances, augmenter avec leur rémunération ; cette théorie se fonde sur un fait constaté depuis fort longtemps (par MARSHALL, mais aussi par bien d'autres avant lui). Après avoir été mise en avant dans les analyses sur les pays en développement (notamment, par Harvey Leibenstein, dans son livre *Economic Backwardness and Economic Growth*, 1974), elle a été reprise et étendue aux pays développés par certains auteurs se situant dans la mouvance NÉO-CLASSIQUE, qui lui ont donné son nom (la référence est ici l'article de J. L. Yellen dans l'*American Economic Review*, « Efficiency wage models of unemployment », 1984).

Pour un néo-classique, dont le modèle de base est celui de la CONCURRENCE PARFAITE, le fait que la productivité puisse augmenter avec le salaire apparaît comme une anomalie, qui ne peut s'expliquer que par des « imperfections » (si l'on exclut les raisons d'ordre « biologique » — un travailleur bien nourri a un rendement plus élevé que s'il ne l'est pas — avancées pour les pays sous-développés). Le but des théoriciens qui proposent l'idée de salaire d'efficience est alors de déterminer ces « imperfections », tout en gardant la grille de lecture néo-classique (comportements individuels maximisateurs). Parmi les imperfections proposées, il y a notamment les coûts de rotation de la main-d'œuvre et l'ASYMÉTRIE D'INFORMATION.

Toutefois, comme c'est toujours le cas dès qu'on modifie — même légèrement — les conditions de la concurrence parfaite, l'analyse devient extrêmement complexe si l'on tient compte de n'importe lequel de ces facteurs supplémentaires. C'est pourquoi la théorie du salaire d'efficience est présentée en MACROÉCONOMIE, dans un cadre réduit à sa plus simple expression ; le point de vue adopté est alors sectoriel (avec des « secteurs », ou des « bassins d'emploi », à salaires élevés ou à salaires faibles). Son propos est d'expliquer l'existence de salaires différents selon les secteurs, pour des travailleurs qui ont pourtant la même qualification ; mais elle est aussi avancée dans les analyses sur le CHÔMAGE involontaire (pour défendre l'idée que des salaires « trop élevés » seraient à l'origine du chômage).

Des salaires endogènes

Le point de départ de la théorie du salaire d'efficience est que les entreprises (ou certaines d'entre elles) fixent elles-mêmes le taux de salaire de leurs employés. Ce qui constitue une différence essentielle avec le modèle de la concurrence parfaite, où le salaire et les prix sont considérés par les entreprises comme une donnée, fixée en dehors d'elles ; l'emploi est alors calculé sur la base de cette donnée. Pour les entreprises en concurrence parfaite, le salaire est donc EXOGÈNE, alors que dans l'approche par le salaire d'efficience il est ENDOGÈNE (déterminé par elles).

Quand plusieurs entreprises embauchent à partir d'un salaire qu'elles fixent elles-mêmes — voir, à ce propos, l'encadré « Un exemple de calcul d'un salaire d'efficience », p. 467 —, alors il y a autant de salaires proposés que d'entreprises différentes (ou d'entreprises qui ont des fonctions de production de type différent). Deux *problèmes délicats* se posent alors :

— il n'y a aucune raison pour que la demande de travail des entreprises, aux salaires qu'elles proposent, soit égale à l'offre de travail des ménages ;

— les candidats à un emploi vont être confrontés à des propositions d'embauche à des salaires différents ; comment vont-ils être répartis entre les différentes entreprises, alors que tous préfèrent évidemment être employés par celles qui affichent le salaire le plus élevé ?

Dans les modèles avec salaire d'efficience, le second problème est résolu en supposant que l'économie ne comporte que deux « secteurs » du côté de la production : un secteur à salaires « élevés », un autre à salaires plus faibles. Cette approche « sectorielle » est justifiée en invoquant le caractère macro-économique de la démarche de ceux qui utilisent ces modèles.

Reste le premier problème posé par les salaires d'efficience, celui de la confrontation de la demande et de l'offre de travail. Si la demande du secteur à salaires élevés est supérieure à l'offre, toute la main-d'œuvre est employée dans ce secteur. Sinon, l'embauche se répartit entre les deux secteurs. En réalité, l'analyse peut être faite en n'envisageant que l'existence *d'un seul* secteur, où une partie de la main-d'œuvre serait employée, le reste étant alors au chômage (involontaire). Si les modèles avec salaire d'efficience font généralement appel à un second secteur — à salaires faibles —, c'est parce qu'ils supposent que ce secteur « absorbe » l'offre de travail qui n'a pas trouvé preneur dans le premier secteur ; plus précisément, ils supposent que ce secteur est en équilibre de concurrence parfaite. Les travailleurs ont alors une « position de repli » (celle-ci prend souvent la forme, dans les modèles, d'un salaire de RÉSERVE, qui prévaut dans le secteur « concurrentiel »).

Salaire d'efficience et chômage

La théorie du salaire d'efficience est présentée, par certains néo-classiques, dans le cadre des explications possibles du chômage. Il est vrai que, si ce sont les entreprises qui fixent à la fois le salaire et le niveau d'emploi, alors il n'y a aucune raison pour que ce niveau soit celui du plein emploi (il ne dépend que de la forme des fonctions de production et d'effort des travailleurs, et non de leur offre de travail). Toutefois, le propos de la théorie du salaire d'efficience est d'expliquer l'existence de salaires « élevés », en tant que résultat de choix rationnels des agents (ici, les entreprises). Mais il n'y a pas de salaires élevés en soi ; si un salaire est élevé, c'est par rapport à un autre, qui est plus faible, et qui sert donc de référence. Comment choisir celle-ci ? S'il y a du chômage (involontaire), alors le salaire « faible », ou « inférieur », est nul. Ce qui pose le problème de la subsistance du travailleur. C'est pour éviter ce problème que les modèles avec salaire d'efficience supposent l'existence d'un secteur « concurrentiel », dont le salaire sert de référence (c'est le salaire « minimal » que tout travailleur peut obtenir, s'il est disposé à travailler).

Mais cette hypothèse supplémentaire implique qu'il n'y a plus de chômage involontaire. Il est vrai qu'on peut considérer que les travailleurs du secteur « concurrentiel » (à salaires faibles) sont frustrés de ne pas pouvoir obtenir un emploi dans l'« autre » secteur, où les salaires sont plus élevés ; ils sont donc, d'une certaine façon, « involontairement » dans le secteur à faibles salaires, faute d'embauche dans les autres secteurs, où la rémunération est plus élevée. Mais peut-on dire pour autant que ces travailleurs sont au chômage, alors qu'ils ont quand même un emploi, même si ce n'est pas celui qu'ils auraient préféré ?

En résumé :

— soit la règle du salaire d'efficience s'applique dans tous les secteurs, et il peut y avoir du chômage, mais alors le salaire de référence (« de base ») est nul ;

— soit il existe un secteur « concurrentiel » (dans lequel le principe du salaire d'efficience ne s'applique donc pas) où, par hypothèse, il y a toujours des emplois disponibles ; mais alors on ne peut plus parler de chômage.

Quelles sont sinon les raisons pour lesquelles il existe plusieurs secteurs ? Les théoriciens qui font appel aux modèles avec salaire d'efficience répondent à cette question en invoquant divers types d'« imperfections » ; parmi elles, il y a :

— *les coûts de rotation et de formation de la main-d'œuvre* ; l'entreprise a intérêt à retenir ses travailleurs, qu'elle a adaptés à sa production spécifique (il est donc supposé que les travailleurs ont la possibilité de trouver un emploi ailleurs, dans d'autres secteurs) ;

— *les comportements « tire au flanc »* ; l'existence du secteur à bas salaires permet à l'employeur de limiter les effets de ces comportements, en brandissant la menace du licenciement si le rendement n'est pas celui qui est attendu ;

— *l'hétérogénéité de la population des travailleurs* ; en proposant un salaire plus élevé, l'entreprise espère attirer les travailleurs susceptibles de fournir un effort plus important, à condition d'être « correctement » payés ; il est vrai que les autres vont aussi être attirés, mais on peut supposer qu'ils ne seront pas retenus « après usage » ; le salaire plus élevé permet alors d'éviter, du moins en partie, qu'il y ait ANTISÉLECTION.

Les « imperfections » donc, soit sont d'ordre « technique » (coûts de rotation), soit proviennent de l'asymétrie d'information entre employeur et employé.

Un exemple de calcul d'un salaire d'efficience

Pour la théorie du salaire d'efficience, la production n'augmente pas seulement avec la quantité de travail employée, mais aussi avec le taux de rémunération de celui-ci : plus le salaire est élevé et plus les travailleurs sont incités à fournir un effort supérieur. Contrairement aux analyses habituelles, une hausse de salaire ne se traduit pas seulement — pour l'employeur — par un « effet négatif » (augmentation des coûts), mais aussi par un effet positif (production accrue) ; l'employeur peut donc avoir intérêt à proposer un salaire plus élevé que le salaire « normal » — généralement assimilé par les néo-classiques à celui de la concurrence parfaite. Ce salaire est fixé (par l'entreprise) à un niveau tel que, à partir de ce niveau, les effets « négatifs » d'une hausse du salaire — aussi faible soit-elle — l'emportent sur ses effets positifs.

Pour déterminer le salaire d'efficience dans le cadre du modèle néo-classique de base, on considère le cas d'une entreprise qui n'utilise que du travail et dont la fonction de production est notée $F(\cdot)$; à une quantité L de travail et à un « effort » e correspond alors une production $F(eL)$ (L est la quantité de travail « achetée » par l'entreprise et eL le travail réellement fourni). Si l'effort est une fonction (strictement croissante) du salaire s, ce que l'on suppose, le profit de l'entreprise π est une fonction de s et de L ; soit, si l'on note p le prix du bien produit :

$$\pi(s, L) = pF(e(s)L) - sL.$$

Si $F(\cdot)$ est strictement croissante et à productivité marginale décroissante, alors le couple salaire-travail (s^*, L^*) procure un profit maximal s'il vérifie la condition du PREMIER ORDRE :

$$(1) \quad \begin{cases} \pi'_s(s^*, L^*) = pF'(e(s^*)L^*)e'(s^*)L^* - L^* = 0 \\ \pi'_L(s^*, L^*) = pF'(e(s^*)L^*)e(s^*) - s^* = 0. \end{cases}$$

En passant L^* dans le membre de droite de ces deux égalités, puis en faisant le rapport membre à membre des équations obtenues, il vient :

$$(2) \quad \frac{e'(s^*)s^*}{e(s^*)} = 1.$$

Ainsi, le salaire d'efficience s^* est tel que l'ÉLASTICITÉ de l'effort relativement au salaire est égale à 1 (pour que le profit soit maximal en s^*, il faut que le taux de croissance du salaire y soit égal à celui de l'effort). L'équation (2) définit implicitement le salaire d'efficience s^*; en remplaçant dans une des équations (1), on obtient l'embauche L^* de l'entreprise, à ce salaire.

Samuelson, Paul Anthony (né en 1915)

Fondateur avec John HICKS de la théorie NÉO-CLASSIQUE moderne, notamment à travers son ouvrage — en fait, un recueil d'articles — *Les Fondements de l'analyse économique*, publié en 1947 (Harvard University Press ; édition française Gauthier-Villars). Dans ce livre, Samuelson défend le point de vue selon lequel il est possible de déduire des « lois » à partir des comportements maximisateurs individuels et des conditions de stabilité des équilibres, tout cela dans une perspective d'ÉQUILIBRE GÉNÉRAL. Le point de vue qu'il adopte est celui de l'*analyse locale* (au voisinage d'un équilibre), qui le conduit à utiliser les techniques du calcul différentiel.

Dans ce même ouvrage, Samuelson donne la formulation mathématique du TÂTONNEMENT walrasien, qui sera ensuite systématiquement reprise par les théoriciens de l'équilibre général.

Le théorème de SONNENSCHEIN met cependant fin au programme de recherches proposé par Samuelson ; celui-ci a, semble-t-il, des difficultés à le reconnaître, puisqu'il ne souffle mot de ce résultat dans la longue préface-bilan à la réédition de ses *Fondements* en 1982, alors que la démonstration de Sonnenschein a été publiée en 1973.

Samuelson s'est également intéressé à la MACROÉCONOMIE, en adoptant un point de vue KEYNÉSIEN. Il est l'un de ceux qui ont mis au point la SYNTHÈSE NÉO-CLASSIQUE. Il a aussi été à l'origine, avec Maurice Allais, des modèles à GÉNÉRATIONS IMBRIQUÉES, qui sont devenus un des cadres privilégiés dans lesquels les théoriciens néo-classiques cherchent des FONDEMENTS MICROÉCONOMIQUES à la macroéconomie. Samuelson a de plus donné son nom à un modèle simple qui combine le multiplicateur keynésien avec le principe de l'accélérateur : l'OSCILLATEUR DE SAMUELSON.

Il a été à l'origine de certains résultats dans la théorie du COMMERCE INTERNATIONAL, dont un des principaux est le théorème HOS (pour Hecksher-Ohlin-Samuelson).

Le rôle de Samuelson a donc été très important dans la « mathématisation » de l'économie théorique. C'est probablement l'auteur contemporain qui a eu le plus d'influence à ce point de vue, car rares sont les domaines de l'économie qu'il n'a pas abordés, d'une façon ou d'une autre.

Say (loi de)

Jean-Baptiste Say (1767-1832) a écrit que « le fait seul de la formation d'un produit ouvre, dès l'instant même, un débouché à d'autres produits ». Cette proposition a été qualifiée par la suite de « loi des débouchés » ; Say l'explique de la façon suivante : « Lorsque le dernier producteur a terminé un produit, son plus grand désir est de le vendre, pour que la valeur de ce produit ne chôme pas entre ses mains. Mais il n'est pas moins empressé de se défaire de l'argent que lui procure sa vente, pour que la valeur de l'argent ne chôme pas non plus. Or, on ne peut se défaire de son argent qu'en demandant à acheter un produit quelconque », ce qui ouvre donc un débouché à d'autres produits. On résume souvent cette analyse en disant que « l'offre crée sa propre demande ».

La loi de Say a été avancée pour expliquer l'impossibilité des crises (prolongées) de surproduction ; en effet, s'il existe des capacités de production et de la main-d'œuvre excédentaires, alors elles peuvent être à l'origine de nouvelles offres, qui sont elles-mêmes sources de demandes, pour les raisons avancées par Say. Toutefois, l'argument de celui-ci est circulaire ; en effet, il suppose que le « désir de vendre » se réalise dans une vente effective (« l'argent que lui procure sa vente »), alors que c'est justement là que réside le problème. Car pourquoi le « dernier producteur » trouverait-il une demande pour son produit ? Ainsi, si les entreprises n'embauchent pas, n'est-ce pas parce qu'elles ne sont pas sûres de rendre effectif leur « désir de vendre » ?

Si l'on veut donner une forme plus précise au raisonnement de Say, il faut adopter un point de vue *séquentiel*, en considérant l'arrivée successive de « nouveaux producteurs », qui se créent des débouchés mutuels. En fait, personne n'a essayé de mettre vraiment en forme ce processus, dont on ne voit pas comment il peut être « amorcé » (pour la raison avancée plus haut), ni où il peut conduire. Il est vrai que Say suppose que la monnaie (l'« argent ») sert d'intermédiaire dans les échanges ; on peut donc imaginer que la monnaie existante permet d'acheter le nouveau produit ; mais alors pourquoi celui qui a vendu ne garderait-il pas un certain temps l'argent touché, privant ainsi de débouchés d'autres producteurs ? Pour répondre à ce genre de question, il faut commencer par préciser les motifs qui conduisent à détenir de la monnaie, et donc faire intervenir des facteurs complexes tels que les anticipations des producteurs, ce qui est bien éloigné de la proposition simple (et vague) selon laquelle « l'offre crée sa propre demande ».

Souvent, la loi de Say est considérée comme une *relation d'équilibre*, et même d'équilibre de CONCURRENCE PARFAITE, où chacun peut vendre ce qu'il veut (aux prix affichés et compte tenu des ressources dont il dispose). Tout le problème est alors de savoir comment on parvient à cet équilibre. Certains appellent « loi de Say » la loi de WALRAS dans laquelle la monnaie serait prise en compte ; cependant, on est alors loin de la formulation de Say, puisque la loi de Walras n'est qu'une simple identité comptable, qu'il y ait de la monnaie ou pas, valable aussi bien à l'équilibre qu'en dehors de lui.

La loi de Say a été l'objet de grands débats ; elle a notamment été critiquée par MARX et par KEYNES, qui voient en elle une apologie du « laisser faire ». Il faut dire que, depuis les années soixante, plus personne n'utilise cette « loi » pour prouver quoi que ce soit ; le débat s'est alors essentiellement focalisé sur des questions telles que l'existence d'un ÉQUILIBRE GÉNÉRAL, la FLEXIBILITÉ des prix et des salaires, la STABILITÉ des processus d'ajustement de ces variables (ou d'autres).

Schémas de reproduction

Ensemble d'équations déduites par MARX de sa théorie de la VALEUR TRAVAIL et qui ont pour but de trouver les conditions permettant au système capitaliste de se reproduire — à l'identique ou de façon élargie. Ces conditions relèvent de ce qu'on qualifie aujourd'hui d'*approche d'équilibre* et portent sur la *compatibilité* des décisions de production des capitalistes des divers secteurs de l'économie ; elles sont très restrictives, comme le sont toujours les conditions d'équilibre, lorsque celui-ci résulte de l'interaction de plusieurs centres de décision autonomes. Pour Marx, le caractère restrictif de ces conditions n'est pas gênant en soi — au contraire, puisqu'on peut voir là une occasion de plus de dénoncer le caractère « anarchique » du capitalisme.

Commençons par le cas le plus facile, celui de la reproduction simple et reprenons pour cela les termes de Marx lui-même : « Le problème, tel qu'il se pose directement, est le suivant : comment la valeur du *capital* absorbé par la production se reconstitue-t-elle ? Quel est le rapport entre cette reconstitution et la consommation de la plus-value par les capitalistes et du salaire par les ouvriers ? » (*Le Capital*, livre II, chap. XX).

Pour répondre à la question ainsi posée, Marx considère les « deux secteurs de la production sociale » : celui des moyens de production et celui des moyens de consommation. Dans chacun de ces secteurs, le capital se divise en deux parties : le *capital constant*, *C*, valeur des moyens de production (machines, matières premières), et le *capital variable*, *V*, valeur de la force de travail (masse salariale), qui est elle-même à l'origine de la *plus-value* (*Pl*). Si l'indice 1 caractérise le secteur des moyens de consommation et l'indice 2 celui des moyens de production, alors une condition pour que le système se reproduise à l'identique est que la production (en valeur) de moyens de production ($C_1 + V_1 + Pl_1$) soit égale à la valeur des moyens de production utilisés par les deux secteurs ($C_1 + C_2$). Soit :

$$\underbrace{C_1 + V_1 + Pl_1}_{\text{production de moyens de production}} = \underbrace{C_1 + C_2}_{\text{utilisation des moyens de production}}$$

La production du secteur 2, quant à elle, est « consommée » par les salariés des deux secteurs (dont le « pouvoir d'achat » est $V_1 + V_2$) et par les capitalistes, qui y consacrent toute la plus-value ($Pl_1 + Pl_2$) qu'ils « extraient » aux salariés — c'est parce qu'ils « consomment » toute la plus-value qu'il y a reproduction simple. Cette condition s'écrit donc :

$$\underbrace{C_2 + V_2 + Pl_2}_{\text{production de moyens de consommation}} = \underbrace{V_1 + V_2}_{\text{consommation des salariés}} + \underbrace{Pl_1 + Pl_2}_{\text{consommation des capitalistes}}$$

L'une et l'autre condition se réduisent à la condition unique :

(1) $$C_2 = V_1 + Pl_1.$$

Autrement dit, si l'une est vérifiée, l'autre l'est également ; cette interdépendance entre ce qui se passe dans les deux secteurs de l'économie est de même nature que celle que décrit la loi de WALRAS. Ce qui est normal, puisque les schémas de reproduction relèvent d'une démarche d'ÉQUILIBRE GÉNÉRAL.

La condition (1) de reproduction simple montre bien le caractère « aléatoire » de la reproduction, puisqu'il n'y a aucune raison pour que la valeur (C_2) des moyens de production que les capitalistes du secteur 2 décident de mettre en œuvre soit égale à la demande de biens de consommation des salariés et des capitalistes du secteur 1, alors que les capitalistes des deux secteurs prennent leurs décisions de façon indépendante.

Les conditions de la *reproduction élargie* — la seule qui a un sens en régime capitaliste, condamné à la fuite en avant par sa logique d'accumulation sans limite — sont plus compliquées, puisqu'elles doivent tenir compte de la façon dont les capitalistes décident de l'affectation de la plus-value entre consommation et accumulation, mais aussi de la façon dont la part non consommée est répartie entre les deux secteurs. Toutefois, le point essentiel est que, comme dans la reproduction simple, il n'y a aucune raison pour que de telles conditions se réalisent, puisqu'elles résultent de choix faits de façon indépendante par les capitalistes des divers secteurs.

Malgré tous les problèmes soulevés, les schémas de la reproduction de Marx ont l'avantage de donner des exemples clairs, « chiffrables », de l'interdépendance des divers secteurs de l'économie ; ils ont aussi le mérite d'avoir été les premiers à donner une analyse d'équilibre général (interdépendance des divers secteurs). Rien n'empêche de les enrichir et même d'en donner une version plus dynamique — où l'on verrait les conséquences des accumulations successives —, mais il est clair que ce serait alors raffiner et compliquer l'étude de situations dont la réalisation ne peut être qu'accidentelle.

Second best

Expression utilisée par les théoriciens NÉO-CLASSIQUES pour désigner une solution de « second rang », c'est-à-dire une affectation des ressources qui est « la meilleure possible » compte tenu de l'existence de diverses contraintes — d'ordre institutionnel, par exemple — qui empêchent de parvenir à un OPTIMUM DE PARETO (qui est, lui, de « premier rang »). La présence de BIENS COLLECTIFS, d'EXTERNALITÉS, de RENDEMENTS D'ÉCHELLE croissants, d'un système de taxation qui ne porte pas exclusivement sur les DOTATIONS INITIALES des agents conduit à envisager des solutions de second rang (tous ces « facteurs » empêchent que les prix de CONCURRENCE PARFAITE soient compatibles avec une affectation des ressources optimale au sens de Pareto).

L'expression *second best* est souvent utilisée par les économistes de façon plus vague, pour désigner toute situation qui n'est pas la meilleure possible, mais qui représente « ce qui peut être fait de mieux » compte tenu de la présence de « contraintes incontournables ». Le mode d'analyse utilisé alors est d'ÉQUILIBRE PARTIEL et ne permet donc pas d'appliquer « tout à fait » le critère de Pareto.

Le théorème du *second best*

Il existe un lien très étroit entre les optimums de Pareto et les équilibres de concurrence parfaite (lien établi par les deux théorèmes de l'économie du bien-être). Ainsi, en règle générale, il suffit qu'une des conditions de la concurrence parfaite ne soit pas vérifiée pour qu'il n'y ait plus optimalité de Pareto. On pourrait alors penser que, dans ce cas, la solution de second rang consiste à s'« approcher le plus possible » de l'équilibre de concurrence parfaite, en cherchant à ce qu'elle vérifie les conditions qui caractérisent celui-ci partout où c'est possible, quitte à « subir les contraintes » là où ce ne l'est pas. Toutefois, c'est là une idée erronée, comme le montre ce qu'on a appelé le *théorème du* second best, et comme un peu de réflexion permet de le comprendre aisément (la référence est ici l'article de Kevin Lancaster et Richard Lipsey publié en 1956 dans la *Review of Economic Studies* et intitulé « The general theory of second best »).

Selon ce « théorème », si dans un secteur de l'économie les conditions d'optimalité de Pareto ne sont pas remplies, pour une des raisons qui viennent d'être évoquées (externalités, monopoles, etc.), et si elles sont remplies dans les autres secteurs, alors l'affectation des ressources de l'économie ne satisfait pas les conditions du *second best*. Autrement dit, pour qu'il y ait une solution de second rang alors qu'un secteur ne remplit pas les conditions de Pareto, il faut que les autres secteurs ne les remplissent pas non plus. En effet, comme il y a une « mauvaise » affectation des ressources dans un secteur, les offres et les demandes adressées aux autres secteurs s'en ressentiront ; ce qui a pour conséquence que ces secteurs produiront — ou consommeront — de façon moins appropriée du point de vue de l'optimalité de Pareto s'ils agissent selon les préceptes de la concurrence parfaite. En fait, la solution de *second best* doit être telle que les secteurs autres que celui où il existe une contrainte empêchant la réalisation de l'équilibre de concurrence parfaite prennent en compte l'existence de cette contrainte au moment où ils établissent leurs plans. Mais il est clair qu'ils doivent alors faire appel à des « signaux » autres que les prix ; en fait, vu la complexité de cette solution, elle ne peut résulter que des calculs d'un planificateur — ou d'une quelconque autre instance « centrale ».

Le théorème du *second best* est évidemment un résultat négatif, puisqu'il dit que la moindre « déformation » dans un secteur quelconque de l'économie « se répercute » sur les autres secteurs, au point de rendre très difficile (et donc illusoire) la recherche d'un optimum, même s'il est de second rang. Il est vrai qu'il ne concerne que le modèle très particulier de la concurrence parfaite ; mais, compte tenu de la place centrale qu'occupe ce modèle dans les analyses néo-classiques — surtout en raison du lien étroit qui existe entre ses équilibres et les optimums de Pareto —, le théorème du *second best* ne peut être négligé, malgré son caractère négatif.

Semi-stationnaire (état ou trajectoire)

Situation où toutes les variables en quantité et en niveau croissent au même rythme. Une économie en état semi-stationnaire a une évolution de type homothétique, où les proportions entre les diverses variables demeurent constantes dans le temps ; tel est le cas, par exemple, de variables telles que le capital ou le produit *par tête*. Si un système de prix est associé à un état semi-stationnaire, alors les rapports entre les prix — qui sont assimilables à des taux d'échange — demeurent constants dans le temps.

Les états STATIONNAIRES sont des cas particuliers d'états semi-stationnaires, à taux de croissance nul.

Les états semi-stationnaires sont parfois appelés *régimes permanents* (la « permanence » concerne ici le rapport des variables, quantités ou prix). Un des avantages des états semi-stationnaires est qu'ils peuvent parfois être comparés selon des critères simples (taux de croissance ou niveau de la consommation par tête, par exemple). Ainsi, dans le modèle de croissance de SOLOW, la RÈGLE D'OR permet de déterminer celui des états semi-stationnaires qui est préféré à tous les autres (du point de vue de la consommation par tête).

Souvent, les états semi-stationnaires sont appelés « équilibres de longue période », l'idée étant qu'ils représentent l'évolution « profonde », « tendancielle », de l'économie, lorsqu'elle n'est pas soumise à des « chocs » qui viennent perturber son « parcours normal ».

Sentier d'expansion

Courbe qui relie les paniers d'INPUTS qui permettent à une entreprise de faire un profit maximal — ou de produire à un coût minimal —, lorsque les prix des inputs sont affichés et indépendants de sa propre activité (du moins le pense-t-elle). Le sentier d'expansion est donc le *lieu géométrique des paniers optimaux*. Dans le cas — usuel — où il est supposé que les ISOQUANTES de la fonction de production sont « de type hyperbolique », le sentier d'expansion est l'ensemble des paniers de biens pour lesquels le TAUX MARGINAL DE SUBSTITUTION de deux inputs est égal au rapport de leurs prix. Si la fonction de production est de type COBB-DOUGLAS, le sentier d'expansion est une droite qui passe par l'origine.

Le sentier d'expansion est relatif à deux inputs. Si la fonction de production comporte plus de deux inputs, alors il y a plusieurs sentiers d'expansion, un pour chaque couple d'inputs pris séparément. Le panier d'inputs qui permet à l'entreprise de maximiser son profit (concurrentiel) — ou de minimiser son coût (concurrentiel) — se trouve sur chacun de ces sentiers.

Le sentier d'expansion du producteur est l'équivalent de la COURBE D'ENGEL pour le consommateur.

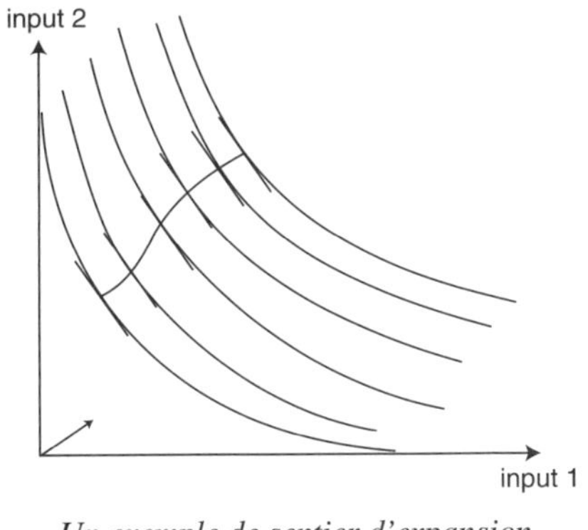

Un exemple de sentier d'expansion

Séparable (fonction d'utilité)

Se dit d'une fonction d'UTILITÉ dans laquelle l'UTILITÉ MARGINALE procurée par un bien (quelconque) est indépendante de la quantité consommée *des autres biens* ; dans une fonction d'utilité séparable on peut donc « séparer » les effets sur l'utilité « totale » qui sont dus aux variations des quantités consommées de chacun des biens.

Une fonction d'utilité de la forme :
$U(q_1, q_2, \ldots, q_n) = u_1(q_1) + u_2(q_2) + \ldots + u_n(q_n)$
est séparable, puisqu'on a :
$U'_{q_i}(q_1, q_2, \ldots, q_n) = (u_i)'_{q_i}(q_i),\ i = 1, \ldots, n,$
l'utilité marginale du bien i ne dépendant que de la quantité consommée q_i du bien i.

Les fonctions d'utilité séparables ont occupé une place importante dans les analyses des auteurs qui ont introduit le concept de fonction d'utilité (à commencer par WALRAS), auteurs qui supposaient en outre que chacune des fonctions $u_i(\cdot)$ est à utilités marginales décroissantes (donc que ces fonctions sont strictement CONCAVES). Le recours aux fonctions d'utilité séparables simplifie les calculs, mais ces fonctions ont pour inconvénient de ne pas avoir la propriété de DÉSIRABILITÉ : un consommateur qui a une fonction d'utilité séparable peut choisir à certains prix un panier de biens qui ne comporte pas au moins « un peu » de chaque bien ; une SOLUTION EN COIN est donc possible. Pour l'éviter, il faut en outre supposer que l'utilité marginale de la « première unité » de chaque bien est infinie : $(u_i)'_{q_i}(0) = \infty,\ i = 1, \ldots, n.$ C'est une des raisons pour lesquelles les microéconomistes préfèrent les fonctions de type COBB-DOUGLAS aux fonctions d'utilité séparables.

Celles-ci sont cependant surtout utilisées dans les modèles de CHOIX INTERTEMPOREL, souvent sous la forme :

$$\sum \frac{u(c_t)}{(1+r)^t} \quad \text{ou} \quad \int e^{-rt} u(c(t))dt.$$

Séparation des convexes (théorème de)

Théorème selon lequel si deux ensembles CONVEXES de $\mathfrak{R}^n$ n'ont pas de point commun, ou en ont un tout au plus, alors il existe au moins un hyperplan qui les « sépare » (ils sont « de part et d'autre » de cet hyperplan). Plus précisément, si l'on note C et C' ces deux ensembles, dont on suppose qu'ils sont

disjoints, alors le théorème de séparation des convexes dit qu'il existe un hyperplan $\{X \in \Re^n ; A \cdot X = c\}$ tel que :
(1) $A \cdot Y < c \; \forall \, Y \in C$ et $A \cdot Z > c \; \forall \, Z \in C'$.

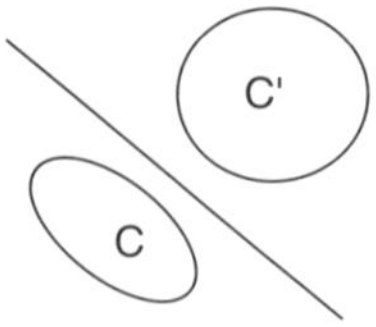

Ensembles disjoints

Dans le cas où C et C' ont un (unique) point commun X_0, alors l'hyperplan « séparateur » passe par ce point, et l'on a $c = A \cdot X_0$. Les inégalités (1) demeurent valables, sauf évidemment pour $Y = X_0$ et pour $Z = X_0$. En fait, comme un point est à lui seul un ensemble convexe, pour tout ensemble convexe C, et pour tout point X_0 qui n'est pas intérieur à cet ensemble, il existe un vecteur A tel que :

$$A \cdot Y \leq A \cdot X_0 \; \forall \, Y \in C$$

(on peut obtenir l'inégalité dans l'autre sens en changeant A en $-A$).

Shapley (valeur de)

CONCEPT DE SOLUTION, en THÉORIE DES JEUX, qui désigne une forme de partage équitable des gains entre les joueurs. Elle est obtenue, par une formule relativement compliquée, en calculant pour chaque joueur sa contribution marginale à chacune des coalitions envisageables à laquelle il peut participer — en tant que joueur supplémentaire. La valeur de Shapley suppose une utilité transférable et, comme son calcul fait intervenir l'utilité de tous les joueurs, des comparaisons interpersonnelles d'utilité (les utilités des divers individus étant additionnées). Comme elle fait intervenir l'idée d'équité, la valeur de Shapley est de nature normative. Pour plus de détails, voir *Théorie des jeux et sciences sociales* de Martin Shubik, Economica (1982).

Slutsky (relation de)

Relation qui montre comment les variations de la demande d'un bien relativement à son prix se décomposent en un EFFET SUBSTITUTION et un EFFET REVENU. Si l'on note $q(\cdot)$ la fonction de DEMANDE d'un bien par un consommateur, $q_c(\cdot)$ sa fonction de DEMANDE COMPENSÉE, R son revenu et p le prix du bien, alors la relation de Slutsky s'écrit :

$$q'_p(\cdot) = (q_c)'_p - q(\cdot)\, q'_R(\cdot).$$

Cette relation se démontre en dérivant par rapport à p les deux membres de l'égalité qui définit la demande compensée pour des prix P et une utilité U donnés :

$$q_c(P, U) = Q(P, R(P, U))$$

avec $R(P, U) = \min_Q \{P \cdot Q \,;\, U(Q) = U\}$.

En effet, on obtient alors, si l'on omet les arguments :

$$(q_c)'_p(\cdot) = q'_p(\cdot) - q'_R(\cdot)\, R'_p(\cdot).$$

Or, il résulte du théorème de l'ENVELOPPE que $R'_p(\cdot) = q(\cdot)$, puisque le LAGRANGIEN du programme dont $R(P, U)$ est la solution est donné par $P \cdot Q + \lambda(U - U(Q))$; la relation de Slutsky s'ensuit.

Dans cette relation, le terme $(q_c)'_p$ exprime l'effet substitution ; il est toujours négatif ; en revanche, le terme restant — qui correspond à l'effet revenu — peut être positif (cas des biens inférieurs).

On peut établir une formule similaire à la relation de Slutsky en raisonnant sur les DOTATIONS INITIALES (plutôt que sur le revenu) ; dans ce cas, l'effet revenu peut être positif pour un bien « quelconque » (cela n'a rien d'exceptionnel).

Smith, Adam (1723-1790)

Philosophe écossais qui est souvent considéré comme le « père » de l'économie politique moderne, par son traité *Recherches sur la nature et les causes de la richesse des nations*, publié pour la première fois en 1776. Il est difficile de dire avec précision pourquoi cet ouvrage a acquis une telle importance, au point de devenir une référence incontournable, à l'époque de Smith, mais surtout par la suite et jusqu'à présent. Peut-être est-ce par sa rigueur, sa façon systématique d'aborder l'ensemble des problèmes fondamentaux de l'économie, en partant de la question de la division du travail pour aller jusqu'au problème de la croissance, en passant par une théorie de la valeur, des prix et de la monnaie. Smith a une vision dans l'ensemble optimiste de l'évolution de l'économie de marché, surtout si on la libère de certaines entraves et si les gouvernants dictent des règles du jeu appropriées ; il vit à l'époque de l'essor du capitalisme anglais, et cela ne peut qu'influencer ses analyses. L'optimisme de celles-ci est sans doute un des facteurs qui expliquent leur succès.

Les réflexions sur l'économie de Smith s'inscrivent dans le cadre d'une œuvre très vaste, qui englobe à la fois la philosophie, les « sciences de la nature » (Smith a publié une histoire des théories en astronomie), la psychologie et l'économie (au sens large). Smith ne se contente pas d'ailleurs de proposer une théorie sur le monde tel qu'il est ; c'est ainsi que dans *La Richesse des nations* il dit aussi *ce qu'il doit être*, sa démarche se voulant à la fois positive (« recherches sur les *causes* de la richesse des nations ») et NORMATIVE. La doctrine éthique à laquelle il souscrit est l'UTILITARISME, qui approuve ou désapprouve les décisions que peuvent prendre les hommes (à commencer par les gouvernants) en fonction de leur contribution au « bonheur de la communauté » — ou au « bien-être général », selon une expression qu'il utilise souvent.

La théorie des sentiments moraux

L'analyse de toute société suppose qu'on commence par s'interroger sur ce qui permet aux hommes de vivre ensemble (« en société »). Si l'on pense que l'homme est « un loup pour l'homme », alors on en conclut à la nécessité d'un État fort et autoritaire, qui évite que la société sombre dans la guerre de tous contre tous. Si l'on estime, en revanche, qu'il existe chez l'homme un penchant à vivre avec d'autres hommes, à les respecter et à s'entendre avec eux, alors on peut concevoir une forme d'organisation sociale moins coercitive, où il est laissé bien plus de place à la liberté individuelle. Smith pense que de tels penchants existent, ce qui lui permet d'adopter un point de vue « libéral » sur la société. L'analyse qu'il fait sur la nature humaine dans la *Théorie des sentiments moraux* s'inscrit donc dans le cadre du libéralisme naissant, dont il est un des représentants les plus éminents.

Comme son nom l'indique, l'ouvrage présente une *théorie*, c'est-à-dire un ensemble d'hypothèses ou d'« explications » qui découlent de *faits observés* ; ceux-ci concernent les « sentiments moraux », c'est-à-dire les *sentiments d'approbation ou de désapprobation* que les hommes manifestent en diverses circonstances. La *Théorie des sentiments moraux* n'est donc pas un traité de « morale » (ou d'éthique) au sens où on l'entend de nos jours ; ce n'est pas un ouvrage qui a pour but de dire ce qui doit être, mais qui cherche à expliquer *ce qui est*. Comme le dit Smith, *the present enquiry is not concerning a matter of right, if I may say so, but concerning a matter of fact* (« la recherche faite ici ne porte pas sur ce qui doit être, si je peux m'exprimer ainsi, mais sur des faits »). Pour employer le langage actuel, la *Théorie des sentiments moraux* est, pour l'essentiel, un *traité de psychologie*. A l'époque de Smith, la « philosophie morale » désignait à la fois l'étude des « mœurs » des gens et les réflexions à leur propos. Il est vrai que lorsqu'on expose une théorie sur les hommes ou sur la société on peut difficilement éviter d'avancer des opinions, d'émettre des jugements de valeur ; on en trouve effectivement dans l'ouvrage de Smith — notamment dans les références à la conformité aux « lois de la nature » —, mais pour lui ces jugements de valeur découlent en quelque sorte de son analyse « positive », qui constitue l'essentiel de sa théorie.

Smith pensait, comme le philosophe David Hume (dont il était très ami), que les « sentiments moraux » d'une personne sont à l'origine des « émotions spontanées », qui ne découlent pas d'un raisonnement plus ou moins élaboré. Citons-le : « Il est [...] absurde et incompréhensible de supposer que la première façon de percevoir ce qui est bien ou mal provient de la Raison » (p. 320 de l'édition Oxford University Press, 1976) ; « [...] l'approbation ou la désapprobation [...] sont des sentiments ou des émotions qui surgissent dans l'esprit à la vue de certains caractères ou actions » (p. 324).

Smith tente d'expliquer comment ces sentiments, ou émotions, se forment à partir d'un petit nombre d'*émotions élémentaires* (qui relèvent de l'instinct). Parmi elles, il y a ce qu'il appelle la « sympathie » ; il entend par là *la capacité que chacun d'entre nous a d'éprouver les mêmes sentiments que d'autres personnes* (*comme si l'on était à leur place*). Il accorde manifestement une grande importance à ce type d'émotion, puisque son *Traité* commence par un chapitre intitulé « On sympathy ». Celle-ci est, selon Smith, une partie constitutive de la nature humaine, comme l'amour de soi, comme la réaction qui consiste à trouver « agréable » le fait que quelqu'un éprouve le même sentiment que soi, etc. La *théorie* de Smith consiste à expliquer à partir de ces quelques « principes originaux de la nature humaine » les sentiments d'approbation et de désapprobation plus complexes qu'on peut constater dans la vie courante, comme le sentiment de justice.

L'existence de ces différents types de sentiments — non réductibles au seul égoïsme — rend viable une société de liberté, dans laquelle la sympathie, le remords, etc. atténuent les effets du « chacun pour soi ». Pour Smith, « la divinité » (*deity*) a implanté ces sentiments dans le cœur des hommes en ayant en vue le bonheur de l'humanité : « En agissant selon ce que nous dictent nos facultés morales, nous mettons nécessairement en œuvre les moyens qui permettent de promouvoir le bonheur de l'humanité » (p. 166-167). Le critère éthique auquel Smith souscrit — le bonheur de l'humanité — semble, pour lui, être aussi celui de l'« auteur de la nature » (ce qui justifie en un certain sens le fait que ce critère éthique soit aussi le sien).

Si Smith est cependant resté célèbre jusqu'à nos jours, ce n'est pas en raison de ses analyses sur l'origine des « sentiments moraux », mais à cause de sa théorie économique, même si celle-ci n'est pas indépendante de la conception qu'il avait de la psychologie humaine.

A l'origine de la richesse des nations : le travail et sa division

Le titre du livre où Smith expose sa théorie économique est très explicite : *Recherches sur la nature et les causes de la richesse des nations*. L'ouvrage, de près de mille pages, comporte cinq « livres », les premiers donnant les principaux soubassements théoriques, les suivants — qui comportent aussi leur part de théorie — étant plus consacrés aux critiques des théories prévalant à l'époque (ou ayant prévalu dans un passé plus ou moins récent) et à la politique que devrait suivre l'État, notamment en ce qui concerne le système d'impôts et de taxes.

Le *travail*, en tant que source de toute richesse, est incontestablement le point de départ de l'analyse de Smith, comme le montre la première phrase de l'ouvrage :

« Le travail annuel d'une nation est le fonds primitif qui fournit à sa consommation annuelle toutes les choses nécessaires et commodes à la vie ; et ces choses sont toujours ou le produit immédiat de ce travail, ou achetées des autres nations avec ce produit » (p. 66 de l'édition Flammarion, 1991).

Smith s'intéresse donc en priorité aux « causes qui perfectionnent [...] le pouvoir productif du travail » et, parmi elles, à la *division du travail*, qui est le thème du premier chapitre de son livre. Le « perfectionnement » du « pouvoir productif » du travail ouvre la perspective d'une « accumulation graduelle » du capital, qui « met en activité » du travail ; pour utiliser un langage moderne, Smith s'intéresse à la *croissance* de l'économie, et même à ce que peut être une croissance « optimale » (affectation la plus appropriée du capital, et donc du travail, entre l'agriculture, l'industrie et le commerce — y compris avec les autres pays).

La division du travail est elle-même la conséquence, « quoique lente et graduelle », d'un « penchant naturel » de l'homme à l'échange. Pour Smith, ce penchant — objet de réflexion du chapitre II de *La Richesse des nations* — est « probablement » une « conséquence nécessaire de l'usage de la raison et de la parole ». C'est cet usage de la raison qui fait, du moins en partie, que « ce n'est pas de la bienveillance du boucher, du marchand de bière et du boulanger que nous attendons notre dîner, mais bien du soin qu'ils apportent à leurs intérêts » (p. 82). Autrement dit, pour que des échanges aient lieu, il suffit qu'ils soient mutuellement avantageux, et que chacun en soit conscient. Et c'est le même type de « calcul d'intérêt » qui est à l'origine de la division du travail, car il donne la « certitude de pouvoir troquer » le produit de son travail (alors qu'une telle « certitude » n'existe pas dans une société où on attendrait tout de la seule « bienveillance » des autres).

L'importance prise par la division du travail s'explique par l'« étendue de la faculté d'échanger ou, en d'autres termes, par l'étendue du marché ». Smith introduit de cette façon (dans le chapitre III de *La Richesse des nations*) la notion de marché, qu'il identifie à la « faculté d'échanger » ; ainsi, la distance, la « facilité des transports » sont très importantes pour délimiter l'étendue du marché. La *monnaie* — objet du chapitre IV — joue aussi un rôle essentiel dans l'élargissement du marché, puisqu'elle facilite énormément l'échange, et donc la division du travail.

Les règles de l'échange

Jusqu'à présent, l'accent a été mis sur les avantages de l'échange, sans que soit précisé sur quelle base il se fait. Comme le dit Smith : « Il s'agit maintenant d'examiner quelles sont les règles que les hommes observent naturellement, en échangeant les marchandises l'une contre l'autre, ou contre de l'argent. Ces règles déterminent ce qu'on appelle la *valeur relative* ou *échangeable* des marchandises » (p. 96).

Il rappelle alors, une fois de plus, le rôle essentiel dans la société de la division du travail, car « la division une fois établie dans toutes les branches du travail, il n'y a qu'une partie extrêmement petite de toutes ces choses qu'un homme puisse obtenir directement par son travail [...]. Ainsi, la *valeur* d'une denrée quelconque pour celui qui la possède [...] est égale à la quantité de travail que cette denrée le met en état d'acheter ou de commander [...]. Le travail est donc la mesure réelle de la valeur échangeable de toute marchandise » (p. 99). Cette « mesure réelle » n'est pourtant pas « celle qui sert communément à apprécier cette valeur », car « il n'est pas aisé de trouver une mesure exacte applicable au travail ou au talent » (p. 100). Cependant, « dans le fait, on tient compte [...] de l'une et de l'autre quand on échange ensemble les productions de deux différents genres de travail. Toutefois, ce compte-là n'est réglé sur aucune balance exacte ; c'est en marchandant et en débattant les *prix de marché* qu'il s'établit, d'après cette grosse équité qui, sans être fort exacte, l'est bien assez pour le train des affaires communes de la vie » (p. 100-101). Ainsi, le marchandage vient se greffer sur la valeur, au moment de l'échange effectif.

La situation se complique cependant quand on tient compte des capitaux et de la terre : « Il faut observer que la valeur réelle de toutes les différentes parties constituantes du prix se mesure par la quantité de travail que chacune d'elles peut acheter ou commander. Le travail mesure la valeur non seulement de cette partie du prix qui se résout en travail, mais encore de celle qui se résout en rente, et de celle qui se résout en profit » (p. 120). Ce qui conduit Smith à définir la notion de *prix naturel*, qui intègre le fait que « dans chaque société, dans chaque localité » on a un « taux moyen ou ordinaire » pour les profits et pour les fermages. Les chapitres suivants du livre I de *La Richesse des nations* sont d'ailleurs consacrés aux problèmes posés par la mesure « concrète » de ces taux, y compris pour le salaire ; il sont formés de nombreux exemples, qui nourrissent la réflexion de Smith.

L'analyse est donc complexe, et l'articulation entre valeur, prix naturel et prix du marché (sans parler des deux autres notions utilisées par Smith : *prix réel* et *prix nominal*) est loin d'aller de soi. Il aurait pu se contenter de parler des seuls prix, et de leur variation selon l'offre et la demande — dont il n'ignore évidemment pas l'importance —, mais il veut manifestement aller au-delà, et notamment tenir compte du rôle essentiel du travail, et de la division du travail, dans la détermination de la valeur, et donc des prix, des biens.

Le « progrès naturel de l'opulence »

Après avoir discuté, dans le livre II de *La Richesse des nations*, « de la nature des fonds ou capitaux, de leur accumulation et de leur emploi », Smith traite dans le livre III « de la marche différente des progrès de l'opulence chez différentes nations », c'est-à-dire de ce qu'on appelle aujourd'hui le développement économique, ou la CROISSANCE ; il s'intéresse essentiellement à l'affectation du capital aux trois grands secteurs de l'économie que sont l'agriculture, l'industrie (manufactures) et le commerce (en particulier les relations avec l'étranger). Dans le chapitre premier de ce livre il présente ce qu'on peut considérer comme étant son modèle théorique (et sa NORME), et qui correspondrait selon lui au « cours naturel des progrès de l'opulence » (titre de ce chapitre). Citons-le :

« Ainsi, suivant le cours naturel des choses, la majeure partie du capital d'une société naissante se dirige d'abord vers l'agriculture, ensuite vers les manufactures, et en dernière lieu vers le commerce extérieur. Cet ordre des choses est si naturel que, dans chaque société qui a quelque territoire, il a toujours, à ce que je crois, été observé à un certain point » (p. 473).

Donc, si l'on s'en tient au « cours naturel des choses », c'est seulement après que les échanges auront atteint un certain niveau à l'intérieur d'un pays que les industriels se tourneront vers l'exportation et que les commerçants investiront des capitaux dans les échanges internationaux.

Pour Adam Smith, ce « cours naturel » est une *bonne chose* car il permet d'accroître plus rapidement la richesse, les résultats obtenus étant plus durables. C'est d'ailleurs ce qu'il veut montrer dans le livre II. Citons-le à ce propos :

« Aucun capital ne met en activité plus de travail productif que celui du fermier [...]. Jamais une pareille quantité de travail productif, employé en manufactures, ne peut occasionner une aussi riche reproduction. Dans celles-ci, la nature ne fait rien ; la main de l'homme fait tout, et la reproduction doit toujours être nécessairement en raison de la puissance de l'argent. Ainsi, non seulement le travail employé à la culture de la terre met en activité une plus grande quantité de travail productif que tout autre capital pareil employé en manufactures, mais encore, à proportion de la quantité de travail productif qu'il emploie, il ajoute une beaucoup plus grande valeur au produit annuel des terres et du travail du pays, à la richesse et au revenu réel de ses habitants » (p. 453-454). L'avantage que procure le capital investi dans l'agriculture provient, selon Smith, du fait que « dans la culture de la terre, la nature travaille conjointement avec l'homme » (p. 453). Ce qui nuance d'ailleurs les analyses du livre I selon lesquelles le travail est la seule source de valeur. Quant au capital avancé dans les manufactures, « il met en activité une bien plus grande quantité de travail productif et ajoute une bien plus grande valeur au produit annuel [...] que ne le ferait un pareil capital entre les mains de quelque marchand en gros que ce fût [...]. La partie du capital d'un pays qui est employée dans le transport international est tout à fait enlevée du soutien au travail productif de ce pays ».

Le caractère plus durable de la « croissance naturelle » telle que l'entend Smith apparaît, par exemple, dans la citation suivante :

« Le capital accumulé par un pays à travers le commerce et la manufacture est une possession bien trop précaire et incertaine, jusqu'à ce qu'une partie ait été assurée et fixée dans la culture et l'amélioration des terres [...]. Les révolutions ordinaires provoquées par les guerres et les gouvernements tarissent facilement les richesses provenant du seul commerce. Celles qui proviennent des progrès solides de l'agriculture sont beaucoup plus durables » (p. 426).

Selon Smith, la croissance naturelle est elle-même, « dans chaque pays particulier, promue par les inclinaisons naturelles de l'homme » qui, par exemple, « semble conserver à chaque stade de son existence une prédilection pour cette occupation primitive de son espèce » (cultiver la terre). C'est d'ailleurs à ce propos que Smith utilise la métaphore de la MAIN INVISIBLE.

A propos de ce qui est « naturel »

On trouve souvent l'adjectif « naturel » dans l'œuvre de Smith. Si l'on s'en tient aux quelques citations données plus haut, on constate qu'il donne au moins *deux sens différents* à cet adjectif, selon les endroits où il est utilisé. Ainsi, quand il évoque le « penchant naturel » des hommes à faire des échanges, il entend par là *un fait*, qu'on observe (ou qu'on peut observer). De même en ce qui concerne le « taux naturel » de profit qui, même s'il n'est pas directement observable, est un taux autour duquel oscillent les taux observés, du fait que les capitaux ont tendance à aller vers les secteurs où les taux sont les plus élevés.

En revanche, lorsque Smith parle du « cours naturel des progrès de l'opulence », il adopte une démarche plutôt NORMATIVE, naturel étant ici entendu comme « bon ». S'il critique ensuite les thèses et les politiques préconisées par d'autres économistes, c'est parce qu'il pense qu'elles ne conduisent pas à l'accroissement le plus grand possible du bien-être général (au sens large), même si c'est ce qu'ils recherchent. Il illustre d'ailleurs son propos d'exemples historiques ; il évoque le cas des villes hanséatiques qui ont tout misé sur le commerce et qui ont vu leur richesse s'effondrer. Le « cours naturel » n'est donc pas une sorte de fatalité qui s'impose à tous ; il résulte d'un choix, même si les « penchants naturels » des hommes facilitent ce choix (de la même façon que la « main invisible » les pousse à prendre des décisions qui sont bonnes pour la collectivité).

Smith n'a donc pas la vision béate de l'histoire qui consiste à dire « laissons faire la nature », et tout ira très bien. C'est ainsi que tout en étant largement favorable à un régime de liberté politique et économique, il préconisait l'intervention de l'État (plafond sur les taux d'intérêt, enseignement gratuit — ou presque — et obligatoire, protection de certaines industries sous prétexte de « défense nationale », etc.), si elle va dans le sens du bonheur de la communauté.

Les systèmes d'économie politique

Adam Smith semble avoir toute sa vie été fasciné par les systèmes. Par *système* il entend l'explication méthodique d'un domaine particulier de l'univers physique ou mental, à partir d'un petit nombre de « forces » ou « principes ». Ainsi, il appelle « système de la sympathie » la théorie qui explique la formation des différents sentiments d'approbation et de désapprobation à partir de quelques réactions instinctives comme la « sympathie ». Dans son *Histoire de l'astronomie*, il décrit les « systèmes astronomiques » de Pythagore à Newton (en passant par le « système des sphères concentriques » d'Eudoxe, le « système des sphères excentriques et des épicycles » de Hipparque et Ptolémée, le « système des tourbillons » de Descartes, etc.). Dans ce traité, il définit ce qu'il entend par système :

« Un système est une machine imaginaire inventée pour relier ensemble, dans l'esprit, ces effets et mouvements différents qui sont déjà exécutés dans la réalité [...]. Les premiers systèmes sont toujours les plus complexes mais il arrive souvent qu'on découvre après un grand principe permettant de relier ensemble tous les phénomènes discordants qu'on observe dans un domaine particulier. »

Le livre IV de *La Richesse des nations* s'intitule, de façon significative, « Des systèmes d'économie politique ». Dans cette partie, Smith parle des trois « systèmes » rivaux, à l'époque, en Europe : le « système mercantile », le « système agricole » et le « système de la liberté naturelle ». Chacun de ces systèmes est caractérisé à la fois par une définition de ce que sont la production, le revenu et la richesse, et par une théorie qui explique la cause de l'accroissement de la richesse, théorie de laquelle découlent des propositions d'organisation des relations économiques dans le but d'augmenter le plus possible cette richesse ou ce revenu.

Selon Smith, le « système mercantile », ou « système fondé sur le commerce », part de la constatation que, comme l'argent sert d'« instrument de commerce », « quand nous avons de l'argent, nous pouvons bien plutôt nous procurer toutes les choses dont nous avons besoin, que nous ne pourrions le faire par le moyen de toute autre marchandise [...]. On raisonne de la même manière à l'égard d'un pays. Un pays riche est celui qui abonde en argent, et le moyen le plus simple d'enrichir le sien, c'est d'entasser de l'or et de l'argent » (vol. II, p. 13). Les « deux grandes mesures par lesquelles le système mercantile se propose d'enrichir le pays » sont alors l'« encouragement de l'exportation et le découragement de l'importation » (vol. II, p. 259). Smith ne consacre pas moins de *sept* chapitres à critiquer ces mesures et le point de vue qui les soutient !

En revanche, il consacre beaucoup moins de place au « système agricole », « qui représente le produit de la terre comme la seule source du revenu et de la richesse d'un pays », car il « n'a jamais [...] été adopté par aucune nation, et n'existe à présent qu'en France dans les spéculations d'un petit nombre d'hommes », qui sont néanmoins « d'un grand savoir et d'un talent distingué » (vol. II, p. 281).

Après avoir critiqué sur trois cents pages les systèmes mercantile et agricole, Smith en arrive au « système de la liberté naturelle » qu'il présente en... moins de deux pages ! Évidemment, ce système s'inscrit en contrepoint de ceux qu'il critique, et est en quelque sorte présent dans l'ouvrage depuis le début. Citons-le :

« Ainsi, en écartant entièrement tous ces systèmes ou de préférence ou d'entraves, le système simple et facile de la liberté naturelle vient se présenter de lui-même, et se trouve tout établi. Tout homme, tant qu'il n'enfreint pas les lois de la justice, demeure en pleine liberté de suivre la route que lui montre son intérêt, et de porter où il lui plaît son industrie et son capital, concurremment avec ceux de toute autre classe d'hommes » (vol. II, p. 308).

Smith ne dit pas explicitement que c'est là le meilleur système (il le qualifie seulement de « simple et facile »). C'est cependant l'idée qui se dégage de la phrase suivante :

« Le souverain se trouve entièrement débarrassé d'une charge qu'il ne pourrait essayer de remplir sans s'exposer infailliblement à se voir sans cesse trompé de mille manières, et pour l'accomplissement convenable de laquelle il n'y a aucune sagesse humaine ni connaissance qui puissent suffire, la charge d'être le surintendant de l'industrie des particuliers, et de la diriger vers les emplois les mieux assortis à l'intérêt général de la société. »

Le problème est trop complexe pour que l'État puisse agir efficacement comme le « surintendant de l'industrie ». Ce qui ne veut pas dire qu'il reste inerte. Bien au contraire, puisque Smith consacre le livre suivant — cinquième et dernier — de *La Richesse des nations* au problème de l'État.

Sur le rôle de l'État

Le dernier livre de *La Richesse des nations* s'intitule « Of the revenue of the sovereign », ce qu'on peut traduire par « Sur les recettes de l'État », mais son contenu dépasse largement ce sujet et propose une analyse relativement détaillée de ce que doit être le rôle d'un État moderne.

Dans le « système de la liberté naturelle » tel que le conçoit Smith, les fonctions de l'État dépassent le maintien de la sécurité. D'une manière générale, *l'État doit faire tout ce qui est avantageux pour le pays s'il apparaît que ce n'est pas fait par le secteur privé parce que ce ne serait pas rentable.* Ainsi, Smith écrit :

« Dans le système de la liberté naturelle, le souverain n'a que trois devoirs à remplir. Le premier, c'est de défendre la société [...]. Le deuxième, c'est le devoir de protéger, autant que possible, chaque membre de la société contre l'injustice [...]. Le troisième, c'est le devoir d'ériger et d'entretenir certains ouvrages publics et certaines institutions que l'intérêt privé d'un particulier ou de quelques particuliers ne pourrait jamais les porter à ériger ou à entretenir, parce que jamais le profit n'en rembourserait la dépense à un particulier ou à quelques particuliers, quoique à l'égard d'une grande société ce profit fasse beaucoup plus que rembourser les dépenses » (vol. II, p. 309).

C'est évidemment cette troisième tâche qui est plus spécifiquement économique. Smith consacre, par exemple, de longs développements aux « établissements propres à faciliter le commerce de la société, ceux destinés à étendre l'instruction parmi le peuple », dont la société « retire d'immenses avantages » mais dont « le profit ne saurait jamais [...] rembourser la dépense » des « particuliers » qui voudraient les mettre en place (vol. II, p. 345).

Smith n'est pas non plus hostile à l'octroi de « monopoles provisoires » comme une manière « naturelle » de récompenser certaines entreprises qui ont consenti un grand investissement initial.

« [...] lorsqu'une compagnie de commerçants entreprend, à ses propres frais et risques, d'établir un nouveau commerce avec une nation lointaine et barbare, il pourrait être raisonnable [...] de lui accorder, en cas de succès, un monopole de commerce pendant quelques années. C'est la manière la plus facile et la plus naturelle par laquelle l'État peut la récompenser d'un risque dangereux et d'une expérience coûteuse, dont le public récoltera après le bénéfice » (vol. II, p. 379).

Smith est clairement opposé à toute incitation *systématique* de l'industrie dans son ensemble au détriment de l'agriculture (comme celle que prônent, d'après lui, les mercantilistes) ; mais, contrairement aux partisans du laisser faire, il n'est pas hostile à ce que telle ou telle pratique commerciale, production ou consommation *particulières* soient encouragées.

Ainsi, il est pour que certains impôts soient « sélectifs », afin de modifier les comportements et de les orienter dans un sens plus conforme à l'intérêt général : il se montre par exemple favorable à ce que la bière soit moins taxée que le gin ou le whisky, plus nuisibles ; il propose de favoriser la consommation de hareng (une excellente nourriture pour les pauvres, selon lui) ; il propose une série d'impôts qui incitent les propriétaires fonciers à signer des baux de longue durée (qu'il considère comme essentiels pour la prospérité agricole) (vol. II, p. 463).

Il essaie de dégager un principe général pour régir ce genre de réglementations mais ne donne qu'une formule vague pour distinguer le domaine où l'État peut intervenir de celui où il ne doit pas le faire.

« L'attention du souverain ne peut jamais aller tout au plus qu'à une considération très vague et très générale de ce qui est le plus propre à contribuer à la meilleure culture de la majeure partie des terres de ses États. L'attention du propriétaire est une considération très particulière et très détaillée de tout ce qui est dans le cas de lui faire tirer le parti le plus avantageux de chaque pouce de terre dans son domaine » (vol. II, p. 463).

Smith propose par ailleurs des tâches supplémentaires à l'État, qui peuvent même, dans certains cas, limiter la « liberté naturelle » (si cela va dans le sens du critère utilitariste du « bien-être général »). Il est par exemple favorable à un maximum légal pour le taux d'intérêt, et que ce maximum ne soit pas trop élevé :

« Si le maximum légal du taux d'intérêt en Grande-Bretagne était fixé au niveau élevé de huit ou dix pour cent, la plus grande partie de l'argent à prêter irait à des individus prodigues et aux spéculateurs, les seuls qui acceptent de payer des intérêts aussi élevés. Les gens sobres, qui ne donnent pour l'utilisation de l'argent qu'une partie du profit auquel ils s'attendent, ne s'aventureront pas dans cette surenchère. Une grande partie du capital du pays n'irait pas à ceux qui vraisemblablement en feraient l'usage le plus profitable et avantageux, mais s'orienterait plutôt vers ceux qui le plus probablement le gaspilleront et le détruiront. Lorsque le maximum légal du taux d'intérêt est fixé à peine au-dessus du taux le plus faible constaté sur le marché, les gens sobres seront universellement préférés aux prodigues et aux spéculateurs [...]. Le taux d'intérêt légal [...] ne devrait pas être très au-dessus du taux le plus faible du marché » (vol. I, p. 446).

L'idée d'une progressivité de l'impôt sur le revenu ne semble pas non plus déranger Smith :

« Il n'est pas très déraisonnable que les riches contribuent aux dépenses de l'État, non seulement à proportion de leur revenu, mais encore de quelque chose au-delà de cette proportion [...]. Il n'y aurait peut-être rien de déraisonnable dans cette sorte d'inégalité » (vol. II, p. 476). Là aussi, une limite est mise à la « liberté naturelle », même si elle est moins importante que dans le cas du maximum légal pour le taux d'intérêt.

Conclusion

Smith penche nettement pour le « système de la liberté naturelle » ; on peut même dire que *La Richesse des nations* a été en bonne partie écrite en vue de défendre et de promouvoir ce « système », par rapport à ceux que d'autres ont pu proposer. Smith ne pense cependant pas que la « liberté » soit un objectif en soi ; pour lui, elle n'est qu'un moyen, qui va généralement dans le sens du bien-être général, mais pas forcément toujours. D'où les nuances dans ses analyses, qui portent d'ailleurs souvent sur des problèmes qui demeurent actuels. C'est pourquoi *La Richesse des nations* est encore de nos jours un des (rares) ouvrages intéressants en économie. Il faut lire Smith, comme il faut lire Marx et Keynes, tellement leur pensée est à la fois vivante, riche et dense.

Solow (modèle de)

Modèle de CROISSANCE proposé par Robert Solow dans un article publié en 1956 dans *The Quarterly Journal of Economics* et intitulé « A contribution to the theory of economic growth » ; il est considéré comme le modèle de croissance NÉO-CLASSIQUE de référence.

Un monde à un seul bien et à une seule entité, la « communauté »

Solow écrit, dès le début de son article : « Il y a une seule marchandise, le produit pris dans son ensemble [...]. On peut donc parler sans ambiguïté du revenu réel de la communauté. » On est donc dans un monde à un seul bien (si on omet le travail), souvent appelé le « blé », et à un seul agent, la « communauté » — ce qui explique pourquoi le modèle de Solow est présenté dans les ouvrages de MACROÉCONOMIE. Solow suppose que, à chaque instant, la « communauté » investit une partie fixe, notée s, du produit (la partie restante étant consommée) et que toute la main-d'œuvre disponible est employée (« *full employment is perpetually maintained* »).

La logique du modèle de Solow est donc celle d'un modèle à un seul bien et, surtout, *à un seul agent*, qui applique toujours la même règle (simple) à propos du partage consommation-épargne et qui consacre tout son temps disponible à la production. C'est donc la même logique que celle des modèles à AGENT REPRÉSENTATIF — qui décide à chaque instant de consommer une proportion fixe de ce qu'il produit (le reste étant investi).

Dans les modèles à un seul agent, il n'y a évidemment pas d'échanges (avec qui l'agent échangerait-il ?) et donc, pas de prix. Il est vrai que dans son article, Solow évoque une interprétation possible de son modèle où il y aurait un salaire réel qui, par hypothèse, égaliserait en permanence l'offre et la demande de travail (qui seraient donc celles de la « communauté »). Mais, il précise que ce n'est pas l'interprétation qu'il retient. Quoi qu'il en soit, une chose est sûre : *les prix ne jouent aucun rôle dans son modèle, qui ne comporte que des variables en quantité (production, investissement, quantité de travail)*. Cela saute d'ailleurs aux yeux quand on écrit les équations de ce modèle :

(1) $Q = F(K, L)$: la quantité du bien produite par la « communauté », Q, est obtenue à partir de la quantité K de ce bien (qui fait office de « capital ») et du travail L.

(2) $\dot{K} = sF(K, L)$: une part constante s du produit est investie par la « communauté » à chaque instant ($\dot{K}$ désignant la variation « instantanée » du capital).

(3) $\dot{L}/L = g$: la quantité de travail disponible, et employée, augmente au taux constant g.

Un modèle de croissance à long terme

Solow suppose le plein emploi et une règle de partage constante du produit entre consommation et investissement. Que cherche-t-il alors à démontrer ? Tout simplement, que, si on fait un certain nombre d'hypothèses sur la FONCTION DE PRODUCTION — qui résume les techniques dont dispose la

« communauté » (ou, ce qui est formellement la même chose, l'unique agent du modèle) —, alors le système tend vers un ÉTAT STATIONNAIRE, où toutes les variables croissent au même taux constant g, quel que soit le capital initial par unité de travail, ou « par tête », $K(0)/L(0)$. Comme il est d'usage d'appeler les états stationnaires « équilibres de LONGUE PÉRIODE », on peut dire que Solow montre que les trajectoires de son modèle convergent vers un équilibre de longue période, quelles que soient les CONDITIONS INITIALES. L'utilisation du mot « équilibre » est toutefois discutable, puisqu'elle laisse entendre qu'il y aurait des offres et des demandes, avec des prix qui les « équilibreraient », ce qui n'est évidemment pas le cas (il n'y a pas d'échanges, et donc ni de prix ni d'offres et demandes, dans le modèle). Les états stationnaires sont aussi qualifiés de sentiers de « croissance équilibrée », ce qui est une mauvaise traduction de l'expression utilisée par Solow, *balanced growth*, et une source supplémentaire de confusion : non seulement le mot « équilibre » est utilisé de façon non appropriée, mais on laisse entendre que les autres évolutions (non stationnaires) seraient en « déséquilibre », ce qui est un non-sens (toujours pour la même raison : le modèle *suppose* que la « communauté » utilise complètement, et à tout moment, les ressources dont elle dispose).

Pour montrer qu'il y a convergence vers un état stationnaire, Solow suppose que les techniques de production disponibles sont représentées par la FONCTION DE PRODUCTION NÉO-CLASSIQUE, ce qui implique notamment que le travail et le capital sont substituables, et que les RENDEMENTS D'ÉCHELLE sont constants. Tout n'est ensuite qu'une question de traitement mathématique (voir l'encadré : « Le résultat de Solow »). Malheureusement, les présentations usuelles du modèle de Solow accordent une attention toute particulière à ces hypothèses d'ordre technique, alors qu'elles ne sont que secondaires, si on les compare à celles qui précisent la nature de la « société », ou de l'« économie », que le modèle étudie.

Le résultat de Solow

La fonction de production étant HOMOGÈNE de degré 1, on a, pour $L \neq 0$, $F(K,L) = LF(K/L, 1)$. L'**hypothèse**, (2) $\dot{K} = sF(K,L)$ peut donc s'écrire $\dot{K} = sLF(K/L,1)$ ou, encore, en posant $K/L = k$ et $F(k,1) = f(k)$:

$$(i) \qquad \frac{\dot{K}}{L} = sf(k).$$

Par ailleurs, comme :

$$k = \frac{K}{L} \Rightarrow \ln k = \ln K - \ln L \Rightarrow \frac{\dot{k}}{k} = \frac{\dot{K}}{K} - \frac{\dot{L}}{L}$$

il vient de cette équation, de (i) et de l'hypothèse (3) $(\dot{L}/L = g)$:

$$(ii) \qquad \dot{k} = sf(k) - gk.$$

Cette équation donne l'évolution dans le temps du « capital par tête » k.

On peut se faire une idée sur cette évolution en utilisant un graphique (« diagramme de phases »), avec k en abscisses et $\dot{k}$ en ordonnées. En supposant que $F(\cdot)$, et donc que $f(\cdot)$, est CONCAVE et que $sf'(k) > g$, la situation est du type de celle décrite dans la figure ci-dessous.

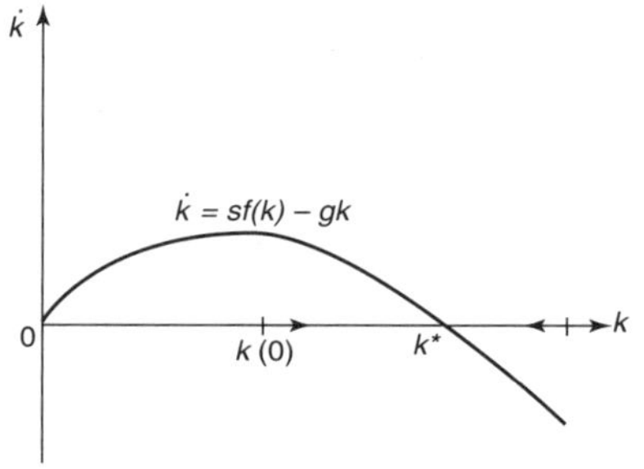

k^* est le capital par tête de l'état stationnaire (il est tel que $sf(k^*) - gk^* = 0$, donc tel que $\dot{k} = 0$). En outre, on voit sur le graphique, que comme pour toute valeur $k(t)$ de k telle $k(t) < k^*$, on a $sf(k(t)) - gk(t) > 0$, ce qui implique que $k(\cdot)$ est croissante pour cette valeur de $k(t)$ (sa dérivée $k(\dot{t}) = sf(k(t)) - gk(t)$ étant strictement positive). Elle converge vers la valeur stationnaire k^*. De même si $k(t) > k^*$, mais alors $k(\cdot)$ est décroissante. D'où les flèches sur le graphique.

Une interprétation erronée omniprésente

Solow a proposé son modèle peu après ceux de HARROD et DOMAR, qui avaient — tout comme KEYNES — une vision pessimiste de l'évolution du capitalisme, du moins si on « laisse faire ». A la base de ce pessimisme, il y avait un problème de *coordination* des décisions entre ceux qui épargnent et ceux qui investissent — problème sur lequel KEYNES a tout particulièrement attiré l'attention. D'où la possibilité (ou, plutôt, la quasi-certitude) de dysfonctionnements, tels que le chômage, la sous-utilisation des ressources, la non-convergence vers un état stationnaire. Pour le montrer, Harrod et Domar supposent des techniques à coefficients fixes, sans substituabilité, mais ce n'est là qu'un point secondaire (la question principale étant celle de la coordination des décisions).

Solow, de son côté, ne s'attaque pas au problème de la coordination — puisqu'il raisonne avec la « communauté », qui se comporte comme un (unique) individu —, mais seulement à celui de la convergence vers un état stationnaire. Dans son modèle, il n'y a, *par hypothèse,* ni chômage ni aucun autre dysfonctionnement. Si Solow suppose qu'il y a substituabilité du travail et du capital, c'est seulement parce que cela lui permet de montrer la convergence vers un état stationnaire — qui n'a pas lieu dans les modèles de Harrod et Domar.

Or rares sont les présentations du modèle de Solow qui ne disent, ou ne laissent entendre, qu'il y est « démontré » que s'il y a substituabilité des facteurs, alors l'économie tend vers le plein emploi, représenté par un sentier de « croissance équilibrée ». Comme l'idée de substituabilité des facteurs est systématiquement associée à celle de « FLEXIBILITÉ des prix », on retrouve la ritournelle habituelle : la flexibilité implique « à long terme » le plein emploi, ce que Solow aurait donc « démontré mathématiquement » (puisqu'il y a des équations dans son modèle ...). Comme, en outre, dans le modèle de Harrod et Domar, il y a du chômage, on en conclut que cela tient aux « rigidités » dues à la non-substituabilité des facteurs — la différence entre ces modèles et celui de Solow proviendrait donc, pour l'essentiel, de la place accordée à la substituabilité.

Pour ajouter à la confusion, la plupart des présentations formalisées introduisent des prix dans le modèle de Solow, bien qu'ils n'y jouent aucun rôle. Le « truc » consiste alors à appeler *salaire réel en t* la productivité marginale, en t, du travail, $F'_L(K(t),L(t))$, et *taux d'intérêt réel en t* la productivité marginale, en t, du capital $F'_K(K(t), L(t))$. Comme l'égalité : productivité marginale d'un *input* = prix (réel) de cet *input*, est typique de la CONCURRENCE PARFAITE, on dira alors que le modèle de Solow décrit l'évolution d'une économie « en concurrence parfaite » — ce qui est d'ailleurs en totale contradiction avec le discours usuel selon lequel celle-ci suppose un « grand nombre » d'agents (alors qu'ici il n'y en a qu'un seul...). L'imbroglio est alors total, puisque c'est le *sens de la causalité* qui est renversé : ici, c'est le couple $(K(t), L(t))$ qui « détermine » le salaire et le taux d'intérêt, alors qu'en concurrence parfaite ceux-ci sont donnés (par le commissaire-priseur) et c'est à partir d'eux que sont déterminées les quantités de travail et de capital (pour plus de détails, voir *La théorie économique néoclassique*, de B. Guerrien, La Découverte, coll. « Repères », 2000).

Si on note $s(t) = F'_L(K(t),L(t))$ et $r(t) = F'_K(K(t),L(t))$, alors il résulte de la formule d'EULER ($F(\cdot)$ étant homogène de degré 1) :

$$L(t) \cdot F'_L(K(t), L(t)) + K(t) \cdot F'_K(K(t), L(t)) = F(K(t), L(t))$$

que :

$$s(t)L(t) + r(t)K(t) = Q(t).$$

Le terme de droite de cette équation (la production en t) est qualifié d'« offre », celui de gauche de « demande » (des salariés et des détenteurs du capital), de sorte que cette égalité est présentée comme celle d'un « équilibre de concurrence parfaite ». Ce qui est, une fois de plus, absurde puisqu'il n'y a ici ni offres ni demandes (s'il y en avait, alors les quantités de travail et de capital devraient être des fonctions du salaire et du taux d'intérêt), ni « concurrence », d'ailleurs.

Intérêt et portée du modèle de Solow

Il existe donc une grande confusion sur la nature du modèle de Solow, et sur ce qu'il démontre. Pourquoi ? On ne voit pas d'autre explication que les préjugés, la croyance profondément enracinée que la flexibilité implique le plein emploi. En effet, si on dit : « Solow a démontré que si une "communauté" consomme une partie constante de sa production et combine la partie suivante avec du travail, dans des proportions variables, alors la production et la consommation vont progressivement croitre à un rythme constant, qui est celui auquel augmente le travail disponible » — ce qui donne une idée sommaire, mais juste, de la nature du modèle de Solow — alors on se trouve devant une proposition d'un intérêt plutôt limité ; il n'y a pas de quoi lui consacrer des heures et des heures de cours. En revanche, si on affirme : « Solow a démontré qu'une économie avec flexibilité des prix et substituabilité des facteurs tend vers le plein emploi », on est devant une proposition forte, importante, qui dit comment résoudre le problème (bien réel) du chômage — il n'y a qu'à rendre « flexibles » prix et salaires (surtout ces derniers...). Ce qui ne fait que conforter une idée largement répandue.

Parfois, le modèle de Solow est utilisé

Le modèle de Solow avec une population stationnaire

Dans le modèle de Solow sans dépréciation du capital, lorsque le taux de croissance de la population est nul, il n'y a qu'un seul état stationnaire, celui où $k = 0$; cet état ne présente évidemment aucun intérêt. Toutefois, comme alors le second membre $[sf(k)]$ de l'équation (7) est positif quel que soit k, $\dot{k}$ l'est aussi, et la fonction $k(\cdot)$ est toujours croissante, quel que soit le capital par tête initial $k(0)$. En fait, $k(t)$ tend vers l'infini avec t, et il en est de même pour le produit par tête $f(k)$. Il y a là une différence importante avec le cas où la population croît à un taux strictement positif, même s'il est « très petit », puisque la croissance de long terme n'est alors plus stationnaire. Toutefois, si les conditions d'INADA sont vérifiées, les diverses solutions (trajectoires) du modèle sont telles que le *taux de croissance* de la production par tête tend vers 0 lorsque t tend vers l'infini. Ainsi, la production et la consommation par tête augmentent toujours, mais à un rythme de plus en plus faible.

Pour le prouver, on part de l'égalité $Q/L = f(k)$ qu'on dérive par rapport au temps ; on obtient, puisqu'on a supposé que L est constant :

$$(i) \qquad \frac{\dot{Q}}{L} = f'(k)\dot{k}.$$

Comme $k = K/L$ et comme L est constant, par hypothèse, on a $\dot{k} = \dot{K}/L$ et donc, comme $\dot{K} = sQ$ (investissement = épargne), $\dot{k} = sQ/L$.

Finalement, en remplaçant dans (i) :

$$\dot{Q} = sf'(k)Q,$$

ce qui peut aussi se mettre sous la forme :

$$\frac{\dot{Q}}{Q} = sf'(k).$$

Comme, par définition, $\dot{Q}/Q$ est le taux de croissance de la production, et comme $k(t)$ tend vers l'infini avec t, il découle de la condition d'Inada $f'(\infty) = 0$ que $f'(k(t))$ tend alors vers 0 ; il en est de même pour $\dot{Q}/Q$, qui est aussi le taux de croissance de la production par tête, puisqu'on suppose que la population est stationnaire.

pour illustrer la théorie dite de la « convergence » : quelle que soit leur situation initiale, tous les pays tendraient à devenir semblables, « à la longue » — les plus « arriérés », qui ont un capital par tête initial faible, « rattrapant » les plus avancés, en accumulant du capital. On peut toutefois douter de l'intérêt d'une telle démonstration, vu le caractère rudimentaire du modèle — un seul bien, une fonction de production à deux variables qui représente l'ensemble des techniques disponibles.

La thèse de la convergence a d'ailleurs été contestée, après observation de l'évolution effective de très nombreux pays. De là est née la théorie de la CROISSANCE ENDOGÈNE, qui s'appuie également sur le modèle de Solow, mais en y introduisant des EXTERNALITÉS — ce qui n'est pas sans poser de problème alors qu'on raisonne avec une « communauté ». Vu le caractère ultrarudimentaire, agrégé, du modèle, on ne peut que s'interroger sur l'intérêt des ajustements statistiques auxquels il peut donner lieu.

Questions diverses

Les états de référence du modèle de croissance de Solow, ceux vers lesquels les autres tendent, sont des états stationnaires, dans lesquels la croissance *par tête* est nulle, ce qui est une conséquence de l'hypothèse de rendements constants et qui est paradoxal pour un modèle dit « de croissance ». Pourtant, celle-ci existe. Lorsqu'on ajuste les données concernant le PIB, le capital et le travail, en utilisant une fonction homogène de degré 1, elle prend la forme d'un « résidu », un reste inexpliqué (par les variables du modèle), appelé « résidu de Solow » et généralement attribué au progrès technique et aux innovations de tout ordre (l'un et les autres étant considérés comme des facteurs exogènes, extra-économiques, du moins avant que la théorie de la croissance endogène ne devienne à la mode).

Sur un tout autre registre, on peut se poser la question — clairement normative — du taux d'épargne s (paramètre du modèle) qui permet de parvenir à la consommation par tête la plus élevée possible « sur le long terme » (c'est-à-dire, à l'état stationnaire). Ce genre de question est celle que peut se poser un planificateur, qui cherche à assurer le niveau de vie le plus élevé possible à la population. Avec les hypothèses de Solow, la réponse est simple : c'est ce qu'on appelle la RÈGLE D'OR, qui stipule que le taux d'épargne doit être choisi de sorte que la productivité marginale du capital à l'état stationnaire soit égale au taux de croissance de la population (et de l'économie, dans son ensemble).

Enfin, des tentatives ont été faites pour élargir le modèle au cas où il y aurait plusieurs biens, par exemple en supposant que deux biens peuvent entrer dans la composition du « capital ». Mais, si on garde les hypothèses de Solow, on se trouve alors dans une situation du type POINT-SELLE, où la convergence n'a lieu que pour des conditions initiales très particulières.

Solution en coin

Solution d'un problème d'extremum d'une fonction (avec ou sans contraintes sur ses variables) qui se trouve sur un des axes représentant les quantités de biens. Ainsi, dans le cas du CHOIX DU CONSOMMATEUR, il y a solution en coin si la demande d'un bien est nulle.

Lorsqu'il y a solution en coin, la règle (de CONCURRENCE PARFAITE) d'égalité du TAUX MARGINAL DE SUBSTITUTION (TMS) de deux biens au rapport des prix de ces biens n'est généralement pas vérifiée, même s'il y a CONVEXITÉ DES PRÉFÉRENCES, comme on le voit dans l'exemple de la figure 1, où il y a solution en coin au point *A* (la pente de la droite de budget *AB* est égale, au signe près, au rapport des prix, tandis que le TMS en *A* est donné par la pente, au signe près, de la tangente en *A* à la courbe d'indifférence passant par ce point).

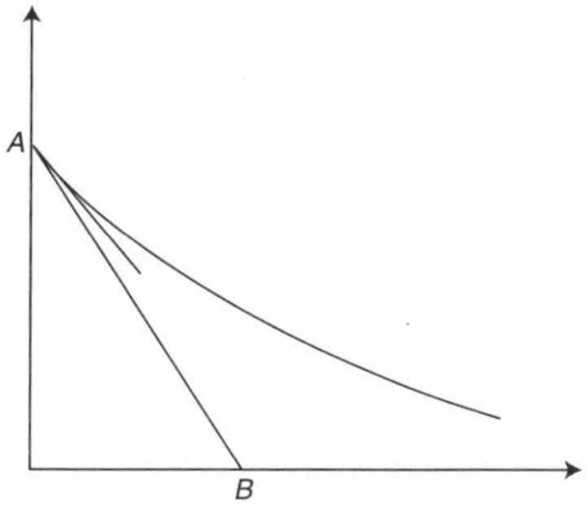

Figure 1

Parfois on parle de « solution en coin » lorsque la présence d'une *contrainte en quantité* empêche l'achat (ou la vente) de la quantité voulue d'un bien ; dans ce cas, il n'y a pas non plus égalité entre le TMS et le rapport des prix, même s'il y a convexité des préférences, comme on le voit dans l'exemple donné par la figure 2.

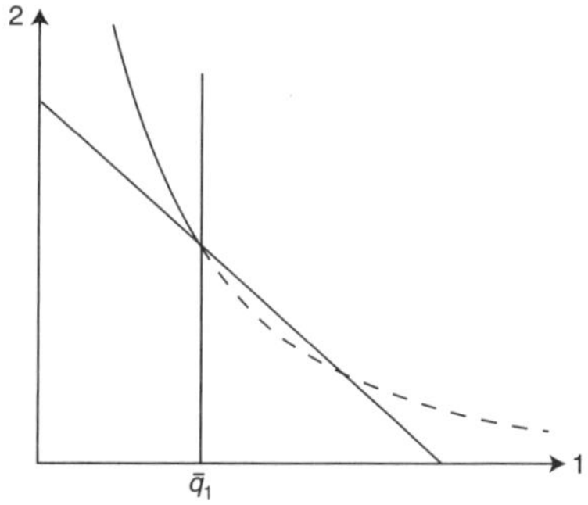

Figure 2

L'existence de solutions en coin peut avoir pour conséquence que les fonctions de DEMANDE ne soient pas dérivables en certains points.

Sonnenschein (théorème de)

Théorème qui établit que les fonctions de demande nette (demande moins offre) issues du modèle d'équilibre général d'ARROW-DEBREU peuvent avoir une « forme quelconque ». Le théorème de Sonnenschein est en fait un « résultat négatif », ou un théorème d'« impossibilité », puisqu'il signifie qu'*il n'est pas possible de déduire à partir des comportements maximisateurs des ménages et des entreprises en concurrence parfaite des conditions sur la forme de leurs offres et de leurs demandes* (une de ces conditions serait, par exemple, lorsque la dérivée de la demande d'un bien par rapport à son prix est négative). Or ces offres et ces demandes — plus précisément leur différence — interviennent aussi bien dans l'étude de l'unicité et de la STABILITÉ de l'équilibre général que dans la recherche de « lois » économiques, dans une perspective de STATIQUE COMPARATIVE. Le fait qu'elles puissent avoir une forme quelconque implique donc qu'il n'est pas possible de conclure, dans le cas général, que l'équilibre est unique ou que le tâtonnement converge.

Le théorème de Sonnenschein est un *résultat robuste*, puisqu'il demeure vrai même si l'on modifie la plupart de ses hypothèses (par exemple, si l'on suppose que tous les agents ont les mêmes goûts) ; il est valable en dehors du cadre strict de la concurrence parfaite. En fait, il s'applique dans toute situation où il y a « plusieurs » agents qui se comportent en « preneurs de prix » ; par exemple, dans les modèles du MONOPOLE ou de l'OLIGOPOLE en équilibre général.

C'est, entre autres, pour éviter les problèmes posés par le théorème de Sonnenschein que les théoriciens néo-classiques limitent leurs analyses à un très petit nombre d'agents (qu'ils qualifient alors de « représentatifs »). Mais, même ainsi, le recours à des spécifications particulières est nécessaire pour parvenir à des résultats précis, comme on peut le voir dans le cas le plus simple possible, celui d'une économie d'échanges avec deux individus et deux biens.

Un exemple simple

Ce cas peut être présenté dans le cadre du DIAGRAMME D'EDGEWORTH. Les conditions d'Arrow et Debreu se réduisent alors au fait que les courbes d'indifférence des deux agents sont CONVEXES. On considère alors deux paniers de biens, X et Y, où les courbes d'indifférence des deux agents sont tangentes, et l'on suppose que les tangentes en X et en Y se coupent en un point Q à l'intérieur de la « boîte ». En changeant de perspective, on peut voir en Q un panier de biens qui donne les DOTATIONS INITIALES des agents, et en X et Y des équilibres de concurrence parfaite (le prix relatif d'équilibre est donné, au signe près, par les pentes des « tangentes » QX et QY respectivement).

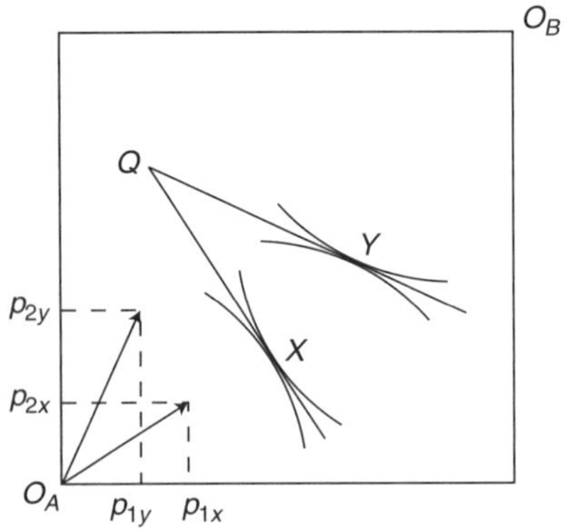

Si l'on note $(p_1/p_2)_X$ et $(p_1/p_2)_Y$ les prix relatifs d'équilibre en X et en Y, respectivement, alors les demandes nettes s'annulent en $(p_1/p_2)_X$ et en $(p_1/p_2)_Y$; elles ne peuvent donc être partout décroissantes, comme le supposent généralement les analyses en ÉQUILIBRE PARTIEL. Ainsi, il se peut fort bien qu'elles aient la forme décrite dans la figure ci-dessous.

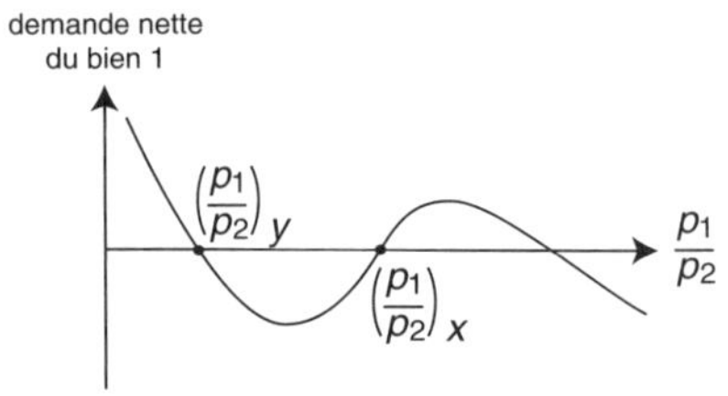

Bien que « bizarre », la courbe de demande nette représentée dans cette figure peut donc découler du cas « normal » décrit par le diagramme d'Edgeworth tracé plus haut. Ce que dit le théorème de Sonnenschein, c'est que cette courbe est tout aussi vraisemblable, dans une optique d'équilibre général, que la courbe décroissante utilisée habituellement pour représenter les fonctions de demande.

C'est l'existence d'exemples simples de ce type qui a incité les théoriciens de l'équilibre général à *changer radicalement de point de vue* sur les propriétés des demandes nettes du modèle d'Arrow-Debreu : plutôt que de chercher à établir ces propriétés, ils ont montré qu'elles n'existent pas (en dehors, bien entendu, de la continuité, de l'homogénéité de degré 0 et de la loi de WALRAS, qui sont des propriétés qui ne disent rien sur la *forme* des offres et des demandes concurrentielles). Sonnenschein a été le premier à le faire, mais beaucoup d'autres ont suivi.

Sous-jeu

Dans un jeu à plusieurs coups, partie du jeu qui forme à elle seule un jeu. Ainsi, si l'on utilise la représentation par un ARBRE DE JEU, un sous-jeu est une partie de celui-ci qui est elle-même un arbre de jeu, formé de nœuds (dont un nœud initial) et de toutes les branches qui en sont issues ; ces branches relient exclusivement les nœuds du sous-jeu (celui-ci n'a donc pas de point commun avec le reste du jeu). Ainsi, l'arbre de jeu suivant comporte trois sous-jeux, en dehors du jeu lui-même (« en entier »).

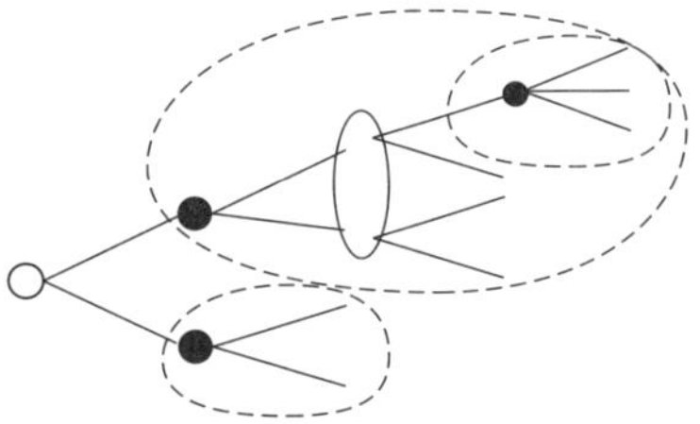

La notion de sous-jeu intervient essentiellement dans la définition d'un ÉQUILIBRE PARFAIT (en sous-jeux). Celui-ci est une combinaison de stratégies (conditionnelles) qui forment un équilibre de NASH pour le jeu dans son ensemble, mais aussi pour chacun de ses sous-jeux.

Sraffa (modèle de)

Piero Sraffa est un économiste italien né en 1889 et mort en 1983, qui a vécu une bonne partie de sa vie en Angleterre, à Cambridge. Éditeur des œuvres de RICARDO et ami de

KEYNES, il n'a publié — sur le tard — qu'un seul ouvrage, *Production de marchandises par des marchandises* (1960), et quelques articles théoriques, dont les plus importants tournent autour de la question des RENDEMENTS D'ÉCHELLE dans les modèles de concurrence parfaite.

La démarche de Sraffa est essentiellement critique — son livre est sous-titré, de façon significative, *Prélude à une critique de la théorie économique* ; elle se démarque clairement des analyses MARGINALISTES de la valeur et de la répartition, et cherche à réhabiliter la démarche des CLASSIQUES, à commencer par celle de Ricardo. Pour ce dernier, le problème central de l'économie politique est celui de la *répartition* entre les classes sociales du SURPLUS qui se dégage globalement de la production (c'est-à-dire de l'excédent entre la production de la société dans son ensemble et ce qui est nécessaire à son obtention). Sraffa construit dans cette perspective un modèle — dit *des prix de production* — inspiré des analyses de Ricardo, où il cherche à séparer les effets des variables qui caractérisent la répartition (considérées comme EXOGÈNES) de ceux des prix des biens proprement dits. Une bonne partie de son travail est néanmoins consacrée à montrer l'existence d'un système de prix qui permette la reproduction de l'« économie » envisagée dans son modèle, indépendamment de la forme prise par la répartition, ce qui l'éloigne passablement des conceptions de Ricardo.

Le modèle de Sraffa est particulièrement simple ; il met quasi exclusivement l'accent sur les interdépendances dans le secteur productif (on peut considérer, de ce point de vue, qu'il est d'ÉQUILIBRE GÉNÉRAL), et laisse donc dans l'ombre le rôle de la demande. De ce point de vue, il se situe dans le prolongement de la pensée des CLASSIQUES (accent mis sur les conditions de la production et de la répartition du surplus) ; il n'est cependant pas plus réducteur que les analyses qui s'appuient sur la FONCTION DE PRODUCTION NÉO-CLASSIQUE. Il permet d'ailleurs à Sraffa de montrer comment l'utilisation d'agrégats tels que le CAPITAL en tant qu'arguments de cette fonction peut mener à des phénomènes qui entrent en contradiction avec les analyses néo-classiques usuelles, tel le RETOUR DES TECHNIQUES.

Le modèle de Sraffa est « purement théorique », dans le sens où il n'a pas pour vocation d'être testé empiriquement ni d'être utilisé pour faire des prédictions. Car son but est de rappeler l'importance du problème de la répartition, qui ne peut être réduit à une simple question « technique », et de montrer comment la complexité des interdépendances entre les divers secteurs de l'économie impose la prudence dans les analyses, y compris les plus abstraites. Le cadre particulièrement simple qu'il adopte lui suffit pour faire passer ce message, et c'est là le principal pour lui. « Raffiner » de plus en plus ce modèle peut être plaisant pour l'esprit, mais cela ne peut apporter rien de plus ; comme cela n'aurait aucun sens de vouloir bâtir une « école » sur la base de ce modèle, dont la vocation est essentiellement critique.

Prix et répartition

Contestant l'approche marginaliste, ou NÉO-CLASSIQUE, qui n'établit pas de distinction fondamentale entre indicateurs de prix et de répartition — le salaire et le taux d'intérêt y sont, par exemple, des prix comme les autres, qui rétribuent des « services producteurs » —, Sraffa cherche au contraire à isoler le problème de la répartition de celui des prix, en partant de l'idée que le premier dépend de facteurs exogènes, « extra-économiques », tels les rapports de force entre groupes qui luttent pour le partage du surplus. Ce problème est au centre des préoccupations de Ricardo qui, confronté à la difficile question de l'hétérogénéité des biens, suppose que le taux de profit est déterminé dans le secteur agricole, où ne serait produit qu'un seul bien (le blé, par exemple). En effet, dans ce cas, le taux de profit est obtenu en faisant le rapport entre des entités homogènes (où interviennent les quantités de blé avancées par les capitalistes et les quantités de blé produites). Comme Ricardo suppose que le taux de profit est le même dans tous les secteurs — ce qui est une condition d'équilibre —, il peut donc déterminer les profits dans chacun d'entre eux et en déduire la masse salariale (c'est ce qui reste après que les profits ont été versés et les moyens de production payés). Cette analyse n'est cependant valable que si ce qui se passe dans le secteur agricole n'est pas influencé par la situation — prix et conditions de production — dans les autres secteurs de l'économie. Sraffa a voulu lever cette hypothèse particulièrement restrictive, en proposant un modèle qui reprenne les principales idées de Ricardo, tout en gardant un point de vue d'équilibre général (qui tient compte des interactions des divers secteurs productifs de l'économie) et notamment de l'hétérogénéité des biens.

Par la suite, pour alléger la notation, on supposera qu'il n'y a que deux secteurs, *a* et *b*, chacun ne produisant qu'un bien (auquel on donnera le même nom que celui du secteur, comme le fait Sraffa, même si cela peut parfois prêter à confusion). On notera :

— i_j la quantité du bien *j* nécessaire pour produire le bien *i* ($i = a, b$; $j = a, b$) ;

— p_i le prix du bien *i* ($i = a, b$) ;

— l_i la quantité de travail consacrée à la production de *i* ($i = a, b$) ;

— *w* le taux de salaire et *r* le taux de profit.

Comme dans la tradition classique, les prix sont donc supposés être déterminés au niveau de la production, indépendamment de la demande ; c'est pourquoi Sraffa appelle *prix de production* les prix p_i de son modèle. On peut cependant considérer que les moyens de subsistance (au sens large) des travailleurs font partie des biens nécessaires à la production, et sont donc « intégrés » dans les coefficients du modèle (ou dans certains d'entre eux).

Comme lui, on commencera par traiter le cas de la reproduction simple — sans surplus —, puis on verra ce qui se passe dans le cas général, où le problème de la répartition se pose effectivement.

Le cas de la reproduction simple (sans surplus)

Sraffa suppose que le bien *a* est produit en quantité *a* (ce sont ses notations), à partir d'une quantité a_a de lui-même et d'une quantité a_b de l'autre bien, *b* ; de même pour le bien *b*, qui est produit en quantité *b* à partir d'une quantité b_a du bien *a* et b_b de lui-même. Lorsqu'il y a *reproduction simple* (absence de surplus), aux prix d'équilibre p_a et p_b la recette provenant de la vente de *a*, ap_a, doit être égale au coût en moyens de production nécessaires à son obtention, $a_a p_a + a_b p_b$; de même pour *b*. D'où le système d'équations :

$$(1)\qquad \begin{cases} a_a p_a + a_b p_b = a p_a \\ b_a p_a + b_b p_b = b p_b \end{cases}$$

L'absence de surplus implique que tout ce qui est produit est « consommé » en moyens de production, de sorte qu'on doit avoir :

$$(2)\qquad \begin{cases} a_a + b_a = a \\ a_b + b_b = b \end{cases}$$

Les systèmes (1) et (2) donnent, respectivement, les conditions de la reproduction simple en valeur et en quantités.

Si l'on divise la première équation de (1) par *a*, on obtient les *coefficients techniques* a_a/a et b_a/a ; et si l'on fait de même avec la seconde équation, alors (1) peut se mettre sous la *forme matricielle* :

$$\begin{pmatrix} \frac{a_a}{a} & \frac{a_b}{a} \\ \frac{b_a}{b} & \frac{b_b}{b} \end{pmatrix} \begin{pmatrix} p_a \\ p_b \end{pmatrix} = \begin{pmatrix} p_a \\ p_b \end{pmatrix}.$$

Soit, de façon abrégée :

$$(1')\qquad \mathbf{A}\mathrm{P} = \mathrm{P},$$

où **A** est la *matrice des coefficients techniques* associée au système considéré, et où P est le vecteur-prix correspondant.

Pour qu'il y ait reproduction simple, il faut que le système (1) — ou, ce qui est la même chose, (1′) — ait une solution en (p_a, p_b), compte tenu des conditions (2). Or, celles-ci impliquent que *les sommes des éléments de chacune des colonnes de* **A** *soient égales à* 1 ; par conséquent, la *transposée* de **A**, ${}^t\mathbf{A}$ admet le nombre 1 pour VALEUR PROPRE, puisqu'on a :

$$ {}^t\mathbf{A} \begin{pmatrix} a \\ b \end{pmatrix} = \begin{pmatrix} \frac{a_a}{a} & \frac{b_a}{b} \\ \frac{a_b}{a} & \frac{b_b}{b} \end{pmatrix} \begin{pmatrix} a \\ b \end{pmatrix} = \begin{pmatrix} a_a + b_a \\ a_b + b_b \end{pmatrix} = \begin{pmatrix} a \\ b \end{pmatrix}$$

Comme une matrice et sa transposée ont *les mêmes valeurs propres*, il s'ensuit que 1 est aussi valeur propre de **A**. En fait, comme **A** est une MATRICE PRODUCTIVE, au sens large — en raison des conditions (2) —, 1 est sa plus grande valeur propre (en module) ; il découle du théorème de PERRON-FROBENIUS qu'elle comporte un vecteur propre associé à éléments positifs ; ce vecteur donne donc un système de prix permettant la reproduction simple, sans surplus [c'est le vecteur P de (1′)].

La reproduction avec un surplus qui va aux travailleurs

Sraffa aborde ensuite le cas où le système est « productif » au sens strict, c'est-à-dire où il dégage un *surplus* (il produit plus qu'il ne « consomme »). C'est alors que se pose le problème de la répartition de ce surplus parmi les différentes classes de la société, travailleurs, capitalistes et propriétaires fonciers. Sraffa commence par supposer que tout le surplus est approprié par les capitalistes, mais ici on va procéder différemment, en traitant d'abord le cas où il revient aux seuls travailleurs, ce qui a l'avantage de permettre d'aborder la question de la VALEUR TRAVAIL, du moins dans une de ses versions.

Pour qu'il y ait surplus, les égalités (2) doivent être remplacées par les inégalités (3) :

$$(3) \qquad \begin{cases} a_a + b_a \leq a \\ a_b + b_b \leq b \end{cases}$$

avec au moins une inégalité stricte. Le surplus, ou *produit net*, est alors donné par le vecteur :

$$(4) \qquad (a - (a_a + b_a), b - (a_b + b_b)).$$

S'il revient entièrement aux travailleurs, sous la forme de salaires et en fonction de la quantité de travail fournie, alors les équations qui donnent l'égalité des coûts et des recettes s'écrivent :

$$(5) \qquad \begin{cases} a_a p_a + a_b p_b + w l_a = a p_a \\ b_a p_a + b_b p_b + w l_b = b p_b. \end{cases}$$

Le système (5) peut se mettre sous la forme matricielle (5′), après que la première équation a été divisée par a et la seconde par b, comme cela a été fait dans le cas de la reproduction simple :

$$(5') \qquad \mathbf{A}\mathrm{P} + w\mathrm{L} = \mathrm{P},$$

A est la même matrice (de coefficients techniques) qu'en (1′), et L un vecteur formé par les « coefficients de travail », l_a/a et l_b/b.

Notons que les relations (5), ou (5′), posent un problème dans la mesure où les revenus du travail servent à l'achat de biens, pour la consommation par exemple, ce dont ces relations devraient tenir compte ; autrement dit, pour que le modèle soit complet, il faudrait préciser la façon dont ces revenus sont affectés. Ce que Sraffa évite de faire en supposant que les travailleurs n'achètent que des biens « non fondamentaux » — qui n'entrent donc pas, directement ou indirectement, dans la composition (en tant que moyens de production) des biens « fondamentaux » a et b (on reviendra plus loin sur la question des biens fondamentaux et non fondamentaux).

L'équation (5′) peut aussi s'écrire sous la forme :

$$w\mathrm{L} = \mathrm{P} - \mathbf{A}\mathrm{P}$$
$$= (\mathbf{I} - \mathbf{A})\mathrm{P}$$

ou encore, si la matrice de **I** – **A** admet une inverse :

$$(5'') \qquad \mathrm{P} = w(\mathbf{I} - \mathbf{A})^{-1}\mathrm{L}.$$

Or, comme **A** est productive, en raison des inégalités (4), elle a toutes ses valeurs propres strictement inférieures à 1 (en module), de sorte que $\mathbf{A}^n$ tend vers **0** lorsque n tend vers l'infini, et donc que :

$$(\mathbf{I} - \mathbf{A})^{-1} = \mathrm{I} + \mathbf{A} + \mathbf{A}^2 + \ldots$$

(voir, pour plus de détails, l'entrée MATRICE PRODUCTIVE).

En remplaçant dans (5″), il vient :

$$(6) \qquad \mathrm{P} = w(\mathbf{I} + \mathbf{A} + \mathbf{A}^2 + \ldots)\mathrm{L},$$
$$= w(\mathbf{L} + \mathbf{A}\mathrm{L} + \mathbf{A}^2\mathrm{L} + \ldots),$$

où P est à éléments positifs, puisque L et **A** le sont par hypothèse.

Ainsi, les prix des biens sont obtenus en additionnant le travail « présent » wL et le travail « passé » accumulé dans les moyens de production, qui font eux-mêmes intervenir des moyens de production qui contiennent du travail, et ainsi de suite ; d'où les « vagues successives » **A**L, **A**²L, ... , qui représentent donc du travail indirect. En dernière instance, seul le travail est source de valeur.

Le cas où il y a partage du surplus entre travailleurs et capitalistes

On va maintenant introduire la répartition proprement dite, en supposant que les inégalités (3) sont toujours vérifiées, mais que le surplus dégagé est partagé entre travailleurs et capitalistes. Sraffa suppose que ceux-ci touchent un taux de profit uniforme r sur les « avances » qu'ils font pour l'achat de moyens de production (mais *non* pour payer les salaires) ; les équations qui donnent l'égalité coûts-recettes s'écrivent :

$$(7) \qquad \begin{cases} (a_a p_a + a_b p_b)(1 + r) + w l_a = a p_a \\ (b_a p_a + b_b p_b)(1 + r) + w l_b = b p_b \end{cases}$$

ou encore, sous forme matricielle, après que la première équation a été divisée par a et la seconde par b :

$$(7') \qquad (1 + r)\mathbf{A}\mathrm{P} + w\mathrm{L} = \mathrm{P}.$$

Ce qui peut encore s'écrire :

$$(7'') \qquad w\mathrm{L} = (\mathbf{I} - (1 + r)\mathbf{A})\mathrm{P}.$$

D'où, si la matrice **I** – (1 + r)**A** est inversible :

$$\mathrm{P} = w(\mathbf{I} - (1 + r)\mathbf{A})^{-1}\mathrm{L}.$$

Comme la matrice **A** est productive, il en est de même pour (1 + r)**A** (et si les deux inégalités (3) sont strictes), à condition que r soit « suffisamment petit ». Si tel est le cas, les valeurs propres de (1+ r)**A** sont toutes, en module, strictement inférieures à 1 ; finalement, la solution du système (7) est :

$$(8) \quad \mathrm{P} = w(\mathrm{I} + (1 + r)\mathbf{A} + (1 + r)^2\mathbf{A}^2 + \ldots)\mathrm{L}.$$

Cette solution ressemble à celle qui est donnée par (6), mais la présence du taux de profit r a pour conséquence que les prix ne peuvent être calculés en fonction des seules quantités de travail — présent et passé.

Sraffa accorde une attention particulière au cas limite où tout le surplus revient aux capitalistes, cas où le taux de profit est donc maximal. Si l'on note R la valeur que prend alors ce taux, on doit avoir :

$$(1 + R)\mathbf{A}\mathrm{P} = \mathrm{P}$$

ou encore :

$$\mathbf{A}\mathrm{P} = \frac{1}{1+R}\mathrm{P},$$

ce qui montre que $1/(1 + R)$ est une *valeur propre* associée à **A** (valeur propre dont l'existence est assurée par le fait que **A** est productive et vérifie les conditions du théorème de Perron-Frobenius).

Ainsi, le taux de profit r peut varier entre 0 et R. En ce qui concerne l'autre variable « de répartition », le taux de salaire w, Sraffa procède à un certain nombre de « normalisations » sur les unités qui servent à mesurer les prix et les quantités, et s'arrange pour que ce taux soit compris entre 0 et 1.

La normalisation des prix et des quantités

Sraffa commence par normaliser les quantités de travail, en posant :

(9) $$l_a + l_b = 1,$$

ce qui revient à faire de l_a et l_b des parts du travail utilisé dans l'économie.

Comme, par ailleurs, dans (7′) les prix et les salaires ne sont définis qu'à une constante multiplicative près, on peut les normaliser en choisissant un NUMÉRAIRE approprié. Sraffa prend pour numéraire le *produit net* ; il pose donc :

(10) $$(ap_a - (a_a p_a + a_b p_b)) + (bp_b - (b_a p_a + b_b p_b)) = 1.$$

Si l'on met le système (7) sous la forme :

$$wl_a = ap_a - (a_a p_a + a_b p_b) - r(a_a p_a + a_b p_b)$$
$$wl_b = bp_b - (b_a p_a + b_b p_b) - r(b_a p_a + b_b p_b)$$

et si l'on additionne membre à membre ses deux équations, il vient, en se servant des « normalisations » (9) et (10) :

(11) $$w = 1 - r(a_a p_a + a_b p_b + b_a p_a + b_b p_b).$$

Ainsi, dans le système normalisé, le salaire w varie entre 0 — cas où $r(a_a p_a + a_b p_b + b_a p_a + b_b p_b) = 1$, tout le surplus [égal à 1, en raison de (10)] allant aux capitalistes — et 1 — cas où $r = 0$, les capitalistes ne touchant rien. Par conséquent, dans le système normalisé, la valeur de w désigne la *part du travail* dans le revenu national (produit net), la part du capital étant évidemment donnée par $1 - w$; w est donc un indicateur de répartition entre salariés et capitalistes. Si l'on suppose que w est une variable exogène, déterminée en dehors du modèle (par le rapport de force entre travailleurs et capitalistes, par exemple), alors le taux de profit r et les prix P sont endogènes, leurs valeurs pouvant être déduites de (7) [ou de (7′)] et des conditions de normalisation.

Toutefois, si l'on se réfère à (11) par exemple, la relation entre w et r est loin d'être simple, notamment en raison de la présence des prix des biens, qui dépendent eux-mêmes de r et de w. C'est pour faire face à ce problème que Sraffa a entrepris de construire un panier de biens particulier qui, s'il est utilisé en tant qu'*étalon* pour évaluer le pouvoir d'achat du salaire, permet d'obtenir une relation simple (linéaire) entre celui-ci et le taux de profit.

La marchandise étalon

Comme dans le cas de la TRANSFORMATION DE LA VALEUR (travail) EN PRIX DE PRODUCTION chez MARX, le principal problème qui surgit lorsqu'on suppose qu'il existe un taux de profit *uniforme* qui rémunère le capital, à côté des revenus du travail, c'est la *non-uniformité* du rapport entre dépenses en moyens de production et dépenses en travail. Ainsi, à un prix inchangé, une baisse de salaire a peu d'effet sur le taux de profit dans les branches où la part de la masse salariale est faible, relativement à celle des moyens de production, alors que c'est le contraire qui arrive dans les branches où cette part est forte. Donc, pour que le taux de profit soit le même dans toutes les branches, *il faut* qu'il y ait un réajustement du côté des prix, pour en quelque sorte « compenser » les différences structurelles entre les secteurs.

C'est en partant de cette constatation que Sraffa se propose de construire une marchandise composite — un panier de biens — qui est formée à la fois de biens « à masse salariale forte » et de biens « à masse salariale faible », ainsi que de toute la gamme de biens intermédiaires, de sorte que les « différences structurelles » entre les secteurs se compensent et « annulent » les effets prix.

Considérons donc la marchandise composite (q_1, q_2) — pour simplifier les notations, nous continuerons à supposer qu'il n'y a que deux biens « fondamentaux » ; la production de cette marchandise fait appel au vecteur de moyens de production (vecteur dont la première composante donne une quantité de bien a, la seconde une quantité de bien b) :

$$(a_a q_1/a + a_b q_2/b,\ b_a q_1/a + b_b q_2/b),$$

ce qui s'écrit sous forme matricielle :

$$(q_1\, q_2)\,\mathbf{A},$$

ou encore, en posant $(q_1\, q_2) = Q$:

$$Q\mathbf{A}.$$

Les moyens de production nécessaires pour produire le panier Q sont donc obtenus par une combinaison linéaire, dont les éléments de Q sont les coefficients des lignes de la matrice **A** des coefficients techniques.

La marchandise composite que Sraffa se propose d'utiliser comme étalon doit être telle que ses éléments soient proportionnels aux moyens de production nécessaires à son obtention, donc telle que :

$$(12) \qquad Q\mathbf{A} = kQ,$$

où k est une constante comprise entre 0 et 1.

En fait, (12) signifie que la transposée ${}^tQ$ de Q est un vecteur propre de la transposée ${}^t\mathbf{A}$ de **A**, k étant alors la valeur propre correspondante. Or, comme ${}^t\mathbf{A}$ et **A** ont les mêmes valeurs propres, on peut prendre pour k le coefficient $1/(1 + R)$, qui correspond au cas où tout le surplus va aux capitalistes, dont la rémunération se fait alors au taux R.

Le vecteur propre ${}^tQ$ étant défini à une homothétie près, Sraffa propose de le normaliser en posant :

$$Q(\mathbf{I} - \mathbf{A})^{-1}L = 1,$$

de sorte qu'en prémultipliant les deux membres de (7′) par $Q(\mathbf{I} - \mathbf{A})^{-1}$, il vient :

$w = QP - rQ(\mathbf{I} - \mathbf{A})^{-1}P$

$= QP - rQ(\mathbf{A} + \mathbf{A}^2 + \ldots)\, P$ (puisque, comme **A** est productive, $(\mathbf{I} - \mathbf{A})^{-1} = \mathbf{I} + \mathbf{A} + \mathbf{A}^2 + \ldots$)

$= 1 - r\left(\dfrac{1}{1+R} + \dfrac{1}{(1+R)^2} + \ldots\right) QP$ (en raison de (12), avec $k = \dfrac{1}{1+R}$)

$= \left(1 - \dfrac{r}{R}\right) QP$ [somme des termes d'une progression géométrique de raison $1/(1 + R)$ et de premier terme $r/(1 + R)$].

D'où, finalement :

$$\frac{w}{QP} = 1 - \frac{r}{R},$$

ou encore

$$r = R\left(1 - \frac{w}{QP}\right).$$

C'est la relation que voulait établir Sraffa : le salaire, exprimé en marchandise-étalon (dont le coût est QP), est une fonction affine décroissante du taux de profit. Comme le dit Sraffa : « Ainsi, quand on réduit le salaire de 1 à 0, la hausse du taux de profit est directement proportionnelle à la baisse du salaire. » Pour lui, l'intérêt de la marchandise-étalon, c'est qu'elle permet de « donner de la transparence à un système et [de] rendre visible ce qui était caché », sans en « altérer les propriétés mathématiques ».

Biens fondamentaux et biens non fondamentaux

Sraffa élargit progressivement son modèle en envisageant d'abord les problèmes posés lorsqu'il existe des *biens non fondamentaux*, de la *production jointe* et enfin des *rentes* (dues à l'existence de terres de différentes qualités).

Un *bien fondamental* est un bien qui entre dans la production de *tous* les biens, que ce soit de façon directe (en tant que moyen de production), ou indirecte (en tant que moyen de production des moyens de production, etc.) ; un bien non fondamental n'a pas, par définition, cette propriété. Pour déterminer le prix de ce dernier, il faut connaître ceux des biens fondamentaux, mais la réciproque n'est pas vraie. Ainsi, si la matrice **A** des coefficients techniques — d'ordre n — est de la forme suivante :

$$\mathbf{A} = \begin{pmatrix} \mathbf{A}_1 & \mathbf{0} \\ \mathbf{A}_2 & \mathbf{A}_3 \end{pmatrix}$$

où $\mathbf{A}_1$ est carrée — d'ordre k — à éléments strictement positifs, et où $\mathbf{0}$ est un bloc de zéros, alors il est possible de raisonner avec la sous-matrice $\mathbf{A}_1$, et les k prix qui lui correspondent, comme nous l'avons fait jusqu'à présent, sans faire intervenir les $n - k$ biens et prix restants. Par conséquent, ces derniers ne sont pas fondamentaux, tandis que ceux qui correspondent aux k lignes de $\mathbf{A}_1$ peuvent l'être. S'ils le sont effectivement, le modèle peut être résolu en deux étapes :

— d'abord, on détermine les prix des k biens fondamentaux en utilisant les formules établies plus haut, mais avec la matrice $\mathbf{A}_1$ à la place de la matrice **A** ;

— ensuite, on reporte ces prix dans les équations ayant $\mathbf{A}_2$ et $\mathbf{A}_3$ pour coefficients et relatives aux $n - k$ biens non fondamentaux.

Sraffa compare par ailleurs les ressources naturelles avec les biens non fondamentaux. Citons-le : « Les ressources naturelles qui sont utilisées dans la production, comme la terre et les gisements minéraux, et qui — étant rares — permettent à leurs propriétaires d'obtenir une rente, peuvent être considérées comme ayant, parmi les moyens de production, une position équivalente à celle des biens "non fondamentaux" parmi les produits. Étant employées dans la production, mais non produites elles-mêmes, elles sont l'inverse des marchandises qui, quoique produites, ne sont pas utilisées dans la production. » (P. 91.) L'analyse qu'il fait, par exemple, à propos de la terre ne diffère pas pour l'essentiel de la précédente, même si elle en alourdit passablement la présentation.

Production jointe et capital

Sraffa envisage aussi dans *Production des marchandises par les marchandises* le cas de la *production jointe*, où une même branche — ou « procès de production » — fournit plus d'un bien. Ce qui permet d'intégrer dans le modèle les biens de CAPITAL. En effet, si un processus de production utilise une machine *x* pour produire un bien *y*, et que la machine dure pendant plusieurs périodes, tout en s'usant progressivement, alors on peut considérer que ce qui « sort » du processus de production est formé par les biens *y* et la machine *x* « usagée » (en fonction de son degré d'utilisation). Ce qui permet de se ramener au cas habituel, mais avec des biens en plus — les machines selon leur âge — et des prix pour ces biens (prix d'« occasion »). Cette façon de faire n'est d'ailleurs pas propre à Sraffa, puisqu'on la retrouve dans les modèles d'équilibre INTERTEMPOREL.

Sraffa envisage aussi le cas opposé au précédent, celui où un même bien peut être produit à partir de processus de production différents ; le choix de la technique appropriée — celle qui permet, par exemple, la production par tête la plus élevée — dépend alors de la valeur prise par les variables de répartition (taux de profit ou salaire), ce qui peut provoquer des phénomènes surprenants, tel le retour des techniques. Ainsi, comme le choix des techniques n'est pas indépendant des variables de répartition, il est incorrect de voir dans celles-ci le résultat des seules « conditions techniques », comme le laissent entendre certaines versions de la théorie néo-classique.

Sraffa et la critique du modèle néo-classique

Le (seul) livre de Sraffa se présente lui-même comme une « critique de la théorie économique », la théorie visée étant le MARGINALISME, ancêtre de la théorie néo-classique. Sraffa refuse systématiquement et expressément le raisonnement à la marge ; ainsi, pour lui, il n'y a ni heure de travail ni terre « marginale », avec des productivités différentes ; car si tel était le cas, on serait en présence de biens différents, qui doivent donc avoir un prix différent. D'où l'importance qu'accorde Sraffa au cas des RENDEMENTS D'ÉCHELLE constants, cas où la demande n'a pas d'influence sur les prix relatifs, qui dépendent alors des seuls coûts de production (tout au moins, à l'équilibre). Ses analyses, telles qu'elles ont été synthétisées plus haut, ne supposent cependant pas des rendements constants, comme il tient lui-même à le signaler dans la présentation de son livre. Car il ne s'intéresse qu'aux équilibres — conditions de reproduction du système —, et aux relations entre prix et variables de répartition qui leur sont associées ; il ne fait donc pas varier les quantités, que ce soit « à la marge » ou pas. Ses raisonnements portent directement sur les *quantités* de moyens de production a_a, a_b, ..., et non sur les coefficients techniques (que nous avons utilisés seulement pour faciliter le traitement mathématique).

Outre le fait que la présentation de Sraffa permet une réflexion intéressante sur le problème de la répartition et de ses effets sur le système des prix, dans une optique d'équilibre général, elle montre les limites — pour ne pas dire les incohérences — des analyses qui utilisent le « capital » en tant qu'argument de la fonction de production néo-classique. Les mises en garde de Sraffa sur le « simplisme » de ces analyses sont en fait bien plus générales, puisqu'elles concernent *toute* modélisation — y compris la sienne — où interviennent plusieurs biens. Le statut de son propre modèle n'est d'ailleurs pas très clair dans la mesure où dans son ouvrage il fait plusieurs fois référence à « la réalité », ou à « ce qui se passe dans le monde réel », comme si ce modèle avait une portée autre que critique.

Les critiques de Sraffa n'atteignent cependant pas la théorie néo-classique de l'équilibre général intertemporel, tout au moins dans sa version ARROW-DEBREU, puisque celle-ci ne fait pas appel à la notion de capital, ni à celle de taux de profit ; elle se contente de raisonner sur les profits intertemporel et sur les taux d'intérêt spécifiques aux biens. Toutefois, le modèle d'Arrow-Debreu aboutit à des conclusions semblables à celles de Sraffa en ce qui concerne l'impossibilité de parvenir à des résultats clairs de statique comparative (c'est une des conclusions qui se dégagent du théorème de SONNENSCHEIN, qui permet tous les paradoxes qu'on veut).

Sraffa et Marx

Sraffa et Marx se situent dans la tradition classique ; en particulier, tous deux vouent un respect certain à l'œuvre de Ricardo. Ainsi, ils privilégient les relations nouées au niveau de la production et sont particulièrement concernés par le problème de la répartition (exploitation, chez Marx). La théorie des prix de production de Sraffa s'inscrit dans le prolongement du problème de la transformation de la valeur en prix auquel Marx s'est heurté, même si Sraffa n'aborde pas ce problème.

Il y a toutefois d'importantes différences entre les analyses de Marx et de Sraffa. Ainsi, celui-ci abandonne la théorie de la valeur travail, si importante pour Marx ; à l'idée d'exploitation il substitue celle de « répartition », plus neutre, même si elle fait intervenir les rapports de force entre classes sociales.

En outre, le fait que dans le modèle de Sraffa le taux de profit s'applique aux moyens de production *autres* que le travail n'est pas compatible avec les analyses de Marx, pour lequel la rémunération de la force de travail est partie intégrante des « avances » que doit faire le capitaliste ; c'est d'ailleurs la possibilité qu'il a d'acheter la force de travail qui fait de lui un capitaliste.

On peut enfin noter que Marx se situe d'emblée dans une économie monétaire — même si l'on estime que la monnaie ne joue aucun rôle dans sa théorie de la valeur — et que son point de vue n'est pas vraiment d'« équilibre », puisque ce qui l'intéresse c'est de dégager les contradictions dans lesquelles se débat le capitalisme, et qui le conduisent à sa perte.

Stabilité (problème de la)

L'analyse économique — surtout lorsqu'elle est formalisée — met l'accent sur les relations d'ÉQUILIBRE, les seules qui ne soient pas, par définition, fugaces. Toutefois, souvent l'équilibre est conçu comme l'aboutissement d'un *processus* (par exemple, l'« ajustement » de l'offre et de la demande, ou des capacités de production aux besoins existants). Le problème de la stabilité concerne ces processus ; en économie, il est souvent abordé de deux façons (légèrement) différentes, selon qu'on cherche à répondre à l'une ou l'autre des questions suivantes :
— les « trajectoires » (ou « solutions ») associées au processus considéré convergent-elles, du moins pour certaines des « valeurs initiales » que peuvent prendre les variables (prix, quantités) étudiées ?
— un système qui est à l'équilibre à un moment donné tend-il à revenir à l'équilibre — le même qu'au départ ou un autre — après que certaines de ses variables (ou de ses paramètres) ont été modifiées (sous l'effet d'un « choc » transitoire, par exemple) ?

Si la réponse à l'une ou l'autre de ces questions — selon le type de problème posé — est positive, alors cela permet de justifier le fait qu'on accorde un rôle privilégié aux équilibres, en tant que « solutions » du modèle étudié.

Un exemple classique d'étude de stabilité est celui du TÂTONNEMENT WALRASIEN, qui est souvent considéré comme une représentation idéalisée de la « loi de l'offre et de la demande ».

L'étude de la stabilité en économie théorique est souvent très difficile, et cela pour au moins deux raisons :
— une raison *d'ordre « technique »* due à la complexité de l'interaction des décisions individuelles, complexité qui se répercute sur la forme du processus ; la stabilité apparaît alors comme une propriété peu fréquente, l'exception plutôt que la règle (les situations de type POINT-SELLE étant plus courantes, surtout si on s'en tient à une étude locale) ;
— une raison *d'ordre « logique »* ; les processus envisagés au moment de l'étude de la stabilité d'un système concernent forcément des situations en « déséquilibre » ; or les agents économiques, qui sont partie prenante de ces processus, ne peuvent qu'être conscients de cet état de fait, du moins s'ils sont rationnels ; ils vont donc agir en conséquence, tirer les leçons de ce qu'ils observent en cours de processus et altérer les caractéristiques de celui-ci (par exemple, la forme des équations qui le décrivent). Ce qui se passe pendant le processus va donc le modifier, lui et ses équilibres ; on dit que ceux-ci « dépendent du chemin parcouru » (*path dependent*, en anglais).

Un exemple de dépendance par rapport au chemin parcouru est celui d'un *processus d'échange décentralisé*, où les agents font successivement des transactions, au gré de leurs rencontres ; la façon dont celles-ci ont lieu a évidemment une incidence sur la forme du processus. C'est d'ailleurs pour éviter, entre autres, le problème de la dépendance par rapport au chemin parcouru que le tâtonnement walrasien suppose une organisation centralisée des échanges, et un comportement « myope » des participants, qui s'obstinent à formuler des offres et des demandes en faisant comme s'il y avait équilibre à chaque étape du processus, alors qu'ils constatent tout au long de celui-ci que ce n'est manifestement pas le cas.

Définitions

• *Processus stable*. On dit qu'un *processus* défini par une relation de la forme $X_{t+1} = F(X_t)$ (cas séquentiel) — ou de la forme $\dot{X}(t) = F(X(t))$ (cas continu) — est *stable sur une partie E* de $\Re^n$ s'il converge quel que soit le vecteur de CONDITIONS INITIALES X_0 [ou $X(0)$] appartenant à E. Si E est formé de l'ensemble des conditions initiales pour lesquelles le système a une solution définie pour tout t, alors on dit que le processus est *globalement stable*. Un processus globalement stable peut évidemment comporter plusieurs équilibres, et même une infinité.

• *Équilibre stable*. On dit qu'un *équilibre* X_e du processus défini par l'équation $X_{t+1} = F(X_t)$ est *stable sur une partie E de* $\Re^n$ si toutes les trajectoires (X_t) qui ont pour conditions initiales un élément X_0 appartenant à E convergent vers X_e. Si $E = \Re^n$, ou si E concerne la partie de $\Re^n$ pour laquelle les solutions « ont un sens économique » (quantités positives, par exemple), alors on dit de l'équilibre X_e qu'il est *globalement stable*. Ces définitions se transposent aisément au cas continu, où $X(t)$ remplace X_t.

• *Équilibre localement stable*. Un équilibre est *localement stable* si toutes les trajectoires issues de conditions initiales « proches » de lui convergent vers lui. Plus précisément, on dit que l'équilibre X_e est localement stable s'il existe une *boule* $B(X_e, \varepsilon)$ (qui a donc X_e pour centre et ε pour rayon) telle que si X_0 (ou $X(0)$) appartient à cette boule, alors la suite ayant X_0 (ou $X(0)$) pour condition initiale converge vers X_e.

Si la fonction $F(\cdot)$ qui définit le processus est suffisamment régulière (si, entre autres, elle est dérivable en X_e), alors l'étude de la stabilité locale se fait par LINÉARISATION de cette fonction en X_e. Cette étude se ramène généralement à celle des modules des VALEURS PROPRES de la MATRICE JACOBIENNE de $F(\cdot)$ en X_e.

• *Stabilité à la Liapounov*. Un équilibre X_e est stable à la Liapounov si les solutions (trajectoires) du système demeurent toutes dans une boule quelconque centrée en X_e, et si l'on choisit des conditions initiales suffisamment proches de lui. La stabilité à la Liapounov ne suppose pas la convergence des trajectoires, mais elle implique que celles-ci demeurent aussi proches qu'on le veut de l'équilibre si les conditions initiales sont suffisamment proches de lui (un pendule, au mouvement perpétuel, donne un exemple de stabilité à la Liapounov).

Lorsqu'il y a convergence, le processus tend vers un équilibre sans généralement l'atteindre (ou s'il le fait, c'est « à l'infini »). Cela tient aux hypothèses qui sont habituellement faites sur les fonctions qui caractérisent les processus (notamment leur continuité).

Stackelberg (modèle du duopole de)

Modèle proposé d'abord par von Stackelberg (1905-1946) et qui présente toutes les caractéristiques de celui du duopole de COURNOT, sauf en ce qui concerne l'un des duopoleurs (le « meneur »), qui est supposé connaître la fonction de RÉACTION de son concurrent (le « suiveur »). Le nom de Stackelberg est aussi associé à certains modèles de la THÉORIE DES JEUX.

Le modèle de Stackelberg : la version traditionnelle

Le cadre et les hypothèses sont, à un point près, les mêmes que dans le modèle de Cournot : les agents font des choix en quantité, les offres et les demandes qui en résultent sont centralisées (par un commissaire-priseur), les duopoleurs connaissent la fonction de demande du reste de l'économie, qui est en CONCURRENCE PARFAITE ; la seule différence concerne les CONJECTURES d'un des duopoleurs, puisqu'on suppose qu'il connaît la fonction de réaction de l'autre duopoleur. Le premier est appelé « meneur », car il a un avantage informationnel sur le second (le « suiveur », dont les conjectures sont à la Cournot) ; c'est lui qui détermine la « solution » du modèle, en optant pour l'offre qui lui procure le profit maximal, et qui tient compte de la réaction (supposée connue) de son concurrent.

Si l'entreprise A est le meneur et l'entreprise B le suiveur, si $p(q_A, q_B)$ est le prix qui égalise l'offre et la demande du bien qu'elles produisent lorsque leurs offres sont, respectivement, q_A et q_B, et si la fonction de coût de

A est $C_A(\cdot)$, alors le problème qui se pose à A est celui de maximiser son profit :

(1) $q_A\, p(q_A, q_B) - C_A(q_A)$,

en sachant que l'offre q_B de B est donnée par sa fonction de RÉACTION $r_B(q_A)$, que A connaît, par hypothèse. Ainsi, sous les hypothèses habituelles — fonction de demande décroissante, coût marginal croissant —, le profit maximal de A est obtenu en annulant la dérivée de la fonction de q_A :

$$q_A\, p(q_A, r_B(q_A)) - C_A(q_A)$$

obtenue en remplaçant dans (1) q_B par $r_B(q_A)$. Soit, en utilisant la technique de DÉRIVATION EN CHAÎNE :

(2) $p(q_A, r_B(q_A)) + q_A(p'_{q_A}(q_A, r_B(q_A)) + p'_{q_B}(q_A, r_B(q_A))\, r'_B(q_A)) - C'_A(q_A) = 0.$

Si l'on note q_A^* la solution de l'équation (2) — solution dont on suppose qu'elle existe, qu'elle est unique et qu'elle est positive —, alors, si le meneur A propose q_A^* et le suiveur B $q_B^* = r_B(q_A^*)$, il y a équilibre. Celui-ci est plus avantageux pour A que l'équilibre de Cournot, mais tel n'est pas le cas pour B.

Jeux séquentiels et théorie des jeux

On considère qu'un jeu à deux joueurs est séquentiel, en INFORMATION COMPLÈTE, lorsque deux joueurs interviennent successivement. Celui auquel revient le coup initial a un avantage certain, puisque par hypothèse il « connaît tout » de l'autre ; il peut donc prévoir « parfaitement » ses réactions et retenir la stratégie qui lui est la plus favorable, compte tenu de ses réactions. Il joue donc le rôle de « meneur », son concurrent étant contraint de « suivre » (faire le meilleur choix, dans la situation où le meneur l'a placé). La situation présente des similitudes certaines avec celle qui est décrite par le modèle de Stackelberg, l'asymétrie ne portant pas ici sur l'information, mais sur l'ordre d'intervention des joueurs. Quant aux conjectures, elles prennent en théorie des jeux la forme de *croyances* ; dans le cas présent, celles-ci se réduisent au fait que A s'attend à ce que B ait un comportement rationnel (qu'il opte pour l'action qui lui procure le plus grand gain possible).

Un cas typique de situation « à la Stackelberg » est celui où deux entreprises, A et B, ont la possibilité de se lancer l'une après l'autre dans la production d'un même bien avec le risque, si elles le font toutes deux, de mettre en place des capacités de production excédentaires, et donc de faire des pertes. Situation dont l'ARBRE DE JEU suivant donne un exemple :

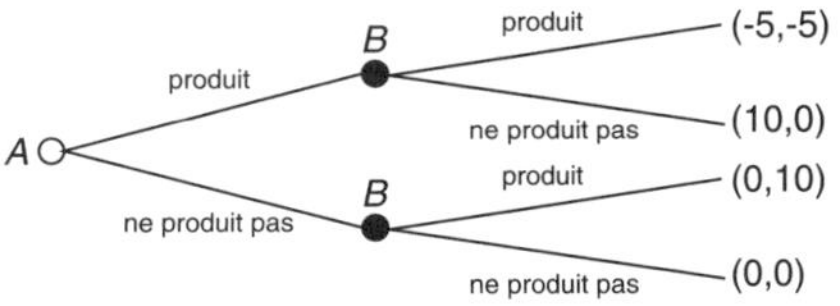

Le choix de A est simple : il décide de produire, car il s'attend à ce que B s'abstienne alors de le faire (sinon il encourrait une perte de 5). La « solution » du modèle qui semble donc s'imposer est :

{A produit, B ne produit pas}.

En fait, comme on est en présence d'un jeu séquentiel, le choix de B porte sur des STRATÉGIES CONDITIONNELLES. Si B opte pour la stratégie :

« si A produit, je ne produis pas ;
si A ne produit pas, je produis »,

ou pour la stratégie :

« si A produit, je ne produis pas ;
si A ne produit pas, je ne produis pas »,

et si A décide de produire, alors il y a équilibre (et même équilibre parfait en sous-jeux).

Problèmes

Le principal problème que pose le modèle de Stackelberg — outre le fait qu'il suppose une information complète — est celui de l'*asymétrie* dans la situation des entreprises. Comment justifier le comportement du meneur ? Il est vrai que von Stackelberg le faisait en invoquant sa taille, relativement à celle du suiveur, mais cette caractéristique des agents n'apparaît pas dans le modèle tel qu'il a été décrit plus haut. En réalité, s'il est rationnel, le suiveur doit chercher à anticiper les réactions du meneur ; toutefois, s'il le fait, le modèle change de nature ; ainsi, lorsque les deux entreprises anticipent correctement leurs réactions mutuelles — chacune sachant que l'autre sait —, alors la situation est décrite par le modèle du duopole à *conjectures rationnelles*.

Stationnaire (état ou trajectoire)

On dit d'un état, ou d'une trajectoire, qu'il est stationnaire si toutes les variables (en niveau) qui le caractérisent demeurent constantes dans le temps. Avec les états SEMI-

STATIONNAIRES, les états stationnaires constituent souvent les points de repère des analyses en économie. Ainsi, les ÉQUILIBRES peuvent être considérés comme des états stationnaires (puisqu'ils sont des situations où « rien ne bouge »).

Cependant, souvent les états stationnaires sont considérés comme des états limites, vers lesquels tendent tous les autres ; ils sont alors appelés *équilibres de longue période*. Si les variables d'un système, ou d'un modèle, sont décrites à partir d'un système d'équations de récurrence de la forme :

$$X_t = F(X_{t-1}, \ldots, X_{t-p}),$$

alors les états stationnaires (équilibres de longue période) sont les solutions de l'équation :

$$X = F(X, \ldots, X).$$

Dans le cas d'un système d'équations différentielles de la forme :

$$\dot{X} = F(X),$$

les états stationnaires doivent vérifier une équation de la forme :

$$F(X) = 0.$$

Un état stationnaire est un cas particulier d'état semi-stationnaire, avec un taux de croissance nul.

Statique comparative

Démarche qui consiste à comparer les équilibres d'un modèle avant et après qu'un de ses paramètres a été modifié. Cette comparaison est « statique » car elle ne dit rien sur la façon dont se fait le passage d'un équilibre à un autre.

Ainsi, les raisonnements en statique comparative supposent qu'on distingue entre les paramètres et les variables d'un modèle, c'est-à-dire entre ce qui est déterminé en dehors du modèle et ce qui est déterminé par le modèle. Si, par exemple, celui-ci suppose que le taux d'intérêt est un paramètre que les autorités monétaires peuvent fixer comme bon leur semble, tandis que le niveau d'investissement dépend des divers facteurs pris en compte dans le modèle (y compris le taux d'intérêt), alors la proposition : « Pour un taux d'intérêt plus élevé, le niveau d'investissement est plus faible » relève typiquement de la statique comparative.

En fait, pratiquement toutes les affirmations, propositions ou « lois » en économie relèvent de la statique comparative, car les économistes accordent dans leurs analyses une place privilégiée aux ÉQUILIBRES, dont ils comparent les caractéristiques avant et après que les systèmes qu'ils étudient ont été « perturbés » (modification d'un de leurs paramètres). Leur raisonnement est alors de type causal, la « perturbation » étant la cause, les modifications des valeurs d'équilibre, l'effet.

A la statique comparative on devrait logiquement préférer la *dynamique comparative*, qui tient compte des modalités du passage d'un équilibre à un autre. Le problème que pose la statique comparative est qu'en règle générale ce qui arrive « en cours de route » influence les caractéristiques mêmes du modèle — par exemple, les agents modifient leur comportement en fonction de ce qu'ils observent pendant le processus. Autrement dit, les « perturbations » affectent non seulement les variables du modèle, mais aussi la forme de ses équations ; si tel est le cas, il n'est alors plus possible de parvenir à des conclusions claires de type causal (il y a « dépendance par rapport au parcours », la forme des équilibres dépendant de celle du « parcours » qui y conduit).

Stratégie

Terme utilisé en THÉORIE DES JEUX pour désigner les variables — prix, quantités, couleur d'une carte, face d'un dé, etc. — sur lesquelles portent les choix des joueurs. Ainsi, dans le modèle de la CONCURRENCE PARFAITE, les stratégies des ménages sont des PANIERS DE BIENS — qui vérifient la contrainte budgétaire —, celles des entreprises sont des « paniers » d'inputs et d'outputs — qui appartiennent à leur ensemble de production —, tandis que celles du commissaire-priseur sont des vecteurs-prix (un prix par bien).

La caractérisation des stratégies à la disposition de chacun des joueurs est une étape essentielle, et indispensable, de la construction de tout modèle économique, car la forme de ses résultats en dépend. Ainsi, dans le cas des modèles du DUOPOLE, les conclusions auxquelles on parvient lorsqu'on suppose que les stratégies des entreprises sont données par les quantités offertes (cas du duopole de COURNOT) sont nettement différentes de celles qu'on obtient lorsque les choix des entreprises portent sur les prix (cas du duopole de BERTRAND).

On notera que la signification que donne la théorie des jeux au mot « stratégie » n'est pas la même que celle que lui attribue le langage courant, pour lequel l'idée de stratégie est plus ou moins associée à celle d'optimalité (d'où des expressions du type « choix stratégique ») avec, en outre, une distinction entre stratégie et tactique qui n'existe pas en théorie des jeux (celle-ci ne fait d'ailleurs pas appel à la notion de « tactique », quel que soit le contenu qu'on lui donne).

En théorie des jeux, on considère *deux types de stratégies* : les stratégies pures, qui sont des variables certaines, et les STRATÉGIES MIXTES, qui sont des *distributions de probabilité* ayant pour support les stratégies pures.

Dans les jeux à un seul coup, les stratégies des joueurs sont parfois appelées *actions*, alors que dans les jeux à plusieurs coups elles prennent la forme de *listes d'instructions*, qui énumèrent ce que feront les joueurs dans chaque éventualité possible, *même si* cette éventualité ne se présente pas lors du déroulement effectif du jeu. Autrement dit, l'ensemble des stratégies (pures ou mixtes) se divise en deux grandes catégories : les actions (jeux à un seul coup) et les STRATÉGIES CONDITIONNELLES (jeux à plusieurs coups).

Stratégie conditionnelle

Forme que prennent les STRATÉGIES des joueurs dans un jeu à plusieurs coups. En effet, dans ces jeux, une stratégie d'un joueur est une *liste d'instructions*, qui précise l'action qu'il choisit à chaque ENSEMBLE D'INFORMATION qui le concerne. Le caractère « conditionnel » de la stratégie tient à ce que l'action choisie à un ensemble d'information dépend des choix faits aux coups précédents qui aboutissent à cet ensemble. Si les instructions concernent *toutes* les éventualités possibles (alors qu'*une seule* se réalise effectivement), c'est notamment parce que cela est nécessaire pour caractériser les équilibres de NASH.

A titre d'exemple, considérons le cas d'un jeu à deux coups et à deux joueurs, A et B, où A intervient d'abord en choisissant un élément de l'ensemble d'actions $\{a_1, \ldots, a_n\}$, et où B doit opter ensuite pour un élément de l'ensemble d'actions $\{b_1, \ldots, b_m\}$. Les stratégies de A se réduisent alors aux actions a ; en revanche, celles de B sont conditionnelles (aux actions possibles de A) et se présentent sous la forme de la *liste d'instructions* :

— si A choisit a_1, alors j'opte pour b_{i_1} ($i_1 = 1, \ldots, m$) ;

— ... ;

— si A choisit a_n, alors j'opte pour b_{i_n} ($i_n = 1, \ldots, m$).

Cette liste peut être écrite sous la forme condensée :

$$(b_{i_1}|a_1, \ldots, b_{i_n}|a_n),$$

ou encore, plus simplement, s'il n'y a aucune ambiguïté possible :

$$(b_{i_1}, \ldots, b_{i_n}).$$

Comme les b_i peuvent prendre m valeurs et comme chaque stratégie conditionnelle est formée de n actions b_i (qui n'ont évidemment pas besoin d'être différentes les unes des autres), il s'ensuit que le nombre de stratégies conditionnelles de B est ici égal à m^n. Ainsi, ce nombre augmente de façon exponentielle avec celui des actions dont disposent les joueurs, mais aussi avec le nombre de coups que comporte le jeu. La croissance exponentielle du nombre de stratégies (conditionnelles) avec le nombre de coups peut rendre très lourde l'étude des jeux à plusieurs coups.

Dans la représentation graphique d'un jeu à plusieurs coups par un ARBRE DE JEU, les stratégies conditionnelles d'un joueur se présentent sous la forme d'un *ensemble de branches* issues de *chacun* des nœuds où ce joueur peut avoir à prendre une décision.

Dans le cas où le jeu comporte des *actions simultanées* à certains coups, alors les stratégies conditionnelles précisent les actions choisies aux ENSEMBLES D'INFORMATION correspondants. Ainsi, si l'on considère le jeu décrit par l'arbre suivant,

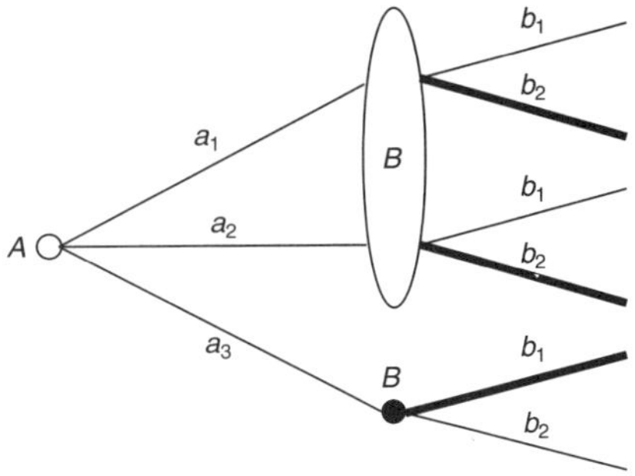

une stratégie possible de B est : « Si A opte pour a_1 ou a_2, alors j'opte pour b_2 ; si A opte pour a_3, alors j'opte pour b_1 » (cette stratégie est représentée dans l'arbre du jeu par des branches « en gras »).

Stratégie dominante

En THÉORIE DES JEUX, STRATÉGIE qui procure à un joueur des gains supérieurs à ceux qu'il peut obtenir avec n'importe laquelle de ses autres stratégies, *quel que soit le choix fait par les autres joueurs*. Si un joueur dispose d'une stratégie dominante, alors toutes ses autres stratégies sont forcément des STRATÉGIES DOMINÉES (par elle).

Un joueur rationnel ne peut, *a priori*, qu'opter pour sa stratégie dominante, s'il en a une. Toutefois, le recours aux stratégies dominantes par l'ensemble des joueurs — s'il est possible — peut conduire à des situations sous-optimales (au sens de PARETO), comme le montre l'exemple du DILEMME DU PRISONNIER.

Stratégie dominée

STRATÉGIE d'un joueur qui lui rapporte en toutes circonstances (c'est-à-dire quelles que soient les décisions prises par les autres joueurs) un gain inférieur à celui que peut lui procurer une autre de ses stratégies (qui, par conséquent, la « domine »). Ainsi, lorsqu'on s'intéresse à la « solution » d'un jeu, on commence généralement par chercher s'il comporte des stratégies dominées ; si tel est le cas, on élimine ces stratégies, puisqu'un joueur rationnel ne peut opter pour une stratégie dominée. Si le jeu de taille plus réduite auquel on aboutit alors est tel qu'il ne reste plus qu'une stratégie à la disposition de chaque participant, alors la combinaison de ces stratégies peut être considérée comme une des solutions possibles du jeu (solution dite *à stratégies dominantes*). Le DILEMME DU PRISONNIER comporte une solution de ce type ; tel est le cas aussi du jeu sous FORME STRATÉGIQUE suivant, où a_1 domine a_2 et où b_2 domine b_1, de sorte que la solution à stratégies dominantes est donnée par le couple $\{a_1, b_2\}$, avec (5,5) pour vecteurs de gains.

		B	
		b_1	b_2
A	a_1	(7,4)	(5,5)
	a_2	(6,7)	(4,8)

On peut noter, à propos de cette solution :
— *qu'elle n'est pas un* OPTIMUM DE PARETO, puisque la combinaison $\{a_2, b_1\}$ procure un gain strictement supérieur aux deux joueurs ;
— *qu'elle est un équilibre de* NASH, aucun des deux joueurs ne regrettant son choix au vu de celui de l'autre.

Élimination par itération des stratégies dominées

Généralement, l'élimination des stratégies dominées (s'il y en a) ne dégage pas une issue unique, comme dans l'exemple précédent ; si, cependant, elle conduit à un jeu de taille plus réduite, il se peut qu'il y ait dans ce jeu des stratégies dominées (qui ne l'étaient pas dans le jeu initial). Des joueurs rationnels vont donc éliminer ces stratégies, ce qui conduit à un jeu de taille plus réduite dont sont éliminées les éventuelles stratégies dominées, et ainsi de suite. On dit de cette façon de faire qu'elle consiste à *éliminer par itération les stratégies dominées*. Si elle dégage une combinaison unique de stratégies, alors celle-ci est une solution possible du jeu, à laquelle peut parvenir chaque joueur s'il procède comme le modélisateur, en éliminant par itération les stratégies dominées.

A titre d'exemple, considérons le jeu décrit par le tableau suivant :

		B		
		b_1	b_2	b_3
	a_1	(8,8)	(4,7)	(10,6)
A	a_2	(9,2)	(5,5)	(6,3)
	a_3	(7,11)	(4,4)	(8,3)

Comme b_3 est dominée par b_2, elle peut être éliminée ; dans le jeu « réduit » obtenu alors, a_1 et a_3 sont toutes deux dominées par a_2. Après élimination, il ne reste que a_2, qui est « confrontée » à b_1 et b_2 ; comme cette dernière est alors préférée par *B* (gain de 5 au lieu de 2), b_1 est éliminée et finalement on aboutit au couple de stratégies $\{a_2, b_2\}$ [auquel correspond le vecteur de gains (5,5)], qui est donc la solution (unique) du jeu obtenue en éliminant par itération les stratégies dominées. Cette solution n'est pas un optimum de Pareto puisque les combinaisons $\{a_1, b_1\}$, $\{a_1, b_3\}$ et $\{a_3, b_1\}$ procurent des gains supérieurs aux deux joueurs [respectivement, (8,8), (10,6) et (7,11)].

Un cas classique d'élimination par itération des stratégies dominées est donné par la méthode de RÉCURRENCE À REBOURS, qui s'applique aux jeux à plusieurs coups. Afin de voir ce qu'il en est, considérons le jeu simple à deux coups décrit par l'arbre suivant :

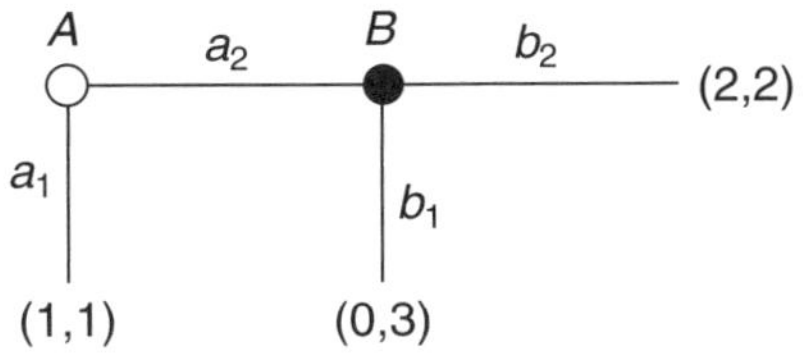

On vérifie immédiatement que la solution par récurrence à rebours est la combinaison $\{a_1, b_1\}$. Sous sa forme stratégique, ce jeu s'écrit :

		B	
		b_1	b_2
A	a_1	(1,1)	(1,1)
	a_2	(0,3)	(2,2)

On constate que b_2 est dominée par b_1 ; si on l'élimine, dans le jeu réduit restant, a_2 est dominée par a_1 ; on peut donc aussi l'éliminer. Ainsi, la solution obtenue en éliminant par itération les stratégies dominées est la même que celle de la récurrence à rebours : $\{a_1, b_1\}$. On notera qu'elle est sous-optimale au sens de Pareto, puisque $\{a_2, b_2\}$ rapporte le double aux deux joueurs (ce jeu est en fait la première étape du jeu du MILLE-PATTES, qui attire l'attention sur le caractère « déraisonnable » que peut parfois prendre la méthode d'élimination par itération des stratégies dominées, méthode qui consiste pourtant à appliquer le principe de RATIONALITÉ individuelle).

Stratégie mixte

En THÉORIE DES JEUX, distribution de probabilités affectée par un joueur à l'ensemble de ses STRATÉGIES pures. Ainsi, si un individu a le choix entre n stratégies pures, $s_1, \ldots, s_n$, alors ses stratégies mixtes sont des vecteurs de la forme $(p_1, \ldots, p_n)$, où p_i est la probabilité qu'il affecte à la stratégie pure s_i. Celle-ci peut d'ailleurs être considérée comme un cas limite, ou « dégénéré », de stratégie mixte, avec $p_i = 1$, les autres probabilités étant alors forcément nulles.

Lorsque les joueurs font appel à des stratégies mixtes, ils ont pour objectif de maximiser leur ESPÉRANCE DE GAIN, qui est calculée à partir des distributions de probabilité retenues par chacun. Pour un exemple de calcul d'espérance de gain, voir, dans l'entrée « Nash, équilibre de », la section concernant les stratégies mixtes.

Le principal problème que posent à l'économiste les stratégies mixtes est celui de leur *signification exacte*, autre que mathématique. Car que peut vouloir dire, par exemple, « afficher un prix — ou produire une quantité d'un bien — avec une certaine probabilité » ? L'interprétation qui semble la plus appropriée consiste à voir dans les stratégies mixtes l'expression des *croyances* de chaque joueur concernant les décisions que vont prendre les autres. Dans ce cas, les stratégies mixtes d'un joueur ne sont pas choisies par lui, mais par les autres. A l'équilibre de Nash, les croyances doivent concorder et être confirmées, ce qui justifie cette façon d'interpréter les stratégies mixtes.

Un théoricien des jeux réputé, Ariel Rubinstein, propose l'interprétation suivante des stratégies mixtes :

« Une stratégie mixte peut aussi être considérée comme la croyance qu'ont tous les autres joueurs sur les actions d'un joueur. Un équilibre en stratégies mixtes est alors un n-uple d'anticipations pour lesquelles il y a connaissance commune et tel que toutes les actions auxquelles est affectée une probabilité strictement positive sont optimales, pour des croyances données. Le comportement d'un joueur peut être perçu par tous les autres joueurs comme résultant d'un procédé aléatoire alors qu'il ne l'est pas » (« Comments on the interpretation of game theory », *Econometrica*, 1991 ; traduit dans *Autour de la stratégie*, éd. par B. Paulré, Presses de la Sorbonne, 1996).

Toutefois, Rubinstein remarque immédiatement après que :

« Le fait d'adopter cette interprétation [des stratégies mixtes] rend nécessaire la réévaluation de la majeure partie des applications de la théorie des jeux. En particulier, cela implique qu'un équilibre ne conduit pas à une prédiction (statistique ou autre) du comportement des joueurs. Toute action du joueur i qui est la meilleure réponse, étant donné ses anticipations, aux choix des autres joueurs (les $n - 1$ stratégies restantes) peut être logiquement considérée comme une prédiction de l'action de i (cela peut inclure des actions qui sont affectées d'une pobabilité nulle dans la stratégie mixte). Il en résulte que toutes les analyses de statique comparative ou de bien-être de l'équilibre en stratégies mixtes deviennent sans signification et cela remet en question l'énorme littérature économique qui utilise l'équilibre en stratégies mixtes. »

Les stratégies mixtes sont donc avant tout un « truc » de mathématicien, auquel l'économiste ne peut donner un sens.

Substituabilité brute

Propriété des demandes nettes en ÉQUILIBRE GÉNÉRAL qui permet notamment d'établir la STABILITÉ du TÂTONNEMENT WALRASIEN. Par définition, il y a substituabilité brute si les dérivées croisées des demandes nettes concurrentielles sont toutes strictement positives, quels que soient les biens considérés. Autrement dit, si l'on note $e_i(p_1, \ldots, p_n)$ la demande nette du bien i, il y a substituabilité brute si :

$$(e_i)'_{p_j}(p_1, \ldots, p_n) > 0,$$
quels que soient i et j, $i \neq j$.

Il résulte de la loi de WALRAS et de ces inégalités qu'on doit avoir :

$$(e_i)'_{p_i}(p_1, \ldots, p_n) < 0, i = 1, \ldots, n.$$

(la dérivée *directe* de chacune des demandes nettes est strictement négative).

La substituabilité brute implique que l'élasticité directe d'un bien dont la demande nette est positive est inférieure à – 1. Pour le montrer, on dérive — par rapport à p_1, par exemple — les deux membres de l'égalité qui caractérise la LOI DE WALRAS [en notant $P = (p_1, \ldots, p_n)$] :

$$p_1 e_1(P) + \ldots + p_n e_n(P) = 0,$$

ce qui donne :

$$e_1(P) + p_1 (e_1)'_{p_1}(P) + \ldots + p_n (e_n)'_{p_1}(P) = 0,$$

et donc, après avoir divisé par $e_1(P)$ et « réarrangé » les termes de cette égalité :

$$(1)\ \frac{p_1(e_1)'_{p_1}(P)}{e_1(P)} = -1 - \frac{p_2(e_2)'_{p_1}(P)}{e_1(P)} - \ldots - \frac{p_n(e_n)'_{p_1}(P)}{e_1(P)}.$$

Le membre de gauche de (1) est l'élasticité directe de la demande nette du bien 1. La propriété annoncée provient de ce que le membre de droite de (1) est strictement inférieur à – 1, puisque l'hypothèse de substituabilité brute implique que :

$$\frac{p_i(e_i)'_{p_1}(P)}{e_1(P)} > 0, i = 2, \ldots, n.$$

La démonstration est la même pour l'élasticité directe relativement à n'importe quel bien dont la demande nette est positive.

Le fait que la substituabilité brute impose ainsi une condition si particulière aux élasticités directes des demandes nettes prouve le caractère restrictif de cette hypothèse, qui ne peut être déduite — dans le cas général — des comportements maximisateurs individuels (comme le voudraient les canons NÉOCLASSIQUES). Elle est cependant vérifiée dans le cas d'une économie d'échanges avec des fonctions d'utilité du type COBB-DOUGLAS.

Superneutralité

Pour les partisans de la THÉORIE QUANTITATIVE DE LA MONNAIE, les variations de la masse monétaire sont « neutres », dans le sens où elles n'affectent pas les variables « réelles » (production, consommation, etc.) ; toutefois, pour la plupart d'entre eux, ces variations peuvent avoir un effet « passager », « sur le court terme ». La superneutralité correspond au cas où même ce type d'effet est exclu (aux perturbations aléatoires près). Elle signifie donc qu'il y a DICHOTOMIE totale entre les secteurs « monétaire » et « réel » de l'économie.

La superneutralité est une des conséquences des modèles des NOUVEAUX CLASSIQUES et de l'hypothèse sur les ANTICIPATIONS RATIONNELLES qui les caractérisent.

Surplus

Terme souvent utilisé pour désigner deux concepts nettement différents :

— d'une part, « ce qui reste » de la production après qu'en a été retiré tout ce qui est nécessaire à sa mise en œuvre ;

— d'autre part, l'ensemble des gains — en utilité — procurés par les échanges.

Cette seconde façon de concevoir le surplus est traitée en détail dans l'entrée SURPLUS DU CONSOMMATEUR, mais aussi dans l'entrée sur la théorie des CONTRATS (où le surplus est aussi appelé *rente organisationnelle*).

On ne s'intéressera donc ici qu'à la première version du surplus, qui est essentiellement axée sur la production ; les CLASSIQUES et MARX lui ont accordé une importance toute particulière, dans le cadre de leurs réflexions sur la répartition du produit mais aussi, et surtout, sur les conditions de l'accumulation et de la reproduction élargie du système. En effet, pour eux, le surplus est par définition donné par la différence entre ce que peut produire la société et les coûts de reproduction (ou du « maintien ») des producteurs ; il est donc à la base de l'expansion future de la production.

Deux questions, au moins, se posent à propos du surplus tel que le concevaient les classiques :
— lorsqu'on fait appel à la notion de surplus, est-ce qu'on entend par là surplus effectif (lorsqu'il y a, par exemple, chômage et, plus généralement, mésallocation des ressources) ou surplus potentiel (celui qu'il est possible d'obtenir avec une affectation optimale des ressources) ?
— quelles sont les relations entre la production, l'appropriation et l'affectation du surplus ?

Les classiques se posaient surtout cette seconde question ; plus précisément, ils se demandaient comment ces relations peuvent ou non bloquer le processus d'accroissement du surplus. C'est dans cette perspective que s'inscrivent les analyses de RICARDO, qui accordent une grande importance au problème posé par l'appropriation d'une part grandissante du surplus par les propriétaires fonciers, au fur et à mesure que des terres de moins en moins fertiles sont mises en exploitation.

La notion de surplus n'est pas sans intérêt ; elle est quasi incontournable lorsqu'on réfléchit sur le processus de développement, ou de croissance, d'un pays. Toutefois, elle pose le problème délicat de la définition de ce que sont les « producteurs », et donc de ce qu'est le « travail productif ». Dans quelle catégorie faut-il ranger les fonctionnaires — y compris l'armée et la police —, les employés, tous ceux qui opèrent dans les circuits de distribution, les sportifs, les artistes, les hommes d'Église, etc. ? Ce sont là des questions délicates, mais importantes, pour lesquelles il n'existe pas de réponse unanime.

Il est vrai que le problème ne se pose pas pour les NÉO-CLASSIQUES, pour lesquels toute activité, quelle qu'elle soit, est productive. Ce qui explique pourquoi ils se passent de la notion de surplus, dans le sens où on l'entend ici.

Surplus du consommateur

Indicateur de la satisfaction — nette des coûts — que procure à un individu l'acquisition d'une certaine quantité d'un bien, à un prix donné. A l'origine de la notion de surplus du consommateur, il y a l'idée que, pour celui-ci, les dernières unités consommées d'un bien procurent moins de satisfaction que les premières, et donc qu'il serait disposé à payer plus pour celles-ci qu'il ne le fait. Ce qui n'est vrai, évidemment, que si le prix qu'il est prêt à payer diminue au fur et à mesure qu'il augmente la consommation de ce bien.

Ainsi, si le consommateur est disposé à payer « jusqu'à » 10 euros pour un litre de lait, et si celui-ci ne coûte que 5 euros, alors ce premier litre de lait lui procure un surplus de $10 - 5 = 5$. S'il est disposé à payer 9 euros pour pouvoir consommer un deuxième litre de lait, celui-ci lui procure alors un surplus de $9 - 5 = 4$; s'il est disposé à payer 7,5 euros le troisième litre, alors le surplus est augmenté de $7{,}5 - 5 = 2$; s'il est disposé à payer 5 euros pour le quatrième litre, cela signifie que le consommateur achète 4 litres de lait ; finalement, son surplus total est égal à :
$(10 - 5) \cdot 1 + (9 - 5) \cdot 1 + (7{,}5 - 5) \cdot 1 + (5 - 5) \cdot 1 = 11{,}5$.

Ce surplus est donné par la surface hachurée de la figure 1.

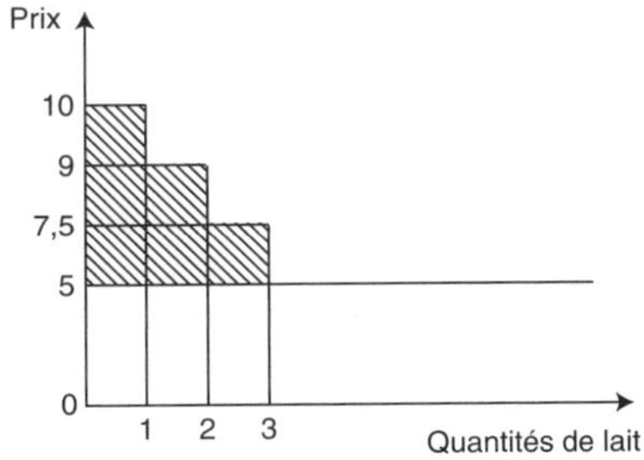

Figure 1

Souvent, on suppose que la quantité q peut prendre n'importe quelle valeur dans $\Re^+$, et que le prix $p(q)$ que le consommateur est prêt à payer (au plus) pour la q-ième « unité » du bien est une fonction continue et décroissante $p(\cdot)$. Le surplus est alors donné par l'aire de la surface délimitée par le graphe de $p(\cdot)$, la droite « horizontale » ayant pour ordonnée le prix p et l'axe des ordonnées (surface hachurée de la figure 2).

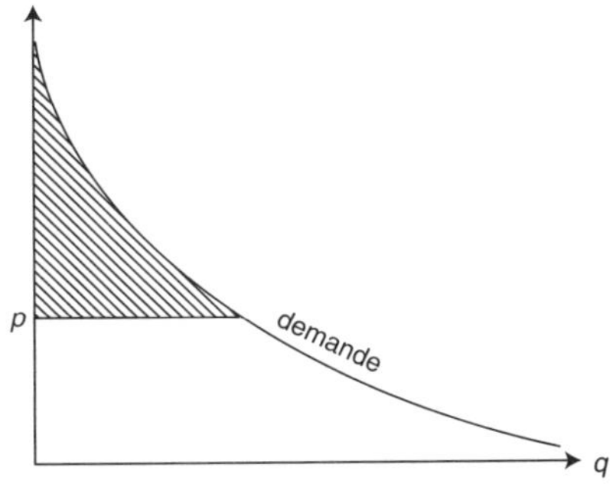

Figure 2

La notion de surplus est utilisée dans les analyses d'ÉQUILIBRE PARTIEL, avec une courbe d'offre et une courbe de demande, dans le but de comparer diverses situations possibles du point de vue du bien-être collectif.

Toutefois, cette utilisation a été contestée par les théoriciens néo-classiques eux-mêmes, au point que ceux-ci n'y recourent qu'avec beaucoup de réserves — sauf dans les manuels, qui se contentent de l'approche « intuitive » du surplus, celle qui vient d'être donnée, en laissant dans l'ombre les problèmes qu'elle soulève. C'est ainsi que Samuelson, dans le chapitre VII de ses *Fondements de l'analyse économique* (1947, traduction française chez Gauthier-Villars), donne une critique complète (non contestée depuis) de la notion de surplus du consommateur. Cette critique porte notamment sur le fait que :

— le surplus est calculé dans un *cadre d'équilibre partiel*, pour un bien « isolé », quel qu'il soit ; or, dire qu'on est « prêt à payer *x* pour une unité d'un bien » n'a pas de sens si l'on ne précise pas quel est le revenu du consommateur, quels sont les substituts du bien considéré et, plus généralement, quels sont les surplus pour chacun des autres biens, car finalement le problème posé est celui du *choix entre les divers biens* — et donc celui de la comparaison des surplus correspondants ;

— le surplus suppose une *évaluation* CARDINALE de l'utilité, puisqu'il prend la forme d'un nombre (la mesure d'une surface) ; ce qui pose déjà beaucoup de problèmes si l'on raisonne avec un seul individu, mais encore plus si l'on considère, comme cela est usuel, la demande globale d'un bien ; raisonner sur le surplus implique alors qu'on fait des *comparaisons interpersonnelles d'utilité*, ce qui pose — entre autres — le problème de la *répartition* des divers surplus entre les individus ;

— *il existe plusieurs façons de définir le surplus* (Samuelson en dénombre sept !) ; or, ces définitions conduisent à des mesures différentes : laquelle retenir ?

— tous les raisonnements qui font intervenir le surplus peuvent aussi être faits en utilisant le critère de PARETO, qui évite les comparaisons interpersonnelles d'utilité et qui adopte (ou cherche à le faire) un point de vue d'ensemble, d'équilibre général — ce qui évite donc les deux types de problèmes posés par l'approche par le surplus.

Synthèse néo-classique

Terme proposé par Paul SAMUELSON pour désigner la démarche macroéconomique qui consiste à partir du schéma d'analyse « keynésien » (essentiellement le modèle IS-LM), puis à compléter ce schéma par des équations qui relèvent d'une logique NÉO-CLASSIQUE (c'est-à-dire qui découlent de comportements maximisateurs individuels) ; le modèle a donc pour vocation d'être une « synthèse » des approches keynésienne et néo-classique.

La synthèse néo-classique part du fait que le modèle IS-LM ne considère que des *variables nominales* ; il ne permet donc pas de déterminer le niveau de production « réel » ni, surtout, celui de l'emploi. D'où l'idée d'introduire dans le modèle un indicateur des prix et des salaires, puis un « marché du travail » où sont déterminés à la fois la production et l'emploi. La démarche des théoriciens de la synthèse néo-classique est alors simple : puisque le niveau des prix devient un paramètre du modèle IS-LM, le revenu d'équilibre de ce modèle dépend de lui, la relation entre l'un et l'autre étant appelée *quasi-demande globale* ; celle-ci est alors confrontée à la *quasi-offre globale* déduite du niveau d'emploi obtenu sur le « marché du travail ». De cette confrontation résulte un nouveau concept d'équilibre, l'*équilibre global.*

L'introduction des prix dans le modèle IS-LM : la quasi-demande globale

Le modèle IS-LM est formé de deux équations : l'équation *IS*, qui exprime l'égalité entre l'épargne et l'investissement (« équilibre sur le marché des biens »), et l'équation *LM*, qui traduit l'égalité entre l'offre et la demande de monnaie (« équilibre sur le marché de la monnaie »). Le modèle comporte deux variables ENDOGÈNES, le revenu national *Y* et le taux d'intérêt *i*, les variables restantes sont donc considérées comme EXOGÈNES ; parmi elles, il y a la masse monétaire *M* et les « dépenses gouvernementales » *G*. Les analyses usuelles du modèle IS-LM consistent d'ailleurs à étudier les effets des variations de *M* et de *G* sur le revenu et le taux d'intérêt d'équilibre.

L'approche de la synthèse consiste à introduire une nouvelle variable exogène dans le modèle, le niveau des prix *P*, et à privilégier son effet sur le revenu d'équilibre (en supposant donc que les autres variables exogènes, dont M et G, sont fixées, du moins provisoirement). Ce revenu — qui est donné par l'intersection des courbes IS et LM et qu'on a noté Y^* dans l'entrée IS-LM — dépend de la valeur de P ; pour traduire cette relation, on écrit :

$$Y^* = Y^d(P),$$

la fonction $Y^d(\cdot)$ étant appelée *fonction de quasi-demande globale*. Cette fonction *ressemble* à une fonction de demande — elle met en relation des agrégats de quantités et de prix et elle est décroissante, sous les hypothèses habituelles —, *mais elle n'en est pas une* (d'où le « quasi ») ; en effet, l'agrégat Y^* [ou, ce qui est ici la même chose, $Y^d(P)$] ne représente pas un (ou des) choix pour le niveau des prix P (comme cela est le cas dans une fonction de demande), mais le *produit (national) d'équilibre* (évalué à ces prix). La fonction de quasi-demande globale, et la courbe qui la représente, relève donc de la STATIQUE COMPARATIVE, contrairement aux fonctions de demande, qui expriment des choix.

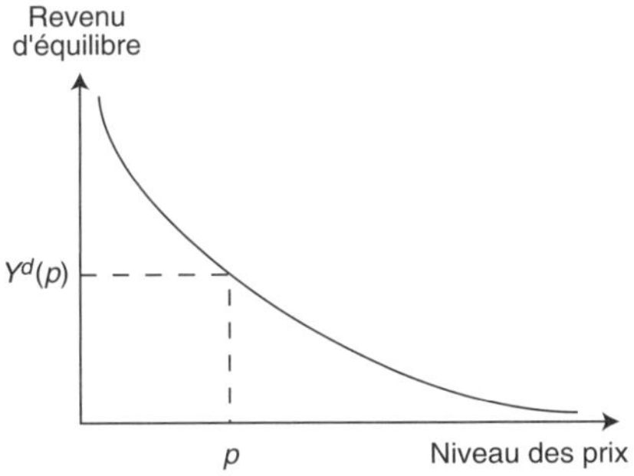

Figure 1

On peut se faire une idée de la façon dont on peut déduire une fonction de quasi-demande globale à partir du modèle IS-LM en considérant le cas particulier (et simple) où le niveau des prix P n'apparaît que dans la seule équation LM, la masse monétaire M y étant remplacée par les *encaisses réelles M/P* [on écrit donc l'équation LM : $M/P = L(Y, i)$, au lieu de $M = L(Y, i)$]. Sous ces hypothèses, la courbe IS n'est pas affectée par les variations de P, ce qui n'est pas le cas pour la courbe LM, qui, par exemple, se déplace vers la gauche lorsque P augmente (comme lorsque la masse monétaire diminue). D'où les valeurs pour la quasi-demande de la figure 2, où l'on suppose que $p_1 < p_2 < p_3$; on constate que la fonction de quasi-demande est, dans ce cas, strictement décroissante [$Y^d(p_1) > Y^d(p_2) > Y^d(p_3)$].

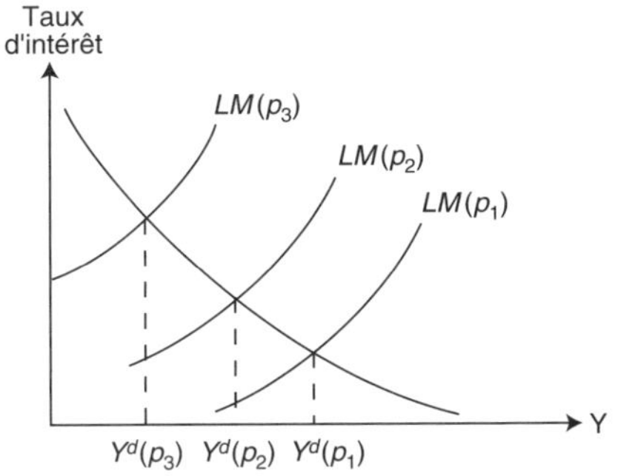

Figure 2

Le fait que la quasi-demande soit décroissante s'explique dans ce cas de la façon suivante : à un niveau des prix plus élevé et à une masse monétaire inchangée correspondent des ENCAISSES RÉELLES plus faibles et donc des transactions réduites (les agents voulant « reconstituer » — du moins en partie — leurs encaisses) ; il en est de même pour la consommation et pour la quantité de monnaie disponible pour d'autres usages (en tant que moyen de réserve, de précaution et de spéculation) ; d'où un taux d'intérêt plus élevé et un investissement plus faible. Ainsi, à la hausse des prix est associée une baisse de la consommation et de l'investissement, donc de la demande (d'équilibre).

« Marché du travail » et quasi-offre globale

A la quasi-demande établie sur la base du modèle « keynésien » IS-LM est confrontée une « quasi-offre », déduite du modèle néo-classique élémentaire (d'ÉQUILIBRE PARTIEL) de la CONCURRENCE PARFAITE. On suppose alors que les entreprises sont représentées par une FONCTION DE PRODUCTION agrégée $F(\cdot)$, dont la quantité de travail est le seul argument, et qui a les propriétés « habituelles » (dérivabilité et stricte CONCAVITÉ). Le prix P du bien (agrégé) et le salaire (nominal) W sont affichés par un commissaire-priseur, les ménages et les entreprises (agrégés) formulant leurs offres et leurs demandes de travail sur la base de ces seuls « signaux ». Ce qui conduit à la représentation usuelle du « marché du travail » de concurrence parfaite donnée dans la figure 3.

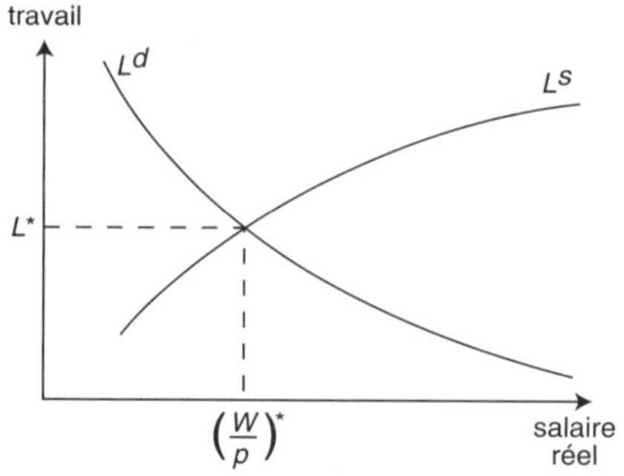

Figure 3

Au salaire réel d'équilibre $(W/P)^*$ correspond la demande de travail (de plein emploi) L^*, et donc l'offre de bien $F(L^*)$. Celle-ci est une « offre » au sens habituel, puisqu'elle résulte de maximisations individuelles (en fait, d'un AGENT REPRÉSENTATIF). La quasi-offre globale est alors, par définition, la fonction qui associe au niveau des prix P l'offre *d'équilibre* $F(L^*)$. Comme celle-ci dépend du salaire réel $(W/P)^*$, et non seulement de P, la forme de la quasi-offre globale dépend aussi du salaire nominal W et de la façon dont il varie lorsque P le fait.

Trois cas peuvent alors être envisagés :

a) *le salaire nominal varie au même rythme que les prix* ; le salaire réel demeure inchangé et l'offre de bien ne varie donc pas lorsque P le fait ; la courbe qui représente la quasi-offre dans le plan (prix, offre d'équilibre) est alors une *droite horizontale* (cas de la figure 4) ;

b) il y a *illusion monétaire* : le salaire nominal et les prix croissent au même rythme, mais les travailleurs pensent que le salaire *réel* a augmenté, ce qui les conduit à augmenter leur offre de travail au fur et à mesure que P augmente (puisque W en fait autant, et c'est lui qui guide leur choix) ; la quasi-offre est représentée par une *courbe croissante* (cas de la figure 5) ;

c) *le salaire nominal ne varie pas au même rythme que les prix*, de sorte que le salaire réel n'égalise plus l'offre et la demande de travail : il y a DÉSÉQUILIBRE sur le « marché du travail », et la quasi-offre est représentée par une *courbe coudée* (cas de la figure 6).

L'équilibre global

L'équilibre global résulte de la confrontation de la quasi-offre et de la quasi-demande globales ; il suppose donc l'égalité simultanée de l'épargne et de l'investissement (*IS*), de l'offre et de la demande de monnaie (*LM*) et de l'offre et de la demande de travail (sauf si l'on se situe dans le cas *c* de la quasi-offre). Il est donné graphiquement par l'intersection des courbes de quasi-demande et de quasi-offre ; il dépend donc des trois formes que peut prendre celle-ci (cas *a*, *b* et *c* du paragraphe précédent).

Dans le cas *a*, où le salaire et le prix évoluent au même rythme et où il n'y a pas d'illusion monétaire, la quasi-offre globale est constante et égale à $F(L^*)$. La situation est du type de celle qui est représentée dans la figure 4, où l'équilibre global est donné par le couple $(p^*, F(L^*))$.

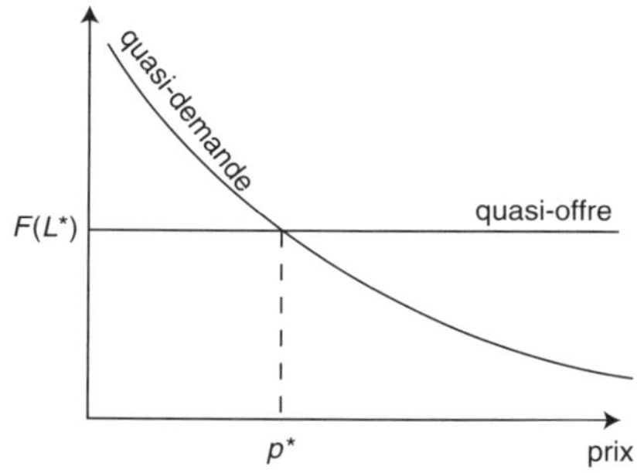

Figure 4

Dans le cas *b*, où il y a illusion monétaire de la part des travailleurs, la situation est celle décrite par la figure 5, la production d'équilibre (Q^{**}) étant supérieure à celle de l'équilibre de concurrence parfaite, $F(L^*)$.

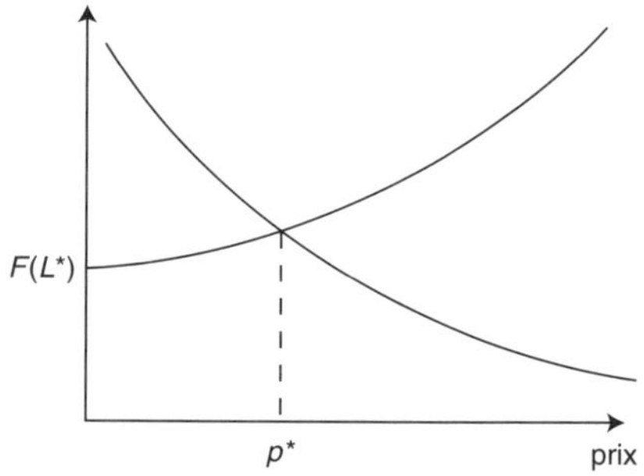

Figure 5

La situation est bien plus compliquée dans le cas *c*. Pour en faciliter la présentation, on supposera que le salaire nominal W est fixé, ce qui n'est pas très gênant ; en effet, le point essentiel ne réside pas dans la « rigidité » du salaire, mais dans le fait que le salaire réel n'est plus supposé ajuster « automatiquement » et « instantanément » l'offre et la demande de travail.

Soit donc $W = W^o$. Comme les entreprises ne peuvent être forcées à embaucher plus qu'elles ne le veulent, ni les travailleurs à faire des heures plus qu'ils ne le désirent, soit les unes, soit les autres subissent un rationnement (selon les valeurs de P). Ainsi, si P est faible, le salaire réel W^o/P est élevé et l'offre de travail est supérieure à la demande (segment de courbe *BA* dans la figure 6) ; il y a alors CHÔMAGE involontaire. Tel n'est plus le cas si P augmente au point que W^o/P devienne inférieur au salaire réel « concurrentiel » $(W/P)^*$, car alors la demande de travail dépasse l'offre (segment de courbe *CB*).

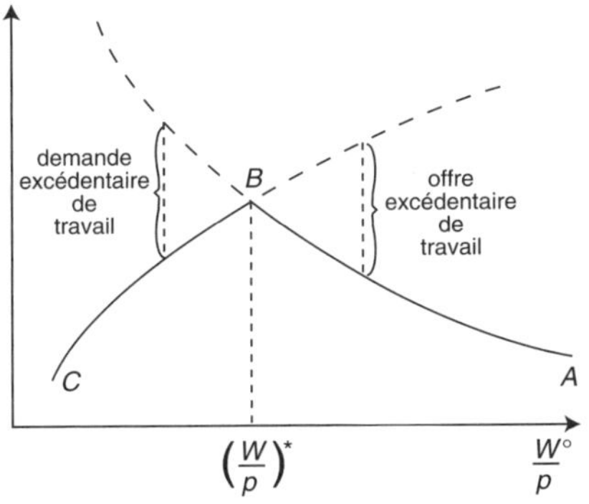

Figure 6

La figure 6 reprend la représentation traditionnelle, avec courbe d'offre et courbe de demande, tout en envisageant des situations où certains agents sont rationnés (ces situations sont décrites par la courbe *CBA*).

Pour obtenir la quasi-offre, on part de la figure 6, mais avec le prix P en abscisse, plutôt que W^o/P. Comme P et W^o/P évoluent de façon opposée (lorsque l'un augmente, l'autre diminue), la courbe de quasi offre est la même que celle de la figure 6 (courbe *CBA*), mais « à l'envers » — courbe *ABC* de la figure 7. Dans cette figure, on a aussi tracé deux courbes de quasi-demande, y_1^d et y_2^d On constate alors que l'équilibre global peut ne pas exister — cas de la courbe y_1^d — ou qu'il peut être multiple — cas de la courbe y_2^d, où il y a deux équilibres, *E* et *E'*. L'équilibre *E* comporte du chômage involontaire, alors qu'à l'équilibre *E'* ce sont les entreprises qui voient leur demande de travail rationnée.

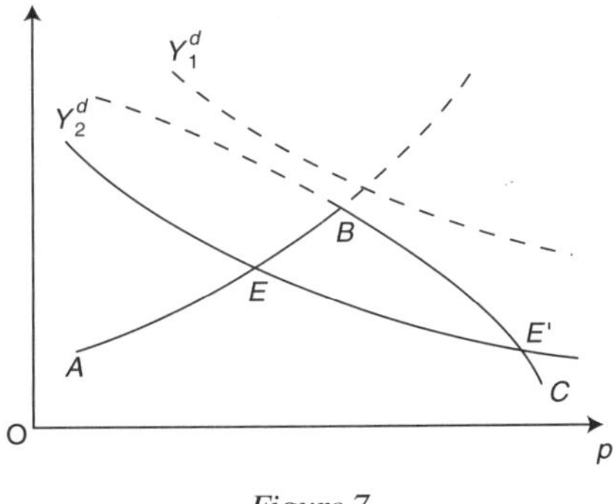

Figure 7

Synthèse néo-classique et politique économique

La démarche suivie jusqu'à présent a comporté *deux étapes* :

— toutes les variables ont d'abord été considérées comme des paramètres, *sauf* le revenu et le taux d'intérêt (« inconnues » du modèle IS-LM) et le salaire réel (inconnue du modèle du « marché du travail ») ; on a alors calculé la « solution » de chacun de ces deux modèles (c'est-à-dire les valeurs d'équilibre de leurs « inconnues ») ;

— puis on a fait varier le niveau des prix (qui, de paramètre, devient une variable), ce qui « déplace » les valeurs d'équilibre trouvées à la première étape. Les courbes engendrées par de tels « déplacements » ont été appelées *courbes de quasi-demande* (déduite du modèle IS-LM) et *de quasi-offre* (déduite du modèle du « marché du travail ») ; leur intersection donne l'équilibre global.

L'*étape suivante* consiste à étudier les effets sur l'équilibre global des variations des paramètres qui restent dans le modèle — les « instruments de la politique économique », telles la masse monétaire et les dépenses du gouvernement. La démarche relève, une fois de plus, de la STATIQUE COMPARATIVE.

A titre d'illustration, supposons que la masse monétaire M augmente ; la courbe de quasi-demande se déplace alors vers le haut, car à la hausse de la masse monétaire correspond, à prix inchangés, une hausse du revenu (les transactions étant plus nombreuses et le taux d'intérêt baissant, ce qui favorise l'investissement et l'effet multiplicateur qui l'accompagne). L'effet de la hausse de M sur l'équilibre global dépend de la forme de la quasi-offre globale, qui elle-même dépend de la façon dont le salaire varie. Trois cas doivent donc être envisagés :

a) le prix et le salaire s'« ajustent » simultanément, sans qu'il y ait illusion monétaire ; la production d'équilibre (et le revenu réel) $F(L^*)$ ne change donc pas, tandis que le niveau des prix d'équilibre augmente ; il y a

DICHOTOMIE stricte, au sens de la THÉORIE QUANTITATIVE DE LA MONNAIE ;

b) les salariés sont soumis à l'*illusion monétaire* (cas de la figure 5) ; le nouvel équilibre global correspond alors à un niveau des prix et à une production (et donc un emploi) plus élevés ; la situation présente donc des similitudes avec celle que décrit la COURBE DE PHILLIPS ;

c) le salaire nominal est fixé ; si l'on est dans l'équilibre de sous-emploi E de la figure 7, alors le déplacement vers la droite de la courbe de quasi-demande (dû à la hausse de M) se traduit par une hausse de l'emploi et du revenu global (tout au moins tant que le point B n'est pas atteint) ; cette hausse se fait « au détriment » du salaire réel W^o/P, puisque le niveau des prix augmente alors que le salaire nominal W^o demeure inchangé. Ainsi, la diminution du chômage est obtenue en baissant le salaire réel, mais non le salaire nominal (certains voient là une illustration de l'idée de Keynes selon laquelle une baisse du salaire nominal n'est généralement pas une bonne chose).

Une augmentation des dépenses gouvernementales G conduit à des conclusions similaires — la quasi-demande globale se déplaçant aussi vers la droite —, même si la valeur des MULTIPLICATEURS est différente.

Conclusion : une synthèse incohérente ?

Issue du modèle IS-LM, la synthèse néo-classique n'échappe pas à la plupart des critiques adressées à ce modèle (notamment sur l'absence de toute forme d'incertitude et sur le caractère exogène de la création monétaire) ; comme elle n'échappe pas à la critique de la vision du « marché du travail » que donne le modèle de la concurrence parfaite.

Toutefois, le *principal reproche* qu'on peut adresser à la synthèse néo-classique, en tant que telle, tient à sa conception même. En effet, en cherchant à « synthétiser » des approches fondées sur des logiques différentes, elle *superpose des analyses en équilibre partiel*, sans donc prendre en compte toutes les interdépendances que suppose une approche « globale », ou d'ensemble. Ainsi, le salaire nominal n'est pas une variable du côté « demande » du modèle et ne joue donc aucun rôle dans la quasi-demande, ce qui est pour le moins étonnant ; de même, la demande de travail dépend exclusivement du salaire réel, et non de la demande de biens, qui est pourtant à l'origine de l'embauche par les entreprises.

En fait, pour rétablir la cohérence de l'analyse — de façon à tenir compte de toutes les interdépendances —, il faudrait adopter d'emblée une approche d'ÉQUILIBRE GÉNÉRAL ; mais, ce faisant, le modèle perdrait sa qualité de « synthèse », tout son volet « keynésien » étant liquidé au profit d'une démarche strictement NÉO-CLASSIQUE — comme dans les modèles d'ÉQUILIBRE GÉNÉRAL CALCULABLE ou comme dans ceux du déséquilibre. En outre, l'analyse en équilibre général est bien plus lourde et, surtout, elle se heurte à cet obstacle insurmontable qu'est le théorème de SONNENSCHEIN, qui interdit les conclusions de statique comparative, à moins d'opter pour des spécifications particulières.

Malgré leur plus grande « cohérence », ces approches alternatives n'ont donc pas réussi à s'imposer ou, du moins, à faire disparaître les modèles qui ont la synthèse néo-classique pour point de départ et qui sont encore les plus utilisés dans les études macroéconomiques appliquées.

Synthèse néo-classique en économie ouverte

Approche macroéconomique qui fait appel à la quasi-offre et à la quasi-demande globales en tenant compte des échanges avec l'extérieur. On s'en tiendra ici à l'analyse de ce qui se passe dans un « petit pays », c'est-à-dire dans un pays dont les prix ou les offres et demandes n'influencent pas les cours mondiaux.

Le *cas le plus simple* est alors celui d'un petit pays dont les prix intérieurs (y compris les taux d'intérêt) sont les mêmes que les cours mondiaux, au taux de change près (il y a « parité du pouvoir d'achat »). Dans ce cas, les prix dans le pays sont EXOGÈNES (puisqu'ils sont déterminés par le « reste du monde »). Il est alors supposé que, comme en CONCURRENCE PARFAITE, les producteurs font leurs plans sur la base de ces prix, et qu'ils peuvent écouler effectivement toute leur production. Ainsi, le revenu — contrepartie de cette production — est également déterminé. Comme le taux d'intérêt l'est aussi (par le reste du monde), le modèle ne comporte plus d'« inconnue » : des prix donnés (exogènes) se déduisent toutes les variables du modèle. Parmi elles, il y a la *demande de monnaie*, $PL(Y, i)$; or, comme le modèle adopte exclusivement un point de vue d'équilibre, il s'ensuit que pour que cette demande soit égale à l'offre, il faut que celle-ci s'« adapte », c'est-à-dire qu'elle soit totalement ENDOGÈNE, contrairement à ce qui est supposé habituellement dans les modèles IS-LM et de la synthèse néo-classique.

Si l'on adopte une position moins extrême, en considérant que les prix peuvent varier dans le pays de façon autonome, alors on part des équations *IS* et *LM* dans lesquelles on fait intervenir les prix, notamment en ce qui concerne les échanges de marchandises. Ainsi, l'équation *IS* est comme dans le modèle IS-LM EN ÉCONOMIE OUVERTE :

(1) $$Y = C(Y) + I(i) + G + Exp(P) - \frac{1}{P}\, Imp\,(Y, P)$$

(pour simplifier, on a affecté les importations du coefficient $1/P$, sans faire apparaître le taux de change ni les prix extérieurs, qui sont de toute façon considérés comme fixés). Si l'on considère l'équation (1) du point de vue des variations (en prenant la DIFFÉRENTIELLE de ses deux membres), alors il vient :

(2) $$\Delta Y = c\Delta Y + I'(i)\Delta i + \Delta G + \left[Exp'(P) + \frac{1}{P^2} Imp(Y,P) - \frac{1}{P} Imp'_p(Y,P)\right] \Delta P,$$

où c est la propension marginale à consommer, $C'(Y)$.

Le terme (entre crochets) qui sert de coefficient à ΔP peut être transformé de façon à faire apparaître, comme dans la condition de MARSHALL-LERNER, les ÉLASTICITÉS-prix des importations et des exportations (η_{imp} et η_{exp}). Pour cela, il suffit de factoriser $(1/P)^2 Imp(Y, P)$ et d'appliquer la formule qui donne l'élasticité d'une fonction [ici, $Exp(\cdot)$ et $Imp(\cdot)$], en considérant que le couple (Y, P) de référence (« de départ ») représente un équilibre de la balance des paiements [soit $Exp(P) = (1/P)Imp(Y, P)$] ; le coefficient de ΔP dans (2) s'écrit alors :

$$\frac{1}{P^2} Imp(Y,P)(\eta_{exp} + 1 - \eta_{imp}).$$

Si la condition de Marshall-Lerner est vérifiée, alors ce coefficient est *négatif* ; c'est pourquoi on le notera par la suite $-\gamma$. Dans ces conditions, l'équation *IS* (en variations) donnée par (2) peut se mettre sous la forme :

(3) $(1 - c)\Delta Y - I'(i)\Delta i = \Delta G - \gamma\Delta P.$

Les choses sont plus simples en ce qui concerne l'équation *LM*, du moins si on ne s'intéresse pas aux mouvements de capitaux. En effet, en considérant les variations de l'équation qui donne l'égalité de l'offre et de la demande de monnaie (en « valeur réelle », d'où le terme en P) :

$$PL(Y, i) = M,$$

il vient :

(4) $L(Y, i)\Delta P + Pl_1\Delta Y - Pl_2\Delta i = \Delta M,$

où $l_1 = L'_Y(Y, i)$ et $l_2 = -\ L'_i(Y, i)$ (on met un signe « moins » devant L'_i pour que l_2 soit positif). L'équation (4) peut aussi se mettre sous la forme :

(5) $Pl_1\Delta Y - Pl_2\Delta i = \Delta M + L(Y, i)\Delta P.$

Avec (3), elle forme un système de deux équations linéaires à deux inconnues, ΔY et Δi, dont la solution s'obtient aisément en appliquant la méthode de CRAMER ; soit, en ce qui concerne le revenu :

$$\Delta Y = \frac{(\gamma Pl_2 - I'(i))L(Y,I)\Delta P - Pl_2\Delta G + I'(i)\Delta M}{-(1-c)Pl_2 + I'(i)Pl_1}.$$

Le dénominateur de cette expression (qui est le déterminant de la matrice des coefficients de ΔY et Δi dans le système linéaire) est strictement négatif (puisque, par hypothèse, $I'(i)$ l'est). Si l'on note *det* ce dénominateur, alors la pente de la fonction de quasi-demande est donnée, au voisinage de l'équilibre de référence, par le coefficient :

$$\frac{(\gamma Pl_2 - I'(i))L(Y,I)}{det}.$$

Cette pente est strictement négative car *det* l'est, alors que le terme en numérateur est positif (γ, P, l_2 et $L(Y, i)$ l'étant, alors que $I'(i)$ est négatif). Autrement dit, la fonction de quasi-demande est décroissante, avec une pente d'autant plus grande, en valeur absolue, que l'effet des relations avec l'extérieur symbolisé par γ est important.

Les multiplicateurs associés aux dépenses gouvernementales et à la masse monétaire — dont les variations provoquent des déplacements de la courbe de quasi-demande — sont tous deux positifs (puisque *det*, $-Pl_2$ et $I'(i)$ sont strictement négatifs).

En ce qui concerne la quasi-offre, l'analyse est la même qu'en économie fermée, puisqu'on suppose toujours qu'elle dépend essentiellement de l'offre de travail. On peut alors examiner comment varie cette offre dans les cas où il y a des PRÉVISIONS PARFAITES, des ANTICIPATIONS ADAPTATIVES (avec équilibre temporaire) ou même du CHÔMAGE involontaire. L'équilibre global se trouve aussi à l'intersection des courbes de quasi-offre et de quasi-demande, les paramètres qui affectent celle-ci étant évidemment plus nombreux et leurs interactions plus complexes.

Système complet de marchés

Hypothèse selon laquelle il existe pour *chaque* bien d'une économie un prix unique et une forme d'organisation sociale qui permet aux agents d'effectuer les transactions qu'ils désirent à ce prix. Dans le cas où l'économie a une durée de vie de T périodes ($T > 1$), l'existence d'un système complet de marchés permet aux agents de faire — dès l'« instant initial » — des CHOIX INTERTEMPORELS sur tous les biens, présents *et* futurs, à des prix déterminés et connus de tous ; autrement dit, les agents déterminent une fois pour toutes ce qu'ils vont produire et consommer durant leur vie, en dehors de toute INCERTITUDE. L'hypothèse sur le système complet de marchés a été étendue, notamment par Arrow et Debreu, au cas des BIENS CONDITIONNELS relatifs aux diverses formes que peuvent prendre les ÉTATS DE LA NATURE.

L'hypothèse sur les marchés complets est présente — même si elle n'est pas explicitée — dans les modèles de base de la MICROÉCONOMIE, dès qu'il est supposé qu'il existe un prix pour *chacun* des biens qui entre dans les fonctions-objectif des agents (la fonction d'utilité pour le consommateur, la fonction de production pour l'entreprise). Elle joue un rôle essentiel dans la démonstration d'ARROW-DEBREU sur l'existence et l'optimalité (au sens de PARETO) d'au moins un équilibre général de CONCURRENCE PARFAITE.

La présence d'EXTERNALITÉS peut être considérée comme incompatible avec l'hypothèse sur l'existence d'un système complet de marchés, puisque les externalités correspondent à des « biens » (telle la pollution) pour lesquels il n'y a pas de prix affiché et qui ne sont pas soumis à l'échange.

Il suffit qu'il y ait *un seul* bien futur pour lequel il n'y a pas de « prix initial » affiché pour que le modèle soit profondément bouleversé, car alors toute la spéculation se concentre sur ce bien. On passe d'une approche d'un point de vue INTERTEMPOREL (celle où il y a un système complet de marchés) à une analyse en terme d'ÉQUILIBRE TEMPORAIRE, où l'*incertitude* et les anticipations des agents jouent un rôle décisif. D'ailleurs, tout modèle avec des choix individuels rationnels où les anticipations des agents n'interviennent pas suppose implicitement l'existence d'un système complet de marchés.

Système d'équations différentielles linéaires (à coefficients constants)

Ensemble d'ÉQUATIONS DIFFÉRENTIELLES de la forme :

$$(1)\qquad \begin{cases} \dot{x}_1 = a_{11}x_1 + \ldots + a_{1n}x_n \\ \ldots\ldots\ldots\ldots\ldots\ldots\ldots\ldots \\ \dot{x}_n = a_{n_1}x_1 + \ldots + a_{n_n}x_n \end{cases}$$

que l'on écrit sous la forme matricielle :

$$(1')\qquad \dot{\mathrm{X}} = \mathbf{A}\,\mathrm{X}.$$

Pour résoudre ce système, on *diagonalise* la matrice **A** ; autrement dit, on la met sous la forme :

$$\mathbf{A} = \mathbf{P}\,\mathbf{D}\,\mathbf{P}^{-1},$$

où **P** est une matrice formée par n VECTEURS PROPRES linéairement indépendants de **A** et où **D** est une *matrice diagonale*, matrice carrée dont tous les éléments sont nuls, saufs ceux de sa diagonale qui sont donnés par les n VALEURS PROPRES de **A**, notées λ_i, $i = 1, \ldots, n$.

En remplaçant dans (1′) **A** par **P D P**$^{-1}$, il vient :

$$\dot{\mathrm{X}} = \mathbf{P}\,\mathbf{D}\,\mathbf{P}^{-1}\,\mathrm{X}.$$

D'où, en prémultipliant les deux membres de cette égalité par **P**$^{-1}$ et en posant $\mathrm{Z} = \mathbf{P}^{-1}\mathrm{X}$:

$$\dot{\mathrm{Z}} = \mathbf{D}\,\mathrm{Z},$$

système qui s'écrit, si l'on note z_i la i-ème composante du vecteur Z :

$$\begin{cases} \dot{z}_1 = \lambda_1 z_1 \\ \ldots\ldots\ldots\ldots \\ \dot{z}_n = \lambda_n z_n \end{cases}$$

et dont la solution est immédiate :

$$z_i(t) = z_i(0)\cdot e^{\lambda_i t},\ i = 1, \ldots, n.$$

Comme les $z(t)$ ainsi trouvés sont les composantes du vecteur $\mathrm{Z}(t)$, on obtient la solution $\mathrm{X}(t)$ de (1) — ou de (1′) — en se servant du fait que :

$$\mathrm{Z} = \mathbf{P}^{-1}\mathrm{X} \Rightarrow \mathrm{X} = \mathbf{P}\mathrm{Z}.$$

Comme le produit d'une matrice par un vecteur-colonne est donné par la combinaison linéaire des colonnes de la matrice, avec pour coefficients les éléments du vecteur, on peut écrire :

$$\begin{aligned} \mathrm{X}(t) &= \mathbf{P}\mathrm{Z}(t) \\ (5)\qquad &= \Sigma\, z_i(0)\,e^{\lambda_i t}\,\mathrm{P}_i, \end{aligned}$$

où P_i est un vecteur propre associé à la valeur propre λ_i — c'est la i-ème colonne de **P**.

Le problème de la stabilité

La formule (5) donne la *solution générale* du système (1). Comme cette solution comporte des exponentielles, elle va tendre vers l'infini (ou avoir des oscillations de plus en plus fortes) lorsque t tend vers l'infini, *sauf si toutes* les valeurs propres λ sont *strictement négatives* — ou à parties réelles strictement négatives. Si tel est le cas, il y a stabilité globale, la solution X(t) tendant vers 0 *quelle que soit* la « condition initiale » $Z(0)$ (et donc $X(0)$).

Une *condition nécessaire* pour qu'il y ait stabilité globale est que la TRACE de **A** soit strictement négative (puisque cette trace est égale à celle de Λ, et donc à la *somme* de ses valeurs propres) et que le déterminant de **A** soit du même signe que $(-1)^{\textit{ordre de } \mathbf{A}}$ (puisque ce déterminant est le même que celui de Λ, qui est égal au *produit* des valeurs propres de **A**). Cette condition nécessaire est *suffisante* dans le cas où le système est d'ordre 2, car comme le produit des racines est alors positif, elles ont le même signe, qui ne peut qu'être négatif, puisque leur somme (la trace de **A**) l'est.

Si certaines valeurs propres sont positives — ou à partie réelle positive —, alors on peut choisir les conditions initiales de façon que les coefficients $z(0)$ qui affectent ces valeurs propres dans (5) soient nuls, de telle sorte que la convergence de X(t) soit assurée. Mais, évidemment, pour cela il faut donner des valeurs très particulières aux conditions initiales ; la situation est donc de type POINT-SELLE, au sens large.

Système d'équations de récurrence linéaires (à coefficients constants)

Système de la forme :

$$\begin{cases} x_{1t} = a_{11}x_{1t-1} + \dots + a_{1n}x_{nt-1} \\ \dots\dots\dots\dots\dots\dots\dots\dots \\ x_{nt} = a_{n1}x_{1t-1} + \dots + a_{nn}x_{nt-1} \end{cases}$$

ou, ce qui est équivalent, de la forme :

(1) $$X_t = \mathbf{A}X_{t-1}$$

où **A** est une matrice carrée d'ordre n.

Par récurrence, il vient immédiatement de (1) :

$$X_t = \mathbf{A}^t X_0.$$

Pour savoir si X_t converge (vers 0) lorsque t tend vers l'infini, il faut étudier le comportement de $\mathbf{A}^t$. Or, si **A** est diagonalisable (ce qui est généralement le cas), alors :

(2) $$\mathbf{A} = \mathbf{P}\,\mathbf{D}\,\mathbf{P}^{-1},$$

où **P** est une matrice formée de n VECTEURS PROPRES linéairement indépendants de **A**, et **D** une *matrice diagonale* ayant les valeurs propres de **A** sur la diagonale. De (2), il vient immédiatement :

$$\mathbf{A}^t = \mathbf{P}\,\mathbf{D}^t\,\mathbf{P}^{-1}.$$

Or, les éléments de $\mathbf{D}^t$ sont soit nuls (termes en dehors de la diagonale), soit de la forme λ_i^t, où λ_i est une valeur propre de **A** (termes de la diagonale). Par conséquent, pour que $\mathbf{A}^t$ tende vers 0 lorsque t tend vers l'infini, il faut et il suffit que *toutes les valeurs propres de* A *soient de module strictement inférieur à* 1.

Une *condition nécessaire* pour que tel soit le cas est que le déterminant de **A** soit, en valeur absolue, strictement inférieur à 1 (puisque ce déterminant est le même que celui de **D**, lui-même produit des valeurs propres de **A**). Une autre condition nécessaire est que la TRACE de **A** soit, en valeur absolue, inférieure à n (puisque cette trace est égale à celle de **D**, et donc à la somme des valeurs propres de **A**).

Une *condition suffisante* pour que $\mathbf{A}^t$ tende vers 0 lorsque t tend vers l'infini est que la matrice **A** soit productive. Pour plus de détails, voir *Mathématiques des modèles dynamiques pour économistes*, par Sophie Jallais, La Découverte, coll. « Repères », 2001.

T

Tâtonnement

Expression utilisée d'abord par WALRAS, puis reprise par la suite (y compris par les Anglo-Saxons) pour désigner le processus de recherche des prix d'équilibre, dans les modèles qui ont les caractéristiques de la CONCURRENCE PARFAITE. Le tâtonnement est habituellement considéré comme une représentation idéalisée de la « loi de l'offre et de la demande », selon laquelle le prix d'un bien augmente lorsque sa demande est supérieure à son offre, et diminue dans le cas contraire. C'est SAMUELSON qui a le premier donné la version mathématique du tâtonnement dont on se sert encore actuellement (on trouve sa présentation dans son ouvrage *Les Fondements de l'analyse économique*, Harvard University Press, 1947 ; édition française Gauthier Villars, 1949).

Pour comprendre la signification exacte des équations qui décrivent le tâtonnement, il faut se rappeler qu'il a lieu dans le *cadre institutionnel* de la concurrence parfaite, dont les principales caractéristiques sont :

— des prix affichés (un par bien) par une instance centrale ;
— des agents qui connaissent ces prix et qui calculent leurs offres et leurs demandes à partir d'eux exclusivement (en faisant comme s'ils étaient des prix d'équilibre) ;
— une centralisation des offres et des demandes, qui sont confrontées globalement ;
— l'absence de relations directes entre les agents (tout passe par le centre).

Le tâtonnement dans le cas d'un seul bien

Le cadre institutionnel du tâtonnement est le même si l'on considère un ou plusieurs biens. C'est pourquoi on va d'abord se situer dans le cas où seul le prix d'un bien varie. Si l'on appelle p ce prix, alors l'agent i va en offrir une quantité $s_i(p)$, ou en demander une quantité $d_i(p)$; après avoir enregistré l'offre, ou la demande, de chacun des agents, le commissaire-priseur calcule la *demande nette globale* :

$$\Sigma(d_i(p) - s_i(p)),$$

qu'on note :

$$d(p) - s(p).$$

Si à l'instant t le prix du bien est p_t, alors l'équation qui décrit le tâtonnement est :

(1) $$p_{t+1} - p_t = f(d(p_t) - s(p_t)),$$

où $f(\cdot)$ est une fonction « qui conserve le signe » ($f(x) > 0$ si $x > 0$; $f(0) = 0$; $f(x) < 0$ si $x < 0$). L'équation (1) signifie que, si au prix p_t affiché à l'instant t, la demande est supérieure (inférieure) à l'offre, alors le commissaire-priseur augmente (diminue) le prix du bien entre t et $t + 1$.

La *forme* des fonctions $d(\cdot)$ et $s(\cdot)$ ne change pas en cours de processus parce qu'il est supposé qu'il n'y a pas d'échanges tant qu'un équilibre n'est pas atteint et parce que les CONJECTURES des agents demeurent les mêmes tout au long du tâtonnement (à chacune de ses étapes, ils déterminent leurs offres et leurs demandes en faisant « comme si » les prix affichés — quels qu'ils soient — étaient d'équilibre).

Si on met l'équation (1) sous la forme :

(2) $$p_{t+1} = p_t + f(d(p_t) - s(p_t)),$$

on se trouve devant une *relation de récurrence* sur le prix du bien, relation qu'on peut écrire, de façon plus ramassée :

(2′) $$p_{t+1} = g(p_t).$$

Ainsi, les ÉQUILIBRES (de concurrence parfaite) associés au processus de tâtonnement (1) sont donnés par les POINTS FIXES de la fonction $g(\cdot)$, c'est-à-dire par les prix p_e tels que :

$$p_e = g(p_e)$$

(on vérifie immédiatement que si dans (2) on a $p_{t+1} = p_t = p_e$, alors l'offre est égale à la demande).

Comme son nom l'indique, le tâtonnement a pour but de « trouver » un prix d'équilibre, ce qui n'est possible que si la suite (p_t) converge ; or elle peut ne pas le faire : tout dépend de la forme de la fonction $g(\cdot)$ — et donc de celle des offres et des demandes — et du « prix initial » p_0.

Pour se faire une idée de ce qu'il en est, envisageons le cas simple où toutes les fonctions sont linéaires (plus précisément, affines) :

$$f(x) = kx,\ d(p) = a - bp,\ s(p) = cp,$$

les coefficients k, a, b et c étant supposés strictement positifs. Dans ce cas, l'équation (2′) s'écrit :

(3) $\quad p_{t+1} = (1 - kb - kc)p_t + ka.$

Le prix p_e est d'équilibre s'il est un point fixe de (3), donc si :

(4) $\quad p_e = (1 - kb - kc)p_e + ka.$

Si l'on soustrait membre à membre les équations (3) et (4), il vient :

$$p_{t+1} - p_e = (1 - kb - kc)(p_t - p_e).$$

La suite $(p_t - p_e)$ est donc une PROGRESSION GÉOMÉTRIQUE de raison :

$$1 - kb - kc.$$

Par conséquent, le tâtonnement converge vers l'équilibre p_e si, et seulement si, cette raison est, *en valeur absolue*, strictement inférieure à 1, donc si :

(5) $\quad k(b + c) < 2$

(on rappelle que comme les coefficients k, b et c sont, par hypothèse, strictement positifs, on a toujours $1 - kb - kc < 1$; l'inégalité (5) n'est donc qu'une autre forme d'exprimer le fait que $-1 < 1 - kb - kc$).

La condition (5) est assez restrictive ; elle dépend notamment de la valeur que donne le commissaire-priseur au coefficient k. Si cette valeur est « petite », la condition (5) est vérifiée ; mais plus elle est petite et plus la convergence vers l'équilibre est lente — ce qui rend encore plus invraisemblable le fait que les agents formulent leurs offres et leurs demandes comme s'il y avait toujours équilibre.

Le tâtonnement tel qu'il a été envisagé jusqu'à présent est de type *séquentiel* : il se déroule pas à pas, ce qui est intuitivement le plus évident. Toutefois, souvent, essentiellement pour des raisons d'ordre mathématique, il est supposé avoir lieu « en continu » ; il est alors décrit par l'ÉQUATION DIFFÉRENTIELLE :

(6) $\quad \dot{p} = f(d(p) - s(p)),$

où $\dot{p}$ est la dérivée du prix par rapport au temps et $f(\cdot)$ une fonction qui conserve le signe. L'équation (6) s'interprète comme l'équation (1) (le prix augmente lorsque la demande est supérieure à l'offre, il diminue dans le cas contraire). Elle suppose le même cadre institutionnel qu'elle.

Dans le cas continu, il suffit que la *demande nette* $e(p) = d(p) - s(p)$ soit strictement décroissante et s'annule en un point pour que le tâtonnement soit stable, comme le montre le diagramme des phases suivant :

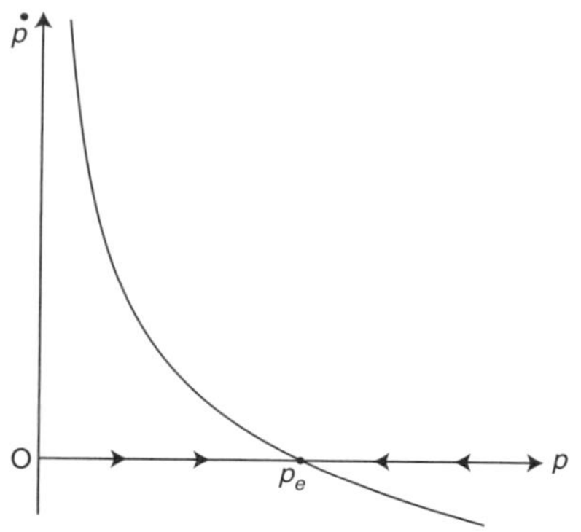

La demande nette est strictement décroissante si la demande l'est et si l'offre est croissante, ce que supposent généralement les analyses d'ÉQUILIBRE PARTIEL.

Le tâtonnement en équilibre général

Comme le tâtonnement en équilibre général fait les mêmes hypothèses « institutionnelles » que le tâtonnement en équilibre partiel (prix affiché unique, centralisation des offres et des demandes individuelles, conjectures invariantes tout au long du processus, absence d'échanges en dehors de l'équilibre), il est représenté par des équations du même type que lui ; la seule différence — mais elle est de taille — est qu'en équilibre général les prix de *tous* les biens interviennent dans chacune des demandes nettes. L'équation qui caractérise le tâtonnement pour un bien i quelconque est alors :

(7) $\quad \dot{p}_i = f_i(d_i(P) - s_i(P))$

où P représente le vecteur-prix $(p_1, \ldots, p_n)$ $(1 \leq i \leq n)$.

Si l'on regroupe les n équations du type (7) — il y en a une par bien —, alors on se trouve en présence d'un système d'ÉQUATIONS DIFFÉRENTIELLES d'ordre n dont l'« inconnue » est la « trajectoire de prix » $P(t)$. Le problème est donc de déterminer si cette trajectoire converge (vers un équilibre), quel que soit le vecteur-prix « initial » $P(0)$. Il est clair que la convergence ne peut avoir lieu que si les fonctions d'offre et de demande globales ont des formes particulières — comme on l'a vu dans le cas de l'équilibre partiel (les conditions sont incomparablement plus fortes dans le cas de l'équilibre général). Tel est le cas si elles vérifient la propriété de

SUBSTITUABILITÉ BRUTE, propriété qui ne découle cependant pas forcément des choix maximisateurs des agents en concurrence parfaite — à moins de considérer que ces agents sont caractérisés par des fonctions d'utilité particulières (par exemple, de type COBB-DOUGLAS).

En fait, il découle du théorème de SONNENSCHEIN que, si l'on s'en tient aux seules hypothèses faites par ARROW et DEBREU — qui assurent l'existence d'au moins un équilibre général —, alors *les demandes nettes peuvent avoir une forme quelconque* et *il n'y a donc pas de raison pour que le tâtonnement converge* : la recherche des prix d'équilibre peut se poursuivre indéfiniment (le processus est, en règle générale, instable).

Ainsi, l'application sans entraves de la « loi de l'offre et de la demande » dans le cadre idéal de la concurrence parfaite ne conduit pas à une coordination harmonieuse des choix individuels. Ce résultat (négatif) ôte une bonne partie de son importance à l'équilibre concurrentiel, dont Arrow et Debreu ont montré l'existence, et qui sert très souvent de référence aux néo-classiques.

L'instabilité du processus du tâtonnement provient essentiellement de l'existence de l'EFFET REVENU qui accompagne toute variation du prix d'un bien (ceux qui offrent le bien et ceux qui le demandent voient leur revenu varier en sens opposé).

Taux interne de rendement (souvent noté TIR)

Taux d'actualisation qui égalise la VALEUR ACTUELLE du flux de recettes attendu d'un investissement et la dépense que celui-ci nécessite. Autrement dit, si cette dépense est notée I, et si la recette attendue (au moment où l'investissement est réalisé) pour l'instant t est notée R_t, alors le taux interne de rendement r de l'investissement projeté est solution de l'équation :

$$(1) \qquad I = \frac{\Sigma R_t}{(1+r)^t}.$$

Ainsi, le taux interne de rendement (TIR) peut servir de critère pour choisir entre plusieurs projets d'investissement (est retenu celui qui a le taux le plus élevé).

Toutefois, le calcul du TIR n'est généralement pas aisé, puisque les solutions de l'équation (1) sont les racines d'un polynôme de degré T (si T est la durée totale de l'investissement). En outre, comme cette équation peut comporter plusieurs solutions (racines du polynôme), il n'est pas toujours facile de savoir laquelle retenir.

Mais le principal problème posé par le calcul du TIR au moment où doit être prise la décision d'investir est sans doute celui de l'*évaluation des recettes (et des dépenses) futures*, problème d'INCERTITUDE inhérent aux activités économiques d'une société où les choix sont faits par des entités autonomes. KEYNES, qui appelle le TIR *EFFICACITÉ MARGINALE DU CAPITAL*, a particulièrement attiré l'attention sur ce point, la valeur du TIR étant pour lui très sensible à l'état des anticipations des agents (surtout des entrepreneurs).

Parfois, il est reproché au TIR de conduire à des affectations de ressources qui ne sont pas des OPTIMUMS DE PARETO, puisqu'il n'est pas un taux d'actualisation d'équilibre de CONCURRENCE PARFAITE (taux qui n'a d'ailleurs pas de raison d'être constant d'une période à l'autre). Or, seuls les choix en concurrence parfaite conduisent à des optimums de Pareto (voir l'entrée sur les théorèmes de l'économie du bien-être, p. 173). Cette « objection » au TIR est cependant purement théorique, puisqu'elle n'est valable que dans le cadre strict, et tout à fait mythique, de la concurrence parfaite.

Taux marginal de substitution

Taux d'échange entre deux biens qui permet à un consommateur de rester sur une même COURBE D'INDIFFÉRENCE (qui laisse donc son niveau d'utilité inchangé) ou à un producteur de maintenir inchangé son niveau de production. Le taux marginal de substitution (TMS) est une caractéristique propre à l'agent économique considéré (elle découle de ses goûts ou des techniques dont il dispose), indépendamment de l'« environnement institutionnel » dans lequel il agit, et notamment du système de prix qui sert aux échanges.

La définition exacte

Dans taux marginal de substitution il y a l'adjectif « marginal », qui, dans la terminologie des économistes, signifie « rapport de petites variations » et désigne en fait une *dérivée*. Ainsi, le taux « marginal » de substitution est obtenu comme la *limite* d'un « taux de substitution » entre deux biens. Pour voir ce qu'est un taux de substitution, on va considérer un consommateur qui détient un panier de biens $Q^o = (q_1^o, q_2^o)$ — pour alléger les notations, on suppose qu'il n'y a que deux biens — et auquel on propose un autre panier de biens $Q = (q_1, q_2)$, qui lui procure la même utilité que Q^o (Q et Q^o se trouvent donc sur la même courbe d'indifférence). Par définition, le *taux de substitution* du bien 2 au bien 1 entre Q^o et Q est donné par la valeur absolue du rapport :

$$\frac{q_2 - q_2^o}{q_1 - q_1^o},$$

rapport que l'on note aussi :

$$\frac{\Delta q_2}{\Delta q_1}.$$

Le taux de substitution est donc un taux d'échange (Δq_2 « contre » Δq_1, au signe près) qui maintient le consommateur sur la même courbe d'indifférence (si l'échange a lieu, son utilité est inchangée). Ce taux présente toutefois l'inconvénient de dépendre *à la fois* du panier Q^o et du panier Q (graphiquement, le taux de substitution entre Q et Q^o est donné par la valeur absolue de la pente du segment de droite qui joint Q à Q^o).

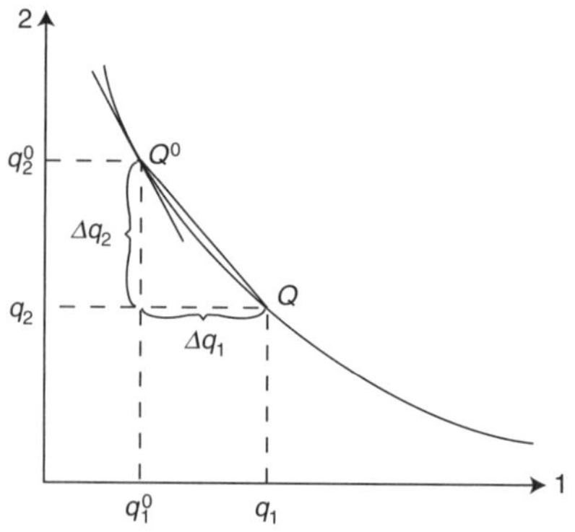

Pour avoir une définition « ponctuelle » — qui ne dépend que de Q^o — du taux de substitution on fait tendre Q vers Q^o, tout en restant sur la même courbe d'indifférence. « A la limite », le segment de droite QQ^o devient tangent à la courbe d'indifférence en Q^o ; la pente de celle-ci est par définition, au signe près, le *taux marginal de substitution* (TMS) du bien 2 contre le bien 1, en Q^o. Le TMS peut donc être considéré comme un taux d'échange, puisqu'il est obtenu en faisant un passage à la limite à partir de taux de ce type, même s'il n'est pas possible de donner un contenu « intuitif » à cette opération mathématique (mais c'est là un problème général avec les concepts « marginalistes »).

On note ce taux :

$$\text{TMS}_{2/1}(Q^o).$$

Le TMS est un *concept* ORDINAL puisqu'il est défini exclusivement à partir des propriétés des courbes d'indifférence du consommateur — et donc de sa RELATION DE PRÉFÉRENCE ; ainsi, il ne dépend pas du choix de la fonction d'utilité qui peut être associée à celle-ci.

En outre, si les courbes d'indifférence sont décroissantes et CONVEXES, comme on le suppose habituellement, alors le taux marginal de substitution du bien i au bien j décroît quand la quantité de j augmente ; c'est ce qui se passe dans le cas décrit dans la figure, où le $\text{TMS}_{2/1}$ diminue lorsque la courbe d'indifférence est parcourue « de gauche à droite » — si un panier comporte « beaucoup » de bien 2 et « peu » de bien 1, le consommateur est prêt à céder plus de bien 2 contre du bien 1 que dans le cas où il possède un panier ayant « beaucoup » de bien 1 et peu de bien 2 (il « aime les mélanges »). D'ailleurs, dans les présentations actuelles de la théorie du consommateur, l'hypothèse de décroissance du taux marginal de substitution a remplacé celle de la décroissance de l'utilité marginale.

Le calcul du TMS à partir de la fonction d'utilité (ou de production)

Si la relation de préférence est représentée par une fonction d'utilité $U(\cdot)$ dérivable et à dérivées partielles non nulles en Q^o, alors il est possible d'exprimer le TMS entre deux biens en Q^o à partir des dérivées partielles de $U(\cdot)$. Le résultat vient immédiatement en appliquant le théorème des fonctions IMPLICITES. Toutefois, on peut mieux en faire sentir la signification par un raisonnement direct, même s'il n'est pas tout à fait rigoureux (sur le plan mathématique ; mais il est « rigoureusement » confirmé par le théorème des fonctions implicites). Pour cela, on considère de « petites variations » (symbole Δ) des quantités consommées et les variations d'utilité qu'elles induisent, et on se sert de la définition de la dérivée partielle. Ainsi, de l'égalité :

$$U'_{q_1}(Q^o) = \lim_{\Delta q_1 \to 0} \frac{\Delta U}{\Delta q_1}$$

on déduit :

(1) $$\Delta U \cong U'_{q_1}(Q^o)\Delta q_1,$$

où $\cong$ signifie « à peu près égal à ».

En raisonnant de même à partir de la dérivée partielle de $U(\cdot)$ par rapport à q_2, il vient :

(2) $$\Delta U \cong U'_{q_2}(Q^o)\Delta q_2.$$

Par conséquent, comme le TMS se déduit (par passage à la limite) du rapport d'accroissement $\Delta q_2/\Delta q_1$ *à utilité inchangée*, il s'ensuit que la variation d'utilité provoquée par Δq_1 [formule (1)] doit être compensée par la variation d'utilité *en sens contraire* provoquée par Δq_2 [formule (2)]. Autrement dit, pour qu'il y ait maintien sur la même courbe d'indifférence, il faut que les variations d'utilité ΔU qui apparaissent dans les formules (1) et (2) soient égales, au signe près. Il s'ensuit, compte tenu du fait qu'on est en présence d'approximations et en négligeant les signes des variations (qui sont forcément opposés) :

$$U'_{q_1}(Q^o)\Delta q_1 \cong U'_{q_2}(Q^o)\Delta q_2,$$

et donc :

$$\frac{\Delta q_2}{\Delta q_1} \cong \frac{U'_{q_1}(Q^o)}{U'_{q_2}(Q^o)}.$$

En « passant à la limite », c'est-à-dire en faisant tendre Δq_1 vers 0, il vient (avec un peu de chance... qui est confirmée en appliquant le théorème des fonctions implicites) :

$$\mathrm{TMS}_{2/1}(Q^o) = \frac{U'_{q_1}(Q^o)}{U'_{q_2}(Q^o)}.$$

Ainsi, *le taux marginal de substitution est égal au rapport des utilités marginales.*

Ce qui s'explique : plus l'utilité marginale $U'_{q_1}(Q^o)$ est « grande » relativement à $U'_{q_2}(Q^o)$, plus le consommateur désire obtenir du bien 1 contre du bien 2, et donc plus son TMS est grand.

Les raisonnements et calculs précédents s'appliquent de la même façon si :

— on considère une FONCTION DE PRODUCTION plutôt qu'une fonction d'utilité, les ISOQUANTES remplaçant alors les courbes d'indifférence (et les productivités marginales les utilités marginales) ;

— il y a plus de deux biens ; en fait, comme le TMS ne concerne que des « couples de biens », on peut toujours raisonner sur deux (quelconques) d'entre eux, en considérant les quantités des autres comme données (fixées).

Exemple. Dans le cas d'une fonction de COBB-DOUGLAS, qui au couple (q_1, q_2) fait correspondre le nombre $q_1^a q_2^b$, le $\mathrm{TMS}_{2/1}$ est particulièrement simple, puisqu'il est donné par aq_2/bq_1.

Taux naturel de chômage

Expression qui a d'abord été utilisée par Milton FRIEDMAN (« The role of monetary policy », *American Economic Review*, 1968) dans le cadre du débat autour de la COURBE DE PHILLIPS ; elle est ensuite devenue d'usage fréquent pour le courant dominant en MACROÉCONOMIE. Pour Friedman, « le taux naturel de chômage [...] est le taux qui découlerait du système walrasien d'équilibre général si les caractéristiques structurelles effectives des marchés des biens et du travail y étaient intégrées, notamment les imperfections du marché, la variabilité aléatoire des offres et des demandes, le coût de collecte de l'information sur les emplois vacants, les coûts de mobilité, etc. ». Le taux naturel de chômage est donc le taux de la CONCURRENCE PARFAITE... compte tenu de la présence de diverses « imperfections » dues, entre autres, à une plus ou moins bonne circulation de l'information et à certaines « rigidités » techniques ou d'ordre institutionnel. Un tel CHÔMAGE est pratiquement inévitable (d'où l'adjectif « naturel »), car il est étroitement en relation avec les caractéristiques fondamentales (« structurelles ») de l'économie ; il est pour l'essentiel *volontaire*, sauf peut-être en ce qui concerne sa composante « passagère », due à la « variabilité aléatoire des offres et des demandes », pour reprendre l'expression de Friedman.

Le concept de « taux naturel de chômage » s'inscrit dans la perspective DICHOTOMIQUE, qui veut séparer les « phénomènes réels » des « phénomènes monétaires », seuls les premiers ayant « vraiment » de l'importance. C'est pourquoi, dans la définition que donne Friedman du taux naturel, le niveau des prix — ou ses variations — ne joue aucun rôle (le modèle walrasien auquel il se réfère ne comporte d'ailleurs pas de monnaie).

Pour ceux qui, à la suite de Friedman, avancent l'idée selon laquelle il existerait un taux de chômage « naturel », il est vain de vouloir réduire le chômage à un niveau inférieur à son cours « naturel ». Car s'il est vrai que les gouvernements peuvent éventuellement y parvenir en utilisant les instruments de POLITIQUE ÉCONOMIQUE qui sont à leur disposition, les résultats obtenus ne peuvent être que très passagers ; et le bilan des politiques menées dans ce but est négatif, car les « coûts » qu'entraîne le retour au taux « naturel » l'emportent sur les gains qui résultent d'une baisse passagère du niveau de chômage (Friedman donne cependant plus d'importance aux conséquences des politiques économiques « erronées » que les NOUVEAUX CLASSIQUES). L'utilisation de l'adjectif « naturel » n'est évidemment pas neutre, puisqu'elle reprend la vieille idée selon laquelle « il n'est pas bon d'aller contre la nature ».

Problèmes

Les premières questions qui viennent à propos du taux de chômage naturel sont, tout simplement : pourquoi ce nouveau concept ? Qu'apporte-t-il de plus par rapport aux analyses en termes de chômage « structurel », « frictionnel », « conjoncturel » ? Si l'on s'en tient à la définition de Friedman, on ne voit pas où est vraiment la différence, si ce n'est que le mot « naturel » véhicule l'idée selon laquelle « il n'y a rien à faire contre lui ».

En outre, la notion de taux de chômage naturel est apparue dans le cadre d'un débat très « concret » (entre macroéconomistes) sur le type de politique économique que doivent mener les États ; dans ces conditions une autre question que l'on se pose à son propos est celle de la *mesure* de ce taux. Or, le fait que Friedman se réfère explicitement dans sa définition à l'équilibre WALRASIEN montre que cette définition n'est pas « opérationnelle » (elle ne peut être utilisée directement). Toutefois, comme l'idée qui sous-tend cette définition est que le taux de chômage naturel est celui qui prévaut tant que les autorités ne viennent pas « perturber » le bon fonctionnement de l'économie, notamment en faisant varier la masse monétaire, l'habitude a été prise d'assimiler le taux de chômage naturel au NAIRU, c'est-à-dire au taux de chômage (minimum) pour lequel il n'y a pas une accélération de la hausse des prix. Reste à mesurer le NAIRU. Or, il se trouve que dans le cours des années quatre-vingt l'inflation a été maîtrisée dans la plupart des pays développés. D'où la nouvelle « approximation » qui consiste à qualifier de « naturel » le taux de chômage observé pendant ces années. On accrédite ainsi l'idée selon laquelle ce chômage est « incompressible » — à moins de provoquer de l'inflation —, et qu'il faut donc faire avec (en outre, comme dans l'esprit de Friedman et des « nouveaux classiques », il est *volontaire*, il n'y a pas vraiment de raison de s'en soucier).

Ainsi, par approximations successives, le taux de chômage observé dans les pays où l'inflation a été contrôlée est devenu le taux de chômage « naturel ». Toutefois, la question qui vient alors inévitablement est : *comment cela se fait-il que ce taux de chômage ait, en vingt ans, plus que doublé dans la plupart des pays*, puisqu'il est passé entre les années soixante et les années quatre-vingt de 3 % à 6 % aux États-Unis, de 2,5 % à 8-10 % en France, de 1 % à 8 % en Allemagne (avant la réunification) ? Pourtant, pendant cette période, les moyens d'information et de communication ont connu des développements considérables, et les contraintes réglementaires imposées au contrat de travail ont été passablement allégées. En outre, les études statistiques montrent que le taux de chômage « naturel » varie avec la conjoncture (mouvements cycliques), ce qui va à l'encontre des thèses (« dichotomiques ») de ceux qui ont proposé ce concept (quel que soit l'indicateur utilisé pour le mesurer).

La notion de taux naturel de chômage apparaît donc comme étant avant tout une *arme idéologique* de ceux qui s'opposent à toute intervention active de l'État qui aurait pour but de réduire le chômage, sous prétexte qu'elle risque de « relancer l'inflation ». Leur discours n'a rien de nouveau, même si quelques-uns des termes qu'ils utilisent le sont.

Taylor (formule, ou développement, de)

Formule qui donne une *valeur approchée*, par un polynôme, d'une fonction (dérivable) au voisinage d'un point. Pourquoi un polynôme ? Parce que c'est la fonction la plus simple possible, qui n'utilise que des « opérations élémentaires » — les seules qu'on sait faire directement, l'addition et la multiplication (et, éventuellement, la division). La formule de Taylor fournit un moyen pour calculer les fonctions exponentielles, logarithmiques, trigonométriques en n'importe quel point, de façon approchée, mais avec une erreur « aussi petite que l'on veut » (tout dépend jusqu'où on veut pousser les calculs). Elle sert surtout en économie pour déterminer la nature des EXTREMUMS d'une fonction, ou pour savoir si elle est CONVEXE ou CONCAVE.

L'idée qui est à la base de la formule de Taylor est simple : comme deux fonctions égales ont les mêmes dérivées, quel que soit leur ordre, on cherche un polynôme qui a les mêmes dérivées — jusqu'à l'ordre n — que la fonction donnée, ces dérivées étant calculées en un point de référence (où la valeur de la fonction est facile à déterminer). Soit a ce point et $f(\cdot)$ la fonction à approcher, qu'on suppose de CLASSE C^{n+1}. On cherche un polynôme :

(1) $P(x) = f(a) + \alpha_1(x - a) + \ldots + \alpha_n(x - a)^n$,

tel que :

(2) $P'(a) = f'(a)$, $P''(a) = f''(a)$, …, $P^{(n)}(a) = f^{(n)}(a)$,

où $f^{(i)}(\cdot)$ désigne la dérivée d'ordre i de $f(\cdot)$. On écrit le polynôme en fonction des « écarts » $x - a$ car on s'intéresse à des valeurs approchées, « autour de a » ; on prend pour premier terme $f(a)$ car quand on fait $x = a$ dans (1), on trouve la condition $P(a) = f(a)$ qui signifie que le polynôme « passe par le même point » que la fonction qu'il approche.

Si l'on calcule les dérivées successives de $P(\cdot)$ en a, et si l'on se sert des égalités (2), alors on trouve :

$$\alpha_1 = f'(a), \alpha_2 = \frac{1}{2!}f''(a), \ldots, \alpha_n = \frac{1}{n!}f^{(n)}(a).$$

En remplaçant dans (1), on obtient donc le *développement de Taylor* d'ordre n de la fonction $f(\cdot)$ au point a :

$$f(a) + (x-a)f'(a) + \frac{(x-a)^2}{2!}f''(a) + \ldots + \frac{(x-a)^n}{n!}f^{(n)}(a).$$

Dans le cas où $a = 0$, on appelle le développement de Taylor *développement de MacLaurin*. Celui-ci s'écrit :

$$f(0) + xf'(0) + \frac{x^2}{2!}f''(0) + \ldots + \frac{x^n}{n!}f^{(n)}(0).$$

On démontre facilement, en utilisant le *théorème des accroissements finis*, que l'« erreur » faite lorsqu'on approche la fonction $f(x)$ par le développement de Taylor de $f(\cdot)$ en a est donnée par le « reste » :

$$\frac{(x-a)^{n+1}}{(n+1)!}f^{(n+1)}(c),$$

où c est strictement compris entre a et x.

Le cas d'une fonction de plusieurs variables

Pour alléger les notations, on envisage le cas où il n'y a que deux variables. Soit une fonction $f(\cdot)$ de $\Re^2$ dans $\Re$ qui au couple de réels (x, y) associe le réel $f(x, y)$ et soit un point (a, b) qui sert de référence. On suppose que $f(\cdot)$ est de classe C^{n+1} en (a, b) et on considère la fonction :

(3) $F(t) = f(a + t(x - a), b + t(y - b))$.

On remarque que :

$$F(0) = f(a, b).$$

On calcule le développement de Taylor de $F(\cdot)$ en $t = 0$:

(4) $F(0) + tF'(0) + \frac{t}{2!}F''(0) + \ldots + \frac{t^n}{n!}F^{(n)}(0).$

On peut calculer les dérivées de $F(\cdot)$ en fonction de celles de $f(\cdot)$ en dérivant en chaîne le second membre de (3). Ainsi, on a :

(5) $F'(t) = f'_x(a + t(x - a), b + t(y - b)) \cdot (x - a) + f'_y(a + t(x - a), b + t(y - b)) \cdot (y - b)$

et donc :

$F'(0) = f'_x(a, b) \cdot (x - a) + f'_y(a, b) \cdot (y - b)$.

En dérivant le deuxième membre de (4) par rapport à t, on obtient $F''(t)$; en faisant $t = 0$ dans la formule obtenue, il vient (sachant que $f''_{xy}(a, b) = f''_{yx}(a, b)$, puisque $f(\cdot)$ est, au moins, de classe C^2) :

(6) $F''(0) = f''_{x^2}(a, b)(x - a)^2 + 2f''_{xy}(a, b)(x - a)(y - b) + f''_{y^2}(a, b)(y - b)^2$.

On obtient donc une *forme quadratique* des « écarts » $x - a$ et $y - b$. Les termes suivants du développement seront d'ordre 3, puis d'ordre 4, etc. On remplace dans (4) et l'on obtient le développement de Taylor d'ordre n, qui est évidemment une formule très lourde.

Toutefois, en théorie économique, on ne va guère au-delà de l'ordre 2 (dans l'étude des extremums d'une fonction, ou lorsqu'on cherche à savoir si elle est convexe ou concave).

On raisonne de même dans le cas d'une fonction de m variables.

Remarque. La forme quadratique (6) peut s'écrire :

(7) $^t(\mathrm{X} - \mathrm{A})\, \mathbf{F}''(\mathrm{A})\, (\mathrm{X} - \mathrm{A})$

où X – A est la matrice-colonne des écarts (ici, $x - a$ et $x - b$) et $\mathbf{F}''(\mathrm{A})$ la matrice HESSIENNE des dérivées secondes de $f(\cdot)$ en A. La formule (7) vaut évidemment pour une fonction de m variables [$\mathbf{F}''(\mathrm{A})$ étant alors une matrice d'ordre m].

Théorie des jeux

Théorie dont on peut voir l'acte de naissance dans la publication par John von Neumann et Oskar Morgenstern, en 1944, d'un ouvrage intitulé *Theory of Games and Economic Behaviour.* Cet ouvrage se situe à la fois dans le prolongement et en rupture avec les réflexions sur les jeux de hasard, qui ont donné naissance au calcul des probabilités. Les jeux de hasard peuvent être considérés comme des « jeux contre la nature » (la « nature » étant identifiée à un joueur passif, agissant de façon aléatoire, suivant des lois de probabilité indépendantes des choix des joueurs). L'objet de la théorie des jeux tel qu'on l'entend depuis von Neumann et Morgenstern est l'étude des interactions des comportements de plusieurs individus (au moins deux) qui sont conscients de l'existence de ces interactions. On dit aussi parfois d'elle qu'elle est la *théorie de la décision en interaction.*

Au moment de sa parution, le livre de von Neumann et Morgenstern a connu un succès certain chez les économistes, qui ont vu en lui une œuvre majeure et novatrice (mais d'un accès difficile). Toutefois, du milieu des années quarante au milieu des années soixante-dix, la théorie des jeux a surtout plu aux mathématiciens, qui y voyaient le moyen d'exercer leurs talents (l'accent était alors mis sur l'approche COOPÉRATIVE). En fait, ce n'est qu'à partir du début des années quatre-vingt que la théorie des jeux a vraiment intéressé les économistes, surtout ceux de la mouvance NÉO-CLASSIQUE, qui voient en elle le moyen d'expliquer à partir des comportements individuels maximisateurs (selon les préceptes de l'INDIVIDUALISME MÉTHODOLOGIQUE) un certain nombre de phénomènes économiques importants, qui vont de la NÉGOCIATION BILATÉRALE aux diverses formes possibles de coopération entre des individus qui ne cherchent pourtant que leur propre intérêt, en passant par les variantes les plus diverses des modèles du DUOPOLE et de l'OLIGOPOLE. Le point de vue non coopératif est alors devenu dominant.

Comme la théorie des jeux se propose d'étudier toute situation où des individus rationnels sont en interaction, son champ d'application est théoriquement extrêmement vaste ; il englobe, en particulier, toute la microéconomie traditionnelle — y compris le modèle de la CONCURRENCE PARFAITE —, à laquelle ses concepts peuvent donc être appliqués.

A ses débuts, la théorie des jeux accordait une place non négligeable à l'approche dite « coopérative », qui accorde une place importante aux éventuelles conditions que peuvent former les joueurs — toujours à la recherche du gain maximum. Dans les années quatre-vingt, c'est le strict point de vue dit « non coopératif » — sans conditions *a priori* — qui est devenu quasi hégémonique (le « chacun pour soi » apparaissant donc comme le principe de toute explication des phénomènes sociaux).

La question des « apports » de la théorie des jeux à la réflexion économique est sujette à controverse. Car, s'il est vrai qu'on peut mettre à l'actif de cette théorie le fait qu'elle oblige le modélisateur à expliciter toutes les hypothèses — notamment d'ordre institutionnel — nécessaires à sa construction, rares sont les situations où la théorie des jeux désigne une « solution » claire et nette pour les problèmes envisagés. La plupart du temps, elle se contente d'apporter un éclairage particulier sur les situations étudiées, en attirant d'ailleurs l'attention sur les nombreux paradoxes — ou « dilemmes » — qui peuvent surgir lorsque la rationalité des comportements est totalement prise en compte. En outre, la recherche des solutions non coopératives fait inévitablement intervenir les *croyances* des joueurs ; autrement dit, le fait de supposer des individus rationnels ne suffit pas pour désigner de façon univoque ce qui pourrait être « la » solution d'un jeu — ou de tout modèle économique supposant des agents rationnels. La théorie des jeux n'a sans doute pas « découvert » le rôle des croyances dans les décisions d'individus en interaction — croyances qui prennent la forme de CONJECTURES dans les modèles du duopole ou de l'oligopole, par exemple —, mais elle rappelle constamment combien ce rôle est essentiel.

Qu'est-ce qu'un jeu ?

Qui dit « jeu » pense immédiatement aux jeux de société — que ce soit avec des cartes, des jetons, des pièces de monnaie, des pions, etc. — où, en règle générale, plusieurs individus (les « joueurs ») agissent dans un cadre précis (les « règles du jeu »), en observant leurs choix mutuels. Ceux-ci conduisent à une des *issues* du jeu, issues qui sont généralement caractérisées par des *gains* (positifs ou négatifs) pour chacun des participants. Les gains peuvent être mesurés en monnaie, en « satisfaction » (celle d'avoir remporté une partie d'échecs, par exemple) ou en toute autre chose.

En fait, tout modèle économique qui suppose des agents rationnels prenant leurs décisions dans un cadre précis peut être mis sous la forme d'un jeu. Tel est le cas, par exemple, de la concurrence parfaite, qui peut être considérée comme un jeu où interviennent trois types de joueurs : les ménages et les entreprises, qui offrent et demandent des quantités de biens (les premiers dans le but de maximiser leur utilité, les secondes dans celui de maximiser leur profit), et un « agent spécial », le commissaire-priseur, qui affiche les prix des biens, prix sur la base desquels les autres agents formulent leurs offres et leurs demandes.

Pour qu'un jeu soit complètement spécifié, il faut que soient aussi précisés :

— le *domaine de choix de chaque joueur* (c'est-à-dire l'ensemble des STRATÉGIES dont il dispose) ; les stratégies peuvent, par exemple, être des quantités de biens, comme c'est le cas pour les ménages et les entreprises dans le modèle de concurrence parfaite ou dans celui du duopole de COURNOT, ou des prix (cas du duopole de BERTRAND) ;

— les diverses *issues* du jeu et les *gains* qu'elles procurent à chaque joueur ;

— l'*information* dont disposent les participants et, plus généralement, les règles du jeu.

Les ensembles de stratégies et les issues peuvent prendre les formes les plus variées, en fonction des problèmes étudiés ; en revanche, les théoriciens des jeux ont pris l'habitude de classer leurs modèles en deux grandes catégories, selon que l'information y est *complète* ou *incomplète*.

Jeux et information : une typologie de base

On dit qu'un jeu est *à information complète* si chaque joueur y dispose de toute l'information possible, sur les règles du jeu, sur ses issues et sur les gains qui leur sont associés (les siens et ceux des autres), mais aussi sur les stratégies dont disposent les autres joueurs, sur leurs motivations et sur leurs caractéristiques propres. Ainsi, lorsqu'il y a information complète, chaque joueur peut se mettre à la place des autres, et même à celle du modélisateur ; et il sait que les autres peuvent en faire autant, en sachant qu'il le sait, et ainsi de suite (il y a CONNAISSANCE COMMUNE de toutes les caractéristiques du jeu).

Lorsqu'il y a information complète, la seule incertitude à laquelle fait face chaque joueur est celle qui provient des décisions des autres joueurs, qu'il doit d'une façon ou d'une autre anticiper avant de faire son propre choix.

Parmi les jeux à information complète, on distingue parfois les jeux à *information parfaite* des jeux à *information imparfaite*. Les premiers se caractérisent par le fait que les règles du jeu stipulent que les ENSEMBLES D'INFORMATION des joueurs n'ont qu'un seul élément (*nœud*), alors que dans les seconds ils peuvent en avoir plusieurs. Toutefois, cette distinction n'est pas essentielle, car l'approche par la théorie des jeux était *statique*, elle suppose un *choix simultané et unique* d'une stratégie (STRATÉGIE CONDITIONNELLE, si le jeu est à plusieurs coups) par chacun des participants.

Le cas où il y a *information incomplète*, au sens de la théorie des jeux, ne diffère pas fondamentalement de celui où il y a information complète. Dans ce cas, certaines caractéristiques du jeu ou des joueurs peuvent ne pas être connues de tous les joueurs. Elles prennent pour eux la forme de *variables aléatoires*, dont l'ensemble des valeurs *possibles* sont supposées connues de tous. Afin de se ramener à un cadre d'analyse semblable à celui des jeux à information complète, les théoriciens des jeux supposent qu'il existe un joueur fictif, qu'ils appellent *Nature*, et dont le rôle se limite à donner une valeur précise à ces caractéristiques aléatoires. Ainsi, en information incomplète, l'incertitude « exogène » sur les caractéristiques exactes des joueurs (ou sur telle ou telle caractéristique du jeu) vient s'ajouter à l'incertitude « endogène » inhérente à leurs décisions.

Concepts de solution et solutions d'un jeu

Que peut être la « solution » d'un jeu ? L'issue « la meilleure pour tout le monde » ? Oui, à condition qu'une telle issue existe, ce qui est rarement le cas (car elle suppose pour tous les joueurs des gains supérieurs à ceux que peut leur procurer n'importe quelle autre issue du jeu). Si l'on adopte un critère moins exigeant, on peut considérer que toute issue qui est un OPTIMUM DE PARETO est une solution du jeu, mais le problème est alors celui de la *multiplicité des solutions* — la plupart des jeux comportant de nombreuses issues optimales au sens de Pareto.

Ainsi, il n'existe pas de critère qui, appliqué à n'importe quel jeu, en désigne une issue particulière comme « solution » incontestable. Après avoir fait cette constatation, les théoriciens des jeux proposent des critères moins ambitieux, qu'ils appellent CONCEPTS DE SOLUTION, et qui peuvent être rangés en *deux grandes catégories* : ceux qui sont de type *coopératif* et ceux qui sont de type *non coopératif*. Les premiers admettent la formation de coalitions et accordent une place toute particulière à l'optimalité de Pareto ; toutefois, leur principal inconvénient est qu'ils ne disent rien ni sur la façon dont se forment — et se maintiennent — les coalitions, ni sur le partage des gains entre leurs membres. Inconvénient que n'ont pas les concepts de solution de type non coopératif, qui n'envisagent pas l'existence *a priori* de coalitions, mais qui peuvent, en revanche, désigner des issues largement « inefficientes » (sous-optimales au sens de Pareto), comme le montrent les exemples du MILLE-PATTES ou du DILEMME DU PRISONNIER (surtout s'il est répété).

Parmi les concepts de solution non coopératifs, l'équilibre de NASH occupe une place privilégiée, puisque toute « solution évidente » d'un jeu — quelle qu'elle soit — est forcément un équilibre de Nash (si elle ne l'était pas, au moins un joueur regretterait le choix qu'il a fait, de sorte que la « solution » envisagée n'en serait pas vraiment une). Mais la réciproque de cette proposition n'est pas vraie : un équilibre de Nash n'est pas forcément « la » solution d'un jeu. D'abord, parce qu'il n'y a aucune raison pour que chaque joueur prévoie correctement le choix des autres ; ensuite, parce qu'il peut être sous-optimal.

En se donnant un concept de solution, le modélisateur limite le nombre de solutions possibles, mais cela ne suffit généralement pas à l'obtention d'une solution unique. C'est ainsi que les théoriciens des jeux ont cherché à imposer des conditions plus fortes aux équilibres de Nash, ce qu'ils ont appelé des « raffinements » de ce concept de solution, le plus connu d'entre eux étant l'ÉQUILIBRE PARFAIT EN SOUS-JEUX. Mais celui-ci n'est pas pour autant forcément plus plausible, ni optimal (exemple du MILLE-PATTES).

Théorie des jeux et évolution

Dans les années soixante-dix, le biologiste Maynard Smith a proposé de reprendre certains concepts de la théorie des jeux pour tenter d'expliquer — du moins en partie — l'évolution du monde vivant, dans une perspective darwinienne (John Maynard Smith, *Evolution and the Theory of Games*, 1982). Toutefois, même si le vocabulaire et la façon de présenter la « confrontation » d'espèces animales font penser à la théorie des jeux, le type de situation étudié est loin — pour ne pas dire à l'opposé — de celui auquel s'intéresse cette théorie. En effet, l'approche par les jeux ÉVOLUTIONNISTES *exclut tout choix* de la part des joueurs, qui sont identifiés à des stratégies précises et qui agissent donc toujours de la même façon, tels des robots (ou des animaux « préprogrammés » par leurs gènes). Or, le projet de von Neumann et Morgenstern était de construire une théorie des choix « pleinement rationnels », où les participants cherchent à tenir compte de toutes les conséquences possibles de leurs actes ; ainsi, leur ouvrage « fondateur » de la théorie des jeux commence avec une critique des analyses traditionnelles de l'*HOMO ECONOMICUS* — celui des modèles de la concurrence parfaite — dont ils trouvent le comportement trop simpliste ; il est pourtant bien plus complexe que celui d'un simple robot !

Il est donc abusif d'appeler « théorie des jeux » deux approches tellement différentes, surtout qu'elles utilisent souvent les mêmes mots pour désigner des concepts différents ; ainsi, un « équilibre » de la théorie évolutionniste s'interprète comme un « mélange » (tel un mélange de populations), alors que pour le théoricien des jeux la notion d'équilibre est indissociable de celle de maximisation, donc de choix conscient. En appelant de la même façon deux théories différentes, on court le risque de transposer les « résultats » de l'une dans l'autre, ce qui n'a évidemment aucun sens.

Théorie quantitative de la monnaie

Théorie selon laquelle il existe une relation de cause à effet entre la « quantité de monnaie » en circulation et le niveau des prix (les variations de la première provoquant celle du second). Cette théorie s'appuie sur une idée ancienne, qui a notamment pris forme après la découverte de l'Amérique. L'afflux de métaux précieux qui eut alors lieu en Europe et la hausse de prix qu'il semble avoir provoquée suscitèrent notamment les réflexions de Jean Bodin (1530-1596) et de Thomas Mun (1571-1641), qui y virent une relation de cause à effet, relation à laquelle John Locke (1632-1704), puis David Hume (1711-1776) et David RICARDO ont cherché à donner un contenu plus précis.

Toutefois, sous le feu des critiques, ce contenu a passablement varié dans le temps, au point qu'on peut dire qu'il existe actuellement *plusieurs* théories quantitatives de la monnaie (ou, ce qui est la même chose, plusieurs versions de cette théorie). Malgré cela, l'idée qui est à la base de la théorie quantitative demeure encore solidement ancrée chez de nombreux économistes — elle est notamment défendue par les MONÉTARISTES ; ce qui s'explique par le caractère particulièrement simple, presque « évident », de cette idée (« plus la monnaie est rare, plus son pouvoir d'achat est élevé et le niveau des prix faible ; plus elle est abondante, plus son pouvoir d'achat est faible et le niveau des prix élevé »). En outre, elle est utilisée pour introduire dans les modèles la monnaie prise dans son ensemble — de façon agrégée ; on peut même voir dans la théorie quantitative la première théorie MACROÉCONOMIQUE.

La formule quantitative en tant que point de départ de la théorie quantitative de la monnaie

Le point de départ de la théorie quantitative dans sa version moderne se trouve dans la *formule quantitative* — généralement attribuée à Irving Fisher (1867-1947) :

(1) $$M \cdot V = P \cdot Q,$$

où M est la quantité de monnaie en circulation (la masse monétaire), P et Q étant, respectivement, des vecteurs qui donnent les prix et les quantités des biens présents dans l'économie (le produit $P \cdot Q = \Sigma p_i q_i$ représente donc le *revenu nominal* de cette économie). Quant à V, c'est un paramètre d'ajustement ; comme il est égal, par définition, à $P \cdot Q/M$, on l'appelle *vitesse de circulation de la monnaie* (plus la valeur des transactions $P \cdot Q$ est grande relativement à la quantité de monnaie disponible M, plus celle-ci « circule vite » pour que les échanges puissent s'effectuer).

Étant donné la façon dont le paramètre V a été défini, la formule quantitative est toujours vérifiée. Pour qu'elle devienne le support d'une théorie, il faut donc la compléter par un certain nombre d'hypothèses, notamment en distinguant parmi ses variables celles qui sont « explicatives » (EXOGÈNES) de celles qui sont « expliquées » (ENDOGÈNES).

Ainsi, *l'hypothèse quantitativiste de base consiste à supposer que la masse monétaire est une variable exogène*, dont le niveau est fixé par les autorités gouvernementales (ou par la banque centrale). Une autre hypothèse quantitativiste usuelle est de supposer que *la vitesse de circulation de la monnaie est constante*.

De cette dernière hypothèse et de la formule (1), il découle (on rappelle que le symbole Δ représente une variation) :

(2) $$\Delta(P \cdot Q) = V \cdot \Delta M.$$

Comme la variation de la quantité de monnaie ΔM est supposée être exogène, la formule (2) traduit la relation causale suivante : *les variations de la masse monétaire* (ΔM) *sont à l'origine de celles du revenu nominal* ($\Delta(P \cdot Q)$). Cette proposition constitue une *première version* de la théorie quantitative, qu'on peut qualifier de « faible », car elle laisse ouverte la question de l'« impact » de ΔM sur le niveau des prix et des quantités. Cette version sert parfois de position de repli pour les partisans de la théorie quantitative — notamment Milton FRIEDMAN —, qui voient en elle l'expression de ce qui se passe « à long terme ». Toutefois, comme elle n'exclut pas que ΔM puisse avoir un effet « permanent » — et positif — sur les quantités produites, elle ne va pas dans le sens du message « monétariste » sur les effets néfastes des « manipulations monétaires » par les autorités ; ainsi, ceux qui se réclament de la pensée de KEYNES peuvent éventuellement souscrire à cette version de la théorie quantitative, puisqu'elle n'exclut pas le sous-emploi des ressources — et donc la possibilité de « stimuler » durablement l'économie grâce à la création monétaire.

La version « forte » de la théorie quantitative : la dichotomie entre la sphère réelle et la sphère monétaire

Cette version correspond à l'idée qui est à l'origine de la théorie quantitative, selon laquelle les variations de la masse monétaire se répercutent entièrement et exclusivement sur le niveau des prix. C'est la thèse dite de la *dichotomie* entre la « sphère réelle » et la « sphère monétaire » de l'économie : si la masse monétaire est multipliée par une constante k strictement positive, alors il en est de même pour chacun des prix (et donc pour le niveau des prix), de sorte que les prix relatifs — et, avec eux, les variables « réelles » telles que la production, la consommation et l'investissement — demeurent inchangés. Pour qu'il y ait dichotomie, il faut donc faire l'hypothèse supplémentaire :

$$\Delta(P \cdot Q) = Q \cdot \Delta P,$$

de sorte que (2) devient :

(3) $$Q \cdot \Delta P = V \cdot \Delta M.$$

Si on suppose que Q et P sont des *nombres* — indicateurs du niveau de la production et des prix —, alors la relation (3) peut se mettre sous la forme :

(4) $$\Delta P = \frac{V}{Q} \Delta M,$$

ou encore, en se servant de (1) :

(5) $$\frac{\Delta P}{P} = \frac{\Delta M}{M}.$$

La relation (5) donne la *version forte de la théorie quantitative* : le taux de croissance du niveau des prix est égal à celui de la masse monétaire.

Cette version est fondée sur l'hypothèse implicite que l'économie se trouve dans une situation où il y a *plein emploi des ressources disponibles*, de sorte qu'une augmentation de la masse monétaire ne peut que se répercuter sur les prix. Toutefois, une telle position est difficile à tenir, surtout si l'on veut, comme les « monétaristes », voir dans les « chocs monétaires » l'origine des fluctuations de la production — qu'elles soient conjoncturelles ou cycliques. C'est pourquoi des aménagements de la théorie quantitative ont été proposés qui admettent, tout en gardant l'idée de plein emploi des ressources, que les variations de la quantité de monnaie peuvent modifier leur affectation et même le niveau de la production ; toutefois, dans la mesure où ces modifications viennent — selon les « monétaristes » — perturber ce qu'ils considérent être le cours naturel des choses, leur effet ne peut être que passager et, finalement, négatif.

Comme l'hypothèse d'exogénéité de l'offre de monnaie est au cœur même de la théorie quantitative, elle est « intouchable ». Par conséquent, les aménagements de cette théorie ont porté sur le côté « demande » de monnaie.

La théorie quantitative en tant que théorie de demande de monnaie

Alors que, dans la version précédente de la théorie quantitative, la quantité de monnaie en circulation était supposée dépendre du volume des transactions, la version « demande de monnaie » — à laquelle sont associés les noms d'Alfred MARSHALL et de Cecil Pigou (1877-1959) — met l'accent sur les *encaisses désirées* par les individus, pour effectuer des transactions ou pour tout autre motif. Dans le cas le plus simple, celui qui a été retenu par Pigou, il est supposé que la demande de monnaie est proportionnelle au revenu nominal, c'est-à-dire qu'elle est de la forme :

$$kP \cdot Q.$$

Comme par ailleurs son offre M est donnée (exogène), il s'ensuit qu'à l'équilibre on doit avoir :

(6) $$M = kP \cdot Q.$$

Formellement, on est en présence d'une relation semblable à la formule quantitative (1), k étant *l'inverse de la vitesse de circulation de la monnaie* ($k = 1/V$). Comme Marshall et Pigou ont été tous deux titulaires de la chaire d'économie à l'université de Cambridge, la relation (6) est appelée variante « de Cambridge » de la formule quantitative.

Dans ces conditions, une augmentation de l'offre de monnaie devra être « absorbée » par une augmentation correspondante de la demande, dont les éléments constitutifs (dans (6), k, P et Q) vont donc varier en conséquence — de façon simultanée ou décalée. Le processus d'« absorption » peut prendre un certain temps ; les quantitativistes parlent à son propos de MÉCANISME DE TRANSMISSION, puisque selon eux la variation de M est progressivement « transmise » aux prix, les autres variables (k et Q) s'ajustant en cours de processus. Celui-ci peut faire intervenir plusieurs paramètres, tels les *anticipations* des agents, les taux d'intérêt des divers actifs, leur degré de substituabilité, etc. Ainsi, si la banque centrale crée de la monnaie en rachetant — sans puiser dans ses réserves — des bons du Trésor détenus par les autres banques, celles-ci disposent de plus de liquidités et sont donc enclines à baisser le taux d'intérêt de leurs prêts, ce qui incite les ménages à consommer plus et les entreprises à augmenter leurs investissements. L'économie « réelle » est donc affectée. Toutefois, la hausse de la demande des biens qui s'ensuit va provoquer une hausse du niveau des prix — si l'on suppose qu'il y a plein emploi des ressources —, et finalement, « à la longue », on se trouvera en présence d'une économie avec une masse monétaire et des prix plus élevés. Si l'économie « réelle » revient à sa position « initiale », cela ne se fait pas forcément sans coûts car si, par exemple, les entreprises ont investi en pensant qu'elles faisaient face à une hausse durable de la demande, elles vont alors se trouver avec des capacités de production excédentaires — ce qui est une façon de gaspiller les ressources disponibles.

Afin de prendre en compte les diverses variables qui peuvent intervenir dans le mécanisme de transmission, les quantitativistes ont été conduits à envisager des fonctions de demande de monnaie de plus en plus compliquées (voir l'entrée DEMANDE DE MONNAIE), au point de rendre peu lisible le message que la théorie se proposait de faire passer. Ainsi, pour les monétaristes dans la lignée de Friedman, les tests sur la théorie quantitative sont devenus des tests sur la

« stabilité » (permanence dans le temps) de la *fonction* de demande de monnaie, avec ses multiples variables ; on est loin de la simple relation causale entre « quantité de monnaie » et niveau des prix !

Théorie quantitative et « monétarisme »

La théorie quantitative a donc connu des aménagements successifs ; elle part d'une formule simple qui met en relation directe la masse monétaire et le niveau des prix pour aboutir à une version élaborée de la demande de monnaie, où interviennent de nombreuses variables ; toutefois, l'ensemble des versions de la théorie quantitative ont un point commun : elles supposent que l'« offre de monnaie » est exogène. Pour les partisans de la théorie quantitative, l'État dispose donc, à travers la création monétaire, d'un important moyen d'intervenir dans l'économie ; voilà qui ne peut que poser problème à ceux — dont les « quantitativistes » — qui voient d'un mauvais œil toute forme d'intervention de sa part. Car selon eux :

— soit les manipulations monétaires n'ont aucun effet sur l'économie « réelle » — production, consommation, investissement — et n'ont par conséquent aucune raison d'être ;

— soit les manipulations monétaires peuvent affecter l'économie « réelle », mais alors leurs effets ne peuvent être que passagèrement positifs, l'aspect négatif l'emportant à la longue.

Dans le premier cas, c'est la version « élémentaire » de la théorie quantitative qui est invoquée, tandis que dans le second c'est une de ses versions plus élaborée ; mais, et c'est là le point essentiel, toutes deux dénient un effet bénéfique à l'action de l'État, *via* la création monétaire. L'insistance portée sur le rôle inutile — ou néfaste — de cette action associée à la défense de la théorie quantitative a même fait que dans les années soixante-dix on a appelé « monétaristes » les partisans d'une intervention de l'État dans l'économie réduite au minimum, y compris en ce qui concerne la monnaie. Toutefois, cette appellation donne à croire que ce qui caractérise les « monétaristes » est leur défense de la théorie quantitative, alors que ce n'est là qu'un aspect relativement secondaire de leur position — l'aspect principal étant leur hostilité à toute forme de politique économique active menée par l'État. Hostilité qui se retrouve — implicitement — dans toutes les versions de la théorie quantitative, de la plus élémentaire (qui est fondée sur la *formule quantitative*) à la plus élaborée (fonction « stable » de demande monnaie).

La théorie quantitative : un cadavre qui remue encore

Quelle que soit la version envisagée, la théorie quantitative s'appuie sur *deux propositions* :

— l'offre de monnaie est exogène ;

— la fonction de demande de monnaie est stable.

La première de ces propositions est pratiquement indéfendable, puisque la création monétaire — qui est essentiellement le fait des banques commerciales — a tendance à *suivre* l'activité économique, et non à la précéder ; Friedman lui-même a dû reconnaître — à son grand regret — que la relation entre monnaie et revenu peut s'exercer « dans les deux sens » (M. Friedman et A. Schwartz, *Monetary Trends in the United States and the United Kingdom. Their Relation to Income, Prices, and Interest Rates, 1867-1975*, University of Chicago Press, 1982). Il est d'ailleurs symptomatique que les gouvernements qui, dans les années soixante-dix, se sont réclamés des thèses « monétaristes » ont essentiellement utilisé le *taux d'intérêt* pour mener leur politique de lutte contre l'inflation, et non la masse monétaire — qu'ils ne pouvaient en fait contrôler (voir, à ce propos, Kaldor, *Le Fléau du monétarisme*, Economica, Paris, 1985) ; et, depuis, l'objectif qui consiste à fixer à l'avance un taux de croissance pour la masse monétaire a été abandonné par pratiquement toutes les banques centrales, après qu'elles eurent constaté qu'il est impossible à tenir. Ce qui prouve bien que la masse monétaire — laquelle d'ailleurs ? *M1 ? M2 ? M3 ?* — n'est pas une variable exogène que le gouvernement pourrait manipuler à sa guise, même s'il cherche à imposer certaines limites à son évolution par divers types de mesures (d'ordre réglementaire, ou en jouant sur les taux d'intérêt).

Quant à la seconde proposition de la théorie quantitative « moderne », celle sur la stabilité de la fonction de demande de monnaie, elle conduit à préconiser le choix par les autorités d'une *politique monétaire* (à travers des variables telles que le taux d'intérêt et la masse monétaire) plutôt que *budgétaire* (impôts, subventions, dépenses directes de l'État) — la première s'appuyant, selon les quantitativistes, sur une relation plus

« fiable » que la seconde. Tel était effectivement au départ le discours de ceux qu'on a appelés par la suite — et peut-être à cause de cela — les « monétaristes » : à la politique économique « keynésienne » d'intervention directe sur les variables « réelles » de l'économie ils opposaient une politique « monétaire » d'action sur ses variables nominales — ce qu'ils justifiaient en invoquant la plus grande « stabilité » de la fonction de demande de monnaie relativement à la fonction de consommation (qui est à la base du MULTIPLICATEUR KEYNÉSIEN, instrument privilégié de la politique budgétaire). Toutefois, comme le fond de la pensée « monétariste » consiste à *récuser toute forme de politique économique active*, qu'elle soit monétaire ou budgétaire, le fait qu'il existe une fonction de demande de monnaie stable ou pas n'a finalement pas beaucoup d'importance pour les monétaristes — le seul intérêt d'une fonction de demande stable étant de fournir un « bon » instrument de politique économique. D'ailleurs, dans les années soixante-dix, le débat entre « monétaristes » et « keynésiens » a changé de nature, la question posée n'étant plus celle du choix entre politique monétaire et politique budgétaire, mais entre politique économique (active) ou pas de politique économique du tout ; ce qui explique que la question de la stabilité de la demande de monnaie ne soit plus au centre des débats théoriques.

Pourtant, et malgré les critiques de tout ordre qui lui ont été adressées, la théorie quantitative est loin d'avoir disparu ; ainsi, Friedman en fait une « relation de long terme », qui serait valable « en dernière instance ». Mais c'est là essentiellement un acte de foi de sa part — surtout que le long terme signifie pour lui des dizaines d'années. En fait, si cette théorie demeure aussi ancrée, c'est probablement parce qu'elle véhicule une idée simple — bien que trompeuse —, qui a en outre l'avantage de se traduire par une formule également très simple, ce qui n'est pas pour déplaire à ceux qui construisent des modèles — faute de mieux.

Théories monétaires du cycle

Ensemble de théories qui attribuent un rôle important à la gestion de la MONNAIE (par le système bancaire) dans l'accentuation (si ce n'est dans l'origine) des CYCLES économiques (phases d'expansion, ou de « boom », suivies de périodes de récession, ou de stagnation).

Les théories monétaires du cycle sont surtout le fait d'économistes du début du siècle, dont les plus connus sont le Suédois Knut Wicksell (1851-1926), l'Autrichien Friedrich von Hayek (1899-1992) et l'Américain Irving Fisher (1867-1947). Toutes s'appuient sur l'idée que des variations de la masse monétaire provoquent, ou amplifient, une « mauvaise » affectation des ressources entre le secteur qui produit des *biens de capital* et celui qui fournit les biens de consommation ; ainsi, la production (et la demande) peut s'« emballer » pendant un certain temps (phase d'expansion), mais à un moment survient un retournement — la mésallocation des ressources ne peut durer indéfiniment — qui entraîne des « réajustements », dont la phase de récession est la manifestation.

L'analyse n'est donc pas « purement monétaire », puisqu'elle accorde une grande importance à ce qui se passe dans l'économie « réelle » (elle ne suppose pas qu'il y a DICHOTOMIE entre les sphères monétaire et réelle). L'idée sur laquelle elle s'appuie est proche de celle que suppose l'ACCÉLÉRATEUR : la mise en œuvre de nouvelles capacités de production mobilise beaucoup de ressources et demande du temps, de sorte qu'une variation relativement anodine de la demande peut avoir des répercussions importantes (notamment en raison de la mise en œuvre de *surcapacités de production*), tout au moins si le système bancaire s'y prête.

Le rôle essentiel du système bancaire

Wicksell a avancé l'idée qu'il existe un *taux d'intérêt naturel* qui égalise la « demande d'emprunt » à l'« offre de fonds d'épargne ». Ce taux est « naturel » car il traduit la situation de l'économie « réelle », le désir d'investir des entreprises et d'épargner des ménages. Toutefois, comme les banques jouent un rôle essentiel dans la gestion de la monnaie, la politique qu'elles suivent n'est pas sans effet sur le taux d'intérêt qui prévaut « sur le marché » et qui peut différer du taux naturel. Ainsi, Wicksell, qui défendait plutôt la THÉORIE QUANTITATIVE DE LA MONNAIE, considère que l'augmentation de la quantité d'or disponible dans un pays se traduit par un *effet direct* sur la demande des biens, mais aussi par un *effet indirect* : l'or supplémentaire déposé dans les banques donne à celles-ci la possibilité d'augmenter leur offre de crédit, ce qui les incite à proposer un taux d'intérêt inférieur au taux « naturel ». D'où une hausse de l'investissement, qui se traduit par une hausse de la demande de biens (de capital, mais aussi de consommation, Wicksell ayant une analyse proche de celle du MULTIPLICATEUR KEYNÉSIEN), et donc par une hausse du niveau des prix. Dans la mesure où la demande de monnaie pour les transactions augmente, le taux d'intérêt va en faire autant, et revenir progressivement à son « taux naturel ».

Hayek reprend — dans *Prices and Production* (1931 ; trad. franç. chez Calmann-Lévy, Paris) — l'idée de Wicksell selon laquelle il existe un taux d'intérêt naturel ; il insiste toutefois sur le fait que les nouveaux investissements induits par la baisse du taux d'intérêt (en dessous de son niveau « naturel ») se traduisent par une déformation de la structure de la production (avec surcapitalisation), qui a effectivement pour conséquence d'entraîner une hausse de la demande de biens (phase d'expansion), hausse qui est cependant inévitablement « corrigée » au bout d'un certain temps par un « retour de bâton », les capacités de production mises en place étant trop importantes relativement à la demande qu'elles sont censées servir (d'où des faillites, des licenciements et une baisse générale de la demande) ; c'est la récession, qui doit permettre à l'économie de revenir à son cours « naturel ».

Hayek n'insiste pas sur le « choc » initial qui a pu perturber ce cours ; les chocs sont d'ailleurs inévitables. Le problème est dans la façon de réagir face à eux ; en les amplifiant, le système bancaire est en bonne partie à l'origine du phénomène cyclique. De toute façon, l'économie tend à revenir à la normale après ses errements, et il serait contre-productif de vouloir « accélérer » le processus (par une politique monétaire ou budgétaire active ; Hayek et FRIEDMAN se rejoignent sur ce point).

Tel n'est pas le point de vue d'Irving Fisher, qui met l'accent sur le *surendettement* des entreprises ; celui-ci est dû au fait qu'elles font des *anticipations* de profit élevées, face à ce qu'elles pensent être de nouvelles perspectives intéressantes — innovations, débouchés accrus, etc. (« La théorie des grandes dépressions par la dette et la déflation », *Revue française d'économie*, été 1988, traduction d'un article paru en 1933 dans *Econometrica*). Le système bancaire ne peut que suivre — car sinon l'ensemble stagnerait ; Fisher rejoint ici le point de vue de Schumpeter sur le rôle moteur des entrepreneurs qui innovent et prennent des risques. En utilisant le mot « surendettement », il attire cependant l'attention sur le caractère « excessif » de l'endettement de certaines entreprises, qui ne pourront pas le moment venu faire face à leurs engagements (en raison d'anticipations erronées). D'où des faillites en chaîne, une baisse de la demande, et donc du niveau des prix, qui alourdit encore plus le poids des dettes (leur valeur demeure, alors que celle des profits des entreprises diminue) et accentue d'autant le processus déflationniste. C'est pour l'arrêter que Fisher préconise une intervention active de l'État, en vue de stimuler la demande. Il rejoint en cela les analyses de KEYNES qui, s'il admettait l'analyse du « boom » par surcapitalisation (dû à un « état fallacieux de la prévision », selon ses propres termes) et de la dépression qui pouvait s'ensuivre, ne pensait pas qu'il existe une sorte de « retour automatique » à la normale ; bien au contraire, puisqu'un des principaux objectifs de sa *Théorie générale* est de montrer qu'une économie « laissée à elle-même » peut rester *durablement* dans une situation de récession.

Conclusion

Les théories monétaires du cycle ont l'avantage de prendre en compte les relations entre monnaie et économie réelle, tout en ne perdant pas de vue la « structure » sectorielle de celle-ci. Elles n'ignorent pas non plus les dysfonctionnements qui apparaissent pendant le cycle — y compris les licenciements et les faillites — et se servent de leur grille de lecture pour mieux comprendre l'évolution *effectivement observée* des économies. Cette grille de lecture n'est d'ailleurs pas trop éloignée de celle de MARX, qui a insisté sur le phénomène de la surcapitalisation et sur le rôle « amplificateur » (du cycle) des facteurs financiers (la spéculation surtout) ; malgré son caractère très global et approximatif, elle est plus éclairante que celle que proposent les analyses plus récentes — telle celle du CYCLE RÉEL — qui, sous prétexte de FONDEMENTS MICROÉCONOMIQUES de la macroéconomie, rétablissent une dichotomie totale — ou presque — entre monnaie et économie réelle, sans pour autant prendre en compte la structure de la production (leurs modèles ne comportent généralement qu'un bien et qu'un agent).

Tinbergen (règle de)

Règle de POLITIQUE ÉCONOMIQUE due à Jan Tinbergen (né en 1903), selon laquelle toute politique qui vise à modifier le niveau de n variables économiques (taux de chômage, niveau des prix, solde des échanges extérieurs, etc.) nécessite de disposer d'au moins n « instruments » sur lesquels elle peut jouer — taux d'imposition, niveau des dépenses gouvernementales, taux de réescompte de la banque centrale, etc. Ces *variables instrumentales* — considérées comme EXOGÈNES — ont donc pour vocation d'agir sur d'autres variables, appelées *cibles* ou *objectifs*, qui sont évidemment ENDOGÈNES.

La règle de Tinbergen se comprend aisément : dans la mesure où les n cibles doivent être atteintes indépendamment les unes des autres, le système comporte n degrés de liberté, qu'il faut donc « fixer » en imposant n contraintes — ce que font les variables instrumentales. Cette règle est une conséquence directe du théorème des fonctions IMPLICITES. Ainsi, si l'on se limite — pour simplifier les écritures — au cas où $n = 3$ et si l'économie considérée est caractérisée par le système d'équations :

$$\begin{cases} y_1 = f_1(\alpha_1, \ldots, \alpha_p, y_2, y_3) \\ y_2 = f_2(\alpha_1, \ldots, \alpha_p, y_1, y_3) \\ y_3 = f_3(\alpha_1, \ldots, \alpha_p, y_1, y_2) \end{cases}$$

où les y désignent les cibles et les α les variables instrumentales, alors pour que les y puissent s'exprimer en fonction des α, il faut que p soit au moins égal à 3, sauf cas exceptionnel (où ces équations seraient liées entre elles). Car si tel n'était pas le cas, par exemple si p était égal à 2, alors on serait en présence d'un système de 3 équations à 2 inconnues (les valeurs à donner à α_1 et à α_2 pour que des objectifs fixés, y_1^*, y_2^* et y_3^*, puissent être atteints). On peut évidemment avoir $p > 3$, mais alors les variables instrumentales ne prennent pas une valeur unique, pour une « cible » donnée.

Parmi les problèmes auxquels se heurte la politique économique, il y a le fait que les fonctions f_i ne sont connues qu'approximativement et qu'elles peuvent être influencées par la politique elle-même, ainsi que par la façon dont les agents économiques l'anticipent et cherchent éventuellement à la neutraliser — point sur lequel la critique de LUCAS attire l'attention.

Trace (d'une matrice carrée)

Somme des termes diagonaux d'une matrice carrée. La principale propriété de la trace est que :

$$\text{trace de } \mathbf{AB} = \text{trace de } \mathbf{BA}.$$

Ainsi, si **A** est une MATRICE DIAGONALISABLE, c'est-à-dire s'il existe une matrice diagonale Λ telle que :

$$\mathbf{A} = \mathbf{P\,D\,P}^{-1}$$

alors :

$$\begin{aligned} \text{trace de } \mathbf{A} &= \text{trace de } \mathbf{P\,D\,P}^{-1} \\ &= \text{trace de } \mathbf{PP}^{-1}\mathbf{D} \\ &= \text{trace de } \mathbf{D}. \end{aligned}$$

Comme les éléments de **D** sont les VALEURS PROPRES de **A**, il s'ensuit que *la trace d'une matrice carrée est égale à la somme de ses valeurs propres.*

Transformation de la valeur en prix de production (problème de la)

Problème posé, notamment chez RICARDO et MARX, par la coexistence de deux principes dans l'analyse de la formation des prix : celui de la VALEUR TRAVAIL et celui de la rémunération à un taux uniforme des capitaux avancés pour la production (la « péréquation des taux de profit »). L'application de ces deux principes conduit à des évaluations différentes des biens dès que la « structure capitalistique » des secteurs est différente (c'est-à-dire dès que la proportion entre travail direct et travail indirect — machines, matières premières, etc. — n'y est pas la même). Si l'on s'en tient au seul principe de la valeur travail, le prix d'un bien faisant appel à « peu » de travail et à « beaucoup » de capital est moins élevé que celui d'un bien qui fait appel à « beaucoup » de travail et à « peu » de capital, alors que cela n'est pas forcément vrai si le calcul des prix tient compte de la péréquation des taux de profit.

Un exemple simple, qui reprend les concepts utilisés par Marx, permet de situer le problème. Avant de l'aborder, il faut préciser que la valeur d'une marchandise, donnée par les heures de travail qui ont servi à la produire, se décompose en trois parties :
— le *capital constant*, C, valeur des moyens de production (matières premières, équipements divers) qui interviennent dans la production de la marchandise ;

— le *capital variable*, *V*, valeur de la force de travail (salaires versés aux travailleurs qui produisent la marchandise) ;
— la *plus-value*, *Pl*, qui est le travail « non payé » (ou « extorqué ») aux travailleurs (pour plus de détails, voir l'entrée : théorie marxiste de l'EXPLOITATION).

La valeur d'une marchandise est donc obtenue en faisant la somme :

$$C + V + Pl$$

où $C + V$ est le *capital avancé* par le capitaliste.

Pour simplifier les calculs, on suppose que tous les biens qui interviennent dans le capital constant *C* sont « absorbés » dans le processus de production.

Ces précisions étant faites, on considère une économie à deux « secteurs », I et II, qui produisent deux marchandises (notées aussi I et II) selon les modalités décrites dans le tableau suivant :

Secteur	Cap. constant *C*	Cap. variable *V*	Plus-value *Pl*	Total	$\frac{Pl}{C+V}$
I	100	100	100	300	$\frac{100}{200}$
II	200	100	100	400	$\frac{100}{300}$

Ainsi, le taux de plus-value, $Pl/(Pl + V)$, est le même dans les deux secteurs (100/200), mais ce n'est pas le cas pour le taux de profit $Pl/(C + V)$, qui est égal à 100/200 (50 %) dans le secteur I et à 100/300 (33 %) dans le secteur II. Le capital investi dans celui-ci est de moindre rapport car il est plus important que dans le secteur I, tout en étant à l'origine d'une même plus-value.

La « transformation » revient alors à « répartir » la plus-value entre les deux secteurs de sorte que les capitaux avancés y soient rémunérés au même taux ; ce taux est obtenu en divisant la plus-value totale, qui est ici égale à 200, par le capital total, 500 ; soit : 200/500 = 40 %. Ainsi, pour que les capitaux placés dans le secteur I soient rémunérés au taux de 40 % il faut que le profit y soit égal à 200 · 40 % = 80 ; pour la même raison, il doit être égal à : 300 · 40 % = 120 dans le secteur II.

Si l'on considère que les chiffres donnés dans le tableau correspondent à des productions unitaires, alors la valeur $C + V + Pl$ du bien I est égale à 300, alors que son prix de production (qui correspond à une rémunération à un taux de profit uniforme) est égal à 280 ; pour le bien II, ces chiffres sont respectivement de 400 et 420.

En fait, le calcul qui vient d'être fait n'est pas tout à fait correct car le principe de la péréquation des taux de profit implique que *tout* doit être évalué aux prix de production, y compris le capital constant *C*, dont les éléments sont eux-mêmes des marchandises ; pour éviter l'incohérence qui consiste à évaluer les produits en prix de production et les éléments qui les composent en valeur travail, on peut — comme SRAFFA — adopter d'emblée une logique de prix de production. Toutefois, en procédant de la sorte, on abandonne toute référence à la valeur travail ; autrement dit, il n'y a même plus besoin de faire de « transformation », puisque les analyses peuvent être directement menées en termes de prix de production.

Transitivité

Propriété d'une relation binaire qui s'énonce de la façon suivante, en notant $\mathcal{R}$ la relation :

$$(A \,\mathcal{R}\, B, B \,\mathcal{R}\, C) \Rightarrow A \,\mathcal{R}\, C.$$

La propriété de transitivité est considérée, en théorie des choix, comme une condition minimale de RATIONALITÉ, puisqu'elle signifie que si un individu préfère l'éventualité *A* à l'éventualité *B*, et celle-ci à l'éventualité *C*, alors il doit préférer, s'il est rationnel, l'éventualité *A* à l'éventualité *C*.

Dans la théorie du consommateur, la transitivité de la RELATION DE PRÉFÉRENCE a pour principale conséquence que les courbes (ou, plus généralement, les surfaces) d'indifférence associées à cette relation de préférence ne se coupent pas. En effet, si deux de ces courbes, C_x et C_y, se coupaient en un point *P*, alors on aurait pour tout panier $Q \in C_x$ et pour tout $Q' \in C_Y$, $Q \,\mathcal{R}\, P$ (puisque *Q* et *P* appartiennent tous deux à la même courbe d'indifférence C_x) et $P \,\mathcal{R}\, Q'$ (puisque Q' et *P* appartiennent tous deux à la même courbe d'indifférence C_Y) ; il s'ensuivrait, par transitivité de $\mathcal{R}$, que $Q \,\mathcal{R}\, Q'$, et donc que *Q* et Q' sont sur la même courbe (surface) d'indifférence, contrairement aux hypothèses faites.

En revanche, la transitivité peut ne pas être vérifiée par une relation de préférence *collective* déduite de relations de préférence individuelles transitives, comme le montre l'exemple proposé par CONDORCET il y a déjà plus de deux siècles.

« Trente glorieuses »

Expression utilisée par Jean Fourastié (1907-1990) — et reprise largement par la suite — pour désigner les trente années comprises entre 1945 et 1975 pendant lesquelles la grande majorité des pays développés — mais aussi les autres — a connu une croissance forte et soutenue (avec un faible taux de chômage), unique dans l'histoire du capitalisme. Parmi les explications de ce phénomène, il y a l'« effet stimulant » de la période de reconstruction d'après la Seconde Guerre mondiale et le rôle très important joué depuis lors par l'État dans l'économie, aussi bien par ses interventions directes que par la place et le poids pris par le système de protection sociale, moins soumis aux aléas de la vie économique que le secteur proprement marchand.

Qu'est-ce qui a mis fin aux « trente glorieuses » ? Il n'y a pas de réponse unanime à cette question — comme il n'y en a pas sur les causes des « trente glorieuses ». On peut seulement dire que celles-ci portaient en elles un certain nombre de contradictions, qui se manifestaient par le dérèglement progressif du système des relations internationales mis en place à la fin de la guerre (accords de Bretton Woods, en 1944), par des désordres financiers, par une inflation et un chômage croissants (surtout en ce qui concerne l'inflation). Selon certains — partisans de la théorie de la RÉGULATION — la fin des « trente glorieuses » résulte de l'épuisement progressif des possibilités offertes par le compromis social caractéristique de l'époque (le *fordisme*) ; selon d'autres, ce sont les changements dans les rapports entre les pays — montée en puissance du Japon et de l'Europe, relatif déclin de la puissance dominante, les États-Unis, offensive des pays sous-développés pour parer à la détérioration de leurs termes de l'échange — qui ont mis fin à la période de croissance prolongée d'après-guerre ; pour d'autres encore, l'intervention de plus en plus pesante de l'État a progressivement grippé la machine, et bloqué l'« initiative privée ». En bref, les explications — contradictoires — sur ce qui a mis fin aux « trente glorieuses » ne manquent pas.

Une autre question à leur propos est de savoir si le capitalisme peut encore connaître des périodes semblables ; une chose est cependant claire : l'ensemble de l'économie mondiale ne pourra connaître un rythme de croissance aussi élevé (exponentiel) que celui des « trente glorieuses » pendant une période prolongée — du moins en ce qui concerne les « biens matériels » —, les ressources disponibles sur la Terre étant forcément limitées.

U

Utilitarisme

Doctrine selon laquelle une action (ou une loi, une institution, etc.) est bonne si elle va dans le sens d'augmenter le bonheur de la communauté (de l'humanité dans son ensemble). L'utilitarisme est donc une *doctrine éthique* (ou morale), c'est-à-dire une doctrine qui dit ce qui est, selon elle, bien ou mal. Elle fournit un *critère d'approbation* (ou de désapprobation) sur les actions, les lois ou les institutions, critère appelé parfois *principe d'utilité*.

L'utilitarisme n'est donc pas une *théorie* (un ensemble de propositions tirées de l'observation des faits, ou confrontées à eux) ; en particulier, et contrairement à ce que l'on croit souvent, il n'est pas une théorie sur la nature de l'homme (égoïste ou pas, par exemple). Il n'a pas grand-chose à voir avec la notion de FONCTION D'UTILITÉ telle qu'elle intervient dans la théorie des choix individuels (d'ailleurs, des économistes utilitaristes comme Adam SMITH et David RICARDO ne font pas appel à cette notion).

Pour l'utilitariste, le bonheur collectif est le critère de décision ultime : il le fait donc passer avant tout droit (ou devoir) — qu'il soit « naturel », « sacré » ou « imprescriptible » — qui pourrait faire obstacle à la réalisation de ce bonheur. Les utilitaristes (comme la plupart des moralistes et des législateurs) pensent que le « respect de la parole donnée », « de la vie », « de la propriété », etc. est d'une grande importance pour la vie en communauté, et donc pour le bonheur de celle-ci. Ils considèrent néanmoins que les droits et les devoirs correspondant à ces règles tirent leur obligation *uniquement* de leur tendance à promouvoir le bonheur. Par conséquent, leur caractère impératif cesse lorsqu'ils ne remplissent plus ce rôle. Ainsi, lorsqu'une expropriation est décidée parce qu'elle permet la réalisation d'une infrastructure jugée indispensable pour la collectivité, c'est le principe d'utilité qui est appliqué (le bonheur de la collectivité passe avant le droit « naturel » de propriété).

A un niveau plus « individuel », un utilitariste peut approuver que l'on mente dans certaines situations (où dire la vérité est source de souffrances, sans contrepartie), alors que cette attitude est désapprouvée par les personnes qui ont le respect de la vérité pour critère ultime.

La doctrine éthique utilitariste a toujours existé, même si ce n'est pas sous ce nom. Elle a servi de critère, entre autres, à Lucrèce, au jeune Socrate (dans certains dialogues), à l'empereur Justinien et aux juristes romains qui parlaient d'*utilitas publica* ou d'*utilitas communis*, pour ne citer qu'eux. L'expression « utilitarisme » est d'abord apparue chez Jeremy Bentham (1745-1832), qui s'est inspiré du « principe d'utilité publique » de David Hume (1711-1776) et de Claude Adrien Helvetius (1715-1771). Bentham est d'ailleurs souvent considéré comme le « père » de l'utilitarisme moderne. La présentation la plus achevée et synthétique de celui-ci est donnée par les ouvrages de John Stuart Mill, *Utilitarianism* (1861), et de Henry Sidgwick, *Methods of Ethics* (1875).

Problèmes

L'utilitarisme doit affronter deux grands types de critiques :
— la définition — ou la mesure — du « bonheur collectif » ;
— le fait même de vouloir appliquer un critère unique en toutes circonstances.

1. Le problème de l'estimation du bonheur collectif. En principe, lorsqu'il faut choisir entre plusieurs solutions, l'utilitarisme soutient qu'il faut évaluer le plaisir ou la peine que les divers choix peuvent occasionner à chaque individu, puis additionner sur l'ensemble des individus. On obtient ainsi un indicateur du bonheur collectif, qui permet de comparer entre elles les diverses solutions et donc de retenir celle qui a l'indicateur le plus élevé.

Il est clair que le « calcul des plaisirs et des

peines » — identifié souvent à l'utilitarisme — que nécessite cette méthode ne peut qu'être très approximatif et pose de nombreux problèmes. Parmi eux, il y a l'appréciation sur ce que peut être un plaisir « supérieur » et un plaisir « inférieur » (qui peut servir à justifier une politique culturelle coûteuse, du moins si on la rapporte au nombre de ceux qui en profitent) ; mais il y a aussi le problème de la RÉPARTITION : faut-il mettre tout le monde sur le même plan ou favoriser certains plus que d'autres (comme peut le faire une fonction d'UTILITÉ COLLECTIVE) ? En fait, ces critiques portent sur le caractère CARDINAL de l'utilité que suppose (du moins implicitement) le critère du bonheur collectif.

Ces critiques concernent en fait *tous les critères éthiques*, dès lors qu'ils servent à prendre une décision. En effet, aussi bien le législateur que l'économiste cherchent, face à tout projet (qu'il porte, par exemple, sur une loi ou sur un investissement collectif), à en évaluer les avantages et les désavantages ; or ceux-ci peuvent prendre des formes très différentes (sentiment de sécurité, temps perdu, coûts de tout ordre, y compris humains, etc.) ; une simplification souvent utilisée consiste à procéder à des *évaluations monétaires*, comme dans la méthode coûts-avantages. Tout le monde s'accorde pour dire que c'est là une méthode insatisfaisante, mais personne ne voit comment on pourrait faire autrement. Souvent les divergences éthiques se manifestent à travers les facteurs pris en compte et dans les poids (évaluations monétaires) qui sont attribués à chaque avantage et inconvénient. Ou alors, la démarche adoptée consiste à rechercher le « maximum de bonheur », en incluant la contrainte imposée par ce qu'on estime être « sacré » ou « inviolable » ; mais que ce soit avec ou sans contraintes, le problème de l'évaluation du bonheur demeure.

Si, par exemple, on prend le critère éthique alternatif proposé par John Rawls — qui est de chercher *the most extensive total system of equal basic liberties* (le « système global le plus étendu possible des mêmes libertés de base ») —, on se trouve aussi face à un problème de maximum « global » (*the most ... total...*), dans lequel il faut mesurer — et, en fait, comparer — des « libertés » (qui doivent, en outre, être « de base » et « égales »). Le problème est encore plus compliqué.

2. Le critère du bonheur collectif peut-il être appliqué en toutes circonstances ? Ce critère apparaît au premier abord comme très réducteur. Faut-il l'appliquer à des problèmes tels que la torture (atteinte à la « dignité de l'homme »), à la peine de mort (« droit à la vie »), à l'expérimentation génétique sur des hommes, etc. ? Un exemple souvent avancé est celui du sacrifice : faut-il sacrifier un individu si cela peut être une source de bonheur collectif important (ou éviter de grandes souffrances) ? On retrouve là la question des *contraintes* (qui prennent très souvent la forme de droits) qui imposent une limite à la recherche du bonheur collectif. Le problème est alors de justifier ces contraintes, et de décider lesquelles sont effectivement incontournables ; or, les avis divergent à ce propos, sans parler du fait que certaines de ces contraintes sont parfois incompatibles. Ainsi, le droit à la propriété peut être, dans certaines circonstances, incompatible avec le droit à la vie (cas de l'affamé qui vole pour survivre). Pour plus de détails, voir *Introduction aux fondements philosophiques du libéralisme*, de Francisco Vergara, La Découverte, Paris, 2e édition, 2002.

Utilité

Nombre attribué à un PANIER DE BIENS par une personne (ou par un MÉNAGE) et qui sert d'indicateur de la satisfaction que procure à cette personne la consommation du panier de biens. La fonction, au sens mathématique, qui associe à chaque panier de biens envisageable un tel nombre est appelée fonction d'UTILITÉ de la personne considérée. La connaissance d'une fonction de ce type permet de déduire un *classement* entre les paniers de biens (selon leur plus ou moins grande utilité) ; ce classement exprime la RELATION DE PRÉFÉRENCE de la personne considérée.

Réciproquement, à partir de la relation de préférence d'un consommateur on peut, à certaines conditions, déduire une fonction d'utilité, c'est-à-dire attribuer un nombre à chaque panier de biens, les nombres obtenus correspondant au classement de la relation de préférence. Quand on connaît une fonction d'utilité associée ainsi à une relation de préférence, on peut en déduire une infinité d'autres ; pour cela, il suffit de transformer cette fonction d'utilité par une fonction strictement croissante. Cette pléthore de fonctions d'utilité associées à une même relation de préférence fait dire que les nombres qu'elles associent aux paniers de biens (leur utilité) n'ont pas de signification en soi ; le seul intérêt de ces nombres est qu'ils permettent de connaître le classement donné par la relation de préférence. Lorsqu'on ne prend en compte que celle-ci, même si c'est en faisant appel à une fonction d'utilité, alors on dit qu'on adopte une approche ORDINALE, sans chercher à donner une signification particulière aux utilités. Dans le cas contraire, qui revient à privilégier une fonction d'utilité particulière, on parle d'approche CARDINALE.

Utilité (fonction d')

Fonction numérique qui représente la RELATION DE PRÉFÉRENCE d'un consommateur et qui fait correspondre à chaque PANIER DE BIENS possible un nombre (réel) ; si un panier de biens est préféré par le consommateur à un autre, alors le nombre donné par la fonction d'utilité au premier est supérieur au nombre qu'elle donne au second, et cela quels que soient les paniers de biens considérés.

Le nombre attribué à un panier de biens par une fonction d'utilité est appelé *utilité*. Si l'on considère que ce nombre a un sens en soi, alors on dit que l'utilité est CARDINALE ; en revanche, elle est ORDINALE si l'on pense qu'il n'a aucune signification, outre le fait qu'il reflète le classement des paniers de biens par la relation de préférence. C'est cette dernière façon de voir qui prévaut généralement chez les théoriciens néo-classiques, même si à l'occasion de modèles particuliers ils n'hésitent pas à recourir à des fonctions d'utilité cardinales.

Parmi les *propriétés ordinales* (possibles) d'une fonction d'utilité, il y a la monotonie (ou non-satiété) — qui a pour conséquence que ses COURBES D'INDIFFÉRENCE sont décroissantes — et la QUASI-CONCAVITÉ — qui implique, avec la monotonie, que ses courbes d'indifférence sont CONVEXES ; on notera que ces propriétés ordinales ont trait aux courbes d'indifférence (ou, de façon plus générale, aux « surfaces » d'indifférence). Parmi les *propriétés cardinales* (possibles), il y a la CONCAVITÉ et la décroissance de l'UTILITÉ MARGINALE.

Utilité collective (fonction d')

Fonction qui classe selon un ordre de préférence les divers ÉTATS RÉALISABLES d'une économie — c'est-à-dire les diverses affectations des ressources possibles parmi les membres de la société. Tout le problème avec la fonction d'utilité collective est de préciser la nature de la « relation de préférence » dont elle est l'expression. En effet, les préférences ne sont pas ici celles d'un individu — comme dans la RELATION DE PRÉFÉRENCE du consommateur —, mais celles de la communauté dans son ensemble, communauté dont les membres n'ont souvent pas les mêmes intérêts — quand certains « obtiennent beaucoup », d'autres ont forcément moins. En effectuant un classement entre tous les états réalisables possibles, la fonction d'utilité collective tranche entre des intérêts contradictoires et donne ainsi le « point de vue de la communauté » ; elle est donc l'expression d'un *choix politique*, et non purement « économique ».

La fonction d'utilité collective est une fonction de fonctions — les mathématiciens disent : une *fonctionnelle* — puisqu'elle a pour arguments les fonctions d'utilité individuelles. Plus précisément, elle associe au « vecteur » de fonctions d'utilité $(U_1(\cdot), \ldots, U_n(\cdot))$ la fonction $\mathcal{U}(U_1(\cdot), \ldots, U_n(\cdot))$ qui fait correspondre à l'état réalisable $\{Q_1, \ldots, Q_n\}$ le nombre :

$$\mathcal{U}(U_1(Q_1), \ldots, U_n(Q_n)),$$

qui représente l'« utilité » que la collectivité attribue à cet état réalisable (comme pour toute fonction d'utilité, ce nombre ne présente pas d'intérêt en soi, mais sert seulement à classer les états réalisables).

Un exemple de fonction d'utilité collective est la fonctionnelle « dictatoriale » :

$$\mathcal{U}(U_1(\cdot), \ldots, U_n(\cdot)) = U_i(\cdot),$$

pour laquelle le classement de la collectivité est identifié à celui d'un de ses membres (l'individu i).

Une fonction d'utilité collective particulièrement simple est la *fonctionnelle linéaire* :

$$(1)\ \mathcal{U}(U_1(\cdot), \ldots, U_n(\cdot)) = \alpha_1 U_1(\cdot) + \ldots + \alpha_n U_n(\cdot) \text{ (avec } \alpha_i \geq 0 \text{ et } \Sigma\alpha_i = 1),$$

où le coefficient α_i représente le « poids » attribué au ménage i par la collectivité, ou par un planificateur, dans le cadre de la répartition des ressources entre ses membres.

Pour le théoricien NÉO-CLASSIQUE, la tâche de l'économiste consiste à déterminer parmi les états réalisables ceux qui sont des OPTIMUMS DE PARETO ; il laisse ensuite le politique choisir l'un d'entre eux, à partir de la fonction d'utilité collective qu'il s'est donnée.

La figure donne un exemple d'un tel choix dans le cas où il n'y a que deux individus,

A et B, dont la FRONTIÈRE DES UTILITÉS est représentée par la courbe FF', les droites D et Δ correspondant à des fonctions d'utilité collectives de type (1) (les coefficients de D favorisant plutôt B, ceux de Δ favorisant plutôt A).

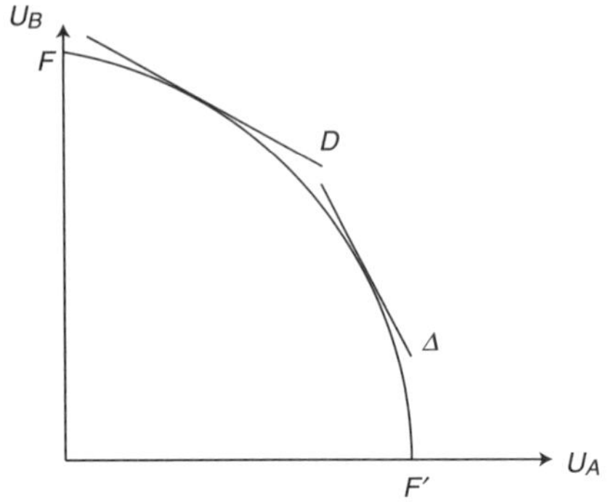

Problèmes

La fonction d'utilité collective est affectée d'un défaut congénital : elle est construite à partir de fonctions d'utilité individuelles CARDINALES, c'est-à-dire à partir de nombres *qui n'ont pas de sens en soi*. En effet, seul a une signification le classement entre les paniers de biens — ou entre les états réalisables — que permettent ces nombres (ce qu'on appelle l'utilité ORDINALE). Ainsi, si l'on prend l'exemple de la fonction d'utilité collective donné par la formule (1), il suffit de changer la fonction d'utilité $U_i(\cdot)$ par la fonction $(U_i(\cdot))^a$ — qui représente tout aussi bien la relation de préférence de l'agent i (si $a > 0$) — pour que le classement collectif change (les coefficients a perdant donc une bonne partie de leur signification).

Pourquoi donc ne pas raisonner directement sur ce qui caractérise effectivement les goûts des individus, leur relation de préférence ? Parce que, si on tente de le faire, on se heurte inévitablement au *théorème d'impossibilité* d'Arrow, selon lequel il n'est pas possible de construire une relation de préférence collective — cohérente — à partir des relations de préférence individuelles, à moins d'identifier cette relation à celle d'un individu (qui devient alors une sorte de dictateur, dont les choix s'imposent aux autres). La difficulté provient ici essentiellement du fait que la relation collective a pour arguments les relations individuelles, et donc le classement par chacun de tous les états réalisables — et non ces états réalisables eux-mêmes. Dans le fond, Arrow n'a fait que généraliser une observation de CONDORCET en ce qui concerne les paradoxes auxquels peut conduire, par exemple, le vote majoritaire.

L'absence de relation de préférence collective cohérente autre que dictatoriale pose évidemment problème au moment où l'État doit faire des choix qui relèvent de l'ÉCONOMIE PUBLIQUE. L'approche devient alors souvent pragmatique, et même cardinale, puisqu'elle consiste à évaluer (en monnaie) les coûts et les avantages pécuniaires pour chacune des mesures envisagées, et à les additionner, pour arriver au classement recherché. Ce qui signifie que des comparaisons interpersonnelles d'utilité sont faites, malgré les réticences des théoriciens néo-classiques à leur propos.

Utilité espérée
(critère de l')

Critère visant à classer des paniers de biens (ou d'autres types d'objets) soumis à des aléas de la même façon que le fait la RELATION DE PRÉFÉRENCE d'un agent pour les paniers de biens certains. Dans « utilité espérée » il y a « utilité » parce qu'on s'intéresse à un classement, et « espérée » parce que ce classement concerne des variables aléatoires qui sont caractérisées par leur ESPÉRANCE MATHÉMATIQUE.

Pour que le critère de l'espérance d'utilité puisse s'appliquer, il faut que toutes les éventualités possibles soient connues, c'est-à-dire toutes les formes que peuvent prendre les ÉTATS DE LA NATURE (formes dont on supposera ici qu'elles sont en nombre fini). A chaque éventualité est affectée une probabilité, qui peut être « subjective » (elle est estimée par celui qui doit choisir) ou « objective » (indépendante de lui). A l'aide de ces concepts on définit l'« espace des loteries », qui étend au cas aléatoire l'espace des marchandises du cas certain.

L'espace des loteries

Supposons qu'il y a n états de la nature possibles ; on appelle alors *loterie* tout ensemble de la forme :

(1) $\{(p_1, Q_1), ..., (p_n, Q_n)\}$

avec $0 \leq p_i \leq 1$, $i = 1, ..., n$ et $\Sigma p_i = 1$,

où p_i désigne la probabilité de réalisation de

l'état i, et Q_i un PANIER DE BIENS disponible dans cet état de la nature.

L'expression (1) est appelée « loterie » parce qu'elle se présente comme un ensemble de « lots », les paniers Q, qui peuvent être « gagnés » avec la probabilité p. Certains de ces lots peuvent être nuls (paniers « vides ») ou même négatifs (le « gain » est en fait une perte). Pour prendre un exemple très simple, si les lots ne comportent qu'un bien, par exemple une « voiture » d'un modèle bien précis, et s'il n'y a que deux états de la nature, « incendie » et « pas d'incendie », dont les probabilités de réalisation sont respectivement de 1/10 000 et de 9 999/10 000, alors on est en présence de la loterie :

$$\left\{\left(\frac{1}{10000}, 1\right), \left(\frac{9999}{10000}, 0\right)\right\}.$$

Un individu qui veut assurer sa voiture contre l'incendie peut être intéressé par l'achat de cette loterie, c'est-à-dire par souscrire un contrat d'assurance (son « prix » est donné par la prime d'assurance, qui prend elle-même en compte la valeur du véhicule). On notera, à propos de cet exemple — mais ce sont là des remarques très générales —, que :

— on a supposé que les probabilités sont une donnée « objective », connue des deux parties ; mais il se peut que le vendeur (ici, l'assureur) et l'acheteur (ici, l'assuré) n'attribuent pas les mêmes probabilités aux réalisations des divers états de la nature ; si tel est le cas et si la transaction se fait, alors elle porte sur des loteries différentes, du moins « dans la tête » des échangistes ; les différences d'appréciation peuvent être un élément important dans la prise de décision ;

— l'« état de la nature » envisagé dans cet exemple — incendie ou pas — n'est pas vraiment EXOGÈNE puisqu'il peut être *provoqué* (délibérément ou par négligence) par une des parties (l'assuré) ; par conséquent, la probabilité p de sa réalisation peut ne pas être indépendante des choix des agents — ou de l'un d'entre eux —, contrairement aux hypothèses du modèle (la situation comporte un RISQUE MORAL).

Par la suite et pour alléger les notations, on supposera — sans que cela nuise au caractère général du raisonnement — qu'il n'y a que deux états de la nature possibles, et donc que les éléments de l'espace des loteries sont de la forme :

(2) $\{(p, Q), (1 - p, Q')\}$, avec $0 \leq p \leq 1$.

La relation de préférence sur l'espace des loteries

L'espace des loteries est supposé avoir un certain nombre de propriétés qui ont des conséquences sur la façon d'envisager la relation de préférence des individus. Il est ainsi raisonnable de supposer que, pour ceux-ci, la loterie (2) est équivalente à la loterie :

$$\{(1 - p, Q'), (p, Q)\}.$$

De même en ce qui concerne les loteries :

$$\{(q, pQ + (1 - p)Q'), (1 - q, Q')\}$$

et $\{(qp, Q), (1 - qp, Q')\}$, $0 \leq q \leq 1$,

dont l'équivalence signifie que, du point de vue de la relation de préférence, seuls comptent les « lots » qui peuvent être obtenus, avec leur probabilité de réalisation.

Comme une combinaison de loteries est elle-même une loterie, il résulte de cette équivalence qu'il est toujours possible de ramener le cas où il y a n loteries à celui où il n'y en a que deux (ce qui justifie la démarche adoptée ici).

Si l'on suppose, en outre, que la relation de préférence est *complète* — elle permet de classer *toutes* les loteries envisageables —, *continue* et TRANSITIVE, alors on peut lui associer — comme dans le cas certain — une FONCTION D'UTILITÉ, c'est-à-dire une fonction qui attribue un nombre à chaque loterie et qui est telle que si la loterie A est (strictement) préférée à la loterie B, alors le nombre attribué à A est (strictement) supérieur à celui qui est attribué à B.

Toutefois, comme cela est toujours le cas avec les fonctions d'utilité, celles-ci ne font que refléter le *classement* qu'effectuent les relations de préférence ; les nombres qu'elles attribuent aux paniers de biens ne servent qu'à ça et n'ont *aucun sens* en soi. On peut donc associer, comme dans le cas certain, à chaque relation de préférence *plusieurs* fonctions d'utilité ; en fait, il y a une *infinité* de ces fonctions, qui se déduisent les unes des autres par des transformations strictement croissantes.

Le critère de l'utilité espérée

Puisqu'il existe une gamme infinie de fonctions d'utilité associées à une relation de préférence sur l'espace des loteries, autant retenir celles qui ont des propriétés intéressantes. Parmi ces propriétés, il y a la *linéarité par rapport aux probabilités*, qui prend la forme de l'égalité suivante, pour une fonction d'utilité $U(\cdot)$ quelconque :

(3) $U(\{(p, Q), (1-p, Q')\}) = pu(Q) + (1-p)u(Q')$.

[Pour simplifier les notations, on a posé $U(\{(1, Q), (0, Q')\}) = u(Q)$ et $U(\{(0, Q), (1, Q')\}) = u(Q')$.]

Le terme de droite de (3) n'est rien d'autre que l'espérance mathématique d'une variable aléatoire qui peut prendre les valeurs $u(Q)$ et $u(Q')$ avec les probabilités p et $1-p$ respectivement ; et c'est de là que vient tout l'intérêt de cette expression. Car si la propriété de linéarité est très prisée, c'est justement parce qu'elle permet de prendre pour utilité d'une loterie l'espérance mathématique des utilités des paniers de biens (ou des lots) *certains* qui la composent ; le classement des loteries par cette fonction d'utilité (et donc par la relation de préférence qu'elle représente) est le même que celui qui est donné par l'espérance d'utilité (ainsi, une loterie est strictement préférée à une autre si elle a une espérance d'utilité qui lui est strictement supérieure).

Le *critère de l'espérance d'utilité* qui en résulte est systématiquement utilisé dans les modèles qui comportent de l'aléatoire — par exemple, en THÉORIE DES JEUX, en théorie de l'assurance et, plus généralement, en théorie des CONTRATS. Toutefois, le recours à ce critère n'est valable que si les conditions de son application sont vérifiées, et donc que s'il existe une fonction d'utilité linéaire (par rapport aux probabilités) associée à la relation de préférence. Von Neumann et Morgenstern ont montré — dans la seconde édition de *Theory of Games and Economic Behavior* (1944), Princeton University Press — que tel est le cas, tout au moins si la relation de préférence vérifie un certain nombre de conditions. Parmi elles, il y a évidemment celle qui dit que l'agent peut classer toutes les loteries envisageables, et que ce classement est transitif (axiome du *préordre complet*) ; malgré le caractère très contestable — si l'on se réfère aux comportements observés — de cette hypothèse, ce n'est pas sur elle que l'attention des théoriciens de l'utilité espérée s'est concentrée, mais sur une autre, appelée *axiome d'indépendance*.

Selon cet « axiome », si le lot Q est strictement préféré au lot Q', alors la loterie $\{(p, Q), (1-p, Q'')\}$ est strictement préférée à la loterie $\{(p, Q'), (1-p, Q'')\}$, quel que soit Q''. Cette hypothèse semble tout à fait raisonnable, puisque le gain est plus élevé avec Q qu'avec Q', et il est identique si c'est Q'' « qui se réalise ». Pourtant, elle a été contestée, à commencer par Maurice Allais, qui a construit une série d'expériences où il montre que les choix faits par les individus sont incohérents selon le critère de l'utilité espérée ; c'est le PARADOXE D'ALLAIS. Ce « paradoxe » a donné lieu, et donne toujours lieu, à d'innombrables discussions entre les économistes qui s'intéressent aux choix en univers aléatoire ; pour beaucoup, dont Allais, son origine est dans l'axiome d'indépendance, qui ne serait pas vérifié ; mais on ne voit pas pourquoi celui sur le préordre complet — qui est bien plus fort — doit forcément l'être (aussi bien dans le cas aléatoire que dans le cas certain, d'ailleurs).

Le critère de l'espérance d'utilité n'a pas été abandonné pour autant ; bien au contraire, puisque la très grande majorité des analyses théoriques qui supposent des situations « probabilisables » fait toujours appel à lui. Et ce pour plusieurs raisons, dont sa relative simplicité et l'absence d'un critère alternatif unique et reconnu de tous ; en outre, ce n'est pas parce que leurs théories sont réfutées que les économistes sont prêts à les abandonner, surtout s'ils n'en ont pas de rechange.

Remarque. Si $U(\cdot)$ est une fonction d'utilité linéaire par rapport aux probabilités [c'est-à-dire qui vérifie (3)], alors il en est de même pour la fonction :

$$V(\cdot) = aU(\cdot) + b, \text{ avec } a > 0,$$

comme on le vérifie immédiatement. Autrement dit, la fonction d'utilité linéaire par rapport aux probabilités associée à une relation de préférence n'est définie — si elle existe — qu'à une *transformation affine* (*strictement croissante*) *près*. Ce qui n'est pas gênant en soi, puisque de toute façon les nombres-utilité n'ont pas de sens en tant que tels (ils ne servent qu'à classer les loteries) ; peu importe donc que ce soit $U(\cdot)$ ou $V(\cdot)$ qui soit retenue (avec un coefficient a quelconque, mais strictement positif).

Utilité indirecte (fonction d')

Fonction qui associe à tout vecteur-prix $P = (p_1, \ldots, p_n)$ et à tout revenu R l'*utilité maximale* que peut obtenir un consommateur à ces prix et avec ce revenu, en CONCURRENCE PARFAITE. Comme la demande d'un consommateur, $Q(P, R)$, est — par définition — telle qu'elle maximise son utilité $U(\cdot)$, son utilité indirecte aux prix P et pour un revenu R est donc égale à $U(Q(P, R))$; par conséquent, sa fonction d'utilité indirecte — que l'on notera $V(\cdot)$ — est définie par l'égalité :

$$V(P, R) = U(Q(P, R)).$$

Comme la fonction d'utilité indirecte donne le maximum d'utilité qui résulte du CHOIX DU CONSOMMATEUR (choix qui consiste donc à maximiser $U(Q)$ sous la contrainte $P \cdot Q = R$), on peut lui appliquer le théorème de l'ENVELOPPE. Ainsi, comme le LAGRANGIEN du programme du consommateur est $L(Q, P, R) = U(Q) + \lambda(R - P \cdot Q)$, on a :

$$V'_R(P, R) = L'_R(Q(P, R), P, R) = \lambda.$$

Ainsi, le multiplicateur de Lagrange associé à la contrainte budgétaire du consommateur donne une indication sur la variation de son utilité *maximale* lorsque le revenu augmente (ou diminue) « légèrement » ; c'est pourquoi on appelle ce multiplicateur *utilité marginale du revenu*. Mais il ne faut pas se méprendre sur la signification de cette appellation, puisque le revenu *n'est pas* un argument de la fonction d'utilité — et donc l'utilité marginale du revenu *n'est pas* la dérivée de la fonction d'utilité par rapport au revenu (contrairement à ce qui se passe pour les autres biens).

Le théorème de l'enveloppe permet d'obtenir aussi la fonction de demande d'un bien à partir de la fonction d'utilité indirecte (plus précisément de ses dérivées) ; en effet, comme en raison de ce théorème on a :

$V'_{p_i}(P, R) = L'_{p_i}(Q(P, R), P, R) = -\lambda q_i(P, R)$, il s'ensuit que :

$$q_i(p, R) = -\frac{V'_{p_i}(P,R)}{V'_R(P,R)}.$$

C'est ce qu'on appelle l'*identité de Roy*. Elle signifie que la fonction de demande d'un bien est donnée, au signe près, par le rapport des dérivées partielles de la fonction d'utilité indirecte relatives au prix de ce bien et au revenu.

Utilité marginale

Selon la définition « intuitive », utilité procurée par la « dernière unité » consommée d'un bien. Il y a donc autant d'utilités marginales que de biens, et toutes dépendent du panier de biens auquel est ajoutée la « dernière unité ». Cette définition de l'utilité marginale est accessible à l'intuition, mais elle n'est pas très pratique sur le plan du traitement mathématique ; l'habitude a donc été prise de considérer non pas un accroissement d'utilité, mais le *rapport* de cet accroissement sur celui de la quantité consommée d'un bien, qu'on fait tendre vers 0. Si la limite du rapport d'accroissements défini de la sorte existe, alors on l'appelle aussi *utilité marginale* (du bien considéré) ; celle-ci est donc donnée par la *dérivée partielle* de la fonction d'utilité relative à ce bien. On a donc, selon cette seconde définition :

utilité marginale du bien i
pour la consommation Q : $U'_{q_i}(Q)$.

Les deux définitions de l'utilité marginale — par l'« accroissement unitaire » de la quantité consommée et par la dérivée partielle — sont proches, mais pas identiques ; le principal intérêt de la première est d'être accessible à l'intuition, alors que celui de la seconde est de donner un moyen simple de déterminer le maximum (sous contrainte) de la fonction d'utilité.

L'utilité marginale est une *notion* CARDINALE ; ainsi, il se peut que la *même* relation de préférence puisse être représentée par une fonction d'utilité à utilités marginales décroissantes et par une fonction à utilités marginales croissantes ; tel est le cas pour les fonctions $U(q_1, q_2) = q_1^{2/3}\ q_2^{1/3}$ et $V(q_1, q_2) = q_1^2\ q_2$ (= $(U(q_1, q_2))^3$). Les théoriciens néo-classiques actuels récusent l'approche cardinale de l'utilité et donc l'hypothèse de décroissance de l'utilité marginale ; ils ont remplacé cette hypothèse, qui a d'ailleurs été au point de départ de la théorie MARGINALISTE (ancêtre de la théorie néo-classique), par celle de la décroissance du TAUX MARGINAL DE SUBSTITUTION, qui joue le même rôle qu'elle tout en ayant l'avantage d'être ORDINALE.

V, W

Valeur (théories de la)

Si l'on se réfère au *Micro Robert*, la valeur est une « caractéristique mesurable [d'un objet] en tant que susceptible d'être échangé, d'être désiré ». Cette acception du mot « valeur » correspond assez bien à la façon dont il est utilisé en économie, puisqu'elle fait à la fois intervenir les notions de mesure, d'échange et de « désirabilité ».

Depuis Aristote, au moins, on distingue entre valeur d'usage et valeur d'échange. Plus près de nous, dans *La Richesse des nations* (1776), Adam SMITH écrit, quand il parle pour la première fois de la valeur :

« Il s'agit maintenant d'examiner quelles sont les règles que les hommes observent naturellement, en échangeant les marchandises l'une contre l'autre, ou contre de l'argent. Ces règles déterminent ce qu'on peut appeler la *valeur relative*, ou *échangeable*, des marchandises.

« Il faut observer que le mot valeur a deux significations différentes ; quelquefois, il signifie l'utilité d'un objet particulier, et quelquefois il signifie la faculté que donne la possession de cet objet d'acheter d'autres marchandises. On peut appeler l'une *valeur en usage*, et l'autre *valeur en échange* » (p. 96 de l'édition Flammarion, Paris, 1991).

Smith précise ensuite qu'il se propose d'« éclaircir les principes qui déterminent la valeur échangeable des marchandises ». Pour cela, il va chercher à « établir [...] quelle est la véritable mesure de cette valeur échangeable, ou en quoi consiste le *prix réel* des marchandises » et « quelles sont les différentes parties intégrantes qui composent ce prix réel ». On voit donc qu'il existe un lien entre valeur et prix ; une des grandes questions de l'économie politique est de savoir quelle est la nature exacte de ce lien et, notamment, s'il y a lieu de distinguer entre ces deux concepts. De façon un peu schématique, on peut dire que deux réponses diamétralement opposées ont été apportées à cette question : la réponse des partisans de la VALEUR TRAVAIL, pour lesquels il y a à établir une nette distinction entre valeur et prix, et celle des théoriciens (NÉO-CLASSIQUES) de l'ÉQUILIBRE GÉNÉRAL, pour lesquels ces deux notions sont confondues.

Valeur et échange

Si deux individus procèdent volontairement à des échanges, c'est parce qu'ils le désirent, et donc parce qu'ils « valorisent » plus les biens qu'ils acquièrent que les biens qu'ils cèdent en contrepartie (on exclut ici les échanges rituels, dont le caractère « volontaire » peut être discuté). Comme les individus valorisent différemment les biens, ils ont des appréciations différentes des *taux d'échange* entre eux ; tout taux compris entre leurs taux « subjectifs » est théoriquement acceptable ; par exemple, si quelqu'un est prêt à céder (au plus) deux unités d'un bien *a* contre une unité d'un bien *b* à une personne qui est, elle, disposée à céder (au plus) trois unités du bien *b* contre une unité du bien *a*, alors les taux d'échange compris entre 1/2 (taux « subjectif » de la première personne) et 3 (taux subjectif pour la seconde personne) sont acceptables par les deux parties.

On est donc en présence d'une *indétermination* (un problème qui a une infinité de solutions possibles), que le théoricien se doit de lever. Il peut évidemment supposer qu'une NÉGOCIATION BILATÉRALE s'établit entre les parties en présence, mais outre le fait qu'il est loin d'être sûr que cette négociation conduise à un taux d'échange unique, on ne voit pas ce que pourrait être une société où tous les échanges se ramèneraient à des marchandages entre ses membres.

Une façon de lever l'indétermination consiste à supposer simplement qu'il y a la guerre de tous contre tous, et donc que « les plus forts gagnent » ; mais alors on ne peut parler d'échanges volontaires ni même de « société ». Un des postulats implicites de l'analyse est que celle-ci préexiste aux individus et ne se désagrège pas dans les échanges. Avec ce postulat, on peut envisager *deux façons de lever l'indétermination inhérente à la* négociation *bilatérale* :

— supposer qu'il existe une *norme* ou une *convention* qui sert de référence aux membres de la société lorsqu'ils font leurs échanges ; c'est dans cette perspective que s'inscrit la théorie de la valeur travail ;

— supposer qu'il existe une *institution particulière* qui « recherche » des taux d'échange qui rendent compatibles les plans individuels, qui sont établis en respectant les règles dictées par cette institution ; c'est ce que fait la théorie néo-classique de l'équilibre général.

La théorie de la valeur travail

Adam Smith commence *La Richesse des nations* par la phrase suivante : « Le travail annuel d'une nation est le fonds primitif qui fournit à sa consommation annuelle toutes les choses nécessaires et commodes à la vie ; et ces choses sont toujours ou le produit immédiat de ce travail, ou achetées des autres nations avec ce produit » (p. 65 de l'édition Flammarion, *op. cit.*). Ce n'est sûrement pas par hasard que, dès le début, Adam Smith établit un lien étroit entre travail et « produit ».

Dès qu'il aborde le problème des modalités de l'échange, et donc de la valeur (d'échange), Smith explique que « la valeur d'une denrée quelconque pour celui qui la possède et qui n'entend pas en user ou la consommer lui-même, mais qui a l'intention de l'échanger pour autre chose, est égale à la quantité de travail que cette denrée le met en état d'acheter pour autre chose, est égale à la quantité de travail que cette denrée le met en état d'acheter ou de commander ». Il précise plus loin que quand quelqu'un acquiert une « grande fortune », il obtient grâce à elle un « droit de commandement sur tout le travail d'autrui, ou sur tout le produit de ce travail existant alors au marché ». La référence à un « droit » est ici significative. Mais le caractère normatif, ou conventionnel, de la valeur travail telle que la conçoit Smith apparaît le plus clairement lorsqu'il évoque une société primitive mythique :

« Dans ce premier état informe de la société, qui précède l'accumulation des capitaux et l'appropriation du sol, la seule circonstance qui puisse fournir quelque règle pour les échanges, c'est, à ce qu'il semble, la quantité de travail nécessaire pour acquérir les différents objets d'échange. Par exemple, chez un peuple de chasseurs, s'il en coûte habituellement deux fois plus de peine pour tuer un castor que pour tuer un daim, naturellement un castor s'échangera contre deux daims ou vaudra deux daims » (p. 117).

Cette phrase semble marquer une hésitation, puisque en faisant allusion « à ce qu'il semble », Smith donne d'abord à penser à un fait observé ; mais il utilise ensuite l'adjectif « naturellement », à propos de la règle d'échange, ce qui fait de celle-ci une norme. La phrase suivante confirme le caractère normatif de sa démarche :

« Il est naturel que ce qui est ordinairement le produit de deux jours ou de deux heures de travail vaille le double de ce qui est ordinairement le produit d'un jour ou d'une heure de ce travail. »

Si tout le monde pense qu'il est « naturel », ou « juste », ou « normal », d'échanger sur la base du travail (et donc de l'effort qu'il suppose), alors l'échange se fera sur cette base. Le problème de la mesure de la valeur peut même être résolu : il suffit de prendre, par exemple, l'heure de travail pour *étalon* (les biens sont évalués par la « quantité de travail » qui a été nécessaire pour les produire).

Si tout le monde adhère à la norme selon laquelle les échanges se font sur la base du travail « contenu » dans les biens, alors cette norme devient un fait observé, « positif », puisque chacun agit « effectivement » selon ce que dicte cette norme.

La théorie de la valeur travail ainsi définie se heurte cependant à de nombreuses difficultés, qui sont à la fois théoriques et « empiriques », dont Smith est d'ailleurs conscient :

— « Il est souvent difficile de fixer la proportion entre deux différentes quantités de travail. Cette proportion ne se détermine pas toujours seulement par le temps qu'on a mis à deux différentes sortes d'ouvrages. Il faut aussi tenir compte des différents degrés de fatigue qu'on a endurés et de l'habileté qu'il a fallu déployer. » Autrement dit, on ne peut additionner des heures de travail de « qualité » différente (qualifié ou non qualifié, par exemple) ;

— le seul travail qui doit être pris en compte dans la mesure de la valeur est le travail « productif », celui qui a effectivement servi à produire le bien ; mais où est la frontière entre travail productif et travail non productif ?

— « Dans l'état avancé de la société [...] aussitôt qu'il y aura des capitaux accumulés dans les mains de quelques particuliers, certains d'entre eux emploieront naturellement ces capitaux à mettre en œuvre des gens industrieux [...] afin de faire un profit sur la vente de leurs produits. » « Les profits, dira-t-on peut-être, ne sont autre chose qu'un nom différent donné aux salaires d'une espèce particulière de travail, le travail d'inspection et de direction. Ils sont cependant d'une nature absolument différente des salaires ; ils se règlent sur des principes entièrement différents, et ne sont nullement en rapport avec la quantité et la nature de ce prétendu travail d'inspection et de direction. Ils se règlent en entier sur la valeur du capital employé, et ils sont plus ou moins forts, à proportion de l'étendue de ce capital. »

Cette dernière règle, qui relève du fait (plus ou moins) constaté, pose le plus de problèmes au théoricien, car elle vient se superposer à celle de la valeur travail proprement dite (et entre en contradiction avec elle). C'est à cause d'elle — et de l'existence de la RENTE de la terre — que Smith est obligé d'introduire un nouveau concept, celui de *prix naturel* :

« Lorsque le prix d'une marchandise n'est ni plus ni moins que ce qu'il faut pour payer, suivant leurs taux naturels, et le fermage de la terre, et les salaires du travail, et les profits du capital employé à produire cette denrée, la préparer et la conduire au marché, alors cette marchandise est vendue à ce qu'on peut appeler son prix naturel » (p. 125).

L'articulation entre valeur et prix naturel est délicate (ni l'un ni l'autre ne sont observés, seul l'étant le « prix du marché », qui dépend de la demande et des divers aléas de la vie quotidienne). RICARDO et MARX étaient conscients du problème, qui est celui de la TRANSFORMATION DE LA VALEUR en ce qu'on a ensuite appelé les « prix de production ». SRAFFA a proposé une « solution », si l'on peut dire, qui revient à abandonner la valeur travail, la règle retenue étant celle des « taux naturels » (de salaire ou de profit).

Face aux difficultés théoriques et pratiques posées par l'approche par la valeur travail, Smith et Ricardo adoptent souvent la solution qui consiste à « laisser le marché » régler ce problème. Leurs successeurs, MARGINALISTES et néo-classiques ont poussé jusqu'au bout cette « solution », ce qui les a conduits à rejeter complètement la théorie de la valeur travail et même, de fait, à se désintéresser du problème de la valeur.

La valeur comme résultat de la « confrontation » des offres et des demandes

A l'approche « objective » de la valeur travail — où la valeur est mesurée par un nombre (d'heures de travail) indépendant de l'usage qui est fait des produits — a succédé historiquement une approche « subjective » de la valeur (« révolution marginaliste » des années autour de 1870). Dans cette approche, la valeur d'un bien provient de la satisfaction qu'il procure à celui qui le détient (ou le consomme), satisfaction qui est donnée par un nombre, l'UTILITÉ du bien. Comme ce nombre dépend évidemment des goûts de l'individu qui consomme le bien, mais aussi des quantités consommées de ce bien et des autres biens, un lien apparaît entre valeur et UTILITÉ MARGINALE. L'accent est alors mis sur le CHOIX DU CONSOMMATEUR qui, pour des prix donnés, opte pour un panier de biens tel que le rapport entre l'utilité marginale de chaque bien et son prix soit le même pour tous les biens. C'est ce qu'on appelle parfois la théorie de la *valeur utilité*.

Toutefois, cette théorie n'est pas complète, puisqu'elle suppose que les prix sont *donnés*, sans dire comment ils se « forment », alors que c'est à cette question que doit répondre toute théorie de la valeur. Pour y parvenir, les marginalistes introduisent dans leur analyse l'idée que ce sont les individus eux-mêmes qui, par leurs offres et leurs demandes, « déterminent » la valeur des biens. Il faut cependant éviter le raisonnement circulaire qui consisterait à dire : les individus déterminent par leurs choix les prix sur la base desquels ils font ces choix. Léon WALRAS, un des fondateurs de l'école marginaliste, était particulièrement conscient de ce problème. Pour le résoudre, il a imaginé une « économie » où les prix sont « criés » par quelqu'un (tel un commissaire-priseur), qui centralise les offres et les demandes faites par les ménages et les entreprises sur la base de ces seuls prix (et de leurs caractéristiques propres, évidemment). Parmi tous les prix possibles, une attention toute particulière est accordée aux prix d'ÉQUILIBRE, qui égalisent les offres et les demandes (globales).

Ce sont ces prix qui, pour les néo-classiques, donnent la valeur des biens ; l'ouvrage de référence à leur propos s'appelle d'ailleurs *Théorie de la valeur* (Gérard Debreu, 1956). Toutefois, en dehors d'une vague allusion dans l'introduction, le mot « valeur »

Valeur et rareté dans le modèle d'équilibre général

Dans le modèle néo-classique de référence, celui de la concurrence parfaite, la valeur d'un bien est assimilée à son prix d'équilibre — qui peut d'ailleurs ne pas être unique. Ce prix dépend des offres et des demandes, qui sont elles-mêmes déterminées par le cadre institutionnel dans lequel elles sont formulées, par les goûts (qui prennent la forme d'une RELATION DE PRÉFÉRENCE), les dotations initiales et les CONJECTURES des individus, et par les techniques disponibles. Si l'on suppose qu'il n'y a pas de production, alors les ressources de l'économie se réduisent aux dotations initiales des agents. On pourrait penser que si la quantité disponible d'un bien augmente, tandis que celles des autres demeurent inchangées, alors le prix relatif du bien qui est « moins rare » diminue. Or, il se peut que cela ne soit pas le cas, comme le prouve l'exemple donné dans la figure ci-dessous, qui représente une économie « élémentaire » où il n'y a que deux biens et deux individus. Au départ, les ressources de cette économie sont données par les longueurs des côtés du rectangle (DIAGRAMME D'EDGEWORTH) O_AXO_BY, les dotations initiales étant représentées par le « panier » Q_0 ; les courbes d'indifférence ont la forme usuelle (« de type hyperbolique ») et vérifient donc les conditions d'ARROW-DEBREU.

On suppose d'abord que le vecteur-prix d'équilibre est P_e ; il lui correspond alors un équilibre Q_e (dont Arrow-Debreu assure l'existence). On suppose ensuite que les ressources en bien 2 augmentent d'une quantité égale à la longueur du segment XX' et, pour simplifier, que c'est l'individu A qui reçoit toutes les nouvelles ressources ; le panier des dotations initiales passe donc de Q_0 à Q'_0. Si le nouveau prix d'équilibre est alors P'_e — ce qui n'a rien d'invraisemblable —, on constate que le prix relatif du bien 2 augmente (la pente de P'_e est plus élevée que celle de P_e) ; pourtant, ce bien est moins rare que dans l'équilibre initial. Autrement dit, on constate que la diminution de la rareté relative d'un bien est accompagnée d'une hausse de son prix relatif, contrairement à ce que peut donner à croire la théorie de la « valeur rareté ». Ce résultat paradoxal tient à ce que l'individu A voit son revenu augmenter avec la quantité disponible du bien 2, sa demande en faisant autant, et avec elle le prix de ce bien.

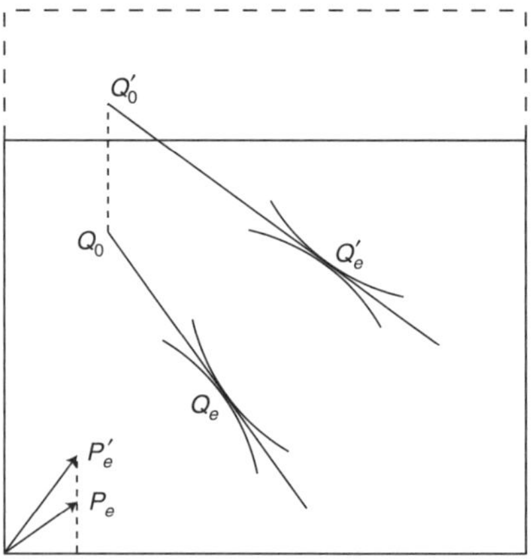

n'y apparaît jamais ! Prix et valeur sont complètement confondus.

Que peut-on dire sur la valeur dans ce modèle ? Rien, si ce n'est qu'elle est simultanément « déterminée » par les FONDAMENTAUX de l'économie (goûts et DOTATIONS INITIALES des ménages, techniques dont disposent les entreprises) et par la façon dont sont organisées leurs relations (CONCURRENCE PARFAITE ; en dehors de celle-ci, l'existence de l'équilibre n'est généralement pas assurée). Le modèle ne permet même pas d'établir un lien entre prix et « rareté », alors que pour beaucoup ce lien relève quasiment de l'évidence (pour plus de détails, voir l'encadré « Valeur et rareté dans le modèle d'équilibre général », ci-dessus).

Conclusion

On n'a envisagé ici que les deux cas extrêmes, celui de la valeur travail et celui de la « valeur prix » ; dans le premier, les choses sont relativement claires, puisqu'on dispose d'un « étalon » avec lequel on peut « mesurer » la valeur d'un bien (et donc d'ensembles de biens, y compris le produit d'un pays). Mais cette « mesure » est loin d'aller de soi ; on peut légitimement se demander si elle a un intérêt (ou même un sens), compte tenu de l'hétérogénéité des formes de travail et de l'existence des capitaux (qui représentent du « travail passé »).

Dans le second cas, celui de la « détermination » de la valeur par l'offre et la demande, « tout » est pris en compte, au point qu'on n'y voit plus rien ! La théorie de la valeur ne se distingue pas de celle des prix, et on ne peut rien dire de général sur ceux-ci.

Il existe des théories « intermédiaires », qui se situent entre ces deux cas extrêmes (celles de Sraffa ou de MARSHALL, par exemple). Mais elles n'apportent pas grand-chose de plus sur la question de la valeur. Finalement, la question qui se pose à propos de la valeur est : faut-il une théorie de la valeur ? Si oui, pour quoi faire ?

Valeur actuelle

Évaluation à une date de référence — souvent considérée comme la « date initiale » ou l'« instant présent » — d'un panier de biens ou d'une somme monétaire disponible à une date ultérieure. Ainsi, une entreprise qui projette un investissement prend sa décision en comparant les dépenses qu'il nécessite « au départ » (frais d'installation, achat d'équipements, etc.) aux recettes (nettes) qu'elle en attend ; pour faire cette comparaison, elle va « actualiser » ces recettes, c'est-à-dire les évaluer en euros « présents » (hors inflation), à la date où la décision d'investir doit être prise. Car un bien disponible aujourd'hui n'est pas la même chose qu'un bien disponible demain (d'où l'existence de taux d'intérêt).

L'opération qui consiste à calculer la valeur actuelle d'une somme (à l'« actualiser ») est la même que celle qui consiste à la « capitaliser » mais, dans l'une, on adopte le point de vue de la « date initiale », alors que, dans l'autre, on adopte celui de la « date terminale ». Ainsi, si une somme S est placée au taux d'intérêt annuel i, alors elle « vaut » $S(1 + i)$ au bout d'un an (« date terminale ») : c'est la capitalisation. Si la somme S est disponible dans un an, alors elle vaut « maintenant » (à la « date initiale ») :

$$\frac{S}{1+i}.$$

C'est l'actualisation, qui apparaît « mathématiquement » comme l'opération inverse de la capitalisation (la somme $S/(1 + i)$ placée au taux i vaut S au bout d'un an). On appelle $S/(1 + i)$ *valeur actuelle* de S, et i *taux d'actualisation* pour la période considérée. Quant au multiplicateur

$$\frac{1}{1+i},$$

on l'appelle *facteur d'escompte* associé au taux d'actualisation i, pour la période considérée.

Si S est disponible dans deux ans et si le taux d'actualisation est égal à i_1 pendant la première année et à i_2 pendant la seconde, alors la valeur actuelle de S est, par définition :

$$\frac{S}{(1+i_1)(1+i_2)}.$$

Si $i_1 = i_2 = i$, alors la valeur actuelle de S est $S/(1 + i)^2$. Plus généralement, si S est disponible à une année (ultérieure) t quelconque, et si le même taux d'intérêt i prévaut (ou est anticipé) entre 0 et t, alors la valeur actuelle de S est :

$$\frac{S}{(1+i)^t}.$$

Un cas fréquent — en calcul économique — est celui d'un investissement dont il est prévu qu'il rapporte une somme S pendant T périodes (« durée de vie » de l'investissement). La valeur actuelle de ce flux de recettes est alors :

$$\frac{S}{1+i} + \frac{S}{(1+i)^2} + \ldots + \frac{S}{(1+i)^T}.$$

Comme cette somme est celle des termes d'une PROGRESSION GÉOMÉTRIQUE de premier terme $S/(1 + i)$ et de raison $1/(1 + i)$, elle est égale à :

$$iS(1 - i^T).$$

Si l'on suppose $-1 < i < 1$, lorsque T tend vers l'infini, cette expression tend vers :

$$iS.$$

Ce résultat vaut, par exemple, dans le cas d'une *rente perpétuelle* : il est équivalent de détenir une somme maintenant ou de recevoir indéfiniment une « rente annuelle » égale à iS.

Lorsqu'on raisonne sur des biens, et non sur des sommes monétaires, comme en équilibre général INTERTEMPOREL, alors on définit des taux d'actualisation (et d'intérêt) *spécifiques* à chaque bien, et pour chaque période. Par exemple, le taux d'intérêt spécifique au bien j, entre les instants t et $t + 1$, est solution de l'équation :

$$\frac{p_{j,t+1}}{p_{j,t}} = \frac{1}{1+i_j}$$

(il faudrait en fait noter $i_{j,t+1,t}$). Ce taux est « réel », dans le sens où il mesure une quantité du bien j. Si celui-ci est le bien « pommes », et si $i_j = 25$ %, alors cela signifie que contre une pomme en t on peut obtenir 1,25 pomme en $t + 1$ (soit un « gain » d'un quart de pomme).

Enfin, souvent dans les études théoriques — mathématiques — on considère des *flux continus* de revenus. Pour cela, on partage l'année en n périodes, le taux d'intérêt pour chacune d'entre elles étant égal au taux annuel, i, divisé par le nombre de périodes. Une somme S placée pendant un an, et réinvestie de période en période, rapporte alors :

$$S\left(1+\frac{i}{n}\right)^n$$

expression qui tend vers :

$$Se^i$$

lorsque n tend vers l'infini (*Analyse mathématique pour économistes*, de Gabriel Archinard et Bernard Guerrien, Economica, Paris, 1992). Le terme e^i joue ainsi, dans le cas continu, le rôle du facteur de capitalisation $1 + i$ du cas discret. Par conséquent, la somme S placée au « taux instantané » i vaut, à l'instant t (t étant mesuré en années, si i est un taux d'intérêt annuel) :

$$Se^{it}.$$

On montre de la même façon que la valeur actuelle en $t = 0$ d'une somme S disponible à un instant t quelconque est, toujours au taux « instantané » i :

$$Se^{-it}.$$

Remarque. Le calcul d'actualisation raisonne en termes « réels », puisque les ménages et les entreprises sont intéressés par la consommation ou la production de biens « concrets » (sources d'utilité ou de profit). Toutefois, dans la mesure où, par exemple, un investissement fait intervenir de nombreux biens, présents et futurs, le calcul de valeurs actuelles se fait inévitablement en monnaie (flux de dépenses et de revenus). Au phénomène « réel » vient alors s'ajouter une composante « monétaire », qui tient aux variations du niveau des prix (par exemple, l'inflation). Si l'on appelle π la variation du niveau des prix et si i est le taux d'intérêt (ou d'actualisation) « réel », alors la valeur actuelle de la somme « monétaire » S disponible dans un an est :

$$\frac{S}{(1+i)(1+\pi)}$$

Si i et π ne sont pas très élevés (disons, en dessous de 30 %), alors on a :

$$\frac{1}{(1+i)(1+\pi)} \cong 1-(i+\pi)$$

[on le constate en faisant le produit de $(1 + i)(1 + \pi)$ et de $(1 - (i + \pi))$, qui est égal à 1 plus des termes d'ordre 2 en i et π, qui sont donc négligeables si i et π sont « nettement inférieurs » à 1]. La valeur actuelle de S est donc approximativement égale à $S(1 - (i + \pi))$.

Le taux $i + \pi$ est appelé *taux d'actualisation nominal*. Les taux utilisés sont *anticipés*, puisqu'ils concernent un futur par essence imprévisible (totalement ou partiellement).

Valeur propre, vecteur propre (d'une matrice)

On dit d'un nombre λ qu'il est une *valeur propre* d'une matrice carrée **A** s'il existe une matrice-colonne X non nulle — appelée *vecteur propre* de **A** associé à λ — telle qu'on ait :

(1) $$\mathbf{A}X = \lambda X.$$

Ainsi, les vecteurs propres d'une matrice sont des « directions privilégiées », telles que si on leur « applique » la matrice, elles demeurent inchangées, à un facteur multiplicatif près (comme pour une homothétie).

Toute matrice carrée a au moins une valeur propre — réelle ou complexe —, comme on le voit en remarquant que (1) peut se mettre sous la forme :

$$(\mathbf{A} - \lambda\mathbf{I})X = 0,$$

et donc que λ vérifie la condition :

$$\text{dét}\,(\mathbf{A} - \lambda\mathbf{I}) = 0.$$

Par conséquent, λ est racine du polynôme $P(\lambda) = \text{dét}(\mathbf{A} - \lambda\mathbf{I})$, polynôme de degré n si tel est l'ordre de la matrice **A**. En fait, comme tout polynôme de degré n admet n racines — réelles ou complexes, mais pas forcément distinctes (théorème de d'Alembert-Gauss) —, il s'ensuit que toute matrice à éléments réels ou complexes admet n valeurs propres — réelles ou complexes. Si celles-ci sont distinctes deux à deux, ce qui est le cas générique, alors la matrice **A** est *diagonalisable* (dans C) ; elle peut donc se mettre sous la forme :

(2) $$\mathbf{A} = \mathbf{PDP}^{-1},$$

où **P** est une matrice formée par n vecteurs propres de **A**, un par valeur propre, et **D** une matrice diagonale, qui a les valeurs propres λ sur la diagonale (même si **A** est à éléments réels, les matrices **P** et **D** peuvent ne pas l'être, et comporter des nombres complexes).

La formule (2) signifie que les matrices **A** et **D** sont *semblables*, c'est-à-dire qu'elles représentent la même application linéaire, par rapport à des bases différentes (**D** par rapport à une base formée par des vecteurs propres de **A**). Autrement dit, si **A** est diagonalisable, on peut toujours par un changement de base transformer tout problème où **A** intervient en un problème où les calculs ne font intervenir que **D**, qui est généralement bien plus simple que **A**. Ainsi, il découle de (2) que :

$$\mathbf{A}^n = \mathbf{PD}^n\mathbf{P}^{-1},$$

ce qui donne un moyen facile de calculer la puissance n-ième d'une matrice (car la puissance d'une matrice diagonale est obtenue en faisant la puissance de ses termes diagonaux — les autres termes demeurant nuls).

Dans le cas où **A** n'est pas diagonalisable — où elle comporte donc des valeurs propres multiples —, on peut quand même la mettre sous la forme :

$$\mathbf{A} = \mathbf{QJQ}^{-1},$$

où **J** est une matrice de JORDAN, qui a les valeurs propres de **A** sur sa diagonale, des 1 ou des 0 « juste au-dessus » de cette diagonale, et des 0 partout ailleurs (une matrice de Jordan est donc « presque » une matrice diagonale).

Valeur travail (théorie de la)

Théorie selon laquelle seul le travail est productif et est à l'origine de la VALEUR (d'échange) des biens. Adam SMITH a été parmi les premiers à insister sur le rôle essentiel du travail en tant que créateur de valeur (beaucoup, avant lui, voyaient dans *la terre*, éventuellement combinée au travail, la source de toute valeur). Ainsi, il écrit dans *La Richesse des nations* : « Le travail est [...] la mesure réelle de la valeur échangeable de toute marchandise » (p. 99 de l'édition Flammarion, 1991). « Il est naturel que ce qui est ordinairement le produit de deux jours ou de deux heures de travail vaille le double de ce qui est ordinairement le produit d'un jour ou d'une heure de travail » (p. 117). David RICARDO, dans *Des principes de l'économie politique et de l'impôt*, dit, après avoir cité cette dernière phrase : « Soutenir que là réside le fondement réel de la valeur d'échange de tous les biens, à l'exception de ceux que l'industrie de l'homme ne peut accroître, est une thèse de la plus haute importance en Économie Politique ; car il n'est pas de plus grande source d'erreurs et d'opinions divergentes dans cette science que les notions vagues associées au mot valeur » (p. 53).

Ricardo critique cependant Smith sur le fait qu'il évoque « comme étalon de mesure [...] non la quantité de travail consacrée à la production d'un objet mais la quantité que cet objet peut *commander* [je souligne, BG] sur le marché » (p. 54). D'ailleurs, Ricardo résume la section I de son chapitre sur la valeur par la phrase suivante : « La valeur d'une marchandise, ou la quantité de toute autre marchandise contre laquelle elle s'échange, dépend de la quantité relative de travail nécessaire à sa production, et non de la plus ou moins grande rétribution versée pour ce travail » (p. 51). De Smith à Ricardo, on passe donc d'une vision où la valeur d'une marchandise est donnée par le travail qu'elle « commande » à une vision du travail qu'elle « incorpore » (même si Ricardo n'emploie pas ce mot). Karl MARX situe son analyse dans le prolongement de celle de Ricardo, qu'il raffine et pousse jusqu'à son terme. On peut dire que c'est lui qui a donné la version la plus achevée de la valeur travail.

La valeur travail selon Marx

Karl Marx part de l'idée que la base de l'échange des marchandises se trouve dans le fait qu'elles ont quelque chose en commun :

« Prenons [...] deux marchandises, disons du blé et du fer. Quel que soit leur rapport d'échange. Il est toujours exposable dans une équation où un quantum donné de blé est posé égal à un quelconque quantum de fer, disons 1 quarter de blé = x quintal de fer. Que dit cette équation ? Qu'il existe quelque chose de commun et de même dimension dans deux choses différentes, dans 1 quarter de blé tout comme dans x quintal de fer. Les deux choses sont donc égales à une troisième, qui n'est ni l'une ni l'autre [...]. Ce quelque chose de commun ne peut être une propriété naturelle de ces marchandises, géométrique, physique, chimique. Leurs propriétés naturelles n'entrent en ligne de compte que dans la mesure où ce sont elles qui les rendent utilisables, qui en font donc des valeurs d'usage. Mais d'un autre côté c'est précisément le fait qu'on fasse abstraction de leurs valeurs d'usage qui caratérise le rapport d'échange des marchandises : en lui toutes les valeurs d'usage se valent, quelles qu'elles soient, pourvu qu'elles soient présentes en proportion adéquate » (*Le Capital*, livre I, p. 42 de l'édition Quadrige/PUF, Paris, 1993).

Ce passage à l'« abstraction » conduit Marx à introduire la notion de *travail abstrait* :

« En même temps que les caractères utiles des produits du travail, disparaissent ceux des travaux présents dans ces produits, et par là même les différentes formes concrètes de ces travaux, qui cessent d'être distincts les uns des autres, mais se confondent tous ensemble, se réduisent à du travail humain identique, à du travail humain abstrait » (p. 43).

Le travail abstrait apparaît donc comme une norme, intériorisée (« abstraite ») par chacun. Marx traite ensuite de sa mesure :

« Une valeur d'usage, une denrée, n'a donc une valeur que parce qu'en elle est objectivé ou matérialisé du travail humain abstrait. Comment alors mesurer la grandeur de sa valeur ? Par le quantum de "substance constitutive de valeur" qu'elle contient, par le quantum de travail. La quantité de travail elle-même se mesure à sa durée dans le temps, et le temps de travail possède à son tour son étalon, en l'espèce de certaines fractions du temps : l'heure, la journée, etc. » (p. 43).

Pour tenir compte de ce que les travailleurs peuvent être plus ou moins habiles ou rapides, Marx introduit la notion de *temps de travail socialement nécessaire*, qui est le « temps de travail nécessaire en moyenne » pour produire une marchandise. Plus précisément :

« Le temps de travail socialement nécessaire est le temps de travail qu'il faut pour faire apparaître une valeur d'usage quelconque dans les conditions de production normales d'une société donnée et avec le degré social moyen d'habileté et d'intensité du travail » (p. 44).

On arrive à la proposition finale :

« C'est donc seulement la quantité de travail socialement nécessaire ou le temps de travail socialement nécessaire à la fabrication d'une valeur d'usage qui détermine la grandeur de sa valeur » (p. 44).

Parmi les marchandises, il y a la *force de travail*, qui a elle-même une valeur, donnée par la valeur des biens nécessaires au maintien des travailleurs et de leur famille (selon une norme qui peut varier dans le temps et d'une société à l'autre). La différence entre la valeur produite par un travailleur et la valeur de sa force de travail est appelée *plus-value* par Marx ; elle est appropriée par les propriétaires des moyens de production, capitalistes et propriétaires fonciers, qui cherchent évidemment à la rendre la plus grande possible, ce qui conduit les capitalistes à bouleverser en permanence les méthodes de production.

Problèmes

La théorie de la valeur travail pose un certain nombre de problèmes, connus de ceux qui l'ont formulée et auxquels ils ont essayé de répondre. Parmi eux se détachent celui de la *différence entre les divers types de travail* (selon leur qualification) et celui du *rapport entre valeur et prix.*

1. Le problème du travail qualifié

Smith évoque ce problème dès qu'il aborde la question de la valeur. Pour lui, il se règle « concrètement », dans le cadre des « marchandages » autour des *prix de marché.* Citons-le :

« Il est souvent difficile de fixer la proportion entre deux différentes quantités de travail [...]. Il peut y avoir plus de travail dans une heure d'ouvrage pénible que dans deux heures de besogne aisée, ou dans une heure d'application à un métier qui a coûté dix années de travail à apprendre que dans un mois d'application d'un genre ordinaire et à laquelle tout le monde est propre. Or il n'est pas aisé de trouver une mesure exacte applicable au travail ou au talent. Dans le fait on tient compte de l'une et de l'autre quand on échange ensemble les productions de deux différents genres de travail. Toutefois, ce compte-là n'est réglé sur aucune balance exacte ; c'est en marchandant et en débattant les prix de marché qu'il s'établit, d'après cette grosse équité qui, sans être fort exacte, l'est bien assez pour le train des affaires communes de la vie » (p. 101).

La position de Ricardo est similaire :

« Quand je parle du travail comme du fondement de toute valeur [...] il ne faut [...] pas croire que je néglige les différences de qualité de travail, et la difficulté de comparer une heure ou une journée de travail à une autre. L'évaluation des différentes qualités de travail s'effectue rapidement sur le marché et avec assez de précision pour être utilisée à toutes fins pratiques : elle dépend beaucoup du savoir-faire relatif du travailleur, et de l'intensité du travail fourni. Une fois établie, l'échelle des valeurs subit peu de variations : que la journée de travail d'un joaillier ait plus de valeur que celle d'un travailleur ordinaire, il y a longtemps que cela est réglé, et que chaque journée de travail occupe une place déterminée sur cette échelle. »

C'est le « marché » qui résout « pratiquement » la question, sur la base de ce qui s'est fait dans le passé.

Marx, quant à lui, parle de *travail complexe*, opposé au *travail simple* : pour le passage de l'un à l'autre, il invoque l'« expérience » et un « processus social ». Citons-le :

« Une marchandise aura beau être le produit du travail le plus complexe possible, sa *valeur* la met à parité avec un produit de travail simple ; elle ne présente donc elle-même qu'un quantum déterminé de travail simple.

Quant aux différentes proportions selon lesquelles différents types de travail se trouvent ramenés par réduction à l'unité de mesure que constitue le travail simple, elles sont établies au terme d'un processus social qui se déroule dans le dos des producteurs, si bien que ceux-ci s'imaginent qu'elles ont été données par la tradition » (p. 50).

Ailleurs, Marx évoque à propos du travail complexe le « coût de production » de la force de travail :

« Le travail qui est considéré comme travail supérieur, plus complexe par rapport au travail social moyen, est l'expression d'une force de travail dont le coût de production est plus élevé et qui, par là même, a une valeur plus grande que la force de travail simple » (p. 221).

On peut voir là l'ébauche de la théorie du CAPITAL HUMAIN, tout en observant que Marx ne donne pas au mot « capital » le même sens que celui que lui attribuent les tenants de cette théorie.

2. Le problème de la relation entre valeur et prix

La production mobilise généralement des capitaux, et parfois la terre (y compris les mines, etc.), qui sont rémunérés de façon spécifique. Smith parle à ce propos de « taux naturel » :

« Dans chaque société, dans chaque localité, il y a un taux moyen ou ordinaire pour les profits dans chaque emploi différent du travail ou des capitaux [...]. Il y a aussi, dans chaque société ou canton, un taux moyen ou ordinaire pour les fermages [*rents*] [...]. On peut appeler ce taux moyen et ordinaire le *taux naturel* du salaire, du profit et du fermage, pour le temps et le lieu dans lesquels ce taux domine communément » (p. 125).

Smith définit la notion de *prix naturel* à partir de ces « taux naturels » de rémunération :

« Lorsque le prix d'une marchandise n'est ni plus ni moins que ce qu'il faut pour payer, suivant leurs taux naturels, et le fermage de la terre, et les salaires du travail, et les profits du capital employé pour produire cette denrée, la préparer et la conduire au marché, alors cette marchandise est vendue à ce qu'on peut appeler son prix naturel » (p. 125).

Smith passe ensuite au problème de la relation entre prix naturel et prix du marché (qui dépend aussi de la demande). La question du rapport entre valeur et prix a été en fait évoquée — assez brièvement — au chapitre précédent :

« Il faut observer que la valeur réelle de toutes les différentes parties constituantes du prix se mesure par la quantité du travail que chacune d'elles peut acheter ou commander. Le travail mesure la valeur, non seulement de cette partie du prix qui se résout en travail, mais encore de celle qui se résout en rente, et de celle qui se résout en profit » (p. 120).

Ricardo, qui récuse la notion de travail « commandé » utilisée par Smith, part de la constatation que la « différence dans le degré de durabilité du capital fixe et [la] diversité des deux sortes de capital introduisent une autre cause de variation de la valeur relative, à côté de la plus ou moins grande quantité de travail nécessaire à la production des marchandises » (p. 69).

Au principe de la valeur travail vient donc s'ajouter la règle (d'équilibre) d'uniformité du taux de profit ; Marx a essayé de résoudre le problème posé par la combinaison des deux, mais — comme cela a été relevé plus tard — ses calculs n'étaient pas sans défaut, une des difficultés provenant du fait que les marchandises qui entrent dans la composition des biens (qui servent à les produire) sont elles-mêmes produites, leur prix dépendant du taux de profit, etc.

Ce problème de la TRANSFORMATION DE LA VALEUR EN PRIX DE PRODUCTION est en fait insoluble sur le plan formel (« mathématiquement », il y a incompatibilité entre la valeur travail telle que la conçoit Marx et la règle de rémunération au même taux de tous les capitaux). Certains ont vu là une bonne raison pour abandonner la théorie de la valeur travail.

Conclusion

La théorie de la valeur travail soulève de nombreux problèmes : doit-on la considérer comme « positive » (elle correspond à « ce qui est », à certains aménagements près) ou normative (il est « juste » d'échanger sur la base de l'effort fourni) ? Que penser de la relation — pas toujours claire — entre elle et les prix, qui sont eux-mêmes de plusieurs catégories ? Y a-t-il moyen de « résoudre » d'une façon ou d'une autre la question de la transformation de la valeur en prix de production, ou est-on en face d'une contradiction qui rend la théorie non valable ?

Ces questions sont sérieuses ; la théorie de la valeur travail est d'ailleurs rejetée par la grande majorité des économistes. Mais cette attitude revient en fait à abandonner l'idée même de valeur, dans la mesure où il n'existe pas de théorie de la valeur alternative à celle de la valeur travail (les NÉO-CLASSIQUES, adversaires de celle-ci, proposent une *théorie des prix*, en tant que « résultat » des interactions des offres et des demandes individuelles). Mais faut-il une théorie de la valeur différente de celle des prix ? C'est là la principale question que le théoricien se pose à propos de la valeur travail.

Von Neumann (modèle de croissance de)

Modèle proposé par le mathématicien John von Neumann dans un article publié en 1946 dans la *Review of Economic Studies* et intitulé « A model of general equilibrium ». Ce modèle ne s'intéresse qu'à la production : tout ce qui est produit sert à de nouvelles productions, avec éventuellement des excédents qui sont éliminés (sans coût) ; les relations techniques sont de type « linéaire », comme dans l'ANALYSE ENTRÉES-SORTIES, dont il est une généralisation au cas où il y a *production jointe* (plusieurs biens peuvent résulter de l'utilisation d'une même technique de production) ; le fait que la production jointe soit possible permet théoriquement de prendre en compte les biens durables (en particulier les machines).

Écrit sous la forme d'*inégalités* (conséquence de ce que les biens ne sont pas substituables) et ayant pour but de déterminer la façon d'utiliser les techniques disponibles pour atteindre le taux de croissance le plus élevé possible (« optimal »), le modèle de von Neumann présente un grand nombre de similitudes avec ceux de la PROGRAMMATION LINÉAIRE ; on peut ainsi associer à sa trajectoire optimale une *trajectoire duale de prix*, qui s'interprète comme le dual d'un PROGRAMME LINÉAIRE.

Un nombre fini de techniques à coefficients fixes

On suppose que l'économie comporte n biens, qui peuvent être soit des inputs, soit des outputs, soit l'un et l'autre. On suppose aussi qu'il y a m techniques, chacune d'entre elles étant représentée par deux matrices-colonne à n éléments, la première représentant des inputs, la seconde les outputs qui peuvent être obtenus à partir de ces inputs. Pour la j-ème technique, on notera $\mathbf{a}^j$ la matrice-colonne des inputs et $\mathbf{b}^j$ celle des outputs correspondants ; comme une technique donnée n'utilise qu'un nombre limité d'inputs, relativement à tous les biens existant dans l'économie, et comme elle ne produit que quelques outputs — si ce n'est un seul —, ces matrices sont essentiellement formées de 0, leurs autres éléments étant évidemment strictement positifs.

Les possibilités techniques de l'économie sont donc résumées par le couple de matrices ($\mathbf{A}$, $\mathbf{B}$), dont les colonnes sont respectivement formées par les inputs $\mathbf{a}$ et les outputs $\mathbf{b}$ (chacune de ces matrices comporte donc m colonnes et n biens).

Soit un vecteur (colonne) X à m éléments, dont le j-ème élément x_j (≥ 0) représente l'« intensité » avec laquelle la j-ème technique est utilisée. Pour que le système de techniques disponibles soit « productif », il faut qu'il existe un vecteur X d'intensité d'utilisation des techniques de production disponibles tel que ce qui est produit ($\mathbf{B}$X) est au moins aussi important que ce qui est consommé ($\mathbf{A}$X), donc tel que :

(1) $$\mathbf{A}X \leq \mathbf{B}X.$$

On peut noter que si l'inégalité (1) est vérifiée pour les « intensités » X, elle l'est aussi pour les intensités αX, si $\alpha > 0$. Ce qui compte donc ici, c'est la « structure » de X (les rapports entre ses différents éléments).

La condition (1) est une condition « minimale » pour que le système puisse se reproduire (pour que « ce qui en sort » soit au moins égal à « ce qui y entre »). Elle est une inégalité qui concerne des *vecteurs* (colonne) ; s'il y a égalité pour certains biens, cela signifie que la quantité consommée de ces biens est égale à la quantité produite ; le système ne peut alors se reproduire qu'à l'identique (même s'il y a production excédentaire des autres biens, dont les excédents sont supposés être éliminés sans coût, « librement »). Par conséquent, pour qu'il y ait croissance de la production, il faut que l'inégalité (1) soit *stricte*, pour chacun des biens ; car c'est l'existence des excédents pour l'ensemble des biens qui permet d'« alimenter » la croissance.

La croissance optimale

Le problème que se pose von Neumann est celui de la détermination du vecteur des intensités de production qui permet la croissance la plus grande possible. Si l'on appelle r le taux de croissance, on cherche donc un vecteur X^* et un taux r^* qui maximisent r, sous la contrainte :

(2) $(1 + r)\mathbf{A}\mathrm{X} \leq \mathbf{B}\mathrm{X}$.

La condition (2) permet la « reproduction élargie » au taux r, la production **B**X étant au moins aussi importante que la quantité d'inputs nécessaires à son obtention.

Von Neumann a démontré, en faisant un certain nombre d'hypothèses sur les matrices **A** et **B** et en utilisant le théorème du POINT FIXE, qu'il existe un couple (r^*, X^*) qui vérifie (2) et pour lequel la croissance est la plus grande possible (elle est optimale).

Dans le cas de la croissance optimale, l'inégalité entre vecteurs :

(3) $(1 + r^*)\,\mathbf{A}\mathrm{X}^* \leq \mathbf{B}\mathrm{X}^*$,

n'est pas stricte pour au moins un des biens ; sinon il y aurait un excédent pour chacun des biens, et il serait alors possible — en utilisant ces excédents — d'avoir une croissance plus forte, contrairement au fait que r^* et X^* représentent la croissance optimale.

Si l'on appelle I_1 l'ensemble des indices de biens pour lesquels il y a égalité dans (3), et I_2 celui des indices des autres biens, alors on a :

(4) $(1 + r^*)\Sigma a_{ij}x_j^* = \Sigma b_{ij}x_j^*$ pour $i \in I_1$

et

(5) $(1 + r^*)\Sigma a_{ij}x_j^* < \Sigma b_{ij}x_j^*$ pour $i \in I_2$.

Les biens du groupe I_1 croissent au taux r^*, ceux du groupe I_2 le font à un rythme plus élevé, mais l'excédent (par rapport au taux r^*) est éliminé à chaque période (il ne peut être utilisé dans la production, car il « manque » des biens, du type I_1, avec lesquels il pourrait être combiné dans ce but).

L'économie de von Neumann qui croît au taux r^* est un état SEMI-STATIONNAIRE, qui garde toujours la même « structure ».

Une trajectoire des prix et un profit associés à la croissance optimale

Au programme de maximisation précédent on peut associer un programme dual qui, comme dans le cas de la programmation linéaire, consiste à associer un système de prix et un taux de profit (ou d'intérêt) *le plus faible possible*, tel que, avec ces prix et ce taux de profit, le profit dans la production de chaque bien soit négatif ou nul.

Le dual du programme de von Neumann est un programme qui cherche à déterminer une matrice-ligne de prix P^* et un taux de profit minimal ρ^* qui vérifient la contrainte :

(6) $\mathrm{P}\mathbf{B} \leq (1 + \rho)\mathrm{P}\mathbf{A}$,

contrainte qui s'écrit « dans le détail » :

(6′) $\mathrm{P}\mathbf{b}^j \leq (1 + \rho)\mathrm{P}\mathbf{a}^j, j = 1, \ldots, m$

(on rappelle que $\mathbf{a}^j$ et $\mathbf{b}^j$ désignent, respectivement, les j-èmes colonnes de **A** et de **B**).

L'inégalité (6′) signifie qu'aux prix P la valeur des biens obtenus en utilisant la j-ème technique, $\mathrm{P}\mathbf{b}^j$, est inférieure ou égale à la valeur des inputs nécessaire à sa mise en œuvre ; cette valeur, $(1 + \rho)\mathrm{P}\mathbf{a}^j$, est calculée aux mêmes prix P, mais en tenant compte du taux de profit ρ.

Il découle du *théorème de la dualité* que les solutions du primal et du dual, (X^*, r^*) et (P^*, ρ^*), sont telles que :

— le taux de croissance maximal r^* est égal au taux de profit minimum ρ^* ;

— le prix des biens dont la production est excédentaire (groupe I_2) en croissance optimale est nul ; soit :

$$(1 + r^*)\Sigma a_{ij}x_j^* < \Sigma b_{ij}x_j^* \Rightarrow p_i^* = 0\,;$$

— les biens qui engendrent un profit négatif ne sont pas produits :

$$(1 + \rho^*)\Sigma a_{ij}p_j^* > \Sigma b_{ij}p_j^* \Rightarrow x_j^* = 0.$$

Ces deux dernières relations sont des *relations d'exclusion*, comme celles de la programmation linéaire.

Commentaires

Le modèle de von Neumann est un modèle d'équilibre général qui met exclusivement l'accent sur la production. La demande n'y joue aucun rôle, ce qui est possible parce qu'il suppose des RENDEMENTS D'ÉCHELLE constants. Il a cependant l'avantage, par rapport aux modèles de croissance avec un agent unique (même s'il est appelé AGENT REPRÉSENTATIF), de prendre en compte les *interdépendances entre les divers secteurs de l'économie* (de la production).

En fait, il apparaît avant tout comme un modèle utile dans une perspective de *planification*, puisque son propos est de trouver la façon d'utiliser les techniques disponibles qui permettent la croissance la plus grande possible. C'est dans cette optique qu'on peut interpréter la « trajectoire duale » des prix et du taux de profit. En effet, le planificateur peut soit directement organiser la production pour obtenir la croissance la plus forte, soit afficher le vecteur-prix P^* et le taux d'intérêt ρ^* et laisser aux unités de production le soin de déterminer les quantités X^* correspondantes ; les unités de production sont ainsi incitées à trouver les « intensités » appropriées d'utilisation des techniques (au lieu d'avoir à les imposer « d'en haut ») et il n'y a production que des biens pour lesquels le profit n'est pas négatif (seuls sont donc offerts les biens pour lesquels le profit est nul). Le planificateur doit néanmoins déterminer au préalable le couple « optimal » de prix (P^*, ρ^*), ce qui demande des calculs aussi compliqués que ceux qui sont nécessaires pour trouver le couple de « quantités » (X^*, r^*).

Souvent, le discours qui accompagne le modèle de von Neumann laisse entendre qu'il revient au « marché » de « trouver » les prix appropriés (y compris le taux de profit = taux d'intérêt) ; mais encore faut-il alors préciser comment « il » le fait ; sinon, on se trouve face à une pétition de principe sans intérêt.

Walras, Léon (1834-1910)

Économiste français dont la carrière universitaire s'est déroulée à l'université de Lausanne (c'est pourquoi on dit parfois de Walras qu'il est le fondateur de l'« école de Lausanne », dont le membre le plus connu, en dehors de lui, est Vilfredo Pareto — 1848-1923 —, qui lui succéda à la chaire d'économie politique). Si Walras occupe une place très importante dans l'histoire de la pensée économique, c'est avant tout parce qu'il a été le premier à aborder de façon systématique le problème de l'ÉQUILIBRE GÉNÉRAL. Pour cela, il a construit un MODÈLE qui donne une représentation très particulière de l'économie — sorte de Bourse de valeurs avec un « crieur de prix » en son centre ; ce modèle est l'ancêtre de celui de la CONCURRENCE PARFAITE, qui est la référence par excellence des analyses NÉO-CLASSIQUES actuelles. L'adjectif « walrasien » est d'ailleurs souvent utilisé pour caractériser les situations qui vérifient les conditions de la concurrence parfaite.

L'analyse proprement « économique » de Walras s'inscrit dans le cadre d'un projet de société plus général, dont la connaissance permet de mieux comprendre les motivations de son auteur.

La « méthode de conciliation, ou de synthèse »

Walras se propose de bâtir un système entièrement nouveau en économie, lui-même faisant partie d'un système plus vaste. Il « sépare » ainsi l'économie politique en « science naturelle, science morale et art » ; la science morale a « pour but de déterminer comment la richesse *doit être* le plus équitablement répartie », alors que la science naturelle se propose de « déterminer comment la richesse *est* le plus naturellement produite » tandis que l'« art » est « celui de produire abondamment la richesse » (*Éléments d'économie politique pure*, 1877, réédité par Economica, Paris, 1988, p. 33). Sa démarche se veut à la fois *positive* (recherche de ce qui est) et NORMATIVE (recherche de ce qui doit être).

Walras précise que « ce qui doit être doit être soit au point de vue de l'utilité ou de l'intérêt, soit au point de vue de l'équité ou de la justice. Ce qui doit être au point de vue de l'intérêt, c'est l'objet de la science appliquée ou de l'art, ce qui doit être au point de vue de la justice, c'est l'objet de la science morale ou de la morale » (*Éléments d'économie politique pure*, *op. cit.*, p. 38). Le « doit être » du point de vue de l'« utilité » (ou de l'intérêt) concerne donc la recherche de l'efficacité dans la production et l'échange ; cette recherche se fonde sur les résultats et les constatations de la « science naturelle », tandis que le « doit être » du point de vue de la « science morale » a trait à la « justice », ou à l'« idée du droit et du juste, de la manière dont la richesse doit être le plus équitablement répartie » (*Éléments d'économie politique pure*, *op. cit.*, p. 38-39).

Ainsi, Walras fait appel à deux normes différentes, l'« utilité » (ou l'efficacité) et la « justice » (ou l'équité), qu'il veut concilier (c'est la démarche *syncrétique*, ou « de conciliation » dont il se réclame explicitement dans un article publié en 1896 dans la *Revue socialiste* et intitulé « La méthode de conciliation, ou de synthèse »). Ces normes ne sont pas forcément incompatibles ; ainsi, il écrit dans cet article : « La justice ne peut manquer de favoriser l'intérêt ; et, bien loin que nous soyons condamnés à demeurer dans la misère si nous ne voulons pas renoncer à l'équité, c'est au contraire en refoulant partout l'iniquité que nous atteindrons sûrement à la richesse. » Il ajoute cependant tout de suite après : « Mais il n'en faut pas moins chercher la justice pour elle-même. »

En ce qui concerne la « justice », Walras se range du côté des partisans du *droit naturel* : est juste ce qui est conforme au droit (par exemple, au droit de propriété, auquel Walras accorde une place privilégiée). Or, il y a des situations où, du point de vue de l'« intérêt » (collectif), il peut être bon d'empiéter sur certains droits (cas d'une expropriation qui permet la mise en place d'une infrastructure d'utilité publique). Comment choisir alors entre les deux normes ? C'est là toute la difficulté avec la démarche « syncrétique », de conciliation, dont Walras se réclame.

Quoi qu'il en soit, c'est dans cette perspective que se situe son œuvre, qui est constituée pour l'essentiel de trois traités, les *Éléments d'économie politique pure* (*op. cit.*), les *Études d'économie sociale* (1896, Economica, 1988) et les *Études d'économie politique appliquée* (1898, Economica, 1988). Ces deux derniers traités sont en fait des recueils d'articles ; seuls les *Éléments d'économie politique pure* apparaissent comme une œuvre complète et achevée. Si Walras est devenu célèbre, c'est à cause d'eux. C'est dans cet ouvrage qu'il propose la théorie de l'ÉQUILIBRE GÉNÉRAL qui a été reprise (et aménagée) des dizaines d'années plus tard par HICKS, SAMUELSON et ARROW-DEBREU (entre autres) et qui a connu depuis un très vif succès, au point de devenir le pilier sur lequel est bâtie la théorie néo-classique.

L'« économie politique pure »

Parmi les « sciences naturelles » il y a, selon Walras, l'économie politique pure, « ou la théorie de la valeur d'échange et de l'échange, c'est-à-dire la théorie de la richesse sociale considérée en elle-même » (*Éléments d'économie politique pure*, *op. cit.*, p. 53). L'économie politique pure « doit précéder l'*économie politique appliquée* » comme la « mécanique pure doit précéder la mécanique appliquée » (p. 52) ; elle est « une science tout à fait semblable aux sciences physico-mathématiques » et, par conséquent, « elle ne doit pas craindre d'employer la méthode et le langage des mathématiques » (p. 52). Quel est alors le rôle des mathématiques ? Walras répond à cette question en remarquant que « la méthode mathématique n'est pas la méthode *expérimentale*, c'est la méthode *rationnelle* ». Ainsi, « les sciences physico-mathématiques, comme les sciences mathématiques proprement dites, sortent de l'expérience dès qu'elles lui ont emprunté leurs types. Elles abstraient de ces types réels des types idéaux qu'elles définissent ; et, sur la base de ces définitions, elles bâtissent *a priori* tout l'échafaudage de leurs théorèmes et de leurs démonstrations. Elles rentrent, après cela, dans l'expérience non pour confirmer, mais pour appliquer leurs conclusions » (p. 53). Pour Walras, l'économie politique pure doit faire de même, et « emprunter à l'expérience des types d'échange, d'offre, de demande, de marché, de capitaux, de revenus, de services producteurs, de produits. De ces types réels, elle doit abstraire, par définition, des types idéaux, et raisonner sur ces derniers, pour ne revenir à la réalité que la science une fois faite et en vue des applications » (p. 53). L'économie politique pure n'est donc pas indépendante des « applications » ; Walras précise même que « ces vérités d'économie politique pure fourniront la solution des problèmes les plus importants, les plus débattus et les moins éclaircis d'économie politique appliquée et d'économie sociale » (p. 54). Le monde des « types idéaux » n'est donc pas pour lui sans relation avec celui des « types réels », comme celui de la « mécanique pure » est en rapport avec celui de la « mécanique appliquée ».

Le cadre dans lequel Walras situe son analyse est constitué par une série de « marchés », qui sont définis comme des « lieux où se font des échanges spéciaux. On dit : le marché européen, le marché français, le marché ou la place de Paris. Le Havre est un marché pour les cotons, et Bordeaux est un marché pour les vins ; les halles sont un marché pour les fruits et légumes, pour les blés et céréales ; la Bourse est un marché pour les valeurs industrielles » (p. 50). L'économie politique pure va alors considérer un « type idéal » de marché, qui est en fait une forme d'organisation des échanges extrêmement centralisée (en un « lieu » unique), puisque Walras suppose qu'il existe un seul prix par bien (ce prix étant connu de tous), que les offres et les demandes individuelles sont regroupées et confrontées globalement, et qu'il n'y a pas d'échanges en dehors de l'équilibre. Cette forme d'organisation n'est pas explicitée par Walras, mais elle est implicite dans ses formulations mathématiques (prix unique, sommation des offres et des demandes individuelles, qui demeurent invariantes dans le temps, qu'il y ait équilibre ou pas).

Walras va alors passer de l'étude de l'échange de deux biens à celle d'un nombre quelconque de biens en se servant des « équations » d'offre et de demande, à la manière de la théorie de l'équilibre général actuelle, à quelques nuances près. Sans démontrer de résultat au sens où on l'entend actuellement (il ne disposait d'ailleurs pas des techniques mathématiques nécessaires), il donne une marche à suivre, qui a connu, des décennies plus tard, un succès certain, au point que l'adjectif « walrasien » fait maintenant partie du vocabulaire des économistes.

La place de Walras dans l'économie politique

Cette place est très importante, puisque le programme de recherche de Walras a été repris par les théoriciens « modernes » de l'équilibre général, du moins en ce qui concerne l'économie politique « pure ». Ces théoriciens ont suivi les conseils de Walras (peut-être au-delà de ce qu'il souhaitait), puisqu'ils ont accordé une place privilégiée (pour ne pas dire exclusive) à la « méthode mathématique » ; celle-ci leur a permis de démontrer (sous certaines hypothèses) l'existence d'un système de prix qui égalise l'offre et la demande (globales) de chaque bien à ces prix. Ce résultat constitue sans doute l'apothéose, du moins du point de vue mathématique, du modèle dont Walras est l'initiateur.

Walras s'est aussi intéressé au problème de la STABILITÉ des équilibres de son modèle. Cela l'a conduit à proposer un processus d'ajustement, qu'il a appelé TÂTONNEMENT et qui est une représentation idéalisée de la « loi de l'offre et de la demande ». L'application de la « méthode mathématique » à l'étude de ce processus a cependant eu pour conséquence de remettre en cause l'idée selon laquelle il converge, comme Walras le pensait. Il n'est pas non plus possible de déduire avec cette « méthode » des « lois » économiques (qui relèvent, par exemple, de la STATIQUE COMPARATIVE), comme Walras voulait le faire.

Walras a sans doute senti combien sont complexes les interdépendances des décisions individuelles en équilibre général (qui peuvent conduire, par exemple, à des fonctions d'offre « coudées », c'est-à-dire croissantes, puis décroissantes, dont l'OFFRE DE TRAVAIL donne un exemple classique) ; il ne se doutait cependant pas que cette complexité empêche de déduire des résultats clairs par la seule application de la « méthode mathématique » au genre de modèle qu'il proposait (ce que SONNENSCHEIN a établi, un siècle après la parution des *Éléments d'économie politique pure*).

Walras a été le premier à formuler ce qu'on a ensuite appelé la LOI DE WALRAS, et qui n'est rien d'autre qu'une conséquence « comptable » de l'interdépendance des offres et des demandes, pour des ressources données. Walras est le premier à avoir proposé, avec Jevons et Menger, une nouvelle théorie de la valeur, fondée sur la « loi » de l'UTILITÉ MARGINALE décroissante ; il a également établi un lien entre celle-ci et la décroissance de la fonction de demande.

Walras (loi de)

Relation entre les *demandes nettes* (c'est-à-dire les demandes moins les offres) d'un individu — ou de l'ensemble des individus — d'une économie, lorsqu'elles sont toutes formulées sur la base d'un *même système de prix* (c'est-à-dire dans le cas où il n'y a qu'un prix par bien, prix qui est connu de tous). La loi de Walras suppose donc au préalable une *grande centralisation de l'économie* ; et cela est d'autant plus vrai qu'elle porte sur les demandes nettes de l'ensemble des agents (demandes nettes globales). En revanche, la loi de Walras est valable quelle que soit la façon dont sont établies les offres et les demandes ; elle ne dépend pas du fait que les agents agissent de façon rationnelle ou pas.

La loi de Walras se déduit de la contrainte budgétaire des ménages, qui est fonction des ressources qu'ils détiennent et des éventuels rationnements qu'ils peuvent subir. Elle est donc une *identité comptable*, entre emplois et ressources, les uns et les autres pouvant porter sur des quantités effectives (si les transactions s'effectuent) ou virtuelles (si elle ne concerne que des offres et demandes regroupées par une entité quelconque mais pas forcément compatibles) ; c'est pourquoi il vaudrait mieux l'appeler *identité de Walras*.

Simple identité comptable, qui n'est valable que pour un système de prix unique, *la loi de Walras n'a donc strictement rien à voir avec un quelconque « mécanisme »* qui irait dans le sens de « rétablir l'équilibre », en faisant varier les prix ou d'une tout autre façon.

La détermination de la « loi »

Pour simplifier, on se situe d'abord dans une économie où il n'y a pas de production (une *économie d'échanges*), et on considère un ménage quelconque, noté j, qui a pour DOTATION INITIALE le panier de biens Q_j^o =

$(q^o_{1j}, \ldots, q^o_{nj})$. Si le prix du bien i est p_I, alors la contrainte budgétaire du ménage j s'écrit :

$$p_i q_{1j} + \ldots + p_n q_{nj} = p_1 q^o_{1j} + \ldots + p_n q^o_{nj},$$

et donc, sous forme synthétique :

$$(1) \qquad \Sigma\, p_i q_{ij} = \Sigma\, p_i q^o_{ij}.$$

Cette contrainte est mise sous la forme d'une égalité car elle ne fait que traduire l'équilibre (au sens comptable) des emplois et des ressources ; parmi les « biens », il peut y avoir la monnaie et, plus généralement, des titres de tous ordres.

L'équation (1) peut aussi se mettre sous la forme :

$$(2) \qquad \Sigma\, p_i(q_{ij} - q^o_{ij}) = 0.$$

Si l'on considère que q_{ij} est la demande du bien i par le ménage j, et que q^o_{ij} est son offre de ce même bien, alors (2) signifie que *la somme des valeurs des demandes nettes du ménage j est nulle*. C'est la loi de Walras, pour l'agent j.

Si les prix sont les mêmes pour tous les agents de l'économie, alors chaque ménage est soumis à la contrainte (2) (seul l'indice j varie lorsqu'on passe d'un ménage à un autre). En additionnant les égalités (2) pour chaque valeur de l'indice j — ce qui signifie qu'il y a *centralisation* des offres et des demandes individuelles —, on obtient une égalité du même type que (2), mais qui caractérise la *somme* des demandes nettes des ménages. Si l'on note $q_i - q^o_i$ cette somme pour le bien i, lorsque les prix sont donnés par le vecteur P, alors on obtient :

$$(3) \qquad \Sigma\, p_i(q_i - q^o_i) = 0.$$

C'est la *loi de Walras* pour les offres et les demandes globales, qui s'énonce de la façon suivante : *la somme des valeurs des demandes nettes globales de tous les agents de l'économie est nulle*. Cette « loi » est donc valable quelle que soit la façon dont la demande (globale) du bien i, q_i, est établie (seul compte le fait que les contraintes budgétaires sont vérifiées). Dans le cas où q_i représente la demande nette de CONCURRENCE PARFAITE aux prix P, $e_i(P)$, alors la loi de Walras s'écrit :

$$(3') \qquad \Sigma\, p_i e_i(P) = 0.$$

Dans le cas où il y a production, la loi de Walras demeure valable, *à condition* d'inclure les profits des entreprises dans les ressources des ménages (qui en sont donc les actionnaires), ce qui permet de maintenir l'égalité emplois-ressources au niveau global. Évidemment, les demandes nettes sont alors celles des ménages et des entreprises (qui offrent ce qu'elles produisent, et demandent les ingrédients pour le faire).

Conséquences

La loi de Walras établit une relation (linéaire) entre les demandes nettes des agents économiques, et ce quelle que soit la façon dont ils font leur choix, pourvu qu'ils respectent leur contrainte budgétaire. De cette relation découlent de façon immédiate les conséquences suivantes (on supposera, pour simplifier la présentation, que tous les prix sont strictement positifs) :

— *si les demandes nettes de tous les biens sauf un sont connues, alors on peut en déduire la demande nette du bien restant* ; ainsi, si l'économie comporte n biens, elle ne comporte (au plus) que $n - 1$ demandes nettes indépendantes ;

— *si les demandes nettes de tous les biens sauf un sont nulles, alors la demande nette du bien restant est également nulle* ; ainsi, pour qu'un vecteur-prix P soit d'équilibre dans une économie qui comporte n biens, il suffit qu'il annule les demandes nettes de $n - 1$ biens de cette économie. Le système d'équations qui définit l'équilibre comprend donc « moins d'équations » (indépendantes) que d'inconnues (les n prix) ; toutefois, comme on peut toujours supposer que le prix d'un des biens est égal à 1 (on dit alors que ce bien sert de *numéraire*), on aboutit finalement à un système de $n - 1$ équations à $n - 1$ inconnues ;

— *si la demande nette d'au moins un bien est strictement négative, alors la demande nette d'au moins un autre bien est strictement positive* ; en effet, si dans le membre de gauche de (3) — ou de (3′) — l'un des termes est strictement négatif, alors il faut qu'il y ait (au moins) un autre terme qui soit strictement positif, car sinon la somme de tous les termes ne serait pas nulle, comme le veut la loi de Walras. Autrement dit, il résulte de cette « loi » qu'il ne peut y avoir simultanément que des offres supérieures aux demandes, ou que des demandes supérieures aux offres, pour tous les biens.

Cette dernière conséquence de la loi de Walras a conduit certains à voir en elle un « mécanisme » qui mène à l'équilibre (égalisation des offres et des demandes). Il n'en est évidemment rien, puisque les offres et les demandes qui interviennent dans la loi de Walras peuvent n'être que *virtuelles*. Ainsi, un individu peut faire une offre de travail et déduire sa demande de biens sur la base du revenu que ce travail peut lui procurer ; mais s'il ne trouve pas d'embauche au niveau qu'il désire, alors il va modifier sa demande de biens (en la diminuant, puisque son revenu escompté en fait autant). A la limite, s'il ne trouve pas d'embauche et s'il n'a pas d'autre ressource que sa force de travail, sa demande de biens est nulle. Il y a offre excédentaire (de travail), mais celle-ci n'a pas pour contrepartie une demande effective de biens, car elle ne peut être réalisée (pas d'embauche) ; « l'offre ne crée pas une demande » si elle ne trouve pas preneur (c'est-à-dire s'il n'y a pas de demande en face d'elle).

Conséquence directe de la contrainte budgétaire, la loi de Walras ne fait donc qu'exprimer l'idée simple selon laquelle « on ne peut dépenser plus que ce dont on dispose ». Les offres et les demandes qu'elle fait intervenir peuvent être « virtuelles » (« dans la tête » des agents) ou effectives (elles prennent en compte les contraintes qu'ils subissent). Ce qui est *essentiel*, c'est de *ne pas mélanger les unes et les autres* ; si, par exemple, on se situe dans le cas « virtuel » — celui où un agent établit ses plans en pensant qu'il va pouvoir acheter ou vendre tout ce qu'il veut aux prix affichés, compte tenu des ressources dont il dispose —, alors ce sont les offres et les demandes virtuelles qui vérifient la loi de Walras ; de même, si l'on se situe dans le cas « effectif » (où les agents ne peuvent réaliser leurs plans « virtuels », car ils subissent des contraintes provenant de leurs choix mutuels), alors la loi de Walras est vérifiée par les offres et les demandes effectives (qui tiennent compte, par exemple, de l'absence de plein emploi). Dans le premier cas, elle se déduit de la contrainte budgétaire virtuelle (ce que les agents pensent, ou voudraient, faire) ; dans le second, elle se déduit de la contrainte budgétaire effective. L'erreur serait d'appliquer la loi de Walras à, par exemple, une offre virtuelle et une demande effective.

En résumé, la loi de Walras n'est valable que dans un cadre très centralisé (chaque bien a un prix unique, connu de tous ; offres et demandes agrégées) ; elle n'a rien à voir avec l'équilibre et suppose seulement que les offres et les demandes soient établies en respectant la contrainte budgétaire — qu'elle soit effective ou seulement anticipée (virtuelle).

Walrasien

Adjectif souvent utilisé pour désigner le monde de la CONCURRENCE PARFAITE, que Léon WALRAS a été le premier à décrire. Une situation « walrasienne » est donc une situation où, entre autres, les agents sont des « preneurs de prix » et n'utilisent aucune autre information que ces prix pour déterminer leurs offres et leurs demandes ; ce qu'on résume parfois en disant qu'ils font leurs choix sur la base des seuls « signaux-prix ».

Le cas « walrasien » est souvent opposé, surtout en MACROÉCONOMIE, au cas « non walrasien », où des « signaux-quantité » viennent s'ajouter aux « signaux-prix » (des agents, si ce n'est tous, subissent alors des *contraintes en quantité*, ou des *rationnements*). Tel est le cas par exemple dans les modèles dits du DÉSÉQUILIBRE, qui gardent pour l'essentiel le cadre walrasien mais dont les équilibres sont « non walrasiens », puisque aux prix affichés les offres et les demandes globales ne concordent pas.

Le cas walrasien occupe une place centrale dans le dispositif théorique NÉO-CLASSIQUE du fait même qu'il accorde un rôle exclusif aux prix, ce qui a le double avantage de simplifier énormément l'analyse (en évitant notamment d'avoir à prendre en compte des RÈGLES DE RATIONNEMENT) et d'accorder le statut de NORME aux équilibres walrasiens, qui sont des OPTIMUMS DE PARETO. Pour cela, il faut cependant qu'il y ait un SYSTÈME COMPLET DE MARCHÉS, et que les EXTERNALITÉS soient exclues.

L'adjectif « walrasien » est en fait utilisé de façon plus vague, par exemple dans le cadre de l'ÉQUILIBRE TEMPORAIRE, où les agents font généralement des erreurs d'anticipation.

Index

Les chiffres **en gras** renvoient aux entrées d'article du dictionnaire.

A

B

C

D

E

F

G

H

I

J

K

L

M

N

O

P

Q

R

S

T

U

V

W

Sciences de l'éducation (Les), n°129, Éric Plaisance et Gérard Vergnaud

Société du risque (La), n°321, Patrick Peretti-Watel

Sociologie de Durkheim (La), n°154, Philippe Steiner

Sociologie de Georg Simmel (La), n°311, Frédéric Vandenberghe

Sociologie de l'architecture, n°314, Florent Champy

Sociologie de l'art (La), n°328, Nathalie Heinich

Sociologie de l'éducation, n°169, Marlaine Cacouault et Françoise Œuvrard

Sociologie de l'emploi, n°132, Margaret Maruani et Emmanuèle Reynaud

Sociologie de l'organisation sportive, n°281, William Gasparini

Sociologie de la bourgeoisie, n°294, Michel Pinçon et Monique Pinçon-Charlot

Sociologie de la consommation, n°319, Nicolas Herpin

Sociologie de la prison, n°318, Philippe Combessie

Sociologie de la ville, n°331, Yankel Fijalkow

Sociologie de Marx (La), n°173, Jean-Pierre Durand

Sociologie de Norbert Elias (La), n°233, Nathalie Heinich

Sociologie des cadres, n°290, Paul Bouffartigue et Charles Gadea

Sociologie des entreprises, n°210, Christian Thuderoz

Sociologie des mouvements sociaux, n°207, Erik Neveu

Sociologie des organisations, n°249, Lusin Bagla-Gökalp

Sociologie des relations professionnelles, n°186, Michel Lallement

Sociologie des syndicats, n°304, Dominque Andolfatto et Dominique Labbé

Sociologie du chômage (La), n°179, Didier Demazière

Sociologie du droit, n°282, Évelyne Séverin

Sociologie du journalisme, n°313, Erik Neveu

Sociologie du sport, n°164, Jacques Defrance

Sociologie du travail (La), n°257, Sabine Erbès-Seguin

Sociologie économique (La), n°274, Philippe Steiner

Sociologie en France (La), n°64, ouvrage collectif

Sociologie historique du politique, n°209, Yves Déloye

Sondages d'opinion (Les), n°38, Hélène Meynaud et Denis Duclos

Stratégies des ressources humaines (Les), n°137, Bernard Gazier

Syndicalisme en France depuis 1945 (Le), n°143, René Mouriaux

Syndicalisme enseignant (Le), n°212, Bertrand Geay

Système éducatif (Le), n°131, Maria Vasconcellos

Système monétaire international (Le), n°97, Michel Lelart

Taux de change (Les), n°103, Dominique Plihon

Taux d'intérêt (Les), n°251, Agnès Benassy-Quéré, Laurence Boone et Virginie Coudert

Taxe Tobin (La), n°337 Yves Jégourel,

Théorie de la décision (La), n°120, Robert Kast

Théories économiques du développement (Les), n°108, Elsa Assidon

Théorie économique néoclassique (La) :
1 Microéconomie, n°275, Bernard Guerrien

2 Macroéconomie, n°276, Bernard Guerrien

Théories de la monnaie (Les), n°226, Anne Lavigne et Jean-Paul Pollin

Théories des crises économiques (Les), n°56, Bernard Rosier

Théories du salaire (Les), n°138, Bénédicte Reynaud

Théories sociologiques de la famille (Les), n°236, Catherine Cicchelli-Pugeault et Vincenzo Cicchelli

Tiers monde (Le), n°53, Henri Rouillé d'Orfeuil

Travail des enfants dans le monde (Le), n°265, Bénédicte Manier

Travail et emploi des femmes, n°287, Margaret Maruani

Travailleurs sociaux (Les), n°23, Jacques Ion et Bertrand Ravon

Union européenne (L'), n°170, Jacques Léonard et Christian Hen

Composée
et mise en page
par IGS-CHARENTE
PHOTOGRAVURE,
cette troisème édition a
été achevée d'imprimer
sur les presses de
*l'*IMPRIMERIE
FRANCE-QUÉRCY
à Cahors (Lot).

Dépôt légal :
février 2002
(suite du 1er tirage :
août 2003)

Imprimée en France

N° d'impression : 32010/